程序正义与司法改革要论

——陈卫东教授六十华诞祝贺文集

中国人民大学诉讼制度与
司法改革研究中心/编

法律出版社
LAW PRESS · CHINA

春秋常在学术之树常青

——献给恩师陈卫东教授六秩华诞

白驹过隙，时光如梭，一个甲子的峥嵘岁月倏然而过。在举国同庆喜迎建国七十周年之际，欣逢恩师陈卫东教授六秩华诞。对一个常人来说，六十华诞是“荣归故里，赏尽春花秋月”之时，而对于恩师陈卫东教授而言，六十华诞正是“春秋长不老，花甲喜重开”新征程的起点，是“事业大成，如日中天”的峥嵘岁月。“自信人生二百年，会当水击三千里”。常见恩师忙碌的身影，跻身于事关国家法治发展重大决策的会议上，行走在各级司法机关的殿堂上，执鞭在高等学府法律堂奥的讲坛上，出现在国家媒体的影屏上，镌刻在各大权威期刊的首篇上。常闻恩师的真知灼见，倾听他为国家法治进步、为人权保障事业的据理力争，体察他为西学中用、敢为人先的司法改革献智献策，聆听他学富五车、出口成章的至理名言，研读他中西贯通、古今通论闪烁着思想光芒的鸿篇巨著。

陈卫东教授是我国著名的法学家，是中国刑事诉讼法学主要学术带头人，对中国法治的进步和人权事业的发展做出了重要贡献。在中国法治四十年披荆斩棘、破浪前行的伟大格局中，陈卫东教授始终踏浪而行，站在中国刑事诉讼法学发展的最前沿，行在中国司法改革的最前列。中国刑事诉讼法学重大发展的每一关键时刻，中国司法改革重大突破的每一项关键举措，无不闪烁着陈卫东教授高屋建瓴的真知灼见，无不呈现着陈卫东教授奔走呼吁、鞠躬尽瘁的案牍劳形。陈卫东教授为程序正义在中国法治的生根、发芽和成长，为人权保障理念和制度在中国法律的确立、遵守和完善，夙夜孜孜、上下求索。陈卫东教授坚守中国法治建设的前沿阵地半个甲子有余，作为中国法学教育和法学研究的领军人物，以“视通万里，思接千载”之睿智，为中国法治建设贡献的智慧、付出的艰辛、发挥的作用，惠及吾等晚辈后学，利在国家，功在千秋。陈卫东教授所取得的成就已为吾辈高山仰止，然其依然奋斗不息，未曾须臾懈怠。他常说：“大哉乾坤内，吾道长悠悠。天行健，君子以自强不息。中国法治建设任重道远，吾等法律人不可稍有懈怠，绝不能躺在过去的功劳簿上睡大觉。”

“凡山陵之高，非削成而崛起也，必步增而稍上焉。”恩师有今日至伟的成就和隆盛的名望，一路走来也并非一路坦途、一帆风顺，四十年学术生涯，一路艰辛、一路坎坷，然矢志不渝、呕心沥血、披荆斩棘、上下求索，终成大业。1960 年

7 月 25 日(庚子年闰六月初二日),我们的恩师——陈卫东教授出生于人杰地灵、自古素有仙居之地的山东蓬莱。恩师自幼家庭贫寒,但天资聪慧,素有大志,勤学耕读,须臾不懈。亲历法治暗淡、人权不彰之害,遂立学法之志。乘改革开放之春风,1979 年,年仅 19 岁的恩师考入北京政法学院法律系,从此与法学结缘。在大学学习期间,恩师已显现出对法律研修的禀赋。在大学三年级,恩师在《北京政法学院学报》公开发表高水平学术论文一篇,这一成就至今依然为寻常法律人难以企及。1983 年本科毕业时,恩师以优异成绩考入了中国人民大学法律系攻读硕士研究生,师从著名法学家张凤桐、陈士正等教授。在硕士研究生学习期间,恩师对刑事诉讼法学产生了浓厚的兴趣,勤学苦读、笔耕不辍,在此期间公开发表有影响力的学术论文 21 篇,撰写专著一部。1986 年硕士研究生毕业之际,恩师放弃了到最高人民检察院做国家干部的机会,依然留在中国人民大学法律系任教,从此开始了他长达三十余年的教学与科研生涯。1995 年恩师在中国人民大学攻读博士学位,师从程荣斌教授。1997 年被破格提拔为教授。1998 年获得法学博士学位。1999 年获北京市优秀青年法学家称号。2006 年获评国务院政府特殊津贴专家。2007 年获评长江学者特聘教授。陈卫东教授学富五车、著述等身、笔耕不辍,先后在《求是》《中国社会科学》《中国法学》《法学研究》等权威期刊发表高水平学术论文 500 余篇,出版著作数十部,获高规格学术奖项十余项。担任国际刑法学会中国分会副主席,中国刑事诉讼法学研究会常务副会长,以及最高人民法院特邀监督员、最高人民检察院专家咨询委员会委员、公安部特邀监督员等重要学术兼职,受聘国内外多所知名高等学府特聘或客座教授。

陈卫东教授心系家国、学以致用,四十年潜心于刑事诉讼法立法研究,呕心沥血、鞠躬尽瘁,推动着中国刑事诉讼法日臻完善并走向世界前列。陈卫东教授的学术之路与中国刑事诉讼法的修改与完善息息相关。1996 年刑事诉讼法第一次修改,陈卫东教授作为年轻学者参与国家立法修改小组,基于前期的厚重研究,他提出的许多修法建议被采纳,成为刑事诉讼法修正案的重要内容。2012 年刑事诉讼法第二次修改,已经在法学界声名鹊起的陈卫东教授,成为国家立法修改小组中全程参与的学者,他的修法建议受到了国家立法机关的高度重视,对刑事诉讼法修正案作出了杰出贡献。这与他长期潜心研究密不可分。"十年磨一剑,功到自然成"。早在 2002 年陈卫东教授就着手研究和撰写刑事诉讼法修正案专家建议稿,2004 年《模范刑事诉讼法典》出版,2006 年获司法部全国法学教育和法学研究优秀成果二等奖。2011 年《模范刑事诉讼法典》修正稿出版,获钱端升法学研究优秀成果一等奖。2018 年刑事诉讼法第三次修改,此次修正案最大的亮点之一是认罪认罚从宽制度的确立,这是在陈卫东教授率先倡导并极力推动下入法的一项重大制度,在中国刑事诉讼法发展史上具有里程碑意义,这与他对中国刑事诉讼法发展规律的精准把握、对中国司法实践的了如指掌及敏锐的洞察密不可分。早在2016年,陈卫东教授在《中国法学》发表《认罪认罚从宽制度研究》一文,是法学界首次系统阐释认罪认罚从宽制度的创新性成果,受到了中央的高度重视和充分肯定,为该制度在刑事诉讼法中的确立做出了开拓性贡献。中国刑事诉讼法的修改与完善是一座丰碑,镌刻着陈卫东教授对中国刑事诉讼法进步做出的重要贡献与付出的辛劳。

陈卫东教授是中国程序正义思想的倡导者,也是程序正义的呼吁者、践行者和推动者。几千年来,公平正义是中国老百姓心目中永恒的丰碑,也是中国法治建设的终极追求,而正义的首要价值是程序正义,“没有程序正义,法治将荡然无存”。陈卫东教授常说:“程序正义在中国的确立并非一蹴而就,需要法律人不断去呼吁、推动和影响,一点点一滴滴的改变,终有一天会灿如星河、照耀中华。”“面壁十年图破壁”,历经二十余年的潜心研究,2004年陈卫东教授的《程序正义之路》第一卷、第二卷出版问世,成为程序正义研究领域的经典性著作,一直被后学奉为必读之作。陈卫东教授矢志不渝、秉烛达旦,沿着程序正义之路披荆斩棘、滚石上山、立柱架梁,又历十年有余,2015年《反思与构建:刑事证据的中国问题研究》和《转型与变革:中国检察的理论与实践》出版发行。这两本饱含陈卫东教授心血、智慧和追求的著述,是他在中国走向程序正义之路上的又一经典之作。

公平正义的实现需要发挥立法和司法的合力。立法完善是前提,司法改革是根本。陈卫东教授深知没有司法改革的突破性进展,公平正义永远不可能实现。1999年陈卫东教授组建了中国人民大学诉讼制度与司法改革研究中心,并担任中心主任。历经二十年的砥砺奋进,该中心已经享誉海内外,成为国内外公认的该领域权威性研究机构。自中心成立以来,陈卫东教授带领团队进行了大量实证性研究,取得了国内外法学界公认的斐然成就。这些标志性成果主要体现为:一是开展国际合作,加强国际学术交流,翻译出版系列国外著作。中心先后与美国、英国、德国、欧盟、韩国、日本等国的国际交流机构或大学建立了长期的合作关系,承担了一系列重大的国际研究项目,取得了一系列具有国际先进水平的研究成果,翻译出版了一系列国外经典著作。二是广泛开展司法改革创新试点研究工作,勇当司法改革的先行者。陈卫东教授以其敏锐的洞察力、高瞻远瞩的气魄、敢为人先的勇气,引领中国司法改革创新研究阔步前行。陈卫东教授先后展开羁押场所巡视制度研究、检察引导侦查研究、服刑人员投诉处理机制研究、羁押必要性审查研究、逮捕听证审查研究、侦查讯问规范化研究等一系列重大司法改革先行先试实证研究。这些研究针对长期制约我国司法体制机制的关键性障碍,把脉问诊、破冰引航。作为该领域研究的标志性成果,2015年陈卫东教授主编的《建设公正高效权威的社会主义司法制度研究》获北京市哲学社会科学一等奖,入选国家社科基金成果文库。三是深入开展对被追诉人权利保障研究,推动律师辩护权的完善。尊重和保障人权是法治社会的核心价值,陈卫东教授为推动中国人权事业的发展,尤其是对被追诉人权利的保障,开展了一系列重大的研究活动,推动和参与制定了一系列保障律师辩护权的规范性文件。因其在该领域做出的杰出贡献,被评为CCTV 2012年度中国十大法治人物。

陈卫东教授不仅道德文章誉满天下,而且手植桃李芬芳寰宇。陈卫东教授始终把教书育人当作自己事业的首要。在中国,高等教育长期存在科研和教书育人割裂的问题,陈卫东教授以其独有的睿智完美地解决了这一长期困扰中国高等教育的难题,他把自己的学术研究、司法实践和教书育人完美地融合在一起,开创了我国高等教育研究生培养的全新模式。陈卫东教授主持的每一项研究课题都让学生全程参加和实质参与,并在其中发挥主要作用。从课题申报书的撰写、项目研究方案的设计、实证调研、成果撰写,到成果的论证,课题研究的每一环节陈卫东教授都会事无巨细地精心指导,并修改学生的研究方案和作品。古语云:"凡学之道,严师为难"。吾等弟子有幸跟随导师参加各种重要学术会议,追随导师到全国各地乃至世界各国调研,恭听导师对吾等拙作不厌其烦的指导,遵从导师对学术近乎严苛的要求。每逢重要场合,当我们感觉紧张时,只要恩师出场,他的大家风范会让在场所有人都面带敬仰之情,吾等弟子都会倏然轻松、倍感自豪。"桃李不言,下自成蹊"。陈卫东教授一丝不苟的治学精神,深深地影响了弟子后学,他的学术思想和德道风尚,代代薪火相传,培养出众多国家栋梁之才,其中不乏学术界中下一代领军人物和骨干力量,国家机关中高层领导和中坚力量,其他行业中的业界精英。陈卫东教授在教书育人方面所付出的莘莘努力,取得的至伟功绩,有目共睹,为世人称道。

迎接恩师六秩华诞,对吾等弟子来说,既渴望与激动,同时又感觉陌生与新奇。"陌生",是因为通常六十花甲、六十寿诞,总和"老人""寿星"联系在一起。而在恩师那里,我们从来没有看到一个老人的影子,看到的永远是一个精力充沛、日理万机、成熟稳健、英俊潇洒、魅力无穷的中年人。恩师常教诲吾等弟子说:"有好的身体,才会有好的工作"。恩师日理万机,行程遍及世界各地,想时常面见实属不易,但如果熟知他的人,在一个地方常常能够"拜访"到他,那就是清晨六点钟中国人民大学品园的篮球场上。晨曦微现,夜雾依依,当大多数人还在睡梦中时,恩师已经身着球衣,出现在球场上。无论严冬酷暑,坚持打篮球是恩师的唯一业余爱好。恩师还组建了中国人民大学法学院篮球队并担任队长，百忙之中抽空坚持训练，并时常带队开展对外交流活动，其矫健的身姿、精湛的球艺，不时博得一片喝彩。正是恩师超出常人的毅力和不懈的坚持，使恩师始终保持旺盛的精力和强健的体魄。“新奇”，是因为现在我们才明白，人生原来还可以像恩师那样精彩，人活着是一种精神和境界，年龄只不过是一个数字而已。“古有姜尚彭祖，今有恩师为镜”，激励吾等弟子奋发图强，秣马厉兵，再展宏图。

“问渠哪得清如许，为有源头活水来。”恩师的学识风范，是吾等弟子成长之源，必将一如既往地以其渊博的学识和卓然的睿智引领我们阔步前行，以其高尚的道德情操熏陶我们修身治学，以其崇高的师道教诲我们尊师重教，以其献身中国法治事业的家国情怀感召我们奉献法治、追求正义。喜迎恩师六秩华诞，是吾等弟子总结和领悟恩师学术思想，汲取和体会恩师高尚品格，感念和回顾恩师谆谆教诲的时刻，是遍布大江南北、寰宇内外的弟子们与恩师难得的欢聚和重逢的时刻，是感念师恩、缅怀过去、开启一个新征程的时刻。吾等晚辈后学，敬仰恩师风范，感念师恩大德，无以为报，遂班门弄斧，拙文数十篇付梓成集，以为恩师寿。

陈门弟子谨呈

2019 年 6 月

目　　录

上篇　诉讼程序

下篇　司法改革

上　篇

诉讼程序

聂树斌案再审改判过程的程序典范意义

罗智勇*

摘　要　2016年由最高人民法院第二巡回法庭再审纠正的原审被告人聂树斌故意杀人、强奸妇女一案，堪称新中国成立以来社会关注度最高、关注时间最长的刑事案件之一。该案的再审改判，不仅从实体上使这起重大冤错案件得到纠正，实现了个案的公正处理，而且该案在程序方面也存在诸多有益的探索和创新。集中表现为再审程序启动前异地指定复查、开展复查听证、律师全面阅卷、适当延长复查期限，再审审理过程中巡回法庭担纲、合理确定审理方式、明确审理范围和诉讼参与人、强化权利保障，再审判决书中，以改判理由形式对原来办案中存在的若干重大程序缺陷作出明确的不利性评价，以此彰显对法定程序的尊崇和维护，树立程序规矩，发挥个案在维护程序价值中的典范作用。

关键词　聂树斌案　再审改判　程序创新

2016年12月2日，在经过近半年的再审审理之后，最高人民法院在辽宁省沈阳市的第二巡回法庭对原审被告人聂树斌被控故意杀人、强奸妇女一案进行公开宣判，宣告撤销原审判决，改判聂树斌无罪。至此，这起自案发时算起已超过22年、被告人亲属申诉达10年、备受社会广泛关注的重大刑事案件终于尘埃落定，画上了一个最终的句号。

自聂树斌案进入公众视野之后，由于其涉及“一案两凶”、聂树斌早已被执行死刑、王书金自认真凶后较长一段时间内并未启动对聂树斌一案的再审等多方面因素，该案引发了包括中央政法机关、法学理论界、律师界、司法实务界、新闻媒体和社会公众等在内全社会的普遍持续关注。可以说，聂树斌案成为新中国成立以来社会公众关注度最高、关注时间最长的刑事案件之一。聂树斌案的再审和改判，不仅从实体上使这起重大冤错案件得到纠正，还聂树斌及其亲属以清白，而且该案的再审改判过程，创造了程序方面的诸多第一。① 该案关于程序方面的强调和努力，对于确保案件得以纠正、彰显人文关怀、促进权利保障、

---

* 罗智勇，最高人民法院审判监督庭副庭长、二级高级法官、法学博士。

① 参见卢建平：《聂案平反中的诸多第一次及其法治意义》，载《人民法院报》2016年12月4日，第2版。

推进程序法治,发挥了不容忽视的作用。

一、再审启动前的审查过程中,呈现出刑事审判监督程序的多项有益探索、创新

在我国《刑事诉讼法》规定的审判监督程序中,并无刑事审查和刑事再审的区别。有关审判监督程序的 7 个条文分别是关于申诉人范围、再审启动的条件、法院及检察机关发现生效裁判确有错误的处理、关于指定再审、再审的程序适用、再审过程中强制措施的适用、再审中的相关期限的规定。然而,在司法实践中,审判监督程序实际上被分隔成刑事审查和刑事再审两个相对独立的阶段。对于申诉案件,人民法院在启动再审之前,均需要先行审查。通过审查,发现"原判决确有错误"的,符合《刑事诉讼法》第 253 条规定的"应当重新审判"的条件之一,才决定启动再审,之后再正式进行再审审理。因此,可以说,对于申诉案件,审查阶段实际上成为再审审理的前置程序。正因如此,不仅最高人民法院《关于适用〈中华人民共和国刑事诉讼法〉的解释》中用相当数量的条文对申诉审查程序予以明确规定,而且在各级人民法院内部业务部门的职能分工中,申诉审查与再审工作往往分由立案庭与审判监督庭承担。所以,在 2005 年王书金自认康某某被害一案真凶之后,河北省高级人民法院虽多次组织审查,但最终还是未能对聂树斌案进行正式再审。2014 年 12 月,为慎重起见,最高人民法院又指定山东省高级人民法院对聂树斌案进行审查。

在该案指定山东省高级人民法院审查以及山东省高级人民法院针对该案的审查过程中,以权利保障的精神为指导,呈现出对刑事审判监督程序的多项探索和创新:

第一,对刑事申诉案件指定异地审查,本身就是一种前所未有的创新。在 2012 年修改后《刑事诉讼法》及最高人民法院《关于适用〈中华人民共和国刑事诉讼法〉的解释》中,为保障确有错误的刑事案件能够得到及时、有效纠正,明确规定了异地指定制度,且强调以"异地指定为原则,以本地指定为例外"。① 但对于刑事审查,法律和司法解释却并未作出异地指定的规定。最高人民法院根据该案的实际情况,经审判委员会讨论,采纳河北省高级人民法院的建议,指定山东省高级人民法院对该案进行审查。这一做法,不仅是完全必要的,而且是非常正确的。首先,在《刑事诉讼法》中,本身就没有对刑事审查与刑事再审进

---

① 《中华人民共和国刑事诉讼法》第 255 条规定:"上级人民法院指令下级人民法院再审的,应当指令原审人民法院以外的下级人民法院审理;由原审人民法院审理更为适宜的,也可以指令原审人民法院审理。"最高人民法院《关于适用〈中华人民共和国刑事诉讼法〉的解释》第 379 条第 2 款规定:"上级人民法院指令下级人民法院再审的,一般应当指令原审人民法院以外的下级人民法院审理;由原审人民法院审理更有利于查明案件事实、纠正裁判错误的,可以指令原审人民法院审理。"

行具体区分。《刑事诉讼法》关于审判监督程序的规定，是申诉审查和再审审理都必须遵守的规定，因此《刑事诉讼法》对指定再审所作出的明确规定，亦可以适用于申诉审查，或者说至少可以为申诉审查提供指导。其次，聂树斌案已经河北省高级人民法院多次审查，且审查结论一致，认为启动再审的必要性不大，因此在这种情况下，再由河北方面组织审查，已确无必要。但该案涉及"一案两凶"，事关重大，社会关注度极高，必须慎之又慎，指定河北以外的法院对案件进行审查更体现公允，结论也更能为公众所认可。再次，将该案交由异地指定进行审查，本身就是河北省高级人民法院主动要求，其之所以提出这一要求本身就是秉着对案件当事人及其亲属负责，对社会公众负责，对事实真相和法律公正负责的态度而为。最后，聂树斌案异地审查的处理决定系经最高人民法院审判委员会讨论决定，其严谨性与权威性堪比司法解释的出台程序，而且，山东省高级人民法院的具体审查工作及审查结论，证明最高人民法院异地指定审查的创新举动是非常成功的。

第二，审查过程中举行多方听证，这又是一次前所未有的有益尝试。山东省高级人民法院在对聂树斌案进行审查的过程中，于 2015 年 4 月 28 日召开审查听证会，全面听取申诉人及申诉代理律师、原办案单位代表的意见，并在听证会结束后采取座谈和书面相结合的方式，综合听取了听证人员的意见。首先，在听证会的参与主体方面，申诉人张焕枝、聂淑惠及申诉代理律师李树亭、陈光武和邀请的 15 名听证人员之中，专家、学者组人员 5 名、全国人大代表 2 名、全国政协委员 2 名、人民法院监督员 2 名、妇女代表 2 名、基层群众代表 2 名参加了听证会。山东省人民检察院指派 2 名检察员出席听证会，履行法律监督职责。山东省高级人民法院官方微博亦对听证会情况进行了播报。其次，在听证会的环节分布上，共分三个阶段进行。第一阶段，合议庭通过播放河北省高级人民法院制作的视频资料，向听证人员介绍了聂树斌案的基本情况、原判认定事实和判决理由。第二阶段，聂树斌案申诉人及其代理律师说明申诉请求及理由，发表申诉代理意见。第三阶段，河北省高级人民法院、河北省人民检察院、河北省公安厅指派的工作人员作为原办案单位代表，向合议庭及听证人员介绍聂树斌案原处理决定认定的事实、证据、程序和法律依据，出示相关证据。在第二和第三阶段，听证人员围绕案件事实、证据、程序和法律适用等问题，分别向申诉人及其代理律师、原办案单位代表进行提问，进一步了解了案件情况。最后，在程序设置上，合议庭充分听取申诉人及其代理律师、原办案单位代表意见，并向听证人员出示了聂树斌案审查期间依法委托有关鉴定机构出具的鉴定意见、调查形成的证人证言等证据材料。相关材料在听证会前已经分别提供给申诉代理律师和原办案单位代表查阅。为保证听证人员充分、自主地发表意见,听证会休会后,合议庭还采取座谈和书面相结合的方式,分别听取了专家组和非专家组的意见,并组织听证人员对设计表格的三个选项(1. 聂树斌是真凶;2. 王书金是真凶;3. 聂树斌、王书金都不是真凶)进行填写。经统计,专家学者组的 5 名听证人员认为不好做出选择,现有证据不充分,不能确定谁是真凶。其他 10 名听证人员中,4 名听证人员认为本案真凶系聂树斌,2 名听证人员认为是王书金,4 名听证人员认为两者均不是。认为不能确定聂树斌是真凶或聂树斌不是真凶与聂树斌是真凶的听证人员人数比例是 11∶4。

虽然法学理论界和实务界对山东省高级人民法院这种并非合议庭人员参与听证,而是在合议庭人员之外另行邀请 15 名人员对申诉方和原办案机关进行不同时在场的"背靠背式"的听证,然后再由合议庭人员听取听证人员意见的做法的评价并不完全一致,但在审查阶段以一种类似于开庭的方式来听取各方的意见的方法,不能不说是一种打破窠臼的创新之举,此举也受到了多数人的肯定和赞赏。

第三,审查阶段允许代理律师查阅全部案卷材料,同样是一个新的大胆尝试。在山东省高级人民法院对聂树斌案进行审查期间,申诉方委托了两位代理律师代为进行相关行为。这两位代理律师中一位为北京某律师事务所的李树亭律师,另一位为山东某律师事务所的陈光武律师。两位律师为了更好地履行自己的职责,向山东省高级人民法院提出了查阅聂树斌案全部卷宗材料的申请。在我国《刑事诉讼法》及相关司法解释中,对于侦查、审查起诉、一审、二审及案件再审期间辩护人及诉讼代理人可以查阅案件相关材料问题有明确规定,但对律师在申诉审查过程能否阅卷的问题,相关法律和司法解释并未作出明确规定。司法实践中,对于这一问题也一直存在争议。有人认为,由于审查并非一个法定的独立程序,只是法院在案件启动再审之前的一个内部审查程序,在人民法院没有作出再审决定前,代理人不能查阅案件的卷宗材料;也有人认为,对于"申诉是否可以委托律师代理"以及"律师在申诉过程中是否可以查阅案卷"等问题在《刑事诉讼法》中并没有相关规定,仅在我国《律师法》中关于律师可以从事业务中规定了可以"接受委托,代理各类诉讼案件的申诉"。[①] 最高人民法院《关于适用〈中华人民共和国刑事诉讼法〉的解释》中也规定"申诉可以

---

① 《中华人民共和国律师法》第 28 条:"律师可以从事下列业务:(一)接受自然人、法人或者其他组织的委托,担任法律顾问;(二)接受民事案件、行政案件当事人的委托,担任代理人,参加诉讼;(三)接受刑事案件犯罪嫌疑人、被告人的委托或者依法接受法律援助机构的指派,担任辩护人,接受自诉案件自诉人、公诉案件被害人或者其近亲属的委托,担任代理人,参加诉讼;(四)接受委托,代理各类诉讼案件的申诉;(五)接受委托,参加调解、仲裁活动;(六)接受委托,提供非诉讼法律服务;(七)解答有关法律的询问、代写诉讼文书和有关法律事务的其他文书。"

委托律师代为进行”。[①] 如果申诉审查阶段完全不允许律师查阅案卷材料，那么，律师代理申诉的职能就难以得到有效发挥。对此，各地做法不一，但多数不在审查阶段提供案卷材料给律师查阅。这次聂树斌案在山东省高级人民法院审查期间，允许代理律师查阅、复制聂树斌案的全部案卷材料，不能不说是一个重大尝试。

第四，对案件审查期限的把控上既严格控制又结合案件实际情况的做法也不失为有益创举。《刑事诉讼法》中未对申诉审查问题进行具体规定，故更不可能规定申诉审查的具体期限。最高人民法院《关于适用〈中华人民共和国刑事诉讼法〉的解释》第 375 条第 1 款规定：“对于立案审查的申诉案件，应当在三个月内作出决定，至迟不得超过六个月”。最高人民法院为了避免申诉案件审查的时间受到不必要的拖延，使当事人不至于漫长等待，提高申诉审查的效率，以司法解释的形式主动对审查期限作出限制，且规定以刚性形式进行，不留余地，这是难能可贵的，也是非常必要的。由此也可看出最高人民法院对于申诉审查案件必须及时作出结论的高度强调。然而，现实当中，对于聂树斌案这样历时久远、高度复杂的案件，“六个月”的审查时间，确实难以作出是否再审的决定。在这种情况下，如果草率作出结论，不仅难以确保审查的质量，可能损害当事人的权益，而且会违背法律的基本精神。所以，对于这类案件，在报经司法解释的作出机关——最高人民法院批准后，可以根据需要延长审查的期限。正因如此，在山东省高级人民法院的审查过程中，最高人民法院四次批准延长审查期限，至 2016 年 6 月 15 日。

二、再审审理过程中，对相关程序问题作出了具有示范性的妥善处理

本案在原审被告人聂树斌被执行死刑 21 年后再审，不仅再审的结果牵动着每一位关注者，而且再审过程中对相关程序问题的处理，也会成为公众特别是法律爱好者研讨和评论的对象，并成为类似案件再审处理时主要的参考案例。因此，再审合议庭对本案的每一个程序性问题，均在反复研究之后才作出选择。所幸这方面的努力效果极佳，受到社会各界的高度肯定。

第一，首开先例将该案的再审工作交由第二巡回法庭承担。本案在经山东省高级人民法院异地审查后，提出由最高人民法院提审的建议，并报最高人民法院审查。最高人民法院依法组成合议庭对山东省高级人民法院的审查意见进行认真审查，于 2016 年 6 月 16 日作出（2016）最高法刑申 188 号再审决定，

---

① 最高人民法院《关于适用〈中华人民共和国刑事诉讼法〉的解释》第 371 条：“当事人及其法定代理人、近亲属对已经发生法律效力的判决、裁定提出申诉的，人民法院应当审查处理。案外人认为已经发生法律效力的判决、裁定侵害其合法权益，提出申诉的，人民法院应当审查处理。申诉可以委托律师代为进行。”

提审本案。由于最高人民法院审判监督庭已承担了该案立案再审前的申诉审查工作,根据案件“立申分离”的原则,该案的再审工作原则上不宜再由审判监督庭承担。一般来说,审判监督庭不便承担有关刑事案件的再审任务时,原则上就应由院内的某一刑事审判庭来承担。然而本案却打破常规,将再审工作交由第二巡回法庭承担。之所以如此,是因为当时最高人民法院按照中央决定已经设立了两个巡回法庭,此举也是司法改革的重要举措之一,同时,这两个巡回法庭也是人民法院司法改革的试验田,为人民法院审判改革探索培育了不少可复制、可推广的鲜活经验。特别是第二巡回法庭,在推进审判改革方面取得了诸多为公众所熟知和点赞的成就。① 因此,将该案放到同样为最高人民法院内设审判业务部门的巡回法庭审理,不仅可以用巡回法庭已经积累的审判改革成果来促进该案再审,而且巡回法庭本身也可借助这一重大、复杂案件的再审,进一步探索、积累巡回法庭审理重大再审刑事案件的经验,达到一举两得的良好效果。因此,最高人民法院首开先例,将本院提审的聂树斌再审案件交由第二巡回法庭审理。不仅如此,另一前所未有的做法,则是在决定组成五人合议庭审理该案后,为了配强合议庭的审判力量,又从院内临时抽调审判监督庭庭长夏道虎、刑事审判第一庭副庭长管应时、审判监督庭审判长罗智勇参与该案合议庭。同时,实行双承办人、双法官助理、双书记员制,由管应时、罗智勇担任该案承办人,赵春晓、刘志担任该案法官助理,杨艳明、纪微微担任书记员。

第二,考虑该案涉及个人隐私及原审被告人已死亡的实际情况,对该案实行书面审理。由于本案系最高人民法院提审案件,依照《刑事诉讼法》第256条规定,应当依照第二审程序进行审判,这没有什么问题。问题在于,本案是否需要开庭审理甚至公开开庭审理。客观来讲,对于社会公众高度关注的案件,只要具备开庭审理条件的,应当尽可能开庭审理,依法可以公开的,应当尽可能公开审理。因为这样做,一方面可以使社会公众见证庭审的过程,满足公众关注案件审理判决详情的强烈愿望,不管最终的结果是维持还是改判,都能让正义以看得见的方式实现;另一方面可以使社会公众随着庭审活动的进行,全面了解案件的事实和证据,对裁判结论的应然内容也能作出自己的推测和判断,从而增强对裁判结果的预期和认同。社会公众见证案件审理的过程,认同案件审理的结果,当然更有利于树立司法公信和司法权威,实现案件审理法律效果和社会效果的统一。所以,在合议庭成员基本查阅完毕全部案卷材料之后,研究讨论的第一个问题,就是该案是否具备开庭审理甚至公开开庭审理的条件。

研究发现,本案并不具备开庭审理的条件,更不用说公开开庭审理。一是

① 如审判团队办案制、主审法官负责制、主审法官会议制、法官助理协办制等。

我国《刑事诉讼法》明确规定"有关国家秘密或者个人隐私的案件,不公开审理"。本案属于强奸杀人案件,涉及被害人康某某的隐私保护,虽然被害人已不在人世,但其隐私权仍然受到法律保护。因此,即使开庭审理该案,也只能与原一审一样实行不公开开庭审理。二是原审被告人聂树斌已于21年前就被执行枪决,如果开庭审理,被审判的主要对象已不能出席法庭,庭审中的控、辩双方已不能到位,更不用说形成控辩对抗,这种情况下的开庭审理不仅难以达到应有目的,而且可能因为操作上的种种困难而形成事实上的难以审理。正因如此,考虑到该案的特殊情况,并结合最高人民法院《关于适用〈中华人民共和国刑事诉讼法〉的解释》第384条规定,即"对原审被告人、原审自诉人已经死亡或者丧失行为能力的再审案件,可以不开庭审理",以及在本案再审中代表最高人民检察院履行法律监督职责的检察人员的相关意见最终决定,对该案的再审采用书面审理的方式进行。

开庭审理或者书面审理,是法律规定的两种审理方式。但必须明确的是,书面审理并不等于只是根据书面材料进行审理。我国《刑事诉讼法》第234条第2款对于书面审理的案件应如何进行,亦明确要求"第二审人民法院决定不开庭审理的,应当讯问被告人,听取其他当事人、辩护人、诉讼代理人的意见。"聂树斌案的再审,虽然是采用书面审理的方式进行审理的,但该案再审的过程,不仅不是简单地根据已有的书面材料审理,而且并不限于"听取其他当事人、辩护人、诉讼代理人的意见",而是根据本案的具体实际和需要,进行了一切有条件的活动。这些活动,在判决书中亦作了介绍,如"赴案发地核实相关证据,察看案发现场、被害人上下班路线、原审被告人聂树斌被抓获地点及其所供偷衣地点,询问部分原办案人员和相关证人;就有关尸体照片及尸体检验报告等证据的审查判断咨询刑侦技术专家,就有关程序问题征求法学专家意见;多次约谈申诉人及其代理人,听取意见,依法保障其诉讼权利;多次听取最高人民检察院意见等"。正因如此,该案虽然不是以开庭审理的方式进行的,但其审理活动已得到最大限度的丰富,审理活动的效果并不比开庭审理逊色。以致学者在对合议庭组成人员的工作态度表示钦佩的同时,亦真诚地"为这样复杂的审理方式值得点赞"。①

第三,认真研究和合理确定本案的再审参与人范围。这一问题看似简单,其实涉及程序的是否正当和各方人员权利或职权的行使,不能有所疏漏。否则,无论最终的审理结果如何公正,也可能难为有关各方所真诚认可、信服和接受。

---

① 参见卢建平:《聂案平反中的诸多第一次及其法治意义》,载《人民法院报》2016年12月4日,第2版。

首先,通知该案申诉人参加。本案再审的是原审被告人聂树斌故意杀人、强奸妇女一案,由于原审被告人聂树斌已经死亡,不可能再参与案件审理,且本案系根据聂树斌亲属的申诉而进行审查并最终启动再审的,故本案理所当然应通知相关申诉人参加审理活动。然而,在通知申诉人参加诉讼活动时,由于申诉人有 3 人,即聂树斌的父亲聂学生、母亲张焕枝、姐姐聂淑惠,故三人都必须被通知参加再审诉讼活动。同时,考虑到 3 位申诉人提出申诉事项、理由和请求等完全一致,为照顾到因病而生活不能完全自理的聂学生及尚在上班工作的聂淑惠的特殊情况,经聂学生及聂淑惠请求并授权,允许申诉人张焕枝作为申诉人代表参加再审活动。此外,依照法律和司法解释规定,申诉可以委托律师代为进行。故经人民法院许可,申诉人在申诉审查阶段委托了两位律师代为进行相关活动。再审程序启动后,人民法院告知申诉人仍然可以委托 1 名至 2 名律师担任代理人,参加再审相关审理活动。但申诉人经商量后,只委托了 1 名律师担任诉讼代理人。

需要指出的是,关于申诉人所委托律师参加再审活动的身份问题,有人将其与原审被告人的辩护人相混淆,以致将受托律师所发表的意见误认为是“辩护意见”。事实上,本案中,由于原审被告人已经死亡,已不能在案件审理中行使辩护权,作为其辩护权延伸的辩护人也就失去了存在的基础。由申诉人出面委托的律师,目的是帮助申诉人代为进行相关诉讼行为,与申诉审查阶段一样,其性质只能是诉讼代理人,不可能是辩护人,针对该案件所发表的意见,也只能是代理意见。

其次,通知检察机关派员参加。本案虽系人民法院自主启动再审,但由于其原来属于公诉案件,故再审过程中,依法应当通知再审该案件的人民法院的同级检察机关参加。最高人民法院对该案正式启动再审后,即正式致函最高人民检察院,商请该院指派检察人员在该案的再审过程中依法履行职务。很快,最高人民检察院即指派了 5 名检察人员参与该案阅卷等活动,并在案件审理过程中及时提出了关于案件处理的具体、明确的意见。

再次,通知原附带民事诉讼原告人参加。本案原一审、二审时,被害人康某某之父康某东均以“附带民事诉讼原告人”身份参加诉讼。本次再审聂树斌案时,如果康某东健在,其诉讼主体资格仍然保留,由于案件的处理结果与其存在一定的利害关系,故有必要通知其参加再审活动。至于被害人的其他亲属,在原审中并未一同提起附带民事诉讼,不是本案的当事人,故无必要通知。经联系,得知康某东已于 2016 年 5 月在最高人民法院决定提审聂树斌案前离世,其亲属表示无继续参加该案诉讼的意愿,不再参与该案诉讼,故该案再审的具体范围中,也就不必再涉及原附带民事诉讼部分。

最后,不将另案被告人王书金纳入本案的审判对象。虽然本案启动再审,与另案被告人王书金自认其在石家庄西郊玉米地奸杀一名年轻妇女紧密相关,且王书金归案以后,先后被有关部门提讯近 40 次,除特殊情况下的几次供述有些改口外,一直供认石家庄西郊玉米地的案件系其所为。认真研究王书金的供述,无疑会对判断聂树斌是否为本案真凶具有积极意义,也有人主张应在本案中对王书金是否为康某某案真凶的问题进行审理并作出结论。然而,王书金毕竟并非本案被告人,其在针对其起诉的案件中是被告人,但在聂树斌案中其身份只能是一个证人。即便本案具备开庭审理的条件,王书金也只能以证人身份参加本案的庭审活动,因本案不具备开庭审理条件,故更不能将其作为直接的审判对象而进行审理。

第四,严格执行法定审理期限,坚决做到在法定期限内结案。《刑事诉讼法》第 258 条第 1 款规定:"人民法院按照审判监督程序重新审判的案件,应当在作出提审、再审决定之日起三个月以内审结,需要延长期限的,不得超过六个月"。本案最高人民法院于 2016 年 6 月 6 日作出再审决定,同年 11 月 30 日审结,12 月 2 日公开宣判,完全符合刑事诉讼法关于审理期限的规定。该案重大、复杂、疑难,再审的工作量非常巨大,合议庭克服重重困难,坚决做到在法定审限内结案,体现了最高人民法院带头遵守法定审理期限的明确态度和坚强决心。

三、再审判决书中,以改判理由形式对案件存在的若干重大程序缺陷作出明确的不利性评价

一份良好的判决书,不仅应当依据相关证据对案件事实作出客观准确的认定,并据此就实体处理作出最终结论,而且应当就案件的相关程序问题作出公正的分析评价,以褒扬程序公正,针砭甚至制裁程序不当。本案的判决书为此作出了明显努力,将若干重大程序缺陷作为改判理由予以明确强调,就是为了借助该案在未来的刑事案件办理中立下规矩,一旦程序上严重不符合法律规定,就应当承担不利后果。

第一,明确若无证据或者明确的证据线索指向特定嫌疑人,不得随意进行拘禁。康某某被害一案发生后,侦查机关在排查过程中,有离案发现场约 2 公里的石家庄市电化厂平房宿舍区一群众反映,案发前一段时间,该宿舍区公共厕所附近常见一骑蓝色山地车的男青年闲转,看到有人就进厕所。另有现场附近的妇女反映,其在案发现场附近的地里干活时,曾有一名骑蓝色山地车的小伙子用不正常的眼光盯着她看过。侦查机关遂派员在电化厂平房宿舍的公共厕所旁蹲守。当聂树斌于 1994 年 9 月 23 日 18 时许骑一辆蓝色山地车路过此处时,侦查人员认为其类似群众反映的男青年故将其抓获,并于当天将其所骑

的蓝色山地车作为作案工具扣押。从聂树斌到案的过程看，办案机关对聂树斌实施抓捕前，并未掌握聂树斌实施本案犯罪的任何证据或线索，仅仅因为群众反映有一骑蓝色山地车的男青年似有流氓行为，便将该男青年确定为本案的犯罪嫌疑人并采取措施实施抓捕。此外，侦查机关并未掌握“男青年”实施了本案犯罪的任何证据、未组织群众辨认聂树斌是否为其所见过的那名“男青年”，甚至连到底是哪名“群众”反映的情况也没有记载。这种在碰巧情况下将某一公民抓获，即对其实施拘禁、讯问，并将其山地车作为“作案工具”予以扣押的做法，不仅严重违反了我国《刑事诉讼法》的规定，而且太过随意，使任何公民都可能成为被抓获的对象，进而成为“犯罪嫌疑人”甚至“被告人”“罪犯”。在大力推进依法治国、不断强化人权保障的今天，对于这种不守法律规定的随意性做法，必须旗帜鲜明地予以否定。

第二，明确对办案中证据材料缺失又不能作出合理解释的，作有利于被告人的解释。本案判决书所列的九点改判理由中，有三点是分别指向重要证据材料缺失的。首先，关于“前五天讯问笔录缺失”的问题，侦查卷宗显示，聂树斌1994年9月23日被抓获，但直到9月28日才有第一份讯问笔录，且在卷的聂树斌供述均为有罪供述。经仔细审查，发现不仅聂树斌被抓获后的前五天侦查机关对其进行过讯问并作有讯问笔录，而且这五天内聂树斌既有有罪供述，也有无罪供述，只是侦查机关未将聂树斌的无罪供述入卷。在聂树斌案审查和再审期间，各相关法院均就前五天讯问笔录缺失的原因询问了公安机关原办案人员，而得到的解释有以下几种：一种是聂树斌到案前几天的供述断断续续，造成笔录很不完整；另一种是当时这些笔录可能入了副卷，但由于搬家或时间过长，副卷找不到了；还有一种是当时有一个习惯做法，只对完整的笔录入卷，不完整的笔录不入卷等。其次，关于“前50天证人证言缺失”问题，侦查卷宗显示，从1994年8月11日发现被害人康某某尸体到同年9月底聂树斌认罪，期间50天的时间内，办案机关所收集的被害人丈夫侯某某的证言及一同上班的姐妹余某某、王某某的证言均未入卷。这些人与被害人康某某关系紧密，他们的证言按理应成为该案破案的重要证据，可卷内显示，直到1994年10月1日才出现侯某某的首次证言，10月11日和10月21日才首次出现王某某、余某某的证言，均是在案件已破之后。在本案审查和再审阶段再找这些证人询问时，这些证人均证实，案件发生后，办案人员多次找他们进行过调查，并对调查情况作了记录。可是，当审查和再审阶段法官询问原相关办案人员，为什么会出现案发后前50天相关重要证人的证言集体失踪的情况时，相关办案人员所做的解释同样各不一致，要么说当时可能记在了笔记本上，因不是破案所需未整理；要么说可能是在将材料全部送到预审科时被预审科剔出去了；要么说可能当时入了副卷，后来搬家时将副卷丢失,等等。最后,关于"原始书证考勤表缺失"问题,侦查卷宗显示,聂树斌所在车间有一份考勤表,该考勤表可以证明车间全体人员的出勤情况。案发后,侦查人员从车间主任葛某某处调出了该考勤表,但卷宗材料中却无法找到该考勤表,只有一份聂树斌所在单位盖有公章的出勤证明。再审询问原办案人员时,称可能是因为聂树斌所在单位出具了盖有公章的出勤证明,便未再将考勤表入卷了,或者是当时将考勤表入了副卷,后来副卷丢失了。

上述讯问笔录、证人证言、考勤表的缺失,严重影响案件事实的认定。因为讯问笔录的缺失导致被告人供述的完整性和真实性受到影响,重要证人证言的缺失直接影响案件发生及被害人死亡时间等基本事实的认定,考勤表的缺失导致认定聂树斌有无作案时间失去原始书证支持。原办案机关有关人员的解释既不符合《刑事诉讼法》规定,也不符合 1987 年公安部印发的《关于公安机关办理刑事案件程序规定》及 1991 年公安部印发的《公安业务档案管理办法》,还与原办案机关当时办理的其他案件相左,属于不能作出合理解释。因此,再审判决书对这种不全面收集、移送被告人供述,不将重要证人的全部证言入卷并移送以及不注重保存并移送重要原始证据的做法作出了明确的否定性评价,并处之以不利后果。

第三,明确了对于不排除指供、诱供可能,真实性存疑的有罪供述,不予认定。本案中,虽无证据证明原办案人员在讯问聂树斌时对其实施了刑讯逼供,但聂树斌的供述显示:他自己本来不想说,后在办案人员的"劝说和帮助下说清整个过程";他供述的偷取花上衣的地点存在随证而变的现象;一些笔录显示讯问内容指向明确;有现场勘验人员被安排到讯问场所对口供等,因而不排除对聂树斌有指供、诱供的可能。而且,由于其关于到底是哪一天作案、偷取花上衣的时间和地点、强奸作案的具体过程等关键事实的供述前后矛盾,反复不定,加上相关事实大都是先证后供,表面上看供述内容与现场勘验、尸体检验报告的内容基本一致,但供证一致的真实性、可靠性存在诸多疑问。对于这种情况下的有罪供述,无论是从维护程序公正的角度,还是从确保实体公正考虑,都不能认可其效力。

第四,明确办案过程中足以影响证据证明力的重大程序瑕疵,也应引以为戒。

一是对聂树斌违规实行监视居住。办案机关在没有掌握聂树斌任何犯罪线索的情况下就将其抓获,对其采取监视居住措施,且监视居住期间一直将其羁押于派出所内,违反了 1979 年《刑事诉讼法》及公安部 1987 年《公安机关办理刑事案件程序规定》的有关规定。二是现场勘查未邀请见证人在场见证。本案现场勘查没有邀请见证人参与,且勘查笔录除记录人外,其他参加勘验、检查人员本人均未签名,此举违反了 1979 年《刑事诉讼法》、1979 年《公安部刑事案件现场勘查规则》及公安部 1987 年《关于公安机关办理刑事案件程序规定》的有关规定。三是相关的辨认、指认极不规范。原审卷宗显示,办案机关组织聂树斌对现场提取的花上衣、自行车和康某某照片进行了辨认,对强奸杀人现场、藏匿康某某衣物现场进行了指认,并制作了 5 份笔录,但所有辨认、指认均无照片附卷;对现场提取的连衣裙、内裤和凉鞋,未组织混杂辨认,只是在讯问过程中向聂树斌出示;对花上衣、自行车虽然组织了混杂辨认,但陪衬物与辨认对象差异明显;对康某某照片的混杂辨认,卷内既未见康某某照片,也未见两张陪衬照片。这些辨认、指认中存在的问题,致使辨认、指认笔录证明力明显不足,难以发挥有关重要物证的应有价值。上述三个方面的程序瑕疵,在司法实践中时有发生,属于常见性的程序缺陷,虽然与刑讯逼供等严重程序违法性质不同,但同样对案件公正处理影响重大,应当坚决遏制。正因如此,最高人民法院对此毫不含糊,在该案判决书中予以明确指出,并进行专门评判,就是要以此为鉴,督促相关部门严格依照法定程序开展刑事诉讼活动,确保法律得以严格遵循,案件得到公正处理,使正义不再迟延,悲剧不再重演。

我国刑事审前程序的结构性问题及其矫正

杨东亮*

摘　要　包括以审判为中心的诉讼制度改革在内的司法体制改革举措，尚未根本改变制约我国刑事司法公正的结构性问题，没有真正建立起控审分离、控辩平等、裁判中立的科学规范的司法体制。在审判程序中，我们没有深刻贯彻这种作为刑事诉讼基本规律的体制；而在审前程序中，则根本缺乏这种作为诉讼基本架构的体制。就立法和司法实践而言，我国刑事审前程序的结构性问题可以概括为侦查权越位、检察权错位、辩护权失位、司法权缺位。这4个问题，不仅是相对独立的，更是相互关联的，反映我国刑事诉讼在很大程度上是公、检、法对被追诉人的二元结构图景。为了实现刑事司法公正，一方面，应保证控辩平等，保障辩方对于控方的合理防御权利；另一方面，为弥补权利与权力的天然不平衡，应构建以权力制约权力、以权利制约权利、以程序制约权力的制衡机制，把强制性权力规制在"制度的笼子"里。刑事诉讼中的司法审查，正是这种矫正我国刑事审前程序的结构性问题、保障刑事司法实体公正和程序公正的理想程序机制。

关键词　刑事诉讼　侦查权越位　检察权错位　辩护权失位　司法权缺位　司法审查

刑事诉讼中，大多数情况下，追诉方为了打击犯罪、维护社会秩序而竭力追诉，被追诉方为了其自由、财产和生命不被剥夺而竭力辩护，二者势同水火，控辩矛盾极为激烈。由于追诉方代表政府，掌握着国家强制力，而被追诉人是道德和力量上都处于显著弱势的个人，控辩力量的不平衡是不可避免的。不平衡的控辩力量当然对打击犯罪而言于效率上具有显著优点，但同时也存在显著危险，即追诉方可能基于自己的强势地位和强制力量恣意地按照自己预想的结果推动刑事诉讼的过程，甚至完全脱离刑事诉讼的目的而为所欲为，强制权力可能被误用或滥用。诚如丹宁勋爵所言："每一社会均须有保护本身不受犯罪分子危害的手段。社会必须有权逮捕、搜查、监禁那些不法分子。只要这种权力

---

* 杨东亮，机关干部，法学博士、博士后。

运用适当,这些手段都是自由的保卫者。但是这些权力也可能被滥用。而假如它被人滥用,那么任何暴政都要甘拜下风。"①我国刑事审前程序的问题,尤其是其结构性问题,是影响我国刑事司法公正、制约我国刑事法治现代化的突出问题。

一、侦查权越位

侦查是指在刑事诉讼中侦查机关为查明案件事实、收集案件证据、查缉犯罪嫌疑人而实施的专门调查活动。在我国漫长的奴隶社会与封建社会中,侦查与起诉、审判活动是合一的。直至20世纪初,晚清政府及北洋政府开始参照西方国家的警察制度建立专业警察队伍,专门负责侦查活动,侦查职能才开始走向独立。在抗日战争及解放战争时期,中国共产党领导的革命政权开始在各级政权机构中建立承担侦查职能的公安机关,为新中国成立后侦查机关以及刑事侦查程序的设置奠定了基础。② 我国1979年《刑事诉讼法》规定的侦查机关为公安机关和人民检察院,其中公安机关对一般刑事案件行使侦查权,人民检察院对贪污罪、侵犯公民民主权利罪、渎职罪以及人民检察院认为需要自己直接受理的其他案件行使侦查权。1996年、2012年、2018年《刑事诉讼法》对侦查机关进行了进一步明确,规定侦查机关包括公安机关、检察机关③、国家安全机关、军队保卫部门、海警部门、监狱。

我国当前侦查机关的分工是,公安机关对法律规定由其他机关进行侦查以外的所有案件行使侦查权;检察机关对其在诉讼监督中发现的司法人员利用职权实施的非法拘禁、刑讯逼供、非法搜查等侵犯公民权利、损害司法公正的犯罪案件,以及省级以上人民检察院决定由人民检察院直接受理的属公安机关管辖的国家机关工作人员利用职权实施的重大犯罪案件行使侦查权;国家安全机关对危害国家安全案件行使侦查权;军队保卫部门对军队内部发生的案件行使侦查权;监狱对监狱内发生的案件行使侦查权。同时,监察机关对涉嫌贪污贿赂、滥用职权、玩忽职守、权力寻租、利益输送、徇私舞弊以及浪费国家资财等职务违法和职务犯罪行使调查权。具体规定体现在现行《刑事诉讼法》第3条、第4条、第19条、第308条共4个条文中。《刑事诉讼法》第3条规定:"对刑事案件的侦查、拘留、执行逮捕、预审,由公安机关负责。检察、批准逮捕、检察机关直

① [英]丹宁勋爵:《法律的正当程序》,李克强、杨百揆、刘庸安译,法律出版社2011年版,第117~118页。

② 参见王敏远主编:《中国刑事诉讼法教程》,中国政法大学出版社2012年版,第227页。

③ 2018年国家监察法明确,由监察机关行使对职务犯罪的调查权。《刑事诉讼法》相应作出重要调整,原由检察机关行使的职务犯罪侦查权大为缩减。监察机关对职务犯罪的调查权,在权力属性和内容上相当于侦查权,但鉴于国家立法尚未将其纳入《刑事诉讼法》的调整范畴,本文不将其列入讨论范围。

接受理的案件的侦查、提起公诉,由人民检察院负责……”第 4 条规定:“国家安全机关依照法律规定,办理危害国家安全的刑事案件,行使与公安机关相同的职权。”关于公安机关和检察机关行使侦查权的界限,第 19 条规定:“刑事案件的侦查由公安机关进行,法律另有规定的除外。人民检察院在对诉讼活动实行法律监督中发现的司法工作人员利用职权实施的非法拘禁、刑讯逼供、非法搜查等侵犯公民权利、损害司法公正的犯罪,可以由人民检察院立案侦查。对于公安机关管辖的国家机关工作人员利用职权实施的重大犯罪案件,需要由人民检察院直接受理的时候,经省级以上人民检察院决定,可以由人民检察院立案侦查……”第 308 条规定:“军队保卫部门对军队内部发生的刑事案件行使侦查权。中国海警局履行海上维权执法职责,对海上发生的刑事案件行使侦查权。对罪犯在监狱内犯罪的案件由监狱进行侦查。军队保卫部门、中国海警局、监狱办理刑事案件,适用本法的有关规定。”

我国立法上对强制措施与其他侦查措施做了分别规定,前者规定在第一编总则部分,后者规定在第二编立案、侦查和提起公诉等章节。我国刑事诉讼立法上的强制措施是指对犯罪嫌疑人、被告人的人身自由采取的强制限制和剥夺措施,具体包括拘传、取保候审、监视居住、拘留、逮捕五种。其中,拘传是一种带有强制效力的传唤措施,与传唤适用相同的时限,《刑事诉讼法》第 119 条规定:“……传唤、拘传持续的时间不得超过十二小时;案情特别重大、复杂,需要采取拘留、逮捕措施的,传唤、拘传持续的时间不得超过二十四小时。不得以连续传唤、拘传的形式变相拘禁犯罪嫌疑人。传唤、拘传犯罪嫌疑人,应当保证犯罪嫌疑人的饮食和必要的休息时间。”拘传和传唤的区别在于拘传具有强制性,而传唤以相对人的自愿配合为实现条件;拘传和拘留的区别在于,拘传的目的仅为讯问或询问,讯问或询问完成时即释放,而拘留则不仅以讯问、询问为目的,是一种临时保全嫌疑人人身的强制措施。取保候审是对不必羁押或不能羁押的犯罪嫌疑人、被告人以设定担保的方式保证其不妨碍或逃避诉讼的强制措施。根据设定的担保方式不同,可以分为保证人保证与保证金保证,即人保与财保。取保候审可以附加不得进入特定场所、不得会见或联系特定人员、不得从事特定活动、交存出入境证件和驾驶证等条件以保证犯罪嫌疑人、被告人不妨碍、逃避诉讼或实施其他违法犯罪行为。监视居住是对符合逮捕条件但不宜或不能逮捕的犯罪嫌疑人、被告人,命令其不得离开住所或指定居所并对其活动予以监视和控制的强制措施。监视居住是一种羁押替代措施,是不能羁押而又不能释放的变通措施,这种措施具有人力成本高、执行监管难的突出缺陷。取保候审最长不得超过 12 个月,监视居住最长不得超过 6 个月。逮捕是对有证据证明有犯罪事实,可能判处徒刑以上刑罚,采取取保候审尚不足以防止其实施新的犯罪或有妨碍、逃避诉讼之虞的犯罪嫌疑人、被告人进行羁押的强制措施。而拘留是对现行犯或重大嫌疑分子采取的一种临时剥夺其人身自由的强制措施;如无羁押必要,则应予以释放或采取取保候审等强制措施,如有羁押必要,则应予以逮捕。依据《刑事诉讼法》第 91 条的规定,公安机关对有逮捕必要的被拘留人,应在拘留后 3 日内向检察机关提请批准逮捕,特殊情况下,可以延长 1 ~4 日;对于流窜作案、多次作案、结伙作案三类案件的重大嫌疑分子,提请批捕的时间可以延长至 30 日。实践中,对"特殊情况"和"三类案件"的解释是任意的,30 日的拘留期限被普遍采用。由此,侦查机关在提请批捕以前拘留犯罪嫌疑人的时间可以长达 30 日,加之检察机关 7 日的审查批捕时限,被拘留人在批捕决定作出以前可能被羁押长达 37 日。除上述强制措施以外,《刑事诉讼法》还规定了任何公民均可实施的扭送措施,这种措施是对现行犯或准现行犯、通缉犯、越狱犯、正在被追捕人实施的临时控制并交付于公安机关、检察机关或人民法院的措施。扭送虽然不具有国家强制力,但国家认可其使用强制力的合法性。

我国立法上的其他侦查措施包括八种:①讯问犯罪嫌疑人,即侦查人员依照法定程序以言辞方式向犯罪嫌疑人查问案件事实及其他与案件有关问题的侦查活动。②询问证人、被害人,即侦查人员依照法定程序以言辞方式向证人、被害人了解案件情况的侦查活动。③勘验、检查以及侦查实验。前两者是指侦查人员对与犯罪有关的场所、物品、尸体、人身等进行查看、了解和检验,以发现、收集和固定犯罪活动所遗留的各种痕迹、物品的侦查活动。其中以现场、物品、尸体为对象的为勘验,以活人身体为对象的为检查。后者是指侦查人员按照某一事件发生的条件组织实施的以确定和判明与案件有关的某些事实或行为在某种情况下能否发生和怎样发生的实验性重演的侦查活动。④搜查,即侦查人员为了收集证据、查缉犯罪嫌疑人而对犯罪嫌疑人及可能隐藏犯罪嫌疑人、案件证据的场所、身体进行强制性搜寻、检查的侦查活动。⑤查封、扣押物证、书证,查询与冻结金融资产。查封、扣押物证、书证是指侦查机关为收集和保全证据而依法强行提取、留置和封存与案件有关的物品、文件的侦查活动。而查询、冻结则是扣押的一种特殊形态,其标的仅限于金融资产。⑥鉴定,即侦查机关委托有专门知识的人员就案件中的某些专业性问题进行鉴别和判断的一种侦查活动。⑦秘密侦查,是与其他公开侦查措施相对而言的特殊侦查活动,是在相对人不知情的情况下采取的或者相对人知情的情况下难以采取的各种侦查手段,外延上包括技术侦查、隐匿身份侦查和控制下交付等。⑧通缉,即公安机关以发布通缉令的方式将应当逮捕而在逃的犯罪嫌疑人通报缉捕的侦查措施。此外,虽然《刑事诉讼法》在侦查一章中未予规定,但辨认应为侦查措施之一。辨认是指侦查人员为了查明相关案情,在必要时让被害人、证人或犯罪嫌疑人对特定物品、尸体、文件、场所、人员等进行识别判断的侦查活动。辨认可以按其内容归入讯问犯罪嫌疑人、询问证人、询问被害人等侦查措施中,但该活动具有一定的专门性。

参照外国刑事诉讼法,可以将我国的全部侦查措施分为强制性侦查措施与任意性侦查措施,前者是以国家强制力为保障的、不以相对人的自愿配合为实现条件的侦查措施,后者是不具有国家强制效力、以相对人的自愿配合为实现条件的侦查措施。以上我国立法上的侦查措施中,所有"强制措施"均是以限制和剥夺人身自由为内容的,均具有强制性。其中,除拘传、扭送具有临时性外,其他强制措施的持续时间均较长。尤其是作为临时性羁押措施的拘留,在立法和实务中均已明显超出了制度设置的目的。其他侦查措施中,搜查、查封、扣押、查询、冻结、通缉具有强制性。其中,通缉是宣布和执行逮捕的一种方式,可不视为独立的侦查措施;搜查、查封、扣押、查询、冻结可以合并为搜查、扣押两项措施,搜查可以包容查询,扣押可以包容查封、冻结。在外国法上,还有将逮捕、羁押视为扣押人身的立法例。搜查的主要功能在于发现证据和嫌疑人,扣押的主要功能在于保全证据和嫌疑人。其他侦查措施中,讯问犯罪嫌疑人、询问被害人、询问证人不具有强制性;勘验、检查、侦查实验、辨认、鉴定一般也不具有强制性,但是,当相对人以其明确意思表示表达反对态度时,如犯罪嫌疑人拒绝接受身体检查时,则可以采取强制检查措施,这时一般以相对人自愿配合为实现条件的侦查措施则具有了强制性;秘密侦查措施中,技术侦查措施具有强制性,而隐匿身份的侦查和控制下交付则不具有强制性。析分侦查措施是否具有强制性的意义在于,厘清哪些侦查措施对于个人基本权利具有侵犯性,哪些侦查措施是相对和平的。根据适用的标的不同,可以将强制性侦查措施分为人身性强制措施、财产性强制措施、隐私性强制措施三类。其中,拘传、拘留、逮捕(羁押)、强制人身检查属于人身性强制措施,搜查、扣押属于财产性强制措施,技术侦查属于隐私性强制措施。

侦查权越位的集中表现,就是侦查机关拥有几乎全部强制性侦查措施的自我决定权。根据现行《刑事诉讼法》,对于检察机关自行侦查的案件,检察机关有权自行决定实施任何侦查措施;对于公安机关等其他侦查机关侦查的案件,侦查机关有权自行决定实施除逮捕以外的其他任何侦查措施。从现行法律看,我国侦查机关实施强制性处分的程序具有以下特征:"1. 实施强制性处分的决定权(除逮捕以外)由侦查机关内部负责人行使""2. 在秘密情况下作出强制性处分的决定""3. 限制或剥夺人身自由的强制性措施的期限过长"。[①] 从积极角

① 刘根菊、杨立新:《对侦查机关实施强制性处分的司法审查》,载《中国刑事法杂志》2002 年第 4 期。

度看,这种权力配置能够使侦查机关充分发挥其能动性,对于高效打击和预防犯罪具有重要作用。应当承认,由于当前我国违法犯罪形势尚不容乐观,社会管理、控制手段尚不发达,公民法治意识尚不普遍、深刻,赋予侦查机关及时有效地遏制刑事犯罪的手段是必要的。然而,侦查机关拥有强制措施自行决定权的积极意义是有限的,因为,不受控制的侦查权必然导致侦查措施的滥用和误用,必然导致侦查措施本身变成危害社会的手段,除打着国家公权力的幌子以外,其侵犯公民合法权益之本质,与犯罪行为无异。而且,一旦侦查权被滥用和误用成为不受控制的常态,则必然意味着犯罪侦控体制的失灵,导致犯罪者逍遥法外和无辜者蒙受冤狱,社会秩序则会陷入混乱。侦查措施,尤其是强制性侦查措施,以社会治理的角度视之,不单纯是追诉犯罪的手段,还应当是一种社会治理手段。这种治理手段的正义性在于其保护社会免受犯罪行为的危害,而如果这种治理手段本身对社会造成了危害,则其正义性也将丧失。因此,侦查措施不仅是侦查手段,还涉及尊重和保障人权的问题。

应当说,在意识层面,我国立法上对于尊重和保障人权已经有所认识,我国《宪法》和2012年《刑事诉讼法》将尊重和保障人权予以原则性确认即是明证。但在实践层面,无论是立法还是实务,并未将其予以有效贯彻。正是基于人权保障的目的,法治发达国家对强制性侦查措施规定了预先取得法官令状方可实施的控制机制。我国当前的追诉权力配置虽然最大限度地满足了追诉犯罪的需要,但其于人权保障不利的缺陷是显而易见的。刑事诉讼中,由于追诉机关负举证责任,而强制性侦查措施可以由追诉机关自行决定,追诉机关的工作职责使其将成功追诉作为唯一目标,将搜查、扣押、拘留、逮捕作为侦破案件、收集证据的快捷手段,往往无限度地扩大强制措施适用的范围,"以捕代侦""以讯代查"现象即为其突出表现形式之一。在很多情况下,侦查机关使用了本无须采用的搜查、扣押、拘留、逮捕措施,使并不存在继续危害社会或逃避刑事诉讼之虞的嫌疑人在未获得法院有罪判决以前失去社会活动和家庭生活的自由,因"标签效应"给其本人及家庭带来沉重的心理负担和现实损失,对于将来其回归社会显然是不利的。甚至,在少数情况下,侦查机关错误地将强制性侦查措施施加于无辜者。一方面,这种错误施用可能造成冤狱;另一方面,即便事后证明错误而将相对人予以释放,由此给其造成的尊严、名誉、时间的损失以及在其所生活的社会区域受到的舆论影响也难以弥补和消除。在极端情况下,侦查措施还会变成打击、陷害、报复他人的手段,这时所谓的侦查措施就演变为犯罪手段。

由于缺乏对侦查权的有效制约,侦查措施的使用表现出较强的任意性甚至肆意性,立法对各种强制措施所规定的条件和限制被任意解释和"把握",极大损害了法律的严肃性、权威性。而且,另一个显而易见的弊端是,“由于我国目前尚未确立沉默权规则,而逮捕适用起来较为方便,使得侦查机关在思想观念的深处不自觉地偏重于对犯罪嫌疑人口供的获取,也不利于提高侦查机关的侦查水平。”①自行决定、不受制约的侦查权力,还可能走向将错就错的深渊。对于经查证不足以认定嫌疑人有罪甚至已经查明犯罪嫌疑人无罪时,侦查机关为掩盖其采取强制措施的错误、维持其采取侦查措施的形式上的正确性,只要存在任何可能,就会将犯罪嫌疑人移送审查起诉。在此过程中,必然伴随着对犯罪行为人有利证据的舍弃,甚至是对不利证据的“加成”。这种将错就错地置相对人权益于不顾的错误追诉,可能因为政法机关利益和立场的同一性而在诉讼的不同阶段得到合法性确认,使呈现于外的案件过程和结果显得合法、合情又合理,将经不起现实考验的案件交由历史去考验;而历史又难以对其进行检验,除非“被害人复活”或“真凶再现”。

二、检察权错位

关于我国检察权的性质,学界曾进行过激烈争论,归纳起来有四种观点:其一为行政权说,认为检察权是行政权。如有学者认为,“检察权实际上是一种行政权。采取的是国家主动追究干预的方式。而司法权实质上就是国家居中对于案件的一种裁判权,是处于超然状态并不能有任何偏袒,而检察院无论是基于对犯罪提起公诉,对贪污贿赂罪进行侦查或是对监所进行监督,其总是作为国家这一抽象概念的代言人,去争得国家的权力,这种积极的主动追究的权力的行使,怎么能保证其是超然的呢?其内部实行的垂直领导机制明确告诉人们,为了高效地维护国家利益,检察权实质上是一种行政权,当然也就采取行政的运作方式。而单独设立这种行政性机构并将其抬升至‘国家司法机关’的地位,实在是张冠李戴。”②

其二为司法权说,认为检察权是司法权。司法权说认为检察官与法官具有同质不同职的等同性,将司法机关解释为包括检察机关与审判机关二者。如有的学者认为,一是在体制上检察机关与人民法院地位同等,我国宪法和党政机关文件将检察机关与人民法院同列为司法机关;二是从职能上看检察机关所承担的基本职能是进行诉讼活动和对诉讼活动进行监督,而诉讼活动是司法活动。③

其三为双重属性说,认为检察权兼具司法和行政的双重属性。检察权的司法性,包含以适用法律为目的、独立裁决和判断两点;检察权的行政性,包括上

---

① 任寰:《关于在我国刑事诉讼中建立司法审查制度的构想》,载《法学》2000 年第 4 期。

② 夏邦:《中国检察院体制应予取消》,载《法学》1999 年第 7 期。

③ 参见陈光中、崔洁:《司法、司法机关的中国式解读》,载《中国法学》2008 年第 2 期。

命下从的纵向关系、追求行为本身的目的而只将法律作为行为框架两点。如有的学者认为,"我国检察权的行政性表现在:①上下领导关系集中体现了其行政属性。包括上下级检察机关的领导关系以及检察院内部以检察长为机关首长的领导关系。②检察机关依靠自己的侦查力量对自侦案件的侦查(不同于其他国家检察官指挥、监督司法警察实施侦查)强调其侦查效益,重视严密的组织协调(大案要案通常由检察长、分管检察长或部门领导直接组织侦查队伍实施侦查),侦查行为的侦查目的性特征以及严密的组织纪律,体现了明显的行政属性。我国检察权的司法性表现在:①根据法律,检察机关依法独立行使检察权,而且检察机关在国家体制上是独立的,其独立地位与法院相等;②其公诉活动以正确适用法律为目的,其监督职能和监督活动更具有明显的'法制守护'的性质,因此我国的检察活动至少在法律形式上具有突出的'法律性';③检察机关的公诉权是具有司法性质的权力。尤其是不起诉决定,与法院的免刑和无罪判决具有相似的效力,是具有裁断性、终局性、法律适用性等司法特征的'司法'行为(适用法律进行裁决)。"该学者认为,虽然"我国检察权也具有双重属性,但在法制上将检察权定位为司法权,检察机关定位为司法机关,检察官定位为司法官为宜。"①

其四为法律监督权说,认为检察权的本质为法律监督权。如有的学者认为,"正如我国宪法第129条(现为第134条——编者注)规定,'中华人民共和国人民检察院是国家的法律监督机关',这就充分表明了我国检察院系统的性质,同时也指明了我国检察院应当向何处进一步发展完善的理论方向。"②也有学者认为,"法律监督是检察权的本质特点,司法属性和行政属性都只是检察权的兼有特征和局部特征。任何对检察权性质的全面把握,都必须立足于法律监督,兼顾其司法性和行政性。"③还有的学者认为,"理解检察机关的法律监督地位,还须把握以下原则:第一,应当从宪法的政体规定而非断章取义地理解'国家法律监督机关'的含义……第二,检察机关是'专门'的法律监督机关……第三,检察机关是'国家'的法律监督机关……第四,检察机关是'法律'的监督机关……第五,检察机关是'具体'的法律监督机关……第六,检察机关是程序性的法律监督机关……"④

上述四种观点反映了学界对于检察权性质的基本看法,虽然关于检察权性质的这种争论并非中国独有,但中国检察权于立法和实务中的纷繁复杂的交错

① 龙宗智:《论检察权的性质与检察机关的改革》,载《法学》1999年第10期。
② 冰青:《中国的检察体制不能取消》,载《法学》1999年第7期。
③ 谢鹏程:《论检察权的性质》,载《法学》2000年第2期。
④ 韩大元、刘松山:《论我国检察机关的宪法地位》,载《中国人民大学学报》2002年第5期。

无疑加剧了对检察权性质的争论。我国《宪法》第 134 条、《人民检察院组织法》第 2 条规定："中华人民共和国人民检察院是国家的法律监督机关。"《人民检察院组织法》第 20 条规定："人民检察院行使下列职权：(一)依照法律规定对有关刑事案件行使侦查权；(二)对刑事案件进行审查，批准或者决定是否逮捕犯罪嫌疑人；(三)对刑事案件进行审查，决定是否提起公诉，对决定提起公诉的案件支持公诉；(四)依照法律规定提起公益诉讼；(五)对诉讼活动实行法律监督；(六)对判决、裁定等生效法律文书的执行工作实行法律监督；(七)对监狱、看守所的执法活动实行法律监督；(八)法律规定的其他职权。"《刑事诉讼法》第 3 条规定："……检察、批准逮捕、检察机关直接受理的案件的侦查、提起公诉，由人民检察院负责……"《刑事诉讼法》第 8 条规定："人民检察院依法对刑事诉讼实行法律监督。"以上就是我国关于检察机关定位及其职权的核心立法内容。根据上述法律条文，我国的检察机关为国家的法律监督机关，检察机关行使的职权统称为检察权。

然而，法律条文所表述的法律监督机关的概念并不明晰，要对检察权的性质作出准确判断，应当首先厘分出检察权的具体内容。在我国刑事诉讼中，检察权是与侦查权、审判权相并列的概念。其中，侦查权作为查清案件事实、查缉犯罪嫌疑人、收集证据材料的权力，由公安机关、检察机关、国家安全机关、军队保卫部门、监狱分别行使；审判权作为一种经过开庭审理对案件作出实体性裁判的权力，由人民法院专门行使。而检察权，则不像侦查权、审判权的内容那样明晰。我国刑事诉讼中，检察权包括：①批捕权，即检察机关对于其他同级侦查机关提请批准逮捕的案件进行审查并决定是否批准逮捕，上级检察机关对于省级以下(不含)的下级检察机关提请批准逮捕的自侦案件进行审查并决定是否批准逮捕；②侦查权，即对人民检察院在对诉讼活动实行法律监督中发现的司法工作人员利用职权实施的非法拘禁、刑讯逼供、非法搜查等侵犯公民权利、损害司法公正的犯罪，以及经省级以上检察机关决定由检察机关侦查的国家机关工作人员利用职权实施的其他重大案件，由检察机关行使侦查权；③公诉权，即对于其他侦查机关或检察机关自侦案件，进行审查起诉并出庭实施公诉；④监督权，包括对公安机关侦查行为的监督、对人民法院审判行为的监督、对刑罚执行行为的监督。

检察权的上述四项具体职权之间存在不可调和的冲突和矛盾。首先，就批捕权而言，检察机关在刑事诉讼中与侦查机关同属于追诉机关，在刑事诉讼中具有高度近似的目的与利益，其与被追诉人是相对立的双方，由对立的一方决定另一方的自由，难以避免追诉方把逮捕作为一种侦控手段而不是保全诉讼的手段使用，显然不可能真正符合公平、正义的要求。其次，就侦查权而言，检察机关在办理自侦案件中,既担任侦查机关,又担任审查起诉机关,其审查就只能是自我审查,使审查起诉失去实质意义而变为一种形式、一种事务性的查漏补缺的活动,而难以担负起筛选过滤的功能。而且,检察机关拥有侦查权的最大危险在于,当检察机关的侦查权、公诉权与法律监督权集于一身时,几乎获得了无所不能的权力。再次,公诉权在世界各国均是检察机关的保留职权。担任政府代理人角色进行公诉的检察机关同时又具有审判权监督者的角色,是"既当运动员又当裁判",对审判权的终局性、中立性、权威性构成严重威胁,同时也因为极大强化了检察机关的优势地位而不可避免地对实体正义、程序正义造成伤害。最后,对于检察监督权,呼吁"大监督权"的声音一直不绝于耳,认为包括前述批捕权、侦查权、公诉权等全部检察机关权能在内的权力均属于监督权,并且这种监督权应当扩大于任何执法和司法活动。这种意见的危险在于,这样的监督权将获得超越一切司法、行政机关的地位,成为权上之权、法上之法,形成权力专制。

回到检察权的性质问题,通过对比检察权性质的四种学说,可以发现均有其合理成分。对于检察权性质的分析,应当从实然和应然两个层面入手,而通过实然与应然的对比,可以得出检察权错位的结论。在实然的层面上,检察权的确包含各种交错的权能,这些不同属性权能的集合难以将检察权归入特定类别,而只能参照机构名称称为检察权或参照法律条文称为法律监督权。但是,这种实然的权力集合内部存在上述不可调和的矛盾和冲突,这些矛盾和冲突导致检察权定位不明,既具有各种权力又难以行使好各种权力,而一旦各种权力都行使好则必然导致检察权专横的局面。因此,必须厘清检察权的本质权能和其应然属性。

从检察制度的起源来看,国外检察机关是为代表君主及后来的政府利益控诉犯罪而建立发展起来的。检察制度发端于法国中世纪的"国王代理人",当时的国王代理人可以代理国王参加有关国王利益的一切民事诉讼。至 16 世纪,法国正式建立了检察官制度,检察官负责对刑事案件进行侦查、起诉。法国是现代检察制度的发源地,各国检察制度均是直接或间接借鉴法国的检察制度而发展起来的。而法国对检察官的定位,就是政府代理人。从现代各国司法制度来看,检察机关的核心职能均为公诉,而包括侦查、侦查指挥在内的具体职权基本都是围绕公诉权为核心而发展衍生的。从我国社会发展的趋势看,公诉职能也应当成为检察机关的基础性职能。我国当前的检察制度移植于苏联,而苏联检察制度的理论根据是列宁关于社会主义检察制度的理论,列宁检察理论的基础是人民民主专政思想。这种理论与实际建制虽然在特定历史条件下具有合理性,但其也应随着社会和人类思想的发展变化而发展。基于统治工具理论构建的检察制度，自然以权力与效率为出发点，而并不重视权力的制约与权利的保护，这是与中国特色社会主义民主、法治理念相悖的。因此，检察权必然回归到以公诉权为核心的基本定位。

在明确公诉权为检察机关的核心职权、基础职权以后，检察权的性质即定位问题也就迎刃而解。一方面，公诉权决定了检察机关是刑事诉讼中的追诉者，是刑事诉讼的参与者，而不是监督者，其对侦查活动的指挥、控制、建议属于公诉权的衍生权能，并非独立的监督权能，而对于审判则根本不应当也不可能具有监督权力。另一方面，在行政权与司法权之间，公诉权只能属于一个，而不可能兼而有之。司法权与行政权相比，具有终局性、中立性、独立性、被动性等本质特点，客观地看，公诉权不具备这些特点，因此检察权应当属于行政权。如果明确检察权属于行政权，则检察权的错位问题也就不难解决。首先，建立以公诉为中心的检察职权体系，循着检察机关就是公诉机关的思路重构整体司法制度；其次，建立由检察机关主导的追诉程序，建立侦检一体化模式；最后，改革逮捕和其他侦查措施的审批制度，建立对强制性侦查措施的司法审查机制。①

三、辩护权失位

《资治通鉴》载魏征言："兼听则明，偏信则暗。"为实现法律的公平正义，作为与追诉方相对立的被追诉方，应当被赋予与追诉方平等的地位和对等的权利以实现自我保护，这种与追诉权相对抗的权利，就是辩护权。《布莱克法律词典》对"辩护"概念的界定是："辩护是指诉讼中被告方所作的提供或声称，如依据法律和事实说明原告不应胜诉或控告不成立……被告人提供证据反驳刑事指控。对另一方指控的答复，提出控告不能被同意的理由。辩护方可以对另一方所声称的事实简单地予以否定或者提供新的事实。后一种情况下，这种辩护是一种积极辩护……对刑事指控的辩护包括不在犯罪现场、被害人同意、'法人'的责任、法律不追究的侵权行为、被迫、陷入圈套、过失、未成年、精神异常、酒醉状态、法律授权、需要、保护财产、公共责任、法律上不可能、自卫和保护其他人。"②

辩护制度是现代刑事诉讼中一项十分重要的制度，"无罪推定原则、程序主体性理论和对立统一规律共同构成了这一制度的理论基础。"③无罪是法律所假定的每个公民的原始状态，从一定角度看，刑事诉讼就是对这种状态的否定性

① 参见陈卫东：《我国检察权的反思与重构——以公诉权为核心的分析》，载《法学研究》2002 年第 2 期。

② 参见熊秋红：《刑事辩护论》，法律出版社 1998 年版，第 3 页。

③ 熊秋红：《论刑事辩护制度之理论基础》（上），载《政法论坛》1997 年第 1 期；熊秋红：《论刑事辩护制度之理论基础》（下），载《政法论坛》1997 年第 2 期。

求证的过程。根据无罪推定原则,被追诉人在被司法最终判决为有罪以前推定其为无罪,因此其在诉讼中非但不能被作为有罪之人对待,因而当然有权进行辩护;而且,无罪推定原则决定了控诉方承担有罪的证明责任,被追诉方不需承担无罪的证明责任,而只需要通过对控方意见进行辩驳以实现自我保护;无罪推定还强调法院在定罪上的绝对权威,因此辩方与控方在诉讼中具有同等的地位;无罪推定原则还要求有罪判决需要经过正当法律程序的审理、证明,在此过程中必须给予辩方充分的申辩机会。程序主体性理论强调被追诉人与追诉机关、审判机关具有同等的程序主体地位,而不是被作为任由追诉机关、审判机关处置的程序客体。程序主体性理论要求被追诉人在刑事诉讼中享有充分的程序权利,以保护其基本人权,保障其诉讼利益,避免在诉讼过程和结果上遭受不公正待遇,这些程序权利的核心就是辩护权。对立统一规律则是马克思唯物辩证法的根本规律,认为一切现象和过程内部都包含着两个相互依存又相互排斥的方面,这两个方面既相互对立斗争又相互联系统一,共同推动事物的发展。刑事诉讼中,控诉与辩护就是相互对立统一的矛盾,二者虽针锋相对,却相互依存不可分离,对于查明案件真相、正确适用法律、妥善解决纠纷具有重要作用。

辩护制度对于刑事诉讼总体价值目标的作用即为辩护制度的价值。“……刑事辩护制度的价值不外乎它在实现刑事诉讼的三项价值目标——实体正义的实现、程序正义的实现、诉讼效率的提高中所起的作用。”①辩护对于实体正义的实现的作用体现为事实真相的发现和实体法的正确适用两个方面。辩护对于发现事实真相的作用是,在证据收集过程中,增强收集证据的全面性,保证收集证据的真实性;在法官审查证据过程中,有利于证据的全面展示和说明,有利于抑制法官的片面性和随意性。辩护对于程序正义的实现的作用体现为,有助于控、辩、裁三方合理的诉讼结构的形成,使被追诉人能够积极有效参与诉讼过程,对国家公权力形成监督和制约。辩护对于提高诉讼效率同样具有重要作用。但辩护对于诉讼效率的提高的作用方式并非主要体现在节约诉讼成本、加快诉讼进程上,相反,一般而言,辩护会在这些方面起相反作用。辩护对于提高诉讼效率的真正价值在于促进公正的实现,因为,没有公正的高效率就是负效率,效率越高,就表示不公正来得越容易和快捷,因此辩护制度通过促进公正的实现来保障正效率。

辩护制度在理论上如此重要,与我国辩护的现实形成了强烈反差。刑事诉讼中,辩护分为自我辩护和辩护人辩护两类,其中辩护人辩护又包括律师辩护

---

① 熊秋红:《刑事辩护制度之诉讼价值分析》,载《法学研究》1997 年第 6 期。

与一般公民辩护两种。首先看自我辩护的情况。从立法上看,虽然“不得强迫任何人证实自己有罪”被写入《刑事诉讼法》,并且明确了控方负有有罪的证明责任,明确了非法言词证据排除规则,这些规定相对以前有了较大进步,但仍然保留了犯罪嫌疑人对侦查人员的讯问有如实回答义务的规定,同时缺乏权利告知规则的保障性规定、缺乏对供述和辩解全面如实记录的保障性规定、缺乏对任意性自白的保障性规定。从实务中看,除立法缺陷导致自我辩护权难以得到充分保障以外,还存在被追诉人不敢自我辩护、追诉人不让自我辩护的现象。被追诉人往往处于被羁押状态,即便不被羁押,也处于刑事追诉的强大压力之下,为避免获得拒不认罪的负面量刑评价,往往表现出顺从甚至迎合、配合讯问人员的态度以争取办案人员的好感和宽大处理,不可能充分行使自我辩护权。而且,由于追诉机关与被追诉人的现实地位极不平等,不唯被追诉人因为强大的心理压力在一定程度上“主动”放弃辩护权,而且追诉机关办案人员也有动机、有条件“克扣”被追诉人的辩护权利。作为刑事诉讼顽疾的刑讯逼供,就是这种办案人员心理的极端表现形式。

其次看一般公民辩护情况。由于我国律师人数相对案件总体数量尚不充足,且刑事辩护律师在律师队伍中所占比例较小,加之执业律师的地域分布严重不均衡,因此在未来的较长时期内我国尚不具备全面实现律师辩护的条件。在此背景下,一般公民辩护是不得已而为之的妥协之策。但一般公民辩护存在较为突出的问题。其一,在立法上,一般公民在侦查期间并不能担任辩护人,实际上耽误了辩护的最佳时机。其二,即便在审查起诉和审判阶段,一般公民履行辩护职责也存在诸多限制,如会见、阅卷需要事先经过办案机关批准和安排。其三,与自我辩护不同,辩护人辩护应更为专业,但客观上一般公民并不具备律师那样的专业法律知识,因此其辩护往往难以取得实质效果。

最后看律师辩护情况。传统上,律师辩护存在“会见难”“阅卷难”“调查取证难”的“三难”问题。[①] 随着2012年《刑事诉讼法》的修改和实施,较大程度地解决了“阅卷难”的问题。而对于“会见难”,虽然立法明确了律师在侦查阶段的辩护人角色,但辩护律师会见在押的犯罪嫌疑人的时间从其提出申请可能最长被推迟48小时,而且现实中阻碍律师会见的现象依然层出不穷,使律师疲于奔波,最终往往放弃会见或者减少会见。对于“调查取证难”,一方面,律师缺乏调查取证的有效手段;另一方面,律师调查取证面临着极大的受追诉风险;加之社会普遍对不具有公职身份的律师缺乏信任,因此调查取证权有名无实。除经

---

① 参见孙业群:《做一个刑辩律师究竟有多难——律师参与刑事诉讼活动有关问题的思考》,载《中国律师》2003年第4期。

常被提及的“老三难”外，有律师认为还存在“取保难”“维权难”两大问题，前者是指律师为被羁押的被追诉人申请取保候审或变更强制措施极为困难，后者是指律师本身经常遭遇办案机关对其采取刑事追诉措施的情况，《刑法》第306条始终是悬在律师头上的一把“达摩克利斯之剑”。[①] 随着以审判为中心的诉讼制度改革的推进，原有问题得到缓解的同时，申请证人、侦查人员出庭难，以及鉴定难、排除非法证据难等问题又逐渐凸显出来。

与上述情况同样突出的，还有辩护内容的缺陷和救济途径的缺失两个重要问题。辩护内容存在缺陷的表现为缺乏程序性辩护的内容。《刑事诉讼法》第37条规定：“辩护人的责任是根据事实和法律，提出犯罪嫌疑人、被告人无罪、罪轻或者减轻、免除其刑事责任的材料和意见，维护犯罪嫌疑人、被告人的诉讼权利和其他合法权益。”该条款给人的强烈信息就是，辩护的内涵为实体辩护，而无法感受到程序辩护。虽然其中包含了“诉讼权利”的表述，但仍然无法让人直接感受到程序辩护的内容，因为从正常语言理解来看，后面的维护诉讼权利和其他合法权益的内容是作为前面的提出材料和意见的目的和结果而规定的，两者并非并列关系。刑事诉讼中，实体辩护固然重要，但就被追诉人而言，刑事诉讼过程给其造成的压力和痛苦并不亚于服刑，甚至从心理角度看有时其压力和痛苦大于服刑。尤其是被追诉人遭受不公正的程序对待时，对程序辩护具有极为强烈的需求，何况，不公正的程序常常也会影响实体处理结果。救济途径缺失的表现则是，“在《刑事诉讼法》上，虽然对侦查阶段的律师维护犯罪嫌疑人的合法权益规定了一些诉讼权利，但由于没有程序性制裁制度，这些权利一旦被侵犯，并不能获得救济，以致名存实亡，没有实际意义。”[②]少数办案人员之所以肆无忌惮地限制、刁难辩护人，有效的保障和救济规则的缺失无疑是重要原因之一。

上述辩护所遭遇的问题，可以总结为辩护权失位。辩护权失位，即在刑事诉讼中，被追诉人并没有被作为刑事诉讼的程序主体对待，没有获得与追诉机关同等的程序地位，而是被作为程序作用的对象和客体。由于被追诉人未获得与追诉机关同等的地位和对等的权利，因此辩护权也就无法获得与追诉权同等的待遇和对等的权能，辩护权也就失去了其应有的对抗控诉的地位。针对上述问题，有学者建议，继续扩大辩护权的外延和保障范围，如赋予被追诉人沉默权，确立讯问时的律师在场权甚至搜查、扣押、辨认等侦查活动的律师在场权等。但这种解决问题的思路可能陷入过往“确立权利—无法实施—再确立权

---

① 参见田文昌、周汉基：《刑事诉讼：律师为你而困惑》，载《中国律师》2000年第11期。

② 顾永忠：《论侦查程序中的律师辩护》，载《刑事司法论坛》（第一辑），中国人民公安大学出版社2008年版，第121～132页。

利—再无法实施”的恶性循环中。

在刑事审前程序即追诉程序中,要确保辩护权适得其所,确保辩护权的实效,必须解决三个关键问题:其一,解决听取辩护意见、就控辩意见进行裁判的主体问题。虽然在审前追诉程序中检察机关尚未正式提起公诉,辩护所努力的方向也不是说服裁判者作出无罪或罪轻的裁判结论,而只是在诉讼程序的进行过程中最大限度地保护被追诉人的基本权利和诉讼权利。但无论如何,只有中立的第三方才可能真正倾听其辩护意见,也只有中立第三方才可能真正有资格审查其辩护意见。其二,破解侦查程序的封闭性问题。侦查机关担负的职能及犯罪的复杂性决定了侦查程序应当具有封闭性,以保证侦查的效率。但是,侦查程序的封闭性应当是有限度的,绝对封闭的侦查程序只会造成侦查权的专断和恣意,是法治和人权的大敌。而侦查机关没有动机主动向辩护方敞开方便之门,因此破解侦查程序封闭性的方法亦在于中立第三方的适度介入,以防止侦查机关采取“控制”“孤立”“心理击溃”方式获得不当诉讼利益。其三,建立有效的辩护权救济机制。辩护权权能不充分的问题从立法上不难解决,并且事实上立法也已有较大进步,但实务中难以解决。其根源就在于缺乏对辩护权的全面保障措施,缺乏辩护权救济机制。如出现羁押机关拒绝会见、办案机关拒绝阅卷、办案人员拒不接待等情况时,现有法律并无有效制裁措施,对此,应通过规定系统的程序性法律后果、纪律处分措施甚至法律处罚措施予以解决。而建立这样的救济机制,必然首先解决程序纠纷的裁判主体问题,其落点依然在于中立第三方的介入。

四、司法权缺位

所谓司法权缺位,是指司法权应当介入审前程序,而其实际上并未介入审前程序。我国《宪法》第 140 条规定:“人民法院、人民检察院和公安机关办理刑事案件,应当分工负责,互相配合,互相制约,以保证准确有效地执行法律。”《刑事诉讼法》第 7 条规定:“人民法院、人民检察院和公安机关进行刑事诉讼,应当分工负责,互相配合,互相制约,以保证准确有效地执行法律。”两个条文除“办理刑事案件”与“进行刑事诉讼”两个值得琢磨的语词差别外,核心意思是完全相同的。根据上述规定,“分工负责,互相配合,互相制约”成为我国刑事诉讼结构的基本原则。这项原则不但表明我国的公安机关、检察机关、人民法院具有相同的诉讼任务,而且具有高度合作的诉讼关系。落实到具体立法和实务中,又演变为两种情况,一是在诉讼目的上,配合有余而制约不足;二是在诉讼活动上,分工有余而交叉不足。

根据上述原则,在刑事诉讼中,公安、检察、法院三机关是一种相互独立、各司其职、协作配合、彼此制约的关系,有学者将此现象形象地比喻为一个工厂里的“三道工序”。[①] 亦有学者将其称为“流水作业”式构造，认为“公安、检察和裁判机构在这三个环节上分别进行流水作业式的操作，它们可以被看作刑事诉讼这一流水线的三个主要的‘操作员’，通过前后接力、互相配合和互相补充的活动，共同致力于实现《刑事诉讼法》的任务。”三道工序论、流水作业论抑或诉讼阶段论，都形象地描绘了我国刑事诉讼结构的现状。无论从立法还是实务中看，我国的刑事诉讼总体而言具有明显的流水作业、接力办案的特征，以公安、检察、法院为代表的侦查、审查起诉、审判三职能部门呈现出一种线性合作关系，将“犯罪嫌疑人”经过程式化工序加工成“罪犯”。

关于流水作业式诉讼结构的基本特征，有学者作了较为深入的总结和归纳：①公安机关、检察机关和法院相互独立，在诉讼中各自独立实施诉讼行为，事实上属于互不隶属的“司法机构”；②审前诉讼活动没有法官的参与，不存在司法授权和司法审查机制，司法机构不能就追诉活动的合法性进行任何形式的程序性裁判活动；③审判过程中，法院针对追诉行为合法性而进行的司法审查极为薄弱，难以对审前追诉活动进行有效的司法控制；④追诉机构的案卷材料对法院的裁判结论具有决定性的影响；⑤公、检、法三机关一旦发现案件事实不清、证据不足，就可以推动程序“逆向运行”；⑥法院在公安机关、检察机关的追诉活动完成之后，发挥着继续追诉的作用；⑦侦查、起诉和审判三阶段的划分具有较大的弹性，在外界因素的干预或推动下始终存在相互交叉甚至完全重合的可能。

我国刑事诉讼中，包括拘留、逮捕、取保候审、监视居住、搜查、扣押、技术侦查等强制性侦查措施在内的全部侦查措施，均由追诉机关自行决定实施，即便较为严厉的强制性侦查措施也只需要履行内部行政审批手续，不存在司法机关的事先授权，也不存在司法机关的事中审查和事后救济。作为相对人的被追诉者，在审前追诉程序中并不能与追诉机关平等对话，其辩护意见尤其是程序性辩护意见却只能向追诉机关提出，而缺乏中立的裁判者进行审查裁判的机制保障。这种辩护的效果，完全取决于追诉机关的主观态度，甚至取决于办案人员的“心情”。面对“无所不能”并且可以“为所欲为”的追诉权力，被追诉人往往陷入无尊严、无自由、无救济的境地，只能无助地挣扎或无奈地承受。司法机关作为维护正义的最后一道防线，直到最后生米已然煮成熟饭时才出现，不过其出现的意义并非维护正义，而是对追诉机关的工作成果进行“签章确认”，为行政治罪程序打上“诉讼”和“司法”的标签，以赋予治罪结果形式上的合法性。

刑事诉讼中，结构相对于程序而言具有根本性，结构不合理，则程序不可能

---

① 参见王国枢主编：《刑事诉讼法概论》，北京大学出版社 1981 年版，第 80 页。

合理。我国的刑事诉讼制度中,侦查、起诉、审判分别由三个机关分工负责,彼此独立,每一机关只与其相邻机关发生有限的业务交接关系,法院和法官在审前追诉程序中是缺位的。在这种结构中,追诉权不受控制,辩护权没有保障,被追诉人面对追诉人的绝对权力只能"束手就擒""坐以待毙",刑事诉讼程序只能是赤裸裸的行政治罪程序。我国刑事诉讼中的刑讯逼供、非法取证、滥用强制措施等顽症,之所以屡禁不止,从根本上讲,"乃与我国宪法和刑诉法对公、检、法三机关相互关系及制度设计上存在着重大缺陷有关。"①由于司法权的缺位,导致刑事审前程序成为一种单向追诉程序,追诉机关具有绝对的控制性地位,被追诉人面对强大的国家强制力显得弱小而无助,特别是,被追诉人在道德上亦居于显著弱势,这种道德地位差别对控辩双方的心理影响会放大诉讼地位的差别,使刑事诉讼失去查明案件事实、正确适用法律的本初目的,而陷入"办案"的技术性操作中。一方面,这种诉讼结构下几乎不存在程序正义的空间,真正的诉讼对抗和辩论在这种结构中显得奢侈而遥不可及;另一方面,这种诉讼结构显然不可能真正确保实体正义,因为非正义的程序得出的实体结果是存在偶然性和任意性的。

由于不存在真正的司法机关的参与,我国的刑事审前程序不具备诉讼的形态,刑事审前程序是一种超职权主义的、行政化的单方追诉程序,严重背离了控审分离、控辩平等、司法最终裁决的基本诉讼原则。在法治社会中,应该存在一个能够代表社会良心的机关去认定事实、适用法律,这个机关应当独立于当事人而有自己的理性、专业判断,而不能预先站在任何一方的立场上。这个能够担当社会正义的最后防线的机关,就是司法机关。认真审视我国现阶段的刑事诉讼制度,非但司法机关在审判程序中并未真正发挥主持人、裁判员的制度角色,而且在审前追诉程序中根本难觅踪影。其原因并非审前追诉程序中并不存在纠纷或者不存在根本性纠纷,而在于我国的司法机关从未将对社会纠纷进行中立裁判作为自己的本职使命,在于将自身摆到了与作为社会组织管理者的行政机关相同的位置上,彼此各管一段、各显其能。现实中的突出情况是,审前追诉程序尤其是侦查程序,往往是决定被追诉人命运与前途的关键环节,案件的实体处理结果往往在追诉程序中就已经"注定"。如果司法机关不介入审前追诉程序,对追诉机关实施的侦查行为尤其是强制性侦查行为不加以审查和控制,对被追方的辩护意见尤其是程序性辩护意见不及时听取和裁断,就会错过权利保护、权力制约的最佳时机。

另外,刑事强制措施是否是追诉机关的固有权限似可商榷。在《刑事诉讼

---

① 陈卫东、李奋飞:《论侦查权的司法控制》,载《政法论坛》2000 年第 6 期。

法》上,根据无罪推定原则和司法最终裁决原则,定罪和处刑的国家权力专属于法院;那么,在定罪和处刑以前,为保全诉讼而临时限制和剥夺被追诉人基本权利的国家权力,更应该专属于法院。不过,这种权力专属于法院并非一种简单的权力分配,而是法院的社会地位、组织结构、活动方式决定了其能够担当此任。在我国,学界并未对基本权利的限制与剥夺的权力主体进行深入的研究,国家法律制度也并未对此有所规定。笔者以为,个人基本权利的限制与剥夺权,应当仅属于法院,而不能属于进行追诉的国家机关,否则就是原告抓被告、原告关被告,与现代刑事诉讼所要求的公正背道而驰。在此意义上,我国刑事审前追诉程序中的司法权缺位问题,就是司法权不作为问题。故而,我国的刑事审前追诉程序中,就形成了能作为的追诉权乱作为,想作为的辩护权无所作为,该作为的司法权不作为的奇怪现状。

五、矫正思路

刑事诉讼制度要实现正确打击犯罪、全面规范职权、切实保障人权的目标,必须建构正当诉讼结构、正当诉讼关系、正当诉讼程序,既确保实体公正的实现,又确保程序公正的实现。在刑事审前程序中,为了保证追诉权力有能力保护社会,追诉权力不能疲弱无能;为了保证追诉权力不会危害社会,追诉权力不能无所不能。因而,在刑事审前程序中,建构一种机制,使职权得以规范、人权得以保障并且犯罪得到正确打击,具有高度的应然性和必要性。这个理想的机制,就是刑事诉讼中的司法审查。

刑事诉讼中的司法审查,是司法审查在刑事诉讼中的展开,其概念有广义与狭义之别。广义上,刑事诉讼中的司法审查是指由司法机关对国家专门机关行使刑事诉讼职权的行为进行审查裁判的机制。在外延上,它包括对刑事立法行为的司法审查、对侦查行为的司法审查、对公诉行为的司法审查①,甚至对审前刑事和解行为的司法审查②以及对司法机关自身行为的司法审查等。狭义上,刑事诉讼中的司法审查是指由司法机关对追诉机关实施的限制或剥夺相对人基本权利的强制性追诉行为进行审查裁判的机制。在外延上,它仅包括对强制性追诉行为进行的司法审查。所谓强制性追诉行为,是指侦查或公诉机关实施的以限制或剥夺被追诉人的人身、财产、住宅、隐私等基本权利为内容的强制性行为,它既包括法定强制性追诉措施,也包括其他非法强制性追诉行为。强

---

① 参见孙长永:《提起公诉的证据标准及其司法审查比较研究》,载《中国法学》2001 年第 4 期;李昌林:《论对公诉的司法审查》,载《西南民族大学学报》(人文社科版)2007 年第 1 期;侯晓焱:《英国不起诉司法审查制度介评》,载《中国刑事法杂志》2009 年第 10 期;刘磊:《滥用公诉权的司法审查机制研究》,复旦大学 2008 年博士学位论文。

② 参见姚莉:《刑事审前协商程序的司法控制》,载《中国法学》2010 年第 4 期。

制性追诉行为可能是为了查明犯罪事实、查缉犯罪嫌疑人、收集犯罪证据而进行的侦查行为,也可能是为了保证诉讼的顺利进行而实施的保全犯罪嫌疑人、保全证据的诉讼保全行为。笔者认为,广义上刑事诉讼中的司法审查因缺乏正当理由侵占侦查权、公诉权的权力界限而缺乏正当性,要么有名无实,要么有司法权专横之虞。只有狭义上的刑事诉讼中的司法审查,才因为权利保护的功能而获得正当性。本文所研究的刑事诉讼中的司法审查,采狭义的概念。

按照不同标准,可以对刑事诉讼中的司法审查作出不同分类,分类标准主要有时间关系、审查对象两种。按照审查行为相对于作为审查对象的追诉行为的时间关系,刑事诉讼中的司法审查可以分为事前审查、事中审查与事后审查。事前审查,又可称为事前授权、司法授权、司法令状,指追诉机关实施特定强制性追诉行为以前,应当向司法机关提出申请,由司法机关对追诉机关的申请进行审查并颁发准许令状后,追诉机关方可实施特定强制性追诉行为的机制。事中审查,指对在时间上具有持续性的强制性追诉行为,在其持续的过程中,由司法机关进行审查并决定予以维持、变更或撤销的制度。事后审查,即对强制性追诉行为的合法性及其取得的证据的法律效力进行的审查裁判。按照所审查的强制性追诉行为的性质,刑事诉讼中的司法审查可以分为对人身性强制措施的司法审查、对财产性强制措施的司法审查和对隐私性强制措施的司法审查。人身性强制措施,即以限制或剥夺人身自由为内容的强制性追诉措施,如拘传、拘留、逮捕、羁押、监视居住、取保候审、通缉、强制身体检查等。财产性强制措施,即以限制或剥夺财产权利为内容的强制性追诉措施,如搜查、勘验、检查、查封、扣押、冻结等。隐私性强制措施,即以限制或剥夺隐私权为内容的强制性追诉措施,如截留通信、技术侦查等。

刑事诉讼中的司法审查体现了三个基本理念:其一为权利保护,即司法审查以保护个人权利免受追诉权力不当侵害为根本目的;其二为权力制衡,即司法审查以通过独立的司法权制衡追诉权力为基本形式;其三为正当程序,即司法审查以正当程序规则为程序规范。构建刑事诉讼中的司法审查机制,应准确把握以下基本问题。

其一,刑事诉讼中司法审查的主体是司法机关。如前所述,司法机关仅指法院。在同一诉讼程序中,司法机关作为执掌法律适用的终局性机关具有唯一性、排他性,不可能存在两个以上对于法律适用均具有终局权力的机关,如果存在两个,要么是一个服从于另一个,要么是两者相互争斗而难以实现秩序稳定。在我国,认为检察机关也是司法机关的观点,无非主要基于两点考虑:一是在体制上检察机关与人民法院地位同等,我国《宪法》和党政机关文件将检察机关与人民法院同列为司法机关;二是从职能上看检察机关所承担的基本职能是进行诉讼活动和对诉讼活动进行监督,而诉讼活动是司法活动。[①] 这种中国式解读在我国确有上述合理依据,但是,这种权力结构并不符合权力关系规律和诉讼规律。在刑事诉讼中,检察机关是控诉方,与其相对的是辩护方,两者在法院担任裁判的诉讼场上角逐胜负。而将检察机关定位为“司法机关”,无疑造成了控诉方既是“运动员”又是“裁判员”的事实,并且,基于其对法院的监督地位,控方运动员成了“裁判”之上的“裁判”,角逐过程就只能按照控方的意愿推进,胜负也只能按照控方的意愿实现。这种权力架构下,辩护方对于自己的失败只能计日而待,而法官不过是追诉权专横的“遮羞布”而已。这种权力配置若不改变,中国就不可能实现法治——法治绝不是控制纠纷向着当权者认为正确的那个结果发展,而是由真正独立、中立的裁判按照并且仅按照法律和良知进行裁判。在刑事诉讼中,司法审查的主体之所以只能是法院,正是因为只有法院才是真正的裁判者,而检察机关作为控诉一方要么与强制性追诉行为的实施者是利益共同体,要么自身就是强制性追诉行为的直接实施者,因而,检察机关不能担任司法审查的主体。需要说明的是,对司法审查主体的设定并不是简单分配司法审查权的问题,而是要构建符合当代刑事诉讼规律的司法权的问题。如果不在本质上实现控审分离、控辩平等、审判中立,将司法审查权分配给谁都毫无意义,因为司法审查机制在控审一体、控方主导、辩护无力的情况下不可能发挥其应有功能。

其二,刑事诉讼中司法审查的客体是追诉机关实施的强制性追诉行为。所谓追诉,即追查与控诉。追诉机关,即侦查机关与公诉机关。在我国,侦查机关依据案件类型不同有所分别,包括公安机关、检察机关、国家安全机关、军队保卫部门、海警机关、监狱等;公诉机关即检察机关。追诉行为,如前所述,包括侦查行为,也包括诉讼保全行为,前者指追诉机关实施的旨在查明案情、查缉犯罪嫌疑人、收集证据的活动,后者指追诉机关实施的旨在保证诉讼的顺利进行或者说保证完成审判而保全犯罪嫌疑人、保全证据的措施。一般而言,追诉乃是追诉机关的职权,应由追诉机关不受干涉地实施,否则即可能对追诉能力构成掣肘与束缚,于打击犯罪、维护秩序不利。因此,对追诉行为的司法审查,应当具有明确限度,否则就失去了通过权力制衡实现权利保护的本义,会从权力实施者的独裁走向权力监督者的独裁。故而,对相对人权利并无危害的任意性追诉行为不应受司法审查,只有具有限制、剥夺相对人基本权利效力的强制性追诉行为才需要被关进司法权控制的正当程序的“笼子”里。强制性追诉行为,系与任意性追诉行为相对的概念,后者指以相对人的自愿配合为实现条件的追诉

① 参见陈光中、崔洁:《司法、司法机关的中国式解读》,载《中国法学》2008 年第 2 期。

行为,如一般性询问证人、经权利人同意而进行的搜查等;前者指不以相对人的自愿配合为条件,在相对人不配合时依靠强制力量予以实现的追诉行为,如逮捕、羁押、搜查、扣押等。对于强制性追诉行为,有的学者使用强制措施、强制性侦查措施、强制性侦查行为、强制性处分行为表述相关概念。笔者认为上述表述均有其合理成分,但在讨论刑事诉讼中的司法审查时采用强制性追诉行为为宜,因为追诉行为既完整地包含了侦查与公诉两层含义,又恰当地将强制行为限定在了追诉的范畴内,不致发生理解上的缩小或扩大。此外,强制性追诉行为的外延大于强制性追诉措施,强制性追诉措施具有法定性,而强制性追诉行为除包含法定强制性追诉措施外,还包括非法的强制追诉行为。

其三,刑事诉讼中司法审查的内容是强制性追诉行为的合法性。将追诉权关进"笼子"里,绝不意味着不给追诉权任何施展拳脚的空间,而是保证其用在当用之时、当用之处,防止其恣意妄为。司法审查的内容是追诉行为的合法性,而不包括属于追诉权自由裁量范围的合理性。司法权的价值在于保障《宪法》和法律的正确实施,《宪法》和法律是司法权运行的唯一依据,超出此界限,司法权就失去其正当性基础。不过,当然,合法性与合理性的界限并不是孑然分明的,很多情况下,合法性判断中包含着合理性判断。司法审查所依据的宪法和法律,包括程序法,也包括实体法,两者的适用中均可能包含合理性判断的因素,有时甚至主要是合理性判断,程序法上如是否有逮捕必要,实体法上如犯罪是否严重。此种存在交叉的情况下,应理解为,凡法律明确授权的合理性判断均视为合法性判断的内容。例如,司法机关对于是否有逮捕必要的判断,考虑因素虽然本质上主要在于逮捕的合理性,但由于程序法明确将其授权给决定机关审查而使合理性判断在形式上纳入了合法性判断的范畴。

其四,刑事诉讼中司法审查的目的是保护相对人的基本权利。作为司法审查对象的强制性追诉行为,是限制或剥夺相对人基本权利的行为。限制和剥夺,具有强制程度和持续时间上的差别,限制一般意味着程度较轻、时间较短,剥夺一般意味着程度较重、时间较长。在程度上,部分剥夺即为限制,完全限制即为剥夺;在时间上,暂时剥夺即为限制,长期限制即为剥夺。因此,二者具有交叉性,界限并不分明。在不考虑合法性的语境下,限制和剥夺是侵犯、侵害的一种形式,侵犯、侵害就意味着限制或者剥夺,四者在某种程度上是可以置换的。不过,由于侵犯、侵害蕴含着一种"非法"的含义,所以在表述强制性追诉行为时用限制或剥夺为宜。基本权利,即人权。关于基本权利的来源,自然法学派认为是"天赋人权",即基本权利是来源于自然的不可剥夺的权利;实证分析法学派认为包括基本权利在内的所有权利,都是来源于体现为法律的主权者的命令。无论哪种学说,在其研究范畴内均具有合理性。就实然而言,尤其在成文法国家,权利获得保护必须具有法律依据,未获得法律确认的权利不受保护;就应然而言,未确认个人应有基本权利的法律不是法律,至少不是应然的法律。关于一项权利是否是基本权利可以一直争论下去,但就操作而言,法律只能保护经过法律确认的权利。就刑事诉讼中的司法审查而言,其保护的基本权利,是《宪法》确认的基本权利,其中主要是指第一代人权,即自然权利,因为刑事诉讼一般只涉及如人身、财产、住宅、隐私等自然权利的限制与剥夺。而政治、经济、文化权利等第二代人权,即社会权利,一般并不直接受刑事诉讼程序的影响,因而并无司法审查的存在空间。当然,不能否认,在少数情况下,当第二代人权如出版权、选举权在刑事诉讼中被追诉机关限制或剥夺时,亦应进行司法审查。而对于作为第三代人权的集体生存权、发展权,则显然不是一国国内司法所应和所能解决的问题。

其五,刑事诉讼中司法审查的程序是司法程序。从某种角度上说,对于司法审查制度而言,最重要的问题不是将司法审查权分配给谁的问题,而是如何进行司法审查的问题。前一问题是司法审查主体所要解决的问题,而后一问题就是司法审查程序所要解决的问题。司法审查之所以具有正当性,并非仅是因为其是司法机关进行的审查,而是因为其是按照司法程序进行的审查。现代司法程序的基本特征在于:程序的目的与价值相对于实体法具有相对独立性,程序并非仅仅是实体法的实现工具;裁判依据、裁判结果与程序规则理性化;程序具有裁判者中立、控辩双方充分参与、过程公开透明的公正性;程序具有法定性、不可违反性和对程序违法的严厉制裁性等刚性特征;程序的展开与推进具有和平、非暴力的柔性特征;辩方与控方、裁判方均是程序主体,具有程序主导权与参与权。① 司法审查的程序,与行政审批式的审查程序具有明显不同。即便在追诉方向司法机关申请逮捕令状这样的单方、二元审查程序中,司法审查也贯彻了控审分离、裁判中立的基本精神。

其六,刑事诉讼中司法审查的结果是司法裁判。就司法审查结果的内容而言,司法审查的结果应当是对追诉方或相对人提出的申请作出是与否的回应,包括对申请是否准予,对既有强制性追诉行为的确认、维持、变更或撤销,对程序性法律后果的裁处等。就司法审查结果的形式而言,司法审查的结果应当以裁定的方式作出。在判决、裁定、决定三种法院可以作出的法律文书中,判决是法院在审判程序终结时对案件的实体问题作出的处理决定,裁定是在案件审理或判决执行过程中就某些程序问题或部分实体问题作出的处理决定,而决定是

---

① 参见左卫民:《司法程序的基本特征:传统型与现代型之比较》,载《四川大学学报》(哲学社会科学版)2001 年第 1 期。

法院在办理案件过程中对某些程序问题进行处理的一种形式。[①] 对于司法审查的结果这样一种重要的程序事项,应当以裁定的方式作出。而且,大部分司法审查裁定,应为可上诉的裁定。

① 参见王敏远主编:《中国刑事诉讼法教程》,中国政法大学出版社 2012 年版,第 330 ~332 页。

论刑事审判前程序中权力结构的三种模式

崔永存*

摘　要　刑事审判前程序中的权力结构是指侦查权、检察权及审判权在审前程序中的基本定位以及三者之间的相互关系，该结构不仅关乎侦查和检察在审前程序中的具体工作方式，而且与警检关系、审前程序制约模式密切相关。对该问题进行研究和探讨之前必须明确一种思路，即应当有"区分应然层面和实然层面"的逻辑思维：实然与应然不同，不能以现实合法性来评价理论上之应然性。当然，除了应然性层面和实然性层面，还有从应然迈向实然的过渡性层面。长期以来，实务认知和理论研究对于该命题要么将实然与应然混为一谈，要么固守一个极端，这在很大程度上阻碍了我们对于审判前程序结构改造的路径探索。本文尝试从模式化研究的思路对相关权力结构展开分析，以求理顺"实然—应然—过渡"三个层次的逻辑关系，为探索和优化审前程序结构调整提供一定的理论支撑。

关键词　刑事审判前程序　权力结构　警检关系　检察介入侦查

刑事审判前程序中的权力结构是指侦查权、检察权及审判权在审前程序中的基本定位以及三者之间的相互关系，该结构不仅关乎侦查和检察在审前程序中的具体工作方式，而且与警检关系、审前程序制约模式密切相关。要对这一命题在理论上进行理性认知和妥当解读，需要从系统性和模式化的角度进行研究：首先，检察权的定性是整个问题的出发点，是审前程序构造的基础；其次，警检关系模式作为问题的核心，是审前程序能否有效运行的保障；最后，审前制约模式作为问题关键，是检验审前程序合理性的机制。而对该问题进行研究和探讨之前必须明确一种思路，即应当有"区分应然层面和实然层面"的逻辑思维：实然与应然不同，"不能以现实合法性来评价理论上之应然性"。① 当然，除了应然性层面和实然性层面，还有从应然迈向实然的过渡性层面。

---

* 崔永存，中国人民大学法学院2018级诉讼法博士生。

① 现行法的规定是实然法的层次，而对检察权的性质进行理论上的定位属于应然法的层次，这是两个问题。法律的规定有许多值得研究的地方，随着时间的推移，法律会逐步去除不合理的部分而趋于完善，因此不能以合法性来说明理论上的应然性，这是我们探讨检察权的性质时首先应当注意的一点。陈卫东：《实然与应然：关于侦检权是否属于司法权的随想》，载《法学》1999年第6期。

长期以来,实务认知和理论研究对于该命题要么将实然与应然混为一谈,要么固守一个极端,这在很大程度上阻碍了我们对于审判前程序结构改造的路径探索。本文尝试从模式化研究的思路对相关权力结构展开分析,以求理顺"实然—应然—过渡"三个层次的逻辑关系,为探索和优化审前程序结构调整提供一定的理论支撑。

一、实然模式——侦查主导模式

所谓实然模式,即是指实然法对于我国审前程序中权力结构的基本规定,以及其在司法实践中的具体运行。

(一)检察权定位:法律监督权①

从实然法的角度来看,我国检察机关被定位为法律监督机关,②行使的是法律监督权,所以有学者试图在现实的权力体系和司法体制背景下探讨检察权问题,以此来丰富本土化检察理论的内容。其代表性观点认为,"检察权是法律监督权,兼具司法属性",中国特殊的政权体制决定了检察制度的基本定位不同于实行三权分立政治模式的国家,当今世界的宪治模式可以表现为多种样式,相对应的检察权力属性也各有不同。某一宪治制度下对于检察权性质的界定并不具有普适性。因此,从该意义上讲,"检察权是宪治视域中的法律监督权"。③

法律监督"一元论"在解释检察权与法律监督权的关系时认为,检察权的实质就是法律监督权,检察权的所有权能所体现的均是法律监督的属性,均是法律监督权的外在表现形式。④ "虽然我们对这一概念也持否定态度,但在对现行司法体制,特别是对其弊端进行描述的时候,当然要以中国法的实然性为基础。"⑤检察介入侦查的命题涉及侦查监督权的重要内容,在此应对检察机关的

---

① 法律监督作为我国《宪法》和法律中使用的一个专门术语,"是指检察机关根据法定职责和程序,检察、督促纠正或提请制裁严重违法行为,预防违法和犯罪,以维护法制统一和司法公正的专门工作。"参见孙谦:《中国特色社会主义检察制度》,中国检察出版社 2009 年版,第 38 页。

② 我国《宪法》第 134 条和《人民检察院组织法》第 2 条均规定,中华人民共和国人民检察院是国家的法律监督机关。

③ 近年来学界发表不少从宪治视角探讨检察权性质的论文,主要从不同于三权分立的人民代表大会的特殊政体出发,将检察权定位于法律监督权。但是对于何为法律监督权,以及法律监督权的具体内容和表现形式,却又莫衷一是。参见温辉:《中国宪政体制下的检察权》,载《国家检察官学院学报》2003 年第 5 期;石茂生:《论检察权的宪政地位》,载《郑州大学学报》(哲学社会科学版)2008 年第 2 期;李勇、宋聚荣:《检察权与中国宪政之路》,载《法学论坛》2008 年第 5 期;余辉胜:《我国检察权属性应然定位之探讨》,载《河北法学》2008 年第 4 期;王广辉等:《如何实现检察权的"收放自如"——来自宪政视角的思考》,载《河南政法管理干部学院学报》2009 年第 1 期;卢乐云:《检察机关初查制度之评析及其实现——以法律监督权为视角》,载《中国法学》2010 年第 1 期等。

④ 石少侠:《论我国检察权的性质——定位于法律监督权的检察权》,载《法制与社会发展》2005 年第 3 期。

⑤ 陈卫东:《实然与应然:关于侦检权是否属于司法权的随想》,载《法学》1999 年第 6 期。

侦查监督权和法律监督权的关系予以合理明确。检察机关享有的对侦查活动进行监督的权力不等同于检察机关享有的所谓"法律监督权",无论是侦查监督或是审判监督都只是检察机关作为诉讼主体所享有的对其他诉讼参与主体以及其诉讼活动的制约权力,这项权力对于其他参与主体来说也是存在的(虽然制约方式因为诉讼定位的不同而具有不同的表现形式,如被追诉人享有申诉控告等监督权力、法院享有司法审查的权力),这种制约模式对于任何法系的任何国家的诉讼程序的正常运行都是切实必要的,不能因为其冠以"监督"的字样就将其上升到检察机关法律监督权的地位。除了检察机关之侦查监督外,还有司法监督、律师之侦查监督、行政机关之侦查监督等(它们虽然也都具有监督字样,但并没有上升到法律监督的地位),"相互制约"原则实际上也表明检察机关在履行制约职能的同时也是被制约的对象。从此种意义上来看,此处侦查监督之"监督"更多地体现出制约的价值,而非法律监督之带有功利性和超然性的本质。[①] 因此,侦查监督和审判监督现在存在,以后也有存在的必要,但是检察机关法律监督的概念在诉讼程序中应当被逐步弱化,检察机关在不同诉讼阶段和程序中实现监督制约的形式也会向合理化的方向进行转变。实际上,侦查监督作为现阶段制约侦查违法性的主要手段,在其他有效制约手段(如司法监督、律师监督)缺失的情况下,仍是现阶段强化监督实效的最优选择。

(二)警检关系:警察主导侦查

从确保有效追诉犯罪的角度来看,侦查取证工作在审前程序中应当处于核心位置。无论是检警分立还是检警合一,侦查机关和公诉机关都有提高取证质量的强烈愿望。"侦、检双方关系的设置并非是随意的,它要反映诉讼规律的基本要求。"[②]

侦、诉分离的体制以及分工负责的原则,使检察机关对审前程序尤其是侦查程序缺乏足够的指挥和控制力,控诉合力难以形成。"警察主导侦查"的模式下,警察在行使侦查权的时候会尽可能利用行政化办案的优势,强调对办案效率目标的追求。一旦警察将破案效率作为首要目的,就很可能忽视审查起诉以及法庭审判对于证据之"质"和"量"的要求,在侦查过程中很可能存在出现证据收集不规范、不合法的情况。这是因为,我国推行刑事法治的时间不长,刑事诉讼中的"程序正义"和"人权保障"的理念在侦查程序中不受重视,公安机关在办理案件过程中存在"重实体轻程序"的诉讼观念,更加重视追诉犯罪的结果而非程序。虽然公安机关目前的刑事侦查技术已经有了很大的进步,但是在证

---

① 这种功利性表现为将正常的制约冠以法律监督的名号,来取得更加权威和优越的地位,以违背诉讼规律的方式来满足部门利益和诉讼利益。

② 刘计划:《警检一体化模式再解读》,载《法学研究》2013 年第 6 期。

据的收集、固定、保存方面还缺少像公诉人员那样的程序意识和证据意识,难以适应检察机关有效追诉的需要。然而,要确保一个案件被成功起诉并顺利定罪,证据的收集应当满足“全面性、规范性与时效性”①的要求。

实际上,侦查和审查起诉之间存在内部结构的组织性和一致性,它们在运用证据打击犯罪方面无疑具有价值相通的最终目标。实践中,这种关联的组织结构被人为地割裂,在证据收集的工作上不能形成合力,甚至相互掣肘,这对于整个审前程序乃至审判程序而言都是对诉讼资源的浪费。从相关的实证调查和统计数据来看,侦诉关系过于疏离导致多方面的问题,严重影响侦查质量的提高和控诉职能的实现。“第一,较高的不批捕率与证据不充分存在很大关系,这表明公安机关在侦查阶段的工作存在很大不足;第二,即使批捕,很多案件到了审查起诉阶段也会被一次甚至两次退回补充侦查,侦查机关移送的案件距离起诉证明标准的要求还存在一定的距离,这也意味着侦查与公诉关系存在着断裂。”②不仅如此,对于那些被退回补充侦查的案件来说,由于我国的警检关系被设计为“分工与制约”,检察机关无法对侦查活动进行直接或间接的指挥和引导,因此其证据体系和规范性很难获得有效的完善与补充。③

正是由于这种分工制约的警检关系原则的存在,公安机关一手包办整个侦查程序,往往只关注于“及早破案”,对于案件的证据收集、固定与保全很可能缺乏规范性。检警双方对案件的证据存在争议的时候,公安机关甚至会依“制约原则”与检察机关扯皮不断。正如英国学者迈克·麦康维尔所说的,“侦查人员往往高估了案件的证据水平,而且难以接受相反的证据,这是因为他们看待案件时站在了自己先入为主的角度,哪怕他们不是有意为之。”④美国学者琼·雅各比指出,警察对案件予以调查的质量直接关系到检察官的行动方向,但是检察官在实践中经常会抱怨警察的调查取证过于草率,往往“遗漏了重要证据或者对相关物品的标准、扣押方式不合法”⑤。这是因为,当警察依据眼前的证据材料认为被追诉者构成犯罪而要求予以起诉时,由于检察官在法庭上面对的是在刑事证据方面受过专业培训的律师,检察官必须掌握更高质量的证据才能保证将被告人成功定罪,但是,警察却很少甚至没有接受过像律师那样的培训,他

① 全面性是指取证需达到证据确实充分的程度;规范性是指证据收集的程序须合法,在法律上是可采的而不能是应予排除的;时效性是指侦查的及时性,抓住最有利的时机收集证据,否则,实物证据可能灭失,人证可能因人员流动、死亡而丧失。

② 张小玲:《审判中心背景下审前侦诉关系之重塑》,载《政法论坛》2016 年第 3 期。

③ 参见陈卫东:《我国检察权的反思与重构——以公诉权为核心的分析》,载《法学研究》2002 年第 2 期。

④ [英]迈克·麦康维尔:《英国刑事诉讼导言》,载中国政法大学刑事法律研究中心组织编译:《英国刑事诉讼法选编》,中国政法大学出版社 2001 年版,第 44 页。

⑤ [美]琼·雅各比:《美国检察官研究》,周叶谦等译,中国检察出版社 1990 年版,第 134 页。

们在取证能力和证据意识方面是存在缺陷的。

侦诉关系过于疏离的情况下,案件证据体系的优劣主要取决于侦查机关自身的行为和能力,检察权对侦查权的制约仅仅表现为对证据不足、事实不清的案件不予批捕或者不予起诉,但这只是一种“治标不治本”的做法,而且具有滞后性。就侦查取证而言,诉讼规律的基本要求表现为必要的检警之间的有效配合,这也是确保控诉目的得以实现的基本保障。

(三)制约模式:侦查监督

由于审判前程序中司法审查机制缺失且在短时间内难以构建,从目前的情况来看,借力并优化检察机关的侦查监督仍权仍然是对违法侦查活动实现有效制约的最可行的手段。站在实然法的角度,以下三点内容需要明晰:第一点,法律监督权本身存在重大的理论和制度解释力的缺陷,法律监督的概念近年来也趋于弱化,法律监督理论面临着重大的争议和质疑。第二点,检察权对侦查权的制约作用(如审查批捕和不起诉制度)是任何警检关系模式下检察职能的应有之义,无须将其人为地拔高到法律监督的高度。实际上,制约只是广义上的监督,不同于我们所说的侦查监督,这是因为侦查监督的主体应当是超然的第三者而非行使批捕或者公诉职能的人员,监督规则要求监督者行使的不是决定权而是建议权,即建议相关有权单位依法作出处理。因此,实现检察机关内部公诉主体和监督主体的适度分离是切实必要的。第三点,对目前的侦查监督机制予以改革完善是有必要的,这是因为虽然侦查监督机制存在一些问题,但是在司法审查机制缺失的情况下,发挥侦查监督职能的积极效能仍然是实现有效制约侦查权力目的最切实可行也是相对有效的选择。甚至有学者认为,“应当坚持存在决定论,存在即是合理,我国现阶段的基本国情决定了必须强化检察机关对侦查活动的法律监督权。”①

侦查监督在当下饱受质疑的地方在于:检察机关作为控诉主体,具有明显的追诉倾向,与客观中立的司法审查机制相比,难以在侦查监督中发挥预期作用。② 在此情况下,寻求更加客观中立的监督主体成为构建审前程序制约模式的重要方向。与大陆法法系许多国家在近年来司法改革中有意逐步淡化检察机关的司法机关属性不同,中国近年来的司法改革有强化检察机关司法属性的倾向,甚至有人认为可能以此为契机构建以检察机关为核心主体的“中国本土化的司法审查机制”,这为强化监督制约作用建立了“中立性基础”。这种试图从检察制度本身寻找出路的做法本身存在疑似“南辕北辙”的错误——履行控诉职能的基本定位决定了检察官不可能放弃刑事追诉的本职工作而去充当中

---

① 樊崇义:《提高理论认识　把握监督重点》,载《人民检察》2010 年第 3 期。

② 参见刘计划:《侦查监督制度的中国模式及其改革》,载《中国法学》2014 年第 1 期。

立的司法官(除非将其从检察职务中剥离出来并赋予其司法官的职能,但是在现代法治国家,司法权的行使具有法定性,不可能容许两个司法机构存在),因此,放弃寻求中立的第三方监督主体(司法官)而试图强化检察官司法属性的做法是值得商榷的。

二、应然模式——公诉核心模式

暂时撇开现行法律制度框架的约束,如果仅仅从理论层面研究审前程序中的权力结构,应当如何对其予以合理定位并规划职能配置呢?

(一)检察权定位:公诉权

检察权性质的界定不仅关乎检察职能如何正确行使,还牵涉检察制度改革的合理方向如何确定。[①] 现代刑事诉讼制度的审前程序和审判程序分别吸收借鉴了纠问制诉讼模式的国家追诉原则和告诃式诉讼模式的不告不理原则,国家公诉制度作为连接审前程序和审判程序的设计应运而生,并产生了专职公诉的职位:检察官。[②] 随着诉讼职能的分工,刑事诉讼呈现出更加精细化和专业化的要求,侦查职能从公诉职能分化出来,由专门的侦查机关行使。对检察官角色进行合理定位,并厘清侦查权和检察权相互关系,不仅关系到侦、检体制改革问题,而且直接关系到整个审判前程序能否公正、高效地运行,因此首先必须对该课题加以研究。

从理论的应然性层面出发,我们应当关注的是权力的运行特点,而非权力机构的政治或法律定位,这"与任何对立法、行政和司法概念的钻牛角尖式的诠释没有多大关系"。[③] 无论从检察官制度的演进路程来看,还是从多数西方国家对于检察官职能的定位以及我国寻求"法治现代化"的努力来看,公诉职能都应当是检察官所行使的核心职能。而那些偏离这一基本定位的"附加角色"[④]只会在司法实践中沦为徒有虚名的存在,甚至有可能妨碍到基本职能的作用。而检察机关所行使的公诉职能具有国家追诉的重要属性,具有"行政单向性"的明

---

① 参见石少侠:《论我国检察权的性质——定位于法律监督权的检察权》,载《法制与社会发展》2005 年第 3 期。

② 参见[德]拉德布鲁赫:《法学导论》,米健、朱林译,中国大百科全书出版社 1997 年版,第 122 页以下。

③ 就好比在美国、法国、德国、日本等,虽然检察机关隶属于司法行政机关,但却具有不同于一般行政机关的权力。参见陈卫东:《我国检察权的反思与重构——以公诉权为核心的分析》,载《法学研究》2002 年第 2 期。

④ 在司法审查机制缺失的情况下,如果将检察机关定位于侦查机关,那么其面临的最大困境就是缺乏有效的外部监督以及自我监督存在矛盾;如果将其定位于广义的法律监督机关,那么其对于审判者的监督就违背了诉讼的基本规律。对于该问题可参见刘计划:《检察机关刑事审判监督职能解构》,载《中国法学》2012 年第 5 期;刘计划:《侦查监督制度的中国模式及其改革》,载《中国法学》2014 年第 1 期。

显特征。行政权对于效率价值的追求要求审前的刑事追诉需要实行“上命下从”的侦控一体化模式,这一点从侦查职能从公诉职能中分化出来并且服务于公诉职能的演进路径中可以窥探。当然,为了实现对审前强大的侦控权力的制约和监督,司法审查机制的确立必不可少。由此可见,以行政权定位为基础,公诉职能说是最为纯粹的理论基础,是该“应然模式”应有的理论支撑。

(二)警检关系:侦诉一体化,公诉为核心

侦查介入权的内容涉及警检关系的重要话题,其中关于“侦诉一体化”命题的讨论最为激烈。对于“警检一体化”或“侦诉一体化”的研究,学者主要有以下观点:其一,主张检察机关与公安机关在组织结构上的一体化,即“警检一体化”。[①] 实际上,这种组织结构一体化的侦诉关系在我国刑事诉讼制度中是可以寻见的,监察体制改革前职务犯罪案件的侦查权即是由检察机关相关部门享有,这就意味着侦查权与公诉权的主体具有一致性(虽然严格来说存在不同职能部门的分工问题)。其二,提出了检察机关与公安机关在职能上实行一体化的观点,即“侦诉一体化”。侦诉一体化是一种理想的警检关系模式,侦控职能具有先天的统一性和亲和性,侦控职能合一是符合刑事诉讼基本规律的合理选择。[②] 其三,主张对警检一体化模式进行重新解读,并认为检察提前介入侦查引导合理取证的做法具有“警检一体化”的本质特征。为应对警检关系困境自生自发而产生的检察引导侦查机制的改革的“本质是警检一体化”[③],是顺应当下司法体制改革形势的一项创新举措,是对侦诉接力型办案模式的有力突破。

可见,无论学者对于“侦诉一体化”作出何种解释,从检察机关落位于公诉职能的基本前提出发,都强调了检察对侦查的指挥或引导,都承认了侦查服务于公诉的审判前程序构造。“公诉在审前任务中的龙头地位以及检察官的特殊的法律定位要求我们在诉讼实践和制度化设计时应当摒弃侦查本位主义,发挥公诉职能在审判前程序中的价值引领作用,确保警检关系日益朝着一体化方向

---

① 突出强调检察机关在刑事诉讼中对侦查机关的侦查取证行为的领导、指挥、监督权;在司法体制改革中,就应当将承担侦查职能的司法警察划归检察机关领导和管理。即采取司法警察与治安警察分离制度,对现行公安管理体制进行分流重组。参见陈兴良:《诉讼结构的重塑与司法体制的改革》,载《人民检察》1999 年第 1 期;陈卫东、郝银钟:《侦、检一体化模式研究——兼论我国刑事司法体制改革的必要性》,载《法学研究》1999 年第 1 期。

② 参见万毅:《侦诉一体化——我国警检关系之重塑》,载《新疆大学学报》2003 年第 3 期。

③ “警检一体化”模式的实质是检察机关参与侦查权的行使,而非检警机关在组织上的一体化,亦非二者角色的混同。“警检一体化”指的是检察机关和公安机关行使侦查职能的一体化,规范的是二者之间的工作关系、业务关系,而非二者在组织体系上的一体化。参见刘计划:《警检一体化模式再解读》,载《法学研究》2013 年第 6 期。

发展。”[①]正如上文所说，侦查职能分离于公诉职能并且服务于公诉职能，具有显著行政化色彩的审前刑事追诉致力于追求打击犯罪的效率价值，而“侦诉一体化”正是契合了这一要求。因此，在进行相关审判前程序的制度设计时，首先应当设定以公诉职能为核心的目标，确保侦查任务服务于公诉职能；为了减少侦查和审查起诉中出现“夹生饭”现象，应当确立公诉机关对侦查活动的指挥、引导权力，一方面监督侦查程序的规范运行，另一方面让侦查取证活动服务于公诉任务的实现。

（三）制约模式：司法审查

“侦检一体化”的刑事司法模式从根本上来说体现的是积极打击犯罪的价值取向，代表的是统治阶级的利益，表现为“国家机器”的暴力性。审前程序中检察机关对于整个侦控程序的控制权具有高度的职权化色彩，这有可能导致控辩双方在诉讼对抗上的严重失衡，甚至导致被追诉人“客体化”的问题。司法的诉讼化特征要求在审前程序中引入中立的第三方，从而对侦控权力予以合理约束，并且对一些程序性事项予以听证审查。司法审查机制的存在，可以有效保障嫌疑人在审前程序中的诉讼主体地位和合法权利、对侦控权实现有效制约，从而保障诉讼程序的正常运行。从世界范围来看，无论是实行“警检一体化”的大陆法系国家抑或是实行检警分立的英美法系国家，司法审查机制的建立都是必不可少的，是法治现代化的重要体现，也是刑事程序回归“诉讼化”的重要特征。

三、过渡模式——检察介入侦查模式

现代刑事诉讼程序科学化、合理化的一个重要标志就是检察机关主导审判前程序，公诉职能引领各项审前任务。但是制度是一个演化的过程，法治转型和司法制度完善的关键因素需要在积累经验的过程中渐进培养。就警检关系问题的研究而言，打破“实然法和应然法层面的固有壁垒”，并关注检察介入侦查的过渡性改革举措是缓解当下警检关系困境的现实策略，是一种适应性规则的体现，也是积累警检模式变革经验的必要步骤。[②]

（一）检察职能回归本位——法律监督者向公诉者的转变的过渡

有一种观点认为，检察机关提起公诉是履行法律监督职能的一种方式，属

---

① 参见陈卫东、郝银钟：《侦、检一体化模式研究——兼论我国刑事司法体制改革的必要性》，载《法学研究》1999 年第 1 期。

② 但是也有学者对“侦诉一体化”的警检关系模式从理论上予以质疑，指出侦诉一体化的构想缺乏法理依据和实践可行性，认为“在我国既有的警检分立基础上构建‘检察引导侦查’机制不失为更加合理的选择。”对于此观点可参见张小玲：《审判中心背景下审前侦诉关系之重塑》，载《政法论坛》2016 年第 3 期。

于“参与诉讼的法律监督而非一般的法律监督”，因此检察机关应当适度平衡监督职能与诉讼职能之间的关系，“既要坚持监督，又要在尊重诉讼规律的前提下有效履行诉讼职能”。[①] 这种认识有一定的道理，认为不应当把所有的检察活动都看作法律监督，但在自我解释时显得有些牵强。虽然其已然认识到检察机关在审判阶段所行使的法律监督权违背了刑事诉讼规律，但还是将公诉职能的行使定位于法律监督。司法实务界和理论界均认识到，应当正确处理检察机关的公诉职能和法律监督职能之间的关系，人民检察院对于审判活动的监督仅限于事后监督和提出检察建议，“不能在庭审过程中以法律监督为旗号影响审判活动正常进行”。[②] 同时有学者指出，这种检察机关内部的职能部门分工看似是为了实现诉讼职能与监督职能的相对分离，实际上并无多大意义，而且导致了其他负面后果。[③]

在检察介入侦查的模式中，检察机关从法律监督者向公诉者的转变主要表现为更加注重公诉职能在审前程序中的引领作用。作为一种实然向应然转变的过渡性制度构建，检察介入侦查的理论基础也应当有一种过渡性的价值取向，因此，本文取“混合职能说”作为目前改革实践的理论指导，以此引导审前程序改革的价值构建：监督职能向公诉职能回归，现阶段的检察介入侦查的改革实践在强化侦查监督实效的同时也注重公诉职能在审前程序中的引领作用。实际上，关于检察机关职能向公诉回归的政策性倾向显而易见：检察权的基本定位长期存在理论争议和实务困惑，检察机关到底是侦查机关还是公诉机关？其基本职能应当如何落位？随着近期推行的监察体制改革，检察机关的职务犯罪侦查权基本上被剥离到监察委员会，这对检察院来说也是角色回归[④]——其重心从作为法律监督“枪把子”的职务犯罪侦查职能转移到公诉职能。就现阶段而言，实现法律监督职能向公诉职能的回归，应当合理限缩法律监督的内涵与外延，防止泛化解读，对其应作出更加具体的定位：比如着重强化立案监督、

① 樊崇义：《提高理论认识　把握监督重点》，载《人民检察》2010 年第 3 期。

② 《刑事诉讼法》第 203 条规定的“提出纠正意见”的时间应该如何把握呢？《人民检察院刑事诉讼规则（试行）》第 580 条第 3 款规定：“人民检察院对违反程序的庭审活动提出矫正意见，应当由人民检察院在庭后提出。”特别强调要以检察机关的名义提出，还要向检察长报告后才能提出。樊崇义：《解读“以审判为中心”的诉讼制度改革》，载《中国司法》2015 年第 2 期。

③ 检察机关基于诉讼监督权对法院实施的审判监督，存在合法合理性的缺陷，有悖于现代诉讼的基本构架与性质，有悖于诉讼运作的一般性规律，在实践中产生了相当的负面效应。参见刘计划：《检察机关刑事审判监督职能解构》，载《中国法学》2012 年第 5 期。

④ 随着近期推行的监察体制改革，检察机关的职务犯罪侦查权被剥离到监察委员会，这对检察院来说也是角色回归——其重心从侦查职务犯罪落位到履行公诉职能上。参见《反腐学者吴建雄：检察院角色回归，约 1/5 人员将转隶监察委》，载澎湃新闻网：https://www.thepaper.cn/newsDetail_forward_1593007，最后访问日期：2017 年 2 月 15 日。

侦查监督和执行监督的实效性。但对于审判监督概念的使用需要严格限制,这是因为,如果说现阶段检察机关作为实然法上的法律监督机关,其对于立案、侦查和执行的监督尚存在一定的可行性和必要性的话(在中国语境下,无论从准司法机关的定位的角度,还是从制约侦查权力的现实需要的角度,或是从警检关系的远景模式构造的角度来看,检察机关在审前程序包括侦查阶段都应当具有超然的监督者的地位),[①]那么其对于狭义上的司法机关即审判机关的监督则缺乏理论正当性,违背了基本的诉讼规律。事实上,检察机关对于审判中存在不当行为的制约完全可以通过行使其他权力的方式来实现,而不是非要上升到违背基本诉讼规律的审判监督的形式。

20 世纪末 21 世纪初,随着对庭审礼仪的争论,法学界和实务界对我国检察机关的定位和检察权的性质展开了广泛的理论研究和激烈的学术探讨,这些针锋相对的观点包括司法权说、行政权说、混合权说、法律监督权说。讨论并没有达成一致的结论,但是通过梳理这些学术观点可以得出一个逻辑脉络——检察权在应然层面上属于行政权性质,但在实然法的层面上难以定性,检察权更倾向落位于另一种独立的国家权力。[②] 陈卫东教授对检察权的性质曾作出价值无涉的中立评价,并认为法律监督权在中国的检察权结构中是一种独立的国家权力(不同于司法权、行政权和立法权),有其自身的特殊性,但是“一旦排除了法律监督权,检察机关就只能成为公诉人”。[③] 对此,法律监督论者也与我们有同样的看法。[④] 这也道出了现阶段对我国检察机关法律监督权内涵予以重新界定的合理思路——对法律监督权的范围进行适当限缩,尤其是应当排除与公诉职能相直接冲突的审判监督权,将法律监督权的重心落位于侦查监督实效的强化。而检察介入侦查的一项重要目的就在于强化检察机关对于侦查活动的动

① 欧陆法系创设检察官制度的根本目的之一,便是以一个严格受法律训练及拘束的公正客观官署,控制警察活动的合法性,避免法治国沦为警察国。参见林钰雄:《刑事诉讼法》(上册),作者 2004 年自版,第 136 页以下。

② 关于这些讨论文章可参见龙宗智:《检察官该不该起立》,载《法学》1997 年第 3 期;贺卫方:《异哉,所谓检察官起立问题者》,载《法学》1997 年第 5 期;张宏思:《人民检察院基本诉讼角色定位论》,载《法学》1997 年第 9 期;陈卫东:《实然与应然:关于侦检权是否属于司法权的随想》,载《法学》1999 年第 6 期;夏邦:《中国检察院体制应予取消》,载《法学》1999 年第 7 期;王琰:《全国首届检察理论研究年会综述》,载《人民检察》2000 年第 2 期;龙宗智:《论检察权的性质与检察机关的改革》,载《法学》1999 年第 10 期;谢鹏程:《论检察权的性质》,载《法学》2000 年第 2 期;倪培兴:《论司法权的概念与检察机关的定位——兼评侦检一体化模式》,载《人民检察》2000 年第 3、4 期;陈卫东:《我国检察权的反思与重构——以公诉权为核心的分析》,载《法学研究》2002 年第 2 期等。

③ 陈卫东:《实然与应然:关于侦检权是否属于司法权的随想》,载《法学》1999 年第 6 期。

④ “这是对公诉方作为国家代表履行职能活动的最起码要求,是其分内之责,无须人为拔高,至多可以把它看作一种广义的监督,与被告人、当事人对审判活动的监督没有根本区别。”参见张宏思:《人民检察院基本诉讼角色定位论》,载《法学》1997 年第 9 期。

态性、实效性监督。

（二）突破警检关系现有格局——实现权力配置调整的过渡

警检关系或者侦诉关系的设置不是随意而为的，而是应当符合刑事诉讼一般规律的。检察介入侦查模式是从检警疏离关系向“侦诉一体”关系进行过渡的有效变革形式。一方面，检察介入侦查模式不同于当下的检警模式，是对分工负责的警检关系格局的有益尝试和突破；另一方面，不同于“侦诉一体化”的最直接的体现就是，“侦诉一体化”模式下检察机关直接享有侦查权或者侦查指挥权，而在中国检警体制的模式下，一般案件的侦查权由公安机关负责，检察机关只享有对自侦案件的侦查权，而不享有一般案件的侦查权甚至是引导权。[①]因此，检察引导侦查模式也不同于检察机关掌握侦查主导权的“侦诉一体化”模式，而是实现由前者向后者进行过渡的特有渐进模式。

“侦诉职能一体化”要求公诉职能在审前程序中发挥核心作用，它以检察机关享有侦查权为逻辑基础。但是在实然的中国语境下，在分工负责原则和固有司法体制的束缚下，一般案件的侦查权和公诉权分别由公安机关和检察机关支配。现阶段确立公诉在审判前程序中的绝对中心地位既缺乏现实可行性也不具备法律上的正当性，“警检一体化”或“侦诉一体化”的构建具有理论前瞻性但缺乏现实指导性。如果骤然追求检察权对侦查权的领导，对侦查权配置做出重大改变会显得过于激进和冒险。因为在司法审查机制缺失的现实背景下，对侦查行为予以监督的主体只有检察机关，如果贸然进行“警检一体化”或“侦诉一体化”的审前程序改造，将唯一的侦查监督主体转化为侦查主体（这时的检察监督就会沦为侦查主体内部的同体监督），很有可能“进一步弱化了检察监督，不利于侦查合法性的提升”。[②] 应当在保留基本体制的前提下，渐进地实现公诉职能向侦查阶段的延伸、渗入，以达到公诉职能对侦查职能的引领作用。检察引导侦查的方式即以此为目的。同时，丰富和完善侦查监督手段的改革同样必不可少，提前介入侦查的监督机制是当下改革的一个重要举措，是摆脱“滞后性”监督弊病、增强监督实效的有益选择。

（三）完善审前制约机制——法律监督向司法监督的过渡

大陆法国家出于对“站立的法官的过高期望之幻想破灭”的原因，有意弱化检察官之法律监督职能并逐渐去司法化；反观中国，检察机关的作用被无限放

---

① 应当将侦查介入权中的侦查引导权与“警检一体化”下的侦查指挥权严格区分，认识到侦查引导权是不同于侦查指挥权的权能。一方面，从权力内容来看，侦查指挥权是侦查活动的领导权，其基本前提是侦查权归检察机关享有，侦查机关只是受委托而行使；另一方面，侦查引导权在于更好地发挥检察机关的公诉职能，利用检察官的法律素养和检察权的优势引导侦查取证，在帮助侦查机关提高侦查质量的同时，保障自身公诉权的实现，而并非指挥或领导侦查权。

② 龙宗智：《评警检一体化——兼论我国的警检关系》，载《法学研究》2000 年第 2 期。

大,且对检察官的法律监督作用抱有越来越大的期望。[①] 从法治发展的长远目标来看,这种做法不为我们所推崇。但是,可以从中看出检察机关的诉讼监督作用依然为国家上层所重视,其在一段较长的时间内依然会在我国特殊国情的诉讼活动中发挥一定作用,以进一步契合修改后的《刑事诉讼法》和司法改革强化监督的精神。[②] 因此,过于理想和激进的观点和做法是不符合法治发展的渐进规律的,也是与当下的检察机关的独特命题不相符合的。在对检察介入侦查进行理论解读时,一方面要厘清法律监督与公诉职能的关系,强调公诉职能在侦查阶段引领作用的发挥;另一方面,对法律监督的内涵予以合理界定,关注法律监督权对侦查权的制约作用,强化侦查监督的实效性。

当然,我们也应当认识到,由于检察机关对于侦查权的监督存在天然的缺陷,从长远目标或者理论建构的角度来讲,中国的审前制约机制的构建应当实现一定程度的突破,"并考虑建立中国式的司法审查制度"。[③] 十八届四中全会通过的《中共中央关于全面推进依法治国若干重大问题的决定》专门规定了"加强人权司法保障"的一部分内容,并首次提出要"完善对限制人身自由司法措施和侦查手段的司法监督"。值得注意的是,这里使用了"司法监督"而非"检察监督"或"法律监督"的概念,由此可见,一种不同于以往侦查监督形式的司法监督模式已经进入了中央司法改革者的视野。有人认为,在不久的将来,一些严重限制人身自由强制措施和强制侦查手段的决定权将会转移到法院,"法院将会设立针对侦查事项的司法审查机制,并与检察机关的侦查监督权一道,对侦查权力予以双重监督"。[④] 这种观点并非空穴来风,实际上,当下在部分地区试点的"逮捕诉讼化"改革就是检察机关为了"捍卫"批准逮捕权力而做的最后努力,目的就是避免审查逮捕的权力被转移到人民法院。

总体来说,从 20 世纪末 21 世纪初学者呼吁辩护律师全面介入侦查程序的基本实现,[⑤]到现阶段检察介入侦查的改革实践,我们可以看到司法介入侦查(司法审查机制)的美好前景。这说明检察介入侦查作为一种诉讼程序构造的

---

① 例如,最高人民检察院于 2009 年 12 月 29 日发布实施的《关于进一步加强对诉讼活动法律监督工作的意见》中,提出了完善监督机制,强化监督措施等要求;以及最近中央各项决议决定都致力于强化检察监督工作。

② 修改后的《刑事诉讼法》新增大量的侦查活动监督事项并不依附于审查批捕工作,如对扣押、冻结款物等强制性侦查措施的监督,对阻碍辩护人、诉讼代理人依法行使权利行为的监督等。

③ 樊崇义:《提高理论认识　把握监督重点》,载《人民检察》2010 年第 3 期。

④ 高一飞:《检察反贪部门转隶监察委员会有利于侦查法治化》,载东方法眼:http://www.dffyw.com/faxuejieti/ss/201611/41743.html,最后访问日期:2017 年 2 月 13 日。

⑤ 参见周国均:《控、辩平衡与保障律师的诉讼权利》,载《法学研究》1998 年第 1 期;刘计划:《法国、德国参与式侦查模式改革及其借鉴》,载《法商研究》2006 年第 3 期;陈光中、汪海燕:《侦查阶段律师辩护问题研究——兼论修订后的〈律师法〉实施问题》,载《中国法学》2010 年第 1 期等。

过渡性模式,是符合刑事诉讼的一般发展规律的。

四、检察介入侦查模式的实践探索及优化路径

(一)实践探索

检察机关于2001年在全国着手实行了引导侦查取证的改革探索,历时十余年之后,这一改革举措在一定程度上得到了我国立法机关的肯定与关注。2011年8月30日由十一届全国人民代表大会常务委员会第22次会议审议的《刑事诉讼法修正案》(草案)专门加入第113条,规定"对于公安机关立案侦查的故意杀人等重大案件,人民检察院可以对侦查取证活动提出意见和建议"。但遗憾的是,2012年《刑事诉讼法》最终却没能吸收此项条款,导致检察介入侦查的司法实践在法律适用方面出现两个难题[①]:一是缺乏最直接的立法依据,相关法律文件的普适效力不高;二是为了满足客观实践的需要,既有的司法解释和陆续出台的法规、规章突破了既有制度框架的范围,存在扩张解释的嫌疑。在《刑事诉讼法》修改的过程中之所以出现这种"立"与"废"的矛盾,一方面表明了立法者将实践经验上升到立法规范时所持有的严谨态度,另一方面也反映出这一论题尚存在一定争议和困惑之处,有必要对其进行进一步的研究和探讨。

"检察工作介入重大有影响案件的侦查,既有利于促使侦查机关完善证据,提高侦查质量,从快批捕,又有利于发现侦查活动中的违法情况,加强监督,在实践中发挥了积极的作用。"[②]采纳这一模式有助于提升侦查质量、强化检察机关指控犯罪的能力,也便于检察机关履行侦查监督职能。检察介入侦查的改革有利于实现检察机关的权、责相统一,符合配合制约原则的要求。如果赋予检察机关对侦查活动的介入权,提高检察机关引导规范取证的积极性,则有可能避免这种权责脱节的现象。在现有的政治体制和法律框架下,切合"分工负责、互相配合、互相制约"[③]的三机关原则。根据刑事诉讼的基本原理,诉讼构造的主体包括控、辩、审三方。[④] 而控方的追诉职能包括侦查和提起公诉两项基本任务,分别由侦查机关(部门)和公诉机关(部门)负责,两者之间既有分工又有配合。检察介入侦查的改革实践在尊重基本职能分工的情况下,同时兼顾了配合与制约双重价值要求:一方面,引导侦查取证体现出检警之间的配合关系,协助

---

① 参见张小玲:《审判中心背景下审前侦诉关系之重塑》,载《政法论坛》2016年第3期。

② 朱孝清:《强化侦查监督维护公平正义》,载《人民检察》2005年第6期(下)。

③ 有关该原则的分析,可参考卞建林:《健全司法权分工配合机制的思考》,载《河南社会科学》2015年(第23卷)第1期;左卫民:《健全分工负责、互相配合、互相制约原则的思考》,载《法制与社会发展》(双月刊)2016年第2期。

④ 参见陈瑞华:《刑事诉讼的前沿问题》,中国人民大学出版社2013年版,第86页。

侦查机关提高侦查水平,形成打击犯罪的合力以确保追诉目的的实现;另一方面,提前介入的监督机制体现出检察权对于侦查权的制约,拓宽了侦查监督的方法和途径,实现动态化监督的同时也提高了监督实效。

从目前的实践情况来看,改革取得了不错的效果。大多数试点单位以开展对派出所刑事侦查活动监督工作为契机和载体,建立健全介入侦查、引导取证工作机制,充分利用临近办案一线的优势,帮助提高办案质量。试点以来,各地通过驻所检察室介入重大疑难案件,提出侦查取证建议,监督侦查活动合法规范进行,对刑事案件顺利侦办奠定了基础。通过提前介入引导取证的方式,侦查取证质量明显提升,报捕案件的不捕率有所下降。有些地方建立了对公安派出所承办的重大、疑难、复杂刑事案件提前介入引导侦查机制,检察官及时就证据调查、事实认定、法律适用和办案程序提出意见,维护了犯罪嫌疑人合法权益,节约了司法资源,缩短了办案周期,提高了诉讼效率。① 同时,建立了相关长效机制,巩固试点成果,较为普遍地建立了联席会议制度、信息通报制度、案件会商制度、提前介入引导侦查机制和派驻侦查机关检察监督室机制,并制作了一系列的规范性文件以巩固既有成果。

(二)优化路径

检察介入侦查的改革在取得一定积极成效的同时,也面临一些制约因素,只有对这些问题加以应对解决,才能对该种模式予以优化吸收。

第一,公安机关不合理的绩效考核机制制约了检察介入侦查工作的开展。这种不合理的考核机制主要体现为:将违法监督次数作为公安机关内部不利的绩效考核因素,而非将有效地执行纠违意见作为积极的考核指标。实践中,公安机关内部多采取严格考核机制,对涉及监督立案、监督撤案、纠正漏捕、纠正违法等负面指标在问责上追究办案民警的同时,还要采取上追两级领导责任的倒逼机制。这种内部绩效考核评价机制,客观上制约了检察机关介入侦查工作的顺利开展。

第二,信息共享机制还不够完善。目前很多地方已建立刑事案件信息通报机制,但是并未建立信息共享平台。有的地方只通报有关数据,并未涉及案件的具体内容;有的地方需派员到派出所,查询公安执法办案系统,无法在检察机关办公室进行查询,也就无法及时掌握办案信息,从而影响了侦查介入工作的深入开展。

第三,警检两家对于检察介入侦查的理念认识存在偏差。对公安而言,"重配合、轻监督"的观念严重,对引导侦查取证表示欢迎,对监督工作持有很大的

① 如南京市驻派出所检察官办公室近年来提前介入派出所办理的各类刑事案件近1400件,共计3000余人,捕前分流案件425件,同时有效地提前解决报捕环节潜在的可能引发上访的不稳定因素。

抵触情绪。就检察机关而言,对于检察介入侦查机制的定位认识存在偏差,"重配合、轻制约",把主要精力放在引导取证方面而忽视监督作用的发挥,或者对侦查程序的介入"过深",试图以"指挥"而非"引导"的方式参与侦查活动,从而引起侦查人员的情绪抵触。

第四,检察机关介入侦查程序时将监督职能和引导职能混为一谈。其中最为典型的情况是,检察机关经常以侦查监督的名义对正常的侦查活动进行介入,引起侦查机关的心理抵制。① 公安的观点是,监督权的启动应当"有理有据",既然违法侦查行为尚未出现,那么检察机关何来监督权的行使?实践中,检察人员将监督和引导混为一谈的做法实为常见,在很大程度上不利于相关工作的开展。

第五,侦查机关固守的"侦查秘密原则"成为检察介入侦查工作有效展开的"绊脚石"。一种观点认为,检察人员对于侦查活动的介入违背"侦查秘密原则",有可能干扰公安正常办案。然而,"侦查秘密原则"作为公安机关阻挠检察介入侦查工作的"挡箭牌",其在理由上并不能证成,原因如下:其一,"侦查秘密原则"更多体现的是"侦查中心"或者"侦查主导"的特征,这与审判中心的改革不相一致,审判中心不仅要对审判程序进行改革,还要对审判前程序进行改革,提高审前程序的公开性与可参与性,从世界范围内来看,"侦查秘密原则"在很大程度上正在被弱化;其二,"侦查秘密原则"并不是绝对的,并不是所有的侦查程序和侦查事项都要被纳入"侦查秘密原则"的"保护圈",应当合理区分,就关键证据的收集、固定、证据标准的指引及违法侦查行为的监督而言并不能绝对地与"侦查秘密原则"相挂钩;其三,有关侦查秘密的问题完全可以通过机制、方法创新的方式予以消解或缓解,例如,为了确保涉及秘密侦查事项的指引工作能够顺利开展,警检两家可以选择签订"保密协议"。

第六,警检两家出于对承担错案责任的考量不敢以积极的心态对待检察介入侦查的工作。但是,这种担忧实属不必要。从价值目标上来看,警检两家有共同的追诉犯罪的目标上的一致性:从引导的要义来看,引导是为了更为准确、有效地追诉,目的是确保控诉职能的最终实现;从监督的要义来看,"监督是为了更好地保护监督对象",目的是及时纠正错误,防止错案发生。而且,错案责

① 警检两家有刑事追诉上的目标一致性,公安机关在实际办案中也经常需要公诉人员在证据问题上予以把关和指引,检察介入侦查的引导工作易于接受;而侦查监督本身就容易触及警察的"敏感神经",除非有切实的违法事由,否则警察很难接受以监督名义进行的侦查介入。因此,应当对两种不同的介入工作做出合理区分,并针对两种情况建立相应的工作机制:引导工作主要由公诉部门负责,主要在于引导正常侦查工作的顺利开展,注意方式方法,防止运用监督名义导致抵制情绪,一旦发现违法线索应及时通报侦监部门作出处理;监督工作由侦查监督部门负责,主要在于纠正违法侦查行为,要建立相应的信息及时获取机制,实现与公诉部门的联通互动,确保事后监督的及时性。

任的认定主要受制于考核方式方法的影响,相关问题要从调整和改变不当的错案考核方法的途径予以解决:如果侦查行为和引导行为均合乎程序要求,参与主体对实体错误结果的出现没有重大过错以上的主观责任,那么就不能认定为错案,更不能追究相关人员的办案责任。

审判中心主义视角下刑事辩护制度之完善进路

司　楠*

摘　要　推进"以审判为中心"的诉讼制度改革，是党的十八届四中全会明确提出的重大改革任务，旨在突出审判在整个刑事诉讼中的核心地位。众所周知，刑事诉讼的三大基本职能分别是审判职能、控诉职能和辩护职能，三者有机统一，缺一不可。然而我国目前的诉讼结构却忽略了三者之间的关系，打破了三者应有的平衡，特别是侦查中心主义的倾向，已经成为我国实现社会司法公正、保障当事人权益和预防冤假错案发生的重大阻碍，因此，实现从侦查中心主义向审判中心主义转变的改革势在必行，而作为其中不可或缺的一环——刑事辩护制度的完善也是审判中心主义的应有之义和本质要求。

关键词　审判为中心　诉讼结构　辩护权　有效辩护

党的十八届四中全会提出以审判为中心诉讼制度改革的命题，在这其中，除了司法管理体制改革的范畴备受关注之外，可以说最具影响力和震撼力的当属以审判为中心的诉讼制度改革，该项改革是针对司法运行机制层面的，旨在明确审判在整个刑事诉讼活动中的核心地位，主要涉及侦查制度和起诉制度，但辩护制度也是其中不可或缺的一环。

一、问题的提出

以审判为中心的诉讼制度改革不仅是诉讼关系或诉讼地位的改革，更是一种诉讼结构的改革。在整个刑事诉讼的过程中，包含侦查、起诉、辩护和审判几个环节，在"以审判为中心"的诉讼结构中，应该架构以审判为顶点，以控、辩为两翼的等边三角形结构，处于顶点的审判掌控整个诉讼过程，中立裁判，而位于两翼的控辩则相互平衡，保障诉讼过程的顺利进行。

长期以来，我国形成的侦查中心主义在很大程度上侵蚀了刑事审判的"诉讼化"构造，出现了庭审虚化、控辩失衡等诸多现实问题，所以说，以审判为中心诉讼制度的改革，并不是某一个孤立环节的改革，而是需要一系列相关制度配

---

*　司楠，诉讼法学博士，从事刑事诉讼法学、律师学、辩护制度研究。

合的,在这其中,强化控辩的平衡占据和发挥着极其重要的地位和作用。①

需要指出的是,这里所谓的平衡并非绝对的对等,而是一种在功能层面的相互制衡。首先,就控辩双方地位而言存在明显的不对称,以侦查机关和检察机关为代表的控方比较强大,而辩方相对弱势,两者是公权力与私权利之间的对抗,因此,仅就平衡的角度来说,也需要进一步扩大律师的辩护权利,增强律师对抗的能力,同时要进一步地规制控方权力,形成一种和谐、平衡的诉讼结构。其次,随着程序简化的不断完善,特别是认罪认罚从宽制度的进一步确立,律师在定罪量刑方面的作用将越来越大,认罪认罚从宽和速裁程序的推进势必把控辩协商这样的模式,引入我国的刑事诉讼中来。在这种模式下,控辩双方可对定罪量刑达成协议,类似于美国的诉辩交易,因此律师的作用就显得尤为重要,检察官和律师实际在某种意义上左右了被告人的定罪和量刑,此种模式对辩护律师提出了一个非常大的挑战,需要在控辩平衡的状态下进行协商,最终由法院来确认。②

二、提出的问题

长期以来,作为诉讼结构中一环的辩护制度并没有得到应有的重视,甚至出现了萎缩的态势,这也成为学界和业界颇为关注的问题。在我国,律师刑事辩护职能不彰,律师的辩护权利得不到有效保障,严重制约了辩护作用的发挥,导致了辩护率长期处于不足三成的低点。因此,辩护制度的改革应该从进一步完善律师的辩护权利规范、加强律师执业权利的保障以及体制机制入手,解决困扰律师辩护难的实际问题。

(一)立法缺失导致辩护制度难以落到实处

说到辩护制度的改革,其实早在 2012 年刑诉法修改时就已经有所涉猎,比如在侦查阶段律师的“辩护人”身份得以确认、突出程序辩护的价值、完善律师及辩护人的会见制度和阅卷权、扩大法律援助的适用范围、强化律师的人身保障权等。

虽然我国已经从立法的层面,对辩护制度进行了变革和保障。特别是在十八届四中全会通过了《中共中央关于全面推进依法治国若干重大问题的决定》,提出“推进以审判为中心的诉讼制度改革”的目标后,为作为相关配套措施的辩护制度的完善提供了理论基础和变革土壤。但不可否认的是,在实操层面,还

---

① 关于“以审判为中心”诉讼制度改革的相关观点,参见陈卫东:《以审判为中心:当代中国刑事司法改革的基点》,载《法学家》2016 年第 4 期;谢登科:《论“审判中心主义”下辩护制度改革》,载《知与行》2016 年第 1 期等。

② 关于控辩制衡的相关观点,参见陈卫东教授 2015 年在“审判为中心视角下律师辩护的地位与作用研讨会”上的主题发言。

存在这样或那样的问题。以阅卷权为例,《刑事诉讼法》第 40 条规定,辩护律师自人民检察院对案件审查起诉之日起,可以查阅、摘抄、复制本案的案卷材料。其他辩护人经人民法院、人民检察院许可,也可以查阅、摘抄、复制上述材料。此法条虽然赋予律师以阅卷权,但却并未明确其中关键用语"案卷材料"的内涵与外延,按照语义学的理解,案卷材料如无特殊指代,应该指全案的证据材料,包括有罪、无罪、罪重、罪轻等方面,但在实际操作中,律师可查阅的案卷材料往往仅包括有罪材料,这对于在调查取证方面存在一定困难和障碍的辩方而言,无疑是被动和消极的。关于调查取证权,《刑事诉讼法》第 41 条规定,辩护人认为在侦查、审查起诉期间公安机关、人民检察院收集的证明犯罪嫌疑人、被告人无罪或者罪轻的证据材料未提交的,有权申请人民检察院、人民法院调取。虽然此条规定在保障控辩平衡方面具有重大意义,但也存在现实的困境与尴尬,由于人民法院或检察院在批准调查取证申请时拥有自由裁量权,加之申请权的实现又缺乏相应的制度保障,从而导致此项权利被虚化,特别是一些有利于被追诉人的证据无从调取。再以律师的会见权为例,《刑事诉讼法》第 39 条规定,辩护律师会见在押的犯罪嫌疑人、被告人,可以了解案件有关情况,提供法律咨询等;自案件移送审查起诉之日起,可以向犯罪嫌疑人、被告人核实有关证据。辩护律师会见犯罪嫌疑人、被告人时不被监听。其中,关于监听的理解也存在较大差异,例如,此种监听是否专指通过技术手段进行监听,不被监听是否应该包括不派员在场。[①]

(二)辩护权保障缺失导致救济渠道失灵

在探讨辩护制度的完善这一话题时,辩护权的内涵与性质是必须要厘清的一个重点问题,辩护权是一种权利,一种与公民基本权利相关的权利,因此保障律师的辩护权就显得尤为重要。这也就意味着公权力必须尽一切可能去创造和维护有利于该项权利实现的条件。[②]

然而在我国,律师辩护权的行使却面临很多现实困境,以会见权为例,虽然根据《刑事诉讼法》的规定,律师会见权已经前置到侦查阶段,但是对于重大职务犯罪以及指定居所监视居住的会见权的实现却仍然是难中之难。这其中更为深层次的原因在于侦查权与会见权的冲突。在《人民检察院刑事诉讼规则(试行)》第 45 条第 2 款规定了三种情形属于"特别重大贿赂犯罪":(1)涉嫌贿赂犯罪数额在 50 万元以上,犯罪情节恶劣的;(2)有重大社会影响的;(3)涉及国家重大利益的。这一规定在一定程度上界定了特别重大贿赂犯罪的范围,但

---

① 关于我国律师权利保障制度的相关观点,参见郭金原:《我国刑事辩护制度重大变化与进步初探》,载《湖南科技学院学报》2015 年第 1 期。

② 参见张翔:《基本权利的规范建构》,高等教育出版社 2008 年版,第 19 页。

对于第2条中的有重大社会影响的概念仍不明确。综观我国对于辩护权的保障,鲜有规定明确、具体的法律法规,只是在《刑事诉讼法》第49条中有所提及,即辩护人、诉讼代理人认为公安机关、人民检察院、人民法院及其工作人员阻碍其依法行使诉讼权利的,有权向同级或者上一级人民检察院申诉或者控告。人民检察院对申诉或者控告应当及时进行审查,情况属实的,通知有关机关予以纠正。结合此项规定不难看出,我国采取的是以检察机关为主导的救济模式,这一立法的初衷无疑是正确的,同时也符合检察机关作为法律监督机关的职能和定位,更在一定程度上弥补了法院在审前程序上缺位的现状。[①] 但在实际操作中,一方面,律师进行申诉和控告的主动性和积极性并不高,另一方面,即使律师行使了该项权利,检察机关也很少理会或者申诉无果,加之立法中并未规定所谓的制裁后果,从而导致此种救济模式的效果并不明显。

(三)忽视辩护意见导致审判去中心化

辩护意见是辩护权的表现形式与载体,辩护权的实现有赖于辩护人通过专业的知识和技巧说服裁判者做出有利于被追诉人的裁判。[②] 此外,合理的诉讼构造也应该是控辩两造平衡、裁判者居中的模式,法官的裁判应该建立在控辩双方对抗交锋的基础上,然而在现实中,辩护律师的意见却得不到应有的重视,甚至被部分或全部忽略。在整个刑事诉讼过程中,基于律师介入的不同阶段,其辩护意见贯穿于侦查、起诉和审判的所有环节,而其内容也涉及从程序到实体的各个元素,因此,律师的辩护应该是全面的辩护。实现"控辩平等对抗"是以审判为中心的诉讼制度改革中至关重要的一环,而这需要在刑事诉讼的侦查、起诉、审判阶段赋予被追诉人以充分的辩护权,这也是刑事辩护制度存在的意义和价值所在。

按照内容划分,刑事辩护分为实体辩护和程序辩护,[③]在长期的实践中,主要发生在审判阶段、着眼于事实和法律的实体辩护相对被控辩双方所重视,而主要针对刑事程序的辩护却长期处于被忽视的状态,从而也就丧失了通过程序辩护而否定侦查、起诉、审判法律效力的功能。有学者对多起冤假错案进行实证分析得出结论,大多数冤假错案的出现都有一个共通的原因,即辩护律师的辩护意见被忽视甚至无视,这些辩护意见有的发生在审判阶段,有的发生在审前阶段,有的针对实体问题,有的针对程序问题,但均因种种原因未被侦查、检

---

① 关于辩护权保障的相关观点,参见陈卫东、亢晶晶:《我国律师辩护保障体系的完善》,载《中国人民大学学报》2016年第3期。

② 陈卫东、亢晶晶:《我国律师辩护保障体系的完善》,载《中国人民大学学报》2016年第3期。

③ 田文昌、陈瑞华:《刑事辩护的中国经验》,北京大学出版社2013年版,第12~79页。

察或审判机关所接受,从而导致冤假错案的发生。①

综合律师辩护意见被忽视的表现,在审前阶段,程序辩护意见被采纳概率小,会见、阅卷、取证难,在审判阶段,庭审中辩护意见表达不畅,常被打断或被限制,在最终形成的裁判文书中,对于辩护意见的回应也较为敷衍,说理不够具体,往往一带而过。辩护意见被忽视最为直接的后果就是庭审虚化,从而使审判中心主义无从谈起,控辩力量失衡、对抗全无,直接导致被追诉人权益受损,有碍于事实真相的发现和司法公正的实现。

三、进路探究

探讨辩护制度的改革与完善,离不开"以审判为中心"这个大前提,其贯穿于审前(侦查、起诉)和审判的全过程。如上所述,以审判为中心的诉讼制度改革并不是孤立的,需要一系列配套措施的配合,而辩护制度则是以审判为中心诉讼制度改革的应有之义,提倡审判中心主义可以有效提升对辩护权的保障力度,彰显被追诉人的主体地位,促进控辩平衡,实现对公权力、对国家追诉活动的制约,与此同时,辩护制度的不断完善也对以审判为中心的诉讼制度改革起到强有力的促进作用,有利于刑事审判的"诉讼化"构造,实现庭审实质化,实现对侦查、起诉等审前活动的监督制约,更有利于防止冤假错案,实现社会公平正义。

(一)明确律师作为诉讼一造的地位与责任

长期以来,我国辩护制度的发展趋于停滞状态在很大程度上源于对律师在整个诉讼活动中的地位和权责不明确,有人甚至认为律师在其中是可有可无的角色,导致在理念上的缺位与误解。我们应当充分肯定的是,辩护律师是诉讼活动的一方,是控辩审诉讼结构中不可或缺的一环。根据《刑事诉讼法》第37条规定:辩护人的责任是根据事实和法律,提出犯罪嫌疑人、被告人无罪、罪轻或者减轻、免除其刑事责任的材料和意见,维护犯罪嫌疑人、被告人的诉讼权利和其他合法权益。由此,我们不难得出这样的结论,辩护律师是犯罪嫌疑人、被告人的帮助者以及合法利益的保护者,除此之外,辩护律师通过参与诉讼活动,更可以起到维护公平正义、对抗和监督公权力与司法进程的作用。辩护律师介入,依靠其专业性可增强被追诉者在诉讼活动中的防御能力,与控方形成对抗与制衡,这无疑有利于审判者做出更为公正的判决。

存在对于律师地位与责任认识误区的本质原因在于各方对辩护律师在刑事诉讼中是否具有独立的诉讼主体地位这一命题存在分歧。法学家对于诉讼

---

① 关于实体辩护与程序辩护的相关观点,参见陈瑞华:《程序性辩护之初步研究》,载《现代法学》2005年第2期。

主体范围的认识向有分歧。一种观点认为:"诉讼主体只能是具有独立诉讼地位并承担相应诉讼职能的专门机关和当事人。其他参与刑事诉讼的主体只是诉讼法律关系的主体,而非诉讼主体。"另一种观点则认为:"刑事诉讼主体是所有参与刑事诉讼活动并在刑事诉讼中享有一定权利、承担一定义务的国家专门机关和诉讼参与人。其中承担基本诉讼职能的专门机关和当事人是主要的诉讼主体,其他诉讼参与人是一般诉讼主体。"①对于学术上的分歧,笔者在此不做过多评判,其实,是否承认律师的诉讼主体地位并非事情的关键,关键在于律师是否拥有独立的诉讼地位,如果承认了律师拥有独立的诉讼地位,就意味着其在行使辩护职能时应被给予保障而不受干涉,意味着其拥有与控方和审判者平等的权利和均衡的地位。

(二)优化诉讼结构,破解侦查中心主义

在我国,长期存在的诉讼结构是"侦查—起诉—审判"的线性结构,公检法之间各有分工,地位明晰,而辩护律师在这线性结构中没有位置,无法融入,更不要说发挥作用。"以审判为中心"诉讼制度改革的提出旨在重构控辩平等、裁判居中的三角形诉讼结构,保障控辩双方在法律意义上的均势以及在诉讼地位上的平等性与对抗性。在这其中,侦查权的制约成为问题的关键。由于刑事侦查涉及公民权利、生命财产,因此综观现代法治国家,侦查权受到有效制约是现代司法的基本要求,也是世界通例,正如最高检孙谦副检察长所言,对侦查权制约的目的,就是防止刑讯逼供、非法取证,保证对公民采取的各种侦查措施的合法性。

优化诉讼结构,首先应从审前阶段入手,保障审前阶段律师参与的充分性。办案机关在审前阶段切实保障被追诉人及其辩护律师行使诉讼权利有利于及时发现办案过程中可能存在的违法不当行为,②辩护律师的阅卷、核实证据、调查取证等行为实则是对控方获取证据材料合法性的"审查",针对控方提出的可能存在违法取证行为、侵害诉讼主体合法权益的行为,办案机关及时调查、作出处理意见并予以回复,在有效保障控方诉讼权利的同时也进一步夯实证据具有法定证据能力。同时,审前阶段的有效辩护也为审判阶段控辩双方平等对抗做好铺垫。充分保障律师在审前阶段的介入,也在一定程度上弥补了法院无法参与审前阶段的缺憾。

此外,侦查中心主义的另一弊端在于催生了卷宗中心主义,在我国现行的刑事司法体系中,侦查活动在整个诉讼过程中趋于主导地位,而基于侦查活动所形成的笔录、卷宗也自然处于重要地位,特别是在审判过程中,审判者过分依

① 李建明:《刑事律师法律地位的三维考察》,载《学海》2005 年第 2 期。

② 参见郑青:《论被追诉人辩护权的有效行使与充分保障》,载《人民检察》2012 年第 8 期。

赖卷宗,导致庭审虚化、证人出庭率低等一系列问题。[①] 卷宗中心主义的裁判模式在我国可谓几经周折与反复,2012 年《刑事诉讼法》颁布实施后,恢复了全案案卷移送制度,在这种裁判模式下,法官的裁判往往建立在检察院移送的案卷上,在庭审前已经形成预判,从而导致辩护律师意见难以再对法官裁判产生影响。除此之外,调查取证自身的属性使代表被追诉人的辩方在收集证据方面存在天然的缺陷,而控方所移送的证据也大多是不利于被追诉人的,因此也在一定程度上影响了公正的裁判。

(三)提升辩护质量,完善法律援助制度

不可否认的是,现在我国律师的辩护质量参差不齐,绝大多数律师兢兢业业、恪尽职守、认真履责,在很多案件中,律师辩护起到了重要的作用,但也有一部分或者一小部分律师的辩护质量或者敬业精神是存在问题的。[②] 如今,在司法改革的大潮下,将追究冤假错案经办人员的司法责任,但是,也不乏因律师未尽到应尽义务而导致冤错案件发生的。在这样一种背景下,我们可以借鉴美国的有效辩护制度。在美国,辩护律师没有尽到责任是可以构成上诉理由的,上诉法院可以藉此发回原法院重审。曾经有一线法官反映,在很多重大案件中,甚至在死刑复核案件中,很多律师几乎没有辩护意见,或者辩护意见极其敷衍,这个问题必须引起我们足够的重视。

基于此,很多学者提出了将有效辩护制度引入中国,在探讨这个问题的时候,我们有必要先来了解所谓的有效辩护制度。有效辩护制度源自美国,美国联邦最高法院将获得有效辩护视为被告人的基本宪法权利,并通过判例法将宪法第六修正案视为这一权利的宪法渊源。此外,该法院还确立了无效辩护的具体标准,并将无效辩护与程序错误视为撤销下级法院判决的两种独立依据。这也属于美国法的特殊制度安排。[③] 基于中美在社会和法治环境上的差异,直接将美国的有效辩护制度引入中尚不具备条件,但其中很多有益之处可供我们借鉴。比如可在死刑案件的审判中,尝试引入无效辩护的标准;可对有效辩护的标准进行规范,建立辩护质量控制体系;严格律师准入资格、加强培训以及行业惩戒,从而有效提升辩护质量。

以审判为中心的诉讼制度改革将极大提升我国刑事案件的辩护率,目前我

---

① 关于《刑事诉讼法》修改后案卷移送制度的评析,参见汪建成:《刑事审判程序的重大变革及其展开》,载《法学家》2012 年第 3 期。

② 参见陈卫东:《以审判为中心:解读、实现与展望》,载《当代法学》2016 年第 7 期。

③ 关于有效辩护的相关观点,参见陈瑞华:《刑事诉讼中的有效辩护问题》,载《苏州大学学报》2014 年第 9 期;熊秋红:《有效辩护、无效辩护的国际标准和本土化思考》,载《中国刑事法杂志》2014 年第 6 期;李思远:《有效辩护与有效公诉——审判中心改革下新型诉辩关系的构建》,载《三峡大学学报》2016 年第 1 期。

国刑事案件的辩护率仅为 20% ~30%，也就是说，70% 的刑事案件是没有辩护律师的，解决这一问题出路之一就是要进一步完善法律援助制度，让法援律师去补充社会律师数量的不足。2012 年《刑事诉讼法》扩大了法律援助的适用范围，并使犯罪嫌疑人、被告人在侦查和审查起诉阶段即可获得指定辩护的机会和权利，但根据相关材料，截至 2011 年年底，全国共设立了 3600 多个法律援助机构，1.4 万名专职法律援助人员；2009 年以来，全国法律援助经费年均增长幅度为 26.8%，2011 年达到 12.8 亿元人民币。这在一定程度上说明我国法律援助的水平得到了显著的提高。[①] 相较于以往，我国的法律援助制度已经有了长足的发展，然而不容忽视的一个现实困境是，迄今为止，律师界愿意从事法律援助业务的律师为数甚少，而实际从事法律援助的律师又大都缺乏辩护的经验和技巧。这些"法律援助律师"从法律援助机构获取的报酬微乎其微，不仅如此，法律援助机构对被指定律师的辩护工作几乎没有建立精确的质量控制标准，造成刑事法律援助的准入门槛很低，辩护质量难以提高，辩护效果难以尽如人意。因此在我国，法律援助也被很多人戏称为"看上去很美"，并未实现其在设计之初所被期待的目标。

鉴于此，笔者认为，可在以下几个方面对作为辩护制度重要组成部分的法律援助制度着手改进：积极会见，畅通沟通与协商渠道；认真阅卷，知悉公诉方证据，为庭审质证做足准备；重视调查核实证据的工作，重点收集无罪证据和有利于被告人的量刑证据；积极参与法庭调查与辩论，提出质证意见，大胆尝试无罪辩护和程序性辩护。

（四）保障具体权利，重视审前辩护权保障

我们在谈保障律师的辩护权利，并非只是泛泛空谈，而是需要通过具体权利的明确和落实来保障，在这其中，审前阶段的辩护权保障较之审判阶段的权利保障更有必要被重视和得到切实保障。

首先是侦查阶段的律师调查取证权。在侦查中律师到底有没有调查取证权，这是一个很纠结的话题，截至目前，学界和业界比较认可的结论是律师在侦查阶段可以享有有限调查权，这种有限调查权首先来自当事人或其家属明确的告知，律师此时的调查取证权是被动的。同时，律师调查取证要坚持侦查优先原则，一定要在侦查人员调查完毕后律师再进行，不能走在侦查员前面。律师在调查取证时也要谨慎对待有罪证据，正确处理该证据与职业操守和合法辩护之间的关系。

其次在律师阅卷后要保障其可在开庭前向被告人核实言词与证据。在开

---

① 陈瑞华：《刑事诉讼中的有效辩护问题》，载《苏州大学学报》2014 年第 5 期。

庭前,律师通过阅卷可对同案被告人、相关证人进行了解,在这样的前提下,再与被追诉人接触并核实相关证据,有利于全面了解案情,并为庭审中的举证质证做好准备。

(五)重构律师辩护权救济模式,确立律师职业豁免权

正所谓没有救济就没有权利,切实保障律师执业权利,认真听取律师意见,使律师介入刑事诉讼形成诉辩对抗,对维护犯罪嫌疑人合法权益、提高办案质量、防范冤假错案具有重要意义。但在我国,目前对律师权利的救济如同虚设,如何赋予律师一种途径,使侵犯其执业权利的行为能够得到司法的救济保护成为学界和业界思考的问题。《刑事诉讼法》第49条和第117条规定了妨碍辩护人代理人行使权利和侵犯犯罪嫌疑人、被告人人身权利、财产权利时可以向检察机关控告申诉的机制,但在实践中的效果却并不理想。

我国现行的律师保障体系是以检察机关为中心的救济模式,笔者认为,此种救济模式有一定的弊端。在以审判为中心的诉讼制度改革中,有必要重构辩护权的保障与救济模式,改变检察机关既做"裁判者"又做"运动员"的模式,将法官这一中立者与裁判者提前引入审前阶段,架构以法官为中心的救济模式。审前程序中的法官救济模式在现阶段并不符合我国的司法体制,这也是由我国之前的诉讼结构所决定的,而在本轮司法改革中,以审判为中心理念的提出,为此种救济模式提供了生存与成长的土壤。

《刑事诉讼法》明确规定了对于辩护权保障的条文,其中包括会见权、阅卷权、调查取证权、申请变更强制措施的权利、向嫌疑人核实证据的权利等,然而在实践中,由于立法上并未明确规定权利行使的具体程序,因此这些辩护权利并未完全实现。以最为困扰律师的调查取证权为例,由于律师的调查取证权并没有强制力,从而导致该项权利的行使举步维艰,因此如果想要切实保障该项权利的行使,需要有权力机关的介入与保障,在权力机关的选择上,由于天然的中立性,法院自然是保障律师调查权实现的首选机关,而法院如果承担此项职能,也可以有效保障证据的全面收集,不仅有检方提供的证据,更有辩方提供的证据,这使接下来的庭审阶段中,控辩力量更加均衡。此外,以法官为中心的救济模式在审前阶段的引入,也在一定程度上弥补了法院无法参与审前程序的缺憾。

此外,在保障辩护权的制度建设中,还应该重点关注律师的职业豁免权,使律师在行使辩护权时,可以卸下包袱,轻松上阵,全情投入。①

---

① 关于审前辩护权保障的相关观点,参见陈卫东:《以审判为中心:解读、实现与展望》,载《当代法学》2016年第7期;李三平、柏纯洁:《检察环节辩护律师执业权利保障研究》,载《佳木斯职业学院学报》2014年第9期;阮传胜:《司法改革背景下的控辩关系》,载《检察风云》2015年第3期。

所谓职业豁免权,是指从业者的执业行为或职务行为本身不受法律的制裁,其底线在于遵守国家的法律。最初提到律师执业豁免权是在1990年的第八届联合国预防犯罪和罪犯待遇大会上,会上通过的《关于律师作用的基本原则》中明确规定了"保障律师履行辩护职能的措施",指出律师在不同情形下的职业豁免权。

我国在2007年修改《律师法》时也初步确立了律师的职业豁免权,明文规定律师在执业活动中的人身权利不受侵犯,律师在法庭上发表的代理、辩护意见不受法律追究;在2012年修订《刑事诉讼法》时也规定了相关救济途径和措施,可以说在立法层面给予了律师辩护权。尽管如此,在司法实践中,律师执业豁免权的落实情况仍令人担忧。因此,在以审判为中心的诉讼制度改革中,应该明确法院在保障律师执业豁免权中的地位和作用,赋予律师充分的辩护权和申诉权。

四、结语

以审判为中心的诉讼制度改革是一个关于刑事诉讼结构的变革,旨在架构控、辩两造平衡、审判居中的三角形模式,其包括多个配套制度的改革,辩护制度作为其中重要的一环,其改革也是审判中心主义诉讼制度改革的应有之义,对于构建和谐审辩关系、保障司法公正有极其重要的作用。

以审判为中心的诉讼制度改革意欲打破原有的侦查中心主义,实现审判对于侦查和起诉的监督,而律师作为一种独立的外部力量,通过程序性的辩护可以发挥监督效用,有效促进侦查和起诉活动在更为规范的轨道中运行。此外,以审判为中心强调庭审的实质化,而作为庭审中重要一方参与者的辩方可以真正实现控辩交锋、举证质证,打破庭审虚化的怪圈,将庭审实质化落到实处。需要特别指出的是,律师作为一种特殊的角色,区别于作为公权力化身的侦、检、审三方,也是搭建公权力与私权利对接的平台,审判中心主义的最终目的在于实现司法公正,提升司法公信力,其中,作为私权代言人的辩护律师的作用尤为重要,刑事诉讼活动有了辩方的参与和意见表达,不仅有效抗衡了公权力,维护了被追诉人的合法权益,更重要的是,其相对独立的身份,在监督公权力层面也起到了不可取代的作用和良好的效果。

综上所述,审判中心主义的诉讼结构为律师辩护权的保障提供了有力的前提条件,而辩护制度的改革也从反向推动了审判为中心的诉讼制度改革,合理的诉讼结构也使司法公正更易实现。

有效辩护的法命题解构

张佳华*

摘　要　刑事辩护质量问题,是绝大多数国家面临的共同问题。在现代刑事司法中,辩护律师已经从“奢侈品”发展为“必需品”,刑事辩护不仅是要“有”辩护还要“有效”辩护,刑事辩护的质量应当符合有效性和实质性标准,刑事辩护不应当是徒有其表的。被追诉人应当在刑事诉讼各个阶段都有权获得“有效”的刑事辩护,刑事辩护的质量应当符合有效性和实质性标准。从有效辩护的演进过程来看,有效辩护的标准经历了从“正义的笑柄”到“行为瑕疵”和“不利后果”双重要件。影响辩护有效性的既有诉讼与辩护固有的内在因素,也有文化土壤、社会观念、职业环境等外在因素。然而,在目前的刑事司法中,被追诉人因未能获得有效辩护而丧失的诉讼权利是无法弥补和事后救济的。我们应当不仅仅从律师责任追究的角度对被追诉人的辩护权予以保障,还需存在一种制度或者程序,从被追诉人的角度针对案件审理本身因为辩护律师没有尽到合理称职义务而获得不利的审判后果提供程序性救济,构建无效辩护之诉可以作为一种路径选择。

关键词　有效辩护　“行为瑕疵”　“不利后果”　无效辩护之诉　正当程序

在刑事诉讼中,辩护律师已经从“奢侈品”发展为“必需品”,辩护不仅要“有”还要“有效”,“有效”辩护即是对刑事被追诉人之辩护权更高层面的要求。“为了实质上保证被追诉人辩护权之实现,现代辩护制度强调的不仅仅是被追诉人有权获得律师的帮助,而且是有权获得律师‘有效的法律帮助’。”[①]因为,“一个碰巧是律师的人陪同被告人在审判中出庭……不足以满足第六修正案[②]的要求。”[③]“第六修正案如果要实现它的目的,就不能把被告人留给不称职的

---

* 张佳华,中国政法大学刑事司法学院博士后研究人员。

① 张佳华:《死刑案件:从“有”辩护到“有效”辩护》,载《中国社会科学报》2013 年 7 月 3 日,第 5 版。

② 美国宪法第六修正案规定,在所有刑事指控中,被告有获得辩护律师帮助的权利。

③ *Strickland v. Washington*,466 U.S. 668,685(1984).

律师。”①美国宪法要求，无论是委托的还是指定的，律师在初审中或者第一次权利上诉过程中都应该给他们的当事人提供有效的帮助。② 在我国刑事司法领域，律师辩护也已经从“有”进入“有效”的发展阶段。

一、“有效辩护”的应有之义

（一）有效辩护的内涵

辩护权是刑事诉讼中被追诉人的一项基本权利。“有效辩护”这一概念，在中国刑事司法语境中，既为人们所熟悉又陌生。有效辩护这一法律概念起源于美国，但是在美国的法律体系中并未明确“有效辩护”的定义。

从词源考证，“有效辩护”最初是指有效的律师帮助，英文表达为“effective assistance of counsel”。《布莱克法律词典》对“effective assistance of counsel”的解释是：“有效的律师帮助：一个认真的、具有实际意义的法律代表人，被告人从其获得行使权利的建议和按照现行刑事案件的职业标准所有合理所需范围内之应尽的义务。”③《元照英美法词典》对“effective assistance of counsel”的解释是“（美）有效的律师协助：指律师为被告人提供了认真而有意义的法律服务，包括告知了被告人他所享有的权利；诚实、精通法律且有能力的律师被给予了合理的机会去履行他所承担的义务。如律师的行为使对抗式诉讼程序不能发挥正常的作用，以致无法作出恰当的判决，则律师被认为没有提供有效的协助。”④

笔者将“有效辩护”的含义概括为：“在刑事诉讼各个阶段，犯罪嫌疑人、被告人享有充分的辩护权，能够有效地利用各种辩护资源自行辩护或者获得律师辩护和法律帮助，使正确的辩护意见能够被办案机关积极接受和采纳，辩护行为达到一定的标准或者辩护权的行使产生令犯罪嫌疑人、被告人在实体和程序上获得有利决定或裁判的诉讼效果，最大限度地保护犯罪嫌疑人和被告人合法的权益。”⑤有效辩护概念源于有效的律师帮助，但不限于“律师的帮助”。然而，具有法律知识的律师基于自己的专业训练和职业经验能提供给犯罪嫌疑人、被告人最专业的帮助，通过辩护律师帮助犯罪嫌疑人、被告人实现辩护权，

---

① *McMann v. Richardson*, 397 U. S. 759, 771(1970).

② ［美］约书亚·德雷斯勒、艾伦·C. 迈克尔斯：《美国刑事诉讼法精解》（第四版），魏晓娜译，北京大学出版社2009年版，第80页。

③ Effective assistance of counsel. A conscientious, meaningful legal representation, whereby the defendant is advised of all rights and the iawyer performs all required tasks reasonably according to the prevailing professional standards in criminal cases. See Fed. R. Crim. p. 44; 18 USCA § 3006A. 引自《布莱克法律词典》（第九版），第138页。

④ 《元照英美法词典》，法律出版社2003年版，第460页。

⑤ 张佳华：《死刑案件：从“有”辩护到“有效”辩护》，载《中国社会科学报》2013年7月3日，第5版。

才能确保其辩护权的充分行使。所以,从某种程度上来说,“有效辩护”可以视同“有效的律师帮助”,本文亦以此范畴界定讨论。

(二)有效辩护的孕育和生成

相对于职权主义诉讼构造中,刑事辩护制度在对抗制诉讼中的角色更加突出,辩护权制度的孕育和发展往往也是在对抗制国家刑事司法体系中先行。有效辩护的孕育和形成也优先发生在对抗制诉讼的英美法系,并为大陆法系国家或地区所借鉴和发扬。

据考察可以认为,刑事辩护制度主要起源于英国,但是,有效辩护的确立最初是在美国。美国宪法第六条修正案规定,在所有刑事指控中,被告有获得辩护律师帮助的权利,此将获得律师辩护的权利上升为一项宪法性权利,并在一系列宪法判例逐步确立。“这一宪法权利首先在刑事审判程序中得以确认,联邦最高法院在20世纪30年代至20世纪50年代间经多个判例明确:被告人的律师帮助辩护权即是指有效辩护权。”①在此期间,美国联邦最高法院逐步扩大刑事辩护的适用,并且不断强调对刑事辩护质量的评价和刑事辩护有效性标准的探讨。1970年,美国联邦最高法院在理查森(Richardson)一案②中将获得律师辩护的权利解释为获得“有效的律师帮助”。获得律师并不就等于获得了律师的辩护。“我们可能假定辩护律师总是称职和勤勉的,但是这仅仅是对抗制司法逻辑的理想观念而已。在现实世界,并存着律师的好与坏、勤勉与懒惰。”③所以,获得律师辩护的权利必须从形式上的“有”律师辩护走向实质性的“有效”辩护。

为确保律师有效辩护的实现,许多国家的宪法、刑事程序法、律师职业行为规则和国际性法律文件都在积极完善辩护律师执业的外部环境和内部自律,包括辩护律师执业权利的确认、业务能力的培训、职业道德的培养和职业责任的落实等各个方面,以便保障、规制律师的辩护行为,提高律师的辩护质量。总体而言,这些举措都在努力为有效辩护创造先决条件、提供制度保障。“恰恰是法律的不断变化形成了‘有效’的律师帮助制度。”④

二、标准的衍生:从“正义的笑柄”到“行为瑕疵”和“不利后果”双重要件

关于律师辩护是否“有效”,在美国20世纪70年代以前最常见的标准是

---

① 闵春雷:《认罪认罚案件中的有效辩护》,载《当代法学》2017年第4期。

② *McMann v. Richardson*,397 U.S. 759(1970).

③ Alan N. Young, Adversarial Justice and the Charter of Rights: Stunting the Growth of the “Living Tree”,39 *Crim. L. Q.* 362,365(1997).

④ 《布莱克法律词典》,West出版社2004年版,第130页。

“正义的笑柄”标准(mockery of justice test)①。根据该标准,只有当律师帮助的不充分到令审判成为“一场闹剧”或者“正义的笑柄”②时,该律师的帮助才是“无效的”。

自20世纪70年代以后,大多数法院都放弃“正义的笑柄”标准而制定了更严格的要求和规定,例如,“辩护律师在该时间和地点行使通常所需的一般技能和知识”③,该律师必须给予“合理有能力的帮助”(reasonably competent assistance)④或者“合理胜任”(Reasonable competence test)⑤,或该辩护律师的行为表现必须是“在刑事案件中律师所必须具备的辩护职责范围”⑥。此外,还有“逐项检查或类别化”标准(Checklist or categorical approach)、遵守美国法律工作者协会(ABA)对刑事辩护的规定、“律师过失行为情节严重”,等等。⑦ 一直到1984年*Strickland v. Washington*案,最高法院确立了有效的律师辩护的宪法标准——“行为瑕疵”(the performance prong or deficiency of representation)和“不利后果”(the prejudice prong)的双重要件(two-prong test)。“行为瑕疵”和“不利后果”双重要件标准被美国司法所普遍适用,并为其他国家在有效辩护的判断问题上广泛借鉴。

(1)“行为瑕疵”要件

所谓“行为瑕疵”要件,指辩护人的行为或表现有瑕疵,并且瑕疵的程度已严重到辩护人没有发挥应有的职责。在证明“行为瑕疵”要件时,被告应具体指出辩护人之行为瑕疵,且该瑕疵并无合理的解释。如果被告人仅仅抽象说辩护人未提供有效的律师帮助,而没有具体的瑕疵事实,则不能认定为无效辩护。例如,在*Tippins v. Walker*一案⑧中,辩护律师在庭审过程中睡着了。在该案的

---

① Prior to the 1970s the most common standard was the “mockery of justice” standard, under which counsel's assistance was “ineffective” only when it was so inadequate that it reduced the trial “to a farce” or rendered it a “mockery of justice”.

② “荒诞剧和笑柄”(farce and mockery)式的辩护是1945年哥伦比亚特区巡回上诉法院(D. C. Cir)审理*Diggs v. Welch*案时被首次提出。美国联邦11个巡回上诉法院先后效仿,直到1970年均确立了这样一个无效辩护的标准。

③ “Counsel must exercise [the] normal skill and knowledge which normally prevails at the time and place” [*Moore v. United State*, 432 F. 2d 730 (3d Cir. 1970)].

④ Counsel must render the “reasonably competent assistance of an attorney acting as his diligent advocate” [*United States v. Decoster*, 487 Fo. 2d 1197 (D. C. Cir. 1973)].

⑤ *McMann v. Richardson*, 397 U. S. 759, 761 - 763 (1970).

⑥ Counsel's representation must be “within the range of competence demanded of attorneys in criminal cases” [*Marzullo v. Maryland*, 561 F. 2d 540 (4th Cir. 1977)].

⑦ 陆而启:《刑事救济程序中律师辩护:从扩大参与面到检验有效性》,载《政法论坛》2000年第4期。

⑧ *Tippins v. Walker*, 77 F. 3d 682, 686 (2d Cir. 1996).

无效辩护之诉中,法庭审理查明:①辩护律师在此案初审每天开庭审判过程中都有睡觉行为;②辩护律师因为睡觉至少错过了一个"关键的"控方证人的证词;③以上两点对于被告来说是具有"破坏性"的。辩护人在开庭过程中的睡觉行为就可被认定为"行为瑕疵"。

(2)"结果不利"要件

所谓的"结果不利"要件,Strickland 判决指出:"律师的瑕疵行为必须导致被告防御上有不利的结果,亦即瑕疵行为严重至审判不公平,审判之结果也因此不可信。"[①]联邦最高法院认为"宪法赋予被追诉人有获得律师帮助的权利,其目的在于确保被告得到必要之帮助以正当化诉讼结果的可信性。"[②]若辩护人在审判中睡觉,是否符合"结果不利"要件?许多下级法院判决表明,辩护人在审判中或准备程序中睡觉,构成"行为瑕疵"要件。[③] 但如何证明是否符合"结果不利"要件?在案件审判中,辩护人曾睡着一段时间,但睡了多久?在哪一位证人的作证程序中睡着?被告不能证明,上级法院也无法判断。被告也不能证明辩护人睡着的行为是否导致不可信的判决结果。唯联邦巡回法院判决"当被告的利益处于危急阶段,而辩护人多次、长时间睡着,辩护人有如处于无意识状态,此时睡着的律师等于无律师的存在。由于传统的分析方式已无法适用,应推定具备结果不利要件。"[④]

如前所述,欲主张无效的律师帮助,被告必须证明"行为瑕疵"要件、"结果不利"要件同时具备,如欠缺其中之一,即不得主张。

(3)"双重要件"标准的证明

关于有效辩护"双重要件"标准的证明,普遍认为较难实现。首先,"行为瑕疵"标准的证明较难实现。"双重检验标准意味着被告人因此承担双重证明责任,并且两项证明都应当达到优势证据的程度"。[⑤] 一般情况下,仅依靠法庭审判记录来证明律师辩护的"行为瑕疵",是很难达到证明标准的。所以,"应当减轻被告人的证明责任,减少法官运用标准时的主观随意性,确立更为明确、具体的有效辩护的检验标准"。[⑥] 其次,"结果不利"标准更难以确认。有学者担忧,"在辩护权的立法和司法保障尚未健全的情况下,即使确立律师辩护服务质量

---

① 466 U. S 668(1984).

② 466 U. S. 668 (1984). The Sixth Amendment guarantee is "to ensure that a defendant has the assistance necessary to justify reliance on the outcome of the proceeding".

③ Joshua Dressler, *Understanding Criminal Procedure*, Matthew Bender, 535.

④ *Tippins v. Walker*, 77 F. 3d 682(2d Cir. 1996).

⑤ Jeffery Levinson, "Don't Let Sleeping Lawyers Lie: Raising the Standard for Effective Assistance of Counsel", 38 *Am. Crim. L. Rev.* 147, 153(2001).

⑥ Jeffery Levinson, "Don't Let Sleeping Lawyers Lie: Raising the Standard for Effective Assistance of Counsel", 38 *Am. Crim. L. Rev.* 147, 153(2001).

的客观标准,也很难评估律师低于客观标准的行为是否对诉讼结果造成了实质性的不利影响,以及是否具备出现不同诉讼结果的'合理可能性',即是否构成'无效辩护'。"[①]也有一些特殊情况下,即使无效辩护的行为没有影响案件结果,也会因此推翻有罪判决发回重审。例如,"(美国)最高法院确认辩护律师违反此义务时构成无效辩护,侵犯了被告人享有的有效辩护权,从而在案件已经过公正审判、无效辩护也未必影响案件结局的情况下将有罪判决推翻,发回重审。"[②]但是,不可否认,"双重要件标准"仍然是目前可以构建的最合理标准,它既重视对律师辩护行为本身的评价,又重视对律师辩护行为可能导致被告人不利诉讼结果的考量;既重视对律师独立辩护的保障,又重视对被追诉人诉讼权利的维护,在律师独立辩护与被追诉人权利保护之间寻找到了较好的平衡点。

三、影响性因素:有效辩护的外在因素和自在逻辑

在刑事诉讼中,影响律师辩护有效性的因素是多方面的,笔者从宏观上将其归纳为三大层次,这些因素综合作用决定了刑事辩护有效性程度。

(一)诉讼构造、权利结构、权力干预成为影响有效辩护的根本因素

影响刑事辩护有效性的根本因素包括三点:诉讼构造、权利结构、权力干预。第一,诉讼构造决定了对抗性,进而决定了辩护的有效性空间。诉讼构造直接决定了辩护一方在整个诉讼中的地位、作用及与其他诉讼主体的相互关系,决定了辩护权行使的空间和环境,决定了辩护的被需要程度和被抑制程度。在当事人主义诉讼中,对抗式要求刑事辩护必须发挥强大的作用,在这样的大环境下,刑事辩护的"有效"自然被强调和保障。而在职权主义诉讼中,侦查机关、检察机关等权力机关在诉讼中依其强大的职权几乎可以查明事实真相,反而,辩护和对抗会成为诉讼的障碍,降低诉讼效率,辩护方的角色主要是接受审判,不是对抗和争辩。辩护权天然难逃被遏制的命运,有效性难以发挥。因此,在职权主义诉讼中,有效辩护的理论和制度生长也就会是先天不足的,是发育缓慢的。

第二,权利结构的配置决定了辩护有效性的实现程度。是否允许、鼓励和保障律师在刑事诉讼过程中对被追诉人进行帮助并赋予辩护律师广泛的诉讼权利决定了律师的有效辩护之可能性和有效辩护的程度,律师的权利越广泛越有利于实现有效辩护。一般认为,辩护律师应当享有同被追诉人会见权、阅卷权、调查取证的权利、获得充足的时间和便利准备辩护的权利,这些权利的立法程度和实施程度都会影响辩护效果。

---

① 魏晓娜:《审判中心视角下的有效辩护问题》,载《当代法学》2017 年第 3 期。

② Missouri v. Frye,566 U. S. __,(2012)(slip op.),转引自祁建建:《美国律协〈刑事司法标准〉之〈有罪答辩标准〉评析》,载《刑事法杂志》2016 年第 5 期。

第三,权力干预决定了律师辩护对裁判的影响力和辩护效果。公权力对被追诉人或者辩护律师辩护行为的直接干预,如明确拒绝被追诉人或律师行使辩护权利,不安排会见,拒绝采纳辩护意见等;或者是消极不作为——不采纳辩护意见,架空辩护权的实质意义,导致辩护流于形式,形同虚设。在控、辩、审职能相互区分和相互制约的机制中,必须保持控诉与辩护职能相对的平衡。

(二)律师的职业能力、执业风险等因子构成影响有效辩护的主体因素

刑事辩护律师的职业能力、职业道德、职业风险、律师资源构成影响刑事辩护有效性的主体因素。

第一,刑事辩护律师的职业能力和职业道德影响辩护有效性。有效刑事辩护取决于刑事辩护律师的职业能力。刑事辩护律师要熟练掌握辩护技能和技巧。控辩对抗需要刑事辩护律师运用熟练的专业知识和辩护技巧,才能最大限度地维护被告人的诉讼权利,最大限度地争取最有利于被告人的裁判结果。同时,有效刑事辩护需要律师有良好的职业道德和敬业精神。律师应当具有尽职尽责的敬业精神,遵循真诚守信的职业道德。司法实践中,那些在法庭上睡着了的或者欺骗甚至背叛当事人的辩护律师都违背了职业道德,这样的律师更不可能做出有效辩护,久而久之,也会影响刑事辩护律师的整体形象,破坏刑辩律师职业发展。

第二,刑事辩护律师的职业风险。刑事辩护律师的职业风险桎梏律师的有效辩护。职业风险系数决定律师辩护行为的尺度和发挥作用的有效程度。"这一点在与律师的非正式交谈中得到了印证:基于执业成本、取证难度和执业风险三因素的考量,律师往往极少自行调取证据。"①特别是,公、检、法机关对律师存有偏见,由于执业冲突,使追诉机关常常指责律师"竟然给被告人作无罪辩护"。有一些律师因伪证罪而被追究刑事责任就是一种例证。

第三,刑辩律师的主体资源。在社会资源中,是否有足够的律师供给刑事辩护的需要,直接影响刑事辩护质量。就一个国家而言,要实现所有案件的有效辩护,这个国家必须具有能满足刑事案件辩护需要的足够的律师人数。20 世纪 90 年代,在美国刑事诉讼中,大约 80% 被告人的辩护律师由法庭指定②,但是律师资源却非常有限。大量刑事辩护的需求与辩护律师数量供给不足的矛盾导致律师对个案投入时间、精力的不充分,辩护律师业务繁忙的状况对刑事辩护的限制严酷而且现实。

---

① 周一志、刘光辉:《检律关系冲突的定位、探源与出路——以西南地区某检察院为例》,载《刑事法杂志》2016 年第 5 期。

② Steven K. Smith, "Carol J. De Frances. Indigent Defense", *Bureau of Justice Statistics Selected Findings*, February 1996, at 1,4.

（三）刑事司法运行的经济基础、文化土壤和社会观念是影响有效辩护的外在因素

影响辩护有效性的外在因素主要体现在社会文化环境、经济发展状况、传统观念。

第一，经济基础因素。刑事辩护的质量受到经济因素的限制。这种经济制约体现为两方面：一是国家对有效辩护的资源投入；二是被追诉人个人的经济能力。特别是在法律援助的案件中，被指定辩护的律师的酬劳远远低于他们代理其他类型案件所得的平均报酬。经济回报决定律师能花在一件案子上的时间。为了获得更多的报酬，律师不得不增加接案数量，使工作负担十分沉重，如上所述，工作繁忙会影响刑事辩护质量。这就造成多个因素的连锁反应，共同影响有效刑事辩护。刑事案件中，大部分被告人是贫困的被告人，在高犯罪率的大城市刑事法庭，这种经济因素对辩护质量的限制非常严重。

第二，文化土壤和社会观念因素。博登海默教授指出，"由于不同国家历代的生产方式、社会组织、政治法律的运作、思想意识、地理环境的不同，以及不同国家在历史与现实的联结、本民族文化与外民族文化的相互融合与冲撞等方面的具体情况的差异，形成了不同国家民族的有关法和法律生活的群体性认识、心理状态、价值观念和行为模式。这种具有定势化的有关法和法律生活的群体性认识、心理状态、价值观念和行为模式，即为法文化。"①"它包含着人们对法律、法律机构、法律判决的制作者，诸如律师、法官和警察等人的知识、价值观念、态度和信仰。"②不同的文化土壤培育不同的有效辩护。在社会观念中，公众对于律师辩护行为和辩护职业伦理存在误读——这是一个世界范围内的普遍困惑。这种观念对有效刑事辩护产生了深远的影响。律师为被告方辩护被认为是"为坏人辩护""替犯罪人开脱罪责"。"在任何一个社会里，为有罪的人和世人所不齿的人辩护的律师永远不会有好日子。人们会怀疑他们的动机，人们会以为他们忠于委托人的利益甚于忠诚于社会正义；社会舆论会把他们当作唯恐天下不乱的宵小之徒，是滋事的牛虻。"③在这种观念的惯性驱使下，律师的刑事辩护在社会上得不到应有的道义支持。刑事辩护律师在社会观念中的不良定位会影响律师参与刑事辩护的积极性，不利于有效刑事辩护。

四、有效辩护的救济：无效辩护之诉在中国的构建

"无效辩护与有效辩护对应，是随着辩护权理论的不断发展和辩护权权利

---

① ［美］E. 博登海默：《法理学——法哲学及其方法》，邓正来译，华夏出版社1987年版，第18页。

② ［美］L. S. 温伯格、J. W. 温伯格：《论美国的法律文化》，潘汉典译，载《法学译丛》1985年第1期。

③ ［美］艾伦·德肖维茨：《最好的辩护》，唐交东译，法律出版社1994年版，第483页。

保障机制的日渐完善而出现的一个概念”①。《布莱克法律词典》对“Ineffective assistance of counsel”的解释是：“无效辩护——在一个辩护中，因为律师处理案件的不合理导致被告被剥夺了一个公平的审判，通常或者是因为执行不力，或者是因为没有为被告人利益倾其全力，特别是由于利益冲突。在裁定刑事被告人是否获得无效的律师帮助时，法院一般考虑几个因素：(1)该律师以前是否办理过刑事案件；(2)在审判过程中律师辩护的战略战术是否涉嫌所谓的不称职行为；(3)是否以及在某种程度上，由于律师所谓的无效辩护导致被告人遭到损害或者受到偏见的结果；(4)无效辩护是否归因于超越律师控制范围的事实。”②《元照英美法词典》对 ineffective assistance of counsel 的解释是“(美)律师的帮助无效：帮助无效不仅指被告败诉，而是指律师帮助的质量很差以至于他从整体上忽视了履行其责任。依宪法第六条修案，刑事被告人应有律师帮助其进行辩护。‘律师的帮助无效’可成为指责判决的理由。”③概言之，所谓无效辩护之诉，“是指律师的辩护行为中出现严重瑕疵而导致影响诉讼结果的公正性，一旦律师的行为被上级法院宣布为无效行为，原审法院的判决就将被撤销并发回重审，以此保障被指控人的宪法意义上的辩护权。”④

无效辩护之诉是在刑事程序之内，对律师侵害被追诉人获得有效辩护权的救济。无效辩护使被追诉人丧失的是获得公平审判的机会，行政纪律处分、国家赔偿制度、附带民事诉讼、程序性违法等救济方式都不足以弥补被追诉人遭受无效辩护所带来的损失。作为有效辩护制度的应然构成和根本救济，笔者认为，应当在我国构建无效辩护之诉。从程序设计的角度，笔者对中国的无效辩护之诉构想如下：

第一，无效辩护之诉的诉因。无效辩护之诉所指向的行为应该是仅限于律师的无效辩护行为。律师行为可诉性的前提是在该刑事案件中，律师的辩护是必不可少的，是法定的强制辩护。基于此，如果被追诉人因为辩护律师的无效辩护而使辩护权遭到侵犯，才具有可诉性。在一般刑事案件中，如果辩护律师的存在时可有可无的，那么，被告人不该因为律师的辩护行为而获得无效辩护的救济。因为，即使辩护行为无效，律师的存在通常也不会比没有辩护律师存

---

① 林劲松：《美国无效辩护制度及其借鉴意义》，载《华东政法学院学报》2006 年第 4 期。

② In determining whether a criminal defendant received ineffective assistance of counsel, courts generally consider several factors: (1) whether the lawyer had previously handled criminal cases; (2) whether strategic trial tactics were involved in the allegedly incompetent action; (3) whether, and to what extent, the defendant was prejudiced as a result of the lawyer's alleged ineffectiveness; (4) whether the ineffectiveness was due to matters beyond the lawyer's control.

③ 《元照英美法词典》，法律出版社 2003 年版，第 689 页。

④ 李本森：《关于刑事诉讼中辩护权性质的认识》，载《中国司法》2007 年第 3 期。

在更糟。律师的无效辩护不会造成被告人辩护权的损失。当然,对该问题有待进一步商榷。

第二,无效辩护之诉的适用范围。无效辩护之诉适用的范围限于法定强制辩护的刑事案件。但是,这里存在一个必须讨论的前提,即我国法定的强制辩护范围过窄,没有将死刑之外的重罪案件纳入强制辩护体系,这对于重罪案件中的被追诉人辩护权保护非常不利。笔者认为,应将法定强制辩护的范围扩大到重罪案件。在此前提下,笔者认为,无效辩护之诉至少应当包括死刑案件、重罪案件、未成年案件、盲聋哑人案件的适用。

第三,无效辩护之诉的启动。(1)无效辩护之诉启动的主体,应当是法定强制辩护案件中的被告人。同时,无效辩护之诉当属自诉案件,即采取“不告不理”的原则。只有当被告人自行提起时,才启动无效辩护的诉讼程序。法院无权启动无效辩护之诉,检察机关也无权以抗诉发动无效辩护之诉。(2)无效辩护提起的期限,可以设定为“被告人判决生效”之日起 2 个月内。不应当效仿“上诉期限”,因为无效辩护是有因之诉,应当为被告人留有充分的起诉准备时间,但又不宜期限过长。

第四,无效辩护之诉的受理与审查。无效辩护之诉的审理机关应当是上级法院。如果被告人向做出生效判决的本级机关提起无效辩护之诉,本级机关应当将起诉的案卷材料移送上级法院。上级法院在认定无效辩护时应当从严把握,严格适用无效辩护的两个标准,避免大量刑事辩护被认定为无效辩护。另外,法院在审查无效辩护申请时,应特别注意处理好无效辩护与律师独立运用辩护策略的问题。

第五,无效辩护的判断标准。我国无效辩护之诉的构建可以借鉴美国的无效辩护证明标准,即“行为瑕疵”和“结果不利”双重标准。无效辩护必须同时具备以下两个要件:(1)行为瑕疵。被告必须具体指出辩护人之辩护行为有瑕疵,导致辩护律师没有发挥应有的功能。(2)结果不利。瑕疵行为严重致使审判不公平,使被告人遭受了更加不利的裁判结果。只有两个要件标准同时具备才能认定为无效辩护。

第六,无效辩护的证明。(1)无效辩护的证明标准。无效辩护之诉可以采取优势证据标准,即只要证明律师的辩护行为使被告遭受了本应更有利但却不利的审判结果的“可能性”,不需要达到“确定无疑”,或者“证据充分”。(2)无效辩护的证明责任。无效辩护之诉的证明责任应当由被告人承担。即被告人要证明律师的辩护行为达到了“行为瑕疵”和“结果不利”双重标准。

第七,无效辩护的后果。管辖法院受理无效辩护之诉后,进行书面审查或者开庭审理,如果认定无效辩护之诉成立,则裁定原法院的审判归为无效,将案件发回下级人民法院重新审理。

五、结语

本杰明·N. 卡多佐(Benjamin Nathan Cardozo)大法官说过:“法律就像旅行一样,必须为明天做准备。它必须具备成长的原则。”①综合来看,中国刑事辩护制度一个总的发展趋势,就是从“有辩护”的初级阶段进入“有效辩护”的发展阶段,刑事辩护质量已经越来越多地被关注和强调。“有效辩护理念的提出,从私法意义上说,是辩护律师履行忠诚义务的法律保证;而从公法意义上说,也是维护程序正义的必要制度安排。”②确立有效刑事辩护制度,限定律师在刑事诉讼中辩护的最低质量标准,完善辩护律师在刑事程序中的辩护权能,是提高刑事辩护律师职业信赖度和职业地位的有效途径,是维护犯罪嫌疑人诉讼权利的关键,也是以庭审为中心的刑事司法改革的基本要求。

---

① 转引自[美]佛瑞德·英鲍、约翰·莱德、约瑟夫·巴克来:《刑事侦讯与自白》,高忠义译,商业周刊出版股份有限公司2000年版,第2页。

② 陈瑞华:《有效辩护问题的再思考》,载《当代法学》2017年第6期。

虚伪排除说的重思与反思*

陆而启**

摘　要　近年来，非法证据排除规则在我国刑事诉讼法学研究之中成了一门显学，非法证据排除的根据有所谓的"虚伪排除说""自白任意性说""人权保障说""遏制不法说""司法廉洁说"等。虽然非法证据尤其是非法口供的"虚伪排除说"在我国有其理论根据和现实土壤，即取证手段违法或者口供非出于任意性导致了虚假的证据或者自白才排除，但是，以发现真相为初衷的"虚伪排除说"，其最大风险来自意图让说谎者讲真话，即让侦查办案人员"自证其罪"会适得其反。这种南辕北辙的司法现实当然不能简单地归咎于"虚伪排除说"的理论误导，但是，值得反省的是，或许我们需要一些更为釜底抽薪的制度设计，虽然也不排除其可能在司法实践中打折扣。梳理近年来出台的有关非法证据排除的规则，可以发现其理论基础被理想化地设定为"人权保障说"，还设置了庭前证据合法性审查程序和庭审证据合法性调查程序等配套机制，尤其是证据可采性的先行裁决机制雏形初显，这些程序机制对我国的司法实践活动必将发挥越来越重要的作用。

关键词　非法证据排除　口供排除　虚伪排除说　人权保障说　先行裁决

我国刑事诉讼法的历次修改虽然一再强调立足国情，但是借鉴一些西方国家的法律规范也是势在必行。然而，正如周飞舟教授所言，"我们在西方观念的影响下，设计了很多制度规则，但是设计得越激进，越容易变成一纸空文。我们的很多公共政策，也假设人们具有西方那种价值观念，但是很多时候他们并不是这样想问题的。"①那些逐渐趋同于西方的刑事诉讼法律制度往往沦为纸法空文也有其典型例证，例如，近年来被高调提倡的"以审判为中心"的诉讼制度改革强调所谓的"证人出庭制度""直接言词原则""排除传闻规则"仍然未

---

* 本文为2018年国家社会科学基金项目"意见裁判主义研究"(18BFX086)阶段成果。

** 陆而启，厦门大学法学院副教授。

① 周飞舟：《社会学如何观察社会？以单位制为例》，载爱思想网：http://www.aisixiang.com/data/115766.html，最后访问日期：2019年4月5日。

能对所谓的以侦查为中心的“卷宗确认程序”造成冲击，2017 年 11 月 27 日最高人民法院印发《人民法院办理刑事案件庭前会议规程（试行）》（以下简称《庭前会议规程》）、《人民法院办理刑事案件排除非法证据规程（试行）》（以下简称《排除非法证据规程》）和《人民法院办理刑事案件第一审普通程序法庭调查规程（试行）》（以下简称《第一审普通程序法庭调查规程》）（三者合并简称“三项规程”），自 2018 年 1 月 1 日起在全国试行，意图让中央改革精神落地见效，构建更加规范化、精密化、实质化的刑事审判制度。然而“三项规程”并未能在 2018 年刑事诉讼法的修订之中及时转化为法律，这或许跟司法实践运行与制度的背离有一定的关系，全国人大宪法和法律委员会副主任委员周光权在两会期间接受南都记者采访时说，“多数地方刑事案件证人出庭率低于 1%，有的基层法院法官，审了十年、二十年案件，从来没有见过证人。”[①]再者，我们对相应配套措施的整体引进也并不能真正扎根中国土壤。例如，为了实现庭审实质化，我国 1996 年曾经引入案件移送的“复印件主义”，其被认为可以切断侦审联系，但是这一方面导致了对辩护方阅卷权的限制，另一方面又催生了对进一步的配套措施——“证据开示”制度的热切呼唤。甚至直到庭前会议制度、证据开示制度以及律师阅卷权、调查取证权等逐步得以完善——“配套的配套”也全部上马，也并未从根本上改变我国案卷中心主义的审理模式。

这其中，所谓的“非法证据排除规则”在我国刑事诉讼法之中的建构和落实更成了热门话题，然而，这种西方的制度设计在我国已经“南橘北枳”了。从其理论基础而言，非法证据排除的根据有所谓的“虚伪排除说”“自白任意性说”“人权保障说”“遏制不法说”“司法廉洁说”等，其中所谓的“虚伪”排除本身就是一种真实性考量，而其他的观点则分别体现了人权保障诉求或者对司法体制的公正诉求。从口供排除规则的形式流变以及对非法口供及其排除规则进行类型分析[②]可知，口供排除规则理论内核是其任意性问题，而非法口供的虚伪排

① 参见程姝雯、黎湛均：《司改措施千万条，证人出庭最关键》，载《南方都市报》2019 年 3 月 9 日，第 AA10 版。2018 年 9 月 28 日下午，上海市第二中级人民法院公布《2016—2018 年刑事案件证人出庭作证审判白皮书》。白皮书指出，2016 年至 2018 年，上海二中院共审理一审、二审刑事案件 4049 件，有 45 起案件有证人出庭作证，其中一审案件证人出庭率 7.3%，二审案件证人出庭率 0.59%，证人出庭率仍有待提高。参见余东明、黄浩栋：《上海二中院发布刑案证人出庭白皮书 4049 件刑案仅 45 起有证人出庭》，载《法制日报》2018 年 9 月 29 日，第 3 版政法 · 司法版。

② 参见陆而启：《意见裁判主义释法》，法律出版社 2019 年版，第四章“口供排除规则的原理透视”。

除说在我国有其理论根据和现实土壤。[①] 笔者有一种复古的倾向,更愿意将任意性与证据的真伪相关联,接受虚伪排除说作为非法口供排除规则的理论基础,这反映出了我国司法实践的现实,它也不是冤假错案的罪魁祸首。但是,虚伪排除说的最大风险来自意图让说谎者讲真话即让侦查办案人员"自证其罪"会适得其反,往往造成"以假乱真""指鹿为马""明知故犯"的司法错误,结果是,"虚伪排除说"的初衷是发现真相,反而被频频曝光的冤假错案"打脸",这种南辕北辙的司法现实当然不能简单地归咎于"虚伪排除说"的理论误导,但是,值得反省的是,或许我们需要一些更为釜底抽薪的制度设计,虽然也不排除其可能在司法实践中打折扣。如果说笔者曾经持有反对立法修改和反对司法解释这个"两反"态度的话,[②]其实笔者的初心是期望法治能取得实实在在的进步,因此笔者对非法证据排除承载的人权保障价值也乐见其成。或许非法证据排除的纸上规则对人权保障价值、控辩平等理念的宣示和追求也会随着时间的积淀起到潜移默化的作用,由此,将非法证据排除规则的理论基础设定为人权保障说符合世界潮流,它当然还是需要相应的程序机制来保障其实际效果,而不能光靠司法人员的良知和常识来维系。

一、"非法"与"证据"的分别治理

美国有关证据排除法则的理论有宪法之直接命令、司法正洁以及吓阻理论等争论,其常引起的争执就是将证据排除是否会妨碍真实发现,造成有罪者逍遥法外。[③] 有关"自白法则"主要有两种,一是自白任意性法则,自白"任意性"(voluntariness)是关于证据能力的问题,非任意性自白不得作为证据,而应予排

---

① 例如,参与聂树斌案件再审工作的罗智勇法官指出,单从案卷材料中的聂树斌供述来看,全部都是有罪供述,其上诉状也是称其并未想将被害人弄死,其年纪还小,请求给其一个机会等。深入一步了解后发现,现存的有罪供述实际上是在聂树斌到案后5天后才讯得的,其在到案初期不是没有过无罪供述,只是这些对其有利的无罪供述没有入到卷内。因此,在卷内聂树斌有罪供述的效力令人生疑。而且,这些有罪供述与其他证据之间形成的"供证一致"的真实性和可靠性也就值得研究了。参见罗智勇:《参与聂树斌案再审工作之实践感悟》,载《人民法院报》2019年1月24日,第5版。贵州遵义中院法官张海波荣记二等功,其承办的一起案件"杀人犯"被宣告无罪后真凶现身,该案在警察审讯中,犯罪嫌疑人陶某一共有13次供述,其中9次作了有罪供述。2012年3月23日合议庭开庭审理,法院应指定辩护人王美德申请启动了非法证据排除程序,开庭当天四名办案民警和两名司法鉴定人员出庭对案件中的相关证据进行说明。开庭后,该案经过审判委员会两次讨论认为,疑点重重,无法得到合理解释,不排除有第三人作案的可能性,没有直接证据证明陶某作案,现有证据无法形成证据锁链。汪怡潇:《"杀人犯"被宣告无罪后真凶现身》,载《人民法院报》2019年3月10日,第1~2版。但是,从这后一起案件的报道中看不出非法证据有无得到确认和排除,总体而言,我们的办案思维模式还是习惯于从真实性角度考虑证据价值,即使对证据合法性问题存在争议最终也可能还是转化为证据真实性的问题。

② 参见陆而启:《从纸上谈兵到水滴石穿——非法口供排除程序的构造反思》,载《证据科学》2012年第2期。

③ 参见王兆鹏:《美国刑事诉讼法》,北京大学出版社2005年版,第26~35页。

除;二是自白补强法则,因为自白并不能不证自明,其真实性还要由其他证据来佐证。对于自白任意性而言,威格摩尔指出一般人对自白与真实不符应予排除并无异议。麦考密克认为自白为警察不当行为的产物,只要警察有不当行为,自白即应排除。因此,自白排除法则的理论基础有二:推定自白由于警察的不当行为而不真实、吓阻警察的不当行为;此外,自白排除还有一个原因在于确保受讯问者意识的自由,使受讯问者的意识自由不受不当的影响。① 学者李春福认为,排除非任意性自白的理论依据有虚伪排除说、维护人权说、任意性说(公平审理说)、违法排除说(正当程序)四说。② 其中虚伪排除说,偏重自白的真实性,即如果自白是真实的,非任意性自白也有证据能力;维护人权说以人权保障为上,非任意性自白,即使与事实相符也不得作为证据,但是,由于刑事诉讼法的规定多与保障人权有关,一概加以排除,既可能使诉讼程序烦琐,也可能放纵犯罪人,有违实体正义;任意性说着重自白的任意性;公平审判要求非出于任意性的自白不得作为证据提出于法庭;而违法排除说强调正当法律程序,要求获取自白的方法或取证过程遵循正当程序,通过违法程序而获取的非任意性自白,无论是否与真实相符都应排除。李春福还介绍日本实务原采虚假排除说,现亦改采违法排除说,从德国《刑事诉讼法典》第136a条与美国联邦宪法修正案第5条和第14条第1款等规定,可见,德国与美国均采违法排除说,我国台湾地区的实务也采违法排除说(70年台上字第537号判例)。非任意性之自白,本非被告之原意,自无从作为论罪之依据。③ 然而什么是非任意取证方法和类型,各国均采列举兼概括的规定,我国从2010年《排除非法证据规定》到2012年《刑事诉讼法》及配套司法解释,再到2017年6月27日"两高三部"印发的《关于办理刑事案件严格排除非法证据若干问题的规定》(以下简称《严格排除非法证据规定》),乃至《排除非法证据规程》都对造成自白非任意性的非法方法做了列举和阐释,不再赘述。

在取证程序之中,必然牵涉到权利和权力的划界和二元角力,因此,所谓"非法证据"则是一种侵犯公民权利或者权力滥用的自然而然的结果,然而这中间还是牵涉到一个度的问题,因此有观点认为只有侦查机关严重侵犯公民基本权利的违法取证行为,才构成非法证据。然而,在我国非法证据排除有侦控审三阶段,并且证据收集也可能有侦控审三机关,前面环节被排除的非法证据,可能被后续的证据收集活动"依葫芦画瓢"所补全起来,因此,非法证据排除并不具实际效果。

---

① 参见王兆鹏:《美国刑事诉讼法》,北京大学出版社2005年版,第316页。

② 参见李春福:《刑事诉讼法论》,新学林出版公司2017年版,第389页。

③ 参见李春福:《刑事诉讼法论》,新学林出版公司2017年版,第389~390页。

虽然非法证据排除意图通过一种倒逼机制遏制警察不法以保障人权,其实,警察的不法行为还可以通过追究非法取证人责任的方式来救济、制止乃至预防。或许非法证据并不因为非法手段本身而被排除,恰恰因为其虚伪不实而需要排除。这种虚伪排除说构成了一些法律条文的背后机理。例如,《刑事诉讼法》第253条规定所列举的人民法院应当重新审判的当事人及其法定代理人、近亲属申诉理由,其中第2项是"据以定罪量刑的证据不确实、不充分、依法应当予以排除,或者证明案件事实的主要证据之间存在矛盾的"。所谓"存在矛盾"当然是一种证明力评价,而"不确实、不充分、依法应当予以排除"三者并列,大体上表明,证据排除还是要看其是否真实可靠,而主要不是看取证手段是否违法,换言之,如果获取手段违法而用以定罪量刑之证据"确实、充分",可以说是一种无害错误,可能不需要提起再审,或者这暗含了取证违法是发现证据材料虚假不实的有效线索。同时,违法取证有时并不通过排除来解决,只有对真相造成了影响才有必要排除。正如《刑事诉讼法》第57条的规定,人民检察院针对确有以非法方法收集证据的情形,可以"提出纠正意见"或者"追究刑事责任",也并没有将之与非法证据排除直接挂钩。

学者李训虎曾经归纳指出,我国司法实践中存在通过降低指控或者减轻罪责的方式来解决非法取证问题的一种做法。[①] 即非法证据其实也存在真实性考察,从真实性角度来考虑合法性是非法证据排除的虚伪排除说理论,可能会造成诉讼程序运行的"重实体",即非法取证本身是否造成了证据虚假的真实性问题,也会造成"轻程序",即非法取证问题不被司法人员重视,律师死磕程序也没有多少实际效果。从功利角度来看,一旦证据内容查证属实,无论手段合法还是非法,由于证明犯罪的途径多样,被告人将罪责难逃,也就是说单纯排除非法获取的证据通常并不会对犯罪事实的实体处理产生多大的影响。反倒是对非法证据的减等适用让被告人得到实惠,同时,还可能刺激侦查机关遵循正当程序。学者万毅也指出,在美国二元司法组织体系下,非法证据可能被排除于陪审团的定罪程序之外,但是还有可能在法官的量刑程序之中作为证据采用。[②] 这是一种更为典型的非法证据减等适用。

笔者曾提出"非法"与"证据"分别治理的设想,[③]也就是说,我们不能放任非法取证,有的放矢地治理警察的"非法"取证活动当然是针对非法行为的预

① 参见李训虎:《证明力规则检讨》,载《法学研究》2010年第2期。

② 参见万毅:《论无证据能力的证据——兼评我国的证据能力规则》,载《现代法学》2014年第4期。

③ 参见陆而启:《非法证据排除规则个案解释的逻辑倒错》,载《东北亚法研究》2015年(第9卷)第2期。

防、矫正和惩戒，而不是放纵真正的“有罪”被告人。在我国的司法实践中，对于某些诉讼程序违法的纠正措施，是重走一遍程序，尤其是在诉讼环节转换和办案人员更换的情况下，再行权利告知手续而重新取证，典型表现如2017年《严格排除非法证据规定》中对重复自白排除的例外规定。

所以笔者并不认为在各个诉讼环节将非法证据排除出程序之外是一个合适的做法，相反的是将其留存于卷宗材料之内，在各个阶段和法庭之上反复确认已经实施过的“非法取证的情形”，通过对违法取证的按图索骥，将虚假不实的证据证明力归零，直到做出最终决定的时候将其排除出定案根据，排除掉对案件事实进行认定的障碍。虽然非法证据被提交给法庭，可能在一元化的法庭中对事实裁决者形成了心证污染，甚至错误地坚持将非法证据同时可能是虚假证据作为定案根据。然而，笔者以为，事实认定者有时并不需要火眼金睛来识别假案，他们更多地凭常识就可能准确地认定事实，而之所以出现错案，往往是因为办案人员抱着“应付交差”的心理来办案，以及照顾兄弟单位的情面或者顶不住外在压力，而办理出冤错案件。因此，我国的非法证据排除，主要是将其不可采用的特征在判决书之中进行说理，由于法官已经在判决书之中对非法证据进行了明确确认，其定罪判决的说理则只能通过非法证据以外的证据来支撑，这种结果控制，而不是过程控制，当然会对法官的心证施加影响。因此整体而言，我国的非法证据排除本质上就是将证据能力的问题转化为证明力的问题。

在现实生活之中，我们并不能忍受因为警察违法而放纵犯罪，甚至我们能够容忍警察抓获真凶或者将罪犯绳之以法的“一白”遮蔽警察刑讯逼供、暴力、威胁、引诱、欺骗、冻饿晒烤①、疲劳审讯、非法拘禁②等非法或者不恰当方法的“百丑”。更多的时候，由于违法取证与虚假证据之间的极端关联，排除非法证据很显然就是排除虚假的证据，更可能兼顾犯罪控制和正当程序价值的制度设计是一个“两条腿走路”的方案：一是让取证者对“非法取证行为”承担其应有的责任。根据帕克（Herbert L. Packer）依据不同程序理念而对刑事诉讼模式进行的不同分类可见，犯罪控制模式追求惩治犯罪的效率，愿意容允错误（包括错误的判决），“在刑事案件处理的初期阶段”，对“以非正式的行政式调查事实的行为的可靠性”抱有“信心”；相反，正当程序模式却“强调犯错的可能性”并投入很大力量来避免谬误，“坚持正式的、有判决权的、对抗式的调查事实过程，这

---

① 2013年11月21日最高人民法院发布《关于建立健全防范刑事冤假错案工作机制的意见》，首次明确“冻饿晒烤”所得口供应当排除。

② 2017年《严格排除非法证据规定》第4条规定，采用非法拘禁等非法限制人身自由的方法收集的犯罪嫌疑人、被告人供述，应当予以排除。

里，指控被告的案件事实由一个公正的刑事法庭来公开审理”。[①] 然而，正如加拿大学者肯特·罗奇对帕克的犯罪控制模式所作的评价一样，“如果认为犯罪控制模式是一种对警察滥权视若无睹的强盗模式进而摒弃它，就大错特错了。警察违法行为在纪律惩戒程序、民事诉讼甚至刑事诉讼中均应被严肃对待。”[②] 可以说，犯罪控制模式也遵循了让官员守法、把权力关进笼子的法治原则。我们也借法治中国的东风来强化司法官的责任，2014 年 10 月，中共十八届四中全会审议通过的《中共中央关于全面推进依法治国若干重大问题的决定》提出的“实行办案质量终身负责制和错案责任倒查问责制”就是意图让办案人对其违法行为承担责任，尽管让司法人员承担相应的责任并非易事，例如，在美国的刑事司法实践之中就存在“静默的蓝墙”之潜规则。[③] 根据刑事诉讼法的规定，人民检察院对非法方法收集证据有调查核实的权力，而 2012 年《人民检察院刑事诉讼规则(试行)》第 71 条第 1 款规定，“人民检察院调查完毕后，应当制作调查报告，根据查明的情况提出处理意见，报请检察长决定后依法处理。”第 4 款规定，“经审查，认为非法取证行为构成犯罪需要追究刑事责任的，应当依法移送立案侦查。”由此可见，一般而言，检察院对一般违法的依法处理主要是发检察建议或者通知其纠正等方式来解决，因此，往往只能收到程序矫正的效果，而不会影响证据的采用，更主要的是后续收集的证据可以覆盖前面的违法行为，而且具有证明案件事实的价值。当然，对于较轻的侵权违法行为也可以通过国家赔偿再向承办人员追偿。对执法者违法行为的追诉通过警检内部进行非法证据自我排除往往是缘木求鱼，只有通过一种对席听审的正当程序来进行，也即通过“诉中诉”的连环诉讼方式才符合“以审判为中心”理念的要求。二是证据查证属实可以用来对被告人进行定罪量刑。有人说，非法证据已经没有证据能力而丧失证据的资格，还怎么可能作为证据使用呢？笔者要说的是，这恰恰是出于整体主义的事实认知思维，既然我们无法将非法证据清除出去，我们就要正视其价值，它到底是否真实？更主要的是，对非法手段的考虑可以在一定程度上给被告人一些更切实的小利益，而不是一味的激化控辩对立，出力不讨好。

反讽的是，笔者的这种观点看似软弱的外表下其实包裹着一颗激进的内心——有更为严格的执法要求，在形式上移送卷宗反复确认违法行为会让违法

---

① Herbert L. Packer:“刑事惩罚的局限”(对“刑事司法程序的两种模式”的定义)，1968，pp. 160 – 161，163 – 164。转引自丹尼尔·富特:《日本刑事司法中的家长模式》，刘丽君译，载[美]虞平、郭志媛编译:《争鸣与思辨:刑事诉讼模式经典论文选译》，北京大学出版社 2013 年版，第 141 页。

② [加]肯特·罗奇:《刑事诉讼的四种模式》，郭志媛译，载[美]虞平、郭志媛编译:《争鸣与思辨:刑事诉讼模式经典论文选译》，北京大学出版社 2013 年版，第 222 页。

③ 参见[美]亚伦·德肖维茨:《合理的怀疑:从辛普森案批判美国司法体系》，高忠义、侯荷婷译，法律出版社 2010 年版，第 42 页。

的公安司法人员面子上挂不住,在实质上给被告人量刑的利益,还要追究办案人员的法律责任。因此,这种非法证据不排除的制度设计在正当性上没有丝毫问题,但是也摆脱不了如同非法证据排除规则一样的纸上谈兵的命运。因此,我们或许要探寻虚伪排除说和人权保障说本身倡导什么样的价值取向,从而让规则发挥一定的牵引作用,也让实践不断地向规则靠拢。

二、非法证据排除程序基础的转换

刑事诉讼程序可谓是警察与犯罪人之间的较量,典型地表现为一种斗争模式,而诚如美国学者帕卡指出,表现为"权利—权力"斗争的刑事诉讼程序也还有不同的划分方式,例如,不同的权力机关到底是相互配合,更高效地发现事实,惩罚犯罪(接力赛),还是相互制约,通过正当程序给事实发现设定障碍(障碍赛)。帕卡认为刑事诉讼包含三个主要阶段或者期间:从逮捕到决定指控该嫌疑人犯罪的阶段、从决定指控到有罪判决阶段、再审及纠正早期阶段发生的错误的阶段。在第一个阶段中两个模式冲突性要求主要体现在五个方面,即为调查而实施的逮捕,电子窃听,合法逮捕后的羁押与讯问,对非法获取证据的制裁,以及在第一阶段或说预备阶段具有特殊重要性的获取辩护律师的问题。① 所谓的非法取证情形主要发生于第一个阶段。其中,一旦犯罪嫌疑人被拘留,接下来的一个普遍问题,就是该怎么处置他。② 为了实现"刑事诉讼程序应成为社会自由的积极保护者"的崇高使命,"犯罪控制模式"要求首先重视效率,因为刑事诉讼程序是凭借效率来运作从而对犯罪嫌疑人进行审判、定罪以及确保对有罪的人给予适当处置的。③ 在犯罪控制模式下,"最佳信息来源通常是嫌疑人本人。没有他的合作很多犯罪根本就不可能查明。"为了取得犯罪嫌疑人的合作,警察需要在犯罪嫌疑人被逮捕之后迅速出击,不容犯罪嫌疑人有机会深思熟虑编造谎言或者重整力量对抗侦查,并且要切断犯罪嫌疑人与外界的联系,不允许其会见家人或朋友和咨询律师,防止嫌疑人受到心理支持和法律资源上鼓励而在讯问中降低合作的可能。羁押的期限以合理地预期通过合法讯问技巧获得有用信息,或者通过外部调查获得有关嫌疑人有罪或无罪的可信证据的时间长度为标准。"警察在审讯期间从嫌疑人处得到的任何可信陈述,当然可以作为不利于他的证据。刑事调查就是对真相的探询,任何推动该探询的行为

---

① [美]赫伯特·L.帕克:《刑事诉讼的两种模式》,梁根林译,载[美]虞平、郭志媛编译:《争鸣与思辨:刑事诉讼模式经典论文选译》,北京大学出版社2013年版,第19页。

② [美]赫伯特·L.帕克:《刑事诉讼的两种模式》,梁根林译,载[美]虞平、郭志媛编译:《争鸣与思辨:刑事诉讼模式经典论文选译》,北京大学出版社2013年版,第25页。

③ [美]弗洛伊德·菲尼、岳礼玲选编:《美国刑事诉讼法经典文选与判例》,中国法制出版社2006年版,第32~33页。

都应该受到鼓励。当然也有这样的危险：有时候警察无法达到职业标准，会利用强制方式从嫌疑人那里取得自述。这种情况不能宽恕，但是同时我们也应该牢记，强制自述的恶果在于它可能会导致对无辜者的有罪裁决。什么样的警察行为属于强制性的，对此无法制定严格明确的规则。被告人的自述是否可靠，这属于个案中的事实问题。如果被告人的自述被用作不利证据，他应该尽力说服陪审团相信他是在强制情况下作出自述的，该自述更有可能是不真实的。在判断这个问题时，事实的审判者当然应该有权考虑该案的其他证据，如果其他证据指向有罪并倾向于与自述内容互相印证，在判断自述是否更有可能不真实时，审判者当然有权考虑其他证据。"①可以说，帕克在犯罪控制模式之中对警察违法和查明真相也是采取了分而治之的态度，虽然自白是否排除并不仅仅由暴力行为本身所决定，但是，这也不意味着对警察的非法暴力行为放任不管，"正是通过内部行政管理措施提出的职业标准，而不是改变随机选择的刑事诉讼的结果，才可以消除不当的警察行为。因此，在实践中，轻于运用强制暴力的行为，比如不存在人身虐待行为的超期羁押，不应当单独作为排除自白的容许性的理由。"②

而在正当程序中，逮捕犯罪嫌疑人必须要有合理根据相信犯罪嫌疑人已经实施了犯罪，因此犯罪嫌疑人的口供并不是逮捕的信息依据，逮捕不是犯罪嫌疑人自己指控自己，而是对指控作出答辩。犯罪嫌疑人有权质疑逮捕的合理根据，有权在对其作出有罪或者无罪的司法判决前不受羁押，以及有权在逮捕时及时获得律师帮助，而这些都要求其被迅速地带到治安法官面前。嫌疑人被羁押后在被带至治安法官面前之前接受讯问的事实本身就是非法的，嫌疑人一被逮捕，就应该被警察告知下列事项：他没有义务回答问题，以及他不会因为拒绝回答问题而受到任何损害，他可以回答有利的问题以洗刷嫌疑，但是他所说的一切都可能被用作证据，最重要的是，如果他愿意，他有权聘请律师。如果在逮捕之后，被送往治安法官面前之前这段时间内，嫌疑人确实作出了自证其罪的陈述，下列任何一种情况都可以排除这些陈述作为不利的呈堂证供：警察未能告知嫌疑人所享有的权利，包括得到辩护律师帮助的权利；嫌疑人是在作出规定警告之后被讯问的，除非他明确表示放弃沉默权和会见律师权；嫌疑人的有罪陈述是在超出迅速将其带到治安法官面前所必需的时间界限的羁押期间作出的；该有罪陈述是通过其他强制手段得到的，如使用暴力。嫌疑人在上述任

---

① [美]赫伯特·L.帕克：《刑事诉讼的两种模式》，梁根林译，载[美]虞平、郭志媛编译：《争鸣与思辨：刑事诉讼模式经典论文选译》，北京大学出版社2013年版，第26页。

② [美]赫伯特·L.帕克：《刑事诉讼的两种模式》，梁根林译，载[美]虞平、郭志媛编译：《争鸣与思辨：刑事诉讼模式经典论文选译》，北京大学出版社2013年版，第25页。

一种情况下作出的自述,都应当被视为“非任意性”,而在审判中排除,以剥夺警察获取此类自述的动力。[①] 进而言之,排除上述自证其罪的供述,其理论基础并非该自白不可信,而是它不符合对抗性刑事司法制度的基本原理,对抗性刑事司法制度要求政府提出不利于被告人的诉讼,但不能迫使被告人在程序中进行合作,不能利用被告人对法定权利的无知。它要求,有罪证据的存在与自白的可采性,以及部分建立在这样的自白基础上的驳回有罪判决的必要性没有关系;它也要求,决定自白可采性的程序必须避免在决定过程中造成对被告人偏见的可能性。尤其是在陪审团审判中,自白可采性问题应该由向法官提供的记录决定,不能由陪审团听取,以便审判法官有清晰完整的权力去决定陪审团是否应该听取自白,以及再审法庭能够有一个明确依据来判断审判法官是否得出合适的结论。[②]

在美国最高法院的那些判决中,判断自愿性的标准不是自白的可信性,而是是否符合对抗性制度所主张的基本原理,在该制度中对被告人的指控必须通过“独立及自由地获得的证据”证明,不允许政府通过强制力从被告人自己的口中证明对他提出的指控。[③] 然而在我国,职权取证制度当然要求犯罪嫌疑人接受警察的调查和忍受警察的讯问。此外,从中美非法证据排除规则运行的经验来看,两国其实都包含了一种非法证据不排除的实践状况,例如,辛普森的案件尽管被质疑有采取非法搜查以及血液样本的保管链断裂等情形,但是被质疑过的证据最终还是提交到陪审团审判法庭,只是进行了一种可靠性的审查和判断。

排除非法自白的最初动因的确与自白的真实性与否相联系,由于人在遭受极度痛苦的情况下会为了减轻痛苦而说出任何事情,因此,通过此类手段获得的供述大多是不真实的。“刑讯必然造成这样一种奇怪的后果:无辜者处于比罪犯更坏的境地。尽管二者都受到折磨,前者却是进退维谷:他或者承认犯罪,接受惩罚,或者在屈受刑讯后,被宣告无罪。但罪犯的情况则对自己有利,当他强忍痛苦而最终被宣告无罪时,他就把较重的刑罚改变为较轻的刑罚。所以无辜者只有倒霉,罪犯则能占便宜。”[④]不过,在甄别出真假后再作出是否采纳的判断已经等于是非法自白不排除法则了,也就是将证据能力的问题转化为证明力

---

① 以上参见[美]赫伯特·L. 帕克:《刑事诉讼的两种模式》,梁根林译,载[美]虞平、郭志媛编译:《争鸣与思辨:刑事诉讼模式经典论文选译》,北京大学出版社 2013 年版,第 27 页。

② 以上参见[美]赫伯特·L. 帕克:《刑事诉讼的两种模式》,梁根林译,载[美]虞平、郭志媛编译:《争鸣与思辨:刑事诉讼模式经典论文选译》,北京大学出版社 2013 年版,第 27~28 页。

③ [美]赫伯特·L. 帕克:《刑事诉讼的两种模式》,梁根林译,载[美]虞平、郭志媛编译:《争鸣与思辨:刑事诉讼模式经典论文选译》,北京大学出版社 2013 年版,第 28 页。

④ [意]贝卡利亚:《论犯罪与刑罚》,黄风译,中国大百科全书出版社 2005 年版,第 89 页。

的问题。由此,将自白法则是否排除的根据聚焦于取证程序本身,由于强大的国家公权力在刑事程序中主动追诉,主导程序推进,以及为制服嫌犯而使用强制力量,这天然地就具有一种惩罚属性,所以,要求取证程序本身必须符合法定条件和法定程序而规范运行,才能避免犯罪嫌疑人、被告人的权利受到不当侵害。而如果犯罪嫌疑人、被告人的权利受到不当侵害也要有相应的救济手段,排除非法获取的证据就是从根本上让侦查活动不能从违法行为之中获得利益。因此,对于以刑讯逼供等非法手段取得的被告人供述,许多国家都确立了绝对的排除规则。当然,排除此种供述"并不只是因为此种供述可能是不真实的;基本的公正理念也要求法院不得使用通过此种强迫的手段所获取的证据"。[①]"第一,除非供述是自由和自愿地作出,否则,将此种供述作为不利于被告人的诉讼证据,这种做法将导致刑事诉讼的基本公正性受到怀疑。第二,除非供述是自由和自愿地作出,否则,就可能侵犯了被告人所享有的免予自证其罪的权利。"[②]可见,非法证据排除尽管还是可能具有防止办错案的功能,但是更主要是体现了无罪推定原则,以及对公民自由意识、自主决策权利的尊重,当然,程序的公平性也要求控辩双方的平起平坐。因此,近年来我国刑事诉讼之中非法证据排除的程序设计已经不自觉地转向了以人权保障说和正当程序为理论支撑,弱化了其本源的发现真相、防止错案的功能。下文将展开介绍我国近年来非法证据排除尤其是有关审判前供述的审查方法和审查程序的发展情况。

三、有关审判前供述的审查内容

2018 年《刑事诉讼法》第 56 条所规定的,存在收集不符合法定程序情况的物证、书证,并不一定要被排除,其中还一个非常重要的考虑是"可能严重影响司法公正",也就是说,非法获取的物证、书证采相对排除规则,其中蕴含着以证明力来权衡证据能力的问题。2012 年最高人民法院《关于适用〈中华人民共和国刑事诉讼法〉的解释》(以下简称 2012 年《高法解释》)第 95 条第 2 款规定认为,其中的"可能严重影响司法公正",应当综合考虑收集物证、书证违反法定程序以及所造成后果的严重程度等情况。这除了程序不公之外,更主要的考虑是实体错误等情形。也就是说,在我国非法实物证据(书证、物证)是否排除要以是否导致不真实为条件。剩下的问题就是如何判断真实性了。当然,证据收集合法性的问题更多地集中于言词证据,尤其是口供之上。这当然也存在追求实

---

① [美]诺曼·嘉兰等:《执法人员刑事证据教程》,但彦铮等译,中国检察出版社 2007 年版,第 229 页。

② [美]诺曼·嘉兰等:《执法人员刑事证据教程》,但彦铮等译,中国检察出版社 2007 年版,第 225 页。

体真相的考量。

由于事实认定的错误导致了司法活动中的法律和事实的“连环错误”，而“预防舞弊和诈骗而规定各种办事规则和形式”也并不能确保万无一失，事实认定错误很大程度上源于证言。① 曾经有学者将我国“证人不出庭”的这个现实问题归咎为制度问题，其实，这恰恰是我国刑事司法制度的一种新传统。证人不出庭也可以很好地解决多数案件，因为，被告人才是证明案件事实的“关键证人”。从辩护主体的角度而言，刑事审判被告人的出席和在场是其与证人对质诘问的必然要求，然而，从证明价值而言，被告人自身就是非常重要的证据信息来源。与英美法系当事人主义下被告人不被强迫自证其罪以及控辩双方平等对抗而各自取证不同，在我国犯罪嫌疑人、被告人一直被科以“如实供述”的义务，而且是一种重要的证据来源，甚至本身就是“控方证人”的性质。从法律向其事实基础追溯，再从事实基础向证言和证据追溯，可见，在证人不出庭的情形下，被告人自己在审判之中就成了重要的证据信息来源。进一步来看，无论大陆法系还是英美法系，都存在从法庭上被告人的口供转向审判前供述乃至审判前讯问笔录的逐步聚焦，也就是说，刑事诉讼的事实问题最终落脚于审判前供述笔录的审查和判断，这恰恰是我国“笔录确认程序”的典型特征。

2010 年《办理死刑案件证据规定》第 18 ~ 22 条(共 5 条)和 2012 年《高法解释》第 80 ~ 83 条(共 4 条)对如何审查被告人供述和辩解进行了规定，主要内容如下：

首先规定了审查被告人供述和辩解的一般原则和重点内容，从讯问时间、地点、讯问主体、个别讯问原则、讯问笔录制作、权利告知原则、讯问辅助人员在场、讯问手段是否符合法律规定以及供述和辩解的实质内容是否全面、客观、稳定一致、合情合理、没有矛盾等全方位进行审查。其中还提出了一些具体的审查方法，如“被告人的供述有无以刑讯逼供等非法手段获取的情形，必要时可以调取被告人进出看守所的健康检查记录、笔录”，被告人的供述“出现反复的原因”，“应当入卷的供述和辩解没有入卷的，是否出具了相关说明”，“被告人的辩解内容是否符合案情和常理，有无矛盾”，“被告人的供述和辩解与同案犯的供述和辩解以及其他证据能否相互印证，有无矛盾”，以及“结合相关录音录像资料进行审查”。这些审查方法在 2012 年《高法解释》第 80 条第 2 款作了集中规定：“必要时，可以调取讯问过程的录音录像、被告人进出看守所的健康检查记录、笔录，并结合录音录像、记录、笔录对上述内容进行审查。”笔者以为，讯问录音录像首先是一种供述证据，当然还可以作为辅助证据。我国台湾地区学者

---

① [美]庞德：《通过法律的社会控制》，沈宗灵译，商务印书馆 2008 年版，第 26 页以下。

指出,法院实务上遇有被告抗辩,其未有如讯问笔录所载之陈述时,应先调取该讯问过程之录音或录像带,加以勘验,以判断该笔录所载被告的陈述得否作为证据。如果被告抗辩其未有如讯问笔录所载之陈述时,而司法警察(官)讯问被告也未全程连续录音或录像,对如此被告自白有无证据能力,证据价值又如何,学说有肯否二说。我国台湾地区对追诉机关在收集证据过程中违反程序法的规定,是否适用证据排除法则,在实务上采权衡理论,或称相对排除法则①:应审酌司法警察(官)违背该法定程序之主观意图、客观情节、侵害犯罪嫌疑人权益之轻重、对犯罪嫌疑人在诉讼上防御不利益之程度,以及该犯罪所生之危害,即禁止使用该证据对于抑制违法搜证之效果等情形,本于人权保障与社会安全之均衡维护精神,依比例原则,具体认定之,并非一有违背,即当然全部不具证据能力(94 年台上字第 4148 号判决)。② 2017 年《排除非法证据规程》第 22 条明确规定了在对证据收集的合法性调查过程中,法院重点审查讯问录音录像是否依法制作,是否完整,是否同步制作,与讯问笔录的内容是否存在差异等有关内容。其中确认录音录像可以作为供述证据,"对与定罪量刑有关的内容,讯问笔录记载的内容与讯问录音录像是否存在实质性差异,存在实质性差异的,以讯问录音录像为准"。

其次规定了证据排除规则。其一,规定了以刑讯逼供等非法手段取得的被告人供述的绝对排除规则,2012 年《高法解释》对非法证据排除的内容作了专门和集中的规定。其二,规定了对违反法定取证程序,无法确定其客观真实性的被告人供述的绝对排除规则,主要是讯问笔录没有经被告人核对确认,未为特殊被告人提供通晓聋、哑手势的人员或者翻译人员。其三,规定了对存在瑕疵的讯问笔录的裁量排除规则。主要是针对三种情形:(1)笔录填写的讯问时间、讯问人、记录人、法定代理人等有误或者存在矛盾的;(2)讯问人没有签名的;(3)首次讯问笔录没有记录告知被讯问人诉讼权利内容的。可以通过补正或者作出合理解释来治愈瑕疵。就讯问笔录的证据形式不合法问题,前述规定分别把"没有经被告人核对确认的"视为无证据能力的证据,"讯问人没有签名的"视为瑕疵证据。学者万毅认为,这更多是从证据可靠性角度着眼的,即被告人不签名的讯问笔录,证据的真实性、可靠性差,关键是没有被告人签名,无法在证据和案件事实之间建立起关联性,而不具关联性的证据是不可采的,因此,这类证据在法政策上不能容忍,必须否定其证据能力。至于讯问人没有签名的讯问笔录,因为被告人已经签过名,证据的真实性、可靠性略强,而且证据的关

① 我国台湾地区"刑事诉讼法"第 158 -4 条规定,"除法律另有规定外,实施刑事诉讼程序之公务员因违背法定程序取得之证据,其有无证据能力之认定,应审酌人权保障及公共利益之均衡维护。"

② 参见李春福:《刑事诉讼法论》,新学林出版公司 2017 年版,第 383 ~384 页。

联性也已经得到保证，虽然讯问人没有签名，但只要能够就此进行补正或做出合理解释，法政策上还可以容忍，该证据也就可以恢复证据能力。[①] 然而，一般而言，没有经被告人核对确认的，常常是被告人对讯问有反抗心理，而不愿意认罪，也很难有补正的机会，这主要是一种"自愿性"的问题，使笔录本身有造假而不真实的嫌疑，倒不是说，笔录所反映的内容就一定与案件事实缺乏关联性。而违反告知要求的讯问属于轻微违法行为，也可以通过补充告知权利、征得当事人同意等方式补正先前取证程序存在的瑕疵。

最后规定了对被告人供述和辩解的综合审查原则、庭前供述和当庭供述存在矛盾时的采信规则。2012 年《高法解释》第 83 条第 1 款规定，"审查被告人供述和辩解，应当结合控辩双方提供的所有证据以及被告人的全部供述和辩解进行"。然后分两款列举了三种情形：(1)被告人庭审中翻供，但不能合理说明翻供原因或者其辩解与全案证据矛盾，而其庭前供述与其他证据相互印证的，可以采信其庭前供述；(2)被告人庭前供述和辩解存在反复，但庭审中供认，且与其他证据相互印证的，可以采信其庭审供述；(3)被告人庭前供述和辩解存在反复，庭审中不供认，且无其他证据与庭前供述印证的，不得采信其庭前供述。由此可见，从一种可靠性而言，被告人供述不能自己证明自己，尤其是在翻供的情形下，更需要通过印证的方式来解决。

总体而言，上文的审查规定只侧重于审查的具体内容，也即其证据能力和证明力方面。在我国，警察"审判前讯问笔录"作为侦查讯问活动的工作成果在没有受到辩护方的质疑时，推定具有向法庭提供的正当性，尽管侦查讯问活动还主要呈现为近乎于行政活动"两面关系"或者"线性结构"，即使检察官有监督职责(2018 年《刑事诉讼法》第 57 条)、法官有主动调查的职责(第 58 条)，也通常不会对违法的侦查活动形成真正有效的制约。当然，在侦查讯问的合法性受到质疑时，甚至"有关侦查人员或者其他人员"也被要求或者要求出席法庭说明情况(第 59 条)，并没有相应的质证程序而成了出庭警察对证据合法性信誓旦旦地做保证。

四、庭前证据合法性的审查程序

在追求真相之外，对言词证据的审查判断可能还存在另一种完全不同的思路，由于侦查讯问集中体现了侦查人员与犯罪嫌疑人、被告人之间的直接交锋，在这种心理地位乃至武力资源的相互比拼之中，犯罪嫌疑人、被告人必然甘拜下风，并且极有可能成为权力扩张的现实牺牲品。而围绕着证据真实性(即使

---

① 参见万毅：《论无证据能力的证据——兼评我国的证据能力规则》，载《现代法学》2014 年第 3 期。

是合法性问题也存在是否真实的判断）打转的审查判断还是需要引入一种更恰当的程序机制，在理想的层面当然是采用控辩对抗、三方组合的形式。对审判前供述的合法性证明应当采取什么样的审查程序，既可能融贯于整体的庭审程序规则之中，又或者集中呈现于“非法证据排除”的专门程序规则之中。

从2017年“三项规程”之《排除非法证据规程》第9条和第10条来看，被告人及其辩护人申请排除非法证据，应当在开庭审理前提出，对提供相关线索或者材料的，人民法院应当召开庭前会议。未提供相关线索或者材料的，人民法院应当告知其补充提交。被告人及其辩护人未能补充的，人民法院对申请不予受理。《庭前会议规程》第14条第1款规定，“被告人及其辩护人在开庭审理前申请排除非法证据，并依照法律规定提供相关线索或者材料的，人民检察院应当在庭前会议中通过出示有关证据材料等方式，有针对性地对证据收集的合法性作出说明。人民法院可以对有关证据材料进行核实；经控辩双方申请，可以有针对性地播放讯问录音录像。”由此可知，在庭前会议之中排除非法证据已经成了一个常规动作，可以说是一种分阶段的质证活动。庭前处置尤其是解决排非问题，往往有“过了这村没这店”的效力。

第一，控方撤回证据或者辩方撤回申请的处分。

非法证据排除单方处分主要有检察机关撤回证据、辩护方撤回排非申请，这相应地都带来了一定的约束力。《排除非法证据规程》第14条规定，“在庭前会议中，人民检察院可以撤回有关证据。撤回的证据，没有新的理由，不得在庭审中出示。”“被告人及其辩护人可以撤回排除非法证据的申请。撤回申请后，没有新的线索或者材料，不得再次对有关证据提出排除申请。”《庭前会议规程》第14条第2款规定，“人民检察院可以撤回有关证据，撤回的证据，没有新的理由，不得在庭审中出示。被告人及其辩护人可以撤回排除非法证据的申请，撤回申请后，没有新的线索或者材料，不得再次对有关证据提出排除申请。”《庭前会议规程》第25条第2款规定，“控辩双方在庭前会议中就有关事项达成一致意见，在庭审中反悔的，除有正当理由外，法庭一般不再进行处理。”

第二，双方达成一致意见或者未达成一致意见。

就双方对证据合法性的意见而言，庭前达成一致意见经庭审核实确认后当庭确认，简化审理，其拘束力还体现在限制了庭审中一方的反悔。《排除非法证据规程》第15条第1款规定，“控辩双方在庭前会议中对证据收集的合法性达成一致意见的，法庭应当在庭审中向控辩双方核实并当庭予以确认。对于一方在庭审中反悔的，除有正当理由外，法庭一般不再进行审查”。当然，庭前会议所讨论的事项并不仅仅局限于证据合法性问题，还可能牵涉到其他事项。《庭前会议规程》第19条第2款规定：“对于控辩双方在庭前会议中没有争议的证据材料，庭审时举证、质证可以简化。”第 20 条第 1 款规定：“人民法院可以在庭前会议中归纳控辩双方的争议焦点。对控辩双方没有争议或者达成一致意见的事项，可以在庭审中简化审理。”《庭前会议规程》第 25 条第 2 款规定，“控辩双方在庭前会议中就有关事项达成一致意见，在庭审中反悔的，除有正当理由外，法庭一般不再进行处理。”2017 年《严格排除非法证据规定》第 26 条规定：“公诉人、被告人及其辩护人在庭前会议中对证据收集是否合法未达成一致意见，人民法院对证据收集的合法性有疑问的，应当在庭审中进行调查；人民法院对证据收集的合法性没有疑问，且没有新的线索或者材料表明可能存在非法取证的，可以决定不再进行调查。”这里的“决定不再进行调查”已经被“三项规程”相关条款修改了，《排除非法证据规程》第 15 条第 2 款规定，“控辩双方在庭前会议中对证据收集的合法性未达成一致意见，人民法院应当在庭审中进行调查，但公诉人提供的相关证据材料确实、充分，能够排除非法取证情形，且没有新的线索或者材料表明可能存在非法取证的，庭审调查举证、质证可以简化。”《庭前会议规程》第 14 条第 3 款也规定，“控辩双方在庭前会议中对证据收集的合法性未达成一致意见，人民法院应当开展庭审调查，但公诉人提供的相关证据材料确实、充分，能够排除非法取证情形，且没有新的线索或者材料表明可能存在非法取证的，庭审调查举证、质证可以简化。”《庭前会议规程》第 25 条第 1 款规定：“宣布庭前会议报告后，对于庭前会议中达成一致意见的事项，法庭向控辩双方核实后当庭予以确认；对于未达成一致意见的事项，法庭可以归纳控辩双方争议焦点，听取控辩双方意见，依法作出处理。”在控辩双方庭前未达成合意的情形下，法庭简化调查，而并不是不进行调查，虽然可能造成程序的重复，更多地突出了程序的当事人推进的色彩。《第一审普通程序法庭调查规程》则对庭前会议有关诉讼权利事项处理结果和庭前听取意见的情况与庭审程序的衔接分别作了规定，第 5 条第 2 款规定，“对于召开庭前会议的案件，在庭前会议中处理诉讼权利事项的，可以在开庭后告知诉讼权利的环节，一并宣布庭前会议对有关事项的处理结果”。第 6 条规定，“公诉人宣读起诉书后，对于召开庭前会议的案件，法庭应当宣布庭前会议报告的主要内容。有多起犯罪事实的案件，法庭可以在有关犯罪事实的法庭调查开始前，分别宣布庭前会议报告的相关内容。”“对于庭前会议中达成一致意见的事项，法庭可以向控辩双方核实后当庭予以确认；对于未达成一致意见的事项，法庭可以在庭审涉及该事项的环节归纳争议焦点，听取控辩双方意见，依法作出处理。”

笔者以为，取证行为的合法性除了与证据能力有关，还与证明力有关，而在辩护方攻击证据的证明力未能奏效之后，在庭审中还是可以质疑证据材料的可信性。或许取证的非法程度并未达到需要排除的地步，但是，轻微的违法行为还可能作为质疑证据可靠性的线索甚至是疑点。

五、庭审证据合法性调查程序

2016 年 10 月“两高三部”联合印发《关于推进以审判为中心的刑事诉讼制度改革的意见》第 13、14 条要求“完善法庭辩论规则,确保控辩意见发表在法庭”“完善当庭宣判制度,确保裁判结果形成在法庭”。2017 年 2 月 17 日最高人民法院发布《关于全面推进以审判为中心的刑事诉讼制度改革的实施意见》(以下简称《实施意见》)第 4 条明确提出,“坚持程序公正原则,通过法庭审判的程序公正实现案件裁判的实体公正。发挥庭审在查明事实、认定证据、保护诉权、公正裁判中的决定性作用,确保诉讼证据出示在法庭、案件事实查明在法庭、诉辩意见发表在法庭、裁判结果形成在法庭”。这要求整个刑事审判程序,基本围绕庭审展开,因此,人民法院推进以审判为中心的诉讼制度改革,必须大力推进庭审实质化。如果再结合证据的审查判断模式而言,以审判为中心的诉讼制度更强调所谓的质证权保障,而非法证据排除程序的重心当然是对证据收集的合法性进行对质、辩论。

第一,庭前会议与庭审的衔接,对当庭提出的排除非法证据申请的审查及处理。

《严格排除非法证据规定》第 28 条规定:“公诉人宣读起诉书后,法庭应当宣布开庭审理前对证据收集合法性的审查及处理情况。”该规定承前启后,有利于庭审的顺利推进。《严格排除非法证据规定》第 29 条规定了在开庭审理前申请排除非法证据原则之例外,允许在法庭审理过程中申请非法证据排除,以保护被告人诉讼权利。“被告人及其辩护人在开庭审理前未申请排除非法证据,在法庭审理过程中提出申请的,应当说明理由。对前述情形,法庭经审查,对证据收集的合法性有疑问的,应当进行调查;没有疑问的,应当驳回申请。法庭驳回排除非法证据申请后,被告人及其辩护人没有新的线索或者材料,以相同理由再次提出申请的,法庭不再审查。”延后到庭审之中才提出非法证据排除申请,被施加了“说明理由”的义务。《排除非法证据规程》第 17 条第 1 款规定,“被告人及其辩护人在开庭审理前未申请排除非法证据,在庭审过程中提出申请的,应当说明理由。人民法院经审查,对证据收集的合法性有疑问的,应当进行调查;没有疑问的,应当驳回申请。”法院经审查驳回排非申请的,也有相应的拘束力。《排除非法证据规程》第 17 条第 2 款规定,“人民法院驳回排除非法证据的申请后,被告人及其辩护人没有新的线索或者材料,以相同理由再次提出申请的,人民法院不再审查。”

第二,证据合法性调查以先行调查为原则。

2010 年《非法证据排除规定》第 5 条第 1 款规定:“被告人及其辩护人在开

庭审理前或者庭审中,提出被告人审判前供述是非法取得的,法庭在公诉人宣读起诉书之后,应当先行当庭调查。”当时的“先行调查”是庭审之中的“当庭”调查,还不是指上文所述的从庭审提前到庭前尤其是庭前会议的阶段。2012 年《高法解释》在《非法证据排除规定》基础上,规定了“先行调查与法庭调查结束前一并调查相结合”的庭审调查规则。2017 年《严格排除非法证据规定》第 30 条规定:“庭审期间,法庭决定对证据收集的合法性进行调查的,应当先行当庭调查。但为防止庭审过分迟延,也可以在法庭调查结束前进行调查。”再次重申了先行调查的原则。《排除非法证据规程》第 18 条规定,“人民法院决定对证据收集的合法性进行法庭调查的,应当先行当庭调查。对于被申请排除的证据和其他犯罪事实没有关联等情形,为防止庭审过分迟延,可以先调查其他犯罪事实,再对证据收集的合法性进行调查。”“在对证据收集合法性的法庭调查程序结束前,不得对有关证据宣读、质证。”《第一审普通程序法庭调查规程》第 30 条也规定,“法庭应当重视对证据收集合法性的审查,对证据收集的合法性有疑问的,应当调查核实证明取证合法性的证据材料。”“对于被告人及其辩护人申请排除非法证据,依法提供相关线索或者材料,法庭对证据收集的合法性有疑问,决定进行调查的,一般应当先行当庭调查。”结合庭前会议在排除非法证据中所具有的重要地位,法庭“先行调查”一般是指在庭前会议未能就非法证据排除达成一致意见的情形。但对于多名被告人及其辩护人申请排除非法证据,或者案件中有其他犯罪事实与被申请排除的证据没有关联等情形,为防止庭审过分迟延,可以在法庭调查结束前进行调查。①

第三,控辩双方围绕证据收集合法性的质证、辩论。

2017 年《排除非法证据规程》第 19 条对非法证据排除这种“审判中的审判”作出了规定:“法庭决定对证据收集的合法性进行调查的,一般按照以下步骤进行:(1)召开庭前会议的案件,法庭应当在宣读起诉书后,宣布庭前会议中对证据收集合法性的审查情况,以及控辩双方的争议焦点;(2)被告人及其辩护人说明排除非法证据的申请及相关线索或者材料;(3)公诉人出示证明证据收集合法性的证据材料,被告人及其辩护人可以对相关证据进行质证,经审判长准许,公诉人、辩护人可以向出庭的侦查人员或者其他人员发问;(4)控辩双方对证据收集的合法性进行辩论。”

这种审判庭采用了“控辩对抗”的听证模式,可见,证据收集合法性的证明责任由公诉人承担。对于其证明的手段和方式,2017 年《严格排除非法证据规定》第 31 条第 1 款规定:“公诉人对证据收集的合法性加以证明,可以出示讯问

① 参见戴长林、刘静坤、朱晶晶:《〈关于办理刑事案件严格排除非法证据若干问题的规定〉的理解与适用》,载《人民司法(应用)》2017 年第 22 期。

笔录、提讯登记、体检记录、采取强制措施或者侦查措施的法律文书、侦查终结前对讯问合法性的核查材料等证据材料，有针对性地播放讯问录音录像，提请法庭通知侦查人员或者其他人员出庭说明情况。”该款较 2012 年《高法解释》第 101 条第 1 款明确了“讯问笔录”以外的 5 种“其他证据”，其中所规定的三种方式，并无先后顺序，而可以“不择手段”。其中的“出示讯问笔录”，是指基于讯问笔录显示的时间、地点、提问内容、笔录篇幅等事项，审查讯问过程的合法性，解决供述的证据能力问题，而不能宣读讯问笔录的具体内容（注意这与 2010 年《排除非法证据规程》第 20 条所规定的“提供讯问笔录”以书证看待以及 2012 年《高法解释》第 101 条所规定的“出示、宣读讯问笔录”用词之间的差异）。这也与 2017 年《排除非法证据规程》第 20 条第 1 款的内容相一致，其中将有针对性地播放录音录像明确为“针对被告人及其辩护人提出异议的讯问时段播放讯问录音录像”，也特别明确了“不得以侦查人员签名并加盖公章的说明材料替代侦查人员出庭”，此前 2010 年《排除非法证据规定》第 7 条第 3 款①可能通过提交这种加盖公章以及“经有关讯问人员签名或者盖章”的说明材料而不具有对质诘问的基本前提，虽然 2012 年《高法解释》第 101 条第 2 款明确“上述说明材料不能单独作为证明取证过程合法的根据”，也还是存在讯问人员或者侦查人员不出庭的可能。

而“出庭说明情况”则是对 2012 年《刑事诉讼法》规定的重申，但是，《严格排除非法证据规定》第 31 条第 3 款进一步规定，“侦查人员或者其他人员出庭，应当向法庭说明证据收集过程，并就相关情况接受发问。对发问方式不当或者内容与证据收集的合法性无关的，法庭应当制止。”明确出庭人员应当“接受发问”，从而也为第 31 条第 4 款规定“公诉人、被告人及其辩护人可以对证据收集的合法性进行质证、辩论”提供了一定内容依凭。2017 年《排除非法证据规程》第 23 条第 2 款还明确规定了“经人民法院通知，侦查人不出庭说明情况，不能排除以非法方法收集证据情形的，对有关证据应当予以排除”。而这个规定早先出现于 2017 年最高人民法院《实施意见》第 25 条之中，这个规定给人误导之处，是令人以为侦查人员不出庭则证据要排除，其实还有一个条件就是“不能排除以非法方法收集证据情形的”。

2018 年 7 月 3 日最高人民检察院印发的《人民检察院公诉人出庭举证质证工作指引》第 18 条规定又列举了包括讯问笔录在内的 10 种相关的书面证据材料，并且重新确认了证明手段的先后顺序，公诉人申请侦查人员或者其他人员出庭以“必要”为前提。该条第 1 款规定，“公诉人、被告人及其辩护人对收集被

① “公诉人提交加盖公章的说明材料，未经有关讯问人员签名或者盖章的，不能作为证明取证合法性的证据。”

告人供述是否合法未达成一致意见,人民法院在庭审中对证据合法性进行调查的,公诉人可以根据讯问笔录、羁押记录、提讯登记、出入看守所的健康检查记录、医院病历、看守管教人员的谈话记录、采取强制措施或者侦查措施的法律文书、侦查机关对讯问过程合法性的证明材料、侦查机关或者检察机关对证据收集合法性调查核实的结论、驻看守所检察人员在侦查终结前对讯问合法性的核查结论等,对庭前讯问被告人的合法性进行证明,可以要求法庭播放讯问同步录音、录像,必要时可以申请法庭通知侦查人员或者其他人员出庭说明情况。"第 2 款规定,"控辩双方对收集证人证言、被害人陈述、收集物证、书证等的合法性以及其他程序事实发生争议的,公诉人可以参照前款规定出示、宣读有关法律文书、侦查或者审查起诉活动笔录等予以证明。必要时,可以建议法庭通知负责侦查的人员以及搜查、查封、扣押、冻结、勘验、检查、辨认、侦查实验等活动的见证人出庭陈述有关情况"。

尽管申请"侦查人员或者其他人员出庭"作为控诉证明责任的体现,但是,《严格排除非法证据规定》第 27 条在 2012 年《刑事诉讼法》第 57 条"人民检察院提请""人民法院通知""侦查人员或者其他人员"的要求之外,给"被告人及其辩护人申请"提供了一个机会。"被告人及其辩护人申请人民法院通知侦查人员或者其他人员出庭,人民法院认为现有证据材料不能证明证据收集的合法性,确有必要通知上述人员出庭作证或者说明情况的,可以通知上述人员出庭"。所谓的其他人员主要是指侦查人员以外的能够证明证据收集合法性的人员,如在场的看守所监管人员、驻看守所检察人员、值班律师、同监室的在押人员等。当然,这种申请首先出于法院查证的需要,并且法院认为确有必要才能实现。

《严格排除非法证据规定》第 31 条第 2 款规定:"被告人及其辩护人可以出示相关线索或者材料,并申请法庭播放特定时段的讯问录音录像。"《排除非法证据规程》第 21 条也再次确认了被告人及其辩护人申请法庭播放特定讯问时段的讯问录音录像,申请调查侦控机关收集但未提交的讯问录音录像、体检记录等证据材料,以及申请人民法院通知侦查人员或者其他人员出庭说明情况。然而,这些权利可能需要出示线索或者材料,经过法院的关联性审查,或者认为确有必要,才可能得以实现。

该《排除非法证据规程》第 24 条还规定了人民法院对有疑问的情形,控辩双方补充证据或者作出说明,以及休庭调查核实的情况。这也是对《严格排除非法证据规定》第 32 条相关规定的重申。

第四,法庭对证据收集合法性争议的裁判方式。

《严格排除非法证据规定》第 33 条规定:"法庭对证据收集的合法性进行调

查后，应当当庭作出是否排除有关证据的决定。必要时，可以宣布休庭，由合议庭评议或者提交审判委员会讨论，再次开庭时宣布决定。在法庭作出是否排除有关证据的决定前，不得对有关证据宣读、质证。”可见，该条明确了对证据收集的合法性争议的当庭认证原则与例外相结合的处理方式。“当庭决定”的方式在此前 2017 年最高人民法院《实施意见》第 26 条第 2 款就作出了规定，而《排除非法证据规程》第 25 条也进行了重申。我国并没有单独的证据可采性裁判文书，实践之中往往是当庭口头作出决定，并将相关情况记入笔录。当事人对法庭有关该问题的处理决定不服，可以在案件裁判之后的上诉程序中一并提出。当然，无论是否排除，对于证据合法性的审查和调查结果还是应当在裁判文书中作出回应。《严格排除非法证据规定》第 36 条规定：“人民法院对证据收集合法性的审查、调查结论，应当在裁判文书中写明，并说明理由。”控辩双方也可能以裁判文书作为是否提出抗诉、上诉的根据。

第五，证据收集合法性的证明标准以及排除非法证据后的程序效果和实体处理方式。

《严格排除非法证据规定》第 34 条规定：“经法庭审理，确认存在本规定所规定的以非法方法收集证据情形的，对有关证据应当予以排除。法庭根据相关线索或者材料对证据收集的合法性有疑问，而人民检察院未提供证据或者提供的证据不能证明证据收集的合法性，不能排除存在本规定所规定的以非法方法收集证据情形的，对有关证据应当予以排除。对依法予以排除的证据，不得宣读、质证，不得作为判决的根据。”该条所明确规定的两种情形下的证明标准与 2012 年《刑事诉讼法》第 58 条的规定一致。一是从辩护主张角度确认以非法方法收集证据的情形。常常被告人和辩护人提出排除非法证据的申请，所提供的初步证明就能够证明办案人员对其实施了刑讯逼供等非法取证行为。二是人民检察院对证据收集合法性负有举证责任出发作出的规定，即不能排除以非法方法收集证据的情形。法院经审查发现人民检察院未能对证据收集的合法性提供证据，或者提供的证据未能达到“确实、充分”的证据标准。实践中经常误用的是，将“确实、充分”的标准套用在辩护方的举证权利上，而控方作出否定回答，常常被认为查无实据而形成“非法”不能证的难题。《非法证据排除规程》第 26 条明确了 5 种应予排除的情形，除了第 1 项“确认非法”情形，对于其余 4 项“不排除非法”的情形还列举了三种典型违法形态，“应当对讯问过程录音录像的案件没有提供讯问录音录像，或者讯问录音录像存在选择性录制、剪接、删改等情形”，“侦查机关除紧急情况外没有在规定的办案场所讯问”，“驻看守所检察人员在重大案件侦查终结前未对讯问合法性进行核查，或者未对核查过程同步录音录像，或者录音录像存在选择性录制、剪接、删改等情形”；此外还有第 23 条第 2 款因为程序本身的情形,“经人民法院通知,侦查人员不出庭说明情况”,但是,从法条的逻辑来看,并不是出现这些情形就可以直接排除相关证据,还要结合“现有证据”来综合判断。

从排除非法证据的程序效果来看,自 2017 年 2 月最高人民法院《实施意见》第 26 条第 2 款就规定,“在法庭作出是否排除有关证据的决定前,不得对有关证据宣读、质证”。《严格排除非法证据规定》第 33 条重申了该规定。《排除非法证据规程》第 18 条也规定,“在对证据收集合法性的法庭调查程序结束前,不得对有关证据宣读、质证”。《严格排除非法证据规定》第 34 条进一步明确“对依法予以排除的证据,不得宣读、质证,不得作为判决的根据。”这意图防止非法证据的信息对事实裁决者尤其是作为外行的陪审员的心证产生污染。当然,如果我国刑事诉讼法还是寻求案件真相的话,非法证据的“不得宣读、质证”,可能反而遮蔽了发现案件真相的信息线索。由此可见,不得宣读、质证,隐含了控辩平等对抗,不自证己罪,程序至上的观念。2017 年《第一审普通程序法庭调查规程》第 1 条规定,“法庭应当坚持证据裁判原则。认定案件事实,必须以证据为根据。法庭调查应当以证据调查为中心,法庭认定并依法排除的非法证据,不得宣读、质证。证据未经当庭出示、宣读、辨认、质证等法庭调查程序查证属实,不得作为定案的根据。”这其中蕴含了法庭对证据证据能力和证明力进行双层审查的程序机制。①

当然,排除非法证据并不意味着案件必然要宣告无罪,案件最终如何处理还要取决于其他证据情况。《严格排除非法证据规定》第 35 条规定:“人民法院排除非法证据后,案件事实清楚,证据确实、充分,依据法律认定被告人有罪的,应当作出有罪判决;证据不足,不能认定被告人有罪的,应当作出证据不足、指控的犯罪不能成立的无罪判决;案件部分事实清楚,证据确实、充分的,依法认定该部分事实。”

最后,人民法院对证人证言、被害人陈述等证据收集合法性的审查、调查,参照上述规定进行。

六、不服证据收集合法性裁判的救济程序

对于控辩双方对证据收集合法性裁判不服的情形,2012 年《刑事诉讼法》并未规定专门的救济程序,2012 年《高法解释》对此作出了原则性规定,要求二审法院对证据收集合法性争议进行审查并依法作出相应处理。2017 年《严格排除非法证据规定》第 38 条至第 40 条以及此后的《排除非法证据规程》第 29 条

---

① 何时以及是否应该宣读审判前供述的问题,具体参见陆而启:《论宣读审判前讯问笔录》,载《东北亚法研究》2015 年(第 9 卷)第 1 期。

至第 34 条,立足司法实践,对相关问题作出具体规定。

2017 年《严格排除非法证据规定》第 38 条第 1 款规定,“人民检察院、被告人及其法定代理人提出抗诉、上诉,对第一审人民法院有关证据收集合法性的审查、调查结论提出异议的,第二审人民法院应当审查。”控辩双方对一审有关证据收集合法性的处理结果不服的救济程序,不是采取单独上诉的零售方式,而是采取“在上诉、抗诉中对一审有关证据收集的合法性的审查、调查结论提出异议”的批发方式。

第 38 条第 2 款规定,“被告人及其辩护人在第一审程序中未申请排除非法证据,在第二审程序中提出申请的,应当说明理由。第二审人民法院应当审查。”这主要针对一些缺乏律师帮助被告人错过申请排除非法证据有利时机,或者在第一审庭审后才发现涉嫌非法取证的相关线索或者材料等情形提供一个补救机会,在二审期间能够提供正当理由的情形下允许其提出排除非法证据的申请。

第 38 条第 3 款规定,“人民检察院在第一审程序中未出示证据证明证据收集的合法性,第一审人民法院依法排除有关证据的,人民检察院在第二审程序中不得出示之前未出示的证据,但在第一审程序后发现的除外。”该款确认了排除非法证据的效力和明确人民检察院对证据收集合法性的举证时限,要求人民检察院在一审程序中应当积极举证证明取证合法性,避免在二审中搞突然袭击。

2017 年《严格非法证据排除规定》第 40 条第 1 款明确规定:“第一审人民法院对被告人及其辩护人排除非法证据的申请未予审查,并以有关证据作为定案根据,可能影响公正审判的,第二审人民法院可以裁定撤销原判,发回原审人民法院重新审判。”《排除非法证据排除规程》第 33 条将该款中的“可以”改为“应当”,而对法官的自由裁量作了一定的限制;又根据《严格非法证据排除规定》第 40 条第 2 款(同《排除非法证据排除规程》第 34 条)可知,对于第一审人民法院对依法应当排除的非法证据未予排除的,第二审人民法院可以依法排除相关证据。排除非法证据后,应当按照下列情形分别作出处理:(1)原判决认定事实和适用法律正确、量刑适当的,应当裁定驳回上诉或者抗诉,维持原判;(2)原判决认定事实没有错误,但适用法律有错误,或者量刑不当的,应当改判;(3)原判决事实不清楚或者证据不足的,可以裁定撤销原判,发回原审人民法院重新审判。

七、证据可采性的先行裁决

说句实话,我国刑事诉讼法的条文从某种意义上讲已经占据了人类的道德高地,但是,学者们高谈阔论起民主、自由、平等等政治理论以及控辩平等、审判独立、无罪推定、程序正义等司法原理来绝不亚于西方法治发达国家，但是，对法律在典型案件之中的扭曲，使笔者产生一种发掘实践的优点的想法，但是，这种向司法潜规则的屈服，可能会被指责为保守、跟不上“书本上的法”或者“语词的潮流”，尽管笔者曾经反复梳理非法证据排除规则“立法秀”之中的语词重复(三令五申)和语词进步，来论述我们法治的文明和发达。然而，道德的语词与不道德的行为交织成了我国司法现实与理想之间的口是心非、言行不一，所以笔者曾以为重视真相并不是办错案的根源，一些错案恰恰是对真相的扭曲，更主要的是办案人员对真相心知肚明，但是案件照样办成了错案。笔者认为司法人员坚守良知和常识就能避免错案，也就是说我们不要把办错案的责任完全归咎为程序违法。相反出现程序违法的情形，更多地提示我们案件可能有问题才对，而不是让我们在错误的道路上越走越远。反过来看，绝大多数再审纠错的案件，并不是随着纠正了违法取证才得以发现和平反，恰恰是真相最终浮出了水面。正是因为对程序正义的强调，又由于程序运行的掌控权主要掌握在司法机关的手中，我们反而很难通过证明程序本身的违法来纠正错案。如果错案要得到纠正还是必须还原到案件真相上来，也就是看这个案件是不是发生了错误，或者说这个案件本身就是制造出来的假案。

尽管笔者从来没有说要对取证程序违法放任不管，但是，对取证违法的证明是一个世界级的难题，违法的司法人员逃脱制裁的比比皆是。通过排除非法证据来遏制不法，进一步的话，真的可能放纵真正的罪犯，因为排除非法证据的行动转移了对违法人员追责的焦点问题，退一步又可能由于司法人员抵赖而难以认定存在非法行为。正由于追责的困难，所以对非法取证追究行政责任或者刑事责任往往沦为虚妄，同时，还可能因为不实证据导致冤枉了无辜。可见，非法证据的虚伪排除说的制度设计过分依赖于司法人员良知和常识，可能因为权力的滥用和扩张等于是让“撒谎者说真话”。虽然非法证据排除的人权保障说也并不尽如人意，但是其中蕴含的平等对抗理念，以及对个人自主权利的尊重价值还是值得法律进行弘扬和提倡的。

当然，笔者一直对所谓“非法获取的自白”的绝对排除心存怀疑，首先什么是“非法”方法除了需要证据来证明，并且这个证明还要达到法定的证明标准。对于降低证据合法性的证明标准，是否会姑息刑讯逼供等非法取证行为，甚至导致冤假错案增多？律师毛立新认为不会，并且阐释其原因有二：一是口供必须查证属实，才能作为定案的根据。降低对非法口供的证明标准，虽有可能导致部分非法口供流入庭审，但它们仍需查证属实，与其他证据相互印证，才能成为定案根据。如果口供为真，则不会导致无辜者被冤枉。二是惩戒违法人员尚有诸多途径。可在庭审结束后，将有关刑讯逼供的线索，交由检察机关另行立案侦查,一查到底;也可交由侦查机关内部的纪检、监察、督察等部门开展调查,查清后再依法依规追究相关人员责任,并不必然导致姑息放纵执法人员的问题。① 换句话来说,证明犯罪事实的证据资源常常不可多得,既不能因为轻微违法就束缚办案人员手脚,也不能对控诉方对程序性科以严苛的证明义务,要在人权保障和维护社会公共秩序之间寻求适当的平衡,如果违法获取的证据不具有真实性,被错误地作为定案根据当然会造成冤假错案,又基于口供补强原则或者其他的证据印证要求,甚至经验法则和逻辑规则还是能在很大程度上避免这种情形;更多的时候,违法获取的证据可能是真实的,因此采纳证据能将真正的罪犯绳之以法,同时也可以采取其他的追责方式而不让违法侵权的办案人员知法犯法、逍遥法外。

最高人民法院的罗国良等法官还分析了证据的资格和证明力双阶审查,也带来了辩护方对证据进行两个层面的辩护,即针对证据资格问题的辩护和针对证明力问题的辩护。一是辩护方未能有效质疑证据收集合法性,或者控诉方提供确实、充分的证据证明证据收集的合法性,法庭经审查驳回了排除非法证据申请,依法确认争议证据具有证据资格,这个时候该争议证据就越过了证据能力的门槛成为诉讼证据,而可以当庭宣读、质证(2010 年《排除非法证据规定》第 10 条)。二是辩护方可以结合其所掌握的相关线索或者材料,质疑该证据的客观真实性,而该证据也只有越过这样的双重审查也才能最终成为定案根据。② 当然,他们也注意到了在采法官—陪审团二元式庭审结构的国家,律师对证据的辩护也分为类似的两个层次。例如,在英国,辩护律师既可以选择通过预先审核程序对证据资格提出挑战,也可以选择在陪审团审判过程中直接质疑证据的证明力,以特定证据获取的手段非法,质疑其可靠性,使陪审团形成合理怀疑。③ 当然,在英国可以根据任何一方的申请或者法院自己动议由一名皇家法院法官在陪审团宣誓前的时间命令进行预备听审程序(1996 年《刑事程序和侦查法》第 29 条),这属于审判程序的一部分(第 30 条),从而该法官从头至尾主持审判,可以在不需要陪审团参加时解决各种不同的问题,法官可以作出与案件有关联性的法律问题,包括证据可采性问题的裁决(第 31 条第 3 款)。④ 法官在预先审查程序中经调查决定采纳有关证据,辩护律师仍然可以在陪审团审判过程中对该证据的证明力提出质疑。对证据可靠性的判断是陪审团的特权,

---

① 参见毛立新:《证据合法性的证明标准不宜过高》,载《检察日报》2010 年 10 月 11 日,第 3 版。

② 参见罗国良、刘静坤:《证据收集合法性事实的证明方式和证明标准》,载《法律适用》2015 年第 3 期。

③ 参见罗国良、刘静坤:《证据收集合法性事实的证明方式和证明标准》,载《法律适用》2015 年第 3 期。

④ 参见熊志海等编译:《英国成文证据法》,中国法制出版社 2007 年版,第 357 ~ 358 页。

并且陪审团的裁决无须说理，从而需要控辩双方极尽所能说服陪审团作出对己有利的裁决。笔者以为，这种分层审查，并且也可能分层决策的程序模式，还需要进一步在裁判文书之外设立一个证据可采性的中间裁决文书。英国在预审听审时法官作出的裁决可以上诉到上诉法院并最终上诉到上议院（1996 年《刑事程序和侦查法》第 35 条和第 36 条）。上诉期间可以预备听审可以继续，只有在上诉被决定或者放弃时，陪审团审判才开始。这个中间上诉体系条款为了保证在陪审团开始审议之前解决证据可采性和法律问题，由此确保复杂而可能漫长的审判不至于徒劳无功。[①] 在美国，绝大多数的证据方面的中间裁判（interlocutory order）不可上诉，避免带来为法官和陪审团所无法接受的庭审中断，避免当事人担心判决结果不利而恶意拖延，当然，证据裁判的重新审查往往都在对案件的判决作出后才能被提出，使上诉法庭的裁决结论可以基于完整的庭审记录而作出。[②] 不过，对非法证据排除动议程序可以例外地进行中间上诉（interlocutory appeal）。笔者认为，我国可以引入这种先行裁决的机制，尤其是在庭前会议解决证据可采性问题的时候，在办案机关制作“庭前会议报告”的同时，还可以制作一些诉讼权利和证据可采性的决定文书，送达给双方当事人，对此类中间裁决也可以单独提起上诉。在个案之中追求程序真相哪怕可能会一定程度上牺牲实体真相，但是这本身就是法治理念——依法治权的追求。与此同时，我们的制度鼓励和发展出了绝大多数案件通过认罪认罚从宽、刑事和解等合意的解决方式。

---

① 参见［英］约翰·斯普莱克：《英国刑事诉讼程序》，徐美君、杨立涛译，中国人民大学出版社 2006 年版，第 352 页。

② 参见［美］米勒、柯克帕特里克：《证据法：案例与难点》（影印本），中信出版社 2003 年版，第 56 页。转引自陈卫东、刘中琦：《我国非法证据排除程序分析与建构》，载郎胜主编，黄太云、滕炜副主编：《刑事辩护与非法证据排除》，北京大学出版社 2008 年版，第 59 页。

自愿性:非法证据排除规则新发展

侯东亮　冯贞艳*

摘　要　2017 年最高人民法院、最高人民检察院、公安部、国家安全部、司法部联合发布《关于办理刑事案件严格排除非法证据若干问题的规定》,标志着我国非法证据排除规则在实体和程序两个方面发展完善。立法文本体现非法证据认定以保障人权为目的,将自愿性作为判断非法证据的主观要件,这与先前仅仅凭借侦查人员的暴力胁迫等非法取证手段判断相比有较大的发展,由于我国没有确立任意性自白规则,而非法证据排除规则从实体和程序上完善了犯罪嫌疑人和被告人自愿性保障的制度,可以说《刑事诉讼法》第 52 条提出的禁止强迫自证其罪原则和言词证据排除规则共同构成了中国的自白任意性规则。同时,完善相应的程序性规则以进一步落实对自愿性的保障,这也是我国证据规则发展的新特色。然而,司法实践却呈现出另一面孔,口供自愿性规则存在"空置现象",非法证据排除规则亟须在口供自愿性方面引导司法实践。

关键词　非法证据排除　自愿性　实证研究

2010 年至今,我国独具特色的非法证据排除规则取得长足发展,特别是 2017 年最高人民法院、最高人民检察院、公安部、国家安全部、司法部联合发布《关于办理刑事案件严格排除非法证据若干问题的规定》(以下简称《严格排非规定》),标志着我国非法证据排除规则在实体和程序两个方面发展完善。不可否认的是,我国非法证据排除规则的建构首要在于对冤假错案的谨慎担忧,在立法层面贯穿了犯罪嫌疑人、被告人供述的自愿性这一主线。然而,保障人权的目的恐怕是纳入刑事诉讼宏观层面的一种结果。更有甚者,不少学者所期许的程序性制裁理论体系鲜有体系性的发展。①

一、自愿性成为建构排除规则的主线

(一)自愿性条件纳入排除范围

我国非法证据排除规则一直以来遵循充分规定刑讯逼供的手段方式判

* 侯东亮,河南财经政法大学刑事司法学院副教授;冯贞艳,福州大学硕士研究生。

① 陈瑞华:《非法证据排除程序的理论展开》,载《比较法研究》2018 年第 1 期。

定非法证据的路径,即使是这次《严格排非规定》,很大程度上仍是继续“外部认定”①,这种方式是我国历来重视实体真实,排除刑讯逼供,防范冤假错案的必然结果。不可忽视的是,2017 年《严格排非规定》充分总结了此前刑诉法及司法解释等相关规定中非法证据排除范围的认定标准,除了更加详细界定刑讯逼供等非法取证行为以外,还在其后规定“遭受难以忍受的痛苦而违背意愿……”增加了因使用暴力方法、变相肉刑导致被告人遭受难以忍受的痛苦和因遭受难以忍受的痛苦导致违背意愿作出供述两组因果关系的认定②。从这一点上来看,我国非法言词证据的判定方式在单纯凭借刑讯逼供等非法手段的基础上增加“自愿性”这一主观条件。这种方法不仅在理论上弥补了“任何人不得被强迫自证其罪”和任意性自白规则③,加强了对犯罪嫌疑人和被告人自由意志这一基本人权的保障,而且具有方法论意义,在司法实践中遇到法律规定并未涵盖的非法取证行为时,允许法官运用自由裁量权认定非自愿的言词证据,同时也为未来的法律规则发展预留了较大空间。例如,《严格排非规定》中未作明确规定,在 2013 年《关于建立健全防范刑事冤假错案工作机制的意见》(以下简称《防范冤假错案意见》)中规定的“冻、饿、晒、烤、疲劳审讯等”其他非法方法,其中疲劳审讯在实践中越发常见,且难以量化显见,可结合具体案件中被告人体质和健康状况这一客观标准,犯罪嫌疑人和被告人遭受痛苦的程度从而导致违背意愿的可能性这一主观标准,从而认定非法证据。④

除此之外,以威胁方法收集的犯罪嫌疑人、被告人供述的认定也同样呈现出这一特点。根据对法律文本的梳理,《严格排非规定》公布之前,立法更多关注以刑讯逼供非法方法收集的言词证据,并逐渐完善了此种方法的界定,但是并没有明确规定以威胁方法收集的犯罪嫌疑人和被告人供述如何处理,是否应当与以刑讯逼供方法收集的供述一致认定为非法证据而直接予以排除?这一问题在《严格排非规定》第 3 条得到了解决,即“采用以暴力或者严重损害本人及其近亲属合法权益等进行威胁的方法……遭受难以忍受的痛苦而违背意愿……”该条同样包含客观的威胁方法和主观的违背意愿两个标准。司法实践中极易出现侦查人员以犯罪嫌疑人、被告人的近亲属安全等合法权益进行威胁,迫使犯罪嫌疑人、被告人违背意愿作出供述。该种方法取得的言词证据是否可以作为非法证据予以排除,关键是判断此种方法是否严重损害了供述人自由意志这一基本人权,同时涉及威胁与合法侦讯策略的界分。侦查人员基于取证的需要,

---

① 魏晓娜:《非法言词证据认定路径的完善》,载《人民检察》2017 年第 18 期。

② 裴显鼎、刘晓虎:《关于“两高三部”〈关于办理刑事案件严格排除非法证据若干问题的规定〉实践操作及重点问题延伸解析》,载《非法证据排除程序适用指南》(第二版),法律出版社 2017 年版。

③ 李寿伟:《非法证据排除制度的若干问题》,载《中国刑事法杂志》2014 年第 2 期。

④ 裴显鼎、刘晓虎:《关于“两高三部”〈关于办理刑事案件严格排除非法证据若干问题的规定〉实践操作及重点问题延伸解析》,载《非法证据排除程序适用指南》(第二版),法律出版社 2017 年版。

往往需要采取一定的审讯策略，在讯问中通过一定的威胁欺骗手段对犯罪嫌疑人、被告人施以心理压力以获得线索和证据。非法取证意义上的威胁，一方面与威胁的危害程度相关，若与刑讯逼供所造成的危害程度相当时，“如严重损害本人及其近亲属合法权益，或者以法律禁止的方法、以社会道德难以容忍的方法进行威胁。”①即应当认定此种行为严重侵犯了供述人的基本人权。另一方面与供述的自愿性相关，犯罪嫌疑人因受威胁违背意愿作出供述。《严格排非规定》以“遭受难以忍受的痛苦而违背意愿”作为原则性的主观判断标准，同时在实践中综合具体案件的相关情况具体认定。相反，若仅仅只是一般性的恐吓，对于犯罪嫌疑人和被告人的自愿性侵害较小，被剥夺的意志自由也有限时，犯罪嫌疑人有相对的自由权衡利弊作出供述，相对刑讯逼供而言，虚假供述的可能性较小（见表1）。

表1　非法证据排除范围

相关规定	犯罪嫌疑人、被告人供述	证人证言、被害人陈述	物证、书证
2010年《关于办理刑事案件排除非法证据若干问题的规定》（以下简称《排非证据规定》）	第1条：“采用刑讯逼供等非法手段取得……”	第1条：“采用暴力、威胁等非法手段取得……”	第14条：“物证、书证的取得明显违反法律规定，可能影响公正审判的，应当予以补正或者作出合理解释，否则，该物证、书证不能作为定案根据。”
2010年《关于办理死刑案件审查判断证据若干问题的规定》（以下简称《死刑证据规定》）	第19条：“采用刑讯逼供等非法手段取得……”	第12条：“以暴力、威胁等非法手段取得……”	
《人民检察院刑事诉讼规则（试行）》（以下简称《高检规则》）	第65条：“对采用刑讯逼供等非法方法收集……” “刑讯逼供是指使用肉刑或者变相使用肉刑使犯罪嫌疑人在肉体或者精神上遭受剧烈疼痛或者痛苦以逼取供述的行为。” “其他非法方法是指违法程度和对犯罪嫌疑人的强迫程度与刑讯逼供或者暴力、威胁相当而迫使其违背意愿……”	第65条：“采用暴力、威胁等非法方法收集……”	第66条：“收集物证、书证不符合法定程序……可能严重影响司法公正是指收集物证、书证不符合法定程序的行为明显违法或者情节严重，可能对司法机关办理案件的公正性造成严重损害；补正是指对取证程序上的非实质性瑕疵进行补救；合理解释是指对取证程序的瑕疵作出符合常理及逻辑的解释。”

---

① 黄建屏、林恒春：《最高法：以威胁收集口供应排除，后续供述视情况而定》，载《刑事审判参考》第106集。

续表

相关规定	犯罪嫌疑人、被告人供述	证人证言、被害人陈述	物证、书证
《最高人民法院关于适用〈中华人民共和国刑事诉讼法〉的解释》(以下简称《高法解释》)	第95条:“使用肉刑或者变相肉刑,或者采用其他使被告人在肉体上或者精神上遭受剧烈疼痛或者痛苦的方法,迫使被告……”		第95条:“……可能严重影响司法公正,应当综合考虑收集物证、书证违反法定程序以及所造成后果的严重程度等情况。”
2013年《防范冤假错案意见》	第8条:“采用刑讯逼供或者冻、饿、晒、烤、疲劳审讯等非法方法收集……除情况紧急必须现场讯问以外,在规定的办案场所外讯问取得的供述,未依法对讯问进行全程录音录像……”		
2017年《严格排非规定》	第2条:“采取殴打、违法使用戒具等暴力方法或者变相肉刑的恶劣手段……遭受难以忍受的痛苦而违背意愿……” 第3条:“采用以暴力或者严重损害本人及其近亲属合法权益等进行威胁的方法……遭受难以忍受的痛苦而违背意愿……” 第4条:“采用非法拘禁等非法限制人身自由的方法……” 第5条:“采用刑讯逼供方法使犯罪嫌疑人、被告人作出供述,之后犯罪嫌疑人、被告人受该刑讯逼供行为影响而作出的与该供述相同的重复性供述,应当一并排除,但下列情形除外: (一)侦查期间,根据控告、举报或者自己发现等,侦查机关确认或者不能排除以非法方法收集证据而更换侦查人员,其他侦查人员再次讯问时告知诉讼权利和认罪的法律后果,犯罪嫌疑人自愿供述的;(二)审查逮捕、审查起诉和审判期间,检察人员、审判人员讯问时告知诉讼权利和认罪的法律后果,犯罪嫌疑人、被告人自愿供述的。”	第6条:“采用暴力、威胁以及非法限制人身自由等非法方法收集……”	第7条:“收集物证、书证不符合法定程序,可能严重影响司法公正的,应当予以补正或者作出合理解释;不能补正或者作出合理解释的……”

续表

相关规定	犯罪嫌疑人、被告人供述	证人证言、被害人陈述	物证、书证
2018年刑诉法修正案及相关司法解释	第56条:“采用刑讯逼供等非法方法收集……”	第56条:“采用暴力、威胁等非法方法收集……”	第56条:“收集物证、书证不符合法定程序,可能严重影响司法公正的,应当予以补正或者作出合理解释;不能补正或者作出合理解释的,对该证据应当予以排除。”

(二)审前程序中自愿性保障

第一,明确侦查取证的程序规范。侦查阶段的非法取证是非法证据产生的源头。侦查人员通过强迫威胁直接或间接地影响提供证据之人的心理状态,从而违背真实意志作出供述。所以,侦查取证的程序规定自然就成了立法关注的重点,从关押犯罪嫌疑人,进行讯问,制作笔录至收集到最终的供述都进行了针对性的规定。

从法条梳理来看,这次立法更加详细规定了讯问地点,不仅要求送看守所羁押,并且增加了在看守所讯问室进行讯问的内容。值得注意的是讯问录音录像制度的完善,客观直观的录音录像比讯问笔录更能反映出犯罪嫌疑人在作出供述时的真实情况。但是电子数据极易遭人为篡改或者选择性录制,所以立法进一步强调了讯问录音录像不能选择性录制、剪接和删改。同时明确应当适用的范围,这种相对全面的规定,能够较好地保证犯罪嫌疑人在讯问室中的自由。而且《刑事诉讼法》规定对讯问过程可以“录音或录像”,而《严格排非规定》改为“录音录像”,仅一个字的删除,说明对讯问录音录像的要求更为严格,从择其一到两者均需要进行,无疑是对犯罪嫌疑人讯问程序的规范性增加了双重保障。《严格排非规定》弥补了《刑事诉讼法》没有规定的看守所提讯登记制度和收押体检制度,犯罪嫌疑人身体状况能够直观地反映其遭受的身体暴力和精神强制,因此,提讯登记和收押体检无疑会对侦查人员的强迫行为产生制约(见表2)。

表2 侦查取证的程序规范

相关规定	讯问地点	讯问录音录像	讯问笔录制作	看守所提讯登记和收押体检
《刑事诉讼法》	第118条："犯罪嫌疑人被送交看守所羁押以后，侦查人员对其进行讯问，应当在看守所内进行。"	第123条："侦查人员在讯问犯罪嫌疑人的时候，可以对讯问过程进行录音或者录像；对于可能判处无期徒刑、死刑的案件或者其他重大犯罪案件，应当对讯问过程进行录音或者录像。录音或者录像应当全程进行，保持完整性。"	第122条："讯问笔录应当交犯罪嫌疑人核对，对于没有阅读能力的，应当向他宣读。如果记载有遗漏或者差错，犯罪嫌疑人可以提出补充或者改正。"	
《防范冤假错案意见》	第8条："除情况紧急必须现场讯问以外，在规定的办案场所外讯问取得的供述……应当排除。"	第8条："……未依法对讯问进行全程录音录像取得的供述……应当排除。"		
《严格排非证据》	第9条："拘留、逮捕犯罪嫌疑人后，应当按照法律规定送看守所羁押。犯罪嫌疑人被送交看守所羁押后，讯问应当在看守所讯问室进行。因客观原因侦查机关在看守所讯问室以外的场所进行讯问的，应当作出合理解释。"	第10条："侦查人员在讯问犯罪嫌疑人的时候，可以对讯问过程进行录音录像；对于可能判处无期徒刑、死刑的案件或者其他重大犯罪案件，应当对讯问过程进行录音录像。 侦查人员应当告知犯罪嫌疑人对讯问过程录音录像，并在讯问笔录中写明。" 第11条："对讯问过程录音录像，应当不间断进行，保持完整性，不得选择性地录制，不得剪接、删改。"	第12条："侦查人员讯问犯罪嫌疑人，应当依法制作讯问笔录。讯问笔录应当交犯罪嫌疑人核对，对于没有阅读能力的，应当向他宣读。对讯问笔录中有遗漏或者差错等情形，犯罪嫌疑人可以提出补充或者改正。"	第13条："看守所应当对提讯进行登记，写明提讯单位、人员、事由、起止时间以及犯罪嫌疑人姓名等情况。 看守所收押犯罪嫌疑人，应当进行身体检查。检查时，人民检察院驻看守所检察人员可以在场。检查发现犯罪嫌疑人有伤或者身体异常的，看守所应当拍照或者录像，分别由送押人员、犯罪嫌疑人说明原因，并在体检记录中写明，由送押人员、收押人员和犯罪嫌疑人签字确认。"

第二，与法律监督机关的固有职能相适应，立法确立检察机关排除非法证据的主导地位。[①] 侦查阶段收集证据过程不仅有法律的积极正面规定，需按照法定程序进行调查取证，从源头上防止强迫犯罪嫌疑人作出非自愿供述，同时赋予检察机关“第三方”的中立地位，“发挥驻看守所检察内设部门的优势和作用，检察机关驻看守所检察人员可在场监督看守所收押犯罪嫌疑人身体情况、尽可能早地了解被羁押犯罪嫌疑人的整体状况”，[②]而且可以在审查逮捕、审查起诉阶段排除非法证据。

《刑事诉讼法》规定了检察机关在审查案件时应当讯问犯罪嫌疑人，《高检规则》规定检察机关调查核实非法取证行为可以采用“讯问犯罪嫌疑人”的方式。《严格排非规定》在此基础上规定讯问时应当告知犯罪嫌疑人有权申请排除非法证据等诉讼权利和认罪的法律后果，能够促使犯罪嫌疑人尽早提出非法据排除申请，也体现了我国重视及时保护犯罪嫌疑人合法权益。

在审查逮捕和审查起诉阶段，《高检规则》规定检察机关在认定并依法排除非法证据之后，应当在调查报告中予以说明，被排除的非法证据应当随案移送，并未严格规范对审查认定的非法证据的处理后果。《严格排非规定》要求对审查认定的非法证据，应当予以排除，不得作为批准或者决定逮捕、提起公诉的根据，并不排斥在合法性上不具备证据资格的证据进入审判领域。[③] 同时被排除的非法证据随案移送，还要写明是被依法排除的非法证据。新规定对于审查逮捕、审查起诉阶段非法证据的处理更为严格明确，也是针对实践中存在为确保案件质量，对于某些属关键证据的非法证据仍然作为逮捕、起诉依据的问题作出的回应。

但是仅从检察机关对侦查阶段的审查就认为我国非法证据排除达到程序性制裁的地步未免有些超前，首先，此种审查活动仅仅是检察院独立的行政性质的审查，并没有给双方平等对抗的机会，主动权掌握在检察机关手上，犯罪嫌疑人一方的权利救济也只能依附于检察机关的审查活动。[④] 其次，检察机关作为公诉机关要保证案件的质量，既要在审前严格排除非法证据，又要保证剩下的证据达到证明标准以提起诉讼，否则要承担相应的法律后果，这样检察机关的中立地位又该如何保证呢？鉴于这种可能，这样的立法规定其实更倾向于排除犯罪嫌疑人遭受折磨之后作出虚假供述，保证自愿的真实供述，以求更接近

---

① 陈瑞华：《新非法证据排除规则的八大亮点》，载中国法院网：https://www.chinacourt.org/article/detail/2017/06/id/2904044.shtml，最后访问日期：2018 年 12 月 27 日。

② 陈卫东：《严格排除非法证据规定下的检察发展新机遇》，载《中国刑事杂志》2017 年第 4 期。

③ 顾永忠：《我国司法体制下非法证据排除规则的本土化研究》，载《政治与法律》2013 年第 2 期。

④ 陈瑞华：《非法证据排除程序的理论展开》，载《比较法研究》2018 年第 1 期。

案件真相的判决。

(三)审判程序中自愿性保障

没有救济就没有权利,诉讼程序的简单易行为自愿性的充分实现创造了有利的制度条件。我国确立了依职权和依申请两种启动非法证据排除的方式,但是依职权的排除在实践中并不常见,大多数都是犯罪嫌疑人、被告人及其辩护人申请排除启动。因为被告人是诉讼直接利益关系人,当遭受刑讯逼供或者其他非法方法而不得不作出虚假供述时,定罪量刑的法律后果由其个人承担,所以申请启动非法证据排除就成了排除对自己不利的虚假供述,保障合法权益,获得司法救济的主要途径。

1. 庭前会议和先行调查

庭前会议制度和先行调查原则是在正式审理之前进行调查非法证据的程序性规定。被告人和辩护人原则上应当在开庭之前提出申请,首先在庭前会议上控方和辩方就有争议的证据的合法性进行说明,以是否达成一致作为法庭审理的判断标准,不能达成一致的在随后的法庭调查中经过举证质证说明,由法官判断是否为非法证据予以排除。[①] 庭前会议实际承担了对案件程序性争议集中听取意见并解决的功能。[②]

先行调查原则在2010年最高人民法院联合其他机关制定的排非规范中首次确立,《高法解释》将此原则作了灵活规定,即允许法院自行选择在申请排除非法证据之后,或者在法庭调查结束前审查。但此种规范方式在实践中却难以达到立法目的,经常会出现在所有的证据都经过举证质证之后再进行非法证据排除程序的情况,难以避免法官带着预判眼光认定证据,被告人是否真实自愿作出供述也就不成为关注的问题。所以《严格排非规定》重申了先行调查原则,原则上只要在庭前会议上未对有争议的证据达成一致,就应当先行当庭调查。与此规定相配合的就是当庭裁决原则,调查完毕之后当庭作出决定能够有效防止先行调查规则实施形式化,同时也能及时将处理结果告知被告人和辩护人,保护其诉讼权利。

2. 检察机关承担证明责任

立法明确规定检察机关在非法证据排除程序中承担证明责任,要达到"事实清楚,证据确实、充分"的证明标准,如果确实存在以非法方法收集的证据或者不能排除这种可能性的,法院作出不予采纳该证据的决定,而公诉机关也可能因此承担败诉风险。立法要求被告人和辩护人提出受到刑讯逼供或者强迫性供述的线索或材料,使得实践中产生错误操作,认为非法证据的

---

① 顾永忠:《我国司法体制下非法证据排除规则的本土化研究》,载《政治与法律》2013年第2期。

② 熊秋红:《刑事审判模式与庭前会议的功能定位》,载《人民法院报》2017年6月14日。

举证责任由被告人一方承担，一旦被告一方拿不出可靠的证据，非法证据排除可能性几乎为零。可想而知，被告一方在诉讼程序处于绝对劣势的地位，在侦查阶段受到的身体折磨和精神压迫就已经使其违背意愿说出违背事实真相的供述，在这种被动境地下又如何能承担其如此之重的证明责任。实践中这种操作显然会使非法证据排除规则流于形式，明显背离了立法原意。即使是让被告一方举出一定的线索和材料，也不应当认为是让其承担较轻的举证责任。只是出于诉讼经济的考虑和限制被告人诉讼权利滥用，对于一些显然没有必要或者没有可能存在非法证据的情形只仅仅不启动非法证据排除程序。在这种立法权衡下，既不会加重被告人的负担，也不会损害其自愿性和合法权益（见表3、表4）。

表3　非法证据程序的启动方式

相关规定	2010年《死刑证据规定》	《高检规则》	《高法解释》	2017年《严格排非规定》	2018年刑诉法修正案
依职权	第38条："法庭对证据有疑问的，可以……"	第68条："在侦查、审查起诉和审判阶段，人民检察院……及时进行调查核实。" 第73条："对于公安机关立案侦查的案件，存在下列情形之一的，人民检察院在审查逮捕、审查起诉和审判阶段，可以……对证据收集的合法性以及犯罪嫌疑人、被告人供述的真实性进行审查。"		第14条："对重大案件，人民检察院驻看守所检察人员应当在侦查终结前询问犯罪嫌疑人，核查是否存在刑讯逼供、非法取证情形，并同步录音录像。" 第17条："人民检察院在审查起诉期间发现侦查人员以刑讯逼供等非法方法收集证据的，应当依法排除……"	第58条："法庭审理过程中，审判人员认为可能存在本法第五十六条规定的以非法方法收集证据情形的，应当对证据收集的合法性进行法庭调查。"

续表

相关规定	2010 年《死刑证据规定》	《高检规则》	《高法解释》	2017 年《严格排非规定》	2018 年刑诉法修正案
依申请		第 68 条："当事人及其辩护人、诉讼代理人报案、控告、举报侦查人员采用刑讯逼供等非法方法收集证据……"	第 96 条："当事人及其辩护人、诉讼代理人申请……" 第 99 条："开庭审理前,当事人及其辩护人、诉讼代理人申请排除非法证据……" 第 100 条："当事人及其辩护人、诉讼代理人申请排除非法证据的,法庭应当进审理……"	第 14 条："犯罪嫌疑人及其辩护人在侦查期间可以向人民检察院申请排除非法证据。" 第 17 条："审查逮捕、审查起诉期间,犯罪嫌疑人及其辩护人申请排除非法证据,并提供相关线索或者材料的……" 第 23 条："被告人及其辩护人申请排除非法证据,应当在开庭审理前提出……"	第 58 条："当事人及其辩护人、诉讼代理人有权申请人民法院对以非法方法收集的证据依法予以排除。"

表 4　审判程序中非法证据争议处理

相关规定	庭前会议	先行调查	证明责任和证明方式	证明标准	裁判方式
《刑事诉讼法》	第 187 条："在开庭以前,审判人员可以召集公诉人、当事人和辩护人、诉讼代理人,对回避、出庭证人名单、非法证据排除等与审判相关的问题,了解情况,听取意见。"	第 58 条："法庭审理过程中,审判人员认为可能存在本法第五十六条规定的以非法方法收集证据情形的,应当对证据收集的合法性进行法庭调查。"	第 59 条："在对证据收集的合法性进行法庭调查的过程中,人民检察院应当对证据收集的合法性加以证明。 现有证据材料不能证明证据收集的合法性的,人民检察院可以提请人民法院通知有关侦查人员或者其他人员出庭说明情况;人民法院可以通知有关侦查人	第 60 条："对于经过法庭审理,确认或者不能排除存在本法第五十六条规定的以非法方法收集证据情形的,对有关证据应当予以排除。"	

续表

相关规定	庭前会议	先行调查	证明责任和证明方式	证明标准	裁判方式
			员或者其他人员出庭说明情况。有关侦查人员或者其他人员也可以要求出庭说明情况。经人民法院通知,有关人员应当出庭。”		
《高法解释》	第99条:“开庭审理前,当事人及其辩护人、诉讼代理人申请排除非法证据,人民法院经审查,对证据收集的合法性有疑问的,应当依照刑事诉讼法第一百八十二条第二款的规定召开庭前会议,就非法证据排除等问题了解情况,听取意见。”	第100条:“……对证据收集合法性的调查,根据具体情况,可以在当事人及其辩护人、诉讼代理人提出排除非法证据的申请后进行,也可以在法庭调查结束前一并进行……”	第101条:“法庭决定对证据收集的合法性进行调查的,可以由公诉人通过出示、宣读讯问笔录或者其他证据,有针对性地播放讯问过程的录音录像,提请法庭通知有关侦查人员或者其他人员出庭说明情况等方式,证明证据收集的合法性……”	第102条:“经审理,确认或者不能排除存在刑事诉讼法第五十四条规定的以非法方法收集证据情形的,对有关证据应当排除。”	

续表

相关规定	庭前会议	先行调查	证明责任和证明方式	证明标准	裁判方式
《严格排非规定》	第25条:"被告人及其辩护人在开庭审理前申请排除非法证据,按照法律规定提供相关线索或者材料的,人民法院应当召开庭前会议……"	第30条:"庭审期间,法庭决定对证据收集的合法性进行调查的,应当先行当庭调查。但为防止庭审过分迟延,也可以在法庭调查结束前进行调查。"	第31条:"公诉人对证据收集的合法性加以证明,可以出示讯问笔录、提讯登记、体检记录、采取强制措施或者侦查措施的法律文书、侦查终结前对讯问合法性的核查材料等证据材料,有针对性地播放讯问录音录像,提请法庭通知侦查人员或者其他人员出庭说明情况……"	第34条:"经法庭审理,确认存在本规定所规定的以非法方法收集证据情形的,对有关证据应当予以排除。法庭根据相关线索或者材料对证据收集的合法性有疑问,而人民检察院未提供证据或者提供的证据不能证明证据收集的合法性,不能排除存在本规定所规定的以非法方法收集证据情形的,对有关证据应当予以排除。"	第33条:"法庭对证据收集的合法性进行调查后,应当当庭作出是否排除有关证据的决定。必要时,可以宣布休庭,由合议庭评议或者提交审判委员会讨论,再次开庭时宣布决定。"

资料引用:《死刑证据规定》《排非证据规定》《刑事诉讼法》《高检规则》《高法解释》《防范冤假错案意见》《严格排非规定》。

二、非法证据排除的实证研究

根据我国非法证据排除规定发展历程,可以看出我国目前在原有的对非法手段直接规定限制侦查人员非法取证行为的基础之上,增加规定了非法手段的行使使犯罪嫌疑人和被告人违背意愿作出的供述予以排除。具体而言,判断一份言词证据是否应当排除,不仅需要看是否违反法律规定进行了非法取证,还需要参考提供证据之人的自愿程度,也就是自愿性。这种从客观和主观两个方面共同界定非法证据,显然能更好地帮助法官行使自由裁量权。特别是在实践中出现的法律没有列举出的非法方法获取的证据时,法官可以依据提供证据之人的自愿性判断该证据的违法程度。基于上述结论,我们想从接下来的案件实例中获得以下问题的答案:在实践中法官是依据什么判断非法证据并予以排除的?法官是否根据提供证据之人的自愿性来认定非法证据?

(一)数据来源和总体情况

以下分析的案例主要来自中国裁判文书网,以河南省郑州市所作判决书为限,检索"非法证据排除",共有92份判决书,涵盖了2013年至2018年的案件,其中2018年18份,2017年13份,2016年20份,2015年15份,2014年24份,2013年2份。除去其中重复的案例5例和并未启动非法证据排除程序的案例3例,①实际属于非法证据排除的案例共有84例(见表5)。

表5 非法证据排除实体情况

排除范围	提出申请的案件数/件	占全部案件的比例/%	被排除的案件数/件	被排除案件数占提出排除申请案件的比例/%	排除之后对定罪有影响的案件数/件
刑讯逼供	68	81	6	8	0
诱供	16	19	1	6	0
非法拘禁	0	0	0	0	0
重复性供述	2	2	0	0	0

说明:该数据将犯罪嫌疑人、被告人供述和证人证言同时计算在内,其中诱供与刑讯逼供的情况常常同时出现,所以表5不仅计算了单独的诱供情形,同时将与刑讯逼供同时出现的诱供情形也计算在内。关于诱供的具体情形下文有详细论述。

从表5数据中可以看出,申请排除以刑讯逼供手段获取的证据在非法证据排除案件中占比最大。刑讯逼供一直以来都是非法证据产生的重要原因,实践中发生频仍。非法拘禁是《严格排非规定》新增加的非法取证行为方式,在收集的案例中并没有体现。诱供和重复性供述问题在下文详述。

所有非法排除案件里,无论何种非法证据,无论是否被排除,最终都没有对案件的判决结果产生实质的影响。② 在排除刑讯逼供所取得的非法证据案件中,6个案件里通过提供被告人身体健康检查笔录,或身体情况照片等证据,使法官不能排除"采用刑讯逼供等非法方法收集"的合理怀疑,违反了《刑事诉讼法》的规定,这类证据因非法手段的易见性,借由被告人身体状况显示非法手段的存在,但通过对这几个案件的梳理,可以发现,尽管将这些非法证据排除,仍然存在完整的证据链条,最终符合证据确实充分的证明标准,对案件的结果并没有影响。

---

① 并未启动非法证据排除程序包括两种情况:被告人一方未申请非法证据排除;法院依职权不予启动。在案例中存在被告人一方开始提出非法证据排除申请,法院启动程序调查清楚之后,被告人一方不再申请非法证据排除的情况,此种案例有2例,并未排除,仍在分析数据之列。

② 左卫民:《"热"与"冷"非法证据排除规则适用的实证研究》,载《法商研究》2015年第3期。

同时我国非法言词证据一直遵循着根据取证的手段是暴力、胁迫而认定的路径，必须证明言词证据由侦查人员以“刑讯逼供等非法方法”，“采用暴力、威胁等非法方法”获得，《严格排非规定》也同样强调非法手段，如规定“采用殴打、违法使用戒具等暴力方法或者变相使用肉刑的恶劣手段”，等等，因为过于依赖外部的取证方式来认定非法证据，致使但凡不能证明由“在肉体或者精神上遭受剧烈疼痛或者痛苦”的方法取得的言词证据，就无法认定为非法证据而予以排除。在司法实践中，演变为依赖身体检查笔录、体检报告、身体状况跟踪检查记录表等，证明被取证人的身体未受到可检验出的伤即可认定该证据不是非法证据。并不会因为非法证据排除的启动而审查被取证人的“自愿性”，也即“违背意愿”的内在心理条件并不能成为判断非法证据的标准。

（二）重复性供述在实践中的适用问题

在收集的案件中，有 4 个涉及重复性供述问题。重复性供述在理论上可认为是毒树之果①，原来的立法中并没有对此问题作出明确规范，直到《严格排非规定》确立了重复性供述排除规则，原则上，如果确定供述是因为犯罪嫌疑人和被告人受到了刑讯逼供取得的，此后基于该威慑作出的与该供述相同的后续重复性供述，应当一并予以排除。但有两个例外，一是更换侦查人员，自愿作出有罪供述的，二是变更诉讼阶段，犯罪嫌疑人和被告人自愿向检察官和法官作出的有罪供述，此两种供述不会被排除，可以作为证据使用。这一规定很好地解决了在已经确认为非法证据之后受到同一影响的证据的认定处理问题，本文收集的 2017 年之前的案例中有两个案例涉及该问题，体现出实践与立法的差距。两个案例分别是某行贿案、诈骗案和某诈骗案。案中被告人提出受到了刑讯逼供，要求排除因此获得的供述。在裁判文书中法官以被告人在此后作出的多次供述均与该供述一致而认定申请的非法证据并非是虚假供述，从而不予排除。问题在于以后面的多次供述证明此前供述的合法性就预先设定了后面的多次供述是合法的，而没有考虑后面的供述可能是由于先前存在的刑讯逼供产生的威慑而取得。这种可能性的存在使重复性供述的规定被架空。

但 2018 年涉及该问题的两则案例出现了变化，包括某抢劫、盗窃案和某妨害公务案。案中被告人均提出在侦查阶段曾遭受刑讯逼供，申请排除因刑讯逼供所取得的口供，公诉机关出示审查起诉阶段检察人员对其进行讯问的笔录，前后供述一致，并且在开庭审理期间，被告人认可指控的犯罪事实并自愿认罪，法院以此为由驳回非法证据排除申请。也即在不同的诉讼阶段，被告人作出的

---

① 万春、高翼飞：《刑事案件非法证据排除规则的发展——〈关于办理刑事案件严格排除非法证据若干问题的规定〉新亮点》，载《中国刑事法杂志》2017 年第 4 期。

供述一致，不予排除，可以作为证据使用。重复性供述规定在实践中得到了相应贯彻，之出现这种变化可能是因为2017年《严格排非规定》刚刚出台并未在实践中得到体现，2018年按照新的规定处理，以不同诉讼阶段的供述体现了自愿性。

（三）个案实践中因引诱获得的供述

1. 诱供存在形式的特殊性

在立法中，引诱只是在《刑事诉讼法》以及《严格排非规定》中第1条宣言式的禁止以引诱欺骗的非法方法收集证据。但综观之后的具体条文，再无任何关于以此类方法收集的非法证据的规定，《严格排非规定》也只弥补了以威胁和非法拘禁收集的证据规定的空白。“主要原因在于如何界定引诱和欺骗的概念以及如何明确引诱和欺骗与侦查策略的界限，难以确立一项指导原则”①。所以即使在《严格排非规定》（征求意见稿）中试图对“引诱”“欺骗”作出明确规定，但其仍然认为该界定不够周延，相关经验和认定意见不成熟而将其删除。这并不代表《刑事诉讼法》关于严禁“以威胁、引诱、欺骗”等非法方法收集证据的规定形同虚设，该原则性规定为实践中处理相关案件提供了法条依据，根据该条规定灵活认定以此种手段收集证据的合法性（见表6）。

表6　诱供排除个案的处理情况

案由	排除证据	是否影响定罪	处理结果
某挪用公款案	5份引诱证人证言	否	其中一份因对证明案件事实不起关键作用而由公诉机关不作为起诉证据，其余四份证人证言不予排除。
某走私、贩卖、运输、制造毒品案	1份引诱所得供述	否	经侦查人员出庭作证，不能查实存在引诱情形，不予排除。
某故意杀人案	1份引诱所得供述	否	经侦查人员出庭作证，不能查实存在引诱情形，不予排除。
某贩卖毒品案	1份引诱所得供述	否	经侦查人员出庭作证，不能查实存在引诱情形，不予排除。
某抢劫案	1份引诱所得供述	否	经侦查人员出庭作证，不能查实存在引诱情形，不予排除。

① 裴显鼎、刘晓虎：《关于“两高三部”〈关于办理刑事案件严格排除非法证据若干问题的规定〉实践操作及重点问题延伸解析》，载《非法证据排除程序适用指南》（第二版），法律出版社2017年版。

续表

案由	排除证据	是否影响定罪	处理结果
某合同诈骗案	1份引诱所得供述	否	认定为侦查人员告知如何供述罪行可以从轻处罚,不存在诱供违法取证。
某受贿案	引诱所得有罪供述	否	针对辩方提供的线索及控方所提供的证据,经法庭调查质证、辩论,未发现侦查环节存在刑讯逼供或变相刑讯逼供或引诱情形。
某走私、贩卖、运输、制造毒品案	引诱所得有罪供述	否	针对被告人提供的线索及控方所提供的证据,调查质证、辩论后,未发现存在被告人所述的诱供情形。

表6是将收集的案件中存在的独立提出诱供排除程序的案件的汇总。值得注意的是第一个案件中,排除了一份证人证言,理由是公诉机关认为该项证据对于证明被告人的犯罪事实不起关键作用,将其不作为证据使用。这样排除的理由与非法证据排除的立法初衷完全背离,很显然,公诉机关更加关注的是实体结果,不仅不审查是否存在引诱的情形,也不关注提供证据的人的自愿性,而对于其他的4份证人证言则因为被告人一方不能举证证明而予以采纳,显然违背了刑事案件检察机关的证明责任。而其他案件也仅仅通过侦查人员的出庭作证而被判定不存在引诱的非法取证情形。但在规范层面,对于公诉机关的证明方式和证明标准都作了严格的规定,只是侦查人员的出庭作证能否满足不能确定或者排除非法方法收集证据的证明标准?这恐怕是要画上问号的。第六个案件中,被告人提出侦查人员在讯问时以减轻罪刑为诱使其供述。法院最终认定这属于法律规定的如实供述罪行可以从轻处罚,而非非法取证。

后两则是2018年的案例,在判决书的表达上发生了变化,不仅仅以侦查人员出庭作证认定不存在引诱的情形,而且以“针对被告人提供的线索及控方所提供的证据,调查质证、辩论”更显全面地认定,暂且不论实际情况是否真的达到此种效果,至少从文字表达中我们可以看出,对于非法证据排除的程序、方法、标准上法院有了新的认识和做法。

同时除了以上独立的诱供案件之外,还有8个案件中的引诱是与刑讯逼供同时存在的,被法院作为证据予以认定。我们不禁想问这种情形是否具有类型化、常发性特点?引诱取证对被告人自愿性侵害的严重性如何?是否应该作为非法证据予以排除?或者引诱达到什么程度应当被排除?

从实践来看,引诱易和刑讯逼供、威胁等共同造成严重心理强制。甚至存在刑讯逼供、威胁在先,使犯罪嫌疑人和被告人遭受难以忍受的身体和精神上的痛苦，处于崩溃的边缘，只要侦查人员在适当时机稍以减刑、取保候审等承诺加以引诱，便成为压倒犯罪嫌疑人和被告人的“最后一根稻草”。并非说引诱本身足够使犯罪嫌疑人、被告人违背意愿作出虚假供述，而是引诱作为附属手段，将刑讯逼供、威胁等非法方法对犯罪嫌疑人和被告人所遭受的痛苦和不情愿放大了多倍的效果。

2. 最高人民法院案例中排除诱供的自愿性体现

郑祖文贪污、受贿、滥用职权案[①]中公诉机关指控被告人郑祖文受贿的主要证据是行贿人的指认与被告人郑祖文在侦查阶段16次审讯中作出的7次有罪供述。被告人及其辩护人在一审审判时，提出其作出的有罪供述是因为侦查人员在审讯期间，进行疲劳审讯，以其女儿及其女婿的合法权益相威胁，辅之取保候审以利诱，取证手段存在非法性，应当予以排除。最高人民法院在裁判理由中说明，以威胁方法取得的供述本身就属于非法证据排除的对象，且当威胁达到严重程度时将会使犯罪嫌疑人和被告人产生恐惧，精神痛苦，从而导致其作出违背意愿的供述。而且明确威胁的严重程度的判定需要结合具体的案件，根据犯罪嫌疑人、被告人当时所处的环境，具体判断威胁的程度是否超过一定限度，对其意志自由的限制是否达到了法律所不能容忍的地步。从这一点上看，最高人民法院在排除非法证据时，已经关注了犯罪嫌疑人和被告人的自愿性。在本案中，被告人作为近70岁的退休人员，被威胁抓捕其女儿和女婿，而且其女儿女婿事实上也被传唤，被留置一天有余，此种以侵害近亲属的合法权益进行胁迫所产生的精神强制足以使被告人在精神痛苦状态下被迫作出虚假供述，取保候审的引诱也在一定程度上加强了胁迫的作用，威胁在先，引诱在后，双重非法手段的强制下，被告人作出虚假供述的可能很大，所以予以排除。根据最高人民法院的裁判理由，我们可以看出，在认定非法证据，对其予以排除时，法院不仅仅关注了威胁引诱手段的客观非法性，同时关注了在具体案件中威胁引诱所造成的对犯罪嫌疑人和被告人产生的心理强制，即其内心自愿性被干涉的程度，当达到了难以忍受的痛苦这种严重程度时，则对自由意志强制的可能性很大，从而认定为非法证据予以排除。最高人民法院指导案例已经显现出通过客观手段非法性和主观非自愿性综合判断言词证据非法性的方法，对威胁和引诱手段收集的证据的判定，无疑体现出非法证据排除规则自愿性保障的发展和我们前述观点。

（四）《严格排非规定》出台之后实践操作更具规范性

鉴于本文兼有《严格排非规定》出台前后的案例，为了直观地表现该规定对

---

① 黄建屏、林恒春：《最高法：以威胁收集口供应排除，后续供述视情况而定》，载《刑事审判参考》第106集。

司法实践产生的影响，下面对2018年收集的18个案例单独进行分析，除去并未启动排非程序的3例和1例判决书用词模糊，无法判断①，实际分析案例14例（见表7）。

表7　排除非法证据的情况

单位：例

案件情况	案件数量	处理结果
排除非法证据	2	公诉机关提交的现有证据不能排除侦查人员对被告人具有非法取证的合理怀疑。
详细论证不存在非法证据	5	详细请见下文。
公式化概括不存在非法证据	3	经过调查质证、辩论，未发现刑讯逼供或其他非法情形，不排除。
简单论证不存在非法证据	2	1. 体检表和其他被告人的供述相互印证，不予排除。 2. 侦查人员出庭证实。
二审上诉申请排除	2	一审未申请非法证据排除，且不属于二审应当对证据收集的合法性进行审查的条件，不排除。

根据表7，可以看出2018年详细论证不存在非法证据的案例较多，此处详细论证的标准是指按照《严格排非规定》的相关规定，多层面论证。比如张某涛、申某俊一审刑事判决书中，通过侦查阶段的同步录音录像显示未有强迫性的刑讯行为，当庭出示关押人员健康状况检查表、彩色多普勒报告单、检验报告单、影像报告单、诊断证明书、心电图报告单等证据，证实被告人在收押时体表状态正常，且有同步录音录像证实讯问笔录合法有效。又如前文两例重复性供述案例中根据重复性供述规则证明供述的自愿性和有效性。相较于之前的案例中论证不存在非法证据的理由，2018年法庭明显对于证据的多样性和论证的全面性更加重视，特别是不仅仅让侦查人员出庭作证或者仅出具体检表格之类的文字证据，而是增加了办案过程同步录音录像，极大提高了侦查人员作证和其他证据的真实性。

即使是公式化概括不存在非法证据的案件，我们也不能否认实际情况中经过严格的调查质证、辩论得出结论的可能性。以在二审上诉中申请排除非法证据为例，该证据被法庭以一审未提出申请，且不属于二审应当对证据收集的合

① 该例中关于非法证据排除的阐述，仅提出被告人为提出相关的线索或材料，且申请的条件不符合《中华人民共和国刑事诉讼法》第56条规定的条件，并未明确是否启动了非法证据排除程序以及处理的结果。

法性进行审查的条件为由而不予排除。这也是《严格排非规定》中明确规定的,具有法律依据。

综上所述,判决书中2018年的案例相比之前的案例,对非法证据排除的程序性操作更具有规范性,法庭对被告人提出的排非申请也更加重视。

(五)实践中非法证据排除规则的滞后性

鉴于收集的案例以裁判文书的形式展现,我们难以从其中判断审理案件之前是否启动了庭前会议就非法证据的争议焦点进行归纳,也无从得知是进行了先行调查还是在法庭调查结束前调查,更不知非法证据是否排除的决定是当庭作出还是其他时间作出。所以此处仅对能体现出来的证明责任、证明标准、证明方式进行归纳分析(见表8、表9)。

表8 证明责任承担情况

数据情况	由检察机关承担举证责任	法院要求被告人一方承担举证责任
案件数(件)	80	4
占总体案件比例(%)	95.2	4.8

表9 由被告人一方承担举证责任的案件情况

案由	排除证据	处理结果
某挪用公款案	5份诱供所获取的证人证言	一份证人证言因对犯罪事实的证明不起关键作用由公诉机关不作为证据使用,其余四份证人证言因被告人及辩护人未能提供相应证据,不予排除。
某贪污案	刑讯逼供所获取的供述	因被告人未能提供具体的侦查人员姓名、特征及刑讯逼供手段,不能证实其有罪供述系刑讯逼供,不予排除。
某诈骗案	刑讯逼供所获取的供述	由辩护人提供的录音整理记录,音频光盘等材料来源不清,提供人、记录人、整理人、音频制作人及整理、制作过程等不清,不能证明殴打、威胁、逼迫被告人等情节,不予排除。
某盗窃案	刑讯逼供所获取的供述	因被告人无法提出相关证据予以证实,结合看守所、公安机关的情况说明和办案民警的出庭作证情况,无法证实存在刑讯逼供,不予排除。

2018年收集的两件案例中,被告人一方并未向法庭提供相应的材料或线索,仅仅在庭前会议中提出申请排除非法证据,法庭也启动了非法证据排除程序,并且由公诉机关提供相应证据,承担举证责任。

表9中第二个案件,根据判决书的描述,可以认为是被告人没有提出存在刑讯逼供的线索,无法排除。其他三个案件,即使要求了公诉机关就提出的非

法证据的异议进行说明解释,但可以看出法庭认定非法证据的自由心证的运用。[①] 自由心证原则包含两方面的内容,一是自由判断,二是内心确信。两者要求除法律另有规定外,证据及其证明力由法官自由判断,法律不预先规定,法官通过考虑庭审证据调查和辩论的全过程,对证据判断形成确信,由此判定事实。正如案例中表现出来的,法官认定是否为非法证据是由被告人和公诉机关分别举证证明自己的主张,根据双方的举证情况进行判断,形成内心确信。[②] 虽然我国在一定程度上承认自由心证原则,但该原则是在没有法律规定的情况下才允许法官按照自己的良知、理性形成内心确信。而一般情况下,被告人一方处于绝对弱势地位,想要举出具有说服力的证据难上加难,立法规定举证责任由公诉机关承担也是出于减轻被告人负担的考虑。也就是说非法证据排除的举证责任是法律预先设定的,法官不能运用自由心证。否则就会出现实践中总是由侦查机关出具情况说明书,侦查人员出庭作证,非法证据并不非法,不予排除,从而将非法证据排除规则变相架空的情形。

第一个案件明显体现出,非法证据排除更多是表面上的走流程,无关紧要的证据可以随便按照非法证据不作为起诉的依据,而一旦具有认定案件事实的关键作用时,就将举证责任转移给被告一方,看似启动了非法证据排除程序,给了被告人一个救济的途径,对其进行安抚,但难以承受的举证责任就成了阻碍排除非法证据和对抗被告人一方不服的利器。自愿性的保障尚且难以实现,程序性制裁的美好图景又如何展开?

而且第三个案件中,辩护人收集的证据还要遵循立法予以公诉机关举证的证明方式、证明标准的限制。证明责任如此,更不用说证明标准在实践中的适用情况。

正如我们前面在文本梳理中提到,由公诉机关承担举证责任,可以通过出示讯问笔录、提讯登记、体检记录、有针对性地播放讯问录音录像,提请法庭通知侦查人员或者其他人员说明情况等证明方式予以证明,但我们如何相信具有起诉犯罪嫌疑人,对其进行定罪量刑职责的公诉机关能自己排除自己提出的证据?剩下的由检察机关承担举证责任的案件中,无一不是由公诉机关以提供情况说明、体检报告,由侦查人员出庭说明情况等相关方式予以证明不存在非法取证手段而不予排除争议的证据。这种侦控机关自证模式,当然更多是证明证据的合法性,期待证明收集的证据非法无疑不切实际。

---

① 杨宇冠、郭旭:《非法证据排除规则实施考察报告——以J省检察机关为视角》,载《证据科学》2014年第1期。

② 易延友:《非法证据排除规则的中国范式——基于1459个刑事案例的分析》,载《中国社会科学》2016年第1期。

即使2018年的案例中体现了排除非法证据程序更具有规范性，但是仍不可避免地出现仅以侦查人员出庭作证证明非法手段不存在的情形。而且，虽然出现详细论证不存在非法证据的案例，法庭也只是关注各个证据在客观层面形成相互印证，也即仍只强调对真实性的追求，并没有对被告人的内心真实意愿是否违背以及违背的程度进行探究，忽略自愿性的主观判断标准。

三、结语

综上所述，现行非法证据排除规则在立法层面贯穿了犯罪嫌疑人、被告人供述的自愿性这一主线，并以相应的程序性规定予以保障。这是追求排除非法证据、防范冤假错案、保障人权目的的必然结果。指导案例中也逐渐呈现出此种趋势，这无疑是非法证据排除规则的重大发展。但是我们遗憾地发现，立法上的转变并没有很大程度地影响司法实践中地方法院法官具体认定非法证据的过程，仍然主要依据取证手段的暴力性等方法判断，“自愿性”的因素只能依附于取证手段，并没有成为实际可用的认定标准，追求认定案件事实的真实性仍然是主流，这种现象是立法与司法、理性与现实差距的必然结果。由此我们仅能得出我国的非法证据排除规则在规范层面上，已经发展到了为保障人权而排除非自愿性言词证据，并制定了相对完善的程序性规定予以保障，在实践层面上尚处于自真实性向自愿性艰难过渡的跨越阶段。仅凭借新发展的程序规定就认为我国的非法证据排除规则已经完成了程序性制裁的立法显然超越现实情况，程序性制裁是我们为实现法治中国打造的理想图景，自愿性才更符合我国非法证据排除规则的发展现状。

用还是不用？

——技侦证据问题的理论与实践

程　雷*

摘　要　2013年1月1日修改的《刑事诉讼法》实施后的三年司法实践状况凸显了《刑事诉讼法》第154条所规定的技侦证据使用条款基本虚置的尴尬局面。对中国裁判文书网2013～2015年的21例样本案件的分析揭示了司法面临的主要困境。实现平衡技术侦查权效能与公民权利保障的目标需要完善一系列基本的技侦证据使用制度,包括技侦证据可以用但不是必须用,限定证据使用的案件范围;由检察机关而非公安机关决定是否使用技侦证据;技侦材料用作证据的,必须事先告知辩方并经辩方质证方可作为定案根据;技侦证据的形式应当是原始的实物证据,使用传来证据的,应当适用实物证据的鉴真规则;法官可以对技侦证据进行庭外核实,但仍应保障辩方的质证权。为保护技侦措施的方法与过程、国家秘密、公民的人身安全及基本权利,允许在技侦证据使用过程中设置若干变通措施,比如使用证据的替代品、衍生品;对技侦证据的来源予以保密;设立特定律师代理制度,经由特定律师而非被告人本人对技侦证据进行质证。

关键词　技术侦查措施　技侦证据　电话监听　证据使用

2012年《刑事诉讼法》修改过程中在侦查程序中新增了"技术侦查措施"一节,①这一引人瞩目的重大立法变动将长期游离于法治之外的对于打击犯罪与保障人权均具重大意义的技术侦查措施纳入法律规范之下。其中《刑事诉讼法》第154条专门规定了技术侦查措施获得的材料可以用作证据,并规定了相应的庭审使用程序。从立法过程来看,技侦证据使用问题是撬动政策技侦向法治技侦这一艰难转型的阿基米德杠杆,作为现行刑事诉讼法中对技侦措施实现司法监督的唯一途径,该条立法规定意义重大。遗憾的是,2012年修改的《刑事

---

* 程雷,中国人民大学法学院教授。

① 为论述简洁并遵从实务部门的习惯称谓,以下笔者将"技术侦查措施"简称为"技侦",将技术侦查措施获得的证据简称为"技侦证据"。

诉讼法》实施四年多来，法律规定基本上流于形式，刑事庭审中对于重大犯罪案件的证明过程中罕见技侦证据的身影。中央政法机关晚近出台的《关于推进以审判为中心的刑事诉讼制度改革的意见》明确提出“完善技术侦查证据的移送、审查、调查和使用规则”，[①]这一司改任务的提出从反面印证了技侦证据不使用抑或无法用、不知如何用等一系列司法困境的存在及改革的迫切性。本文尝试着对这一问题做一初步研究，试图揭示出目前司法实践中技侦证据使用的基本样态，并在比较研究的基础上，从理论上对司法困境作出相应的分析与回应，期冀能够对推动这一问题的解决提供必要的理论支撑。

一、立法背景与规范解读

2007 年最高人民法院收回死刑复核权后，在复核毒品死刑案件的过程中，经常涉及技术侦查获取的证据材料，技侦证据的使用问题直接关系到死刑案件的最终复核。在 2008 年年底至 2012 年的中央司法改革过程中，经最高人民法院建议，中央政法委将技侦证据的使用问题列为一项专项改革任务。[②] 2008 年中央政法委《关于深化司法体制和工作机制若干问题的意见》指出：“为适应新形势下依法打击重大犯罪的需要，明确技术侦查、秘密侦查措施适用主体、范围、审批程序以及取得证据的法律地位”。[③] 为进一步落实上述司法改革任务，立法机关在 2012 年《刑事诉讼法》修改过程中开始考虑技术侦查措施入法问题。与此同时，同属落实中央司法改革任务之需要，为进一步确保死刑案件质量，最高人民法院等中央政法机关 2010 年 6 月联合下发了《关于办理死刑案件审判判断证据若干问题的规定》（法发〔2010〕20 号），其中第 35 条规定：“侦查机关依照有关规定采取特殊侦查措施所收集的物证、书证及其他证据材料，经法庭查证属实，可以作为定案的根据。法庭依法不公开特殊侦查措施的过程及方法”。这是我国刑事司法规范性文件中首次提出技术侦查证据使用问题，也为后续随即展开的刑事诉讼法立法奠定了一定的规范基础。[④]

2012 年 3 月 14 日通过的《刑事诉讼法修正案》不仅用五个条文对上述中央

① 最高人民法院、最高人民检察院、公安部、国家安全部、司法部《关于推进以审判为中心的刑事诉讼制度改革的意见》（法发〔2016〕18 号）第 3 条。

② 关于这一历史过程的简要描述可参见张军等：《新控辩审三人谈》，北京大学出版社 2014 年版，第 391 页。

③ 参见邓立军：《突破与局限——新刑事诉讼法视野下的秘密侦查》，中国政法大学出版社 2015 年版，第 1 页。

④ 该条规定确立的一个重要原则是在技侦证据使用过程中，告知辩方的是结果而非过程和方法，这一界限的确立极具建设性。遗憾的是由于公安机关的抵触情绪，这一规范性文件的实施效果并不理想，技侦证据在实践仍然极少使用，上述建设性意见也并未经历多少实践检验，详见陈卫东等：《“两个证据规定”实施状况调研报告》，载《证据科学》2012 年第 1 期。

司改文件中提出的问题进行了具有里程碑意义的立法，更是在总结《关于办理死刑案件审查判断证据若干问题的规定》第 35 条实践经验的基础上，在《刑事诉讼法》第 154 条专门规定了技侦证据问题，该条规定“依照本节规定采取侦查措施收集的材料在刑事诉讼中可以作为证据使用。如果使用该证据可能危及有关人员的人身安全，或者可能产生其他严重后果的，应当采取不暴露有关人员身份、技术方法等保护措施，必要的时候，可以由审判人员在庭外对证据进行核实”。笔者认为，解读该条规定应当重点从以下两个方面展开：

（一）可以作为证据使用中的“可以”

无论是《刑事诉讼法》第 154 条还是《关于办理死刑案件审判判断证据若干问题的规定》第 35 条都开宗明义地提出技术侦查措施收集的材料在刑事诉讼中可以作为证据使用。两个条文中的“可以”语义指向的均为过去长期的司法实践中技术侦查获得的材料不可以作为证据使用的旧有规定。从文义和体系解释的角度来看，包括技术侦查措施在内的侦查行为都具有取证的功能，获取的材料经司法机关审核当然可以作为证据使用，刑事诉讼法对于技术侦查措施之外的其他侦查行为并未规定“可以作为证据使用”，而只是对技术侦查措施这类侦查行为规定了“可以作为证据使用”，这一差异只能从历史解释的视角进行分析。

2012 年《刑事诉讼法》修改前，关于技侦及其他秘密侦查手段的党的政策及内部规定均要求这些手段所获材料原则上不得直接用作证据，在例外情形下需要在诉讼中使用时必须进行转化。比如 2000 年《公安部关于技术侦查工作的规定》对技侦结果的使用以及是否作为证据问题有一项原则性规定：技术侦查所获取的证据材料不能直接作为证据使用，也不能在法庭上出示，只能作为侦查取证的线索，通过适用刑事诉讼法规定的侦查措施将其转化为法定的证据形式，才能作为证据使用。① 立法机关认为，新刑事诉讼法之前的司法实践中由于担心采取技术侦查手段获取的材料作为证据使用会暴露取证的方法，同时可能会危及有关人员的人身安全，一段时间以来，通过技术侦查手段获取的材料不能直接作为证据使用，影响了案件的审理。② 最高人民法院权威人士也指出，技侦材料不能用作证据经常导致无法核准死刑判决，而只能作出留有余地的判决。③《刑事诉讼法》第 154 条通过“可以作为证据使用”的明确规定，清理了原有政策和内部规定的旧有做法。

另外，本条规定中的“可以”无论从历史解释还是从文义解释来看，都不能

---

① 朱孝清：《试论技术侦查在职务犯罪侦查中的适用》，载《国家检察官学院学报》2004 年第 1 期。

② 郎胜主编：《中华人民共和国刑事诉讼法修改与适用》，新华出版社 2012 年版，第 283 页。

③ 张军等：《新控辩审三人谈》，北京大学出版社 2014 年版，第 391 页。

等同于应当。公安机关、人民检察院对于使用哪些证据指控犯罪具有自由裁量权。一方面，侦查机关采取技术侦查措施收集的材料，有可能与案件无关，有可能经过侦查机关审查不作为证据向检察机关、审判机关移送，也有可能只作为侦查活动的线索而不作为认定案件事实的证据；[①]另一方面，鉴于技侦材料用作证据可能存在的风险，比如危及有关人员人身安全，暴露新型侦查手段秘密从而导致该手段在未来案件侦破中失灵，控方有权决定是否使用某些材料作为证据使用。

（二）三种证据使用方式

《刑事诉讼法》第154条确立了法庭审理过程中三种技术侦查证据的调查方式：第一种即为常规模式，也就是通过普通的刑事诉讼程序进行公开的调查审理；第二种模式在常规模式的基础上，采取一定的保护性措施，将一些庭审中可能涉及侦查秘密的技术手段、方法过程不予公开或模糊化处理，但对证据材料审查核实的地点仍呈现在法庭之上；第三种模式为庭外核实模式。[②] 从法律文本的表述顺序来看，这三种模式的适用存在一定的位阶顺序，即常规模式是原则，特殊情况下采取保护性措施，仅在“必要的时候”才可以使用庭外核实的模式。这里“必要的时候”是指两种情况，一种是采取不暴露有关人员身份、技术方法不足以使法官相信这些证据材料的真实性、可靠性，无法作出判决；另一种是采取不暴露有关人员身份、技术方法等保护性措施还是无法防止严重后果的发生。[③]

最高人民法院、最高人民检察院、公安部、国家安全部、司法部、全国人大常委会法制工作委员会《关于实施刑事诉讼法若干问题的规定》（以下简称六部委规定）第20条规定，采取技术侦查措施收集的材料作为证据使用的，批准采取技术侦查措施的法律文书应当附卷，辩护律师可以依法查阅、摘抄、复制，在审判过程中可以向法庭出示。该条规定仅要求批准技术侦查的法律文书应当附卷并随案移送，但并未明确用作证据的材料本身是否需要附卷并随案移送、辩方能否阅览、庭审时是否需要出示。“两高”对于技侦证据的随案移送问题持肯定态度，最高人民检察院《人民检察院刑事诉讼规则》（以下简称高检规则）第363条与最高人民法院《关于适用〈中华人民共和国刑事诉讼法〉的解释》（以下简称高法解释）第180条分别规定，检察机关在审查起诉环节、人民法院在庭前审查时应当审查公安机关是否移送了技术侦查决定书以及证据材料。

---

① 王尚新主编：《〈最高人民法院、最高人民检察院、公安部、国家安全部、全国人大常委会法制工作委员会关于实施刑事诉讼法若干问题的规定〉解读》，中国法制出版社2013年版，第105页。

② 董坤：《论技术侦查证据的使用》，载《四川大学学报》（哲学社会科学版）2013年第3期。

③ 郎胜主编：《中华人民共和国刑事诉讼法修改理解与适用》，新华出版社2012年版，第284页。

对于技侦证据的庭审调查程序,虽然《刑事诉讼法》第50条第3款规定"证据必须经过查证属实才能作为定案的根据",但查证的方式是否需要经过质证,法律缺少明文规定。刑事诉讼法仅对证人证言规定了明确的质证原则,[①]对于实物证据的质证原则未明文规定,而高法解释在补充规定质证原则时似乎也为技侦证据的使用专门设置了例外情形。高法解释第63条规定,证据未经当庭出示、辨认、质证等法庭调查程序查证属实,不得作为定案的根据,但法律和本解释另有规定的除外。司法解释的起草者明确指出技侦证据的庭外核实程序就是该条中所言的"法律和本解释另有规定的除外"之一。[②] 高法解释第107条在规定技侦材料的调查使用问题时,基本沿用了《刑事诉讼法》第154条的原文表述,并未作出任何细化解释。[③] 行文至此,我们可以发现,现行立法及法律解释当中对技侦证据使用过程中的诸多问题作了留白处理,欠缺细致的法律实施规则,故在技侦证据应用过程中司法实务部门势必面临规范依据不足的问题。

二、2012年修改后刑事诉讼法实施三年来的司法实践——以中国裁判文书网中21件案例为样本的分析

为检视《刑事诉讼法》第154条技侦证据使用条款的法律实施状况,笔者检索了中国裁判文书网2013～2015年三年间的刑事裁判文书,[④]以"技术侦查"为关键词共检索到863个案例,而中国裁判文书网同期三年间的刑事案件总数量为2,467,611件,占比3.5‰。然后笔者逐一检视863个案例,将技侦材料用作证据的21例案件(详见下文表1)作为本文的样本案件予以重点分析,而其余842例案件中,技侦措施多为发现犯罪嫌疑人的线索来源、抓捕犯罪嫌疑人的过

---

① 《刑事诉讼法》第61条规定,证人证言必须在法庭上经过公诉人、被害人和被告人、辩护人双方质证并且查证属实以后,才能作为定案的根据。

② 江必新主编:《最高人民法院关于适用〈中华人民共和国刑事诉讼法的解释〉理解与适用》,中国法制出版社2013年版,第43页。

③ 在高法解释起草过程中也曾尝试对技侦证据庭外核实程序略加突破,比如在高法解释初稿方案中曾经规定"必要时审判人员可以召集有关人员对相关证据进行庭外核实,有关人员的范围由审判人员确定",后因分歧较大,加之技侦证据使用的司法经验匮乏,作出上述规定的时机不成熟,详见江必新主编:《最高人民法院关于适用〈中华人民共和国刑事诉讼法的解释〉理解与适用》,中国法制出版社2013年版,第121页。

④ 载中国裁判文书网:http://wenshu.court.gov.cn,最后访问日期:2016年8月7日。需要说明的是,笔者注意到中国裁判文书网中死刑立即执行的案件基本上没有上网,个别死刑立即执行的案件仅有最高人民法院死刑复核裁定书,但复核裁定书的文书样式及功用决定了其对证据问题不会展开论述。由于中国裁判文书网对于最为严重的死刑立即执行案件进行了人为样本剔除,这对笔者的研究内容及结论具有相当的影响,毕竟技术侦查措施主要适用于严重犯罪案件,笔者不得不提醒读者本文研究方法上的这一明显缺陷。

程或破案经过方面的信息，与本文研究主题的关联十分有限。①

表1 中国裁判文书网2013～2015年技侦证据使用案件情况

编号	裁判文书案由	案号	认罪与否	审理结果
1	吴建平盗窃罪一审判决书	上海市静安区人民法院（2014）静刑初字第244号	不认罪	一审认定被告人犯盗窃罪，判处有期徒刑五年；被告人上诉，二审驳回上诉维持原判（2014沪二中刑终字第683号）
2	巫运梅、童某走私、贩卖、运输、制造毒品罪一审判决书	浙江省宁波市鄞州区人民法院（2015）甬鄞刑初字第669号	被告人巫运梅认罪；童某不认罪	一审认定两人构成贩卖毒品罪，分别判处有期徒刑四年、一年
3	孟×帮助罪犯逃避处罚罪一审判决书	北京市丰台区人民法院（2014）丰刑初字第2188号	被告人认罪	一审认定被告人有罪，判处拘役六个月，缓刑六个月
4	李强盗窃罪一审判决书	河南省渑池县人民法院（2014）渑刑初字第65号	被告人不认罪	被告人犯盗窃罪判处有期徒刑八年，被告人上诉后二审法院驳回上诉、维持原判
5	瓦扎布者、阿作阿左走私、贩卖、运输、制造毒品罪一审判决书	浙江省宁波市鄞州区人民法院（2015）甬鄞刑初字第857号	被告人瓦扎布者对部分事实不认罪；被告人阿作阿左对全部事实不认罪	一审判决认定两被告均犯贩卖毒品罪，分别判处有期徒刑十五年；两被告均提起上诉，二审驳回上诉维持原判（2015浙甬刑二终字第608号）
6	管红敏、李乃国等走私、贩卖、运输、制造毒品罪二审裁定书	浙江省宁波市中级人民法院（2015）浙甬刑二终字第216号	同案被告人张某提出上诉，在一审、二审过程中均不认罪	二审驳回上诉、维持原判，一审判决第一、第二被告有期徒刑十五年，第三被告李某有期徒刑十三年六个月
7	叶祝瑞、丁某某帮助犯罪分子逃避处罚罪、徇私枉法罪、受贿罪、贪污罪二审裁定书	湖北省咸宁市中级人民法院（2014）鄂咸宁中刑终字第143号	被告人叶祝瑞不认罪	二审维持原判、驳回上诉，一审判决认定指控的罪名均成立，数罪并罚执行有期徒刑六年；丁某构成窝藏罪，判处有期徒刑一年两个月

① 其余842例案件中判决书之所以表述技术侦查措施只是表明案件来源、到案经过，从反面证明被告人不具有自首情节，当然从自首这一量刑情节的角度来看，也是一种证据，但并非本文关注的重点。

续表

编号	裁判文书案由	案号	认罪与否	审理结果
8	杨建伟、陈丽旎贩卖、运输毒品罪一审判决书	江苏省无锡市崇左区人民法院(2013)崇刑初字第194号	被告人杨建伟不认罪	一审判决认定两被告犯贩卖、运输毒品罪,分别判处有期徒刑十五年、十年
9	戴某某运输毒品罪一审判决书	青海省西宁市城中区(2014)中刑初字第32号	被告人不认罪	一审认定被告人犯运输毒品罪,判处有期徒刑十五年
10	华宝义贩卖毒品罪一审判决书	江苏省南京市溧水区(2015)溧刑初字第254号	被告人认罪	一审认定被告人犯贩卖毒品罪,判处有期徒刑十年六个月
11	于东流、龙池海、徐小键贩卖毒品罪一审判决书	安徽省宣城市宣城区(2014)宣刑初字第00331号	被告人于东流不认罪	一审认定三名被告人犯贩卖毒品罪,分别判处有期徒刑十五年、十三年六个月、十年;被告人于东流提出上诉,二审法院驳回上诉、维持原判(2015 宣中刑终字第00172号)
12	石世军运输毒品罪一审判决书	广西桂林市叠彩区人民法院(2014)叠刑初字第1号	被告人不认罪	一审判决被告人犯运输毒品罪,判处有期徒刑十五年
13	王全富、赵某走私、贩卖、运输、制造毒品罪一审判决书	浙江省宁波市鄞州区人民法院(2014)甬鄞刑初字第80号	两被告均不认罪	一审判决两被告均犯贩卖毒品罪,分别判处有期徒刑十三年、两年三个月;两被告均提出上诉,二审驳回上诉、维持原判(2014 浙甬刑二终字第285号)
14	周红军贩卖毒品罪一审判决书	四川省乐山市中级人民法院(2015)乐刑初字第8号	被告人不认罪	一审认定被告人犯运输毒品罪,判处无期徒刑,被告人上诉后,二审法院驳回上诉、维持原判
15	陈某某利用邪教破坏法律实施罪二审裁定书	湖南省怀化市中级人民法院(2013)怀中刑二终字第74号	被告人不认罪	一审法院认定被告人有罪,判处有期徒刑三年,二审法院驳回上诉、维持原判

续表

编号	裁判文书案由	案号	认罪与否	审理结果
16	李勇刚贩卖、运输毒品罪一审判决书	陕西省西安市中级人民法院(2014)西中刑一初字第00143号	被告人不认罪	一审法院判决被告人犯贩卖、运输毒品罪,判处无期徒刑
17	李方印非法持有毒品罪一审判决书	北京市第二中级人民法院(2015)二中刑初字第476号	被告人不认罪	一审判决被告人犯非法持有毒品罪,判处有期徒刑十三年
18	代伟运输毒品罪二审裁定书	四川省甘孜藏族自治州中级人民法院(2015)甘刑终字第20号	被告人不认罪	一审判决被告人犯运输毒品罪,判处有期徒刑十五年,二审法院驳回上诉、维持原判
19	纳吉日日走私、贩卖、运输、制造毒品罪一审判决书	四川省成都市中级人民法院(2014)成刑初字第188号	被告人不认罪	一审判决被告人犯非法持有毒品罪,判处无期徒刑
20	刘晓华贩卖毒品罪二审裁定书	重庆市高级人民法院(2013)渝高法刑终字第00178号	被告人不认罪	一审判决被告人刘晓华犯贩卖毒品罪,判处有期徒刑六年,二审驳回上诉、维持原判
21	杨国昕贩卖毒品罪二审裁定书	贵州省高级人民法院(2014)黔高刑三终字第27号	被告人不认罪	一审判决被告人犯贩卖毒品罪,判处无期徒刑,二审驳回上诉、维持原判

注:1. 编号与案件在法院裁判文书系统中的案号不同,系相应案件在本文论述中的序号,下文论述中为行文简便,笔者直接将其编号排序并简称,比如编号为1的案件,笔者简称为“第1号案件”。

2. 从案由一栏中基本上可以看出案件是否为共同犯罪,当然个别案件虽为共同犯罪,但在分案起诉或同案犯在逃或死亡的案件中仅从被告人的人数上很难判断是否为共同犯罪,比如第10号华宝义贩卖毒品案、第12号石世军案、第20号刘晓华案,虽仅有一名被告,但事实上均为共同犯罪案件。

3. 案号可以显示裁判法院的地点与受案时间,为更为直观地表明裁判法院,笔者在原案号前明确了审理法院;案件的裁判作出时间与受案时间多有差异,但对于本文所分析的刑事诉讼法实施后三年内技侦证据使用情况这一研究的影响有限。

4. 审理结果一栏中笔者摘录出的案件情况包括一审实体处理结果、被告人是否上诉以及二审实体处理结果,有二审裁决的,笔者在该栏中标明了二审裁判文书的相关信息,便于读者检索查阅。

（一）使用技侦证据的案件特点

总览表1所列的21例案件，我们可以大致梳理出技侦证据在实践中应用案件范围上的四项共同特点：

其一，主要是在毒品案件中使用，占比达到3/4以上，例外情形下也在盗窃、帮助犯罪分子逃避处罚、邪教类案件中零星使用（第1、3、4、7、15号案件）。毒品犯罪之外的其他案件中使用技侦证据的原因各不相同：两起帮助犯罪分子逃避处罚罪中被告人都是使用手机向犯罪分子通风报信的，手机通话是该犯罪行为得以实施的基本途径，也是证明该罪成立的主要证据和直接证据；在两起盗窃犯罪中，两名被告人均否认到过案发现场，在无法通过现场视频监控、目击证人等其他证据有力证明该事项时，需要通过手机轨迹证明被告人案发时在犯罪现场。邪教类犯罪属于典型的无被害人犯罪，侦破此类犯罪过程中往往需要长期的跟踪监控过程并大量使用技术侦查措施开展秘密侦查，在诉讼过程中又经常面对零口供与无指认证人的证据难题，使用技侦证据的迫切性也十分强烈。

其二，19例案件为不认罪案件，仅有2例被告人认罪的案件（第3、10号案件）存在技侦证据的使用情形。对于不认罪的案件尤其是毒品案件，由于案件本身证据质量要求高、案件中证据除了口供之外，指控犯罪的证据数量与质量都不容乐观，使用技侦证据在所难免。那么，对于认罪案件为何还要使用技侦证据呢？第3号案件中被告人实施犯罪行为的主要途径为手机，监听到的手机通话系证明其帮助犯罪分子逃避处罚的直接证据，虽然有被告人的口供，但口供与电话监听之外的其他证据是不存在的，在这种情形下，根据《刑事诉讼法》第55条规定的口供补强规则，①使用电话监听的技侦证据对于控方而言是必然的选择。第10号案件中，指控的两起毒品犯罪并非现场抓获，而是发生在近两年前的早已时过境迁的贩毒案件，没有任何物证，只有买毒人的指证和贩毒人的口供，证据体系十分单薄，使用电话监听的语音可以极大地增强法官判决案件时的内心确信。

其三，2/3的案件为共同犯罪案件，仅有1/3的案件为单人实施犯罪，其中两件盗窃案是典型的单人犯罪（第1、4号案件），其余涉及运输、贩卖毒品类的犯罪虽然是单人实施某个环节的毒品犯罪行为，但由于毒品犯罪存在层层勾连的上下线关系，事实上存在多名潜在的犯罪人进行犯罪的筹划与实施。

其四，使用技侦证据的案件绝大多数均为严重犯罪案件，特别是对于毒品犯罪案件，除两例个案之外（第2、20号案件），均判处了十年以上有期徒刑甚至

---

① 《刑事诉讼法》第55条规定，只有被告人供述，没有其他证据的，不能认定被告人有罪和处以刑罚。

无期徒刑。在非毒品案件中，两起盗窃行为窃取的财产数额与最终量刑均可视为“数额特别巨大”的严重犯罪，邪教类犯罪属于犯罪性质上特别严重的犯罪类型。两件轻微犯罪案件均为“利用电信”实施的向犯罪分子通风报信的犯罪类型，①证明犯罪的基本途径唯有依赖电信监控获取的信息。

（二）技侦证据使用情况分析

1. 技侦证据的内容种类

21 例样本案件中，裁判文书中明确表述用作证据的技侦材料均为手机监听获取的资料，②唯一的例外是第 15 号案件中使用了密拍密录获得的光碟、照片。需要进一步说明的是，或许是由于刑事诉讼法对技术侦查措施的内容并无明确规定，样本判决书中对手机监听这一技术侦查措施的表述并不统一，在很多裁判文书中甚至并未提及具体手段的名称，③但这并不妨碍读者能从相关用语中作出准确的推断。④

从技术侦查措施的法定分类来看，手机监听属于“通信监控”，密拍密录属“行踪监控”和“场所监控”，⑤在四分法之下，各类技术侦查措施还能细分为不同的具体监控手段，对此法律以及法律解释均未明确，但司法实践中普遍认为，这些具体的技术侦查手段种类繁多且得到广泛应用，包括电子侦听、电话监听、电子监控、秘密拍照或录像、秘密获取某些物证、邮检等秘密的专门技

---

① 《公安机关办理刑事案件程序规定》第 254 条第 4 项规定，可以采取技术侦查措施的犯罪案件范围之一为“利用电信、计算机网络、寄递渠道等实施的重大犯罪案件”。

② 如上文所述，在两起盗窃案中侦查人员使用了犯罪嫌疑人手机移动轨迹来证明犯罪嫌疑人在案发时到过犯罪现场，此类监控手段的对象手机通话形式，与手机监听针对通话内容的监控存在一定的差异，尽管存在这种差异，司法实践中并未对二者进行区分而是统一归类为通信监控。

③ 裁判文中的具体表述为“手机通话记录、技术侦查资料”（第 2 号案件）、“手机通话内容”（第 3 号案件）、“采取技术侦查措施决定书、手机通话记录及内容”（第 5 号案件）、“电话通话内容技术侦查资料”（第 6 号案件）、“作为书证的手机通话内容的部分录音记录”（第 7 号案件）、“通话录音、信息摘要”（第 8 号案件）、“技术侦查复听记录”（第 10 号案件）、“通话语音文件、音频文件”（第 11 号案件）、“侦听材料”（第 13 号案件）、“通话录音记录、实施技术侦察审批表、情况说明证实通话内容”（第 14 号案件）、“技侦语音转换记录”（第 16 号案件）、“工作说明反映公安机关系采取技术侦查措施收集通话录音的情况”（第 17 号案件）、“通话音频材料及转化为文字内容的材料”（第 18 号案件）、“视听资料证实被告人与买毒人手机之间进行贩毒联系的情况”（第 20 号案件）、“通话录音转化的文稿”（第 21 号案件）。

④ 当然个别的判决书表述过于笼统，比如“侦查机关通过技侦手段获取的证据证实了被告人联络贩毒并获取酬劳的事实”（第 12 号案件），从这一表述中我们似乎很难确认侦查人员采取了何种技术侦查措施。

⑤ 《刑事诉讼法》并未对技术侦查措施包括哪些具体侦查手段作出明确规定，《公安机关办理刑事案件程序规定》第 255 条对该问题进行了细化解释，采取四分法的方式将实践中公安机关使用的技术侦查措施分为“记录监控、行踪监控、通信监控、场所监控等措施”。

术手段。① 实践中广泛应用多种类的技术侦查措施与手段,但在证据使用问题上,原则上仅限于使用通信监控中的手机监听这一种侦查手段获得的材料,这是样本案件揭示出的一个重要现象。

2. 证据使用的过程

技侦证据的使用过程包括证据以何种形式或载体呈现于诉讼过程中,是否经过了当庭的出示与质证,辩方提出了哪些质证理由以及法官是否进行了庭外核实等问题。笔者将 19 例样本案件裁判文书中的技侦证据使用过程进行了摘编并汇总为表 2。

表 2　技侦证据的具体使用过程

编号	证据形式与载体	是否当庭质证	辩方质疑或争议焦点
1	情况说明	未当庭质证;由法官庭外查明、确认后用作定案根据	(1)情况说明不属于证据的八大种类,对于非法定证据应当排除; (2)仅凭技侦技术确认被告到过犯罪现场,结论不具有唯一性和确定性;该技侦材料未经法庭质证,不能作为定案根据
2	情况说明	√	无
3	情况说明	√	无
4	翻音材料	√	无
5	翻音资料	√	公安机关调取通话录音的程序合法性存疑,通话录音未当庭播放
6	翻音材料	√	通话录音属于非法证据,理由是赌博罪不属于采取技术侦查措施的案件范围,且监听在赌博案立案之前;控方未提供监听审批手续
7	翻音材料	√ 法官同时进行了庭外核实	公安机关通过技术侦查措施掌握的通话录音及转化的书证,在采集程序上非法,不能作为证据使用
8	情况说明	√	公安机关未提供采取相应技术侦查措施的审批手续,在采取技侦手段时未经法定程序审批,取证程序违法,不能作为定案根据;另外情况说明中记载的通话内容不能证实被告人是在购买毒品

① 参见郎胜、王尚新主编:《〈中华人民共和国国家安全法〉释义》,法律出版社 1993 年版,第 72 页;郎胜主编:《〈中华人民共和国人民警察法〉实用问题解析》,中国民主法制出版社 1995 年版,第 80 页。

续表

编号	证据形式与载体	是否当庭质证	辩方质疑或争议焦点
9	翻音材料	√	无
10	情况说明与鉴定意见(证明监听语音与被告人本人的声音样本同一)	√	语音鉴定的来源不合法,通话内容未当庭播放,被告人无法确认监控到的手机通话人是否是其本人,即便确定通话人是被告人,也应当根据通话内容来确定其是否涉案
11	通过技侦手段获得的证据(具体证据种类与形式不明)	未当庭出示,由法官在庭外单方调查核实	被告人要求当庭出示所谓"通过技侦手段获得的证据"并进行质证
12	翻音材料	√ 一审中未出示原始侦听语音,但一审法院与公诉机关依法对侦听材料进行了庭外核实	通话内容的摘要在内容、时间上与被告人供述、证人证言存在明显差异;一审法院未对技侦获取的证据当庭进行出示、辨认、质证等法庭调查程序,严重违反法定程序;侦查机关机关进行技术侦查,未经严格的审批手续
13	翻音材料	√	由国安部门实施技术侦查措施,取证主体不合法,且未附采取技术侦查决定书,取证程序不合法,收集到的材料应当予以排除
14	翻音材料	√	语音记录取证程序不合法,应当作为非法予以排除
15	情况说明	√	侦查办案单位出具的工作说明不具有合法性、真实性
16	语音资料和翻音材料	√	无
17	语音资料	未当庭播放录音、未经当庭质证	监听录音未当庭播放,也未经转化,辩方对内容不知情,未经法庭质证不得作为定案根据;被告辩称被监控的手机为家人所用,录音的真实性存疑;语音未进行声纹鉴定,关联性无法证明

续表

编号	证据形式与载体	是否当庭质证	辩方质疑或争议焦点
18	语音资料	√	公安机关在立案前采取技术侦查措施不合法,所获视听资料不应作为定案根据
19	翻音材料	√	通话录音转化的文稿不能作为证据

(1)证据存在形式或载体

19 例样本案件中技侦证据的形式主要有三种模式,[①]根据使用频率由高到低依次为翻音资料(9 件)、情况说明(6 件)、语音资料(3 件)。翻音资料系技术侦查部门制作的对原始电话监听录音整理的文字记载,尽管判决书中有不同的表述方式,[②]但基本上都是监听人员对于被监控人之间进行电话交谈内容的要点整理。从判决书中对翻音材料的证据列举内容来看,这些材料并非通话过程的逐字翻录,而是对涉及犯罪事实的主要内容或关键内容的摘要式记录。

情况说明一般是由侦查办案机关或者技术侦查部门出具的对电话监听获取的主要信息进行的描述,与翻音记录相比,记载的通话内容更为简约,但经常会附带介绍监听程序的工作过程及其合法性。

语音资料是最为原始、最为直观、最为客观的电话通话的记录方式,而翻音记录或情况说明都是语音资料的衍生品,基于原始证据优先原则,[③]语音材料应当优先使用。不过样本案例反映的司法实践情况恰恰相反,语音资料只在极其例外的情况下才直接作为证据提交给法庭使用。从证据证明力的角度比较三种模式,语音资料最优,翻音材料次之,情况说明最差,样本案例显示:司法实务界选取了一条折中路线,频繁地使用证明力效果居中的翻音材料,对于最优选项的语音资料,并没有按照司法解释和证据法理论的要求,予以优先适用,恰恰相反,语音资料仅在极其例外的情况下才会作为技侦证据的证明方法。

(2)证据的出示与质证

从监听证据庭审中出示与质证的角度观察,我们可以发现至少在三例案件中(第 1、12、19 号案件)控方虽然使用了监听证据,但相关证据并未在法庭上出

---

① 如表 2 所示在两例案件中(第 2 号与第 12 号案件)由于判决书缺乏有效信息,证据存在方式与载体以及使用方式不详,另有一件使用密拍密录的案件(第 15 号案件)也未计算在 18 例案件内。

② 在 9 件样本案件中,判决书对翻音材料使用了不同的名称,包括翻音材料、通话录音转化文稿、录音记录、语音转换记录、技术侦查复听记录、通话摘要等,笔者无意对不同的称呼进行评判,只是在参酌侦查实践的基础上为叙述方便将其统称为翻音材料。

③ 高法解释第 70 ~ 71 条及第 93 条分别规定了物证、书证及视听资料、电子数据这四类实物证据的原始证据优先原则。

示，也未经辩方质证。对这些未经出示、质证的证据，法官在判决书中均表明虽未经公开出示、质证，但由审判人员在庭外进行了单方核实，查证属实后作为定案的根据。法官们认为庭外单方核实程序就是在适用《刑事诉讼法》第154条所规定的“必要的时候，可以由审判人员在庭外对证据进行核实”的规定。

虽然从表面上看绝大多数案件中监听证据都进行了出示与质证，未经出示与质证的案件只有3件，但需要我们特别关注的是出示与质证的证据载体都是翻音材料或情况说明，而只有2件案件出示了原始语音并进行了质证（第18、20号案件）。翻音材料与情况说明实际上被作为了《刑事诉讼法》第154条所规定的“保护措施”，通过将原始语音改编为文字，可以人为去除“可能危及有关人员人身安全或者可能产生其他严重后果的”信息，达到不暴露有关人员身份、技术方法的效果。此外，审判人员还在5件案件中进行了庭外核实，庭外核实的案件数量超过1/4，占比超过了直接出示语音进行质证的案件。

（3）辩方对监听证据的质证理由

通过观察辩方的质证理由或者抗辩理由，有助于我们更为全面地了解技侦证据在司法实践中存在的问题。人们或许会认为监听证据客观性强、信息含量大，作为证据使用能够直接证明犯罪，起到一锤定音的效果。然而司法实践的情况恰恰相反，技侦证据在使用中受到辩方质疑的情形远远超过了人们的预期，在样本案件中有超过7成的案件，辩方对技侦证据使用的合法性、客观性与关联性提出了方方面面的质疑。

表2中辩方对技侦证据使用的质证或抗辩理由，从证据“三性”角度来看，主要集中在技侦证据的合法性问题上，概括起来看主要有以下三个方面：一是技侦部门是否遵循了《刑事诉讼法》第150条所设定的技术侦查措施启动程序、适用对象、适用案件范围、实施主体等方面的程序性要求，比如能否提供、出示采取技术侦查的法律文书或法律手续；适用案件范围是否属于《刑事诉讼法》第150条规定的案件范围，是否为立案后采取的技侦措施，在他案监听或追逃案件中的监听是否合法，实施主体为安全部门是否符合法律的规定等。二是监听证据的合法形式与法定种类问题，在多件案件中（第1、17、21号案件）辩方质疑翻音材料与情况说明都不是监听证据的合法形式，法律并未明确这两种电话录音衍生品的合法地位，也不符合《刑事诉讼法》第50条规定的法定证据种类的要求。三是就监听证据的出示与质证程序，在超过1/4的案件中辩方的抗辩理由是未经当庭出示、质证的证据违反证据使用的程序要求，不能作为定案根据。

对于关联性的质疑，一种情形为在第9号案件中，辩方认为通话内容虽然属实，但从通话内容中无法看出与犯罪的关联性，原因是毒品犯罪活动中，犯罪人之间多使用暗语、行话、黑话进行交流，即使监控到这些通话内容，普通人很难将其与犯罪关联起来；另一种常见情形就是辩方否认通话语音是被告人本人的声音，或者要求控方对语音进行声纹鉴定以解决关联性的问题。在第 11 号案件中，法院就成功运用声纹鉴定意见这种独立的证据种类对监听证据的关联性作出了确认。

就监听证据的客观性与真实性来看，辩方提出的抗辩理由很少，唯一的例外是在第 13 号案件中辩方认为监控到的通话内容与其他证据种类之间有矛盾，无法确认通话内容的真实性。

总体来看，辩方质疑监听证据的主要法律依据主要是合法性问题，其次是关联性，但关联性问题的解决在司法实践中均可通过声纹鉴定的方式予以化解，而真实性问题的质疑极少出现。

(4) 证据使用的效果

从技侦证据使用的效果来看，如表 1 所示，虽然全部 21 例样本案件均最终定罪，但一审中技侦证据的使用过程也凸显出不少问题，影响定罪的有效性，主要表现为两种情形，一方面是指控犯罪不力导致无罪认定或者由重罪降格为轻罪处理；另一方面表现为上诉率大幅攀升，技侦证据的使用并未实现有力指控犯罪的效果。

首先，在 3 例案件中公诉人的指控未被法院认可或者存在降格处理的情形。在第 13 号案件中，就公诉人指控被告人王全富多次贩毒活动中数额较大的第一次贩毒活动，法院认为“只有通话内容为证，没有其他证据相印证，证明此次贩毒行为成立的证据尚不够确实充分”，最终没有认定该次贩毒行为。在第 17 号案件中，法院认为“公诉机关仅仅出示了公安机关采取技术侦查措施收集通话录音的工作说明，但由于未提供批准采取技术侦查措施的法律文书，也未提供该工作说明所述通话录音中涉及的人员系本案被告人的证据”，法院未采信该工作说明，最终导致运输毒品的指控不能成立，案件降格认定为非法持有毒品罪。第 19 号案件与第 17 号案件处理结果十分相似，都是由于公诉机关技侦证据在使用上存在瑕疵导致案件由贩卖毒品罪降格为非法持有毒品罪。在第 19 号案件的判决书中，法院认为“只有具备合法性、关联性、真实性的证明材料，才能作为定案证据。本案中，公安机关按照法定程序收集的与本案指控事实存在客观联系的电话监听录音，因与本案其他证据矛盾，且被告人否认内容的真实性，此时控方应当提供声纹鉴定予以证明。声纹鉴定是审查声音资料客观真实性以及与案件当事人关联性的重要手段。出庭公诉人当庭申请补充声纹鉴定这一证据，但补侦期限届满后声纹鉴定并未进行，由此导致本案的电话录音因真实性存疑而不能作为定案根据”。

其次，从样本案件的上诉率来看，在 21 例样本案件中 12 件案件的被告人提出上诉，[①]超过50%的上诉率远远高于我国目前刑事案件的平均上诉率。[②]其中上诉理由与技侦证据使用问题直接相关的案件有8件（第1、4、5、6、7、14、20、21号案件），占上诉案件的2/3。这说明技侦证据的使用引发了辩方的强烈质疑，不仅没有直接有力地指控犯罪，反而引发了极高的上诉率。

证据使用效果不理想与法官对技侦证据问题的说理过程不彻底、不透彻有很大关系，因此我们有必要更为细致分析判决书中的相关表述。在第1号案件中，一审庭审中，辩方提出情况说明不是合法的证据种类且原始证据应当出示质证，一审法院的回应为"按照有关规定，电子技术侦查手段的质证具有一定的特殊性，只要公安机关出具了书面的情况说明，并且该说明与技侦过程完全一致，经法庭确认，就能够成为合法的证据"。一审法院的这一回应显然不足以令人信服，比如什么是"有关规定"？情况说明可以作为合法证据种类的法律依据何在？法庭单方确认情况说明与实际技侦过程一致即可作为证据使用，这一程序的合法性何在？

针对辩方提出的一审庭审中相关技侦材料未经法庭质证，不能作为定案根据的上诉事由，二审法院在判决书中也作出了一定的回应，"关于公安机关采取技术侦查措施收集的反映被告人到过案发现场的材料，原判查明公安机关出具的相关书面说明与技侦过程完全一致，并经确认后作为证据使用，符合相关法律规定"。二审法院上述说理显然过于单薄，二审法院认为技侦材料无须出示、质证，只要法院查明并确认与技侦过程一致即可作为定案证据使用，而最关键的问题即符合哪些具体的"相关法律规定"，二审法院语焉不详。

关于翻音材料作为证据使用的法律依据问题，在第5号案件中二审法院针对辩方对翻音材料合法性的质疑，指出"通话录音转化文稿系公安机关依照法律程序制作，属于采用技术侦查措施收集的材料，经当庭出示、辨认、质证等法庭调查程序查证属实，根据《中华人民共和国刑事诉讼法》第152条（现《刑事诉讼法》第154条——笔者注）和相关司法解释之规定，可作为证据予以采信并作为定案的根据"。[③] 这一说理过程也明确过于简单，缺乏法律上的说服力，《刑事诉讼法》第154条虽然规定采用技术侦查措施获得的材料可以作为证据使

① 判决书中明确表明存在被告人上诉的案件有12件，但这一数字或许会更大，因为另外9件案件是否存在上诉需要进一步核实，有可能由于裁判法院将相应裁判文书上网的时间滞后或者二审尚未审结等原因，导致笔者无法检索到二审裁判文书，笔者暂时将未检索到二审裁判文书的情形推定为未上诉。

② 根据《中国法律年鉴》公布的统计数字，近十年来我国刑事案件一审上诉率维持在10%左右。当然对于毒品案件或者重罪案件的上诉率，理论界与实务界都没有专项统计，一个可能性是与本文样本案件相似的重大毒品犯罪案件的上诉率，会高于全国刑事案件的平均上诉率，笔者目前尚无法验证这一可能性，因此目前的判断只能阶段性的，有待于进一步的数据验证。

③ 第16号、第21号案件判决书中法院使用了相似的说理过程，详见该两件案件判决书。

用,但未明确何为采用技术侦查措施收集的材料,也并非对于所有采用该类侦查措施收集的材料一律给予证据资格,能否作为证据使用仍然需要根据已有的证据规则,包括原始证据规则等进行审核、调查,翻音材料固然属于采用技术侦查措施收集的材料,但一审法院的判决并未说明为何其可以替代原始语音作为证据使用以及认定翻音材料具有合法地位的法律依据。再如在第 20 号案件中,辩方上诉理由认为立案前采取技术侦查措施违法,二审法院在判决书中指出本案系他案监听,即对其他重大毒品犯罪案件的犯罪嫌疑人进行监听过程中发现本案被告具有贩毒嫌疑,进而依法采取的监听手段,收集程序合法。二审法院只是简单认可他案监听的合法性,并未分析相应的法律规范与推理过程。

(5)对司法实践状况的简要评述

通过上文对中国裁判文书网上检索到的 21 例样本案件的展示,有必要对司法实践情况反映出来的趋势作一小结。

首先,从技侦材料用作证据的频率来看,在刑事诉讼法实施的前三年时间内,约 240 万件中国裁判文书网公开裁判文书的刑事案件中,技侦材料用作证据的案件仅为 21 件,从概率的角度来看,用作证据的案件比例已低至完全可以忽略不计的程度,一个基本的判断结论是司法实务部门对技侦证据的使用持高度谨慎的态度,原则上不将其用作证据,《刑事诉讼法》第 154 条的规定根本无法落实。

其次,有限的 21 例用作证据的样本案件揭示了司法实践部门使用技侦证据的探索过程,尽管样本量十分有限,但通过个案研究的视角仍能展示出技侦证据应用中的基本趋势及其存在的问题:一是现有用作证据的案件类型主要限于两人以上共同实施犯罪的被告人不认罪的严重毒品犯罪案件,在此类案件中案件本身的证据特点及毒品犯罪自身的实施方式决定了使用技侦证据指控犯罪的必然性。这一趋势勾勒出实务部门所认为的“可以”用作证据的应有范围,对政策制定者进一步细化证据使用的案件范围具有较强的参考价值。① 二是用作证据的具体手段类型仅限于手机监听,而司法实践中已经广泛使用的其他种类的技术侦查措施以及对手机通话之外的多种通信方式展开的全方位监控获取的信息都仅仅作为了侦查的线索,并未作为证据使用。侦查机关显然对证据使用采取了高度谨慎的保守态度,尽管法律规定“可以”作为证据使用,但侦查实务部门似乎有组织、有计划地从手机监听这一手段开始进行初步探索,毕竟公众对于手机监听的知悉程度更大,该手段的保密必要性较低,且手机监听系

① 需要再次说明的是,中国裁判文书网上对于死刑案件的裁判文书基本上未公开,在考虑技侦证据应用的案件范围时需要认真对待本文样本选取上这一无法克服的天然缺陷,显而易见的是,死刑案件人命关天,法官事实上对证据的质量要求更高,对技侦证据的需求更高。

通过网络技术设备实施，技术侦查措施实施的安全性较强。

最后，基于辩方的抗辩事由和法官裁判文书说理的情况，三个主要问题正困扰着目前技侦证据的使用实践：一是技侦证据的载体或法定种类应当是什么？二是技侦证据是否必须全部当庭出示并经辩方质证？法官应当如何“在庭外对证据进行核实”？三是对技侦证据进行审核认证时如何把握其真实性、关联性与合法性的具体标准？上述三个问题相互连接、互相影响，都是审判实践中技侦证据应用时控辩审三方反复争辩的焦点问题。这些问题既是当前司法实务界规范技侦证据使用的政策着力点，当然也是进一步开展理论研究需要着重解决的主要课题。

三、比较法上的经验——以手机监听证据为例的分析

本部分内容对两大法系主要代表性国家和地区的技侦证据使用问题进行一简要的比较研究，主要围绕着上文中提及的困扰我国司法实践与理论研究中的主要问题展开，并主要以手机监听为分析对象以更好地对应我国当前的司法实践状况，先介绍代表性国家及地区的主要做法，之后对比较法中的主要启示作一小结。

（一）不允许用作证据的英国

英国是普通法系国家中唯一禁止将监听等通信截获材料作为证据使用的国家。[①] 根据英国 2000 年《调查权规制法令》(Regulation of Investigatory Powers Act 2000, RIPA)第 17 条的规定，通信截获获得的信息严格禁止在任何法律程序中作为证据使用。[②] 需要特别说明的是，英国法中只是严格禁止通信截获这一种技术侦查措施获得的证据在诉讼中使用，对于其他技术侦查或者说秘密监控手段包括直接监控、侵入式监控、卧底线人等人力型秘密侦查方式获得的材料，法律并未禁止作为证据使用。

在英国监听证据的使用问题是多年来立法、司法实务界反复讨论的一个老话题，事实不允许监听证据在诉讼中使用在英国具有很长的历史，早在 1985 年

---

① JUSTICE, *Intercept Evidence: Lifting the Ban*, 2006, p. 3, https://justice.org.uk/intercept-evidence-2/，最后访问日期：2016 年 8 月 7 日。我国香港特别行政区在英国统治期间继受了英国法，迄今为止对于监听证据的使用保持与英国相同的态度，根据 2006 年香港《通讯截获及监察条例》第 61 条(1)的规定，任何电讯截获成果不得在任何法院进行的任何法律程序中获接纳为证据，但用作证明有人已犯披露电讯截获成果而构成的相关罪行除外。

② 根据该条第 4 项的规定，通信截获(intercepted communications)包括所有通过邮寄渠道或者电讯系统传输的通信内容。该法令第 18 条对于第 17 条也规定了一些例外情形下可以用作证据的情况，包括在入境移民上诉委员会的程序、民事程序、反恐事务等。此外禁止用作证据的例外还包括经双方或一方当事人同意的监听、在外国监听获得的材料，参见 Alexander Horne, *The Use of Intercept Evidence in Terrorism Cases*, 2011, Home Affaires Section, http://researchbriefings.files.parliament.uk/documents/SN05249/SN05249.pdf，最后访问日期：2016 年 8 月 16 日。

《通信截获法令》(Interception of Communications Act)第 9 条中就明文规定了这一原则。自那时起关于能否用作证据的政策讨论就从未停止过,1995 ~ 2008 年间就监听证据使用问题,政府先后进行过八次政策咨询与评估,起草了八份咨询报告予以了专题研究和讨论。① 政府方始终坚持禁止用作证据的态度,而部分政府智囊机构、英国民间组织等都主张放开相应的禁止。反对派与赞同派都提出了各自体系化的理由,鉴于这些争论及其论证理由与我国当下对此问题的讨论十分相似,有必要将英国技侦证据使用问题的两派观点加以简要介绍。②

英国政府禁止使用通讯截获证据,主要有四个方面的考量与顾虑:1. 将监听材料用作证据将会向严重犯罪分子和恐怖分子泄露监听方法进而削弱或者威胁到警方的整体监听能力,短期来看用作证据有一定好处,但效果会非常短暂,因为从长远角度来看,未来的监听工作将会愈发困难。2. 将监听材料用作证据,将会威胁到英国情报机构的安全,进而影响情报机构与侦查机构之间的协作关系。在英国情报监听与犯罪监听之间没有明确的界分,这一状况使证据使用的讨论变得异常复杂,因为政府人士始终担心因为打击犯罪而使用监听证据可能会损害情报部门的监控能力,进而威胁到英国的国家安全。3. 将监听材料用作证据会过度增加执法部门的财政、人力负担,因为如果作为证据使用,就意味着执法部门、情报部门需要将所有具有证据价值的语音全部留存、拷贝、转换为文字并存放于案卷中,这将是十分耗时且昂贵的工作。移送诉讼程序使用后,这些证据材料也会给检察官、法官带来极大的压力,因为后者需要不断地应对辩方要求开示、质证这些证据材料的请求。英国的情报部门更倾向于不在证据使用方面投入过多精力与资源,而是将相应的资源投入技术升级与自我监控能力发展方面。4. 使用监听证据对于定罪帮助有限,反对者认为在监听到的谈话中,重大犯罪案件的犯罪分子基本上不会直接谈及犯罪内容,许多毒品犯罪的犯罪人还经常使用暗语、行话,即使将这些材料提交到法庭对于最终的定罪作用也十分有限。

赞同使用监听证据的人士也提出了相应的理由:1. 使用监听材料作为证据将极大地有助于应对严重有组织犯罪、毒品犯罪以及晚近英国政府面临的恐怖犯罪的挑战,并且有助于减少在反恐过程中对于长期审前羁押、控制令等极端程序措施的依赖,缓解反恐过程中合法手段不足的困境。2. 使用监听证据有助

---

① 参见英国内政部 2014 年提交给英国议会的专题报告,*Intercept as Evidence*, Cm8989, December 2014, p. 4, www. gov. uk/government/publications,最后访问日期:2016 年 8 月 7 日。

② 英国非政府组织 Justice 长期关注秘密监控领域的法治化问题,该机构对英国监听证据使用问题的梳理与研究颇具代表性,笔者此部分对双方争论观点的总结多参考了该机构于 2006 年发布的报告 Intercept Evidence: lifting the ban, 如无特殊说明, 相关观点均引自该报告, 报告原文可参见: https://justice. org. uk/intercept-evidence-2/,最后访问日期:2016 年 8 月 7 日。

于实现案件的全面公正，这些监听证据有助于正确定罪，从控辩双方的角度来看，审判是更为公正的。3. 事实上监听证据已经在刑事程序实践中加以运用，比如境外取得的监听材料、经一方同意的监听材料、经由窃听器录制的通信过程都可以依法在刑事诉讼中使用，而且其他大量的秘密监控手段获得的材料也都可以依法作为证据使用，RIPA 法令中单独对通信监控作出限制不符合逻辑，因为其他监控手段获得的材料作为证据使用过程中也会涉及政府禁止通信监控用作证据的各种担心，但实践证明通过其他秘密监控手段获得的证据在使用过程中并未出现政府担心的情形。

（二）美国

在美国刑事司法实践中，侦查机关高度重视监听证据的使用，通过将监听材料用作证据，美国政府成功起诉了许多重大的有组织犯罪和白领犯罪等严重犯罪。同时，在个别案件中侦查机关如果使用了高度敏感、复杂的新技术，监听成果就很少作为证据使用，因为执法机关担心侦查能力会因证据的使用而受到损害。①

具体来看，警方只要依法进行监听，其所获得的材料就可以作为证据使用，美国电话监听的主要法律依据为 1968 年通过的《综合犯罪控制与街道安全法》，根据该法令，监听合法性主要包括三个方面的要求：1. 只能针对法律事先确定的犯罪类型适用；②2. 侦查人员需要提供相应的信息或材料让法官确信存在合理根据签发令状，同时监听针对的对象应当是确定的、具体的，包括身份、监控通信设施的对象与地点，拟监控的通信方式、监控持续时间等；③3. 必要性与最小化原则，采取监听必须满足采取其他侦查手段无效而不得不使用的必要性原则，同时监听的内容对公民隐私的干预应当尽量实现最小化原则。④ 违反该法令规定获得监听材料一律不得作为证据使用。⑤

证据使用中一个关键性要求为控方需要在法庭上播放监听录音。录音证据经常与其他证据结合起来使用，比如与政府合作的同案被告人可以作证解释监听材料的涵义。从证据法的角度来看，这一实践做法体现了《联邦证据规则》第 901 条的鉴真和辨认要求，该条对于展示性证据，包括实物证据、各种录制品、电子图像等证据使用设置的前提性要求是必须通过鉴真或者辨认证明他们

---

① *Privy Council Review of Intercept as Evidence Report*, 30 January 2008, para. 173 – 175, https://www.gov.uk/government/uploads/system/uploads/attachment_data/file/228513/7324.pdf, 最后访问日期：2016 年 8 月 7 日。

② 18 U.S.C §2516(1).

③ 18 U.S.C §2518(1)(b); 18 U.S.C §2518(4).

④ 18 U.S.C §2518(1)(c); 18 U.S.C §2518(5)(6), 18 U.S.C §2518(1)(f).

⑤ 18 U.S.C §2515.

就是所主张的那些东西。[①] 具体而言,对于录制品,被认为是介于实物证据和目击证人之间的证据,它们不是留在人类记忆中,而是通过机械、电子或其他方式留在磁带、影带或者某些介质上的真实事件的记录,对于此类证据可以通过两类方式鉴真,第一种方式是以感知证人的证言,辨认确认录制的内容是正确的,这是一种比较简化的做法;第二种方式是在没有感知证人的情况下,是否满足《联邦证据规则》第901条的证据使用要求就取决于录制设备运行至科学原理、操作者之资格、设备之状态、录制品之未改变状态以及从录制设备到法院之保管链条。[②]

在证据收集过程中,侦查机关被要求保存所有监听材料直至案件诉讼结束,侦查人员只需将与犯罪追诉有关的材料翻音、记录整理。[③] 在使用该证据的过程中,美国联邦宪法与州法律科予了检察官证据开示的义务,即用作指控犯罪的证据应当事先告知辩方,否则就是对正当程序的违反,虽然各州对于检察官证据开示的范围有不同的规定,但通常均规定检察官于审判中所使用的证据必须使被告人知悉。[④] 对于涉及国家安全的情报信息,美国政府、检察官通常会援引1980年通过的《保密信息程序法令》(Classified Information Procedures Act)进行特殊的证据开示程序。[⑤] 对于此类信息,法官享有极大的裁量权以决定是否开示以及如何开示,比如法官可以决定相关信息没有必要向被告人出示,也可以决定将相关材料的原始内容或者删节后的材料出示给经过国家安全认证的特定律师,也可以决定将原始记录或者删节后的材料出示给被告人本人。[⑥] 美国法院的判例表明,仅允许经国家安全认证的特定律师阅览相应的证据并未侵犯被告人的公正审判权。[⑦] 在几起个案中,经过国家安全认证的律师代表被告人对保密材料进行了阅览,只要法院认为律师能够充分代表被告人阅览相应的材料,法官可以决定禁止律师与被告人讨论相关的保密材料。[⑧]

在美国、英国、加拿大、澳大利亚等普通法系国家,证据开示制度是维系控辩平等武装与公正审判的重要法律制度,使用监听等技侦证据的制度安排需要权衡技术侦查能力、国家安全与公正审判权之间的冲突,这一点在证据开示程

---

① [美]罗纳德·J.艾伦等:《证据法:文本、问题和案例》(第3版),张保生等译,高等教育出版社2006年版,第212页。

② [美]罗纳德·J.艾伦等:《证据法:文本、问题和案例》(第3版),张保生等译,高等教育出版社2006年版,第233~234页。

③ *Privy Council Review of Intercept as Evidence Report*, 30 January 2008, Para. 170.

④ 王兆鹏:《美国刑事诉讼法》,北京大学出版社2005年版,第449页。

⑤ Aniceto Masferrer eds, *Post 9/11 and the State of Permanent Legal Emergency: Security and Human Rights in Countering Terrorism*, Springer Netherlands, 2012, p. 191.

⑥ Privy Report, para. 172.

⑦ United States v. Bin Laden 58 F Supp. 2d 113, 121; United States v. Al-Arian 267 F Supp 2d 1258.

⑧ Privy Report, Para. 172.

序中表现得最为突出。普通法系国家证据开示过程中处理上述法律价值冲突的重要法律机制即为公共利益豁免原则（public interest immunity），长久以来该原则在普通法系国家作为一项成功保护技术侦查能力的重要法律机制备受推崇。① 所谓公共利益豁免原则是指在对抗制诉讼模式下，检察官基于公共利益的考量，对于敏感材料与信息，可以不向辩方开示，该原则属于证据开示原则的重要例外。② 公共利益豁免原则在成功侦查与起诉严重犯罪的过程经常适用，在这些案件中警方需要使用线人、卧底或者各类现代监控技术，且这些侦查方法不能透露给辩方，以防止危及有关人员的人身安全或者妨碍在未来的侦查行动中继续应用这些技术方法。③ 公共利益豁免原则适用于严重犯罪案件，豁免的适用对象是开放式的，多由法官逐案进行衡量，比如涉及国家利益的事项，包括国家安全、国防、外交方面的信息；可能妨碍犯罪的调查与起诉、妨碍政府追缴赃款、可能暴露政府信息来源、有损政府职能行使等方面的信息，都可以被归为公共利益的考量范畴。④ 适用该原则的程序是检察官向法官提出申请并提交相应的说明材料，由法官最终决定是否同意适用公共利益豁免原则，如果法官同意适用，则检察官申请的相应证据或信息无须向辩方开示。在法官决定过程中，辩方通常无法参与这一程序问题的决定过程，由法官单方依职权作出相应的裁决。⑤ 一旦法官决定适用公共利益豁免规则准许控方不开示相应的信息或材料，则该信息与材料在未来的诉讼程序中也不能作为指控犯罪的依据。这一原则的广泛应用有助于隐匿证据的来源进而帮助侦查机关充分保护各种技侦手段的使用过程与方法。

为了弥补辩方无法参与特殊证据质证程序的瑕疵，特定律师代理制度应运而生。为妥善处理国家安全方面的案件，特定律师制度（Special Advocates）最早出现在 1997 年前后的英国入境事务法庭，当时英国在《入境法令》（Special Immigration Appeals Commission Act 1997）中首次规定了当入境上诉事务委员会遇到案件中涉及国家秘密和国家安全方面的证据时，可以指定特定律师代理

---

① Justice 2006 Report，p. 27. 普通法系国家的成文法中也多规定了公共利益豁免原则，比如，英国 1996 年《刑事程序与调查法令》（the Criminal Procedure and Investigations Act 1996）第 3 条第 6 项与《加拿大证据法》（Canada Evidence Act，R. S. C. 1985）第 37 ~ 39 条分别规定了对于一般意义上的特定公共利益、国家安全、国防和外交事宜、政府内阁内部事务中的豁免情形。

② Lucy Line and David Plater，*Police，Prosecutors and Ex Parte Public Interest Immunity Claims：The Use of Special Advocates in Australia*，The University of Tasmania Law Review，Vol. 33，No. 2，2014，pp. 255，258.

③ R v. H[2004]UKHL 3，per Lord Bingham at para 18

④ Lucy Line and David Plater，*Police，Prosecutors and Ex Parte Public Interest Immunity Claims：The Use of Special Advocates in Australia*，The University of Tasmania Law Review，Vol. 33，No. 2，2014，p. 260.

⑤ Lucy Line and David Plater，*Police，Prosecutors and Ex Parte Public Interest Immunity Claims：The Use of Special Advocates in Australia*，The University of Tasmania Law Review，Vol. 33，No. 2，2014，p. 261.

移民遣送事宜。[①] 特定律师虽然代表当事人的利益，但无须向其代理的当事人负责，其有权也有义务对其知悉的国家秘密信息对当事人保密。[②] 欧洲人权法院对这种指定特定律师的制度安排给予了肯定，[③]随后英国法院与议会体认到特定律师制度的优势，进而在其他程序中不断推广应用。[④] 2004 年英国上议院在 R v. H 一案中首次确认了特定律师制度的合法性与合理性，大法官认为在例外的案件中当检察官申请适用公共利益豁免原则需要对某些证据保密时，通过指定特定律师参与案件的办理，对于实现司法的利益、保障被告人的公正审判权而言是必需的。[⑤]

（三）欧洲人权法院的态度

欧洲人权法院对于监听等技术侦查证据使用的规制，主要集中于技侦证据的使用与公正审判权的关系上。《欧洲人权公约》第 6 条规定了公正审判权，欧洲人权法院对技侦证据的裁决多是基于该条规定展开的。在 2009 年 Natunen v. Finland 一案中，[⑥]欧洲人权法院作出了标杆性判决，在该案中芬兰侦查机关在对被告人采取监听措施收集其共同贩卖毒品犯罪的过程中，侦查人员在审前程序中根据芬兰当时的法律规定，将与案件无关的监听录音材料自行进行了销毁。被告人在庭审中抗辩要求控方出示全部监听录音，因为被告人认为侦查机关销毁的与案件无关的录音中恰恰包含了其无罪的证据。控方最终无法提供已被销毁的证据，被告人以芬兰政府侵犯其公正审判权将其诉至欧洲人权法院。

欧洲人权法院在判决中指出，《欧洲人权公约》第 6 条第 1 款所列明的公正审判权，核心要义有二，一是刑事程序应当对审进行（should be adversarial），被告人有获得对审的权利，即控辩双方都有充足的机会知悉案卷中记载或者对方提供的证据并对该证据发表意见；[⑦]二是控辩双方应当平等武装。

在欧洲人权法院的视野中，公正审判权中的对审权主要涉及的问题为证据

---

① Lucy Line and David Plater, *Police, Prosecutors and Ex Parte Public Interest Immunity Claims: The Use of Special Advocates in Australia*, The University of Tasmania Law Review, Vol. 33, No. 2, 2014, pp. 278 - 279.

② Edwards and Levis v. The United Kingdom, 2003, application, No. 39647/98 and 40461/98, ECHR, Para 40.

③ Chahal v. United Kingdom (1997) 23 EHRR 413 [131].

④ 1997 年之后英国陆续公布了多项法令推广特定律师制度，比如 1997 年《恐怖法令》(Terrorism Act 1997) 第 5 条、2000 年《反恐、犯罪与安全法令》(Anti-Terrorism, Crime and Safety Act 2000) 第 70 条、2013 年《公正与安全法令》(Justice and Security Act 2013)。

⑤ R v. H [2004] 2 AC 134, 150 [22].

⑥ Application No. 21022/04, 31 March 2009.

⑦ Rowe and Davis v. United Kingdom (2000) 30 EHRR at 60.

开示。[①] 公正审判权要求控方有义务向辩方开示所有的证据，包括对被告人不利或者有利的证据。当然辩方要求开示证据的权利并非绝对的权利，在刑事司法过程中，该权利要与其他一系列重要价值相权衡，比如国家安全、保护特殊证人的需要、对警方侦查方法予以保密的需要，这些价值目标都需要与被告人的权利平衡考虑。[②] 在一些案件中，为了维护其他公民的基本权利或者公共利益，有必要不向辩方开示某些证据，而根据公约中公正审判权的要求，开示证据的例外必须严格限定在必需的范围内，同时为保障被追诉人的公正审判权，还需要司法机关遵循若干程序以弥补该例外情形下对被追诉人权利的限制。

芬兰侦查机关销毁部分无关录音的行为，根据当时的法律程序，是自行、单方作出决定且在审判前实施的，即使与检察官共同合作，这种由控方单方对证据材料是否与案件有关作出评判的程序不符合公约第 6 条第 1 款关于公正审判权的要求。欧洲人权法院最终裁决，这种未经司法监督而销毁多余的或者无用的监听材料的行为侵犯了被告人的公正审判权。[③]

欧洲人权法院并没有详细地指出应当根据何种程序决定可不向辩方开示技侦证据，但在另外两件涉及证据开示问题的判例中，欧洲人权法院认可如果是由法官对是否开示证据作出的评判且在这一决定过程中辩方有充分的参与机会，就是符合公正审判权要求的程序。[④]

通过 Natunen 案的判决，欧洲人权法院对监听证据的使用提出的具体要求为：一旦控方使用监听获得的证据，则控方应当保存全部录音材料，是否开示全部相关录音以及能否在案件诉讼进程中销毁无关的材料，需要经过法官的审查，辩方有权利参与这一决策过程。开示技侦证据的范围经由司法程序决定，方符合对审权的基本要求。

在技侦证据的使用过程中，还涉及公正审判权另一项具体权能，即对不利于己方的证人和其他证据进行质证的权利，《欧洲人权公约》第 6 条第 3 款规定了刑事审判中实现公正审判的最低标准，其中 d 项明确规定被告人有权对反对自己的证人进行质证。[⑤] 欧洲人权法院的判例法明确地将该项规定由对证人的质证扩大至了对所有不利于己方证据的质证，这一程序保障被视为了公正审判

① 欧洲人权法院关于要求对审权的判例主要集中在两个方面：一是控方单独向法院提交相关法律适用意见；二是控方的证据开示义务及其例外，参见 Stefan Trechsel, *Human Rights in Criminal Procedeedings*, Oxford, 2006, p. 86。

② Klass v. Federal Republic of Germany (1978) 2 EHRR 214.

③ Natuen v. Finland, Application No. 21022/04, 31 March 2009, para. 47.

④ Fitt v. The United Kingdom (No. 29777/96, ECHR 2000) and Jasper v. The United Kingdom (No. 27052/95, 16 February 2000).

⑤ 《公民权利和政治权利国际公约》第 14 条第 3 款戊项规定了相似的条款。

权和对审权的基本组成部分,除非被告人有机会对相关证据的真实性和相关性进行质证,任何证据均不得作为定罪的基础。[①]

欧洲人权法院曾经指出所有证据原则上都应当在公开的法庭上向被告人出示并经控辩双方质证,但这并不是说所有证人证言都只有在法庭上或者公开的听证中作出才能采用,毕竟在特殊的案件中这是不可能做到的。只要被告人的质证权得到了相应的保障,采纳证人在庭前的证言本身并不一定违反《欧洲人权公约》第 6 条第 3 款 d 项的规定。该项规定确立的基本要求是给被告人提供了充足且适当的机会对反对自己的证人证言进行质证,无论这种质证是在审前或者后续的庭审中进行,都不影响对被告人此项权利的保障。[②] 比如,欧洲人权法院认为只要被告人有机会对相关证据进行质证,在侦查程序或预审程序中保障了被告人的质证权,那么在审判阶段就没有必要再次对相关证据进行质证。[③] 再如,欧洲人权法院明确表明通过辩护律师对相关证据的质证应被视为满足了公约质证权的要求,[④]被告人本人不是必须亲自质证。再如,在 Doorson 案中,预审法官对匿名证人进行了庭外询问,且辩护律师参与了对证人的质证,欧洲人权法院裁决这种特殊的程序设计也符合了公约的基本要求。[⑤] 总之,欧洲人权法院对待质证权的基本精神是非常明确的,即证据必须经过辩方质证,但对于特殊类型的证据,基于案件的特殊情况,可以采取变通的质证方式。

(四)大陆法系代表性国家与地区

在大陆法系国家,传统上保留预审法官的设置,在审前程序中主导侦查的进程包括批准监听令状,而当案件进入审判程序后,由于侦查程序中监听的运用是在预审法官的主持下进行的,因此辩方对该证据的质证并不强烈,使用监听证据的过程中泄露敏感侦查方法或内容的风险也大大降低,这种证据的使用方式也很难构成对《欧洲人权公约》第 6 条所规定的公正审判权的挑战。[⑥]

大陆法系代表性国家法国、荷兰和西班牙为应对有组织犯罪的挑战,都广泛运用监听证据打击严重犯罪。比如,根据荷兰 2000 年公布的《特殊侦查权法令》(Special Powers of Investigation Act),监听的所有音频都应当保存,回溯听取并做出标记,所有材料全文翻录,材料本身应当告知辩方,但告知内容不包括监听方法。对于有组织犯罪猖獗的荷兰,证据运用必不可少。

---

① 参见 Stefan Trechsel, *Human Rights in Criminal Procedeedings*, Oxford, 2006, pp. 304 – 305。

② Asch v. Austria, 1991, 12398/86, § 27.

③ Stefan, p. 308.

④ Stefan, p. 310.

⑤ Doorson v. Netherlands, ECHR, 26 March 1996, 20524/92, § 78.

⑥ Privy Council Review of Intercept Evidence, January 2008, Cm7324, para. 180.

在法国，警察进行司法监听时无须保存所有监听语音，而是由预审法官负责建议警察如何筛选、保存有用的信息记录。预审法官主导审前程序的职权式诉讼模式使得证据的收集与考量在审前程序中就完成了，在审判中对监听证据的质证变得相对简短。由于监听是预审法官授权的，在审判中将其用作证据也很少遭到质疑，对监听证据的交叉盘问很少出现。①

西班牙属于大陆法系中积极使用技侦证据的代表性国家，西班牙最高法院确立了法官授权监听和监听材料使用的相关规则，以确保对整个监听的流程实现司法控制。根据相关规定，原始语言附带全文翻音材料应当提交给法院，尽管翻译材料并非法律文件，但实践中法官乐于使用，因为其标明了主要内容以及相关信息在音频中所处的位置。开庭前，所有材料都应当向辩方开示，控辩双方可以要求当庭播放，必要时可以要求监听的警察出庭说明监听过程，法官可以在需要确认讲话者身份时进行声音鉴定。西班牙政府认为，使用监听证据的整体效果是十分积极的。②

我国台湾地区刑事诉讼实践中监听材料用作证据的情形非常普遍。监听的合法性判断依据主要为“通讯保障及监察法”，③该法令详尽规定了包括电话监听在内的多种通讯监控手段的适用对象、适用主体、审批程序、适用时长等程序性要求，违反相应的规定则可能导致获取的材料不具备合法性。根据台湾地区的成文法与法院判例，监听录音系物证，不适用传闻法则，根据录音整理的译文系文书证据，也不适用传闻法则，但如果辩方对录音译文的真实性存疑，可依照台湾地区刑事诉讼法对文书证据的调查方法，由法官进行核实，具体核实的方法为通过适当的设备播放其内容，或传制作译文的警察出庭接受询问，或者进行相应的鉴定。

台湾地区刑事诉讼法及证据法理论中将证据细分为证据资料与证据方法两个层次的概念，这一划分直接影响监听证据的使用程序。审判中可能使用不同的证据方法获得同一证据资料，例如被告在被通讯监察时，监听译文（书证）、录音带（物证）与购买者或者警察到庭作证（人证）为四种不同的证据方法。④在台湾地区司法实践中，由于监听录音证据往往长度惊人，是以，（节）译文成为审判实务经常使用的证据替代品。⑤ 台湾地区“最高法院”最近判决认为：“侦查犯罪机关依照法定程序监听之录音，应认该监听所得之录音带，始属调查犯

---

① Privy Council Review of Intercept Evidence, January 2008, Cm7324, paras. 129 - 130.

② 前引 PRIVY Report, paras. 144 - 146。

③ 该法令由我国台湾地区立法院于 1999 年 7 月 14 日通过并公布，历经 2006 年、2007 年、2014 年三次修正。

④ 吴巡龙：《监听译文有无证据能力》，载《月旦法学教室》第 81 期，第 21 页。

⑤ 林钰雄：《刑事程序与国际人权》，台北，元照出版有限公司 2012 年版，第 286 页。

罪所得之证据，如依据监听录音结果予以翻译而制作之通讯监察译文，乃该监听录音内容之显示，属于文书证据之一种。苟当事人或辩护人对其译文至真实性发生争执或有所怀疑时，法院应依‘刑事诉讼法’第165条之一第2项之规定勘验该监听之录音带践行证据调查之程序，以确认该录音带之语音是否为本人声音及其内容与通讯监察译文之记载是否相符，始得据为判断之依据”。[①] 台湾地区“最高法院”102年台上字第4353号判决对于监听录音及其译文是否适用传闻法则也曾经作出过判断，该判决指出通讯监察的录音系利用科技产物取得的证据，与供述证据性质不同，是否具备证据能力，根据证据取得是否合法而定，不适用传闻排除法则；如果取得证据的机械性能与操作技巧无误，录音内容的同一性无可指摘，同时如果翻译者的听觉及语言之理解不成问题，译文与录音的同一性也无可非议，因此监听证据的证据能力主要取决于监听录音的合法性，其虽具有审判外陈述的外观，但并不适用供述证据的传闻法则。

监听材料的证据使用方式或者说证据方法是监听录音还是其译文取决于辩方的意见，如果辩方认可译文内容且同意适用译文作为证据方法，则将译文视为文书证据加以运用；如果辩方不认同译文的内容，台湾地区“最高法院”的上述判例指出应当参照台湾地区“刑事诉讼法”第165－1条第2项之规定由法官进行证据调查，该条规定“录音、录像、电磁记录或其他相类之证物可为证据者，审判长应以适当之设备，显示其声音、影像、符号或数据，使当事人、代理人、辩护人或辅佐人辨认或告以要旨”。换言之，台湾地区“刑事诉讼法”主张参照传统文书证据的调查方法来对录音证据进行法庭调查。[②] 司法实践中通常的调查方式是以勘验原始监听录音带的方式进行的，但此种做法旷日累时，且还存在无原始录音带可供勘验的案例，因此一旦监听译文材料的原制作过程欠缺程序担保，则形成骑虎难下的僵局。[③]

(五)小结

总体来看在笔者所考察的两大法系主要国家及地区中，电话监听获得的材料原则上都是可以作为证据使用的，英国是唯一的例外。各个国家主要是在严重有组织犯罪和恐怖犯罪活动中使用监听证据指控犯罪，在这些严重犯罪侦破

---

① 参见台湾地区“最高法院”103年台上第2353号判决。

② 对此理论界相反的观点认为，该条规定的证据调查方法并不妥当，因为影音证据并不具备传统文书证据的共通特点——“文字性”和“可读性”，无法以文书证据的调查方法进行证据调查，更为适当的证据调查方法应当是勘验，即法院应当以勘验之程序当庭播放该录音带，以五官知觉来探求录音带证据之意思内容，参见林钰雄：《刑事诉讼法》(上)2004年第4版，自版，第499～500页。

③ 林钰雄：《刑事程序与国际人权》，台北，元照出版有限公司2012年版，第286页。林钰雄教授针对台湾地区司法实践中的这一问题提出的解决对策为参照欧洲人权法院的判例，确立对于监听记录制作过程及原貌完整呈现的要求，台湾地区立法应制定确保监听记录内容翔实、正确且完整的规范，甚至于应该尽可能让辩方在制作过程即有参与之机会，以达到共同监督的效果。

过程中，监听证据的使用具有普遍性。

同时，可以使用不等于应当使用，实际上法律并未强制检察官使用监听证据，在个别案件中如果检察官担心使用相关证据将泄露过多的监听技术能力，检察官完全可以选择放弃使用该证据，不使用相关证据可由检察官自由裁量。① 两大法系国家的法律制度中都没有强制控方必须使用技侦证据，作为控方代表的检察官有权决定使用哪些指控犯罪。不使用监听材料作为指控犯罪的证据并不违反公正审判权的要求，因为控辩双方均未利用该证据进行诉讼。②

一旦控方选择或者计划使用监听材料作为指控犯罪的证据，两大法系国家设立的使用规则也是大致相似的：首先，监听语音材料及翻音材料在整个诉讼过程应当妥善保存，侦查机关不得自行销毁。在大陆法系国家由法官决定使用哪些监听材料，在英美法系国家也是在法官的主持下通过证据开示程序来决定是否使用和开示某些监听材料。其次，用作证据的监听材料包括语音材料都要随案移送给检察官、法官，并告知给辩方。再次，两大法系代表性国家各自都有若干法律机制来实现侦查方法保密与公正审判权之间的平衡，比如在大陆法系国家，预审法官在审前介入监听证据的使用过程，通过发挥法官的职权作用避免了被告人对监听的方法与过程的深究；在英美法系国家，通过证据开示的例外机制包括公共利益豁免、特定律师代理等制度，保护了秘密侦查方法的来源。最后，监听的内容应当经过辩方的质证，这是两大法系监听证据使用的常态，庭审上播放语音并经控辩双方质证是法庭采纳监听证据的基本前提，也是公正审判权的基本要求。《公民权利和政治权利国际公约》第 14 条和《欧洲人权公约》第 6 条所规定的公正审判权条款是规范技侦证据使用的基本原则，特别是公正审判权所涵盖的对审权要求被告人有权知悉所有指控其犯罪的证据并有机会对这些证据进行质证，技侦证据的使用显然也要受到该条款的拘束。同时，质证的方式在两大法系也会根据涉及技侦方法的保密程度不同而进行仔细的衡量选择，间接质证、通过律师质证、书面质证等方式在例外情形下也准许使用。

四、技侦证据使用的理论阐述与回应

（一）控方使用证据的选择权

两大法系的经验表明，几乎所有国家的立法都未禁止技侦证据的使用，③同时各个国家的法律规定也并未强制控方必须使用技术侦查的证据，控方对于是

---

① Justice, *Intercept Evidence: Lifting the Ban*, October 2006, p. 27，载 www. justice. org. uk，最后访问日期：2016 年 8 月 7 日。

② *Intercept as Evidence*, Cm8989, December 2014, p. 4，载 www. gov. uk/government/publications，最后访问日期：2016 年 8 月 7 日。

③ 如前文比较法部分所示，唯一的例外是英国与中国香港特别行政区。

否使用技术侦查获取的信息作为指控犯罪的证据具有选择权。在现代公诉制度下,指控犯罪主要是检察官的责任,作为控方的代表,检察官有权决定使用哪些证据来指控犯罪,因此是否使用技术侦查获取证据材料的裁量权不能由负责侦查的警察来行使,因为证据使用显然是法律问题,应当交由司法人员作出相应的判断。是否用作证据的风险裁量是关于法律问题的判断,委诸审前程序的控制者检察官来行使,警察无权自行决定是否移交相应材料、是否将其作为证据使用。检察官需要衡量个案的成功追诉与整体上维护犯罪控制能力、国家或公共利益之间的权重,进行相应的利弊权衡之后决定是否使用技侦证据。一旦检察官认为某项技术侦查手段的机密程度较高,为防止该手段技术细节的曝光或者避免泄露其他国家秘密事项,检察官可以选择放弃该证据的使用,甚至终止对案件的追诉。在这种情形下,基于不告不理、控审分离的诉讼构造原则,法官无权要求检察官移交全部材料并继续案件的诉讼。

中国的立法选择不同于英国,而是与多数国家相似,即在刑事诉讼中允许使用技侦证据,同时法律也并未规定必须使用。然而与西方国家的重大不同之处在于,是否使用技侦证据的裁量权掌握在公安机关,而非检察机关。在六部委规定起草过程中,立法机关工作机构的观点是,侦查机关采取技术侦查措施收集的材料,有可能与案件无关,有可能经过侦查机关审查不作为证据向检察机关、审判机关移送,也有可能只作为侦查活动的线索而不作为认定案件事实的证据。[①] 应当说立法机关所持的这种观点是对当下司法实践的真实反映。2012 年修改后《刑事诉讼法》实施三年来技侦证据条款适用率极度低下,主因恰恰是由公安机关决定是否将技侦材料用作证据,而公安机关出于保护技侦过程与方法的部门利益,自然会严格控制适用技侦证据的案件数量。

技术侦查措施获取的材料有的与案件侦查、起诉、审判无关,按照《刑事诉讼法》第 152 条第 2 款的规定,不仅不需要移送检法机关,而且法律要求的是"必须及时销毁";有的与案件诉讼有关,大致又可以分为两种情况:一种情况是可以作为案件线索,锁定犯罪嫌疑人或者抓捕犯罪嫌疑人,但此种情况与定罪量刑的各种证明对象之间无直接关联,侦查机关没有必要在诉讼过程中使用;另一种情况是技侦措施获得的材料可以作为指控犯罪的证据,但移送诉讼使用可能危及案件中相关人员包括特情、卧底、证人的人身安全,或者危及技术侦查措施的后续生命力,引发反侦查的不利后果,此时应当容许控方裁量使用与否的利弊得失。赋予控方此种裁量权与公民公正审判权等基本权利的保障并不矛盾,虽然极有可能导致对个案的控诉不力,但由于事关国家控制犯罪的整体

---

① 王尚新主编:《〈最高人民法院、最高人民检察院、公安部、国家安全部、全国人大常委会法制工作委员会关于实施刑事诉讼法若干问题的规定〉解读》,中国法制出版社 2013 年版,第 105 页。

能力抑或涉及国家利益的高度敏感信息，应当容许控方在此领域的裁量权存在。

侦查过程中收集到的信息是否与案件有关是侦查权裁量的范畴，侦查人员在一线侦查过程中同步进行裁量、筛选是不可避免的；而收集到的与犯罪有关的材料是否作为证据使用，是对于法律问题的判断，原本应当用于指控犯罪的材料从案卷中撤出进而削弱甚至放弃对犯罪的追诉，当属检察官的裁量事宜。《刑事诉讼法》第152条并未授权侦查人员对采取技术侦查措施获取的与案件有关的材料进行销毁，从反面解释的角度来看，侦查人员应当保存与案件有关的所有材料，且无权决定未来诉讼中对这些材料将如何使用，后者是检察官裁量权的行使范围。

作为司法官的检察官对技侦材料使用问题的裁量也体现了对技术侦查的外部监督，大陆法系国家的预审法官或者审前法官通过对技术侦查措施的司法令状审批过程，进而指挥侦查人员将哪些技侦材料作为证据使用。无论是检察官还是法官，由司法人员而非侦查人员来决定技侦材料是否用作证据体现了对技侦权的外部监督与司法审查。反观我国的立法与司法实践，在技术侦查措施的审批与适用程序中，没有任何的外来监督机制，而是自行审批、自行决定适用期限与适用过程，结果也无须告知监控对象。在这个封闭的流程中，唯一与外界发生关联的环节就是证据使用，检察机关与审判机关只能通过对证据的审核对技侦取证合法性进行间接判断。如果仍然按照目前司法实践的做法，容许公安机关对与案件诉讼有关的技侦材料掌握证据方面的裁量权，既违反诉讼规律，更影响技术侦查程序的正当性。

我国目前所实行的三机关分工负责、互相配合、互相制约原则，实践中已蜕化为诉讼阶段论，即公安机关负责侦查、检察机关负责起诉、法院负责审判，形成了“铁路警察各管一段”的流水线模式，在侦查阶段检察机关只能通过批准逮捕和有限的侦查监督介入公安机关的侦查过程，法院更是没有任何的法律空间对侦查行为进行司法审查。应当说这种诉讼构造违背了确立三机关关系原则的基本精神，既影响对犯罪的有力打击，也无助于对侦查程序合法性的外来监督，三机关分工的目标应当是宪法和法律所要求的“准确有效地执行法律”。[①] 就技侦证据问题而言，基于司法实践惯性片面理解三机关关系原则而形成的诉讼阶段论的思维定式导致公安机关自行决定不使用相关技侦证据并拒绝向后续的起诉、审判机关移交相关材料。检法人员看不到相关材料，甚至在多数案件中对技术侦查措施的存在一无所知，根本谈不上对技侦证据的使用和审核

① 韩大元、于文豪：《法院、检察院和公安机关的宪法关系》，载《法学研究》2011年第3期。

质证。

根据刑事诉讼法所规定的全面收集证据原则,侦查机关对于所有与案件有关的材料都应当加以收集。收集的材料是否需要作为证据使用关系到案件的追诉,应当是检察机关裁量的范围。对于有利于被告人的证据,法律和法律解释还提出了更高的要求,即对于无罪或罪轻的证据,控方不得隐瞒而应当移交给法院审核,辩方也有权要求控方移交未及时移送的无罪或者罪轻的证据。这一规则也是控方全面收集证据义务的延伸,根据法律的规定,审判人员也有义务通过向控辩双方调取或者依职权全面收集对被告人有利或不利的各种证据。[①] 从这个角度看,侦查机关应当收集与案件有关的技术侦查材料,并将这些材料移送给检察人员、审判人员。其中,对于有利被告的证据,基于保障公正审判权的基本原则以及法律的明确规定,应当告知给辩方并由其决定是否用作证据;对于不利于被告的证据,检察机关作为起诉机关,基于其起诉裁量权有权对用或不用的利弊进行权衡与选择。

(二)证据形式与载体

控方决定使用技术侦查措施获得的材料作为证据之后,控辩审三方首先面临的一个证据法问题就是技侦证据的表现形式或者载体。当这一问题与《刑事诉讼法》第 50 条规定的法定证据种类纠缠在一起时会变得愈发复杂。传统的证据法理论认为,证据符合法定分类是使用证据的前置性问题。证据的形式与分类在我国诉讼法中具有十分严格的形式主义要求,证据形式受到高度重视,存在必须将某类材料纳入法定证据形式的要求,如果未能纳入,该材料就缺乏证据资格。[②] 尽管理论界多认为法定证据种类制度应当废止,代之以大陆法系证据法理论与实践中通行的"证据资料"与"证据方法"这对概念及其证据应用思路,[③]但不容否认的是高法解释中予以强化确认的法定证据分类制度及不同种类所要求的审查判断规则仍然主导着证据应用的司法实践,在这种背景下,笔者认为仍有必要对形式和载体问题加以讨论。

证据形式或载体指的是证明内容存在的方式,同一案件事实通常情形下存在不同的表现形式,或者说可以由不同的载体所呈现。以电话监听为例,案发

---

① 《刑事诉讼法》第 52 条规定了控方即检察人员、侦查人员全面收集证据原则;第 41 条规定了辩方申请调取无罪或罪轻证据的权利。六部委规定第 24 条、第 27 条分别对上述两条法律规定作了细化解释。

② 龙宗智:《证据分类制度及其改革》,载《法学研究》2005 年第 5 期。

③ 代表性观点可参见孙远:《论法定证据种类概念之无价值》,载《当代法学》2014 年第 2 期;陈瑞华:《证据的概念与法定种类》,载《法律适用》2012 年第 1 期。大陆法系证据法理论认为,"证据资料"是指所有与待证犯罪事实直接或者间接相关的资讯内容,"证据方法"则是探求证据资料内容的调查手段,参见林钰雄:《严格证明与刑事证据》,台北,学林文化事业有限公司 2002 年版,第 10 页。

过程中当事人的电话交谈内容是证据的内容，而呈现这一内容的形式与载体可以多种多样。上述样本案例所揭示的我国司法实践中应用的证据形式与载体就有三种主要模式，即原始语音、翻音资料与情况说明。①

对于上述三种技侦证据的载体与表现形式，司法实践中均有运用但混乱无序，审判人员对证据形式的选择从未详细说理，辩方也经常以证据形式或载体不符合法定证据种类为由提出抗辩。从 20 例使用监听证据的样本案例来看，审判人员并未受到法定证据分类制度的约束，也未对如何使用证据方法来展示监听的证据资料形成统一的实践作法。比如在绝大多数的案件中，面对控方提供的三种监听证据载体，审判人员都没有进行法定证据种类的归类，而是将证据资料直接从实质内容而非形式或载体的角度进行了表述，如“技术侦查资料”“手机通话内容”“通话内容摘要”“通话录音记录”“工作说明”等。② 作为例外情形，在三起样本案件中（第 7、8、11 号案件），审判人员在裁判文书中对证据材料进行了法定证据分类，将翻音材料归为书证；在第 20 号案件中将监听语音归为了视听资料。即使在证据使用过程中存在辩方对于法定证据种类的质疑，审判人员也不会因为证据形式不合法而排除相应的证据，显然对这种就指控犯罪而言作用巨大的稀缺性证据，法官更注重实质而非形式。

需要我们进一步关注的问题除了形式与载体之外，还有证据使用方法。从 20 例样本案件来看，85% 的案件中审判人员都是使用书面材料，原始语音使用的比例不足 15% 。无论是翻音材料还是情况说明，都是原始通话录音的衍生品，大量无节制地使用衍生品、替代品的做法直接违背原始证据优先的证据使用规则，甚至动摇了证据的真实性与客观性。同时，此种证据使用方法严重限制了辩方质证权的有效行使，因为对于监听人员或者侦查人员制作的书面材料，辩方虽然可以提出异议，但在无法听取、核对原始语音且书面材料制作人员不出庭接受质证的情况下，根本无从对其进行有效质证。

对于翻音材料与情况说明这两种书面材料仍有必要进一步区分对待。翻音材料系监听人员对于监听录音进行整理后形成的记录或者摘要，如果制作过程秉持逐字客观记载的规则，其客观性、真实性与原始语音较为接近。相比较而言，情况说明多为监听人员之外的侦查人员对监听过程及结果的简要说明，其详尽程度及真实性较之翻音材料要大打折扣，情况说明的制作人员甚至根本未曾听取过原始语音，只是根据监听人员的简要介绍对监听内容进行了摘录，失真的可能性极大。从样本案件的判决书中，也可以看出情况说明在证据部分

---

① 事实上，法律规定及证据法理论上并不排除其他的证据形式，比如监听的警察出庭作证，以证人证言的方式揭示监听内容，只不过笔者并未检索到实践中存在相应的先例。

② 详见第 2、3、5、6、9、10、12、13、14、16、17、18 号样本案件。

的内容表述上无法展示出语音通话的整个过程,只能概括性地说明被告人贩卖或者运输毒品的筹划或者联络事实的存在,至于具体的犯罪过程与情节都是语焉不详的。尽管没有法律依据,但情况说明普遍存在于司法实践当中,其表现形式与内容也是林林总总、形形色色,[①]在很大程度上已经成为侦查人员变相逃避取证或举证义务的挡箭牌。技侦证据运用中大量使用情况说明是长期司法陋习的延续,事实上情况说明承载的信息与证据事实之间存在巨大差异,根本不足以作为适格的替代品。

翻音材料的属性与功用则明显不同于情况说明,从制作主体来看,制作翻音材料的人员系监听人员,其对于监听到的谈话具有亲历性;从其制作过程来看,监听人员通过复听监听录音而制作的翻音材料能够最大限度地还原通话内容;从证据功用上来看,翻音材料能够有效地缓解冗长的录音所带来的证据应用负担,能够帮助审判人员高效地审核通话录音。正是基于这些考虑,许多大陆法系国家和地区并未完全否定翻音材料的证明作用,在刑事审判过程中法官虽然不会将翻音材料作为证据,但却十分依赖翻音材料的辅助功能;台湾地区的判例也表明,在辩方认可的前提下翻音材料可以视为书证,作为监听录音的替代品加以使用。可见,为减轻技侦证据的审核负担,提高诉讼效率,可以通过设置相应的证据使用规则,附条件的许可翻音材料发挥相应的证明作用。而所附条件的核心内容就是保证辩方的质证权,在辩方放弃对原始录音的质证权的情形下,翻音材料可以作为证据使用;反之,当辩方对使用翻音材料提出异议时,根据原始证据规则的证据使用规则,法院应当组织控辩双方对原始语音进行质证。这一证据使用规则恰恰是目前我国司法实践中翻音材料应用过程中的重大缺憾,在样本案件中翻音材料成为技侦证据的唯一载体,无条件地将其视为监听证据的适格载体,过度考虑举证的便利性,严重剥夺了辩方的质证权,应当加以纠正。

从法定证据分类的角度来看,电话监听获得的材料应归为视听资料、电子数据,[②]以电子介质存储的语音材料是电话监听获得的原始证据,翻音材料是有助于减轻证明负担、提高证明效率的传来证据。在过去的司法实践中,包

① 参见边学文、盛国文:《"情况说明"的刑事证据属性及其规制分析》,载《中国检察官》2013 年第 9 期;黄婕:《"情况说明"的证据学属性分析》,载《中国刑事法杂志》2010 年第 5 期。

② 电子证据是否应当被视为独立的证据种类在各国立法、司法实践以及我国理论界都争议颇多,在西方两大法系国家,电子证据不是独立的证据种类,一般归为广义的书证范畴,参见《民事诉讼法司法解释释义》。我国 2012 年修改《刑事诉讼法》时立法者对这一问题的态度也比较模糊,从法律文本上看,将电子数据与视听资料并列为一类证据,似乎更关注二者之间的广泛联系,因为在信息化时代,所有的视听资料基本上都已电子化,如果以电子介质的存储为证据分类标准的话,视听资料这种分类基本上没有存在的必要性。然而,即使是电子化的视听资料仍然是以音像的外在表现形式来证明案件事实的,从这个角度讲,将其归为视听资料更符合证明方法的运行机理。

括笔者收集的样本案件裁判文书中，不少法官倾向于将其作为书证，因为翻音材料是案发过程中形成的以记载的内容证明案件事实的材料，因此符合书证的一般界定。然而此类书面材料的制作主体却是承担着侦查职能的侦查人员，具有明显的加工、编辑成分，从客观性与真实性的角度来看，与传统意义上的书证又存在本质差别，即使将其作为书证对待，仍然要为其设置较为严格的证据使用规则。比如作为书证，应当适用鉴真规则，即控方必须通过播放原始语音或者传唤监听人员出庭作证，抑或出示实物证据保管链方面的足够证据，证明该翻音材料与监听到的语音是相同的。从这个角度来看，将其作为语音的传来证据抑或独立的书证在证据使用方法上最终是无差别的，事实上播放原始语音基本上不可避免，二者比较来看，将翻音材料作为书证使用反而更为复杂，而采取另一种方案，将其作为原始语音的衍生品，辅助原始语音发挥证明作用，对于达成证明的合法性与合理性两个方面来看，都显得更为简便。

（三）出示、质证与认证过程

《刑事诉讼法》第 154 条规定了技侦证据法庭调查的三种方式，[①]且从文本上规定了相应的应用顺序，司法实践中法院并没有按照刑事诉讼法所规定的法庭调查程序的优先次序适用本条规定，而是对三种规定的法庭调查程序进行了重新排序。最为频繁使用的是保护措施下的示证质证模式，其次是庭外核实，而对于立法最为推崇的理应作为普遍原则适用的常规示证质证方式，法院基本上将其作为了不得以情形下的例外操作方式。在司法实践与立法规定背离现象的背后，需要着重探讨的理论问题有二，首先，技侦证据是否必须当庭出示与质证？其次，法官何时以及如何进行庭外核实？

证据的出示与质证如果从被告人权利保障的角度来看，关系到辩方知悉证据以准备辩护的权利与对证据发表意见、进行质疑的辩护权。知悉指控自己犯罪的证据并提出质疑是辩护权最为基本的内核，也是自然正义与正当程序原则的基本要求，基于其重要的法律价值，《公民权利和政治权利国际公约》第 14 条公正审判权条款对质证权进行了明确肯认。然而，我国刑事诉讼法与司法解释恰恰对这一问题缺少明文规定，是否确立了质证原则存在争论，在一定程度上也导致实务界对待这一问题的态度模糊。由于长期以来我国刑事诉讼法对证

① 《刑事诉讼法》第 154 条规定的“依照本节规定采取侦查措施收集的材料”，而该节规定的侦查措施除了技术侦查措施外，还有第 153 条规定的隐匿身份侦查和控制下交付，因此该条规范的证据使用的范围应当包括上述三类秘密侦查手段，囿于本文讨论的主题，笔者将其限于技侦证据的使用，但本部分的讨论同样适用于其他两类秘密侦查手段，特此说明。

据部分的忽视,[①]在证据章并未明文规定质证原则,而仅仅是对证人证言明确要求必须经过质证才能作为定案的根据。[②] 2012 年最高人民法院关于刑事诉讼法的解释当中试图弥补质证原则未明文规定的不足,在高法解释第 63 条规定"证据未经当庭出示、辨认、质证等法庭调查程序查证属实,不得作为定案的根据,但法律和本解释另有规定的除外"。从该条文中可以看出,质证原则存在"法律和本解释另有规定的例外",高法解释起草人员指出例外之一就是技侦证据可以不经质证,而经由庭外调查的方式予以确认。高法解释确立的这种例外情形也得到了实践应用,在笔者检索到的样本案例中至少有三起案例,审判人员按照这种解释方案对案件进行了处理,即未经当庭质证,由法官庭外单方核实对证据进行了认证。[③]

笔者认为,高法解释并未完整、全面地解释刑事诉讼法关于质证原则的规定,设置的相应例外是否足够准确、细密值得进一步考量。刑事诉讼法关于证据的出示与质证的规定,应当从体系解释的角度观之,而不能仅仅局限于文义解释,因为后者并未给出确定无疑的解释方案。《刑事诉讼法》第 176 条要求检察机关在审判开始前应当将全部证据移送至法院,第 195 条也规定了对于物证等实物证据应当向法庭出示,由当事人进行辨认等质证工作。因此技侦证据必须出示给辩方、令辩方知悉相应的证据内容。《刑事诉讼法》第 198 条第 1 款进一步规定"法庭审理过程中,对于定罪、量刑有关的事实、证据都应当进行调查、辩论",此处的"辩论"一词明确表明立法者要求所有法庭调查的证据都应当经辩方发表意见,或者说应当经过辩方的质证过程。本条规定中的"都"字排除了各种例外规定,其语义拘束范围涵盖了所有法庭调查的证据,包括法庭基于《刑事诉讼法》第 196 条或第 154 条的规定进行庭外调查的证据材料。《刑事诉讼法》第 154 条规定的"由审判人员在庭外对证据进行核实"与第 196 条规定的"法庭审理过程中,合议庭对证据有疑问的,可以宣布休庭,对证据进行调查核实"都指的是法官的庭外调查权,第 154 条的庭外调查权行使方式应当与第 196 条保持一致并遵循相同的权力行使规范。两条规定中的庭外证据调查权也应

---

① 1979 年起草的《刑事诉讼法》证据章只有 8 个条文,1996 年立法机关第一次对《刑事诉讼法》进行大规模修改时,证据章显然不是那次修法的重点,立法者仅仅是增加了"视听资料"这种新型的证据种类;2012 年《刑事诉讼法》第二次修改时,尽管证据一章增加了 8 个新条文并修改了原有的 5 个条文,但修改的重点仍然是言词证据,对诸多证据法原则与规则缺少足够的关注。对于本文主题所涉及的技侦证据及其主要载体实物证据,现行刑事诉讼法及司法解释的规范密度更是严重不足。

② 参见《刑事诉讼法》第 61 条。

③ 样本裁判文书中并未表明法官庭外核实的具体做法,司法实践中的做法主要是法官到公安机关听阅原始语音、录像光盘等并制作听阅笔录附卷备查,关于一线法官对此种核实方法的实务操作情况的介绍及利弊分析详见朱雪梅、魏军:《监听所获证据材料的证据能力问题研究——兼谈新刑事诉讼法关于技术侦查规定完善》,载《法治论坛》2010 年第 22 期。

当遵从第198条的规定，即使是经庭外调查获得的证据，也应当经辩方的辩论与质证后方可作为定案的根据。高法解释第220条第2款正确地体现了上述解释方案，规定对于法庭庭外核实取得的证据应当经过当庭质证才能作为定案的根据，但经庭外征求意见，控辩双方没有异议的除外。但高法解释的不足在于没有将《刑事诉讼法》第154条与《刑事诉讼法》第195条的适用等同视之，笔者认为基于法律解释的体系性要求，两个关于庭外核实证据的条文应当采取相同的理解方式，因为“法律本身之间不能自相矛盾”，高法解释第220条的规定同样应当适用于对《刑事诉讼法》第154条的解释。

因循上述解释路径，技侦证据庭外核实的程序可以参照刑事诉讼法原本已有规定的法官庭外调查权的行使程序进行。庭外核实程序是最后选择，即穷尽或者不能采取庭上当庭法庭调查过程时，合议庭对证据仍有疑问的方可进行庭外核实。《刑事诉讼法》第154条所规定的“必要的时候”应当限于控辩双方对原始语音的关联性或真实性有异议，需要核实该语音的来源、制作过程或取得方法时，才寻找需要保守侦查手段秘密的必要性，由法官进行庭外核实；庭外核实可以进行必要的声纹鉴定或者光盘完整性鉴定，也可以询问有关监听人员，核实更多语音资料等；庭外核实后，相应的证据材料仍然应当经当庭的质证方可作为定案根据，但控辩双方没有异议的除外。

总体上看，就技侦证据的出示与质证及庭外调查程序而言，证据内容本身必须出示，辩方知悉相应证据内容后必须有机会进行质证，法院可以通过庭外核实的方式对有疑问的技侦证据进行调查核实，调查核实后的证据除非控辩双方没有异议，同样均应经控辩双方进行质证后方可作为定案根据。通过这种证据使用程序，保障辩方质证权与公正审判权的立法要旨方能得到体现，但需要进一步考虑的问题是，立法宗旨中的另外一面即国家利益与技侦方法及使用过程的保密需要如何与前述的立法目的进行有效平衡。域外的经验表明，平衡两者价值冲突的措施是存在并可行的，也完全能够在现有的人权法框架内达成比较合理的必要妥协。这些平衡措施主要有二：一是通过证据开示中的公共利益豁免原则，保护技术侦查措施的过程与方法，辩方只能知悉证据内容即技侦结果，但无权了解证据的来源途径，即技侦的过程与方法；二是在质证环节通过使用衍生品或者特别律师代理制度，缓解辩方质证权的保障与控方维护国家利益以及国家秘密之间的冲突。

我国当前的司法实践中对于上述变通措施也进行了探索，部分经验可以进一步完善后推广应用，比如大量使用翻音材料而非原始语音以保护手机监听方法的过程与来源，如果能够进一步增加相应规则，在辩方质疑翻译材料真实性、完整性时应转为使用原始语音接受质证，那么这种变通措施尚可接受。当然不少先前司法实践的变通措施与法理相悖,应当废止并转而寻求其他变通途径:使用情况说明替代原始语音接受质证的做法,显然无法充分保证辩方的质证权,应当予以否定;审判人员单方进行庭外核实后,未经辩方质证直接认证证据的做法也应当废止。相应的替代措施可以是设置特定律师代理制度,由司法行政部门指定的特定律师,对技侦证据的使用进行专门质证;律师质证后可以告知被告人相应证据的内容,听取被告人意见后形成辩方的综合质证意见,并与控方、审判人员进行进一步交流、辩论。特定律师的人选应当由司法行政部门参酌律师代理国家安全事务的职业经历与表现情况遴选产生并编制律师名录,特定律师提供法律服务由国家付费,专门负责涉及包括技侦证据应用等国家秘密事项的辩护与代理服务。

(四)技侦取证合法性的规范

司法实践状况表明,在对技侦证据质证过程中技术侦查措施适用程序中的不少盲区成为了控辩双方的聚焦点,这些问题的出现多与刑事诉讼法文本规定的粗疏及相关法律解释的缺位直接相关,也进一步凸显出细化技侦取证程序、规范取证合法性的极大必要性。司法实践中个案聚焦的技侦取证程序合法性问题主要包括:1. 适用技术侦查措施的起始点应当是刑事诉讼立案后,刑事案件立案前不得使用以刑事追诉为目的的技术侦查措施,①唯一的例外是他案监听问题。所谓他案监听是指在依法对其他案件进行监听的过程中发现了与原案不同的其他刑事案件并对其他刑事案件进行了监听。刑事诉讼法并没有授权公安机关进行他案监听,而是要求所有的技术侦查措施都应当先经过"严格的批准手续",根据批准手续才能开展技术侦查措施。法律也没有规定紧急情形下可以先采取监听措施,然后补办手续的无证监听程序。不得不说,这一问题是立法的一个疏漏,只能通过立法解释或者修改法律的方式进行弥补,在弥补法律漏洞前,他案监听仍属非法行为,法官仍应当作出否定性评价。从完善立法的角度来看,他案监听体现了监听这一秘密侦查手段的固有规律,即监听开始之时无从完全判断可能涉嫌的其他罪名,犯罪人的犯罪行为又存在人与事两方面的多重交叉,基于侦查效率的考虑,法律应当确立这一制度,但同时应设置若干程序要求,比如他案监听的案件范围应当符合法律事先规定的适用范围;他案监听开始后的 24 小时或者 48 小时之内应当补办相应的审批手续等。2. 实施主体。《刑事诉讼法》第 150 条将技术侦查措施的实施主体规定为公安机关,根据《刑事诉讼法》第 4 条的概括性授权,这里的"公安机关"同时也包括

① 当然,技术侦查部门可以依据 2015 年 12 月 27 日全国人大常委会颁布并于 2018 年予以修改的《中华人民共和国反恐怖主义法》第 45 条等法律规定,基于非刑事诉讼的目的如收集情报信息、处置重大突发事件等采取技术侦查措施。

了国家安全机关。那么国家安全机关适用技术侦查措施的案件范围能否包括公安机关侦查管辖的案件？第14号样本案件中辩方质疑技术侦查措施合法性就针对该问题展开。笔者认为，根据《刑事诉讼法》第4条的规定，国家安全机关在办理危害国家安全的案件中行使与公安机关相同的职权，依文义解释，国家安全机关只有在办理危害国家安全的案件中方能行使刑事诉讼法对其的各项授权，包括采取技术侦查措施，而在其他非国家安全案件中，国家安全机关不能采取技术侦查措施。公安机关的内设侦查部门或者其他侦查机关都不能委托国家安全机关开展非国家安全案件的技术侦查。3. 适用案件范围。《刑事诉讼法》第150条规定了技术侦查措施的适用案件范围，鉴于技术侦查措施属对公民隐私权的严重干预，法律将其适用严格限于严重危害社会的重大犯罪，同时在该条第3款也规定重罪案件范围的例外情形，即为追捕被通缉或者应当逮捕而在逃的犯罪嫌疑人、被告人时，可以在所有罪应逮捕的案件中适用技术侦查措施。法律为追捕所需的技术侦查措施规定了十分宽松的启动门槛和批准手续，同时规定追捕时只能采取“追捕所必需的技术侦查措施”。在第7号样本案件中涉及的法律争议是公安机关对开设赌场罪的犯罪嫌疑人进行了通缉，并对其手机进行了长期的监听，辩方认为开设赌场罪不属于可采取技术侦查措施的严重案件范围，控方认为公安机关是依据第150条第3款而非第1款的规定采取的技术侦查措施，应属合法。实际上争议的实质问题是追捕被通缉的犯罪嫌疑人能否对其采取长达数月的监听措施？显然，长达数月对通话内容的持续监听已经超出追捕所必需的技术侦查措施的范围，因为既然能够数月间持续掌握犯罪嫌疑人的所有言行，为何不及时将其抓捕归案？法律所规定的“必需的技术侦查措施”原则上应当为追捕所需要的定位措施，不应涉及其通信内容，除非需要根据通信内容判断其下一步行踪，但这种对通信内容的监控也应当限于短暂的数次监控。

五、结语

2013年1月1日《刑事诉讼法》实施后的三年司法实践状况凸显了《刑事诉讼法》第154条所规定的技侦证据使用条款基本虚置的尴尬局面。法律的生命在于实施，欲破解这一法律实施难题，平衡技术侦查权效能与公民权利保障两项立法目标是当下可以预期的合理路径。实现平衡目标需要完善一系列基本的技侦证据使用制度予以支撑，包括技侦证据可以用但不是必须用，证据使用的案件范围应当限于两人以上实施的、被告人不认罪的重大毒品犯罪案件；由检察机关而非公安机关决定是否使用技侦证据；技侦材料用作证据的，必须事先告知辩方并经辩方质证方可作为定案根据；技侦证据的形式应当是原始的实物证据，使用传来证据的，应当适用实物证据的鉴真规则；法官可以对技侦证据进行庭外核实,但仍应保障辩方的质证权。为保护技侦措施的方法与过程、国家秘密、公民的人身安全及基本权利,允许在技侦证据使用过程中设置若干变通措施,比如使用证据的替代品、衍生品;对技侦证据的来源予以保密;设立特定律师代理制度,经由特定律师而非被告人本人对技侦证据进行质证。

实现法律目标的平衡需要立法机关与司法实务部门作出各自的努力,从制度建设的角度看,上述制度完善方案部分内容可以通过司法解释的方式予以明确,但也有不少内容属于立法漏洞,需要通过立法解释或者修改法律的方式加以补足,比如他案监听与紧急情形下技术侦查措施的审批程序、检察机关的证据使用决定权、证据阅览范围的例外、特定律师代理制度等问题,唯有通过立法机关才能作出相应的授权。

就公安机关而言,落实法律规定、实现法律目标的平衡显然需要付出更多的努力,技侦证据的使用将极大地增加技侦执法的工作量与财政支出成本,包括语音等技侦材料的记录、保存、移送、鉴定等环节都需要大量的人力物力支撑。更为要紧的问题是技术侦查部门必须适当分离其情报信息与执法办案两大功能,防止技侦证据的使用对情报信息工作带来消极影响;同时,技侦证据的使用必然会从源头上对技侦取证的合法性程序产生深远影响,必将倒逼技侦部门健全并严格执行取证环节上各种规范化程序,这当然也是技侦立法之初的立法本意。

电子数据在刑事证据体系中的定位与审查判断规则

——基于网络假货犯罪刑事裁判文书的经验分析

胡　铭*

摘　要　互联网时代,电子数据在刑事审判中的重要性不断彰显。规则层面的电子数据与审判实践层面的电子数据,定位呈现显著差异。通过对法意中国裁判文书库收录的10年内网络假货犯罪刑事裁判文书的分析显示,电子数据在刑事审判实践的运用中呈现定位的泛化,审查判断规则主要围绕"求真"展开,关联性审查本质上仍是"求真",合法性审查亦主要为了保障真实性。电子数据鉴定广泛存在却未能发挥预期作用,而专家辅助人的引入尚处初步阶段。因此,应在广义理解电子数据的基础上,在"求真"和"求善"双重价值的权衡中构建适应互联网时代需求的电子数据审查判断规则。

关键词　电子数据　证据体系　网络假货犯罪　审查判断规则

一、引言

信息化、数据化正在潜移默化地改变着司法,这种改变的深刻程度超出了多数人的预期。"互联网时代,尤其是社交网络、电子商务与移动通信把人类社会带入了一个以'PB'(1024TB)为单位的结构和非结构数据信息的新时代。"①司法必须对此作出回应,而这种变化正在发生。例如,在技术层面,最高人民检察院2014年建设了电子数据云平台,实现了首批全国检察机关31家电子数据实验室的互联互通,用大数据服务办案;②在规则层面,2016年9月,最高人民法院、最高人民检察院、公安部颁布了《关于办理刑事案件收集提取和审查判断电子数据若干问题的规定》(以下简称《电子数据证据规定》);在司改层面,继杭州互联网法院之后,③2018年7月,中央深改委决定增设北京互联网法院、广州互联网法院,9月

---

*　胡铭,浙江大学光华法学院教授,博士生导师。

①　[英]维克托·迈尔-舍恩伯格、肯尼思·库克耶:《大数据时代:生活、工作与思维的大变革》,盛杨燕、周涛译,浙江人民出版社2013年版,第1页。

②　许一航:《检察机关电子数据云平台建成使用》,载《检察日报》2014年12月28日,第1版。

③　李英锋:《互联网法院:开启涉网纠纷解决新时代》,载《人民法院报》2017年7月1日,第2版。

发布了最高人民法院《关于互联网法院审理案件若干问题的规定》(以下简称《互联网法院规定》),作为司法主动适应互联网发展大趋势的一项重大制度创新。

毋庸置疑,电子数据在互联网时代的审判中具有举足轻重的地位。电子数据的研究日益受到我们的重视,对于电子数据的收集、保管、审查以及电子数据的关联性、合法性等问题,已经有了不少成果。然而,现有研究主要是从一种新确立的证据种类的角度来研究电子数据,我们对于电子数据在以审判为中心的证据体系中的重要法律地位的认识尚有不足,对于各种传统证据的电子化及其审查判断规则问题的探究尚浅。我们正在强调并介绍西方的电子证据规则,而我国的互联网产业、生活方式的互联网化和互联网审判的实践等诸多方面已经走在了世界前列。证据法的理论亟待回应司法实践,毕竟,"在诉讼理论中,出现过各种各样基于实践理性的回应……对证据,已经不再根据僵硬的证据规则,而是根据当时的经验知识和理性来作出判断了。"①面对司法实践对电子数据理论研究的迫切需求,学术研究有责任在对司法实践作出细致观察和经验分析的基础上进行必要的理论回应,以直面互联网时代实践对司法提出的新问题。本研究在以审判为中心的刑事诉讼制度改革的背景下,尝试重新审视电子数据在证据体系中的定位与审查判断规则。

二、双重定位:电子数据的法定化与传统证据的电子数据化

首先,本文从规范分析的角度,讨论电子数据在证据体系中的定位问题,以作为本研究的逻辑起点。

(一)作为一种独立证据的电子数据

随着电子数据在司法实践中的运用不断增加,越来越多的学者主张电子数据应当是一种独立的证据种类。这一点在立法修改的过程中得到了体现,2012年《刑事诉讼法》第48条(现行《刑事诉讼法》第50条)将"电子数据"纳入法定证据种类之一,但未对电子数据作出明确界定。最高人民法院《关于适用〈中华人民共和国刑事诉讼法〉的解释》(以下简称《刑诉法解释》)第93条采用列举法,指出电子数据具体包括:电子邮件、电子数据交换、网上聊天记录、博客、微博客、手机短信、电子签名、域名等。《电子数据证据规定》第1条首次在规则层面作了明确界定:"电子数据是案件发生过程中形成的,以数字化形式存储、处理、传输的,能够证明案件事实的数据",这就意味着将以数字化形式记载的证人证言、被害人陈述以及犯罪嫌疑人、被告人供述和辩解等传统证据,排除出了

---

① [德]沃尔福冈·弗里希:《法教义学对刑法发展的意义》,赵书鸿译,载《比较法研究》2012年第1期。

电子数据的范围。2019 年 1 月出台的《公安机关办理刑事案件电子数据取证规则》(以下简称《电子数据取证规则》)则未对电子数据作出界定,实质上是沿用了《电子数据证据规定》的相关规定。

有意思的是,三大诉讼法对于电子数据的定位是有所差异的。《刑事诉讼法》并没有将电子数据单列,而是将电子数据与视听资料同列为第 8 种刑事诉讼证据。对此,有学者解释如下:“传统的视听资料与电子数据在其属性上既存在根本区别,但又存在密切的联系,新《刑事诉讼法》第 48 条(现行《刑事诉讼法》第 50 条)采取将‘视听资料’和‘电子数据’合并作为一种证据种类进行规定的立法形式,既有效解决了司法实践中将电子数据作为证据使用的法律根据问题,也避免了在某些特殊情况下,如在计算机网页的视频文件,视听资料与电子数据难以截然分开的难题”。[①] 上述解释恰好说明,电子数据与其他证据种类存在明显交叉,实际上不仅仅是视听资料,电子数据和书证、物证等其他传统证据也可能发生重合。如我国《合同法》第 11 条便明确规定了:“书面形式是指合同书、信件和数据电文(包括电报、电传、传真、电子数据交换和电子邮件)等可以有形地表现所载内容的形式。”

上述规定使三大诉讼法在对电子数据的法律地位进行界定时,出现了显著不同。新修订的《民事诉讼法》第 63 条和新修订的《行政诉讼法》第 33 条的规定类似,[②]即将电子数据写入了证据种类,并将电子数据作为一种独立的证据种类,而不是与视听资料并列。这从立法技术来看,显然是不合适的,三大诉讼法应在这一点上形成一致的规定。涉及的交叉问题还有待进一步厘清,如最高人民法院《关于适用〈中华人民共和国民事诉讼法〉的解释》做了一点尝试,其第 116 条明确指出:“存储在电子介质中的录音资料和影像资料,适用电子数据的规定。”参照上述规定,前文所指出的电子数据和视听资料难以界分的问题在一定程度上就能够被解决。

(二)互联网时代传统证据的电子数据化

上述将电子数据作为一种新的独立证据种类的定位,反映了我们对于电子数据的重要性的认识,是对证据种类进行细分的结果。1996 年修改《刑事诉讼法》时写入了视听资料,而 2012 年修改又增加了电子数据,反映了时代的变迁和证据形式的变化。从立法技术上来看,这是在立法和司法解释层面采用了狭

---

① 陈光中主编:《〈中华人民共和国刑事诉讼法〉修改条文释义与点评》,人民法院出版社 2012 年版,第 52 页。

② 新《民事诉讼法》第 63 条规定的 8 种证据为:(1)当事人的陈述;(2)书证;(3)物证;(4)视听资料;(5)电子数据;(6)证人证言;(7)鉴定意见;(8)勘验笔录。新《行政诉讼法》第 33 条规定的 8 种证据为:(1)书证;(2)物证;(3)视听资料;(4)电子数据;(5)证人证言;(6)当事人的陈述;(7)鉴定意见;(8)勘验笔录、现场笔录。

义的电子数据的概念，并力图将电子数据与其他传统的证据种类相区分。

从互联网时代的审判需求来看，广义的电子数据有其现实合理性。如《互联网法院规定》第 9 条在界定证据交换时即采用了广义的电子数据，即(1)当事人应当将在线电子数据上传、导入诉讼平台；(2)或者将线下证据通过扫描、翻拍、转录等方式进行电子化处理后上传至诉讼平台进行举证；(3)也可以运用已经导入诉讼平台的电子数据证明自己的主张。① 如果从计算机及信息科学的角度来看，电子数据(electronic data)一般是指基于计算机应用、通信和现代管理技术等电子化技术手段形成的包括文字、图形符号、数字、字母等的信息。也就是说，从广义来看，互联网世界中的诸多信息都是以电子数据的形式存在，如以数字化形式记载的证人证言、被害人陈述以及犯罪嫌疑人、被告人供述和辩解等证据，都可以以电子数据的形态存在，而在技术层面等同于狭义的电子数据。也许正是看到了这一点，《电子数据证据规定》第 1 条在对电子数据作出狭义界定的同时，进行了例外规定："确有必要的，对相关证据的收集、提取、移送、审查，可以参照适用本规定。"但究竟什么是这里所说的"确有必要"，法律并没有明确的解释，也很难进行科学的解释。

回到《电子数据证据规定》所确立的电子数据的狭义概念。从本质来看，电子数据的主要特点不应当是案件发生过程中形成的，也不应是能够证明案件事实，因为这两点和传统证据并无二致；而应在于：(1)是一种数字化形式存储、处理、传输的信息；(2)是一种虚拟空间的信息。物证、书证、证人证言等传统证据，可以转化为电子数据的形态，即通过数字化处理，成为虚拟空间的信息而存在。如古迹、文物等大量的实物已经被电子化，以便于存储和保护，这便使实物证据转化为电子数据。传统证据不再仅存在于实体空间中，而是可能通过数字化存储在硬盘、云盘等看不见、摸不着的虚拟空间中，备受关注的互联网审判更是要求将传统的证据转化为数字化的证据以便于质证、认证。也就是说，互联网时代不仅使大量的证据以电子数据的形态而存在，而且要求将一些传统证据转化为电子数据，这两类电子数据虽然有所不同，但在证据的审查判断时都需要考虑电子数据的自然属性，这就表明我们仅仅有传统的证据规则是不够的，我们还需要构建一套虚拟世界的证据规则。《电子数据证据规定》对于电子数据的界定及其所确立的审查判断规则，是建立在狭义电子数据的概念基础之上的，从立法技术的角度来说，这样处理比较简单，但从互联网时代的司法实践的需求来看，恐怕很难满足迅速发展的智慧司法、互联网审判的要求。

可见，电子数据不仅在互联网时代的司法审判中作为一种独立的证据广泛

---

① 2018 年 9 月出台的《互联网法院规定》虽然只适用于北京、广州、杭州互联网法院，同时也不适用于刑事案件，但该规定对互联网时代的审判制度和证据规则显然具有一定的参考意义。

存在，而且电子数据对于传统证据产生了颠覆性的影响。在此意义上，我们可以说，电子数据是互联网时代的“证据之王”。这便要求只要与计算机及信息技术相关的能够证明案件事实的材料，原则上均应纳入电子数据之范畴，并形成一套基于互联网和数字化时代要求且符合电子数据自身特点的审查判断规则。

三、从裁判文书看电子数据在刑事证据体系中的定位

本研究以网络假货犯罪（互联网领域的侵犯知识产权类犯罪）案件的电子数据应用情况为分析样本，尝试展开实证研究。结合电子数据写入《刑事诉讼法》和近年来出台的《电子数据证据规定》等新司法解释带来的影响，探讨电子数据在司法实践中的基本样态及其背后的理论逻辑。

（一）数据来源与样本情况

选择网络假货犯罪案件作为分析样本，是考虑到此类案件的审判涉及电子数据的情况较多，尤其是网络购物平台涉及假货犯罪案例具有典型性和时代性，能够为我们提供很好的分析样本。笔者所在的杭州又是电子商务之都，是互联网法院和阿里巴巴的所在地，选择此类案件有利于相关调研和访谈工作的开展。案例的来源是通过北大法意的中国裁判文书库（http://www.lawyee.org/Case/Case.asp）检索，从中提取了10年（2005～2015年）的相关裁判文书的全样本，共计877个案例。① 排除24个无效样本后（审理段或证据段中为空白内容，或者是二审法院对一审法院审理的事实及证据的确认而无实质内容），中国裁判文书库收录的10年间涉及网络假货犯罪案件的有效样本共计为853个。② 将所有这些案例编号并输入SPSS软件，进行统计分析。为对比法律修改和新司法解释对司法实践的影响，特别是2016年《电子数据证据规定》的影响，又随机选取了该规定实施后的2016～2017年的案例30个，作为对照样本。③

如图1所示，涉及电子取证的案件多以具有明显现代数字化特征或与互联网相关的案件为主，排名前五的案件是销售假冒注册商标的商品、侵犯著作权、假冒注册商标、侵犯商业秘密以及销售侵权复制品。其中，又以销售假冒注册

---

① 检索规则具体如下：在案例高级检索处点击检索说明栏的“参考案由”，在案由检索区的案由树中勾选“刑事－>破坏社会主义市场经济秩序罪－>侵犯知识产权罪”，分别进行以下检索：（1）全文关键词“网店假”（两词之间有空格）＋案由“侵犯知识产权罪”；（2）全文关键词“电脑假”（两词之间有空格）＋案由“侵犯知识产权罪”；（3）全文关键词“互联网假”（两词之间有空格）＋案由“侵犯知识产权罪”；（4）全文关键词“网络假”（两词之间有空格）＋案由“侵犯知识产权罪”－全文关键词“网络联系”；（5）全文关键词“网上假”（两词之间有空格）＋案由“侵犯知识产权罪”；（6）全文关键词“微信假”（两词之间有空格）＋案由“侵犯知识产权罪”。

② 其中一审裁判文书809个（第F列“审判级别”字段下字典值为“一审案件”），二审裁判文书44个（第F列“审判级别”字段下字典值为“二审案件”）。

③ 考虑到2016～2017年网络假货犯罪的裁判文书已上网的样本数较少，在统计学上并不具有显著意义，但从个案的角度，却可以在一定程度上反映情况。

商标的商品为涉案事由的案件数量最多,远远大于其他种类数量。互联网的高速发展给社会带来进步的同时也为这些犯罪提供了“温床”,尤其是这些案件本身的特殊性决定了其在办理过程中需要借助于电子取证。如在审理销售假冒注册商标的商品案件时,要对销售行为及其产生的结果进行认定,就不可避免地需要运用到销售记录,同时,交易多采用支付宝、网络转账、网上银行等方式,而这些电子记录就成为此类案件中重要的证据形式。

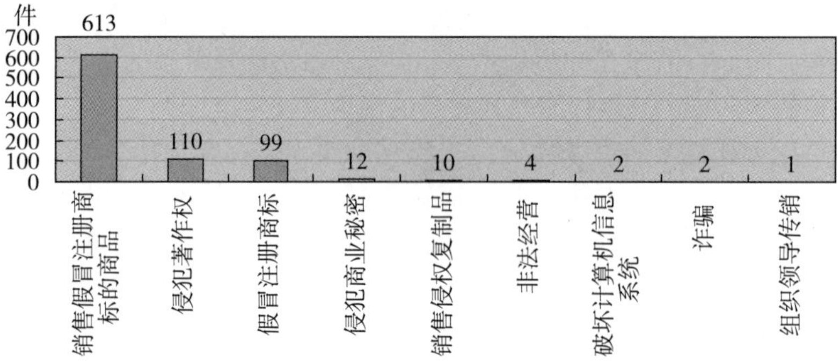

图1 涉案罪名分布情况

(二)电子数据的取证方式与在法庭上展示的形式

1. 电子数据的取证方式

从判决文书中可以看出,互联网犯罪案件中涉案的电子数据通常并不唯一,表现形式也很多样,因此对不同类型的电子数据可能会运用不同的取证手段,即电子取证是一个非常复杂的手段群。在此,对样本案件中不同电子取证方式出现的次数进行统计(见图2)。其中,将电子数据打印、直接导出、截图等是运用次数最多的手段,其次是电子数据的调取、检验鉴定、提取、拍照等。

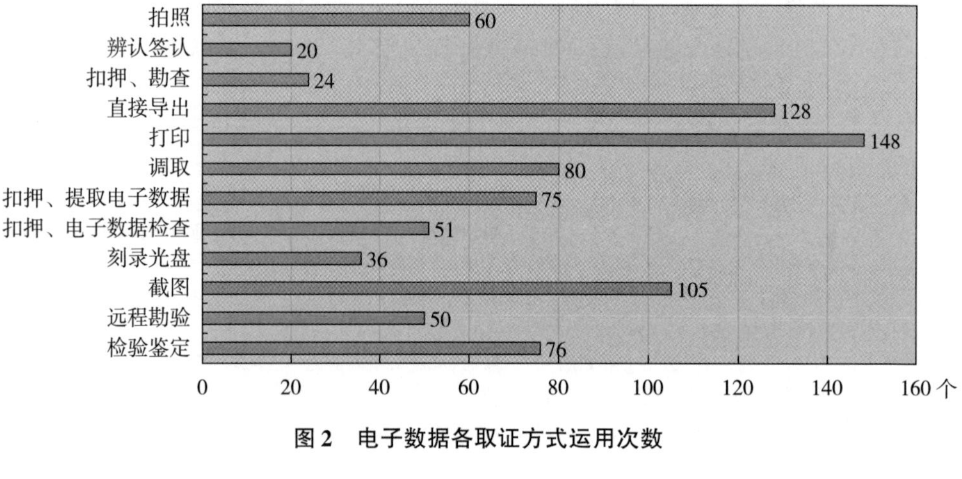

图2 电子数据各取证方式运用次数

图 2 显示,打印是侦查机关取证采用最多的方式,通过打印输出方式取证有 148 个。这主要是因为打印方式的简便易行,但是这种单纯通过打印出文档或图片来取证的方式显然很容易引起争议,甚至比复印件更容易被质疑。类似的方式还有直接导出、截图,分别有 128 个和 105 个案件。

对比 2016 年《电子数据证据规定》出台后的案例,与上述情况基本是一致的,这可能与《电子数据证据规定》对复印件、打印件等便捷方式的肯定有关,即第 18 条规定了:“人民法院、人民检察院因设备等条件限制无法直接展示电子数据的,侦查机关应当随案移送打印件,或者附展示工具和展示方法说明。”

然而,向第三方有关机构调取证据仅有 80 个,比笔者预期的要少。具体情况例如:向腾讯财付通后台调取交易数据,向淘宝公司调取涉案网店信息,向支付宝公司调取账号注册信息及交易记录,向人人网调取账号充值记录,向奇虎公司调取云盘存储数据等。第三方机构通常向侦查机关提供数据光盘或者盖章书面记录,而上述材料的获得和真实性十分依赖第三方机构的配合与诚信度。此外,在样本裁判文书中只有一例显示,对电子数据做了公证,说明公证方法在电子取证中很少使用。

2. 电子数据在法庭上展示的形式

那么,这些电子数据在法庭上是以什么方式展示的呢?让我们再来看一下公诉机关提交法院审判阶段电子数据的表现形式。统计结果显示,57.21%(488 个)的案件中公诉机关提交了电子证据,其中,法院或公诉机关将这些证据明确认定为电子数据的占这些案件的 17.01%(83 个),也有法院将其归为书证(40 个)、视听资料(4 个)或者勘验笔录(1 个),而 73.77% 的法院(360 个)并未对此类证据进行直接归类说明。这表明大量的司法机关并未将电子数据定位为一种新的独立证据种类,而是将其与其他证据种类相混同,采用类似的审查判断规则,对此本文的第四部分将展开讨论。

即使在 2012 年《刑事诉讼法》明确规定电子数据后,按照新法规定的证据种类进行举证的案例中,电子数据的表现形式也并不清晰,如在 × ×·泰勒、沈 × ×等销售假冒注册商标的商品案中,判决书中列明了公诉机关作为电子数据举证的证据如下:“广州市公安局经济犯罪侦查支队四大队穗公经电检 2012005 号电子物证检验报告,证明公安机关对在广州市番禺区祈福新村 B 区十三街 B112 号提取的兼容组装电脑主机一台进行电子物证检验,并将‘DailyOrders.csv’电子数据刻录到光盘。”①该案中,并没有将移动硬盘、电脑、电子邮件、网页截图等纳入电子数据的举证种类,而是将其纳入了物证、书证和

① 参见“× ×·泰勒、沈 × ×、张 ×、黄 × ×、彭 × 销售假冒注册商标的商品案刑事判决书”,广东省高级人民法院(2013)粤高法刑二终字第 42 号,案例编号:2173024。

勘验、检查笔录等传统证据种类。

2012 年电子数据正式入法，从裁判文书来看，将电子数据作为专门的一种证据的比例明显提高。但案例显示，检察官更多是从有利举证的角度来对证据进行归类，并且在不少案例中，是围绕待证事实来列举证据，并没有明确地按照法律的分类来举证。在访谈中，检察官表示，不少被告人及其律师对电子数据不信任，只有转化成书证等传统证据才能沿用传统的质证方法，因此，将电子数据归入传统证据种类是常见的现象，也并不影响电子数据的证明力。

裁判文书显示，公诉机关提交的电子数据主要表现为以下几类形式：(1)实物的形式：电脑、硬盘、光盘等。只有一成左右的案件中会存在电子数据的原始载体，三成左右的案件中会有电子数据的复制件(如光盘)。(2)书面的形式：打印件、扣押清单、截图、各类工作记录等。接近一半的案件中，电子数据都以打印件的形式存在；超过六成案件的电子数据完全是以书面形式呈现。(3)笔录的形式：表现为与电子数据紧密相关的各种笔录，如搜查笔录、检查笔录、辨认笔录、提取笔录、远程勘验笔录、现场勘验笔录等。(4)以鉴定意见的形式：实际表现为鉴定意见书、鉴定说明书、鉴定结论书、检查意见书等。上文统计表明，向法庭提供原始载体的比例显然偏低，甚至连提交复制的光盘和相关笔录也没有成为一种普遍的做法。

即使是《电子数据证据规定》出台之后，电子数据的举证形式仍然延续了原来的便利主义做法。这与《电子数据证据规定》并不一致，该规定第 22 条明确了对于电子数据的举证形式的审查主要围绕：是否移送原始存储介质；在原始存储介质无法封存、不便移动时，有无说明原因，并注明收集、提取过程及原始存储介质的存放地点或者电子数据的来源等情况。值得注意的是，在法院审判阶段，居然有超过 60% 的案件中的电子数据最后完全是以转化为追诉方书面材料的形式存在，还有部分案件中是以公安机关出具的"证明""情况说明""笔录"等形式出现，以证明相关电子数据的存在。这表明电子数据在法庭上的定位及其表现形式与法律、司法解释的规定有较大的差距。

四、以"求真"为导向的电子数据的审查判断

上文中，对于电子数据的取证方式和在法庭上呈现的形式进行了直观的解读，这一表象显示出电子数据在我国刑事庭审的证据体系中的定位是模糊的。虽然法律和司法解释对于电子数据已经有了明确的界定，但实践中电子数据与其他传统证据的区别并不显著，电子数据甚至常常被转化为传统证据在法庭上呈现。与此同时，传统证据在互联网背景下，与电子数据交织在一起，这显然也会对电子数据的审查判断产生直接而重要的影响。

(一)电子数据审查判断的表象：围绕三性展开

对于证据的审查判断，一般是围绕着证据的三性展开，对于电子数据同样

如此，法庭上针对电子数据的质证主要也应是围绕真实性、关联性、合法性展开，只是侧重有所不同。从裁判文书来看，对于电子数据的质证主要表现为四种类型（见表1）。

表1 对电子数据的质证

案例	控方举证	被告方质证理由及类型	法官不予采信的理由
陈××销售假冒注册商标的商品案①	网页截图、注册资料、交易明细记录、支付宝账户等书证及视听资料等	不真实：仅将网店销售记录导出打印统计，没有进行审计，无法证实该证据的客观、公正、真实	数据从服务器中提取，由淘宝网及支付宝公司提供，无法删改
符×等销售假冒注册商标的商品案②	司法鉴定意见书及其附件所列的交易明细表等	真而不实：犯罪金额中应当扣除虚拟交易（刷单）金额和快递费	没有事实依据
顾×、张×销售假冒注册商标的商品案③	某某公司出具的材料，证明账户的注册人为张×，银行卡照片、活期历史明细清单等	无相关性：张×只是借身份证给他人开网店，不知道卖出货物的真假，也不知道销售的数量	张×与被告人顾×以及相关证人的证言能够相互印证
黄×销售假冒注册商标的商品案④	公安机关出具的扣押物品、文件清单及情况说明，司法鉴定意见书和货值金额情况、补充说明等	程序违法：立案、扣押赃物及鉴定的时间顺序及公安机关超越职权	对于本案的侦破情况，公安机关已在工作情况中作详细阐述

所统计的案件中，辩护方对公诉方所提交电子数据的质疑情况主要包括：对电子证据原始性、真实性的质疑，对依电子数据得出的犯罪数额是否准确的质疑，对电子数据提取、存储和固定等程序合法性的质疑，对电子数据鉴定意见合法性的质疑，等等。其中，辩护方异议获得法院支持的比例极低。从获得法院支持的少量个案来看，有效的质证主要集中于对于涉案数额的异议。如辩护方准确分析电子数据所含信息从而使法院对犯罪数额作出从轻认定；又如提出

① 参见“陈××销售假冒注册商标的商品案刑事判决书”，广州市海珠区人民法院（2012）穗海法刑初字第302号，案例编号：1662195。

② 参见“符×、安×、李×、赵×、张×等销售假冒注册商标的商品案”，上海市第二中级人民法院（2013）沪二中刑（知）终字第1号，案例编号：2330322。

③ 参见“顾×、张×销售假冒注册商标的商品案刑事判决书”，上海市浦东新区人民法院（2011）浦刑初字第2079号，案例编号：2330374。

④ 参见“黄×销售假冒注册商标的商品案刑事判决书”，上海市闵行区人民法院（2012）闵刑（知）初字第83号，案例编号：1767903。

对电子数据提取时程序严重不合法的质证意见，从而排除了据此认定的犯罪金额。对于辩护方对公诉方电子数据提出的质疑，多数判决书并没有详细说理，往往是笼统地对公诉方证据给予采信，如表述如下："本院认为，上述证据间相互关联、相互印证，证据具有真实性、合法性、有效性，可予以认定。"①但这种笼统表述显然很难说服被告方。

围绕电子数据的三性展开质证，是司法实践中的通说，并且得到了《电子数据证据规定》第 2 条的明确："人民检察院、人民法院应当围绕真实性、合法性、关联性审查判断电子数据。"这意味着，从规则层面已经确认了法庭之上对于电子数据的质证和审查判断主要是围绕着真实性、合法性和关联性展开。但这只是表象，从裁判文书来看，真实性一直是电子数据审查判断的重点，而关联性与合法性审查在《电子数据证据规定》出台后，虽然有所增加，但仍然主要是为真实性审查提供辅助性作用。

（二）以虚拟空间中信息的真实性为重点展开审查判断

从裁判文书来看，关于电子数据的三性中，法庭质证最主要是围绕真实性展开。这体现了"求真"是电子数据审查判断的主要价值取向。

"求真"的重点是证实虚拟空间中信息的真实性。辩护方对电子数据的真实性的质疑，如表 1 所示，主要分为两种类型：(1)直接质疑不真实，包括电子数据是否为虚假信息或被篡改等。对于不真实的质疑，很大程度上是因为公诉方在法庭上的举证，采用的是打印件、情况说明、笔录等形式，这样做虽然简便且直观，但是很难将虚拟世界中的信息以充分且可信的方式展现出来。但律师提出此类质疑的成功率并不高，相关网络公司和系统信息的持有者的配合成为关键，这也使公安司法机关对淘宝、支付宝、腾讯等互联网巨头的依赖性越来越高。(2)真而不实，主要表现在大量的案件中被告方对犯罪事实无异议，但对涉案数额的计算有不同意见。例如，耿×销售假冒注册商标的商品案中，律师对构成犯罪没有异议，但对数额提出如下意见："耿×在经营网店过程中，为争揽客户采取了在第三方网站进行虚假交易的模式来提高网店信誉度与知名度，故存在应予扣除的虚假交易部分计人民币 13,111.6 元。"法院采信了律师的质证意见："辩护人提交的虚假交易记录，证明耿×的淘宝网店销售记录中存在虚假交易部分；辩护人提交的耿×淘宝网店销售记录，证明鉴定金额存在计算错误部分。"②

---

① 参见"董××、毛××销售假冒注册商标的商品案刑事判决书"，福州市鼓楼区人民法院(2014)鼓刑初字第 74 号，案例编号：5401623。

② 参见"耿×销售假冒注册商标的商品案刑事判决书"，上海市第二中级人民法院(2012)沪二中刑(知)终字第 2 号，案例编号：2330344。

对于电子数据真实性的倚重有其必然性。一方面,我国的刑事证据体系本身就以追求真实为特点,“有真相才有正义,查明真相是中国司法文明的优良传统。”[①]电子数据虽然是一种新型的证据种类,但我国所规定的电子数据证据规则主要是围绕着传统的“求真”理念而展开。即使在西方,真实性对于证据法也是十分重要的,如特文宁一再强调应“认真对待事实”,并指出:“威格摩尔的‘科学’仅仅是一种在法学教育内认真并系统地处理事实问题的努力的一个例证——但无疑是最为重要的一个。”[②]

另一方面,电子数据作为一种虚拟网络空间中的信息,对其进行的真实性审查与传统证据有着较大差别。例如,一个书证和一个电子文档,从内容来看是很相似的,而且可能相互转化,但其真实性的审查判断却是有着很大的差异。书证的审查判断主要是从其来源、是否原件、具体内容等角度进行,而电子文档存储于虚拟网络空间中,其背后有副本文件、位置信息、系统信息等多个数据信息;书证很容易被损毁,但不易篡改、伪造、变造,而电子文档即使被删除,仍然会留下可还原的信息而很难在虚拟空间中彻底抹去,但却很容易被修改,很难区分是原始文档还是曾被篡改、伪造、变造后的文档。这就意味着,电子数据因为系统信息的存在而比传统证据有更高的可靠性,同时,电子数据由于存储于虚拟空间而使真实性比传统证据更容易被质疑。也正因如此,电子数据的真实性在司法实践中争议更大,要证明真实性所要做的例如保管链的鉴真等基础性工作更为复杂。

回到规范层面,我国三大诉讼法都明确规定了“证据必须经过查证属实”。《刑诉法解释》第 93 条明确规定了电子数据的审查要点,主要也体现了“求真”的倾向:(1)是否是原始介质;(2)是否有文字说明和签名;(3)是否附有笔录、清单;(4)是否符合技术规范;(5)是否完整;(6)是否真实;(7)与案件事实有无关联;(8)是否全面收集,等等。“求真”在《电子数据证据规定》中表现得更为清晰,该规定第 22 ~ 28 条对电子数据的真实性、完整性、网络身份与现实身份的同一性、瑕疵补正等作出了详细规定,体现了对“求真”的具体化要求。[③] 上

---

① 陈光中:《公正和真相才是现代刑事诉讼的核心价值观》,陈光中教授在中国法学会主办的第 14 期“中国法学创新论坛”的演讲。相关研究可以参见陈光中:《中国古代司法制度》,北京大学出版社 2017 年版,第 15 ~ 18 页。

② [英]威廉·特文宁:《反思证据:开拓性论著》(第二版),吴洪淇等译,中国人民大学出版社 2015 年版,第 25 页。

③ 对电子数据是否真实,《电子数据证据规定》规定了应当着重审查以下内容:(1)是否移送原始存储介质;在原始存储介质无法封存、不便移动时,有无说明原因,并注明收集、提取过程及原始存储介质的存放地点或者电子数据的来源等情况;(2)电子数据是否具有数字签名、数字证书等特殊标识;(3)电子数据的收集、提取过程是否可以重现;(4)电子数据如有增加、删除、修改等情形的,是否附有说明;(5)电子数据的完整性是否可以保证。

述司法解释从取证过程、举证形式、内容本身、完整性审查等层面规定了较为翔实的真实性审查规则,这与裁判文书所展示的电子数据真实性审查判断的简单化,并与传统证据审查判断的趋同化,是有较大差异的。

新司法解释的相关规定,实际上给了被告人及其辩护律师做详细比对并找出侦查机关电子取证瑕疵提供了机会。这也是《电子数据证据规定》出台后的案例中,辩护方的此种质疑明显增加的主要原因。但司法实践中提出此种质疑的实效并不明显,一方面是《电子数据证据规定》第20条确立了庭前补正规则,即法院在法庭庭审之前发现证据不符合相关要求"应当"通知人民检察院,这便给了追诉方通过说明情况或补充手续等方式补上漏洞的机会;另一方面,法院在我国的司法体制中容易倾向于追诉方,在裁判文书中往往采用模糊的表述,来否定此种质疑,如徐×等诈骗案的裁判文书指出:"公安人员对扣押的伪基站、设备进行检查,符合《电子数据证据规定》的要求,并有检查人员的签名,程序合法。辩护人该意见与事实不符,本院不予采纳。"①

(三)对电子数据关联性的审查本质上仍然是"求真"

电子数据的关联性,是电子数据所承载的信息与案件事实存在客观上的内在联系性,从而起到证明作用。即电子数据必须与待证的案件事实有内在联系,这种内在联系具体表现为电子数据应当是证明待证的案件事实的全部或一部分信息。关联性"旨在向事实裁判者展现将有助于作出决定的全部信息。对不相关证据的排除也遵从于发现事实真相的价值,因为它使事实认定者的注意力集中于适当的信息,且仅仅集中于适当的信息。"②从本质来看,电子数据的关联性问题体现了"求真"的价值趋向,目的仍然是发现虚拟空间中的事实真相。

互联网世界中的任何行为,都会在虚拟空间中留下痕迹,从而为查明真相提供重要的信息。然而,这些虚拟空间的信息究竟是谁留下的、是怎么留下的等问题,与现实世界是有显著差异的。如在本文研究的裁判文书中,QQ聊天记录是十分常见的一种电子数据,其所记载的内容虽然明确,但被告人常常辩称和自己无关联:QQ被盗号;别人也有密码;不是自己所说的;所说并非真实意思表达;等等。关联性审查的司法实践显示,对于电子数据的关联性审查主要分为两个方面:一是从内容来看,审查电子数据所承载的信息是否同案件事实有关;二是从载体来看,主要审查虚拟空间的身份、行为、介质、时间与地址同物理空间的当事人或其他诉讼参与人能否关联起来。③ 上述关联性审查实际上是一

---

① 参见"徐×等诈骗案刑事判决书",广西壮族自治区柳州市柳南区人民法院(2016)桂0204刑初449号,案例编号:44607953。

② [美]戴维·伯格兰:《证据法的价值分析》,张保生、郑林涛译,载《证据学论坛》第13卷。

③ 参见刘品新:《电子证据的关联性》,载《法学研究》2016年第6期。

种推理的过程，即由电子数据的内容及虚拟空间的身份、行为、介质、时间与地址等已知的判断（前提），推导出电子数据与案件具有相关性的思维过程，它是审查电子数据关联性的主要方法，而这正是电子数据“求真”的难点所在。由于关联性主要是一个经验问题，很大程度上依赖于人们的经验与常识来判断，对证据关联性的判断很难提出可操作的具体标准，也很难在立法或司法解释中予以明确。裁判文书所记载的判决意见中，如表 1 所示，对于电子数据关联性的审查也就很容易含糊其辞或简单化处理。

电子数据所具有的关联性，包括直接关联和间接关联两种形式。直接关联类似于传统证据中的直接与待证案件事实相关，而间接关联是指无法准确地把握其因果关系故不能用其直接认定案件事实。例如，大数据的运用便具有间接关联的特点。在大数据被广泛运用的今天，人们日益相信，“直觉、经验和统计数字应该结合起来以作出更好的选择。”[①]2017 年 8 月开始实施的最高人民法院《司法责任制实施意见（试行）》，提出了法官审理案件应全面检索类案和关联案并制作检索报告。在具体的司法证明中，基于全样本数据所反映出的规律在多大程度上能够影响案件事实的证明，仍然缺乏足够的实证支撑，而仅能适用间接层面的关联性。

（四）“求善”：合法性审查围绕保障真实性展开

“求善”的价值要求电子数据的适用应符合正当法律程序和保障被追诉人的基本权利，展开合法性的司法审查。这本是一种独立的价值，但裁判文书显示，辩护方对电子数据合法性的质疑往往比较宽泛，而且主要是围绕真实性展开的论辩。辩护方对电子数据合法性问题的攻击多以“没有鉴定人员签名”“送检人显示为无”这样的瑕疵以及没有多少具体线索的一般性“程序不合法”为理由。结果多为两种情况：一种是法院按照普通物证的非法证据排除规则进行判断，“公安机关虽未严格依照有关规定的程序提取涉案电子数据，但……以完全封闭方式……能相互印证……对制作提取过程……作出了必要说明……合理解释”，控方从而较为容易地对证据合法性进行补正；另一种是以辩护方“对非法取证问题未提供线索或者材料”为由予以否定。也正因如此，裁判文书显示，辩护方对电子数据合法性的异议成功率是比较低的，此类辩护意见并未起到多大的实际效果。

从规范层面来看，现有的电子数据合法性审查主要围绕保障真实性而展开。《刑诉法解释》第 93 条关于电子数据合法性问题的规定，仅笼统地提到了“收集程序、方式是否符合法律及有关技术规范”，缺乏具体的审查程序和标准。

---

① ［美］伊恩·艾瑞斯：《大数据：思维与决策》，宫相真译，人民邮电出版社 2014 年版，第 212 页。

《电子数据证据规定》对于电子数据合法性审查的规定中，有关审查内容的规定主要是围绕真实性保障，而不是正当法律程序。《电子数据证据规定》第 24 条对此作出了 4 项具体规定。[①] 第(1)项规定的是审查侦查人员人数及其是否符合技术标准。要求电子取证由两位侦查人员执行并无刑事诉讼法上的明确依据，是否有必要也存在争议，关于是否符合技术标准，则主要涉及电子数据的真实性是否有保障。第(2)、(3)、(4)项分别规定了笔录记载情况，见证和过程录像，存储介质、数据备份和录像等情况，这些内容在侦查取证的正当性中并非关键所在，也不涉及基本权利，反而对于保障电子数据的真实性具有一定的意义。

通过裁判文书的对比，可以看到 2016 年之后的案例中，被告人及其律师对电子数据合法性的质疑比例明显提高：在 2016～2017 年的 30 个案例中，有 4 个案例中辩护方明确地提出了电子数据的合法性问题，而在此之前 800 多个案例中仅有 8 个案件涉及电子数据的合法性问题。这与《电子数据证据规定》明确强调了合法性的要求应该是有关系的。在这 4 个案例中，辩护律师都是依据《电子数据证据规定》提出对电子数据合法性的质疑，如在林××等非法经营案中，辩护律师指出："电脑账单是确定犯罪数额的主要证据，而储存该电脑账单的电脑主机公安机关不是直接从被告人处扣押，而是由安监部门移送。电脑账单属电子数据，其收集和提取应严格按照《电子数据证据规定》操作，但本案电脑账单的收集和提取未按该规定操作。"裁判文书显示，法官并未认可该辩护意见，理由是"《电子数据证据规定》是从 2016 年 10 月 1 日起施行，而本案电脑账单是在 2016 年 6 月 21 日提取，故该规定并不适用于本案。"[②]这个案件从一个侧面说明了，侦查人员电子取证存在不规范性，新的司法解释对于严格电子取证的合法性是有所助益的。

五、电子数据的检验鉴定与"求真"盲点

对电子数据真实性的审查判断有别于传统的证据种类，电子数据"求真"与现代科技紧密相关。为保障电子数据的真实性无外乎两条路径：一是通过严格的正当程序规定，对于电子数据的收集、保存等依法作出规制；二是通过检验、鉴定、专家意见等技术手段来审查电子数据的真实性。对于前者，《电子数据证

---

① 具体包括：(1)收集、提取电子数据是否由二名以上侦查人员进行，取证方法是否符合相关技术标准；(2)收集、提取电子数据，是否附有笔录、清单，并经侦查人员、电子数据持有人(提供人)、见证人签名或者盖章；没有持有人(提供人)签名或者盖章的，是否注明原因；对电子数据的类别、文件格式等是否注明清楚；(3)是否依照有关规定由符合条件的人员担任见证人，是否对相关活动进行录像；(4)电子数据检查是否将电子数据存储介质通过写保护设备接入到检查设备；有条件的，是否制作电子数据备份，并对备份进行检查；无法制作备份且无法使用写保护设备的，是否附有录像。

② 参见"林××等非法经营案刑事判决书"，浙江省玉环市人民法院(2017)浙 1021 刑初 285 号，案例编号：47600578。

据规定》等司法解释作出了积极探索,但和司法实践的需求仍有较大差距,对此,将在本文的第六部分展开讨论;对于后者,其正是司法实践中电子数据“求真”的难点,并尚存诸多盲点。

(一)“求真”与电子数据的司法鉴定

电子数据司法鉴定与传统证据的鉴定有着较大区别,裁判文书显示,电子数据司法鉴定被广泛采用,且较多地被质疑,并未达到预期的作用。

在488个明确列明有电子数据的案例中,有241个案例有鉴定书作为证据呈现,占了将近50%。在是否有鉴定人出庭的统计中,明确提到有鉴定人出庭对电子数据作出说明的有14.34%(70个)。与一般案件相比较,这个比例是相当高的,[①]体现了司法鉴定对于电子数据审查判断的独特作用。电子数据具有高科技属性,对其真实性的审查便离不开以高科技为基础的鉴定。这种证明价值建立在特定科学知识或者技术原理基础之上的鉴定意见,因为由具备相关专业知识并且得到国家资质认可的专业技术人员作出,能够有效弥补侦查人员和司法人员相关知识的欠缺,通常被认为具有较高的证明力而备受青睐。

也许正因如此,司法解释特别强调了鉴定对电子数据的重要性。《刑诉法解释》第93条规定了:“对电子数据有疑问的,应当进行鉴定或者检验。”这里需要注意的是,司法解释将电子数据的鉴定和电子数据的检验并列在一起。前文的实证研究显示,有电子数据的案件中,常常把“鉴定检验”作为一种取证方式,便是和司法解释的这种并列性规定相关。如果从内涵来看,鉴定和检验显然是不一样的,鉴定的主体是具有鉴定资质的独立第三方,而检验的主体是侦查机关指定的机构。但如果从“求真”的角度来看,两者又是共通的,都是运用专门知识对电子数据的真实性进行审查判断。也就是说,上述司法解释体现了我国对于电子数据的司法鉴定主要是站在“求真”的角度展开。

裁判文书显示,电子数据的鉴定结果在个案中被质疑的情况较为普遍。这与电子数据鉴定的特点有关:(1)电子数据的司法鉴定并未被纳入司法行政机关统一管理的三大类,缺乏有效的管理。根据全国人民代表大会常务委员会《关于司法鉴定管理问题的决定》第2条规定,明确列举并纳入统一管理的是三大类的司法鉴定,即国家对法医类、物证类、声像资料司法鉴定业务的鉴定人和鉴定机构实行登记管理制度。[②] 电子数据的司法鉴定并不属于这一范围且呈现

---

① 据浙江省司法厅统计,2013年该省办理涉及诉讼的司法鉴定36,832件,但鉴定人出庭作证只有167次,出庭率仅为0.45%。参见俞世裕等:《鉴定人出庭作证制度实施现状及完善》,载《中国司法鉴定》2014年第5期。

② 2015年,最高人民法院、最高人民检察院、司法部联合出台的《关于将环境损害司法鉴定纳入统一登记管理范围的通知》,又将环境损害司法鉴定纳入了统一管理。

出混乱状态,有的地方将其归入声像资料类,有的地方就没有做电子数据鉴定的司法鉴定机构,更多的地方是由公安检察机关工作人员的检验来替代鉴定。(2)要求具有专门知识,但缺乏统一的鉴定资质要求。在实践中,既有鉴定机构出具的鉴定意见,也有某些专门机构出具的鉴定证明书,[①]还有涉案单位出具的说明材料。如在顾×、张×销售假冒注册商标的商品案中,被告方对于博邦公司的鉴定资质提出质疑,法院最终认定:"博邦公司出具的鉴定情况说明并非刑事诉讼证据中的鉴定结论,其内容为被害单位的辨认,其证据属性应当归类于刑事诉讼证据中的被害人陈述……故对博邦公司出具的鉴定情况说明予以采纳。"[②](3)关于电子数据检验的具体办法,《电子数据证据规定》第17条仅规定了:"具体办法由公安部、最高人民检察院分别制定。"这意味着公安机关和检察机关对于电子数据的检验具有掌控权。在访谈中,侦查人员坦言,他们依据的标准就是内部规定,而不是司法解释。被追诉方对于这些内部规定,显然缺乏了解也无法有效救济。(4)电子数据鉴定的专业性很强,法官对其缺乏必要的审查判断能力。数据分析表明,电子数据是否得到鉴定对法官是否采纳电子证据的影响微乎其微。通过对分析样本的相关性统计,显示两者相关显著性的P值$=0.55>0.05$(其中P表示显著性水平),表明鉴定情况与法院对电子数据的采纳情况的相关性不显著相关。之所以会出现这种现象,主要的原因可能还是和当前我国法官对电子证据审查判断能力总体较弱有关,无论电子证据是否鉴定,法官都较难实质性地对其进行有效的审查。从统计数据来看,法院显然是极度偏向采纳控方提交的电子数据(采纳比例高达96%),所以是否鉴定对电子数据采纳的影响几乎可以被忽略。

(二)专家辅助人的准确定位及其作用的发挥

专家辅助人的引入,为电子数据"求真"提供了重要支持,但司法实践表明,其尚未能准确定位并充分发挥专家辅助人在电子数据审查判断中的作用。

裁判文书统计显示,司法鉴定在电子数据的采信中并未发挥预期中的作用。但司法实践中,涉及电子数据的案件又广泛采用鉴定,这两者之间似乎存在矛盾。从裁判文书中可以看出,电子数据的鉴定实际上包含了三种形式:(1)一般意义上的司法鉴定;(2)侦查机关指定的机构出具的检验报告;(3)具有专门知识的

---

① 在该案中,公诉机关提交的证据包括:上海市公安局金山分局出具的扣押物品、文件清单及拍摄的扣押物品视频录像、下载的淘宝网销售记录、上海市金山区价格认证中心物品财产估价鉴定结论书、证人刀某、张某某的证言、商标注册证明、未授权声明、鉴定证明书、上海市浦东新区公证处公证书、上海市公安局金山分局出具的案发经过等。参见"阮××假冒注册商标案刑事判决书",上海市徐汇区人民法院(2012)徐刑(知)初字第10号,案例编号:1648544。

② 参见"顾×、张×销售假冒注册商标的商品案刑事判决书",上海市第一中级人民法院上海市浦东新区人民法院(2012)沪一中刑(知)终字第3号,案例编号:1769175。

人的意见。我们往往只看到了一般意义上的司法鉴定,而忽视了后两者发挥的重要作用。

对电子数据真实性的审查,关键是涉及专门知识,这便为专家辅助人发挥作用提供了广阔的空间。裁判文书中采用的鉴定说明书、鉴定报告书、鉴定证明书等,从本质来看都是专家出具的意见。专家辅助人的引入,可以有效弥补电子数据司法鉴定中遇到的机构资质、鉴定人资质等问题。裁判文书显示,在司法实践中,法官对这些专家意见给予了等同于司法鉴定意见的地位。但从规范层面来看,在我国,专家辅助人的意见并不是一种证据,在电子数据领域同样如此。《电子数据证据规定》第 26 条第 3 款明确规定:“公诉人、当事人或者辩护人、诉讼代理人可以申请法庭通知有专门知识的人出庭,就鉴定意见提出意见。”①也就是说,将专家辅助人作为协助质证的专家来定位,这便极大地限制了专家辅助人的作用。笔者对此曾作专项研究,并主张“如果要充分发挥专家辅助人在庭审中的作用,便需要超越质证权,从整体上重新思考专家辅助人的定位,而其中的关键是专家辅助人意见的证据能力问题。”②

关于电子数据的检验报告,应当统一纳入专家辅助人制度。《电子数据证据规定》第 17 条规定:“对电子数据涉及的专门性问题难以确定的,由司法鉴定机构出具鉴定意见,或者由公安部指定的机构出具报告。对于人民检察院直接受理的案件,也可以由最高人民检察院指定的机构出具报告。”该条规定进一步明确了电子数据的检验报告制度,即由侦查机关指定的机构出具检验报告,这与公安部《电子证据取证规则》第 55 条是一致的。《电子数据证据规定》第 26 条第 4 款规定:“对电子数据涉及的专门性问题的报告,参照适用前 3 款规定。”③这就使检验报告具有了类似于司法鉴定和专家意见(前 3 款规定)的作用,无论在电子数据的取证、举证抑或是质证中都可以广泛适用。这里的侦查机关指定的机构,显然不是司法鉴定机构,否则就没有必要作此特别规定了;其也不应当是侦查机关内部的机构,否则很难摆脱自侦自检的质疑,而且侦查机关本身有鉴定机构,也没必要纳入这里的指定机构。基于控辩平等对抗的诉讼

---

① 与《电子数据证据规定》的规定有所不同,《互联网法院规定》第 11 条规立了当事人可以申请专家辅助人出庭,无须以存在鉴定意见为前提。即当事人可以申请具有专门知识的人就电子数据技术问题提出意见;互联网法院可以根据当事人申请或者依职权,委托鉴定电子数据的真实性或者调取其他相关证据进行核对。

② 参见胡铭:《鉴定人出庭与专家辅助人角色定位之实证研究》,载《法学研究》2014 年第 4 期。

③ 《电子数据证据规定》第 26 条前 3 款规定如下:公诉人、当事人或者辩护人、诉讼代理人对电子数据鉴定意见有异议,可以申请人民法院通知鉴定人出庭作证。人民法院认为鉴定人有必要出庭的,鉴定人应当出庭作证。经人民法院通知,鉴定人拒不出庭作证的,鉴定意见不得作为定案的根据。对没有正当理由拒不出庭作证的鉴定人,人民法院应当通报司法行政机关或者有关部门。公诉人、当事人或者辩护人、诉讼代理人可以申请法庭通知有专门知识的人出庭,就鉴定意见提出意见。

构造,这里的指定机构的专家出具的检查报告,应当统一纳入有专门知识的人的意见,即作为专家辅助人意见来适用和规范,并解决其证据能力问题。

(三)现代科技带来的"求真"盲点

电子数据"求真"的追求要受限于互联网、云计算、人工智能、区块链等技术的发展。可以说,网络虚拟空间中的安全防护技术及相应的管理措施很难跟上互联网犯罪的步伐。信息加密、防火墙、访问权限控制、计算机病毒的防治以及建立数据备份系统等防护技术仍存在诸多漏洞,这便给司法过程中的"求真"带来了难题。《电子数据证据规定》并未能够回应或者解决这些问题。《互联网法院规定》第11条作了积极的探索,即通过电子签名、可信时间戳、哈希值校验、区块链等证据收集、固定和防篡改的技术手段或者通过电子取证存证平台认证。然而,我们仍然面临诸多技术上的盲点。

比如,我们很难证明暗网中的"真实"。近期发生的章莹颖案等案件,①让暗网逐步进入了刑事司法研究的视野。暗网是那些不能通过超链接访问而隐藏于网络深处的资源集合,不属于那些可以被标准搜索引擎索引的表面网络。②传统的搜索引擎"看"不到,也获取不了这些存在于暗网中的涉及犯罪的内容,而通过暗网被隐藏起来的虚拟空间的信息远多于我们日常在普通网站中可以获得的信息。

又如,云环境给电子取证带来深远的影响和现实困难。在云环境下,世界上任何角落的某个用户都可以利用云服务开展网络诈骗、身份窃取等网络犯罪行为,而不留下任何能够追踪其真实身份的信息。云平台的数据如何收集提取、分析和定位等问题都是难题,同时还涉及跨国界的管辖权、安全基础建设、云服务商责任等问题。

再如,VPN和VPS带来的电子取证难问题。VPN是用来上代理的,比如跨越防火墙,但不能用来放网站;VPS是用来放网站的,就是虚拟服务器。在与互联网公司安全部门的工作人员的访谈中,他们指出网络假货犯罪的电子取证如果是在VPN、VPS环境下,IP地址随时可以更换而很难查实,这便使电子取证困难重重。

六、迈向互联网时代的电子数据及其审查判断规则

互联网时代的电子数据作为一个急速发展的新兴领域,不断对刑事审判和

---

① 2017年6月,中国访美学者章莹颖在美国遭绑架一案中,被害人在案发后多个月仍未被找到。嫌疑人勃兰特·克里斯坦森曾在案发前多次在暗网上浏览网站"绑架101"里面关于完美绑架幻想、绑架计划入门等内容的帖子。人们由此推断,克里斯坦森很可能将章莹颖绑架之后通过暗网进行了人口贩卖交易。参见《章莹颖的遭遇真的与"暗网"有关?》,载http://news.sina.com.cn/s/wh/2017-07-22/doc-ifyihrit1203076.shtml,最后访问日期:2018年12月13日。

② 王佳宁:《"暗网"对国家安全的危害》,载《网络安全技术与应用》2016年第9期。

传统证据产生重要影响。上述经验分析表明,为了因应互联网时代的要求和司法实践的需要,我们应将电子数据作广义的定位:在虚拟空间以数字化的方式存储的可以用于证明案件事实的信息。在此基础上,在“求真”和“求善”两大价值的权衡中,确立电子数据的审查判断规则,并最终构建一套互联网领域的证据规则。

(一)立法层面:共性规则与差异性规则

立法的重点应是梳理哪些是电子数据与传统证据共性的规则,哪些是电子数据所特有的规则,并分门别类做好研究。

1. 共性规则

这里的共性规则,并非要归纳电子数据与传统证据有哪些共同的特点,而是要思考电子数据应该遵循正当程序和证据法的一般要求,以避免电子数据因为新而出现不受现有规则限制的问题。

电子数据的证据规则应在传统制度与规则的基础上发展并创新,而非另起炉灶。从西方研究来看,电子数据的收集包括从被告人处收集以及从第三方进行收集,两者适用不同的程序。若从被告人处收集电子数据,主要有四种情形:搜查令、同意搜查、一览无遗原则以及紧急情况;从第三方收集电子数据,主要包括自愿披露和强制披露两种情形。电子数据在法庭中的适用,则涉及电子数据的鉴定、传闻证据规则以及专家证人等问题。[①] 这些问题往往可以在我们已经熟知的证据制度和规则中找到依据和支点,如美国联邦证据规则中就有不少相关规定。

从我国电子数据的现有规定来看,电子数据的审查判断并没有和初查、技术侦查、搜查、非法证据排除等相关制度有效衔接。如《电子数据证据规定》主要是围绕电子数据的真实性,而忽略了网络信息监控本质上和监听等技术侦查是一样的,网络信息提取和进入物理空间搜查是类似的,电子数据的提取与强制性侦查行为具有共性,相关规定的缺失使这些直接涉及公民基本权利的电子取证行为缺乏必要的制度规范;[②]又如 2017 年出台的《关于办理刑事案件严格排除非法证据若干问题的规定》并未直接规定非法电子数据的排除问题。实际上,按照传统的逻辑便可以厘清电子数据的不少问题。电子数据的取证过程涉及公民基本权利和正当法律程序,以侵害他人合法权益或者违反法律禁止性规定的方法取得的电子数据,不能作为认定案件事实的依据,而规范电子取证的关键在于法庭上对电子数据的审查判断,即通过司法审查来实现电子取证的正

---

① Major Jacqueline J. DeGaine, “Digital Evidence”, *The Army Lawyer*, 5, 2013, pp. 7 - 25.

② 参见龙宗智:《寻求有效取证与保障权利的平衡——评“两高一部”电子数据证据规定》,载《法学》2016 年第 11 期。

当化,并将之转化为电子数据的排除和审查规则问题。

2. 差异性规则

电子数据的审查判断规则应当建立在电子数据的物理属性和特点的基础上,这就使电子数据区别于传统证据的审查判断。这些差异性规则是审查所有数字化信息所都可以适用的,也便成了现有涉及互联网的审判以及互联网法院审判的基础性证据规则。

应基于电子数据的特点确立“求真”规则。与传统证据相比较,电子数据具有一系列显著特点,①为了“求真”,就必须对电子数据的收集、保存、鉴定等提出符合其特点的规则。审查内容应包括电子数据生成平台、存储介质、保管方式、提取主体、传输过程和验证形式等,应鼓励和引导运用电子签名、可信时间戳、哈希值校验、区块链等技术手段。②《电子数据证据规定》等现有立法和司法解释,侧重于电子数据取证的技术规范而非程序规则,立法体例上围绕电子数据的提取、固定、审查判断等证据问题展开,而对电子数据的初查以及勘验、搜查、调取、扣押、鉴定等涉及公民基本权利的侦查程序的规定较少,也便使电子取证并未获得充分的程序规制。

由于电子数据的脆弱性,执法人员在收集电子数据时,需要非常小心以避免存储于虚拟空间中的资料遭受任何损害或者变动,在收集或保存电子数据的过程中,保管链条的完整性非常重要。需要建立一套每一个步骤都有相关记录的标准处理程序,以确保相关电子数据的原貌与完整性。如国际计算机组织(IOCE)曾公布一套“处理计算机证据的国际标准”,包括了处理电子数据的基本规则:(1)扣押电子数据时,不可改变证据的内容;(2)当有必要存取原始的电子数据时,应由有鉴识能力人员处理;(3)应完整的记录、保存以及留供审查所有关于电子数据的扣押、存取、储存或搬运的行为;(4)在持有电子数据期间所发生的任何与该证据有关的行为,皆由电子数据的持有人负完全

① 从优势来看,电子数据更难被破坏,几乎不需要任何物理的空间来存放;可以被精确地复制,因此其副本可以代替原件来证明案件事实;只要经由合适的工具,很容易分析电子数据是否被修改;即便有人想销毁电子数据,该电子数据的复本还会存在于人们无法直接察觉的电脑或互联网的某个地方。从困难来看,与传统证据相比较,电子数据不易被理解、被感知;虽然可以被复制,但如何证明该复本与原本具有相同的证明力,需要审查其可靠性和具体的来源;易于修改的特性,虽然可以用专门的技术来分辨,但增加了技术上的问题;网络的发达,使电子数据可能轻易地通过网络被人修改、操控或传送。

② 《互联网法院规定》第11条作了探索,规定了审查判断电子数据生成、收集、存储、传输过程的真实性,应着重审查以下内容:(1)电子数据生成、收集、存储、传输所依赖的计算机系统等硬件、软件环境是否安全、可靠;(2)电子数据的生成主体和时间是否明确,表现内容是否清晰、客观、准确;(3)电子数据的存储、保管介质是否明确,保管方式和手段是否妥当;(4)电子数据提取和固定的主体、工具和方式是否可靠,提取过程是否可以重现;(5)电子数据的内容是否存在增加、删除、修改及不完整等情形;(6)电子数据是否可以通过特定形式得到验证。

的责任;(5)任何负责扣押、存取、储存或搬运电子数据的机构,皆应遵守以上处理原则。① 所有关于收集电子数据的指导原则或者规范,主要目的都是为避免任何可能会改变或者破坏电子数据的原貌之行为,这便需要一整套正当程序来保持具有易于修改及灭失特性的电子数据的完整性。这不仅是一个行业标准,更重要的是这是司法机关能够较为简单地审查判断电子数据真实性的依据,应该由立法或司法解释作出统一的规定,而不是授权侦查机关自行制定。

电子数据的鉴真过程就是审查判断电子数据真实性的过程。即通过审查检材的可靠性,检材提取的规范性以及保管过程的完整性等来为鉴定提供基本的前提条件。② 重点在于:(1)保管链审查。需要审查电子数据的收集、运输、保管、鉴定等环节形成完整的保管链,这是保障公诉方提交的电子数据不被污染、损坏、篡改或替换的要求。从获取电子数据起至该电子数据被提交到法庭,关于该电子数据的流转和放置的基本情况,以及保管和检验电子数据的人员的情况,这些信息应该是连续且完整的。(2)司法鉴定与专家辅助人意见。法庭之上电子数据的专家大有可为。司法鉴定作为检验电子数据真实性的重要手段,电子数据司法鉴定应纳入统一司法鉴定管理体制;同时,充分发挥专家辅助人的作用是当前解决专门问题的有效方法,应赋予专家辅助人意见以证据能力。(3)第三方取证存证平台。互联网世界需要依靠新技术与第三方信用体系,需要建立中立第三方的电子数据存管制度,并明确电子数据取证存证平台的审查认定标准。如杭州安存公司提出"瞬间证明虚拟世界的真实性",基于全数据生命周期电子数据存管与证明体系,从数据生成与创建、数据存储与传输、数据取证的数据生命环节,闭环解决电子数据与司法证据间的要求差异,使之符合司法要求。③ 其已在司法实践中有效适用,如判决书指出:"确认涉案商品信息不存在的安存证据保全图片打印件一份,用以证明天猫公司在收到起诉状后已删除了相关信息,确认涉案信息已不存在,履行了相应的法律义务。"④

(二)司法层面:从"求真"到"求善"

裁判文书和访谈中均可以清晰地看到,公安司法人员对于电子数据的关注主要是侧重于真实性问题,对于关联性为数不多的关注仍然是围绕真实性展

① 参见法思齐:《美国法上数位证据之取得与保存》,载《东吴法律学报》第3期。

② 参见陈瑞华:《实物证据的鉴真问题》,载《法学研究》2011年第5期。

③ 杭州安存网络科技有限公司创建于2008年。基于全数据生命周期电子数据存管与证明体系,公司研发了八大产品系,即语音保全系、邮件保全系、凭证保全系、合同保全系、版权保全系、电子政务保全系、医疗数据保全系、即时通讯保全系。安存与全国28个省(市、区)200多个地区的公证机构及阿里云、百度云、腾讯云等伙伴建立了深度的合作关系,提供一站式电子数据证明解决方案服务,努力构建全方位电子数据证明体系。详见网址:http://www.ancun.com/,最后访问日期:2018年12月23日。

④ 参见"江苏源梨动漫产业有限公司诉浙江天猫网络有限公司等著作权侵权纠纷案民事判决书",杭州市余杭区人民法院(2015)杭余知初字第1137号,案例编号:8768177。

开。甚至有的侦查人员认为,电子数据入法就意味着其合法性问题已经解决。然而,从裁判文书显示的趋势来看,将来刑事案件庭审抗辩的焦点很可能会由电子数据的真实性问题转移到关联性、合法性问题,从“求真”走向“求真”和“求善”的平衡。

如前所述,电子数据的关联性审查主要是一个经验问题。这就意味着对于电子数据的关联性,司法比立法更重要。侦查人员对于电子数据的关联性要想建立证明的锁链,就必须超越传统的人和行为的两要素分析,而是锁定人、机(云空间)、数据、行为这四个要素。由于技术上存在盲点和缺陷,这便要求加强在电子数据取证中对于关联性证据的收集与固定,同时降低对言词证据的依赖,善于运用间接证据来证明案件事实。这就要求侦查人员掌握互联网、数据挖掘、数据保存等技术标准规范,公诉人员也应该具备技术性证据审查的经验和能力。

司法实践反映出,我国电子数据运用的短板是缺乏体现“求善”价值的合法性审查。因此需要认真考虑如何在电子数据运用中实现控制犯罪与公民权利保障之间的平衡,而我国当前应重点思考如何补齐电子数据运用中公民基本权利保障的“短板”。

电子数据合法性审查的重点是对于公民基本权利的保护,尤其是电子数据所承载的大量信息涉及公民的隐私权保护。如美国《爱国者法》一经通过,便被侦查犯罪的执法人员视为面对恐怖分子和计算机犯罪时,手中可掌握的最有力武器。该法强化了对互联网和电子邮件的监控,如政府能够获得访问的互联网地址和发送、接受电子邮件的地址,而不需要合理根据或合理怀疑。这固然有利于打击特定犯罪,但对于公民自由和隐私权的保护显然是极具负面影响的,因而受到诸多批评。[①] 这实际上涉及电子取证中的价值权衡问题,说明体现“求真”的调查犯罪和体现“求善”的正当法律程序之间的博弈。又如韩国大法院近期明确指出:打印或复制电子设备载体上存储的犯罪事实相关文件的过程,可视为根据扣押、搜查令状而进行的搜查行为。因此,打印或复制的电子文件对象与搜查、扣押的对象应当相同,应将其限定为与犯罪事实相关的电子文件。[②] 这实际上强调的是电子取证应遵循正当程序原则、令状主义原则和比例原则。为了减少国际争议,新出台的公安部《电子证据取证规则》第23条规定:“对公开发布的电子数据、境内远程计算机信息系统上的电子数据,可以通过网络在线提取。”即将境外数据的在线提取限定于“公开发布的电子数据”;对于远程计

① 参见胡铭:《价值抉择:反恐措施与刑事诉讼》,载《政法论坛》2006年第6期。

② [韩]丁雄奭:《认定电子证据等电子设备载体证据能力》,载《第九届中韩刑事司法学术研讨会论文集》,第2页。

算机信息系统上的电子数据则仅限于针对“境内”系统进行网络在线提取。这说明公安机关在远程电子取证中已经认识到了公民权利保障作为国际通行规则的重要性,但国内、国际的不同标准显然只能是过渡性的做法,从长远来看应当并轨。

电子数据合法性审查主要围绕程序问题展开,关键是应明确违法的程序性后果。对于电子数据的收集、保管等违反程序规则,足以影响其他人的重大权益的,应适用非法证据排除规则。从司法实践来看,排除的情形主要应包括:(1)通过非法搜查、扣押获得的电子数据;(2)私自拦截取得的传输中的电子数据;(3)非法侵入计算机系统获得的电子数据;(4)私自破解的已加密的电子数据;(5)以植入木马、病毒等侵害他人合法权益的手段获得的电子数据;等等。实证研究表明,我国侦查机关电子取证中的程序违法往往并未导致被排除的后果,而是被作为瑕疵证据并轻易予以补正。这里不仅有完善非法证据排除规则问题,更重要的是司法实践中应正确理解违法电子监控、违法电子搜查等问题,并严格依法排除非法电子数据。

七、结语

互联网、大数据和人工智能正在深刻地改变着司法的过程。实证研究显示,电子数据在互联网时代刑事审判中日益呈现出王者之姿,与规范层面的证据规则有着较大的差距。这一方面反映了互联网时代刑事审判对电子数据的实质需求,另一方面也说明了规范层面尚未能充分回应司法实践的需要。“未来已来”,互联网审判已经从试点走向了推广,大数据正在颠覆我们对于证据的真实性、关联性的认识,“人工智能的可怕之处在于预测的精确度”,[①]而现有电子数据的审查判断规则是建立在将电子数据定位为一种新证据的基础上而设计的,并未充分考虑传统证据的电子数据化,也并未充分考虑电子数据应用可能带来的司法风险。“必须充分意识到,科学研究发现的因果关系并不可能穷尽世界的因果关系,甚至有些通过实证科学研究发现并为当时人们所接受的因果关系也完全有可能是错误的。”[②]未来对于电子数据的研究,应建立在对电子数据在证据体系中的准确定位的基础上,深入思考科技带来的新机遇及其局限,在“求真”与“求善”双重价值的权衡中探索构建一套适应互联网时代刑事司法需要的证据规则。

---

① [日]松尾丰、盐野诚:《大智能时代:智能科技如何改变人类的经济、社会与生活》,陆贝旎译,机械工业出版社2015年版,第7页。

② 苏力:《法律与科技问题的法理学重构》,载《中国社会科学》1999年第5期。

《监察法》实施中的证据合法性问题研究

刘　昂*

摘　要　《监察法》的证据规定抽象简约，无法起到规范取证行为、保障取证质量的作用，无法实现《监察法》与《刑事诉讼法》的周密衔接，这对取证活动与证据司法审查运用活动的开展带来了严重困扰。在《监察法》缺乏具体明确的证据规范标准的情况下，如何开展取证工作和证据的审查认定工作，是《监察法》实施中亟须研究解决的重大课题。这一问题的解决非一朝一夕之功，当有近期和远期应对策略，近期应以价值标准为指导着力解决证据合法性问题给司法办案带来的实践难题，远期则要着力构建具有中国特色的监察案件证据合法性标准制度体系。

关键词　监察法　证据合法性　规范标准　价值标准　问题与应对

一、问题的提出

监察体制改革是近年来国家政治与法律领域的重大变革，引起了学界的广泛关注和诸多讨论。在检察机关职务犯罪侦查权转移和机构人员转隶后，职务犯罪的侦查权已经事实上从检察机关移转到了监察委员会，而职务犯罪案件的起诉权和审判权仍然由检察机关和审判机关行使。《中华人民共和国监察法》（以下简称《监察法》）第45条第4款规定："对涉嫌职务犯罪的，监察机关经调查认为犯罪事实清楚，证据确实、充分的，制作起诉意见书，连同案卷材料、证据一并移送人民检察院依法审查、提起公诉。"可见，监察制度运行与刑事司法的衔接问题成为当务之急，而证据问题是衔接两者的关键环节，即监察委员会调查取得的证据与刑事司法证据的衔接问题。

《监察法》第33条规定："监察机关依照本法规定收集的物证、书证、证人证言、被调查人供述和辩解、视听资料、电子数据等证据材料，在刑事诉讼中可以作为证据使用。监察机关在收集、固定、审查、运用证据时，应当与刑事审判关于证据的要求和标准相一致。以非法方法收集的证据应当依法予以排除，不得作为案件处置的依据。"这一规定的实施，涉及《监察法》与《刑事诉讼法》证据运用的衔接与证据标准的统一问题。表面上看，这一条文似乎对此问题作出了

* 刘昂，北京政法职业学院教授，法学博士，法学博士后。

回应，但这一简单的规定显然不足以解决司法实践中的证据衔接问题，其核心在于证据的合法性问题。

证据合法性问题是《监察法》实施中的一个极其重要的问题。《监察法》是监察机关调查职务犯罪的依据，但人民检察院审查起诉和人民法院审判案件依据的是《刑事诉讼法》，虽然两部法律在移送起诉案件的规定和标准上具有一致性，但是职务犯罪案件的特殊性决定了监察机关的调查和收集证据具有与刑事诉讼法不完全相同的程序和条件，[①]这种不同在少数方面体现为《监察法》对取证合法性规范的规定超过了《刑事诉讼法》的规范力度，[②]而更多的方面则体现为《监察法》对证据合法性的规范力度不及《刑事诉讼法》的规范要求。[③] 监察委员会对职务犯罪案件调查完毕移送人民检察院后，人民检察院需要对监察机关移送的证据进行审查，使起诉案件达到刑事审判的标准和要求，辩护人也可以通过阅卷权的行使了解控方取证程序有无问题、证据体系是否完整；在开庭审理阶段，监察机关移送的证据要经过控辩双方的举证、质证，接受控辩审三方的集中审查，但证据的司法审查主要依据的是《刑事诉讼法》及相关规定。“由于监察委员会调查职务犯罪不受我国《刑事诉讼法》的规制，因此证据的合法性来源能否得到保障是存疑的。”[④]可见，要保障监察体制改革后职务犯罪案件的依法公正顺畅办理，迫切需要解决监察机关与司法机关办理职务犯罪案件的证据标准和证据要求的衔接统一问题，这一问题的核心即是《监察法》实施中职务犯罪案件证据的合法性问题。

二、证据合法性的内涵及不合法证据的效力

一般认为，证据合法性是指证据的法律符合性，但这一证据合法性内涵的界定，无法解决《监察法》实施中所遇到的证据合法性问题。《监察法》关于证据的规定极其简约，在缺少明确具体的证据规范指引的情况下，监察委员会如何收集审查证据？司法机关如何审查认定监察委员会移送的证据？认识解决这些问题，我们需要以新的视角来界定证据合法性的内涵，进而确定不符合法律规范要求的证据是否具有证据效力。

---

① 朱福惠：《论监察机关对监察机关职务犯罪调查的制约》，载《法学评论》2018 年第 3 期。

② 比如，《监察法》第 41 条规定：调查人员进行讯问以及搜查、查封、扣押等重要取证工作，应当对全过程进行录音录像，留存备查。而《刑事诉讼法》仅要求对重大案件的讯问录音录像。

③ 比如，《刑事诉讼法》为了保障被拘留人或被逮捕人的合法权益，防范刑讯逼供等非法取证行为的发生，规定拘留后应当立即将被拘留人送看守所羁押，至迟不得超过 24 小时，逮捕后应当立即将被逮捕人送看守所羁押，犯罪嫌疑人被送交看守所羁押以后，侦查人员对其进行讯问，应当在看守所进行。而《监察法》对被留置人的羁押、讯问场所并无具体规定。

④ 陈卫东：《职务犯罪监察调查程序若干问题研究》，载《政治与法律》2018 年第 1 期。

(一)证据合法性的内涵

对于证据合法性的理解,理论上尚未达成共识。[①] 笔者认为,简单地说,证据的合法性,指的是证据的法律符合性与价值符合性的统一。前者是指证据的取得与使用要符合法律的规定,后者是指证据的取得与使用要符合诉讼活动的价值要求。前者是证据的规范性,后者是证据的正当性。法律关于证据取得与使用的具体规范构成了证据合法性的规范标准,关于证据的价值要求构成了证据合法性的价值标准。具体而言,准确理解证据合法性的内涵,应把握以下四个方面的内容:

1. 证据合法性的评价对象是证据取得与证据使用活动

证据的"取得"简称"取证",是指刑事诉讼特定主体以法定的方式和程序收集证据、固定证据、保存证据的活动。取证活动的构成要素包括取证主体、取证的时间、地点、方式方法、取证程序、证据固定、证据保存、证据移送等诸多方面。证据使用,是指刑事诉讼参与主体对证据进行审查,并将证据应用于案件,查明案件事实的活动。按照《刑事诉讼法》第 50 条的规定,证据是可以用于证明案件事实的材料,证据必须经过查证属实,才能作为定案的根据。审查证据,运用证据查明案件事实,贯穿于整个刑事诉讼阶段。取得证据、使用证据是刑事诉讼参与主体非常重要的诉讼活动,是刑事诉讼查明案件事实的关键支撑,是证据合法性内容的应有之义。

2. 法律关于证据取得与使用的具体规范构成了证据合法性的规范标准

证据合法性的规范标准主要是指调整规范证据取得与使用活动的法律规范。如果少了具体明确的证据法律规范体系,证据的合法性就没有依据和保障,一个证据是否合法,能否作为移送审查起诉、决定移送起诉、判决是否有罪的根据,也就难以判断。因此,从应然的角度说,证据合法性标准需要围绕证据的取得与使用建立起一套完整、明确、具体的法律规范制度体系;从实然的角度看,证据合法性标准要求证据的取得与使用必须符合现行证据法律规范的要求。"在刑事诉讼法等相关法律、法规、规章、解释为每一种证据的获取过程都规定了明确的程序性规范的前提之下,对证据合法性的证明即具体化为证明证据的获取是否符合法律、法规、规章、解释为其所设定的种种规范。"证据是否合

---

① 比如,樊崇义教授认为,证据合法性即运用证据的主体要合法,每个证据来源的程序要合法,证据必须具有合法形式,证据必须经法定程序查证属实。参见樊崇义主编:《证据法学》(第 3 版),法律出版社 2003 年版,第 135 页;陈瑞华教授认为,任何违反法律程序所规定的主体、步骤、方法、强制措施、期限、救济等方面的侦查行为都是违法侦查行为,所取得的证据均不具备证据的合法性要求。参见陈瑞华:《非法证据排除规则的理论解读》,载《证据科学》2010 年第 5 期;万毅教授认为,证据是否合法,完全取决于取证手段合法与否。参见万毅:《解读"非法证据"——兼评"两个〈证据规定〉"》,载《清华法学》2011 年第 2 期。

法，“更多的是一个规范判断的问题。”①也正因如此，我们界定证据合法性的内涵时，常常立足证据合法性规范标准的角度，认为合法性就是法律性，是指证据的形式、收集、出示和查证，都由法律予以规范和调整，作为定案根据的证据必须符合法律规定的采证标准，为法律所容许。②

3. 诉讼活动对证据的价值要求构成了证据合法性的价值标准

证据合法性的价值标准，是指证据的取得与使用活动应符合诉讼活动的价值目标要求。从规范的角度看，证据的合法性是证据的取得与使用是否符合相关证据法规范的证明与判断；从价值的角度看，证据的合法性，“是为担保刑事诉讼事实认定机制之正当性，而对单个证据提出的法律资格要求。”③价值标准也可以成为判断一个证据是否具有证据能力的依据，正如林钰雄教授所言：“证据能力有消极条件和积极条件两项基本限制”，④消极条件强调的是证据排除，价值追求是人权保障、正当程序等，积极条件强调的是认证与准用，价值追求是查明案件真实。因此，刑事证据合法性的价值标准，至少要符合查明案件事实和人权保障、正当程序等价值目标的要求。

4. 证据合法性是规范标准与价值标准的统一

规范标准是证据合法性标准的形式标准、具体标准，价值标准是证据合法性标准的内在标准、抽象标准。价值标准决定着规范标准的内容，规范标准是价值标准的具体表现。价值标准是相对恒定的，规范标准则是不断变化的，呈现出多样化的特点。对证据合法性的规范标准而言，同样的证据种类，不同时期会有不同的规范内容；同一时期，不同机关如公检法三机关对同一证据种类的取证规范和证据使用规范也会有差别。价值标准则具有弥补规范标准不足的作用。在新的证据法律规范还没有产生或者已有规范已不合理的情况下，我们需要在证据合法性价值标准的指导下开展取证与证据审查工作，规范证据的取得与使用行为，而不应该拘泥于运用规范标准简单机械地对证据加以排除。⑤

（二）不合法证据的效力

以证据是否符合法律规范标准的要求，可以将证据分为合法证据和不合法证据。证据取得完全符合证据法律规范要求的证据，谓之合法证据；反之，谓之

---

① 刘方权：《双重视野下的证据合法性证明问题》，载《中国刑事法杂志》2015 年第 4 期。

② 陈光中、徐静村主编：《刑事诉讼法学》，中国政法大学出版社 2002 年版，第 131 页。

③ 万旭：《法外证据、超法证据与检察环节证据合法性审查》，载《证据科学》2016 年第 2 期。

④ 林钰雄：《刑事诉讼法》（上册），台北，元照出版有限公司 2013 年版，第 475 ~ 477 页。

⑤ 比如，在行政执法机关办案过程中生成的证据，在很长一段时间都不符合刑事诉讼证据合法性的规范性标准，直到 2012 年《刑事诉讼法》修改增加了行政执法与刑事司法证据的衔接规定，这种状况才得以改观。但在法律修改前，这种证据在刑事司法实践中客观上也发挥了证明案件事实的作用，一律排除显然不具有合理性。此时，证据合法性的价值标准就可以弥补规范不足的弊端，在证据效力的认定方面发挥作用。

不合法证据。不合法证据的效力,指的是不符合证据法律规范要求的证据是否具有证据能力或证据资格。取证活动的构成要素内容繁多,证据取得的程序规定细致复杂,由此导致司法实践中不符合证据法律规范的证据屡见不鲜。另外,实践中还经常出现法律没有规范的新的证据形态,虽然不符合证据合法性的规范标准,但也能起到证明案件事实的作用。可见,不合法证据之“不合法”的形态多样,其效力不能一概而论,应当具体问题具体分析。根据《刑事诉讼法》的相关规定,结合证据合法性的价值标准要求,笔者认为,不合法证据的效力可做如下分类判断。

1. 非法证据的效力

在刑事诉讼中,非法证据主要是指通过法律明确禁止的手段或者严重违反法律规定的程序所取得的证据。[①] 非法证据既违反证据合法性的规范标准,也严重违反证据合法性的价值标准,因此,非法证据是不具有证据能力或证据资格的证据,不能作为定案的根据。

《刑事诉讼法》第56条规定:采用刑讯逼供等非法方法收集的犯罪嫌疑人、被告人供述和采用暴力威胁等非法方法收集的证人证言、被害人陈述,应当予以排除。收集物证、书证不符合法定程序,可能严重影响司法公正的,应当予以补正或作出合理解释;不能补正或者作出合理解释的,对该证据应当予以排除。在侦查、审查起诉、审判时发现有应当排除的证据的,应当依法予以排除,不得作为起诉意见、起诉决定和判决的依据。最高人民法院、最高人民检察院、公安部、国家安全部、司法部《关于办理刑事案件排除非法证据若干问题的规定》(以下简称《非法证据排除规定》)也对此作出了规定。[②]

可见,根据上述刑事诉讼法关于非法证据排除规则的规定,非法证据的类别主要包括两类:一是采取特定方法收集的非法言词证据,二是取证活动明显违反法律规定以致可能影响公正审判的物证、书证。除了这两类,其他证据种类的取证活动同样会出现严重违反相关取证规范,进而可能影响案件公正处理的情况。这些不合法证据,也属于非法证据,不能作为定案的根据。最高人民法院《关于适用〈中华人民共和国刑事诉讼法〉的解释》(以下简称《高法解释》)等法律规范对这些非法证据的情形作出了具体明确的规定。[③]

---

① 刘方权:《双重视野下的证据合法性证明问题》,载《中国刑事法杂志》2015年第4期。

② 比如《非法证据排除规定》第14条规定:“物证、书证的取得明显违反法律法定,可能影响公正审判的,应当予以补正或者作出合理解释,否则,该物证、书证不能作为定案的根据。”

③ 比如《高法解释》第81条规定:被告人供述具有下列情形之一的,不得作为定案的根据:(一)讯问笔录没有经被告人核对确认的;(二)讯问聋、哑人,应当提供通晓聋、哑手势的人员而未提供的;(三)讯问不通晓当地通用语言、文字的被告人,应当提供翻译人员而未提供的。

2. 瑕疵证据的效力

瑕疵证据是因取证活动存在不符合证据法律规范要求的情形所取得的含有违法特征和残缺因素的证据。这些不合法情形可以补正，或者虽不能补正但对证据合法性价值标准的违反不严重，不致对案件公正处理造成严重影响。

瑕疵证据不仅仅局限于在取证程序上存有瑕疵的物证、书证，也包括在取证程序上存有瑕疵的证人证言、讯问笔录等言词证据。[①] 比如，讯问犯罪嫌疑人的笔录未填写起止时间的，侦查机关应当作出合理解释。合理解释并不是某些侦查人员理解的“说得过去”，而是要有依据予以证明，比如必要时提供讯问同步录音录像等印证性的证据材料加以佐证，从而使审查者能够确信其解释的真实合理，认定瑕疵不足以否定该证据的证据能力，进而予以采信。[②]

瑕疵证据不影响证据的证据资格或证据能力，具有证据效力，但瑕疵证据的存在可能对证据的证明力产生影响。

3. 法外证据的效力

法外证据，是指取证活动缺少证据法律规范依据的证据，即缺少证据合法性规范标准的证据。刑事诉讼中，法外证据既可能表现为刑事诉讼证据法律规范没有规定相应的证据种类，也可能表现为现有规范对取证活动诸多构成要素中的部分构成要素缺乏应有的规定。

从刑事法治的要求讲，法外证据不具有证据能力或证据资格，不应作为证据使用。以心理测试为例，1999 年最高人民检察院在《关于 CPS 多道心理测试鉴定结论能否作为诉讼证据使用问题的批复》中指出：“CPS 多道心理测试鉴定结论与刑事诉讼法规定的鉴定结论不同，不属于刑事诉讼法规定的证据种类，不能将 CPS 多道心理测试鉴定结论作为证据使用。”最高人民检察院以刑事法治的要求为逻辑，否定了没有刑事诉讼法依据的证据材料的证据资格。但是，司法实践中法外证据产生的原因是多样的，一律将其排除在证据之外与司法实践需要不符，其合理性也值得商榷。“现代侦查程序设立的目的是为规范取证服务的，是为了既能确保有利取证又要保护公民合法权益的使命而存在，其本身并没有独立存在的价值。”“刑事诉讼法取证程序的要求主要是为了保障证据的可信性，对刑事诉讼取证程序的遵循本身不是目的。”[③]因此，笔者认为，对法外证据是否具有证据资格或证据能力不能一概而论，应当结合证据合法性的价值标准，合理作出判定。

---

① 《高法解释》第 77 条、第 82 条对有瑕疵的证人证言、讯问笔录等言词证据的采用作出了规定。

② 参见胡朝晖、陈鹏飞：《对瑕疵证据如何作出“合理解释”》，载《检察日报》2016 年 8 月 19 日，第 3 版。

③ 廖耘平：《我国纪检监察机关获取之人证的证据能力问题》，载《法学》2008 年第 1 期。

三、《监察法》实施中证据合法性存在的问题

从监察体制试点改革实施情况和新颁行的《监察法》的内容及实践效果看，《监察法》实施中的证据合法性问题主要体现在以下三个方面：

(一)过于抽象概括的《监察法》规范给取证和证据审查活动带来困扰

证据合法性的充分实现，首先要求有一套符合价值标准要求的规范证据取得与使用活动的具体明确的法律规范制度。目前看，《监察法》的规范内容过于抽象概括，远未达到证据合法性的规范标准要求，这必然导致监察委员会的调查取证与证据审查活动缺乏具体的操作规范，进而衍生出大量的不合法证据尤其是法外证据。具体讲，主要表现在以下两个方面：

第一，《监察法》有关证据取得与使用的规范过于抽象概括，无法给调查取证与证据审查活动提供明确的指引。新颁行的《监察法》“不仅有组织法的内容，而且有行为法、程序法和救济法的内容，具有混合法的性质”。[①] 这样一部性质多元的法律，条文却只有 68 条。有关证据规范的规定主要集中在第四章“监察权限”中，该章从第 18 条至第 34 条共 17 条不足两千字，主要规定监察委员会的取证措施及证据审查的原则要求。如此抽象简约的规定对于满足证据合法性保障的基本要求而言是远远不够的。比如，关于非法证据排除，《监察法》第 33 条规定：“以非法方法收集的证据应当依法排除，不得作为定案处置的依据。”非法方法收集的证据种类繁多，非法方法的表现形态也很多样，监察委员会对案件的处置类别又有纪律处分、行政处分、犯罪移送起诉之分，是否只要是以非法方法收集的证据都要排除，还是具体分为不同情形适用不同标准排除？显然需要法律作出具体明确的规定。

第二，不同性质案件的证据合法性应有不同的标准，《监察法》的规定中没有体现这种分类要求。根据《监察法》第 31 条的规定，监察委员会依法履行监督、调查和处置职责。调查分为对公职人员职务违法的调查和职务犯罪的调查，处置包括对违法的公职人员依法作出政务处分决定；对履行职责不力、失职失责的领导人员进行问责；对涉嫌犯罪的，将调查结果移送人民检察院依法审查、提起公诉等。由于监察委员会与纪检部门合署办公，“一套人马、两块牌子”，监察委员会同时也承担着党员干部违纪调查及处置的职责。由此看，监察委员会调查的案件可能是违纪案件、违法案件，也可能是犯罪案件。案件的性质不同，证据合法性价值标准的内容自然不同，取证和证据审查的规范标准也应当有所区别。从监察体制改革之前三类案件办理的实践情况看，在取证与证据审查方面，三类案件确实在执行着不同的价值标准和规范标准，但从《监察

---

① 姜明安：《国家监察法立法的若干问题探讨》，载《法学杂志》2017 年第 3 期。

法》的规定看,监察委员会办理不同性质案件所采取的监察措施多元混合①,没有体现不同案件证据合法性标准的分类要求。

(二)《监察法》缺少与《刑事诉讼法》规范相衔接的证据规范标准

第一,现行行政执法与刑事司法证据衔接的规定不能适用于监察委员会调查取得的证据与刑事司法证据的衔接。《刑事诉讼法》第 54 条规定:行政机关在行政执法和查办案件过程中收集的物证、书证、视听资料、电子数据等证据材料,在刑事诉讼中可以作为证据使用。根据本条规定,监察委员会改革前,惯常的做法是,纪委在"双规"调查后将涉嫌职务犯罪的案件移送检察院立案侦查,物证、书证等实物证据移送后直接适用于侦查阶段,作为诉讼证据使用;而对于询问笔录、证人证言等言词证据则需由检察院重新收集,并制作笔录,转化为合法的证据材料。改革后的监察委员会既不是行政机关,也不是司法机关,而是与行政机关、司法机关并行的独立行使监察权的国家机关。新的监察权既非行政权,也非司法权,而是一项独立的国家权力。② 因此,《刑事诉讼法》关于行政机关执法证据与刑事诉讼证据衔接的规定,不能适用于监察委员会监察活动与刑事诉讼活动的证据衔接。

第二,《监察法》有关证据衔接的规定片面抽象,司法实践中面临操作难题。前文已述,《监察法》第 33 条规定了监察证据与刑事司法证据的衔接问题,但这一规定片面抽象,在实践中难以实施。首先,与行政执法与刑事司法证据的衔接规定相比,该条规定对衔接的证据种类作了进一步的扩充。根据该条规定,可以在刑事诉讼中使用的证据,除了包括监察机关依法收集的物证、书证、视听资料、电子数据外,还包括证人证言、被调查人供述和辩解等言词证据。但是,被调查人供述和辩解、监察机关以谈话或者要求说明情况等方式所取得的证据等并不在《刑事诉讼法》第 50 条规定的证据种类之列。因此,必须在《刑事诉讼法》中以法规范的形式对监察机关各类证据的刑事证据资格予以确认,这一规定才可能在实践中得到顺利适用。但是,由于监察委员会的违纪调查、职务违法调查、职务犯罪调查没有清晰的界限,取证活动往往缺乏具体分类规范,刑事诉讼法即使笼而统之地认可监察证据的证据资格,也会给司法机关的证据审查认定工作带来困扰。其次,《监察法》第 33 条虽然规定了"监察机关在收集、固定、审查、运用证据时,应当与刑事审判关于证据的要求和标准相一致",但这只是《监察法》"自我面向"的规范要求。监察委员会开展监察活动依据的是《监察法》,而不是《刑事诉讼法》,当《监察法》规定和《刑事诉讼法》的规定不一致时,如何保障监察机关在监察活动中与刑事审判关于证据的要求和标准相一

① 陈越峰:《监察措施的合法性研究》,载《环球法律评论》2017 年第 2 期。
② 陈光中、邵俊:《我国监察体制改革若干问题思考》,载《中国法学》2017 年第 4 期。

致？因此，只有将刑事审判关于证据的要求和标准需要具化为《监察法》的证据规范，才能保障法律的规定落到实处，这就必须要建立一套与刑事审判证据标准相一致的监察取证规范与证据审查使用规范；否则，监察机关与司法机关统一证据合法性的标准就只能是纸上谈兵。

（三）《监察法》关于证据合法性价值标准保障不足导致人权保障不力

第一，《监察法》对监察委员会取证措施的法律制约不足。《监察法》规定的取证措施主要是：谈话、讯问、询问、查询、冻结、调取、查封、扣押、搜查、勘验、检查、鉴定、留置、技术调查等 14 种。这些强制性取证措施的使用，会对被调查人及其他相关人员的人身权、财产权、隐私权等基本权利造成严重影响。为规范强制性取证措施的合理正当使用，《刑事诉讼法》及相关法律规定对每种强制性措施使用的条件、范围、程序等都作了繁复细致的规定，以确保强制性措施的使用既符合取证所需，又不致对人权造成不当侵害。反观《监察法》规定的 14 种取证措施，相关使用条件宽松、审批程序简单，不足以防范和避免权力滥用问题。① 尤其是限制人身自由的留置措施，既适用于职务犯罪调查，又适用于严重职务违法的调查，限制人身自由的期限最长至 6 个月，因而更应该设置严密细致的使用操作规则和权利保护及救济条款，使之符合人权保障与正当程序对取证活动的要求。

第二，《监察法》没有对律师参与证据调查和证据审查使用活动提供支持和保障。"律师的参与和代理基于当事人的陈述、申辩权，后者属于正当程序的基本要素。"②在行政监察体制下，监察机关基于监察行为属于行政机关内部行政行为的考虑，不支持政纪案件的被调查人委托律师参与案件调查处理。③ 但改革后的监察委员会承担了职务犯罪调查的职能，而改革前这部分案件由检察院负责侦查。《人民检察院刑事诉讼规则（试行）》第 36 条规定："人民检察院侦查部门在第一次开始讯问犯罪嫌疑人或者对其采取强制措施的时候，应当告知犯罪嫌疑人有权委托辩护人，并告知其如果经济困难或者其他原因没有聘请辩护人的，可以申请法律援助。"职务犯罪案件转由监察机关调查后，取消律师参与案件调查的保障性规定，没有合理依据。律师参与案件调查活动，就证据收集活动是否合法、强制性取证措施的使用是否合法、取证活动是否有侵害被调查人权利的不法情形，以及就证据的审查使用等提出辩护意见，不仅有利于被调查人权利的维护，而且对保障监察机关依法取证、提升取证质量及正确使用

---

① 周长军：《监察委员会调查职务犯罪的程序构造研究》，载《法学论坛》2018 年第 2 期。

② 陈越峰：《监察措施的合法性研究》，载《环球法律评论》2017 年第 2 期。

③ 参见《监察部关于政纪案件中的被调查人是否可委托律师担任代理人问题的答复》（监法复字〔1992〕7 号）。

证据同样具有重要的意义。

四、《监察法》实施中证据合法性问题存在的根源与应对

(一)《监察法》实施中证据合法性问题的症结分析

《监察法》实施中存在的证据合法性的诸多问题,可归结于证据合法性规范标准制度体系的缺失。《监察法》用法规范的形式保障了监察委员会依据《监察法》的规定收集的证据材料,在刑事诉讼中可以作为证据使用,但这仅是从形式上解决了监察活动取得的证据材料在刑事诉讼中的证据资格问题,"并不能完全解决监察证据进入诉讼中的证据审查和证据使用问题"。[①] 监察活动取得的证据材料能否作为检察机关采取逮捕等强制措施以及审查起诉等案件处理的根据,能否作为法院审判定案的根据,还需要司法机关审查认定。目前看,《监察法》缺少具体明确的证据规范标准,未能与司法机关审查认定证据的规范要求形成有机衔接,这必然导致监察委员会取得的证据在后续的司法程序中容易遭遇审查认定的困境,职务犯罪案件的公正处理也难以得到保障。

在监察委员会改革试点工作中,一些试点地方参考《刑事诉讼法》等法律文件关于检察院职务犯罪案件侦查工作相关证据规定的内容,出台了较为具体明确的取证与证据审查工作规范,这些规范在试点工作推进中起到了积极的作用。但这些工作规范属于内部规定,不仅不对社会公开,而且不对司法机关公开。规范不公开,就无法作为司法机关和辩护人审查认定证据的依据和标准。因此,采取内部规定的办法不能实现职务犯罪办理对证据合法性规范标准的要求。

证据合法性的规范标准制度体系如此重要,为什么《监察法》相关规定却如此粗疏?有学者认为,监察委员会对职务犯罪的调查,"名为调查,实为侦查。或者说,以调查之名,行侦查之实"。"因此,此种针对职务犯罪进行的调查活动应严格依照《刑事诉讼法》的规定;或者《监察法》关于对职务犯罪进行监察调查的规定应当与《刑事诉讼法》的规定相一致。"[②]如此,则比较简便地解决了改革后的职务犯罪案件证据合法性规范标准不足的问题。但从颁行的《监察法》规定看,其没有采纳这种简便的解决建议,而是选择了粗疏的立法方式。

监察体制改革是一项重大的政治改革,其核心目标是建立集中统一、权威高效的监察体制。《监察法》"应当将建立集中统一、权威高效的监察体系作为立法的核心目标,对监察权力进行重新定位"。[③] 改革后新成立的监察委员会集

---

① 韩旭:《监察委员会调查收集的证据材料在刑事诉讼中使用问题》,载《湖南科技大学学报》(社会科学版)2018 年第 2 期。

② 卞建林:《监察机关办案程序初探》,载《法律科学》2017 年第 6 期。

③ 马怀德:《国家监察法的立法思路与立法重点》,载《环球法律评论》2017 年第 2 期。

纪律审查、行政监察、刑事调查于一身,“监察调查的办案方式使得违法调查与犯罪调查的界限模糊,亦难判断调查何时进入了具有侦查性质的犯罪调查之阶段”。[①] 监察委员会办理案件,其违纪调查与处置、违法调查与处置、职务犯罪调查与处置,会出现交叉混合的情况。一些案件可能以违纪调查始,而以违法处置或犯罪处置终;也可能出现以犯罪调查始,而以违纪处置或违法处置终的情况。在案件调查过程中,也会经常出现三类不同性质的调查取证活动交叉转换的情况。在这种交叉混合中,调查活动的类别与案件处置的性质在不断变化,甚至反复变化,相应地,其取证活动的性质与证据审查使用活动的性质也在不断变化。因此,《监察法》如何建立一套证据合法性规范标准制度体系,使之既符合监察权集中统一权威高效运行的需要,同时又符合不同类别的案件办理尤其是司法机关对职务犯罪案件证据审查与使用的需要,有待较长时期的深入探索实践,《监察法》的粗疏规定,其原因也许正在于此。

(二)《监察法》实施中证据合法性问题的应对策略

解决《监察法》实施中的证据合法性问题,有近期应对和远期应对之分。近期应对主要是解决《监察法》存在的证据合法性问题给职务犯罪案件取证与证据使用工作带来的实践难题;远期应对则要从根本上解决《监察法》实施中证据合法性标准制度缺失的问题,探索建立规范监察案件取证与证据使用的证据合法性标准制度体系。

1. 近期应对:解决《监察法》证据规范不足带来的实践难题

在《监察法》证据合法性规范标准概括抽象、尚未形成制度体系的情况下,监察委员会对职务犯罪案件的取证与证据使用,要坚持以证据合法性价值标准为指导,借鉴参考刑事诉讼法取证与证据使用的相关规定,结合监察案件调查取证与案件处置证据使用工作需要,针对取证与证据使用所遇到的问题,自觉规范取证行为和证据使用行为,确保案件移送检察机关审查起诉及后续法院审判活动中,所取得的证据材料的证据能力与证明力经得起辩护人的质疑和司法人员的审查。

对司法机关来说,对监察机关移送的证据材料,不能机械地依据刑事诉讼法关于证据审查认定的具体规定来审查认定证据,而应当关注这些具体规定所体现的价值精神,进而依据刑事诉讼法有关取证与证据使用的原则要求,结合《监察法》的规定,对证据材料进行审查认定,合理排除非法证据,确保刑事案件办理所要求的证据标准不打折扣、不受影响,进而保障职务犯罪案件的公正审判,实现规范职务犯罪案件取证与证据审查运用活动的效果,体现以审判为中

---

① 陈卫东:《职务犯罪监察调查程序若干问题研究》,载《政治与法律》2018 年第 1 期。

心的诉讼制度改革的精神。

2. 远期应对：建立中国特色的监察案件证据合法性标准制度体系

中国特色的监察案件证据合法性标准制度体系建设，应重点关注以下三个方面的内容和要求：

第一，根据我国监察体制改革和反腐败职能履行需要，建立监察证据标准，实现监察证据标准与刑事诉讼证据标准的有机统一与衔接。我国监察体制改革将依规治党与依法治国有机统一，融纪律检查、行政监察和刑事侦查于一体。监察委员会，整合了纪检、监察和检察机关的反腐资源，形成了反腐合力，反腐体制从分权型走向了集权型。因此，不能把监察权看成是改革前几个部门权力的简单相加。监察委员会作为统一行使国家监察权的国家机关，履行监督、调查、处置三项职能，由于违纪案件、职务违法案件、职务犯罪案件各有其不同的法律依据，案件处置结果对相对人权利影响的轻重不同，其取证与证据审查的理念、正当程序要求、证据资格与证明力要求、非法证据排除要求等有关证据合法性的规范标准与价值标准也必然有别。为此，需要结合三类案件的不同性质探索建立既互相区别又有机衔接的证据规范制度。比如，留置措施既适用于职务违法调查，又适用于职务犯罪调查。由于两种案件调查性质不同，法律后果不同，留置措施的适用应分别设置不同的条件、期限、被留置人权利保障与救济等方面的内容。同时，监察委员会调查职务犯罪案件，对于构成犯罪案件的最终要移送司法机关处理，由检察机关审查起诉，由审判机关定罪量刑。因此，监察委员会的取证与证据使用规范，不能自说自话，需要形成与刑事诉讼证据标准相衔接相统一的证据合法性标准规范制度体系。

第二，根据案件不同类别规范取证措施使用，形成规范制度体系，落实人权保障要求。《刑事诉讼法》关于刑事证据合法性价值标准的规定如不得自证其罪的规定、辩护制度、被羁押人权利保护制度等不可能也不应当统一适用于监察委员会办理的三类案件取证与证据审查活动。针对《监察法》规定的 14 种取证措施，应结合三类案件对证据标准的不同要求，以及防范取证措施使用可能对人权保障造成侵害的不同需要，规范每一种取证措施使用的具体条件、取证主体、取证方式方法、取证时间地点与场所、取证步骤与程序、证据固定与保存、取证行为禁止、取证相对人的权利内容与保障、违法取证的证据效力等内容，形成具体明确的取证规范标准制度体系和证据审查运用规范标准制度体系。

第三，建立取证与证据使用的正当程序规范，保障取证与证据使用活动能够切实落实证据标准。正当程序对监察机关取证的证据质量保障，对监察机关、司法机关正确审查认定证据具有非常重要的意义，因此，在监察案件证据合法性标准制度体系的构建中，规范取证与证据使用的正当程序制度必不可少。

在《监察法》正当程序制度建设中，律师参与制度、监察委员会调查人员出庭作证制度等制度建设，受到学界的普遍重视。比如针对律师参与制度建设问题，设立该项制度的必要性在学界已经达成共识，没有争议，问题在于应在《监察法》中设立怎样的律师参与制度，律师何时参与？怎样参与？参与的法律后果如何？律师参与的权利如何保障等，这些问题的解决需要进一步深入探索研究。

五、结语

在《监察法》证据合法性规范标准制度体系严重缺失的情况下，取证与证据使用工作，要坚持以证据合法性价值标准为指导，参照相关法律对于取证与证据使用的规定，合理解决取证与证据使用实践中所遇到的难题，确保案件办理所要求的证据标准不打折扣、不受影响，保障职务犯罪案件的公正审判。监察体制改革是一项重大的政治改革，其核心目标是建立集中统一、权威高效的监察体制。因此，要实现《监察法》对证据合法性问题的根本解决，必须建立起一套既符合监察权集中统一权威高效运行需要、又符合不同类别的案件办理尤其是司法机关对职务犯罪案件证据审查与使用需要的证据规范标准制度体系。《监察法》规定的粗疏，正为制度建设的探索实践留下了广阔的空间。建立一套具有中国特色的监察案件证据规范标准制度体系，仍然面临很多问题。而要解决这些问题，既需要理论的深入研究，也需要实践的反复打磨，这将是一项紧迫而长期的艰苦工作。

证据裁判视角下刑事错案的生成与防治*

陈　敏**

摘　要　有效防治错案已成为各国现代刑事诉讼立法和司法实践中的共识。我国许多刑事错案生成的核心因素在于证据问题:它们均或多或少地违背、忽视证据裁判原则及相关的证据制度和规则。本文以近10年来全国范围内改判无罪的30起典型刑事错案为研究蓝本,通过针对证据问题的量化分析,找出错案的内在生成机理,并由此提出错案的防治路径。有效打破传统的"侦查中心主义",积极建设"以审判为中心的诉讼制度",依据证据裁判原则规范相关证据制度和规则,从而有力推进错案防治的规范化、系统化、实质化。

关键词　刑事错案　证据裁判　非法证据排除　排除合理怀疑

前　言

刑事错案不是某个时代、某个国家的特定产物,而是在国家法治发展过程中一直存在的问题,如同"刑事司法中难以驱散的幽灵"。美国著名哲学家、伦理学家约翰·罗尔斯曾指出"即便法律被仔细地遵循,过程被公正、恰当地引导,还是有可能达到错误的结果。一个无罪的人可能被判有罪,一个有罪的人却可能逍遥法外。"①目前,各国普遍寻求掌握错案形成的环节与规律,力图建立一种良性的刑事司法机制来预防错案的发生,同时希冀通过程序改革来有序地纠正错案,实现司法的公平正义。刑事错案的生成与防治问题是我国当前刑事司法改革的焦点问题之一。关于刑事错案对我国司法制度造成的巨大危害,最高人民法院常务副院长沈德咏曾撰文指出:"相继出现的刑事错案给人民法院带来了前所未有的挑战……如果办了冤假错案,公平正义就荡然无存,司法的公正和权威也必将丧失殆尽。因此,防范错案的发生是我们守护司法公平正义

---

* 本文系国家社科基金西部项目"打破窠臼:证据裁判视角下刑事错案防范机制的实证研究"(16XFX010)系列成果。感谢北京师范大学雷小政副教授、陕西省高院刑三庭广文革副庭长在调研中付出的辛勤劳动。

** 陈敏,法学博士,西安理工大学法律系副教授,硕士生导师,武汉大学法学院博士后。

① [美]约翰·罗尔斯:《正义论》,何怀宏等译,中国社会科学出版社1988年版,第86页。

底线的末端”。[①] 从实践来看,与刑事错案生成密切相关的“疑难杂症”依然十分严峻,如遏制刑讯逼供难、非法证据排除难、证人出庭率低等。解决这些问题,急需完善证据裁判原则及相关的证据制度、规则。

一、刑事错案界定中的争议与共识

刑事错案的英文表述为“Misjudged criminal case”。在英美法系学术界,许多人将错案界定为没有犯罪的无辜者被错误地指控或判决其有罪。例如,William C. Burton 在其主编的《法律辞典》(Legal Thesaurus)中将“Misjudge”一词解释为:“judge erroneously, judge inaccurately, judge wrongly.”[②]在其语境中,“Misjudged”是以“判”为核心,“错”只是限定词。自上世纪拨乱反正、改革开放以来,我国学术界对刑事错案的讨论尤其热烈,围绕着“实体正义”和“程序正义”等维度提出了许多学说。这些观点争议的焦点是:判断错案到底依据客观事实还是法律真实标准,是否可以依据主观过错或者程序违法单独认定错案,抑或糅合上述因素建构“多重标准”。当然,其中也不乏一些共识,最为主要的有:一是日益重视程序正义,强调与实体正义并重,在程序上是否严重违法日渐成为判断错案的重要因素;[③]二是在追究错案责任时,将那些依法裁判、自由裁量,但因为法律事实与客观事实存在不可避免的冲突而导致案件实体正义未能得以实现的案件排除在外。

本文认为,解决刑事错案的生成与防治问题,首先要因时、因地、合理地界定错案。我国错案的界定可以从两个维度展开:不当行为导致适用法律错误和定罪量刑认定的事实不符合案件事实真相。随着非法证据排除规则的强化和疑罪从无原则的进一步贯彻,前一维度主要包括程序重大违法导致出现“有利于被告人”的与实体结论对立的“无罪裁决案件”;后一维度主要包括无罪被作有罪处理(俗称“无辜者被定罪的冤狱”)和有罪被作无罪处理(俗称“放纵真正的罪犯”)的案件。依据审判中心主义视角,后一维度经常被表述为以下两种形式:一是错判(Misjudged),将无辜者错判为有罪;二是错放(wrong acquittal),即错误开释,将有罪的人错判为无罪。[④] 学术界一般认为,一个错判包括了两个错案,因为错判可能同时放纵了真实的罪犯。目前,错判问题是司法实践中社会各界最为关注的一类刑事错案问题,也是刑事错案生成与防治研究的“短板”。

证据问题是界定刑事错案的关键所在。我国许多刑事错案的生成,其核心因素在于证据问题。证据裁判原则强调以证据,而非猜想、评论等作为认定案

---

① 沈德咏:《我们应当如何防范冤假错案》,载《人民法院报》2013 年 5 月 6 日,第 2 版。

② William C. Burton, *legal Thesaurus*, Macmillan Publishing press, 1980, p. 333.

③ 参见李建明:《刑事司法错误——以刑事错案为中心的研究》,人民出版社 2013 年版,第 301 页。

④ 参见郭欣阳:《刑事错案评析》,中国人民公安大学出版社 2011 年版,第 2 页。

件事实的依据，同时要求据以裁判的证据必须具有证据能力。它对证据法中证明力规则和证据能力规则起着提纲挈领的作用。针对 1996 年《刑事诉讼法》实施中的刑事错案，一些研究成果揭示了其与证据裁判原则贯彻程度的因果关系。[①] 在 2012 年《刑事诉讼法》修改后，尤其是在以审判为中心的诉讼制度改革过程中，有必要进一步研究其中的新问题、新趋势。例如，传统侦查中心主义下的"侦查卷宗依赖"和"口供情结"为何根深蒂固？一些刑事错案为何在审查起诉阶段只是简单被动承袭，未得到实质纠正且"带病起诉"至法院？在审判阶段，被称为"牛鼻子"的非法证据排除规则适用为何面临重重障碍？

二、研究样本的实证分析

本文实证研究的样本案件为近 10 年来被发现或已经改判纠正的 30 起刑事错案。对于刑事错案的生成与防治，这些案例具有一定的代表性和典型性。首先，在样本的选择上注重时空分布，30 个样本案件的发生地涵盖我国东部、中部、西部的主要省份。各个地区的经济发展水平、人口数量、案发率、司法资源配置差异较大，可以兼顾共性与个性。其次，30 个样本案件基本上都是近 10 年来被发现或者改判的，时间跨越 2012 年《刑事诉讼法》生效之前和生效之后，可以反映刑事司法发展的大致进程和阶段性。最后，本文通过对 30 起典型错案的定量研究，从以下三方面进行权重分析来支撑本研究结论。

（一）样本中的被告人多处社会底层

在我国，许多学者开展社会阶层研究，有的具体划分为"十大阶层"。[②] 应当说，对于社会底层及弱势群体的制度保障是其关注焦点，刑事错案的生成与防治也是如此。对照 30 个样本中 41 名被告人的职业和社会等级，除去 1 人为县委副书记，2 人职业不详之外，处于社会底层的农民、普通工人、小个体户的有 38 人。社会底层的一个特点是预防侵害能力相对薄弱，制度保障相对缺乏。

（二）样本案件类型大多为重罪案件

本研究选择的 30 起典型案例主要涉及的罪名为：故意杀人罪、抢劫罪、强奸罪、放火罪和投放危险物质罪。它们属于通常意义上的"重罪"，对于公共安全和社会稳定的威胁较大，可能判处的刑罚较重。面对这些"重罪"，许多公安司法机关往往破案心切，来自内部考评和外部舆论的压力较大（见图 1、图 2）。

---

① 参见何家弘：《三人堂与群言录》，中国政法大学出版社 2006 年版，第 88 ~ 89 页。

② 参见陆学艺主编：《当代中国社会阶层研究报告》，社会科学文献出版社 2002 年版，第 44 页。

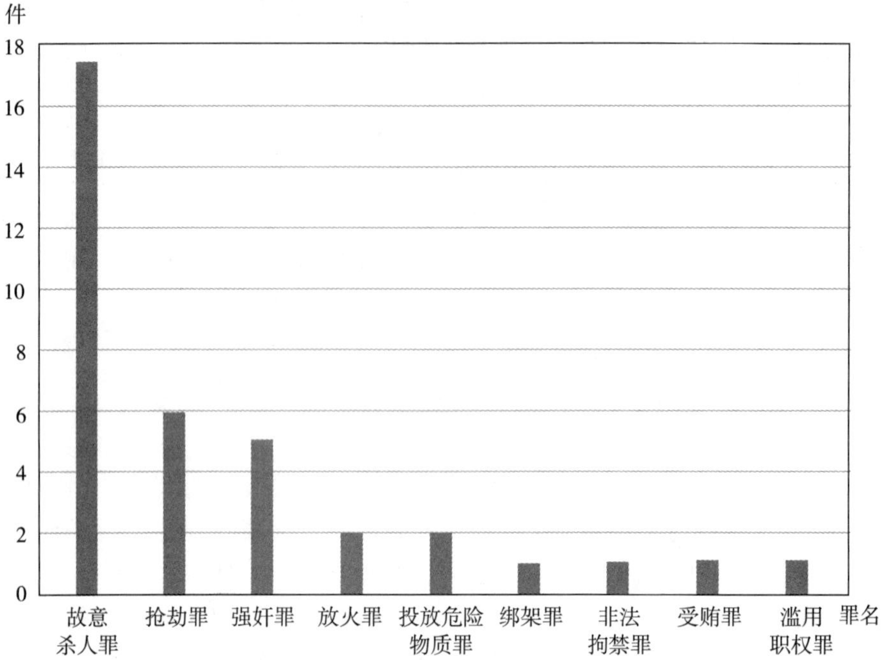

图 1　错案罪名分布

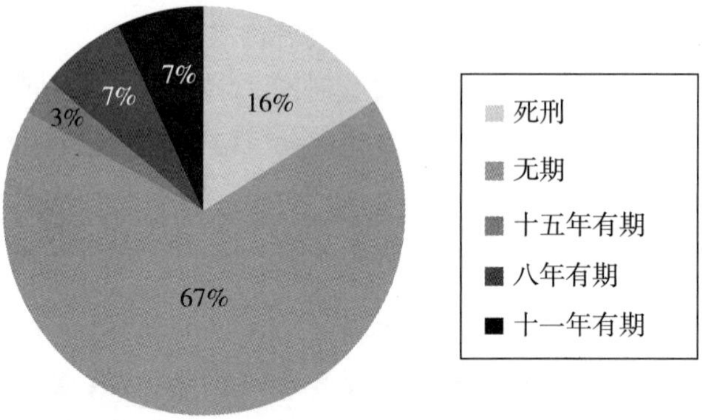

图 2　错案的刑罚

（三）样本案件改判多源于疑罪从无

在 30 起典型案例中，因“疑罪从无”改判的有 23 起，占总数的多数，达到 77%；因“真凶出现”和“亡者归来”改判的有 7 起，占 23%（见图 3）。这说明我国自 2012 年《刑事诉讼法》修改并实施以来，贯彻“疑罪从无”开始走向制度改革的“深水区”，并日益成为防治刑事错案的“利器”和“抓手”。

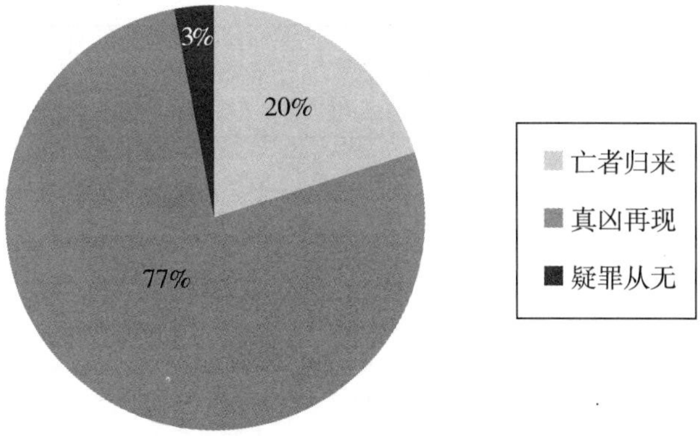

图 3 错案纠错原因

三、刑事错案生成路径的证据分析

本文通过查找核对判决，对照相关事实的认定与法律规则的适用，对 30 起刑事错案的成因进行逐一分析（见表 1），对照证据裁判原则的基本要求和忽视、违背情形，归纳、总结 30 个样本中刑事错案的生成原因。

表 1 错案成因分析①（图中针对存在的因素选择“√”）

被告人	是否遭遇刑讯逼供	被告人虚假供述	证人虚假证言	无罪证据被忽视	鉴定意见有瑕疵	非法证据原判中未排除
熊祖模	√	√	√			√
曾爱云	√	√	√	√		√
黄家光	√	√	√	√		√
陈传钧	√	√		√		√
王玉虎	√	√		√	√	√
杨明	√		√	√		√
许金龙、蔡金森、许玉森、张美来	√	√	√	√		√
陈夏影、黄兴、林立峰	√	√		√		√
钱仁凤	√	√		√	√	√
陈满	√	√	√			√

① 本文对 30 起研究样本的统计包括了“案发地”“案发时间”“刑罚”“改判时间”“改判原因”等要素，此表格重点选择分析错案的生成原因。

续表

被告人	是否遭遇刑讯逼供	被告人虚假供述	证人虚假证言	无罪证据被忽视	鉴定意见有瑕疵	非法证据原判中未排除
呼格吉勒图	√	√		√	√	√
陈琴琴	√	√				√
黄家光	√	√	√			√
徐辉	√	√		√	√	√
念斌	√	√			√	√
欧阳佳	√	√	√	√		√
王江峰	√	√	√	√	√	√
杨波涛	√	√		√	√	√
庞宗祥	√	√		√		√
于英生	√	√		√	√	√
王本余	√	√				√
王建平等	√	√	√		√	√
吴昌龙、陈科云	√	√	√			√
李怀亮	√	√		√	√	√
王什彩	√	√			√	√
张高平、张辉	√	√	√	√	√	√
常林锋	√	√			√	√
赵艳锦	√	√	√		√	√
刘志连	√	√		√	√	√
赵作海	√	√	√		√	√

依据对上述要素的实证分析,我们可以看出,刑事错案的生成与公、检、法三机关相互配合的流水作业模式紧密相关,而且主要指向侦查、审判阶段中的证据问题。在审查起诉阶段,这些问题简单、被动承袭。例如,在30起样本案件中,检察机关主导非法证据排除的情况为零。为此,本文主要从侦查、审判两个“典型”阶段分析生成刑事错案的核心因素。

(一)侦查阶段与证据相关的错案生成路径

有学者指出,错误的审判恶果从来都是结在错误的侦查之“病枝”上的。[①]

① 参见李心鉴:《刑事诉讼构造论》,中国政法大学出版社1992年版,第179页。

表1数据可以在一定程度上印证侦查“病枝”的严重性，侦查阶段造成错案的原因主要在证据收集方面。首先是“刑讯逼供”和“被告人虚假供述”现象最为突出，占样本总数的100%；其次是“无罪证据被忽视”，占样本总数的60%；最后是“鉴定意见瑕疵”，占样本总数的53%。

1. 基于有罪推定的取证模式

从本质上看，无论“刑讯逼供”、“被告人虚假供述”，还是“无罪证据被忽视”，其实反映的是一种基于有罪推定的取供模式。样本分析显示，“片面取证”和“由供到证”[①]是最主要的错案生成因素。“片面取证”就是只重视有罪证据，忽略无罪证据，有时甚至对无罪证据“视而不见”。以样本中的“曾爱云案”为例，公安机关“侦查卷二、摘录”中有陈华章、李霞共计10页的手机短信内容，竟没有摘录一条曾爱云的手机短信内容；而事实上曾爱云的手机短信完全可以证明她在当晚这个时间段没有作案时间。在“张氏叔侄案”中，被害人指甲缝中存在的第三人血迹在查证无果之后被侦查人员认定为无关证据。在“于英生杀妻案”中，3组证据足以证明于英生的清白，但都被侦查人员有意或者无意地忽视。同样，样本中“陈夏影案”以及“黄家光案”也都存在无罪证据被直接忽视的问题。

“由供到证”就是侦查人员简单依赖犯罪嫌疑人的口供，进而以此为突破口获取其他证据，俗称“口供依赖症”。样本中“钱仁凤案”、“张氏叔侄案”和“陈满案”就是侦查人员过分依赖口供，忽视实物证据造成的错案。值得一提的是，样本“陈满案”中的证据无法表明公安机关是否对物证进行过指纹、血迹鉴定，白衬衣、工作证等物证没有被拍照留存，而且上述物证在原一审庭审之前均已丢失。所以，侦查人员应从实物证据中寻找突破口，结合犯罪嫌疑人的口供还原案件真相。在以上这种最常见的错案生成模式背景下，我国有罪推定的取证模式集中反映在取供模式上。

意大利法学家贝卡利亚在抨击刑讯方法时说：“似乎不幸者的筋骨和皮肉中蕴藏着检验真相的尺度，这种方法能保证使强壮的罪犯获得释放，使软弱的无辜者被定罪处罚。”[②]针对刑讯逼供与我国刑事错案的生成，有学者认为，每一起刑事错案背后，我们都可以发现刑讯逼供的黑影；[③]还有学者认为，几乎所有冤错案件都有刑讯的魅影。[④] 2012年《刑事诉讼法》修改时确立了“反对强迫自证其罪”原则，试图赋予犯罪嫌疑人有效的防御性权利，但是法律同时保留了“犯罪嫌疑人对侦查人员的提问应当如实回答”的义务。在30起研究样本中，

① 参见何家弘：《亡者归来：刑事司法十大误区》，北京大学出版社2014年版，第46页。

② ［意］切萨雷·贝卡利亚：《论犯罪与刑罚》，黄风译，北京大学出版社2008年版，第37页。

③ 参见陈兴良：《错案何以形成》，载《公安学刊》2005年第5期。

④ 参见何家弘：《亡者归来：刑事司法十大误区》，北京大学出版社2014年版，第58页。

无一例外地存在侦查人员刑讯逼供的情况,许多侦查人员依旧依托"如实供述义务"实施刑讯逼供,从而导致错案发生。

2. 漏洞丛生的鉴定意见

本文对以上样本证据问题定量分析后发现,"鉴定意见瑕疵"在刑事错案中所占的比重仅次于"刑讯逼供"、"被告人虚假供述"和"无罪证据被忽视"等原因。在2012年《刑事诉讼法》修改前,"鉴定结论"是许多办案人员定罪量刑的一个核心依据,俗称"没有口供和鉴定结论不好定案"。

应当说,尽管学术界对于科学证据众说纷纭,[①]总体而言,在刑事案件处理中,借助科技手段去解读、分析证据逐渐成为常态和主流,人类逐渐步入科学证据时代。尤其是随着DNA技术的发展,"鉴定意见"纠正了一批之前的冤假错案,将司法鉴定带入了一个更高的阶段。但是技术不是万能的,科学证据也仅仅是一种意见性证言,其在取证、举证、质证、认证环节都有出错的可能,成为导致错案的元凶。对美国错案原因的解读,可为我国相关研究提供参照。美国的"无辜者运动"机构在过去的20多年里,发现错案并解救了250多名无辜者。根据"无辜者运动"机构提供的数据分析(见图4),[②]"不可靠的科学证据"在错

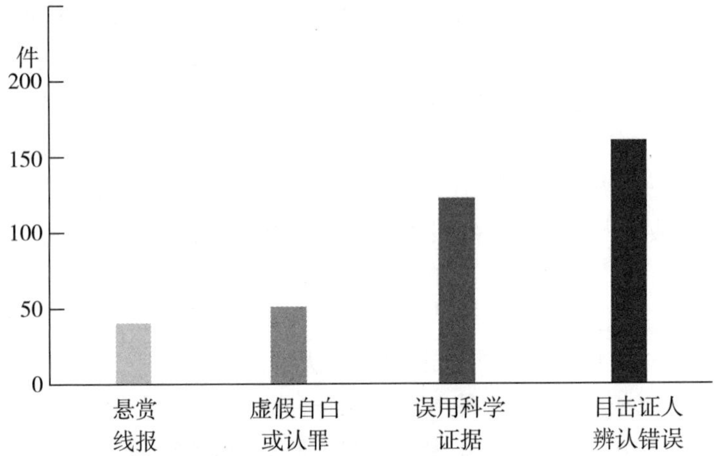

图4 美国刑事错案原因[③]

① 有学者认为包括物证及其鉴定意见,还有学者认为只包括鉴定意见,华尔兹教授在其《证据学大全》科学证据一节中指出,科学证据的类型包括:毒品、精神病学报告、照相证据、录像、尸体解剖报告、中子活化分析、DNA证据、指纹证据、枪弹证据等。

② 美国无辜者运动机构网:https://www.innocenceproject.org/#causes,最后访问日期:2015年10月28日。

③ 美国无辜者运动机构网:https://www.innocenceproject.org/#causes,最后访问日期:2015年10月28日。

案原因中位居第二,仅次于“证人辨认错误”。从我国上述30起研究样本中可以看到类似的问题,30起研究样本包含不可靠的科学证据,即鉴定意见存在瑕疵的案件16件,占样本总数的53%。

具体而言,“王江峰抢劫案”就是司法会计鉴定存在错误造成了问题。鉴定机构出具的鉴定意见指出涉案金额10,000多元,一审法院依据10,000元的标准判处其有期徒刑10年,但经过二审再次鉴定,发现涉案金额为2000元。在“念斌投毒案”中,侦查人员从死者呕吐物中检测出氟乙酸盐,在念斌房门把手上发现“疑似”氟乙酸盐物质,从而出具了“倾向于认定”存在氟乙酸盐的《分析意见书》,进而认定念斌有重大作案嫌疑。在“曾爱云故意杀人案”中,湖南省公安厅“刑事技术鉴定书”对涉嫌纤维进行鉴定使用的是“傅立叶显微红外光谱和扫描电镜—能谱/光谱分析”。通过这种分析鉴定方法,只能作出种属认定的分析。但是,在后续诉讼过程中,“形态、成分一致”的结论被认为就是同一认定。[①] 以上都是司法鉴定瑕疵或错误导致的错案。

(二)审判阶段与证据相关的错案生成路径

1. 举步维艰的“排除非法证据”过程

排除非法证据,俗称“排非”,在防治刑事错案中举足轻重。在30起研究样本中,仅有3起对非法证据最终进行了排除。以最高人民法院、最高人民检察院、公安部、国家安全部和司法部联合制定的《关于办理死刑案件审查判断证据若干问题的规定》和《关于办理刑事案件排除非法证据若干问题的规定》(以下简称“两个证据规定”)正式实施之日(2010年7月1日)为时间节点,在此之前无罪宣判的有1件,在此之后的有2件。这在一定程度上表明,“两个证据规定”的正式实施对我国司法实务界提供了重要操作性依据。样本中检察机关主导非法证据排除的情况为零,排除的非法证据中没有对书证和物证的排除。非法证据的排除在法庭上为何举步维艰?[②] 有时甚至出现辩方举证证明证据是非法获得的,但审判人员并不采纳的情况。在“陈琴琴案”中,辩护律师提交了陈琴琴转至临洮看守所后关于其身体存在肿胀的检查报告,并结合口供证明陈琴琴在看守所遭到了刑讯逼供,但法院仅凭公安机关出具的“办案说明”关于伤势的解释,就拒绝了辩方关于排除非法证据的要求。

样本显示,我国对于非法证据排除规则的立法完成了从无到有的发展且业已取得很大成就,但其在司法中的适用状况并不令人满意。首先,非法证据成功排除的案件依旧非常少,此规则在司法审判中经常被“搁置”,从而导致姑息、

---

① 参见邹明理主编:《司法鉴定教程》,法律出版社2005年版,第7页。

② 参见林喜芬:《论“两个证据规定”的三大突破与五个局限——以非法言词证据的证据能力为重心》,载《现代法学》2011年第2期。

放纵刑讯逼供等非法取证行为。其次,一些侦查机关出具的譬如未对犯罪嫌疑人实施刑讯逼供的“办案说明”,其证明力自然无法与警察出庭证言相比,但却被许多审判人员当作重要书证。再次,我国《刑事诉讼法》对于辩方申请“排非”的,要求提供相关线索、材料,但实际上辩方在当前刑事司法环境下取证极其困难。最后,“两个证据规定”中涉及非法书证、物证的排除,以及有关书证、物证的查证与认定,也只是对司法机关取证时“行为模式”的规定,缺乏相应的制裁性规定。而且,针对排除关键非法证据可能导致无罪判决的案件,许多司法机关对此忌讳莫深,认为这是在放纵罪犯,削弱《刑事诉讼法》打击犯罪的功能。

2. 法定证明标准的“异化”

应当说,定罪量刑的事实都有证据证明,这是证据裁判原则的一个核心内容,也是保障无辜公民免受定罪的重要机制。在定罪上,我国《刑事诉讼法》长期坚持犯罪事实清楚,证据确实、充分的证明标准。在 2012 年《刑事诉讼法》修改时,还细化补充规定了源自英美法系“排除合理怀疑”的证明标准。在 30 个样本中,定罪的证据均没有达到确实、充分的程度,也没能达到排除合理怀疑的标准,却被定罪量刑,或者作出“留有余地”的降格判决。以“李怀亮案”为例,审判人员没有坚持法定证明标准就是发生错判的核心因素。在这起 2001 年 8 月 3 日发生的强奸杀人案中,面对李怀亮的 12 次有罪供述和 3 次无罪供述,在没有任何其他证据的情况下,仅凭前后矛盾的有罪供述和证人证言,以及无法证明李怀亮和杀人案件有任何联系的现场勘验笔录等证据,李怀亮就被提起公诉并被一、二审判决故意杀人罪。所以,“排除合理怀疑”是致力于无辜公民免受定罪的法律表达,只有坚持这一证明标准才能够将真正的罪犯入罪。

四、刑事错案防治路径的证据分析

有错则改。错案的防治不能希冀,也不能依赖“亡者归来”或者“真凶再现”,必须依据证据裁判原则针对症结所在的诉讼阶段规范相关证据制度和规则。这样才能推进错案防治的规范化、系统化、实质化。

(一)侦查阶段与证据相关的错案防治路径

1. 基于无罪推定的取证模式

杜绝“一错到底”的错案流程模式,应当让“全面取证”和“由证到供”成为新常态的取证模式。这一取证模式要求,在对案件进行侦查的时候,侦查人员应注重收集客观证据,全面收集犯罪证据;司法人员必须依照法定程序,收集能够证实犯罪嫌疑人、被告人有罪或者无罪、犯罪情节轻重的各种证据。侦查机关不能简单依赖口供,应当尽量从实物证据中寻找案件突破口。

从立法完善角度,实现“全面取证”和“由证到供”的规范重点在侦控方,还是辩方？从比较法角度来看，相关路径有所差异。例如，在美国，刑事取供规则由“不被强迫自证其罪”的宪法性权利延伸到警察讯问嫌疑人时的“米兰达规则”。[①] 其要点是，通过赋予被讯问者实质性权利来对抗警察不当讯问，从而防范错案。在德国，刑事取供规则除了赋予被讯问者实质性权利来对抗警察不当讯问外，主要寄希望于规制讯问者，而且详尽规定了禁止的讯问方法及相关证据禁止。[②] 我国的刑事取供是如实供述义务下的强迫自证其罪，缺乏来自沉默权、律师在场权的实质性防御，从而影响“自白任意性”的实现。这使我们不得不反思“以限权的方式去实现绝对的权力”这一取供模式的有效性。

本文认为，随着看守所律师值班制度、法院律师值班制度的完善，我国《刑事诉讼法》首先应当及时明确规定讯问时“律师在场权”和基于无罪推定理念的“沉默权”。[③] 其中，律师在场制度相比录音录像制度更具有中立性优势。其次，针对讯问者的规制也应使用“重拳”。2017 年，最高人民法院《关于全面推进以审判为中心的刑事诉讼制度改革的实施意见》中“不得以侦查人员签名并加盖公章的说明材料替代侦查人员出庭”就是一个明确的信号。鉴于我国基于有罪推定的取证模式根深蒂固，规制讯问主体可以从以下两个方面作出立法完善，增加其依赖口供的“各种成本”：一方面，从检察引导侦查角度，可以将我国“重罪”初次讯问权主体转移，具体交由具有审查批捕权限的检察机关行使。这些“重罪”的范围可以限定在错案集中爆发的犯罪类型。另一方面，完善非法讯问的侦查监督及程序性制裁机制。借助检察机关派驻公安机关侦查监督的司法改革，倒逼全程同步录音录像制度得到不折不扣的实施。在 30 起研究样本中，虚假供述在错案成因中占据首位，全程同步录音录像制度在程序控制中的作用毋庸置疑。美国为减少虚假供述，除了以立法及判例的形式对全程同步录音录像制度予以确立外，还通过政策性倾向来支持，被告人供述的可靠性因此得到更强的保障。最后，针对我国同步录音录像中选择性录制、妥协性认定瑕疵等问题，可以通过立法来加强程序正义理念中的救济和制裁性措施，进一步规定：犯罪嫌疑人、被告人的供述如缺乏法律规定的同步录音录像或者与录音录像在内容上有重大矛盾，且不能作出合理解释的，不得作为定案根据。

---

① “米兰达规则”确立了嫌疑人接受讯问时的沉默权和律师在场权，审判阶段的被告人自然也有沉默权，对抗式诉讼模式下，这是不言而喻的。

② 德国刑诉法没有赋予被讯问者沉默权，但规定其有对案件不予陈述的权利，即其没有供述义务。德国刑事诉讼法在证据制度上的最大特色是，与初审法庭定罪量刑相关的事实只能通过证人、鉴定人、书证、物证加以证明，供述只是作为与程序问题相关的事实的证据，这就弱化了供述的证据地位。

③ 可以具体表述为“犯罪嫌疑人从羁押开始到审判都享有沉默的基本权利。”虽然沉默权对于一些真正的犯罪分子来说是顽抗法律的工具，但是其在保护无辜者权利上起到了极大的作用。

2. 规范科学证据的形成

首先,为防治刑事错案,科学证据检材必须“鉴真”,即需要证明检材的来源可靠、提取的方法合法、保存妥当。唯有检材合法、真实,鉴定意见才可靠并具有法律意义。在实物证据的“鉴真”程序中,要特别重视对笔录类证据证据能力、证明力的审查。其次,在检材送检后鉴定人得出鉴定意见的环节中,要解决检验方法或者操作规程出错问题,需要细化科学证据检验标准。[①] 科学证据检验标准是个复杂并难以把握的问题,不同的原理对应不同的检验方法,在科学证据体系成熟的美国,检验标准经历了 1923 年的“弗莱依标准”、1993 年的“可靠性和相关性”标准,再到 1998 年新修订的《联邦证据规则》702 条。除了上述要求外,还要保证科学方法和结论之间存在因果关系。再次,立法可进一步完善鉴定人出庭作证制度,将以下司法解释规定上升为立法:经人民法院通知,鉴定人拒不出庭作证的,鉴定意见不得作为定案的根据。同时,要强化鉴定人对于质证的回应和说明责任。要解决鉴定人的中立性问题,必须完善司法官授权鉴定制度。与英美法系的“当事人委托专家”制度不同,[②]我国的许多鉴定意见来自与侦查机关密切的机构,鉴定中立性问题依然存在。对此,刑事诉讼立法可进一步明确鉴定的双向委托建议权。最后,为保障对专业性问题的质证,可以完善控辩双方,尤其是辩方在专家辅助人方面的专业帮助权。必要时,可以对辩方寻求专家辅助人提供相关便利。

(二)审判阶段与证据相关的错案防治路径

1. 细化“排除非法证据”的规定

错案的防范与非法证据排除规则的适用模式紧密相连,模式的选择和适用不仅是一国刑事诉讼法目的的彰显,更是反映一国防范刑事错案尺度和力度的指针。目前,美国采用了较为彻底的排除模式,相对排除模式则以日本和德国为代表。[③] 对此,我国学术界长期争论究竟该选择“强制排除模式”还是“相对排除模式”? 本文认为,在我国立法、执法理念上,需要进一步意识到非法证据不是打击犯罪的“必要成本”,而是消极影响事实认定的“罪魁祸首”。在现代刑事诉讼中,事实认定者只能通过证据去追溯、还原、认知案件事实,唯有通过对证据的审查判断、去伪存真才能认定案件事实,这就是“证据之镜”原理(见图 5)。非法证据排除是为解决证据资格问题,英美法系称为证据的“可

---

① 参见[美]布兰登·L. 加勒特:《误判:刑事指控错在哪了》,李奋飞译,中国政法大学出版社 2015 年版,第 77 页。

② 英美法系对专家证人强调专家证言依据的原理、方法必须被其所属的科学领域普遍接受,否则不得作为定案的依据。

③ 参见[德]托马斯·魏根特:《德国刑事诉讼程序》,岳礼玲、温小洁译,中国政法大学出版社 2004 年版,第 191 ~ 192 页。

采性”。[①] 非法证据排除规则的立法功能不仅在于遏制侦查违法,更在于促进司法的公正和廉洁。从前述 30 起研究样本来看,非法证据的真实性、可靠性值得怀疑,而且很有可能破坏、打碎“证据之镜”。

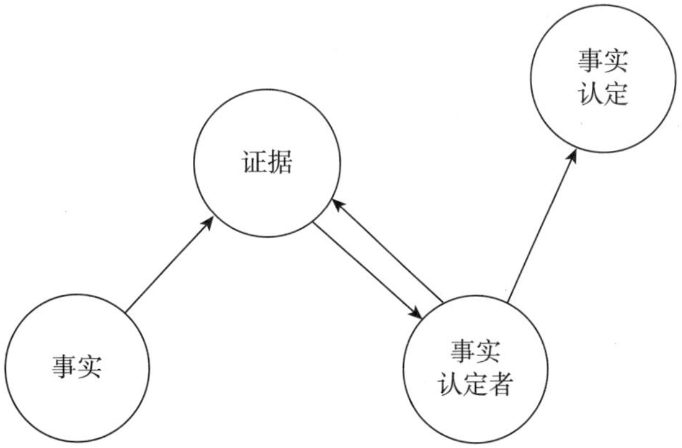

图 5　事实、证据与事实认定者的关系

经定量分析的 30 起研究样本表明,我国立法中的“相对排除模式”较为“疲软”,无法有效阻却侦查违法。本文认为,首先,非法证据排除走向“强硬化”的路径可以考虑以下两个方面:一是细化刑讯逼供等非法方法的规定。根据联合国《禁止酷刑和其他残忍、不人道或有辱人格的待遇或处罚公约》关于酷刑的规定,只要是公职人员或者在其同意、默许、唆使下的其他人为了取得供述,蓄意使某人在肉体或精神上遭受剧烈疼痛或痛苦的任何行为,都属于酷刑行为。对此,可吸收、借鉴上述“痛苦规则”并将我国近年来针对冷、饿、冻、烤、晒、疲劳审讯等的司法解释内容归入刑事诉讼法条文。对于非法鉴定意见、非法视听资料电子证据等的排除规则应当明确规定并细化,且将申请非法证据排除的要求适度降低,严格要求公诉方证明证据的合法性。二是解决“排非”启动难、证明难问题。意大利《刑事诉讼法典》第 356 条规定,只有当律师在场时才能对被追诉人进行讯问,否则获得的陈述无效;在美国,律师在场是被追诉人的权利。因此,我国可以通过赋予律师在场权等方式增强辩方获得“排非”证据线索的能力。如规定只有在场律师签名的讯问笔录才能作为证据使用等。其次,作为相关司法体制改革,将看守所管理权从公安机关移交司法行政机关以将刑讯逼供从源头进行防范,是治本之策。再次,书证、物证的排除规则应加入相应的制裁性规定并向强制排除模式靠拢,对物证书证,只要取得手段明显违法应当一律排除。最后,从程序正义的角度,我国可以逐步建构一个专门化的非法证据裁

① 参见何家弘、刘品新:《证据法学》,法律出版社 2011 年版,第 114 页。

判机制:在庭前会议中,改造当前“听取意见、了解情况”的规定,规定进行证据排除动议听证,不仅要求法官有针对性地作出是否排除证据的裁决,而且必须在裁决中详细阐述其采纳或者排除证据的理由。

2. 规范运用“排除合理怀疑”

《刑事诉讼法》第55条规定的“排除合理怀疑”体现了我国刑事案件证明标准由客观证明标准向主客观相结合的证明标准转变。全国人大法工委刑法室对“合理怀疑”作出的解释为:对于事实的认定,已没有符合常理的、有根据的怀疑,实际上达到确信的程度。防治刑事错案,要纠正办案人员对其理解和适用的偏差。既要保障“合理怀疑”能真正体现在裁判文书中,也要防止一般的细枝末节问题和不影响定罪事实的疑点被无限放大。

贯彻“排除合理怀疑”,可以积极推广和完善“矛盾排除法”或者“疑点排除法”。针对案件中的矛盾与可疑之处,区分出“根本性矛盾”(被告人是否构成犯罪)和“非根本性矛盾”(被告人是否应当追究刑事责任以及如何承担刑事责任)。其次,依此矛盾分类的顺序对矛盾进行释明和验证,即解决矛盾、解释矛盾的过程,也就是合理怀疑排除的过程。只有能够动摇基本事实认定的怀疑,才属于“合理的怀疑”。在此过程中法官可以使用逻辑法则和经验法则验证矛盾是否合理:经验法则中的经验是指具有普遍性、可验证性的经验;逻辑法则则要求法官运用证据认定案件事实必须符合逻辑推理的规律,通过以上法则的综合运用检验矛盾能否得到合理解释或排除。

在“排除合理怀疑”证明方法的应用中,还应全面贯彻直接言词原则。这需要摒弃长期以来我国刑事审判中存在的卷宗、书面证言中心主义,需要依据原则和例外严格规定传闻证据规则。本文建议对“重罪”案件中有争议的证言实行强制直接言词原则,证人没有出庭作证,一般不得作为定案的根据。此外,贯彻“排除合理怀疑”,需要完善裁判文书说理的制度。司法裁判者应结合裁判文书上网等信息化背景,在裁判者的自向证明和他向证明中充分论证达到“排除合理怀疑”的证明标准。对证据采信、事实认定、定罪量刑等实质性问题,应当全面阐释裁判的理由和依据,揭示内心确信的过程和程度。作为保障,针对存在“合理怀疑”的疑罪处理,要严格司法并积极贯彻“疑罪从无”原则。通过以上手段及方法的综合应用,也许可以为防治刑事错案提供一个“栅栏”。所以,“排除合理怀疑”更应以一种证明方法运用到司法审判中,从而推进刑事错案防治的规范化、系统化、实质化。

论涉外刑事证据规则体系的构建

温克志*

摘　要　涉外刑事证据是我国涉外刑事诉讼程序中用以证明案件事实,具有一定涉外属性的证据,应当符合我国刑事诉讼中关于证据的一般要求。根据证据裁判原则,应当构建相应的涉外刑事证据规则,并应当明确一切诉讼活动均是围绕取证、举证、质证、认证这四个基本环节展开。相应规则体系的构建,可以借鉴境外的有关范例,并结合中国司法的特殊情况进行。

关键词　涉外刑事证据规则　证据裁判原则　取证　认证

涉外刑事案件当中的证据问题,一直以来因缺乏统一明确的法律规定而难有定论。在前不久媒体报道的"跨国杀妻骗保案"①中,刑事诉讼程序中的涉外证据问题再次引起公众关注。对此,本文拟对相关规则进行初步探索,以求建构相应的规则体系。

涉外刑事证据是我国涉外刑事诉讼程序中用以证明案件事实,具有一定涉外属性的证据,应当符合我国刑事诉讼中关于证据的一般要求。因为具备涉外的特征,其往往因证据主体和表现形式受到国际之间、区际之间不同证据法律规定的影响而表现为复杂多样的形式,进而在法律效力及证明效力两个方面与我国大陆境内所取得的证据有所不同。

在以证据裁判主义为基本原则的时代,一切诉讼活动均是围绕取证、举证、质证、认证这四个基本环节展开的,而认证无疑具有决定意义。② 刑事认证的主要内容即是证据能力和证明力,探讨证据的问题无外乎围绕证据能力和证明力两大基本要素展开。就涉外刑事证据规则问题而言,将其区分为证据能力规则和证明力规则的方式最为简便且最具理解和适用效应,同时这种方式也是诉讼法学领域研究证据规则的基本路径。因此,本文关于涉外刑事证据规则构建的阐述也将循着这一指导思路进行。

鉴于涉外刑事证据不仅要面临在境内运用的终极需要,还要解决如何自境

---

*　温克志,北京东卫律师事务所律师,中国人民大学法学博士。

①　2018 年 12 月 11 日《新京报》:"男子被指为骗 3 千万元 跨国杀妻骗保?"

②　江显和:《刑事认证制度研究》,法律出版社 2009 年版,第 1 页。

外转至境内的客观情状,因此,涉外刑事证据规则所涵盖的内容可区分为规范境内证据的普通证据规则以及境外证据的特殊证据规则。其中,前者应当包括相关性规则、传闻证据排除规则、非法证据排除规则、意见证据规则、原始证据优先规则等证据能力规则,以及间接证据规则、补强证据规则等证明力规则;后者则应当包括被请求国法律优先规则、最具便利规则、双重合法规则、证据转化规则等证据能力规则,以及可查证优先规则等证明力规则。尽管对相关内容作了归纳,但对于涉外刑事证据规则的具体构建来说,这些规则多属于对证据的评判规则,而且,这种较为简要的概述尚不能提供一个较为明确的成果性结论,并由此为司法实践提供据以适用的解决方案,更不用说为将来的立法提供可资参考的规范体系。因此,本文将在我国现有涉外刑事证据规范的基础上,结合有关的诉讼法理、原则、实践以及参考域外法例,尝试构建我国的涉外刑事证据规则并提出初步性的立法建议。由于境外取证、举证等环节极其重要,故在具体内容上细化为具有可操作性的取证规则、举证规则、质证规则、认证规则等。

一、取证规则

在我国刑事诉讼中,取证主体非常宽泛,包括侦查机关、检察机关、审判机关等国家机关以及辩护人。就国家机关的取证权限而言,审判人员、检察人员、侦查人员必须依照法定程序,收集能够证实犯罪嫌疑人、被告人有罪或者无罪、犯罪情节轻重的各种证据。其中,按照各自的立案管辖范围,侦查机关依职权调查取证是收集证据的主要样态;除此之外,在审查起诉阶段,检察机关对于需要补充侦查的,可以自行补充侦查;在审判阶段,法院也可以依职权调查核实证据,并可以采取勘验、检查、扣押、鉴定和查询、冻结等措施。就辩护人取证权限而言,为了维护犯罪嫌疑人、被告人的合法权益,辩护人的责任和权限是根据事实和法律,提出证明犯罪嫌疑人、被告人无罪、罪轻或者减轻、免除其刑事责任的材料和意见;辩护律师可以在符合一定条件下依法向证人等调查取证。由此可见,为了查明案件事实,保障诉讼当事人的正当权益,《刑事诉讼法》赋予了国家机关全面的侦查取证权限和诉讼参与人有限的取证权限,并规定应当按照有关证据规则调查取证。

然而,对于涉外刑事证据来说,这些取证规则方面的规定面临着地域和法域的限制。为了充分实现司法主权,针对这些地域和法域方面的制约因素设计并安排妥当相应的规则,具有必要性和紧迫性。结合取证主体的不同属性,涉外刑事证据取证分为国家机关取证和被追诉方取证两种途径,其在具体规则上有所不同。

(一)国家机关取证

就刑事诉讼来说,在取证问题上国家机关无疑处于主导地位。在涉及刑事司法协助问题上,根据有关国际公约、双边条约规定以及互惠约定,我国委托取证的机关只能是事先明确的中央国家机关。在我国区际刑事司法协助中,委托调查取证的机关应该不受具体限制,只要主管业务机关审核同意并向境外相应机构提交委托请求书即可。根据有关公约的规定,或者在得到境外主管机构同意的情况下,也可以派员前往境外直接调查取证。对于跨境犯罪,当与境外机构合作联合调查取证时,所实施的取证行为本身就为双方所认可。在特殊情况下,还存在境外转交证据的情形。

1. 委托取证

委托取证,是指根据有关国际公约或条约的规定,或者根据双方的互惠约定,由我国境内的主管机关向境外当局提交书面委托请求书,委托该境外当局在其境内依法按照委托请求书的具体要求代为调查取证,并将所取得的证据移交给提交请求书的主管机关的取证方式。在"沈容焕合同诈骗案"①中,侦查机关按照《公安机关办理刑事案件程序规定》中规定的程序,提供了调查提纲及译文,经公安部审批后递交给了韩国和美国警方。韩国和美国警方根据我国警方的要求进行了调查取证,提供了"关于复韩警方协查沈容焕合同诈骗案事""关

---

① 被告人沈容焕(英文名 YONG HWAN SIM),男,大韩民国国籍,原系韩国 SIMPSON 商社营业董事。被告人沈容焕系韩国 SIMPSON 商社的营业董事,负责处理所有业务。2004 年 9 月至 10 月,沈容焕代表韩国 SIMPSON 商社与菲西尔公司先后签订了编号为 YGB-4042 和 YGB-4043 的两份购销合同,由 SIMPSON 商社向菲西尔公司采购价值合计 13.4 万美元的女式羽绒服和女式鹿皮绒夹克各 1 万件,并由沈容焕指定的货代公司 CLOVER 商社的上海合作方易运国际货运有限公司(以下简称易运公司)负责运输。同时,沈容焕代表 SIMPSON 商社再将上述货物卖给了美国的 Pacific Whale Textile Corporation。同年 11 月 1 日和 5 日,在沈容焕支付了 2.5 万美元定金后,菲西尔公司分别将合计 13.7 万余美元(折合人民币 113.7 万余元)的货物交易运公司运输。当沈容焕收到美国 Pacific Whale Textile Corporation 支付的全部货款后,未将货款人民币 93 万余元支付给菲西尔公司而逃逸。2007 年 11 月 10 日,沈容焕欲从我国吉林省长春市口岸出境时,被边防检查人员抓获。

本案中,由于被告人沈容焕系韩国人,涉案的 SIMPSON 商社系在韩国成立的公司,关于 SIMPSON 商社的成立、经营情况需要由韩国方面提供;沈容焕代表 SIMPSON 商社向菲西尔公司采购女式羽绒服和女式鹿皮绒夹克后将货物销售给了美国的 Pacific Whale Textile Corporation,沈容焕辩称 Pacific Whale Textile Corporation 未付清全部货款,故其也未向菲西尔公司付清货款。关于美国的 Pacific Whale Textile Corporation 是否向 SIMPSON 商社付清了全部货款,需要向美国的 Pacific Whale Textile Corporation 取证。上海市公安局遂请求韩国警方和美国警方提供司法协助,并按照《公安机关办理刑事案件程序规定》中规定的程序,提供了调查提纲及译文,经公安部审批后递交给了韩国和美国警方。韩国和美国警方根据我国警方的要求进行了调查取证,提供了"关于复韩警方协查沈容焕合同诈骗案事""关于协查沈容焕涉嫌合同诈骗案的函"等证据,上述证据符合客观性、关联性、合法性的要求,一审法院予以认定,并结合被告人沈容焕的供述,对韩国警方所调查的 SIMPSON 商社成立于 2005 年 5 月 2 日,具有正常经营活动,沈容焕系该商社营业董事,负责处理所有业务等内容予以采信;对 Pacific Whale Textile Corporation 的负责人 James Lee 向美国警方所作的 Pacific Whale Textile Corporation 已向韩国 SIMPSON 商社付清全部货款的陈述,并结合沈容焕出具的收到货款的收条,一审法院对美国警方的调查内容予以采信。案例来源:沈言:《沈容焕合同诈骗案——涉外刑事案件中境外证据的审查与认定》,载《刑事审判参考》2009 年第 5 集。

于协查沈容焕涉嫌合同诈骗案的函"等证据。针对所委托调取的证据形式的不同,取证规则也有所不同。

(1)物证、书证

对于存在于境外而与境内所要追诉的犯罪有关的物证、书证,境外机构接受委托后,只需依照其本地法的规定,交由具有管辖权的相应执法机关依职权采取提取、搜查、扣押等措施保全和固定,并依照法定程序移交给境内委托机关,即视为完成调查取证事宜。物证、书证存在于被委托方领域内,是历史性事物的客观存在,基本不会因为取证主体和程序的不同而改变其与案件事实的客观关联性。只要接受委托的境外机构收集并提供此类证据,则能够保障该类证据的真实性和关联性,除非境外机构有所限定,境内机关可以直接使用此类证据。

基于上述分析,对于物证、书证的委托取证规则,可以简要概括为"委托后不管"。在具体规则上,应该确立以下内容:

委托境外机构调取物证、书证的,应当提交委托申请书,标明委托事项,由该境外机构按照其所属地法律规定调取后交给委托机关,该物证、书证可以直接用于诉讼程序。

(2)言词证据

言词证据系对过去事实的恢复性陈述,在关注其易变性的同时,还需要注意所需证明案件事实各要素的覆盖面以及透彻度。也就是说,在案件事实发生的时间、地点、经过、结果等具体细节方面,尽量保证其广度和深度。在委托境外机构向证人、被害人等收集言词证据过程中,应当特别注意一次性将所需要阐明和证明的问题节点尽可能明确化。如果不明确要求,执行委托请求事项的机构工作人员就有可能遗漏或者略过此类重要环节。由于诉讼期限的限制、证人、被害人等的易变性以及委托取证程序复杂及烦琐,从而可能导致委托取证难以奏效。这种情形所引发的诉讼障碍,在前文中已经有所述及。此外,对于收集言词证据过程中所需注意的法律问题,如不得采取强制、欺骗等非法手段,也应一并在委托请求书中作出提示。因此,对于言词证据的委托取证规则,可以从内容和手段上加以规定。同时,还可以借鉴南非的做法,[①]委托境外机构采

---

① 《南非共和国刑事事宜国际合作法》第4条规定,对于询问过程的诉讼记录方式和内容,签发请求函的法院或主办官员可请求被请求方提供以下协助:①对询问证人的准确诉讼记录依据被请求国常规办理程序进行保管;②负责询问的主办官员对证人拒绝回答任何问题的事实进行准确地记录或出示任何簿册、文档或物品,及其拒绝的原因;以及,③请求由其指定的人或由被请求国对询问证人的诉讼过程进行录像记录;以及,④该录像记录应构成询问诉讼记录的组成部分,接收通过请求函获取的证据的法院或法庭可通过其确定以下事项:(ⅰ)进行询问的方式;或者(ⅱ)证人作证时的行为举止。载司法部司法协助外事司编:《司法协助立法研讨会资料》(2007年5月31日至6月2日)。

取同步录音录像的方式对书面言词证据进行同步固定。在具体规则上,应当确立以下内容:

委托境外机构向证人、被害人等调查核实案件情况并提取书面证言和陈述的,应当在委托请求书中详细列明需要询问的重要事实以及所要核实的关键情节,但应当同时注明禁止采取强迫性以及引诱、欺骗等非法手段。同时,也可以委托境外机构在收集书面证言和陈述过程中进行同步录音录像后一并移交。

2. 直接取证

直接取证,是指根据国际公约、双边条约以及互惠约定,经我国境内主管机关向境外主管机构提出请求并获得其同意后,由办案机关派出专门的办案人员在该境外特定范围内直接调查收集证据的取证方式。在前文关于我国涉外刑事证据规则的法律框架的阐述中,就已经提及《维也纳领事关系公约》以及其他双边条约中所规定的领事调查取证权。但对于刑事诉讼中的调查取证来说,由驻外领事官员等外交人员调查取证很可能难以满足刑事司法的专业性要求,因此实践当中必然产生由专门的办案人员赴境外直接取证的客观需要。此外,由于需要结合案情,确定调查取证的措施安排以及调查人员的责任感、调查取证的成本,境外主管机构也会产生有条件地允准他国(境)执法机构或司法人员依法入境实施调查取证活动的需要和动力。对于国家之间来说,根据国家主权原则,一国对该国的刑事事务享有完全的排他的管辖权,外国执法机关和司法机关人员未经许可不得随意进入其领土内从事任何公务活动。但是,如果系因该国主管机关同意或者批准外国执法机关和司法机关人员入境,并在本国相关机构监督之下自行调查取证,则属于主权国家之间司法权限的承认和让渡,从而使直接取证行为获得了法律程序上的正当性和合法性。这种情势不足以构成违法事实,也不损害国家的根本利益,相反还有利于国家的整体利益,因而这是允许的。① 而在区际刑事司法协(互)助当中,同意或批准其他法域执法机构人员入境调查取证,则是主权国家内部不同法域之间在司法管辖权方面所提供的便利,在法律上不存在无法逾越的障

① 赵永琛:《国际刑事司法协助研究》,中国检察出版社1997年版,第6页。

碍。在“张健贪污、诈骗案”[①]“邵军贪污、受贿案”[②]中,展示了司法实践当中在区际之间以及国际之间由办案机关赴境外直接取证的取证方式和程序。

对于司法实践中参照民事诉讼境外取证规则的做法,则需要进一步深入研

---

① 张健系原海门市德胜镇党委副书记,2005 年年底,江苏省海门市检察院接到举报后立案,并在山东省烟台市将其抓获归案。经初步调查,张健涉案的 1740 多万元,主要是其在担任德胜镇长期间,以建设社会主义新农村农民集中居住示范区为由,不仅让开发商垫资建设,还让开发商先期支付征地费用。经审讯张健主动交代说在中国银行澳门分行有两个账户,但上面已经没有钱了,1740 万元都在澳门赌博输掉了。经请示,最高人民检察院批复同意办案人员赴澳门取证。其间,澳门廉政公署通过珠海市检察院称已经将涉案所需的证人都找到了,并多次催促我方前往澳门取证。办案人员到到澳门廉政公署后,他们已经把三位证人约到办公场所并安排办案人员逐一询问。在澳门廉政公署办公室,廉署的人先介绍证人梁某,澳门某赌场洗码工;然后介绍大陆来的检察官,并说明大家来廉署的目的。在询问证人前,办案人员先出示工作证、执行公务证,并作自我介绍。就询问前告知事宜,向其声明:根据大陆和澳门的法律规定,证人要依法履行作证的义务,如实作证。证人表示:我清楚的事情,一定如实作证。在取证过程中,每询问完一位证人,办案人员都让证人在笔录上签字捺手印,然后廉政公署的人签字并复印一份笔录,将证人送走。三位证人都是赌场的洗码工,证实他们看到张健赌博,并知道了张健身份后,不要张健提供任何担保,也不用张健写借条,就多次借钱给张健,一般是几十万元,最多的一次借了 130 万元,累计 1000 多万元;张健在赌场几乎没赢过钱,他们曾多次前往海门市、南通市等地向张健讨债,至今张健仍欠 80 万元赌债未还。上述证据均被法院采纳,一审判处张健无期徒刑,张健没上诉,判决已经生效。案例来源:韦洪乾博客:《检察官境外取证方式调查》,发表时间:2007 年 3 月 22 日,详见 http://whq. fyfz. cn/blog/whq/index. aspx? blogid = 183074。

② 1994 年,首钢船务公司原总经理邵军因贪污、受贿犯罪正在被调查。经查,邵军在与新加坡首航公司赖某等人的业务往来中收受其贿赂款 10 余万美元,并将该款存入香港的美国运通银行。因本案的主要证人赖某和陆某均系新加坡人,需要赴新加坡调查取证。在掌握这些证据线索后,1994 年 3 月 21 日,最高人民检察院贪污贿赂检察厅致函司法部,请司法部相关部门与新加坡方有关部门联系,允许中方派员赴该国就该案取证。接函后,司法部司法协助局以该局局长名义,通过新加坡驻华使馆向新加坡贪污贿赂调查局提出书面申请,希望新方允许中方派一检察官调查小组赴新加坡,与新方主管机关合作开展取证工作。随即新加坡驻华使馆参赞复函告知,新加坡贪污贿赂调查局局长同意司法部司法协助局提出的刑事司法协助请求,将安排有关证人到该局接受中方调查小组的询问。

根据新加坡的法律,新加坡贪污贿赂调查局直接隶属内阁总理领导,对于贪污贿赂案件拥有特殊的侦办权,可以随时逮捕和传讯有关的嫌疑人员,有权从任何机构或个人那里调取证据材料,并且拥有搜查权。中方检察官调查小组到新加坡后,借助于新加坡贪污贿赂调查局的帮助,由其派人于凌晨到证人家里把证人“请”到该局。在询问问题上,中方为表示对新方的信任,以借助其合作与权威,建议以新方为主进行询问活动。新方负责人则表明:可以安排中方主问,如果证人与中方合作,则最好;如果证人不合作,则新方可以依据新加坡的法律采取一切必要的措施。经过新方对证人开展相关工作,证人基本上承认了有关的事实并表示愿意作证。随后,中方调查小组分别对证人进行了询问,询问结束时让证人在阅读完谈话笔录后在结尾处注明“以上记录与我所述一致”并签上自己的姓名。经中方要求,新方工作人员作为见证人在中方制作的笔录上签名并加盖了新加坡贪污贿赂调查局的印章。后相关证据被用于案件诉讼,邵军因贪污受贿罪被判处死刑,缓期两年执行。案例来源:黄风:《国际刑事司法合作的规则与实践》,北京大学出版社 2008 年版。

究。在“张晓东、闫志刚等人抢劫、绑架、故意杀人、强奸、盗窃案”①中，系在检察机关提前介入并参照有关民事证据境外取证的规定制定相应的证据规格，由我国派刑事侦查人员赴境外直接取证并在驻境外大使馆认证后完成调查取证的事项。根据《最高人民法院关于民事诉讼证据的若干规定》（法释〔2001〕33号）第11条规定，当事人向人民法院提供的证据系在中华人民共和国领域外形成的，该证据应当经所在国公证机关予以证明，并经中华人民共和国驻该国使领馆予以认证，或者履行中华人民共和国与该所在国订立的有关条约中规定的证明手续。当事人向人民法院提供的证据是在香港特别行政区、澳门特别行政区、台湾地区形成的，应当履行相关的证明手续。② 由于民事诉讼中实行当事人承担举证责任，其对于证据的形式要件和实质要件的标准均低于刑事诉讼。同时，将国家侦查机关比照当事人的诉讼主体地位以及诉讼行为规范进行调查取证，显然与我国刑事诉讼的职权主义本质属性难以契合。由此，参照民事境外

① 2003年12月14日，被害人秦×在柬埔寨王国首都金边被绑架，并打电话给国内家人要求按绑匪指定的账户汇付赎金。随着犯罪嫌疑人的相继落网，案情终于真相大白。2003年12月初，被告人刘友国等人以勒索财物为目的，多次密谋绑架、杀害被害人秦×，并准备了作案工具。同年12月14日上午，蒋增谷根据富春斐提供的情况，将秦骗至田、刘事先租赁的房屋内，3人采取持刀威胁等手段，对秦实施了捆绑。在索得秦家人赎金9.8万元人民币后，将被害人秦×残忍杀害并抛尸。随着侦查工作的深入，一系列暴力、凶残的罪行逐步显露出来，中国籍的老乡、朋友及游客，中国台湾地区、澳门特别行政区公民以及韩国、越南、柬埔寨等国公民均曾成为这一犯罪集团的侵害目标，据查，从1999年2月至2004年1月，张晓东等28人，在柬埔寨抢劫作案12起，致7人死亡，劫得6500元人民币、2.5万余美元、9000余元港币及汽车、摩托车、手机、手表等财物；绑架作案4起，造成3人死亡，索得9.8万元人民币、10万余美元；故意杀人作案2起；强奸作案1起；盗窃作案2起，窃得2.4万余元人民币、400美元和1部价值人民币850元的照相机；帮助毁灭证据作案3起；窝藏、转移赃物作案1起。由于主要的犯罪事实、犯罪地点都是在柬埔寨，部分犯罪嫌疑人案发时仍居住在柬埔寨，被害人涉及国内外公民，涉案的证据大部分在境外，必然要涉及境外调查取证的问题，而相关法律和国际条约对此却没有作详细具体的规定。鉴于案件的严重性和复杂性，南京市检察院组成审查起诉小组提前介入该案，开始积极引导侦查部门开展侦查工作。经过反复研究、论证，参照有关民事证据境外取证的规格，审查起诉小组围绕境外证人证言的证据规格、境外现场勘察笔录的证据规格、柬埔寨王国警方提供的材料等三方面内容，创造性地提出了该案境外取证的证据规格，就是所有境外证据都必须得到中国驻柬埔寨大使馆的认证，并加盖公章。公安机关的采纳并按照此规格制作了相关的证据，超过12万字的证据材料全部经使馆确认。据介绍，在庭审中，相关被告人和辩护律师也没有对此提出异议，法院的判决书也采纳了此种规格的证据体系。案例来源：“正义网”：http://news.sohu.com/20060916/n245372174.shtml《境外证据均得到使馆认证》2006年9月16日。

② 关于行政诉讼中境外证据的公证和认证，《最高人民法院关于行政诉讼证据若干问题的规定》（法释〔2002〕21号）第16条也做了与民事诉讼境外证据相类似的规定：“当事人向人民法院提供的在中华人民共和国领域外形成的证据，应当说明来源，经所在国公证机关证明，并经中华人民共和国驻该国使领馆认证，或者履行中华人民共和国与证据所在国订立的有关条约中规定的证明手续。当事人提供的在中华人民共和国香港特别行政区、澳门特别行政区和台湾地区内形成的证据，应当具有按照有关规定办理的证明手续。”如果对于刑事诉讼境外调查取证可以参照民事证据规则的话，当然也可以参照行政诉讼证据规则进行，这就必然会导致法律依据的混乱和冲突，从而引发对刑事诉讼境外取证活动的法律依据的质疑。

证据的取证规则,在法律上依据不足,在法理上也难以提供正当性和合理性。从实际操作上来说,由驻境外大使馆对侦查人员的取证行为进行证明,就保障调查取证行为的客观性、合法性来说也难以让人完全信服。刑事诉讼境外直接取证行为,其合法性在于符合证据所在地法律以及境内法律的双重考量,而不在于是否由大使馆对所取得证据的事后认证。比照多数双边条约中所约定的委托调查取证所移交的证据均免除认证和证明程序来看,侦查机关人员境外直接取证所获得的证据并不需要进行认证。相反,在刑事诉讼中参照民事诉讼境外收集提供证据的做法若得以广泛适用,将会导致其质证规则及认证规则相应地应当适用民事诉讼证据规则,这显然是难以实现并为现行诉讼体制所接受。换句话说,如果刑事诉讼中境外证据的调查收集活动参照适用民事证据规则的规定,则被追诉方根据该取证规则获取境外证据就更加合理合法。因此,参照适用民事证据规则的做法并不是理性的选择。

在现代刑事诉讼中,取证规则的意义在于为尽可能收集取得证据从而为查明案件事实提供制度性规范依据的同时,合理地限制侦控机关的权力以保障被取证人的人身自由和财产权利不受过度侵犯。对于境外取证而言,一经该境外主管机构同意和批准,我国侦查取证的司法权力管辖范围则延伸至该境外,从而使境内执法机构的调查取证权限具备了合法性前提,无须考虑其是否在境外还是境内实施取证行为。在这一前提下,直接取证行为必须在所允准的特定期间和指定场合并应当尽可能在境外主管机构派出人员在场时进行。具体来说,调查取证行为必须接受双重法律约束:其一,对于需要采取强制性措施的情形,必须委托境外主管机构依其法律规范进行,而且通常不得采取明显有违境内法律规定的手段,所取得的证据由其直接转交;其二,对于非强制性的调查取证行为,则应当确保取证形式和程序符合境内法律规范。在符合这些要求的情况下,在刑事诉讼领域直接取证行为就已经满足了境外取证的合法性要求,使领馆本身就享有非强制性调查取证权限,其所取得的证据可以直接交给境内办案机关使用。[①] 即便是公安司法机关人员在境外直接调查取证,也无须参照民事证据规则而增加使领馆认证程序。在具体规则上,应当确立以下内容:

经境外主管机构允准,可以派遣侦查人员直接前往并于特定期间内在指定地点调查取证。对于需要采取强制性措施的,应当委托该境外主管机构安排并可配合其执行。对于其他非强制性调查取证措施,可以邀请境外主管机构派员

---

① 如《中华人民共和国和大韩民国关于刑事司法协助的条约》第 24 条规定:"缔约一方可以通过其派驻在缔约另一方的外交或领事官员向在该缔约另一方境内的本国国民送达文书和调取证据,但不得违反该缔约另一方法律,并不得采取任何强制措施。"对于使领馆官员调查取证的对象一般限定于其本国国民。

在场并依我国境内法律进行。

3. 联合调查

联合调查是指两个以上的不同法域的执法机构,为了打击特定的跨境犯罪而临时共同组织和协同安排的调查措施,所收集的证据交归相应的参与方用于本方刑事诉讼追诉犯罪的需要的一种跨境调查取证方式。对于跨国(境)恐怖犯罪、毒品犯罪、有组织贩卖人口、走私军火等重大集团犯罪,严重危害各方的根本利益,因此成为共同的打击对象。但与此同时,由于此类犯罪涉及面广,犯罪分子往往利用各法域之间的差异以及监管间隙实施犯罪并逃避追查,这就需要各方合作、协同作战才能奏效,联合调查由此越来越显示出其在打击跨国(境)犯罪中的必要性和优越性。在国际刑事司法协助中,联合调查通常表现为:两个以上的国家为打击涉及它们各自刑事司法管辖的犯罪活动而组建共同的临时调查机构,共同开展有关的侦查和取证活动。它突破了传统协助形式的单一性限制,也就是说,通过联合调查可以开展各种各样的侦查和取证活动,可以进行搜查、检查、勘验、询问证人、冻结或扣押财产,还可以调取银行记录、政府或公司的档案材料和文书,甚至可以采用电子监听和监视等特殊侦查手段。[①]在我国的区际刑事司法合作中,对于跨境实施电信诈骗、组织卖淫犯罪以及恶性的绑架勒索犯罪等重特大有组织犯罪,各自安排专案人员相互协同并展开联合调查已经成为重要的合作形式。通过各方按照各自承担的事项共同努力,所收集的证据资料经过拼接组合将跨境犯罪的事实整体“勾画”出来。

尽管是协同行动,联合调查所采取的具体调查取证措施最终须在各个法域内形成,因此在取证程序和手段上,应当符合该法域的法律规定。同时,证据资料作为联合调查所获得的重大成果之一,应当属于各方共同所有。不过,在实践中由于各方在追诉犯罪方面的侧重点不同,需要对证据资料进行分配。对于某一份证据,各方均需要用于本方诉讼程序,则应当在证据原件的基础上制作相应份数的复印件,并经各方共同签章确认后,具有与原件相同的证据效力。对于仅限于某一方需要的证据资料,则直接分配给该方用于司法程序。在具体规则上,应当确立以下规则:

对于有组织的跨境犯罪,可以和境外相关机构开展联合调查,在赴境外调查取证时应当根据本地法进行,所取得的证据资料可以按照需要制作备份或复制品及复制件,经共同签署确认后分配给各方。该证据资料与原始证据资料具有相同效力。

---

① 黄风:《国际刑事司法合作的新近发展》,载《法制日报》2009 年 3 月 6 日,第 9 版。

4. 转交证据

转交证据是指证据在所属地因已经系属于诉讼程序而收集和制作完毕，在请求方提出提供证据的请求时，被请求方将证据原件或经签章证实的复印件转交给请求方的取证形式。在“中国留学生在加拿大杀害女友案”[①]中，中方就该案向加拿大请求提供与本案关联的赵×协助他人犯罪一案的相关证据，加方根据中方请求将既有证据转交中方。转交证据也是自境外取得证据的一种方式，通常在刑事司法协助双方管辖权交叉或者对各自所管辖的案件有牵连关系的情况下发生：在管辖权交叉的情形下，各方对于对方所管辖的案件也有管辖权，只是因为对方已经实施管辖而放弃或降低对该案的追诉，如上述“中国留学生在加拿大杀害女友案”中，中方对赵×的涉案事实不予以追究；在牵连关系的情形下，一方对于所管辖的案件事实与另一方所管辖的案件有一定的牵连，后者用于指控犯罪事实的证据对于前者所指控的犯罪事实也有证明作用，因此可以请求该方将已形成的证据转交给本方用以处理关联案件。

转交证据的前提是被请求方已经取得相关证据，系被请求方主管机构根据其职权依本方法律程序而收集制作完成，请求方对此无以施加影响和改变证据材料，对于证据材料的形式和内容均没有介入的空间。证据材料转交后，除非被请求方作出限制，请求方可将该证据用于请求事项和用途。在具体规则上，应当确立以下内容：

对于境外主管机构已经调查收集的证据材料，可以依据有关条约规定或协商约定的方式和途径请求其转交该证据材料，所转交的证据材料原件或者经签章的复印件均可直接用于事先声明的用途，但境外主管机构对证据使用附加限制条件时除外。

（二）被追诉方取证

根据《刑事诉讼法》的规定，依据事实和法律提出证明犯罪嫌疑人、被告人无罪、罪轻或者减轻、免除其刑事责任的材料和意见，以维护犯罪嫌疑人、被告人的合法权益，不仅仅是辩护人的诉讼权利，更是辩护人的诉讼责任和义务。但是，即便对于辩护人的调查取证权限进行扩大解释，仍然会存在以下问题：辩护人可以赴境外取证吗？如果允许辩护人境外取证，则应该如何取证？刑事司法协（互）助的主体只能是国家机关，因此从现有刑事诉讼方面的法律法规来

---

① 在移送起诉的案件材料中，对于加拿大有关部门提供的证据材料限制使用问题，侦查机关以出具一份《工作说明》方式对境外证据予以转换。相关报道，参见《留学生在加拿大残忍杀害女友　大陆受审律师做无罪辩护》，载渥太华华人网：http://www.ottawachinesenet.com/portal.php?mod=view&aid=88；另见《北京留学生在加拿大掐死女友被公诉》，载人民网：http://world.people.com.cn/GB/11744297.html。

看，没有辩护人境外取证的授权性规定，但也没有禁止性规定。在实践中司法机关对于辩护人等提交境外证据的做法多予以认可，略举几个案例如下：

案例1：童琇琳雇佣吕途、基多夫·根纳季（英文名：TITOV GENNADY）杀人案[①]

该案判决书列明：

庭审中被告人童琇琳的辩护人向法庭提供了被告人童琇琳已故男友冲浦秀昭的父母在日本国所作的证言，用以证实被告人童琇琳有中止犯罪的情节。上述证据因无法确认其真实性，故本院不予确认。

案例2：英国人阿克毛走私毒品案[②]

最高人民法院经复核认定：

英国驻华使馆领事官员和英国某缓刑组织曾通过律师提出对阿克毛进行司法精神病鉴定的要求。根据我国有关法律，申请对被告人做精神病鉴定，不应当是无条件的，申请人应当提出说明被告人有可能患精神病的依据，法院方可据以审查决定是否需要进行鉴定。英方提供的材料不足以证明阿克毛有精神病以及阿克毛的家族成员曾经患精神病；阿克毛本人也没有提供相关材料。法院审查认为，本案中并无理由对阿克毛的精神状态产生怀疑，其精神病鉴定申请不具备应当被接受的条件。

案例3：王某某运输毒品案[③]

庭审当中王某某自报未成年，由此来源于缅甸的被告人户口簿是否被涂改就引起了争议。为此犯罪嫌疑人、被告人的家属直接向公检法机关递交或通过律师当庭提交诸如嫌疑人、被告人的缅甸户口簿、身份证等国籍、身份、年龄等书面材料，或提供缅甸地方华侨社团甚至乡村、社区出具的户口证明材料。对此，如未经缅甸相关部门回函认可，公诉机关往往认为这些材料来源不合法，且无法核实真伪，建议法院不予采信，法院一般支持公诉意见，对上述材料不予采纳。但如果法官根据案情、与其他证据的比对结果和庭审的情况，认定虽然上述材料来源不合法，但真实性、关联性都具备的情况下，按照有利于被告人的原则，会进行必要的参考，特别是该材料涉及被告人的刑事责任年龄问题时就更为慎重，如按被告人罪行应当判处死刑，但不能完全排除其系未成年人犯罪，为稳妥起见，对其判处无期徒刑。

上述三个案例，表明我国司法实践中对于被追诉方境外取证的做法是认可

---

① 参见北京市第二中级人民法院（2005）二中刑初字第1860号刑事附带民事判决书。

② 参见《阿克毛走私毒品案已由最高人民法院复核终结》，报道来源：人民网。

③ 参见寸守庆：《德宏涉缅刑事案件境外证据收集转换和适用存在的问题》，载德宏法院网：http://www.dhfy.gov.cn/hp-nry.aspx? id=709。

的:在案例1中,法院对于辩护人所提交的境外言词证据的做法予以认可,但因难以核实而未认可其证明力;在案例2中,被追诉方提供了来自境外的关于被告人可能患有精神病的材料,最高人民法院对此做法予以认可,但是因该境外材料尚不足以证明其患有精神病以及家族精神病史而不予启动司法鉴定程序;在案例3中,法院对于被追诉方提供境外证据的做法予以认可,但因该证据无法核实而不予以确认其证明力,但对于类似的证据,若具备真实性和关联性,则予以确认。其中,最高人民法院对阿克毛案件的复核意见表明,对于与案件事实有关的材料,有关各方均可以将其作为证据或者证据线索提交给司法机关。在这种情况下,如果所提供的材料足以证明被告人阿克毛确实患有精神病并且家族成员曾经患有精神病,符合我国关于精神病司法鉴定的条件,则应当启动相关诉讼程序,而无论提供证据材料的主体和程序是否具备特别条件。由此,最高人民法院确认的规则是:在刑事诉讼中,查明事实真相具有决定性的支配地位,为此,除非该取证程序明显违反我国刑事诉讼取证规则的规定,被追诉方有权向司法机关提交任何与案件审理有关的证据材料或证据线索,其中当然包括来自境外的证据。

就实践当中比照民事诉讼中境外证据的认证取证规则做法,前文已经提出了质疑。退一步说,如果国家机关采取使领馆认证的取证方式得到确认,是否要求被追诉方,尤其是辩护人的取证也需要经过认证才予以认可?在本文看来,这既难以实现,也是没有必要的。对于民事认证来说,多是对于文书、证件类书证证明文件进行认证,使领馆官员根据其所具备的专业知识即可以做到。但对于刑事认证来说,司法专业性更强,法律责任更为重大,即便是本国公民的诉求,也难以启动这类认证活动。特别是刑事诉讼当中十分倚重的言词类证据,被追诉方通过认证方式取得言词类证据也是难以想象的情形。如果确属文书、证件类的书证,则可以采用民事认证方式取证。即便是没有采用认证方式,也可以借鉴意大利的做法①,将该材料作为证据线索提交公安司法机关。后者对此有查证核实的义务,并且由后者采用传真、邮件等正式途径向相关的使领馆机构发函予以核实也不存在多大困难。保障被追诉人的诉讼权利,查明案件事实,这既是国家机关的职权所在,也是其职责所在。因此,对于辩护人等被追诉方主体的境外取证,如果符合《刑事诉讼法》关于辩护人调查取证方面的规定,则应当予以认可,其所提交的证据材料,即可作为证据或者证据线索使用。

---

① 文书可采性规则包括:(1)限制适用规则。即对于委托外国取得的文书证据,如果外国对被要求调取的文书的可采用性附加了限制条件,则司法机关在使用这些文书证据时必须遵守这些条件。(2)非法证据排除规则。即对于在违反法律禁令的情况下获取的证据,不得加以使用。这种主张可以在诉讼的任意阶段提出。参见《意大利刑事诉讼法典》,黄风译,中国政法大学出版社1994年版。

如果公安司法机关不予以核实,或者穷尽手段后仍难以核实,应当作出对被追诉人有利的解释和处理。在具体规则上,应当确立以下内容:

辩护人可以赴境外收集与案件事实有关的证据,但应当遵守该地区法律规定并符合国内有关调查取证的强制性和限制性规定。辩护人所提交的证据材料线索对于案件主要事实的认定可能有重大影响的,侦查、检察和审判机关应当向我国驻该境外使领馆机构进行核实。如果不予以核实或者无法核实,则应当作对犯罪嫌疑人、被告人有利的解释和处理。

二、举证规则

举证规则所要解决的是如何向法庭提交证据的问题。《刑事诉讼法》规定了证人和鉴定人等当庭向法庭作证的形式,公诉人、辩护人应当向法庭出示物证,让当事人辨认,对未到庭证人的证言笔录、鉴定人的鉴定意见、勘验笔录和其他作为证据的文书,应当当庭宣读。对于所有用于案件事实认定的证据,控辩双方均可以向法庭举证。其中,物证系直接出示,而书证、未到庭证人、被害人的书面言词证据以及其他证据均应当以口头宣读形式举证并移交法庭。就涉外刑事证据而言,首先应当以符合我国刑事诉讼要求的语言和文字进行举证,因此事先将证据翻译成符合庭审所要求的语言和文字是举证的前提。在满足这个先决条件后,涉外刑事证据的举证还应当符合一些特别的规定。

(一)直接运用规则

与境内证据的举证规则相同,对于通过委托取证、直接取证所取得的涉外物证、书证、鉴定意见、勘验、检查、辨认、侦查实验笔录、视听资料、电子数据以及书面证言等证据材料,除证据提供方附加限制使用条件外,均可以直接运用于庭审当中。对于将要在庭审中使用的证据,检察机关应当在起诉时列明证据目录、证人名单和主要证据复印件或者照片,在开庭审理过程中,则应当当庭出示证据的原物和原件。对于公诉人要出示证据目录以外的证据,在辩护方提出异议的情况下,法庭如果认为确有出示的必要,可以准许出示。而对于被追诉方所提交的境外证据,可以当庭直接提交。所有当庭出示、宣读的证据,应当在休庭后由公诉人、辩护人与合议庭办理交接手续。凡是与案件事实和定罪量刑有关的涉外证据,均应当直接提交法庭供其裁决使用。在具体规则上,应当确立以下内容:

与案件事实有关的境外证据均应当直接提交法庭审理,但被限制使用于诉讼当中的除外。

(二)转换运用规则

对于境外所提供的证据材料,一般情况下可以直接用于法庭审理程序。但是,在某些特殊情况下,境外提供证据的机构可能对证据材料的使用附加限制使用条件或者禁止作为诉讼证据使用。在这种情况下,即便该证据对于认定案件事实具有决定性的作用,公诉人也不能在庭审中出示。根据证据裁判原则,未经当庭出示并经过质证程序的证据不能作为认定案件事实的根据,因此法院将面临无法运用其进行诉讼并据以作出裁判的困境。为了解决这个问题,我国司法实践中采取了“转换使用”的方式绕过这一障碍。在“5·28走私化工纺织原料案”①中,香港特别行政区海关当局对所提供的电子报关资料等材料加以限制使用,要求不得公开并不得作为法庭证供使用。鉴于无法将境外证据资料直接运用诉讼当中,因此由侦查机关出具《关于境外取证的工作说明》,将境外证据材料转换为侦查机关制作的“书证”形式,提交法庭供审判使用。在前述“中国留学生在加拿大杀害女友案”中,加拿大警方以工作交流形式提供了该案前期工作中的部分案卷,其中包括:案件现场勘查材料、照片复印件;法医检验材料;加方调取的重要物证材料、涉案人员、重要证人的相关访问材料,以及录像、视频电子资料等。但是,上述材料均为英文复印件且加盖了警示说明章,不能作证据使用。由于中加双方司法合作协议约定,所有移交的案件证据材料在审判结束后要归还加方,因此加方提供的原始材料由侦查机关保存。由此,本案诉讼案卷中加方所提供的证据材料中的纸张材料均为复印件,所有证人证言的原始录音及加方提供了根据录音整理的英文翻音电子版,随案移送的电子版照片、录像均根据原件复制成本案材料。此外,案卷中的现场、尸检材料均由侦查机关技术部门及法医根据加方提供的基础材料编辑制作。通过这种转换方式,境外证据材料被转换为侦查机关制作的“二手证据”后作为诉讼证据提交法庭审理。尽管存在失真的风险,甚至存在有违诚信原则的嫌疑,以及不利于被追

---

① 即石狮海关缉私分局侦办的福建省润丰进出口有限公司、福建榕达进出口有限公司等、施×强等涉嫌走私案。在该案中,侦办单位就境外证据出具了一份《关于境外取证的工作说明》。全文如下:2008年5月29日,厦门海关缉私局石狮分局立案侦办海关总署缉私局挂牌二级督办的“5·28”施佳龙团伙走私化工纺织原料案件,在侦办过程中,因需要获取施佳龙在香港操控的SUCCESS TRADING CO.(成功公司)和GENIUS TRADING CO.(天才公司)两公司从香港申报出口货物到福州马尾港的出口报关资料,经我局提出取证申请,在海关总署缉私局国际执法合作室的组织协调下,香港海关于2009年9月10日调取了上述两公司自2008年1月至4月从香港出口货物到福州马尾港的电子报关资料,反映了货物从香港申报出口时间、货物品名及规格、发货人和收货人、货物装货地和目的地、船公司、船名航次、提单号码、货柜柜号等情况。鉴于香港海关要求不宜将上述证据材料公开或作法庭证供使用,根据海关总署缉私局、最高人民检察院侦查监督厅、最高人民检察院公诉厅、最高人民法院刑二庭联合下发的《关于走私犯罪案件中境外证据的认定与使用问题的联席会议纪要》的有关规定,我局对香港海关提供的证据材料进行整理和形式转换,现以表格形式反映涉案的SUCCESS TRADING CO.(成功公司)和GENIUS TRADING CO.(天才公司)两公司从2008年1月至2008年4月15日在香港海关申报出口纺织原料尼龙6切片共38柜出口到福州马尾港的具体情况(详见附件中的《香港申报出口货物情况表》)。我们能保证转换后的证据与原件核对是客观、真实的,请予以采信。中华人民共和国石狮海关缉私分局(印章)

诉方充分行使辩护权利的弊端,但在当前迫切需要打击跨境犯罪,维护国家司法主权,保障社会重大公共利益的根本价值考量之下,对于被限制或禁止使用的境外证据材料采用转换运用的方式,具有符合特定历史时期国家和社会法治发展需求的现实正当性。诚然,被追诉人对于证据留存于境外或多或少要承担一定的不利后果,但即便如此,保护被告人的正当诉讼权利也是刑事司法的基本原则所在,因此,应当同时赋予被追诉方基本的知情权和异议权。在具体规则上,应当确立以下内容:

对于境外主管机构提供的证据材料附加使用限制条件的,可以在不违反该限制条件并不改变其真实内容的前提下,将工作程序及证据材料的主要内容进行书面陈述,制作成由侦查机关出具加盖公章并由具体参与的侦查人员签名的工作说明以提交法庭审理,但应当将该证据材料的复制件于庭前交由法庭备案并提供给被告人与辩护律师查阅,但不得取得复制件。

(三)境外作证规则

随着电子技术和网络技术的出现,即时音频视频通讯技术得以发展,其高保真的传输性能以及方便快捷的低廉成本为身处异地的参与者之间进行远程即时沟通和交流提供了可能,视频音频听证(hearing by video or audio conference)由此应运而生,并在国家、政府系统以及社会组织内部及相互之间的各个领域得到应用。在我国参与的几个国际公约中,即对此种作证方式作了规定。《联合国打击跨国有组织犯罪公约》规定,当在某一缔约国境内的某人需作为证人或鉴定人接受另一缔约国司法当局询问,且该人不可能或不愿到请求国出庭,则前一个缔约国可应该另一缔约国的请求,在可能且符合本国法律基本原则的情况下,允许以视频会议方式(hearing by video conference)进行询问,缔约国可商定由请求缔约国司法当局进行询问且询问时应有被请求缔约国司法当局在场。[①] 在《联合国反腐败公约》中也有类似规定。[②] 此外,《国际刑事法院罗马规约》中也规定,准许借助音像技术提供证人的口头或录音证言,以及提出文件或笔录。这些措施不应损害或违反被告人的权利。[③] 相应的,其《程序与证据规则》规定,预审分庭可以允许证人借助音像技术向分庭提供口头证言,但所用技术应允许检察官、辩护方,及分庭本身在证人作证时向证人提问。在技

---

① 参见《联合国打击跨国有组织犯罪公约》第18条:"司法协助"第18款规定。

② 参见《联合国反腐败公约》第46条,"司法协助"第18款:当在某一缔约国领域内的某人需作为证人或者鉴定人接受另一缔约国司法机关询问,而且该人不可能或者不宜到请求国领域出庭时,被请求缔约国可以依该另一缔约国的请求,在可能而且符合本国法律基本原则的情况下,允许以电视会议方式进行询问,缔约国可以商定由请求缔约国司法机关进行询问,询问时应当有被请求缔约国司法机关人员在场。

③ 参见《罗马规约》第69条第2款规定。

术保障上，分庭在书记官处的协助下，应确保为通过音像转播技术录取证言所选定的地点有助于提供真实和坦率的证言，并照顾到证人的安全、心身健康、尊严和隐私。[①] 除国际公约外，英国、美国、澳大利亚等许多国家在其国内法中也都规定了视频音频取证和作证方式。[②] 由此可见，正如许多先进的科技手段不断运用于司法活动中以提高司法效能一样，即时视频音频技术也逐步运用于刑事诉讼当中并得到普及。

在我国，即时视频音频技术也规定在某些国际条约当中。例如，在中国与西班牙签订的刑事司法协助条约中，就作证或协助调查事宜，约定"在可能且不违反任何一方法律规定的情况下，双方可以根据具体情况约定通过视频会议获取证词。"[③]除此之外，在对外刑事司法协助过程中，也有过实践案例。例如，在美国诉许超凡一案中，根据美方要求，第一次在中外之间通过远程视频技术向外国法庭做视像听证，第一次同意并安排在押的服刑人员作为污点证人通过视频向外国法庭作证。[④] 从法律依据和实践经验来说，我国在即时视频音频取证和作证方式上均已经有了突破性进展。对于采取视频音频技术从而便于境外证人向境内法庭作证，实践中已经有了迫切需要，在国内立法上有必要予以确立和规范。在具体规则上，应当确立以下内容：

对于证人、被害人、鉴定人等出庭存在困难而同意在境外作证的，经向境外主管机构请求并协商，可以由其安排证人、被害人、鉴定人等于庭审当日，在特定场所采用即时视频音频技术向法庭提供证言，接受当庭询问和质证，对此过程应当加以录制并保存作为庭审记录。

三、质证规则

质证是法院庭审查证案件的决定性程序，事关控辩双方收集、出示证据的行为和形式是否符合法律规定以及能否证明或证否案件事实，是检验证据的基本属性——证据能力和证明力的最终场所，是决定控辩双方争诉的"主战场"。从控诉方角度来说，侦查机关、控诉机关调查收集证据并指控被告人的诉讼程序是否合法进行、所指控的犯罪是否成立，需要通过公开质证予以验证。从被告人角度来说，当庭提交证据或者质疑控诉方的证据以证明自己无罪、罪轻或者免除刑事责任，直接影响案件事实的最终认定以及是否接受刑事处罚，既是查明案件的过程，更是事关自身诉讼权利维护的基本人权问题。关于保障被告

---

① 参见《程序与证据规则》第67条规定。

② 有关外国采用视频音频取证和作证方式的介绍，参见张晓鸣、鲍艳：《跨国视频音频取证问题初探》，载黄风、赵林娜主编：《国际刑事司法合作：研究与文献》，中国政法大学出版社2009年版。

③ 参见《中华人民共和国和西班牙王国关于刑事司法协助的条约》第10条第3款的规定。

④ 参见《中方向美提交逃犯名单　两国就跨国追逃达成共识》，报道来源：中国新闻网。

人在庭审过程中的质证权利,不仅为现代法治国家所确认,也被联合国《公民权利和政治权利国际公约》等国际公约视为基本人权而予以规定。[①] 切实保障诉讼各方充分的质证权力(利),既是查明案件事实的重要诉讼机制,也是公民在诉讼当中的基本人权得以维护和体现的关键所在。

(一)一般规则

质证规则是规范各方质证行为的制度性规定,其完善有助于查明案件事实和保障被告人的基本人权。对此,《刑事诉讼法》及有关司法解释明确规定,证据必须经过查证属实,才能作为定案的根据,从而确定了质证原则。具体包括:(1)言词证据质证规则,即对于出庭作证的证人、鉴定人进行交叉询问。首先由法庭审判人员告知其应当如实地提供证言和有意作伪证或者隐匿罪证的法律责任,经审判长许可后,由申请传唤该证人、鉴定人的公诉人、当事人和辩护人、诉讼代理人对其就案件有关的问题进行主询问,后由对方进行交叉询问。审判人员也可以询问证人、鉴定人;对于对未到庭的证人的证言笔录、鉴定人的鉴定意见则应当当庭宣读,公诉人、当事人和辩护人、诉讼代理人等诉讼参与人员均可以就该证据发表质证意见,审判人员应当认真听取这些意见。(2)物证及其他证据质证规则,即对于物证应当让当事人辨认,对于侦查人员和检察人员的勘验笔录和其他作为证据的文书,则应当当庭宣读,公诉人、当事人和辩护人、诉讼代理人等诉讼参与人员均可以就该证据发表质证意见,审判人员应当认真听取这些意见。(3)非法言词证据证明责任规则,即对于检察人员、被告人及其辩护人提出未到庭证人的书面证言、未到庭被害人的书面陈述是非法取得的,举证方应当对其取证的合法性予以证明。法庭应当参照有关规定进行调查。(4)综合辩论质证规则,即在前述"一证一质"步骤后,经审判正许可,公诉人、当事人和辩护人、诉讼代理人可以对证据和案件情况发表意见并且可以互相辩论。对于涉外刑事证据来说,也应当遵循此几项质证规则。在具体规则上,应当确立以下内容:

境外证据应当提交法庭质证,并遵循质证程序的一般规定。

(二)特殊规则

由于境外证据在境外形成,法制状况的差异以及跨境作证的距离所造成取证、举证方面的困难同样存在于质证方面,涉外刑事证据质证的不充分性展示得非常明显,除适用一般质证规则外,对于根据司法协(互)助所获得的境外证据,还应当根据以下实际情况制定特殊的质证规则。

---

① 参见联合国《公民权利和政治权利国际公约》第14条第(三)项规定:"在判定对他提出的任何刑事指控时,人人完全平等地有资格享受以下的最低限度的保证:……(5)讯问或业已讯问对他不利的证人,并使对他有利的证人在与对他不利的证人相同的条件下出庭和受讯问"。

1. 未限制使用的证据材料。对于境外主管机构提供的证据材料,如前述“沈容焕合同诈骗案”中美方和韩方所提供的书证,因为取证主体并非境内公安司法机关,取证过程可能无法查明,即便能够查明其所适用程序也未必与境内法律法规相符,因此对证据的程序和实体两方面进行质证难以进行。根据与境外签订的司法协(互)助条约,基本上均订立有互相免除证明或认证条款,因此对境外机构所提供的未受使用限制的证据材料,可以直接用于法庭审理并采用一般质证规则进行质证,但庭审质证只能针对其所证明的内容与案件事实的关系进行。在具体规则上,应当确立以下内容:

对于境外主管机构提供的证据未附加使用限制条件的,除证据内容与案件事实的关联性外,无须就其合法性和真实性进行质证。

2. 限制使用的证据材料。在前述“5·28 走私化工纺织原料案”中,限制使用的是电子报关单等书证材料;在前述“中国留学生在加拿大杀害女友案”中,限制使用的不仅有书证,还包括鉴定意见以及勘验笔录等多种证据类型。如果仅仅通过转换成“工作说明”形式提交,对于被告人一方来说显然无法进行质证:(1)从形式上来说,“工作说明”当然不属于刑事诉讼法所规定的证据类别。尽管司法实践当中存在侦查机关出具加盖公章并由经办侦查人员签名的情况说明,且这种做法已经为司法解释所确认,但也只限于对证明侦查机关不存在非法讯问被告人等行为进行举证的情形。① 除此以外,只有在走私案件中使用转换证据的方式得到司法意见的确认②,但也未上升至司法解释的层面。(2)从内容上来说,若存在多种类型证据材料被限制使用的情形,也很难将其中包含的多个类型的证据及其相对应的证明对象和事实进行拆分以分别予以质证。由于诚信义务的约束,公安司法机关在使用境外主管机构提供的材料时必须信守承诺,但为了防止当事人利用法制不同的主观障碍和国边境分隔的客观障碍而企图逃避法律的制裁,采取转换的方式将材料转换为可展示于法庭当中的“工作说明”,这也是当代中国各执法机关在法制还略显粗疏的情况下为捍卫国家主权和公共利益不得已的做法。固然,减免和简化质证程序本身就是一国当权机构在主权范围内的权限,而且犯罪人确属“罪有应得”,但是如果因属于司法机关超越立法权限而率性为之,且过于

---

① 最高人民法院、最高人民检察院、公安部、国家安全部、司法部《关于办理刑事案件排除非法证据若干问题的规定》第 7 条第 3 款。

② 参见《关于走私犯罪案件中境外证据的认定与使用有关问题的联席会议纪要》(缉私〔2005〕349 号)的规定。

剥夺被告人知情权和质疑权,则此类扩大司法权限的举措势必损害本已脆弱的刑事司法法治化进程。程序要件的不充分的决定,即使其目的是正当的,也容易引起争论,从而造成贯彻执行上的阻碍。如果要强行实施之,那么就会给社会以一种被放大了的压抑感;而如果试图解释说服,那么只能是事倍功半。[①] 基于此,可以在规定采取转换使用方式的基础上,为被告人及辩护律师提供适度的知情权的程序保障,即应当将此类材料于庭前向被告人或辩护律师出示,但其不得获取任何复制件。如果被告人和辩护律师对所包含的信息提出质疑,则可以由侦查人员当庭解答。在具体规则上,应当确立以下内容:

对于因境外主管机构对提供的证据材料附加使用限制条件而采用工作说明的形式提交法庭审理的,被告人及辩护律师可以就与所指控的犯罪事实有关的部分提出质疑,侦查人员应当当庭解答。

四、认证规则

刑事诉讼的最终目标是为了依法查明案件事实以及准确适用刑罚,其实现有赖于综合运用有证据能力的证据,以其所具备的对案件事实的证明力认定案件事实。通常认为,作为证据的两个基本属性,证据能力是指证据材料能够用以认定案件事实的资格和条件,而证明力是指证据对案件事实是否具有证明作用以及作用的程度。认证规则是对法庭审理中就如何评判和确认证据的证据能力和证明力进行规范的规则,其设计是否科学合理,对于保障诉讼当中的人权及案件事实的认定而言具有终极衡量的意义。在认证规则中,主要包括有关证据能力的规则和有关证明力的规则两大组成部分。对于涉外刑事证据而言,其认证规则在境内证据认证规则基础上,还涵盖了针对境外因素的特殊规则。

(一)证据能力规则

1. 境内证据证据能力规则

在前文第一章中,笔者曾提出,诉讼法治化促使我国刑事诉讼对证据的合法性要求日趋严格,进而在证据领域形成证据、非法证据、定案证据三个层面的概念。其中,用来证明案件事实的都是证据;被排除用来证明案件事实的证据是非法证据;被用来认定案件事实并据以作出判决的证据是定案证据。从证据

---

① 季卫东:《法律程序的意义——对中国法制建设的另一种思考》,中国法制出版社 2004 年版,第 61 页。

的基本属性来衡量,非法证据是不具有证据能力的证据,而定案证据是具有证据能力的证据。从这个角度出发,除证据必须与案件具有关联性且必须经过质证程序外,我国境内刑事证据能力规则包括以下两个方面:

(1)证据形式规则。在我国,刑事证据的证据形式相对确定。《刑事诉讼法》规定,证据有物证和书证、证人证言、被害人陈述、犯罪嫌疑人和被告人供述和辩解、鉴定意见、勘验和检查笔录、视听资料、辨认、侦查实验笔录、电子数据,以及行政机关在行政执法过程中收集的物证、书证等证据材料①。然而在实践中,经常出现侦查机关出具的"情况说明"这一证据形式。尽管针对"情况说明"的证据属性存在不同意见②,但在《非法证据排除规定》中,其第7条第3款明确提出,"公诉人提交加盖公章的说明材料,未经有关讯问人员签名或者盖章的,不能作为证明取证合法性的证据",从而以一种变通的方式确认了关于言词证据取证程序合法性的"情况说明"在证据形式上的合法性。

(2)程序规则。对于各种证据形式规定了相应的取证程序:①言词证据必须依法取得,采用刑讯逼供等非法手段取得的犯罪嫌疑人、被告人供述和采用暴力、威胁等非法手段取得的证人证言、被害人陈述,属于非法言词证据。经依法确认的非法言词证据,应当予以排除,不能作为定案的根据。③ ②物证、书证必须来源明确并与案件事实有关联且经过经过合法程序收集,其复印件或复制件应与原件一致,或者其存在疑问不能作出合理解释的,不能作为定案根据。④

---

① 增加这一规定,实际上确认了行政机关在行政执法中收集的物证、书证等证据材料的证据能力。关于对此前行政机关以及纪检监察机关履行职责过程中所取得证据"转化"为刑事证据的做法以及其弊端进行批判和解决方案的论述,参见万毅:《证据"转化"规则批判》,载《法学》2011年第1期。

② 对于"情况说明"(也有采取"工作说明"等不同表述)的证据属性,有几种观点:(1)绝对否定说,即认为"情况说明"不具备客观性、关联性、合法性,因此不是证据,参见王丹:《"情况说明"的证据越位——对〈非法证据排除规定〉第七条第三款的检讨》,载《人大研究》2011年第6期;(2)相对否定说,认为大多数情况说明仅仅是证据材料而不是证明案件事实的证据,能成为刑事证据的情况说明均应视为证人证言,参见黄婕:《"情况说明"的证据学属性分析——兼论侦查人员出庭作证制度之构建》,载《中国刑事法杂志》2010年第5期;(3)相对肯定说,认为案件具有相关性的"情况说明"属于瑕疵证据,经过合法程序补正的可以采纳,具有证据能力,并可以按照其形式归入法定的证据类别,参见黄维智:《刑事案件中"情况说明"的适当定位》,载《法学》2007年第7期。与此相类似及更为系统的观点,参见李春刚、王凯:《办案情况说明的证据学思考》,载《证据科学》2009年第2期。

③ 参见最高人民法院、最高人民检察院、公安部、国家安全部、司法部《关于办理刑事案件排除非法证据若干问题的规定》第1、2条规定以及最高人民法院、最高人民检察院、公安部、国家安全部、司法部《关于办理死刑案件审查判断证据若干问题的规定》第11~21条的规定。

④ 参见最高人民法院、最高人民检察院、公安部、国家安全部、司法部《关于办理死刑案件审查判断证据若干问题的规定》第6~9条的规定及最高人民法院、最高人民检察院、公安部、国家安全部、司法部《关于办理刑事案件排除非法证据若干问题的规定》第14条的规定。

③其他证据包括鉴定意见、勘验、检查笔录、视听资料、辨认等的制作，必须符合法定的程序，否则不能作为定案根据。① 尽管关于证据的制作程序主要规定于死刑案件证据规范中，但也应参照适用于其他类型刑事案件。

2. 境外证据证据能力规则

对于境外证据来说，除证据应当遵循境内证据的证据能力规则外，构建其证据能力方面的规则所面临的因素和困难要复杂得多。

（1）证据形式规则。在证据形式上，对涉外刑事证据进行规制面临着取证、举证、质证方面的障碍。在委托取证情形，境外主管机构所取得的证据可能以不同于我国刑事诉讼所规定的证据形式出现。当委托取证所获得境外证据被限制使用而被迫转换并采取“工作说明”形式出现时，则面临“传闻证据”的质疑。与境内证据的“情况说明”的背景不同，后者毕竟还有一些基本证据作为支撑并可以提交至法庭公开质证认证，“情况说明”只是起到补充说明或论证作用，而前者所据以出具的证据资料不得在庭审中公开质证并认证，导致庭审当中证据阐述甚至整个案情陈述和论证完全依赖于侦查机关的归纳总结。鉴于此，在境外证据的证据形式上，应当考虑放宽证据形式方面的要求，以满足国家追诉犯罪的司法主权的需要。此外，尽管法律及司法解释对证据形式有所要求，但在我国司法实践中，采取形形色色的“情况说明”突破证据形式规定的做法已是屡见不鲜，并在加以适度规范的情况下已成为当下刑事司法的无奈选择。对于刑事诉讼当中境外证据形式的要求，也可以在保障被告人知情权和辩护权的前提下借鉴外国的做法，对此加以适当放宽。例如，根据意大利刑事诉讼法的规定，如果需要获取法律未规定的证据，当该证据有助于确保对事实的核查并且不影响关系人的精神自由时，法官可以调取该证据。法官在就调取证据的方式问题听取当事人意见后决定采纳该证据。② 可见，对于法律规定以外的证据形式，只要不影响相关人基本权利，法官有权进行自由裁量并在尊重和保障诉讼当时人程序权利的前提下，可以将此类非法定形式的证据材料作为司法裁判的依据，这种立法应当为我国所借鉴。在具体规则上，应当确立以下内容：

境外证据应当符合法律规定的形式，但因客观原因需要以其他形式收集、

---

① 参见最高人民法院、最高人民检察院、公安部、国家安全部、司法部《关于办理死刑案件审查判断证据若干问题的规定》第 24、26、28、30 条规定。

② 参见《意大利刑事诉讼法典》第 189 条：“法律未规定的证据”第 1 款。

提取或保全时,在不违反诉讼参与人诉讼权利保障程序的前提下,法庭可以将其采纳为定案的根据。

(2)程序规则。在涉外刑事证据的认证程序中,其程序规则应当向前延伸至包括取证、举证、质证方面的程序。在境内刑事证据的程序规则中,除言词证据的取得更关注被讯(询)问人的权利保障外,其他类型证据更多关注于证据的真实性保障问题。但在涉外刑事证据的程序规则中,考虑到涉外刑事证据的形成更多受境外法律影响,而作为提供协助方的证据提供者本身并无刑事诉讼的对抗压力,因此可以推断,境外取证机构几乎不可能具有违背其本地法律的规定进行取证的动机和概率。并且,在司法协助领域,有关的双边条约对于取证等事项均为指向适用被请求方法律的概括性规定,或者适用更加模糊的互惠原则以及宽泛的国家主权等因素的介入,对涉外刑事证据的证据能力方面的衡量就更加简略化。由于法律依据难以确定,导致无法抗辩和核实证据形成的过程,因此对证据能力的要求应当适当降低。例如,证据能力规则中最重要的非法证据排除规则,其本意是防止侵犯人权、震慑侦查机关和防止错案[①],但在具体实行当中仍然存在很大差别,在两大法系中显示出衡量标准的差异。据达马斯卡教授观察,与英美法系国家(特别是美国)的法官对非法证据排除的执著不同,大陆法系仍存在一个明显的差异,即其对非法证据的排除很少具有强制性。在决定是否排除的时候,大陆法系的法官会考察采纳被玷污的证据是否会给司法带来不好的名声,或者会在非法证据的负面影响与打击犯罪的社会利益间进行权衡。当法官遇到虽然违法但具有可信性的证据时,反对排除该证据的一个有力理由便是:禁止使用该证据是对事实认定者自由评价证据之权力的干涉。自由证明作为一种指导思想依然在发挥其作用。[②] 这种情况在涉外刑事证据的使用当中更加突出,因为即便发生此等非法情形,侵犯人权的也是境外主管机构,而排除此证据根本无益于震慑侦查机关,因此法官必然更倾向于不考虑这方面的问题。实际上在我国当下更加注重实体公正的司法实践中也是如此。从涉外刑事证据的特征来看,应当适度弱化对国家机关取证

---

① 根据学者的考察,美国非法证据排除规则的理论基础为震慑法律实施官员,德国非法证据排除的基础为关于隐私权等宪法权利的证据禁止理论,英国非法证据排除的理论基础可能是约束警察、保护被告人、确保证据的可靠性、保障裁决的道德合法性。相关论述参见郑旭:《非法证据排除规则》,中国法制出版社 2009 年版。

② [美]米尔建·R. 达马斯卡:《漂移的证据法》,李学军等译,中国政法大学出版社 2003 年版,第 32 页。

的合法性的要求。[①] 同时，应当大幅度弱化辩护方取证的合法性的要求，相对应的其取证权限也不应受到太多限制，否则，在我国侦控机关极其强大的司法现状下，控辩力量对比将更加失衡，被追诉人的基本诉讼权利将更加难以得到保障。衡量其合法性和正当性的尺度可以从以下几个方面考虑：国际条约、证据生成地法律、境内法律以及重大公共利益。从彼此的关系来说，涉外刑事证据合法性的衡量应当首先考虑双方共同参与或制定的国际条约是否有明确规定；在符合此类规定的情况下，应当考虑证据生成地的法律如何规定；当证据生成地的法律无法查明时，应当考虑境内法律如何规定；当证据生成地法律与境内

① 关于境外证据的证据能力的评判，台湾地区"高等法院检察署"检察官张熙怀对大陆证据的证据能力的审查判断问题作了深入探讨，认为应采取对证据能力从宽，对证明力从严的原则。参见其文《从大陆地区所取得证据之证据能力初探——以最高法院刑事判决为核心》，载京师刑事法治网（http://www.criminallawbnu.cn）在该文所列2007年10月11日台湾地区"最高法院"2007年度台上字第5388号判决中认定：由大陆地区具有刑事侦查权限之公务员所制作之文书，而属上开特信性文书，得为证据，属于传闻证据，适用传闻例外之规定。其理由是，公务员职务上制作之纪录文书、证明文书如被提出于法院，用以证明文书所载事项真实者，性质上亦不失为传闻证据之一种，但因该等文书系公务员依其职权所为，与其责任、信誉攸关，若有错误、虚伪，公务员可能因此负担刑事及行政责任，从而其正确性高，且该等文书经常处于可受公开检查（Public Inspection）之状态，设有错误，甚易发现而予及时纠正，是以，除显有不可信之情况外，其真实之保障极高，故认可其证据能力。在2008年3月18日台湾地区"最高法院"2008年度台上字第1021号判决书中认定：对于被告以外之人于大陆地区公安机关（司法警察）调查时所为之陈述经载明于笔录或书面纪录，认为同属传闻证据，审酌两岸政治局势及分治之事实，欲使大陆地区人民来台具结作证，有现实上之困难，故前开证言之纪录已具有传闻法则例外之必要性，且前开证言之纪录均系由大陆地区具有刑事侦查权限之公务员所制作之文书，并符合大陆地区刑事诉讼法相关规定，该项笔录复经受询问人亲自签名并按指印，且渠等受询问时亦未受有何威胁、引诱、欺骗或其他非法方法逼供之情形，经审酌结果认为大沥公安分局询问居住于大陆地区人民所为之纪录，系于可信之特别情况下所制作之文书，故认定其有证据能力。在台湾地区"最高法院"2009年台上字第7049号判决书中进一步指出：传闻证据之禁止（或排除），系为保障被告之反对诘问权，落实正当法律程序所标榜之直接、言词审理主义而设计，非绝无例外，基于证据资料越丰富，越有助于发现真实、实现正义之理念，容许审判外之警询笔录，在具有特信性及必要性之条件下，得为证据；此外，当事人对于证据具有处分权，于法院认为适当（居于客观、公正立场而为裁量）之情形下，传闻资料许为适格之证据，门槛越为放宽，无非兼顾实务之需要。由法院依法益权衡法则处理之理论，倘被告在"我国"（指台湾地区，以下同——笔者注）境外犯重罪，遭诉于"我国"有管辖权之法院，而其相关之共犯或证人则先在外国法院受审或作证，如该国与"我国"签订有司法互助之条约或协议，且本互惠原则，亦承认"我国"法官依法之诉讼行为效力，认该被告以外之人在该国法院之供述，具有证据能力。除此之外，所为之供述，若与其人嗣在"我国"法院审理中到庭受讯问之陈述不符，而该先前之陈述具有较为可信之特别情况，且为证明被告犯罪事实存否所必要，"我国"法院复认为先前陈述所处之环境与附随条件，足保任意性无虞而适当时，该外国法院制作之笔录，仍可赋予证据能力，否则任令正义不彰，不啻违反刑事诉讼之最终目的，亦不合证据能力之认定标准不妨放宽，证明力之判断要求乃须从严之大原则。综上所述，该学者认为：本诸证据能力之认定可得放宽，证明力之判断要求须从严之原则，以及为兼顾实务之需要，通过刑事司法互助管道取得证据数据，在实务运作过程中，是可撷取本判决精髓，依循证据资料越丰富，越有助于发现真实、实现正义之理念；体察当事人之证据处分权，于法院认为适当之情形下，传闻资料许为适格之证据；参酌法院依法益权衡法则处理之理论，确保境外所取得证据的证据能力。反之，若不赋予证据能力，任令正义不彰，不啻违反刑事诉讼之最终目的，亦与国民法律情感相违。该观点精辟深刻，殊值参考借鉴。

法律明显冲突时，应当考虑境内重大公共利益。在具体规则上，应当确立以下内容：

境外证据的取得应当符合我国所参与的国际条约的规定或者互惠约定，并符合证据生成地法律。在证据生成地法律无法查明时，应当依据我国境内法律规定进行判断，以确定该证据是否可以作为定案根据。当证据生成地法律与境内法律明显冲突时，在不违背我国境内重大公共利益前提下，可以依据证据生成地法律进行判断。

（二）证明力规则

出于改革我国刑事诉讼领域过于偏重实体而轻视程序的局面，从而实现迈向程序法治新境界的美好愿望，诉讼法学界近年来的研究重点在于证据能力规则的构建，这是时代使命的必然要求。与之相比较，证明力规则则逐步显露出成为自由心证理念“牺牲品”的趋势。不过，在证据能力规则尚处于理性思考和渐次完善的变革时期，司法裁判对认定案件事实真相的强烈需求仍展示了证明力规则的顽强生命力。据学者观察，我国证据法领域中的证明力规则包括证明力否定规则（孤证不能定案）、证明力减等规则、证明力补强规则、证明力优先规则、证明力推定规则。① 出于对死刑案件的审慎处理需要，在刑事证据法领域首次全面规定了有关证据证明力的综合审查和运用原则②，这些证明力规则当然也是普通刑事案件应当参照适用的准则。通过庭审充分质证后，审判人员可以依据这些规则对证明力进行评判，从而得出更为准确的事实判断。然而，由于主观因素和客观条件的限制，对于涉外刑事证据难以保证充分质证，因此其证明力判断问题更加难以把握。在此情况下，尽可能地概括出一些可操作性的规则，对于证明力的判断来说具有一定的参考价值。

涉外刑事证据规则也应当遵循证明力判断的一般规则，此外，还应当重点关注涉外刑事证据证明内容的矛盾问题，既包括境外证据之间的矛盾，也包括境外证据与境内证据之间的矛盾，这些矛盾的解决均应当以接近客观真实为原则，而接近客观真实又应当以取证、举证、质证程序的严谨和完整为保障。通常来说，取证措施越是严谨和完善，证据内容的客观性就越有保障；举证程序越是完善，证据内容展示就更为全面。质证程序越是周密，证据之间的疑点和矛盾则更容易得到排除和澄清。在这三个前置程序中，质证程序是最重要的衡量标准，只有经过质证程序的证据才能进行证明力评判，没有经过质证的证据不得

---

① 关于证明力规则的详细阐述和评价，参见李训虎：《证明力规则检讨》，载《法学研究》2010 年第 2 期。

② 参见最高人民法院、最高人民检察院、公安部、国家安全部、司法部《关于办理死刑案件审查判断证据若干问题的规定》第三部分“证据的综合审查和运用”。

进行评判并采信。在此前提下,对于境外证据之间的矛盾,则应当比较其取证程序的完善程度,由此来判断孰优孰劣,斟酌轻重取舍。对于境外证据与境内证据之间的矛盾,则可按照不同情形作出相应处理:(1)境外取证措施较境内更为完备时,可以优先采信境外证据;(2)境外取证措施与境内相同时,可优先采信境内证据;(3)境外取证措施不如境内完备时,应当采信境内证据;(4)在证据之间矛盾无法依境内外法律完全排除时,应当作对被告人有利的认定。在具体规则上,应当确立以下内容:

对境外证据证明力的审查判断应当结合取证、举证、质证等有关程序进行。当证据之间的内容存在矛盾时,有关程序较为完善的证据应当优先予以采信,或者作对被告人有利的认定。

我国刑事诉讼中儿童证人作证新模式研究

赵珊珊*

摘　要　近年来，随着我国虐待儿童案件、性侵儿童案件、猥亵儿童案件的频发，使儿童证人不出庭这一常态化问题成为我国刑事司法实践中的难题：排除不出庭儿童证人在庭前提供的陈述，就彻底否定了儿童证人证言可能存在的极高证明价值；儿童证人在审判中出庭作证并不是发现真实的最好方式，同时会给儿童证人造成不可避免的伤害；采纳不出庭儿童证人庭前提供的陈述，并将此作为定案的根据又妨碍了被告人对质权的实现。本文拟设置一种刑事诉讼中儿童证人作证新模式以解决上述矛盾：儿童证人在审判中不出庭作证，由儿童证人支持其主张当事人方的对方来选择适格问询员，根据预先设置的法定程序在审前阶段对儿童证人进行询问。这种儿童证人作证新模式允许不出庭儿童证人庭前陈述的使用，为被告人提供比在庭审中直接询问儿童证人更好的机会，最大限度地减少对儿童证人的伤害。

关键词　儿童　儿童证人　儿童证人作证新模式

引　言

近年来，随着我国虐待儿童案件、性侵儿童案件、猥亵儿童案件的频发，①此类案件的相关问题引起了理论界和实务界的广泛关注。证人不出庭、出庭率低，一直是困扰我国刑事司法实践的顽疾，也是近些年刑事司法改革的难解之题，而其中，儿童证人不出庭更是刑事司法实践中的常态。儿童证人是否和成年人证人一样应当在法律规定的条件下出庭作证？儿童证人证言是否和成年人证人证言一样应当在法律规定的条件下在法庭上接受质证才能成为定案的根据？这就成为刑事司法实践中亟待解决的问题。本文拟对儿童证人作证模式进行与成年人证人作证模式的不同设计，以期解决这一刑事司法实践难题。

---

* 赵珊珊，中国政法大学刑事司法学院副教授。

① 例如，2017 年 11 月发生的引起社会广泛关注的上海携程幼儿园以及北京红黄蓝幼儿园虐待儿童事件。除此之外，仅当月经媒体报道的幼儿园虐待儿童案件就多达 15 起。经统计，2016 年性侵害未成年人的案件每天曝光的有 1.2 起，同比增长 27.35%。参见《透过大数据：看中国幼儿教育“病”在哪里》，载搜狐网：http://www.sohu.com/a/215161071_99973445，最后访问日期：2019 年 4 月 9 日。

在对儿童证人作证模式问题进行阐述前，首先要对两个核心概念——“儿童”与“儿童证人”进行界定。

（一）“儿童”概念界定

在一系列关于保护儿童权利的国际法律文件中，对“儿童”这一保护对象有不同的具体称谓。例如，联合国《儿童权利公约》（以下简称《公约》，我国已经于1991年批准该公约，成为该公约的正式缔约国）和国际劳工组织《关于禁止和立即行动清除最有害的童工形式公约（第182号公约）》使用的是“儿童”称谓，联合国《保护被剥夺自由少年规则》使用的是“少年”概念，国际劳工组织《确定准许使用未成年人为扒炭工或司炉工的最低年龄公约》使用的是“未成年人”称谓。在其他国家和地区立法例中，对这一群体也有不同称谓。例如，美国、英国、德国、古巴等将其称为“青少年”，印度等将其称为“少年”，加拿大、日本等将其称为“儿童”，菲律宾则规定“儿童”“少年”“未成年人”三个称谓含义相同。《中华人民共和国宪法》中使用了“青年”“少年”“儿童”“未成年子女”这些概念，《中华人民共和国民法总则》（以下简称《民法总则》）、《中华人民共和国未成年人保护法》（以下简称《未成年人保护法》）、《中华人民共和国预防未成年人犯罪法》都使用“未成年人”这一称谓。《中华人民共和国刑法》（以下简称《刑法》）使用“未成年人”“儿童”“幼女”这些概念。《中华人民共和国义务教育法》使用的是“儿童”“少年”“未成年人”称谓。因此，“儿童”“少年”“青少年”“未成年人”这些法律用语内涵究竟有何区别是首先需要厘清的。

《牛津法律大辞典》将“儿童”（child）解释为未达成年年龄标准的人，特别是指与作为其父母的特定他人有关系的未成年人。[①]《英汉法律大词典》对“儿童”解释则为其在广义上是指非成年人，此词在不同的法律条文中有不同意义，如在教育法例中，儿童指15岁或以下不超过适学年龄的人；在刑事法中，儿童指14岁或其以下的人，但一般而言，儿童是指未满18周岁的非成年人。[②]《现代汉语词典》中，儿童指较幼小的未成年人（年纪比“少年”小）；少年指10岁左右到15岁、16岁的人；未成年人指18周岁以下的人。[③]

在中外古代法律文献中，也有关于针对这一群体的特别规定。例如，我国《法经》中规定：“罪人年15以下，罪高三减，罪卑一减。”[④]《唐律疏议》记载，凡年70岁以上、15岁以下及废疾，流罪以下，可以赎罪；80岁以上、10岁以下及笃

① 参见[英]戴维·M. 沃克编著：《牛津法律大辞典》，北京社会与科技发展研究所译，光明日报出版社1998年版，第155页。

② 参见李宗锷、潘慧仪主编：《英汉法律大词典》，商务印书馆（香港）有限公司、法律出版社1999年版，第51页。

③ 参见《现代汉语词典》（第7版），商务印书馆2018年版，第344、1150、1367页。

④ 转引自李双元、李娟：《儿童权利的国际法律保护》，武汉大学出版社2016年版，第1页。

疾,犯“反逆”“杀人”等死罪,可以上请减免;90 岁以上、7 岁以下,虽有死罪不加刑。[①] 公元 534 年的《查士丁尼法典》中,也有男性刑事责任年龄为 14 岁、女性刑事责任年龄为 12 岁的规定。[②]

《公约》第 1 条规定,为本公约之目的,儿童系指 18 岁以下的任何人,除非对其适用之法律规定成年年龄低于 18 岁。联合国《保护被剥夺自由少年规则》第 11 条规定:“少年系未满 18 周岁者。”国际劳工组织《关于禁止和立即行动清除最有害的童工形式公约(第 182 号公约)》第 2 条规定:“就本公约而言,‘儿童’一词适用于 18 岁以下的所有人员。”国际劳工组织《确定准许使用未成年人为扒炭工或司炉工的最低年龄公约》第 2 条规定:“凡 18 岁以下的未成年人,不得受雇用或工作在船舶上充任扒炭工或司炉工。”美国《青少年犯教养法》第 402 章第 5006 节规定“青少年犯是指定罪时不满 22 岁的犯人”;英国《青少年法》第 1 章第 1 条第 5 款规定“本条所称‘少年’,指未满 18 岁者”;古巴《青少年法典》第 1 条规定“青少年法典的宗旨是:规定 20 岁以下的青少年参加新社会建设的准绳”;印度《中央少年法》第 1 章规定“少年:未满 16 岁的少男和未满 18 岁的少女”;加拿大《少年犯法令》第 2 条规定“在本法令中,‘儿童’指明显地或实际上是在 16 岁以下的男孩或女孩”;日本《儿童福利法》第 4 条规定“本法所称儿童指未满 18 周岁者,其区别如下:婴儿,未满 1 岁者;幼儿,从满 1 岁至小学开始者;少年,从小学开始至 18 岁者”;菲律宾《儿童及少年福利法典》规定“本法除依法排除的对象,仅适用于未满 21 岁者,本法使用的‘儿童’‘少年’‘未成年人’,即指上述对象”。

我国《民法总则》《未成年人保护法》都规定:未成年人是指未满 18 周岁的公民。我国《民法总则》还进一步规定,不满 8 周岁的未成年人是无民事行为能力人;8 周岁以上的未成年人是限制行为能力人;某些 16 周岁以上的未成年人是完全民事行为能力人。[③] 根据我国《刑法》规定,16 周岁以上的人犯罪,应当承担刑事责任;14 周岁以上的未成年人在构成某些犯罪的时候应当追究其刑事责任。[④] 同时《刑法》还规定不满 14 周岁的女性未成年人为幼女。[⑤] 2017 年 1

---

① 参见康树华等编著:《中外少年司法制度》,华东师范大学出版社 1991 年版,第 5 页。

② 参见康树华、向泽选:《青少年法学新论》,高等教育出版社 1996 年版,第 53 页。

③ 《民法总则》第 18 条第 2 款规定:16 周岁以上的未成年人,以自己的劳动收入为主要生活来源的,视为完全民事行为能力人。第 19 条规定:8 周岁以上的未成年人为限制民事行为能力人……第 20 条规定:不满 8 周岁的未成年人为无民事行为能力人。

④ 《刑法》第 17 条第 1、2 款规定:已满 16 周岁的人犯罪,应当负刑事责任。已满 14 周岁不满 16 周岁的人,犯故意杀人、故意伤害致人重伤或者死亡、强奸、抢劫、贩卖毒品、放火、爆炸、投放危险物质罪的,应当负刑事责任。

⑤ 《刑法》第 236 条规定:以暴力、胁迫或者其他手段强奸妇女的,处 3 年以上 10 年以下有期徒刑。奸淫不满 14 周岁的幼女的,以强奸论,从重处罚。……

月 1 日起施行的最高人民法院《关于审理拐卖妇女儿童犯罪案件具体应用法律若干问题的解释》第 9 条规定：刑法第 240 条、第 241 条规定的儿童，是指不满 14 周岁的人，其中，不满 1 周岁的为婴儿，1 周岁以上不满 6 周岁的为幼儿。

梳理这些国内外立法例，不难发现，"儿童""少年""未成年人"等都是法律用语，其界定标准以及区分标准都是年龄，虽然有差异性，但是并无本质不同。按照保护这一弱势群体的相关国际法律文件的规定以及大多数国家和地区的法律规定，一般都将 18 周岁以下的人作为需要特别关注与关照的弱势群体。因此，为实现对这一特殊群体的最大利益原则，本文对这一群体的称谓为"儿童"，指 18 周岁以下的人群。与"儿童"相对的群体，本文将其称为"成年人"。

（二）"儿童证人"概念界定

"国际人权法中采取的是广义的证人概念，即证人指的是其陈述由法庭审查并加以评估的任何人，也就是说，理解证人概念的关键在于其陈述事实上是否在法院前呈现"，[①]"不论是侦查中、审判中、程序内或程序外的陈述，不论呈现形态是言词讯问或书面笔录，不论法院践行方式是当庭朗读书面或笔录或传讯原讯问警员作证，原陈述人都是公约所称的证人"。[②] 因此，"被害人/告诉人、共犯/共同被告，其他偶然目击犯罪事件之人"均为"证人"。[③] 依此，我国刑事诉讼法中所规定的证人、被害人、鉴定人以及某些情形下的侦查人员都应包含在国际人权法中的广义证人范围内。本文认同这样一种广义证人的界定，本文中的"儿童证人"包含我国刑事诉讼法规定的儿童证人与儿童被害人。

一、构建我国刑事诉讼中儿童证人作证新模式的必要性

（一）儿童证人证言具有证明价值

证据能力，也被称为证据的资格、证据的适格性，是指证据材料能够出现在法庭并具有严格证明的资格。证明力，指证据的证明价值或证明作用。证据能力的判断标准是"有"与"无"；而证明力的衡量标准是"大小"或"强弱"。因此可以这样说，凡是具备证据能力的证据都具有大于零的证明价值，即法官对出现在法庭上的证据有无证据能力作出确认之后，才会考虑该证据的证明力问题。[④]

我国对刑事诉讼中证人资格有明确的法律规定，即我国《刑事诉讼法》第 62 条规定的"凡是知道案件情况的人，都有作证的义务。生理上、精神上有缺

① 熊秋红：《刑事证人作证制度之反思——以对质权为中心的分析》，载《中国政法大学学报》2009 年第 5 期。

② 林钰雄：《刑事程序与人权保障》，台北，元照出版有限公司 2007 年版，第 210 页。

③ 参见林钰雄：《刑事程序与人权保障》，台北，元照出版有限公司 2007 年版，第 230 页。

④ 参见马贵翔、黄国涛：《儿童证言的证据能力探析》，载《青少年犯罪问题》2017 年第 4 期。

陷或者年幼,不能辨别是非、不能正确表达的人,不能作证人"。我国最高人民法院《关于执行〈中华人民共和国刑事诉讼法〉若干问题的解释》(以下简称《高法解释》)第74条规定:"对证人证言应当着重审查以下内容:……(二)证人作证时的年龄,认知、记忆和表达能力,生理和精神状态是否影响作证;……"这就表明我国刑事诉讼法及相关司法解释认为只要能够辨别是非、正确表达的儿童,即可成为证人,能够辨别是非、正确表达的儿童证人证言即具有证明价值。这一规定与世界大多数国家和地区的立法例是一致的,例如,《美国联邦证据规则》第601条规定"每个人都有作为证人的能力,除非本证据规则另有规定";《英国1991年刑事审判法》规定:在刑事诉讼的每一个阶段,任何人不分年龄,都有资格提供证据。

为什么我国以及很多国家和地区的刑事诉讼法未将年龄以及精神状况作为考量证人证言是否具有证据能力的实质标准?是因为即便是一个儿童的陈述也可能具有极高的证明价值,只要我们能够科学评估儿童的感知、记忆、诚实、沟通以及表达的能力。这就是说,只有当儿童的感知、记忆、诚实、沟通以及表达能力出现缺陷时才可能导致儿童陈述的不准确性。虽然儿童一般比成年人更容易受到外来暗示的影响,①但他们的记忆功能从出生起就开始运行了,而且在很小的时候就已经发育健全了。因此可以说儿童的记忆力并不比成年人记忆力差,甚至儿童的记忆力在一定程度上要优于成年人的记忆力。② 同时,儿童和成年人一样,也存在不诚实的可能性,儿童也有说谎的动机,但是,一般来说,儿童比起成年人来更不容易产生这种说谎的动机,而且儿童的说谎能力也往往弱于成年人。③ 另外,虽然表面上看起来,儿童的沟通和表达能力要弱于成年人,但对于他们感兴趣或者愿意谈及的事情,儿童是能很好地向他人表达、与

---

① 随着儿童年龄的增长,这种外来暗示的影响会逐渐减弱,因为年龄越大,儿童的记忆力越强、对自身的控制能力越强、越不容易接受外界暗示。See generally Stephen J. Ceci, Richard D. Friedman, "The Suggestibility of Children: Scientific Research and Legal Implications", *Cornell L Rev*, 2000; Stephen J. Ceci, David F. Ross, Michael P. Toglia, "Suggestibility of Children's Memory: Psycholegal Implications", *J Experimental Psychology: General*, 1987; Stephen J. Ceci, Maggie Bruck, "Children's Suggestibility: Characteristics and Mechanisms, Advances in Child Development and Behav", 2006. 参见洪冬英:《论儿童证人》,载《法学》2005年第3期。

② See Stephen J. Ceci, Maggie Bruck, "Jeopardy in the Courtroom: A Scientific Analysis of Children's Testimony", American Psychological Association, 1995, p. 233; Nina R. Hamond, Robyn Fivush, "Memories of Mickey Mouse: Young Children Recount Their Trip to Disneyworld", Cognitive Development, 1991.

③ 有研究显示,随着年龄的增长,儿童掩盖自己情绪情感的能力也在逐渐增长。See Michael Lewis, "The Development of Deception", in Michael Lewis and Carolyn Saarni, *Lying and Deception in Everyday Life*, 1993.

他人沟通他所理解的内容。[①] 这也和前文所述儿童受外来暗示影响较小、记忆力强有密切关系。可以说如果一个事件发生,儿童是有能力感知它、记住它并且诚实准确地表达出来的;或者也可以说,如果一个事件没有发生或者儿童并没有感知到该事件,其也不太可能对该事件作出描述。因此从这个意义上表明,儿童证人证言可能是具有极高证明价值的。

(二)我国刑事司法实践中儿童证人不出庭现状

对证明价值、证明力的判断,世界各国都由法官自由心证,即法官通过自由判断形成内心确信。而法官的这种自由心证是受到刑事诉讼基本原则或者证据规则限制的,即大陆法系通过直接原则和言词原则规范、英美法系通过传闻证据规则规范,就是要求法官必须亲自接触证据才能作出最后的裁判。因此,在判断儿童证人证言的证明价值、证明力时,关键问题就是法官如何直接接触儿童证人证言,即儿童证人的出庭作证问题。

我国刑事诉讼法对儿童证人制度的特别立法主要限于儿童证人的资格、被询问时合适成年人在场制度方面,其他方面的规定与成年人证人并无区别,对儿童证人出庭作证更无专门细致规范。我国刑事诉讼中儿童证人出庭作证同样适用成年人证人出庭作证的相关规定,主要包括我国《刑事诉讼法》第192条第1款规定的证人应当出庭作证的条件、[②]第193条规定的应当出庭作证的证人未出庭作证的法律后果、第64条规定的证人保护制度以及第65条规定的证人补偿制度。按照这些法律相关规定,如果控辩双方对儿童证言有异议,且儿童证人证言对定罪量刑有重大影响时,儿童证人就应当出庭作证。在虐待儿童、性侵儿童、猥亵儿童案件中,由于案件本身隐蔽性比较强,儿童证人可能就成为案件的唯一证人,当然符合儿童应当出庭作证的条件的,其应当出庭作证。

然而,我国刑事司法实践中儿童证人不出庭已经成为常态性事实。儿童证人不出庭有和成年人证人不出庭相同的原因,如我国刑事诉讼法未明确规定直接原则、言词原则或传闻证据规则;我国刑事诉讼法规定的检察机关移送起诉时的全卷移送制度;证人自身不愿意出庭作证;国家专门机关主观不愿意让证人出庭作证等。

---

① See Hilary Horn Ratner, Brenda S. Smith, Robert J. Padgett, "Children's Organization of Events and Event Memories", in Robyn Fivush and Judith A. Hudson, *Knowing and Remembering in Young Children*, 1990.

② 我国《刑事诉讼法》第192条第1款规定了证人应当出庭作证的三个条件,即"公诉人、当事人或者辩护人、诉讼代理人对证人证言有异议""证人证言对定罪量刑有重大影响""人民法院认为证人有必要出庭"。由于理论界一直对第三个证人应当出庭作证条件持批评态度,因此,2017年11月27日通过的最高人民法院《关于人民法院办理刑事案件第一审普通程序法庭调查规程(试行)》将证人应当出庭作证的条件调整为两个,即"控辩双方对证人证言有异议""人民法院经审查认为证人证言对案件定罪量刑有重大影响"。

同时,我国刑事诉讼中儿童证人不出庭也有其特殊原因。刑事案件特别是涉及人身伤害的刑事案件,会给在场的儿童证人造成巨大的生理和心理伤害。如果让儿童证人亲自参与庭审程序、出庭作证,无疑会对他们产生再次伤害。因此,出于对儿童证人的特殊保护,尽可能减少或者避免儿童证人在庭审过程中受到再次伤害,我国《高法解释》第468条规定:“确有必要通知未成年被害人、证人出庭作证的,人民法院应当根据案件情况采取相应的保护措施。有条件的,可以采取视频等方式对其陈述、证言进行质证。”随后在2013年10月24日,最高人民法院、最高人民检察院、公安部、司法部又印发了《关于依法惩治性侵害未成年人犯罪的意见》,其中第18条规定:“人民法院开庭审理性侵害未成年人犯罪案件,未成年被害人、证人确有必要出庭的,应当根据案件情况采取不暴露外貌、真实声音等保护措施。有条件的,可以采取视频等方式播放未成年人的陈述、证言,播放视频亦应采取保护措施。”正是由于这些主客观原因,我国刑事司法实践中,遇有儿童证人应当出庭作证的案件,法官就会以以上法律规定为由,作出法院认为儿童证人不需要出庭作证的决定,而代之以使用儿童证人的庭前证言笔录、视听资料等作为定案的根据。

儿童证人不出庭必然会造成法官在判断儿童证人证言证明价值、证明力时过于自由任意,即造成自由心证的无边际性;同时也限制和剥夺了被告人对质权这一基本诉讼权利,还会影响实体公正和程序公正的实现。因此,构建儿童证人作证新模式,即由儿童证人支持其主张当事人方的对方来选择适格问询员根据预先设置的法定程序,在审前阶段对儿童证人进行询问的作证模式,对于我国刑事司法理论和实践具有重要意义。

(三)儿童证人不出庭作证与被告人对质权实现存在矛盾

对质,从字面看包含两层含义,即“面对”和“质询”,就是说要当面进行互相询问。根据《布莱克法律辞典》的解释,“对质(confrontation)指在刑法中,提出一个证人与犯罪人面对面的行为,为了被告人能够针对证人提出异议。对质的宪法权利(第6条修正案)不仅意味着证人可为被告人所见,而且含有对证人进行交叉询问的宪法特权。事实上,对质权的实质是交叉询问权(Davis v. Alaska,415 U.S. 308,94 S. Ct. 1105,39 L. Ed. 2d 347)。然而,一个引起混乱的被告人将会失去他的法庭在场权,因此,他也将失去对证人进行对质的权利(Illinois v. Allen,397 U.S. 337,90 S. Ct. 1057,25 L. Ed. 2d 353)”。[①]

要求证人宣誓后作证、使被告人有机会询问证人、使陪审团能够亲自观察评估证人的行为举止,是法律保障与证人对质权的三个目的。[②] 与证人对质权

---

① Black's Law Dictionary, fifth edition, West Publishing Co., 1979, p. 272.

② 参见王兆鹏:《美国刑事诉讼法》,台北,元照出版有限公司2004年版,第383页。

要求将证人带到公开的法庭上并且进行宣誓，证人提供的证言要在公开的法庭上接受审查。在这种审查的过程中，裁判者必然同时要考量证人的神态、语气、举止等。同时，与证人对质权允许被告人与对其不利证据进行直接对质，这是对被告人辩护权的直接实现方式，同时也有利于查明事实真相。

对质最早源于古罗马时代，公元539年颁布的《查士丁尼新律》明确规定，在刑事诉讼中，控方证人必须亲自出庭，在事实审理者面前作证；在控方证人作证时，被告人应当有机会在场。不仅如此，该法还明确规定，除非被告人在场，否则，证人即使在司法官员面前作证，其证言也是无效的。[①] 欧洲中世纪时期，诉讼模式从弹劾式发展为纠问式。在这一诉讼模式下，被告人完全沦为诉讼的客体，没有任何权利可言，仅是被纠问、被刑讯的对象，与证人对质的权利更无从谈起。在英美法系国家，这种情况一直持续到17世纪初期。这一时期证人证言即庭审外的证人陈述，证人证言的真实性主要依靠宣誓加以保证。从17世纪后期开始，随着被告人有权获得律师帮助制度的确立，与证人对质权开始得以萌芽。1836年，英国法律规定，所有重罪案件，被告人均有获得律师帮助的权利，而律师对证人的质证权进一步得到法律的保障。[②] 1791年批准的美国《权利法案》中明确将与证人对质权确立为公民的一项宪法性权利。[③]

大陆法系中没有"对质"这一表达，而是通过直接言词原则来保障对质权的实现。直接言词原则实际上包括直接原则与言词原则两个原则。直接原则就是要求裁判者必须亲自与证据相接触，因此，直接原则必然要求言词原则，即证人必须亲自出庭，以言词的方式提供证言。

当今社会，对质作为一种人的基本权利，已经通过一系列国际人权公约以及区域性人权公约得到普遍认可。例如，作为联合国核心人权公约之一的《公民权利和政治权利国际公约》第14条第3款规定："……（戊）讯问或业已讯问对他不利的证人，并使对他有利的证人在与对他不利的证人相同的条件下出庭和受讯问；……"国际刑事法院的《罗马规约》、1949年的日内瓦公约和1977年的议定书均有关于与证人对质权的规定。《欧洲人权公约》第6条第3款（丁）项、《美洲人权公约》第8条第2款（己）项、《联合国少年司法最低限度标准规则》（《北京规则》）第7条同样有类似规定。同时，除美国之外，越来越多的国

---

① 参见熊秋红：《刑事证人作证制度之反思——以对质权为中心的分析》，载《中国政法大学学报》2009年第5期。

② 参见王兆鹏：《美国刑事诉讼法》，台北，元照出版有限公司2004年版，第370～372页。

③ 美国联邦宪法修正案第6条规定："在一切刑事诉讼中，被告得享受下列权利：由发生罪案之州或地方的公正陪审团迅即予以公开审判，该地方应事先根据法律加以确定；取得关于告发事件的性质和理由的通知；准与对方的证人对质；理应获得对本人有利的证人为其作证，并受辩护律师的协助。"

家也将对质权规定为公民的一项宪法权利。例如,《日本宪法》第37条第2款规定:"刑事被告人享有询问所有证人的充分机会,并享有使用公费依强制程序为自己寻求证人的权利。"《墨西哥宪法》第20条第4款、《菲律宾宪法》第3章第14条第2款等也有类似关于对证人对质权的规定。

从目前世界大多数国家立法例来看,对质制度主要包含两种模式:一种是作为查明事实方法的对质询问,即法院(有时也可以是侦查、检察机关)为了查明案件事实,让对某一事实作出不同陈述的人员同时到场,面对面质询,以揭穿不实、辨析真伪,在刑事诉讼中,可以让被告人与被告人、被告人与证人(含被害人)以及证人与证人进行对质;另一种是基于对质权而展开的对质询问,即被指控者不服对其不利的证言性陈述,以宪法、法律或社会赋予的对质权为基础,要求直接面对不利证人(包括被害人和共同被告)并进行质询。[①] 因为面对并质询证人特别是不利于己的证人,是人享有的一种自然权利。如美国联邦最高法院曾经指出的,和控方证人对质诘问具有一个"很强的象征性意义",即使对质诘问无损于控方证据的质量,它也有很重要的意义,因为和反对自己的人当面在公开法庭对质是人类内心根植的公平道德观念。[②]

然而需要注意的是,对质条款或者对质制度究竟应当如何适用呢?司法实践中对质究竟应当如何进行、被告人的对质权究竟应如何实现呢?如前文所述,儿童具有证人资格,儿童证人证言可能具有极高的证明价值,那么儿童证人是否可以成为实现被告人对质权中的证人?即儿童证人是否具备成为对质主体或者被质证人的能力?例如,当一名儿童是一起性侵案件的被害人,显然儿童无法承受再次与被告人直接面对面的压力,这时根据对质条款或者为保障被告人对质权的实现,是否仍然应当强制性地要求这名儿童与被告人在法庭上直接面对面进行对质呢?

美国联邦最高法院将"证言"定义为"为了确立或证明某事实而作出的严肃声明或肯定"。[③] 因此,要成为这一定义中的证言提供者,证人首先必须能够为了"确立或证明某事实"而提供一份声明;其次,证人提供的这份声明必须具有严肃性,即证人要了解这份声明的重要性以及可能产生的潜在严重后果。换个角度说,证人必须有如下认知能力:由于其提供的证言,可能会让听众相信其所陈述的事实确实发生了;由于听众的这种确信,他们可能采取对相应行为人产

---

① 参见龙宗智:《论刑事对质制度及其改革完善》,载《法学》2008年第5期。

② Craig,497 U.S. at 846;Lee v. Illinois,476 U.S. 530,540(1986).参见龙宗智:《论刑事对质制度及其改革完善》,载《法学》2008年第5期。

③ See Michigan v. Bryant,131 S. Ct. 1143,1153(2011),quoting Crawford v. Washington,541 U.S. 36,51(2004).

生不利后果的行动。同时,证人作证还要满足相应的道德要素,即对刑事证人来说在法庭上作证其实是非常残酷与不人道的,诉讼程序与制度的设计当然更不能让儿童证人陷入这种残酷与不人道之中。

首先,儿童在这种认知能力上与成年人相比有很大差别。也就是说,儿童不能理解其他人的诸如信念、意图、动机、愿望等心理状态,并且他们会在预测自己的陈述对他人产生的后果上犯错误。这种缺陷是有生物学依据的:发育中的大脑前额叶皮层控制所谓的执行功能,如监测、计划和冲动控制,[①]尽管人从生命早期就具备了这一功能,但这个大脑区域直到青春期后期才成熟。[②] 大量的研究揭示了这种生理发育的不成熟导致了儿童认知缺陷,[③]这些认知缺陷又会影响儿童了解他人心理状态以及理解自己的陈述及行为对他人造成的影响。也就是说,儿童证人对自己提供的证言会引发的严重后果是没有认知能力的,儿童证人也不会为了引发何种严重后果而作出某些选择性的陈述。其次,诉讼程序也不能让儿童证人遭受残酷对待,即儿童不可能像成年人一样,在法庭上接受控辩双方的质证、接受法官的询问等。因此,如果让这样不具备相应认知能力儿童证人出庭作证,并不利于发现事实真相等对质价值的实现。

然而,从另一个角度分析,恰是由于儿童证人这种认知能力的缺陷,让儿童证人一般能够客观准确地陈述他们所感知到的事实,其很少对信息进行加工改造,使其证言可能具有非常高的证明价值。因此,虽然儿童证人不具备成为对质主体或者被质证人的能力,不适宜出庭作证,但又不能以儿童证人未出庭作为排除其陈述的根据。然而,如果将未在庭审中接受控辩双方质证,特别是未接受被告人对质的儿童证人证言作为定案的根据,那么确实限制或者剥夺了被告人的对质权,特别是被告人和于己不利证人的对质权。

如何解决上述矛盾,应当结合儿童证人的特点、儿童保护的基本原则,设计特殊的儿童证人作证模式,帮助儿童证人提供真实、准确、完整的证言,这样正是为了更好地实现对质所追求的价值,如保护被告人免受匿名控告者的侵害、

---

① See Marilyn C. Welsh, Bruce F. Pennington, Dena B. Groisser, "A Normative-Developmental Study of Executive Function", Developmental Neuropsychology, 1991.

② See Dima Amso, B. J. Casey, "Beyond What Develops When: Neuroimaging May Inform How Cognition Changes with Development", Current Directions in Psychological Sci, 2006; John R. Best, Patricia H. Miller, Lara L. Jones, "Executive Functions after Age 5: Changes and Correlates", *Developmental Rev*, 2009.

③ See Stephen J. Ceci, Stanka A. Fitneva, Wendy M. Williams, "Representational Constraints on the Development of Memory and Metamemory: A Developmental-Representational Theory", *Psychological Rev*, 2010.

发现案件真实、防止政府滥用权力等。[①]

二、构建我国刑事诉讼中儿童证人作证新模式遵循的基本原则

我国已于1991年成为《公约》的正式缔约国,因此在构建我国刑事诉讼中儿童证人作证新模式时,应当充分考虑《公约》规定的一些对儿童证人保护的基本原则。

(一)尊严原则

让儿童有尊严地生活是《公约》的重要宗旨。在刑事诉讼中,"国家应采取一切适当的立法、司法、行政、社会和教育措施,保护儿童在受父母、法定监护人或其他任何负责照管儿童的人照料时,不受到任何形式的身心摧残、伤害或凌辱、忽视、照料不周、虐待或剥削,包括性侵犯。在整个司法过程中应当以关爱和敏感的态度对待儿童证人,考虑到他们的个人处境和紧迫需要、年龄、性别、伤残情况和成熟程度,并充分尊重他们的身体、精神和道德的完整性;在为确保司法过程的公平和公正结果而必须保持证据收集工作高标准的同时,应当将对儿童私生活的干涉限制到最低必要限度;为了避免给儿童造成更多的痛苦,应当由受过训练的专业人员以敏感的、尊重人的和周密的方式进行面谈、检查和其他形式的调查;(对儿童证人的所有活动)均应在考虑到儿童特殊需要的适当环境中以具有儿童敏感性和同情心的方式进行。他们还应当以一种儿童能够使用并且理解的语言进行"。[②]

(二)不歧视原则

《公约》第2条规定的不歧视原则要求公约所列的权利应无一例外地适用于所有儿童。联合国预防犯罪和刑事司法委员会专家报告认为:"儿童证人应当享有利用司法过程的权利,使其受到保护,不遭受基于儿童的、父母的或法定监护人的种族、肤色、性别、语言、宗教、政治或其他见解、民族、族裔、或社会出身、财产、出生或其他身份的歧视;向儿童证人及其家庭提供的司法过程和资助服务应当以敏感的态度注意到儿童的特殊需要,包括健康、能力和行为能力。专业人员应当接受有关这些差别的培训和教育;年龄不应当是儿童有权充分参与司法过程的障碍。每个儿童都有权被当作有行为能力的证人,只要其年龄和

---

① 在美国,有关对质价值的理论有很多种,其中最具代表性的包括:第一,防御权理论,该理论认为,对质是对抗式诉讼制度下保护被告人防御权的需要,它保护被告人免受匿名控告者的侵害,至于发现真实,只是与证人对质权的附带产品;第二,真实性理论,该理论认为,对质的唯一目的在于发现案件真实,在于通过对对质主体的质证来确保其陈述的真实性;第三,防止政府滥用权力理论,该理论认为,在诉讼过程中,控诉方往往有着强烈的动机与权力使证人按照自己的预期来回答问题,实务也证明,侦查与起诉人员在诉讼过程中确实经常采用威胁、引诱、欺骗等非法方法询问证人,对质就是为了遏制以上滥用权力的行为。参见陈永生:《论辩护方当庭质证的权利》,载《法商研究》2005年第5期。

② See E/CN. 15/2005/14/Add. 1.

成熟程度使其能够无论是否获得辅助交流的手段和其他援助都能提供让人明白的证词，即应在审判中推定其证词为有效和可信，除非能够提供相反的证明。”①

(三)最大利益原则

对于《公约》第3条第1款规定的最大利益原则，联合国预防犯罪和刑事司法委员会专家报告认为，在司法过程中，“每个儿童都有权对其最大利益给予首要考虑，这包括得到保护的权利和有机会和谐发展的权利：(一)受到保护。每个儿童都享有生命权和生存权，而且免受任何形式的苦难、虐待或忽视，包括身心、精神、情感和忽视的权利。(二)和谐发展。每个儿童都享有获得和谐发展的机会的权利，而且享有获得足以保证身心、精神、道德和社会发展的生活条件。对于受过创伤的儿童，应当采取一切步骤使其能够享受健康的发展”。②

(四)尊重儿童证人意见原则

《公约》第12条第1、2款规定的尊重儿童证人意见原则，又称为儿童证人的参与权，指“每个儿童都有权用自己的语言自由表达其看法、意见或信念，特别对影响其生活的决定，包括在任何司法程序中作出的决定有权发表意见，并有权要求按其能力和不断变化的行为能力将这些意见考虑进去”。③ 之所以规定儿童享有参与权，因为要想知道什么是儿童的最大利益，就得倾听儿童的意见，因为没有人能比儿童自己更了解自己的需要、经历、处境、感受、情感以及对事务的意见。虽然儿童正处于成长过程中，但他们不应该被简单地视为一个弱小的、仅仅需要特殊照顾的群体，而应作为一个独立的、拥有权利的群体被所有人尊重。在儿童能力允许的范围内，在所有影响儿童利益的事项上，都应当倾听和尊重儿童的意见。儿童证人应享有一系列权利。首先，儿童证人应享有获知权，即儿童证人、他们的家属、他们的法律代表从第一次与司法过程打交道且在整个司法过程中，都有权被迅速和充分地告知儿童作证的权利义务；其次，儿童证人应享有表达的权利，即专业人员和其他参与司法过程的人应当尽一切努力使儿童证人能够就其参与的司法过程有关问题表达自己的看法。

三、构建我国刑事诉讼中儿童证人作证新模式的具体路径

我国刑事诉讼中儿童证人出庭作证新模式的构建应当能够实现以下目的：避免儿童证人在庭审中遭受再次伤害；让未在庭审中接受控辩双方质证的有证明价值的儿童证人证言能够成为定案的根据；保障被告人对质权的实现；让未出庭儿童证人的证言能够得到裁判者的审查判断。

---

① See E/CN. 15/2005/14/Add. 1.

② See E/CN. 15/2005/14/Add. 1.

③ 徐显明:《国际人权法》,法律出版社2004年版,第397页。

(一)儿童证人作证新模式——适格问询员审前询问模式的确立

如前所述,儿童证人出庭作证在保护儿童证人合法权益、实现被告人对质权方面有天然缺陷,然而又不能完全排除未在庭审中接受控辩双方质证特别是与被告人对质的儿童证人证言。因为儿童证人证言可能具有非常高的证明价值,特别是在虐待儿童、性侵儿童、猥亵儿童等涉及对儿童人身造成伤害的刑事案件中,儿童证人证言可能是案件的唯一关键证据。因此,我国刑事诉讼中应当构建审前询问儿童证人这一儿童证人作证新模式,即儿童证人在审判中不亲自出庭作证,而由儿童证人支持其主张当事人方的对方来选择适格问询员,根据预先设置的法定程序在审前阶段对儿童证人进行询问,除非儿童证人在作出陈述后死亡或者患严重疾病的。庭审中,如果控辩双方对儿童证人证言有异议,且儿童证人证言对定罪量刑有重大影响,那么问询员应当出庭,接受控辩双方的质证;如果控辩双方对儿童证人证言没有异议,或者儿童证人证言对定罪量刑没有重大影响,那么庭审中,法官就能针对书面儿童证人证言与书面问询员意见作出自由裁量。因此,可以将这种适格问询员定位于我国刑事诉讼中的鉴定人,其询问儿童证人提供的意见为鉴定意见。

问询员出庭作证或者在可以不出庭情形下由法官审查其提供的书面意见,原因在于:第一,儿童证人证言应当符合证人证言的一般属性,即其应该是对案件事实的客观陈述,而儿童证人证言经他人转述后必然产生失真的可能性或者掺杂他人的主观偏见,同时,问询员是控辩双方选择的,其不可避免地带有倾向性。因此,为保证实体公正和程序公正的实现,在有必要的时候问询员应当出庭,亲自在法官面前提供自己的意见并接受控辩双方的质证。第二,支持控方主张的儿童证人不出庭,由辩方选择适格问询员对其在审前进行询问,这在一定程度上保障了被告人对质权的实现;支持辩方主张的儿童证人不出庭,由控方选择适格问询员对其在审前进行询问,问询员在有必要的时候在随后庭审中出庭作证,这同样在一定程度上实现了被告人的对质权。

(二)儿童证人作证新模式——适格问询员审前询问模式的具体运行规则

儿童证人审前询问模式应当按照以下程序展开:

第一,对儿童证人的审前询问应当由适格问询员进行。问询员需要熟悉儿童的感知、记忆、语言、情感、成长环境等情况,有必要时要承担出庭作证的义务,因此问询员应当是专业人士,应当具有儿童心理学以及法律专业知识背景,且具备一定的职业道德水平。基于上述考虑,问询员应当在鉴定人中挑选。国家应当制订专门针对儿童证人问询员的培训计划,对询问儿童证人的问询员进行系统培训,让儿童证人问询员深入了解且熟练掌握询问儿童证人的环境、方式方法、语言,询问意见的制作以及出庭作证的规则等。

第二，儿童证人问询员一般应当在一个儿童证人熟悉且舒适的房间里对其进行询问。在询问时，儿童证人熟悉信任的合适成年人（如父母、其他成年亲属或者老师等）应当在场。但需要注意的是，这一合适成年人不得干扰问询员正常询问的进行、不得强迫儿童证人作出某些陈述，除非问询员有侵犯儿童证人合法权益的行为，合适成年人不得任意打断、更改儿童证人的陈述。

第三，儿童证人问询员对儿童证人的询问过程应当全程同步录音录像。问询员询问儿童证人的房间应当配有录音录像设备，对询问儿童证人的全过程进行同步录音录像。同步录音录像带可以在必要的时候作为证据在庭审中出示。

第四，儿童证人问询员在对儿童证人询问时，应当采用适合的方式引导儿童证人最大可能地对案件事实进行准确完整地回忆和陈述。同时，儿童证人问询员应当尽量减少对儿童证人回忆和陈述的污染破坏，尽量减少对儿童证人在回忆和陈述过程中可能造成的伤害。

第五，在有必要时，控方检察人员、被告人及其辩护人可以在儿童证人不知情的情况下观察儿童证人问询员询问儿童证人的过程，如控方检察人员、被告人及其辩护人可以通过视频传输技术观察询问过程。观察中，控辩双方如果认为询问不符合相关要求或者侵犯了儿童证人的合法权益，可以向主持该阶段的国家专门机关负责人提出暂停询问的申请。

第六，儿童证人问询员询问儿童证人应当尽可能在刑事诉讼初始阶段进行，以一次为限，除非出现在场合适成年人、控辩双方提出暂停询问的情况。这样一方面可以防止随着时间的流逝儿童证人记忆减退，另一方面也可以减少对儿童证人的再次伤害。

结　论

儿童证人作证新模式的提出是由于儿童证人缺乏成为对质主体或被质证人的能力，其不应当在审判中作证。然而，儿童证人的陈述可能是具有极高证明价值的。如何解决这样的矛盾？就应当在有必要的时候，由儿童证人支持其主张当事人方的对方来选择适格问询员。根据预先设置的法定程序在审前阶段对儿童证人进行询问。

这种儿童作证的新模式其实已有相关一些国外立法例为其提供借鉴。例如，英国在 1988 年颁布的《刑事司法法案》第 32 条规定在性侵害和暴力伤害的案件中，儿童证人可以通过录像作证，①随后，英国在 1999 年通过的《青少年审判和刑事证据法》第 23 条针对儿童证人规定了“隐蔽作证”制度，即儿童证人无需出现在法庭，而是通过法庭的视频连线，连接到其所在的场所，并且儿童证人

---

① 参见崔雅琼：《刑事案件中儿童证人作证制度初探》，载《青少年犯罪问题》2018 年第 5 期。

可以要求不与不想见的人接触;①美国联邦最高法院在1990年颁布的《儿童被害人和证人权利法案》以及大多数州的法律都规定儿童证人可以通过单向视频传输的方式进行法庭作证,虽然这种儿童证人作证方式至今都存在争议,但是最终从保护儿童权益的角度考虑,法律肯定了这种方式下产生的证据的效力;②日本《刑事诉讼法典》规定在满足一定条件下,审判人员可以到法庭外或者证人的住处询问,或者为儿童证人设置一个单向屏障,使儿童看不到被告人,以缓解儿童在作证时的紧张与恐惧。③

同时,我国一些地方探索尝试的保护未成年被害人"一站式"取证制度也为儿童证人作证新模式的构建提供了现实基础。为更好地保护未成年人的司法权益,2005年最高人民检察院颁布了《检察机关加强未成年人司法保护八项措施》,其中第2项规定为避免在办案中对被害的未成年人造成二次伤害,要求在办理性侵害未成年人等刑事案件中,有条件的检察机关可以会同公安机关建立询问未成年被害人同步录音录像制度。随后在司法实践中,上海、江苏、山东、广西等多地开始建立未成年被害人"一站式"取证制度。这些地区首先建设了未成年被害人"一站式"取证场所,该场所由询问室和心理疏导室组成,场所内部配置和装饰由资深心理咨询师设计,营造安全、宽松、温馨的询问氛围,如询问室墙面贴纸色彩柔和、询问室摆放适合儿童的书籍以及玩具,在询问室隐蔽处安装摄像头,对询问过程进行全程同步录音录像,并将光盘随案移送,询问室和心理疏导室装有单向玻璃和声控装置,谈话时心理咨询师可以通过单向玻璃观察和了解询问情况,掌握被询问未成年被害人的真实情感流露情况、判断其心理状况,以及时调整询问人员的询问方式和发问节奏;其次,在询问未成年被

---

① 参见何家弘、张卫平:《外国证据法选择(增补卷)》,人民法院出版社2002年版,第431页。

② 克劳福德诉华盛顿案[See Crawford v. Washington,541 U. S. 36(2004)]将美国宪法修正案第6条规定的对质条款赋予了更加独立的意义,也引出了陈述人不出庭的合宪性问题。在该案的判决人,美国联邦最高法院认定庭外"证言性"陈述可以被用于反对被告人的前提条件是该陈述人可以当庭接受交叉询问,或者被证实无法出庭,且该证言性陈述先前曾受制于被告人的交叉询问。在此之后既有认可不出庭儿童证人证言的证据能力和证明力的判例,也同样存在将不出庭儿童证人的庭前陈述排除的判例,如在俄亥俄诉克拉克案中,联邦最高法院判定三岁的被害人对其老师所作的、指认被告人就是对其实施殴打之人的陈述不是"证言"性的,因为该名儿童陈述的主要目的是获得帮助,而不是令被告人惹上麻烦。在科伊诉爱荷华案[See Coy v. Lowa,478 U. S. 1012(1988)]中,联邦最高法院就否决了对被告人的定罪,因为该案被害人作证时与被告人屏蔽隔离。然而,在马里兰诉克雷格案[See Maryland v. Craig,497 U. S. 836(1990)]中,联邦最高法院又准许使用单向闭路电视,被告人能够听到证人证言并提问,避免受到精神创伤的儿童证人与被告人的眼神对视,认为这种方式已经满足了对质条款的目的,对质条款必须偶尔为公共政策的考虑和具体案件的需求让路。参见[美]阿维娃·奥伦斯坦:《证据法要义》,汪诸豪、黄燕妮译,中国政法大学出版社2018年版,第158~159页、第163页、第168~169页。

③ 参见陈光中主编:《21世纪域外刑事诉讼立法最新发展》,中国政法大学出版社2004年版,第254页。

害人前，检察官要对该未成年被害人的基本情况进行调查，包括未成年被害人的性格特点、成长经历、家庭情况、心理承受能力等，确保之后的询问能够一次性有效完成，对性侵害未成年人案件的被害人，要一次性完成相关取证工作；最后，未成年被害人"一站式"取证制度还注重及时性，特别是在采用暴力行为对未成年人进行伤害的案件中，要求有关部门在第一时间配合完成这样的取证。[①]当然，这种未成年被害人"一站式"取证制度与本文拟构建的儿童证人作证新模式是有根本差别的，即未成年被害人"一站式"取证制度只是对案件进行一次性的调查，并未涉及审判时儿童证人是否出庭以及被告人对质权实现的问题。也就是说，未成年被害人"一站式"取证制度并不排除儿童证人庭审时出庭作证的义务，未寻找到其他保障被告人对质权实现的方式。

可以说，与当前刑事证人应当出庭作证这种主流模式相比，儿童证人不出庭而由适格问询员审前询问儿童证人的儿童证人作证新模式为刑事司法系统的正常运行提供了实际优势：第一，按照刑事证人应当出庭作证的主流模式，如果一名儿童被视为缺乏在审判中成为对质主体或者被质证人的能力不能成为证人，其庭前陈述要被排除，不能成为定案的根据，那么法官就无法接触这些可能有极高证明价值的材料；如果不出庭的儿童证人在庭前所提供的陈述成为定案的根据，那么被告人就丧失了当面询问儿童证人、与儿童证人对质的权利。儿童证人作证新模式就能解决上述问题，即被告人依然有权询问儿童证人、与儿童证人对质，这种权利不是通过在法庭上控辩双方对儿童证人进行质证实现，而是通过适格问询员审前询问儿童证人实现的。因此，在儿童证人是否应当出庭作证上确定一个相当高的门槛是合理的，即儿童证人无须出庭，这样的门槛并不意味着法官失去定案的证据，也不意味着被告人丧失其对质权，它只是意味着法律用不同的模式来对待儿童证人这一特殊群体。第二，在公开的法庭上、在法官面前作证，这对于任何人来说其实都异常困难。对于一个儿童来说，在法庭上，在法官面前、在控辩双方在场时作证就更加困难而且带有不可避免的伤害性，特别是当儿童证人被要求对其认识、熟悉的人提出指控的时候。适格问询员审前询问儿童证人的儿童证人作证新模式允许儿童证人在私密、舒适的环境中进行陈述，并接受适格问询员的询问。这种询问方式比庭审中控辩双方的询问、法官的询问，对于儿童证人来说更加温和、更加人性化。第三，儿童证人出庭作证，在庭审中陈述并接受控辩双方以及法官的询问，这时可能距离案件发生已经有相当长的时间，而适格问询员审前询问儿童证人的儿童证人作证新模式中，对儿童证人的询问发生在审前阶段，这时儿童证人的记忆应该

---

① 载 http://www.spp.gov.cn/dfjcdt/201610/t20161026_170681.shtml，最后访问日期：2019 年 4 月 9 日。

是比较清晰准确的。第四,被告人对质权被认为是被告人的基本权利之一,由此确立的交叉询问制度被认为是“为发现真理而发明的最伟大的法律引擎”。[①]但是如前所述,对于儿童来说可能情况并非如此,庭审中控辩双方、法官对儿童证人的询问,可能并不利于发现案件真实,甚至会影响查明案件事实。而在一个私密、舒适的环境中,由适格的问询员对儿童证人进行询问,更有可能让儿童证人提供准确真实的陈述,同时不会给儿童证人造成过度伤害。因此可以说,与当前刑事证人应当出庭作证的主流模式相比,由适格问询员庭前询问儿童证人的儿童证人作证新模式能实现更为准确的事实认定、对于被告人更有意义的对质权以及对儿童更加人性化的对待。

---

① See John H. Wigmore, *Evidence*(rev ed), Chadbourn, 1974, p. 32; Lilly v. Virginia, 527 U. S. 116, 124(1999)(Stevens)(plurality), quoting California v. Green, 399 U. S. 149, 158(1970).

我国口供补强规则的困境与出路

——以审判中心为视角

林艺芳*

摘　要　口供补强规则是专门针对口供治理的证据规则之一。我国推行的以审判为中心的诉讼制度改革,为该规则提出新的要求。口供补强规则破除口供依赖的制度价值在实践中没有得到落实,原因在于我国过于重视口供的事实发现功能,忽略事实证明功能。重塑其制度价值,关键在于转变口供功能定位。该规则还存在口供界定模糊的问题。为此,我国应当明确口供的来源和性质问题。除此之外,补强证据的证明对象出现偏误,也是该规则的问题之一。补强对象不应仅限于口供的真实性和自愿性,而应当以口供所涉事实为主,以口供的真实性为辅,并就案件事实进行具体限定。

关键词　口供补强规则　口供依赖　被告人供述　补强证据

一、问题的提出

以刑讯逼供为代表的非法口供取证行为向来是我国刑事司法治理的重点。随着刑事司法改革的推进,我国采取了包括讯问时录音录像、非法证据排除等一系列新型举措,在一定程度上打击了非法口供取证行为。然而,我国刑事诉讼法典中一项专门针对口供治理的"元老级"证据规则——口供补强证据规则却没有得到足够的重视。口供补强证据规则从 1979 年起就被规定在我国的第一部《刑事诉讼法》中。立法机关将其纳入刑事诉讼法典中,是出于对"口供"这种证据形式的不信任,防止因过分依赖口供而导致非法取证行为,强调重视其他证据形式的收集和认定。但是,由于法律规定的简略,口供补强证据规则的具体内涵缺乏统一标准。该证据规则的制度目的能否得到实现,"被告人供述"如何界定,"其他证据"又如何发挥补强功能,法律上皆缺乏明确规定。这直接导致了该规则在司法实践中缺乏必要的指引,从而无法有效运行。

近年来,我国提出并持续践行"以审判为中心的诉讼制度改革"。该项改革旨在实现刑事司法的公正性价值与人权保障价值,涉及刑事诉讼程序的方方面

---

* 林艺芳,湘潭大学法学院副教授,研究方向为刑事诉讼法。

面。其中所蕴含的主要理念为口供补强证据规则提出严格要求:第一,该项改革要求理顺侦查、起诉和审判不同诉讼阶段之间的关系,区分审前程序和审判程序不同特性和功能。这要求口供补强证据规则对产生于不同诉讼阶段的口供设定不同的补强标准。第二,该项改革强调庭审的重要性,在此基础上主张证据裁判是审判程序的主体内容。这要求口供补强证据规则应当重视作为证据种类之一的口供在庭审过程中的证明功能,应当严格区分不同性质的口供的证明作用,应当准确定位并细化补强证据的证明对象。因此,我国有必要从审判中心的视角出发,重构口供补强证据规则,为遏制非法口供取证行为提供新的思路。

二、制度价值之落空与重塑

在我国,不少学者认为,口供补强规则的制度价值在于防止因为过分倚重口供而导致错判。① 但是,遗憾的是,该规则的诞生并没有达到治理口供依赖的目的。从司法实践的角度看,目前凭"零口供"完成诉讼任务的案件仍属凤毛麟角。甚至在很多地区,获得犯罪嫌疑人、被告人的有罪供述成为侦查机关破案以及公诉机关支持控诉的重要基础。在庭审过程中,被告人的供述更是各方争议的焦点。口供补强规则的制度价值没有得到根本落实,口供依赖在我国司法实践中仍大量存在。

(一)口供依赖的根源与危害

口供,也称为犯罪嫌疑人、被告人的供述和辩解,是犯罪嫌疑人、被告人就其被指控的犯罪事实和其他有关情况,向公安司法机关所做的陈述。这种证据形式自古以来就在刑事诉讼中占据重要作用。口供的提供者,即犯罪嫌疑人、被告人,极有可能正是犯罪行为的亲历者,他们所陈述的内容往往最能完整直接地反映案件事实。此外,通过对口供内容的考察,办案人员还可能从中挖掘出其他间接证据,或者与已经查获的间接证据形成相互印证,从而进一步发现案件事实。再者,口供作为言词证据的一种,其生动形象的特征有助于将其他零碎间接的证据材料进行串联,从而使案件事实能够以更为清晰完整的形态呈现出来。正因为口供在案件事实发现方面所具备的重要作用,口供被当成"证据之王",备受公安司法机关的倚重。

但是,刑事诉讼程序中的口供并不完美,甚至存在严重的缺陷。从犯罪嫌

---

① 此观点根据以下论著总结:郎胜主编:《中华人民共和国刑事诉讼法修改与适用》,新华出版社2012年版,第122页;徐美君:《口供补强法则的基础与构成》,载《中国法学》2003年第6期;谭劲松:《我国口供补强规则研究》,载《法学论丛》2003第5期;陶建平、上海检察院副检察长皇甫长城:《正确理解口供补强规则》,载《人民检察》2006年第10期;刘静坤:《"口供"的功能与补强证据》,载《人民公安》2010年第21期;党建军、杨立新:《口供补强规则的代价及其调控》,载《国家检察官学院学报》2011年第6期。

疑人、被告人方面看，他们出于推卸罪责的动机，往往倾向于作出对自己有利的供述，甚至捏造事实以混淆视听。同时，犯罪行为都是过去发生的事实，犯罪嫌疑人、被告人在进行供述时难免发生记忆上的偏差，从而导致口供的错误。从口供最初产生的环境看，审前讯问往往发生在封闭的空间里，犯罪嫌疑人、被告人必须独自面对侦查人员，心理上承担着巨大的压力。为了尽快摆脱此种困境，某些犯罪嫌疑人、被告人可能做出虚假的供述。[①] 总之，口供具有很强的不稳定性和很高的错误率。如果过于信赖口供，甚至仅凭口供就对被告人进行定罪量刑，那么得出的裁判也将漏洞百出。亦即，口供依赖将导致错判的发生。

（二）口供补强规则制度价值的落空

为了破除口供依赖，提升刑事司法的质量，我国在《刑事诉讼法》中规定了口供补强规则。根据《刑事诉讼法》第55条第1款的规定，“对一切案件的判处都要重证据，重调查研究，不轻信口供。只有被告人供述，没有其他证据的，不能认定被告人有罪和处以刑罚；没有被告人供述，证据确实、充分的，可以认定被告人有罪和处以刑罚”，从而限制了口供在庭审中的作用，并鼓励其他类型证据的充分适用。

然而，遗憾的是，该规则的诞生并没有彻底改变我国刑事司法过分倚重口供的现状。在侦查实践中，为了获取口供，进行刑讯逼供的现象虽然有所减少，但是变相肉刑或者其他隐性刑讯的做法却层出不穷、屡见不鲜。口供仍然是很多侦查案卷的核心组成部分。在审判过程中，讯问笔录作为审前口供的载体，仍然是庭审质证的焦点。其他证据虽然也有所出示，但往往仅起补充的作用。为了充分利用口供，审判实务中甚至出现了“虚化”“公式化”口供补强规则的做法。某些公诉人员或辩护人将一些“无关紧要”的证据（例如被告人的身份信息证明文件）作为补强证据，补充口供的证明力，要求法庭承认口供的可靠性并将其采纳为定罪量刑的依据。这些证据对口供所涉事实不具备实质证明价值，将其作为口供的补强证据，实际上是规避口供补强规则的做法。另有些公诉人员或辩护人员虽然提供了与口供所涉事实有一定关联性的补强证据，但该补强证据的证明力不强，与口供相印证之后并不足以形成证明事实的完整证据锁链。[②] 这种做法表面上满足了口供补强规则的要求，实质上并未摆脱口供依赖的困局，甚至刻意矮化了其他证据的证明作用，削减了庭审证据调查的价值，是对口供补强规则的巨大伤害。

（三）口供补强规则价值落空的原因解析

归根究底，我国口供补强规则制度价值落空的原因在于，我国刑事司法始

---

① 参见［日］浜田寿美男：《自白的心理学》，片成男译，中国轻工业出版社2006年版，第110页。

② 参见李昌盛：《口供消极补强规则的实质化》，载《证据科学》2014年第3期。

终过分重视口供的事实发现功能,而忽视了口供的事实证明功能。我国刑事司法素有“重实体、轻程序”的问题。在历史上很长一段时间,我国缺乏对程序法和诉讼程序的正确认知,对其持有“工具主义”的态度,认为程序法是为实体法服务的,只要案件真相最终被发现,案件的诉讼过程并不重要。而就案件事实的发现,口供显然占据着十分重要的地位,“口供至上”之风也随之形成。近年来,随着对英美法系国家当事人主义诉讼模式的了解与借鉴,以及人权保障理念的盛行,我国程序法与诉讼程序的独立价值逐渐得到正视,程序正义理念也日益深入人心。但是,口供这一传统的证据形式却始终被束缚于事实发现的桎梏中,而在此功能的光芒下,口供的其他功能得不到发掘与落实。既然只用于发现事实,那么口供与其他证据的相互印证关系、口供对案件事实的证明作用就显得无足轻重。

口供补强规则意在约束口供在诉讼程序中的作用,并强调补强证据对案件事实的证明地位。在当前司法背景下,片面强调口供的事实发现功能无助于口供补强规则实质作用的发挥。口供补强规则从本质上看是一项证明规则,只有重视口供的事实证明功能,才能破除该规则面临的现实困境,审判结果的公正性与合法性也才能得到保障。

1. 口供的事实发现功能

口供的事实发现功能,是指口供作为破案工具之一,承担着挖掘案件线索、查明真相的任务。正如前文所述,口供由犯罪嫌疑人、被告人提供,蕴含丰富的案件事实细节,是侦查人员侦破案件的强大武器,也是审判人员形成案件事实心证的重要工具。事实发现是口供最原始的功能。

但是,仅强调口供的事实发现功能也存在弊端。在单一事实发现功能的引导下,公安司法人员的思维模式呈现为“口供→事实”的单一直接模式。侦查人员从口供中直接提取细节,并将之拼接成案件事实,从而完成案件的侦破。他们无须将后续程序中将要进行的证明活动与自己的侦查活动联系在一起,获得犯罪嫌疑人的口供就等同于侦查任务的完成。对于公诉人员和审判人员来说,虽然口供补强规则在形式上要求他们不能依口供孤证定案,但是在办案思维没能摆脱上述模式的前提下,他们往往将口供补强规则理解为“口供 + 补强证据→事实”。只要存在其他补强证据,无论该证据与口供所涉事实有无关联、关联性如何,口供补强规则的要求就得到了满足,法庭就能据以定罪量刑。实际上,在这种情况下,支撑案件事实的仍然仅有口供,口供补强规则的功能被彻底规避了。除此之外,仅强调口供的事实发现功能还是流水线型诉讼模式的重要诱因。客观来说,口供在大多数案件中具有强大的事实发现功能。而该功能往往在侦查阶段就能得到满足,后续诉讼程序很难再有突破,往往沦为侦查结果的传递和重复,从而形成诉讼程序的流水线作业方式。在这种模式下,侦查结果决定了诉讼程序的最终结果,审查起诉、审判等程序被严重削弱,无法起到层层把关的作用,裁判结果的公正性也难以得到保障。

2. 口供的事实证明功能

口供的事实证明功能,是指口供作为证据种类之一,承担着按照法律规定认定案件事实,使案件得到合法审判的任务。证明是公安司法人员、当事人及其辩护人、诉讼代理人等在刑事诉讼程序中根据法律规定运用证据的活动。在我国,证明有其独特的法定要求:一是待证事实和免证事实的确定需符合法律的规定;二是公诉案件中被告人有罪的证明责任由人民检察院承担,自诉案件中被告人有罪的举证责任由自诉人承担,被告人除法律另有规定以外不承担举证责任;三是刑事诉讼中认定案件事实应当达到犯罪事实清楚,证据确实充分的证明标准;四是证据的收集、保全应当依法进行,审判人员应当综合运用包括口供补强规则在内的各种证据规则认定案件事实。证据所蕴含的事实信息只有通过证明环节才能得到认可,成为法庭最终定罪量刑的依据。缺乏了证明环节,证据与事实之间的关系缺乏合法性基础,其准确性也无法得到保证。

口供也应当遵循上述证明要求。在进行事实证明时,口供的作用模式表现为“口供→证明→事实”。公安司法人员在获取口供的基础上,还必须通过证明环节对其所蕴含的事实信息进行过滤筛查。为了满足证明的要求,他们在讯问犯罪嫌疑人、被告人时,必须严格遵守法律关于讯问程序的各项要求,并注意口供与其他证据之间的联系与冲突。具体到口供补强规则方面,公安司法人员的思维方式则体现为“口供+补强证据→证明→事实”。此时,无论口供还是补强证据,都必须与案件事实存在关联性,并共同服务于事实的证明。亦即,一项事实的认定不仅需要有口供提供证明支撑,还需要其他补强证据的证明支撑,并且在该项事实的证明作用方面,口供与其他补强证据并无主次之分。这样一来,口供补强证据规则的立法意图便得到充分的展示,审判结果的合法性、准确性也能得到保障。

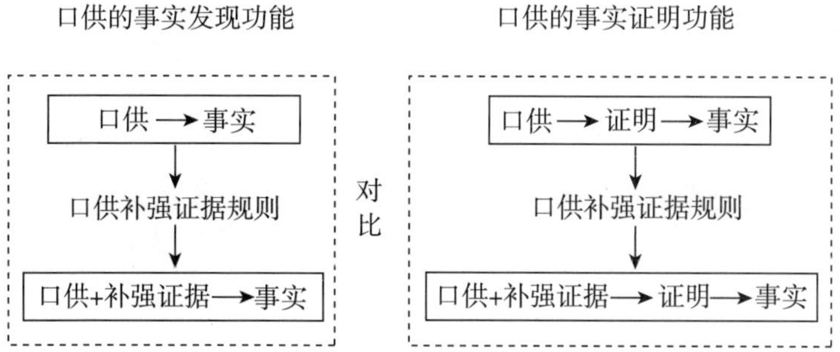

(四)口供功能的澄清与口供补强规则的价值重塑

我国当前正在推行以审判为中心的诉讼制度改革。该项改革强调庭审的重要性,在此基础上主张证据裁判是审判程序的主体内容。证据裁判不仅要求法官据以定罪量刑的事实应当有证据予以支撑,而且要求重视证据的证明作用。亦即,证据只有通过合理的证明才能得出准确合法的事实内容,并被法庭所认可。而口供是我国刑事诉讼程序的法定证据形式之一,同样应当具有证明作用。口供不仅在审前程序中可以挖掘案件线索、发现案件事实,而且在审判程序中还与其他证据一同承担着证明事实的任务。甚至在审前程序中,公安司法人员在收集口供的同时,也应当为后续审判程序的证明工作做准备。口供补强规则主要适用于以证据裁判为核心的审判程序中。从表面上看,其制度目的在于消除口供依赖问题,实质上则是指向口供的事实证明功能。口供并非不再重要,而是应当在证明制度层面受到约束,以促使其合法正确地发挥作用。因此,重塑口供补强规则的制度价值,关键在于转变口供的功能定位,将口供从单一的事实发现角色推进到事实发现与事实证明齐头并进的双重角色。具体而言:

1. 确认口供的证据属性

在2012年之前,我国理论界关于证据的概念存在"事实说"和"材料说"两种观点。1996年《刑事诉讼法》采取的是"事实说",将证据界定为"证明案件真实情况的一切事实"。事实说存在致命的缺陷,例如,它仅片面概括了证据的内容,忽视了证据的外在形式。再如,它无法解释未经查证属实的事实是否属于证据范围等问题。[①] 因此,在2012年《刑事诉讼法》的修改过程中,证据被重新界定为"可以用于证明案件事实的材料",采纳了"材料说",从而既实现了证据形式与内容的统一,又强调证据必须经过举证、质证等证明程序才能作为定案根据。

口供,即犯罪嫌疑人、被告人的供述与辩解,属于我国法定的证据种类之一,也应当符合当前《刑事诉讼法》对证据概念的界定。根据"材料说",口供虽然是案件事实的载体,但并不等同于事实本身。首先,口供包含一定的事实信息,但这些事实信息必须通过适当的证明环节才能得以呈现。事实信息是口供作为证据,与案件之间最原始的联系。缺乏这一实质性内容,口供便没有在诉讼中存在的意义。但是,口供所包含的事实信息并不能天然地被法庭所认可,而必须以法定的证明环节为前提。证明是检验口供所蕴含的事实是否可靠,能否成为定罪量刑依据的手段。其次,口供有其外在形式,该外在形式必须符合

---

① 参见陈卫东主编:《2012刑事诉讼法修改条文理解与适用》,中国法制出版社2012年版,第42页。

法律关于获取与保全口供的程序要求,否则司法机关可以通过非法证据排除等方式否定其证据资格,或者不将其作为定案依据。对口供的外在形式要求也是运用口供进行事实证明的前提。

2. 保障口供证明程序的实质化

根据《刑事诉讼法》第 50 条第 3 款的规定,“证据必须经过查证属实,才能作为定案的根据”。亦即,证据必须经过刑事诉讼中的一系列证明程序,才足以对法官的定罪量刑产生影响。口供作为证据之一,也不例外。首先,口供要作为定案根据,必须经过庭审的举证、质证。具体而言,被告人有权当庭就起诉书中指控的犯罪事实进行陈述。公诉人、辩护人等有权在审判长的主持下讯问被告人。被告人在庭前作出的讯问笔录必须当庭出示,并接受控辩双方的质证。被告人当庭作出与讯问笔录不同的口供,那么应当以当庭作出的为准,并审查庭前口供的取证合法性。其次,口供的证明还应当是证据属性、证据规则、证明标准、证明责任等多种法定因素综合作用的过程。口供应当符合证据的客观性、关联性和合法性属性。它经过非法证据排除等规则的检验取得证据资格,在审判过程中必须与其他证据形成相互印证。一般情况下,口供的证明责任应当由控诉方承担,法庭认定口供所涉事实,应当达到法定的证明标准。

三、口供界定之模糊与阐明

口供补强规则包含“口供”和“补强”两大关键因素。对于前者而言,口供补强规则约束的是产生于何诉讼阶段的口供、具有何种性质的口供等,这在司法实务中仍处于较为混乱的局面。口供界定的模糊直接导致该规则在实践中被刻意规避或者错误适用,从而无法发挥破除口供依赖的作用。

(一)口供界定的模糊化

我国《刑事诉讼法》第 55 条是口供补强规则最直接的立法根据,该条第 1 款规定:“……只有被告人供述,没有其他证据的,不能认定被告人有罪和处以刑罚;没有被告人供述,证据确实、充分的,可以认定被告人有罪和处以刑罚。”由此可见,口供补强规则被限定适用于“被告人供述”。这表示,一方面,口供补强规则仅适用于“被告人”的口供,而非“犯罪嫌疑人”的口供。但是,被告人的口供是否等同于被告人当庭作出的口供,这是值得商榷的问题之一。另一方面,口供补强规则仅适用于被告人的“供述”,而非“辩解”。然而,此处的“供述”是否等同于对被告人不利的口供,被告人就他人犯罪行为作出的“攀供”是否受该规则约束,仍不清楚。亦即,就口供界定而言,口供补强规则目前存在两项主要问题:一是口供来源不明;二是口供性质不明。

1. 口供来源不明

我国《刑事诉讼法》将被追诉人分为“被告人”和“犯罪嫌疑人”,二者的界限为案件是否已经提起公诉或自诉。根据《刑事诉讼法》第55条的规定，口供补强证据规则仅适用于“被告人”。这表示，在我国，只有当案件已经由检察机关或者自诉人向法院提起公诉或自诉之后，口供补强规则才开始发挥作用。表面上看，此处已经限定了该规则约束的口供范围，即审判中的口供。然而，审判中的口供也包含不同的类型。并非所有呈现在庭审程序中的口供都是当庭作出的。甚至在司法实务中，以书面形式出现的审前口供经常成为庭审争议的焦点，与被告人的当庭供述呈分庭抗礼之势。这两种口供的分野指向的是口供的来源问题，即口供产生于诉讼程序的哪一阶段。而法律仅规定“被告人的供述”适用口供补强规则，实际上并没有阐明来源于哪一诉讼阶段的口供才必须受该规则约束。并且，假设两种口供都必须适用该规则，法律也并没有针对不同来源的口供的不同特征而设定不同的适用规则。这为口供补强规则在司法实践中的适用带来极大的障碍。

2. 口供性质不明

我国《刑事诉讼法》第50条的规定，口供在刑事诉讼程序中表述为“犯罪嫌疑人、被告人的供述和辩解”。通常认为，从性质上看被告人的口供可以被区分为不同的情形：一是“供述”，即被告人就指控的事实表示承认，并如实供述其所实施的全部犯罪事实。此时的口供是对被告人不利的陈述，并属于有罪的口供。二是“辩解”，即被告人否认指控的事实，或者虽然承认指控的事实，但认为自己应当被从轻、减轻或免除处罚等。此时的口供可以理解为对被告人有利的陈述，还可划分为无罪的辩解和有罪的辩解。三是“攀供”，被告人检举、揭发其他同案被告人犯罪行为的陈述，这是对共犯不利的陈述，也属于有罪的口供。①这三种口供具有各自不同的性质特征，它们是否都应适用口供补强规则，我国法律对此规定也相对模糊。《刑事诉讼法》第55条仅明确了“供述”应属于该规则约束范围，仅将此处的“供述”理解为上述的对被告人不利的有罪口供，是否符合口供补强规则的立法原意，也是值得思考的问题。

（二）口供界定的明确化

我国正在进行的以审判为中心的诉讼制度改革要求重新调整侦查、起诉和审判不同诉讼阶段之间的关系，实现庭审的实质化。这实际上是对审前程序和审判程序不同特性和功能的区分。一般而言，审前程序多体现为追诉者与被追诉者的单向结构，而审判程序则以法官居中、控辩对抗为基本特征；审前程序以证据收集、事实发现为己任，而审判程序则以证据质证、事实证明为主要任务。与此相应的，产生于不同诉讼阶段的口供也必然具有不同的特征，这些口供应

---

① 参见赵旭光、王勇：《试论共犯攀供的证明力》，载《黑龙江省政法管理干部学院学报》2006年第4期。

否受口供补强规则的限制，应当如何限制等，也应具体问题具体分析。除此之外，以审判为中心的诉讼制度改革还强调证据裁判原则，人民法院作出有罪判决时应按照法定程序认定证据，并综合全案证据排除合理怀疑。这在口供补强规则方面体现为，在界定何种口供应受该规则约束时，应对可能证明被告人有罪的口供持谨慎的态度，只有被告人的此类口供，没有其他证据，不能简单地认定被告人有罪和处以刑罚。总之，针对上文关于口供补强规则在口供界定方面的两大问题，笔者认为，我国应当以审判中心为指导依据，从该规则的立法原意出发，以现有法律规定为基础，就适用于该规则的口供的来源和性质进行进一步的阐明，以保障该规则在实践中的有效运作。

1. 明确口供的来源问题

我国《刑事诉讼法》没有具体规定产生于哪一诉讼阶段的口供应当适用口供补强规则。出现这一问题的关键在于，我国法律没有严格界分口供的当庭“作出”与当庭“出示”，并就此对口供补强规则的适用范围进行限定。具体而言，口供的当庭“作出”是指被告人在庭审过程中在控辩双方以及法官面前当场就案件事实进行陈述。一般而言，此时产生的口供也满足当庭“出示”的要求，并且必须接受控辩双方的质证。另外，口供的当庭“出示”是指被告人的口供在庭审过程中呈现在控辩双方和法官面前，并接受法庭调查，并可能成为控辩双方法庭辩论的依据。当庭“出示”的口供包括两类：一是前述当庭“作出”的口供，二是审前作出、但作为案卷组成部分、并以讯问笔录的形式进入到庭审过程中的口供，即审前“作出”当庭“出示”的口供。

当庭“作出”的口供产生于庭审过程中，并当场接受审判检验，完全符合我国法律关于口供补强规则中“被告人供述”的规定，应当属于口供补强规则的适用范围。而审前“作出”当庭“出示”的口供是否受口供补强规则约束，则需要进一步考察。首先，在司法实务中，此类口供并不少见。它们在庭审过程中被大量出示或引用，也接受法庭调查，并经常成为控辩双方法庭辩论的依据，并进而可能作为法庭定罪量刑的依据。实际上，此类口供在实际审判中的地位往往并不低于当庭作出的口供，它向法庭所传达的事实信息甚至经常大于当庭“作出”的口供。由于其使用频率之高、作用之大，法律应当对此类口供给予严格的约束，规范其认定条件，而这也正是口供补强规则的立法原意所在。因此，从这个角度出发，此类口供也应受口供补强规则的约束。其次，口供补强规则旨在遏制口供依赖的现象。如前文所述，由于讯问环境的封闭性以及犯罪嫌疑人特殊的心理机制，审前讯问更容易产生虚假的口供。相较于公开审判法庭上产生的口供，我国司法机关显然更应当对审前产生的口供持谨慎的态度。为了防止此类口供的虚假性，法官在认定此类口供时更应当要求有其他证据补强其证明力。因此,从该角度看,审前“作出”当庭“出示”的口供也应当受到口供补强规则的约束。综上所述,我国法律关于口供补强规则的适用范围所规定的“被告人供述”应当指被告人当庭“出示”的口供。亦即,无论口供产生于何诉讼阶段,只要其在法庭上公开出示并接受法庭调查和法庭辩论,并可能成为定罪量刑依据,该口供即必须受到口供补强规则的限制。

呈现在法庭上的不同来源的口供都必须适用口供补强规则。但是,口供在何时作出,可能对口供的可靠性产生一定的影响,导致其证明力也可能有所不同。这样一来,不同来源的口供在适用口供补强规则时还应当符合不同的补强要求。具体而言,口供的证明力可以体现在真实性和关联性两个方面:[①](1)就真实性而言:我国目前的审判机构基本上呈现出法官居中、控辩平等对抗的特征。[②] 这种结构能有效矫正控辩双方先天的不平等,使控辩双方能充分发挥诉讼职能。另外,我国还奉行审判公开原则,庭审过程能接受来自公众的监督。在这种相对平等且公开的诉讼环境中,被告人更能够自愿、自由地进行陈述,此时产生的口供自然真实性更高,从而对其他证据的补强要求就应当较低。相对而言,我国的审前程序则不具备上述结构特征,而更多地呈现为追诉者与被追诉者之间的单向结构。审前程序还缺乏公开性要求,很多程序环节得不到来自外界的监督。[③] 在这种情况下,犯罪嫌疑人进行供述时有更多顾虑,其口供的真实性更难以保障,从而需要其他证据予以更高要求的补强。(2)就关联性而言:审前作出的口供最终将以书面形式被固化在案卷中。当此类口供被移送到庭审程序中,由于无法及时就口供中所陈述的内容进行质询,这种“固化”的口供中的多层事实难以得到挖掘,口供与其他证据的相互联系与冲突也难以得到发现,从而其可信度被大大削弱。而直接产生于审判程序则不存在这些问题。此类口供是由被告人直接陈述于法庭之上,通过控辩双方以及审判人员的当场质证,该口供中的矛盾之处能被及时揭露,模糊之处也能被迅速阐明。这样一来,口供的事实证明功能能得到更好发挥,补强要求也就应当相对较低。

2. 明确口供的性质

我国被告人的口供可以被区分为“供述”“辩解”“攀供”三种,其中“辩解”又分为“有罪辩解”和“无罪辩解”。不同性质的口供是否都属于口供补强规则

---

① 参见李明:《证据证明力研究》,中国人民公安大学出版社2013年版,第157页。

② 我国在1996年之后不断摄取英美对抗制因素,逐渐形成了法官居中、控辩双方平等对抗的“等腰三角形”结构。当然不可否认的是,相对英美法国家而言,我国的审判结构仍有不同,并不是一种绝对的对抗式结构。

③ 值得注意的是,我国近年来通过法律修改以及司法改革等活动,逐渐加强对于犯罪嫌疑人在审前程序中的权利保障,扩大律师对诉讼活动的参与度,强调检察机关的法律监督等,在一定程度上改变了审前程序的单向和封闭性特征,也对口供的可靠性提供了有效的保障。

的适用范围,法律规定相对模糊。对此,笔者分两种情况进行具体考察:

第一,与定罪有关的"供述"和"有罪辩解"应当属于口供补强规则的适用范围。根据我国《刑事诉讼法》第55条的规定,法律似乎将口供补强规则的适用范围限定于"被告人供述",排除了其他类型的口供。但是,笔者认为,从该法条规定的整体立意以及口供补强规则的立法目的出发,此处不能对"被告人供述"作过于狭隘的解释。根据该法律规定,只有被告人供述,没有其他证据予以补强的,将导致的后果是"不能认定被告人有罪和处以刑罚"。这表明,法律规定口供补强规则的最终目的是防止因为错误口供而将被告人错误定罪。因此,只要是可能导致被告人被定罪的口供,甚至只要是与被告人定罪有关的口供,都应当受该规定的约束,无论该口供从表面内容看是对被告人有利或者不利的证据。从这个角度看,除了"供述"之外,"有罪的辩解"也应当受到口供补强规则的约束。

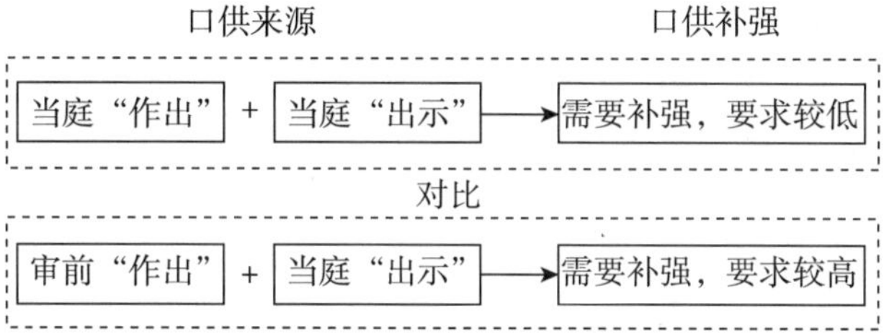

第二,共犯的"攀供"也应当属于口供补强规则的适用范围。同案被告人之间常常发生相互检举、揭发对方犯罪行为的情况。此类"攀供"的性质在我国学界曾有过争议。有观点认为,同案犯的"攀供"属于证人证言,而非口供。同案被告人对彼此在共同犯罪中所犯的罪行最清楚,不能因为他们之间有利害关系而否认他们可以互为证人。他们就对方的犯罪行为向公安司法机关进行陈述,与其他证人证言的作用是一样的。如果"攀供"属于证人证言的话,那么就不需要通过口供补强规则进行制约。还有观点认为,同案犯的"攀供"仍然是口供的组成部分,它与证人证言有根本区别。同案被告人是案件的当事人,与案件处理结果有直接利害关系,且同案被告人相互检举、揭发的内容往往与本人的犯罪事实牵连在一起,应当正视其与一般证人证言不同的复杂性。正因为"攀供"属于口供,所以也应当遵守口供补强规则的规定。[①] 笔者赞成第二种观点。司法实践中经常出现,同案被告人之间为了给自己脱罪而作出诬陷他人的供述,或者为了彼此脱罪而存在串供的现象。这在很大程度上降低了"攀供"的可靠性,因此我国法律应当适用口供补强规则对其进行严格规制。如果仅凭同案被

① 参见崔敏:《刑事证据理论研究综述》,中国人民大学出版社1990年版,第140~145页。

告人的互证来进行定案,那么极容易出现错案。如果事后一方被告人翻供,那么司法机关将处于十分被动的局面。因此,同案被告人的"攀供"也应当受到口供补强规则的限制。

总之,从性质上看,口供补强规则的适用范围应当包括:一是被告人就被指控的事实表示承认的口供,无论该口供是对自己有利或者不利的陈述,即狭义的"供述"与"有罪辩解";二是被告人就同案其他被告人的犯罪事实进行的陈述,即共犯的"攀供"。

四、补强对象之偏误与纠正

口供补强规则的另一个重要组成因素是"补强"。此处的"补强"是用口供以外的证据,增强口供就所涉事实的证明力。在补强方面,口供补强规则最具争议的问题是补强证据的证明对象,而这个问题在《刑事诉讼法》的相关规定上也难以找到答案。实际上,如果补强证据的证明对象出现偏误,那么将严重影响补强证据的补强效果,甚至可能使口供补强规则沦为一句空话。因此,我国法律有必要根据证据法理和口供补强规则的立法目的,准确定位补强证据的证明对象。

(一)补强对象的偏误

对于口供补强规则中补强证据的证明对象而言,学者们有不同的观点。有观点认为,补强证据的证明对象应当限于口供的真实性和自愿性。他们认为口供补强证据规则的初衷是对口供的不信任,作出口供的主体和环境决定了口供的真实性和自愿性是难以保障的。补强证据存在的价值就是为口供提供保障,从而使裁判者能信赖口供并据以裁判。补强证据无须与案件事实直接相关,补强证据也没有必要达到单独证明案件事实的程度。① 这种观点虽然指出了补强证据在口供补强证据规则中的作用,但将案件事实排除于补强证据的证明对象范围,却在证据法理上难以自足,无法实现口供补强证据规则的立法原意,难以为司法实践提供指导。

1. 将补强对象限于口供的真实性和自愿性,于证据法理不符

根据我国《刑事诉讼法》第 50 条第 1 款的规定:"可以用于证明案件事实的材料,都是证据。"据此,证据的首要条件就是要与案件事实存在客观关联。亦即,在我国,关联性是所有证据的属性之一,是一项涉案材料能否成为证据的关键之一。同时,证据与案件事实之间的关联性也是该证据属于该案证据的依据。在此基础上,一项证据若要成为某一案件的证据,那么它就必须与案件事实形成一定的关联性。

---

① 参见徐美君:《口供补强法则的基础与构成》,载《中国法学》2003 年第 6 期。

如果补强证据仅用于证明口供的真实性与自愿性,那么该补强证据只要足以证明取证过程的合法性即可,而无须与案件事实存在实质关联。在此情况下,该补强证据仅是“取证过程”的证据,而非“案件事实”的证据。根据前文所述,口供补强证据规则的立法原意是为了防止过分倚重口供,甚至仅凭口供定罪。而如果补强证据不为案件事实提供证明,那么该案件事实仍然仅有口供这一“孤证”予以证明,法官裁判案件仍然仅依据口供。这样一来,口供补强证据规则的立法初衷就得不到实现了。

2. 将补强对象限于口供的真实性和自愿性,人为降低了补强证据的地位

将补强证据的证明对象仅指向口供的真实性和自愿性,这意味着,补强证据必须通过口供才能发挥其功能。补强证据沦为口供的附带性证据,必须依附于口供而存在。如果不存在口供或者口供被依法剥夺了证据资格,那么相应的补强证据便也失去了存在的价值。即便补强证据与案件事实可能存在某种关联性,也无法在诉讼程序中继续予以运用,这极大地降低了补强证据的地位,也严重束缚了补强证据的作用。

(二)补强对象的纠偏

调整补强证据的证明对象,亦可以从审判中心的司法改革中得到启示。正如前文所述,以审判为中心的诉讼制度改革,关键在于实现审判程序中的证据裁判原则。证据裁判原则要求法官认定每一项事实都必须有必要的证据予以证明,且每项证据的存在应当有其独立的价值。这意味着,作为案件的证据之一,补强证据也应当对案件事实具有证明作用,即补强证据的证明对象应当包含案件事实。又由于补强证据的特殊地位,其证明的案件事实应当与口供所涉事实存在一定的关联性。除此之外,补强证据在证明案件事实的同时,也将间接地达到证明口供真实性的目的。在此基础上,法律还应当就补强证据所证明的事实内容依据一定的标准进行限定。具体而言:

1. 补强证据的证明对象应当以口供所涉事实为主

补强证据与口供都属于案件的证据,在审判程序中,它们在功能上应当是一致的,在地位上应当是平等的。首先,补强证据与口供都应当发挥对案件事实的证明功能。根据我国《刑事诉讼法》对证据概念的规定,补强证据作为证据之一,应当与案件事实具有一定的关联性。补强证据的证明对象应当直接指向案件事实。在司法实务中,有些律师和检察官为了满足法律关于口供补强证据规则的规定,将对案件事实不具备独立证明价值的证据作为补强证据。这样一来,不仅口供所涉事实没有得到充分证明,口供无法与其他证据形成完整的证据锁链,而且口供本身的真实性以及与案件事实的关联性也得不到补强。因此,补强证据应当首先是证明案件事实的证据,如果对案件事实不具备证明作

用,那么就不应当作为案件的证据运用于诉讼中,亦不应当成为口供的补强证据。

其次,补强证据与口供都应当具有平等的证明地位。补强证据不应当仅仅为了补充口供的证明力而存在。在案件事实的证明方面,它与口供不应当有主次之分。补强证据之所以被冠以“补强”之名,主要是因为其与口供具有同样的证明对象事实。在具体证明活动中,不应当认为口供对案件事实的证明在前,补强证据对案件事实的证明在后,二者应当是同时进行的。只有二者一起对同一事实进行证明,才能为法官认定该案件事实提供坚实的基础。

2. 补强证据应当间接地证明口供的真实性

虽然补强证据的证明对象直接指向口供所涉案件事实,但是这并非意味着,补强证据与其所补强的口供之间不存在关系。除了与口供具有同样的证明对象事实,补强证据在其证明活动中还发挥着另外的功能,即为口供的真实性提供保障。在我国,虽然口供可能最直接地反映出案件事实,但是口供也非常容易受到讯问环境和犯罪嫌疑人、被告人的主观动机影响,从而发生扭曲或者错误。保障口供的真实性是司法实务的难题之一。口供补强规则就是为了解决这一难题而产生的。既然补强证据与口供证明的是同一案件事实,那么补强证据就能从侧面反映出口供所蕴含的案件事实是否真实可靠,从而防止了单纯依靠口供定案而发生错判。因此,补强证据在证明口供所涉案件事实的同时,也应当间接地为口供的真实性提供保障。

需要注意的是,补强证据对口供真实性的证明功能应当是附带性的、辅助性的功能,是补强证据在证明案件事实的同时实现的。如果忽略了补强证据对案件事实的证明,而将其对口供的真实性证明放在主要地位,那么同样可能导致补强证据规则被规避的问题。

3. 补强证据所证明的案件事实应当有所限定

在明确了补强证据的证明对象的基础上,法律也应当进一步就补强证据的证明范围进行具体限定。目前各国理论上关于该问题存在罪体说和实质说两种主流观点。前者以美国为代表。在美国,补强证据应当对“犯罪实体”(corpus delicti)发挥独立的证明作用。具体而言,补强证据必须能够证明:第一,存在犯罪所造成的伤害;第二,这种伤害是由犯罪行为引起的。但是,补强证据无需证明被告人就是实施犯罪行为的人。[①] 罪体说也是日本在补强证据证明对象方面的通说。至于何为“罪体”,日本学界存在三种观点:其一是客观的法益侵害,其二是犯罪行为引起的侵害法益,其三包括作为犯罪行为的被告人

---

① 参见[美]乔恩·R.华尔兹:《刑事证据大全》,何家弘等译,中国人民公安大学出版社2004年版,第352页。

(被告人是实施犯罪行为的人)。[①] 除此之外,日本关于补强证据证明对象还存在实质说,即主张补强的犯罪只要能够保证自白事实的真实性即可,且必须在调查其他证据之后才能请求调查自白。实质说的前半部分主张得到日本判例的支持,日本判例指出,补强证据不必是自白所涉及的全部犯罪构成事实,能够保证自白所涉及事实的真实性即可。[②]

对比上述域外的两种观点,实体说在形式上就补强证据的证明范围进行了具体的限定。但是,实体说多关注的是犯罪构成本身,其强调补强证据对案件事实的独立证明价值,却忽略了补强证据的特殊“补强”属性,缺乏对口供所涉事实及其真实性的特有针对性。而实质说则从口供的内容出发,认为补强证据的证明范围限于补充口供真实性存在问题的部分。实质说对口供本身所涉事实具有针对性,但将补强证据的证明内容仅限于口供所涉内容,也有过于局限之嫌。笔者认为,我国应当结合这两种理论,并以上述补强证据的证明对象为前提,构建符合本国国情的理论体系,即“口供所涉事实的具体限定论”。具体而言,一方面,基于补强证据对于口供的特殊补强地位,补强证据所证明的内容应当包含口供所涉事实,必须与口供直接相关,从而保障口供的真实性。但是,补强证据的证明范围是否包含口供所涉全部事实,则要视具体情况而论。另一方面,基于补强证据本身作为证据对案件事实的独立证明价值,补强证据的证明范围首先应当与犯罪事实本身的构成要件相匹配。这意味着,补强证据所蕴含的事实内容也应当针对犯罪的客观要件、主观要件、客体要件或主体要件,只要它与其他证据的有机结合将直接证明犯罪事实的存在。

---

① 需要注意的是,犯罪行为人和被告人的同一性认定是否需要补强,以及犯罪的主观要素是否需要补强,都是存在争议的。日本通说认为,犯罪行为人和被告人的同一性认定不需要进行补强,有法官的自由心证来判断即可。犯罪的主观要素也不需要补强。

② 参见[日]田口守一:《刑事诉讼法》,张凌、于秀峰译,中国政法大学出版社 2010 年版,第 303 页。

监察机关取证录音录像的价值、功能与过程规制*

郑英龙**

摘　要　《监察法》明确规定讯问、搜查、查封和扣押等重要取证工作应当进行全程录音录像，这与《刑事诉讼法》相关规定相比适用范围更广，要求更严格。《监察法》的这一规定不仅保障被调查人的合法权利，也有利于保护调查人员，也是实施非法证据排除规则的需要。若被调查人对证据的合法性提出异议，录音录像可以证明当时发生的真实情况。若由于客观原因导致录制中断，取证工作应当暂停，待录音录像恢复之后再进行。建议规定监察调查过程"全程录音录像"，且"全程录音录像"应当随案件证据一起移送，无特殊情况应在庭审时进行质证，这也有利于保障"以审判为中心""法官错案终身责任制"等制度的落实。录音录像可能涉及国家秘密或有其他不宜公开的情形，应由法庭决定是否播放以及如何播放，在播放相关录音录像时可以不允许旁听，或在有关参与人员中小范围播放，但应与相关人员签订保密协议。

关键词　监察法　调查取证　录音录像　讯问　非法证据排除

在刑事诉讼活动中，录音录像主要适用于侦查机关的讯问活动。早在2002年我国刑事诉讼法学界就开始了讯问犯罪嫌疑人录音录像制度（试验）项目。2012年《刑事诉讼法》明确规定，侦查人员在讯问犯罪嫌疑人时可以录音或录像，但可能判处无期徒刑、死刑或涉嫌其他重大犯罪的嫌疑人时必须录音或录像，并要求录音或录像全程进行且保持完整性。2018年十三届全国人大通过了《中华人民共和国监察法》（以下简称《监察法》），《监察法》在职务犯罪调查中，赋予新设立的监察委员会行使类似侦查权的职能，并且明确监察委员会可采取多项措施展开调查。该法第41条第2款规定："调查人员进行讯问以及搜查、查封、扣押等重要取证工作，应当对全过程进行录音录像，留存备查。"与《刑事诉讼法》有关在侦查工作中录音录像的要求相比，《监察法》的规定为监察机关

---

* 此文首发于《南通大学学报》2018年第6期，与中国政法大学杨宇冠教授合署。

** 郑英龙，2018年人民大学法学院访问学者，现为浙江工商大学教授、博士。

调查人员办案工作提出了更高的要求,这主要表现在三个方面:第一,《刑事诉讼法》只规定了侦查期限讯问犯罪嫌疑人进行录音录像,而《监察法》除了对讯问被调查人外还要求对搜查等重要取证工作都进行录音录像;第二,《刑事诉讼法》只要求在办理可能判处无期徒刑、死刑的案件或者其他重大犯罪案件时才必须对讯问录音录像,其他案件是否录音录像法律并无强制性要求,而《监察法》要求所有职务犯罪案件无论可能判处的刑罚轻重及案情大小都必须录音录像;第三,《刑事诉讼法》(2018 年)第 123 条规定的是“录音或录像”,从字面上看办案机关既可以选择只录音不录像,也可以选择同步录音录像,而《监察法》第 41 条的表述是“录音录像”,应当将其理解为同步录音录像,如果只录音不录像就不符合《监察法》的要求。可见,《监察法》关于职务犯罪调查录音录像的规定适用范围远大于《刑事诉讼法》的要求。鉴于此,《刑事诉讼法》也应当参照《监察法》的规定,及时汲取立法实践中的最新成果,规定所有案件重要取证工作应全程录音录像。

一、监察机关取证工作录音录像的价值厘定

在刑事诉讼中,侦查人员进行讯问时录音录像制度是司法改革中的重要成果,发挥了规范侦查人员讯问行为、提升司法人员办案水平、遏制相关人员刑讯逼供等作用。根据《监察法》的规定,调查人员在讯问、搜查、查封、扣押等取证工作中,应当进行全程录音录像,留存备查。该规定不但对于监察机关进行调查取证中严格执行法律和纪律有重要意义,而且也保障了调查人员和被调查人员的合法权利。《监察法》中关于调查取证时录音录像的规定比《刑事诉讼法》中要求更严苛,发挥的作用亦更大。

(一)确保了调查人员问询的客观公正性

监察机关工作人员的调查取证行为通常是在封闭环境进行,在讯问时,无证人和律师在场。在这种“真空”环境下,调查讯问工作的公正性就显得尤为关键。在日常司法实践中,个别被调查人就在移送到检察机关或在审判期间提出自己讯问时曾遭受过各种虐待,并就此提出非法证据排除的申请。因此,录音录像对监察机关调查人员证明自身在讯问、搜查、查封、扣押等工作中未实施非法取证行为具有重要行动价值,这一规定也契合《监察法》的法治精神。根据《监察法》的规定,如果被调查人涉嫌职务犯罪,将移交司法机关处理。在被调查人在移送到检察机关后,其身份转变为犯罪嫌疑人,在审判期间成为被告人。根据《刑事诉讼法》的规定,如果被告人对证据合法性提出质疑,公诉方具有证明收集证据合法性的责任。

由于监察机关的取证行为是由调查人员作出,因此检察机关和法院根据《刑事诉讼法》可以要求调查人员对自己取证行为的合法性进行证明,如果现有

证据不能证明证据是以合法方法收集的,法院可以通知有关相关人员或其他人员出庭。相关人员需要对证据收集作证并说明情况,也需要回答控辩双方的提问,接受质证。概言之,即使取证行为是合法的,但如果没有录音录像等证据证明办案人员合法取证,则不能使审判人员排除非法取证的可能性,根据《刑事诉讼法》及相关司法解释,该证据不得作为定案根据。所以,重要取证过程中的录音录像在一定程度上对监察机关自身提供了保护。

录音录像对调查人员的保护体现在两个方面:其一,对取证工作录音录像后只要调查人员依法办案,就不必担心来自被调查人对取证行为合法性的质疑。在司法实践中曾经出现被取证人采取故意制造伤痕等方式诬陷取证人员,如果能对取证行为录音录像也可以防止被调查人受到诬陷。其二,录音录像也可以成为规范监察机关办案的程序、约束调查人员取证行为的推动力,从这个层面上看,录音录像可以让调查人谨慎办案,减少犯错的可能性,从而起到保护调查人员的作用。

(二)凸显了被调查人员的合法性权利

《监察法》中规定了一系列被调查人的合法权利及其保障措施。调查人员在取证中,如果违反了这些规定,就侵犯到被调查人的合法权利。从司法实践来看,职务犯罪案件大多较为隐蔽,口供就成为办案机关查明事实的重要依据,而获取口供又通常成为非法取证行为的重要途径。我国在录音录像制度建立之前,办案人员在办案过程中基于刑讯逼供获取案情,进而造成冤假错案的极端案例时有发生。

有学者曾对20个社会影响力较大的冤案进行研究,最终统计其中95%的案件存在刑讯逼供的现象,而只有一起案件没有刑讯逼供,但该案侦查人员采取了引诱的方法使被害人进行了错误的指认。2012年《刑事诉讼法》修改时确立了犯罪嫌疑人在看守所羁押并讯问、侦查讯问同步录音录像制度、非法证据排除规则等规定。有学者指出,“这些措施客观上确实在遏制刑讯逼供方面起到了显著作用,目前刑讯特别是表现为肉刑的刑讯现象已经明显减少。”但是,有关部门在办理刑事案件中,刑讯逼供现象仍未完全杜绝,而且侦查或调查人员还可能采取威胁、引诱、欺骗等方法收集证据,这些方法也侵犯到被讯问人员的相关权利。

在司法实践中,一些职务犯罪的被指控人声称在调查阶段遭受了各种非法强迫手段,逼取口供。在监察机关办理的职务犯罪案件中,被调查人处于留置状态时,身处办案场所,在缺乏第三方参与,在实践中不能排除受到各种手段逼供的可能性。根据《监察法》的规定,对讯问等取证行为进行全程录音录像,这在客观上使得调查人员在录音录像的情况下取证,必然会对取证行为进行自我约束,从而保障被调查人的权利。此外,录制完成的录音录像保留了可能存在的非法取证行为的视听资料,为被调查人日后权利救济提供了证明。

(三)实施非法证据排除规则的需要

党的十八届四中全会通过的《中共中央关于全面推进依法治国若干重大问题的决定》中提出,要健全落实罪刑法定、疑罪从无、非法证据排除等法律原则的法律制度。完善对限制人身自由司法措施和侦查手段的司法监督,加强对刑讯逼供和非法取证的源头预防,健全冤假错案有效防范、及时纠正机制。根据《监察法》的规定,监察机关在收集、固定、审查、运用证据时,应当与刑事审判关于证据的要求和标准相一致。以非法方法收集的证据应当依法予以排除,不得作为案件处置的依据。该规定表明了监察机关有根据《监察法》自行排除非法证据的义务,也明确了案件移送检察机关,进入司法程序后适用刑事法律规范中有关证据合法性要求的规定。根据《宪法》《监察法》及刑事法律法规之规定,监察机关收集的证据可能被认定为非法的证据包括:以刑讯逼供、威胁、引诱、欺骗等方法收集的言词证据;违反搜查、扣押等程序规定侵犯被调查人权利而获取的实物证据;以非法证据为线索得到的其他证据等。确立非法证据排除规则之初衷,即在于对违法取证行为的震慑与制裁,意在切断非法取证行为与案件实体处理结果之间的关联。我国的非法证据排除规则主要是以排除非法言词证据为重点,以遏制刑讯逼供等非法取证现象为目标。

对于监察机关办理案件中出现的非法证据,监察机关有自行排除的法定义务,检察机关和审判机关也有权在相应的诉讼阶段排除非法证据。非法证据排除的最主要方式是在庭审中由法院进行排除。[①] 被告一方在庭审中提出排除非法证据的申请并提供有关线索和材料后,公诉方需要对证据收集的合法性进行证明,如果法院认为公诉方提供的材料未能排除非法取证的可能性,该证据就不能作为定案的根据。既然公诉方需要向法庭证明证据的合法性,即具有证明责任,且有较高的证明标准,为了使法庭审判人员相信非法收集证据的可能性已经被排除,其就需要向法庭提供有说服力的材料。在各项材料中,取证工作的录音录像可以最大限度地还原当时的情况,是证据收集合法性最有力的证明材料。通过向审判人员播放录音录像可以让其对证据是否是以非法方法收集作出较为明确的判断,进而作出是否排除该证据的决定,从而在非法证据排除程序中发挥作用。因此,对重要取证工作录音录像是排除非法证据的需要,特

---

① 在庭前会议中控辩双方可以就非法证据排除问题交换意见,笔者认为监察机关调查人员也可以参加庭前会议就证据收集的合法性问题作出说明。有关庭前会议中排除非法证据可参见卞建林、谢澍:《我国非法证据排除规则的重大发展——以〈严格排除非法证据规定〉之颁布为视角》,载《浙江工商大学学报》2017 年第 5 期,第 19 ~20 页。

别是对司法机关排除非法证据将起到关键作用。

二、监察机关录音录像的功能定位

《监察法》要求监察机关进行录音录像的范围包括讯问以及搜查、查封、扣押等重要取证工作。虽然讯问、搜查、查封和扣押属于《监察法》明确赋予的调查措施,但法律并不要求对采取调查措施本身录音录像,有关录音录像的规定也是在采取调查措施的程序之后,而是对调查活动中的取证行为录音录像。《监察法》中规定的部分调查措施并非取证行为,这些非取证行为主要是对人身进行控制,然后再通过讯问等方式进一步获取证据,如留置、通缉、限制出境等。此外,鉴定等对证据的固定、鉴别和判断也不属于取证工作范畴。①

(一)收集言词证据

讯问、询问和谈话都是收集言词证据的调查措施,三者适用的对象和案件类型不同,强度也有所差异。根据《监察法》的规定,谈话的对象是涉嫌职务违法的监察对象,讯问的对象是涉嫌职务犯罪的被调查人,询问的对象是证人等人员。三者中讯问的强制性最大,监察机关可以要求被调查人如实供述涉嫌犯罪的情况;谈话也有一定的强制性,但是强度小于讯问;询问的对象主要是证人,一般不具有强制性。《监察法》只明确要求要对讯问进行录音录像,对谈话和讯问没有要求。但鉴于谈话和询问也属于重要取证工作,我们建议也应当录音录像。

取证工作录音录像制度最重要的是对讯问过程进行录音录像,从《监察法》的表述来看讯问也是录音录像最主要的对象,该法要求对讯问一律录音录像,不存在例外情况。《刑事诉讼法》要求录音录像制度适用的范围也是讯问犯罪嫌疑人的过程。对讯问进行录音录像主要是为了固定被告人的供述,防止其翻供。之前许多被告人在侦查阶段讯问中承认犯罪,但到了庭审中又当庭翻供,否认先前做过有罪供述,或者声称办案机关采取刑讯逼供、威胁、引诱、欺骗等方法获取其有罪供述。此时就需要通过录音录像还原讯问过程,证明供述真实性、取证合法性等事实,其他材料例如讯问笔录、健康体格检查报告等都无法达到录音录像的效果。

讯问笔录通常是由监察机关调查人员制作,内容通常是一问一答的记录双方的语言,笔录制作本身可能带有倾向性,讯问笔录不能完全真实反映讯问过程中发生的情况;其次,被调查人的伤痕也并不意味着他一定受到了刑讯逼供,

---

① 鉴定工作可能根据其他法律法规或行业准则需要对鉴定过程录音录像,但是这并非基于《监察法》第41条的规定,鉴定工作有专门的机构和人员进行而非监察机关的办案人员进行,在庭审时由鉴定人员亲自出庭接受质证,调查人员对鉴定的过程和结果本身不负责任,因此鉴定不属于《监察法》要求的录音录像的范畴。

造成伤痕的可能性很多,比如打架斗殴,甚至不排除被调查人以自伤的方式来诬陷调查人员,况且非法取证手段多样,并不一定会在身体上留下痕迹,若是采取精神摧残或者恶劣讯问环境的方式,很难证明当时的真实情况。录音录像不仅可以反映讯问时双方的问答,还可以记录当时所发生的一切情况,可以起到证明是否有非法取证行为的作用。

除了讯问外,询问也是收集言词证据的主要手段。在刑事诉讼传统的办案方式中,询问证人的方式通常是由办案人员采取文字记录的方式形成书面的证人证言,再由被询问人签字确认。这种方式不能反映询问时的各种情况,包括询问的背景环境、被询问人的语气和表情、回答问题的精确措辞等,而且还可能存在办案人员没有如实记录的问题。因此,和讯问一样,监察机关有必要通过录音录像对证人证言进行固定。

在刑事诉讼中,我国证人出庭率很低,有学者指出,“证人作证不出庭或者不出庭作证,已经成为影响某些案件的质量和制约刑事司法公正的‘瓶颈’问题。”如果严格贯彻落实直接言词原则,即“要求各诉讼主体均应亲自出庭,并以言词的方式举证、质证,实质性地参加到法庭审判中来,更重要的是法官据以作出裁判的依据应当是被法庭审判所还原的案件信息,任何法庭外所产生的证据均不得作为参考”,那对证人进行录音录像就不是必要的。然而司法实践中公诉方通常将书面证人证言直接作为证据提交法庭,并且法庭大多采纳这些证言作为定案的根据。如果证人可以以书面证言代替出庭作证,就会损害被告人的诉讼权利,使其无法对该证言进行质证,无法与指控自己的证人对质,这是不利于查明案件事实的。因此如果《监察法》能够明确对询问证人过程全程录音录像,这将有利于缓解上述问题,今后在刑事审判中,控辩双方就书面证言出现争议时,可以播放询问证人时的录音录像,如果还是未能解决相关争议再要求证人出庭接受质证。

此外,对询问进行录音录像还能起到保障证人权利的作用。虽然与讯问被调查人不同,询问证人一般不会出现刑讯逼供的问题,但是先前的实践中出现过侦查机关采取威胁恐吓等方式非法获取证人证言的情况,这是对证人权利的侵犯,因此对询问过程录音录像有助于约束办案人员的上述行为。不仅如此,我国法律规定了证人的相关权利义务,监察机关办案人员在证人作证之前需要明确告知其享有的权利和告知的义务,尤其必须告知其作伪证要负的法律责任。我国《刑事诉讼法》(2018 年)第 125 条要求办案机关在询问证人时有义务告知其应当如实作证,以及故意作伪证或者隐匿罪证的法律后果。对询问过程录音录像也有助于了解办案人员是否履行了相关义务。

谈话是《监察法》赋予监察机关对涉嫌职务违法的监察对象采取的措施之

一。谈话的性质比较灵活,可以是通过谈话给被谈话人做思想工作的性质,也是对党员或单位工作人员的一种关爱提醒,但同时谈话也服务于监察机关查明有关事实的需要,实际上承担的是调查案件事实的工作,所以,谈话也可视作监察机关展开职务违法调查时可以采取的措施。既然谈话是监察机关的调查措施,那么谈话同样也是监察机关收集证据的程序之一,谈话的内容也可以作为证据使用。在实际办案中,可能一开始只是发现监察对象涉嫌职务违法行为,并对其采取谈话措施,但在谈话过程或之后的调查活动中,监察对象主动交代或监察机关发现存在职务犯罪的行为,经研究请示报告后对其职务犯罪进行调查的,先前的谈话的内容就可以作为证据使用。在此类职务犯罪案件当中,先前的谈话实际上与讯问没有差别。有学者就指出:“被谈话人并没有拒绝谈话的权利,谈话实际上也带有强制性侦查的意味。”

既然谈话内容可以作为证据,那就有可能存在非法取证的情况,如果没有对谈话的过程进行录音录像,就很难还原相关人员的取证行为,也就难以判断言词证据是否应当排除。笔者认为,谈话也可能成为一项重要取证工作,所以监察机关或监察机关委托有关机关和人员进行的谈话也应当对全程进行录音录像以约束谈话人员的取证行为,保障被谈话人的相关程序权利。实际上,纪委的相关规定对于审查和调查谈话就有录音录像的要求,在纪委和监察委员会合署办公的情况下,监察委员会也应当在法律法规中明确谈话的录音录像问题,这还会关系到谈话的录音录像在后续司法活动中的运用。

(二)收集实物证据

搜查、查封和扣押都是监察机关获取实物证据的方法,也是对物的强制性调查措施。实物证据是刑事诉讼中最重要的证据种类之一,实物证据的收集涉及证据的真实性、关联性、合法性等一系列问题。在法庭审理过程中,诉讼双方经常会对收集物证、书证等实物证据的相关问题产生争论。在刑事诉讼中,如果能够对搜查、扣押、查封进行全程录音录像,以便法庭审判过程对相关证据发生争论时,展示这种录音录像将有助于法庭查明事实。与言词证据不同,在对被调查人财务进行搜查、查封、扣押的过程中,还可能出现有关人员破坏或侵吞被调查人合法或非法财物的现象,录音录像对遏制此类现象也能起到一定的帮助,同时也可以作为追究相关人员责任的依据。因此《监察法》对这些取证工作进行录音录像的规定是一项立法上的重大进步,值得《刑事诉讼法》借鉴。[①]

---

① 虽然《刑事诉讼法》没有要求对收集物证的工作进行录音录像,但是实践中侦查部门实际上已经开始了这项工作。公安部于 2016 年 6 月出台了《公安机关现场执法视音频记录工作规定》,其中第 4 条第 4 款规定公安机关在办理刑事案件进行搜查、扣押时应当进行现场执法视音频记录。鉴于收集物证过程录音录像在查明案件事实,保障相关人员权利等方面具有的重大意义,应当在《刑事诉讼法》中予以明确。

根据《监察法》的规定,监察机关既可以自行独立完成搜查工作,也可以提请公安机关配合,在其协助下搜查。公安机关协助进行搜查的过程也是在监察机关主导下完成的,也需要进行录音录像。对搜查进行录音录像首先可以对证据合法性进行证明。我国《刑事诉讼法》对非法收集的实物证据的排除设定了三项标准:第一,收集物证、书证不符合法定程序;第二,可能严重影响司法公正的;第三,不能补正或者作出合理解释的。搜查过程中录音录像可以对取得证据的搜查行为是否违反法定程序进行认定,也可以对后两项标准的判断提供一定的参考。但是由于我国《刑事诉讼法》对物证、书证排除施加了许多限制,并且允许补正和解释,这就使实践中几乎没有实物证据排除的情况。

事实上,根据非法证据排除原理,对搜查取得实物证据的排除应当关注搜查活动是否侵犯被搜查人的合法权利。搜查的对象可以分为两类,一类是对人身体的搜查,另一类是对物品或场所的搜查,因而搜查既涉及对人身权利的限制,又涉及对财产和隐私权利的克减。如果侵犯了这些权利而收集到证据就也可能产生非法证据的问题。根据《监察法》第 24 条的规定,监察机关调查人员在搜查时必须出示搜查证。理论上说,搜查证必须明确载明实施搜查的人员、被搜查的人员、搜查的时间、搜查的地点、搜查的区域等事项,即明确授权对被搜查人的以上范围内的人身、财产和隐私权进行限制,如果超出了这些范围就系非法取得。在这个意义上说,搜查过程的录音录像对非法证据的认定起到不可或缺的作用,即可以判断实物证据的取得是否由有权进行搜查的调查人员在授权的时间、地点和区域内收集等。

另外,对搜查过程的录音录像还有助于对实物证据进行鉴真。有学者指出,鉴真有两个层面的含义:“一是证明法庭上出示、宣读的某一实物证据,与举证方‘所声称的那份实物证据’是一致的;二是证明法庭上所出示、播放的实物证据的内容,如实记录了实物证据的本来面目,反映了实物证据的真实情况。”最高人民法院《关于执行〈中华人民共和国刑事诉讼法〉的司法解释》第 73 条第 1 款初步确立了对实物证据的鉴真制度,该条规定如果物证、书证没有附笔录或者清单,其来源无法得到证明时,不得作为证据使用。如果实物证据是搜查取得,则录音录像可以对该证据的来源及其取得时的形态或者说在保管中是否发生变化提供证明。

除了搜查之外,《监察法》还对查封和扣押过程的录音录像作了要求。查封、扣押都是对实物证据进行封存、扣留和提存的强制性措施,查封一般适用于不动产,扣押针对的是动产。由于查封、扣押与搜查比较接近,都是对财物、文件等实物证据的收集工作,有关查封和扣押进行录音录像的必要性可以参照搜查的有关论述,在此不再赘述。

三、监察机关取证工作录音录像的过程规制

取证过程中的"全过程"录音录像促进了监察机关的工作顺利开展,对录音和录像的择选,以及未按要求录音录像的都要进行科学合理的处置,同时,对录音录像的保管、移送、调取与播放都要进行一定的规制。

(一)"全过程"录音录像的界定

对取证工作"全过程"录音录像首先解决的是录像的起始和终止的时间点。如果是收集言词证据,应当以调查人员宣布讯问、询问为始,至声明讯问、询问结束为止,不仅要包含讯问、询问的全过程,还包含告知被取证者权利义务的过程。如果是搜查、查封、扣押等获取实物证据的取证行为,自到达搜查证等指定的地点开展搜查、查封、扣押活动时开始,至该活动结束时停止。

"全过程"的要求也需要明确录制的内容。对收集言词证据录制内容需要包含取证的环境、相关权利义务的告知、办案人员提问的内容、被取证者陈述和回答的内容、被取证者的表情神态动作举止等。对搜查、查封、扣押等取证工作的录音录像除了包含调查人员搜查、扣押、查封行为外,还应当包含取证现场环境、现场人员的体貌特征和言行举止、见证人、收集到证据的形态特征、调查人员现场开具、送达法律文书和对有关物品采取措施情况等。

"全过程"还要求录音录像保持连续性和完整性,录制过程不间断。这就要求在取证过程中不能关闭录音录像。以往的办案实践中存在许多规避录音录像制度的做法,讯问中最典型的情况就是"打了不录,录了不打",即违法时候不录制,录制时候不违法。新成立的监察委员会作为国家监察机关,应当在这方面起到模范作用,摒弃过去侦查等机关实施的这些违法行为。此外,"全过程"也要求录制结束后不得对其进行任意的后期裁剪、拼接。如果为了法庭播放等需要进行一定的剪辑或技术处理,也需要对原始音频和视频予以保留。

(二)录音和录像的择选

《刑事诉讼法》对侦查讯问录音录像的要求是"录音或者录像",也就是二者可以选其一,这里的录像应当包含音频的录制,如果讯问时可以只录影像不录声音显然不符合录音录像制度设立的目的。但是在讯问犯罪嫌疑人、被告人时允许只录音不录像也是不合理的,无法全面反映被讯问者所处的环境,无法了解被讯问者的身体和精神状态,也无法看到办案人员是否在被讯问者身上施加了非法行为。比起录像,录音的剪辑和处理也更为容易,这就为刑讯逼供等行为提供了可乘之机。新颁布的《监察法》在这方面的规定就更加合理,第41条使用了"录音录像"这一表述,中间没有"或者"二字,也就是说,监察机关必须进行录音和录像,不能只录视频不录音频或只录音频不录视频,如此规定显

然是合理的。[①] 还需要注意的是,录音和录像的声音和画面应当是同步的,不应分开录制。

《刑事诉讼法》等法律法规赋予侦查机关选择权可能是由于办案条件所限,因为早年录像设备并未普及,费用较为昂贵。如今办案机关的录像设施已经非常完备,在条件和技术上已经不存在障碍。目前公安机关一般都配备了警用执法记录仪,该设备主要特点是携带方便,可以应对临时突发情况的处置,但是在清晰度等方面存在不足。监察机关的取证活动一般事先都要履行批准手续,讯问等言词证据的收集通常都在监察机关办案场所,因此不宜采用执法记录仪等设备,而是应当运用专业的录音录像设备以保证声音和画面的清晰度。

(三)未按要求录音录像的处理

实际工作中,录音录像可能会因为一些客观原因而中断,如设备故障、损坏、天气情况恶劣或者电量、存储空间不足等。原则上,录音录像中断的应当暂停讯问等取证工作,待录音录像恢复之后继续进行。如果出现紧急情况不能中断取证工作,而专业录音录像设备又无法使用时,可以允许使用手机等其他设备替代,但必须立即向监察机关领导报告,事后出具书面说明。但是,值得注意的是该录音录像的证明力可能会受到影响。

如果监察机关违反以上录音录像规定,即在取证时未全程录音录像、未录音录像,以及只录音或录像的情况,收集到的证据就会在证据能力方面出现问题,[②]这就涉及非法证据排除规则的适用。笔者认为,违法录音录像规定收集到的证据不应当一律排除,没有录音录像不意味着取证行为侵犯了被调查人的合法权利。在这种情况下收集到的证据,如果被调查人并未提出异议,所取得的证据仍然可以使用;但如果被调查人对取得的证据提出异议,而公诉方或监察机关未能排除非法取证的可能性,该证据应当予以排除。可见,虽然违反录音录像规定收集的证据不一定会被排除,但是公诉方及监察机关调查人员在证明证据合法性时会遇到很大困难,一旦其他材料无法排除非法取证可能性时,该证据就不得作为定案根据,进而影响到打击职务犯罪和反腐败工作的进展。同时,没有录音录像固定证据,调查结束后可能出现被调查人翻供等情况,给监察机关和检察机关的相关工作造成困难。鉴于录音录像在证明能力上的强大作用,监察机关工作人员应当严格遵照《监察法》有关录音录像的规定。对违反相

---

① 从语义上看,《监察法》的录音录像是分指声音和影像的录制,而《刑事诉讼法》的录像则包含了声音的录制,相较而言,《监察法》的用语更加准确。

② 理论上对该类证据的处理有以下三种理论,第一种是无证据能力的绝对排除说;第二种是权衡排除说;第三种是不利推定说。参见董坤:《违反录音录像规定讯问笔录证据能力研究》,载《法学家》2014 年第 2 期,第 129 ~ 130 页。

关规定的工作人员，监察机关也可以考虑追究其责任。

（四）录音录像的调取与播放

根据《监察法》的规定，监察机关对取证工作录音录像的保管是“留存备查”。纪委对录音录像的保存有进一步的规定：“录音录像资料由案件监督管理部门和审查组分别保管，定期核查。”可见监察机关有义务在调查结束后妥善保管录音录像，以备查看。虽然《监察法》并未规定监察机关录音录像应当随案移送检察机关，但中纪委和国家监察委员会对《监察法》的释义中对此做了阐释，明确“监察机关对调查过程的录音录像不随案移送检察机关”。检察机关作为国家法律监督机关，在审查起诉时有权对侦查或调查活动的合法性进行审查，而录音录像对检察机关审查和判断事实是否清楚，证据是否确实、充分及是否合法取得等方面意义重大，为了更有效地发挥录音录像的作用，建议监察机关在录音录像的使用方面，不应仅是留存备查，而应是在检察机关有需要时，也可向监察机关调取录音录像。

在录音录像调取过程中，根据中纪委以及国家监察委员会对《监察法》的释义：“检察机关认为需要调取与指控犯罪有关并且需要对证据合法性进行审查的录音录像，可以同监察机关沟通协商后予以调取。”所以在实践中，检察机关可以调取监察机关的录音录像，但是需要与其协商确定，这意味着监察机关对是否调取有决定权，如果监察机关拒绝提供录音录像，检察机关则无法调取。鉴于调取证据是司法机关基本的职权，实践中监察机关应当尽可能提供录音录像以满足司法机关的办案需要。除此之外上述释义只明确了检察机关可以与监察机关协商调取录音录像，对于法庭审理阶段，法院是否有权调取监察机关留存的录音录像相关解释没有说明。《刑事诉讼法》规定辩护人有权申请检察院、法院调取公安机关、检察院收集的可证明犯罪嫌疑人、被告人无罪或者罪轻的证据材料。鉴于《监察法》的调查与《刑事诉讼法》的侦查是同类的活动，从法理的角度分析，法院应可以调取监察机关调查取证活动的录音录像，但是因为《监察法》和《刑事诉讼法》对此问题都没有规定，在实践中法院调取监察委员会的录音录像可能比较困难。鉴于该问题比较重要，建议在《刑事诉讼法》修改或者《监察法》相关说明中对此问题加以明确。

此外，根据《人民法院办理刑事案件排除非法证据规程（试行）》的规定，法庭对证据收集的合法性进行调查的，应当重视对讯问录音录像的审查。据此，如果被告人在审判阶段提出非法证据排除的申请并且提供了相应的材料，法庭认为现有证据无法排除非法取证可能性的，应有权调取监察机关取证时的录音录像。因此，如果监察机关认为录音录像不适合移送司法机关的，应当由监察机关调查人员出庭就证据收集的情况进行说明，如果仍然无法排除非法取证可能性的,相关证据不能作为定案的依据。

在录音录像过程中,审判机关不需要主动对于取证时的录音录像进行审查,只有在诉讼参与人对有关证据的合法性提出质疑时,才需要决定是否播放取证时的录音录像。根据非法证据排除规则的原理,非法证据应当在法庭审理之前排除,以免这些证据进入裁判者的视野,影响最后判决。在庭前会议上,被告人及其辩护人如果对证据收集合法性提出质疑的,法庭应当根据案情决定是否播放录音录像,作为判断的依据。

监察机关录音录像在审判阶段的播放问题可以与调查人员出庭作证说明情况结合使用,如果通过录音录像能够说明相关情况,则可以节省调查人员出庭的时间。但是,如果在播放讯问录音录像时,法庭或者被告方发现问题,需要解释,法庭在有必要时可以要求调查人员对录音录像中反映出来的问题进行合理解释和说明。总之,播放录音录像并就相关内容接受控辩双方的质询,有助于法庭查清相关案件相关事实,还有助于对非法证据排除等程序问题作出判断。

对于讯问录音录像随案移送后的使用及录音录像中涉及国家秘密、商业秘密、个人隐私或者其他不宜公开的内容和保密问题,根据《人民检察院刑事诉讼规则(试行)》第75条,在法庭审理过程中,如果被告方对讯问活动的合法性提出异议,公诉人可以要求被告方提供相关线索或材料,如果有必要,公诉人也可以提请法庭播放相关时段的讯问录音录像。

监察委员会办理的职务犯罪案件时的录音录像若涉及国家秘密或其他不宜公开的事项,不宜在法庭上全程播放。对此,在法庭上播放讯问录音录像并不是要求播放讯问时的全部录音录像。监察机关的讯问可能延续很长时间,如果全部播放不仅耗时过多,也没有必要。所以,在法庭审判时播放讯问录音录像应当是相关时段的录音录像。对于调查时讯问录音录像中涉密或者不宜公开的内容,应向法庭作出说明,由法庭决定是否播放或如何播放,如在播放相关录音录像时不允许旁听,或在有关参与人员中小范围播放,但应与相关人员签订保密协议。

检察机关的“新”自侦权研究*

李奋飞**

摘　要　修改后的《刑事诉讼法》第19条第2款明确了检察机关的“新”自侦权。作为监察机制的补充手段,检察机关的“新”自侦权,无论是对强化法律监督(特别是诉讼监督),还是对防控诉讼侵权,都具有较为积极的意义。不过,检察机关需对“新”自侦权的行使风险未雨绸缪,不仅要防止“自侦中心主义”的复活,也要避免程序构造失调的再现,甚至还要注意个案触发概率的走低。重塑检察机关的“新”自侦权,既要认真研究其与审查逮捕、审查起诉等检察权能的关系问题,也应认真对待其周延统筹问题。

关键词　监察体制改革　法律监督　检察机关　“新”自侦权

引　言

作为事关全局的政治体制改革,国家监察体制改革无疑对中国司法领域固有的权能结构产生了重要影响。在国家监察体制改革之前,检察机关作为国家法律监督机关,除了拥有批准或者决定逮捕权、公诉权、诉讼监督权等职权以外,还拥有职务犯罪的侦查权,即可以对国家工作人员涉嫌的贪污、贿赂、渎职、侵权等案件进行立案侦查。在监察体制改革之后,中国的监督体系发生的最大变化就是,监察机关作为行使国家监察职能的专责机关被纳入到监督体系中,并拥有了对那些涉嫌职务犯罪的国家公职人员的调查权,而检察机关尽管作为法律监督机关的宪法定位并未改变,但却在总体上失去了职务犯罪侦查权,检察机关的反贪、反渎和预防等职能部门也已被转隶至监察机关。

2018年10月26日,第十三届全国人民代表大会常务委员会第六次会议审议通过了《关于修改〈中华人民共和国刑事诉讼法〉的决定》。相较于1996年、2012年的两次大规模修改,此次修改可谓指向明确、内容特定,尤其是回应了国家监察体制改革,调整了人民检察院的侦查职能并修改了相关的程序规定。修改后的《刑事诉讼法》第19条第2款规定:“人民检察院在对诉讼活动实行法律

---

* 该文曾发表在《中国刑事法杂志》2019年第1期,有删节。

** 李奋飞,中国人民大学法学院教授、博士生导师。

监督中发现司法工作人员利用职权实施的非法拘禁、刑讯逼供、非法搜查等侵犯公民权利、损害司法公正的犯罪,可以由人民检察院立案侦查。”2018 年 11 月 1 日,最高人民检察院第十三届检察委员会第八次会议通过的《关于人民检察院立案侦查司法工作人员相关职务犯罪案件若干问题的规定》明确了,检察机关对司法工作人员涉嫌利用职权实施的非法拘禁罪、非法搜查罪、刑讯逼供罪、暴力取证罪等 14 个罪名有立案侦查权,可以称为检察机关的“新”自侦权。

作为监察机制的补充手段,检察机关的“新”自侦权,无论是对强化法律监督(特别是诉讼监督),还是对防控诉讼侵权,显然都具有较为积极的意义。不过,“不能记着过去的人势必重复过去”。[①] 考虑到检察机关的“旧”自侦权在运行过程中曾对检察权内外造成了一定的负面影响,[②]特别是侦查、逮捕以及起诉的集于一身,不免严重掣肘了其相互之间的制约预期,进而容易以利益共同体的形式迫使裁判权就范于有罪认定。[③] 因此,我们需要对“新”自侦权的行使风险未雨绸缪,不仅要防止“自侦中心主义”的复活,也要避免程序构造失调的再现,甚至还要注意个案触发概率的走低。重塑检察机关的“新”自侦权,既要认真研究其与审查逮捕、审查起诉等检察权能的关系问题,也要认真对待其周延统筹的问题。

一、“新”自侦权的属性归纳

诉讼职权和监督职权是检察机关两项重要的职权。对于二者之间的关系,至今还存在“一元论”和“二元论”之争。不过,无论是“一元论”,[④]还是“二元论”,[⑤]都将职务犯罪侦查权解读为法律监督的兜底性保障手段。随着国家监察体制改革的深入推进,检察机关的职务犯罪侦查权被整体转隶,虽未动摇检察机关的宪法定位,但却对法律监督的目标定位产生了重要影响。检察机关的“新”自侦权,自然也应围绕检察机关的宪法定位来展开。除了作为法律监督特别是诉讼监督的重要保障手段之外,检察机关的“新”自侦权还可以成为监察机

① [英]崔瑞德、鲁为宜编:《剑桥中国秦汉史》,杨品泉等译,中国社会科学出版社 2016 年版,第 82 页。

② 李奋飞:《检察再造论——以职务犯罪侦查权的转隶为基点》,载《政法论坛》2018 年第 1 期,第 33 页。

③ 李奋飞:《论检察机关的审前主导权》,载《法学评论》2018 年第 6 期,第 45 页。

④ 在“一元论”的坚持者看来,每一项法定的检察权权能都是法律监督权的具体表现形式,检察权的全部权能在性质上都应当统一于法律监督权。参见石少侠:《我国检察机关的法律监督一元论——对检察权权能的法律监督权解析》,载《法制与社会发展》2006 年第 5 期,第 23 页。

⑤ “二元论”的要义在于,控诉职能和诉讼监督职能虽然由检察机关统一行使,但在具体制度设计上,两者亦应适度分离,并分别反映和体现诉讼活动规律和诉讼监督规律的要求。参见吕涛:《论刑事诉讼监督制度中存在的主要问题及其对策——以刑事诉讼活动中检察职能“二元论”为视角》,载《法治研究》2010 年第 9 期,第 97 页。

制的补充手段和诉讼侵权的防控手段,在依法查处司法工作人员利用职权实施的侵犯公民权利、损害司法公正犯罪的同时,维护诉讼参与人的合法权利。

(一)法律监督的保障手段

监察体制改革虽未变动检察机关作为“国家的法律监督机关”这一宪法定位,但却无疑已对检察机关的法律监督职能产生了重要影响。这不仅是因为,检察机关的法律监督在改革之后应以维护好诉讼程序运行环节的秩序范式,特别是正当程序理念的落实为基本归宿,①也是因为在整体失去职务犯罪侦查权的支撑之后,检察机关的监督职能或将面临着进一步软化和弱化的问题,甚至将使具有中国特色的检察制度面临严峻挑战。②

党的十八届四中全会通过的《中共中央关于全面推进依法治国若干重大问题的决定》,要求强化检察机关的法律监督职能,以便充分使其在维护国家法律正确实施、全面推进依法治国中能够发挥更大的职能作用。2018 年修改后的《刑事诉讼法》第 19 条第 2 款给检察机关保留的小部分职务犯罪侦查权,对于防止诉讼监督职能进一步软化和弱化,无疑有着积极的意义。正如有人所指出的,有了职务犯罪侦查权的支撑,检察机关才可以将纠正违法行为和错误决定的权力与职务犯罪侦查权进行协同,诉讼监督才能由软变硬,检察机关也才能更好地履行诉讼监督职能。当然,这部分侦查权,仅限于检察机关在对诉讼活动实行法律监督中发现的司法工作人员利用职权实施的非法拘禁、刑讯逼供、非法搜查等侵犯公民权利、损害司法公正的犯罪。与“旧”自侦权相比,“新”自侦权的设计显然更为契合检察机关法律监督的目标定位。

(二)监察机制的补充手段

长期以来,以反贪污贿赂和反渎职侵权为内核的职务犯罪侦查权,作为一种带有进攻性特质的司法“撒手锏”,被检察机关视为自身监督地位的重要保障。不过,在实践中,检察机关的职务犯罪侦查权却被更多地适用在国家反腐败的斗争之中。然而,正如有学者所指出的,由检察机关充当反腐败的主力军,并不符合“人民检察院是国家的法律监督机关”的宪法定位。③

国家监察体制改革以有效治理腐败作为问题导向,通过整合行政监察、预防腐败、检察机关职务犯罪侦查权等反腐败力量,建构了国家监察委员会这一集中统一、权威高效的新型体制。各级监察委员会所行使的“监察权”,将全部行使公权力的本级公职人员纳入监察范围,并将其职务违法和职务犯罪问题作

---

① 李奋飞:《检察再造论——以职务犯罪侦查权的转隶为基点》,载《政法论坛》2018 年第 1 期,第 39 页。

② 朱孝清:《国家监察体制改革后检察制度的巩固与发展》,载《法学研究》2018 年第 4 期,第 3 页。

③ 张智辉:《检察侦查权的回顾、反思与重构》,载《国家检察官学院学报》2018 年第 3 期,第 39 页。

为调查和处置的对象，这既包括了对全部公职人员行政违纪违法行为的查处，也涵盖了对这些人员职务犯罪行为的调查。在这种由各级监察委员会针对全部公职人员行使“监察权”的大背景下，检察机关的“新”自侦权，无疑只是国家腐败治理体系的配合和补充。2018 年修改后的《刑事诉讼法》第 19 条第 2 款规定的“可以由人民检察院立案侦查”，既暗含了条文的政策导向性，即由检察机关侦查，也意味着并非必然由检察机关侦查。检察机关在立案侦查司法工作人员相关职务犯罪过程中，发现犯罪嫌疑人还涉嫌监察委员会管辖的职务犯罪线索的，应当及时与监察委员会沟通，认为全案由监察委员会管辖更为适宜的，人民检察院应当撤销案件，将案件和职务犯罪线索一并移送监察委员会，并及时报告上一级人民检察院。[①]

可见，“新”自侦案件的严格限定，决定了检察机关能够立案侦查的犯罪已不仅仅是职务犯罪，“更是直接危害国家法律实施的犯罪……对这类犯罪案件进行立案侦查，对于维护国家法律的统一正确实施具有特别重大的意义，是检察机关的职责所在。”[②]只要检察机关能够将其纳入国家监察体系的反腐败大格局之下，自觉接受纪委的组织协调，并加强与国家监察机关的沟通联系，特别是在立案前做好沟通联系工作，“新”自侦权的行使就不会与国家监察机关的办案工作发生“撞车”，也不会打乱党的纪律检查委员会和国家监察机关反腐败工作的整体部署。[③]

（三）诉讼侵权的防控手段

中国的刑事诉讼格局存在以官方掌控为基调的主体关系。在这种以公权力为主导的刑事诉讼模式下，以辩护权为代表的私权主体，都只能在公检法机关掌控的不同诉讼阶段中起到补充作用，而难以与其形成同位关系，[④]相关当事人特别是被追诉者的诉讼权利始终都面临着被侵犯的危险，身处羁押状态下的被追诉者的权利保障更是重中之重。[⑤] 而这种潜在危险的极值一般都投射在审前阶段，特别是侦查阶段，尤其是在侦查权得不到有效制约时，更是如此。因此，如何通过制度的合理设计和有效实施，来防范和约束国家追诉权的滥用或异化，并确保被追诉人拥有最基本的防御权，从而成为真正的诉讼主体，是刑事

---

① 孙谦：《贯彻新刑诉法的若干问题》，载《国家法官学院学报》2018 年第 6 期。

② 张智辉：《检察侦查权的回顾、反思与重构》，载《国家检察官学院学报》2018 年第 3 期，第 46 页。

③ 朱孝清：《国家监察体制改革后检察制度的巩固与发展》，载《法学研究》2018 年第 4 期，第 11 页。

④ 李奋飞：《从“顺承模式”到“层控模式”——“以审判为中心”的诉讼制度改革评析》，载《中外法学》2016 年第 3 期，第 747 页。

⑤ 李奋飞：《在押人员投诉处理机制实证研究》，载《国家检察官学院学报》2014 年第 4 期，第 62 页。

司法需要认真关注的课题。

由于中国在刑事审前程序中未能构建起中立的裁判者参与、控辩双方平等交涉的司法格局，裁判权不可能迅疾地在审前环节提供救济，更何况其核心要旨主要体现在实体责任的确认方面。据此，由检察机关以法律监督者的身份在审前程序中承担权利救济的责任就是理所当然的选项。[①] 在国家监察体制改革之后，检察权似乎因职务犯罪侦查权的转隶受到了削弱，实则暗含了持续勃兴的机遇和潜能。检察权由诸多不同类型的权力组合而成，并各自在刑事诉讼流程中扮演着不可或缺的角色。通过审查批捕（羁押控制）、审查起诉以及司法救济三项具有司法权性质的重要权能，检察机关可以成为审前程序中当仁不让的主导者。检察机关的这种主导地位体现在，其既是侦查质量的评价者，也是诉讼权利的保障者，还是司法资源的调控者。特别是检察机关办案方式的“司法化”改造，[②]使越来越多的检察权能在运行方式上表现出了司法属性。这种新的审查模式，无论是对侦查质量的把关，还是对诉讼权利的保障，都会产生有益的影响。特别是通过赋予检察机关对在诉讼监督过程中发现的司法工作人员侵犯公民权利、损害司法公正的职务犯罪侦查权，就可以让检察机关在维护诉讼行为的规范性上更有“底气”。毕竟，检察机关法律监督的权能范畴就在于诉讼事项的规范度维护，而吸收了职务犯罪侦查权的监察委员会则不必负责司法进程中的行为监管。

二、“新”自侦权的行使风险

不少人之所以担心国家监察体制改革所带来的职务犯罪侦查权转隶，会令检察机关的“软骨病”更加严重，甚至难以承担法律监督的宪法重任，是因为职务犯罪侦查权的配置长期以来被认为是检察机关法律监督地位的“终极守护者”。但是，多年来的司法实践告诉我们，检察权对于职务犯罪侦查权的兼容吸收，客观上诱发了检察权的不自觉膨胀，继而冲击了程序关系的正常化，更深刻地影响了其内部关系的协调性。因此，需要对“新”自侦权的运行风险未雨绸缪，检察机关要确保其谦抑性、补充性和可控性，以防止“自侦中心主义”的复活，避免程序构造失调的再现。当然，“新”自侦权的行使也要注意避免个案触发概率的走低。

（一）“自侦中心主义”的复活

国家监察体制改革之前，基于职务犯罪侦查权的强势特征，及其在对外关

---

① 李奋飞：《论检察机关的审前主导权》，载《法学评论》2018 年第 6 期，第 46 页。

② 有学者指出，检察机关的性质、职能与其“三级审批制”的行政性办案方式长期存在突出矛盾，因此需要推进适度司法化的改革。参见龙宗智：《检察机关办案方式的适度司法化改革》，载《法学研究》2013 年第 1 期，第 169 页。

系中的利益筹码角色,以公诉、批捕、刑事执行监督为代表的权能类型有时不得不做出迁就。在由此衍生的内在关系中,天平不免向自侦部门倾斜。[①] 在“自侦中心主义”的格局下,检察机关内部的审查逮捕、审查起诉难以对侦查起到真正意义上的把关作用,这难免触发其内在的“专横”因子,导致“侦查中心主义”的趋向。

国家监察体制改革之后,检察机关查办贪污贿赂、失职渎职犯罪的职权以及预防职务犯罪等职权被整合至监察机关,随着“两反人员”的转隶,检察机关开展自侦工作的三股力量,仅剩下刑事执行检察部门。[②] 这次最高人民检察院内设机构改革方案也将新自侦权配置给了第五检察厅(原来的刑事执行检察厅)。虽然,长期以来,刑事执行检察被认为是检察机关内部的所谓“二线”部门,缺乏行使此项权能所必需的力量,并给侦查工作带来诸多困难,但是,考虑到侦查权具有较强的积极性、扩张性和攻击性,检察机关应对“新”自侦权的行使进行合理规制,并在确保谦抑性、补充性和可控性的基础上,重点防范“自侦中心主义”的复活。

(二)程序构造失调的再现

从党的十八届四中全会明确提出“推进以审判为中心的诉讼制度改革”,到“两高三部”正式出台《关于推进以审判为中心的刑事诉讼制度改革的意见》(以下简称《意见》),再到最高人民法院制定发布“三项规程”并部署试点工作[③],以审判为中心的刑事诉讼制度改革已进入了实质性阶段。“以审判为中心”的诉讼制度改革,并非为了塑造法院抑或法官至高无上的诉讼地位,而是着眼于批判性地继承原有的诉讼模式,使刑事诉讼的重心从侦查转向审判,以便案件可以随着诉讼程序的递次推进,而接受愈加严格的审核。可以说,“以审判为中心”概念的提出,实质上是针对过往司法实践中“侦查中心主义”倾向的悖论。在之前的研究中,笔者曾将“侦查中心主义”刺激下的诉讼格局称作“顺承模式”。“顺承”从字义上带有服从、接受的含义,代表程序推进从侦查经起诉再至审判,始终处于接力传承的状态。这就如同一叶扁舟顺流而下,作为源头的侦查一旦成型,就将左右后续程序的走向;处于下游的起诉、审判通常只能承接

---

① 李奋飞:《检察再造论——以职务犯罪侦查权的转隶为基点》,载《政法论坛》2018 年第 1 期,第 34 页。

② 最高人民检察院曾结合监所检察工作的实际,就监所检察部门承办自侦案件的范围作出明确规定:“各级人民检察院监所检察部门负责刑罚执行和监管改造活动中发生的虐待被监管人案、私放在押人员案、失职致使在押人员脱逃案、徇私舞弊减刑、假释、暂予监外执行案的侦查工作。”(高检发监字〔1998〕2 号《关于重新明确监所检察部门办案范围的通知》第 1 条)

③ 即《人民法院办理刑事案件庭前会议规程(试行)》《人民法院办理刑事案件排除非法证据规程(试行)》《人民法院办理刑事案件第一审普通程序法庭调查规程(试行)》。

侦查结论,很难作出颠覆性改变。[①] 特别是检察机关在国家监察体制改革之前自侦的案件,更是如此。因为,自侦案件一旦进入审判领域,自侦权的强势地位便容易扩展为检察机关的整体性功能,法院惮于行使否定性评价而只能诉诸定罪免刑等折中之计。

在国家监察体制改革之后,职务犯罪侦查权基本转隶,但是对于司法工作人员涉嫌利用职权实施的非法拘禁罪、非法搜查罪、刑讯逼供罪、暴力取证罪等14个罪名,检察机关仍然有权立案侦查,并自行决定包括逮捕在内的强制措施。对于符合起诉条件的,检察机关还可以提起公诉。也就是说,尽管“新”自侦权的范围并不大,但是“自侦、自捕、自诉集于一身”这一多年来备受质疑的基本格局并未改变。[②] 作为“新”自侦权的行使者,也作为国家公诉机关,检察机关一旦对案件中的犯罪嫌疑人采取了逮捕措施,即与案件的结局存在一定的利害关系。这是因为,尽管刑事诉讼法对逮捕确立了较低的证据标准,但在司法实践中,检察机关对逮捕和提起公诉大体掌握了相似的证据标准。检察机关一旦对案件采取逮捕措施,即意味其达到了提起公诉的程度,[③]特别是在审查逮捕和审查起诉权由同一个承办检察官来行使的背景下。因此,检察机关仍需要考虑为“新”自侦权的行使设置更加严格的条件和程序规范,尤其要重点研究解决检察环节上如何强化权力制衡的问题,以对“自侦中心主义”进行有效的抑制,从而彻底防止程序构造失调的再现。

(三)个案触发概率的走低

在国家监察体制改革之前,中国形成了“党委统一领导、党政齐抓共管、纪委组织协调、部门各负其责”的反腐败领导体制和工作机制。至少在制度层面,纪检监察机关(纪委和行政监察局合署办公),仅负责对党员和非党员的公务员进行党纪和行政法纪的监察。而检察机关作为法律监督机关,则依法对职务犯罪行使侦查权,即对于国家工作人员涉嫌的贪污、受贿、渎职、侵权等案件进行查处。[④] 职务犯罪侦查权之所以被视为检察机关对外关系的“撒手锏”,主要是因为其在实践中被更多地适用在国家反腐败斗争之中。

虽然,检察机关将职务犯罪侦查权视为法律监督的兜底性措施,但是,在缺失这种保障手段的情况下,如何避免法律监督权威的过度衰落,就成了检察机关不得不认真予以对待的问题。为了矫治职务犯罪侦查权基本转隶导致的功

① 李奋飞:《打造中国特色的刑事诉讼模式》,载《人民法院报》2016年10月11日,第2版。

② 检察机关的法律监督权多年来之所以备受指摘和质疑——“谁来监督监督者”,根源就在于其享有的职务犯罪侦查权。

③ 陈瑞华:《论侦查中心主义》,载《政法论坛》2017年第2期,第12页。

④ 李奋飞:《“调查—公诉”模式研究》,载《法学杂志》2018年第6期,第23页。

能性失衡，以使检察机关的法律监督职能得到更为有效的发挥，“新”自侦权的行使尽管需要保持必要的谦抑，但却不能备而不用，甚至需要“该出手时就出手”。值得注意的是，在国家监察体制改革之前检察机关承办的职务犯罪案件中，涉及前述14个罪名的案件是其中的较小部分。根据最高人民检察院统计的数据，全国检察机关年均查处案件仅200件左右，平均到每个省只有区区几件。如此低的个案触发概率，假如得不到改变的话，怕是难以为检察机关的法律监督地位起到有效的支撑作用。特别是随着“以审判为中心”的诉讼制度改革持续推进，对用以指控犯罪的证据质量必将提出更高的要求，加上渎职侵权案件因果关系的复杂化，都放大了印证体系所要求的承办难度。[①] 为此，检察机关应当认真研究，如何在职务犯罪侦查权已被整体转隶的大背景下，有机整合现有的侦查力量，提升对司法领域犯罪的查处力度。

三、“新”自侦权的运行环境

如前所述，在检察机关原有的职务犯罪侦查权未被转隶时，其内部曾经存在较为明显的“自侦中心主义”倾向。[②] 某种程度上，正是这种关系紊乱的存续导致了反贪污、反渎职等权限无法发挥到理想预期，而其结果则有目共睹。时下，检察机关“新”自侦权依然面临着类似的问题。倘若“自侦中心主义”继续在新的司法环境中诱发，或将会导致“新”自侦权的重蹈覆辙。因此，确保“新”自侦权与检察机关其他权力之间的相互契合、协调就显得尤为必要。[③] 在以往，正是自侦权挤压了审查逮捕、公诉以及其他监督权等职能范畴的应然空间，最终造成了后者服从前者需要的样态。因而，当“新”自侦权在立法文本的层面尘埃落定之际，如何杜绝“自侦中心主义”的再生就具备了重要的研究价值。

（一）“新”自侦权与逮捕权的关系

首先，我们来看“新”自侦权与逮捕权之间的关系设定。职务犯罪侦查权和公安机关的侦查权一样，带有先天的攻击属性，[④]故而只要存在于检察机关内部，就势必会成为聚焦点。可以预见的是，各级检察机关一旦明确了全新的自侦范畴，内心深处不免对其青睐有加，甚至赋予其众星捧月的优先地位。曾几何时，为了约束自侦、自捕所引发的舆论指摘，最高人民检察院设计了职务犯罪案件审查逮捕上提一级的限制性举措，并成功纳入针对刑事诉讼法的适用解释

---

① 有学者认为，印证证明模式具有易把握与可检验的优点，但刑事司法的现实环境常常使印证要求无法达到。应当谨慎而适度地借鉴典型的自由心证证明方式，以适应刑事司法的现实需要。参见龙宗智：《印证与自由心证——我国刑事诉讼证明模式》，载《法学研究》2004年第2期，第107页。

② 孙皓：《论检察权配置的自缚性》，载《环球法律评论》2016年第6期，第63页。

③ 李奋飞：《论检察机关的审前主导权》，载《法学评论》2018年第6期，第45页。

④ 何家弘：《论职务犯罪侦查的专业化》，载《中国法学》2007年第5期，第122页。

体系。[①] 但不无遗憾的是,上述理想设计最终被权能的一体化布局所架空。当检察一体化的重心放置于侦查条线时,试图通过内部分化来避免权能滥用的预期,就势必要成为“水月镜花”。

本质上,审查逮捕权是一种判断性权力,所指涉的仅仅是被追诉人的人身状态。而这种带有约束性的措施是否能够实施,并不取决于某个特定程序节点的运行效果;亦不应当完全涉及证据材料所折射的罪行状况,而不免归咎于其个体危险性与案件处置之进程流畅度间的关系范式上。“人民之自由行动虽因政府行为而致中断或受限制,如政府非出于故意,不构成人身自由的拘束。”[②]就其性质而论,作为一种所谓的羁押控制权,更为大众所关注的对应点聚集在了犯罪嫌疑人、被告人的个体状态上,而并不涉及具体案件的事实真相之裁断结果。换言之,一方面针对被追诉人的人身控制原本是贯穿于各个诉讼阶段的,而不一定要拘泥于特定时序节点;而另一方面羁押决策的产生往往也无法同后续的罪行认定达成契合,二者极有可能呈现出大相径庭的相悖轨迹。

如此一来,“新”自侦权与逮捕权之间的差别也就清晰可见了。一旦逮捕权为了适应自侦权的运作而异化为获取证据材料的工具,其自身所内嵌的侦查监督属性就会损耗殆尽。事实上,考虑到检察机关在侦查手段上的匮乏,利用“押人还供”的方式推进程序效能并非杞人忧天。[③] 尤其是侦查对象多为其他司法机关工作人员的情境下,对于羁押措施的高度依赖是完全可以预见的。从这个角度看,“新”自侦权如原有的侦查权力体系一般,与审查逮捕权之间存在天然的抵牾。如果不能在二者之间设定足够的安全距离,不仅逮捕权所蕴含的侦查质量评价功能会遭遇架空之命途,更会触发侦查取证的合法性风险。假设未来真的诱发了此类症结,则“自侦中心主义”的死灰复燃就无法阻遏,作为第一道预防机制,捍卫审查逮捕权的原有属性显得至为关键。

(二)“新”自侦权与公诉权的关系

再来看“新”自侦权与公诉权之间的关系脉络。随着职务犯罪侦查权大部分被剥离出检察机关,公诉职能无疑占据了“桥头堡”的权力配置位阶。本质上看,“新”自侦权与公诉权之间存在一致的利益关系,且均为控诉权的组合内容。而所谓控诉职能,则是指在查明犯罪事实、查获犯罪嫌疑人的基础上,向法院提起诉讼,要求追究被告人刑事责任的职能。[④] 基于此,二者之间具备了共同的指

① 邵义祖、张少林、吕颢:《检察机关自侦案件逮捕权上提一级问题研究》,载《政治与法律》2009 年第 7 期,第 156 页。

② 王兆鹏:《美国刑事诉讼法》,北京大学出版社 2014 年版,第 180 页。

③ 王文生:《论宽严相济刑事政策在侦查监督中的运用》,载《当代法学》2011 年第 3 期,第 53 页。

④ 汪建成、王明达:《刑事诉讼职能研究》,载《政法论坛》2001 年第 1 期,第 5 页。

涉目标。在大多数情形下,“新”自侦权与公诉权之间似乎不应存在相互冲突之处。但是,如果我们回到中国所特有的刑事诉讼阶段论的框架格局内,就不难发现二者之间的密切糅合亦潜藏了错谬的风险因子。

一旦案件进入审查起诉环节,检察机关则以起诉意见书为核心,通过对书面材料的阅读、整理,辅之以讯问、询问等方式,对犯罪的事实、情节是否清楚,证据是否确实充分,犯罪性质和罪名是否准确等案件相关情况进行审查,以确定起诉意见是否准确,并作出相应的决定。① 如检察机关查明的案件事实与被追诉人的罪责之间无法构成稳定的联系,就可以作出不起诉决定。这实际上属于对侦查权行使的一种否定。由此可见,作为法律监督机关,人民检察院在审前环节事实上承担着司法控制的责任。② 换言之,检察机关的公诉权本身是具有评价、控制侦查成果之功能定位的。既然如此,侦查权与公诉权之间是不能无缝对接,而必须给予把关设定的。这一点,恰恰完整投射了“层控模式”的期待样态。③

然而,鉴于“新”自侦权与公诉权的机构同一性,这种层级上的纵向把关就存在着弱化风险。换言之,由于“新”自侦权与公诉权都存续于一体化构造的检察内设格局之中,就很难奢望二者之间的阶层性得以保全。具体来说,公诉权可能会碍于犯罪侦查已然启动之前提事实,而放松审查把关的力度,客观上导致勉强起诉现象的衍生。④ 进而,案件最终裁断的客观准确就会存在隐忧。如此一来,“新”自侦权的运行亦不可以倾轧公诉权的自主性为代价,尤其要尊重后者的办案机动能力,而杜绝不当的干涉滋扰。⑤

(三)“新”自侦权与刑事执行检察的关系

虽然从机构配置层面,“新”自侦权与刑事执行检察形成了隶属上的同一化,但是两项权能之间还是存在大相径庭的地方,需要加以重新梳理。刑事执

---

① 陈海锋:《刑事审查起诉程序功能的重构》,载《政治与法律》2015 年第 5 期,第 87 页。

② 李奋飞:《论控辩关系的三种样态》,载《中外法学》2018 年第 3 期,第 372 页。

③ “层控模式”是以审判的中心地位作为价值导向的,在客观上削弱了影响程序流畅度的诸项干扰力。退补机制将被严格限制在法律框架内,检察机关不再甘心充当侦查机关的“保姆”角色,会逐渐强化对侦查的监督和控制。侦查行为失范将遭受程序机制上的制裁后果,直至诉讼进程的强制终止。而随着诉讼及时理念的植入,程序推进的草率和拖沓都将为法治氛围所不容。为避免不必要的麻烦甚至惩戒,侦查权的运转必须回归严谨高效的轨迹:准确把握立案标准,及时收集证据材料,制作符合移送程式的案卷材料,尽量减少退补机制的启动频率和次数。对于检察机关而言,起诉裁量权必须摆脱备而不用的尴尬局面,果断终结不必要的程序推进。既然这种诉讼模式强调逐层强化的控制力,就不能容许对侦查行为的过分迁就,任何法外因素都不成为干扰程序流畅度的理由。参见李奋飞:《从“顺承模式”到“层控模式”——“以审判为中心”的诉讼制度改革评析》,载《中外法学》2016 年第 3 期,第 750 页。

④ 孙皓:《论反科层的科层制——基于 S 市检察员额选任的实证分析》,载《政法论坛》2018 年第 5 期,第 45 页。

⑤ 孙皓:《论公诉权运行的机械性逻辑》,载《法制与社会发展》2017 年第 5 期,第 99 页。

行检察是非常典型的监督权力形态。如前所述，国家监察体制改革虽对检察机关的法律监督权带来了很大挑战，但并未改变检察机关作为法律监督的宪法定位。也正是因为检察机关所具有的“法律监督”地位，刑事诉讼监督依然作为基本原则确立在中国《刑事诉讼法》中。在刑事司法程序中，法律监督的内涵可以被区分为两种类型，即“发展式监督”和“基本式监督”。[①] 其中，刑事执行监督等则可被看作“基本式监督”，[②]即在刑事诉讼进程中，涉及强制措施的执行都需要在此项权力的监控之下。倘若办案机关出现了某些程序性错误，抑或直接侵害了相关主体——譬如犯罪嫌疑人、被告人等当事人——的基本权利，那么刑事执行检察权就有义务纠偏，从而确保诉讼程序的正当性不受减损。

需要注意的是，刑事执行监督究竟应当是什么样的权能属性，直接影响到其与“新”自侦权的关系效度。倘若其目标关系始终处于暧昧不明的情状，刑事执行检察自身的功能失效自然是难以避免的。而检察机关之前所遭遇的“瓶颈”，恰好均可以追溯至此。无论是牵涉的宪法性文本，还是以刑事诉讼法典为代表的专门性程序，都需要就此问题作出必要的概念阐释。而刑事执行监督所对应的当然是某些程序违法现象，但又不能涵盖一切僭越合法性要求的行径。毕竟，刑事执行检察本身并不具有制裁功能，而是凸显了鲜明的建议属性。[③] 一旦其上升至需要加以严厉惩治的形态范畴，“新”自侦权的介入就变得顺理成章起来，而不再受制于刑事执行监督的掌控。换句话说，刑事执行检察监督内嵌了一种预防性动机，即在违法倾向的萌芽状态就竭力将其扼杀，且运用的手段较为平和。故而，归结起来，刑事执行检察的施加对象大多为程序性事项。诚然，诸如此类的程序性事项往往仅反映在刑事诉讼运行体系中，而无法扩展至其他类型的执法领域。否则，检察权就会再度陷入“一般监督”的历史旋涡，既危及国家权力结构的整体平衡，亦造成自身履职上的手足无措与顾此失彼。[④]当其他诉讼主体存在程序性失范状况时，检察机关便可动用刑事执行检察之类的“基本式监督”权能加以提示；在未能奏效的情况下，如果自身未落入认知上的躬亲自省，即监督不存在谬误的基础上，则可进一步利用侦查手段调节程序进度。据此，“新”自侦权方得用武之地。一方面，我们可以将这种“新”自侦权

---

① 李奋飞：《检察再造论——以职务犯罪侦查权的转隶为基点》，载《政法论坛》2018 年第 1 期，第 31 页。

② 批捕和公诉这两项权能的运作可被视为“发展式监督”，而立案监督、侦查行为监督、刑事执行监督等则可被看作“基本式监督”。两种监督方式互为前提、互为补充。前一种监督是静态、事后、被动的，而后一种监督则是动态、全程、主动的。

③ 谢鹏程：《论检察权的性质》，载《法学》2002 年第 2 期，第 16 页。

④ 雷小政：《往返流盼：检察机关一般监督权的考证与展望》，载《法律科学》2012 年第 2 期，第 78 页。

视为刑事执行监督机制的保障措施，从而夯实监督效果；另一方面，刑事执行检察的实施状况恰恰为“新”自侦权的适用创设了线索前提，正是前者的积极运作换来了后者的启动空间。当然，这种关系维度所设定的次序至关重要，绝不可有所颠倒，倘若所有的刑事执行监督必然导出“新”自侦权的启动，又或者前者异化为后者的幌子，那么“自侦中心主义”的膨胀又会难以遏制了。

四、“新”自侦权的周延统筹

从前文的论述不难看出，“新”自侦权的生成固然为检察权的稳定运行提供了强制性资源，却也潜藏着某些危险因子。倘若不能加以审慎处置，某些历史上曾经出现过的弊病似乎又会获得孕育土壤。既然“新”自侦权的存续已然毫无争议，那么如何加以有效运用就是一个更加直接的命题。当权力运行的配置方法得以明确，且能够体现有效性指标，则此项权力的步入正轨就无可厚非。因而，需要将这一权力的运转规划纳入检察体制的整体布局中加以考量，并作为系统性工程的必要环节。换言之，为了降低前述诸类风险的诱发概率，一种符合中国国情的检察权权力配置就势在必行。

（一）集中管辖的建设性探索

检察机关掌管“新”自侦权后，在适用层面可能会存在两种不良倾向，值得引起关切。一是不敢适用；二是过度适用。如果我们回顾历史，不难发现，在检察机关拥有较为全面的职务犯罪侦查权期间，畏首畏尾的状态就已经在大部分地区构成了常态，并最终成为权力易手的主导原因之一。就笔者所知，在全国范围的反腐风暴掀起之前，检察机关侦办的职务犯罪案件经常会受到较为繁冗的客观条件约束。这不单会导致侦查“战机”的延误，更投射了公共权力针对诉讼程序的法外管控。更多时候，职务犯罪侦查活动只能把目光集中于学校、医院、国有企业等事业单位，从而尽力杜绝与行政权直接发生冲突。随之，检察机关的自侦权所指涉的目标范围便不免形成了缩小趋势，进而导致自身施展空间的狭窄化。这样一来，职务犯罪侦查权的主导性目标同时受到扭曲，而办理案件的效果亦将远离理想期待。同理，“新”自侦权的主要施加对象是公安机关、人民法院等权力主体，检察机关在与之进行具体交涉时亦不占据优势地位。这无疑会给此项权能的实施效果带来疑问。尤其是针对公安机关，自侦权在不具备充分强制性手段的背景下，断难自如运作。而一旦涉及刑讯逼供等牵涉案件办理成效的事项，来自公安机关的自发抵御无疑会更加强劲，从而令检察机关处于进退维谷的尴尬处遇。如果考虑到司法机关的这种内部排序，“新”自侦权所面临的查办难度是显而易见的。

关于过度适用的问题，其牵涉到司法主体对于权力属性的认知问题。任何一种公权力的授予都不应当被视作私相授受，所以其拥有者决不能将其看作谋取部门利益的途径。但是,纵然职务犯罪侦查权的规划思路体现为诉讼监督的兜底性手段,却很容易在司法实践环节被扭曲为检察机关增强自身法律地位的功利主义机制。

为了应对上述两种倾向,检察机关不妨考虑将“新”自侦权集中于一定的层级。最理想的方案,是将“新”自侦权集中于省级人民检察院。由此,形成全新的集中管辖设计。一方面,由较低层级的检察机关掌握“新”自侦权,其可能很难抵御当地其他政法机关的施压而难以有效启动侦查程序。此外,由较低级别的检察机关来掌握“新”自侦权,也更易发生以侦查促监督的情况。而一旦此项职能集中于省级人民检察院,鉴于其自身的资质地位,则完全有能力防范各类“法外”因素的干扰,从而竭力避免受制于人的尴尬局面。另一方面,从宏观维度估算,“新”自侦权所指涉的案件类型在刑事犯罪圈体系内应当属于少数。也就是说,如果每一个检察单元都保有此项权能无疑会造成人力资源浪费,亦会导致其主动出击的错谬心态。因此,由省级单位统筹“新”自侦权足以保障其运作的公正高效,以实现司法资源的优化配置。

(二)人民监督员的外部覆盖

司法机关进行刑事诉讼,不能搞垄断主义、孤立主义、神秘主义。刑事诉讼目的的实现,不仅直接涉及当事人权利的保护,也与这个国家的每个公民休戚相关。尽管世界各国的社会背景、法制历史、文化传统等因素各不相同,但公民参与司法作为一种司法理念和价值已经成为现代民主法治国家的特征之一。而人民监督员的改革恰恰暗合了这一主流趋势,与中国公民关注司法的能动意识不断提升的过程相辅相成。[①] 这项制度之所以产生,源于大众对于检察机关行使职务犯罪侦查权的不信任,进而引发了“谁来监督监督者”的终极疑问。而随着国家监察体制改革的完成,人民监督员制度对于检察机关的影响价值似乎有所削弱。尽管检察机关一直以来都试图坐实这项举措的妥当性和有效性,即便在权能转隶以后仍然希冀于其发挥外部监督功能,却难免受制于人民监督员的某些先天局限性而大打折扣。[②] 尽管该项制度的主导权已经移交司法行政机

---

① 陈卫东:《人民监督员制度的困境与出路》,载《政法论坛》2012 年第 4 期,第 130 页。

② 不容回避的是,人民监督员制度在实践中也遇到了一些问题,突出表现为:人民监督员从事监督工作缺乏相应的保障机制,导致人民监督员的监督热情不高,案件监督工作逐渐集中到个别人民监督员身上;人民监督员不同意检察机关拟处理意见的比例很小,监督的对象范畴极少,人民监督员的监督效果受到外界的质疑等。上述情况使人民监督员制度越来越趋同于检察机关听取人民群众意见的一种方式,其制度预期设计中的监督功能明显体现不足,难以承载“人民参与司法管理,真正发挥监督作用”的期望和目标。

关，以实现其自身功能的激活，却仍不可否认其施展空间受到限制的事实。[①] 而随着“新”自侦权的有效运作，防范权力失控的需求又将被重新提上议程。

就外部的监督机制而言，人民监督员本应顺理成章地将检察机关所行使的“新”自侦权作为监督对象。[②] 而值得注意的是，时下需要竭力杜绝的是此项机制陷入虚化。就人民监督员制度而言，如果不赋予其相应的司法强制效力，对被监督者怕就不会产生任何威慑，监督的实际作用可能就要画上大大的问号，难以起到正本清源的功效。因此，完全可以在“新”自侦案件中，尝试赋予人民监督员更加刚性的权限空间，以促进权力监督的客观效果。

（三）权力工具的释放与约束

检察机关原有的职务犯罪侦查权之所以表现不尽如人意，某种程度上也源于其自身权力手段的有限性。尤其是侦查手段安于现状、墨守成规，侦查方式停留在“一张纸、一支笔、一张嘴”上，缺乏新的突破和提高，当然难以担当起法律赋予检察机关的反腐败职责。对于时下的检察机关而言，若要行使好这一全新的权力工具，则必须首先突破侦查手段的“瓶颈”。试想，在面对掌握最先进侦查手段的公安机关之时，检察机关以现有的资源又如何能有效查办前者的犯罪行为呢？为了确保“新”自侦权的实施效果，检察机关应当对自身的权能建设加强重视，尤其是在物质装备层面，努力提升大数据侦查、技术性侦查等基础性水平。其实，随着中国检察事业的日臻发展，检察机关的人员素质、技术装备、侦查能力等方面已然得到了较为迅猛的发展，特别是先前的职务犯罪侦查部门在与职务犯罪作斗争的过程中积累了大量的侦查经验，完全有能力运用好更加先进的侦查措施，且其侦查能力的培育并不一定比公安机关逊色。当然，由于人员转隶所造成的侦查骨干流失，无疑会导致在一定时间内存在办案经验的不足问题，但随着代际更替的加快以及检察人员储备的殷实基础，这一难题并不会给该权力工具的释放造成直接影响。

与权力释放伴随始终的则是必要的控制。如果检察机关在行使“新”自侦

---

① 在笔者看来，监察机关应当接受人民监督员的有效监督。一方面，过往职务犯罪侦查权的运作即与人民监督员的职责相对应。从权力合理配置的角度，监察机关没有理由不受到诸如此类的人民群众代表之审视。另一方面，任何权力都有滥用及过度膨胀的风险，监察权亦不例外，需要一种有效机制加以约束，而基于资源的节约需求，现在的制度设计唯有人民监督员最具便宜性。

② 当然，也有人主张人民监督员应当扩大针对检察机关的监督范围，对此笔者不敢苟同。因为监督范围的选择与监督主体的确定具有密切的关系。如果将监督范围扩大至所有检察机关做出最终处理决定的案件，首先会大大增加监督工作量，监督员很难有充足的时间和精力履行监督职责；其次也是很关键的一点是与检察机关直接立案侦查的案件相比，普通刑事案件无论是做出不批准逮捕决定还是不起诉决定，均有公安机关可提出复议复核程序作为救济方式。因此，人民监督员制度的监督范围应限于人民监督员制度之外的其他监督制约机制不能实现有效控制的环节，譬如“新”自侦权，所以扩大监督范围至普通刑事案件不必要亦不现实。

权的进程中无法做到内部平衡,亦不排除其自身衍生非法取证的心理趋向。故而,相关机制的建构就显得尤为关键,特别是非法证据排除规则。在排除规则的设计上应将更多的目光从“探求真相”投向“权利保障”。[①] 检察机关内部应当通过机构设置,以刀刃向内的模式对其侦查质量做出检验。有必要杜绝自侦、自捕的部门设计,从而造成审查逮捕丧失监控能力。其实,在审查逮捕期间作出非法证据排除的处置,才是最符合中国刑事司法需求的审前运作模式。[②] 如此一来,也能将非法取证的副作用降到最低。故而,检察机关的内部分权是必需的结构性前提。

余 论

尽管《刑事诉讼法》已经对检察机关的立案侦查范畴给予重新划定,却仍需要进一步细化操作规则。现在来看,2013 年生效的《人民检察院刑事诉讼规则(试行)》所刻意强调的“试行”二字,似乎是具有先见之明的审慎举措。立法固然明确了“新”自侦权的内涵与外延,但是如何加以激活并使之与现有的人事格局相互匹配,却需要司法解释的拟定给出答案。比如说,已然全面施行的员额制,应否接纳作为行政权属性的“新”自侦权,是需要反复斟酌乃至探索的命题。另外,前文所提及的集中管辖、侦查手段等事项,亦需要司法解释层面的妥当反馈。“根据韦伯的理解,西方国家中历史的漂移已经越来越依赖思考、构造和权威的理性模式。就构造而言,这已经导致一种去个性化、靠规则约束的、关系阶层化的制度,这种制度产生了高度可预见的、理性化和高效的结果。”[③]总之,检察机关应当充分吸取过往的经验教训,既有效运用此项权能,以刺激法律监督权的机动性,又要避免其再度趋向膨胀而扰乱理想期待的诉讼构造。

有学者曾指出:“一种制度的深层结构在正常情况下往往是难以为人们所觉察的。观察这种深层结构的最佳时机,恰恰是这一制度发生变化的时刻。假如一种制度在历经剧烈的改革冲击之后,最终仍然保持了一些固有的形态和理

---

① 董坤:《中国化证据排除规则的范性梳理与反思》,载《政法论坛》2018 年第 2 期,第 97 页。

② 作为案卷材料的制作源头,很难指望侦查主体的自我修正,排除证据对其而言无异于自毁长城。而站在审查起诉的视角,即便排除证据资格,拥有最终拍板权的还是后续的裁判主体,加之其自身本就具有追诉倾向,主动行此举动也不免有大违本性之虞。反观羁押控制权的存续环境,一者不必忧虑于排除决定的形成会导致诉讼进程的突然中断,毕竟侦查活动的主导来源并未更张;二者则以此为契机在证据链条中明确了薄弱点,并防止了其中的缺口被刻意掩盖。如果侦查主体无法填补由此造成的漏洞,就只能就此止步;而一旦弥补了缺陷,程序机器便能更加自如地流转。参见李奋飞:《论检察机关的审前主导权》,载《法学评论》2018 年第 6 期,第 61 页。

③ [美]马尔科姆·M. 菲利:《刑事司法制度的两种模式:以机构为视角》,郭志媛译,载《争鸣与思辨——刑事诉讼模式经典论文选译》,北京大学出版社 2014 年版,第 111 页。

念,那么,这种超稳定的因素也就成为研究者不容忽视的深层问题。”①其实,国家监察体制改革给中国检察制度所带来的这场史无前例的重大变局,②也可以在很大程度上体现出中国检察制度的深层结构。虽然,这场深刻变革并未动摇检察机关作为国家法律监督机关的宪法定位,但无疑已经给中国检察制度带来了重大而深刻的影响。可以说,中国检察机关当前既面临着新的机遇,也面临着严峻挑战。通过“新”自侦权的行使,固然可以赋予检察机关的法律监督以硬的约束力,但对于检察权的功能再造而言,这并不是最为关键的。对于检察机关而言,只有找准自己的定位,聚焦监督主责主业,提升监督工作的质效,才能担负起法律监督机关的宪法定位。当然,“监督者和被监督者只是法律上、工作中分工不同、职能不同,目标是一致的,有着共同价值追求,没有你赢我输、你高我低,无论是作为监督一方的检察机关,还是作为被监督一方的其他执法司法机关,都应该明确这一点。”③

从 1978 年 12 月十一届三中全会的召开至今,中国的改革开放已经走过了四十余年的历程。改革开放的四十年,也可以说是司法改革的四十年。“由此实现的司法进步,集中体现于对司法规律的尊重,从而使司法运行显现出应有的逻辑。”④检察活动的司法属性也决定了,检察权的配置必然受到司法规律的制约,各项检察改革举措的施行亦应符合司法规律的内在要求。⑤ 在“确保检察机关依法独立公正行使检察权”的司法体制改革热潮中,全国检察机关以办案组织司法化和办案方式司法化为出发点,以期建立公正、高效、权威的检察机制。⑥ 但是,在对检察权的运行进行“司法化”改造时,既要考虑为其植入更多的司法元素,也要注意到其自身的特殊性,而不能完全照搬法院的庭审模式。⑦当然,而要确保改革的预期效果得以达成,仅有世界观意义上的缜密设计是不

① 陈瑞华:《中国刑事司法的三个传统——以死刑复核制度改革问题为切入点的分析》,载《社会科学战线》2007 年第 4 期,第 203 页。

② “只要真正对某一社会进行细致的研究时,我们就会发现我们原来的想法,即一个社会的传统文化和法律在历史上完全没有变化,完全自发地产生,只是一种虚构和假设,是一种浪漫化或者天真的虚构。”参见苏力:《法治及其本土资源》,北京大学出版社 2015 年版,第 54 页。

③ 张军:《学习贯彻习近平新时代中国特色社会主义政法思想强化法律监督维护法律权威》,载最高人民检察院官网:http://www.spp.gov.cn/spp/tt/201805/t20180505_377688.shtml,最后访问日期:2018 年 5 月 5 日。

④ 龙宗智:《司法的逻辑》,载《中国法律评论》2018 年第 4 期,第 1 页。

⑤ 参见向泽选、谭庆之:《司法规律与检察改革》,载《政法论坛》2009 年第 5 期,第 107 页。

⑥ 参见万毅:《检察改革“三忌”》,载《政法论坛》2015 年第 1 期,第 153 页。

⑦ 参见孙静:《检察权运行司法化的边际概览与可能方式》,载《西南政法大学学报》2013 年第 5 期,第 113 页。

够的,还需方法论层面上的科学指引。[①] 试点方法的大规模运用,使当下的司法改革具有了浓郁的实验主义色彩,某种程度上,这也标志着国家治理逻辑向实证主义的转型与嬗变。

① 参见李奋飞:《司法改革的实验方法——以试点方案的类型化设计为研究对象》,载《法学》2017年第8期,第41页。

法规范视野下监察与司法程序衔接机制研究

——以修订后《刑事诉讼法》第170条为研究对象*

董 坤**

摘 要 2018年修订的《刑事诉讼法》第170条规定了监察与司法的部分衔接程序。其中,立案程序的缺失导致强制措施的启动缺乏正当性,不利于当事人的权利保障和诉讼程序运转的自洽。未来的司法解释中应确立"形式立案",即以受案代替立案,对监察机关移送的犯罪案件不再进行立案前的实质审查,但须明确受案具有开启刑事诉讼程序的功能。在留置与强制措施的衔接上,立法采用了"留置+先行拘留+强制措施"的模式,其中先行拘留具有过渡性,逮捕、取保候审或监视居住才是对接留置的最终措施。但立法上对于留置转先行拘留后最终可否不采取任何强制措施缺乏周延规定。依据案件系属理论,对于审查起诉阶段退回补充调查的情形,系属关系并未消灭,案件仍系属于检察院,处于审查起诉阶段。既然案件已实质进入刑事诉讼程序,对犯罪嫌疑人应当继续沿用之前的强制措施,并继续保障辩护人的相关诉讼权利。

关键词 监察 刑事立案 留置 强制措施 案件系属

从2016年11月,中共中央办公厅印发《关于在北京市、山西省、浙江省开展国家监察体制改革试点方案》以来,法学界就开始对国家监察体制改革给予了重点关注。一些法学专家从监察立法、监察权属性以及改革逻辑等多个视角展开研究,促推改革前行。2018年3月,第十三届全国人民代表大会第一次会议先后通过了《中华人民共和国宪法修正案》和《中华人民共和国监察法》,至此,国家监察体制改革的成果在宪法和法律层面得以确立。为了落实宪法的有关规定,配合监察法的出台,2018年10月26日,第十三届全国人大常委会第六次会议审议通过了关于修改《中华人民共和国刑事诉讼法》的决定,专门对涉及刑事诉讼法与监察法衔接的条文作出增删修订。

---

* 本文为国家社科基金专项重点项目:"社会主义核心价值观融入公安执法领域研究"(项目编号:18VHJ012)的阶段性研究成果。

** 董坤,最高人民检察院检察理论研究所研究员,诉讼法学博士。

如果以2018年10月刑事诉讼法修订为时间节点,可以发现,修法前监察与司法程序衔接问题的研究多以总结地方试点经验,创设衔接机制和协调模式为主线。这些机制模式的理论构想大多是在监察法未出台,刑事诉讼法未修改的背景下尝试的试点预案。随着立法条文的修订,这些预案除了作为今后再修法的参考外,大多已不具实践可能性。为此,今后一段时期的研究有必要及时转向,即从法规范的视角出发,调研、掌握相关条文在实践中的施行状况和现实问题,以问题为导向和突破口,通过现象描述和问题破解,诠释条文背后的法理逻辑,助推“纸面上的法”向“行动中的法”转换。鉴于此,本文将以修订后的《刑事诉讼法》第170条为分析文本,结合实践中的一些具体问题,就人民检察院审查起诉监察机关移送的案件、留置措施与刑事强制措施之间的衔接机制等展开研究,诠释制度机制设计的初衷和应有功能,破解实践中的具体问题,细化相关制度机制,为实践操作和下一步司法解释和规范性文件的出台提供理论上的参考。

一、监察案件的移送与受理

(一)程序衔接中立案程序的缺失

早在《监察法》出台、《刑事诉讼法》修订前,就有学者对监察机关办理的职务犯罪案件移送检察机关审查起诉时是否还要先行立案进行过讨论。[①] 对此,2018年3月全国人大通过的《监察法》第45条第1款第4条规定,“对涉嫌职务犯罪的,监察机关经调查认为犯罪事实清楚,证据确实、充分的,制作起诉意见书,连同案卷材料、证据一并移送人民检察院依法审查、提起公诉。”与此衔接,修订后的《刑事诉讼法》第170条第1款规定,“人民检察院对于监察机关移送起诉的案件,依照本法和监察法的有关规定进行审查。”从上述规定看,无论是监察法还是刑事诉讼法都未在具体条文中就监察机关移送的职务犯罪案件作出“检察院立案后依法审查”的表述。这似乎表明监察与检察在程序衔接上不必再经刑事立案程序。由中纪委和国家监察委法规室编写的权威读本《〈中华人民共和国监察法〉释义》证实了上述理解,按照其对《监察法》第45条第1款第4项的解读,“对监察机关移送的案件,应由检察机关作为公诉机关直接依法审查、提起公诉……不需要检察机关再进行立案。”[②]

我国传统刑事诉讼承继苏联诉讼阶段论的理念,刑事案件从其开端的时候

---

① 龙宗智:《监察与司法协调衔接的法规范分析》,载《政治与法律》2018年第1期,第6、7页。

② 中共中央纪律检查委员会法规室、中华人民共和国国家监察委员会法规室编写:《〈中华人民共和国监察法〉释义》,方正出版社2018年版,第207页。

起直到判决的执行为止是向前运动的,是逐渐发展的。[①] 这个过程中循序进行、相互连接而又各自相对独立的各个部分,称为"刑事诉讼阶段"。[②] 立案作为刑事诉讼的一个阶段,是刑事案件诉讼发动的起点和必经阶段。但是,诚如前文分析,本次修订的刑事诉讼法在监察与司法程序衔接的过程中,并未以刑事立案作为两套程序衔接的节点或标志,这显然是对我国刑事诉讼程序的一大突破。究其原因,我国《刑事诉讼法》第112条规定公诉案件的立案标准是,"认为有犯罪事实,需要追究刑事责任";《刑事诉讼法》第211条规定的自诉案件的立案标准是,"犯罪事实清楚,有足够证据"。反观《监察法》第45条第1款第4项的规定,监察机关对涉嫌职务犯罪的案件移送检察院审查时,对案件的认定标准已然达到了"经调查认为犯罪事实清楚,证据确实、充分"的程度。这一标准远远高出刑事立案所要求的事实和证据门槛,在这种标准差异显著的情形下,检察机关再行立案已属多余。毕竟,传统的刑事立案具有过滤不合格案件,程序分流的功能,但对于监察机关如此高的案件移送标准,再进行立案前的审查不仅掣肘了程序衔接的效率;而且也不能实际发挥立案对案件过滤分流的功能。在这一认识下,监察法和刑事诉讼法都参照了检察机关受理公安机关移送审查起诉的做法,对起诉的案件办理受案手续,不再从立法上明确立案阶段。对此认识和做法笔者认为仍有可斟酌之处。

(二)程序衔接中立案的多重功能

比较监察案件移送和刑事诉讼立案,办案标准的差异化分析虽然能在一定程度上回应两法衔接中立案程序缺失的部分质疑,但仍有不足之处。考虑到刑事立案远不仅仅是过滤案件、程序分流这一重功能,直接摒弃立案程序,可能导致立案的其他功能也被一并去除,由此引发监察与司法程序衔接中一些实践性问题的出现。

首先,立案具有限制强制措施或强制侦查手段随意发动的功能。与国外相比,虽然世界上大部分国家的刑事诉讼都没有设立专门的立案程序,但这些国家如果采取强制措施,实施强制侦查手段,都必须在具备法定条件的情况下通过司法审查获得令状后方能展开。反观我国,长久以来,刑事诉讼中流水线式的诉讼结构使侦查异化为我国刑事诉讼的实质中心。除了逮捕由检察院审查批准以外,大部分强制措施或手段的发动都缺乏司法审查的程序控制。无论是对于人身自由具有剥夺或限制功能的拘留、指定居所监视居住,对物具有强制处分效果的搜查、扣押,还是对隐私权具有干预性质的监听、强制采样等都由侦

① [苏]切里佐夫:《苏维埃刑事诉讼》,中国人民大学刑法教研室译,法律出版社1955年版,第56页。

② 张建伟:《审判中心主义的实质内涵与实现途径》,载《中外法学》2015年第4期,第865页。

查等办案机关内部管控,缺乏外部的监督和制约。“我国刑事诉讼法为了有利于对犯罪的打击,没有采用强制侦查法定原则和令状主义,而赋予侦查机关强大的侦查尤其是强制侦查权限,仅以立案程序作约束”,①通过前置化的立案程序过滤案件,提高刑事案件的准入门槛,抑制侦查追诉的随意发动。换言之,我国的刑事立案实质上已成为办案部门采用强制侦查手段、启动强制措施的法律依据;反之,立案前的初查则不能采取强制性的手段或措施。然而,由于本次刑事诉讼法的修订,监察与司法程序衔接中缺乏了立案节点的标识,一些强制措施的认定和控制就存在一定的困难。比较典型的是,依据《刑事诉讼法》第 170 条第 2 款的规定,对于检察机关移送审查起诉的已采取留置措施的案件,人民检察院应当对犯罪嫌疑人先行拘留。此处先行拘留的性质如何认定,实践中就产生了分歧。有学者认为此处的先行拘留就是《刑事诉讼法》在强制措施一章中第 82 条所规定的符合法定情形下的先行拘留。但也有学者认为,《刑事诉讼法》第 170 条的先行拘留并不符合《刑事诉讼法》第 82 条规定的先行拘留的七种情形。而且,这七种情形只有公安机关才可以决定和执行,检察机关并非都有权实施。考虑《刑事诉讼法》第 170 条第 2 款还规定,人民检察院在对犯罪嫌疑人先行拘留期间决定采取强制措施,且该期间不计入审查起诉期限,比照刑事诉讼立案前的“紧急措施”,似乎宜将此处的先行拘留剥离出审查起诉阶段,也视为诉讼外、诉讼前的一种“紧急措施”。姑且不论上述观点的是非对错,但类似问题的出现至少暴露出在两法衔接中由于立案的缺失已经给实践带来了一定的困惑,乃至操作“乱象”。

其次,立案程序是开启当事人权利保障的序幕。就我国而言,刑事立案不仅意味着刑事诉讼的开始,也意味着犯罪事实或追诉对象的初步确定。一旦立案时能够明确追诉对象,那么该追诉对象的犯罪嫌疑人身份也随之确立,相关的诉讼权利也由此产生。具言之,无论是学理上所划分出的防御性权利,如申请回避权、辩护权、有权使用本民族的语言文字进行诉讼、有权拒绝回答侦查人员提出的与案件无关的问题等;还是救济性权利,如复议权、控告权、申诉权、申请变更、解除强制措施权等,这些权利都是随着犯罪嫌疑人身份的确立而获得,而立案恰恰是犯罪嫌疑人身份确立的起点。反之,如果我国的刑事诉讼中缺乏明确的立案程序,犯罪嫌疑人身份确立的起点便可能产生分歧,基本的诉讼权利也可能面临保障不足或保障不及时的情形。仍以前文中谈及的《刑事诉讼法》第 170 条为例,由于两法衔接中缺乏立案这一标志性程序,加之监察调查取代了职务犯罪案件的刑事侦查,监察委办理的案件直接移送检察机关时,如果

① 龙宗智:《取证主体合法性若干问题》,载《法学研究》2007 年第 3 期,第 142 页。

监察被调查人此前被留置,那么当案件移送后辩护律师何时介入在实践中就产生过争议。少数地方的检察院就提出需要留置转逮捕后,才可通知看守所解禁律师会见,允许律师阅卷。换言之,少部分学者认为,根据《刑事诉讼法》第170条的规定,既然留置案件移送到检察院需要先行拘留,而先行拘留期间决定采取何种强制措施的10天或14天不计入审查起诉期限,那么该段时间可视为游离在审查起诉阶段之外的一个独立阶段,案件并未真正进入刑事诉讼,故犯罪嫌疑人的辩护权以及由此衍生的辩护律师的阅卷权、会见权等权利自然无从谈起。对于该观点,可驳斥的理由很多。但如果在修法时明确监察机关移送检察院的案件需要先行立案,便可据此作出有力回应:立案即意味着刑事诉讼的开启,刑事诉讼中不可能出现游离于审查起诉之外的"独立阶段",上述的"个人解读"显然违背了我国刑事诉讼阶段论的基本格局,难言自洽。因此,先行拘留期间犯罪嫌疑人以及辩护律师的相关诉讼权利都应及时全面地予以保障。

最后,立案具有确立诉讼客体,推进诉讼进程的意义。"刑事立案程序所立之案件乃侦查与审查起诉的对象,没有案件侦查与审查起诉的基础便不存在了。"①与其他国家不同,我国刑事诉讼的立案具有确立刑事诉讼客体——案件的独立功能。而且,一旦进入立案阶段,先前的事件确立为案件,其便会被纳入诉讼轨道,推动刑事诉讼进程不断前行。案件有立就有终,这是刑事诉讼的基本规律。从立案开始,当案件进入刑事诉讼的不同阶段,便会对公安司法机关产生约束作用,办案人员都应当履行相应的诉讼职责,或积极推动案件迈向下一个诉讼阶段,或作出相应的实体或程序处理,终结所立之案。例如,立案后案件进入侦查阶段,侦查人员对于案件的办理推诿拖沓,久侦不决,以罚代刑就会受到检察机关的诉讼监督;再如,案件系属到法院,法官也决不能不为裁决,搁置不理,弃之不顾。可见,立案具有形成案件、推动案件不断在诉讼中前进,并最终走向结案的源动力效果。然而,由于两法衔接中立案的缺失,不仅导致刑事案件何时形成存在争议,而且还使刑事诉讼程序有尾无头,检察机关作出不起诉,法院作出生效裁判而终结案件的正当性因缺乏案件在起初"立"的明确呼应而存在争议。也恰恰是因为在监察与司法程序衔接中刑事案件没有明确的节点环节,实践中曾出现,审查起诉阶段检察机关认为案件需要补充核实退回监察机关,监察机关补充调查期间发现原认定的犯罪事实有重大变化,不应当追究刑事责任的,直接利用自身权限做出政纪处理或监察撤案决定,未再移送回检察机关,导致刑事诉讼中的案件有始无终、始终处于未定状态,被搁置下来。之所以有如此操作,一种意见认为,刑事诉讼有始才有终,既然监察与司法

① 陈卫东:《职务犯罪监察调查程序若干问题研究》,载《政治与法律》2018年第1期,第22页。

程序衔接中根本没有刑事立案,案件退回监察机关自行消化,刑事程序上自然也不必以结案的形式再予回应。应当说,正是在监察与刑事诉讼两法衔接中立案的缺位,才导致了监察案件可以自由进出刑事诉讼程序,来回穿梭于监察与司法程序之间。

(三)形式立案的确立:案件受理

笔者认为,从我国刑事立案的多重功能出发,在监察与司法程序衔接中还是应当考虑给予立案一席之地。但鉴于监察机关移送案件和刑事立案两者标准存在高低降序的差异,继续以立案为门槛对监察案件做实质性审查确有程序上的重复建设之嫌,同时为了避免与修订后的刑事诉讼法产生"硬冲突",笔者认为立法上规定立案已无必要,但在相关司法解释中应增设审查起诉阶段的案件受理程序,构建"形式立案"。之所以要构建"形式立案",一方面,能够明确检察机关对监察机关移送的案件不再做实质性的过滤审查,仅是对移送的案卷材料是否齐备做形式审查。另一方面,确保案件受理程序能够承担立案的部分功能,特别是明确受案具有开启刑事诉讼起点的性质。进一步的理由如下:

首先,我国刑事诉讼法本身就规定案件受理也是立案的一种形式。《刑事诉讼法》第 114 条就规定,"对于自诉案件……人民法院应当依法受理。"该条虽然没有使用"立案"一词,但人们通常认为法院对自诉的"受理"也属于立案,直截了当的依据是这一活动被规定在"立案"一章中。[①] 而且,根据最高人民法院《关于适用〈中华人民共和国刑事诉讼法〉的解释》第 263 条第 1 款的规定,"对自诉案件,人民法院应当在十五日内审查完毕。经审查,符合受理条件的,应当决定立案,并书面通知自诉人或者代为告诉人。"可见,如果自诉案件符合受理条件就应当决定立案。显然,司法解释也认为此处的"受理"和"立案"可以等约替换。笔者注意到《国家监察委员会与最高人民检察院办理职务犯罪案件工作衔接办法》中就规定了案件受理的条件和程序,"最高人民检察院案件管理部门认为具备受理条件的,应当及时进行登记,并立即将案卷材料移送公诉部门办理;认为不具备受理条件的,应当商国家监察委员会相关部门补送材料。"如果按照笔者对两法衔接中"立案"程序的设计思路,将该规定中的受理案件做"形式立案"解释,既不会触发检察机关对移送的监察案件再行立案审查的操作,同时还能明确此处的案件受理具有开启刑事诉讼程序,担当刑事诉讼起点的效果。这对于限制和正当化刑事强制措施,维护和保障当事人的诉讼权利,理顺和推进诉讼流程具有现实意义。

其次,构建监察机关移送案件的受理程序,确立诉讼起点,开启诉讼程序在

---

① 张建伟:《刑事诉讼法通义》(第 2 版),北京大学出版社 2016 年版,第 405 页。

国外早有先例。从世界其他国家来看，立案并不是刑事诉讼发动的起点和必经阶段，履行一定的程序，如案件受理，也意味着诉讼程序的开始，有学者将其称为刑事诉讼的“追诉启动模式”①。例如，在意大利，警察和公诉人获取犯罪消息后即可开展初步侦查，同时《意大利刑事诉讼法典》第335条还规定了“犯罪信息的登记”程序：公诉人对一切向他提出的报案、报告或其主动获取的犯罪消息应当立即在保存在其办公室中的专门登记簿上记载。② 其实，该条中的接受犯罪信息并履行登记程序其实就是笔者所谈及的案件受理程序。与此类似，德国的审前程序没有正式的起点。在大多数案件中，侦查的启动及其理由记录在警察局的日志或案卷中。③ 在日本、法国等国家规定的侦查之前进行的报告、批准或登记手续虽不是严格意义上的独立诉讼程序，但确是启动刑事诉讼的重要方式。④ 随着监察委的成立，我国出现了针对职务犯罪案件由监察调查和司法机关起诉、审判两个不同程序衔接递进的办案模式，传统刑事诉讼中的立案程序开始淡化，但借鉴国外的“追诉启动模式”，在未来的司法解释或规范性文件中设置审查起诉阶段必要的案件受理程序，以“形式立案”划定监察与司法的程序界限，明确刑事诉讼开启节点仍有现实必要。

二、留置与强制措施的衔接

按照《刑事诉讼法》第170条第2款的规定，“对于监察机关移送起诉的已采取留置措施的案件，人民检察院应当对犯罪嫌疑人先行拘留，留置措施自动解除。人民检察院应当在拘留后的十日以内作出是否逮捕、取保候审或者监视居住的决定。”该条款规定了监察与司法在程序交替中留置措施与刑事强制措施之间的衔接模式：留置 + 先行拘留 + 强制措施。其中，先行拘留是留置与强制措施之间的过渡性措施，具有剥夺人身自由临时性、强制性的特点，而逮捕、取保候审或监视居住才是对接留置措施的最终替代性措施。对于该条款有如下问题需进一步深入分析。

（一）留置与强制措施衔接模式的创设背景

早在监察体制改革试点期间，为做好监察机关调查职务犯罪案件与检察机关审查起诉工作的衔接，对检察机关已经采取留置措施的案件，检察机关如何在程序转换过程中处理好强制措施的衔接，不少试点地区总结地方经验创设出若干衔接模式，主要可归为三种：

---

① 姚莉：《监察案件的立案转化与“法法衔接”》，载《法商研究》2019年第1期，第25页。

② 《意大利刑事诉讼法典》，黄风译，中国政法大学出版社1994年版，第119页。

③ ［德］托马斯·魏根特：《德国刑事诉讼程序》，岳礼玲、温小洁译，中国政法大学出版社2004年版，第90页。

④ 陈光中主编：《刑事诉讼法》（第6版），高等教育出版社、北京大学出版社2016年版，第275页。

1. 提前介入模式。该模式为，监察机关采取留置措施的案件，调查终结决定移送检察院审查起诉的，应当在留置期限届满10日前通知检察机关提前介入，检察机关利用这10日进行“初查”，并在留置措施届满前决定对犯罪嫌疑人采取强制措施。

2. 事前审批模式。该模式为，对监察机关采取留置措施的案件，在检察机关移送审查起诉前，先向检察机关申请采取强制措施，如提请逮捕，在检察机关批准采取强制措施后，再移送审查起诉。

3. 先行拘留模式。该模式为，对监察机关移送的采取留置措施的案件，在受案后经对《移送审查起诉意见书》进行审查，于受案的当日或次日对犯罪嫌疑人采取先行拘留措施，然后在此期间决定是否采取逮捕或其他强制措施。

综合评判三种衔接模式。提前介入模式的缺陷是程序交叉，权责混淆。监察留置与强制措施是监察与司法两套不同程序中的具体行为。检察机关提前介入，在监察机关的留置场所讯问犯罪嫌疑人，首先，会导致监察与司法两套程序的交叠，使提前介入行为的性质处于监察与司法的模糊地带。另外，检察机关提前介入的10日是用来审查决定强制措施的，但又处于监察机关采取留置措施的监察程序环节，无形中挤占了监察机关正常的办案时间。同样的问题也出现在事前审批模式中，虽然该模式比照公安向检察院的报捕流程创设了一套类似的新程序，但因为对于逮捕的报请和批准本身是刑事诉讼强制措施的内容，却同时包裹在监察留置期间，导致报捕和批捕行为有司法越界之嫌，其行为性质依旧混淆不明，还同时压缩了监察调查的时间。基于前两种模式无法调和的矛盾，立法者最终采纳了先行拘留的衔接模式，该模式既能保证两套程序的无缝对接，避免程序交叠，同时也不会导致某些行为在性质属性上的模糊混淆。而且，《刑事诉讼法》第170条第2款中“人民检察院决定采取强制措施的时间不计入审查起诉期限”的专门规定也保障了检察机关有较为充分的时间决定对犯罪嫌疑人采取适当的强制措施，避免占用审查起诉期限。

当然，先行拘留模式也带来了一些新的问题，如立法设置先行拘留的目的是将犯罪嫌疑人从监察调查程序转入刑事诉讼程序，其本身在诉讼程序中的体系定位及性质为何？先行拘留期间决定采用强制措施的标准是什么？选择适用的范围又是什么？这些问题都值得深入研究。

（二）衔接过程中有关强制措施的两个问题

1. 先行拘留的体系定位和性质

先行拘留不是审查起诉之外的“独立阶段”“特别程序”，而是审查起诉阶段内的一个特殊环节。诚如上文所言，如果能够建立审查起诉阶段的案件受理程序，即通过“形式立案”明确刑事诉讼的起点，对于监察机关移送的案件，检察机关一旦受理,案件即进入审查起诉环节,作为对先前留置的犯罪嫌疑人的过渡性处置措施——先行拘留无疑是内含于审查起诉阶段的具体诉讼行为。支撑该观点的其他理由还有:其一,《刑事诉讼法》第 170 条第 2 款规定的先行拘留处于刑事诉讼法第二编第三章“提起公诉”内,从其在刑事诉讼法中所处的编章位置,按照体系解释的方法可以推断,先行拘留显然可视为刑事诉讼内提起公诉阶段中某一环节下的处置措施或诉讼行为。其二,不能因为《刑事诉讼法》第 170 条的规定,人民检察院在先行拘留期间决定采取强制措施的时间不计入审查起诉期限,就认为先行拘留游离于审查起诉之外的“独立阶段”。一般而言,期间的不计入往往是因为有些诉讼行为本身带有不确定性,耗时长短不一,一概计入办案期间可能会挤占有限的办案资源,不利于办案的质量和效果。如果因为期间的不计入而否认某一诉讼行为内含于某个诉讼阶段显然属于对条文的误读。毕竟,不计入办案期限和不属于某一办案环节是两个截然不同的问题。例如,《刑事诉讼法》第 149 条还规定,“对犯罪嫌疑人作精神病鉴定的期间不计入办案期限”,但不能据此否认鉴定本身属于侦查行为的一种,其需要遵循法定程序,并接受侦查监督。

明确了先行拘留内含于刑事诉讼审查起诉阶段的体系定位后,需要进一步厘清的是《刑事诉讼法》第 170 条的先行拘留与《刑事诉讼法》强制措施一章中第 82 条和侦查一章中第 115 条规定的公安机关对于现行犯或者重大嫌疑分子的先行拘留是否同一。笔者认为,两者性质并不相同。首先,从适用对象上看,《刑事诉讼法》第 170 条的先行拘留仅仅针对先前被采取留置措施,后被监察机关移送审查起诉的涉嫌职务犯罪的犯罪嫌疑人,《刑事诉讼法》第 82 条和第 115 条的先行拘留则针对的是现行犯或重大嫌疑分子,涉嫌犯罪的案件范围并无任何限制;其次,从适用条件上看,《刑事诉讼法》第 170 条先行拘留所针对的犯罪嫌疑人在监察调查阶段被采取了留置措施的情形,《刑事诉讼法》第 82 条和第 115 条的先行拘留则是针对七种法定情形;再次,从先行拘留的适用阶段上看,《刑事诉讼法》第 170 条规定的先行拘留适用于审查起诉阶段,《刑事诉讼法》第 82 条和第 115 条的先行拘留则适用于侦查阶段;最后,从先行拘留的决定主体上看,《刑事诉讼法》第 170 条规定的先行拘留其决定主体是检察机关,《刑事诉讼法》第 82 条和第 115 条的先行拘留的决定主体则既可能是检察机关,更多情形则是公安机关。综上所述,笔者认为本次修法新增的《刑事诉讼法》第 170 条第 2 款其实新设了一种“先行拘留”的类型,其仍然属于强制措施中的拘留,但自身有独立的适用对象、条件、阶段和决定主体,本质上是对监察机关采取留置措施的对象在被转入刑事诉讼程序后所采取的一种临时、过渡性质的强制措施,[①]不能将其与《刑事诉讼法》第 82 条规定的先行拘留相混淆。

除此以外,《刑事诉讼法》第 71 条和第 77 条也都规定了对于违反取保候审、监视居住规定,需要予以逮捕的,可以对犯罪嫌疑人、被告人先行拘留。两个条文之所以设置先行拘留主要是因为,实践中,有些犯罪嫌疑人、被告人,从其遵守取保候审、监视居住规定的情况来看,两类强制措施已经不能保证刑事诉讼的顺利进行,只能采取更为严厉的强制措施。但逮捕要履行严格的审批手续需要一定的时间,故 2012 年刑事诉讼法修订时增加了对违反取保候审、监视居住规定需要予以逮捕的犯罪嫌疑人、被告人可以先行拘留的规定。[②] 从当时立法的目的来看,两条文中的先行拘留就是先于逮捕而拘留,或者说是为办理逮捕手续,而在紧急情况下先行拘留。但就《刑事诉讼法》第 170 条的规定来看,其实质上是创设了一种新型的先行拘留,这里的"先行"是先于逮捕、取保候审、监视居住而做的拘留,是对留置转强制措施的过渡,最终并非必然转向逮捕,其还有其他强制措施的选择。至于如何适用强制措施,则是接下来要讨论的选择标准和适用依据的问题。

2. 先行拘留期间决定采取强制措施的标准

从《刑事诉讼法》第 170 条的规定来看,先行拘留后决定采取的强制措施有三种:逮捕、取保候审或者监视居住,从三种强制措施在立法条文上的排序看,逮捕处于首位,是先行拘留期间决定采取强制措施的第一选择。[③] 之所以如此设置,主要是因为留置措施的适用条件,《监察法》第 22 条规定,"被调查人涉嫌贪污贿赂、失职渎职等严重职务违法或者职务犯罪,监察机关已经掌握其部分违法犯罪事实及证据,仍有重要问题需要进一步调查,并有下列情形之一的,经监察机关依法审批,可以将其留置在特定场所:(一)涉及案情重大、复杂的;(二)可能逃跑、自杀的;(三)可能串供或者伪造、隐匿、毁灭证据的;(四)可能有其他妨碍调查行为的。"从该规定可以看出,监察机关已经采取留置措施的案件,要么是重大复杂的案件,要么是与逮捕的羁押必要性条件相当[④]的案件。因此,检察机关先行拘留后,针对先前被调查人留置的适用条件和情形,较为匹配的强制措施自然是首选逮捕。实践中,对于监察期间一直被留置的被调查人转入刑事诉讼程序后,检察机关也大多予以逮捕。但不容否认的是,如果经审查犯罪嫌疑人涉嫌的罪行较轻,或者患有严重疾病、生活不能自理,或是怀孕或正

---

① 李寿伟主编:《中华人民共和国刑事诉讼法解读》,中国法制出版社 2018 年版,第 402 页。

② 郎胜主编:《中华人民共和国刑事诉讼法修改与适用》,新华出版社 2012 年版,第 151 页。

③ 这恰如《刑法》第 232 条故意杀人罪的处刑刑罚的排序一样,故意杀人的首先考虑处死刑。

④ 如《刑事诉讼法》第 81 条第 1 款第(三)项和第(五)项也规定了"可能毁灭、伪造证据,干扰证人作证或者串供"以及"企图自杀或者逃跑"的情形,与监察期间采取留置的适用条件相当。

在哺乳自己婴儿的妇女，不逮捕不致发生社会危险的，也可以根据《刑事诉讼法》第170条第2款的规定采取取保候审或者监视居住措施。

需要注意的是，《刑事诉讼法》第170条第2款只设计了留置最终“转何种”强制措施的情形，并未有留置最终“是否”要转强制措施的规定。换言之，对于留置的被调查人转入刑事诉讼经先行拘留后可否最终不采取任何强制措施呢？至少从条文文义上看目前只有逮捕、取保候审、监视居住三决一的选择，并无不采取任何强制措施的可能。笔者认为这一规定似有失偏颇。因为，刑事强制措施的基本功能包括程序保障和社会防卫两大方面。与程序保障相对应的，主要是防止逃避侦查、起诉和审判，防止妨碍查明案情，以及防止自杀、逃跑及发生其他意外事件；与社会防卫相对应的，主要是防止犯罪嫌疑人、被告人继续犯罪。如果根据案情，不对犯罪嫌疑人、被告人的基本权利进行任何干预，也能确保上述两大基本功能的实现，依据强制措施采用的必要性原则，办案人员完全可以不采取任何强制措施，这在监察留置与刑事强制措施的转换中是同样适用的。有学者曾提出可否根据《刑事诉讼法》第170条第2款中“人民检察院应当在拘留后的十日以内作出是否逮捕、取保候审或者监视居住的决定”这一条文表述作如下理解：对先行拘留后能否采用逮捕、取保候审、监视居住都做“是否”判断，如果三种强制措施都做了否定性的决定，那么最终就可以不采取任何强制措施。该解释的目的是对由留置转刑事诉讼的犯罪嫌疑人不采取任何强制措施找寻正当化的法律依据。但笔者认为这一解释较为勉强，因为紧接上述被解释的条文后还有一句“人民检察院决定采取强制措施的时间不计入审查起诉期限。”该规定明确指出人民检察院“决定采取强制措施的期间”而不是“决定‘是否’采取强制措施的期间”。可见，立法似乎是有意采取一种将留置对象最终转为某一强制措施的思路。虽然，实践中根据案情全然不用任何强制措施的情形极少，即使出现也基本以取保候审代替，但从立法的严肃性和实践的复杂性来看，未来还是应在相关的司法解释和规范性文件中明确，对先前留置的犯罪嫌疑人可以不进行任何基本权利干预，最终不采取任何强制措施。这样不仅便于办案部门的人员适时把握、准确操作，也是对犯罪嫌疑人基本的人身自由权的最大保障。

三、退回补充调查的阶段定位

检察院审查监察机关移送的案件后，认为需要补充调查核实的，退回监察机关补充调查的程序是本次刑事诉讼法修订中较为关注的问题。关注的焦点在于如果审查起诉阶段犯罪嫌疑人已经被逮捕羁押，那么退回补充调查期间，对被调查对象如果还要剥夺人身自由，是继续适用刑事诉讼中的羁押，还是要采取监察留置。对此问题，可谓观点各异、莫衷一是。其实，该问题争议的本质还是检察院将案件退回监察机关补充调查的这段期间,案件究竟是倒流回监察调查环节,还是处于审查起诉阶段,仍然由检察院管控。如果是前者,那么自然应当采取留置措施,如果是后者则应继续沿用之前的强制措施,继续羁押。为了澄清这一问题,笔者先以检察院在审查起诉阶段退回公安机关补充侦查为例,分析退补期间案件所处的诉讼阶段。然后在此基础上推论出检察院审查起诉阶段退回监察机关补充调查时,案件所处的应然程序。

(一)公安机关补充侦查期间案件的诉讼状态

从既往的司法实践看,公安机关的侦查部门侦查终结,认为案件需要提起公诉的,均是将案件移送检察院审查起诉。按照《公安机关办理刑事案件程序规定》第 279 条的规定,"对侦查终结的案件,应当制作起诉意见书,经县级以上公安机关负责人批准后,连同全部案卷材料、证据,以及辩护律师提出的意见,一并移送同级人民检察院审查决定;同时将案件移送情况告知犯罪嫌疑人及其辩护律师。"对于公安机关移送的案件,检察院受理后即进入审查起诉阶段,期间如果发现案件需要补充侦查的,可以退回公安机关补充侦查。按照《人民检察院刑事诉讼规则(试行)》(以下简称《高检规则》)第 380 条的规定,检察院应当提出书面的具体意见,同案卷材料一并退回公安机关补充侦查。值得注意的是,对于退回公安机关补充侦查的,检察院退回的材料主要是案卷材料、补充侦查决定书、补充侦查提纲和换押证(未被羁押的除外),没有起诉意见书①。究其原因,当公安机关向检察院提出起诉意见,移送完起诉意见书后,案件即系属②于检察院,检察院只有作出起诉、不起诉的决定,或者允许公安机关将案件从审查起诉阶段撤回,上述系属关系才消灭。这就如同检察院向法院移送起诉书提起公诉,法院受理后案件即系属到法院,只有检察院撤诉或者法院为之裁判才能消灭系属关系一样。

沿着这一思路继续分析会发现,审查起诉阶段的退回补充侦查,既不是检

---

① 实践中,大多数起诉意见书都与案卷材料分开单独移送,但也有将起诉意见书装订到公安案卷中一并移送的情形。如果审查起诉阶段退回公安补充侦查的,单独移送的起诉意见书都不再退回公安机关,但装订到公安案卷中的起诉意见书有时会因为不便拆分一并退回公安机关,但一定会有其他备份的起诉意见书在检察院留档备存。

② 诉讼系属理论是指案件"系属"于法院,使受诉法院获得具体的案件管辖权并发动审判程序。诉讼系属理论主要解决两个问题:其一是起诉效力问题,即原告或检察院不得就已起诉之案件,于诉讼系属后再行起诉;其二是贯彻追诉原则,实行有控诉或告诉才有审判,有控诉必为裁判的诉讼程序,即不告不理、告即应理。本文套用这一表述,仿照传统诉讼系属理论来阐释案件进入检察院审查起诉环节,补充侦查或补充调查期间,案件实质所处的诉讼阶段以及最终的处理方式。有关诉讼系属理论可参见,龙宗智:《论我国的公诉制度》,载《人民检察》2010 年第 19 期;谢佑平、万毅:《刑事诉讼一事不再理原则重述》,载《国家检察官学院》2001 年第 2 期;林钰雄:《刑事诉讼法》(上册),中国人民大学出版社 2005 年版,第 37 ~45 页。

察院的起诉、不起诉决定,也不意味着公安机关从检察院撤回案件,虽然表面上看案卷材料等都退回了公安机关,但案件与检察院的系属关系实质上并未消灭,检察院只是要求公安机关为案件的起诉作"补充",而且还有两次退补且每次不超过一个月的时限要求,所以检察院并没有丧失对案件的处理决定权,起诉意见书自然无须退回。因此,退回补充侦查期间,案件仍然系属在检察院,案件的最终决定权仍然需要在审查起诉阶段由检察院作出。

对上述观点能够加以佐证的是:如果认为公安机关补充侦查期间,案件又重新回流到侦查阶段,在此期间,公安机关发现原认定的犯罪事实有重大变化,不应当追究犯罪嫌疑人刑事责任的,公安机关完全可以直接作出撤销案件的决定。但实际情况却并非如此。根据笔者的调研,实践中如果出现类似情况,公安机关会主动向检察院提出撤回审查起诉的函(盖公安局印),检察院在收到函后如果同意,会出具同意撤回案件的法律文书,并送达公安机关。对于从检察院撤回的案件,公安机关才能自行撤销刑事立案,并将处理结果通知检察院。[①]根据《公安机关办理刑事案件程序规定》第285条第(三)项的规定,退回补充侦查期间,公安机关发现原认定的犯罪事实有重大变化,不应当追究刑事责任的,应当重新提出处理意见,并将处理结果通知退查的人民检察院。结合上述实践情况,此处公安机关"重新提出处理意见""作出处理结果"前其实是要先获得检察院的准许,撤回起诉意见书,然后重新提出处理意见,如撤销案件等,经县级以上公安机关负责人批准后,将处理结果通知退查的人民检察院。[②] 换言之,只有公安机关从检察院撤回起诉意见书,才能将案件从检察院的系属关系中解锁,真正回复到侦查阶段,此时公安机关才有"案"可撤。这就如同检察院将案件起诉到法院,庭审期间案件退回检察院补充侦查,"退回补充侦查之时,案件仍然系属于法院,诉讼法律关系并没有消灭,检察机关就案件提起的公诉仍然有效。不过,这里需要指出的是,此时诉讼活动虽恢复侦查状态,但这种侦查是在原有基础上的补充性的侦查,也不意味着诉讼就恢复到侦查阶段了"。[③] 检察院只有向法院申请撤回起诉并获得法院许可后,案件才真正回到审查起诉阶

① 对于从检察院撤回的案件,公安机关也可以继续侦查。因为检察院所作的同意撤回移送审查起诉的文书,只具有允许公安撤回案件的效力,并不是撤销立案的决定。当然,如果检察机关在审查公安机关撤案申请时,认为该案确属不够罪不应追究刑事责任的,诉讼监督部门可以做撤销立案的监督,要求公安撤销刑事立案。

② 孙茂利主编:《〈公安机关办理刑事案件程序规定〉释义与实务指南》,中国人民公安大学出版社2013年版,第601页。

③ 张建伟:《论公诉之撤回及其效力》,载《国家检察官学院学报》2012年第4期,第105页。

段,检察院才能名正言顺的作出不起诉决定。[①] 两者的内在法理其实是相通的。

(二)退回补充调查:转为留置还是继续羁押

按照上述分析路径,笔者认为对于检察院审查起诉的案件,需要退回监察机关补充调查的,虽然相关的案卷材料、补充调查决定书、补充调查提纲等退回监察机关,但由于起诉意见并未撤回,案件仍然系属于检察院,本质上还处于审查起诉阶段、刑事诉讼程序之中。诚如卞建林教授所言,"因为退回补充调查并未改变案件已进入审查起诉阶段的事实,且无论是从便利与效率方面考量,还是基于对被羁押人监管安全方面的考量,都无必要再重新恢复适用留置措施。"[②]综上所述,在退回监察机关补充调查期间,如果要剥夺或限制犯罪嫌疑人的人身自由,检察院还是应当沿用之前作出的强制措施。如果之前犯罪嫌疑人被决定逮捕,检察院应当在继续羁押犯罪嫌疑人的同时,将退回补充调查的情况书面通知看守所,以便监察机关的办案人员需要讯问犯罪嫌疑人时,检察院做好协调工作。

(三)监察调查期间继续羁押所衍生的问题

虽然笔者借助案件系属理论回应了监察调查期间对犯罪嫌疑人要剥夺或限制人身自由究竟是留置还是继续沿用强制措施的问题。但在理论推演中也衍生出两个新问题。

1. 补充调查期间案件虽然系属检察院并已实质进入刑事诉讼程序,但所用的方法手段仍属于监察机关的调查行为,这会不会再次引发监察与司法两套程序的交叉重叠?笔者认为这一隐忧并不存在。首先,补充调查有单独的一个月办案期限,并不会侵占审查起诉阶段的办案时间;其次,在监察机关补充调查期间,案件虽然系属于检察院,检察院对案件的最终走向有决定权,但并不会直接干涉补充调查期间具体手段方法的采用和如何实施,两者的界限仍然明朗;最后,有学者指出,"中国的刑事诉讼中,检察机关的补充侦查权并不依附于侦查权,而是公诉权所派生出来的应有权力。"[③]套用这一认识,监察机关的补充调查权也不可简单等同于纯粹的监察调查权,其更亲缘于检察机关的自行补充侦查权,是在原有基础上的补充性调查,两者都服务于公诉活动。但囿于检察院自身侦查能力的不足,故多数情况下只能求助于监察机关的补充调查权,以提供"场外协助"。因此说,补充调查基本还是附属于审查起诉阶段,并未侵蚀案件

---

① 参见《高检规则》第456条规定,"法庭宣布延期审理后,人民检察院应当在补充侦查的期限内提请人民法院恢复法庭审理或者撤回起诉。"《高检规则》第459条第2款规定,"对于撤回起诉的案件,人民检察院应当在撤回起诉后三十日以内作出不起诉决定。"

② 卞建林:《配合与制约:监察调查与刑事诉讼的衔接》,载《法商研究》2019年第1期,第20页。

③ 陈卫东:《职务犯罪监察调查程序若干问题研究》,载《政治与法律》2018年第1期,第24页。

已经进入刑事诉讼的本质。这就如同我国《刑事诉讼法》第 52 条规定的,公检法三机关在收集证据时可以吸收了解案情的公民协助调查一样,诉讼外行为的介入本身并不影响案件在刑事诉讼中推进的本色。

2. 既然补充调查期间案件仍然被认为是处于刑事诉讼程序中,那么该期间辩护人可否继续行使辩护权呢?对此,笔者认为应当继续赋予和保障犯罪嫌疑人及其辩护人相应的诉讼权利。首先,退回补充调查期间,案件仍系属于检察院,已经实质进入刑事诉讼的审查起诉阶段,犯罪嫌疑人当然可以委托辩护人,获得相应的诉讼权利。其次,由于监察程序中的立案并不区分违法、违纪还是涉嫌犯罪的案件,如果在监察程序中姑且还可以因案件性质不明为由拒绝律师介入,但案件移送审查起诉后,已经明确该案件的涉罪属性,即使退回监察机关补充调查,该案的涉罪性质并未发生变化,此时再次限制犯罪嫌疑人及其辩护人的诉讼权利缺乏程序正当性。最后,从实践层面看,当案件已经移送检察院审查起诉,基本意味着证据已收集完毕,犯罪嫌疑人委托的辩护人涉及的相关会见、阅卷等诉讼权利也大多完成,此时案件退回补充调查期间再以妨害取证、防止串供、干扰办案为由拒绝辩护律师介入,限制犯罪嫌疑人诉讼权利的行使意义也不大。

四、结语

2018 年修订的《刑事诉讼法》第 170 条就人民检察院审查起诉监察机关移送的案件、留置措施与刑事强制措施之间的衔接机制等作了具体规定,这对于理顺监察法与刑事诉讼法的衔接具有重要的规范意义。但其中仍有不少问题值得进一步研究。本文认为,在监察调查与刑事诉讼的程序衔接上,仍应发挥立案在程序转换节点、诉讼发动起点的标志性功能,这对于强制措施启动的正当性,当事人诉讼权利保障的及时性,以及诉讼程序运转的自洽性都有重要作用。为此,应在司法解释或相关规范性文件中确立"形式立案",即以案件受理代替刑事立案,对监察机关移送的犯罪案件不再进行立案前的实质审查,但须明确受案具有开启刑事诉讼程序的功能。在留置与强制措施的衔接上,为了确保监察与刑事诉讼两套程序的无缝对接,避免程序交叉,立法采用了"留置 + 先行拘留 + 强制措施"的模式,其中先行拘留具有过渡性,逮捕、取保候审或监视居住才是对接留置的最终措施。但立法对于留置转先行拘留后最终可否不采取任何强制措施缺乏周延规定,未来应明确先前留置的犯罪嫌疑人如果不妨碍诉讼推进,也无继续犯罪可能的,经过先行拘留期间的审查可最终不采取强制措施。另外,依据案件系属理论,对于审查起诉阶段退回补充调查的情形,由于案件已经移送检察院并未撤回,系属关系并未消灭,案件仍是系属于检察院,处于审查起诉阶段。既然案件已实质进入刑事诉讼程序,对犯罪嫌疑人应当继续沿用之前的强制措施,并继续保障其辩护人的相关诉讼权利。

长期以来,我国刑事诉讼法惯常以借鉴国外诉讼制度,比较研究的方法充实和完善本国刑事诉讼理论。本次监察体制改革引发的中国式问题对这种理论发展模式提出了诸多挑战。刑事诉讼法学研究应当以此次监察体制改革为契机实现对既往刑事诉讼理论研究的自我反思,从既往的比较研究走向本土经验智识的深度挖掘和提炼,以中国司法实践促推中国刑事诉讼理论的新发展,在实践与理论的互动中不断丰富中国特色社会主义监察制度和刑事诉讼制度,实现理论的本土自洽。

我国职务犯罪案件特别程序论纲*

胡之芳** 张 杨***

摘 要 随着2018年我国《监察法》的出台以及《刑事诉讼法》的第三次修改,我国职务犯罪案件刑事追究程序经历了两个大的变化:一是由“侦查—公诉”模式发展为“侦查—公诉”模式与“调查—公诉”模式并行;二是从对席审判发展为对席审判与缺席审判并存。现行职务犯罪案件刑事追究程序缺乏系统性、自洽性,存在“同性质犯罪,异处理模式”的问题,有关程序和规则的适用也有失笼统。要从根本上解决上述问题,宜制定《职务犯罪案件特别程序法》,明确职务犯罪案件特别程序的刑事司法程序属性,实行职务犯罪案件刑事追究程序的一元启动模式,监察委采用双轨制调查模式,细化完善职务犯罪案件调查程序及权利保障机制,建立调查证据合法性审查机制,增强检察监督力度,为法治反腐提供科学合理的程序保障。

关键词 职务犯罪 特别程序 调查—公诉模式 双轨制 缺席审判程序

党的十八大以来,党中央提出全面从严治党、坚决惩治腐败的国家治理方针。党的十九大重申反腐败无禁区、全覆盖、“零容忍”,坚定不移“打虎”“拍蝇”“猎狐”,不敢腐的目标初步实现,不能腐的笼子越扎越牢,不想腐的堤坝正在构筑,反腐败斗争压倒性态势已经形成并巩固发展。① 2018 年 3 月,全国人民代表大会通过了《中华人民共和国监察法》(以下简称《监察法》),设立监察委员会,把分散在各部门的党纪监察、行政监察、预防腐败以及检察机关的反贪、反渎力量整合起来,由监察委对全体公职人员进行监督,对于职务犯罪案件采取监察调查的刑事追究启动模式,这一系列措施表明了严厉打击腐败犯罪的

* 本文系湖南省社科联课题《宽严相济视野下的多元刑事司法程序研究》(编号 XSP18YBC075)的阶段性成果。

** 胡之芳,湖南科技大学法学与公共管理学院教授。

*** 张杨:湖南科技大学法学与公共管理学院学生。

① 参见习近平:《决胜全面建成小康社会 夺取新时代中国特色社会主义伟大胜利——在中国共产党第十九次全国人民代表大会上的报告》,载《党的十九大报告辅导读本》,人民出版社 2017 年版,第 8 页。

决心。2018 年 10 月全国人大常委会审议通过了《关于修改〈中华人民共和国刑事诉讼法〉的决定》，规定了《刑事诉讼法》与《监察法》之间部分程序的衔接问题，增设了刑事缺席审判制度，我国职务犯罪案件刑事追究程序呈现出新的特点，这也意味着我们在法治反腐进程中迈出了重要一步。

但稍加留意就会看到，由于《监察法》与《刑事诉讼法》性质迥异，在追究职务犯罪的过程中同时适用这两部法律客观上必然导致权力运行、权利保障及程序设置上的差异和冲突。尽管修改后的《刑事诉讼法》一定程度上完善了《刑事诉讼法》与《监察法》之间的衔接机制，但笔者认为这并没有从根本上解决问题，职务犯罪案件办理程序本身以及其与《刑事诉讼法》之间的逻辑自洽性均明显不足；"侦查—公诉"模式与"调查—公诉"模式并行的职务犯罪案件程序设置导致职务犯罪案件在法律适用上的不平等。基于此，笔者认为有必要将职务犯罪案件办理程序从《刑事诉讼法》与《监察法》中剥离，构建独立于《刑事诉讼法》与《监察法》的职务犯罪案件特别追究程序，制定《职务犯罪案件特别程序法》（以下简称《特别程序法》），明确职务犯罪案件特别程序的刑事司法程序属性，统一职务犯罪案件刑事追究程序的主体及程序规则，以期化解职务犯罪案件办理程序与普通刑事案件诉讼程序之间的矛盾和冲突，保证职务犯罪案件刑事追究特别程序的权威性、有效性和统一性。

一、我国职务犯罪案件刑事追究程序的发展变化

（一）由"侦查—公诉"模式发展为"侦查—公诉"模式与"调查—公诉"模式并行

1979 年 7 月全国人民代表大会通过了新中国成立以来的第一部《刑事诉讼法》，其后，《刑事诉讼法》相继于 1996 年、2012 年和 2018 年进行了修改。在 2018 年修改之前，我国刑事诉讼法所有有关刑事案件的流程一直都采用"侦查—公诉"的模式。职务犯罪案件的刑事诉讼程序同样采用"侦查—公诉"模式，但与普通刑事案件的诉讼程序在权力主体和具体规则的设置上又有所不同。自 1979 年第一部《刑事诉讼法》开始，即把职务犯罪案件的侦查权单独赋予了检察机关。其后，1996 年和 2012 年先后两次对于对检察机关自侦案件的范围以及权限进行进一步修改和调整，如自侦案件范围从贪污罪、侵犯公民民主权利罪和渎职罪扩大到所有职务犯罪案件，增加了刑事拘留权和技术侦查措施等。但对于职务犯罪案件的侦查权的权属并无任何变化，职务犯罪案件一直都明确赋予检察机关管辖权，人民检察院享有所有职务犯罪案件的侦查权。

职务犯罪案件"侦查—公诉"模式的基本流程一般如下：人民检察院侦查部门对举报线索进行初查后，认为犯罪事实存在、需要追究刑事责任的，在检察长批准立案后由侦查部门进行侦查。侦查部门经过侦查后，依据不同的案件情

况,分别作出起诉意见书和不起诉意见书移送本院公诉部门审查起诉;侦查部门侦查过程中或侦查终结后认为应当撤销案件的,应当制作拟撤销案件意见书,报请检察长或者检察委员会决定。对于侦查部门移送的案卷材料,本院公诉部门在查阅案卷、讯问犯罪嫌疑人、听取辩护人意见及复核证据之后,应当作出提起公诉或不起诉的决定。根据人民检察院《刑事诉讼规则》的规定,省级以下人民检察院办理直接受理立案侦查的案件,拟作不起诉决定的,应当报请上一级人民检察院批准。在该模式下,职务犯罪案件刑事诉讼程序中国家公权力的运行受到《刑事诉讼法》的严格规制,且侦查与公诉的主体皆为同一国家机关即人民检察院,检察机关在对职务犯罪案件进行侦查和审查起诉的同时也对案件进行法律监督。

2016 年 12 月,我国监察体制改革拉开序幕,全国人大常委会授权北京市、山西省、浙江省开展国家监察体制改革试点工作。2017 年 10 月,国家监察体制改革试点工作在全国各地全面推开。2018 年 3 月,“全国两会”通过了《监察法》,组建了国家监察委员会,标志着全面深化国家监察体制改革进入新阶段。新创设的国家监察委作为党领导下的受人大监督的国家反腐败机构,把党执纪与国家执法有机贯通起来。[①]《监察法》将公职人员职务犯罪的调查权明确划归监察委,为保证监察工作的顺利开展,《监察法》还赋予监察委员会谈话、讯问、询问、查询、冻结、调取、查封、扣押、搜查、勘验检查、鉴定、留置等十二项具体的调查职权。这一重大改革举措标志着我国职务犯罪案件追究新模式——“调查—公诉”模式[②]的全面推行。

“调查—公诉”模式的特点在于监察机关在对被调查人涉嫌的职务犯罪案件进行调查后,认为犯罪事实清楚,证据确实、充分,需要追究刑事责任的,制作起诉意见书,连同案卷材料、证据一并移送检察机关依法审查、起诉。检察院经审查后,认为犯罪事实清楚,证据确实、充分的,应当作出起诉决定;认为需要补充材料的,应当退回监察机关补充调查,必要时也可以自行补充侦查;对于存在《刑事诉讼法》中规定的允许不起诉的情形的,经上一级检察院批准后,可作出不起诉的决定;监察机关认为不起诉决定有错误的,可以向上一级人民检察院提起复议。检察机关的职务犯罪案件侦查权转隶至监察机关以后,相应的侦查措施也转为了调查措施。“调查—公诉”模式相较于“侦查—公诉”模式而言,其最重要的变化之处在于,采取“调查—公诉”模式以后意味着审查起诉之前的调查活动由《监察法》进行调整。换言之,调查活动不再适用《刑事诉讼法》的相关规定。职务犯罪案件的侦查权从人民检察院转隶至监察委员会后,《刑事

---

① 钱唐:《对“谁来监督监委”作出回答》,载《中国纪检监察》2018 年第 7 期,第 36 页。

② 参见李奋飞:《“调查—公诉”模式研究》,载《法学杂志》2018 年第 6 期,第 28 页。

诉讼法》对职务犯罪侦查权的规定进行了修改。2018 年 10 月全国人大常委会审议通过《关于修改〈刑事诉讼法〉的决定》。修改后的《刑事诉讼法》删除了人民检察院对贪污贿赂等职务犯罪行使侦查权的规定。与此同时,考虑到实践中由人民检察院对司法诉讼活动进行监督更加便利,修改后的《刑事诉讼法》规定人民检察院对部分职务犯罪可以行使侦查权。具体而言,人民检察院在对诉讼活动实行法律监督中发现的司法工作人员利用职权实施的非法拘禁、刑讯逼供、非法搜查等侵犯公民权利、损害司法公正的犯罪,可以由人民检察院立案侦查。对于公安机关管辖的国家机关工作人员利用职权实施的重大犯罪案件,需要由人民检察院直接受理的时候,经省级以上人民检察院决定,可以由人民检察院立案侦查。据此,检察机关对部分职务犯罪案件的侦查权得以保留,这也意味着在我国职务犯罪案件刑事追究程序中长期以来一直适用的"侦查—公诉"模式依旧得到了保留。而我国职务犯罪案件的刑事追究模式亦从长期以来单一的"侦查—公诉"模式发展为"侦查—公诉"与"调查—公诉"并存的模式。

(二)从对席审判发展为对席审判与缺席审判并存

由于刑事诉讼活动涉及对犯罪嫌疑人、被告人的财产权、人身自由权乃至生命权等最基本人权的限制和剥夺,为了避免国家公权力的滥用以及由此导致的对公民基本权利的侵害,国家理应为犯罪嫌疑人、被告人提供更充分的参与诉讼、陈述事实、表达诉求的机会和手段,而这些权利的实现一般而言必须以犯罪嫌疑人、被告人到案或出席法庭为前提。基于此,原则上刑事审判活动应当采取对席审判模式,即被告人不得缺席刑事审判。实际上,长期以来我国对于刑事审判都是严格采取对席审判制。但是随着社会的发展,犯罪形势不断发生变化,司法实践中出现了越来越多的特殊情况,如被告人因潜逃境外、死亡等原因无法出席庭审,如果只允许采取对席审判的方式,则必然导致类似案件无法启动审判程序,从而无法追究被告人的刑事责任,客观上导致放纵犯罪,同时也导致国家、集体及被害人的财产权益不能得到及时、合法、有效的保护。因此,世界上很多国家在规定对席审判的同时把缺席审判视为一种例外的审判方式,在法律所规定的特殊情况下予以适用。例如,《法国刑事诉讼法》第 270 条规定:"如果(重罪)被告人未能捕获,或者未到庭,应该缺席审判。"①《日本刑事诉讼法》第 286 条规定:"在被告人不到场即不得开庭的场合,被羁押的被告人,在公审日受到传唤,没有正当理由而拒绝到场,由监狱官吏带送有显著困难时,法院在被告人不到场的情形下,也可以进行该日期的审理程序。"②从正当程序的内涵讲,为保障被告人的辩护权和参与权,被告人出庭的对席审判乃刑事诉讼

① 余叔通、谢朝华:《法国刑事诉讼法典》,中国政法大学出版社 1998 年版,第 116 页。

② 宋英辉:《日本刑事诉讼法》,中国政法大学出版社 2000 年版,第 65 页。

的常态，而缺席审判是被告人于审判时应当在场的例外与补充，是基于公正与效率、惩治犯罪与保障人权的价值权衡和选择。根据联合国人权事务委员会发表的《第13号一般性意见 第14条(司法)》，进行刑事缺席审判并不违背《公民权利和政治权利国际公约》第14条第3款关于出席法庭审判权的规定。

此外，对于潜逃境外的被告人，如果要追回外逃资产，根据《联合国反腐败公约》第57条第3款第1项的规定，原则上要有对犯罪人定罪的生效裁判。在此情况下，对席审判无疑也成为一种障碍，尤其是近些年来我国腐败犯罪形成高发态势，党中央在坚持从严治党、廉洁治理的理念下，加强了反腐败的力度，大刀阔斧地进行了监察体制改革。与这一重大体制改革相呼应，保证国际追逃追赃工作顺利进行可谓刻不容缓。基于此，我国于2012年增设了犯罪嫌疑人、被告人逃匿、死亡案件违法所得没收程序(以下简称违法所得没收程序)，于2018年又增设了刑事缺席审判程序。违法所得没收程序和刑事缺席审判程序有所区别，但该程序也是在被追诉人缺席的情形下进行的，因此广义而言也属于缺席审判程序。显然，违法所得没收程序和刑事缺席审判程序的出台标志着我国刑事审判模式由过去单一的对席审判模式发展为对席审判与缺席审判并存的二元化审理模式。刑事缺席审判制度建立以后很大程度上解决了以往司法实践中由于被告人无法到庭而导致无法定罪量刑、及时作出判决的问题，一旦刑事缺席审判的判决生效，就从法律角度确定了被告人的罪犯身份，将潜逃人员定性为“生效判决的有罪人员”，我国提出引渡等国际司法协助请求也有了更权威的依据，缔约国也有了协助引渡等司法活动的义务，无疑更加有利于我国追回外逃赃款。

二、我国现行职务犯罪案件刑事追究程序的缺陷

应该说，由《监察法》和《刑事诉讼法》构成的我国现行职务犯罪案件刑事追究程序，为构建不敢腐、不能腐、不想腐的长效机制提供了坚强法治保障，也推进了我国反腐败斗争进程。① 但如果对现行职务犯罪案件的刑事追究程序细加考察，不难发现目前的追究程序仍然存在诸多问题尚待解决，具体而言主要体现在以下几个方面：

(一)现行职务犯罪案件刑事追究程序缺乏系统性

目前关于职务犯罪案件的规定繁多且分散在《监察法》《刑事诉讼法》两部法律之中。监察委员会管辖的案件适用“调查—公诉”模式，在此模式下职务犯罪案件只有进入审查起诉阶段才真正意义上启动了刑事追究程序，而此前由监

---

① 姜涛：《国家监察法与刑事诉讼法衔接的重大问题研究》，载《南京师大学报》(社会科学版)2018年第6期，第101页。

察委进行的调查活动并不属于刑事追究程序。换言之,“调查—公诉”模式意味着职务犯罪案件追究程序演变为一种刑事司法程序与非刑事司法程序并存的混合程序,职务犯罪案件追究程序的性质也因此变得模糊。职务犯罪案件本身毋庸置疑属于刑事案件,就案件性质而言,职务犯罪刑事案件的处理理应适用刑事司法程序,但“调查—公诉”模式的构建和适用导致职务犯罪案件的处理程序在属性上呈现分裂状态,同时在程序衔接方面不可避免地出现诸多冲突和难题,也导致职务犯罪案件追究程序自身体系性的缺失。以监察立案与刑事立案的衔接问题为例。监察立案的对象包括违纪违法案件和职务犯罪案件,职务犯罪案件作为监察案件立案并不意味着作为刑事案件立案了,因为调查阶段不属于刑事司法追究程序。《刑事诉讼法》第 170 条规定,当监察调查结束后,监察委员会将案件移送至人民检察院进行审查起诉,若该案件在调查阶段已经采取了留置措施的,则检察机关应当对犯罪嫌疑人先行拘留,并决定是否采取逮捕、取保候审或监视居住等刑事措施。整个程序中,职务犯罪案件并没有作为刑事案件进行立案就进入了审查起诉阶段。仅有监察立案而无刑事立案的情形下,刑事诉讼程序的开启显然是缺乏理论依据的,被调查人也无法转为犯罪嫌疑人,起诉权的行使与犯罪嫌疑人权利保障均无法适用《刑事诉讼法》规范。

(二)现行职务犯罪案件刑事追究程序缺乏自洽性

根据现行《刑事诉讼法》的规定,人民检察院在对诉讼活动实行法律监督中发现司法工作人员利用职权实施犯罪的,可以由人民检察院立案侦查。对于公安机关管辖的国家工作人员利用职权实施的其他重大的犯罪案件,需要由人民检察院直接受理的时候,经省级以上人民检察院决定,可以由人民检察院立案侦查。而除此之外的其他行使国家公权力的公务人员实施的职务犯罪行为皆由监察委员会进行调查。

据此,我国现行职务犯罪案件刑事追究程序的启动主体有两个,一为监察委员会,二为人民检察院。事实上,无论是由人民检察院负责侦查的职务犯罪还是由监察委员会进行调查的职务犯罪,归根结底在性质上都是触犯《刑法》并应当追究刑事责任的职务犯罪行为。在对这些涉嫌职务犯罪的行为进行刑事追究的过程中,无论是被调查对象还是被侦查对象,在被追究刑事责任的过程中都应当具有同样的地位、享有同样的权利、承担同样的义务,对涉嫌职务犯罪行为进行追究的国家公权力也应当受到同样的规制,唯有如此才能够达到逻辑上的自洽。然而,如果把侦查阶段的犯罪嫌疑人与调查阶段的被调查人所享有的权利义务进行对比,就会发现二者在法律地位以及所享有和承担的权利义务上存在明显的差异。譬如,在检察机关“侦查—公诉”模式下,犯罪嫌疑人在侦查机关即被赋予了委托辩护律师的权利,但同样属于职务犯罪案件,在监察调查的过程中被调查对象却缺少了聘请律师、申请取保候审、要求解除强制措施等权利。调查程序完全排除律师介入,此举显然不利于实现对监察委员会的有效监督,易导致调查权膨胀,当事人的合法权益无疑也将难以保障。[①] 同为涉嫌职务犯罪的公职人员,但在进行刑事追究的过程中却对其进行差别对待,其依据何在?合理性在哪里?"侦查—公诉"和"调查—公诉"这两种不同追究模式之间的程序规则不统一的状况,无疑意味着我国职务犯罪案件刑事追究程序尚未形成有机统一的整体,导致出现"同性质犯罪、异处理模式"的情形,违背了"同等情形同等对待"这一关于形式正义的基本要求。导致法律体系之间产生矛盾、冲突,最终影响职务犯罪案件刑事追究程序的自洽性。

(三)现有相关规定有待完善与细化

1. 调查活动中强制措施适用程序笼统

《监察法》赋予监察机关对职务犯罪案件的调查权,监察委员会可以采取讯问、留置等 12 项调查措施,这些措施的行使直接关系到被调查对象的人身、财产等权利的保护问题,但《监察法》并未进一步规定强制措施的具体实施程序规范,如留置场所的规范性问题等。缺少合法程序的规范,极易导致公权力越界事件发生,从而侵犯被调查对象的合法权益。同时也易形成非法证据,我国长期以来就存在非法证据排除难的问题,调查阶段的公权力越界极有可能影响审判结果,最终侵犯被调查对象的合法权益。[②]

2. 非法证据排除规则的适用有待细化

《监察法》第 33 条明确规定在调查阶段所收集的证据可直接转化为刑事证据适用,这表明监察机关在职务犯罪调查中收集的证据直接影响司法机关在刑事诉讼中对案件事实的查明和刑事责任的认定。同时《监察法》规定调查阶段所收集的证据适用非法证据排除规则,以非法方法收集的证据应当依法予以排除,不得以此为依据处置案件。但从目前司法实务经验看,多数法院、检察院对监察证据存在着"不敢排、不愿排"的现象,谨慎排除、先报告后排除等做法在一定范围内存在,监察证据的排除难度远远大于普通刑事案件。[③] 换言之,尽管《监察法》明确规定了调查证据应当适用非法证据排除规则,但该原则在实践中并未得到良好贯彻,因此,理应细化非法证据排除规则相关规定,增强其可操作性。

---

① 朱孝清:《修改后刑诉法与监察法的衔接》,载《法治研究》2019 年第 1 期,第 11 页。

② 李奋飞:《"调查—公诉"模式研究》,载《法学杂志》2018 年第 6 期,第 30 页。

③ 程雷:《刑事诉讼法与监察法的衔接难题与破解之道》,载《中国法学》2019 年第 2 期,第 18 ~ 19 页。

3. 刑事缺席审判程序有待制定具体适用规则

修改后的《刑事诉讼法》在第五编第三章用了七条法条对刑事缺席审判制度加以规定，内容涉及适用情形、管辖、送达、辩护权、上诉权、异议权等诸多内容。短短篇幅内需要规定上述所有内容，可想而知只能粗泛涉及，对于该内容具体该如何适用于司法实务则仍有待进一步细化与完善。如基于确保被告人自我救济途径的有效落实，刑诉法赋予被告人异议权，即被告人可以无条件对法院作出的缺席审判表示异议，法院基于该异议必须重新启动审判，此时，缺席审判结果失去法律效力。该异议权的规定虽然在最大限度上保障了被告人的权利，可是容易导致司法效率低下、给了被告人钻法律漏洞的机会，如被告人可在收到传票后拒不回国，待缺席审判结束后，若判决结果符合其利益，则接受执行，若不符合其利益，则行使其异议权，要求重新审判。[①] 如《刑事诉讼法》为保障国际追逃追赃工作的顺利进行，设立了违法所得没收程序与刑事缺席审判程序，二者一定程度存在竞合，但又各自有其独立意义，《刑事诉讼法》未对两项程序的具体适用情况进行区分，导致司法实务缺乏理论引导，程序适用混乱。

三、我国职务犯罪案件特别程序的具体构建

如前所述，我国现行职务犯罪案件刑事追究模式在程序的体系性、自洽性、有效性和周密性上都还有比较明显的问题，为了从根本上解决上述问题，笔者主张构建独立的职务犯罪案件特别程序，制定《特别程序法》，所有职务犯罪案件统一适用该《特别程序法》(《特别程序法》未作规定的适用一般法，即《刑事诉讼法》)。具体而言，该特别程序构建如下：

(一)职务犯罪案件特别程序适用新的一元启动模式

国家进行监察体制改革，明确将职务犯罪案件的管辖权赋予监察委后，2018 年 10 月，全国人大常委会审议通过了《关于修改〈中华人民共和国刑事诉讼法〉的决定》。修改后的《刑事诉讼法》依旧保留了检察机关部分职务犯罪案件的侦查权，这表明目前我国对于职务犯罪案件刑事追究程序的规定是从传统的“侦查—起诉”的一元启动模式变成了“侦查—起诉”模式和“调查—起诉”模式并存的二元启动模式，即对一部分职务犯罪案件采取侦查措施，一部分职务犯罪案件采取调查措施。而在侦查和调查过程中因涉嫌职务犯罪而被追究的对象之间的法律地位、权利与义务都有着极大的差别，导致了事实上的不平等对待，有违法律的公平正义原则。笔者认主张对于职务犯罪案件应该适用统一且独立的程序，所有职务犯罪案件均由同一个主体——监察委员会负责启动刑

---

① 甄贞、杨静：《缺席审判程序解读、适用预期及完善建议》，载《法学杂志》2019 年第 4 期，第 120 页。

事责任追究程序。也即将《监察法》中关于调查职务犯罪案件的内容和《刑事诉讼法》中关于侦查职务犯罪案件的内容剥离,制定《特别程序法》用以专门调整职务犯罪案件的刑事追究模式,赋予监察委针对全体公职人员违纪违法调查权及职务犯罪刑事调查权。构建一个一元启动且独立的职务犯罪案件特别程序的意义在于:其一,积极回应党中央开展监察体制改革、全面从严治党、严惩腐败的战略方针,凸显职务犯罪案件刑事追究程序对于国家治理以及法治反腐的重要意义,增强职务犯罪案件刑事追究程序的权威性和震慑力。其二,扭转职务犯罪案件二元启动模式所导致的"同性质犯罪,异处理模式"局面,实现国家监察体制改革试图将我国"多头分离、并行运行"的分散式反腐模式运行情况进行梳理、调整的初衷,真正落实《监察法》第3条所规定的"公职人员全覆盖",实现职务犯罪案件刑事追究程序的统一性和公正性。其三,有效化解目前立法状况之下由于职务犯罪案件刑事追究程序横跨不同性质的法律而导致的内在冲突和矛盾,理顺职务犯罪案件刑事追究程序的内在逻辑关系,最终形成一个统一、自洽、完善的法治反腐体系。其四,彻底消除检察机关多年来因"集自侦、自捕、自诉于一身"而备受诟病的痼疾,使检察权能在运行方式上更多地彰显司法属性,更超脱地履行诉讼监督职能。同时使监察监督与检察监督的关系真正得以理顺,即检察监督所针对的对象为法律实施的过程与行为(对事),而监察监督所针对的对象则为全体公职人员(对人)。

(二)监察委实行双轨制调查模式

从我国现有法律规定来看,监察委享有调查违纪违法案件和调查职务犯罪案件的复合型权力,监察委员会可以对被调查对象采取讯问、留置等12项调查措施,其中最为公众所关注的就是新增的留置措施。根据《监察法》第22条的规定,留置措施的适用对象为"涉嫌贪污贿赂、失职渎职等严重职务违法或者职务犯罪"的被调查人以及"涉嫌行贿犯罪或者共同职务犯罪的涉案人员",由此可见,无论是违纪违法行为还是职务犯罪行为都有可能被适用留置措施,但违纪违法行为和职务犯罪行为明显存在本质上的差异,社会危害性不能相提并论。按照公法上比例原则的要求,公权力的适用应当同时遵循"适当""必要""均衡"等三个子原则,即公权力的动用不仅要采用正确的有助于实现法定目的,而且应当尽可能采取最温和的,导致最少侵害的方式。与此同时,公权力对公民个人权利的侵害与所要达到的社会利益应当保持比例均衡。据此,监察委员会在监察调查过程中,理应根据调查对象涉嫌非法行为的性质、社会危害性大小以及人身危险性程度的不同采取不同的调查措施和手段。留置作为一种剥夺人身自由的调查措施,理应受到更加严格的限制。但从《监察法》第22条之规定来看,显然有违比例原则。

基于此,笔者认为监察委内部应当进行双轨制改革。在同一主体享有或行使多种权力时,为了促进不同程序目的、程序功能的有效实现,应当遵循程序分离原则。[①] 在机构内部遵循程序分离原则的典型权力机关是公安机关。公安机关同时享有行政权与刑事侦查权,二权力存在本质上的区别。为规范公权力的行使,防止权力滥用现象发生,公安机关根据不同的权力性质在内部分别设立了不同的内部机构,如治安管理大队、刑事侦查大队等,各部门间相互独立、互不干涉,保证公权力在轨道内运行。笔者认为,监察委员会可以借鉴公安机关的做法,通过内部机构或办案机构的分立,区分监察委调查中的不同调查事项,确立双轨制的调查体制。具体而言即指在保留党的纪律检查委员会并与监察委员会合署办公,赋予监察委员会对公职人员腐败案件统一行使调查权的前提下,在监察委员会内部设置两个相对独立的部门:一是政纪调查部,二是刑事调查部。前者统一行使党纪政纪调查权,后者则行使刑事调查权。[②] 不同的调查权力遵循不同的调查程序,在贯彻程序分离原则的同时加强内部程序之间的衔接。

1. 程序分离

贯彻程序分离原则有助于促进监察机关依法履职,规范权力运行;也有助于提高办案质量,强化国家对腐败行为的治理。具体而言,基于违纪违法调查与职务犯罪调查在程序性质、程序目的、程序结果方面的差异,将二者进行程序主体、程序事项及法律依据上的分离。[③] 监察委内部设立初查部门对职务案件进行初查,然后按照案件性质立案后,将案件分别分流至政纪调查部、刑事调查部。两调查部门相互区分、相互独立、地位平等,不得出现程序混淆、程序规避的行为。政纪调查部依据《监察法》对案件进行调查后,由监察委内部处置机关按照所查明的事实作出撤销案件、党纪处理、检察建议、处分等决定。刑事调查部依据《特别程序法》调查案件后,依法作出撤销案件或移送检察院审查起诉的决定。两调查部由于案件性质的不同,其所适用的强制措施也不同,如留置措施只可由刑事调查部适用,而对于情节严重的违纪违法案件被调查人,可考虑增加限制人身自由的调查措施,类似于普通刑事案件追究程序中所适用的取保候审措施。在程序分离原则之下,不同性质案件的处理应当遵循不同的法律程序,不同法律程序之间不可相互越界、相互混淆。[④] 将不同权限划归于不同部门

---

① 季卫东:《法律程序的意义——对中国法制建设的另一种思考》,载《中国社会科学》1993 年第 1 期,第 93 页。

② 陈瑞华:《论监察委员会的调查权》,载《中国人民大学学报》2018 年第 4 期,第 19 页。

③ 冯俊伟:《国家监察体制改革中的程序分离与衔接》,载《法律科学》2017 年第 6 期,第 66 页。

④ 同上。

行使，有利于不同性质的调查行为更加规范化，同时也避免了两种权力之间的混淆运用而造成的对公民权利的侵害。

2. 程序衔接

我国监察体制改革的重要目的就是通过非刑事手段和刑事手段并用，形成反腐败的合力。① 因此，为了加强不同调查主体的通力合作，形成打击腐败犯罪的制度合力，在强调监察委内部程序分离的同时，还应当重视政纪调查与职务犯罪调查之间的程序衔接。

一是明确案件转化标准。由于两类案件的性质以及对于国家、社会的危害程度不同，当在违纪违法调查中发现涉嫌犯罪的，应当及时将案件移交至刑事调查部，不得继续进行调查；而当在职务犯罪调查过程中发现政务违纪违法的，也应当及时移交政纪调查部。

二是明确案件交叉时的办案原则。当某一案件既涉嫌政务违纪违法也涉嫌犯罪的情形时，视具体情况有以下办案原则可以采取。第一，分别调查。如果政务违纪违法行为和涉嫌犯罪行为属于不同行为时，原调查部应当及时将另一性质案件线索移送给相应部门。第二，协助调查。如果被调查人的政务违纪违法行为和涉嫌犯罪行为属于同一行为，在政纪调查部将案件移送至刑事调查部后，刑事调查部可以要求政纪调查部协助调查，但政纪调查部工作人员不得使用刑事强制手段（《特别程序法》中规定的可对被调查人采用的强制措施等），这一原则实质上是确立了同一涉案事实刑事处理优先的原则。因此，此处说的协助调查仅限于政纪调查部协助刑事调查部进行案件调查的情形。

（三）细化完善职务犯罪案件调查程序及权利保障机制

1. 细化完善关于留置措施的规定

留置措施的适用对于防止被调查人销毁证据、隐瞒行踪，保证案件调查程序的正常进行具有重要作用，但作为一项剥夺人身自由的措施，如果在适用过程中缺乏适当规制则可能造成对被调查人人权之不当侵害。因此，如何实现对留置措施的有效规制，以达到监察调查与人权保障的价值平衡，是需要进一步深入考量的问题。② 首先应当明确该措施的行使主体及适用对象，考虑到留置措施完全剥夺被调查人的人身自由，基于比例原则，应当仅由监察委刑事调查部监察人员针对涉嫌职务犯罪行为人行使，违纪违法调查部监察人员不可作为行使主体，违纪违法行为人也不可成为适用对象。其次应当限制留置场所，目前留置场所主要有二，分别为原“两规”场所及将看守所部分设施进行改造后形

---

① 吴健雄：《监察委员会的职能定位与实现路径》，载《中国党政干部论坛》2017 年第 2 期，第 11 页。

② 屈超立、慈海威：《留置措施的法制化研究》，载《理论探索》2018 年第 6 期，第 110 ~ 113 页。

成的留置专区。笔者主张建立统一的留置场所,对场所设备及管理人员进行规范,贯彻留置过程全程录音录像的规定。在对被调查人进行抓捕后应立即送往留置场所,进入留置场所之前对被调查人进行体检,最大限度保障被调查人的合法权益。最后,笔者主张增加设置限制被调查人的人身自由的强制措施,在被调查人人身危险性未达到留置程度或满足留置条件但被调查人存在怀孕、生活无法自理等特殊情况下时可适用限制人身自由的措施或适用留置的替代性措施。

2. 加强对被调查人的权利保障

职务犯罪案件中被调查人权利保障程度的高低是衡量反腐工作法治化水平的重要尺度。在《特别程序法》的制定过程中,应当参照刑事司法准则,贯彻"国家尊重和保障人权""不得强迫任何人自证其罪""未经法院判决不得确认其有罪"的刑事诉讼法原则,保障被调查人陈述的自愿性,赋予适用留置等措施的被调查人获得律师、近亲属及其委托代理人帮助的权利,这是作为"法治生命线"的公正原则的必然要求,是推进社会主义法治体系的具体体现,也是顺应国际职务犯罪调查准则的趋势所在。在域外设置反腐败专门机构的国家和地区,赋予职务犯罪调查阶段的被调查人聘请律师的权利几乎已成为通例。如新加坡反贪专门机构的侦查权受专门法律和刑事诉讼法的同时规制,犯罪嫌疑人的诉讼权利不因反贪而缺位;我国香港地区《保护所有遭受任何形式拘留或监禁的人的原则》第 11 项规定"被拘留人应有权为自己辩护或依法由律师协助辩护"。① 但同时,考虑到职务犯罪案件属于权力型犯罪、智能型犯罪等特殊性,以及当下严惩腐败、从严治党的严峻形势,律师在调查阶段的权利应当与普通刑事案件有所区别,譬如,可以考虑延续 2012 年《刑事诉讼法》之规定,对于重大职务犯罪案件的律师权利设置一定的条件,对于特别重大贿赂犯罪案件,在调查期间辩护律师会见在押的犯罪嫌疑人,应当经调查机关许可,调查机关应当事先通知看守所。

3. 细化完善刑事缺席审判程序的相关规定

《刑事诉讼法》于 2018 年修改时增设了刑事缺席审判程序一章,在法律规定的几种特殊情况下可在被告人不出庭的情况下启动审判程序,进行刑事缺席审判。该措施在一定程度上提高了诉讼效率,尤其有利于及时惩治潜逃境外的职务犯罪被告人,保障国际追逃追赃工作的顺利进行。应该说刑事缺席审判程序是职务犯罪案件特别程序的重要组成部分,但是 2018 年《刑事诉讼法》关于缺席审判制度的规定无疑较为粗疏,还需要进一步细化和完善。譬如,就缺席

① 徐汉明、张乐:《监察委员会职务犯罪调查与刑事诉讼衔接之探讨——兼论法律监督权的性质》,载《法学杂志》2018 年第 6 期,第 10 页。

审判程序的适用条件而言,对于在审理过程中发现的有可能判处死刑的案件,基于死刑对人身权利强制剥夺的特殊性,同时考虑到"死刑犯不引渡"原则,对该类案件就不宜适用缺席审判程序。同时,对于前文所提及的被告人异议权的问题,为避免被告人滥用权利、拖延诉讼,也应当对其在次数、效力、理由上进行限制。[①] 如被告人提出异议的,由人民法院决定是否重新开庭审理,法院审查期间不停止执行,改变被告人异议直接导致重新审判的局面,若法院查明被告人有正当理由未出庭的,应当允许对其进行重新审判。

值得注意的是,此外,同为职务犯罪赃款赃物的追逃手段,违法所得没收程序和刑事缺席审判程序是有所区别的,二者不能相互取代,对此应当通过司法解释的方式对二者的适用做出更明确清晰的规定。就程序所针对的对象而言,违法所得没收程序直接针对的对象为涉案财物,而刑事缺席审判程序直接针对的对象为被告人的刑事责任和涉案财物。从被告人是否脱逃出境的角度考虑,对于有确切证据证明被告人在境外的腐败案件,应当适用刑事缺席审判程序,而对于没有确切证据证明被告人已潜逃境外或无法确定出境后的具体情况的,应当适用违法所得没收程序。就程序的启动标准和证明标准而言,由于刑事缺席审判程序涉及对被告人的定罪量刑问题,可能存在限制、剥夺被告人的人身自由的情况,因此,其程序启动标准及证明标准都应当要高于违法所得没收程序,以在程序上保障被告人的合法权益。此外,二程序之间还可以转化,如已适用违法所得没收程序后,有确切证据证明被告人潜逃境外、需要追究其刑事责任的,可适用刑事缺席审判程序。而对于正在进行中的刑事缺席审判程序,若有确切证据证明被告人身处国内或在审判期间潜逃回国的,应当终止缺席审判程序,转为普通程序审理,而被告人仍不肯出庭的,转为违法所得没收程序,对其财产进行处置。[②]

(四)严格适用非法证据排除规则

非法证据排除规则对于遏制非法取证行为、保障当事人合法权益具有非常重要的意义。《监察法》第 33 条明确规定了调查阶段所收集的证据适用非法证据排除规则,然而由于监察委员会的特殊性质以及该规定过于笼统,导致对调查证据适用非法证据排除规则的规定在实务中并未得到良好贯彻。要使这一规则真正得到落实,可以考虑从以下几个方面着手:

一是监察委内部设置专门的证据合法性审查部门。《监察法》第 33 条规定,"以非法方法收集的证据应当依法予以排除"。但在职务犯罪案件的监察调

① 甄贞、杨静:《缺席审判程序解读、适用预期及完善建议》,载《法学杂志》2019 年第 4 期,第 122 页。

② 万毅:《刑事缺席审判制度立法技术三题》,载《中国刑事法杂志》2018 年第 3 期,第 30 页。

查过程中,寄希望于刑事调查部自觉适用非法证据排除规定无疑是不太可取的,笔者建议监察委内部建立专门的证据合法性审查部门,与刑事调查部相对独立,如果被调查人对证据的合法性提出申诉或争议,即由专门的证据合法性审查部门进行审查,通过调取录音录像,询问被调查人和调查人等方式对证据合法性进行认真审查,确保证据审查过程独立、公正。该部门对证据进行审查后,被界定为非法证据的不得作为案件证据移送审查起诉,应当依法予以排除。

二是在《特别程序法》中规定非法证据排除规则适用于职务犯罪案件审查起诉和审判阶段,为严格落实非法证据排除规则提供明确的法律依据。具体而言,明确规定,"对于监察机关移送的案件,审查起诉、审判时发现有应当排除的证据的,应当依法予以排除,不得作为起诉决定和判决的依据。"同时规定,人民检察院可以提请人民法院通知有关监察人员或者其他人员出庭说明情况;人民法院可以通知有关监察人员或者其他人员出庭说明情况。经人民法院通知,有关人员应当出庭。

(五)增强检察监督力度

《特别程序法》与《刑事诉讼法》之间是特殊法与一般法的关系,但二者在法律性质上是一致的,即都属于刑事程序法。监察委对于职务犯罪案件的调查程序也因此自然而然地纳入刑事司法轨道,在刑事司法活动中,检察机关作为宪法规定的法律监督机关,应当依法对司法活动行为进行法律监督。因此《特别程序法》应当明确检察机关对监察委员会的立案监督权和调查监督权。监察委在职务犯罪案件刑事追究过程中应当接受检察机关的监督。[①] 如在调查立案时,发现存在应当立案而不立案的案件后,检察机关可要求监察机关说明不立案的理由,若理由不成立的,应当通知其立案。而在调查过程中,若发现监察机关适用非法手段取证或者刑事调查部以刑事手段介入违纪违法调查过程的,应当及时通过检察建议等方式制止该行为等。

四、结语

大力打击职务犯罪为贯彻从严治党的战略方针所需,也为建立公正廉洁的国家服务体系所需。2018 年《监察法》的出台以及《刑事诉讼法》的修改围绕我国职务犯罪案件刑事追究程序做出了有益的探索,但是客观上依然存在诸多问题。基于此,笔者冒昧提出构建单行的《职务犯罪案件特别程序法》的主张,以期化解法律冲突,厘清监察监督与检察监督的关系,构建国家反腐体系的法治化程序并对我国刑事司法体系的完善有所裨益。

---

① 朱孝清:《国家监察体制改革后检查制度的巩固与发展》,载《法学研究》2018 年第 4 期,第 10 页。

监察留置与刑事强制措施的衔接问题研究

周　新*

摘　要　监察体制改革是现阶段我国一项事关全局的重大政治改革，而留置措施的法治化乃监察体制改革中的一项重要内容。有必要将监察留置措施与刑事强制措施的衔接问题置于权力制约和人权保障的双重视角下予以考察。改革者应遵守权力制约与权利保障两个思路，从程序构建与细化出发，实现两种措施在审查主体、审查方式、外部制约机制、适用条件、人身拘束力和羁押场所等方面的全方位的衔接。

关键词　监察留置　刑事强制措施　程序衔接　人权保障

一、问题的提出

随着国家监察体制改革试点的有序开展，迄今为止，国家监察体制改革取得了重大成果。“要健全国家监察组织架构，形成全面覆盖国家机关及其公务员的国家监察体系。”①随着《中华人民共和国监察法》（以下简称《监察法》）的制定与《宪法》的再次修改，我国监察机关已经成为一类与行政机关、司法机关并列的“宪制机关”，形成了“一府两院一委”的国家机关格局，这已使现行国家政治与法律制度产生了巨大变革。监察权的出现对现有国家权力的横向及纵向格局产生了重要影响，权力配置及衔接问题在法制体系中必然得以显现，或引起法律的创制及废、改、立等问题。②

监察体制改革后，针对职务犯罪案件的监察调查实质上替代了改革前由检察机关行使的职务犯罪侦查。③ 由于职务犯罪的办理必须经过检察机关审查起诉、审判机关最终判决，不能仅由监察机关决定。从结果来看，职务犯罪案件办理已经由“侦查——审查起诉”模式转变为了“调查——审查起诉”模式，这必

---

* 周新，广东外语外贸大学法学院副教授。

① 中共中央文献研究室：《习近平总书记重要讲话文章选编》，中央文献出版社、党建读物出版社2016年版，第376页。

② 童之伟：《将监察体制改革全程纳入法治轨道之方略》，载《法学》2016年第12期。

③ 陈卫东：《职务犯罪监察调查程序若干问题研究》，载《政治与法律》2018年第1期。

然涉及不同程序之间的衔接问题。[①] 2018年,全国人大修订《刑事诉讼法》的重点之一便是监察制度与刑事诉讼制度的衔接。其中,不可忽视的是监察措施与刑事强制措施的衔接问题。

根据党的十九大"依法赋予监察委员会职责权限和调查手段,用'留置'取代'两规'措施"的精神,《监察法》第四章规定了包括留置在内的12类涉及职务犯罪的调查措施。虽然在一定程度上这些"调查措施"与《刑事诉讼法》规定的刑事侦查措施与刑事强制措施存在相似性与可比性,但由于"监察委员会是实现党和国家自我监督的政治机关,其性质和地位不同于行政机关、司法机关",[②]因而这部分职务犯罪调查措施并非由《刑事诉讼法》直接规定,也不受《刑事诉讼法》的直接规制。当下,对于监察措施尤其是留置措施的研究多从监察工作本身入手,或者仅从某个微观视角去探讨其合法性与合理性,缺乏宏观视域下的价值分析和理论指引。质言之,从一个宏观的视角对该程序衔接展开深入而全面的研究,不仅有助于理顺职务犯罪案件办理的实践程序,也对监察体制改革本身有着举足轻重的意义。

纵观人类社会发展的历史,每一次重大的社会变革都建立在人们的思想观念发生重大转变的基础之上。时至法治观念深入人心、法治理念全面贯彻的当下,只有在法治理念的指引下,法制领域的制度改革才能有明确的方向,才不至于在制度运行中产生混乱。程序法治一方面强调程序自身的独立价值,另一方面要求确保程序设置的严谨性。为明确监察机关开展职务犯罪调查的具体权限,推动监察工作的法治化,有必要将剥夺被调查人人身自由的留置措施置于程序法治精神的视域下予以考察,在此前提下,有关留置措施定位及其与刑事强制措施衔接等问题的探讨方得以展开。

二、监察法与程序法治精神之耦合

程序法治的核心价值在于以程序约束权力,确保公权力的规范运行,保障公民权利不受非法侵害。可以说,现代刑事诉讼制度的进步在立法上的直观表现之一,就是对侦查权的规范性限制以及对审判权的制度性保障,这是诉讼模式由"纠问式"向"对抗式"转变的必然要求。同样,在监察体制改革后,监察机关行使的监察权亦需予以规范化限制,一系列监察体制机制的构建已然体现出程序法治的要义之所在。监察体制改革重在"治本",意在将反腐败成果制度化、法治化,把权力关进制度的笼子里。完善的监察体制是国家治理能力现代化的保证,也是国家治理能力现代化的体现。建立集中统一、权威高效的监察

---

① 李奋飞:《"调查—公诉"模式研究》,载《法学杂志》2018年第6期。

② 闫鸣:《监察委员会是政治机关》,载《中国纪检监察报》2018年3月8日,第3版。

体系既是我国治理现代化建设的迫切要求,更是我国历史发展的必然。“监察体制改革将促进我国的反腐败工作进一步法治化,彰显党在宪法和法律范围内活动的原则。”①

新设立的监察委员会不同于以往的纪律检查部门,是一个“法治机关”。它由国家权力机关产生,《监察法》对其予以职能授权和程序规范,将实现预防、治理腐败“有法可依”。由人大产生的监察委属于国家机关的性质,一方面提高了监察委的地位,另一方面也解决了纪委监察的合法性问题。同时,由纪委行使的监察、调查职能也转由监察委行使,这样就将监察权的行使纳入了法治的轨道,实现了“纪法衔接与纪法并治”。就留置措施而言,其创设可谓是程序法治精神在反腐败领域的集中体现,解决了“双规”作为党纪调查手段可能“游离”于正当程序之外的困境,实现了党纪与国法的有效衔接。《监察法》显然具备程序法的基本特征和实质要义,将关涉公民重大人身权利的留置措施的运用置于程序正义理念的约束之下乃是法治进步的应然之举。当然,有关留置措施的立法规定尚显原则化,需要以规范解释的方法予以细化,确保程序公正价值在整个职务犯罪追诉机制中的贯彻落实。

从根本意义上讲,监察调查程序与司法程序的衔接、证据的衔接以及强制措施的衔接等问题最终落位于监察制度设置与国家刑事诉讼程序制度如何协调衔接的问题。②《刑事诉讼法》作为刑事司法领域中落实《宪法》中“人权保障条款”的基本法,集中体现着程序公正的本质要求:确保公权力的规范运行,保障被追诉人的诉讼权利。从监察体制构建的基本框架来看,职务犯罪监察调查程序作为独立的制度设置,旨在实现与刑事司法程序的适度分离,《刑事诉讼法》的条文规范在实然层面上不能适用于前者,但是,从隐性含义的角度来看,《监察法》的颁布与监察委员会的建立并不完全排斥《刑事诉讼法》之程序规则要素在监察调查程序中的适用。③

其一,《监察法》中的许多规定尤其是有关调查措施的规定在不同程度上吸收了《刑事诉讼法》的内容,甚至直接来自《刑事诉讼法》。根据《监察法》第四章的规定,涉及职务犯罪的调查措施主要有以下分类:谈话,讯问,询问(证人),留置,查询、冻结(存款、汇款、债券、股票、基金份额等财产),搜查,调取,查封,扣押(财物、文件和电子数据等信息),勘验检查,鉴定,技术调查措施,通缉和限制出境。其中,除谈话与限制出境未见于《刑事诉讼法》中以外,其余均与《刑事

① 郝铁川:《监察委员会设立的法理透视》,载《法制日报》2017 年 1 月 18 日。

② 龙宗智:《监察与司法协调衔接的法规范分析》,载《政治与法律》2018 年第 1 期。

③ 陈卫东、聂友伦:《职务犯罪监察证据若干问题研究——以〈监察法〉第 33 条为中心》,载《中国人民大学学报》2018 年第 4 期。

诉讼法》中的刑事侦查措施、刑事强制措施的规定大体相似,甚至直接脱胎于《刑事诉讼法》中的相关制度。换言之,《刑事诉讼法》中的部分程序标准被直接转化、吸收进了《监察法》。[①]

其二,与《刑事诉讼法》相一致,《监察法》也为上述12类调查措施设置了程序性的规制措施。如《监察法》规定了对调查过程进行录音录像,[②]再如为各类调查措施设置了禁止性规范。[③] 此外,在总则部分,《监察法》还设置了“保障当事人合法权益”的原则,为当事人基本权利的保障提供法律根据。《监察法》通过吸收《刑事诉讼法》中与刑事诉讼审前程序有关的规定并辅以严格的程序性规制措施,使监察委员会的绝大部分调查权得以在法律规定(尤其是程序性规范)的范围与空间内行使,从而与《刑事诉讼法》的规定相符,并在很大程度上保障了职务犯罪调查中当事人的权利。

其三,《监察法》第33条第2款规定“监察机关在收集、固定、审查、运用证据时,应当与刑事审判关于证据的要求和标准相一致。”该条款可谓《刑事诉讼法》隐性适用于监察调查程序最为直接的依据,有助于确立“审判中心”对于监察调查的有效作用力。从职务犯罪案件办理的实践操作来看,监察人员(监察官)除了遵循《监察法》的规定外,还普遍将《刑事诉讼法》及其相关司法解释作为重要的办案参考甚至是办案依据。[④] 这是因为,相对于运行伊始且程序规则不甚完备的《监察法》而言,《刑事诉讼法》从1979年设立至今已运行近40载,期间经历了两次大幅度修改,并随着一系列司法解释予以配套运行,司法实践经验的积累不断上升为立法经验,程序规则要素更显成熟完备。因此,即使从制度、机制层面将监察程序与刑事诉讼程序相剥离,程序法治的现有成果应当也必然体现在职务犯罪的监察调查程序之中。

法治统一性原则要求《监察法》与《刑事诉讼法》在同一法治理念下发挥作用,势必要求监察调查程序与刑事诉讼程序共同遵循权力制约与人权保障的核心法治理念。这不仅仅是一种抽象的术语表达,而是要具化为相应程序规则的构建与应用。在强制措施适用中,权力制约具体落实为包括审查主体规制、审查方式规制、权利对抗和外部制约的一系列程序规则;而权利保障之重点则在于“比例原则”统摄下的条件适用、人身拘束力和羁押场所等方面法的一系列程

① 魏晓娜:《职务犯罪调查与刑事诉讼法的适用》,载《中国人民大学学报》2018年第4期。

② 《监察法》第41条第2款:“调查人员进行讯问以及搜查、查封、扣押等重要取证工作时,应当对全过程进行录音录像,留存备查。”

③ 《监察法》第40条第2款:“严禁以威胁、引诱、欺骗及其他非法方式收集证据,严禁侮辱、打骂、虐待、体罚或者变相体罚被调查人和涉案人员”。

④ 陈卫东、聂友伦:《职务犯罪监察证据若干问题研究——以〈监察法〉第33条为中心》,载《中国人民大学学报》2018年第4期。

序规则。就两类措施的衔接而言,最重要的乃是要解决如何实现这些具体的程序规则之间实现协调对等与平稳过渡的问题,以贯彻法治的融贯性。

应当重申,虽然留置措施的法治化已初步建成了制度基础,但是关于这种法治化的具体内容,尤其是其与强制措施的衔接问题,则仍需予以进一步研究与讨论。具体而言,根据衔接机制的偏重点差异,我们大体可以分为权力制约与权利保障两个思路,分别破解监察留置与刑事强制措施的衔接难题:前者是指协调监察权与检察权的关系,贯彻比例原则,必要时,可以引入外部监督力量;后者是指在充分尊重被调查人的人身和财产权利的基础上,衔接方案需关注衔接条件、拘束力和场所的合理性。

三、权力制约视域下的衔接方案

《宪法》第127条第2款规定,"监察机关办理职务违法和职务犯罪案件,应当与审判机关、检察机关、执法部门互相配合,互相制约"。监察调查程序跨越了刑事立案、刑事侦查等刑事诉讼活动,[①]解决留置措施与刑事强制措施衔接问题,其核心目的便在于对监察调查活动进行有效的配合制约。虽然说在程序和证据的衔接方面,刑事诉讼法以反射渗透的方式作用于监察调查程序,但是在留置措施适用方面,"刑事诉讼法却无法通过这种反射机制发挥影响,这使留置成为一块完全不受刑事诉讼法影响、渗透的'飞地'"[②]。根据比例原则的要求,不难发现我国现有的留置制度还存在较大的完善空间,为达到其与刑事强制措施的"无缝衔接",还需要从适用条件、人身拘束力和羁押场所等方面与刑事诉讼规则相"匹配"。因此,有必要从监察程序自身的构建和细化出发,"主动"应对两类措施的衔接问题,"积极"匹配刑事诉讼的相关规则。

(一)审查主体的衔接

司法权从狭义上来说即是审判权,代表着中立客观的司法审查价值;而侦查权是典型的行政权,代表着重打击、崇尚效率的刑事追诉价值。权力制约在刑事司法领域最为直接的体现是司法权对行政权的制约,以防止追诉权的滥用和对人权的恣意践踏,在限制人身自由的强制措施适用上,"法官保留原则"为世界范围内遵循。根据法官保留原则,限制公民人身自由的措施应当保留给法官决定。联合国《公民权利和政治权利国际公约》第9条规定:"任何因刑事指控被逮捕或拘禁的人,应被迅速带见法官或其他经法律授权行使司法权力的官员。任何因逮捕或拘禁被剥夺自由的人,有资格向法院提起诉讼,以便法庭能不拖延地决定拘禁他是否合法以及如果拘禁不合法时命令予以释放。"

---

① 戴涛:《监察体制改革背景下调查权与侦查权研究》,载《国家行政学院学报》2018年第1期。

② 魏晓娜:《职务犯罪调查与刑事诉讼法的适用》,载《中国人民大学学报》2018年第4期。

当然,基于法治发展的阶段性和我国固有的司法体制背景原因,“法官保留原则”在刑事审前程序中尚未构建起来,《刑事诉讼法》根据“分工负责”原则,“赋予了公安机关、检察机关等侦查机关及侦查人员完全自主的侦查权”①,即将所有侦查行为概括地包含各种强制侦查行为,皆授权由侦查机关及侦查人员自行决定实施。但是,值得留意的是,就逮捕这种人身自由剥夺的强制措施而言,《宪法》及《刑事诉讼法》为其设置了“特有”的权力制约机制,即“任何人未经人民检察院批准或人民法院决定,不受逮捕”。质言之,我国检察机关被赋予法律监督者的地位,并且被定位为司法机关,肩负着守护法律公正的法律监督职能,在侦查环节的逮捕措施适用上实际上履行着“司法审查”的职责。

在监察体制改革以前,检察机关就职务犯罪案件行使侦查权,为了突破“自侦自捕”的困境,其在内设机构上构建了相应的制约机制:划分侦查部门和批捕部门,以寻求权力的适度分离和制约,并且采取了批捕权上提一级的做法。且不论这种路径有多大的局限性,其至少在权力制约方面存在一定的合理性和可行性。反观留置措施,虽然监察部门在意识到该问题的情况下亦将留置决定权上提一级,但是《监察法》并没有对相关权力主体予以充分的区别。因此,为了避免“自查自留”的不利局面,监察留置程序有必要通过相应的规范性解释文件予以细化,将调查部门与留置批准部门予以适度分离,同时在机制构建上以最大化的方式保障后者的独立性,确保转隶前后内设机构设置上的一致性。

(二)审查方式的衔接

在对监察办案主体予以适当分离的前提下,采取何种方式对留置事项进行审查直接关乎留置措施适用的审慎与否,关乎当事人的程序性权利是否得到重视,关乎公权力运行方式是否遵循程序法治。从既往经验来看,书面审查或材料审查——类似于行政化的审批模式——具有很大的局限性,审查者难以做到“兼听则明”,往往被具有较强追诉倾向的批捕意见书与侦查卷宗等带入主观预设。考察检察机关进行审查批捕的制度规定和实践探索,可归纳出以下权力制约的有益经验,以作为相关制度与实践的双重衔接之参考:

其一,注重程序参与,充分听取嫌疑人和律师的辩护意见。现行《刑事诉讼法》规定了“检察院审查批准逮捕时可以讯问嫌疑人”以及符合特定三种情形之一时“应当讯问嫌疑人”,还规定了“辩护律师提出要求的,应当听取辩护律师的意见”的规范,这于很大程度上关注了被追诉方的程序参与权,限缩了检察机关完全依靠书面材料进行封闭性审查的可能性,增强了审查方式的公正性和公开性。因此,有必要在细化监察调查程序时对“程序参与”予以关注,以达致程序

---

① 刘计划:《侦查监督制度的中国模式及其改革》,载《中国法学》2014 年第 1 期。

规制权力之目的。

其二,随着权力制约理念和人权保障理念的深入发展,逮捕审查的司法属性逐步成为"共识"。为了顺应司法程序"诉讼化"改造的趋势,同时也为了"捍卫"检察机关作为中立客观的"司法者"的角色,在不违背"侦查秘密原则"的情况下,多地检察部门在实践中不断探索逮捕诉讼化或逮捕听证的有益经验,以批捕审查程序的公开度、参与度和公正性作为衡量批捕质量的重要标准,并取得了显著成效。[①] 逮捕听证程序要求"两造对立与审查中立"——侦查人员与嫌疑人同时出庭,就逮捕措施适用与否发表意见乃至相互辩驳,辩护律师参与其中并发表意见,检察官就听证内容进行审查判断,作出最终决定。就监察留置而言,虽然监察机关被定位于不同于司法机关的独立角色,但是其行使的留置审查权之实质却为剥夺公民人身自由,属于基本法层面的强制处分,与逮捕批准权并无本质差异。虽然不能苛求监察人员以司法官的标准来行使权力,但是在该特定监察权行使的程序上却仍应然地向司法权靠拢。作为职务犯罪追诉机制的主导者,监察机关应当以留置审批方式的调整或革新为抓手,妥善处理刑事追诉与权利保护之间关系。质言之,监察部门可考虑就特定案件在留置审查中引入听证程序,围绕申请者(调查人员)、审批者和被调查人员的三方主体进行审查机制的合理构建,以最大化的程序保障来回应监察官"权力独大"的质疑。

(三)外部制约机制的衔接

权力导致腐败,绝对的权力将导致绝对的腐败。为了防止因监察留置权的独大而可能产生的弊端,留置权除了从上文所述的内部机制的分离和制约角度进行考量外,还应当构建相应的外部制约机制。监察体制改革以前,检察机关办理职务犯罪案件时集自侦、自捕、自诉三项权力于一身,这种体制设置饱受诟病,为了回应"谁来监督监督者"的强烈质疑,检察机关在既有的宪治体制框架内做了积极的改革尝试,人民监督员制度应运而生。[②] 人民监督员制度是检察机关自觉接受人民群众监督、保障人民群众有效参与司法的重大制度设计。"由作为国家主人的人民群众来监督检察机关行使职权。这恰恰契合了人民主权的宪治理念,也继承了我党依靠群众的光荣传统,顺应了公民参与司法活动的民主潮流。"[③]尤为重要的是,最高人民检察院在自侦权饱受诟病的重压之下,

---

① 张泽涛:《构建中国式的听证审查逮捕程序》,载《政法论坛》2018 年第 1 期。

② 人民群众普遍认为检察机关反腐不力,其根源在于职务犯罪的过程中,外部监督制约机制比较薄弱,透明度不高,存在权力误用甚至滥用的巨大风险。参见谢鹏程:《人民监督员制度的法理基础》,载《检察日报》2004 年 4 月 1 日,第 3 版。

③ 陈卫东:《人民监督员制度的困境与出路》,载《政法论坛》2012 年第 4 期。

通过引入公民参与,重新树立了司法威信,获得了制度创新的重要成果。

同样地,监察机关的职务犯罪监察调查程序从创立之初就不乏理论争议,其最为重要的原因即在于监察机关对涉嫌职务犯罪的案件进行“自查自留”——过于封闭且缺乏外力监督[①]——无论是司法力量还是律师、社会公众均不得窥视其一二,程序的封闭性和权力的任意性风险使得监察权的“民意基础”似乎不甚牢固。因此,为了弥补监察程序自身的结构性不足,有必要借鉴吸收以往检察机关探索的人民监督员制度的有益经验,构建符合监察程序监督规律的民众参与机制,将被调查人不服留置决定的案件作为重要的监督对象,以外部制约的方式顺利契合权力制约的法治精神,这也是确保职务犯罪追诉领域既有创新成果有效继承、延续的必要之举。

四、权利保障视域下的衔接方案

法治理念中的权利保障价值不仅需要在刑事诉讼程序中予以贯彻,还应当体现在监察调查程序中,以彰显法治统一性特征。比例原则是为现代法治国家普遍采用的人权保障“标尺”——国家采取的剥夺或限制公民基本权利的措施必须与其所调查行为的性质和严重程度成正比。[②] 易言之,较高强度的剥夺、限制基本权利的措施只能适用于对较严重行为的调查,对较轻的违法犯罪行为只能适用较轻程度的剥夺、限制措施。如果较低强度的限制措施可以达到法律目的,就没有必要采用较高强度的限制措施。[③]

(一)适用条件的衔接

总体来看,留置措施的有关规定,包括适用后果、程序审批及刑期折抵等,都与《刑事诉讼法》中关于逮捕的规定十分接近。[④] 如果说监察调查实际上发挥着以往职务犯罪刑事侦查的作用,那么监察留置在很大程度上可谓替代了刑事强制措施尤其是逮捕的功能。正如有的学者所言,留置措施与逮捕措施具有相同的实质,仅是不使用“逮捕”之名而已。[⑤] 从应然的角度来讲,功能的等同

---

① 谢登科:《论国家监察体制改革下的侦诉关系》,载《学习与探索》2018 年第 1 期。

② 郝银钟、席作立:《宪政视角下的比例原则》,载《法商研究》2004 年第 6 期。

③ 德国学者将比例原则又细分为三个具体的原则,即(1)妥当性,即所采取的措施可以实现所追求的目的;(2)必要性,即除采取的措施之外,没有其他给关系人或公众造成更少损害的适当措施;(3)狭义的比例性,即采取的必要措施与其追求的结果之间并非不成比例。参见[德]哈特穆特·毛雷尔:《行政法学总论》,法律出版社 2000 年版,第 238 ~239 页。

④ 其一,从留置措施适用的后果来看,留置是一种可能长达六个月的较为严重的限制人身自由的调查措施,与《刑事诉讼法》中逮捕的适用后果类似;其二,《监察法》中对留置的审批程序的规定借鉴了国家监察体制改革前检察机关自侦案件批准逮捕之“上提一级”的做法;其三,留置一日折抵刑期一日,表明留置措施对人身自由的限制与同样可以折抵一日刑期的逮捕措施等同。参见魏晓娜:《职务犯罪调查与刑事诉讼法的适用》,载《中国人民大学学报》2018 年第 4 期。

⑤ 张建伟:《法律正当程序视野下的新监察制度》,载《环球法律评论》2017 年第 2 期。

也需要相同的适用条件予以“匹配”,但是,从《监察法》的实然规定来看,却并非如此。

现行《刑事诉讼法》对于一般逮捕规定了三个方面的适用条件:其一,证据要件,即“有证据证明有犯罪事实”;其二,罪行要件,即对嫌疑人、被告人所实施的犯罪行为有可能判处徒刑以上刑罚的;其三,社会危险性要件,是指嫌疑人、被告人实施对社会造成危害行为的可能。

稍加观察即可发现,监察留置措施不仅可以适用于涉嫌职务犯罪的犯罪嫌疑人,还可以适用于涉嫌严重职务违法的嫌疑人,而非与《刑事诉讼法》中的逮捕一样仅适用于可能被判处有期徒刑以上刑罚的犯罪情节较为严重的犯罪嫌疑人。不难看出,留置措施的适用后果与其适用条件之间是不成比例的。[①] 此外,无论监察留置措施还是刑事强制措施,实际上均是一种人身保全措施,目的均在于保障追诉程序的顺利进行,而非用于预先惩治,其主要考察的适用条件应当是社会危险性的大小。虽然在刑事司法实践中,逮捕存在很大程度上的“功能异化”,可能沦为侦查机关办案的手段和工具,甚至演化成为刑事诉讼中必经的办案阶段,然而,相较于监察法对于社会危险性条件的概要式规定,[②]刑事诉讼法采取了更具有可操作性的列举式规定,直接将其明确为五类特定情形。既然留置措施的权能与逮捕相当,那么在遵循一致的法治精神及基本原则的基础上,就应当在有关留置措施的规范性解释文件中细化其社会危险性或必要性条件,在对被调查人适用留置时应尤其谨慎,以实现与逮捕之功能及条件的双重衔接。

(二)人身拘束力的衔接

是否具备完善的刑事强制措施体系是评判一国刑事法治水平的重要标准,[③]不同种类的强制措施之间在适用上应有轻重的层级区别,各层级的强制措施应具有明显的界限和适用标准,且各层级的强制措施互相衔接,这是强制措施在司法实践中的需求使然,也是比例原则在人身保全措施适用上最直观的体现。在刑事司法领域,我国基本形成了由拘传、取保候审、监视居住、拘留和逮捕等5项措施构成的由轻到重、相互衔接的刑事强制措施体系。[④] 总体而言,该体系基本上满足了确保刑事追诉顺利开展的需求,同时也兼顾了其作为人身权

---

① 梁三利:《留置取代“两规”措施的法治化路径》,载《天津行政学院学报》2018年第1期。

② 《监察法》第22条规定的适用留置措施的四项情形中,第一项实为案情其轻重条件,仅仅第二、三项关涉具体的社会危险性内容,而第四项的规定过于原则性。

③ 王长水、田雅静:《浅议我国刑事强制措施体系的微观重构》,载《河南工业大学学报》(社会科学版)2018年第3期。

④ 陈卫东、聂友伦:《监视居住制度问题研究》,载《贵州民族大学学报》(哲学社会科学版)2016年第4期。

利保护屏障的重要作用。

反观监察调查程序,其对被调查者的人身自由剥夺之措施仅有留置措施一种,缺乏相应的替代性措施,可能导致监察调查程序与刑事诉讼程序衔接时很可能出现基于同一案件却适用不同人身拘束力的保全措施之情况,这既有违常理认知也不合乎法律逻辑。《刑事诉讼法》(修正草案二审稿)规定:“对于监察机关移送起诉的已采取留置措施的案件,人民检察院应当对嫌疑人现行拘留,留置措施自动解除。人民检察院应当在拘留后的十日内做出是否逮捕、取保候审或监视居住的决定。”据此,案件移送审查起诉后,是否采取逮捕、取保候审或监视居住的决定,应由人民检察院独立作出,不受前置之留置决定的约束,羁押与否应当以刑事诉讼法及相关司法解释的规定进行审查认定。

其中,存在问题不外乎以下几点:其一,检察机关依法审查后可能适用取保候审或监视居住,对同一案件却在两类程序中分别适用羁押与非羁押(或准羁押)的措施,将有违公民的心理预设,乃至动摇法治之权威;其二,监察程序中一律适用剥夺人身自由的保全手段不符合比例原则的要求,难以适应不同案情区别对待的要求;①其三,对被调查人人身自由限制的强制力难以进行有效匹配和衔接。为此,监察制度可考虑探索除留置以外的其他类型的人身保全措施,设置与留置相对应的羁押替代性措施,确保比例原则在监察强制措施中的合理贯彻。

(三)羁押场所之衔接

刑事追诉的过程中,被追诉人被采取强制措施后在何种场所予以羁押直接关乎其正当权利能否得到合理保障的问题。对于犯罪嫌疑人、被告人被羁押的场所问题,一般的法学论著往往予以忽略,而不将其作为需要讨论的学术问题。然而,羁押场所直接涉及负责限制公民人身自由的法律主体问题,也与嫌疑人、被告人究竟控制在谁手里这一敏感问题密切相关。② 审前羁押的本质应当是对公民自由权的一种正当性束缚,而审前羁押场所也应当是确保公民保有正当性权利的法定场所。

关于监察留置场所,《监察法》仅概要地规定了“留置场所的设置、管理和监督依照国家有关规定执行。”从留置取代“双规”的法治路径来看,一方面是为了实现监察调查手段的有法可依,另一方面即是为了实现被羁押人员的人权保障。留置场所并非看守所,③实践的做法为利用现有的办案场所和其他场所等,

---

① 周长军:《监察委员会调查职务犯罪的程序构造研究》,载《法学论坛》2018 年第 2 期。

② 陈瑞华:《问题与主义之间》,中国人民大学出版社 2008 年版,第 150 页。

③ 中央纪委国家监委法规室编:《〈中华人民共和国监察法〉释义》,中国方正出版社 2018 年版,第 199 页。

划归为特定的区域进行留置。这些区域主要包括用以实施“双规”的场所,还有监察委员会自设的留置场所,被调查人员的住所,以及指定的宾馆、旅店等场所。监察委员会可以根据谈话、讯问、询问等办案工作的需要,以及保障被调查人员权益的考虑,选择合适的留置场所,并以此合理有效的执行留置以及案件调查。

不起诉外部制约机制研究

李　伟[*]

摘　要　出于保障被害人合法权益、维护司法公信力、规制权力正当运行的需要,需对不断扩大的不起诉裁量权予以制约,检察机关的内部制约机制不免失之机械,故有必要研究外部制约机制。外部制约机制应实现被害人权益、被告人权益、检察官裁量权和司法体制利益的平衡。世界上目前存在以德国的强制起诉和日本的准起诉为代表的法院审查式模式、法国民事诉讼的自诉式模式和日本检察审查会为代表的民意审查式模式,三种模式在制约功能上各有特色。我们司法体制中现有被害人的"公诉转自诉"制度和人民监督员制度可对不起诉处分给予制约,但存在运作不畅和制约无力的问题。综合考虑,我国可借鉴强制起诉制度改造我们的公诉转自诉制度,或借鉴检察审查会制度完善我们的人民监督员制度。

关键词　不起诉　强制起诉　检察审查会　人民监督员

目的刑的兴起带来的对刑罚功能的深刻反思,以及犯罪势头的迅猛增长导致的对刑事诉讼效率的极大关注,引起刑事程序分流实践在世界范围内的广泛开展,而刑事程序分流之重要一环便是检察官起诉裁量权的扩大,不起诉处分的适用。[①] 1996 年修正刑事诉讼法取消免予起诉之时,规定了酌定不起诉和证据不足不起诉。但随着实践的发展,对不起诉的需求也越来越大。2003 年南京市雨花台检察院实行"暂缓不起诉"引发争论,继而带来了暂缓起诉在各地的试点。[②] 2006 年以来宽严相济刑事政策实施促使刑事和解风生水起,无疑都在推动检察机关裁量权的扩大。2012 年刑事诉讼法修改引入了附条件不起诉和刑事和解,2018 年修改刑事诉讼法纳入了认罪认罚从宽,直接效果便是检察机关

---

* 李伟,中央财经大学法学院副教授、副院长。

① 检察官裁量权的发展流变可参见宋英辉、吴宏耀:《不起诉裁量权研究》,载《政法论坛》2000 年第 5 期;周长军:《检察起诉裁量权的国际发展趋势与中国改革》,载《东方法学》2009 年第 3 期。

② 争论见《南方周末》2003 年 4 月 10 日,第 1000 期新闻版,中央电视台 12 演播室"大学生犯罪暂缓不起诉(2003 年 4 月 30 日)",载央视网:http://www.cctv.com/lm/705/12/84772.html,最后访问日期:2017 年 2 月 26 日。相关试点见"北京试行暂缓起诉 减少未成年犯的刑事污点",载搜狐网:http://news.sohu.com/2004/04/25/46/news219944645.shtml,最后访问日期:2017 年 2 月 26 日。

裁量权的扩大,这是检察机关对社会需求的回应,是回复社会关系的积极作为,但要实现良好的社会效果和法律效果还须细致完善的制度设计。

一、不起诉外部制约之必要

不起诉裁量权的正当性不容置疑,然而,“一切有权力的人都容易滥用权力,这是万古不易的一条经验。有权力的人们使用权力一直遇到有界限的地方才停止”。[①] 况且,“检察官囿于法学素养、本身经历,人格特质,甚至人性弱点,致对法理、人情、事理之斟酌未臻通达,甚至违背公益需求,发生应起诉误为不起诉;或别有居心于敏感案件故意将应起诉案件滥权不起诉处分”,[②]若检察官滥权不起诉,则有可能造成放纵罪犯的发生,进而对于被害人的损害亦无法填补,影响刑事司法正义的实现,而更严重的是造成人民对司法的不信任。无怪乎有学者指出,在检察官的职权当中,尤其以不追诉犯罪之决定,如不侦查、不起诉等,最具动摇独立刑事司法的效力。[③] 法治国家的一个典型特征,便是立法上每授出一项权力,就必须同时设立相应的控制权力的制约机制,使权力与权力或权力与权利之间得到充分制约,以防止该项权力被滥用。“哪里有不受限制的自由裁量权,哪里便无法律制度可言。”[④]因此,确立完善不起诉的制约机制,以防止和纠正检察官怠行起诉行为,实属必要。

(一)制约不起诉处分,是控制犯罪的需要

保障人权是现代刑事诉讼的首要目的,但这并不足以排除刑事诉讼为了控制犯罪而存在。现代刑事诉讼构造的一个基本原则就是控诉原则,其核心内涵为“不告不理”,检察官主动负责案件的侦查、起诉,法院则被动地负责案件的审理、判决,检察官虽然负责主动侦查并追诉,但并没有使案件终局确定的权力,审判官虽可使案件确定,但一来受制于不告不理原则,二来受制于审级制度,没有自行启动刑事程序的权力。不起诉处分,理论上及法律上虽然可以再进行侦查起诉,事实上案件却往往因此确定,正如田口守一所言,“检察官被赋予了不提起公诉的裁量权,但是所谓对案件的不起诉处分,意味着丧失了法院审判机会,比如,根据不当的政治考虑,对重要案件作出不起诉处分,或为包庇侦查机关、追诉机关内部犯罪而作出的不起诉处分,那么重要的犯人就可能逃避处罚”。[⑤]

(二)制约不起诉处分,是救济被害人权益的需要

被害人在刑事程序中的地位,经历了由刑罚执行者至追诉发动者而至证人

---

① [法]孟德斯鸠:《论法的精神》(上),张雁深译,商务印书馆 1987 年版,第 154 页。

② 朱朝亮:《检察权之制衡》,载《律师杂志》1999 年第 236 期。

③ 参见林钰雄:《检察官论》,学林文化事业有限公司 1999 年版,第 167 页。

④ 左卫民、周长军:《刑事诉讼的理念》,法律出版社 1999 年版,第 1 页。

⑤ [日]田口守一:《刑事诉讼法》,刘迪等译,法律出版社 2000 年版,第 110、111 页。

的变化。在“以眼还眼,以牙还牙”的时代,被害人凭一己之力实现对犯罪的追诉和刑罚的执行。随对法益认识的变化、人权保障的需要、刑法正确实施的要求,国家公权力介入刑事诉讼,取代被害人进行追诉,以致无论是对抗制还是职权式诉讼模式下,刑事诉讼都是以检察机关和被告人为中心而展开的,作为犯罪行为的直接对象,受害人渐渐成为刑事司法中“被遗忘的人”。[①] 20 世纪六七十年代,随着被害人运动的兴起,被害人的权益逐渐被重视。各国诉讼制度纷纷注重对被害人意见的吸纳,强化被害人对诉讼的参与及其意志的表达。追诉犯罪嫌疑人并处以应当的刑事责任,是被害人对刑事诉讼的当然诉求,如若检察机关滥行不起诉,则不但损害国家的追诉利益,也势必伤害被害人的感情和诉讼利益。[②] 因此,刑事诉讼制度应提供一种程序上的保障,使对不起诉处分不服的被害人或告诉权人有救济的渠道,不至于“有话无处说,有苦无处诉,有冤无处申”。

(三)制约不起诉处分,是增强司法公信力的需要

法治的实现,依赖于人们对善法的信仰;社会的安宁,秩序的维持,取决于人们对司法的信任。人们对法律的感受来自法律实施的过程中,如果公检法人员知法违法、徇私枉法,同罪不同罚、同事不同理,如何让人相信法律?恰如博登海默所说:“当民众从现行法律中找到公平、安全和归属感时,就会对法律充满信任、尊重,觉得自己有法律人格,他就会自觉守法、衷心拥护法乃至以身捍卫法。而当民众从法律那得到的只有压抑、恐惧、冤屈、暴力、显然的不公平,他又怎会信任、自觉服从并且衷心拥护与他利益相悖的法律条文或命令呢?”[③]当下中国,社会分化加剧,因而保障社会公平正义的司法制度,为民众希望之所寄。但司法腐败和司法不公使我国民众对司法制度信赖不足,司法制度的公信力下滑,如果检察官滥用不起诉职权,对期冀社会公平正义的公民的法律情感伤害极大,对司法公信力的伤害也极大,纵使合法行使,但塔西佗陷阱的存在也使不起诉处分面临公众接受的难题。

各国均设立了一系列的机制来防止及救济检察官滥用不起诉处分权,如作出不起诉处分前的备案制度、利害关系人(被害人、被追诉人)向本级检察院或上级检察院申诉、英国的皇家检察监督机构(the Crown Prosecution Service

---

① Heather Strang, *Rapair or Revenge*: *Victims and Restorative Justice*, London, Clarendon Press, Oxford, 2002, pp. 3 – 8.

② 如德国有学者认为,强制起诉程序至少不是为了贯彻起诉法定原则,而是为了保护犯罪案件中致被害人基于法定原则及国家提起公诉之垄断权所产生的主观上之公权力。参见[德]克劳思·罗科信:《刑事诉讼法》,吴丽琪译,法律出版社 2003 年版,第 371 页。

③ [美]博登海默:《法理学、法律哲学与法律方法》,邓正来译,中国政法大学出版社 2004 年版,第 178 页。

Inspectorate)、日本的准起诉制度和检察审查会,德国的强制起诉程序等。从性质上来讲,可以将上述监督机制分为内部监督制约机制和外部监督制约机制。备案制度、向本院及上级检察院所作的申诉、皇家检察监督机构所作的制约为内部监督制约机制,尽管其具有救济权利、制约权力的因素,但是在整个检察体系内部进行的。强制起诉制度、检察审查会等则为外部监督机制,因为是由独立于检察机关的机构或主体来对不起诉处分进行审查的。

内部监督机制乃是"上级防范下级滥权的片面设计,与检察一体同有促使权力往上集中的效应",[①]其行使运作的落脚点将在于不起诉的标准统一,由于检察一体、上命下从的存在,单是其形式上的公正性亦足以令人质疑,何况内部监督的实效性。反而,现有的考核、监督制约机制也在一定程度上制约了不起诉权的适用。[②] 因此,探讨不起诉的外部制约机制更有价值。[③]

二、不起诉制约机制之应有品质

由前面的分析可以得出,不起诉制约机制,应能够纠正和防止检察机关滥权,应给被害人一个权利救济的途径,并且这种救济和制约应具有一定的民主性,有助于增强检察机关的公信力。不起诉制约机制涉及被害人、被追诉人和检察机关三者的利益,衡平是刑事诉讼程序的不变精神,故应注意三者之间利益的平衡。所以,不起诉制约机制应具有如下品质:

第一,制约机制应具有可操作性。可操作性是程序法的应有品质,制约机制的可操作性,从制约滥权的角度来讲,应具有实效性;从救济被害人权利的角度来讲,应具有可行性。这就需要程序的明确、细化以及权能的合理配置。

第二,制约机制应有利于诉讼经济的实现。制约机制的对象是不起诉处分权的行使,从表面上来看和诉讼经济是相悖的,但这是对不起诉处分权的必要约束,故也应具有诉讼经济的品质。所以,制约机制的发动应有诉讼期限的限制,制约机制的运作应不至于产生不必要的讼累。

第三,制约机制应具有参与性。制约机制涉及被害人追诉利益、被告人的自由和检察机关的裁量权三种彼此关联但又各不相同、相互对立的利益,而程

---

① 林钰雄:《检察官论》,学林文化事业有限公司 1999 年版,第 149 页。

② 检察机关"不起诉权的合理适用"观点集锦,载《法制日报》2019 年 5 月 15 日,第 11 版。

③ 基于对个人利益的重视的诉讼传统和当事人的诉讼理念与检察官的选举任职制度,英美法系不太重视不起诉的制约机制,当检察官决定不起诉时,被害人几乎没有任何机制可以对检察官的决定表示不服。美国检察官并无任何义务按照告诉人等指示或要求进行诉讼程序,检察官也并无义务解释为什么不起诉或向被害人报告不起诉的原因,少数几个州容许被害人可以向法院申诉或请求救济,由法院对检察官的不起诉作司法审查,但法院通常尊重检察官的决定(参见"日本暨美国刑事诉讼制度研讨会"专题演讲座记录,载《法学丛刊》2000 年第 174 期)。而大陆法系基于法律社会取向的立场,强调对犯罪的控制,所以在不起诉外部制约机制上较为完善,故本文以后的分析的基础多着眼于大陆法系。

序的参与是程序公正的必要因素。因此,制约机制应保证被害人、被追诉人与检察机关的对程序的参与、意志的表达和主体性的发挥。

第四,制约机制应照顾不起诉处分权的稳定性。设置不起诉制约机制的目的在于及时纠正错误的不起诉决定,防止不起诉权的滥用。如果无论追诉机关不起诉处分决定正确与否都可以启动审判程序推进诉讼的进程,那么立法赋予追诉机关起诉裁量权就没有意义了。因而,不起诉制约机制应当具有纠正错误和维护正确的双重功能,其设置亦须兼顾两方面的价值:一方面是对合法行使裁量权予以维护和支持;另一方面则是对不当行使裁量权予以否定和纠正。

第五,制约机制应兼顾被追诉人利益与被害人利益之间的平衡。被害人由于复仇感的驱使,其诉讼行为往往带有浓厚的情绪化色彩,其强烈的追诉愿望常常会驱使其无所不用其极。对于依法不应当或者不需要追诉被告人刑事责任的案件,被追诉人应当享有一种可预见的利益,免遭程序反复之苦。所以,为了阻止被害人随随便便地启动救济程序,各国都比较重视防止被害人滥用起诉权。

三、不起诉外部制约机制模式分析

对于制约或监督检察官不起诉职权之机制,各国设有种种不尽相同之防治措施,以避免检察官滥用或误用其不起诉职权,但大致可以分为三种模式:法院审查式、"自诉"式与民意审查式。

对于检察官应起诉而未起诉的案件,不但会造成被害人或被害人家属心理创伤的难以平复,且对于社会大众亦是一大伤害——会破坏人民对检察官职权的信赖,故对于制衡或监督检察官不起诉职权之机制,各国设有种种不尽相同之防治措施,以防止检察官滥用或误用其不起诉职权。本部分拟从模式论的角度对各国不起诉外部制衡机制予以考察分析,以资借鉴。在对各国不起诉制衡机制的运作比较的基础上,笔者认为,大致可以分为三种模式:法院审查式、"自诉"式与民意审查式。

(一)法院审查式制衡模式

所谓法院审查式制衡模式,是指被害人或告诉人接到不予起诉的通知后不服的,向法院申请审查不起诉的适当性与合法性,由法院裁定不起诉处分是否适当的一种制度。比较典型的是德国的强制起诉制度与日本的准起诉制度。①

1. 德国强制起诉制度

(1)制度起源

在德国法制史上曾发生扩张自诉制度与创设强制起诉制度之争论,然而强

---

① 韩国刑事诉讼法对有告诉人的案件,参照日本的准起诉制度,设立了韩国的准起诉制度(《韩国刑事诉讼法》第259~265条);我国台湾地区于2002年修订"刑事诉讼法"增加的交付审判制度,是在参考强制起诉制度和准起诉制度基础上设置的,正所谓"日皮德骨,台湾组装",本文就不再赘述。

制起诉制度后来成为现行法的立法政策。在德意志19世纪立法史上,为防范检察官不顾法定主义恣意不发动侦查或恣意不起诉,有保留自诉制度,甚至要求扩张自诉制度,主张检察官于不侦查或不起诉时,皆应容许被害人提起自诉。但之后定稿的德国刑事诉讼法却另辟蹊径,创设了强制起诉制度,容许被害告诉人请求法院审查检察官所作出的不起诉处分,目的在于确保检察官具体落实起诉法定原则。[①] 德国的强制起诉程序主要是针对起诉法定原则(绝对不起诉处分)而来,对于起诉便宜原则(相对不起诉处分)的案件,被害人只得以自诉救济。[②] 不过有德国学者主张,由于法定原则越来越受排挤,裁量权成不断扩大趋势,应将起诉便宜类案件纳入强制起诉使用范围,使被害人得以对滥用裁量权终止程序的行为进行控制。[③]

(2)程序运作

强制起诉制度为德国法由法院以诉讼方式监督检察官的不起诉处分的制度,于《德国刑事诉讼法》第172条至第177条有明文规定。以下对强制起诉程序的具体运作作一简介:

①申请权人

强制起诉制度的申请权人为提出告诉的被害人,若具有告诉权之被害人未提出申请,就不具有申请权。

②申请要件

被害告诉人欲启动强制起诉程序,需满足以下条件:

第一,再议前置。再议前置指被害告诉人于发动强制起诉前应先向检察首长提出异议(提出异议的期间为收到检察官通知后两个星期内)。实际运作情形为,不起诉终止处分是由一检察官签署时,须向检察长提起异议,但如果是由一独立的区检察署的区检察官签署时,则须向主任检察官提起异议。[④] 而且被害告诉人必须在不服检察官所作出的不起诉处分并提起异议,经检察首长驳回其异议后,才可以向法院申请强制起诉,所以再议是强制起诉程序必要的前置程序。

第二,理由要式。被害告诉人在再议被驳回后,应于二个月内向邦高等法院提出强制起诉的申请,并就充分的犯罪嫌疑附具理由及证据,[⑤]即向法院申请时,应提出起诉时所依据之事实及证据方法来说明该案件有足够犯罪嫌疑需要

---

① 参见林钰雄:《检察官论》,学林文化事业有限公司1999年版,第170页。

② 德国对起诉便宜类案件,实行公诉和自诉并行制度,参见[德]克劳思·罗科信:《刑事诉讼法》,吴丽琪译,法律出版社2003年版,第579页。

③ 参见[德]克劳思·罗科信:《刑事诉讼法》,吴丽琪译,法律出版社2003年版,第373页。

④ 参见[德]克劳思·罗科信:《刑事诉讼法》,吴丽琪译,法律出版社2003年版,第373页。

⑤ 《德国刑事诉讼法》第172条第3项。

追诉。此项要求的目的乃是让法官产生足以认定被告显有成立犯罪的可能,在德国刑事法院实际运作时,常通过对于理由状所为要式性审查,而达到严格限缩强制起诉适用之目的。①

第三,律师强制。为了避免被害告诉人无根据、干扰性或发牢骚地申请强制起诉,②亦即防范被害告诉人滥行发动程序,其申请书上必须请律师签名,由律师把关,而诉讼费用则适用民事诉讼规定。此乃赋予权利但防止滥用的折衷之道,③告诉人得在全德国境内寻找愿意签名的律师,如果没有律师愿意,也间接地证明了不起诉处分的正确性与当事人申请的不合理。但有学者指出,被害人对强制起诉申请所提出的理由大致上能够成立时,应为其指定紧急(强制)律师。④

③管辖法院

对于强制起诉申请的裁判,由高等法院管辖。⑤ 此项规定的功能在于"使得对该项审判程序可能具有管辖权的下级法院不致有预受拘束之虞",⑥由高等法院审查而在下级法院进行本案审理程序,除了可避免前述预断的危险,也可以避免同一法院的不同认定(如强制起诉程序中认定有罪,而在审判程序中判决无罪)和对法院的可能的负面评价(为减轻本院审判负担,一律不予受理,而导致当事人不公正之感)。

④法院审查程序

法院在审查强制起诉的过程中,为了查明事实,可以要求检察官将侦查卷宗等交到法院(依职权调阅侦查卷宗)。检察官应法院的要求,应就该案件作出的经过提出报告。⑦ 对于事实的调查,法院可以作出调查的裁定,为了准备裁判,法院可以命令调查并且嘱托一名受托或者受命法官进行调查,亦得委由受托或嘱托法官调查,但法官之调查工作仅为补充性质,立法者并不希望法院完全取代检察官而做一切调查工作。⑧

检察官在强制起诉程序进行中,亦可以再为自行侦查,⑨但此强制起诉程序并不因此而终结,唯有检察机关的起诉才有终结强制起诉程序的效力。法院应当通知被告并给予陈述机会,并且应听取检察官的书面或口头陈述后裁判。如

---

① 参见[德]克劳思·罗科信:《刑事诉讼法》,吴丽琪译,法律出版社 2003 年版,第 374 页。
② 参见[德]克劳思·罗科信:《刑事诉讼法》,吴丽琪译,法律出版社 2003 年版,第 374 页。
③ 林钰雄:《检察官论》,学林文化事业有限公司 1999 年版,第 172 页。
④ 参见[德]克劳思·罗科信:《刑事诉讼法》,吴丽琪译,法律出版社 2003 年版,第 375 页。
⑤ 《德国刑事诉讼法》第 172 条第 3 项。
⑥ [德]克劳思·罗科信:《刑事诉讼法》,吴丽琪译,法律出版社 2003 年版,第 374 页。
⑦ 《德国刑事诉讼法》第 173 条第 1 项。
⑧ 《德国刑事诉讼法》第 173 条第 3 项。
⑨ 参见[德]克劳思·罗科信:《刑事诉讼法》,吴丽琪译,法律出版社 2003 年版,第 375 页。

果该申请将被驳回,则只需由检察官为陈述即可。[①]

⑤审查结果

法院经审查后,可以作出以下裁定:一为裁定驳回申请。法院调查结果如认为没有足够的理由可以提起公诉,法院应驳回告诉人的申请,并将驳回的裁定通知申请人、检察官及被告。如果法院裁定驳回强制起诉的申请,该裁定将有限制的确定力,自此而后,只有出现新的事实或新的证据才可以提起公诉。[②]二为裁定提起公诉。法院在讯问被告后,认为申请有理由时,应作出提起公诉的裁定。法院裁定提起公诉后的程序,由检察官担当。检察官必须依据该裁定内容,出具符合起诉格式的起诉书向法院提起公诉。[③] 如此形式上维持了控诉原则,因为起诉书由检察官书写,乃控诉原则的必然要求。审判程序的开启不能略过检察机关而由法院擅自进行。然而,检察官在审判诉讼程序中仍独立行使其职权,仍然可为被告利益请求无罪之裁判或同意法院之终止程序之建议。为了衡平这一情形,让告诉人享有一定的诉讼上的权利是必要的,告诉人有权在提起公诉后,加入为从属诉讼人,参与审判程序。[④]

⑥救济途径

强制起诉程序中,法院所作出的驳回裁定或强制起诉裁定(准予裁定)均不得抗告。[⑤] 被害告诉人的申请被驳回后,仅当有新事实或证据方法出现时,才能提起公诉,或再行申请强制起诉,而所谓新事实须为"邦高等法院未知悉之事项"。[⑥]

⑦诉讼费用

裁判申请之前,法院可以以裁定要求申请人对裁判申请程序可能给国库、被指控人产生的费用提供担保。提供担保时应当提存现金或者有价证券。保证金额大小,由法院自由裁量确定。法院应同时规定担保期限。在规定期限内如果未提供担保的,法院宣布申请撤回。如果被害告诉人的申请经法院驳回,则因申请所产生的费用,应由申请人负担。[⑦]

(3)实施成效

德国每年约有 60 万件以上之案件经检察官作不起诉处分,然而平均只有

---

① 参见[德]克劳思·罗科信:《刑事诉讼法》,吴丽琪译,法律出版社 2003 年版,第 375 页。

② 《德国刑事诉讼法》第 174 条。

③ 《德国刑事诉讼法》第 175 条。

④ 参见[德]克劳思·罗科信:《刑事诉讼法》,吴丽琪译,法律出版社 2003 年版,第 376 页。

⑤ 《德国刑事诉讼法》第 304 条第 4 项。

⑥ [德]克劳思·罗科信:《刑事诉讼法》,吴丽琪译,法律出版社 2003 年版,第 376 页。

⑦ 《德国刑事诉讼法》第 176、177 条。

2000 件强制起诉程序被提起,[①]仅从案件的统计数字,能否得出该程序存废的意义? 但德国学说已指出,仅强制起诉的程序,即足以令检察官审慎侦查而不会滥行不起诉,[②]可见其起到了备而不用的效果。

2. 日本准起诉制度

(1)制度起源

鉴于第二次世界大战前因官员滥用权限致不当侵害国民权利的历史经验,为避免官官相护,日本仿照德国的强制起诉程序创设了准起诉程序,《日本刑事诉讼法》第 262 条第 1 款规定:"对刑法第 193 条至第 196 条或者破坏活动防止法(昭和二十七年法律第 240 号)第 45 条规定的犯罪提起告诉或者告发的人,不服检察官不提起公诉处分时,可以请求该检察官所属检察厅所在地的管辖地方法院将该案件交付法院审判。"作为一种特别救济途径,来救济告发人权利,制衡检察官滥权。根据法条,我们可以知道日本准起诉的审查对象仅针对公务员滥用职权案件的不起诉处分,并非针对一般犯罪的不起诉处分。

(2)程序运作

《日本刑事诉讼法》第 262 条至第 269 条和《刑事诉讼规则》第 169 条至第 175 条对准起诉程序作了规定。

①申请人

请求交付审判的申请人则限于"对特定案件提出告诉或告发之人",[③]故准起诉程序的申请,无论是被害人还是一般国民,均可以对检察官就公务员滥用职权罪的不当不起诉处分请求发动司法审查,所以准起诉制度实寓有由公众监督检察官起诉裁量之意义。先前如果没有告诉人的告诉或告发人的告发,则不可能被提起。

②申请交付审判的程序

告诉人在收到检察官不起诉处分书的通知后 7 日内,[④]向作出不起诉处分的检察官提出请求书,[⑤]请求书应记载应交付法院审判的案件的犯罪事实及证据。[⑥] 之所以通过检察院而不是直接向法院提出,有学者认为,"不论民事或刑事诉讼,只有在裁判之外的人起诉之后,法院才能开始审判,而不能由自己开始

---

① 参见[德]克劳思·罗科信:《刑事诉讼法》,吴丽琪译,法律出版社 2003 年版,第 371 页。

② 林钰雄:《检察官论》,学林文化事业有限公司 1999 年版,第 173 页。

③ 《日本刑事诉讼法》第 262 条第 1 款。

④ 《日本刑事诉讼法》第 260 条规定:"检察官对经告诉、告发或者请求的案件,在作出不提起公诉的处分时,应当迅速将其指以通知告诉人、告发人或者请求人。在撤回公诉或者将案件移送其他检察厅的检察官时,亦同。"

⑤ 《日本刑事诉讼法》第 262 条第 2 款。

⑥ 《日本刑事诉讼规则》第 169 条。

裁判。法院的被动性是近代裁判的本质要求，所以，在交付审判程序中，仍尽可能做到使程序符合这种要求"。[①] 我们认为，更主要的原因是能促使检察官重新考虑自己裁量权的行使，避免讼累，如果检察官重新考虑之后，认为申请有理由时，则应提起公诉；[②]如果检察官认为申请无理由而维持其不起诉处分时，则应自收受申请书之日起7日内，附上意见书（不提起公诉的理由）并连同卷宗、证物等一并移送管辖地方法院。[③]

③审查方式

法院接受检察官移送的请求书及卷证、意见书后，法院书记官应迅速将请求的事由通知犯罪嫌疑人，如果请求被撤回，书记官应将撤回事由通知检察官及犯罪嫌疑人。[④] 由检察官所属检察厅所在地的法院组成合议庭进行审查，法院为裁定前，认为有必要时，可以使合议庭的组成人员调查事实，或者委托地方法院或简易法院的法官调查。[⑤]

④法院审查结果

法院调查审查的结果，应分别情形为驳回申请及交付管辖法院之裁定。第一，驳回申请。法院认为请求违反法令上的方式或是在请求权消灭后提出时，或者请求没有理由时，应裁定驳回申请。[⑥] 所谓没有理由，除没有嫌疑的情形外，还包括起诉犹豫适当的情形。不过，该裁判不是以作出不起诉处分时的情况为基准，而是以裁判时的情况为基准。[⑦] 第二，交付管辖法院裁定。法院认为当事人的申请为有理由者，应以裁定将案件交付有管辖权的地方法院审判。至于裁定书应记载之内容，依《日本刑事诉讼规则》第174条第1项，应记载起诉书记载之事项，所以《日本刑事诉讼法》第256第2项至第6项对起诉所规定之事项，均应记载及适用。包括被告人的姓名和其他足以特定为被告人的事项、公诉事实和罪名。

此项交付审判的裁定，视为案件已经提起公诉。[⑧] 此时必须将裁定书副本

---

① ［日］土本武司：《日本刑事诉讼法要义》，董璠舆、宋英辉译，台北，五南图书出版股份有限公司1997年版，第201页。

② 《日本刑事诉讼法》第264条，此时，告诉人申请的目的已达到，准起诉程序消灭，案件进入公判程序。

③ 《日本刑事诉讼规则》第171条。

④ 《日本刑事诉讼规则》第172条。

⑤ 《日本刑事诉讼法》第265条。

⑥ 《日本刑事诉讼法》第266条第1项。

⑦ 参见［日］土本武司：《日本刑事诉讼法要义》，董璠舆、宋英辉译，台北，五南图书出版股份有限公司1997年版，第202页。

⑧ 《日本刑事诉讼法》第267条。

送达给被告及检察官,而该副本的送达与起诉书的送达有同样效力。① 法院裁定交付管辖法院后,法院于本案审判中应指定律师担任维持公诉。受法院指定的律师,为了对案件维持公诉,在裁判作出前,应当执行检察官的职务,②即自裁定该案件交付法院审判起,案件诉讼程序若须经一审、二审、三审,而至判决确定,均由该指定律师执行检察官应执行的职务。若对法院裁判不服,该指定律师可依法提起上诉或抗告。但关于指挥检察事务官及司法警察职员进行侦查的权利应委托检察官进行。

⑤准起诉的撤回

申请人在法院作出交付审判的裁定之前,有权撤回申请,申请撤回应以书面为之,法院于接受撤回申请书后,书记官应速通知检察官及犯罪嫌疑人。申请人撤回申请后,不得就同一案件再提出准起诉的请求,即撤回申请者,丧失其申请准起诉之权利。对于准起诉之后进行的公诉程序,一般认为不能撤回。

⑥救济途径

对于请求不予受理的裁定,请求人(告诉人或告发人)通常可以进行抗告。但裁定一经确定,就不得再次提出交付审判的请求。当然,该裁定是对请求的裁判,不是对案件本身的裁判,不发生对案件的既判力。检察官可以根据以后的侦查而提起诉讼。至于"交付管辖法院的裁定",被告能否提起抗告?原则上并不容许被告提起抗告,被告若要为其利益进行救济,可以在直接进入公判程序后,再主张无罪即可。

⑦诉讼费用

法院不受理交付审判的请求的,或者请求人撤回请求的,法院可以以裁定命令请求人赔偿因其与请求有关的程序所产生费用的全部或者一部分。对该项裁定,请求人可以提出抗告。③ 此种诉讼费用负担制度可避免告诉人、告发人之滥行告诉、告发,亦得节制申请人滥用准起诉程序的作用,并避免国家财力、人力的浪费,符合诉讼经济的要求。至于请求人应否负担赔偿费用,则付诸法院裁量。

(3)程序实效

截至1990年,日本每年有300~600件案件循请求交付审判的途径救济,其

① 《日本刑事诉讼规则》第174条。

② 《日本刑事诉讼法》第268条。指定律师维持公诉,主要是考虑到检察官对经自己"再三思量"(本来已作出不起诉处分,在告诉人提起交付审判请求时又已权衡)作出不起诉处分的案件再行起诉,想当然的结果便是没有追诉效果。

③ 《日本刑事诉讼法》第269条。本条应是参照《日本刑事诉讼法》第183条规定"对于被告或告诉人等采取诉讼费用负担制度告诉人、告发人或请求人曾有故意或重大过失时,得令其负担诉讼费用"而作的规定。

中1990年裁定交付审判者仅15件,终局判决获有罪判决者仅6件、获判无罪者5件、免诉1件。[①] 可知准起诉制度在日本运用情形并不多,原因大概是准起诉适用范围有限,但日本团藤重光教授曾说:"切不可因以上数据,而遽行低估准起诉制度之价值。"

3. 评析

从可操作性上来讲,在法院审查式模式中,检察机关在法院审查时将作出不起诉处分的依据材料移交法院,法院亦可进行相应的调查,开启的审判程序不改变公诉案件性质,对被害人的权利救济具有可行性;法院作出的交付审判的裁定具有撤销不起诉处分、启动审判程序的作用,具有实效性。虽然实证数据显示两种制度使用较少,但可以理解为两种制度都具有备而不用之功能,并能促使检察官对于不起诉处分更为谨慎。

从诉讼经济的角度来讲,法院审查式模式规定了告诉人要求审查不起诉处分的申请期限;在程序的运作中,把对不起诉的审查和对案件的追诉区分开来,分别适用不同的程序,前者赋予被害人一定的救济手段,以发现错误为限,至于对错误的纠正则通过审判程序进行,有利于诉讼效率的提高。

从程序的参与性上讲,法院审查式模式下,在审查过程中,法院需要听取被告人的陈述、检察官书面或口头陈述,准起诉制度还给予了被害人对驳回申请的裁定可以提出抗告的权利,保证了被害人、检察机关和被告人对审查程序的参与。

从照顾不起诉处分权的稳定性上看,告诉人在申请交付审判前,都要经过检察机关对不起诉处分的再次衡量,在强制起诉下是再议前置,准起诉则是将交付审判的请求通过检察机关递交给法院,此外,检察机关对审查程序的参与也使法院能够"兼听则明"。

从防止被害人滥诉上看,强制起诉要求申请书须由律师署名,二者的诉讼费用制度对可能发生的滥诉也起到了一定的限制作用,对于强制起诉申请驳回的案件,因申请所产生的费用,由申请人负担(《德国刑事诉讼法》第177条),而依准起诉程序所为申请,若经法院驳回或申请人撤回其申请,法院得裁定申请人赔偿因申请所生程序费用之全部或一部分和败讼费用的负担(《日本刑事诉讼法》第269条)。

德国强制起诉制度与日本准起诉制度均为法院审查模式,但亦有以下不同:第一,"法院审查案件范围不同",对于得申请强制起诉之案件,并没有特别的限制,但得申请准起诉的案件,则仅限于公务员滥用职权罪等特定案件。第

---

① 参见陈运财:《日本检察官之起诉裁量及其制衡》,载《刑事诉讼之运作——黄东熊教授65年华诞祝寿论文集》,台北,五南图书出版股份有限公司1997年版,第337页。

二,“申请权人范围限制不同”,强制起诉程序申请主体仅限于被害人,而准起诉程序,申请人则扩展至告诉人,比强制起诉程序要宽。第三,“管辖法院审级不同”,强制起诉制度的管辖法院为邦高等法院,准起诉制度的管辖法院则为地方法院。第四,“执行公诉主体不同”,德国是强制检察官提起公诉,而日本则是指定律师,代替被害人(或告发人)提起公诉。

对法院审查模式的质疑之一在于其对“不告不理”的违反,由法院审查继而启动追诉程序不免让人面对这样的疑问,法院如何摆脱先入为主而带来的前见?强制起诉选择的是由高级法院进行审查,下级法院进行审判;准起诉制度对此却无所回应。质疑之二为检察官如何继续自己已作出不起诉判断的案件,大概德国由于职权主义诉讼模式的影响,诉讼的推动由法官主导,所以仍让检察官提起诉讼,而在对抗制诉讼模式下(如日本),需要检察官积极主动地进行诉讼,准起诉则采取由法院指定律师代行追诉。①

(二)“自诉式”制衡模式

所谓“自诉式”制衡模式,是指对于检察官的不起诉处分,被害人不服的,得以提起自诉或类似的形式来救济自己的权利,保障自己的利益。“自诉式”监督模式又分为奥地利的“被害人担当公诉”制度、法国的“民诉启动公诉”制度和英美法系的自诉制度。

1. 奥地利“被害人担当公诉”制度

《奥地利刑事诉讼法》第48条规定了“被害人担当公诉”制度,规定自诉参与人在特定情况下,可以取代检察官提起公诉,②以此制约检察官滥行不起诉处分。

(1)发动主体

发动主体为提出告诉的被害人,且被害人申请参与刑事诉讼。申请应有书面或口头形式在自诉参与人得到检察官不予追诉通知后14日内向预审法官作出,如果检察官不是正式通知被害人的,则他在停止诉讼3个月内仍有权提出申请。

(2)审查机构

被害人应向法院设立的参议室提出要求预审的请求。参议室为一级法院设立的一个部门,负责监督区法院参加审理的重罪和做多处以不超过6个月有期徒刑并无须移交大陪审法庭判决的违警罪的预先调查和预审工作,以及预审法官主持的预先调查和预审工作。该室有3名法官组成合议庭,可以作出合议

① 日本有学者认为,检察官在作出不起诉处分后且在告诉人提交请求审判仍维持原处分,让其续行追诉从感情上讲是残酷的。

② 参见陈光中主编:《外国刑事诉讼程序比较研究》,法律出版社1988年版,第173页。

决议。参议室可就请求调查并作出决定。

(3)程序运作

自诉参与人在申请的同时,应附交所有文件,并对被告人及其应付责任的行为作出详细说明。法院认为存在应对被告人继续追诉的理由,即裁定进行或重新着手进行预审。如被告人已得知对其提出控告,法院可根据自诉参与人的申请立即宣布其为原告。自被害人取代检察官提起公诉后,被害人同自诉人一样,不仅可以取代检察官自行参加对案件的起诉,而且可以委托律师或其他代理人代行诉讼。检察官并不是就此不管了,他对被害人进行的诉讼活动人有权了解,并随时可以重新承担在法庭上的公诉。

2. 法国"民诉启动公诉"制度

"法国没有自诉案件,凡是刑事案件都是公诉案件。"①在此背景下,法国刑事诉讼法赋予因犯罪受到损害之人以民事原告人的主体资格,特别是通过提起民事诉讼的方式发动公诉,使国家的刑罚权和公民个人的损害赔偿权得以实现,对修复被犯罪破坏了的社会关系和维护公民个人的权利有极为重要的意义。

(1)主体要件

犯罪受害人欲成为民事原告人,应当具备两个条件:进行诉讼的能力和进行诉讼的利益。前者包括进行诉讼的权利能力与进行诉讼的行为能力,如某未成年人是某一犯罪的受害人时,该未成年人不能在刑事法院成为民事原告人,在此情况下,民事诉讼应由该未成年人的父亲、法定财产管理人或监护人提起。后者是指刑事案件中的民事诉讼,只有当提起此种诉讼的人确实受到犯罪行为的损害时,并且只有当此种损害是现时的、本人的与直接的损害时,才能予以受理。

(2)事实要件

受害人向刑事法院提起民事诉讼的目的是对犯罪行为直接引起的损害请求赔偿。如果损害不是由于犯罪所造成的,或者不是直接由犯罪所造成而是有其他原因的,则不能经刑事途径请求赔偿。《法国刑事诉讼法典》第3条第2款规定:"对因受到追诉行为所引起的物质上、身体上、精神上的各种损害提起民事诉讼,均得受理之。"由此,"我们便已知道,现在允许因受到犯罪直接造成身体损害的受害人同时向刑事法官请求赔偿身体上的损害与物质上的损害,即使这种物质上的损害在刑事罪名中并未规定,只要它是由于受到刑事追诉的行为相同的事实所引起,便都在可以请求赔偿之列"。②

---

① 程味秋:《外国刑事诉讼法概论》,中国政法大学出版社1994年版,第123页。

② [法]卡斯东·斯特法尼等:《法国刑事诉讼法精义》,罗结珍译,中国政法大学出版社1999年版,第238页。

(3)限制条件

受损害人可以就被告人的犯罪行为引起的损害向刑事法院提起民事诉讼，但这种民事诉讼应当是能够与公诉同时并附带于公诉向刑事法院提起的诉讼。如公诉因完成时效而消灭、犯罪人死亡、获得大赦、刑事方面已经作出产生既判力的判决，或者因辩诉交易公诉已经消灭时，仍然存在的民事诉讼也不能再在刑事法院提起。[①] 并且，案件还应当属于法律允许受害人在刑事法院提起民事诉讼的范围。如果法律或法院判例禁止刑事法院受理民事诉讼，那便不存在受害人在刑事法院起诉的自由。如某些专门刑事法院，由于只能依据法律明文规定才能受理其管辖的犯罪，所以在原则上对审理民事诉讼无管辖权。

(4)程序要件

《法国刑事诉讼法典》第 551 条第 1 款规定，在直接传讯方式下，受害人可经执达员送达之途径，向审判法院直接提请传讯被告人。在告诉成为民事原告人的方式中，手续要比直接传讯简单。民事原告人只需在其向预审法官提出并注明日期、签字的书面告诉中明确申明其成为民事当事人，并要求给予损害赔偿。预审法官将受到损害的当事人的告诉转呈检察官以便检察官提出意见。后者提出意见书的目的在于，针对已知姓名或不知姓名的人开始侦查程序。在检察官不发动公诉的情况下，受害人也可直接引发公诉程序。在受害人成为民事原告人后，预审法官有进行侦查的义务，即使检察官认为告诉理由不足，预审法官仍可进行侦查。但同时该法典第 88 条规定，预审法官应当以命令确定民事原告人的押金，以备以后支付诉讼费用，如逾期不交即不予受理。该法典第 91 条第 1 款也规定，民事原告人可能因滥用权利或者延误期日，被检察院移送给刑事法庭追究轻罪，并且为可能支付的罚金向法院书记官寄存被认为属于必要的款项。以刑事制裁和民事制裁并用的方式防止滥诉的可能。

(5)在刑事法院提起民事诉讼的法律效果

受害人在刑事法院成为民事原告人可产生双重效果：一是发动公诉。这是指受害人在检察机关尚未发动公诉的情况下，向预审法官提起民事诉讼就意味着公诉由此发动。并且，“现在，法院判例甚至还承认，即使刑事法院对审理民事诉讼并无管辖权——受害人在刑事法院成为民事当事人提起的诉讼亦可发动公诉”。[②] 检察官不得再以“追诉适当”为理由，提出“不予追诉”或“宣告无罪”的意见书，预审法官或审判法官一经系属案件，也不得再以“追诉适当”为理

---

① 参见[法]卡斯东·斯特法尼等：《法国刑事诉讼法精义》，罗结珍译，中国政法大学出版社 1999 年版，第 240 页。

② [法]卡斯东·斯特法尼等：《法国刑事诉讼法精义》，罗结珍译，中国政法大学出版社 1999 年版，第 253 页。

由而排除受追诉人的责任。① 二是受害人取得民事当事人和刑事诉讼当事人的资格。由于受害人向刑事法院提起民事诉讼请求损害赔偿，获得了成为民事原告人的身份，并在发动公诉的同时成为刑事诉讼当事人，从而享有当事人所享有的各项权利，如律师在场权、通知权、提证权、上诉权等，为维护其合法权益提供了法律基础。

3. 评析

从本质上讲，前述两种“自诉式”制衡模式还是一种法院审查的模式，因为最终决定被不起诉的案件能否进入诉讼程序的还是法院。之所以把他们归为一种模式，是因为被害人已经能够取得当事人的诉讼地位，在程序的启动和运作过程中其主体性得到了很好的发挥，参与性得到了加强。

受害人可以发动刑事诉讼，使诉讼程序具有弹劾式诉讼的一些特点，使刑事诉讼体现民主反映民意的特点得以体现。但有些案件之所以归为公诉案件，不单是因为其涉及的法益重大，为被害人所不能涵盖，还因为对其追诉比较困难，为被害人所不能胜任，公诉转为自诉之后，往往使被害人“肩负起重大的诉讼责任”，②使制衡程序的操作性有所下降。而且被告人在此种模式下，没有参与审查程序的权利。

让当事人直接发动诉讼或以民事诉讼的方式发动公诉，尤其是后者，由于证明标准的不同将很容易挫伤检察官程序分流的积极性。此外，以自诉制约不起诉，有引发滥诉的危险。基于此，在英美法系，虽有人主张在检察官裁量不起诉后，应准许由私人追诉来起诉(private criminal procsecution)，但通说认为这将使刑事诉讼程序沦为私人的报复寻仇，曾经有法院认为，未经检察官许可的私人追诉是违宪的。③

(三)民意审查式制衡模式

所谓民意审查式模式，是指为落实国民主权原理，因应司法民主化的需求，

---

① 参见[法]卡斯东·斯特法尼等:《法国刑事诉讼法精义》，罗结珍译，中国政法大学出版社 1999 年版，第 501 页。

② [德]托马斯·魏根特:《德国刑事诉讼程序》，岳礼玲、温小洁译，中国政法大学出版社 2004 年版，第 246 页。

③ See Wayne R. LaFave Jeorld H. Israel, *Criminal Procedure*, 2nd Edition, pp. 629 – 630. 这大概也是当初德国选择强制起诉程序而非自诉来制衡不起诉的原因。不过，英国也出现过自诉制约不起诉的案例，1978 年英国发生了“特纳诉检察长”一案。该案检察长为控诉特纳犯抢劫罪，豁免了其同谋者萨格斯的罪行，特纳不服，向内政部请求允许其对萨格斯提出自诉。内政部尚未对此作出决定，特纳的律师就成功地向治安法院提出了申请，要求对萨格斯发出传票，追究其已向警察承认的抢劫罪。然而检察长则认为，追究萨格斯的刑事责任是不公正的，决定自己承担诉讼责任，这样就引起了“特纳诉检察长”案。法官最后经过对安检的审查，认为检察长作出的豁免决定符合公众的利益，是公正的，决定不追究证人萨格斯的刑事责任([英]李约翰·丁·爱德华兹:《英国总检察长》，王耀玲等译，中国检察出版社 1991 年版，第 538 ~ 540 页)。

由民众参与起诉裁量权运作,制约起诉裁量权滥用的制度。具体表现为日本的检察审查会制度。①

日本在战后采取公诉独占主义,即刑事案件的起诉必须由国家公诉机关进行,主要是因为他们认为国家刑罚权与追求私人利益的民事诉讼不同,刑事诉讼应以实现正义为第一要务,因此应由公正而不受情感及利害关系左右的检察官行使最为妥当。② 如此才能实现刑事追诉的公平,但完全由国家独占追诉权,往往会造成在运用追诉权时出现官僚化,导致行使追诉权时背离被害人和市民的法律感情。③ 因此,日本仿效美国大陪审团④而设立了检察审查会制度,⑤其设置的目的为应付在检察官起诉独占之下,使民意能反映于检察官公诉权之实行,由国民来检查检察机关在行使国家权力时,反映公民对公诉权实施的意见、衡量公诉权实施是否公正,纠正不当的不起诉处分。

1. 检察审查会的运作

(1)设置

按照日本检察审查会法的规定,检查审查会设在地方法院及其分院所在地,全国共 207 个。检察审查会由从该审查会辖区内具有众议员选举权的国民中抽签产生 11 名成员构成,另有 11 名候补成员。通过选举,一人担任会长。检察审查员的任职为半年。于每年 3 月、6 月、9 月、12 月的 15 日召开会议,必要时由会长临时召集。检察审查会职权包括两方面:一是审查检察官不起诉是否适当,二是对检察业务的改进提出建议和劝告。检察审查会除了内乱、独占禁止法涉及的案件外,对其他案件均有审查权。

(2)对不起诉监督的启动

检察审查会对检察官不起诉处分的审查通过两种方式启动,但均为检察官作出不起诉决定处分后进行。第一种是控告人、检举人、请求人或者受害人向检察审查会提出申请,申请时应该以书面方式向作出不起诉处分检察机关所在

---

① 有学者认为,美国的检察官选举制度也是一种民意制衡方式(钟凤玲:《检察官不起诉处分监督及审查制度之比较研究》,载《法学丛刊》2009 年第 185 期),但笔者认为,选举的制衡作用缺乏针对性,操作性较差,是潜在的、间接的,和美国特定的国情相联系,于我国借鉴意义不大。

② 参见[日]土本武司:《日本刑事诉讼法要义》,董璠舆、宋英辉译,台北,五南图书出版股份有限公司 1997 年版,第 177 页。

③ 参见[日]田口守一:《刑事诉讼法》,刘迪等译,法律出版社 2000 年版,第 102 页。

④ 值得玩味的是,美国的大陪审团已由原来的起诉机构发展"成为一个当被指控这犯罪证据不充分时保护公民免受诉讼的机构"。参见[美]爱伦·豪切斯泰勒·斯黛丽、南希·弗兰克:《美国刑事法院诉讼程序》,陈卫东、徐美君译,中国人民大学出版社 2002 年版,第 100 页。

⑤ "二战"以后,为了实现日本检察制度的民主化,当时的占领军司令部建议日本政府采取检察官公选制度和起诉陪审制度,当时的法务厅(现为法务省)经过讨论,认为两种制度均不符合日本国国情。通过和占领军司令部协商,为了代替起诉陪审制度,决定采用检察审查会制度。参见裘索:《日本国检察制度》,商务印书馆 2004 年版,第 48、49 页。

地的检察审查会提出。提出没有时间限制,但是,对同一案件已经有检察审查会决定的,不能再次提出申请。第二种是根据职权进行,即没有申请人,检查审查会依据新闻、告密或者其他无申请人的检举材料,经过审查会过半数委员(6人以上)同意后,依照职权开始审查。

(3)审查方式

经检察审查会过半数同意决定,可以依职权开始审查。审查程序不公开,检察审查会审查的方式是从检察官提供的资料中,寻找与申诉材料相关的证据,针对申诉材料中提出的疑问,分析检察官作出不起诉处分决定是否符合案件的性质,是否符合法律的规定,然后作出审查评议结果。

(4)审查结论

审查评议的结论包括三种:不起诉正确、不起诉不正确、应当起诉。作出应当起诉评议结论的条件比较严格,应当起诉的评议结果必须由8名以上的多数检察委员才能决定,并且还应将理由附在评议书后,送交给管理监督检察官的地方检察厅的检察长(检事正)。应当起诉和不起诉不正确的评议实质上是对检察官已处理案件的一种批评。但这种评议结果法律上没有赋予其拘束力,检察官也没有必须按照评议书的意见履行起诉的义务。只有当检察长审查评议书后,认为应当按照评议的意见处理案件时,才正式提起公诉。

(5)运作实效

在1989~1992年,检察审查会每年平均作出"不起诉不当""应当起诉"的决议为48件,其中检察官作出起诉为11件,起诉率为22%。① 据1998~2002年统计显示,每年约有0.2%的不起诉案件被提请检查审查会进行审查。经审查后,认为应当起诉的约占其中的5%~6%,但实际变更为起诉的仅为作出起诉决议的30%左右,起诉后约占90%的案件被法院判决有罪。以2002年为例,在80万件不起诉案件中,有2300件被害人提出申请,要求检察审查会对检察官作出的不起诉决定进行重新审查,其中140件经检察审查会审议后认为存在一定问题,应当起诉,但送交检察官后,仅有约50件变更为提起公诉。②

2.评析

司法要充分发挥它的机能,就要获得来自国民的支持和理解,检察审查会制度将普通民众引入诉讼程序中,有利于增强国民对检察权的信赖;检察审查会成员的不确定性和独立于检察机关的运作模式,有利于制约检察机关滥行不起诉。

---

① 参见[日]田口守一:《刑事诉讼法》,刘迪等译,法律出版社2000年版,第111页。

② 参见顾永忠等:《日本近期刑事诉讼法修改与刑事司法制度改革》,载《比较法研究》2005年第2期。

但检察审查会也有如下不足:(1)检察审查会成员为一般平民,无法律素养,而且没有参加侦查程序,若说其判断比有专业素养的检察审查会高明,难以令人信服;(2)检察审查会没有经费、人事保障,有容易为人操纵的嫌疑;(3)检察审查会的决议没有法律上的拘束力,对检察官影响不大;①(4)检察审查会审查不起诉局限于检察机关的材料,告诉人、被告人对程序的参与不够。针对这些问题,日本在近年的司法改革中提出强化检察审查会的职能,并提出了《检察审查会部分条文修正草案》,欲对检察审查会进行以下改革:②检察审查会审查检察官所为之不起诉处分是否妥适时,认为有必要的,可以委托律师为法律顾问。为确保审查及判断之公正,明确了有关检察审查员、补充员和律师顾问的义务以及违反义务时之解职、罚则等问题,而且对检察审查员为不正当接触行为设定了罚则规范。当检察审查会作出应对案件进行起诉的决议时,检察官必须在3个月内对是否提起公诉进行研究,经研究,检察官仍然认为不起诉处分妥当的,必须将其理由向检察审查会作出汇报。检察审查会于再度审查时,应赋予检察官出席审查会议,就仍维持不起诉等事由陈述意见的机会,如果再作出起诉相当的决议,则具有法律拘束力。对案件需提起公诉,交付审判。明确了决议后追诉实行方式。检察审查会作出具有法律拘束力的起诉相当决议时,应将决议书副本送交对该议决案件具有管辖权之地方法院。地方法院受理决议书副本后,就该议决案件,应指定律师负责担任提起公诉及实行追诉,指定律师的职权同于准起诉中被指定的律师。

四、我国现行不起诉外部制约机制评析

1996年刑事诉讼法修改确立和完善了刑事不起诉制度,不起诉的制约机制亦包含在内,对不起诉的制约既有内部机制,也有外部机制。内部机制指不起诉的作出要按法定的程序和权限进行,如法定不起诉由检察长决定,酌定不起诉由检察委员会决定,争议案件公开审查,③不起诉要由上级检察院备案,公安

---

① 参见陈运财:《日本检察官之起诉裁量及其制衡》,载《刑事诉讼之运作——黄东熊教授65年华诞祝寿论文集》,台北,五南图书出版股份有限公司1997年版,第333页。

② 参见裘索:《日本国检察制度》,商务印书馆2004年版,第52、53、54页;陈运财:《论日本刑事司法制度之改革》,载《东海大学法学研究》2004年第20期。

③ 根据2001年最高人民检察院发布的《人民检察院办理不起诉案件公开审查规则(试行)》,对存在较大争议并且在当地有较大社会影响的拟作不起诉处理的案件,可以根据侦查机关(部门)的要求或者犯罪嫌疑人及其法定代理人、辩护人,被害人及其法定代理人、辩护人,被害人及其法定代理人、诉讼代理人的申请,经检察长决定,进行公开审查。但根据其规定,公开审查和不公开审查检察官所要做的工作并无多大差异,故在实践中适用不多。参见杨娟、刘澍:《论我国刑事不起诉"三分法"的失败及重构——以淮北市起诉裁量实践为实证分析对象》,载《政治与法律》2012年第1期。

机关、被害人对不起诉决定不服可以向检察院申诉或要求复核。① 外部机制则为被害人的"公诉转自诉"制度和2003年试点、2010年全面推行的人民监督员制度。

(一)公诉转自诉制度

公诉转自诉是指对应当提起公诉的案件,在国家消极行使公诉权的条件下,被害人为维护自己权益而直接向人民法院提起自诉,通过自诉方式追诉犯罪。《刑事诉讼法》第180条规定:"对于有被害人的案件,决定不起诉的,人民检察院应当将不起诉决定书送达被害人。被害人如果不服,可以自收到决定书七日以内向上一级人民检察院申诉,请求提起公诉。人民检察院应当将复查决定告知被害人。对人民检察院维持不起诉决定的,被害人可以向人民法院起诉。被害人也可以不经申诉,直接向人民法院起诉。人民法院受理案件后,人民检察院应当将有关案件材料移送人民法院。"②

公诉转自诉案件中,被害人启动审判程序需满足以下条件:第一,程序性条件是人民检察院对被告人作出不起诉处分。被害人向人民法院提起自诉时,必须出示人民检察院不予追究被告人刑事责任的决定书,以证明公诉程序已经终止。第二,实质性条件是被害人必须有证据证明对被害人侵犯自己人身、财产权利的行为应当依法追究刑事责任。如果自诉人提不出补充证据,应当说服自诉人撤回自诉,或者裁定驳回。值得注意的是,人民检察院向法院移送的案件材料,主要是作出不起诉决定所依赖的书证类证据材料,而不是全部案卷材料或物证及扣押、冻结的财物。

公诉转自诉制度甫一出台,在学界便引起诸多争论。不可否认,其初衷是好的,也有利于被害人主张权利,但却存在以下问题:(1)可操作性差。被害人精力、能力有限,往往花费了大量的精力调查、聘请律师等之后得到法院以证据不足而驳回的通知。③ (2)不符合诉讼经济的原则。没有对被害人追诉权的行

---

① 相关实证研究表明,内部机制的限制造成了较低的不起诉率(成懿萍:《刑事不起诉率偏低之实证分析——以某地2003—2010年刑事不起诉案件为分析对象》,载《中国刑事法杂志》2011年第8期;杨娟、刘澍:《论我国刑事不起诉"三分法"的失败及重构——以淮北市起诉裁量实践为实证分析对象》,载《政治与法律》2012年第1期),这是否意味着内部机制足以完成制约不起诉裁量权的任务没有研究的必要?实则不然,内部限制是在封闭的环境内进行的,它的存在意味着对不起诉处分干预的可能,这种干预既可能是正面的,也可能是负面的,况且现在的立法和司法都对不起诉处分持开放的态度,对外部制约机制的研究和关注是必要的。

② "公诉转自诉"在本来意义上是为了解决告状难问题,是1996年刑事诉讼法修改的一大创造,当然在我国刑事诉讼中,"公诉转自诉"并不局限于此处,《刑事诉讼法》第210条第3项规定:"被害人有证据证明对被告人侵犯自己人身、财产权利的行为应当依法追究刑事责任,而公安机关或者人民检察院不予追究被告人刑事责任的案件",被害人可以向人民法院起诉。

③ 参见陈卫东主编:《刑事诉讼法实施问题对策研究》,中国方正出版社2002年版,第311页。司法实践中"公诉转自诉"使用得不多,主要是这个原因。

使予以必要的限制,一些原本不必起诉的案件进入审判程序,还容易使被追诉人的地位处于长期不稳定状态。(3)程序参与性不足。法院在审查是否立案受理时,检察机关、被追诉人并没有参与权,不利于被追诉人权益的保障,不利于正确不起诉决定的维护。

(二)人民监督员制度

"为了加强对人民检察院查办职务犯罪案件工作的监督,提高执法水平和办案质量,确保依法公正履行检察职责,维护社会公平和正义",最高人民检察院于2003年10月1日开始试点人民监督员制度。随着试点工作的进行,最高人民检察院又相继出台了《关于实行人民监督员制度的规定(试行)》《关于适用〈规定〉若干问题的意见》《关于人民监督员监督"五种情形"的实施规则(试行)》《关于进一步规范和深化人民监督员制度试点工作若干具体问题的意见(二)》等文件指导人民监督员制度。2010年10月,最高人民检察院又出台了《关于推行人民监督员制度的实施意见》,进一步完善了人民监督员的选任方式、监督范围、监督程序等,全面推行人民监督员制度。人民监督员的职责之一便是监督不起诉处分的作出。2015年12月21日,最高人民检察院出台了《关于人民监督员监督工作的规定》,2016年7月14日,司法部会同最高人民检察院出台了《人民监督员选任管理办法》。

人民监督员制度是对解决检察机关直接侦查案件缺乏有效外部监督问题而进行的一项重要探索,是检察机关接受社会监督、确保依法正确行使检察权的一项自发改革,是检察机关在现行法律框架内推进诉讼民主的有益尝试。人民监督员的独立评议制、表决制、多数票意见制等制度保障了人民监督员话语权的实现;人民监督员听取意见、提问保证了程序参与的实现。

但是从监督主体上看,人民监督员的选任往往局限于专业人士,显得民意代表性不足。[①] 人民监督员的监督范围限于检察院的自侦案件,限制了人民监督员发挥作用的广度;人民监督员的表决意见只是检察机关在决策时必须参考的,并不具有诉讼法上的必然后果,使人民监督员的监督缺乏应有的力度。程序内的监督还有可能妨碍诉讼效率的提高。人民监督员制度设计无法逾越现有法律规范,要求其他制度作出调整,以取得权威性依据;无法动员全体社会成员以取得监督主体的广泛性、民主性依据;"嵌入式"的设计与安排,使程序运作只能在自系统进行,人民监督员的运作更像是和检察官共同作出不起诉决定,使本来他律性的制度安排向检察机关内部控制机制转变。

---

① 实证研究的数据也印证了这一观点。参见陈卫东:《人民监督员制度的困境与出路》,载《政法论坛》2012年第4期。

五、我国不起诉外部制约机制的趋向分析

任何制度的建构不能脱离具体的国情,必须结合相关制度的“本土资源”进行,笔者认为,完善我国的不起诉外部制约机制有两条思路:一是由“公诉转自诉”向法院审查式转变;二是由人民监督员向民意审查式迈进。

(一)由“公诉转自诉”到法院审查式

鉴于法院审查式制约模式对被害人、被追诉人、检察机关三者利益的合理平衡与关照,多数学者主张改革我国的公诉转自诉制度为法院审查式制约模式,①但在参考样本上,很多学者倾向日本的准起诉制度。② 笔者认为不妥,首先,由本法院进行审查并在本法院进行审判,这很难排除法官的预断;其次,在律师自由职业地位尚未稳固甚至个别还需维权的情形下,由其代替公诉人起诉或许会引发新的问题。所以,笔者主张应借鉴德国的强制起诉程序来建构我国的强制起诉制度。

在申请人方面,德国强制起诉程序的申请人限于被害告诉人,过于狭窄,为实现救济的全面性,应将申请人主体范围由“被害告诉人”扩展到“被害人或告诉人”。把管辖法院确定为高级人民法院。因为在正当程序的视角下,我国未来审级制度的建构中,应取消现有的高级人民法院的一审管辖权,③这就排除了控审不分的嫌疑。确立申诉前置制度,申请人在申请交付审判前,须先向人民检察院申诉,给检察机关再度斟酌裁量权的机会。申请人须提出被告人有罪的依据,对无力聘请律师的被害人或告诉人给予法律援助,以充分救济他们的权利。再者,须明确申请人的申诉期限和申请交付审判的期限。法院经审查可以作出驳回申请和交付审判两种裁定。对驳回申请的裁定,不得上诉,④但申请人在有新证据的情况下,可以再次申请。对交付审判的裁定,由作出不起诉决定的人民检察院提起公诉,申请人作为诉讼参与人参与审判。

(二)由人民监督员到民意审查式

人民监督员不失为检察民主化的勇敢尝试,而且在实践中取得了一定的效果,给我们提供了建构中国民意审查式制约模式的因子,结合人民监督员制度

---

① 参见陈卫东、李洪江:《论不起诉制度》,载《中国法学》1997 年第 1 期;樊崇义、张建伟:《自由裁量与不起诉制度的完善》,载《人民检察》2000 年第 6 期;万毅:《刑事不起诉制度改革若干问题研究》,载《政法论坛》2004 年第 6 期;熊秋红:《转变中的刑事诉讼法学》,北京大学出版社 2004 年版,第 127 页。

② 参见樊崇义、张建伟:《自由裁量与不起诉制度的完善》,载《人民检察》2000 年第 6 期;万毅:《刑事不起诉制度改革若干问题研究》,载《政法论坛》2004 年第 6 期。

③ 参见陈卫东、李训虎:《公正、效率与审级制度改革——从刑事程序法的视角分析》,载《政法论坛》2003 年第 5 期。

④ 由于管辖法院已经是高级人民法院,上诉的话只能到最高人民法院,显然是不现实的。这凸显了准起诉的相对优势,因为准起诉可以上诉。

的未来发展,[①]我国的民意审查式机构具体建构如下:

(1)监督员平民化。人民监督员的选拔应从一定地域范围内的选民中随机选取,为避免人民监督员的职业化,应将其任期缩短至1年。

(2)监督机构外部化。应改变由检察机关选拔人民监督员的现状,由人大来负责人民监督员的随机挑选,并由人大为人民监督员编制相应的预算,以保障其职权行使的顺畅。

(3)监督范围扩大化。在取得经验和实效的基础上,将人民监督员监督案件范围扩大到普通案件,体现程序公正的要求,实现救济的普遍性和制约的广泛性。

(4)监督时间事后化。应该借鉴日本检察审查会的做法,采取统一事后监督的方式,既可以避免人民监督员与检察机关独立行使检察权的法律规定相冲突,又保证了监督时间的充足性,有利于提高监督的质量,同时可以发挥当事人对程序的主导,强化对程序的参与。事后的救济渠道同样能够达到制约、监督检察机关滥行不起诉决定的效果。

(5)监督方式诉讼化。形成一种类似控辩审三方参与的机制,参加听证的辩护人也可发表自己的看法。除了涉及国家利益和个人隐私的案件,审查都应当公开进行。

(6)监督意见有效化。当人民检察院没有按照人民监督员的决定提起公诉时,可以另行组成人民监督员组织进行审查,如果审查结果仍然决定应提起公诉的,检察机关应当提起公诉。

法院审查式是诉讼系统内的、专业式的制约模式,以法院的司法权威为基础,便于有效地控制不起诉的滥用;民意审查式是诉讼系统外的、民主性的制约模式,以民众的民主素质为基石,便于博得人民对司法的信任。未来我国不起诉外部制约模式的去向如何,取决于司法改革中法院的地位与民众对参与司法的愿望如何。

---

① 参见陈卫东等:《新时代人民监督员制度的发展与完善》,载《法学》2019年第3期。

公诉权行使的原则

高建军*

摘　要　为了确保公诉权的正确行使，需要为其设定一些基本准则，即公诉权行使原则。公诉权行使原则主要有四项：独立行使原则、公共利益原则、客观原则、裁量原则。公诉权独立行使原则，是指公诉机关及公诉人员在行使公诉权时不受任何其他机关、团体和个人的非法干涉。公共利益原则，是指检察官及其他获得授权的人员在行使公诉权时应当以维护公共利益作为基本的行为准则。客观性原则，是指检察官在行使公诉权时应保持客观中立的立场，负有客观性义务。起诉裁量原则，是指对符合起诉条件的案件，检察官可以根据自己的经验和知识在法律规定的范围内自由决定起诉与否的原则。

关键词　公诉权　客观原则　裁量原则　公共利益

在现代世界各国，公诉是启动及推进刑事诉讼的主要方式。公诉权能否得到合理行使是影响一国惩罚犯罪、保障人权状况的关键因素。随着公诉裁量权的不断扩大，相当数量的案件在公诉阶段即被终结，这更使公诉权成为关涉一国刑事司法状况的重要因子。因此，为了确保公诉权的正确行使，需要为其设定一些基本准则，即公诉权行使原则。

一、公诉权行使原则概述

（一）公诉权行使原则的概念辨析

1. 公诉权行使原则概念的界定

在汉语中，"原则"指"说话或行事所依据的法则或标准"①。公诉权行使原则，简言之，即规范公诉权行使活动的准则。对公诉权行使原则可从以下几方面进行理解。

首先，公诉权行使原则是从宏观上指导公诉权行使的准则。作为法律原则，公诉权原则具有抽象性、概括性。它一般不会具体规定公诉权应如何行使，而通常只是为公诉权的行使进行宏观指导。例如，在检察官决定是否提起公诉

---

* 高建军，北京市怀柔区投资促进协会会长，北京语高文化发展有限公司董事长。

① 《现代汉语词典》，商务印书馆1996年版，第1549页。

时应遵循公共利益原则。在这里,公共利益原则不可能直接给该检察官一个起诉或不起诉的答案,而只是为检察官行使公诉裁量权提供一个方法。这一特征使其区别于规范公诉权行使的法律规则。

其次,公诉权行使原则是规范公诉权运行的准则。在这里应将公诉权与公诉制度区分开来。"公诉制度,是指关于国家追诉犯罪的、规范行使公诉权活动的法律制度。具体说,公诉制度是指国家设置的公诉机关通过配备的公诉人员,代表国家认为案件侦查终结并确认侦查阶段所收集的证据已经确实、充分,依法将实施了犯罪、应当受到刑事惩罚的人提交有管辖权的法院,请求其对被告人进行审判、定罪和处以刑罚的诉讼制度。"[①]尽管规范公诉权的运行是公诉制度的核心内容,但是公诉制度还包括公诉权的配置、公诉机构的设置和组织等内容。故而,公诉权行使的原则不同于公诉制度的原则,也不同于公诉权配置的原则及公诉机构的设置和组织原则。

再次,公诉权行使原则贯穿于公诉权行使过程的始终或者其中一个或几个阶段。公诉权的运行涉及起诉(包括审查起诉和不起诉)、一审、二审、再审、执行等多个诉讼阶段[②],有些原则的效力及于公诉权运行的全过程,如公共利益原则、客观性原则;有的则只在一个或几个阶段发挥作用,如控审分离原则。因此,公诉权行使原则呈现出层次性的特点,可分为基本原则和具体原则。基本原则是在公诉权行使的整个过程起指导和规范作用的原则,具体原则则只是在公诉权运行的一个或几个诉讼阶段发挥作用的原则。

最后,从表现方式看,公诉权行使原则可能由宪法和法律[③]直接规定,但并不以法律明确规定为前提。"刑事诉讼法并非总是明确地规定了刑事诉讼法原则。刑事诉讼法原则有一部分体现在刑事诉讼程序规定的字里行间,有一部分则被制定进其他的法规,在某些情况下,我们只能从'基本法'的规定中去推导它们。[④]"因此,公诉权行使原则可能由法律直接规定,也可能需从法律条文及公诉权本质和价值中推导出来。

2. 公诉权行使原则与几个相关概念的关系

正确理解公诉权行使原则的概念还必须了解其与其他几个相关概念的区别。由于公诉权行使原则与公诉制度原则、公诉权配置原则及公诉机构的组织

① 杨诚、单民主编:《中外刑事公诉制度》,法律出版社2000年版,第1页。

② 在我国及大陆法系国家,行使公诉权的检察机关往往还有立案权(启动刑事追诉的权利)与侦查权,由于立案和侦查可视为公诉之准备。因此,有学者认为公诉权宜应包括立案权和侦查权。参见张智辉:《公诉权论》,载《中国法学》2006年第6期,第109~110页。

③ 在判例法国家,判例也是法律原则的表现方式。

④ [德]约阿希姆·赫尔曼:《〈德国刑事诉讼法典〉中译本引言》第11页,载《德国刑事诉讼法典》,李昌珂译,中国政法大学出版社1995年版。

和活动原则的区别在上面已作了分析,此处不再赘述。下面将主要分析一下公诉权行使原则与检察权行使原则和公诉政策的关系。

(1)公诉权行使原则与检察权行使原则

毫无疑问,公诉权是检察权的核心,从历史的角度看,最初意义上的检察制度是以刑事公诉制度为核心的。[①] 世界各国对检察制度的规定各不相同,但无不将刑事公诉权归于检察权名下。而我们之所以能够对各国的检察权进行比较分析,很大程度上也是缘于此。“但是,随着社会的发展和国家权力结构体系的变化,检察权逐渐成为一种复合性权力。”[②]以我国为例,暂且不问检察机关在民事诉讼和刑事诉讼中的权力,仅就刑事诉讼而言,除了拥有公诉权外,检察机关还有立案权和侦查权。即使基于立案、侦查是公诉之准备的理念将立案权和侦查权归于公诉权名下,检察机关还拥有监督权和执行权。因此,检察权的行使原则范围要广于公诉权行使原则,检察权的行使原则不一定也是公诉权的行使原则。

(2)公诉权行使原则与公诉政策

据有关学者考证,现代汉语中的“政策”一词系舶来品,系英语中的“policy”一词经日本人译为“政策”一词后传入我国。[③] 关于“政策”一词的定义,见仁见智。因此,欲寻得一个对“政策”的明确且统一的含义似乎是不可能的。但这并不妨碍我们获得一个关于“政策”的基本认识。在我国,政策一般是指国家或政党为达成一定的目标而制定的准则。相应的,公诉政策即是指国家和政党制定的指导公诉活动的准则。公诉政策可能体现为宏观指导方针,也可能表现为具体的行为标准,因此公诉政策可分为宏观性政策和微观性政策两种。其中宏观性公诉政策容易与公诉权行使原则产生混淆。有学者认为,“广义的刑事政策包括刑事诉讼过程中保障人权、惩罚犯罪、预防犯罪、预防犯罪的各项方针、原则和策略”[④]。对此,我们应当注意的是,“刑事政策”是一个有特殊含义的概念,从刑事政策学的研究者费尔巴哈、李斯特对刑事政策的定义看,其是一个包容性很广的概念。可以说,刑事政策学这一概念中的“政策”的含义同一般意义上的“政策”的含义是不同的。正如有学者所指出的,“可能是因为现代公共政策太专注于政府公共政策,以至于人们谈到公共政策时,鲜有将刑事政策作为其组成部分来对待,这也或许是现代刑事政策学很少从公共政策中借鉴其研究

---

① 大陆法系与英美法系对公诉权的理解并不相同,在大陆法系,公诉权也包括作为公诉准备的刑事侦查权。见龙宗智:《检察制度教程》,法律出版社 2002 年版,第 83 ~ 84 页。

② 王新环:《公诉权原论》,中国人民公安大学出版社 2006 年版,第 4 页。

③ 刘仁文:《论刑事政策的概念和范围》,载《中国人民公安大学学报》2005 年第 1 期,第 122 页。

④ 姜伟等:《公诉制度教程》,法律出版社 2002 年版,第 93 页。

成果的一个原因。”为更好地界定公诉权行使原则的概念,本文的公诉政策采用的是一般意义上的“政策”的含义。

关于公诉权行使原则与公诉政策的区别,笔者认为罗纳德·德沃金关于政策和原则的区别的论述很具启发意义,“我把这样的准则称为‘政策’,它们规定一个必须实现的目标,一般是关于社会的某种经济、政治或社会问题的改善(虽然某些目的是消极的,在这样的目标中,它规定当前社会的某些特点需要保护,以防止相反的改变)。我把这样一个准则称为一个‘原则’,它应该得到遵守,并不是因为它将促进或者保证被认为合乎需要的经济、政治或者社会形态,而是因为它是公平、正义的要求,或者是其他道德方面的要求。”[①]由此可以看出,“政策”往往是目的指向的,而原则的正当性在于符合公平、正义的要求。公诉权行使原则与公诉政策的根本区别也在于此。另外,由此所延伸出来的便是公诉权行使原则具有稳定性,而公诉政策往往具有临时性。

(二)公诉权行使原则的内容简述

公诉权行使原则具体包括哪些内容?总的来说,学术界从事此问题研究的学者并不多,已进行的研究也不够深入、系统,且未形成统一的认识。概而言之,主要有以下几种观点:观点一:公诉活动的基本原则分为指导整个刑事诉讼的基本原则、公诉活动特有的基本原则和有争议的基本原则。指导整个刑事诉讼的基本原则包括:法治原则、独立原则、合理性原则、配合制约原则、诉讼经济的原则、辩护原则、自由裁量原则。特有原则包括:公益原则、国家起诉原则、检察官一体原则、法律监督原则。有争议的基本原则包括:无罪推定原则、一事不再理原则。[②] 观点二:公诉的原则和政策包括:国际刑事司法准则、公诉的法律原则、公诉的刑事政策。公诉的法律原则包括:罪刑法定原则、无罪推定原则、适用法律平等原则;客观公正原则、罪刑相适应原则。公诉的刑事政策包括:公共利益原则、公诉个别化原则、诉讼经济原则。[③] 观点三:公诉的基本原则包括两类:刑事诉讼的基本原则、公诉特有的原则。前者包括:程序合法性原则、合理性原则、控辩平衡原则、无罪推定的原则、禁止自证其罪的原则、诉讼效益原则、保护诉讼参与人权利原则。后者包括:起诉法定主义原则、起诉便宜主义原则、禁止双重起诉原则、裁量原则、依法独立行使公诉权原则、检察一体化原则。[④] 观点四:世界各国刑事诉讼中公诉权行使的共有原则主要有:公共利益原

① [美]罗纳德·德沃金:《认真对待权利》,信春鹰、吴玉章译,中国大百科全书出版社 1998 年版,第 41 页。

② 张穹主编:《公诉问题研究》,中国人民公安大学出版社 2000 年版,第 182 页。

③ 姜伟等:《公诉制度教程》,法律出版社 2002 年版,第 93 ~ 142 页。

④ 杨亚丽主编:《公诉教程》,中国检察出版社 2005 年版,第 88 页。

则、诉审分离原则、追诉合法原则、诉辩平等原则、追诉客观原则、限制再行追诉原则。[①]

首先,关于术语的使用问题。公诉权行使的过程体现为公诉活动,因此公诉权行使原则、公诉原则、公诉活动的原则三种表述方式实际上是一致的。另外,观点一和观点三虽然使用了"基本原则"的表达方式,但这只是说明他们论述的角度是基本原则,并不代表他们将公诉原则等同于公诉基本原则。[②]

其次,关于公诉权行使原则的分类问题。根据上述观点,大概有两种分类方法,即基本原则和具体原则,刑事诉讼的一般原则和规范公诉权行使的特有原则。观点二将公诉原则分为刑事司法国际准则和公诉的法律原则的做法并不科学。刑事司法国际准则是发现和寻找公诉权行使原则的一种途径,是公诉权行使原则的载体,自然不可与公诉的法律原则相提并论。除了这两种分类方法以外,笔者认为还可根据功能的不同,将其分为专门规范公诉权行使的原则和规范公诉权与其他权力(利)关系的原则。前者如公益原则等,后者如控审分离原则等。

再次,就范围而言,除观点二外,基本上都将公诉权的行使原则限于程序性原则。持第二种观点的作者指出,"从公诉应遵循的原则看,刑法规定的基本原则,人民检察院组织法规定的基本原则,都可以说是公诉的法律原则"[③],该学者进而将罪刑法定原则、适用法律平等原则和罪刑相适应原则作为公诉的法律原则。笔者认为,公诉权从本质上讲是一种程序性权力,公诉权行使原则是体现公诉权运行规律的原则,尽管在公诉权行使过程中也要遵守罪刑法定原则等刑事实体法原则,但并不能归于公诉权行使原则名下。另外,持第二种观点的学者还运用了"公诉的法律原则"的表述方式,其认为,"公诉的法律原则是指我国法律明确规定的公诉过程中必须遵守的基本原则"。[④] 从其论述的关于公诉的法律原则的内容看,实际上只将公诉原则限于法律明确规定的前提之下。正如笔者在前面所指出的,公诉权行使原则并不限于法律明文规定,而且从学术研究的角度考虑,更应当突破现行法律的樊篱。

最后,关于公诉权行使原则的具体内容。(1)合理性原则不宜作为公诉权行使原则,观点一和观点三之所以将合理性原则作为公诉权行使原则,是为了

---

① 王新环:《公诉权原论》,中国人民公安大学出版社2006年版,第157~193页。

② 例如,持第三种观点的学者认为,"公诉运行的基本原则是指贯穿公诉运行的全部过程,体现公诉运行的目的和价值,决定着公诉构造,指导着公诉运行的行为准则","如果只指导公诉运行的某一个环节,就不能成为公诉基本原则",从上述论述中可知作者并不否认具体原则的存在。参见杨亚丽主编:《公诉教程》,中国检察出版社2005年版,第85页。

③ 姜伟等:《公诉制度教程》,法律出版社2002年版,第98页。

④ 同上注,第93页。

强调公诉权行使过程中检察官的裁量权,笔者认为,一方面,自由裁量原则或公诉裁量原则本身即含有裁量的因素,无须再使用规定合理性原则;另一方面,合理性原则是行政法学的概念,引入后容易引起不必要的麻烦。(2)国家起诉原则属于权力配置原则,不属于公诉权运行原则。(3)尽管有学者认为公诉权是法律监督权的表现形式,但就刑事诉讼法的规定看,检察机关的公诉权与监督权还是有区别的,因此笔者认为法律监督原则也不是公诉权的行使原则。(4)检察一体原则和禁止双重危险的原则并不是只作用于公诉活动,不是独有原则。前者是检察机关的组织原则活动原则,规范着整个检察权的行使。后者的作用对象也不限于公诉机关。

综合上述,结合有关国际司法准则及世界上其他国家的规定及诉讼理论,我国的公诉权行使原则内容如下:

第一,按是否只作用于公诉活动,可分为刑事诉讼的一般原则和公诉特有原则。影响公诉的一般原则包括程序法定原则;人民检察院独立行使职权原则;公、检、法三机关分工负责、相互配合、相互制约原则;诉讼效益原则;无罪推定原则;控审分立原则;控辩平等对抗原则;保障人权原则;禁止双重危险原则(一事不再理原则);检察一体原则。上述原则一方面对公诉权的行使有指导作用,另一方面其发挥的作用不限于公诉权行使过程。规范公诉权行使的独有原则包括:公益原则;客观性原则;起诉法定主义原则;公诉裁量原则。

第二,按原则起作用的范围,可分为基本原则和具体原则。基本原则是指贯穿公诉权行使始终的原则,而具体原则则是指仅在公诉权运行的一个或几个阶段起作用的原则。基本原则包括:依法行使公诉权原则;独立行使公诉权原则;公检法三机关分工负责、相互配合相互制约原则;公共利益原则;无罪推定原则;客观性原则;公诉裁量原则;公诉效益原则;保障人权原则;公诉一体原则。具体原则包括:起诉法定主义原则、起诉裁量原则;控审分离原则;控辩平等对抗原则;限制重复起诉原则。

第三,按原则的功能,可分为专门规范公诉权行使的原则与规范公诉权与其他权力(利)关系的原则。前者包括依法行使公诉权原则;公共利益原则;无罪推定原则;客观性原则;公诉裁量原则;公诉效益原则;起诉法定主义原则、起诉便宜主义原则;限制重复起诉原则;公诉一体原则。后者包括:独立行使公诉权原则;公检法三机关分工负责、相互配合相互制约原则;保障人权原则;控审分离原则;控辩平等对抗原则。

下面将重点对独立行使公诉权原则、公共利益原则、客观性原则、起诉裁量原则展开进一步的论述。公共利益原则、客观性原则是公诉权行使原则中的基本原则,且都是特有原则。起诉裁量原则是公诉裁量原则在起诉阶段的具体化,而公诉裁量原则则是公诉权行使原则中的基本原则和特有原则,尽管公诉权裁量原则并不仅仅体现在审查起诉阶段上,但审查起诉阶段无疑是最能体现公诉裁量的阶段。独立行使公诉权原则尽管不是特有原则,但笔者认为有必要从公诉角度对其进行重新论述。至于其他原则,一方面基于篇幅的因素不可能面面俱到,另一方面学术界已经对这些原则进行了深入的研究,笔者认为无须赘述。另外,笔者不得不说明的是,公诉权行使原则并不是一个封闭的系统,上述原则也不可能已经穷尽了一切原则。

二、公诉权独立行使原则

(一)公诉权独立行使原则的含义

公诉权独立行使原则,是指公诉机关及公诉人员[①]在行使公诉权时不受任何其他机关、团体和个人的非法干涉。其主要包括两层含义:(1)公诉机关的独立(外部独立),指公诉机关作为一个整体在行使公诉权时独立于任何其他机关、团体和个人。(2)检察官的独立(内部独立),包括职务的独立和身份的独立。职务的独立指检察官在办理具体案件时具有相对的独立性,不受来自上级及其他机关、团体和个人的非法干涉;身份的独立指检察官的职位、薪俸等各项权利有特殊保障,非经法定程序不得免职、停职、调离及减薪。独立行使公诉权原则已成为各国普遍承认和确立的一项基本原则,并且在国际准则中也得到了体现。《关于检察官作用的准则》第4条规定,各国应确保检察官得以在没有任何恐吓、阻碍、侵扰、不正当干预或不合理地承担民事、刑事或其他责任的情况下履行其专业职责。[②] 公诉权独立行使原则通过调整控诉机关与立法、审判机关之间的关系,确保公诉权的合理行使。

为了更好地理解公诉权独立行使原则的概念,下面将就该原则与检察一体原则和司法独立原则的关系进行分析。

1. 公诉权独立行使原则与检察一体原则

检察一体原则主要是奉行阶层式检察制度的国家所遵循的原则。该原则的目的在于统一检察官追诉和裁量的基准。检察一体原则在不同国家和地区有不同的表现形式。例如在法国,“检察官得以书面指令或者归入案件的指令,命令共和国检察官提起追诉或指派人员提起追诉,或向有管辖权的法院提出检察长认为适当的意见要求”[③],“共和国检察官对其管辖区的违警罪法院的检察

---

① 尽管检察机关在有些国家并不是唯一的公诉机关,但在任何国家都是最主要的公诉机关。本文将主要着眼于检察机关和检察官展开论述。

② 张穹主编:《公诉问题研究》,中国人民公安大学出版社2000年版,第210页。

③ 《法国刑事诉讼法典》第36条、第44条,转引自《法国刑事诉讼法典》,罗结珍译,中国法制出版社2006年版,第33页、第44页。

官员享有上司的权力,可以向这些官员通报其了解的违警罪,并命令他们进行追诉"[①]。总的来说,检察一体原则主要体现在以下四个方面:(1)"阶层式"建构和上级的指令权;(2)职务收取和职务转移制;(3)官员替代制[②];(4)首长代理制[③]。

公诉权独立行使原则与强调上命下从的检察一体可能会发生冲突,如何协调两者的关系是一个非常困难的问题。从国外的做法看,通常一方面规定检察官在处理案件时有相对的独立性,另一方面要求检察官须接受上级的指令,但是,上级的指令不应违反法律规定,且应限制在法律规定的范围内。例如,在法国,检察一体原则受到两项限制:(1)检察院的首长在没有上级指令的情况下或不顾上级的指令,仍然可以追诉,并且这种追诉仍然是合法的、有效的;(2)下级检察官虽然在其提出的书面意见中应当按接到的指令办理,但他们在法庭上仍然可以说明自己的意见和想法。因此,[④]尽管检察一体原则限制了公诉权的独立行使,但并没有扼杀公诉权行使的独立性。"'检察一体化'是保障恰正当地行使检察权,而不是为了限制检察官固有的独立性"[⑤]。反过来讲,公诉权独立行使原则也有助于克服检察一体原则的弊端,因为绝对的检察权一体原则不利于公正、效率的实现。故而,经过合理设计的公诉权独立行使原则与检察一体原则并不冲突,两者互为前提,互为界限,互相补充,共同确保公诉权的正确行使。

2. 公诉权独立行使原则与审判独立原则

无论是否将公诉权视为司法权,公诉权独立行使原则与审判独立原则总是存在差别。具体来说,两者的区别主要有:(1)从独立的程度看,审判独立的程度要高于公诉独立的程度。从外部关系看,审判机关往往是与行政机关、立法机关并列的机关,而各国的公诉机关或检察机关(社会主义国家和苏联除外)至少从形式上看隶属于行政机关,并且在诉讼中要接受法院的司法审查。从内部关系看,上下级法院之间及法官之间没有直接的领导和被领导关系,而公诉机关或检察机关要受到检察一体原则的限制。(2)从独立的保障看,各国通常都有关于保障审判独立的特殊规定,法官一般都是终身制。而检察机关和检察官的独立往往缺少相应的保障措施,在有些国家和地区,检察机关及检察官的管

---

① [法]卡斯东·斯特法尼等:《法国刑事诉讼法精义》,中国政法大学出版社1999年版,第127~128页。

② 参与诉讼、出席法庭的检察官即使中途替换,对案件在诉讼法上的效果并无影响。

③ 检察机关所属的检察官在对外行使职权时,是首长的代理人。例如,在我国香港地区,所有检察官(政府律师)均是律政司司长的代理人。

④ [日]法务省刑事局编:《日本检察官讲义》,中国检察出版社1990年版,第18页。

⑤ 章群:《检察官独立的基本内涵探析》,载《河南科技大学学报》(社会科学版)2014年第3期。

理同其他行政机关及其工作人员的管理并无区别。两者存在差异的根本原因在于公诉权与审判权的不同。一方面,公诉权的一些特征决定了公诉权应和审判权一样有一定的独立性,例如判断性,决定的相对独立性和客观性。但另一方面公诉权又与审判权存在很大差别,其具有很强的行政色彩。故而公诉权的独立性是打了折扣的独立性。

(二)比较法考察

1. 英国[①]

在英国,由于受国家不干预诉讼的思想的影响,自诉一直是刑事诉讼的主要形式。后来,警察实际上承担了大部分刑事案件的起诉工作,但从理论上讲,警察的起诉仍是自诉。1879 年英国设立了检察长办公室(the office of Director of Public Prosecution),但其仅负责为数甚少的特别重要或疑难的案件,大部分案件仍然由警察负责起诉。随着社会的发展,这种起诉方式的弊端越来越明显。1985 年英国通过了《犯罪起诉法》,随后根据该法在英格兰和威尔士建立了皇家检察院(Crown Prosecution Service)。[②]

"虽然皇家检察院从法律上看隶属于政府,但实际上在行使职权时具有很强的独立性"[③]。正如一位英国检察官所说,"行政机关和立法机关对皇家检察院的决定不能施加任何影响"[④]。

首先,皇家检察院和严重诈骗案件局的名义上的首长的总检察长(attorney—general)尽管是政府的成员,但不是内阁成员。"在行使'非政治'职能时,总检察长不应偏向政府,他在作决定时不得考虑任何政党利益,而只能根据公共利益行事"。其次,皇家检察院实际上的首长检察长有很大的自主权,尽管其需要接受总检察长的监督,但这种监督主要是一种宏观意义上的监督。再次,虽然皇家检察院要对议会负责,但议会只关注皇家检察院如何运作,而不关注具体的决定。又次,检察长往往会将大部分案件交给皇家检察院的检察官和其他法律工作者处理,他们在处理案件时与检察长具有同样的权力。最后,英国皇家检察院在经费上是独立的,检察机关的经费独立核算。[⑤] 皇家检察院检察官的晋升和提拔由晋升小组负责,其由皇家检察院的资深成员组成。

---

① 在英国,由于历史的原因,苏格兰与英格兰和威尔士属于不同的法域,本文只涉及英格兰和威尔士的公诉制度。

② 在英国,皇家检察院是主要的但不是唯一的公诉机关,例如根据 1987 年《刑事审判法》成立的严重诈骗案件局(the Serious Fraud Office),其负责严重诈骗案件的侦查与起诉。

③ European Criminal Procedures, Mireille Delmas—Marty and J. R. Spencer eds., Cambridge University Press2002, p. 416.

④ 王晋、刘生荣主编:《英国刑事审判与检察制度》,中国方正出版社 1999 年版,第 76 ~ 77 页。

⑤ 杨亚丽主编:《公诉教程》,中国检察出版社 2005 年版,第 114 页。

2. 美国

美国的检察体制具有分散性的特点。联邦检察系统和地方检察系统相互独立，联邦检察系统及地方检察系统内部各级检察机关之间也相互独立。有学者将之称为“三级双轨、相互独立”的检察体制。

就检察机关与行政机关的关系看，包括联邦检察长在内的联邦检察官由总统直接任命。而地方检察官一般由选举产生。从这方面看，地方检察官独立性更强。

公诉权独立行使原则在美国最主要的体现就是检察官的独立性。而最能体现检察官独立性的就是其强大的自由裁量权。在决定起诉或不起诉时，即使证据很充分，检察官仍享有很大的裁量权。尤其是其不起诉决定，法律上并没有正式的审查或制约手段。在辩诉交易时，检察官可以就罪名、罪数、刑罚等与控方进行协商，并且，辩诉交易不仅适用于轻罪案件而且适用于重罪案件。

3. 德国

德国检察机构分为联邦和省两个系统，尽管每个系统内部皆呈现阶层式结构，但两个系统之间则是泾渭分明。联邦司法部长不能干预各省检察官的工作。

德国奉行检察一体原则，检察官要遵守司法部长的指示。但是部长的命令必须遵守宪法所规定的法治原则。检察官也可以拒绝其认为违法的指示或命令。而且司法部长只能向直接的下级发布命令，不能跨级。①

德国在历史上最初奉行严格的法定起诉主义，后来随着社会的发展，逐渐认可了起诉便宜主义，增强了检察官在起诉时的裁量权。“在刑事追诉利益不大，优先考虑程序的经济性或者有其他的法律政治利益与刑事追究相抵触的时候，尽管存在行为嫌疑，检察院仍然可以对此不立案侦查、提起公诉”②。

4. 意大利

意大利从传统上看属于大陆法系国家，其最初的检察制度同法德一样，强调国家对公诉的控制。检察机关和检察官的独立性程度低。然而，“二战”以后，通过不断的司法改革，如今的检察官拥有与法官一样的地位，其提拔和录用由独立于行政机关的机构负责。意大利的检察机关实际上成为一个自行运行的机构。

“尽管从形式上看，意大利的检察体系仍然是一个司法部长在顶端的金字

---

① European Criminal Procedures, Mireille Delmas—Marty and J. R. Spencer eds., Cambridge University Press 2002, p. 438.

② ［德］约阿希姆·赫尔曼：《〈德国刑事诉讼法典〉中译本引言》第15页，载《德国刑事诉讼法典》，李昌珂译，中国政法大学出版社1995年版。

塔型的体系,但是独立于行政机关导致这样一种结果:即检察体制呈现出分散化的特征,不同级别的检察机构互相独立”①。驻初级法院的检察官并不从属于当地的更高级别的初审法院,而两者也都不从属于驻上诉法院的检察长。尽管检察长原来拥有对下级的监督权和从他们手中收回案件的权力,但这一权力在1988年的改革中被淡化。② 在意大利,特定检察机构内检察官的独立性相对要弱,因为首席检察官有权确保每个人一致行动。

(三)公诉权独立行使原则在我国

1. 公诉权独立行使原则在我国的适用

根据《宪法》、《人民检察院组织法》及《刑事诉讼法》的规定,人民检察院独立行使检察权。由于公诉权是检察权的重要组成部分,故而公诉权独立行使原则自然也是我国公诉制度的一项重要原则。在西方国家,尽管对检察官是行政官还是司法官存在分歧。但是,检察机关往往从法律上看是行政机关却是一个不争的事实。而在我国,根据宪法的规定,检察机关是与行政机关并立的司法机关。然而在我国实际上检察机关和检察官的独立性程度较低,具体来说,我国的公诉权独立行使原则存在以下问题:(1)检察独立主要是检察机关的整体独立。由于过分强调检察一体原则,各级检察机关之间缺乏相互独立性。(2)即使是检察机关的整体独立也由于缺乏相应的保障制度而形式化。在我国,检察院同法院一样,存在地方化及行政化的弊端。地方化是指实践中由于地方党委、政府往往控制着检察机关的财权和人事权,从而使检察机关成为地方控制下的部门。行政化是指检察机关的内部管理并未区分行政管理和职务管理,一律实行统一的行政化管理模式。(3)检察官的独立性程度低,缺乏相应的职务上及身份上的保障。

2. 对强化我国公诉权独立行使原则的展望

从世界范围看,加强公诉权行使的独立性已成为一种趋势。这一方面是对公诉权本质认识深化的结果,另一方面司法资源的有限性与案件数量不断攀升的矛盾的加剧也是一个重要的原因。我国也应顺应这一趋势,强化公诉权独立行使原则,推进司法改革。

首先,应坚持循序渐进的方针。在我国,检察制度的改革是一个涉及宪治体制的问题,故而不可操之过急。另外,从西方国家的状况看,国与国之间差别很大,并不存在一个统一的标准化的模式,美国、意大利公诉权独立行使程度

---

① European Criminal Procedures, Mireille Delmas—Marty and J. R. Spencer eds., Cambridge University Press 2002, p. 438.

② 为了加强检察机构之间的协调,意大利在最近的司法改革中加强了检察长的权力,并增加了有关协调的规定。例如,检察长在其要求的措施没有被执行时可以要求将案件转移给他。

高,而德国、法国则较低。总的来讲,这个问题是一个必须结合本国实际考虑的问题,而对国情的考察本身即是一个长期的过程。

其次,目前我国强化公诉权独立行使原则可从强化检察官在公诉中的独立性做起。一方面,这不涉及宪治体制的问题;另一方面,我国在这方面已有了相应的实践。我国检察系统推行的主诉检察官制度便是强化检察官独立性的一种重要举措。"所谓主诉检察官,是指由公诉部门的主要检察官担任主诉检察官,同时配以适量的助手,主诉检察官在案件处理上享有除应由检察长或检察委员会拥有的极少数权力(如不起诉权)外的所有权力,从而在诉讼中具有一定独立性的制度"①。尽管,主诉检察官制度下由于缺乏相应的配套措施以及一些限制的设定,检察官的独立性程度仍较低,但是与以前相比这已经是一个突破。我们可以此为契机,将主诉检察官制度法律化、系统化,从而强化公诉权独立行使原则。

三、公共利益原则

(一)公共利益原则的含义

"公共利益",简称公益,有时也称大众福祉、社会福祉、公共福利、社会福利、公众利益等。② 由于"公共"一词概念的模糊性,"公共利益"具有利益内容的不确定性和受益对象的不确定性的特点,故而很难用属加种差式的标准的定义方法给其下一个定义。学者们也往往只是通过描述的方法来表达对"公共利益"的个人理解。例如,博登海默认为,"公共利益""意味着在分配和行使个人权利时不可以超越的外部界限"③。哈耶克认为,"自由社会的共同福利和公共利益的概念,绝不可定义为所要达至的已知的特定结果的总和,而只能定义为一种抽象的秩序。作为一个整体,它不指向任何特定的具体目标,而是仅仅提供最佳渠道,使无论哪个成员都可以将自己的知识用于自己的目的"④。

公共利益有以下特点:(1)整体性。公共利益不是一个社会所有个体(自然人个体和社会组织)利益的总和,而是社会个体利益的有机统一。公共利益源于个体利益又高于个体利益,其内容不同于个体利益的相加。公共利益不等同于多数人的利益,少数人的利益比如说某些弱势群体的利益也是公共利益。公共利益受损时并不一定存在具体的被侵害人,而个人利益受到侵害也不一定就

---

① 张穹主编:《公诉问题研究》,中国人民公安大学出版社 2000 年版,第 218 ~ 219 页。

② 胡建淼、邢益精:《公共利益概念透析》,载《法学》2004 年第 10 期。

③ [美]E. 博登海默:《法理学——法哲学与法律方法》,邓正来译,中国政法大学出版社 2004 年版,第 324 页。

④ [英]哈耶克:《经济、科学与政治——哈耶克思想精粹》,冯克利译,江苏人民出版社 2000 年版,第 393 页。转引自胡建淼、邢益精:《公共利益概念透析》,载《法学》2004 年第 10 期。

意味着公共利益也受到了侵害。(2)最高性和多样性。公共利益是一个社会存在和发展的基础,因而是一个社会的最高行为准则。同时,公共利益具有多样性,同一问题上可能存在诸多公共利益,这时就需要进行权衡,从中找出最重要的公共利益作为我们的行为准则。

公共利益原则,也称公益原则,是指检察官及其他获得授权的人员在行使公诉权时应当以维护公共利益作为基本的行为准则。从公诉权产生的历史看,代表公共利益是公诉权行使的应有之义。在人类社会的早期,犯罪被认为只是侵犯了个人利益,实行私人追诉主义。后来,随着社会的发展,人们逐渐认识到犯罪是对社会公共利益的侵犯,国家开始承担起追诉犯罪的任务。但是,在一开始并没有侦查权、公诉权和审判权的划分。到了公元14世纪中叶,在法国,原来作为国王家臣的"代理人"成为代表国家利益和公共利益的检察官,开始代表国王参加刑事诉讼,公诉制度形成。尽管此时的检察官主要是代表国王的,但不可否认国王利益本身即包含着某些公共利益。资产阶级革命以后,检察官摆脱了国王利益代表人的身份,成为诉讼中公共利益的代表者。因此,公共利益是公诉权存在的基础,公共利益原则是公诉权的本质要求。

公共利益原则是为世界各国所普遍承认的准则。在英国,检察官在审查起诉时要考虑两个标准:一个是证据标准,另一个是公共利益标准。"皇家检察院代表的是公共利益,而不是任何个人的利益"[①]。在美国,社会的公共利益是检察官决定是否起诉时应首先考虑的问题。[②] "美国检察官代表国家和人民,且担负着作为司法官员的职业道德义务。因而,司法部的箴言是'当公民在法院获得了公正,美国就赢得了胜利'"[③]。在法国,一般认为,"检察机关是社会的代表,以社会的名义进行诉讼活动"。公共利益原则也为国际准则所承认,《关于检察官作用的准则》规定,检察官在调查犯罪、监督调查的合法性及监督法院判决的执行和作为公众的代表行使其他职能中发挥作用。

(二)公共利益原则在西方国家的适用

1. 英国

在英国,检察官决定是否提起公诉时主要考虑两个因素——证据因素和公共利益因素。检察官首先必须审查是否有足够的可使定罪具有现实可能性的证据。如果达不到证据条件,案件就不能继续进行下去。如果证据条件得到满

---

① 杨诚、单民主编:《中外刑事公诉制度》,法律出版社2000年版,第109页。

② [法]卡斯东·斯特法尼等:《法国刑事诉讼法精义》,中国政法大学出版社1999年版,第132页。

③ 宋冰编:《读本:美国与德国司法制度及司法程序》,中国政法大学出版社1998年版,第349页。

足,那么接下来就进入第二个阶段即公共利益审查阶段。即使有足够的证据,如果不符合公共利益,也不能提起公诉。关于如何审查公共利益,英国《皇家检察院准则》作了详细规定。首先,一般情况下,如果罪行比较严重,通常都会起诉,除非存在往往会阻碍起诉的公共利益因素,而且如果起诉,就会显然超越那些因素。其次,《皇家检察院准则》还列举了支持起诉和阻碍起诉的其他因素。前者如犯罪情节、被告人年老、重病、精神不正常等。后者如使用了武器、以暴力相威胁等。一般来说,只有在犯罪不是很严重的情况下,检察官才会考虑这些因素。经过上述权衡后,"如果皇家检察官对诉讼是否适宜仍有怀疑时,还要权衡当地公众的态度和特定的犯罪行为在各地和全国范围内流行的情况"①。

2. 美国

在美国,同英国一样,对于非常严重的犯罪,检察官一般都会提起诉讼。因为这些犯罪往往严重侵犯了公民人身财产利益或破坏了社会秩序,如果不起诉,检察官将会遭到公众的谴责,进而影响自己的职业前途。在一些有选举产生检察官的州,为了获得选民的拥护,对重罪检察官一般会尽力起诉。另外,检察官在决定是否起诉时还要考虑如下因素:(1)犯罪嫌疑人的个人情况,包括年龄、健康状况、精神状态、主观恶性、是否配合等;(2)被害人的情况,包括被害人对犯罪及犯罪嫌疑人的态度、被害人所受的损害、是否同意和解等;(3)公众对案件的关注程度和态度;(4)案件是否有其他更好的解决方式等。

3. 法国

在法国,"一般认为,公诉是一种具有总体利益的诉讼,或者说是一种公益性质的诉讼。公诉权属于社会,且唯一属于社会。社会唯一有权进行公诉或放弃进行公诉。当然,在实际上,社会是通过其有资格的代表,也就是检察机关的司法官来进行诉讼的"。② 检察官在决定是否起诉时不仅要考虑是否具有合法性,还要考虑是否具有妥当性。即使检察官认为犯罪确实存在,他仍然可以不进行追诉。"如果犯罪行为给社会造成的损害极为轻微,如果犯罪的目标可以不予考虑,如果犯罪是本着完全值得赞赏的目的采取行动,那么在这种情况下,对公共秩序而言,提起追诉只能弊大于利"③。检察官还可以从犯罪嫌疑人的情况、诉讼效率等因素的角度考虑是否提起诉讼。

---

① 王新环:《公诉权原论》,中国人民公安大学出版社 2006 年版,第 173 页。

② [法]卡斯东·斯特法尼等:《法国刑事诉讼法精义》,中国政法大学出版社 1999 年版,第 118 页。

③ 同上书,第 499~500 页。

4. 加拿大

在加拿大,检察官在审查起诉是否符合公共利益时,往往会考虑以下因素:(1)犯罪的严重性;(2)犯罪的情节;(3)被告人的年龄、智力水准、身心健康状态、合作态度;(4)被告人的背景情况——有无前科及他的家庭情况;(5)起诉本案对公共安全和公共信心的影响,民众关心的程度;(6)有无适应的替代处分方法;(7)起诉本案对犯罪的遏制和预防作用;(8)起诉后定罪判刑是否过于严厉、刑期长短;(9)被害人对被告人的态度;(10)刑事赔偿和处分的受益者;(11)审判的成本和现有资源;(12)本案的证据披露是否会危害国家安全和国际关系等。①

需要指出的是,尽管本文主要就上述国家在审查起诉阶段对公共利益原则的适用进行了介绍,但这并不代表公共利益原则只适用于审查起诉阶段,而只能说公共利益原则在审查起诉阶段表现比较明显而已。公诉活动处处体现着公共利益原则的精神。②

(三)在适用公共利益原则时应注意的几个问题

首先,适用公共利益原则应以遵守法律的规定为前提。国有良法而人人普遍遵守是法治国家的理想状态,在法治国家,法律得到遵守是最大的公共利益。因此,遵守法律规定与公共利益原则并不冲突,甚至可以说,遵守法律规定是公共利益原则的应有之义。作为国家机关,检察机关更应当依法行使公诉权,因为“没有什么比不能遵守自己制定的法律或者对使自己得以存在的宪章置之不理更能毁掉一个政权了”③,“如果政府成为违法者,将导致对法律权威的蔑视,将会使每个人将自己视为法律,将导致无政府状态”④。另外,公共利益原则意味着检察官可以行使一定的自由裁量权,而没有法律限制的自由裁量必将导致擅断。法律规定恰好构成自由裁量的界限。故而,遵守法律规定对公共利益原则的正确适用也起着至关重要的作用。

其次,公共利益原则并不是以牺牲个人利益为代价。公共利益不同于个人利益,在某些情况下两者是对立的,“我们从经验中得知,个人的一些利益常常是同政治社会的利益相对抗的,而且个人具有做出侵损公共福利的行为的倾向”⑤。比如说,犯罪行为可能体现了个人利益,但却损害了公共利益。但是,两者并不是绝对对立的,公共利益来自个人利益,往往是带有普遍性的个人利益。

---

① 杨诚、单民主编:《中外刑事公诉制度》,法律出版社2000年版,第68页。

② 比如,在上诉及提起再审时,同样要考虑公共利益。

③ *Mapp v. Ohio*, 367 U. S. 643(1961).

④ *Olmstead v. United States*, 277 U. S. 438(1928).

⑤ [美]E. 博登海默:《法理学——法哲学与法律方法》,邓正来译,中国政法大学出版社2004年版,第325页。

一些权利如生命权、自由权和财产权等实际上不仅是个人利益也是公共利益，因为对这些权利的损害将危及社会之存在。正如孟德斯鸠所言，在财产所有权问题上，“如果个人的利益应该向公共的利益让步，那就是荒谬背理之论”，“因为公共的利益永远是：每一个人永恒不变地保有民法所给予的财产”。[①] 因此，检察官适用公共利益原则并不意味着就要牺牲个人利益。例如，如果犯罪嫌疑人罪行轻微，而起诉可能导致其被判以剥夺自由的刑罚，检察官往往作出不起诉决定。在这种情形，实际上犯罪嫌疑人的自由权已不仅仅是个人利益，而成为公共利益，而检察官的决定是通过衡量两种公共利益即惩罚犯罪和保障人权后作出的。因此，公共利益原则是建立在人权之上的一个原则。

最后，公共利益并不等同于政府所制定的政策或作出的决定。由于公共利益的主体具有不特定性的特点，因而政府往往扮演着公共利益维护者的角色。政府所制定的政策和作出的决定有些可能确实体现了公共利益，但是两者并不能等同视之。正如博登海默所言，“政府官员可能会误识社会利益，可能会在制定和执行政策时犯严重错误，甚至还可能会将国家之船引向覆灭和灾难之渊”。[②] 因此，检察官在适用公共利益原则时，不能简单地将政府的政策和决定作为公共利益，而应进行具体分析。如果认为政府的决定和政策符合公共利益，还要进一步将其代表的公共利益与同一问题上的其他公共利益进行衡量。否则，公诉权将丧失独立性而沦为行政权力的附庸，并将最终损害司法的独立和公正性。

四、客观性原则

（一）客观性原则概述

客观性原则，是指检察官在行使公诉权时应保持客观中立的立场，负有客观性义务。既要注意被害人的利益，也要注意被追诉人的利益。既要考虑不利于犯罪嫌疑人的因素，也要考虑有利于被追诉人的因素。客观性原则主要表现在以下方面：检察官既要收集证明犯罪嫌疑人、被告人有罪的证据，也要收集证明犯罪嫌疑人、被告人无罪的证据；在审查起诉时，要综合考虑各种因素，对于虽然事实清楚、证据充分、依法构成犯罪但起诉不符合公共利益的，可以作出不起诉决定；与案件或当事人有利害关系的检察官应当回避；在庭审过程中，如果检察官认为起诉不当的，可变更起诉或撤回起诉。法庭辩论终结，检察官认为被告人无罪的，可请求法院作出无罪判决；检察官可以为被告人利益提起上诉或再审。

---

① [法]孟德斯鸠：《论法的精神》（下），张雁深译，商务印书馆1963年版，第211~212页。

② [美]E.博登海默：《法理学——法哲学与法律方法》，邓正来译，中国政法大学出版社2004年版，第326页。

客观性原则,“创始于19世纪中叶的德国,随后传播至亚洲其他大陆法系国家”①。在英美法系国家及地区,由于传统上奉行对抗制诉讼模式,检察官被视为一方当事人,对客观性原则的贯彻程度较之大陆法系要低。但是,检察官仍然要负一定的客观性义务。例如,美国最高法院的有关意见指出,检察官“不是争议的普通一方当事人的代表,而是主权的代表,他负积极行使职权的义务,但同时他也必须公正地行使职权。所以他在刑事诉讼中的利益不是赢得案件,而是保证司法的公正”②。英国《皇家检察院准则》第2条第3款规定,“皇家检察官应公正、独立、客观。他们个人对于被告人、被害人或证人的种族、原国籍、性别、宗教信仰、政治观念或性别偏好的看法不得影响他们做出决定,他们也不受到来源于任何方面的不适当或不正当压力的影响”③。客观性原则也为有关国际准则所承认,《关于检察官作用的准则》第12条规定,“检察官能够始终一贯迅速而公平地依法行事,不偏不倚地履行其职能,注意到对犯罪嫌疑人有利或不利的一切情况”④。

(二)客观性原则的比较法考察

1.德国

在德国,检察官被认为是“法律的守护人”,他们同法官一样负有强烈的客观性义务。“检察官应当担当法律守护人之光荣使命,追诉犯罪者,保护受压迫者,并援助一切受国家照料之人民”⑤。根据德国刑事诉讼法及司法实践,检察官的客观性义务主要体现在以下几方面:

(1)检察官不仅要收集证明被追诉人有罪的证据,还要收集证明被追诉人无罪的证据。在德国,侦查被视为“公诉之准备”,检察机关是名义上的侦查权的享有者。根据《德国刑事诉讼法》第160条第2款的规定,“检察院不仅要侦查证明有罪的,而且还要侦查证明无罪的情况,并且负责提取有丧失之虞的证据”⑥。

(2)在审查起诉时,检察官应当综合考虑各种因素。对于行为人责任轻微,依公众利益不需追究的,经法院同意可以不追究。对于轻罪,检察机关经法院和被追诉人同意,可以暂时不予起诉。

(3)关于检察官回避的问题,刑事诉讼法并没有明确规定。但是德国学界

---

① 王新环:《公诉权原论》,中国人民公安大学出版社2006年版,第189页。

② [美]爱伦·豪切斯泰勒·斯黛丽、南希·弗兰克:《美国刑事法院程序》,陈卫东、徐美君译,中国人民大学出版社2002年版,第230页。

③ 土普、刘生荣主编:《英国刑事审判与检察制度》,中国方正出版社1999年版,第223页。

④ 陈国庆:《构建客观公正的公诉制度》,载《人民检察》2007年第8期。

⑤ 同上。

⑥ 《德国刑事诉讼法典》,李昌珂译,中国政法大学出版社1995年版,第78页。

一般认为,由检察官与法官同负的客观性义务可知,检察官执行职务有偏颇之虞时,不应再执行职务①。

(4)检察官可以要求法院作出无罪判决。

法庭辩论终结,如果检察官认为证据不足以支持作出有罪判决或认为行为不构成犯罪,可以要求法院作出无罪判决。正如我国台湾地区学者林钰雄所言,检察官主张被告人无罪的做法,最能体现检察官客观性的特征。一般来说,对于一些不构成犯罪、不需要起诉或证据不足的案件,检察官往往会在侦查终结时或审查起诉时终止程序。但是,根据德国刑事诉讼法的规定,告诉人同时又是被告人的时候,如果对检察官停止程序的决定不服,可以向检察院的上级抗告,对上级官员的拒绝裁定仍不服的,告诉人可以在通知后的一个月内申请法院裁判②。如果法院决定提起公诉,此时按法律规定检察官就必须提起公诉。在进一步的诉讼中,如果检察官的主张未变,仍可以建议法庭作无罪的判决。③

(5)根据《德国刑事诉讼法》第 296 条第 2 款及第 365 条之规定,检察官可以为被告人的利益提起通常救济程序(上告、上诉及抗告)以及再审程序。

2. 日本

日本刑事诉讼制度在"二战"前主要效仿法国和德国,"二战"后则受到了美国法的广泛影响,从而形成了别具一格的刑事诉讼模式。在日本,检察官的客观性色彩较之德国要弱,但又比英美法系国家浓厚。具体来说,主要体现在以下几方面:

(1)在审查起诉时,检察官往往要顾及包括犯罪嫌疑人情况在内的诸多因素,并进而作出起诉、不起诉或起诉犹豫的决定。

(2)在审判过程中,检察官可以基于被告人的利益变更起诉或撤回起诉。根据《日本刑事诉讼法》第 312 条之规定,"法官在检察官提出请求时,以不妨碍公诉事实的统一性为限,应当准许追加、撤回或变更记载于起诉书的诉因或者罚条"④。尽管法律并没有明确指出检察官可以为被告人利益变更或撤回起诉,但是检察官作为公益的代表,为了实现正义,为被告人利益变更或撤回起诉是其职责范围之内的事情。

---

① 林钰雄:《检察官论》,台湾学林文化事业有限公司 1999 年版,第 30 页。转引自王新环:《公诉权原论》,中国人民公安大学出版社 2006 年版,第 188 页。

② 《德国刑事诉讼法典》,李昌珂译,中国政法大学出版社 1995 年版,第 86 页。

③ 王新环:《公诉权原论》,中国人民公安大学出版社 2006 年版,第 187 页。

④ 《日本刑事诉讼法》,宋英辉译,中国政法大学出版社 2000 年版,第 71 页。

(3)在日本,法庭证据调查完毕之后,便是论告和求刑。[①] 论告,是控方意见的总结性陈述。求刑,“是检察官对案件评价的最集中的表示,也可以说是论告的结论”。[②] 检察官在为论告和求刑时要坚持客观性原则。例如,检察官在求刑时“既要追究被告人罪责,又要考虑为被告人今后的改善或更生创造条件”[③]。

(4)公诉人对一审判决不服可以向二审法院提起控诉。[④] 公诉人提起控诉的一些理由可体现出客观性原则。比如,检察官可就量刑过轻的情况提起控诉。如果判决作出后出现了刑的废止、变更或大赦,公诉人为被告人的利益,也可提起控诉。[⑤]

3. 英国

在英国,皇家检察官是公共利益的代表,保持客观、公正是其行使公诉权的基本原则。“决定对某个人提起公诉是一个重大步骤。公正而有效地提起诉讼对维护法律秩序是至关重要的。”[⑥]

首先,皇家检察官在进行公共利益审查时,要考虑各种因素。《皇家检察院准则》详细规定了支持起诉和阻碍起诉的因素(支持的因素有 14 种,阻碍的因素 8 种)。这些因素中,既有有利于犯罪嫌疑人、被告人的,如可以阻碍起诉的“因真正的过失或误解发生的犯罪”[⑦];也有不利于被追诉人的,如“被告人先前的定罪或警告与当前的犯罪有关联”。

其次,英国的证据开示制度也体现了检察官的客观性义务。在英国,检察官对被告人的开示义务要求:检察官应当向辩护一方告知他将要在法庭审判中作为指控证据使用的所有证据,任何新的证据也要在以后展示给辩方;检察官还应当向辩方展示其不准备在审判过程中使用的相关资料。

(三)客观性原则在我国的适用

根据我国宪法的规定,检察机关和审判机关同为国家司法机关。在刑事诉

---

① 在日本,证据调查完毕之后,即进入最后程序,先由检察官就事实和法律问题陈述意见,之后由辩护人辩护,在由被告人最后陈述。上述所有完毕后便是法院作出判决。参见宋英辉:《日本刑事诉讼法简介》,第 17 页,载《日本刑事诉讼法》,宋英辉译,中国政法大学出版社 2000 年版。

② 杨诚、单民主编:《中外刑事公诉制度》,法律出版社 2000 年版,第 233 页。

③ 在日本,上诉因对象不同而分为控诉、上告、抗告、特别抗告和准抗告等。控诉和上告是针对判决的,控诉是针对一审判决不服向二审法院提起的上诉。

④ 杨诚、单民主编:《中外刑事公诉制度》,法律出版社 2000 年版,第 234 页。

⑤ 王晋、刘生荣主编:《英国刑事审判与检察制度》,中国方正出版社 1999 年版,第 221 页。

⑥ 《皇家检察院准则》6. 5(2),载王晋、刘生荣主编:《英国刑事审判与检察制度》,中国方正出版社 1999 年版,第 231 页。

⑦ 《皇家检察院准则》6. 5(11),载王晋、刘生荣主编:《英国刑事审判与检察制度》,中国方正出版社 1999 年版,第 229 页。

讼中,检察官同法官一样负有客观公正的义务,客观性原则是我国公诉权行使的基本原则。在我国,客观性原则主要体现在以下几方面:

(1)检察人员应当收集能够证实犯罪嫌疑人、被告人有罪或无罪、犯罪情节轻重的各种证据。人民检察院可以根据辩护律师的申请收集证据。

(2)人民检察院在对案件进行审查起诉之日起,应当允许辩护律师查阅、摘抄、复制案件的诉讼文书、技术性鉴定资料。

(3)人民检察院自收到移送审查起诉的案件材料之日起3日内,应当告知犯罪嫌疑人有权委托辩护人。

(4)检察人员与法官一样适用回避的有关规定。

(5)在人民法院宣告判决前,人民检察院发现被告人的真实身份或犯罪事实与起诉书叙述的身份或指控的犯罪事实不符的,可以请求变更起诉;发现不存在犯罪事实、犯罪事实非被告人所为或者不应追究被告人刑事责任的,可以要求撤回起诉。

(6)对一审法院作出的未生效判决,检察机关可以为被告人利益提起抗诉,如量刑畸重情形。对于已生效的判决,只要认为确有错误,检察机关就可以提起抗诉,启动再审程序。

尽管从法律规定上看,我国公诉活动的客观性色彩比较浓厚,但法律实践呈现给我们的却是另一番景象:检察人员视被追诉人为对立者,以使法院判决被告人有罪为最高准则;在收集证据时,只收集证明有罪的证据;在抗诉时,只对量刑过轻的判决提起抗诉。之所以会出现此种立法与司法实践相脱节的状况,一方面是源于理念的落后,"重惩罚、轻保障""有罪推定"等落后的理念至今仍广泛存在于检察人员的头脑中。大多数检察人员缺乏一种"公益的代表"的角色意识和客观中立的观念。另一方面则是由制度的不完善造成的。我国的检察体制、检察官制度、刑事诉讼制度并没有为客观性原则的贯彻提供一个良好的制度空间。例如,过分强调检察一体、忽视检察官个人的独立等。这些问题大大影响了客观性原则在实践中的实施。因此,在我国,客观性原则的实质化必将是一个长期的艰难的过程。而当务之急就是要提高检察官的素质,加强对检察官的教育和管理,向检察官灌输客观性的理念。

五、起诉裁量原则

(一)起诉裁量原则概述

起诉裁量原则,是指对符合起诉条件的案件,检察官可以根据自己的经验和知识在法律规定的范围内自由决定起诉与否的原则。

首先,起诉裁量以案件符合起诉条件为前提。起诉条件,是指检察官提起公诉必须具备的条件。有学者将起诉条件归纳为四点:(1)指控行为属于犯罪所禁止的行为,且属于公诉案件;(2)被告人所实施的行为,依法已构成犯罪;(3)有足够的证据证明被告人实施的行为是犯罪行为;(4)非属于刑法、刑事诉讼法规定的不受刑罚处罚的情形。[1] 对于不符合起诉条件的案件,检察官无自由裁量的余地,必须作出不起诉决定。

其次,起诉裁量是一种法律裁量而不是事实裁量。事实裁量,在我国又称为事实认定[2],主要涉及的是对事实和证据的判断。法律裁量主要是一种价值衡量。起诉裁量是以案件符合起诉条件为前提,由检察官综合考虑案件各种因素从公共利益出发作出决定。其主要是对各种价值和利益进行权衡的过程,是一种法律裁量。

最后,起诉裁量权必须在法律规定范围内行使。任何自由都是一种戴着镣铐的自由,起诉裁量权的行使也不例外。起诉裁量权的行使要严格遵守法律程序,要在法律规定的权限范围内行使。

与起诉裁量原则相对应的一个概念是起诉法定原则,也可称为起诉法定主义。该原则是指只要有足够的犯罪嫌疑就应当提起公诉,检察官不得自由裁量。起诉法定主义是大陆法系国家在 19 世纪早中期奉行的原则,其理论基础是报应刑刑罚思想和一般预防的刑事政策。报应刑的理念和强调对罪犯的一般预防的刑事政策要求有罪必罚,反映到诉讼上就是有罪必诉的起诉法定主义。起诉法定主义可以保证法律不仅仅存在于书面上,而是运用于实践中;能够确保起诉的公正性即保证起诉不偏不倚、标准统一;还可使公诉机关免受外界的压力。[3] 然而,严格的起诉法定主义也有诸多不足,例如容易造成诉讼效率的低下;只着眼于形式的公平而忽视实质的公平;不利于罪犯的改造和回归社会等。随着社会形势的变化及目的刑、教育刑理论的兴起,大陆法系国家纷纷抛弃绝对的法定起诉主义,转向起诉法定主义和起诉裁量主义相结合的立法模式。在英美法系国家,则从来即无法定起诉主义的传统。检察官之自由裁量权是其法律传统、当事人主义诉讼理念等诸多因素共同作用的结果。

起诉裁量原则对刑事司法具有重要的价值和意义。首先,起诉裁量原则对于促进司法资源的合理配置,提高诉讼效率具有重要意义。当今世界各国普遍面临的一个难题便是司法资源的有限性和案件不断增多之间不断加剧的矛盾。为了解决这个问题,各国一方面通过设立各种简易程序,扩大简易程序的适用

---

① 陈光中主编:《外国刑事诉讼程序比较研究》,法律出版社 1986 年版,第 162 ~ 168 页。转引自宋英辉、吴宏耀:《刑事审判前程序研究》,中国政法大学出版社 2002 年版,第 302 页。

② 宋英辉、吴宏耀:《刑事审判前程序研究》,中国政法大学出版社 2002 年版,第 337 页。

③ 陈光中、[德]汉斯—约格·阿尔布莱希特:《中德不起诉制度比较研究》,中国检察出版社 2002 年版,第 87 页。

范围;另一方面就是扩大起诉裁量权。通过赋予检察机关更多的自由裁量权,可以有效发挥审查起诉阶段的案件分流功能,从而整合诉讼资源,提高诉讼效益。其次,贯彻起诉裁量原则对实质正义的实现具有重要意义。起诉法定主义要求有罪必罚、有罪必诉,“犯罪行为的严重性、犯罪情形或犯罪嫌疑人本人情况并不是很重要”①。所以,起诉法定主义所实现的公正只能算是形式公正。而在起诉裁量原则下,公诉人往往是在考察了各种因素包括犯罪嫌疑人的个人情况后作出的。故而,在起诉裁量原则下所作的决定才是真正符合“得其应得”这一实质正义之根本要求的决定。另外,起诉裁量原则亦有助于刑事司法反映社会公共利益及社会的主流价值观,进而有利于提高司法的权威以及公众对法律的认同感。

(二)起诉裁量原则的比较法考察

1. 德国

根据1877年生效的德国刑事诉讼法典,德国实行的是严格的法定起诉主义。随后,自1924年埃明司法改革(Emming Reform,也有人译为“艾明格改革”)开始,德国法定起诉主义逐渐被削弱。在20世纪70年代,“随着德国刑事诉讼法典第153条a的引入,旨在阻遏法定起诉原则的发展趋势达到了一个新的阶段”②。总的来说,德国起诉裁量原则是在不断限制起诉法定原则的过程中逐渐确立起来的。而这个过程的背后则是刑罚观念的转变及不断攀升的犯罪率。应当注意的是,尽管有人认为在德国法定起诉原则已像一张千疮百孔的网,但是,在德国“即使在今天,法定起诉原则仍是刑事追诉的一项基本原则”③,起诉法定原则和起诉裁量原则之间是一种原则和例外的关系。德国起诉裁量原则主要体现在以下几方面④:

(1)轻微行为不起诉

a. 对于轻罪⑤案件,如果行为人责任轻微,不存在追究责任的公共利益的,经法院同意,可以不予追究。对于尚未受到最低刑罚威胁,行为所造成后果显著轻微的罪决定不予追究时无需法院同意。(《德国刑事诉讼法》第153条)

b. 对显著轻微的附加犯罪行为和犯罪行为的显著轻微部分的不起诉。根据《德国刑事诉讼法》第154条,如果某行为相对于行为人对立实施的犯罪行为

---

① 陈光中、[德]汉斯—约格·阿尔布莱希特:《中德不起诉制度比较研究》,中国检察出版社2002年版,第62页。

② 同上书,第89页。

③ 同上书,第63页。

④ 《德国刑事诉讼法》,李昌珂译,中国政法大学出版社1995年版,第72~77页。

⑤ 在德国,轻罪是指最低刑为一年以下自由刑或判处罚金的违法行为。参见陈光中、[德]汉斯—约格·阿尔布莱希特:《中德不起诉制度比较研究》,中国检察出版社2002年版,第64页。

并不重要且对其他犯罪行为的惩罚足以对犯罪人产生影响,那么检察院可以不予追诉。该条规定与第153条是1924年“埃明司法改革”时增加的。1964年刑事诉讼法又增加了第154a条,与第153条不同,该条针对的是行为人犯罪行为的可以分割的一部分,如果该部分对整个犯罪行为不是很重要,就可以不予起诉。

c. 对轻罪[①]案件,经法院和被指控人同意,检察院可以暂不起诉,但同时应要求被告人履行一定的义务。(《德国刑事诉讼法》第153a条)

(2)对一些涉及国家利益、国际关系的案件的不起诉

这类不起诉体现在《德国刑事诉讼法》第153c条、第153d条、第153e条、第154b条中。具体包括:

a. 国外行为,包括在德国境外实施的犯罪行为、外国人在境内外国船舶、飞机上的犯罪、在国外已被执行过刑罚并且跟国内刑罚折抵后使国内的刑罚已无必要的被指控人以及在国外被判无罪的人。

b. 基于政治原因不追诉。[②]

c. 被指控人被引渡[③]或驱逐出境的,检察院可以不起诉。

(3)其他原因导致的不起诉

a. 因实体法规定不受处罚而不起诉。根据《德国刑事诉讼法》第153b条的规定,如果法院可以免除刑罚的前提成立的时候,经法院同意,检察院可以不起诉。

b. 对受到揭发威胁的行为不起诉。(《德国刑事诉讼法》第154c条)此条主要是为了保护受到胁迫或敲诈的受害人。另外,法律还规定了不起诉的前提,即受到揭发威胁的行为不严重且不必须补偿。

c. 因民法或者行政法的先行行为而中止或终止程序。(《德国刑事诉讼法》第154d条)

d. 对告发的或者所主张的行为启动的程序还未终结的时候,不应对诬告、侮辱罪起诉,以免引起判决之间的冲突。(《德国刑事诉讼法》第154e条)

德国主要从以下几方面对起诉裁量进行监督:

---

① 实践中已突破了轻罪的范围而扩大到中等程度的犯罪以及具有更高犯罪危害性的案件。参见陈光中、[德]汉斯—约格·阿尔布莱希特:《中德不起诉制度比较研究》,中国检察出版社2002年版,第67页。

② 如果启动程序将给德国造成严重的不利情况或有其他的重大公共利益与追诉相抵触时,联邦检察长可以对《法院组织法》第7条第1款第1~6项、第120条第1款第2~7项的犯罪不起诉。如果被指控人的犯罪行为是《法院组织法》第7条第1款第1~4项、第120条第1款第2~7项规定的犯罪行为,而行为人对消除危险有贡献的,经有关州最高法院同意,联邦检察长可以决定不起诉。

③ 包括因案件行为被引渡和因其他行为被引渡,后者还要求本案行为可能被判处的刑罚作为被引渡的其他行为所可能判处的刑罚的附加刑并不重要。

(1)内部监督

在德国,从组织设置上看,检察机关属于政府行政部门。联邦和州检察机关分别要接受联邦和州司法部长的领导,检察机关要受那些由政府机构颁布的指导原则的约束。同时,由于检察机关内部实施检察一体的原则,检察官还要在具体案件中受上级指示的约束。此外,"那些官僚性的因素,例如报告的义务,监督和纪律约束体制,晋升的资格要求,甚至有关的职业道德都能被视为(或影响)监督的手段(主要是间接的)"①。

(2)外部监督

a. 法院的事前监督。通过上述关于德国起诉裁量原则的介绍可以发现,在德国,有相当数量的不起诉决定需要法官的事先同意。在德国,至少从法律规定上看,法官在案件起诉与否这个问题上拥有重要的发言权。

b. 被追诉人的同意。根据《德国刑事诉讼法》第 153a 条的规定,暂不起诉需要获得被指控人的同意。这主要是因为这种暂不起诉的决定有时候并不符合被指控人的利益。根据法律规定,检察机关作决定的同时还要求被指控人履行以下义务:"做出一定的给付,弥补行为造成的损害;向某公益设施或国民交付一笔款额;作出其他公益给付或者承担一定的赡养义务。"②而实践中这些义务与真正的刑罚差距很小,以至于人们可能将两者等同视之。

应当注意的是,在德国,强制起诉制度针对的是证据不足不起诉的情况,并不适用于裁量不起诉。

2. 美国

在美国,检察官享有几乎不受限制的自由裁量权,检察官的决定是影响定罪和量刑的关键因素。早在 1883 年"人民诉瓦巴什、圣路易和太平洋铁路"一案中,伊利诺伊州上诉法院就已经肯定了检察官的起诉裁量权:"法律赋予了检察官巨大的自由裁量权来追诉犯罪。他可以依据职权通过告发提起公诉,也可以在他认为符合正义的情况下终止诉讼"。③ 美国检察官的起诉裁量权体现在:

(1)检察官的起诉裁量权不受案件范围的限制。检察官对一切案件包括重罪案件都享有起诉裁量权。不过,对于最严重的犯罪如谋杀、持枪抢劫等,检察官往往很少行使自由裁量权,而对于轻微犯罪,由于公众关注度低,检察官则行使最大限度的自由裁量权。

---

① 陈光中、[德]汉斯—约格·阿尔布莱希特:《中德不起诉制度比较研究》,中国检察出版社 2002 年版,第 136 页。

② 《德国刑事诉讼法》,李昌珂译,中国政法大学出版社 1995 年版,第 73 页。

③ 宋英辉、吴宏耀:《刑事审判前程序》,中国政法大学出版社 2002 年版,第 342 页。

(2)与德国检察机关仅能就起诉与否进行裁量不同,美国检察官除了可以对起诉与否进行裁量外,还可以决定以一罪起诉还是以数罪起诉,以此罪起诉还是以彼罪起诉。

美国对检察官自由裁量权的制约机制除了预审程序和大陪审团程序外,其他的主要是非正式的、间接的制约机制。大陪审团和预审程序主要对不起诉决定进行审查,对起诉决定的制约主要是由选举制度等非正式的间接的方式完成的。

a. 预审程序

预审程序适用于重罪案件,其目的在于审查检察官的起诉是否有足够的根据。预审程序由治安法官或其他司法官主持,检察官、被告人应当到场,辩护律师也可以出庭。在预审程序中,"检察官必须证明其有形式上的起诉原因(A prima facie case)及有相当的证据(Probable cause)相信犯罪嫌疑人为犯罪实施者"①,否则,治安法官应驳回指控。

b. 大陪审团程序

对于需要由大陪审团审查的案件,是由检察官和大陪审团共同行使起诉权。在美国,大陪审团的起诉书称为"indictment",检察官的起诉书称为"information"。大陪审团审查的目的在于防止滥诉,避免对被告名誉造成损害。"大陪审团的讯问程序为秘密不公开,若讯问被告时,被告之辩护律师不得在场"②。在美国,大陪审团制度正在走下坡路。要求重罪必须经过大陪审团审查才能起诉的州不到半数,而且,其中大部分州仅对可能判处死刑和无期徒刑的案件才要求必须经过大陪审团审查。③ 实践中,大陪审团往往成为检察官的傀儡。

c. 选举制度

通过间接和非正式的方式对官员进行控制是美国法律制度的重要特征。美国检察官与大陆法系国家的检察官之一大重要区别就在于美国大部分检察官由选举产生,需要对选民负责。这一方面可能导致检察官易受政治左右,但另一方面也使他们在行使自由裁量权时十分注意公众的态度,除非他们不想再继续从事检察官工作。

d. 检察机构的内部准则

美国的检察体制具有分散性的特点,故而联邦或州司法部长(检察长)发布的规则、指示并不具有约束力。相比而言,在检察官办公室的内部准则的作用

① 王兆鹏:《美国刑事诉讼法》,北京大学出版社2005年版,第9页。

② 同上书,第10页。

③ 宋英辉、孙长永、刘新魁等:《外国刑事诉讼法》,法律出版社2006年版,第182~183页。

似乎更加明显。因为,在一个个检察官办公室,办公室的长官对其他检察官和助理检察官具有很强的控制力。这些内部准则一方面可以使检察官的决定更加合理公正从而使检察官办公室的长官及其他检察官可以赢得选民的支持,另一方面也可以提高办案的效率。

(三)起诉裁量原则在我国的适用

在规范层面,起诉裁量权主要体现在如下层面:(1)微罪不起诉。《刑事诉讼法》第177条规定,对于犯罪情节轻微,依照刑法规定不需要判处刑罚或者免除刑罚的,人民检察院可以作出不起诉决定。(2)核准不起诉。《刑事诉讼法》第182条规定,犯罪嫌疑人自愿如实供述涉嫌犯罪的事实,有重大立功或者案件涉及国家重大利益的,经最高人民检察院核准,公安机关可以撤销案件,人民检察院可以作出不起诉决定,也可以对涉嫌数罪中的一项或者多项不起诉。(3)附条件不起诉。《刑事诉讼法》第282条规定,对于未成年人涉嫌刑法分则第四章、第五章、第六章规定的犯罪,可能判处一年有期徒刑以下刑罚,符合起诉条件,但有悔罪表现的,人民检察院可以作出附条件不起诉的决定。可以预见的是,随着认罪认罚从宽制度的展开,不起诉裁量权的行使会越来越多。

我国对起诉裁量权的制约主要包括以下几方面:(1)检察机关的内部制约。根据《人民检察院刑事诉讼规则》第289条的规定,酌定不起诉的决定权属于检察委员会。另外,按照检察一体的原则,上级检察院如果认为下级检察院的决定有错误,可予以撤销。(2)公安机关的制约。对于公安机关移送审查起诉的案件,人民检察院决定不起诉的,如果公安机关认为决定有错误,可以要求复议,如果意见不被接受,可以请求上级检察机关进行复核。(3)被害人的制约。被害人如果对不起诉决定不服,可以向上一级人民检察院申诉,上级检察院维持决定的,被害人可以向人民法院提起自诉。被害人也可以不经过申诉,直接向人民法院提起自诉。(4)被不诉人的制约。对于不起诉决定,被不起诉人不服的,可以向人民检察院申诉。(5)法院的制约。当被害人不服不起诉决定或上级机关维持不起诉决定时,可以向人民法院提起自诉,由人民法院进行审理。

目前,扩大检察机关的起诉裁量权基本上已成为学界的共识,然而对于应如何扩大检察机关的起诉裁量权、起诉裁量权应扩大到什么程度等具体问题,见仁见智。笔者认为,在考虑起诉裁量权问题时,首先应该从整体的眼光看问题和考虑问题。起诉裁量制度的完善将涉及如何协调检察一体原则与起诉裁量原则之间的关系、保护被告人利益与保护被害人利益之间的关系、对起诉裁量权的监督与控审分离之间的关系等很多问题,故而必须在整个刑事司法制度和检察制度这个大环境下考虑起诉裁量制度的完善问题。

裁判职责的元点：一元论还是二元论

李树民*

摘　要　改革开放后恢复法制和创新法治40年，司法实践和理论探索一直未能解决的一个重大现实问题是，中国作为继承大陆法系传统的国家，裁判者司法遇到法律正义缺陷或不足时，一条不得拒绝裁判的古老自然法原则如何对待，成为裁判者职责体制设置需首要回答而没有给出科学论证的理论和实务命题。裁判者裁判案件中，在既定成文法不足以适应案件时，既要裁判疑难案件，又要以有缺陷的法律为原则，这个两难困境如何突破，这就是司法体制改革要解决的元问题。转化成具体的问题，就是裁判者职责如何定位的问题。

关键词　裁判职责　一元论　二元论　社会主义核心价值观

引　言

当前，我国以司法责任制为核心的基础性司法体制改革①已经完成，正在逐步推进综合配套改革②。随着司法体制改革进入深水区，司法历史实践层面沉积的问题不断暴露和呈现。反思中国成文法法域的司法传统，更多表征了大陆法系以成文法为依据的司法模式，经民主立法程序通过的法律成为司法的唯一教义，机械司法弊端重重。亟待从理论上回答司法责任制的元问题：是坚持裁判者只对法律负责的一元论？还是坚持对法律和价值并重的二元论？这一问题是1979年刑法和刑事诉讼法实施40年来一直被司法实践和理论研究倒逼而没有给出深刻回答的元问题。40年各类诉讼所折射的整体效能中，不断出现

---

* 李树民，《中国社会科学》杂志社社会科学部主任。

① 即建立司法责任制、完善司法人员分类管理、健全司法人员职业保障制度、推进省以下司法机关的人财物统一管理，改革的核心就是建立司法责任制。2017年8月29日，习近平总书记主持召开中央深化司法体制改革领导小组第38次会议，审议通过了《关于加强法官检察官正规化专业化职业化建设全面落实司法责任制的意见》，这是指导全国司法责任制改革最具权威的中央文献。司法责任制的制度要义在于，突出法官检察官司法主体地位，明确其权力和责任，让审理者裁判、由裁判者负责，落实"谁办案谁负责"的机制，要求法官检察官依法对案件质量终身负责。

② 2017年8月29日，习近平总书记主持召开中央深化司法体制改革领导小组第38次会议，审议通过了《关于上海市开展司法体制综合配套改革试点的框架意见》；随后，最高人民法院出台了《关于深化人民法院司法体制综合配套改革的意见》，即《人民法院第五个五年改革纲要（2019—2023）》；2019年1月3日，最高人民检察院通过新闻发布会公布了职能配置和内设机构设置调整方案。

的各类冤错案件印证了木桶原理,拉低了中国司法权威和司法公信力水平。司法理论研究整体上的过于技术化方案设计倾向更多倚重管理学的知识系统,也在深层上遮蔽了法理学和司法哲学对于裁判正义的理论光辉。这两个层面的问题,在这次司法体制改革中被凝练为“以司法责任制为核心”予以突破,并辅以综合配套改革予以担保和承兑,凸显了鲜明的以问题为导向的司法体制改革精神。

“司法责任制”作为一个具有中国标签意义的标识性概念,反映出中国司法所具有的政治性和裁判管理性倾向。沿着司法体系内运行这条逻辑,在人类司法文明史上往往能够找到与其对应的指向,其内涵中最为核心的基点,可以还原为裁判者对法律负责的一元论还是法律和价值并重的二元论。换言之,司法责任制与裁判者对何者负责的元论关系可以视为本质与形式的关系。对这个问题的理论回答,本质上是如何把法律对于裁判正义的欠账在司法中通过赋予裁判职责的形式予以补足,在功能上则是评判司法责任制是否落地的基点,是激发裁判者职业精神的导航仪,更是颁发司法裁判成品合格证的司法哲学标签。

一、裁判正义的元问题:规范司法还是规范与价值并重司法

从立法的角度讲,马克思主义法学认为法是统治阶级意志的体现,主要指的是经过民主立法程序合法性通过或者认可的制定法、习惯法等具有规范形式逻辑的法律,其在司法中的决定性意义当无异议;至于一个法域中未纳入民主立法程序流水线生产而实际调整一定社会关系的自然法、价值立场、经济伦理、社会伦理、行政政策等具有规范行为特征的“软法”①,是否作为统治阶级的意志而在司法中为具体案件兑现正义,依据马克思主义社会存在决定社会意识基本原理,其有效性亦当无异议。然而,在历史上其他不同的法学理论传统看来,则是大相径庭的。凯尔森的纯粹法学理论、奥斯丁的分析法学理论(法律命令说)、哈特的新分析法学理论、规范法学理论,等等,都是从法治国的内在视角认为法律是决定具体案件正义走向的支配性力量;而美国的法律实证主义法学、富勒的道德法学、德沃金的融贯性法学理论、哈贝马斯的法律商谈理论、卢曼的法社会学理论,等等,则是从法治国的外在视角看待法律的,也扩大了具体案件中寻找正义的视野。

从司法的角度看,由于法律规范本身与社会变迁之间的相对滞后性、法律语言的模糊性、法律作为科学对于未知领域探索的不完全性、法律调整范围受

---

① 有学者将“软法”定义为不能运用国家强制力保证实施的法规范,是相对于硬法而言的。参见罗豪才、宋功德:《软法亦法:公共治理呼唤软法之治》,法律出版社 2009 年版,第 18 页。

政治背景的约束性、法律实现成本的高昂性等法律本身的局限性,在司法过程中,法律对立法之后发生案件的适用往往显得捉襟见肘。即使在法律非常明确的情况下,总是要对法律进行解释后才能适用。此时,无论是大陆法系裁判者作为法律的执行者,还是英美法系裁判者作为具体案件的"立法者",需要有一个裁判职责的定位。如果作为法律的执行者,就要不折不扣地执行法律,把立法者的原意执行到位即可,立法者没有表达的所谓"立法原意",司法者不得擅自揣度。如果作为具体案件的"立法者"进行职责定位,那么此时,裁判者不仅仅要执行好已经制定的法律,还要负责补充法律表达正义的不足,这时裁判者的责任就变成了司法和为具体案件"立法"的双重责任。

由于对裁判职责的定位不同,所依据的法学理论也就有着巨大的差异,整个国家的司法体制的设计就发展出不同的方向。如果定位为纯粹的法律执行者,马克思主义法学理论、纯粹法学理论、哈特的法学理论、规范法学理论等,就应当成为对法律职业共同体具有权威指导地位的理论;假如把裁判者定位为法律的执行者和为具体案件"立法"的立法者双重职责,裁判者的责任就从一元责任转化为二元责任,即从纯粹执行法律到执行法律与补足法律缺陷的二元责任。二元责任的理论依据与一元责任相比较,庞德的法律道德理论、法社会学理论、法律阐释论、实在法论、法政治学理论,等等,一切将立法民主程序之外有益于正义实现的法学理论,则应当具有权威指导地位。

从法系传统看,英美不成文法国家的司法体制,采纳的是裁判者的二元责任体制,裁判者是作为法律执行者和具体案件立法者的身份裁判案件的。而在大陆法系,总体上看,鉴于成文法传统,裁判者则是只负责执行法律,采纳的是一元责任体制,裁判者只需要对法律负责即可。二者至少从形式上看,裁判者职责二元论要付出比一元论更多的对象关怀。基于此,从法系传统评估中国裁判者的职责属性,"裁判者除了法律没有别的上帝"似乎是一条根深蒂固的司法职责配置原则,而这里的"法律"专指制定法,事实上也是如此司法的。

改革开放后恢复法制和创新法治40年,司法实践和理论探索一直未能解决的一个重大现实问题是,中国作为继承大陆法系传统的国家,裁判者司法遇到法律正义缺陷或不足时,一条不得拒绝裁判的古老自然法原则如何对待,成为裁判者职责体制设置需首要回答而没有给出科学论证的理论和实务命题。裁判者裁判案件中,在既定成文法不足以适应案件时,既要裁判疑难案件,又要以有缺陷的法律为原则,这个两难困境如何突破,这就是司法体制改革要解决的元问题。转化成具体的问题,就是裁判者职责如何定位的问题。

对于这个问题,由于我们的政治历史文化司法传统等原因,不当强调法律的政治性而忽视法律的科学性。立法和司法中的政策性导向更容易引导司法的“唯法律论”倾向,而政治性或者政策性与司法所要追求的裁判正义性并不是等同的,有时候为了实现短期的政策目标,甚至以牺牲裁判正义为手段,这种例子屡见不鲜;此时,裁判者司法实际上放大了政治或者政策因素的作用,“裁判者除了法律没有别的上帝”“依法裁判”等中的“法律”已经被裁判者在裁判实践中做出了狭义的阐释,成为一种天然的扭曲力量而无时无刻不在影响司法的走向,已经融入法律和司法本身质的规定性之中,成为裁判者职责一元论的有机组成部分。换言之,在当代中国,裁判者职责一元论虽然形式上指的是裁判者只对法律负责任,实际上也蕴含对政治或者政策负责任。但是,这里的政治或者政策与本文所言的裁判者职责二元论中的第二元即“价值”元并不是一回事,“价值”元虽然可以包括政治或者政策因素,但是,鉴于政治或者政策因素在中国立法和司法中的独特地位,一如上述。为此,本文特别将“政治或者政策”作为中国司法的内在规定性予以分析,而不将其作为“价值”元的分支进行论证。这样做的根本优势在于,既突出“政治或者政策”内在于法律之中的质的规定性,又警惕“政治或者政策”在司法中的泛滥。与上述问题相适应,我们要重新捡拾起被司法遗忘的法律的科学性和法律本身的道德性,革新法律的科学性和道德性服从和遮蔽于一元论乃至其中蕴含的“政治或者政策”的倾向。具体而言,司法者要克服狭义遵从“依法裁判”中的“法”专指成文法的倾向,在尊重成文法成为裁判者的上帝的同时,提升裁判者在具体个案中对正义等“价值”的想象空间,补足制度装置的构造缺陷,回归裁判者二元论的职责定位。

中国司法文化传统和技术体制传统在法律虚无时期和法治起步阶段,对裁判者职责一元论的固守,有着巨大的“法治”力量,它足以改变“权大还是法大”的伪命题,靠不折不扣地刚性执行法律,把国家治理从权力治理引向法律治理的轨道。也就是说,在特定的历史条件下,比如“文化大革命”刚刚结束之后,从观念到技术,这种一元论司法观念和司法体制将中国引向法制轨道,发挥了法制矫正国家治理方向的决定性作用。但是,随着这种历史性治理方式的调整和转向,“法治”成为国家和社会治理的常态后,裁判者角色的定位如果再固守传统中国法文化中狭隘的“依法裁判”的一元论职责定位,仅仅局限于体系内司法,不考虑法律之外法律的科学性和道德伦理因素等价值指向,实际上与现实的“法治”需要就会发生断裂,几十年来众多的冤错案件和误导社会价值观取向的案件,如内蒙古“呼格吉勒图案”、云南“杜培武杀妻案”、南京“彭宇案”、河南“赵作海案”、安徽“张氏叔侄案”,等等,无不看到裁判者狭隘理解“依法裁判”恶果的魅影。斗转星移,原来需要“依法裁判”是为了强调法律治理的本位回归,一旦法制和法治被认定为治国理政的主要手段,“法治”的内涵就要做出相应的调整,要在解释法律的过程中赋予“法律”以新的内涵。这种历史性转向不仅仅是形式上的调整，司法追求的根本方向也面临新的选择，正义等价值的追求一步步由理念走向实务。为此，由原来的权力治理转向“法治”后，作为司法生产力的核心要素，裁判者作为决定司法正义走向的根本性力量，仅仅赋予狭隘的“依法裁判”一元论职责定位，仅仅承担被动适用法律的一元化职责，不赋予对法律缺陷的补足、对正义欠账的补强二元化职责，已经同社会对于法治国理念的需求产生断裂而不合时宜了。裁判者的责任由改革开放初期法制和法治起步阶段过分指向政治诉求的粗放式运行、过于倚重政策权重的指向，发展到新时代背景下对法律治理现代化诉求，需要转化为倚重制度规制、精耕细作、正义等价值指向更加凸显的二元论法治职责定位。

然而，要进行这种形式指向的调整，面临着一些困难和问题。从司法体制上讲，由于传统司法体制中对于裁判者定位理论上的模糊，往往强调单一的“依法裁判”指向，而且这里的“法”单一指向制定法，裁判者并不能将自身对于法律所应蕴含的价值因素的理解融入司法过程之中，司法中出现了诸多违背法治原理的做法，出现了很多的冤假错案，带来了严重的法治悖论。从司法技术层面讲，由于“以审判为中心”的立场迟迟没有真正确立，裁判者裁判的能力和作用得不到充分展现，侦查、检察定位与裁判者同质化，导致裁判者司法的机械主义和形式主义倾向明显，“裁判”的正义性所要求的居中立场大打折扣。“依法裁判”被片面理解，裁判者司法中对于法律机械执行，遇到疑难案件时，尤其是法律规定不明确或者自由裁量权幅度过大的时候，裁判者的恣意性凸显，非要在有缺陷的法律中寻找司法的依据，导致机械司法。一些错案中，无不体现出这种主观或者无意导致的司法错误，再加上这种体制机制也容易被一些徇私枉法人员所利用，这就是很多冤假错案产生的直接原因。上述体制和技术问题产生的根本原因在于，在法治已经成为治国理政基本方略的历史背景下，没有在法理上适时定位裁判者对于个案的“立法者”职责，裁判者的裁判身份被模糊化处理，职能行使过程中的权限实际上被侦查人员、检察人员分割，裁判者往往只需要坚持一元论的裁判者身份，疏于履行对正义的规划和补强责任，使裁判者的自我松懈、自我解压机制得以合法化。错案也就在所难免，追责也就成了一句空话。“南京彭宇案”的裁判，是一个典型的不对正义负责，只对法律负责的一元论司法体制和技术设计产生的恶果。

裁判者职责由一元论转向二元论，需要科学的体制依据，这是司法改革的元问题。“以审判为中心的司法改革”，已经在实践中推行这种理念。但是，目前的理论研究并没有到位。只是停留在裁判者应该为中心，由裁判者来承担裁判的主导权。这只是把裁判者的职责与侦查、检察区别开来，是在外部机制建设上的重大突破。这只是一个前提性问题。然而，裁判者具体职责是什么？裁判者应该怎么操作？这是一个内部机制建构的问题，目前来看，并不清晰。目前司法改革止于第一步，而没有定位裁判者责任上的二元论，其根本原因在于，没有从理论上赋予裁判者“立法者”角色。从现实看，裁判者定位的模糊，是实现法治效果的一个重大“瓶颈”。

为了赋予裁判者对正义负责的“立法者”二元角色定位，在理论上，有必要把纯粹法学、规范法学、法教义学、实定法学等“内部法学”等法学流派的观点，与自然法学、正义法学、庞德的道德法学、法社会学、法经济学等制约法律发展和变化因素的“外部法学”等观点融通起来。以正义司法观代替狭隘的“依法裁判”观念，实现司法哲学的历史性转向、时代性转向、更加符合正义观的转向。

由此可见，法学理论的创新任务，尤其是司法体制改革中元问题的理论研究，紧迫而艰巨。这中间，要突破既有的过于强调满足政治或者政策诉求的司法观念，要科学理解“裁判者除了法律没有别的上帝”的真谛，要突破“依法裁判”的狭隘理解。以正义为目标，以法治现代化为背景，科学论证裁判者职责定位的二元论内涵，建构出符合中国司法正义观的体制框架。

二、裁判职责理论的基本立场

裁判是一种什么样的职业，这是一个现实问题，随着法域和国别的差异有着不同的职责定位；裁判者应当是一种什么样的职业，这是一个哲学问题，随着人类对基本善和正义的追求有一种普适性的职责定位。二者虽因定位角度不同而对一个法域或者国家的司法体制装置发生重大影响，但是任何司法体制装置所定位裁判者职责的前提性条件却是一致的，即通常假定裁判者就是社会最大公约数的化身，是社会一般价值观（这中间也要细分为谁的价值观）的代表，裁判者的立场是一种社会的中立立场，裁判者要做到不偏不倚。具体到裁判者对具体案件裁判依据的认定，无论此法域或者国家的法系传统和司法文化传统如何制约裁判者的裁判思维，由该国家或者法域通过民主立法程序所制定或认可的成文法和习惯法规范都被假定蕴含了社会的最大价值认同，裁判者作为一项因法而生、因法而存在的职业，具有准确适用制定法的职业职责伦理要求，这是法定义务。然而，裁判者在具体个案中对基本善和正义的实现还负有道德义务。首先，诚如上文所论，任何制定法对人类基本善和正义的满足程度都存在欠账的情形，都存在补足的空间和需求；其次，制定法作为特定时空条件下社会良性运行的制度担保，一旦担保对象和担保条件发生变化，制定法自身的价值追求也存在自我修订的内在冲动，这是达尔文进化论理论在制度领域“适者生存”的自然演绎；最后，裁判者作为社会的精英群体和具体个案中的裁判个体，其对社会基本善和正义的感知因专业训练和社会预期较高而更为敏感，追求社会基本善和正义的愿望也更为强烈，把握基本善和正义走向的能力更为强大，引导社会基本善和正义的方法更为理性和科学。鉴于裁判者裁判职责的法定义务和道德义务的双重维度,由此衍生出司法哲学理论上的裁判者职责一元论和裁判者职责二元论的学术分野。综观法理学和司法哲学史上关于裁判者职责的种种学说,虽然表达形式繁复多样,论证理由千差万别,但回到原理这一元点,最终总是在一元论和二元论中进行选择性组合。

裁判者职责理论的基本立场

1. 裁判者的职责分解

裁判者职责的实现是在特定的时空条件下完成的,时间条件由具体的案件进展流程予以规制,审理层级是时间条件的一个特例,空间场域只限于法庭之上。在时间的推移上,裁判者职责的履行受到严格的时间节点的限制,在空间的布局中,裁判者职责的履行也受到严格的法庭环境制约。裁判者履行职责的形式和内容也受到严格的程序规制。换言之,裁判者要在法庭之上按照既定的程序规范实现个案的正义。而裁判者职责的对象则是具体的个案,两造当事人系争的权利分配争议是裁判者裁判的核心。围绕着司法的条件、形式、内容,如何以正义的形式实现裁判的正义结果,是考察立法中的程序正义和司法中的实质正义的两个基本维度。前者由程序立法完成,后者由个案裁判者实现。对于程序立法的基本要求,是由国家政治系统通过民主立法予以提供,这套装置的唯一价值指向是依托公权力搭建一个有利于诉讼双方充分说理的平台。本文借鉴哈贝马斯的交往理论,将其"虚拟商谈"的原理引致到司法过程之中,力求把诉讼双方的主体间性充分展示出来。从一定意义上讲,司法过程也是另外一种形式的立法,只不过是司法者为具体个案立法而已。鉴于本文的主题使然,程序法如何设置的问题本文不予关注,重点关注的是裁判者如何在既有的程序装置中通过职责的履行实现案件的实质正义。

从裁判者基本职责角度分解,裁判者就是要在既定形式正义的指引下,考量事实、法律、价值等多重社会因素,进而完成裁判结果,实现实质正义。第一,裁判者要做事实性判断;第二,裁判者要做规范性判断;第三,裁判者要做正义性的哲学判断。其具体的裁判逻辑思路应该遵循如下顺序：首先,要对法律事实进行事实判断,考量社会事实是如何转化成法律事实的;其次,进行规范性判断,考量法律权利和义务是如何规范的,法律规范对案件事实是否有适用的余地;最后,裁判者作为社会一般价值观的代表和正义的化身,按照正义论的哲学观弥补裁判者自身对事实认识能力的不足,同时弥补法律规范之不足。需要说明的是,上述裁判程序并不是截然分开而是交叉进行的。司法现实所存在的最大问题在于,上述裁判顺序往往截至第二顺位即告终止,价值取向对于案件的过滤功能通常被忽略。本文重点关注规范运用、价值选择问题。在涉及规范运用的场合,针对个案有效的法律是否经过立法上的论证性商谈,各方利益博弈出的规范是否蕴含了社会的既定价值取向,是一个无法回避的问题。尤其是司法过程中,对于既定法规范的运用性商谈是否充分,也是本文要重点论证的问题。

2. 裁判者职责分解的基本要求

在司法哲学史上,作为阐释学大师,哈贝马斯曾经为法律规范的适用和价值导向的选择之间的关系如何处置做出了很好的理论分类。他将规范适用落实权利指向的司法类型称为义务论司法,将价值排序以实现集体善指向的司法称为目的论司法。[①] 这一理论分类对于理解裁判者职责的一元论还是二元论有着巨大的借鉴意义。要科学理解裁判者职责的一元论和二元论要旨,需要从以下方面进行考量。

第一,正义目标和效率目标的兼容。根据诉讼规则的设定,每一个诉讼环节都有一定的时间边界。如果诉讼的任务能够以最高的效率及时完成,有利于尽快恢复被破坏的社会关系,稳定社会秩序的正常运行,这也是正义实现的应有之义。由此而言,裁判者虽然具有法定期限内完成诉讼任务的自由裁量权,没有提升诉讼效率的法定义务,但是,就司法正义实现的充分性和及时性角度而言,裁判者具有提升诉讼效率的道德义务。正义目标作为第一顺位的目标,效率目标作为第二顺位的目标,裁判者分别负有法定义务和道德义务,特别是在超期羁押已经开始提前剥夺被告人人身权利等诉讼拖延常态化的司法环境下,鼓励效率目标的道德义务履行尤其具有提升司法品质的作用。如果裁判者能够充分实现两个目标,则符合裁判者职责的二元论定位。

第二,合法性和合理性的兼容。规范性判断和价值性判断是裁判者职责中最为核心的两项职责,前者强调裁判的合法性,符合裁判者职责一元论的要求,后者强调判断的裁判的正义性,符合裁判者职责的二元论要求。在法哲学史上,德沃金、庞德、哈贝马斯、卢曼等,虽然话语体系和表达方式多有差异,但基本都是持二元论的立场,认为裁判者要对正义目标承担责任,而不是像凯尔森、奥斯丁、哈特等法教义学派所持只需对法律规范负责的裁判者职责一元论立场。司法的基本品质要求是合法、合情、合理,[②]合理性的基本要求是合乎常识和生活常理,比如,民事诉讼中基于双方诉讼地位平等,应该采用“谁主张,谁举证”的举证责任分配原则,就是一条常理;行政诉讼中,行政机关做出具体行政行为的理由是其行政的先决性条件,这些信息对于行政行为相对人的原告来

① 参见[德]哈贝马斯:《在事实与规范之间——关于法律和民主治国的商谈理论》,童世骏译,生活·读书·新知三联书店 2011 年版,第 319 页。

② 参见顾培东:《公众判意的法理解析:对许霆案的延伸思考》,载《中国法学》2008 年第 4 期。

说,并不必然了解,所以,在举证责任分配时,行政机关就应当向裁判者再次说明,也是一条常理;在刑事公诉案件中,代表国家行使公诉职责的公诉人是主动发起告诉的一方,应当承担证明被告人有罪的证明责任,这依然是一条常理。裁判者除了依法分配举证责任外,在依据自由裁量权分配举证责任的过程中,必须考量各自占有证据信息的便宜度,这才能称得上司法合理,是满足司法正义性的基本要件。司法的合理性还有更为深层的指向,就是要立基于法律现象的合法性到价值观念的合理性满足。用修谟的话来讲,就是如何对待印象和观念的问题。修谟虽然是为了论证骄傲和谦卑这一理论目标对于印象和观念所做的分析,但是,适用于司法场合中,可以转化为现有法律这一印象和司法价值取向这一观念的类推适用,在修谟看来,"我已经说过,在所有这一类判断中,永远有一个现前的印象和一个相关的观念:现前的印象使想象活泼起来,而关系则借一种顺利的推移把这种活泼性传到相关的观念。如果没有现前的印象,注意力就不能集中固定,精神也就刺激不起来。没有这种关系,注意力便停留于第一个印象上,而没有进一步的结果。"①裁判者裁判职责的一个重要方面,就是要确保裁判结果的合法性和合理性的兼容。

第三,解释性和论证性的兼容。就技术层面而言,司法要在法律文本和社会变革之间达成和解,从而取得有效性,既要解释法律,又要论证法律。"未来实现法律秩序的社会整合功能和法律的合法性主张,法庭判决必须同时满足判决的自洽性和合理的可接受性这两个条件。因为两者不容易调和,两套标准必须在司法实践中达成妥协。"②首先要做到根据法律的确定性标准来解释法律。其次要做到根据社会变革现实论证法律。针对这一目标的实现,德沃金给出的方案是对现行法律进行受理论指导的、重构性的诠释。哈贝马斯评价认为,对于德沃金的这个方案,可以根据一个程序主义的理解予以辩护,而这个程序主义的理解就是纳入他所一贯主张的商谈理论,这种理解把对于理论形成的理想化要求转移到法律商谈之必要的语用预设的理想化内容上去。合理性要求划清司法与立法的边界。换句话说,社会因素介入司法以后,如何与已经完成的法律制度以及将随着情势变化而必将诞生的新法律构筑理性关系,司法对于立法的边界也就随之具体化为社会因素对于立法的边界问题。"我们仍然必须回答以下问题:这样一种建构性诠释实践,如何才能在不同法治国权力部门的边界之内进行,而司法部门又不至于侵犯立法的权力(因而也不至于破坏法律对

① [英]修谟:《人性论》(下册),商务印书馆2012年版,第324页。

② [德]哈贝马斯:《在事实与规范之间——关于法律和民主法治国的商谈理论》(修订译本),童世骏译,生活·读书·新知三联书店2011年版,第245页。

行政的严格约束）。”①

针对具体个案，裁判者对案件形成自由心证的过程中，心证的对象除了事实之外，还有法律和价值，这就涉及解释法律的问题，对于法律是什么和应该是什么要进行阐释。尼尔·麦考密克坚持了“理性重构”（rational reconstruction）的方法论。其核心观点是，超越法律的确定性之后，进行法律的合法性论证，最终要回归价值问题。司法论证就是价值指引下的智识过程，是价值重建。“这是一个智识的过程，涉及以某些被归属于整个材料及其各个组成部分之原则或价值为基础对潜在无序中的隐含秩序做出新的想象和描述。它不是对某种原先出现过而今却多少已经分崩离析的东西进行一种字面上的重建。”②裁判者既要站在立法者立场上对于法律是什么进行运用性阐释，又要站在裁判者立场上为确保个案正义对法律应当是什么进行论证性阐释。在哈贝马斯看来，裁判者对于规范运用属于运用性商谈，通过参与运用性商谈，通过协调各种不同诠释，抽象掉一般的参照关系，寻找到适应具体个案的有效规范。换言之，无论如何抽象到价值和正义层面，有一条底线不可突破，即与个案中直接有关各方的具体利益的保护都不应当被抽象掉。“当问题在于对一给定情况来说哪个规范是恰当的规范的时候，那些一般的参照关系就让位于直接有关的各方的具体利益。”③那么，裁判者作为社会共同体中非案件利益关系参与者的代表，要实现解释性和论证性的兼容，必须通过论辩和商谈，借助融贯性概念，从价值和正义的语用预设角度，把法律规范的运用性商谈与论证性商谈衔接起来。裁判者不但要熟知法律的内容，更需要深谙法律形成的内在机理。这种以实定法为基础所做的法律解释和法理阐释，是确保裁判者对法律和正义形成自由心证的基本要件。

具体而言，论证司法判决正义性要依靠价值理由是否站得住脚，立足于平等商谈的语境，要看是否能够赢得社会公众的普遍同意。商谈的本质在于提供一个平等竞争平台、表达对事实、法律和价值见解的平台。这个竞争实践的过程，基本要求是竞争主体的自主性和独立性既不被强制也不被扭曲，作为结果，哈贝马斯所说的主体间性才能得以形成。“那个根本的直觉，我们把它同这种论辩实践相联系的那个直觉，其特征就在于这样一种意向：在一个非强制但有秩序的比赛哪个论据更好的竞赛中，在最好信息最好理由的基础上，为一个有争议的意见赢得一种普世观众群体的同意。”一个理由要赢得社会公众的普遍

① 参见[德]哈贝马斯：《在事实与规范之间——关于法律和民主治国的商谈理论》，童世骏译，生活·读书·新知三联书店2011年版，第296页。

② [英]尼尔·麦考密克：《修辞与法治——一种法律推理理论》，程朝阳等译，北京大学出版社2014年版，第39页。

③ 参见[德]哈贝马斯：《在事实与规范之间——关于法律和民主治国的商谈理论》，童世骏译，生活·读书·新知三联书店2011年版，第281页。

同意,多数主体要在规范和价值层面形成共识。规范和价值能否得到所有相关者的合理地推动的共识,只有从第一人称复数这个主体间扩大了的视角出发,才能加以判断。① 从本质上来讲,司法中的主体间性达成,只是实现个案实质正义一个标准和平台,是一种形式正义平台,是一种竞争平台,是提供各方以公众主体间性达成为理由进行说理的一个竞争平台,这个平台本身的结构决定实质正义能否实现。

第四,思想责任和技术责任兼容。裁判者不但要解决具体案件的纷争,还要通过对讼争案件的解决为社会发展提供思想资源,尤其是类似美国最高法院这类肩负重大造法职责的司法系统,其布朗诉托皮卡教育局案[Oliver Brown v. Board of Education of Topeka,347 U. S. 483(1954)]、1956 年美国最高法院裁决禁止公车上的"黑白隔离"案等,为美国废除种族隔离政策,黑人接受平等教育权,黑人与白人平等权利,很好地履行了推动社会发展思想资源的历史责任。②而这一切历史贡献的完成,完全得益于美国联邦最高法院裁判者履行技术责任和思想责任的良好表现,他们在每一份案件的判决中,都把具体的案件看做推动社会文明进步的技术手段,进行了充分的说理论证。中国的裁判者,现在缺乏的恰恰是推动社会文明进步的思想责任。社会要发展,思想的创造是一面旗帜,起着引领作用;人类要享有思想的成果,思想的贡献是前提。思想责任不仅仅是思想家的事情,更不仅仅是政治高层的顶层设计,需要社会所有力量的参与和缔造。司法系统是法治国的核心场域,裁判者作为社会正义最后一道防线的守护人,通过具体个案释放法治思想乃至价值正义思想,是展现裁判者司法品质高度的一个度量衡,能否提供有益于人类文明进步的思想资源,也是司法能否赢得权威和公信力的一个重要参照系。南京"彭宇"案的裁判,是一个典型的践踏中华民族和人类思想成果的失败判决,很多的冤错案件,实际上也在拉低人类思想文明的高度。而这一切的根源,则是裁判者没有在具体个案中很好履行技术责任和思想责任,没有把裁判案件放置到思想责任的高度来处理。由此看来,在中国已经开始的以司法责任制为核心的改革中,增加裁判者的思想责任,是当务之急。

第五,诉讼主体法益和社会主体利益的兼容。裁判者所裁判的案件虽然是为当事人重新直接配置权利,但是,案件的结果和正义实现程度,对于其他社会主体却具有极大的指引作用,这就是司法的社会效果问题。要做到个体权利与集体利益的兼容,既要合乎立法保护个体的目的,也要合乎社会的公共利益目

① [德]哈贝马斯:《在事实与规范之间——关于法律和民主治国的商谈理论》,童世骏译,生活·读书·新知三联书店 2011 年版,第 280 页。

② 参见田耀主编:《影响美国历史进程的经典案例》,天津人民出版社 2009 年版。

的,既要符合法律规范义务论,也要符合价值秩序目的论,做到法益和公益的兼顾。南京"彭宇案",虽然只是由被告彭宇承担老人摔倒的赔偿责任,但是,此案对于中华民族扶危济困的优良传统却构成了一个颠覆性的反向指引作用,自此,老人摔倒由于担心承担法律责任,很长一段时期再无人敢于伸出援手,这个案件裁判社会效果极差,其中裁判者职责履行不当是根本原因。在裁判中,裁判者的职责不仅要关注诉讼主体的正义实现,也要关注案件裁判结果对于其他社会主体正义的影响,要做到与具体案件有关的法律系统内主体和与案件无直接关系的法律系统外主体之间利益的综合考量。

三、司法价值发现的基本规范

实现裁判者职责的二元论,意味着至少上文五个"兼容"要得以实现。如果对所有裁判理由进行价值评判的话,无疑,对于既定法律规范和法律原则就会形成冲击,有可能破坏"规范司法"。如果所有价值理由都可以赋予策略性论据性质,那么,对德沃金所讲的法律规范和法律原则负责的义务论这一堵法律商谈的防火墙就会崩塌,甚至会走向法律虚无主义的泥沼,"依法裁判"就会落空,这是对法治国原则的彻底伤害。从这个意义上讲,"社会中的法律"所主张的依据社会道德和社会价值取向作为指导司法的学理根据,就容易走向极端。在此意义上,司法二元论立场面临着法治国原则的挑战,法律社会学需要在哲学基础上进行充分的论证。

(一)司法价值发现的一般原理

司法的定位由保护权利得以实现的义务论转化为价值秩序得以实现的目的论之后,对于单个案件就会发生重大影响,尤其是裁判者职责定位也会跟着发生转向。此时,法律规范和价值秩序就会发生竞争关系,如何保持这种竞争关系得以平衡,务必要借助于一定的规范。进而言之,假如依靠义务论的法理无法解决案件,而需要提升到价值论层面来解决案件,带来的一个必然问题就是,如何平衡价值之间的竞争关系呢?依然要借助于一定的规范。就这两个层面的问题,德沃金认为,单个案件中,权利优先于价值,承认权利就是承认规范。价值之间的排序往往具有任意性,正义价值和效率价值哪一个更应该排在优先追求的序位中,这是一个终极性质的问题,往往需要国家根据社会的发展和整个国家的价值追求予以考量。社会主义核心价值观入法的问题,尤其是司法中实现社会主义核心价值观的问题,还原到哲学层面,实际上就是一个如何考量策略性理由在司法中的性质问题,也就是一个价值权衡和价值排序的问题。这就是社会主义核心价值观入法面临的问题意识。具体到个案中,个体权利满足和集体价值满足之间发生冲突如何处理,在法律规范已经充分考量了各种价值取向的顺位场合,足以顾及权利和价值的平衡时,就应当采纳规范优先;在具体案件所欲适用的法律规范价值缺位或者价值取向发现瑕疵时，就应当采纳价值优先，不能“一刀切”。整体上，西方个人主义价值取向主导法治的方向，而中国则是集体主义价值取向主导法治的方向，这是政治和文化的力量在社会价值观方面造成的差异。面对这种差异，司法中如何进行价值排序，也就有了根本性的区别。从这个意义上看，社会主义核心价值观的属性深刻体现了国家属性和集体属性的倾向性。司法无疑会受到这种价值文化的影响。公益诉讼的大力倡导和组织建制，实际上从一个侧面体现了中国司法对于价值的追求和排序的安排。

但是，具体到个案中，个体权利的维护如何实现与国家价值和集体价值的平衡，既要从价值和文化的角度考量，更要从法治的角度考量。价值与规范相比较，价值更加具有独特的意义，价值都是相对化的，无法进行逻辑上的排列；而规范则具有普遍的意义，规范面前人人平等，其核心就是权利的保护。权利优先实现，价值作为导引，此为一般原则。集体善价值有时也要优先考虑，其条件是，根据法律原则论证出来才可以适用。司法论证的义务论就是对权利负责的论证。“规范和原则由于其义务论性质可以主张一种普遍的约束力，而不仅是具体的值得优选性，所以，它们比价值具有更大的辩护力量。”①为什么优先适用法律规范，哈贝马斯肯定了德沃金的理由，就是由于规范得到了一种普遍性检验而取得了合法性。但是，一种价值与其他的价值相比较，其优先性则是相对的。笔者认为，因为价值没有经过程序的筛检，没有经过法律商谈和司法商谈，比如类似立法程序的检验和通过、司法辩论的商谈，所以，价值这种普遍善对于个案的功能就无法实现有效连接，价值的普遍善属性虽然美好，但由于这种普遍善程序过滤机制的欠缺，从而导致对具体个案的适用困难。

如果不以普遍善指引具体个案，司法正义将面临巨大的风险。为此，需以普遍善指引具体的个案，此时，司法的过程将会演绎为一场裁判者的“立法”活动，虽然对于个案的“立法”在大陆法系国家缺乏司法传统和政治文化支撑，但是其现实合理性却是毋庸置疑的。在英美法系国家，裁判者的司法则可以被视为一场立法活动，因为他们的裁判者会根据既往的判例传统演绎出适用于具体个案的法律规范和法律原则，然后再把这个法律规范和法律原则适用于具体要解决的个案中。比如，德沃金《法律帝国》所列举的案例，埃尔默为继承遗产杀死祖父继承一案中，裁判者通过第一步“立法”程序得出了“一个人不能从其违法犯罪行为中受益”这个法律规范，然后，第二步，再将这个法律规范适用于具体个案。可以认为，英美法系的裁判者在司法中履行立法使命时，只是完成工

① ［德］哈贝马斯：《在事实与规范之间——关于法律和民主治国的商谈理论》，童世骏译，生活·读书·新知三联书店2011年版，第320页。

作的第一步,其第二步则是将其"立法"适用于个案中。然而,在大陆法系,上述英美法系中的第一步则提前由立法机关完成了,代议机构根据各种价值排序以及其他策略性考量预先设定好法律规范,裁判者所需做的工作就是把法律规范和法律原则适用于具体个案。为此,这就产生了如下问题。

第一,法律规范蕴含的价值排序是否合适的问题。以什么标准核定法律规范蕴含的价值排序是否合适,这就是社会正义标准和效率标准。

第二,法律规范蕴含的价值相互冲突如何解决?德沃金《法律帝国》一书中所例举埃尔默杀死祖父继承案件中,可以直接引用的法律规范的核心价值是保护继承权利,但是,如果保护了继承权这个价值,就会破坏人性中的基本人伦价值,为了获得继承权,法律有纵容非法手段获取继承权的可能空间,为了堵塞这个伦理漏洞,裁判者就有必要推论出法律原则,也就是"一个人不能从其违法行为中获得法律利益",这样,法律原则就产生了。法律原则的功能在于补救法律规则的缺陷,因为仅仅依靠法律规则,往往不易看到法律规则背后的法律原理,法律原则产生的价值,有助于裁判者看到立法背后的法律原理。现在,我们的裁判者判决案件中出现这么多的问题,虽然有多种原因,其中最为重大的原因就是只见法律规则,不见法律原则,不了解立法背后的法理。发现了这个司法原理,就阐明了裁判者要走专业化道路的原因,裁判者的专业化才能实现既了解法律规则,又明白法律原则。所以,价值和规范在裁判者适用于具体案件中发生矛盾时,规范往往因为其经过程序检验这一合法性身份证的签署,从而获得了优先性。由此带了一个问题:法律是恶法时,怎么创设法律原则?怎么利用法律原则?如何利用价值指导法律规则的适用?价值能否作为判决依据?假如能够,用什么标准来选择价值?选择哪一种价值?比如社会主义核心价值观的 12 种价值设定,判决理由中如何表达某一种价值对具体个案的适用性?总之,案件处理中,适用顺序应按照:法律规范→法律原则→法律诸善价值。如果采纳法律诸善价值,根据哈贝马斯的理由,如果优先考虑价值优先的做法,规范义务论的法理就会遭受侵蚀,法律虚无主义就会蔓延。利用哈贝马斯的理论,能够解释为什么社会主义核心价值观入法存在障碍,找到问题的症结以后,也提供了解决方案。

第三,必须承认,现在的法律是蕴含丰富价值取向的,但是司法中对于价值的坚守却是缺位的。例如,现在提出社会主义核心价值观入法问题,并不意味着现在的法律中不含有社会主义核心价值观或者涵盖不够,以前即使没有称为"社会主义核心价值观",但诸多法律规范都蕴含社会主义核心价值观 12 种的一项价值或者多项价值,"社会主义核心价值观"其实已经融入法律之中。之所以提出这个概念,作为政治动员的一种形式,法治领域是一个国家中推行官方价值取向的一个重要场域，具有极强的引领和示范作用，而法治手段更是推行官方倡导价值观的最为有效的工具，具有国家强制力作为后盾。现在法学理论界和法律界面临的问题，核心问题不是社会主义核心价值观进入立法的问题，而是司法中如何解释社会主义核心价值观在法律规范中的呈现问题，如何在具体个案中予以适用的问题。这里的解释，实际上就是运用法治思维，将政治话语转化成法律话语，在具体案件中发现法律规则背后的法律原则，是一个价值发现的过程，也是一个价值再造的过程。

(二)中国司法的价值发现：以社会主义核心价值观为例

社会意识形态变化必然引起法律的变化，这在人类立法和司法史上屡见不鲜。在整个20世纪，特别是第二次世界大战后，美国开始了长期的"侵权法革命"，生产商对于产品缺陷造成的损害承担严格责任，保护消费者的取向替代了原来自由主义司法范式中保护生产商的价值取向，美国《侵权法重述》(Restatement of Torts)中产品责任法的变化蕴含了深刻的社会变迁因素，意识形态是其中的重要因素：消费者的权利被推到更高位置。"今天有关侵权法的激烈争斗提醒我们记住，侵权法的演进有着强烈的意识形态指向。"[①]社会意识形态变化首先体现为社会思维的变化，裁判者必然受到这种思维变化的影响。处于转型时期的中国，为确保依法治国实践沿着社会主流价值方向演进，蕴含12种价值指向的社会主义核心价值观被中央高层要求融入法治实践。[②] 作为一种政治安排，中国的法院和裁判者如何在坚守裁判者职责二元论框架下把社会主义核心价值观中有关价值融入具体的个案，既是现实国情下的一项政治任务，更是一场严峻的裁判实践考验。社会主义核心价值观蕴含丰富而多元的价值导向，个案中如果能够真正融入有关价值导向，裁判结果不但会带来个案正义的实现，也会发挥将经过司法认定的价值导向传递到整个社会的功能，这样不但提升了司法的品质，推动中国法治现代化的历史进程，于整个社会文明程度的提升，也会发生正向激励作用，这是一个历史性的契机。现在摆在裁判者面前的是如何融入的问题。个案中，如果仅仅作为意识形态标签生搬硬套社会主义核心价值观，不仅无助于纷争的解决，还会导致法律问题朝着泛政治化方向演进，标签的泛化使用所辐射出的政治僭越法治的态势有极大的危险，法治整体事业可能因此遭受破坏。由此看来，现在提出价值观融入法治建设的理念，

---

① [美]劳伦斯·鲍姆：《法官的裁判之道——以社会心理学视角探析》，李国庆译，北京大学出版社2014年版，第122页。

② 参见《中共中央办公厅 国务院办公厅印发〈关于进一步把社会主义核心价值观融入法治建设的指导意见〉》，载中华人民共和国中央人民政府官网：http://www.gov.cn/xinwen/2016-12/25/content_5152713.htm，最后访问日期：2019年2月14日。

就裁判者的职责而言,需要明确如下问题:价值与司法的关系已经作为一个法治建设实践问题融入了我们的政治生活和法治生活,是一个无法回避的现实问题。裁判者在司法个案中如何进行价值发现和价值再造,需要给予理论上的回答。

第一,司法所追求的价值应与社会主义核心价值体系实现融合。司法所追求的终极价值是正义,既体现为程序正义,又体现为实质正义、结果正义。这里的正义不是空泛的概念,而是有着具体的指向,既要把法律中蕴含的价值取向释放出来,同时又要把法律对具体案件正义的欠账补足完整。例如,2018 年热播的电影《我不是药神》之所以引起极大的社会反响,并推动了我国抗癌药品进口的合理通道,其根本原因在于影视中所追求的人的健康权利价值取向与现实法律规定保护国产药品市场地位价值取向之间的冲突,真切反映了社会对保护人的健康权利价值取向的一致追求。《刑法》第 141 条规定了生产、销售假药罪,本罪侵犯的是复杂客体,既侵犯了国家对药品的管理制度,又侵犯了不特定多数人的身体健康权利。《中华人民共和国药品管理法》第 48 条,按照假药论处的情形之一是:"依照本法必须批准而未经批准生产、进口,或者依照本法必须检验而未经检验即销售的"。从此影视案件以及现实中案件来看,代购的药物并非真正的假药,药品疗效很好,而是"按照假药论处",并未侵犯不特定人的身体健康权利,恰恰相反,保护了多人的健康权利。在司法中,由于裁判者机械司法,只考量法律规则,对于法律原则和法律价值考量不足,违背了裁判者职责的二元论原理,导致司法结果与社会正义的巨大偏差。影视播出后的社会反响极大地刺激了政府的反思,适时地调整了抗癌药物进口通道,迎合了社会的价值取向。由此开启我们对中国裁判者职责履行的反思,本来可以通过司法这一正义最后一道防线实现的价值目标,由于裁判者的不当履职行为而要通过影视的价值导引功能得以实现,这既是中国司法的悲哀,也是司法理论界的悲哀。由此,中国司法务必解决两个基本的理论问题:其一,裁判者职责二元论的必要性问题;其二,裁判者履职中应坚持谁的价值的问题。对于第一个问题,上文已作出论证,此不赘言。在当代中国,由于社会处于转型期,应当讲,价值多元化趋向非常明显。在这样一个时代背景下,国家高层根据社会传统文化和社会发展需要本身凝练出 12 种价值观,提出社会主义核心价值观入法的问题,其目标指向和中国政治现实的追求方向的一致性毋庸置疑,这个价值体系体现了国家的需要,体现了社会的追求,体现了民众的愿望。换言之,社会主义核心价值观到底是谁的价值观,是国家的价值观,是社会的价值观,是公民的价值观。作为国家层面倡导的一套政治话语和意识形态话语,其意在塑造国家和民族的灵魂,其政治正确性既有历史和现实两个维度的支撑,更有国家治理的未来期待,为此,具有理论和实践的双重需要。现在落实到司法领域,其首先要解决的问题是如何把这套政治话语和意识形态话语的政治正确性转化成法治话语的正义性,这中间存在一个裁判者解释和适用的问题。社会主义核心价值体系包含12种价值取向,比如"法治",在上述影视案件以及现实中案件来看,并不仅仅意味着狭义的"依法裁判",而要把"人权"价值观融入进来,把人的健康权利价值融入进来,这才是社会主义核心价值体系的应有之义,因为国家提出的法治国家、法治政府、法治社会一体建设的治国方略中,法治的核心要义之一就内含着人权价值追求,虽然"人权"二字没有明确列入这个体系之中,但却是这个体系内涵的基本要义,这就需要裁判者通过二元论职责的行使予以补强。由此而言,司法的价值追求不是孤立的立法中的价值,而是社会普遍认同的价值,裁判者二元论职责的核心要义就是居高临下地阐释具体个案中的正义与社会普遍价值追求的统一。

第二,司法所追求的价值与社会主义核心价值体系如何实现融合。立法和司法中面临如何处理法律规范、法律原则、法律诸善相互关系的问题。法治的核心要求是依法裁判,这是法律规范义务论原理的基本要求,法律规范缺位或者法律规范内涵价值与社会普遍价值追求发生冲突之际,法律原则作为社会普遍正义对于具体个案的约束,经由法律原则的引致功能,社会主义核心价值体系作为一个开放的体系,一个以正义为指向的体系,有资格和能力作为司法依据,这既符合裁判者职责二元论的理论旨归,更是当代中国政治生态下裁判者的政治使命。社会主义核心价值体系对司法的指引功能需要技术层面的支撑,在司法中的适用和转化并不是无条件的,而是法律规范适用不能的时候,法律资源体系本身无法实现个案正义的条件下,才能启动法律体系外资源,才能启用社会主义核心价值观这个"保底"撒手锏。社会主义核心价值观作为一个价值体系,其基本逻辑的底色是一套政治动员话语,有着恒定的目标指向,需要通过社会的各个领域为中介予以践行,法律领域尤其是司法领域是不可或缺的一个主要场域。同时,其内涵要素又是开放的,并非一成不变的,需要随着时代条件的变化而不断补充、更新、完善、进步,通过不断补充和整合新的价值要素,例如"人权"价值的适时融入,从而适应新的时代条件的正义要求,达到价值观对社会发展和社会秩序构建的引领作用。政治倡导和价值观体系进入法律系统的路径值得关注,其基本形式是通过立法转化为文本形式要求,而实质精神的实现则主要是通过司法判决渠道达成。"法律系统也同样要经受政治倡议的刺激,它必须不断地把这些政治倡议纳入立法、行政调节和法律判决(包括宪法法院的法律判决)的程序之中。"[①]从世界范围来讲,法院判例和法律教义改变法律的速度与政治动员改变法律的速度相比较,较为缓慢,所以,现代社会走出了英国历史上的判例法传统,改造成更具有效率的政治形式立法。而政治形式立法,是通过民主的方式进行的。这反映出了现代政治统帅整个社会生活的端倪,法律系统也难以逃脱,必然接受政治的调整。在需要引入价值体系这个司法体系外资源作为裁判依据的情形下,要对价值体系中的具体价值进行具体的分析,而不是不分轻重缓急打包适用社会主义核心价值体系这个宏观概念。社会主义核心价值观融入法治建设只是一个总要求,需要在具体法律规范和具体案件中做具体的分析和阐释,具体讲,就是应针对具体规范和具体案件本身进行价值排序。此种形式表达的基本原理在于,立法和裁判需要给予充分的理由说明,这是立法正义和司法正义的基本形式要件,是法律和司法向社会输送正义的看得见的形式。

第三,社会主义核心价值观入法的具体方案:依据价值投入成本→正义收益的基本原理。假如在具体个案中投入了不当的价值成本,妨碍具体个案的权利收益,这对于法治的损害应当予以评估,这中间要考量司法对于立法的反向刺激和倒逼作用。比如上文中《我不是药神》案例,人的健康权利价值取向与现实法律规定保护国产药品市场地位价值取向之间发生了冲突,此时就需要考量国家投入保护国产药品市场地位价值获得的正义收益大,还是投入人的健康权利价值的正义收益大,两利相权取其重,国家最后出台调整相关抗癌药品进口目录,实际上也是经过成本→收益分析这么一条经济学原理测算的结果。法治事业也存在一个成本→收益的问题,我们投入的经济成本、文化成本、政策成本、司法公信力成本等,与司法个案获得的正义收益,要从整个社会的成本→收益分析原理出发,来核算具体案件中法律规范义务论和诸善价值目的论之间的关系,防止正义收益小于成本投入的不经济行为发生,其中最为核心的是保证政治系统和法律系统的相对独立性,这是法治国原则的基本要求。首先,要通过全面衡量进行立法转化,在立法中把有关的价值要求作为法律规范和法律原则固定下来,比如瑞士民法典第一条那样[②],同时,不能够进行转化的价值内容,或者是不适宜转化的内容,可作为总则形式规定。其次,对司法中价值体系的引用进行司法解释,把援引社会主义核心价值体系中的一项或者数项作为裁判理论根据给予司法解释,对其适用案件的条件、适用程序(审委会讨论等)、适用形式(说理依据)、监督形式(上诉申诉)给予具有法律效力和经济效率的说明。法制史上传统的判例法改变法律体系的途径值得借鉴,比如通过宪法价值解释

---

① [德]卢曼:《社会的法律》,郑伊倩译,人民出版社2009年版,第252页。

② 参见《瑞士民法典》第1条,殷生根等译,中国政法大学出版社1999年版。

和司法判决予以进行的范例。“这种传统制度被置于一种阐述‘基本价值’或者（在美国）道德原则的宪法解释之下，从而为在一个案件接着一个案件中价值权衡的改变打开方便之门……表面坚固的法规制度受一种不固定的、始终是临时性利益权衡的法律判决所操纵，也就是说相对稳定性受原则上的不稳定性操纵。”①在当代中国的宪法体制下，社会主义核心价值体系的司法解释应当与宪法价值解释结合起来进行利益衡量，利益权衡的背后实际上是价值取舍，价值取舍作为一个必要的附加条件，在大的系统上隶属于宪法规范的价值和社会主义核心价值体系。政治系统通过宪法规范和核心价值体系这两条通道进入法律系统，对于这两个系统的独立性会产生一定的影响，但是，并不能从根本上改变各系统的相对独立性。失去了独立性的系统，就无法与其他系统展开对话，也无法维持自身系统的存在。两个系统发生作用的具体方式是立法和民主决策中抵御非理性立法冲动。“法律系统通过提供立法的可能性使自己经受政治的影响，政治系统则通过民主化使自己抵御把改变法律的倡议变成决定的诱惑。”②由此看来，确保法治国原则得以实现是价值体系入法是否获得最大收益的衡量标准。

结 语

研究裁判职责的元点到底应该是一元论还是二元论，是一个既古老又年轻的论题，说它古老，因为自神明裁判、宗教裁判时代起，人类一直在探索裁判应该坚持规范主导的一元论还是应该坚持规范与价值并重主导的二元论；说它年轻，因为直到当今司法文明时代，对这一论题的研究仍在继续，却仍未得出令人满意的答案。恰如克伦威尔所言，人所高攀的顶点超不过人所知道的高度，当今中国以审判为中心的司法改革需要对这一元点问题的认知达到新的高度。本文研究认为，司法正义实现的元问题应坚持规范与价值并重为导向的司法理念，分析了裁判职责理论的基本立场，探讨了司法价值发现的基本规范，尤其是结合中国的社会主义核心价值观语境对于中国裁判职责的独特性进行了尝试性说明。上述司法哲学层面的研究并未充分展示细分的社会因素以及裁判主体（裁判者）社会属性对于裁判职责的深层意义。司法裁判作为一项复杂的社会活动，受各种社会条件的制约，“在司法判决的选择结果中，法律之外的背景发生了作用，对这种作用，只有用经验分析才可能加以澄清。这些外在因素解释了裁判者是如何填补他们在判决中所享受的自由裁量权余地的；这些因素使

① ［德］卢曼：《社会的法律》，郑伊倩译，人民出版社2009年版，第252页。

② 同上。

人能够确定司法判决的历史的、心理的,或社会学的预设。"[①]离开了现实的社会生活条件,如果任由裁判者的自由裁量权恣意行使,偏离正义应该是一个大概率事件。裁判者是社会中的人,裁判者司法的直接依据是具体社会中的制度,裁判者裁判的对象是社会中的具体社会关系,裁判者裁判结果更是重新配置具体的权利义务分配关系。影响裁判者自由裁量权的因素众多,法律、权力、社会文化、生活场域、裁判者个人的经济条件、家庭出身、邻里关系、政治倾向、职业素养、教育背景、智识水平等,都对裁判者裁决发挥相应的作用。列宁讲过,几何公理如果触犯了人的利益,也会被当成谬误的,而裁判者职责如果定位不科学,裁判者是最容易使真理变成谬误的人。为此,展开对影响裁判职责科学定位的学理研究,在当前中国以裁判为中心的司法改革实践中,具有常做常新的价值。

① [德]哈贝马斯:《在事实与规范之间——关于法律和民主治国的商谈理论》,童世骏译,生活·读书·新知三联书店2011年版,第248页。

“以审判为中心”语境下的量刑证明

张月满*

摘　要　量刑证明是运用证据证明量刑事实的活动。“以侦查为中心”的司法模式违背诉讼规律,量刑证明难免虚化;“以审判为中心”模式遵循诉讼规律,要求量刑证明必须走向实质,以保障量刑公正,助推“以审判为中心”司法改革目标的实现。量刑证明从形式到实质的嬗变之路并非一帆风顺,但步伐应当坚定。需创造量刑证明走向实质的基本条件:预置程序空间载体、夯实量刑证明基础、明晰量刑证明要素环节、规制量刑证明标准的司法、形成量刑证明主体正确的价值观。

关键词　中间判决　量刑证明　证明要素　司法规制　证明主体

引言:量刑证明从形式到实质的嬗变

刑事诉讼领域“以审判为中心”的司法改革为系统工程,必将带来各项相关司法制度的不断完善。其中,庭审实质化是“以审判为中心”的应有之义,也是“以审判为中心”诉讼制度改革的基本要求。其基本目标是“保证庭审在查明事实、认定证据、保护诉权、公正裁判中发挥决定性作用”,①实现“事实证据调查在法庭,定罪量刑辩护在法庭,裁判结果形成于法庭”。② 为达到庭审实质化,实现“以审判为中心”的目标,运用证据证明案件事实的刑事诉讼证明则成为关键节点。量刑证明作为刑事诉讼证明的重要组成部分,对庭审实质化的实现意义重大,量刑证明从形式走向实质是实现庭审实质化的重要步骤。近些年为保障量刑公正进行的量刑程序改革取得重要成果,主要标志就是 2018 年修正后的《刑事诉讼法》第 198 条的规定,即“法庭审理过程中,对与定罪、量刑有关的事实、证据都应当进行调查、辩论”,由此使量刑程序的独立性在基本法层面得到总则性确认,形成了相对独立的量刑程序的雏形:定罪程序和量刑程序没有完全区分开来,只在法庭调查阶段先进行定罪事实调查,后进行量刑事实调查;在法庭辩论阶段先进行定罪事实的辩论,后进行量刑事实的辩论;法庭评议阶段

---

* 张月满,山东政法学院刑事司法学院教授。

① 中共中央《关于全面推进依法治国若干重大问题的决定》。

② 最高人民法院《关于建立健全防范刑事冤假错案工作机制的意见》第 11 条。

也设置专门针对量刑的合议程序，最后宣布判决时定罪与量刑结果一并宣布。量刑证明即量刑程序中的证明，由此，完整的庭审实质化不仅需要定罪证明从形式走向实质，同样需要量刑证明从形式走向实质。

长期以来，我国刑事诉讼司法领域问题突出，“分工负责、互相配合、互相制约”基本原则的落实过程中，存在“配合有余而制约不足”的现象，司法机关之间的配合导致诉讼阶段中刑事证明程序流水化。在侦查阶段收集证据进行刑事证明的基础上，后面的审查起诉阶段及审判阶段成为对前一阶段的配合认可阶段，缺乏必要的制约。从司法模式来看，实质是实行了“以侦查为中心”，量刑证明呈现虚化，形成“公安做饭、检察院端饭、法院吃饭”的局面，最终定罪量刑实际建立在侦查阶段诉讼证明的基础上。受“以侦查为中心”司法模式的影响，实践中，量刑证明的形式现象相对普遍。例如，侦查阶段不重视量刑证据的收集，后面阶段也没有及时补充，致使量刑证据不充分，量刑证明失去基础；量刑证据种类不明，实践中出现的社会调查报告、被害人影响陈述等量刑证据的法律性质不明确；量刑证明要素环节不明晰，在证明对象、证明责任、证明标准等方面要么无法可依，要么为定罪证明所掩盖。加之量刑证明主体受“重定罪、轻量刑”观念的影响，对量刑证明没有足够的重视，庭前阶段基本不对量刑证据予以审查判断，使庭审量刑证明的进行失去一定的基础，严重影响量刑证明质量。由此，量刑证明基本要素的欠缺，使量刑证明活动的实质进行就只能是一句空话。量刑证明的进行往往只是形式化的，有的案件中也只能形式化。形式化的量刑证明，无法对量刑证据展开有效的质证，法官对案件的量刑裁决主要依赖于案卷笔录或某些潜规则，致使庭审阶段的量刑证明只是形式甚或形式也不存在。与此同时，加之社会舆论、长官意志等方面的压力，造成量刑的不均衡。党的十八届四中全会提出推进“以审判为中心”的诉讼制度改革。该项改革对于进一步提高司法质量、效率和公信力，努力让人民群众在每一个司法案件中感受到公平正义等方面具有重要意义。量刑证明走向实质的必要性越发凸显。

程序正义的重要性已被法学界密切关注，对程序正义保障实体正义的价值功能业已达成共识。而程序正义基本要求之自治性，就要求“裁判者就被告人的刑事责任问题所作的裁判结论必须从法庭审判过程中产生，从而使刑事审判程序对裁判结论的形成具有唯一的决定作用。”①应当说，这是刑事司法活动的规律和要求，也是审判权作为最终的判断权和裁决权的性质所决定的。更是“以审判为中心”司法改革的专业背景。“以审判为中心”必然提高对量刑证明的要求，因为无论是对量刑事实证据的调查，还是对量刑的辩护，抑或量刑裁判

① “程序正义”，载百度百科：https://baike.baidu.com/item/%E7%A8%8B%E5%BA%8F%E6%AD%A3%E4%B9%89/10777267?fr=aladdin，最后访问日期：2019 年 3 月 6 日。

结果的形成,皆离不开量刑证据对量刑事实的证明。这首先要求严格执行“证据裁判”原则,对于诉讼中事实的认定,必须以证据为依据。并强调通过庭审对量刑证据的证据资格及其证明力予以调查;通过庭审实现控辩双方对量刑证据的辩论质证;通过庭审活动使法官形成对量刑的心证。党的十九大报告中多次提到全面依法治国,努力让人民群众在每一个司法案件中感受到公平正义。随着民主法治进程的加快,改革开放的成果日益凸显,人民生活水平得到极大提高,人们更加关注自由、更加关注公平正义。而量刑恰恰关乎限制和剥夺自由,不仅当事人关注,社会关注度也极高。公正量刑对于满足人们追求公平正义的需要尤为重要。而公正的量刑是建立在量刑证明实质进行的基础之上的。由此,量刑证明从形式到实质的嬗变,是“以审判为中心”司法改革的需要,也是“让人民群众在每一个司法案件中感受到公平正义”的需要。

一、预置程序空间载体

量刑证明走向实质,需要诸多量刑证明制度与规则的真正落实,由此必然要求承载其运行的程序空间载体。有了程序空间载体,不仅会为量刑证据的充分收集、审慎审查提供相应的时间,而且为量刑证明的实质展开提供相应的空间。同时,“保障量刑证据判断与运用的经济性与公正性……使无罪案件止于定罪程序。此外,可以使控辩双方充分参与量刑程序,给予控辩双方和被害人更多的公开参与程序、积极提供证据、充分陈述理由的权利和机会,进一步彰显量刑过程的公开性、平等性、民主性,使量刑更加透明化和合理化”。[①] 在“以审判为中心”刑事司法改革背景下,应继续坚持量刑程序改革,在未成年人案件、被告人不认罪案件、死刑案件等相对特殊案件的诉讼中,将定罪程序与量刑程序进一步分离,并建立中间判决制度是必要的可行之路。

未成年人案件、被告人不认罪案件、死刑案件,应实行定罪程序与量刑程序的完全分离,即“隔离式庭审程序模式”,具体为“定罪阶段与量刑阶段实现隔离式的分开,先进行定罪问题的审理,法院认定有罪的案件,直接或者休庭后再进行量刑问题的审理;而如果法院认定被告人无罪,则审判程序结束”。[②] 由此方可避免量刑证据不充分、定罪证明与量刑证明混淆进行、法官心证不清楚等量刑证明的形式弊端。但也应看到,“隔离式庭审程序模式”在一个审级程序中会出现两个判决:一个是前面的定罪判决,另一个是后面的量刑判决。这两个判决的性质如何、二者的关系又如何、如何与审级制度相联系等问题都有必要予以明晰,以真正为量刑证明走向实质提供程序空间载体。定罪判决是刑事庭审

---

① 陈卫东:《反思与重构:刑事证据的中国问题研究》,中国人民大学出版社 2015 年版,第 224 页。

② 陈卫东主编:《量刑程序改革理论研究》,中国法制出版社 2011 年版,第 2 页。

程序中,法官在给予控辩双方充分的程序保障前提下,就被告人是否犯罪问题在定罪程序中进行了充分的质证和辩论后,作出的认定被告人有罪的判决。由于定罪程序与量刑程序分离进行,有罪判决就成为后面量刑程序进行的前提。在有罪判决的前提下,法庭继续进行量刑程序,之后针对被定罪人是否应承担刑罚、应承担怎样的刑罚作出相应的量刑判决。由此,科学认识和界定"隔离式庭审程序模式"中的有罪判决,吸收民事诉讼的中间判决理论,确立刑事中间判决制度,为量刑证明提供程序空间载体,是取得量刑证明实质成效的关键问题之一。

(一)中间判决的理论认知

中间判决是指在民事诉讼审理还未达到终局判决的阶段,法院为准备作出终局判决,而事先解决当事人之间有关本案或者诉讼程序的某争点的判决。[①]中间判决制度源于大陆法系的德国,1877 年德国制定的第一部民事诉讼法典,采取了法官职权主义的程序模式,赋予了法官较强的程序指挥权,将中间判决与释明权、集中辩论指挥权等职权一同赋予了法官。随着形势的发展,德国的民事诉讼法典几经变动,但各部法典都保留了中间判决制度。后该制度在日本和我国台湾地区得到了重大发展,成为大陆法系民事诉讼中一项重要的诉讼制度。我国清朝末年仿照西方法律制度制定的《大清民事诉讼律(草案)》第一次规定了中间判决制度,虽因清政府的迅速灭亡而未及实施,之后的北洋政府和南京国民政府的民事诉讼条例、民事诉讼法都规定了中间判决制度。而我国现今民事诉讼法没有关于中间判决的规定。关于中间判决对提高程序效率的功能作用,已引起我国民事诉讼理论界的关注。

在德国,中间判决是对程序问题或权利请求之原因等实体问题所涉及的中间争点所作出的裁判。由此,德国的中间判决分为两种:一种是中间争议判决,又称中间确认判决,也就是通常意义上的"中间判决",其适用条件是在系属判决程序中产生的涉及程序进展的诉讼问题的、只能基于必要言词辩论进行裁判的任何中间争议,如果已达到可裁判程度,而法律争议(诉讼标的)本身还没有达到可宣判的程度。另一种是原因判决,指当请求权的原因和数额都发生争议,但仅就请求权原因的争议已达到可裁判的程度时,则可通过中间判决对请求权的原因进行预先裁判,以使程序得到减负和加速,为终局判决作准备,并以要求给付有争议的数额为前提条件。[②] 在法国,中间判决包括命令采取临时措施的判决和与审前程序相关的判决两种。在日本,根据其新民事诉讼法第 245

① 参见《民事中间判决制度研究》,载中国法院网:https://www.chinacourt.org/article/detail/2013/04/id/951507.shtml,最后访问日期:2019 年 1 月 17 日。

② 参见傅郁林:《先决问题与中间判决》,载《中国法学》2008 年第 6 期。

条的规定,中间判决适用于三类事项:一是独立的攻击或防御方法;二是中间争执;三是原因判决。

有关中间判决的概念,大陆法系学者也各有不同的理解,日本学者中村英郎认为,"为了整理审理,就终局判决的前提问题——请求或诉讼上的问题而作的判决叫做'中间判决'"。[①] 我国台湾地区学者骆永家认为,"中间判决者,在审理之中途,就诉讼标的或诉讼程序上的争点,而为终局判决之前提问题者,予以判断之判决是也"。[②] 我国学者王锡三教授认为,"中间判决,就是在诉讼进行中,就某个实体上或程序上的争议点所作的判决。这种判决具有确定判决的性质,不以终结诉讼的全部或一部为目的,而是为终局判决作准备"。[③] 也有学者认为,"中间判决是指在诉讼进行中,就某个实体上或程序上的争议所作出的判决"。[④] 虽然学者们对中间判决的概念有不同表述,但对中间判决的本质要素基本上是达成共识的,主要应包含以下方面:其一,中间判决的形成时间在于庭审程序进行过程中,即庭审程序开始但尚未结束之前;其二,中间判决的对象既可以针对实体问题也可以针对程序问题;其三,中间判决是法官行使自由裁量权之范围,根据诉讼效率或终局判决所需,依职权而作出。

建立刑事中间判决制度并使其具备以下特性:一是中间判决的对象是针对被告人犯罪事实的实体问题,是对被告人有罪的确认;二是中间判决的形成时间在于定罪程序之后,量刑程序开始之前;三是中间判决的作出以给予利益相关方充分的程序保障为前提,即诉讼各方充分参与并积极影响了判决的形成;四是中间判决是合议庭依法定程序行使定罪裁量权之范围,依职权而作出;五是间判决在该审级程序结束之前对控辩双方不发生法律效力,对其不服的上诉、抗诉时间应是该审级程序结束时,可与该审级的量刑判决一同提起,这样可避免整个审级程序被打断,造成审限过长的弊端,也可与我国现行刑事诉讼法的审级制度相适应;六是中间判决对审理该案的法院应具有拘束力,即中间判决作出以后,法院不得对中间判决所确定的事实进行重复审查,并且中间判决的内容对该审级法院的终局判决具有约束力,终局判决内容不得与中间判决有冲突。

由此,定罪判决与量刑判决一起构成该审级的终审判决。如果同一审级的终审判决是一审程序形成的,则在量刑判决作出的第二天起算一定期限之内,

---

① [日]中村英郎:《新民事诉讼法讲义》,陈刚、林剑锋、郭美松译,常怡审校,法律出版社 2001 年版,第 215 页。

② 骆永家:《民事法研究Ⅲ》,三民书局股份有限公司 1996 年版,第 32 页。

③ 王锡三:《民事诉讼法研究》,重庆大学出版社 1996 年版,第 270 页。

④ 邵明:《民事诉讼法理研究》,中国人民大学出版社 2004 年版,第 382 页。

如果被告人不服,可向原审法院或第二审人民法院提出上诉;如果同级人民检察院不服,可向原审人民法院提出抗诉。如果同一审级的终审判决是二审程序形成的,则为终审的判决,不得再提起上诉或抗诉。

(二)中间判决的功能价值

第一,避免定罪证据对法官量刑证明心证的混淆及影响,助推量刑证明走向实质。实行隔离式庭审模式,确立中间判决制度,在定罪程序进行的基础上,及时作出是否有罪的判决,只有被定罪的被告人才经历量刑程序。这样可以避免定罪证据对法官量刑证明心证的混淆及影响,也有利于社会调查报告、被害人影响陈述、量刑请愿书等量刑证据材料的有效运用,助推量刑证明走向实质。因为罪犯改造的条件、犯罪给被害人造成的身体、经济、精神等方面的影响以及量刑请愿的意愿等量刑证据与定罪不具有关联性,不宜在定罪程序中提出,从而造成量刑证明虚化风险。当定罪判决作出后,即为中间判决,对被告人有罪作了明确的确认,使量刑程序的进行有了前提基础,在此基础上,辩方在随后的量刑程序中,会确定性地调查量刑证据并在庭审过程中实质展开量刑证明,积极防御控方有关量刑问题的指控。在审判人员主持下,控辩双方围绕量刑问题,对量刑证据展开实质性的质证和辩论。避免由于缺乏相应的有罪结论造成的防御不确定状态,进而所导致的量刑证明虚化现象。

第二,解决辩方自相矛盾的尴尬局面,使辩方把握住逻辑一致的利己机会,保障被告人辩护权的充分行使,推动量刑证明的实质进行。定罪中间判决的确定,使辩方在定罪程序中只针对定罪问题,运用定罪证据积极辩护。而在定罪中间判决之后的量刑程序中就可以只针对量刑问题充分运用量刑证据,与控方展开真正的对抗。避免由于没有定罪中间判决而常常会产生的既作无罪辩护,又作罪轻辩护,从而既进行无罪证明,也进行量刑证明的矛盾做法。使辩方在定罪中间判决的基础上,把握住逻辑一致的利己机会,充分行使辩护权,运用量刑证据进行实质的量刑证明,以充分维护被告人的诉讼权利,助推量刑证明走向实质。

第三,节省司法资源,提高诉讼效率。诉讼效率是“以审判为中心”司法改革的应有之义。如果没有中间判决制度这一程序空间载体,则控辩双方会混合使用定罪证据与量刑证据予以攻防,一定程度上有造成攻防混乱,致使量刑证明出现虚化现象,从而增加诉讼拖累,影响诉讼效率。定罪事实与量刑事实的认定,在程序上具有明显的先后次序性,当前者的证明达到可裁判的程度就应及时作出判决,一定程度上有利于程序的减负,避免两种不同事实混合证明和认定程序中所产生的证明形式化和诉讼拖延现象。提高诉讼效率是中间判决制度的重要功能之一。

概言之,确立刑事案件的中间判决制度,为量刑证明提供相对充足的时间和空间载体,对于量刑证明走出定罪证明的影响从而进一步走向实质具有重要的功能价值。

二、夯实量刑证明活动基础

量刑证据是量刑证明活动的基础,需要用心打造,鼎力夯实。从量刑立法及实践角度来看,厘清量刑证据含义及其范围,并收集充分的量刑证据,是量刑证明从形式到走向实质的基础条件。

(一)区分量刑证据与定罪证据

科学认识"量刑证据"是量刑证明走向实质的基础。而受"以侦查为中心"模式及传统"重定罪、轻量刑"观念的影响,司法人员缺乏对量刑证据的应有关注,量刑证据一直为定罪证据所遮掩,量刑证明的实质进行严重受阻。另外,定罪证明与量刑证明统一于刑事诉讼程序,集中体现于审判程序。二者的证明机理有重要区别,表现在证明对象、证明责任、证明标准、所运用的证据材料、证明规则等方面,量刑证明机理体现出其相对特性。量刑证明机理特性凸显定罪证据与量刑证据区分的必要性。从理论分类的维度看,量刑证据与定罪证据是相对的概念。在我国量刑理论上,学者们对定罪证据与量刑证据的划分标准有不同表述,"以证明对象为依据,将证据区分为定罪证据和量刑证据。具体来说,定罪证据的证明对象为犯罪事实,即犯罪构成要件事实,包括犯罪行为、犯罪结果以及二者之间的因果关系,犯罪动机、场所、手段、时间,阻却违法性的事实等;量刑证据的证明对象为刑罚事实,即刑罚加重、减轻、免除的原因事实"。[①]定罪证据与量刑证据,"二者的区分应以证据对不同案件事实的证明作用为标准,进而结合《刑事诉讼法》第48条对证据含义的规定,可以作如下界定:量刑证据是指用以证明量刑事实的材料;定罪证据是指用以证明定罪事实的材料"。[②] 可见,对量刑证据的表述虽有差异,但其实质内容基本一致。量刑证据与定罪证据的根本区别在于其证明对象的不同,对量刑证据界定的宗旨也在于对案件事实中的量刑事实与定罪事实予以区分,有利于认真对待量刑事实,为公正量刑奠定基础。

区分量刑证据与定罪证据具有重要的功能价值。首先,定罪证据与量刑证据的理论划分有利于增强司法人员尤其是侦查人员的"量刑证据"意识,加强侦查阶段对量刑证据的收集,为量刑证明走向实质奠定基础。量刑实践中,司法人员忽视量刑证据收集的现象相对普遍,致使量刑证据的运用出现"饥荒",严

---

① 陈卫东:《反思与重构:刑事证据的中国问题研究》,中国人民大学出版社2015年版,第221页。

② 马运立:《审判中心视阈下量刑证据相关问题探析》,载《法学论坛》2017年第3期。

重影响了法庭对量刑证据的质证。此是导致量刑证明虚化的基础因素。将量刑证据与定罪证据适当区分,有利于指导侦查人员加强对量刑证据的认识,促使其在收集证据的活动中,既重视定罪证据也重视量刑证据,改变实践中忽视收集量刑证据的现状。实际上,量刑问题与侦查之间有着密切的联系,侦查机关的工作成果直接关系着量刑证明能否走向实质及人民法院所获取的量刑信息全面与否。在侦查过程中,对于量刑信息足够重视并全面、客观收集,不仅会促进庭前量刑证明的进行,也有利于保障庭审量刑证据的充分性,为庭审量刑证据的举证、质证等量刑证明活动奠定基础,促进量刑证明走向实质。其次,定罪证据与量刑证据的理论划分有利于指导司法人员有效运用证据,促使量刑证明走向实质。二者的区分会促使司法人员注重量刑证据的研究和领悟,进而探求量刑证据与定罪证据各自的特点及其运用规律,对量刑证据及其特点有深刻领悟的前提下,才能在保障庭前量刑证明活动质量基础上,提高庭审量刑证据的举证与质证水平,保证法庭调查和辩论的质量,促进庭审量刑证明的实质化。

(二)增加量刑证据种类

“以审判为中心”的诉讼模式要求司法行为的规范性。“作为法律实务机关,必须要求有严格的规范行为,才能赢得社会遵从,才能建立起司法权威。”[①]量刑实践中,一些新的量刑证据材料没有法律依据的现象,直接影响量刑证明行为的规范性,亟须法律上明确,主要包括:

其一,社会调查报告。2010 年 10 月 1 日起试行的最高人民法院、最高人民检察院、公安部、国家安全部、司法部《关于规范量刑程序若干问题的意见(试行)》第 11 条规定:“人民法院、人民检察院、侦查机关或者辩护人委托有关方面制作涉及未成年人的社会调查报告的,调查报告应当在法庭上宣读,并接受质证。”这表明,社会调查报告已成为量刑证据而需接受法庭的质证。实践中,社会调查报告也被广泛运用于未成年人刑事案件的量刑证明实践中。从证据角度来看,社会调查报告无论在立法还是司法方面都被作为量刑证据来运用,但其证据种类性质一直不明确,存在争议:有人认为属于证人证言[②],理由是认为社会调查报告中属于证据的内容是社会调查人员凭借自己的感觉器官直接感知的案件事实;还有人认为社会调查报告的证据种类属于品格证据。[③] 笔者认为,前两种观点都存有一定偏颇。学界皆知,证人证言是自然人对案件事实的感知陈述,而社会调查报告却是以社会调查机构的名义作出,并加盖社会调查

① 黄硕:《以审判为中心的新型侦诉审模式的构建》载《政法论丛》2016 年第 5 期。

② 参见张吉喜:《量刑证据与证明问题研究》,中国人民公安大学出版社 2015 年版,第 142 页。

③ 参见刘丽霞、张晶:《未成年人恢复性司法中引人品格证据的原因》,载《贵州社会科学》2009 年第 5 期。

机构的印章。至于品格证据说也欠科学,因为社会调查报告不仅包括有关个人性格特点和在一定社区范围内公众对个人名誉、道德方面评价的证据,还包括被告人的家庭情况、犯罪行为的后果影响等,这些内容并不属于品格证据。总之,社会调查报告[①]无论形式还是内容都难以归入其他法定证据,宜作为一种独立的量刑证据种类,在量刑证明中拥有自己独立的法律地位。我国强调证据的合法性应包括证据形式的合法性,并采取将证明案件事实的材料以法定形式予以规范的立法模式。笔者认为,应结束社会调查报告证据种类不明的状态,直接将社会调查报告作为一种独立的量刑证据种类。因为这种证据有自己的特点,表现在形成主体、形成时间、内容等方面,理应成为一种独立的法定证据种类。否则,不仅形式合法性令人生疑,也影响量刑证明的实质、有效进行。

其二,被害人影响陈述。被害人影响陈述,是指被害人就犯罪行为对其在身体、经济和精神上的影响所作的书面或口头陈述。[②] 它最早出现于1976年美国加州查尔斯·曼森和曼森派谋杀案中。之后,英国、加拿大、澳大利亚等国家都将被害人影响陈述作为量刑证据,强调量刑阶段应考虑被害人影响陈述。我国《关于规范量刑程序若干问题的意见(试行)》第4条规定:“在诉讼过程中,当事人和辩护人、诉讼代理人可以提出量刑意见,并说明理由。”被害人作为当事人之一,当然有权利提出量刑意见,其理由应主要是犯罪行为对己方各方面的影响。此规定可以被视为被害人影响陈述的雏形。虽然被害人陈述是我国法定证据种类之一,但被害人影响陈述不同于被害人陈述,主要区别在于:首先,被害人陈述只能是其本人的陈述,而被害人影响陈述还可以是代表被害人利益的人(如其诉讼代理人、法定代理人等)的陈述;其次,在内容上被害人陈述主要针对犯罪行为及其行为人相关情况的陈述,而被害人影响陈述则着重针对犯罪行为对自身的影响的陈述;最后,被害人陈述的主要作用是证明定罪事实,而被害人影响陈述的主要作用是证明量刑事实。由此,被害人影响陈述[③]应属于独立的量刑证据种类。这不仅有利于量刑证据的运用以保障量刑证明的实质效果,也是保障被害人合法权益的有效举措。

(三)加强量刑证据的收集

量刑证明活动建立在充分的量刑证据基础之上。量刑实践表明,量刑证明虚化的直接原因之一是量刑证据的不充分。应该说,收集量刑证据材料信息,集中体现于侦查阶段。但司法实践中,侦查阶段严重忽视量刑证据信息的收

---

① 值得提及的是,量刑证明实践中出现的社区影响陈述、被告人人格材料等,应属于该种证据内容。

② 参见张吉喜:《量刑证据与证明问题研究》,中国人民公安大学出版社2015年版,第144页。

③ 值得提及的是,量刑证明实践中出现的(被害人一方的)量刑请愿书,应属于该种证据内容。

集，直接导致量刑证据运用出现“饥荒”现象，已严重影响到法庭上对量刑证据的举证、质证及辩论。“以往刑事司法实践中，庭审以证明被告人是否有罪为重心，就公诉机关而言，只要指控的罪名成立，就意味着起诉成功，因而没有对量刑问题予以足够的重视，量刑证据也没有被全面收集和提交。而辩护人由于调查取证的权利受到种种限制，往往难以对量刑问题提出证据，从而导致法庭审理时对量刑举证、质证不够的现象十分普遍。”①有的法官对2011年以来其本院200余件量刑规范化案件的卷宗笔录进行查阅，发现绝大多数案件在长达几十页的笔录中，关于量刑方面（包括量刑证据的举证、质证到量刑辩论）的笔录仅有半页篇幅，甚至只有几行。庭审笔录能最直观地反映庭审的整个过程，可见，法院在审理案件时，虽然有量刑程序，但量刑证据的举证、质证等证明活动相对单薄，形成量刑证明虚化现象。正如有的法官坦言：“从中可以看出并非法院不重视量刑程序，而是公诉机关、被告人没证据举证质证，法院属无米之炊。”②实践中以下现象也常见，“在法庭质证阶段，当辩护方提出有关被告人一贯表现、社区帮教、取得被害人谅解等酌定量刑情节的证据时，往往没有针对性的抗辩，只能勉强表达‘无异议’，从而使法庭对量刑证据的质证流于形式”。③ 事实上，量刑证明与侦查阶段关系密切，侦查工作关乎诉讼中量刑的充分性及人民法院获取量刑信息的广泛性。如果在侦查工作中重视量刑证据的收集，将有利于诉讼中量刑证明的实质开展，并保障法庭上量刑证据的充分性，为庭审量刑证明实质进行奠定材料基础，加强量刑证据的收集成为量刑证明从形式走向实质的迫切之需。

在加强量刑证据收集重要性认识的基础上，一方面，应建立检察机关引导收集量刑证据的机制，以增强量刑证据的充分性及对量刑事实的证明，使检方量刑建议的提出更具有合理性；同时可进一步促使检方对庭审量刑证据予以把关，引导侦查机关收集的证据能够与审判程序中的证据要求相一致，为庭审量刑证明的实质化奠定基础，以保障庭审中量刑证据的举证和质证，确保庭审量刑证明走向实质；同时有利于侦查监督的有效落实，使量刑证据的合法性经得起庭审实质化的检验。另一方面，提高辩方调查收集量刑证据力度。审判前的量刑证明主要由控方进行，以为提出量刑建议做好功课。而庭审中的量刑证明则是控辩双方的领域，在对抗式诉讼模式框架下，量刑证明由控辩双方对量刑证据进行举证、质证。辩方也必须重视量刑证据的调查、收集力度。从量刑情节的证明要求入手，有针对性地收集量刑证据，尤其是收集调查酌定量刑情节

---

① 陈卫东：《反思与重构：刑事证据的中国问题研究》，中国人民大学出版社2015年版，第220页。

② 石经海主编：《量刑研究》，法律出版社2015年版，第260页。

③ 马运立：《审判中心视域下量刑证据相关问题探析》，载《法学论坛》2017年第3期。

的证据往往是辩方的重点，其中应特别关注有利于被告人量刑情节证据的调查收集。特别提及的是，辩护人在调查量刑证据过程中，应注意依法调查量刑证据，履行好相应的手续，以确保量刑证据的证据能力和证明力。控辩双方拥有充分的量刑证据，方能为量刑证明走向实质奠定基础。

三、明晰量刑证明要素环节

“法律适用在很多情况下就是设法把不明确的法律规范明确开来，把不清楚的案件事实清楚开来，以便确定是否将规范所规定的法效果赋予该事实。”①量刑证明要素不明确是量刑证明虚化的另一重要原因，由此需要予以明确规范，以指引量刑证明活动的实质进行。

（一）量刑证明对象

从理论上讲，“量刑证明对象，是指量刑程序中需要用证据加以证明的与被定罪人量刑有关的各种情节事实。”②确定量刑证明对象的主要目的是恰当地划定量刑证明的范围。证明对象不明确，量刑证明无的放矢，是量刑证明虚化的重要表现，由此明确量刑证明对象是量刑证明实质化的重要举措。量刑证明对象即量刑情节事实是量刑证明指向的对象，确定量刑证明对象有利于证明主体明确证明方向，使证明活动始终有明确的目标，不疏于重要量刑事实的证明，也不会纠缠于与量刑无关的细枝末节，保障量刑证明的效率及质量。

“我国刑事实体法中关于量刑情节的规定比较粗糙，无法适应犯罪案件和犯罪主体复杂化趋势，不能满足刑事司法实践的需要，同时，理论上也制约了量刑证据体系的确立和量刑证据的判断和运用。因此，量刑情节科学化有待于刑事实体法的修改和完善。”③从实体法角度来看，量刑证明对象表现为各种量刑情节的事实，显然不同于定罪事实。所以科学区分定罪事实与量刑事实是正确界定量刑证明对象的前提。有关定罪情节事实与量刑情节事实的关系，我国主流观点有三种：第一种观点认为二者具有交叉关系，定罪情节未必都是量刑情节，有些犯罪情节既是定罪情节，也是量刑情节。④ 第二种观点认为二者具有包含关系，定罪情节不仅可以成为量刑情节，而且一切情节都必然成为量刑情节。⑤ 第三种观点认为二者具有并列关系，“由于量刑情节是在犯罪成立后才对该案的量刑起影响作用的情节，因而某一情节如果已作为定罪情节在定罪过程中予以适用了，则不能再作为量刑情节，否则就违反了禁止重复评价原则，犯了

---

① 孙培福、黄春燕：《法律方法中的逻辑真谛》，载《齐鲁学刊》2012 年第 1 期。

② 张月满：《量刑程序论》，山东大学出版社 2011 年版，第 207 页。

③ 陈卫东：《反思与重构：刑事证据的中国问题研究》，中国人民大学出版社 2015 年版，第 226 页。

④ 参见高铭暄主编：《刑法问题研究》，法律出版社 1994 年版，第 273 页。

⑤ 参见赵秉志主编：《刑法争议问题研究》（上），河南人民出版社 1996 年版，第 699 页。

一事两头占的错误。同样地,作为犯罪成立的基本事实即犯罪构成要件事实也不能作为量刑情节,只有属于定罪事实以外的具体事实情况才能作为量刑情节。"[①]笔者赞同第三种观点,认为第一种观点、第二种观点都有悖禁止重复评价原则。由此,作为量刑证明对象的量刑事实应从狭义角度来认识,至少应具备三个要素:"第一,量刑事实是定罪事实以外的事实;第二,量刑事实与行为人自身或其行为有客观的、紧密的联系;第三,量刑事实反映行为的社会危害性程度或行为人的人身危险性程度。"[②]由此,与行为人自身或其行为有客观、紧密的联系,能反映行为的社会危害性程度或行为人的人身危险性程度的事实,方能成为量刑证明对象。首先,量刑证明对象应是有关量刑的事实,而决定被告人刑事责任的有无和大小,以及对犯罪的预防有必要性的事实都应成为量刑的事实。因为它们与行为人自身或其行为有客观的紧密的联系,能反映行为的社会危害性程度或行为人的人身危险性程度。例如,行为人的动机和目的、行为的方式和结果、行为时所表明的情感、行为违反义务的程度以及行为人行为以前的个人经历、社会关系、行为后的态度、赔偿被害人情况、悔罪表现、行为人今后的居住环境等。其次,确定量刑证明对象应以必要性为前提,只有对确定被定罪人的刑罚有必要证明的量刑事实才应成为量刑证明对象。通常包括控辩双方有争议的事实、实体法规定的处罚要件事实及与承担刑事责任要件有关的事实等。

需强调的是,科学界定量刑证明对象的同时,法律应明确无须证据证明的免证量刑事实,这些事实包括:被告人的坦白、认罪、悔罪、被害人对被告人的当庭谅解、法庭审理中不存在争议的量刑程序事实等。

(二)量刑证明责任

证明责任由证明主体承担,而从一般意义上看,证明主体"是指在诉讼中,提出诉讼主张并对其进行证明的诉讼主体"。[③] 所以证明主体是提出主张与抗辩的特定的诉讼主体,是诉讼主张者,即诉讼双方当事人,在量刑证明过程中表现为控方和辩方。

量刑证明过程中,证明责任的承担应采取怎样的原则是个关键问题。在量刑程序中,被告人已成为被定罪人,"无罪"的推定成为不必要,但"无罪推定"原则所倡导的限制公权力、保护被追诉人诉讼权益的人权保护精神内涵仍须谨记。笔者认为,量刑程序证明责任分配应以"人权保障"理论基础为主导,适应

① 陈兴良、莫开勤:《论量刑情节》,载《法律科学》1995 年第 2 期。

② 张月满:《量刑程序论》,载《法学家》2011 年第 4 期。

③ 卞建林、郭志媛、韩旭:《诉讼证明:一个急待重塑的概念》,载何家弘主编:《证据学论坛》(第三卷),中国检察出版社 2001 年版,第 36 页。

对抗式诉讼模式的要求、并汲取其他国家的立法及司法经验,①结合我国的实际,遵循“谁主张,谁举证”的原则。这不仅有利于充分发挥控辩双方的举证积极性,做好庭审对抗,促进庭审量刑证明的实质化;也有利于最大限度地扩大量刑信息的获取来源,为法官的公正量刑奠定基础。况且,控辩双方对量刑证据举证能力的差异相对于定罪证明来说要小,因为量刑事实的证明对科技的依赖性相对较弱,辩方取证相对容易些,而且如果辩方不能调取相应的证据,还有权申请法庭调查取证,由此不会因为控辩双方举证能力的差异而影响量刑证明的实质进行。

另外,结合被害人参加量刑程序的制度,应保证被害人提供量刑证据材料的权利。由于公诉人代表其提出控诉主张,被害人提供量刑证据的行为宜视为权利。被害人是犯罪行为的受害者,其特殊的身份往往会在证据线索方面有优势,无论其是否选择在诉讼中参与量刑证明,都应保证其以书面或口头形式向法庭提供量刑证据的权利,这对于量刑证明实质化的实现非常必要。为保证被害人提供量刑证据权利的行使,还应赋予其申请新的证人到庭,申请调取新的物证、书证,申请补充鉴定或者重新鉴定的权利。对于这样的申请,人民法院经审查认为有利于证明相关量刑事实的,应予以准许。

在遵循“谁主张,谁举证”的原则下,法官也应享有调查取证的权力。量刑证明中,如果控辩双方对有关量刑证据有异议,法官应有权发问,认为有必要就应进一步调查。或者法官认为相关证据对量刑证明的实质进行有意义而控辩双方都没有提供的情况下,有权对相关量刑证据予以调查。同时,法官还可基于控辩双方的申请,在他们要求法院调查相关证据时,行使调查证据的权力。法官的调查取证权是基于量刑证明实质化实现量刑公正的需要,并不意味着在量刑程序中承担证明责任。值得注意的是,法官调查所取得的量刑证据材料,必须经控辩双方的充分质证之后,才能作为量刑的依据。

(三)量刑证明标准

量刑证明标准关乎量刑证明实质化程度,必须予以明确。刑事案件错综复杂,定罪事实不同于量刑事实,“……证明客体的不同,在定罪和量刑中运用证明标准分层理论更具科学性”。② 确立不同于定罪事实的量刑证明标准,是定罪事实与量刑事实不同的需要,是量刑证明走向实质的需要。基于量刑证明对象的复杂性,量刑证明标准应实行控辩双方不同的二元证明标准,以区别于定罪证明的一元证明标准,即不利于被定罪人的量刑情节事实的证明应实行严格证

① 美国、澳大利亚、英国都有辩方承担量刑证明责任的立法与司法。参见张月满:《量刑程序论》,山东大学出版社2011年版,第217页。

② 陈卫东:《反思与重构:刑事证据的中国问题研究》,中国人民大学出版社2015年版,第228页。

明,在证明标准上实行“达到排除合理怀疑程度”的标准;而有利于被定罪人的量刑情节事实的证明应实行自由证明,实行“达到优势证明程度”的标准。

不利于被定罪人的量刑情节事实的证明标准应实行定罪的证明标准,即“达到排除合理怀疑程度”的标准。一般来说,“排除合理怀疑”产生于18、19世纪的英美刑事审判实践中,并分别通过英美最高司法机关的判例确认,成为各自国家通行的刑事诉讼证明标准。从英美刑事审判实践来看,“排除合理怀疑”的具体含义始终存在争论,对其含义的界定比较有影响力的观点大多是通过判例的方式进行表述的。英国的丹宁勋爵曾在其判决中有过一段经典阐述:“定罪的证明标准不要求达到确定无疑,但必须达到相当高程度的现实可能性……如果定罪证据十分不利于被告,仅仅有很微小的无罪的可能,该种可能可以以‘当然有可能,但并不存在现实的可能性’来予以排除,定罪就达到了排除合理怀疑的标准,但低于此标准不能定罪。”①为使陪审员能够更为清楚地把握该标准,英美判例中又先后出现了将“合理怀疑”界定为“在日常生活中足以使人在决定重要事务时产生犹豫的不确定性”“一种有理由的怀疑,不能是一种推测或猜疑”“一种建立在共同意识基础上的怀疑”,以及将“排除合理怀疑”界定为“一种对被告人有罪的内心的坚定相信”“一种道德上的确定性”等界定方式。② 应该说,该标准体现了一种实证主义,注重感觉经验,奉行证据裁判原则,给法官以自由裁量的空间,并注重保障被追诉人的权利。在正当程序的规制下,其结果也往往被认为是理性的、可接受的。从认识论角度来看,但经验主义将人的认识局限于感性认识阶段,落入了唯心主义、不可知论的窠臼。从方法论角度来看,经验主义哲学认为归纳法是获取新知识的唯一方法,由于客观事实的复杂性,只能使用不完全归纳法,其所得的结果具有或然性,不完全归纳法的局限性,影响了该标准的科学性。“排除合理怀疑”的证明标准,其包含的证明方法是反证法,即通过证明对控方指控的合理怀疑为“伪”,从而证明控方指控的为“实”的证明方法,从正面理解意味着“内心确信”。可以说,“排除合理怀疑”与建立“内心确信”二者具有明显的同一性,表现在二者相互储存的关系,内心确信就意味着排除合理怀疑,反之亦然。陈卫东教授认为,证明标准作为裁判者用来衡量证据所应达到的证明程度,是用以约束裁判者的,须具有客观的特征,以便于外人评价。在自由心证的情况下,证明标准的客观性并不是无迹可循的,由于法律程序的保障,证据的积累程度、待证事实的明白性与清晰性可为当

① Miller v. Pensions[1947]2 AII ER 372,373 -4 KBD.

② 参见陈永生:《排除合理怀疑及其在西方面临的挑战》,载《中国法学》2003年第2期。

事人了解和认识。有学者将证明标准具体化为五条标准。① 樊崇义教授认为,"排除合理怀疑"的表述难以把握,吸收其合理内核,并按照辩证唯物主义的认识事实的矛盾法则,可以将我国刑事诉讼的证明标准表述为"排他性",并总结出四条具体标准。② 笔者认为,上述学者所阐释的证明标准的实质内涵是一致的,以尊重我国实际为基础,有选择地汲取英美国家证明标准的合理内核是明智的。证明标准的具体名称并不影响其实质要求或曰具体标准。所以,从尊重我国司法实际和司法传统角度来看,不利于被定罪人的量刑情节事实的证明标准即可等同于定罪证明标准,表述为"排除合理怀疑",并分解出上述两位教授总结的具体标准,具有可行性和可操作性。

有利于被定罪人的量刑情节事实主要由辩方提出,但基于检察官客观义务的要求,有时也会由控方提出。应该说,无论由诉讼中的哪方提出,其证明皆应实行"达到优势证明程度"的标准。这一方面基于量刑证明中人权保障的需要,也是基于被定罪人一方取证能力及辩护率不高的现实需求,另一方面也是对国外经验的借鉴。③

综上所述,法律应明确规定以下内容:量刑证明对象是需要量刑证据证明的、有关被告人刑事责任的有无和大小以及对犯罪的预防有必要性的案件事实;量刑证明遵循控辩双方"谁主张,谁举证"原则,对各自提出的量刑主张承担相应的证明责任;不利于被定罪人量刑情节事实的证明应达到"排除合理怀疑程度"的标准,有利于被定罪人量刑情节事实的证明应达到"优势证明程度"的标准。

---

① 所谓的五条标准包括:(1)据以定案的每一证据都已经过查证,确实是客观存在的;(2)能够收集、应该收集的证据均已依法收集;(3)凡对定案有意义的事实和情节均有必要的、足够的证据予以证明;(4)证据之间、证据与案件事实之间没有矛盾,即使曾有过矛盾也已得到合理解决或排除;(5)综合全案证据,得出的结论是唯一的,排除了其他可能性。即根据全案证据,不仅从正面充分证明所认定的事实,足以得出关于案件事实的正确结论,而且从反面排除任何关于案件事实的其他可能。参见王敏远等:《"证据法的基础理论"笔谈》,载《法学研究》2004 年第 6 期。

② 四条具体标准如下:第一,作为定案根据的每一个证据必须具备客观性、关联性和合法性;第二,全案证据经过排列、组合、分析后,必须是排除了一切矛盾,达到每一个证据前后一致,证据与证据之间一致,全案证据同案件的发生、发展的过程和结果一致,形成一个完整的证据体系;第三,作为证明对象的案件事实、情节均有相应的一定数量的证据加以证明;第四,全案证据所得出的结论是唯一的结论。参见王敏远等:《"证据法的基础理论"笔谈》,载《法学研究》2004 年第 6 期。

③ 例如,在美国,量刑事实证明标准相对于定罪事实的证明标准而言有所松动。美国最高法院通过麦克米兰诉宾夕法尼亚州案和合众国诉沃茨案表明,在科刑时运用优势证据证明标准,总体而言符合正当程序要求。在沃尔顿诉亚利桑那州案件中,多数法官认为,州可以要求被科处死刑的被告人运用优势证据证明与科刑相关的减轻情节存在,只要检察官首先证明犯罪的构成要素和加重情节的存在。在英国,有判例要求被告方必须对自己所主张的罪轻事实举证并证明至优势证据标准。参见[美]伟恩·R. 拉费弗、杰罗德·H. 依斯雷尔、南西·J. 金:《刑事诉讼法》(下),卞建林、沙丽金等译,中国政法大学出版社 2003 年版,第 1363 页;李玉萍:《量刑事实证明初论》,载《证据科学》2009 年第 1 期。

四、规制量刑证明标准的司法

量刑证明标准是量刑证明活动的核心要素。量刑证明从量刑证据的收集、审查判断及运用其证明量刑事实的过程中,无不应紧紧围绕着量刑证明标准来衡量。可以说,量刑证明标准是量刑证明的终极方向,也是量刑证明过程中应遵循的无形标准。虽然依是否有有利于被定罪人的量刑事实而应采取"排除合理怀疑程度"或"优势证明程度"两种不同的量刑证明标准,但对于量刑证明标准的司法规制都是必要的。"刑事诉讼的证明活动不仅仅是对过去发生的事情的再认知过程,更是司法工作人员的主观判断的活动……事实是否清楚,证据是否确实、充分本身也是一个主观性的标准。"①主观性标准意味着法官有相当的自由裁量权。司法实践中,裁判者依法贯彻执行量刑证明标准的立法要求是无疑的,但诸多因素的影响,尤其是适用过程中对证明标准的认知和判断缺乏适当规制,导致随意认定量刑事实的情况,虽然不是普遍的但有时却是极其有害的,会导致对量刑事实认定的偏差、错误,进而导致量刑失当,损害司法公正。尤其在定罪没有异议而量刑受到极度关注的当下,量刑失衡会破坏人们心中对司法公正的期许,进而严重影响司法权威。

在"以审判为中心"司法改革大背景下,必要的规制在于建立和完善能够保障量刑裁判正当性的相关制度。迫切需要完善以下方面:

其一,完善庭审质证程序与规则,充分质证,为裁判者"内心确信"提供正当性基础。质证是一方当事人对另一方当事人提出的证据所进行的口头质疑、询问,并由对方答复的诉讼行为。通过质证,控方可以证明其量刑建议的合法性和合理性;辩方可以抵御不公的量刑建议,免受不当量刑裁判;裁判者可以明辨是非,勘破真伪,有利于准确把握量刑证明标准,从而对量刑事实形成正当的心证。应该说,庭审是裁判者心证形成的应然阶段,质证则是心证形成的关键环节。然而,在司法实践中,证人不出庭成为司空见惯的场景,证人拒绝出庭作证或经法院传唤仍不到庭的情形非常普遍。据相关统计数据表明,在实践中证人出庭率只有5%~10%,有的地方甚至不超过1%。例如,山东省巨野县人民法院分析了2013年已审结的411件刑事案件后发现,有证人证言的案件共计287件,审判阶段证人出庭的案件为3件,占全部案件的0.7%。② 如此,言词证据往往得不到有效质证,书面证言充斥庭审调查活动,当事人的质证权被架空,双方的对抗无法展开。全国人大代表周光权教授接受南都记者专访时曾言:"多数地方刑事案件证人出庭率低于1%,有的基层法院法官审了十年、二十年案件,

---

① 陈卫东:《反思与重构:刑事证据的中国问题研究》,中国人民大学出版社2015年版,第278页。

② 参见田源、杨继伟:《新刑诉法实施后证人出庭率低的原因分析》,载中国法院网:https://www.chinacourt.org/article/detail/2014/04/id/1285118.sht,最后访问日期:2019年3月9日。

从来没有见过证人；个别案件中，证人勉强来了，也未进行过真正的当庭质证。这是很令人担忧的一个现实。”①虽然2012年刑诉法第二次修改已经对证人出庭作证制度进行了完善，但要真正发挥作用尚需进一步明确法庭调查的质证程序，尤其是交叉询问质证程序。交叉询问被英美法学者誉为“发现真实的最重要的法律装置”。但如果没有交叉询问的自身规则，这种装置自身即机体残缺，缺乏应有的生命力。在交叉询问规则之下，一方面控辩双方可以从有利与不利、控诉与辩护的不同角度来探寻同一量刑证据的来源，从而有助于观察问题的深刻性和全面性，最终保证量刑事实真相的发现；另一方面控辩双方还可以通过反复质疑与反质疑的方式来检测量刑证据信息的准确性，从而有助于法官认清量刑事实的真相。明确质证的本质特征是对抗性的质疑和质问、交叉询问的盘诘性以及主询问、反询问、再询问、最后询问等程序规则，使量刑证据内容的各个方面都能得到充分的显现。在确保需要出庭的证人能够出庭的基础上，真正贯彻“质证原则”，落实被刑事追诉者的质证权，只有被当庭质证的庭审证词才应成为影响裁判者量刑心证的根据。同时，贯彻言词直接原则和集中审理原则，摆脱笔录中心主义，集中体现庭审的实质化，使裁判者的量刑确信真正建立在庭审量刑证据之上，为裁判者准确判断量刑证明标准提供应有的场域，从而为量刑裁判的正当性奠定基础。

其二，完善判决书中量刑证明标准的说理及公开制度。随着司法职能的现代化，刑事证明标准的司法规制离不开裁判说理制度。“判决书不说理，无以让当事人知道法官的裁判结果从何而来，说理的判决书，目的在于要求法官在判决书中申明作出判决的依据与理由，也是在要求法官表述裁判结论的形成过程，即证据的认定与采信过程。”②量刑证明标准的裁判说理制度要求裁判者论证和说明如何达到量刑事实清楚、证据确实充分或达到优势证明程度，这需要裁判者阐述量刑裁判时考虑的因素。由此，一方面会促使裁判者在庭审量刑事实的调查与辩论过程中认真听取各方意见，使各方权利的行使在程序中得到保障；另一方面会限制裁判者的自由裁量权，在量刑裁判说理中充分阐述量刑证明标准，有理有据、全面系统地展现量刑证明标准的心证过程。判决说理被认为是规制裁判者心证，展现司法正当性的有效途径。在现代国家，无论是德国、日本等大陆法系国家，还是英国、美国等英美法系国家都注重判决书的说理。在我国，判决书量刑部分的说理，其核心就是围绕证明标准来进行。“由于成文法历史悠久，理论基础深厚，法律规范体系排列严谨，因此判决书的理由出现了

---

① 周光权：《多数地方证人出庭率低于1%，如何确保避免冤假错案》，载五彩文章网：http://www.gzhjwc.com/182256.html，最后访问日期：2019年3月10日。

② 陈卫东：《反思与重构：刑事证据的中国问题研究》，中国人民大学出版社2015年版，第280页。

缜密、紧凑、简练的特点。但是,随着时代的发展,司法功能和作用日益扩大,司法的能动性也越来越强,大陆法系的判决书为了制衡行政权力、填补法律的漏洞,也出现了解释法律、详细阐述判决理由,以表明裁判公正与合理的新趋势。”①我国近些年判决书说理制度虽然已取得显著成效,但离裁判正当性要求尚有不少差距,尤其针对量刑证明标准的说理还远远不够,理念认识、相关立法、理论探讨及司法实践状况概莫能外。值得肯定的是,有些地方规定对量刑证明标准的说理已有关注。例如,四川省《〈关于规范量刑程序若干问题的意见(试行)〉实施细则》第 31 条规定:“人民法院应当在裁判文书中充分说明量刑理由。裁判文书的量刑说理,既要注重主刑说理,也要注重附加刑说理;对判处缓刑,适用禁止令、禁止从事相关职业的,也要说明理由。量刑说理包括:(一)是否采纳控辩双方的量刑证据及理由;(二)查明的量刑事实及其对量刑的影响;(三)是否采纳控辩双方的量刑建议、量刑意见及理由;(四)量刑的法律依据。”②从该规定看,对量刑说理的内容要求相对全面,虽然没有对量刑证明的核心即量刑证明标准的说理作出明确的规定,但其中第(一)项内容已有所涉及,但仍需加强。根据量刑证明的现行状况,应力求在学习、借鉴两大法系典型国家经验教训的基础上,充分考虑自己的传统和实际,形成针对量刑证明标准的裁决说理制度,以展现法官量刑心证。首先应明文规定裁判中量刑证明标准的说理,因为量刑事实的认定是由证明标准阐释的;其次应选择合适的模式。笔者认为,我国传统上实施成文法制度,借鉴大陆法系国家的判决说理制度更实际些。针对量刑证明标准的要求,裁决书量刑内容主体结构上可分为结论、事实、理由三部分,同时加强对量刑事实和量刑证据的论证。方式上首先是结论,即案件中的量刑证据是否达到量刑证明标准的要求;其次是事实例举;最后是理由,即符合量刑证明标准的理由。这种说理方式的优点在于,量刑判决理由中既包括量刑事实认定的理由,即量刑证据分析,也包括对如何达到量刑证明标准的分析,便于展开裁判者的心证过程,同时一并辩驳控方或辩方在量刑事实、证据、法律适用方面的意见。“当然,也应适当加大主观裁量方面的说理,如加大法理、立法意图、公众利益、经验、价值等方面的分析和法律推理,并反映其他裁判者的不同意见,加大说理的公开性等”,③以此达到规制裁判者自由裁量权的目的,增强量刑裁判的公正性。

另外,应建立相应的程序性制裁机制。裁判者运用量刑证据认定量刑事实

① 王长江:《论我国裁判文书理由模式的选择》,载《河南社会科学》2003 年第 3 期。

② 参见四川省《关于规范量刑程序若干问题的意见(试行)》实施细则,载上海海耀律师事务所网:http://www.haiyaolaw.com/html/view/law/2017-05/28569.htm,最后访问日期:2019 年 3 月 6 日。

③ 张月满:《量刑程序论》,山东大学出版社 2011 年版,第 205 页。

的过程也是综合判断量刑证明是否达到相应标准的过程,而这个过程中如有程序违法该有怎样的法律后果呢?程序违法到底应承担怎样的责任必须予以明确,否则其他方面的规制效果也会大打折扣。笔者认为,建立程序性违法制裁机制是规制量刑证明标准的重要方面,如此才能为量刑证明标准的依法运用提供保障。具体而言,对程序违法首先应进行违法宣告,其次对其行为宣告无效,最后宣告其结果无效。由此还可以彰显程序正义,提高司法的权威。另外对程序违法的司法者个人应区分违法的具体情况,令其承担相应的行政、民事或刑事责任。

五、形成量刑证明主体正确的价值观

"徒法不足以自行。"无论法律制度如何完美,都离不开人的实施。量刑证明作为诉讼证明的重要组成部分,也是一种人类认识活动,这种活动离不开法律推理,其中推理主体是关键要素。诚然,量刑证明法律推理的科学性,要求必须保证推理的大前提,即在法律规范的客观性基础上运用量刑证据证明量刑事实,并遵循逻辑基本规律。但也应看到,量刑证明不仅仅是认识过程和逻辑思维过程,它还承载着相当的价值。换言之,在尊重逻辑基本原理的基础上,还应当有推理主体相应的创造性思维、价值评价融入其中。法律推理的创造性,是法律发展的动力之一。美国学者波斯纳认为,法律推理客观性的基础扎根于推理主体所处的法文化背景之中,其所处的社会文化背景、价值观念、风俗习惯、思维和生活方式等各方面的因素结合起来,保障了法律推理的客观性。"无论法律具有什么客观性,这种客观性都是出于文化的统一而不是出于形而上学的实体和方法论上的严格。"①如同许多法律问题不能只从逻辑上寻求答案一样,对量刑证明法律推理不能只作逻辑分析,它必然受到社会、政治和文化等各种价值观念的影响。应当指出,法律主体的价值观应以一定时期具有支配力的社会伦理或通行的正义观作为其评价标准,而不应以个人的价值观作为评价标准。保证量刑证明法律推理的客观性和科学性要求推理主体具有正确的动态平衡的多元价值观,在法律推理过程中兼顾国家政策、立法精神与目的、法理、被定罪人家庭、生活环境等具体情况。

量刑证明法律推理过程中,推理主体的价值观应与我国刑事诉讼法的价值目标一致,即公正与效率。"现实远远比法律丰富",在法律推理过程中,当出现多个法律理由时,需要根据它们的分量作出取舍,即根据公正与效率的要求,进行价值平衡及相应的取舍。这种取舍不是法律推理的结果,而是目的考量、利益权衡、价值判断与选择的结果。公正是人类社会所追求的首要价值目标。量

---

① [美]波斯纳:《法理学问题》,苏力译,中国政法大学出版社1994年版,第9~10页。

刑证明法律推理中的公正价值观，不仅要求诉讼程序方面体现的公正，同时也要求案件实体结局处理所体现的公正。而效率要求"从一个给定的投入量中获得最大的产出，即以最少的资源消耗取得同样多的效果，或以同样的资源消耗取得最大的效果"。[①] 效率价值体现了正义理想与利益现实的统一，它对法律推理提出了兼顾正义和利益的要求。公平和效率作为人类活动的两种价值，彼此存在一定冲突和矛盾，表现为当人们追求效率的时候可能会产生各种不平等。这就需要法律推理主体结合具体的情况予以动态平衡，这主要是一个实践问题。要求不能以追求效率为借口，限制甚至牺牲法律推理的运用与发展，进而破坏公正；也不能走向另一极端，为了公正无限制地诉讼和推理，致使合法权益得不到及时保护，通过法律推理实现公正的愿望破灭，且事实上也不再公正了。因此，动态平衡、兼顾公正价值与效率价值，是保证量刑证明法律推理客观性、实现量刑证明走向实质的必要条件。

余　论

在"以审判为中心"语境下，量刑证明须从形式走向实质。这是一个系统工程，除自身条件的完善外，也需要相关机制的配合，否则难免成为空中楼阁。例如，配套建立与定罪证据不同的量刑证据规则，指导量刑证明的有效、实质进行；继续加强对抗式诉讼，量刑证明实质化的实现必须与对抗式诉讼模式的程序运作相结合，保证辩方在庭审中有充分的机会对相关量刑事实予以质证；辩方充分质证的机会和权利亦有赖于被定罪人律师帮助权的落实；保障证人出庭，提高庭审量刑证明实质化的程度等。该类举措皆系"以审判为中心"语境下量刑证明走向实质的必要之举。

---

① 张文显：《法学基本范畴研究》，中国政法大学出版社 1993 年版，第 273 页。

最高人民法院统一行使死刑案件核准权有关问题研究

李洪江*

摘　要　死刑复核程序是中国刑事诉讼中针对死刑案件的特殊性而设置的一个特别程序,对于准确适用死刑、确保死刑适用的慎重具有重要意义。1980年以后,最高人民法院依法授权高级法院行使部分死刑案件核准权,实践中起到一定作用,但也存在一些问题。随着社会、经济和法制的发展,2007年起最高人民法院收回授权,统一行使死刑案件核准权,有利于从制度上落实国家"保留死刑,严格控制死刑"的刑事政策。

关键词　死刑复核　统一行使　死刑慎用

2006年12月13日,最高人民法院审判委员会第1409次会议讨论通过了《关于统一行使死刑案件核准权有关问题的决定》(法释〔2006〕12号,以下简称《决定》)。2006年12月28日,最高人民法院公布了《决定》,《决定》自2007年1月1日起施行。《决定》根据法律规定,废止最高人民法院过去发布的关于授权高级人民法院和解放军军事法院核准部分死刑案件的所有通知,明确自2007年1月1日起死刑案件核准权收归最高人民法院统一行使。

一、死刑复核制度的含义

死刑复核程序是我国刑事诉讼中一个非常重要的程序,是针对死刑案件的特殊性而在刑事诉讼中设置的一个特别程序。死刑复核程序对于准确适用死刑、确保死刑适用的慎重具有重要意义。笔者认为,准确地理解死刑复核程序的含义,应当把握以下几点:

(一)死刑复核程序是死刑案件的最后一关

中国审判制度采取两审终审制。根据我国刑事诉讼法的规定,一般刑事案件的审判,经过刑事第一审程序,人民法院作出一审判决后,在法定上诉期间内,被告人不上诉,人民检察院不抗诉,或者被告人上诉、人民检察院抗诉后,经过第二审程序审判,人民法院作出二审判决后,判决即发生法律效力,案件终

---

* 李洪江,澳门城市大学法学院助理教授,法学硕士课程主任,法学博士。

结。因此一般刑事案件,第二审程序是终审程序。判决发生法律效力后,被告人如果不服,只能提出申诉;人民检察院如果认为判决确有错误,只能按照审判监督程序提出抗诉,但即使启动审判监督程序,在人民法院按照审判监督程序审理、判决以前,并不影响判决的执行。

与一般刑事案件不同,死刑案件除适用两审终审制外,还必须经过死刑复核程序,即对于死刑案件,在经过人民法院的第一审程序和第二审程序之后,判决并不立即生效;不管被告人是否上诉,人民检察院是否抗诉,该案还必须经过死刑复核程序,由有复核权的人民法院核准后,才能交付执行,不经过死刑复核程序,死刑案件的判决就不能交付执行。因此,死刑复核程序是死刑案件的最后一关。

(二)死刑复核程序是不同于刑事第一审、第二审程序的特别救济程序

死刑复核程序是在两审终审的基础上,针对死刑案件规定的一种特殊救济程序。第一审、第二审程序体现明显的诉讼化特征,规定了如何开庭、控辩双方及诉讼参与人如何参与等一系列非常具体的程序内容。而死刑复核程序作为特别救济程序,刑事诉讼法没有像第一审、第二审程序那样具体规定,仅仅原则性规定了复核主体、合议庭组成等内容。

(三)死刑案件的最终决定权由国家最高审判机关行使

按照刑事诉讼法的规定,死刑案件由中级人民法院一审,被告人上诉或者检察机关抗诉的,由高级人民法院二审,最终由最高人民法院核准,这意味着死刑案件的最终决定权由国家最高审判机关——最高人民法院行使。

最高人民法院作为国家的最高审判机关,监督地方各级人民法院和专门人民法院的审判工作,对在审判过程中如何具体应用法律、法令的问题,进行司法解释。从法理上看,最高人民法院主要职责是监督和指导全国法院的审判工作。虽然依照刑事诉讼法的规定,最高人民法院理论上可以管辖全国性的重大刑事案件的第一审,以及全省性的重大刑事案件的第二审,但在司法实践中,最高人民法院审理第一审刑事案件和第二审刑事案件的情况基本没有。最高人民法院虽然很少办理其他刑事案件,但死刑案件的最终决定权——核准权,依照法律规定由最高人民法院行使。

之所以规定死刑案件由最高人民法院核准,主要是考虑死刑毕竟是剥夺生命最严厉的刑罚,因此死刑的最终决定权应当由国家最高审判机关统一行使,既保证死刑适用的慎重,也能够统一死刑适用的标准。

(四)设置死刑复核程序的目的是为了死刑适用的慎重

死刑,又称生命刑,适用死刑意味着剥夺人的生命。生命对每一个人来讲都最为宝贵、最为重要,比自由、财富等都更为重要,通常讲人命关天,就是表明

生命的重要。世界各国对生命权都非常重视。联合国《公民权利和政治权利国际公约》第6条明确规定,“人人有固有的生命权。这个权利应受法律保护,不得任意剥夺任何人的生命。”死刑剥夺人的生命,因此死刑通常也被称为极刑,是古今中外各种刑罚中最为严厉的一种刑罚。

同时,死刑还具有不可挽回的特点,即死刑一旦执行,生命即被剥夺,再也无法挽回,人死不能复生。正如毛泽东同志所指出的,“一颗脑袋落地,历史证明是接不起来的,也不像割韭菜那样,割了一次还可以长出来,想改正错误也没有办法。”

死刑同时具有极刑和不可挽回这两个特点,意味着死刑的适用必须正确无误。因此,各个国家在审理死刑案件过程中,对死刑适用都采取极为慎重的做法。死刑复核程序就是我国刑事诉讼制度中,针对死刑案件在两审程序之外单独设置一个特别救济程序,目的在于保证死刑适用的慎重。

二、新中国死刑复核制度的确立及发展变化

(一)新中国成立到1980年死刑复核制度的逐步确立

新中国成立后,死刑复核制度逐步确立。1954年颁布的《中华人民共和国人民法院组织法》第11条明确规定:中级人民法院和高级人民法院对于死刑案件的终审判决和裁定,如果当事人不服,可以申请上一级人民法院复核。基层人民法院对于死刑案件的判决和中级人民法院对于死刑案件的判决和裁定,如果当事人不上诉,不申请复核,应当报请高级人民法院核准后执行。根据这一规定,死刑案件的核准权由高级人民法院和最高人民法院分别承担,而大量的死刑案件由高级人民法院核准。1957年7月15日,第一届全国人民代表大会第五次会议《关于死刑案件都由最高人民法院判决或者核准决定》规定:“今后一切死刑案件,都由最高人民法院判决或者核准”。但随着“文化大革命”的到来,社会主义法制遭到破坏,死刑复核制度也名存实亡。

“文革”之后,新中国的法制开始逐步恢复。1979年7月1日,《刑法》、《刑事诉讼法》和《人民法院组织法》在第五届全国人民代表大会第二次会议上获得通过,并于1980年1月1日起正式施行。《刑法》、《刑事诉讼法》和《人民法院组织法》均明确规定:死刑案件由最高人民法院核准。

(二)1980年后授权高级人民法院核准死刑的基本情况

鉴于国家刑事政策的需要,1980年以来,最高人民法院根据全国人民代表大会常务委员会的有关决定和人民法院组织法原第13条的规定,先后八次授权高级人民法院核准死刑。

第一次授权是在1980年。由于当时社会治安不好,全国大中城市中杀人、强奸、抢劫、放火和其他严重危害社会治安的重大恶性案件不断上升,特别是

1979 年接连发生了几起恶性案件,应当判处死刑的案件增加。为了及时地依法惩办严重危害社会治安的刑事犯罪分子,维护人民的生命财产安全,维护安定团结,1980 年 2 月 12 日,第五届全国人民代表大会常务委员会第十三次会议决定:同意最高人民法院和最高人民检察院的建议,在 1980 年内,对现行的杀人、强奸、抢劫、放火等犯有严重罪行应当判处死刑的案件,最高人民法院可以授权高级人民法院核准。1980 年 3 月 18 日,最高人民法院发布了《最高人民法院关于对几类现行犯授权高级人民法院核准死刑的若干具体规定的通知》。

第二次授权是在 1981 年 6 月 10 日。鉴于当时社会治安状况仍未好转,第五届全国人大常委会第十九次会议通过的《关于死刑案件核准权问题的决定》规定:在 1981 年至 1983 年内,对犯有杀人、抢劫、强奸、爆炸、放火、投毒、决水和破坏交通、电力等设备的罪行,由高级人民法院终审判处死刑的,或者中级人民法院一审判处死刑后被告人不上诉、经高级法院核准的,以及由高级人民法院一审判处死刑、被告人不上诉的,都不必报最高人民法院核准。1981 年 6 月 11 日,最高人民法院发布了《最高人民法院关于执行全国人民代表大会常务委员会〈关于死刑案件核准问题的决定〉的几项通知》[(1981)法研字第 5 号]。

第三次授权是在 1983 年。部分死刑案件的核准权经 1980 年、1981 年两次授权后,社会治安形势依然严峻。为了维护社会治安,保障社会主义建设事业的顺利进行,中央决定在全国范围内开展严厉打击刑事犯罪的斗争。1983 年 9 月 2 日,第六届全国人大常委会第二次会议通过了《关于严惩严重危害社会治安的犯罪分子的决定》。为了配合"严打"斗争,及时严惩严重危害社会治安的犯罪,这次会议同时还对死刑复核问题作了修改,将《人民法院组织法》第 13 条修改为:死刑案件除由最高人民法院判决的以外,应当报请最高人民法院核准。对杀人、强奸、抢劫、爆炸以及其他严重危害公共安全和社会治安判处死刑的案件的核准权,最高人民法院在必要的时候,得授权高级人民法院行使。1983 年 9 月 7 日,最高人民法院根据该修改后的法律规定,发出《最高人民法院关于授权高级人民法院核准部分死刑案件的通知》:对杀人、强奸、抢劫、爆炸以及其他严重危害公共安全和社会治安判处死刑的案件的核准权,依法授权由各省、自治区、直辖市高级人民法院和解放军军事法院行使。

第四、五、六、七次授权是将毒品犯罪的死刑核准权授权给云南等毒品犯罪案件突出的省高级人民法院。20 世纪 80 年代末至 90 年代,国内外毒品犯罪分子利用我国对外开放,乘机大肆进行走私、贩卖、运输、制造毒品和非法种植毒品原植物,使我国一度禁绝的毒品犯罪重新抬头,并呈不断增加和蔓延之势,包括云南在内的一些地方已经达到相当严重的程度。日益严重的毒品犯罪活动已经成为我国社会的一大公害,严重危害社会治安秩序。为了及时严惩毒品犯罪比较严重地区的犯罪活动,最高人民法院先后四次发出通知,将毒品犯罪的死刑核准权授权给云南等六个省高级人民法院。

第四次授权是在 1991 年 6 月 6 日,最高人民法院发布了《最高人民法院关于授权云南省高级人民法院核准部分毒品犯罪死刑案件的通知》[法(刑一)发(1991)18 号]:经最高人民法院审判委员会 1991 年 6 月 4 日第 500 次会议讨论决定,云南省的毒品犯罪死刑案件的核准权(本院判决的和涉外的毒品犯罪死刑案件除外),依法授权由云南省高级人民法院行使。

第五次授权是在 1993 年 8 月 18 日,最高人民法院发布了《最高人民法院关于授权广东省高级人民法院核准部分毒品犯罪死刑案件的通知》[法发(1993)17 号]:经最高人民法院审判委员会 1993 年 8 月 17 日第 589 次会议讨论决定,广东省的毒品犯罪死刑案件(不含广东省高级人民法院一审判决的和涉外的毒品犯罪死刑案件)的核准权,依法授权由广东省高级人民法院行使。

第六次授权是在 1996 年 3 月 19 日,最高人民法院发布了《最高人民法院关于授权广西壮族自治区、四川省、甘肃省高级人民法院核准部分毒品犯罪死刑案件的通知》[法发(1996)12 号]:经最高人民法院审判委员会 1996 年 3 月 19 日第 803 次会议讨论决定,广西壮族自治区、四川省、甘肃省的毒品犯罪死刑案件的核准权(本院判决的和涉外、涉港澳、涉台的毒品犯罪死刑案件除外),依法授权由广西壮族自治区、四川省、甘肃省高级人民法院行使。

第七次授权是在 1997 年 6 月 23 日,最高人民法院发布了《最高人民法院关于授权贵州省高级人民法院核准部分毒品犯罪死刑案件的通知》[法(1997)139 号]:经最高人民法院审判委员会 1997 年 6 月 17 日第 912 次会议讨论决定,贵州省的毒品犯罪死刑案件(本院判决的和涉外的毒品犯罪死刑案件除外)的核准权,授予贵州省高级人民法院行使。但涉港澳台死刑案件在一审宣判前仍需报最高人民法院内核。

第八次授权是在 1997 年。1996 年和 1997 年,第八届全国人大第四次和第五次会议分别通过修改《刑事诉讼法》和《刑法》的决定。按照《刑法》和《刑事诉讼法》规定,死刑除依法由最高人民法院判决的外,都应当报请最高人民法院核准。但是,由于《人民法院组织法》的相关规定尚未修改,因此,最高人民法院在征得全国人大常委会的同意后,于 1997 年 9 月 26 日发布了《最高人民法院关于授权高级人民法院和解放军军事法院核准部分死刑案件的通知》[法发(1997)24 号]:自一九九七年十月一日修订后的刑法正式实施之日起,对刑法分则第二章、第四章、第五章、第六章(毒品犯罪除外)、第七章、第十章规定的犯罪,判处死刑的案件(最高人民法院判处的和涉外的除外)的核准权,依照《中华人民共和国人民法院组织法》第 13 条的规定,仍授权由各省、自治区、直辖市高级人民法院和解放军军事法院行使。但涉港澳台死刑案件在一审宣判前仍须报最高人民法院内核。对于毒品犯罪死刑案件,除已获得授权的高级人民法院可以行使部分死刑案件核准权外,其他高级人民法院和解放军军事法院在二审或复核同意后,仍应报最高人民法院核准。

(三)部分死刑案件核准权授权高级人民法院核准存在的主要问题

自1980年以来,最高人民法院依法授权高级人民法院行使部分死刑案件核准权,事实证明,这一做法是基于当时社会的治安情况,适应当时社会发展需要的,为依法从重从快严惩严重危害社会治安的犯罪、保护公民权益、维护社会稳定、保障改革开放、促进经济发展发挥了重要而积极的作用,作出了历史性贡献。

但是,这种做法也存在以下一些问题:

1. 死刑复核程序与第二审程序合二为一

从刑事诉讼法规定来看,是在两审终审的基础上,专门设置死刑复核程序作为特别救济程序,形成一般情况下分别由中级人民法院第一审、高级人民法院第二审、最高人民法院死刑复核这样一个死刑案件的审判和复核体系。死刑复核程序授权高级人民法院行使,这使高级人民法院既是死刑案件的第二审法院,同时也是死刑案件的复核法院。

实践中,对于最高人民法院授权高级人民法院核准的部分死刑案件,高级人民法院经过审理后,作出的裁定既是第二审的裁定,也是死刑复核的裁定。《最高人民法院法院刑事诉讼文书样式(样本)》样式13关于刑事裁定书(二审维持原判用)的说明中明确,对于这种情形,裁判文书在"本裁定为终审裁定"之后,续写:"根据《最高人民法院关于授权高级人民法院和解放军军事法院核准部分死刑案件的通知》的规定,本裁定即为核准以××罪判处被告人×××死刑,剥夺政治权利终身的刑事裁定。"

死刑复核权授权高级人民法院行使,使死刑复核程序和第二审程序合二为一,在两审程序之外专门设置死刑复核程序作为特别救济程序的立法目的实际上失去了意义,难以发挥死刑复核程序应有的监督和救济功能。

2. 适用死刑的标准不统一

根据1997年9月26日发布的《最高人民法院关于授权高级人民法院和解放军军事法院核准部分死刑案件的通知》,各省高级人民法院和解放军军事法院都可以核准部分死刑案件。全国共有31个高级人民法院,加上解放军军事法院,这也意味着,除了最高人民法院以外,全国有32个法院可以行使死刑案件的最终决定权。

死刑案件的最终决定权由这么多法院行使,中国刑法关于死刑适用的规定又比较原则,各个省的社会、经济发展水平、社会治安情况又各不相同,不可避免造成各省适用死刑的标准不尽一致。在同一个国家,适用同一部法律,犯罪情节相当的,应当受到相当的刑罚。然而实践中,犯罪情节相当的案件,在有的省被判处了死刑,在有的省却没有判处死刑,各个省高级人民法院适用死刑的标准不尽一致,这就与法律面前人人平等的宪法基本原则相悖。

3.《刑法》、《刑事诉讼法》与《人民法院组织法》有关死刑复核的规定不一致

《刑法》第 48 条规定:死刑除依法由最高人民法院判决的以外,都应当报请最高人民法院核准;《刑事诉讼法》第 199 条规定,死刑由最高人民法院核准;《人民法院组织法》原第 13 条却规定,对杀人、强奸、抢劫、爆炸以及其他严重危害公共安全和社会治安判处死刑的案件的核准权,最高人民法院在必要的时候,得授权高级人民法院行使。显然,《刑法》和《刑事诉讼法》关于死刑复核的规定是一致的,而《人民法院组织法》关于死刑复核的规定,却与《刑法》《刑事诉讼法》的不一致。

《刑法》、《刑事诉讼法》和《人民法院组织法》都是国家最基本的法律,在重大问题的规定上应当一致。然而这三部基本法律在死刑复核问题的规定上却不尽一致,不利于国家法制的统一。

三、死刑核准权收归最高人民法院统一行使的背景

(一)社会、经济和法制的发展

自 1979 年改革开放以来,我国坚定不移地推进改革开放和现代化建设,积极推动经济发展和社会全面进步。经过二十多年的发展,我国国民经济持续快速发展,人民生活水平显著改善,社会主义市场经济体制日趋完善,社会主义物质文明、政治文明、精神文明建设不断加强,综合国力大幅度提高,社会长期保持稳定,社会、经济都在不断迅速发展。

二十多年来,中国的社会主义法制建设不断发展。以宪法为核心的中国社会主义法制体系初步形成,全社会的法律意识和人民的法制观念明显增强,“严打”整治的长效机制已经建立并逐步完善,社会秩序和治安状况保持基本稳定。近年来,党中央大力推行科学发展观,执政为民、以人为本、构建社会主义和谐社会等一系列符合时代发展要求的执政理念深入人心。“依法治国”基本方略与“国家尊重和保障人权”写入宪法。中国已经签署《公民权利和政治权利国际公约》,即将批准。我国社会主义物质文明、政治文明、精神文明协调发展,在这些大背景下,最高人民法院收回死刑核准权渐渐浮出水面。

党的十六大提出了推进司法体制改革和完善诉讼程序的要求。根据十六大的要求,2004 年年底中央司法体制改革领导小组提出关于司法体制和工作机

制改革的初步意见,要求改革授权高级人民法院行使部分死刑案件核准权的做法,将死刑案件核准权统一收归最高人民法院行使。最高人民法院《人民法院第二个五年改革纲要(2004—2008)》中明确提出,改革和完善死刑复核程序,落实有关法律的规定和中央关于司法体制改革的部署,由最高人民法院统一行使死刑核准权。

(二)立法的明确规定

2006 年 10 月 31 日,第十届全国人民代表大会常务委员会第二十四次会议通过的《关于修改〈中华人民共和国人民法院组织法〉的决定》明确,将《中华人民共和国人民法院组织法》原第 13 条修改为:"死刑除依法由最高人民法院判决的以外,应当报请最高人民法院核准"。该决定自 2007 年 1 月 1 日起施行。这是立法机关对死刑核准权问题所作的明确规定,也是死刑核准权收归最高人民法院统一行使的立法依据。

(三)最高人民法院统一行使死刑案件核准权的准备工作逐渐就绪

真正落实最高人民法院统一行使死刑案件核准权,需要方方面面的大量准备工作。最高人民法院从思想、法律、组织和物质装备等方面进行了卓有成效的准备工作。

为适应死刑案件核准权收回后的人员需要,最高人民法院增强了其刑事审判力量。在原有两个刑事审判庭的基础上,增设了三个刑事审判庭,调整了刑事审判庭的职能分工。五个刑事审判庭都参与死刑案件的复核工作,同时还负责其他刑事案件的审判工作,并按照案件类型和地区进行相应的审判业务指导和调研工作。最高人民法院从地方各级人民法院、法律院校和律师界中选调了一批优秀刑事审判人员和专家。他们大多是有关法院和单位的业务骨干,有着合格的政治素质、良好的业务素质、扎实的理论功底和丰富的审判实践经验。最高人民法院对刑事审判法官还进行了大规模的培训,据统计,分两期培训了全国高、中级人民法院院长、主管刑事审判的副院长和刑庭庭长共计 600 余人,各高级人民法院对所辖法院刑事法官、审委会委员也进行了专门培训。

在党中央的高度重视和中央有关部门的配合支持下,死刑复核办案的物质保障和经费保障也都取得了很大进展。

在准备过程中,最高人民法院意识到,死刑复核程序虽然是死刑案件的最后一关,但死刑复核之前的第一审程序、第二审程序都至关重要,特别是死刑案件第二审程序,对死刑复核程序起着承上启下的重要作用。死刑二审案件开庭质量的好坏,直接影响办理死刑核准案件的质量和效率,非常关键。死刑二审案件开庭审理,是保证死刑判决公正和慎重的重要程序,要通过这道"防线",把死刑案件办成"铁案",防止冤杀、错杀。为此,最高人民法院重点抓了死刑二审开庭工作。2005 年 12 月 7 日,最高人民法院下发《关于进一步做好死刑第二审案件开庭审理工作的通知》(法〔2005〕214 号),《通知》明确要求:各高级法院在继续坚持对人民检察院抗诉的死刑第二审案件开庭审理的同时,自 2006 年 1 月 1 日起,对案件重要事实和证据问题提出上诉的死刑第二审案件,一律开庭审理,并积极创造条件,在 2006 年下半年对所有死刑第二审案件实行开庭审理。2006 年 9 月 21 日,最高人民法院、最高人民检察院公布了《关于死刑第二审案件开庭审理程序若干问题的规定(试行)》(2006 年 8 月 28 日由最高人民法院审判委员会第 1398 次会议、2006 年 9 月 11 日由最高人民检察院第十届检察委员会第 60 次会议通过,法释〔2006〕8 号)。死刑第二审案件必须严格依照上述规定进行开庭审理,为防止冤假错案的发生真正起到把关作用。

在上述方方面面的准备工作逐步到位后,2006 年 12 月 15 日,肖扬院长在刑事审判法官工作会上宣布:"目前最高人民法院统一行使死刑案件核准权的各项准备工作已经基本就绪。2007 年 1 月 1 日起,最高人民法院依法履行统一行使死刑核准权的工作将如期正式展开。"

2006 年 12 月 28 日,最高人民法院公布了《决定》,对最高人民法院统一行使死刑案件核准权涉及的一些具体问题作了明确规定。此举表明,最高人民法院的有关准备工作已经就绪,死刑核准权将自 2007 年 1 月 1 日起收归最高人民法院统一行使。

四、《决定》的主要内容

《决定》主要包含以下三项内容:

(一)明确废止最高人民法院过去发布的授权高级人民法院和解放军军事法院核准部分死刑案件的通知

《决定》第一项明确规定:自 2007 年 1 月 1 日起,最高人民法院根据全国人民代表大会常务委员会有关决定和人民法院组织法原第十三条的规定发布的关于授权高级人民法院和解放军军事法院核准部分死刑案件的通知,一律予以废止。

根据上述规定,最高人民法院自 1980 年以来发布的八个授权高级人民法院和解放军军事法院核准部分死刑案件的通知全部予以废止。《决定》的附件列举了最高人民法院先后发布的关于授权高级人民法院核准部分死刑案件的八个通知。

(二)明确死刑核准权如期统一收归最高人民法院行使

《决定》第二项明确规定:自 2007 年 1 月 1 日起,死刑除依法由最高人民法院判决的以外,各高级人民法院和解放军军事法院依法判决和裁定的,应当报请最高人民法院核准。这项规定使修改后的《人民法院组织法》第 12 条的内容得到贯彻落实,明确了最高人民法院依照立法规定如期统一行使死刑核准权。

(三)明确死刑核准权收归最高人民法院统一行使之前的工作衔接

最高人民法院统一行使死刑案件核准权是从2007年1月1日起,之前部分死刑案件核准权依法仍然由各高级人民法院、解放军军事法院行使。那么,2007年1月1日后,各高级人民法院、解放军军事法院已经核准但尚未执行的死刑案件,是由各高级人民法院、解放军军事法院签发执行死刑的命令,还是要报请最高人民法院核准,关于这个问题有不同意见。有意见认为,自2007年1月1日起,只要是没有执行死刑的案件,都应当报请最高人民法院核准,否则1月1日后地方仍然有执行死刑的情况出现,不明情况的人可能会认为地方法院没有按照法律规定和《决定》办理死刑案件,造成误解。

经研究认为,《刑事诉讼法》规定,判决和裁定在发生法律效力后执行。《最高人民法院关于执行〈中华人民共和国刑事诉讼法〉若干问题的解释》明确规定,高级人民法院依据最高人民法院的授权核准死刑的判决和裁定是发生法律效力的判决和裁定。因此,在死刑核准权收归最高人民法院统一行使之前,也就是2006年12月31日前,各高级人民法院、解放军军事法院已经核准的死刑案件的判决和裁定,按照法律规定,是已经发生法律效力的判决和裁定,依法应当由各高级人民法院、解放军军事法院院长签发执行死刑的命令,不需要再报请最高人民法院核准,否则会出现两次核准的现象,于法不通。

因此《决定》第三项明确规定:2006年12月31日以前,各高级人民法院和解放军军事法院已经核准的死刑立即执行的判决、裁定,依法仍由各高级人民法院、解放军军事法院院长签发执行死刑的命令。这项规定明确了死刑核准权统一收归最高人民法院之前的工作衔接问题。

总之,最高人民法院统一行使死刑案件核准权,是中国社会经济发展的客观需要,也是社会进步和和历史发展的必然要求。这一重大司法体制和工作机制的改革,有利于将死刑核准制度落到实处,有利于保证死刑适用的公正和慎重,有利于从制度上落实国家"保留死刑,严格控制死刑"的刑事政策,有利于保障当事人的合法权益,有利于维护法制统一,有利于维护社会的和谐与稳定,有利于在全社会实现公平和正义。

死刑核准权收归最高人民法院统一行使,这是二十多年来我国对死刑适用程序所作的最重大的调整,是新中国民主法制建设发展进程中具有重大历史意义的大事,不仅对我国刑事审判工作,而且对中国法制建设的发展和进步,都将产生重大和深远的影响。

最后的救赎:律师参与死刑复核的再评价

郭　烁*

摘　要　就目前而言,我国还不具备全面废除死刑的条件,但通过程序保障慎用死刑,已成为学界的共识。通过律师的充分介入,保障死刑复核程序功能的实现尤为关键。有必要检视我国目前死刑政策下死刑复核程序的属性与构造,赋予律师按照刑事诉讼法总则部分关于"辩护与代理"之规定享有相应辩护权,在以审判为中心的刑事诉讼制度改革过程中进一步扩大人权保障成果,充分发挥律师在死刑复核程序功能实现上的作用。

关键词　死刑复核　律师　审判程序　有效辩护　独立量刑程序

2015 年 6 月,中共中央办公厅、国务院办公厅印发《关于完善法律援助制度的意见》,要求扩大法律援助的范围。作为回应,2017 年 10 月,最高人民法院、司法部联合印发了《关于开展刑事案件律师辩护全覆盖试点工作的办法》,提出要扩大法律援助的范围,实现刑事案件法律援助全覆盖。这意味着死刑复核案件律师参与机制得到了进一步完善。事实上,死刑案件的程序控制和律师辩护问题在当今世界各国——无论废止死刑与否,都是需全面关注的重大问题,同时也是当下中国司法改革纲要的重要议题。鉴于此,有必要对死刑复核程序的律师参与展开研究,以期发现死刑复核程序律师作用发挥过程中存在的不足,并在此基础上提出有益于保障我国死刑复核程序功能发挥与刑事政策贯彻的建议。

一、死刑复核程序的应然形态及律师参与的价值

"在不能废除死刑的情况下,尽最大可能保证死刑适用的慎重和公正,不断减少死刑适用,为最终废除死刑创造条件",[①]这是我国学术界关于死刑适用问题达成的共识。死刑复核程序作为死刑案件的"最后一道关卡",[②]其承担着控制死刑、减少误判的重任。一直以来,由于死刑复核程序强烈的行政审批色彩

---

* 郭烁,北京交通大学法学院教授。

① 陈海平、赵春莲:《司法控制死刑:可能与限度》,载《河北法学》2018 年第 3 期。

② 陈光中:《中华人民共和国刑事诉讼法修改条文释义与点评》,人民法院出版社 2012 年版,第 22 页。

与不透明性,学界有关死刑复核程序的性质认定莫衷一是。[①] 研究死刑复核程序中的律师参与问题,就必须首先正本清源明确死刑复核程序的应然形态,并在此基础之上明确律师参与死刑复核程序的意义。

现代法治国家中,对刑事案件被追诉人辩护权的保障是人权保障的重要内容,这不仅成为各国国内法原则,也成为联合国人权活动的基本原则之一。[②] 而出于死刑案件的特性,对死刑案件中辩护权的保障更是具有非凡的意义。死刑复核程序通过对死刑案件的控制,实现其所承载的各项制度功能。而保障律师的充分参与,可以说是"激活"了上述功能,具体而言,表现在以下几个方面。

1. 尽量避免冤假错案,实现公正判决

刑事司法活动要对业已发生的事实进行事后认定,司法工作人员要做的是根据现有的证据材料,尽可能重塑案发情形。但囿于事后判断的局限性,司法实践中必定存在不能完全还原案发原貌的情形,因此完全杜绝错案似乎是不可能的。正如罗尔斯在《正义论》中指出的,"不完善的程序正义"是一种"当有一种判断正确结果的独立标准时,却没有可以保证达到它的程度"。[③]

为了防范错案,实现司法公正,就必须保障辩护制度的落实。法官通过控辩双方的对抗认定案件事实,综合全案进行证据判断,正所谓"真相能通过双方当事人对同一问题的强有力的陈述而获得最好的发现"。[④] 死刑复核程序中,辩护制度同样是必不可少的。律师通过陈述意见等形式向复核案件承办法官提出被告人无罪或罪轻的证据,有助于法官"兼听则明",充分考虑全案证据,准确认定事实。

2. 保障死刑复核程序死刑控制功能的实现

律师的充分参与有助于死刑复核程序发挥控制死刑的功能。例如,2013 年 6 月 17 日,最高人民法院开庭复核了杨某振被二审判处死刑一案,该案在河北省黄骅市人民法院参照二审程序审理,被誉为"中国死刑复核第一案"。[⑤] 该案中,最高人民法院通过庭审听取了控辩双方的意见,并对全案证据进行审查。最终采纳了辩护律师谢某祥的 22 个辩护观点的部分意见,撤销了河北省高级

---

① 笔者认为,死刑复核程序"行政审批说"的观点并不符合刑事诉讼法之规定,也与我国现有法院系统的基本架构相悖。将死刑复核程序定性为审判程序而非行政审批程序,是由死刑复核程序的目的所决定的。参见郭烁:《论死刑复核程序中的律师参与》,载《法学杂志》2014 年第 6 期。

② 参见陈兴良:《为辩护权辩护——刑事法治视野中的辩护权》,载《法学》2004 年第 1 期。

③ [美]约翰·罗尔斯:《正义论》,何怀宏等译,中国社会科学出版社 1988 年版,第 86 页。

④ United States V. Cronic,466. U. S,648,655(1984).

⑤ 王晓易:《最高法对死刑案首次开庭复核》,载网易财经:http://money. 163. com/13/0619/10/91NN8VCB00253B0H. html,最后访问日期:2018 年 9 月 8 日。

人民法院的判决,不核准杨某振死刑。

死刑复核程序中,被告人因其专业知识不够、人身自由受到限制,难以提出专业化、系统化的辩护意见,律师的参与能够向法官提出被告人无罪、罪轻的意见,影响法官对全案事实的认定,控制死刑的适用。

3. 增加裁判可接受性,化解社会矛盾

现行死刑复核程序具有秘密性和单方性的特点,这影响了当事人对复核结果的接受程度。律师的参与,一方面能够在案件复核过程中向当事人及其家属解释办案流程、相关规则;另一方面有利于保障被告人完整实现其权利,穷尽救济规则,从而增强当事人对司法裁判的信服程度,化解社会矛盾。

二、死刑复核程序中律师参与的现状及其原因

客观而言,2012 年《刑事诉讼法》修改以后,死刑复核程序的律师参与状况有所好转,但由于立法缺乏完整性的律师参与机制,加上死刑复核程序多年来的"行政化"顽疾,律师参与状况仍存在亟待解决的问题。

(一)死刑复核程序中律师参与的现状

1. 死刑复核程序律师参与率状况

笔者查阅了"裁判文书网"2014 年到 2017 年的 491 份死刑复核裁定书,发现在上述复核文书中,有"听取辩护律师意见"或相关字眼的裁判仅 47 份,仅占比 9.57%。其中,2014 年的 228 份裁决文书中,有 20 份有"听取辩护律师意见"的表述,占比 8.77%;2015 年的 112 份裁决文书中,有 10 份有"听取辩护律师意见"的表述,占比 8.93%;2015 年后,该比例有所上升,在 2016 年的 134 份裁决文书中,有 17 份有"听取辩护律师意见"的表述,占比 11.19%;2017 年公布的 17 份裁决文书中,有 2 份有"听取辩护律师意见"的表述,占比 11.76%(见表 1)。总体来说,死刑复核阶段的律师参与率不高。

表 1 2014~2017 年最高人民法院死刑复核裁决文书中有"听取辩护律师意见"数量统计

案件情况	2014 年	2015 年	2016 年	2017 年	合计
案件数量(件)	228	112	134	17	491
有"听取辩护律师意见"的案件数量(件)	20	10	15	2	47
占比(%)	8.77	8.93	11.19	11.76	9.57

上述裁判文书中,"文某节涉嫌运输毒品案""苏某齐涉嫌运输毒品案"两个案件均属于较为复杂的共同犯罪案件,且两名被告人均不供认犯罪事实,此时在没有辩护律师参与的情况下,便作出核准死刑的裁决是否妥当值得商榷。

另外,笔者通过整理发现,在上述案件中,被告人的文化程度如图 1 所示。

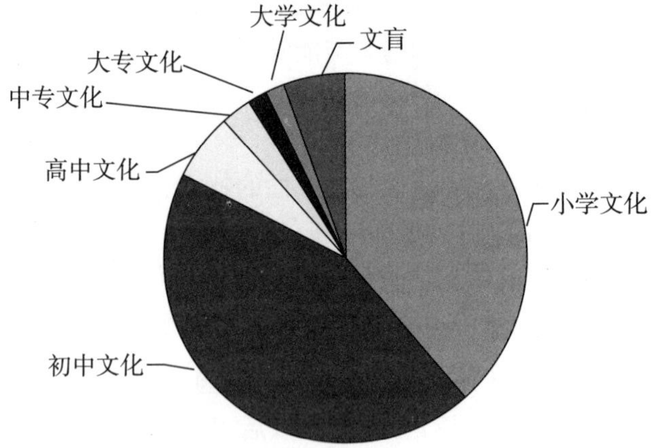

图 1　491 份裁判文书中被告人文化程度组成

在 491 份案件文书中,被告人的文化程度以初中文化和小学文化居多,二者分别占到总数的 44. 16% 和 38. 61% ;而大学文化的被告人数量最少,仅占总数的 1. 58% 。也就是说,死刑复核程序中的被告人文化程度普遍不高。

各文化程度被告人辩护率如图 2 所示。

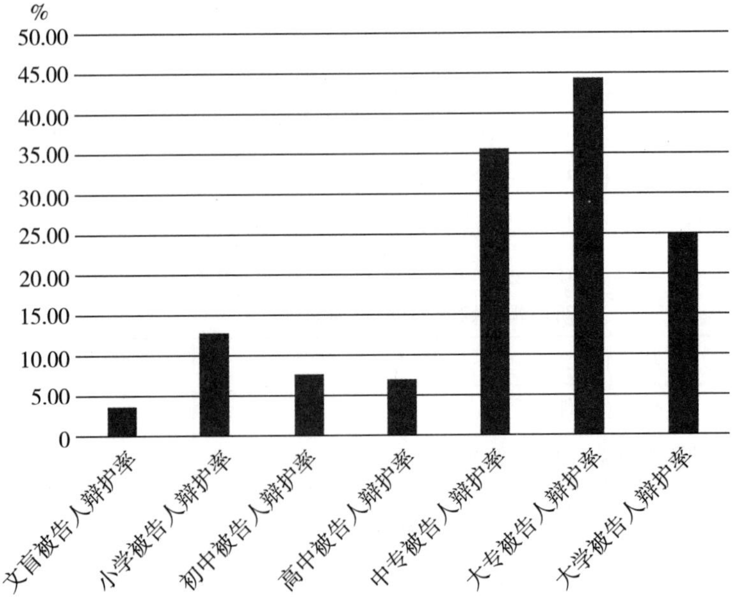

图 2　491 份裁判文书中各文化程度被告人辩护率

显然,总体上,随着被告人文化程度的上升,辩护率也随之上升。文盲、小学、初中文化程度的被告人,在复核阶段的辩护率不到15%,但是这部分被告人却囿于自身文化程度有限,反而更需要专业人士的辩护。

2. 律师意见对裁定结果缺乏实质影响

在上述491份死刑复核裁决文书中,仅有47份提到了"听从辩护律师意见",而在提到律师辩护律师意见的这47份文书中,笔者发现仅有"董某涉嫌运输毒品案""赖某智涉嫌故意杀人案""李某柏涉嫌抢劫案""连某青涉嫌故意杀人案""张某明涉嫌故意杀人案"5个案件的裁判文书中提到了律师意见的内容(如图3所示)。

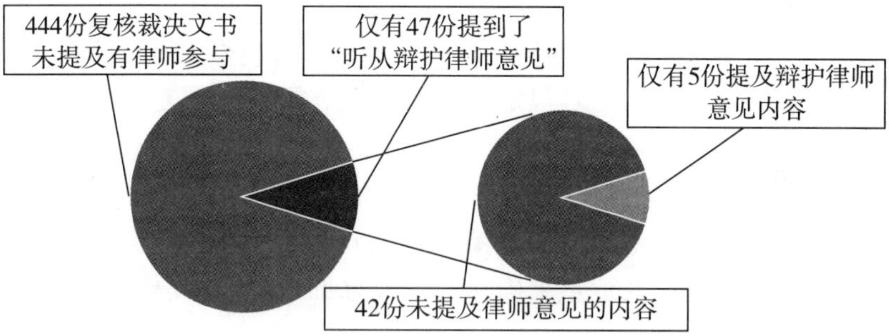

图3 491份裁判文书中提及律师意见的具体情况

另外,笔者发现,在2014~2017年的491份死刑复核裁定文书中,只有"邬某涉嫌故意杀人案"①"孙某生涉嫌故意杀人案"②"田某军涉嫌故意杀人案"③"吴某东涉嫌故意杀人案"④"周某辉、秦某涉嫌强迫卖淫、组织卖淫案"⑤五份裁判文书作出了不核准的裁定。其中,"邬某涉嫌故意杀人案""孙某生涉嫌故意杀人案""吴某东涉嫌故意杀人案"三案中,最高人民法院不核准的理由集中于

---

① 《邬某涉嫌故意杀人案》,载中国裁判文书网:http://wenshu. court. gov. cn/content/content? DocID = e260120d - 2dec - 4cad - 92e5 - c413567e1238&KeyWord = %E4%B8%8D%E6%A0%B8%E5%87%86,最后访问日期:2018年9月30日。

② 《孙某生涉嫌故意杀人案》,载中国裁判文书网:http://wenshu. court. gov. cn/content/content? DocID = 41e75fd8 - d235 - 43b7 - 9c86 - ea9437c1c57b&KeyWord = %E4%B8%8D%E6%A0%B8%E5%87%86,最后访问日期:2018年9月30日。

③ 《田某军涉嫌故意杀人案》,载中国裁判文书网:http://wenshu. court. gov. cn/content/content? DocID = 1049b6e7 - 41fb - 45c4 - 8c0d - 521f3aa1c309&KeyWord = %E4%B8%8D%E6%A0%B8%E5%87%86,最后访问日期:2018年9月30日。

④ 《吴某东涉嫌故意杀人案》,载中国裁判文书网:http://wenshu. court. gov. cn/content/content? DocID = 86c028da - 13c0 - 4ee9 - 9462 - 4c6ffe99dadf&KeyWord = %E4%B8%8D%E6%A0%B8%E5%87%86,最后访问日期:2018年9月30日。

⑤ 《周某辉、秦某涉嫌强迫卖淫、组织卖淫案》,载中国裁判文书网:http://wenshu. court. gov. cn/content/content? DocID = a6fc72ab - 718d - 4138 - bd1b - e72926668002&KeyWord = %E4%B8%8D%E6%A0%B8%E5%87%86,最后访问日期:2018年9月30日。

案件的起因、被告人的认罪态度、有自首坦白从宽情节等。而在有律师参与的"田某军涉嫌故意杀人案""周某辉、秦某涉嫌强迫卖淫、组织卖淫案"两案中，不核准的理由还包括"被害人亲属谅解""复核期间出现新的证据"的内容。可以推测:辩护律师的参与对促成被害人亲属谅解、新证据的出现起到了一定作用。倘若确实如此,则可进一步用于佐证死刑复核阶段保障辩护律师参与的意义重大这一结论。

综合这491份复核裁定来看,律师意见对裁定结果的影响是十分有限的,这既体现在9.57%律师参与率的"量"上,更体现在复核文书对律师意见回应的"质"上。即便在不核准死刑的裁决中,也仅有40%的律师参与率。这仿佛已经陷入了一个恶性循环:死刑复核阶段律师权利行使得不到保障→律师作用得不到充分发挥→律师意见对裁定结果的影响有限→死刑复核阶段律师作用不受重视→律师权利保障被忽视。

3. 死刑复核阶段律师权利行使状况仍存在进步空间

辩护律师在死刑复核程序中享有的权利可以分为传统的会见权、阅卷权、调查取证权三大权利以及近年来确立的发表意见权。① 在复核阶段,律师上述权利的行使状况不容乐观。

(1)阅卷权、会见权的行使

2015年最高人民法院《关于办理死刑复核案件听取辩护律师意见的办法》较为详细地规定了死刑复核阶段辩护律师阅卷权的行使,这无疑是辩护律师权利保障的一大进步。而实践中,该制度也得到了比较好的贯彻,死刑复核阶段的律师通常会联系办案法官,并在约定的时间前往最高人民法院刑事审判大楼查阅、摘抄、复制案卷材料。另外,近几年的司法实践中,律师会见难的情况也得到了相应缓解,以往死刑复核阶段会见要取得最高人民法院批准的现象现在也不常见了,这些都为死刑复核阶段律师进行有效辩护奠定了权利保障的基础。

但问题在于,律师会见、阅卷是为了更好地发表辩护意见,因此制度设计最终要落脚在辩护意见的发表上面。倘若办案机关只允许辩护律师查阅案卷、会见被告人,而对律师所作的辩护意见置若罔闻,那么就失去了阅卷的意义。故笔者认为,明确死刑复核阶段律师阅卷规则只是"万里长征"的第一步,保障辩护律师有效辩护才是死刑复核程序律师参与制度的最终归宿。

(2)调查取证难的状况

《刑事诉讼法》第43条规定了辩护律师的调查取证权:"辩护律师经证人或者其他有关单位和个人同意,可以向他们收集与本案有关的材料,也可以申请

---

① 参见陈永生、白冰:《死刑复核程序中辩护权之保障》,载《四川大学学报》(哲学社会科学版)2015年第2期。

人民检察院、人民法院收集、调取证据,或者申请人民法院通知证人出庭作证。辩护律师经人民检察院或者人民法院许可,并且经被害人或者其近亲属、被害人提供的证人同意,可以向他们收集与本案有关的材料。”但在死刑复核程序中,辩护律师的调查取证权行使堪忧。

被调查者拒绝律师取证的情形下,辩护律师无计可施。实践中辩护律师向有关个人、单位收集调取相关证据可谓困难重重,被调查者多秉持“多一事不如少一事”的心态,不愿意配合辩护律师的调查取证。一旦遭被调查者拒绝,辩护律师往往无计可施。实践中,也有辩护律师向法院申请调查取证,但法院也常以“法无规定”为由拒绝。

上述状况也影响了死刑复核阶段辩护律师的整体辩护质量。因为无法调取到新的证据,死刑复核阶段不得不一遍遍重复一审、二审中的辩护意见,这也使最高人民法院死刑复核案件的办案法官产生“死刑复核阶段律师一般都不会提出什么有价值的辩护意见”的印象。久而久之,听取律师意见便成为了办案法官的“例行公事”,死刑复核阶段律师的作用被逐渐忽视。

(二)律师参与死刑复核程序问题分析

1. 根本原因——程序设计的历史局限性

复核程序的审理方式很大程度上决定了律师的参与状况。有学者曾明确指出,“我国审判程序一直是按行政原理设计的,审判的程序性限制是以行政机构内部纪律的形式出现的,程序的遵守不是由于当事人违法过程提出的异议,而是通过上司对违法官员的惩戒处分来保障”。[①] 毫不讳言,程序上的历史局限性是死刑复核程序律师参与问题的最根本原因。

行政化的程序运作模式不需要控辩对抗,律师也就从根本上失去了参与土壤。如不在制度上加以诉讼化改造,无论如何努力地引入律师参与,最终也只是增加了死刑复核程序的公开性,却难以彻底为律师行使辩护权扫清障碍。

2. 法律援助缺位

死刑复核程序律师参与率低的重要原因之一是法律援助的缺位。

实践中,办案机关多以“立法未明确规定死刑复核程序适用法律援助制度”为由不为死刑复核阶段被告人指派辩护律师。但事实上,根据联合国《关于保护死刑犯权利的保障措施》第5条,“只有在经过法律程序提供确保审判公正的各种可能的保障,至少相当于《公民权利和政治权利国际公约》第14条所在的各项措施,包括任何被怀疑或被控告犯了可判死刑罪的人,有权在诉讼过程中的每一个阶段取得适当的法律帮助后,才可根据主管法庭的终审执行死刑”,保

---

① 李汉昌、章青山:《关于我国死刑复核程序的检讨》,载《法商研究》2000年第2期。

证死刑被告人在诉讼过程“每一个阶段”都可获得律师帮助是人权保障的应有之义,而作为最后一道纠错程序,没有比死刑复核程序更加紧急的诉讼程序。保障死刑复核阶段被告人享有辩护权并获得有效辩护,不仅是被追诉人的权利,更是国家的责任。[①] 而且,根据笔者调查的“裁判文书网”2014～2017 年 491 个死刑复核案件,初中、小学文化程度的被告人占到总数的 82.77%,在被告人文化程度普遍不高的情况下,强制辩护是急迫且必要的。

此外,实践中法律援助辩护的质量也不高。法律援助律师一般来自法律援助机构的专职法律援助律师和律师事务所指定的律师,[②]就前者而言,其收入是固定的事业编制的工资;就后者而言,法律援助的补助由财政拨款。由于缺乏对法律援助的评估机制,法律援助律师“干好干坏一个样”,这严重影响了律师作用的发挥。一方面,一些法律援助律师没有充分发挥辩护人的作用,对于公诉方的强势,多数采取回避的态度;另一方面,一些法律援助律师责任心不强,庭前不阅卷、会见不及时、辩护意见雷同等问题屡见不鲜,甚至个别律师接到法律援助指派后,本人不出面,而让实习律师全程代理。

3. 律师执业风险影响辩护效果

近年来,律师因执业而涉嫌犯罪的案例越发增多,律师面临的执业风险在很大程度上制约了律师充分行使辩护权。司法实践中,律师的执业既面临在法律服务市场竞争中的各种外部性风险,如案源不足、专业性不强等;又需要应对在执业过程中突破律师执业规范尤其是法律规范,而受到否定评价和不利后果的法律风险,如违法违规执业等[③]。对于前者,律师可以通过加强学习、提高辩护质效等方式解决,而对于后者,有些正常的执业行为却因与公诉机关对抗而遭到报复,律师不得不小心翼翼规避相应风险,影响辩护活动的开展。

例如《刑法》第 306 条,一直被律师界称为悬在律师头上的“达摩克利斯之剑”。该条规定:“在刑事诉讼中,辩护人、诉讼代理人毁灭、伪造证据,帮助当事人毁灭、伪造证据,威胁、引诱证人违背事实改变证言或者作伪证的,处三年以下有期徒刑或者拘役;情节严重的,处三年以上七年以下有期徒刑。”自 1997 年刑法创设此罪,不到八年时间就有 200 多名律师因此身陷囹圄,实务界称此罪为“律师伪证罪”[④]。此条的本意在于防止律师妨害刑事诉讼的正常进行,但实

① 参见吴宏耀、张亮:《死刑复核程序中被告人的律师帮助权——基于 255 份死刑复核刑事裁定书的实证研究》,载《法律适用》2017 年第 7 期。

② 参见彭越林:《死刑案件辩护研究》,人民法院出版社 2015 年版,第 40 页。

③ 参见郭松、杜宇:《律师执业风险及其控制》,载《中南民族大学学报》(人文社会科学版)2018 年第 2 期。

④ 该条的正式名称是“辩护人、诉讼代理人毁灭证据、伪造证据、妨害作证罪”,但由于刑事辩护大多由律师介入,故实务界俗称此罪为“律师伪证罪”。

践中由于辩护律师和公诉机关的对抗关系,一旦公诉机关蓄意报复,律师稍不留意即成为此罪的追诉对象。《全国律师协会维权工作报告》曾作统计,1999~2002年有347起律师被指控伪证罪的案件,全国律师协会对其中23个律师伪证罪作统计,其中11个涉案律师无罪或撤案,错案率近一半。①

面对上述风险,律师们不得不趋利避害,不敢同公诉机关对抗,尤其法律援助律师更是"出工不出力",甚至在辩护词里出现"原审判决认定事实清楚,证据充分,定罪准确,量刑适当,请法院依法核准"之类的话语。②

三、我国死刑复核程序律师参与的制度设计与程序保障

2012年修改的《刑事诉讼法》对于死刑复核制度的推进偏于形式意义,其对现有死刑复核制度之改变十分有限。因此,如果要以该条文为基础,进一步推进律师在死刑复核程序中的作用,那么就必须首先厘清死刑复核程序之目的及性质,将所谓"行政审批论"彻底明确转变为"审判程序论"之应然定位,并继而实现死刑复核程序"三审终审制"改造。在具体的程序设计上,要充分借鉴域外"定罪量刑程序分离模式"和无效辩护制度的有益经验,完善死刑复核法律援助制度,保障死刑案件律师参与的充分性、有效性。唯有如此,死刑复核制度才能真正契合法典本义及相关国际刑事司法准则之要求。

如前所述,死刑复核程序的性质不是"行政审批",而是"审判程序"。但需要说明的是,将死刑复核程序定位为"审判程序",只是保障律师参与的制度基础,并不意味着只要死刑复核程序变成了审判程序,其中的律师参与问题就能迎刃而解。我们还需在具体的制度设计上下更大的功夫。

(一)明确律师在作为审判程序的死刑复核中的权利

如果以死刑复核程序的审判程序属性为基础,则该程序的具体规则设计就必须满足最低限度的公正审判要求,其中律师的全面参与自然不可或缺。具体而言,必须对律师在死刑复核程序的相关权利予以明确。

2012年,联合国经济及社会理事会根据其下属的预防犯罪和刑事司法委员会的建议,通过了《联合国关于在刑事司法系统中获得法律援助机会的原则和准则(草案)》,并建议联合国大会通过该决议草案。该草案"C. 准则"之五项下第45条明确规定,"为保证法院可对其处以徒刑或死刑的每一个被指控刑事犯

---

① 参见孙莹:《涉嫌伪证罪律师自称无罪》,载网易新闻:http://news.163.com/09/1216/15/5QLPU1EB000120GR_mobile.html,最后访问日期:2018年10月7日。

② 参见《鹿国志故意杀人罪,鹿国志交通肇事罪死刑复核案件裁定书》,载裁判文书网:http://wenshu.court.gov.cn/content/content?DocID=c14a9dde-8deb-4748-88e9-7cb076f3c17e&KeyWord=%E9%87%8F%E5%88%91%E9%80%82%E5%BD%93%EF%BC%8C%E8%AF%B7%E6%B3%95%E9%99%A2%E4%BE%9D%E6%B3%95%E6%A0%B8%E5%87%86,最后访问日期:2018年10月7日。

罪者在法院的所有诉讼中,包括在上诉和其他相关诉讼进行过程中都能有机会获得法律援助,各国应当拟订措施:……(c)在法院的任何诉讼程序中由指定律师酌情提供代理,在本人没有足够的支付能力和(或)司法利益有此要求时,由法院或其他法律援助机构指定的有能力的律师免费提供代理;(d)确保在诉讼程序所有关键阶段被告的法律顾问均能在场。关键阶段即为在刑事诉讼进行中律师的意见对确保被告的公平审判权必不可少或法律顾问的缺席可能会损害辩护的准备或陈述的所有各阶段……"由此可见,在任何诉讼阶段,获得律师会见即律师帮助之权利,是相关国际刑事司法准则的普遍规定,在"人命关天"的死刑复核程序中,国家公权力保障刑事被追诉方充分享有获得辩护之权利无论如何均应视为题中应有之义。另外,为便于律师辩护权的行使,还需进一步明确律师的会见、阅卷、取证等手段性权利。律师在死刑复核程序中的辩护意见显然要以事实为依据、以法律为准绳,如何查明案件事实就需要以会见权、阅卷权和取证权等权利为基础。

实际上,从我国刑事诉讼法的体系来看,其关于"辩护与代理"的规定被置于总则编。因此基于体系解释之要求,对于某一特定问题,除非法典又有特殊规定,否则即应当适用总则规定。而从 2012 年刑事诉讼法关于"死刑复核程序"的第 6 条规定来看,并没有排除总则关于"辩护与代理"适用之明文规定。因而在死刑复核程序中,律师完全可以按照刑事诉讼法总则部分关于"辩护与代理"之规定享有相应辩护权。这样的解释是合乎刑事诉讼法之立法文义的,同时也迎合了刑事诉讼法制的基本发展趋势。

(二)确立死刑案件辩护的救济机制

随着我国人权保障理念的不断强化,"有效辩护"理念逐渐为人所接受,也即确立有效辩护的理念及相应标准进而提高刑事辩护整体水平,并对律师辩护的质量作出评价与控制必要且迫切。而目前我国死刑复核程序中律师参与的质量不高,这也直接影响了死刑复核程序死刑控制功能的发挥,不利于公正审判、防范冤假错案目标的实现。2017 年,《律师办理刑事案件规范》修订过程中,有学者曾提出在该规范中确立"有效辩护"原则,但最终未被采纳,[①]目前,我国的《刑事诉讼法》《律师法》及相关规范性文件仅规定了律师因辩护不力而损害被告人权益的行政、民事救济措施,如《律师法》第 54 条规定"律师违法执业或者因过错给当事人造成损失的,由其所在的律师事务所承担赔偿责任。律师事务所赔偿后,可以向有故意或者重大过失行为的律师追偿"。律师构成无效辩护时,刑事部分如何救济,相关法律法规未予明确,目前很有必要系统性构

① 参见陈瑞华:《有效辩护原则的再思考》,载《当代法学》2017 年第 6 期。

建死刑案件辩护的救济制度。

在实践层面,律师辩护的有效性对以审判为中心的诉讼制度改革的意义可以从以下层面理解。一方面,有效辩护强调控辩双方庭审对抗的重要意义,是对庭审实质化的回应。庭审实质化要求通过规范法庭调查、法庭辩论、证人出庭作证等制度,突出庭审实质化、司法证明实质化、控辩对抗实质化,充分发挥庭审在查明事实、认定证据、保护诉权、公正裁判中的作用。① 有效辩护则通过对规范辩护权、确保控辩对抗,实现庭审实质化的目的。另一方面,以审判为中心的诉讼制度改革的诸多制度性举措均有赖于有效辩护保障。2016 年 11 月,"两院两部"②发布了《关于在部分地区开展刑事案件速裁程序试点工作的办法》,开启了刑事速裁程序的制度试点。随后,"两院三部"③于 2016 年 11 月发布了《关于在部分地区开展刑事案件认罪认罚从宽制度试点工作的办法》,将速裁程序纳入认罪认罚从宽制度试点的同时,丰富了值班律师的内涵。2018 年,上述试点的经验被《刑事诉讼法》修改所吸纳。认罪认罚从宽制度、刑事速裁程序和值班律师制度的良好运行都依赖律师辩护权的有效行使,以认罪认罚从宽制度为例,该制度的核心问题之一在于认罪认罚自愿性得到保障。而试点经验表明,值班律师在见证被告人认罪认罚的过程中起到了关键作用,律师能否有效参与,极大地影响了制度效果的发挥。

鉴于此,我们更应该意识到以审判为中心的刑事诉讼制度改革和有效辩护之间的关系。正如熊秋红教授所言:"在以审判为中心的刑事诉讼制度改革中,辩护律师的角色不可或缺,因为如果缺乏辩护律师的有效参与,一系列的改革举措将无法落地生根。"④因此,在新的历史起点再度讨论无效辩护制度,似乎正合时宜。

(三)确立死刑复核程序"定罪和量刑程序分离"模式

笔者认为,死刑复核程序在"审判程序"化之后,应当借鉴域外经验,采取"定罪和量刑程序分离"模式,这样才能确保律师有充足的参与空间。

1. 程序分流,区别适用

域外经验表明,独立量刑程序虽然为辩护律师提供了巨大的活动空间,但也造成了诉讼程序的冗长拖沓。我国目前刑事审判领域案多人少的矛盾突出,如果不加区别完全照搬域外独立量刑程序,很可能加剧这一矛盾。笔者建议通

---

① 参见孔占元、胡永宽、高雪魁:《关于推进刑事案件庭审实质化的调研与思考》,载中国法院网:https://www.chinacourt.org/article/detail/2017/12/id/3103696.shtml,最后访问日期:2018 年 10 月 19 日。

② "两院两部",即最高人民法院、最高人民检察院、公安部、司法部。

③ "两院三部",即最高人民法院、最高人民检察院、公安部、国家安全部、司法部。

④ 熊秋红:《审判中心视野下的律师有效辩护》,载《当代法学》2017 年第 6 期。

过程序分流，将独立量刑程序真正适用于只对量刑有异议的被告人。

所谓程序分流，就是区分被告人认罪的死刑复核案件和被告人不认罪的死刑复核案件。对于被告人认罪的死刑复核案件，可以不采用“一分为二”的审理模式，在同一个庭审①中审查被告人的定罪和量刑问题，只不过将审查重点放在量刑上。庭审途中，一旦被告人或其辩护人对罪名提出异议，则将本次庭审变为定罪的复核，量刑程序的复核择日再审；对于被告人不认罪的案件，应当将复核程序一分为二，先核“罪”，再核“刑”。

2. 量刑证据的范围

2010 年最高人民法院发布《人民法院量刑指导意见(试行)》(以下简称《指导意见》)，旨在规范指导人民法院的量刑工作，促进量刑均衡。《指导意见》要求人民法院在量刑时“既要考虑被告人所犯罪行的轻重，又要考虑被告人应负刑事责任的大小，做到罪责刑相适应，实现惩罚和预防犯罪的目的”。在此基础上，《指导意见》列举了各类犯罪在量刑时的一些法定和酌定量刑情节，如未成年犯罪、未遂犯、中止犯、从犯、累犯、自首、立功、自愿认罪、犯罪前科、被害人过错、退赃退赔等。这些情节，既有与犯罪事实相关的情节，又有犯罪事实之外的情节。

笔者认为，在死刑案件中，应当适当扩大对酌定从宽情节的限制。不断扩大的减轻证据范围为律师参与死刑案件提供了极大的辩护空间，也很好地起到了减少死刑判决的作用。而在我国，死刑案件的酌定从宽情节与其他案件相比并无二致，但相比一般刑事犯罪，死刑案件对被告人课以极刑的理由本应更为充分，“对被告人是否应当被判处死刑”的理由当然比“对被告人是否应当被判处 5 年有期徒刑”的要求更高。实践中，我国的酌定从宽情节范围并不能为死刑复核法官提供很好的判决指引。例如，笔者在最高人民法院负责死刑复核案件审理的同事曾举过一个例子：某案件的被告人无论从犯罪手段还是危害结果看，都与其他被判处死刑立即执行的案件一样，有适用死刑的空间，但最终合议庭并未核准其死刑，最大的理由竟然在于这名被告人是“三代单传”。当然在现行体制下，这样的不核准理由是不可能出现在死刑复核裁定书中的。这种做法实际上从侧面印证了我国“控制死刑数量的要求同酌定从宽处罚情节的范围之间存在矛盾”，适当扩大酌定从宽情节的范围势在必行。但要明确一种可能，“量刑者的裁量权越大，其所作出的裁决越不可靠”，②如果不加限制地扩大酌定从宽情节的范围，会给民众一种放纵犯罪的感觉，可能引发司法信任危机。

---

① 笔者再次重申，本文相关制度设计都是建立在死刑复核程序成为“审判程序”的前提上。

② 吴宏耀、罗静波：《美国死刑量刑程序研究》，载《青海社会科学》2013 年第 6 期。

3. 证明责任与证明标准

量刑证据的证明问题是将定罪程序与量刑程序分离之后最为棘手的问题,这主要是因为,刑事证据法主要是对法院定罪活动加以限制和约束的法律规范,主流的刑事证据理论也都是针对定罪控制问题而确立的,[①]因此,我们在对死刑复核程序(乃至死刑一审、二审程序)作“定罪与量刑程序分离”的处理后,就需要对以下问题逐一回答:

(1)对被告人有利的量刑证据和对被告人不利的量刑证据的证明责任分别由谁承担?

(2)量刑证据的证明是否要和定罪证据的证明一样达到“案件事实清楚,证据确实充分”的高标准?

(3)约束定罪证据的裁判规则,如无罪推定原则、存疑有利于被告人原则是否继续适用?

在证明责任的承担上,笔者认为应当区分与犯罪事实相关的量刑证据和与犯罪事实无关的量刑证据。前者如在共同犯罪中的地位、作用、犯罪行为手段及社会危害程度等;后者如自首、立功、坦白、积极退赃退赔、取得被害人谅解、犯罪前科等内容。

对于与犯罪事实相关的量刑证据,仍应当由公诉机关承担证明责任,因为这些证据涉及对本案的定罪。出于国家追诉活动的特点,以及刑事诉讼无罪推定与不得强迫自证其罪的原则,应当由公诉机关对定罪证据承担举证责任。对于与犯罪事实无关的量刑证据,则应按照“谁主张,谁举证”的原则分配证明责任。理由在于此时公诉机关对罪名的证明已经结束,量刑程序实际上是一个“类民诉”的程序。[②] 因此,对于公诉机关提出的被告人系累犯、主犯、有犯罪前科等不利于被告人的证据,由公诉机关承担举证责任,对于被告人及其辩护人提出的被告人系从犯、取得被害人谅解、有自首、立功、坦白、积极退赃退赔等情节,举证责任应由被告人一方承担。

在证明标准上,对于与犯罪事实相关的量刑证据,一定要达到“排除合理怀疑”的标准,这仍然是刑事诉讼定罪活动的要求;对于与犯罪事实无关的量刑证据,笔者认为不必达到“排除合理怀疑”的标准,只要达到“优势证据”的标准即可,即公诉方只要证明被告人系主犯的可能性比不是主犯的可能性更大,即可完成举证,被告人亦是如此。陈瑞华教授曾就此提出一个疑问,即“法官在庭外对量刑证据的调查核实,究竟属于什么性质的活动?法官所进行的究竟是一种司法裁判活动,还是自行承担证明责任的活动呢?”法官在庭外调查核实量刑证

---

① 参见陈瑞华:《量刑程序中的证据规则》,载《吉林大学学报》2011 年第 1 期。

② 参见闵春雷:《论量刑证明》,载《吉林大学学报》2011 年第 1 期。

据,不是在承担证明责任,而是履行大陆法系职权主义诉讼模式下“为履行裁判职能而进行的司法调查活动”。① 换言之,大陆法系职权主义诉讼模式下法官不是被动消极的,而是负有核实控辩双方提供的证据的真实性的职责,行使的是量刑调查权,决不能以法官调查权的行使替代控辩双方履行相关的证明责任。

关于无罪推定原则与存疑有利于被告人原则,笔者认为,上述原则在量刑程序中不存在适用的空间。无罪推定原则是为了限制国家追诉权的滥用,保障定罪的充分性,是对被追诉人的一种保护,其前提在于被追诉人尚未被定罪。但在定罪量刑程序相分离的模式下,被告人业已在定罪程序中被判有罪,无罪推定当然已经不存在适用的空间,否则将会陷入一个逻辑错误:一方面口口声声宣称量刑程序中的被告人无罪,另一方面则让控辩双方就被告人应被课以何种刑罚进行辩论,这显然不合理。存疑有利于被告人原则也是一样,其只能在定罪程序中适用。之所以证据“存疑”要作“有利于被告人”的认定,是因为“无罪推定”要求在法院判决之前,限制国家定罪权的滥用,进而在证据认定上对被告人作“存疑作有利认定”的保护,但在定罪量刑程序相分离的模式下,被告人已经被判处有罪,量刑程序成了“类民诉”的证明活动,双方的证明标准也均不要求达到“排除合理怀疑”,而是采“优势证据”标准,这就使存疑有利于被告人原则从根本上失去了发挥作用的空间。

四、结语

有论者指出:“司法者就应当用死刑复核制度限制死刑的实际运用,从而达到事实上废止死刑的目的。”②在司法控制死刑适用成为刑事司法领域共识的今天,在借鉴西方无效辩护制度、独立量刑程序的有益经验同时,我们必须反思是否已经将已有相关机制的效能运用到最优?现行死刑复核程序限制了辩护律师发挥作用的空间,一方面,我们固然可以通过程序改造、制度引进等方式,自上而下为死刑复核程序提供律师辩护的土壤;但另一方面,我们也不要忘记在现有法律体系内,自下而上地引导律师在死刑复核程序控制死刑上有所作为。这一点,前文已稍作论述。

“法律旨在创设一个正义的社会秩序”。③ 保障死刑复核程序的律师参与,当然是为了更好地通过正当程序保护无辜的人不受追究,防止冤假错案、实现

---

① 陈瑞华:《量刑程序中的证据规则》,载《吉林大学学报》2011 年第 1 期。

② 樊崇义、陈惊天:《死刑复核程序的改革和完善》,载周国均、陈卫东主编:《死刑复核程序专题研究》,中国方正出版社 2006 年版,第 17 ~ 18 页。

③ [美]博登海默:《法理学——法律哲学与法律方法》,邓正来译,中国政法大学出版社 1999 年版,第 318 页。

公平正义。“刑事诉讼的历史就是辩护权扩充的历史”,[①]我们在明确了死刑复核程序“审判程序”的改革方向之后,要有针对性地去解决死刑复核程序的具体设计问题,挖掘利用现行制度的潜力,全方位地发挥律师作用,实现死刑复核程序的功能和价值。

① [日]田口守一:《刑事诉讼法》,张凌等译,中国政法大学出版社2010年版,第107页。

未成年人刑事诉讼程序模式探究

徐美君*

摘　要　“教育模式”下的我国未成年人刑事诉讼程序，与刑事诉讼惩罚犯罪与保障人权的目的不符。作为一项特别程序，未成年人刑事诉讼应当回归刑事诉讼的本质。从“教育模式”向“司法模式”转变，是指对进入刑事诉讼程序的未成年人同样需要强调惩罚，在打击犯罪的同时，尤其要顾及对这些心智尚未健全的未成年人提供足够的权利保障。

关键词　未成年人　刑事诉讼教育模式　司法模式

一、我国未成年人刑事诉讼程序的现有模式：教育模式

作为一项特别程序，我国《刑事诉讼法》在特别程序中专章规定了未成年人刑事案件诉讼程序，并且在第一条就指出了未成年人刑事诉讼程序的原则，“坚持教育为主、惩罚为辅的原则。”我们一直认为，对犯罪的未成年人，应当立足于挽救这些犯罪的未成年人，让他/她们能够顺利回归社会，而不能因为犯罪而断送了他/她们的未来。这一原则多年来一直指导我国的未成年人刑事诉讼实践。

我国对涉案的未成年人贯彻“教育为主、惩罚为辅”的原则，可以追溯到上世纪七八十年代。1979 年，中共中央批转的中宣部、教育部等八个单位《关于提请全党重视解决青少年违法犯罪问题的报告》，强调必须高度重视和努力解决未成年人犯罪问题，确立了对违法犯罪的未成年人要实行教育、感化、挽救的方针。根据实践经验，1981 年经党中央批准的《第八次全国劳动会议纪要》提出，对青少年犯，要像父母对待患传染病的孩子、医生对待病人、老师对待犯错误的学生那样，做耐心细致的教育、感化、挽救工作。1982 年中共中央在《关于加强政法工作的指示》明确规定：“必须坚决实行教育、感化和挽救的方针，着眼于挽救。”1992 年 1 月 1 日生效的《未成年人保护法》第 38 条明确规定：“对违法犯罪的未成年人，实行教育、感化、挽救的方针，坚持教育为主、惩罚为辅的原则。”至此，这一政策以法律的形式固定下来。1999 年颁布的《预防未成年人犯罪

---

* 徐美君，复旦大学法学院教授。

法》也明确规定了"对犯罪的未成年人追究刑事责任,实行教育、感化、挽救方针,加持教育为主、惩罚为辅"原则。2012 年《刑事诉讼法》修改时,专门增加规定了未成年人刑事案件诉讼特别程序。未成年人刑事案件诉讼程序的第 1 条也明确规定:"对犯罪的未成年人实行教育、感化、挽救的方针,坚持教育为主、惩罚为辅的原则"。

主流的观点认为,未成年人不同于成年人,其心智还不成熟。一味单纯的惩罚和打击,对未成年人的消极作用明显并容易造成交叉感人和重新犯罪。教育与惩治是相辅相成的。惩治也是教育的重要组成部分。在对情节轻微,属于初犯偶犯,认罪悔罪的未成年犯罪嫌疑人依法从轻处理的同时,对性质和情节恶劣、手段残忍、后果严重的,必须坚决依法惩处;对成年人教唆、胁迫、诱骗、利用未成年人违法犯罪行为,依法从重惩处。①

我国坚持教育为主的原则,是指对犯罪未成年人的刑事责任的追究要把教育放在第一位,通过教育使犯罪的未成年人认识自己犯罪行为的社会危害性,并通过相应的教育改造和心理矫治等,破除犯罪心理,成为守法公民。其中,所谓教育,是指对违法犯罪的未成年人进行思想教育、道德教育和法制教育,使其树立正确的人生观、价值观,认识到法律的权威性,树立法制观念。

坚持惩罚为辅的原则,是指在坚持教育为主的同时,必须辅以必要的惩罚手段,使犯罪的未成年人受到一定的处罚,感受到犯罪的法律后果和应当承担的法律责任。惩罚的目的是使未成年犯罪人吸取教训,改过自新,通过必要的惩罚促使其提高法制观念,进行再社会化。其中,惩罚措施包括刑罚和非刑罚措施。惩罚的目的是更好地教育和挽救犯罪的未成年人。

教育与惩罚是相辅相成的关系,教育是目的,惩罚是手段,惩罚是为教育服务的。教育和惩罚的最终目的是感化和挽救犯罪的未成年人,预防和减少未成年人犯罪。其中,"感化"是指关心、帮助、感染违法犯罪的未成年人,使其认识到自己所实施的违法犯罪行为的社会危害性,从而痛改前非,重新做人。"挽救"是指在诉讼过程中,司法工作人员依照法律和政策所进行的促使违法犯罪的未成年人认罪伏法、重新做人的各项工作。

从字面上来看,原则,指说话、做事遵循的根本准则。很显然,按照我国目前刑事诉讼法的规定,对涉案的未成年人,我国首先强调的是对他们的教育和挽救。惩罚只是对这些未成年人的必要辅助措施。

我并不反对对犯罪的未成年人采取教育、挽救和感化的方针,因为人孰能无过,尤其是未成年人,人生经验不足,相关家庭或社会的支持不够等因素,导

① 《对涉案未成年人教育为主是放纵犯罪? 最高检回应》,载中国新闻网:http://www.chinanews.com/gn/2017/12-28/8411226.shtml,最后访问日期:2019 年 2 月 9 日。

致犯罪。所以,对犯罪的未成年人更应该着眼于他们能够认识到错误,并能痛改前非,从而成长为对社会、对家庭都能有所贡献的人。但是,随着时代的变迁,以及立法的发展,我觉得,从刑事诉讼的本质来看,有必要对未成年人刑事诉讼推行"教育为主、惩罚为辅"的原则加以重新审视。

二、对未成年人刑事诉讼程序"教育模式"的反思

未成年人刑事诉讼本质上是刑事诉讼,而刑事诉讼的目的是惩罚犯罪和保障人权。我国是在《刑事诉讼法》中规定了未成年人刑事案件的特别程序,因此,未成年人刑事诉讼在本质上首先是刑事诉讼。而刑事诉讼的任务在我国刑事诉讼法的第 1 条就载明:"惩罚犯罪,保护人民,保障国家安全和社会公共安全。"因此,将未成年人刑事诉讼确定为"教育为主,惩罚为辅"的原则和教育、感化、挽救的方针,与刑事诉讼法的本质和特性不符。

我国在 1979 年首部《刑事诉讼法》中,只有三个条文涉及未成年人。其中第 10 条规定,对于不满 18 岁的未成年人犯罪的案件,在讯问和审判时,可以通知被告人的法定代理人到场。第 27 条规定,被告人是未成年人而没有委托辩护人的,人民法院应当为他指定辩护人。第 111 条规定,14 岁以上不满 16 岁未成年人犯罪的案件,一律不公开审理。16 以上不满 18 岁未成年人犯罪的案件,一般也不公开审理。1996 年修改《刑事诉讼法》时,虽然修改了 143 处,增加了 63 个法条,但是有关未成年人参与或涉入刑事诉讼的相关规定,并没有改变。直到 2012 年《刑事诉讼法》再修改,才用 11 个条文对未成年人刑事诉讼作了比较详细的规定。

由此可见,我国在 1979 年确立了对未成年人罪犯的教育、感化和挽救方针,当时我国并没有在《刑事诉讼法》中对未成年人刑事诉讼作出专门的规定。而 1979 年的《刑事诉讼法》,强调打击犯罪,尚没有如今保障犯罪嫌疑人、被告人权利的先进理念和实践。同时,当时我国也没有建立相应的对未成年人的保护制度。因此通过文件形式,强调对涉案的未成年人加以教育和挽救,似乎有其合理性。

但是,如今,我国不仅相关的立法逐渐成熟,有《未成年人保护法》《预防未成年人犯罪法》等专门强调对未成年人予以教育和保护的立法,同时,我国的刑事诉讼法的人权保障理念也在不断完善和成熟之中,因此在《刑事诉讼法》中,再强调对未成年人要予以教育和挽救,则与刑事诉讼法的立法宗旨有悖。或许,有人会说,因为未成年人刑事诉讼是刑事诉讼法中的特别程序,既然"特别",那它就应有"特别"之处。我觉得,回答这个问题,就需回到"特别程序"的概念上。所谓特别程序,是指因为某种类型的案件,与普通的刑事诉讼相比,具有案件特点和类型的特殊性,所以刑事诉讼法为了充分照顾到这类案件的特殊性,专门规定了特别的程序。而就未成年人案件而言,因为未成年人属于身心不成熟的状态,在刑事诉讼中,更容易受到国家机关的侵害或成为刑事诉讼潜在的受伤害者。为了保障未成年人的合法权利,因此刑事诉讼法需要为他/她提供更多的保障措施,以避免这种后果。但是,刑事诉讼法作为一种程序法,主要是为未成年人提供程序上的保护,这也是刑事诉讼法的本质所要求的。比如,为未成年人提供成年人不曾享有的程序性权利,以弥补其心智不成熟而可能承受的刑事诉讼劣势。但是,未成年人刑事诉讼本质上是刑事诉讼,我国在刑事诉讼法中专门规定未成年人刑事案件特别程序,也充分说明了这一点。

同时,综观未成年人刑事诉讼程序的发展,对未成年人保护是福利模式的普遍做法,可是未成年人刑事诉讼却越来越强调司法模式。美国作为世界上最先设立未成年人法院的国家,最先基于国家亲权理论,未成年人诉讼的福利模式强调实现未成年人的最大利益,给予未成年人个体化的对待和保护。但是,随着未成年人犯罪率的上升,未成年人诉讼却越来越强调对未成年人的惩罚,甚至按成年人的标准来对待未成年人。司法模式下的未成年人刑事诉讼重点关注在刑事诉讼中给予未成年人正当程序保护。

必须强调的是,与美国相比,我国未成年人刑事诉讼调整的是构成犯罪的案件。即按照我国《刑法》第 17 条规定,已满 16 周岁的人犯罪,应当负刑事责任。已满 14 周岁不满 16 周岁的人,犯故意杀人、故意伤害致人重伤或者死亡、强奸、抢劫、贩卖毒品、放火、爆炸、投毒罪的,应当负刑事责任。已满 14 周岁不满 18 周岁的人犯罪,应当从轻或者减轻处罚。所以,在我国,适用未成年人刑事诉讼的未成年人为 14 周岁不满 16 周岁的恶性犯罪嫌疑人和 16 周岁以上的未成年人。而在美国,在未成年人法院审理的未成年人,不一定为我国意义上的刑事犯罪嫌疑人。实际上,还包括在我国按照《治安管理处罚法》处理的违反治安管理的未成年人。同时,美国未成年人法院管辖的未成年人的最低年龄虽然各州不一致,但相比我国的 14 周岁限制刑事责任能力以及 16 周岁的普通刑事责任能力,要低得多。有些州低至 8 岁,大多数州是 13 岁。所以,我国未成年人刑事诉讼若是一味强调"教育为主、惩罚为辅",似乎有对未成年人过于宽容的嫌疑,而且也对未成年人回归社会不利。①

个人认为,由于我国刑事诉讼法对立案有着一定的门槛,对涉入刑事诉讼的案件,不管其是否未成年人都应当严格按照刑事诉讼法的程序规定,严格地适用法律。而不应当在刑事诉讼中又对涉案的未成年人,鉴于其未成年人的身

① 在我国,未成年人的犯罪率远高于成年人,有犯罪前科的再犯罪率远高于无犯罪前科的犯罪率,有犯罪前科的未成年人其再犯罪率又远高于有犯罪前科的成年人。在未成年人犯罪中,刑期越短的再次犯罪的可能性就越大。参见黄子玉:《论未成年犯的再犯罪》,载《人民法院报》2013 年 3 月 27 日。

份地位,又额外地予以教育与挽救。这不仅与刑事诉讼本身的目的与宗旨不符,同时也使刑事诉讼的逻辑出现混乱。如果一定要对未成年人予以教育和挽救,可以通过提高未成年人刑事立案的标准。另外,未成年人刑事诉讼中,要对未成年人给予教育和挽救,很显然,公安司法机关是教育与挽救的主体。个人认为,这也有悖司法机关的定位。

我国宪法规定,人民法院是国家审判机关,人民检察院是国家法律监督机关。《刑事诉讼法》第 3 条也规定,对刑事案件的侦查、拘留、执行逮捕、预审,由公安机关负责。检察、批准逮捕、检察机关直接受理的案件的侦查、提起公诉,由人民检察院负责。审判由人民法院负责。除法律特别规定的以外,其他任何机关、团体和个人都无权行使这些权力。《刑事诉讼法》第 266 条规定,人民法院、人民检察院和公安机关办理未成年人刑事案件,应当保障未成年人行使其诉讼权利。这些明示规定,都显然并没有要求法院和检察院负有教育和挽救未成年人的义务。事实上,刑事诉讼本身具有教育的功能。《刑事诉讼法》第 2 条就规定,刑事诉讼的其中一项任务是“教育公民自觉遵守法律”。所以,在未成年刑事案件诉讼程序中又规定教育未成年人,有重复之嫌。

再者,未成年人刑事诉讼对未成年人的保护,也应当体现在对未成年被害人的保护。鉴于未成年人的身心不成熟,从而对未成年人提供额外的保护,这是未成年人领域普遍达成的一个共识。这确实也无可厚非。但是,在刑事诉讼领域,它涉及的不仅仅是未成年人一方,很多时候涉及的是双方都是未成年人,那对未成年人的保护,问题就显得更为复杂。

刑事诉讼始终是各方利益的平衡。未成年人刑事诉讼的“教育、感化、挽救”方针以及“教育为主、惩罚为辅”原则,都是着重于对未成年被告人的保护,显然,忽视了未成年被害人一方。

现代的刑事诉讼,在追求保障人权的道路上付出了极大的努力。但是,直到 20 世纪 80 年代,猛然惊醒,被害人的权利在追求保障人权的同时却被忽视了,于是有了轰轰烈烈的被害人运动。各国努力寻求在保障被告人权利和被害人权利之间的一种平衡。我国刑事诉讼法也一直试图避免这种失衡。1996 年《刑事诉讼法》修改时,在强调对被告人权利保护的同时,也增加了对被害人保护的一些措施,比如将被害人作为当事人对待,建立被害人补偿制度等。2012 年《刑事诉讼法》再修改,确立了刑事和解制度,将被害人的意愿作为和解的前提,更进一步提升了被害人诉讼地位。但是,2012 年《刑事诉讼法》虽然设专章专门规定了未成年人刑事案件诉讼程序,可在整章中,只有两处提到了被害人。一是在询问未成年人被害人时,适用讯问未成年犯罪嫌疑人、被告人的相关规定;二是对增设的附条件不起诉,规定“人民检察院在作出附条件不起诉的决定以前",应当听取被害人的意见。显然,未成年被害人在我国的未成年人刑事诉讼中处于边缘的状态。

据报道,北京市一中院的审判实践发现,性侵未成年人案件被害人低龄化趋势明显。从被害人年龄来看,14 周岁以下未成年被害人约占全部性侵未成年被害人总数的 40%,年龄最小的仅 4 周岁。熟人作案占比较大,从罪犯与被害人关系来看,罪犯与被害人是亲戚、邻居、同学、师生、朋友等熟人关系的,约占全部性侵类案件的 31.87%。而在猥亵儿童犯罪中,熟人作案的比重高达 90%。网络社交成为性侵类犯罪主要威胁。有 54% 的被害人是因为网络交友并与网友见面而遭遇性侵的,此类被害人年龄段集中在 15 周岁。[①] 未成年人被害人已经成为性侵案件的主要受害者。

另外,2017 年对全国 15,645 件未成年人刑事案件的数据分析显示,有超过一成未成年刑事案件中存在涉网因素。而在这些涉网案件中,半数以上案件系未成年犯罪案件,被害人未成年以及犯罪对象为未成年人的各占 1/4。[②]

可见,未成年被害人是一个不容忽视的群体。按照目前的司法实践,对侵犯未成年被害人权益的成年人犯罪,通常罪犯会被加重处罚;但是对侵犯未成年被害人的罪犯是未成年人,由于"教育、感化、挽救"的方针,罪犯通常会被减轻处罚。由于年龄的不同,未成年罪犯得到了量刑上的优待。但从未成年被害人而言,鉴于实体法上已经对未成年人罪犯作出了量刑的优惠决定,那么从避免"二次伤害",维护未成年被害人的尊严,以及帮助未成年被害人尽早地摆脱犯罪的受伤,程序法上应当给未成年被害人应有的尊重与保护。程序法只顾保护未成年犯罪嫌疑人,而忽略对未成年被害人的保护,是远远不充分的。如果说,对加害人的保护是法律要求的,那么对被害人的保护,则更是法律的职责。

最后,未成年人刑事案件诉讼程序对未成年人的保护,应体现在完善的程序机制以及程序性权利的赋予与享有。2012 年《刑事诉讼法》再修改时,"为更好地保障未成年人的诉讼权利和其他合法权益,修正案草案在总结实践经验的基础上,针对未成年人刑事案件的特点,对办案方针、原则、诉讼环节的特别程序作出规定"。[③] 显然,我国设立专门的未成年人刑事诉讼程序,是为了保障未成年人的诉讼权利和其他合法权益。为此,刑事诉讼法规定的未成年人刑事案

① 《北京一中院发布未成年人案件审判白皮书:性侵被害人低龄化趋势明显》,载新华网:http://www.xinhuanet.com//legal/2017-06/16/c_1121154644.htm,最后访问日期:2019 年 2 月 10 日。

② 《未成年人涉网刑事案件大数据分析报告》,https://kuaibao.qq.com/s/20180604B0YW8200?refer=spider,最后访问日期:2019 年 2 月 10 日。

③ 王兆国:《关于〈中华人民共和国刑事诉讼法修正案(草案)〉的说明——2012 年 3 月 8 日在第十一届全国人民代表大会第五次会议上》,载中华人民共和国中央人民政府网:http://www.gov.cn/2012lh/content_2086875.htm,最后访问日期:2019 年 2 月 9 日。

件诉讼程序全章基本上也是围绕如何保障未成年人的权利,规定了若干的程序机制,并赋予了未成年人特别的权利。

总体来说,我国未成年人刑事案件诉讼程序设置了旨在保障未成年诉讼权利的程序机制,包括由熟悉未成年人身心特点的审判人员、检察人员、侦查人员承办案件;社会调查制度,即对未成年犯罪嫌疑人、被告人的成长经历、犯罪原因、监护教育等情况进行调查;附条件不起诉制度;不公开审判制度以及犯罪记录封存制度。同时,在未成年人诉讼中,未成年犯罪嫌疑人、被告人也被赋予系列的权利,包括享有律师帮助的权利,严格限制适用逮捕措施,与成年人分别关押,讯问时法定代理人或其他人员到场的权利等。

我国刑事诉讼追求人权保障的历史并不长久,也有许多的著述对我国目前的刑事诉讼法有关人权保障的制度设计颇有微词或批判。按照现行刑事诉讼法的规定,如果未成年人刑事案件诉讼程序未有规定,但刑事诉讼法有规定的,仍然可适用于未成年人案件。比如,未经人民法院依法判决,对任何人不得确定有罪;诉讼参与人对于审判人员、检察人员和侦查人员侵犯公民诉讼权利和人身侮辱的行为,有权提出控告等。所以,未成年人刑事诉讼程序规定的单独由未成年人享有的专门权利,值得细细推敲。

三、美国未成年人刑事诉讼程序的模式演变:一种参照

美国作为世界上最早设立未成年人法院的国家,一直追求刑事诉讼的变革,其在未成年人刑事诉讼程序的变革和演变历程,值得参考。

作为独立的一项诉讼程序,美国未成年人刑事诉讼已经有 100 多年的历史。最先,美国采用国家亲权理论来管理涉及犯罪的未成年人。19 世纪初,美国经历了大规模的移民和轰轰烈烈的工业革命,在这种情况下,犯罪应由社会负责,而不是由罪犯个人负责的理论开始出现并流行。父母被认为应当监督和管制这些孩子,但是如果父母不能有效控制和监督他们的孩子,那么国家将被赋予这些职责。国家亲权责任是对这些孩子进行官方监护的最主要理由。

而 19 世纪末美国国内逐渐兴起建立未成年人法院,则代表着美国对未成年人犯罪采取了不同的理念。19 世纪下半叶美国国内战争之后,政府改革者和个人慈善家逐渐活跃,他们作为社会教育精英和特权阶层,试图减轻贫穷和减少工业剥削。这些进步分子认为,儿童不是生来邪恶或反社会,而是环境的产物。贫穷、功能失调的家庭和不正常的文化价值观,要对未成年人的不当行为承担责任。由于这些原因,未成年人应当接受对他们的行为进行治疗,而这些环境导致犯罪的未成年人,应当被认为功能失调,而不能作为刑事罪犯。1899 年,伊利诺伊州在芝加哥的库克县建立了第一个未成年人法院,以使这些原则能够真正实施。国家亲权责任原则是法院对未成年人案件享有管辖权的法律

基础,也是未成年人法院的哲学基础,因为违反法律的未成年人将不被按罪犯处置。儿童被认为不够成熟,也对他们的行为后果缺乏明知,因此他们被认为对他们的行为不必如成人般承担法律后果。在未成年人司法哲学理念中,年轻罪犯被称为罪错未成年人(delinquent),而非刑事罪犯(criminal)。未成年司法体系的主要目的不是惩罚,而是修复、回归(rehabilitation)。1905 年费城最高法院在 *Commonwealth v. Fisher* 一案中,支持了未成年人法院的这个目的,并说明了法院在训练、改造有罪的未成年人,而不是关注儿童和他们的父母的权利的角色。

未成年人法院的政策和实践在它成立和发展的最初 60 年里,并没有受到任何挑战。但是,这种情况在 19 世纪 60 年代开始变化。经过大萧条、"二战"以及战后几十年的时间,因为在一些法院案件中,未成年人被处以在成年人监狱中服刑,或被转移到刑事法院,但是却没有刑事法院通常享有的正当程序保护,这种情况变得越来越明显。在 19 世纪 60 年代初的一些美国最高法院的案件中,对长期以来未成年人法院的做法提出了反对意见。于是,20 世纪 60 年代被认为是美国一个伟大的社会和文化的转型。① 美国未成年人司法由此进入了未成年人权利的新时代。②

20 世纪 60 年代的美国,从文化上,正式的种族隔离和歧视被终止,宪法对公民权利的保护,妇女得到新的自由,冷战,以及政治和社会的冲突,都使 60 年代不同于以往。政治上,联邦政府规定了处理国内和外国议题的国家层面上的合作。1964 年 5 月,在美国密歇根大学的开学典礼上,时任美国总统林登·约翰逊首次向外界披露了他建设"伟大的社会"(great society)的愿望。随后他推行了这项计划,计划的核心是"保障民权,并向贫困宣战",扩大公共福利的范围和对象。在就业、医疗、教育、生活和住房、城市发展等一系列民生领域,约翰逊都扩大了政府用于公共福利的财政支出。约翰逊总统在 1964 年 1 月 8 日致国会的年度咨文中提到,"本政府在此宣布要向美国的贫困无条件宣战。""有史以来联邦在教育、卫生、重新培训失业工人以及对经济上和人力上扶持残疾人方面以最大的帮助。"咨文同时说:"我们集中进攻的主要武器手段是有更好的学校、更好的医疗、更丰裕的家庭、更多的培训手段和更多的就业机会,以帮助更多的美国人特别是年轻的美国人,以避免带给他们贫穷、肮脏和失业的波动。"在第二次当选总统的就职演说中,约翰逊总统说道:"在一块丰饶的土地上,家家都不容生活于绝望的贫困中。"在 1963 年至 1968 年约翰逊总统执政期间,联邦政府为国内社会改革提供了大量的经费支持。在此期间,美国社会也发生了

① *Kent v. United States*,383 U.S. 541,86 S. Ct. 1045[1966].

② Gus Martin. *Juvenile Justice:Process and System.* Sage Publishing Inc. 2005. 45.

很大的变化。妈妈们开始工作,离婚率上升,有大量的儿童被单亲家庭抚养。之前普遍认为的未成年人罪犯是来自市区的低收入和工作阶层的年轻人的印象也发生了改变,大量来自郊区的中等和高级阶层家庭的年轻人成为未成年人罪犯。当局为此专门成立全国家庭和儿童启动计划以及“反对贫穷战争”计划。联邦资金直接进入这些项目,尤其是在市区的项目,以试图剪断贫穷、犯罪和未成年人罪错之间的联系。随着城市里种族问题的加剧,尤其是1968年马丁·路德金被暗杀后,大约有125起种族暴乱,达到了一个高峰,联邦政府也针对市区非白人年轻人的特别问题,通过一些项目以寻找解决的办法。

未成年人权利这一概念在20世纪60年代成为未成年人司法改革的一个中心议题,所以这一时期也被认为是史无前例的保护未成年人宪法权利的时代。美国最高法院也在这一时期判决了几个重要的案件,重新定义了未成年人司法系统的目的,最核心的便是未成年人有权享有宪法正当程序的保护。

比如*Kent v. United States*案。Morris Kent,16岁,1961年被指控强奸和抢劫,在缓刑期间他供认了自己的罪行,他的律师提出了一项动议,要求就管辖问题进行听审,因为他认为哥伦比亚特区的未成年人法院会放弃管辖权而将案件交由刑事法院。法官并没有同意听审的这项动议,但是在进行了“完全的调查”后放弃了管辖权,同时也没有对调查以及放弃管辖权的理由进行描述和解释。Kent在刑事法院被宣判有罪,并被判决30~90年的监禁。Kent律师的上诉被上诉法院驳回,并且Kent律师本该有权阅读所有关于未成年人法院放弃管辖权有关的记录和放弃的理由的书面记录。Kent案很重要,因为它是最高法院首例案件,它修改了未成年人不被如成年人那般被正当程序保护的长期以来的理念和做法,因为未成年人法院的目的是处置,而非处罚。该案的大法官们的多数意见指出,未成年人可能得到“两个世界中最差的”——“既没有对成年人的保护,也没有假设的对儿童的热心照顾和再生治疗”。①

又如In re Gault案。Gerald Gault,15岁,因轻微的涉财产罪而被判缓刑,他和一个朋友在一个打给他社区的妇女的电话中被描述使用了淫秽语言。Gerald被警察逮捕并被羁押在一个羁押设施中,直到第二天他的父母才被通知。Gerald在法院的听审中没有律师帮助,被害人也没有在场,有关指控的证据也没有被出示,但是Gerald被判决有罪并被移送到培训学校。(一个成年人使用淫秽语言打电话的最高刑罚是50美元罚金或2个月的拘押)后来Gaults方提出了人身保护令的申请而获得了律师的帮助,该令状被亚利桑那州最高法院和上诉法院拒绝,但最终美国最高法院听审了该案。最高法院认为,Gerald的宪

① 383 U. S. 541,86 S. Ct. 1045[1966].

法正当程序权利被侵犯。在能够将未成年人移送给服刑机构的听审中，未成年人有权被通知获得律师，有权质询证人，以及享有免受自证其罪的保护。①

这些美国最高法院的案件极大地影响了全美国的未成年人法院的法律程序。根据最高法院的判决，各州的立法人员迅速按照最高法院的判决修改未成年人法院程序。这样，在县或州检察官起诉的案件中，从缓刑官立案到警察处理一些有关未成年人罪错的行为，以及州未成年人法院审判案件，都会被要求未成年人享有正当程序权利。

除了最高法院在案件判决中确立了未成年人在诉讼中享有正当权利的保护之外，相关立法也进一步确立了这一主旨。1968 年，国会颁布了《未成年人罪错预防和控制法案》，以一种持续的、全国范围的努力减少未成年人罪错的发生。1974 年又颁布了《未成年人司法和犯罪预防法案》。《未成年人司法和犯罪预防法案》不仅取代了 1968 年的《未成年人罪错预防和控制法案》，同时要求美国健康、教育和福利部门发展和协调一项广泛的策略计划，以减少未成年人罪错。根据这部法律，各州得到联邦的资金支持，用以开展州内的未成年人罪错预防，未成年人回归，研究和培训等项目。健康、教育和福利部门中的未成年人罪错预防管理最终也对建立预防未成年人罪错的全国标准付出了很多努力。

1968 年，国会还颁布了《综合犯罪控制和安全街道法案》，以联邦资金和技术扶持来帮助州和地方发展当地的司法系统。这个项目，加上健康、教育和福利部门的项目，以及住房和市区发展部门的模范城市项目，最终促成了年轻人服务局(Youth Service Bureaus)的成立。年轻人服务局最先是在 1967 年一份名为《自由社会里的犯罪挑战》的总统委员会报告中被建议，希望设立这样的一个部门主要处理未成年人罪错和身份犯罪。年轻人服务局主要是协调未成年人法院、警察和缓刑官之间的工作。后来，在卡特总统和里根总统执政期间，因为经费的削减，大部分年轻人服务局被关门。

这些法律和最高法院对未成年人司法改革的支持，最终促成了美国未成年人司法程序对未成年人宪法权利保护的确认，使美国未成年人司法程序得以重构。

20 世纪 70 年代的美国进一步加强了对未成年人权利的保护。联邦政府和美国最高法院继续推进未成年人司法程序的全国标准和合作，有关未成年人处置和回归的机构设置与理论是否有效的研究，也如火如荼地开展起来。70 年代是对未成年人更多正当程序保护的时代，以及更加强调"网的扩大"，或者说提供未成年人机构化的更多的替代选择。②

---

① 387 U. S. 1, S. Ct. 1428[1967].

② Gus Martin. *Juvenile Justice: Process and System.* Sage Publishing Inc. 2005. 49.

1974 年,国会通过了《未成年人司法和罪错预防法案(The Juvenile Justice and Delinquency Prevention Act,JJDP)》,以取代 1968 年的《未成年人罪错预防和控制法案》。该法案获得了参众两院的大力支持,联邦将提供资金支持用于州限制羁押和将未成年人罪犯机构化,帮助各州对未成年人罪犯提供更多的替代性处置措施。该法案同时要求在司法部内建立未成年人司法和罪错预防办公室(Office of Juvenile Justice and Delinquency Prevention,OJJDP),最终目的是提倡和实现羁押是最后一种选择的理念。1974 年《未成年人司法和罪错预防法案》的实施,直接体现在未成年人被羁押的数量急剧下降,而以社区为基础的项目则大幅上升。同样显著的变化还有未成年人从关押成年人的设施中转移出来或与未成年人单独关押。尽管《未成年人司法和罪错预防法案》在 20 世纪 90 年代被修改以允许关押经过严格筛选的罪错未成年人,但是它在扩大未成年人司法系统的网,即提供更多的替代性选择上则功不可没。

20 世纪 70 年代,美国最高法院也通过一些案例,进一步确认了未成年人司法保护未成年人正当程序的权利。在 In re Winship 案中,Samuel Winship,12 岁,被指控在一个商店从一个妇女的钱包里偷钱。一个商店雇员指出 Samuel 就在被报告失窃之前从商店逃跑,但是另一些在商店的人则反对这项指控,指出这个雇员当时并不能看见钱被偷的情形。在未成年人法院听审的过程中,法官同意 Winship 律师的意见,认为 Samuel 的有罪存在一些"合理怀疑",但是纽约州未成年人法院(与大多数州的未成年人法院一样)遵循"优势证据"的民事法律标准。Winship 被裁决有罪并被移送到纽约培训学校。Winship 的律师以未成年人法院的证据标准为焦点提起上诉。美国最高法院裁决,要裁决一个未成年人有罪的证明标准应当是"排除合理怀疑"。[①]

在 *McKeiver v. Pennsylvania* 案中,Joseph McKeiver,16 岁,被指控抢劫和盗窃,他和另一大群未成年人一起从三个年轻人处拿走了 25 美分。在听审中,法官拒绝了他的律师要求陪审团审判的要求,McKeiver 被裁决有罪并被判缓刑。McKeiver 的律师将案件上诉至州最高法院,后者维持原判。然后该案被上诉至美国最高法院,仍然被维持原判。最高法院认为,陪审团并不能增加裁判程序的准确性,并且可能会对未成年人法院非对抗的听审程序的非正式气氛造成不利影响。[②] 值得注意的是,McKeiver 案是最初五个美国最高法院有关未成年人犯罪的案件中,唯一一件没有支持未成年人必须得到与成年人在刑事法院所有同样的正当权利的案件。

又如 *Breed v. Jones* 案中,Gary Jones,17 岁,被指控持枪抢劫并在洛杉矶未

---

① 387 U. S. 358,90 S. Ct. 1068[1970].

② 403 U. S. 528,91 s. Ct. 1976[1971].

成年人法院出庭,并被裁决有罪。在有关如何处置的听审中,法官放弃了管辖权并将案件移交给刑事法院。之后 Jone 的律师提起了人身保护令申请,主张在未成年人法院的裁决后放弃管辖权将案件移交给刑事法院,违反了第五修正案的双重危险条款。法院拒绝了这个申请,认为未成年人的裁决不是“审判”。案件随后被上诉至美国最高法院。大法官们在判决中认为裁决等同于审判,因为未成年人被认为违反了刑事法律。因此 Jone 的双重危险权利也被侵犯。最高法院认为,只要有证据被提交,双重危险同样适用于裁决听审(adjudicate hearing)。所以未成年人法院只能在裁决听审之前或正在进行时才能放弃听审。①

应当说,在20世纪70年代,美国将未成年人刑事诉讼的权利保护推向了一个高潮。20世纪70年代晚期,因为犯罪率的上升,再犯的不断涌现,以及未成年人暴力犯罪在犯罪的频率和严重性上都出现增长,美国开始对与司法相关的文化和政治因素进行反思。公众普遍认为罪犯“赢了”,他们被赋予大多的权利。到了80年代,里根总统开始保守执政,严厉打击犯罪成了最主要任务,并且这项任务一直持续到21世纪。法律和秩序,被害人和社会的福利,超越了民众对罪犯福利的关注。现代的未成年人司法逐渐作出一些调整,以回应对刑事行为的文化和政治上的不容忍。

钟摆在20世纪80年代开始摇向法律和秩序。为回应严重未成年人罪错在增加,并且这个系统对罪犯太宽恕的公众认知,许多州通过颁布更多的惩罚性法律。一些法律将被指控严重犯罪的未成年人罪犯从未成年人系统中移除出去;另一些州要求未成年人司法系统要更多追随刑事司法系统,对待较严重的未成年人罪犯要向成年罪犯那般,而不是像未成年人法院那般对待和处置他们。结果是将指控特定罪行的未成年人罪犯排除在未成年人法院的管辖之外,或让他们自动地或强制地放弃未成年人法院管辖,而转由刑事法院管辖。一些州,刑事法院和未成年人法院的共同管辖条款,使检察官享有对特定的未成年人案件,直接向刑事法院而非未成年人法院起诉的自由裁量权。

这种趋势在20世纪90年代一直持续至今,州立法通过更惩罚性的法律,以更严厉的方式对待未成年人罪错。州立法显示出五个领域的改变,以遏制未成年人罪错。立法的改变大多数涉及扩大刑事法院程序可管辖案件的范围,对未成年人罪犯予以成人矫正监管的量刑,减少对未成年人罪犯例行的隐私保护。在1992~1997年,除了三个州,其他所有州,均在以下一个或几个方面作了改变:(1)移送条款。45个州立法使将未成年人罪犯移送到刑事司法系统更

① 421 U. S. 519,95 s. Ct. 1779[1975].

容易。(2)量刑选择。31个州扩大了刑事和未成年人法院量刑选择。(3)私密。47个州通过记录和程序更公开而修改或取消了传统未成年人法院对未成年人私密的保护条款。(4)被害人权利。22个州法律增加了未成年人罪错中被害人在未成年人司法程序中的角色。(5)矫正项目。作为新的移送和量刑法律的结果,成年人和未成年人矫正管理者发展出了一些新的项目。

与此同时,未成年人法院诉讼程序变得更正式,也更具对抗性。跟随成人刑事法院的理念,采取了惩罚性的量刑哲学,强调罪有应得、报复和威慑,未成年人法院也对暴力的、顽固不化的和严重偏差行为予以严厉的惩罚。未成年人矫治机构也变得更严格,仿效成人服刑机构,将机构设施按照不同的安全级别,比如最严格、中等严格和严格,予以分类。一些提供未成年人培训的设施机构被搬到郊区,脱离基于社区的改造项目。这样在很多情况下实际上又回到了让未成年人脱离社会的哲学上来。

将未成年人转到成人刑事法院的案件数量也逐渐增加,因为这种转移变得容易了。未成年人被认为是对社会的威胁,因此审前的预防性羁押也成为一个话题,就像成年人在审前被羁押那样。1984年的 *Schall v. Martin* 案,最高法院支持了未成年人被预防性羁押的合宪性。① 法院认为,如果未成年人显示出进一步犯罪的高风险,那么他/她可以被羁押,且不违反正当程序的权利。

不难看出,美国作为世界上追求正当程序的典型国家,在20世纪六七十年代,通过Kent案、Gault案和Winship案等系列案件,将未成年人刑事诉讼推向了正当程序权利时代,但是在Winship案后,最高法院对未成年人刑事诉讼中的正当程序的观点就又趋于保守。从1971年的 *McKeiver v. Pennsylvania* 案开始并持续至今,美国最高法院开始转变为以基本公正的情境驱动标准作为少年正当程序的分析框架。②

美国未成年人刑事诉讼程序一百多年来的演变,从最先的国家亲权,由国家行使监护责任,转到保护未成年人,促进未成年人回归社会的福利模式,再到热情追求正当程序,关注未成年人在刑事诉讼程序中的权利保护,后至热情冷却追求程序的基本公正,在基本公正的前提下打击惩罚未成年人犯罪,体现了这个国家对未成年人犯罪、未成年人刑事诉讼程序认识的不断深化和价值诉求。同时也非常清楚地表明,未成年人刑事诉讼程序的价值追求和模式,并不是一成不变地,而是随着社会的整体经济、文化以及犯罪现状,不断地发展,逐渐成熟。

---

① 467 U. S. 253,104 S. Ct. 2403[1984].

② McKeiver v. Pennsyhvania,403 U. S,528(1971).

四、我国未成年人刑事诉讼程序的改革:从“教育模式”转向“司法模式”

我国的未成年人刑事诉讼程序,发展才区区几十年。但是这几十年来,秉承着对未成年人的教育挽救方针,未成年人刑事诉讼程序发挥了积极的作用。但是,未成年人刑事诉讼程序本质上是刑事诉讼,是为刑事诉讼目的而存在。所谓的特别程序,是指未成年人案件相比于成年人案件,具有当事人心智不成熟、容易受到刑事诉讼相关参与人的影响,因此,特别程序应当是指鉴于这类案件的特殊性,为避免刑事诉讼的公正丧失或受不利影响,未成年人刑事诉讼程序需要建立一套专门的程序机制,以保障程序公正的实现。而并非指未成年人刑事案件诉讼程序脱离刑事诉讼的语境,无视刑事诉讼本身惩罚犯罪和保障人权的目的追求。

我国未成年人犯罪案件数量近年来一直居高不下,随着互联网的发展,犯罪手段越来越智能化,新型犯罪层出不穷。未成年被害人的权利保护日益需要关注,未成年人保护的相关立法也要逐渐完善。未成年人犯罪是一个社会综合问题,如果刑事诉讼强调挽救、教育犯罪的未成年人,而缺乏足够的社会支持系统,那么刑事诉讼对未成年人的教育和挽救功能也不能够达到预期。所以,未成年人刑事诉讼应当回归刑事诉讼的本质,对进入刑事诉讼程序的未成年人需要强调惩罚,在打击犯罪的同时,尤其是要顾及对这些心智尚未健全的未成年人提供足够的权利保障。而对未成年人的教育和挽救,则应当在进入刑事诉讼程序之前或程序结束之后,尤其是案件执行完毕之后,加以强调。比如,在进入刑事诉讼之前,加强对未成年人的法制教育和提供相应的预防犯罪的措施;在刑事诉讼之后,尤其是案件执行完毕之后,对这些未成年人则要提供就业或家庭的帮扶上。在笔者看来,未成年人刑事诉讼本质上是刑事诉讼,应当坚持刑事诉讼的性质和目的。

近二十年,我国刑事诉讼的改革主要集中在人权保障。如果说,1996 年《刑事诉讼法》的修改,主要集中在成年人刑事案件,那么,2012 年的《刑事诉讼法》再修改,将未成年人刑事诉讼的人权保障提高到了一个新的高度。有一种想法认为,由于未成年人的心智尚未发展成熟,所以,未成年人刑事诉讼要更加强调对未成年人的程序保护。在一定程度上,这种观点具有一定的合理性。因为刑事诉讼毕竟是国家公权力追究犯罪的一种活动,在面对国家强权时,作为特别弱势的群体,未成年人需要一些额外的程序保障,以保障程序公正。但是另一方面,未成年人刑事诉讼,也不应当片面追求未成年人的人权保障。因为未成年人涉入刑事诉讼,就说明他/她需要接受刑事诉讼惩罚犯罪的束缚。

“司法模式”下的未成年人刑事诉讼程序,一方面,我们应当就立法已经规定的相关程序机制予以审视和完善,让字面上的权利保护在实践中能充分实现;另一方面,也要对未成年人具体享有的权利加以梳理,以求对涉诉的未成年人加以保护与犯罪惩罚达到一种微妙的平衡,而非大跃进式地提倡权利保护。

显然,现行《刑事诉讼法》对未成年人的诉讼权利,尤其是辩护权给予了特别的注意。《刑事诉讼法》第270条在未成年人刑事案件特别程序中特别指出:“人民法院、人民检察院和公安机关办理未成年人刑事案件,应当保障未成年人行使其诉讼权利,保障未成年人得到法律帮助”。同时,第278条又规定:“未成年犯罪嫌疑人、被告人没有委托辩护人的,人民法院、人民检察院、公安机关应当通知法律援助机构指派律师为其提供辩护。”但是,这两个法条明显存在重复。“保障未成年人行使其诉讼权利,保障未成年人得到法律帮助”,难道法律帮助权不属于诉讼权利吗?第278条显然是对辩护权的一种具体保障措施,将法律援助扩展至未成年人。更何况,我国《刑事诉讼法》在总则部分已经对保障被告人的诉讼权利和辩护权有了明确的规定。《刑事诉讼法》第14条规定:“人民法院、人民检察院和公安机关应当保障犯罪嫌疑人、被告人和其他诉讼参与人依法享有的辩护权和其他诉讼权利。”所以,未成年人刑事案件特别程序无须再强调对未成年人诉讼权利的保障。在司法模式的要求下,建议将《刑事诉讼法》第277条修改为:“对犯罪的未成年人实行教育、感化、挽救的方针。由熟悉未成年人身心特点的审判人员、检察人员、侦查人员承办。”

另外,建议对未成年被害人提供免费的法律帮助。通观未成年人刑事案件特别程序,几乎全是集中在如何保障未成年犯罪人,除了第281条第4款规定了询问未成年被害人、证人,按照讯问未成年犯罪嫌疑人、被告人的相同程序要求。很显然,未成年被害人的权利保护在刑事诉讼法中被忽略了。未成年被害人同是属于需要受保护的群体,尤其是一些犯罪,被害人自身或家庭不愿意出庭或可能面临第二次伤害,还有被害人也会面临家庭经济困难等状况。所以,对未成年犯罪嫌疑人、被告人提供法律帮助的同时,对未成年被害人提供必要的法律帮助,是极有必要。同时,这也会一定程度上给未成年罪犯予以威慑和全面的实施教育。刑事诉讼虽然是国家追诉犯罪的活动,但在这过程中,需要竭力平衡各方面的利益。既要充分地保护未成年罪犯的权利,同时又不能忽略未成年被害人的权利。

德国特别没收程序的发展及借鉴

柴煜峰*

摘　要　在经济全球化背景下,各国刑事犯罪有了新的变化,主要表现为洗钱犯罪、有组织犯罪、毒品犯罪、贪污贿赂犯罪和经济犯罪等刑事犯罪呈现出多样化、组织化、跨国化和系统化的趋势,而且犯罪人会通过物的转移和人的逃匿以保有犯罪收益,社会危害严重。鉴于此,联合国已于1988年以来出台了一系列国际公约以有效应对上述挑战,不仅要求在实体方面进一步扩大特别没收的范围,而且在程序方面要进一步完善特别没收的程序。以德国为代表的大陆法系国家和地区都根据国际公约的要求和本国实际情况对特别没收制度进行了相应调整以适应特别没收法扩大化的需要,对我国具有较强借鉴意义。

关键词:特别没收　一般没收　追缴　刑事扣押　保全

所谓没收,就是剥夺对财物的所有权,将其收归国库的处分。① 刑事司法中的没收分为两类:一类是不问财产来源合法与否,直接对当事人全部财产进行的强制收取,又名一般没收;另一类指将与犯罪密切相关的财物收归国有,又名特别没收。② 从比较法角度来看,一般没收是一类刑罚措施,也可称为财产没收刑,除我国内地、俄罗斯、越南等少数刑法典外,多数国家已弃之不用;③而特别没收针对的是犯罪人用于犯罪的财物、工具和从犯罪中获得的收益,国际公约和域外各国刑事立法都规定了特别没收制度,④是通常意义上所称的"没收"。⑤

在内地,刑法既规定了一般没收措施,也规定了特别没收措施。一般没收在我国是附加刑的一类,亦即没收财产刑。除《刑法》第59条规定"没收财产是没收犯罪分子个人所有财产的一部或者全部……"外,部分分则条文也有关于

---

* 柴煜峰,中国人民大学法学院诉讼法学(刑事诉讼法学方向)2014届博士。

① 参见[日]大谷实:《刑法讲义总论》(第2版),黎宏译,中国人民大学出版社2008年版,第464页。

② 参见陈兴良:《刑法适用总论》(下),法律出版社1999年版,第235页。

③ 参见张明楷:《外国刑法纲要》,清华大学出版社1998年版,第401页。

④ "域外大部分国家的没收仅指特别没收,如法国、德国、意大利、奥地利、瑞士、希腊、罗马尼亚、日本、韩国及英美法系国家。"参见孙明先:《中外刑法比较专论》,法律出版社2011年版,第279~280页。

⑤ 参见赵秉志主编:《英美刑法学》(第2版),科学出版社2010年版,第239页。

没收财产刑的规定;[①]特别没收在我国是对犯罪分子违法所得、供犯罪所用的本人财物以及违禁品的强制处理方法,而不是一种刑罚。[②]《刑法》第 64 条规定:"犯罪分子违法所得的一切财物,应当予以追缴或者责令退赔;对被害人的合法财产,应当及时返还;违禁品和供犯罪所用的本人财物,应当予以没收。没收的财物和罚金,一律上缴国库,不得挪用和自行处理。"

我国的一般没收与特别没收有以下不同之处:第一,两者针对的财产标的不同。一般没收是一类附加刑,以剥夺犯罪人合法财产权益为目的,适用于犯罪人所有的合法财产,不需要证明该财产与犯罪行为有关;而特别没收是一类强制处理方法,适用于与犯罪行为相关的特定物品,适用时应证明该财产的非法性质或与犯罪行为有关。第二,两者适用的正当性根据不同。一般没收是为了实现对犯罪行为的惩罚,要受罪责刑相适应原则的约束;而特别没收是为了消除特定财产的非法状态,范围以与犯罪行为有关的财产为限,与罪行轻重无关。第三,两者适用的条文依据不同。刑法分则明确规定了"可以"或"应当"适用一般没收的情况,刑法分则没有规定时则不能适用一般没收;而特别没收的适用无须刑法分则作出明确规定,凡依照《刑法》第 64 条应予以追缴、没收或责令退赔的财物,均应作出处理。第四,法律后果不同。一般没收是刑罚措施,犯罪人需要承担前科带来的一系列后果;而一般没收并非刑罚措施,不涉及前科问题。第五,两者适用的阶段不同。一般没收只能在审判阶段适用且仅能由人民法院作出决定;而特别没收可发生在侦查、起诉和审判环节,公安机关、人民检察院和人民法院都有权作出决定。

因特别没收既关乎电信诈骗、集资诈骗等案件中被害人能否得到充分救济,又涉及刑事诉讼中对犯罪嫌疑人、被告人的权利保障。对以德国为代表的大陆法系国家的特别没收程序开展系统研究,有助于我国没收程序的构建和完善。

一、德国特别没收的实体规定与程序构建

(一)德国特别没收的实体法

1. 德国特别没收实体法的确立:1871 年《德意志帝国刑法典》第 40 条

1871 年《德意志帝国刑法典》是德国刑事实体法的基础,其前身是 1370 年 5 月 31 日制定的《北德意志同盟刑法典》。从 1871 年颁布施行起,已作 120 多

① 对我国没收财产刑的存与废,刑法学界一直有争议。例如姚贝:《没收财产刑研究》,中国政法大学出版社 2011 年版。下文将部分涉及有关《刑法》第 59 条及我国没收财产刑制度的探讨。

② 参见胡康生、李福成主编:《中华人民共和国刑法释义》,法律出版社 2004 年版,第 57 页。

处部分修改,但基本内容维持至今。① 其中,第 40 条规定了特别没收制度。作为刑事附加刑的一类,其对象是正犯或共犯故意犯重罪或轻罪而获得之物品,或为实施(不仅仅是预备实施)此等故意犯罪而使用或准备使用的物品。②

2. 德国特别没收实体法的发展:1969 年刑法改革与追缴制度的引入

“二战”结束后,在同盟国占领区成立的德意志联邦共和国境内恢复使用经多次补充修改的 1871 年《德意志帝国刑法典》,并且根据形势需要以单行刑法的方式对刑法典进行部分改革。时至 1969 年,德国执政党以两部草案为基础制定刑法改革法,先于 1969 年 6 月 25 日通过了第一部刑法修改法,就刑罚制度和分则问题进行了修改,后于 1969 年 7 月 4 日通过了第二部刑法修改法,包括全新的刑法总则。③

基于“剥夺犯罪人犯罪所得”的目的,德国立法者认为罚金刑在实现此目的方面只能发挥有限作用。为剥夺因非法行为而增加的财产、适应刑事政策变化,在刑法典中增设追缴(Verfall)制度。④ 至此两部修改法合二为一,形成德国现行的 1975 年《刑法典》,⑤而特别没收制度也相应扩大为追缴和没收两类措施。

3. 德国特别没收实体法的现状:1975 年《刑法典》中的追缴和没收制度

在德国 1975 年《刑法典》中,第三章第七节规定了“追缴和没收”,作为“行为的法律后果”之一,与刑罚制度、矫正与保安处分制度相并列。与 1871 年《德意志帝国刑法典》相比,1975 年《刑法典》不仅扩大了追缴和没收的范围,而且明晰了追缴和没收的适用条件。

(1)刑事追缴:剥夺犯罪人的违法财产收益

德国 1975 年《刑法典》第 73 条规定了追缴措施,其主要任务是剥夺行为人的违法财产收益,使其财产回复到行为前的状况。根据该规定,⑥追缴的适用条件包括:①行为人必须实施了实现犯罪构成要件的违法行为。这里的“违法行

---

① 参见[日]宫泽浩一:《联邦德国刑事法律的变迁与展望》,张明楷译,肖贤富校,载《法学译丛》1989 年第 5 期。

② 参见[德]弗兰茨·冯·李斯特:《德国刑法教科书》,徐久生译,法律出版社 2000 年版,第 411 页。

③ 参见何勤华主编:《德国法律发达史》,法律出版社 2000 年版,第 389 页;郑伟:《德国刑法的最新发展》,载《法学》1997 年第 4 期。

④ 参见[德]汉斯·海因里希·耶赛克、托马斯·魏根特:《德国刑法教科书·总论》,徐久生译,中国法制出版社 2001 年版,第 909 页。

⑤ 参见[日]宫泽浩一:《联邦德国刑事法律的变迁与展望》,张明楷译,肖贤富校,载《法学译丛》1989 年第 5 期。

⑥ 德国《刑法典》第 73 条第 1 款规定:“(1)正犯或者共犯因违法行为或者基于违法行为本身而取得财产利益的,法院命令予以追缴。(2)如因被害人基于行为而产生的请求权的满足使正犯或共犯从违法行为中获得的财产利益丧失的,不适用本规定。”

为”包括故意或过失下的犯罪既遂、犯罪未遂以及无责任能力或紧急避险状态下实施的行为;②行为人由于其行为或者通过其行为直接获得了实质上的利益。[①] 例如,贩卖毒品而获得的赌资,杀手杀人后获得的报酬,非法赌博赢得的钱款等。但这里应注意的是,“违法行为”和“实质上的利益”之间必须存在直接性关联:对于一般的刑事犯罪,我们易于识别两者之间的直接联系,如通过“贩卖毒品”的行为从而直接获得“赌资收益”;对于经济犯罪,两者之间的直接性联系并不易于把握。德国司法实务界认为,“在经济犯罪领域,常常在行为和所得之间的直接性关联可能由于许多中间环节而推迟,但直接性原则并不因此而受到损害。例如,建筑业主 B 贿赂建筑公务主管并通过投机取得造价 1800 万欧元的建筑合同。他的盈利达 80 万欧元”。[②] 这里的盈利款 80 万元应视为间接的行为收益予以追缴。

在具体适用范围方面,追缴的对象是“因违法行为或者基于违法行为本身而取得财产利益”,包括所得利益、[③]替代物、[④]折价款,[⑤]形式覆盖了物、金钱和权利。在所得利益方面,包括直接的收益和间接的收益,后者如将毒资存入银行后获得的利息;替代物包括将原物出卖后所购买的物品或者使用原物所购买的物品;折价款是指当既不能追缴特定的原物也不能追缴替代物时,[⑥]可以追缴与所得物价值相当的价款。

(2)刑事没收:剥夺源于犯罪行为的对象

根据德国 1975 年《刑法典》第 74 条第 1 款的规定,没收的客体包括行为人由犯罪行为制造的或用于犯罪、犯罪预备或决意用于犯罪行为的对象,这里的“对象”也包括物、金钱和权利。这里的没收不同于第 73 条规定的追缴。追缴涉及的对象是从行为中获得的财产增长,而没收涉及的对象本身的形成或者目前的性能就源于犯罪行为。[⑦]

---

① 参见樊文:《德国刑法上的追缴与没收:规范的基础、结构及其适用》,载陈泽宪主编:《刑事法前沿》(第三卷)中国人民公安大学出版社 2006 年版,第 47 页。

② 樊文:《德国刑法上的追缴与没收:规范的基础、结构及其适用》,载陈泽宪主编:《刑事法前沿》(第三卷),中国人民公安大学出版社 2006 年版,第 56 页。

③ 德国《刑法典》第 73 条第 2 款规定:“追缴命令的效力及于所得利益。”

④ 德国《刑法典》第 73 条第 2 款规定:“追缴命令的效力还及于正犯或共犯出让所得物而取得的财物,或他人因毁灭、损害或夺走取得之物品而赔偿的物品,或基于所得权利而取得的财物。”

⑤ 德国《刑法典》第 73 条 a 项规定:“(1)由于取得物的性质或其他原因致使不能追缴某一特定物,或者不能追缴第 73 条第 2 款第 2 句规定的替代物的,法院可命令将取得物折抵为适当价款予以追缴。(2)如被追缴的物品的价值低于最初的取得物的价值,法院除命令追缴该物外,还可命令追缴差价。”

⑥ 不能追缴原物的原因包括取得物的性质不适宜追缴或其他原因,前者如贩毒所得毒资被犯罪人挥霍,后者如盗窃的汽车因车祸而报废。

⑦ 参见樊文:《德国刑法上的追缴与没收:规范的基础、结构及其适用》,载陈泽宪主编:《刑事法前沿》(第三卷),中国人民公安大学出版社 2006 年版,第 83 页。

具体而言,德国刑法中的特别没收仅限于两类情形:第一类情形是该物在判决时属于正犯或共犯所有,或者其享有处分权的。例如,犯罪中形成的物品,包括盗窃所得的财物、贩毒所得的赌资等;再如,目前的性能源自犯罪的物品,包括伪造的印章、文件、货币等。第二类情形是根据该物的种类和状况,使用它足以危害公共安全或有用于实施违法行为危险的。此时进行没收的目的是进行保安处分,是出于保护社会公众免受危险的目的,没收足以危害公共安全或可能用于实施违法犯罪的物品,包括毒品、武器、禁止传播的图片等。两类情形的区别主要在于,第一类情形是对有责地实施了故意犯罪的行为或者参与人科处的一种附加制裁,第二类情形是进行保安处分,不要求行为的有责性,没收对象也不必然属于行为人。[①]

另外,德国1975年《刑法典》第74条c项也规定了折价款的没收,亦即如正犯或共犯可能知道将要发生没收行为时属于其所有或其享有处分权的物品,而于判决前用尽该物品、尤其是出售或耗损或以其他方式致使无法没收该物的,法院可命令没收正犯或共犯应交付与该物价值相当的折价款。

(二)德国特别没收的程序法

德国于1971年统一后,各区域法院组织法及刑事诉讼法直至1877年才实现全国性统一。[②] 因此,现行联邦德国《刑事诉讼法》是对1877年2月1日《德意志帝国刑事诉讼法典》部分修改后形成的。[③] 该法虽经多次修改并于1987年颁布了新版本,但主体结构并未发生变化。[④]

在《德意志帝国刑事诉讼法典》修改过程中,与特别没收程序关涉最大的变动是1974年3月2日颁布的刑法施行法(EGStGB)。在此次修改中,1974年刑法施行法在综合刑事诉讼单行法规的基础上作了进一步完善,规定了在没收或追缴时(德国1975年《刑法典》第73条以下)对物品或财产利益(Vermögensvorteile)的保全程序。同时,还新增了有关被害人权益保障(Schadloshaltung)的规定。[⑤] 上述修改主要是对1969年刑法新增追缴制度的回应,而且追缴制度以及1974年修改的保全程序都于1975年1月1日起生效。之后,有关特别没收的程序未有较大改动,主要内容包括保全和保管、处理和执行程序。

---

① 参见樊文:《德国刑法上的追缴与没收:规范的基础、结构及其适用》,载陈泽宪主编:《刑事法前沿》(第三卷),中国人民公安大学出版社2006年版。

② Liszt, Franz von, Das Deutsche Reichsstrafrecht, Berlin: Guttentag1881, S. 29ff. 转引自柴松霞:《德国刑事诉讼法修改的特色所在》,载《西部法学评论》2011年第1期。

③ 参见[日]宫泽浩一:《联邦德国刑事法律的变迁与展望》,张明楷译,肖贤富校,载《法学译丛》1989年第5期。

④ 参见[德]托马斯·魏根特:《德国刑事诉讼程序》,岳礼玲、温小洁译,中国政法大学出版社2004年版,第6页。

⑤ 参见[德]克劳斯·罗科信:《刑事诉讼法》(第24版),吴丽琪译,法律出版社2002年版,第635页。

1. 德国特别没收的保全和保管程序

在保全和保管程序方面,德国《刑事诉讼法》第 111 条 b 项在宏观上规定了特别没收的保全程序:如果有理由认为,追缴或没收的前提条件存在时,可以通过扣押对标的物进行保全;如果有理由认为,追缴或没收价值补偿的前提条件存在时,为保全可以进行物的假扣押。第 111 条 c 项和第 111 条 d 项分别规定了扣押保全和假扣押保全的程序,第 111 条 e 项和第 111 条 f 项分别规定了命令扣押或假扣押的程序及管辖,第 111 条 g 项和第 111 条 h 项分别规定了被害人的优先清偿权和申请程序,第 111 条 i 项规定了扣押或假扣押的法律后果,第 111 条 k 项规定了被害人动产的归还程序,第 111 条 l 项规定了扣押或假扣押对象的保管及紧急转让程序,第 111 条 m 项规定了印刷品及其他文书的扣押程序。①

2. 德国特别没收的处理程序

在处理程序方面,对于判处的追缴和没收,一般要在判决中予以明示,亦即在已对特定人判处有罪的判决中予以明示。② 德国《刑事诉讼法》第 430 条 ~ 第 439 条详细规定了刑事诉讼中的没收程序:第 430 条规定了放弃没收的情形,第 431 条规定了第三人的参与,第 432 条和第 433 条规定了没收当事人陈述权和其他权利义务,第 434 条规定了没收当事人有权聘请律师,第 435 条规定了没收当事人经传唤应出庭接受审判,第 436 条规定了缺席审判,第 437 条规定了救济程序,第 438 条规定了经由处罚令的没收,第 439 条规定了没收的后续程序。③

3. 德国特别没收的执行程序

在执行程序方面,德国《刑事诉讼法》第 459 条 g 项第 1 款规定对物命令收缴、没收或废弃时,通过从受有罪判决人处或者从收缴和没收参与人处取走物来执行。对于执行适用《司法款项征收法》的规定。第 2 款规定对于执行以给付金钱为义务的附加法律后果,相应适用第 459 条、第 459 条 a 项、第 459 条 c 项第 1 款、第 2 款和第 459 条 d 项有关罚金刑执行的规定。④

---

① 条文参见李昌珂译:《德国刑事诉讼法典(1994 年 12 月 1 日生效文本)》,中国政法大学出版社 1995 年版;《德国刑事诉讼法(2011 年 6 月 23 日修正)》,宗玉锟译,中德法治国家对话第十一届法律研讨会:刑事诉讼的法律制度和机制会议参考材料,青岛,2011 年 9 月。

② 参见[德]克劳斯·罗科信:《刑事诉讼法》(第 24 版),吴丽琪译,法律出版社 2002 年版,第 600 页。

③ 条文参见李昌珂译:《德国刑事诉讼法典(1994 年 12 月 1 日生效文本)》,中国政法大学出版社 1995 年版;《德国刑事诉讼法(2011 年 6 月 23 日修正)》,宗玉锟译,中德法治国家对话第十一届法律研讨会:刑事诉讼的法律制度和机制会议参考材料,青岛,2011 年 9 月。

④ 条文参见李昌珂译:《德国刑事诉讼法典(1994 年 12 月 1 日生效文本)》,中国政法大学出版社 1995 年版;《德国刑事诉讼法(2011 年 6 月 23 日修正)》,宗玉锟译,中德法治国家对话第十一届法律研讨会:刑事诉讼的法律制度和机制会议参考材料,青岛,2011 年 9 月。

二、特别没收面临的新挑战

（一）国际视角下犯罪情势的新变化

经济全球化是第二次世界大战以来，特别是20世纪90年代以来，世界经济发展的重要趋势。经济全球化的实质是资本的全球化，其为我们带来的不仅仅是贸易、产品、货币和技术在全球范围内的快速流动、渗透和交换，随之而来的还有愈演愈烈的毒品犯罪、恐怖主义犯罪、洗钱犯罪、贪污贿赂犯罪，而且正日益呈现出多样化、组织化、跨国化和系统化的特点，社会危害严重。

犯罪人实施上述犯罪行为的主要目的是攫取犯罪收益，亦即从犯罪中获利。同时，借助于发达的国际贸易制度和金融制度，犯罪人可以更为便利地转移、隐匿、保有犯罪收益。为实现上述目的，犯罪人一般会采取以下两种方式。

1. 通过物的移转以保有犯罪收益

为保有犯罪收益，犯罪人一般会在案发前或案发后通过各种方式转移、隐匿犯罪收益，既包括在国内进行转移、隐匿，也包括向国外转移犯罪收益。例如，毒贩将贩毒获得的金钱藏匿到不为人知的地点，或使用贩毒获得的金钱购买房屋、车辆、奢侈品等，或通过古董买卖、开办公司、海外投资、地下钱庄或各类赌场将违法收益“洗白”。[①] 其中，通过跨境洗钱以转移、隐匿犯罪收益的方式正愈演愈烈，毒品犯罪、恐怖主义犯罪、贪污贿赂犯罪中的犯罪人借由洗钱积累了大量财富，使犯罪趋向于组织化、跨国化，对各国国内安全和国际金融秩序都产生了极为不利的影响。

以腐败犯罪为例，据世界银行初步估算，全世界每年约有2万亿美元涉及腐败的资金跨国流动，相当于全球33万亿美元生产总值的6%，[②]而将腐败所得资金转至国外给来源国造成了一些严重的，甚至是灾难性的后果：它损害了外援、使现金储备耗竭、减少了计税基数、不利于竞争、影响了自由贸易并加剧了穷困。[③] 再如，据国际货币基金组织统计，全球每年洗钱数额约占世界国内生产总值的2%～5%，介于6000亿～18,000亿美元，且每年以1000亿美元的数额不断增加。特别是在当前经济全球化、资本流动国际化的情况下，洗钱活动对国际金融体系的安全、对国际政治经济秩序的危害极大。[④]

2. 通过人的逃匿以保有犯罪收益

犯罪人保有犯罪收益的另一种方式为通过外逃、隐匿、甚至自杀以逃避刑

---

① 参见刘媛、牛勇：《毒品洗钱犯罪问题研究》，载《贵州警官职业学院学报》2002年第6期。

② 参见张业遂：《让腐败分子无处藏身——解读〈联合国反腐败公约〉》，载《求是》2004年第8期。

③ 参见张士金、李年乐：《对资产追回现实困境的思考》，载《中国刑事法杂志》2009年第11期。

④ 参见宋泓均编著：《中国洗钱犯罪对策学》，中国检察出版社2010年版。

事责任,司法实践中最为常见的是贪污受贿的政府官员失踪、自杀、潜逃等现象。由于贪污贿赂案件的侦破极为依赖被告人的口供,一旦犯罪嫌疑人、被告人逃匿或自杀,不但会中断案件线索,保护了其他利益相关人,更重要的是使其近亲属得以保有犯罪分子违法取得的巨额财产。以中国为例,有数据显示自1998~2006年以来,我国已成功抓获了70余名潜逃国外的贪污贿赂犯罪分子,①截至2007年逃往境外的犯罪分子共有200多人。②

(二)国际公约中特别没收的扩大化

为在国际法层面更为有效地预防和打击跨国进行的毒品犯罪、恐怖主义犯罪、腐败犯罪和有组织犯罪,并更好地促进和加强各国之间的国际刑事司法合作。联合国近年来制定了一系列国际公约,其中较为典型的有1988年《联合国禁止非法贩运麻醉药品和精神药物公约》、1999年《制止向恐怖主义提供资助的国际公约》、2000年《联合国打击跨国有组织犯罪公约》以及2003年《联合国反腐败公约》。

上述公约除对贩毒、恐怖主义、贪污贿赂犯罪行为作出更详尽的界定外,还无一例外地赋予了特别没收新的功能,将其作为打击犯罪人转移、隐匿、保有犯罪收益及跨国洗钱行为的有力武器之一。而且,为履行公约所规定的义务,各缔约国应根据其国内立法制度的基本规定,采取包括立法和行政等必要措施对没收制度进行修改。公约中有关特别没收的新变化主要体现在以下两个方面。

1. 实体规定:进一步扩大特别没收的范围

在特别没收的范围界定方面,上文所述各国及地区一般仅限于实施犯罪行为的工具和从犯罪中获得的物品。例如,日本《刑法典》第19条中的没收对象物必须是物品本身,如果被没收物由于毁损或丧失原物统一性时,就不能被没收,只能进行追征;再如,我国台湾地区"刑法典"中的"犯罪所得之物"也仅指原物,如贩毒所获得的金钱、因贿赂所收受的财物等。但上述国际公约在实体方面进一步扩大了对象范围且丰富了财产形式,更利于特别没收的进行。

第一,没收的范围包括在上述犯罪行为中使用的犯罪工具和获得的犯罪收益,同时各缔约国法律制度要尽可能明确"收益""财产"和"工具"的内涵。例如,1988年《联合国禁止非法贩运麻醉药品和精神药物公约》第5条规定:"各

① 参见《中央3年查处贪污受贿6万人 8年抓获70外逃贪官》,载中国网:http://www.china.com.cn/policy/txt/2006-10/24/content_7269899.htm,最后访问日期:2011年10月1日。

② 参见《最高检察院反贪总局:中国外逃贪官有200多人》,载http://www.chinacourt.org/html/article/200709/10/264057.shtml,最后访问日期:2011年10月1日。时任最高人民检察院反贪总局副局长王利明表示:"据我们统计,现在真正逃往境外的是200多人,不像网上说的数字那么大。"

缔约国应制定可能必要的措施以便能够没收：(a)从按第3条第1款确定的犯罪中得来的收益或价值相当于此种收益的财产；(b)已经或意图以任何方式用于按第3条第1款确定的犯罪的麻醉药品和精神药物、材料和设备或其他工具。”1999年《制止向恐怖主义提供资助的国际公约》第12条第1款规定：“缔约国应在本国法律制度的范围内尽最大可能采取必要措施，以便能够没收：(a)来自本公约所涵盖的犯罪的犯罪所得或价值与其相当的财产；(b)用于或拟用于本公约所涵盖的犯罪的财产、设备或其他工具。”

第二，公约中的“收益”包括通过直接或间接实施上述犯罪行为所获得或取得的任何财产，包括已经转化为其他财产形态的收益、与合法来源财产相混合的收益以及从上述三种收益形态中取得的收入。例如，2003年《联合国反腐败公约》第2条第5款规定：“‘犯罪所得’系指通过实施犯罪而直接或间接产生或者获得的任何财产。”

第三，公约中的“财产”包括各种资产形式，无论是有形资产还是无形资产，是动产还是不动产，无论以何种方式及以任何形式取得的以电子或数字形式证明这种资产的产权或权益的法律文件或证书，包括但不限于银行贷记、旅行支票、银行支票、邮政汇票、股票、证券、债券、汇票和信用证。例如，2000年《联合国打击跨国有组织犯罪公约》第2条第(g)项规定：“‘财产’系指各种资产，不论其为物质的或非物质的、动产或不动产、有形的或无形的，以及证明对这些资产所有权或权益的法律文件或文书。”

2. 程序规定：进一步完善特别没收的程序

在特别没收的程序规定方面，上文所述各国及地区的没收程序相对比较简单，有关被没收物的保全、保管、处理和执行都是依附于刑事证据的收集固定程序而展开的。例如，《俄罗斯联邦刑事诉讼法典》规定物证包括实施犯罪行为所获得的或通过犯罪途径所聚敛的财物、金钱和其他有价值的物品，相应适用的也是物证的扣押程序。同时，对于犯罪嫌疑人、被告人因逃匿、死亡而无法到庭接受审判时，特别没收程序如何进行，大陆法系国家和地区刑事诉讼法一般也未作出明确规定。上述国际公约从以下两个方面进一步完善了特别没收的程序。

(1)各缔约国应完善国内法中的特别没收程序

对于各缔约国刑事管辖权范围内的上述犯罪行为，要特别从以下方面完善特别没收的程序：第一，各缔约国应采取必要措施，辨认、追查、冻结或扣押上述任何物品，以便最终予以没收。这里的“冻结”或“扣押”系指根据法院或主管当局下达的命令暂时禁止财产的转让、变换、处置或转移，或对财产实行暂时性扣留或控制;[①]第二,法院或其他主管当局有权下令提供或扣押银行、财务或商务记录;[②]第三,可考虑要求由犯罪的人证明应予没收的涉嫌犯罪所得或其他财产的合法来源,但此种要求应符合其本国法律原则和司法及其他程序的性质;[③]第四,审判要符合国际公约的基本精神和基本要求;第五,要保障第三人、被害人获得赔偿的权利。[④]

(2)各缔约国应构建与间接没收相匹配的特别没收程序

出于国际刑事没收合作的目的,要构建与间接没收相匹配的特别没收程序。包括采取必要的措施,使其主管机关能够执行另一缔约国法院发出的没收令;采取必要的措施,使拥有管辖权的主管机关能够通过对洗钱犯罪或者对可能发生在其管辖范围内的其他犯罪作出判决,或者通过本国法律授权的其他程序,下令没收这类外国来源的财产;考虑采取必要的措施,以便在因为犯罪人死亡、潜逃或者缺席而无法对其起诉的情形或者其他有关情形下,能够不经过刑事定罪而没收这类财产。[⑤]

三、以德国为代表的大陆法系国家应对之策

鉴于犯罪情势的变化,德国先后于 1992 年 7 月 15 日和 1997 年 8 月 20 日通过了《防治非法毒品交易和其他形式的有组织犯罪法》和《反腐败法》。在没收制度方面,上述两部特别法都涉及在刑法中增加财产刑措施(德国《刑法典》第 43 条 a 项)和扩大追缴措施(德国《刑法典》第 73 条 d 项)。前者所追求的是缴获从所实施的犯罪中得到的赢利和与此相联系的抵消机能(ausgleichsfunktion)作为公正的前提条件,后者遵循的是在当今的刑事政策性讨论中出现的关于行业性或者群体性实施的贿赂和贪污的极为重要的倾向:一方面涉及特殊预防的目的,即通过剥夺其所需要的资源来消除犯罪性组织的建立和存续;另一方面是要经常口号性地把一种思想加以强调,即"犯罪是不允许

---

① 参见 1988 年《联合国禁止非法贩运麻醉药品和精神药物公约》第 5 条第 2 款;1999 年《制止向恐怖主义提供资助的国际公约》第 8 条第 1 款;2000 年《联合国打击跨国有组织犯罪公约》第 2 条第(f)项;2003 年《联合国反腐败公约》第 2 条第 6 项。

② 2000 年《联合国打击跨国有组织犯罪公约》第 12 条第 6 项。

③ 1988 年《联合国禁止非法贩运麻醉药品和精神药物公约》第 5 条第 7 项;2000 年《联合国打击跨国有组织犯罪公约》第 12 条第 7 项。

④ 2000 年《联合国打击跨国有组织犯罪公约》第 12 条第 8 项;2003 年《联合国反腐败公约》第 31 条第 9 项。

⑤ 2003 年《联合国反腐败公约》第 53 条规定了通过没收事宜的国际合作追回资产的机制。其中,第 1 款第 2 项规定采取必要的措施,使拥有管辖权的主管机关能够通过对洗钱犯罪或者对可能发生在其管辖范围内的其他犯罪作出判决,或者通过本国法律授权的其他程序,下令没收这类外国来源的财产;第 3 项规定考虑采取必要的措施,以便在因为犯罪人死亡、潜逃或者缺席而无法对其起诉的情形或者其他有关情形下,能够不经过刑事定罪而没收这类财产。

得到酬报的”。[①]

由于财产刑措施涉及违宪,[②]故在此重点探讨扩大追缴制度。德国《刑法典》第73条d项规定:(1)①如果实施了法律指明适用本规定的违法行为,有情况表明,正犯或共犯的物品是用于违法行为或因违法行为而获得的,法院可命令追缴之。②如果某些物品之所以不属于正犯或共犯或者他们无处分权,只是因为该物品是用于违法行为或因违法行为而获得的,那么,同样适用第①句的规定。③相应适用第73条第2款的规定。(2)特定物的追缴在行为后全部或部分已不可能的,相应适用第73条a项和第73条b项的规定。(3)在依第1款命令追缴后,因正犯或共犯在命令之前实施的其他违法行为而被重新裁决追缴正犯或共犯的物品的,法院应考虑已经作出之命令。(4)相应适用第73条c项的规定。

借由《有组织犯罪法》,该条在很大程度上扩大了追缴的适用范围,将犯罪人因违法犯罪所得之财产利益予以追缴。[③] 其目的是剥夺从有组织犯罪中所获得的所有财产价值,而“有组织犯罪”是指表现为职业和团伙等典型组织形式的伪造货币、拐卖人口、团伙盗窃和窝赃、制毒贩毒等犯罪。这一扩大了所涉对象范围的措施主要适用于以下情况:在犯罪人处发现了财物(尤其是现金或银行账户),鉴于其较少的合法收入,有足够的理由相信,这些财物来源于违法行为。如果行为人满足了职业或团伙犯罪行为的特殊犯罪构成要件,追缴就可能延伸到所发现的所有财物。[④]

根据上述规定,适用扩大追缴的情形包括:(1)多年来无业的A在一笔假交易中把1公斤多海洛因卖给了卧底侦探,并因此被抓。在接下来的住所搜查中发现了6万欧元和价值1万5千欧元的有价证券。A在过去从事过武器交易、淫媒和拐卖偷渡等行为。由此推断所发现的对象来自犯罪行为。A没有合法的收入来源。(2)因相同罪行曾判过刑的被告人X在F城的住所与其未婚妻过着没有固定收入的生活。直到1992年他才高中毕业,现在想读大学。由于从来没有收入,因而攒一笔数目巨大的钱是不可能的。因为怀疑他和未婚妻向D国运输了大量的大麻,1994年3月9日对他的住宅进行了搜查。发现了大约2.8公斤尚未出售的精制大麻,在一个黑色的文件柜中发现了总计73,160马克

---

① [德]阿耳宾·埃斯尔:《二十世纪最后十年里德国刑法的发展》,冯军译,载《法学家》1998年第6期。

② 德国联邦宪法法院通过2002年3月20日的判决判定,《刑法典》第43条a项规定的财产刑违宪。因此,《刑事诉讼法》第111条o项、第111条p项相应不再适用。

③ 参见《德国刑法典(2002年修订)》,徐久生、庄敬华译,中国方正出版社2004年版,第14页。

④ 参见樊文:《德国刑法上的追缴与没收:规范的基础、结构及其适用》,载陈泽宪主编:《刑事法前沿》(第三卷),中国人民公安大学出版社2006年版。

的现金。(3)警察在一次检查中发现,烤比萨饼的P在他的地下室藏了1公斤海洛因。可以证实,他在过去的6个月向一个顾客出售了价值5万欧元的海洛因。P在1990年继承了一栋价值50万欧元的房子。自从1998年以来P的月纯收入是3000欧元。经济调查发现,P在国外的多家银行有信用卡,在过去的2年里汇出了30万欧元。假设P在1998年之初就买了地产,30万欧元是用现金支付的,20万欧元是银行贷款。他以月供1500欧元还贷。1998年P已经失业5年,他主要依靠父母资助度日。①

在扩大追缴的范围方面,扩大追缴的客体及于一切涉嫌违法而得的收益和补偿,特定物的扩大追缴于追缴之时部分或全部已不可能的,追缴其行为时的折价。普通追缴不得适用于被害人有私法上的返还请求权的情况,与其不同的是,扩大追缴并不能因此而排除适用。一旦满足了扩大追缴的先决条件,国家就对这些对象享有了所有权。虽然私法上的请求权不能阻却扩大追缴的适用,但是立法者没有像普通追缴一样顾及个体被害人的权利。②

四、大陆法系特别没收的发展规律:从法治化到扩大化的路径演进

面对犯罪情势的新变化,以德国为代表的大陆法系国家或地区特别没收呈现出以下发展规律。

(一)特别没收的实体法与程序法两者并重

各国有关特别没收制度的实体构建与程序构建是相互促进、相辅相成、共同进行的。主要表现为伴随着特别没收范围的扩大,特别没收程序也相应进行了调整,在保证诉讼公正的基础上兼顾了诉讼效率。

1. 实体扩大:打击犯罪的需要

在没收范围方面,大陆法系国家及地区通过各种形式实现了没收的扩大化。由于犯罪人实施毒品犯罪、恐怖主义犯罪、贪污贿赂犯罪、有组织犯罪的主要目的是获取犯罪收益,国际公约要求各缔约国根据本国实际情况采取必要措施,对没收制度进行修改以扩大没收范围,这既是从根源上打击上述犯罪行为,同时也有效地保障了被害人获得赔偿的权利。在具体制度设计方面,虽然不同国家和地区各有特色,但无一例外都实现了公约的基本要求。

例如,德国《刑法典》中的扩大追缴制度中有关“犯罪生活方式”的规定,对于那些以犯罪为常业的犯罪人或犯罪组织,推定其一定时间内的所有收益都属违法所得,应予没收;再如,日本和我国台湾地区都通过制定《刑事特别法》将没

---

① 参见樊文:《德国刑法上的追缴与没收:规范的基础、结构及其适用》,载陈泽宪主编:《刑事法前沿》(第三卷),中国人民公安大学出版社2006年版。

② 同上。

收对象由原物扩展到“因犯罪所得财物或财产上利益”。

2. 程序完善：人权保障的要求

在特别没收程序方面，大陆法系国家基本都经历了确立时期、法治化时期和发展时期三个阶段。在特别没收程序的确立时期，各国都构建并发展出形态各异的特别没收程序。该阶段特别没收程序较为简单、粗糙，目的在于保证实体没收的进行。而在特别没收程序的发展阶段，由于在毒品犯罪、恐怖主义犯罪、贪污贿赂犯罪等跨国有组织犯罪中，犯罪人的合法财产与违法收益往往因混同而难以区分，这使扩大化的没收极有可能侵犯被告人、第三人的合法财产权。因此，为在新的犯罪情势下更好地保障犯罪嫌疑人、被告人的基本权利，各国和地区都进一步规范了没收的程序。例如，德国《刑事诉讼法典》区分了刑事扣押和假扣押以准确界分被告人的合法财产和违法所得，保障了第三人参与没收程序的权利。另外，为实现没收的扩大化，没收程序也相应对证明责任分配、证明标准进行了调整。

（二）特别没收的国内法与国际法相互交融

1. 特别没收国内法的国际化趋势

上文提及 1988 年《联合国禁止非法贩运麻醉药品和精神药物公约》、1999 年《制止向恐怖主义提供资助的国际公约》、2000 年《联合国打击跨国有组织犯罪公约》以及 2003 年《联合国反腐败公约》中有关没收制度的规定并不是无源之水、无本之木，而是综合吸收并借鉴了大陆法系国家及地区特别没收制度的立法规定和实践经验，亦实现了“特别没收国内法的国际化”。例如，要求各缔约国“采取必要措施，辨认、追查、冻结或扣押任何从犯罪中得来的收益”，范围要涵盖“已经转化为其他财产形态的收益、与合法来源财产相混合的收益以及从上述三种收益形态中取得的收入”，这即借鉴了德国《刑事诉讼法典》中有关刑事扣押和假扣押的规定。

2. 特别没收国际法的国内化趋势

上述各国际公约有关特别没收制度的规定以毒品犯罪、恐怖主义犯罪、贪污贿赂犯罪等跨国有组织犯罪为对象，目的在于要求各缔约国通过行政或司法的方式剥夺犯罪人的违法收益。但不同国家和地区刑事司法制度各有不同，尤其受到立法形式、司法传统、实践情况的影响，实现没收的扩大化需要一个相对漫长的过程，此为“特别没收国际法的国内化”。

以德国为例，虽然其已签署了《欧洲腐败犯罪公约》《关于腐败犯罪刑事立法的附加协议》《联合国反腐败公约》《欧盟惩治私营部门腐败犯罪的框架意见》，但尚未在国内立法中贯彻上述公约。原因在于国际反腐败公约条款较为模糊，很大程度上属于各国政府之间复杂磋商后的妥协产物，这使德国反腐败犯罪立法很难与国际接轨。[①] 同时，我们又看到 2012 年，包括汽车制造商戴姆勒、能源企业意昂集团、钢铁巨头蒂森克虏伯在内的 35 家大型公司负责人向德国国会议员发布联名信，要求他们批准德国加入 2003 年出台的《联合国反腐败公约》。[②]

因此，"特别没收国内法的国际化"和"特别没收国际法的国内化"是交替、依次进行的，通过特别没收国际法和特别没收国内法的交互影响，各国在规范特别没收体制的同时也逐渐实现了特别没收的扩大化。

(三)特别没收程序的体系化与全程化同时进行

1. 特别没收程序：横向的全程化

从横向角度进行考察，不同国家及地区已经完成了没收程序的全程化，即没收的保全、没收的处理和没收的执行。例如，在德国、日本、我国台湾地区和澳门地区，"刑事诉讼法典"一般都明确规定了审前阶段如何扣押、冻结被没收物，审判阶段如何在判决书中处理被没收物，执行阶段由何机关依照何种程序实现没收。

2. 特别没收程序：纵向的体系化

从纵向角度进行考察，不同国家及地区的没收程序已经实现了体系化，即分别构建普通刑事案件中的没收程序、特殊刑事案件中的没收程序以及犯罪嫌疑人、被告人逃匿、死亡时不经定罪的没收程序。上述三类程序在没收保全、处理和执行方面各有特点，尤其对于特殊刑事案件中的没收程序和犯罪嫌疑人、被告人逃匿、死亡时不经定罪的没收程序而言，都是为了实现没收扩大化而新近构建的，在证明责任、证明标准等方面各有特点。

---

① 参见[德]萨班斯蒂安·沃尔夫：《德国反腐败刑事立法的现代化发展路径：与国际公约相接轨》，谢杰译，载《法学新杂志》2009 年第 59 卷。

② 参见《德国大企业呼吁政府批准〈联合国反腐败公约〉》，载新浪网：http://finance.sina.com.cn/world/ozjj/20120808/213412795763.shtml，最后访问日期：2013 年 3 月 8 日。

对我国未成年人刑事政策和未成年人刑事检察政策的建议与期待

程晓璐*

摘　要　未成年人刑事检察政策作为未成年人刑事政策的组成部分,其内容和发展程度都限于我国未成年人刑事政策本身的完善与否。必须看到的是,我国的未成年人刑事政策本身还存在很多问题,总体上并没有真正实现未成年人刑事政策与普通刑事政策的二元分立。未成年人刑事检察政策的完善离不开对未成年人刑事政策的反思与重构,如此才能对未成年人刑事检察政策的未来发展方向保持合理的期待。

关键词　未成年人刑事政策　未成年人刑事检察政策

一、引言

未成年人刑事检察政策经过三十年的发展与变迁,到现阶段已经比较成熟、系统、完备,并具有了独成一体的研究价值。未成年人刑事检察特殊办案程序已经写进法律,"少捕、慎诉、少监禁、双向保护""宽容而不纵容"这些出现在政策性文件、领导讲话的提法较以往立场更坚定,内涵更丰富,思考更理性,保护的范围更全面。① 未检专业化建设突飞猛进,从最高人民检察院到基层人民检察院的四级未检机构组织体系已经成型,未检"捕诉监防"一体化职能更加固化,建立健全未成年人刑事检察配套工作体系和社会化帮教预防体系的各项要求更加明确,未成年人检察制度已经发展成为我国检察制度相对独立的重要组成部分。

在现有的法律、政策框架下,对于未成年刑事检察政策本身似乎很难再继续深化和拓展,只是需要对这些政策、法律、法规进一步梳理、提炼和总结。接下来就是如何让这些政策规定能够更快更有效地在实践中落地生根,得到正确的理解和执行。这也是本文写作的目的所在。

未成年人刑事检察政策作为未成年人刑事政策的组成部分,其内容和发展

*　程晓璐,中国人民大学法学博士,现北京德恒律师事务所合伙人。

①　参见苗生明、程晓璐:《中国未成年人刑事检察政策》,载《国家检察官学院学报》2014年第6期。

程度都限于我国未成年人刑事政策本身的完善与否。而现在的未成年人刑事检察政策看起来“完美”的背后,其实是带着“锁链”跳舞,这个“锁链”就是并不完美的未成年人刑事政策。必须要看到的是,我国的未成年人刑事政策本身还存在很多问题,总体上并没有真正实现未成年人刑事政策与普通刑事政策的二元分立。未成年人刑事检察政策的完善离不开对未成年人刑事政策的反思与重构,如此才能对未成年人刑事检察政策的未来发展方向保持合理的期待。

二、有效贯彻未成年人刑事检察政策的几点建议

已经成型、完备的未成年人刑事检察政策离不开政策制定者和实施者的有效贯彻,本文着重探讨的主要不是对于少捕、慎诉、少监禁、双向保护的未成年人刑事检察政策的具体贯彻,而是主要从整体把握方面,对未成年人刑事检察政策的有效落实提几点建议。

(一)保持未成年人刑事政策和未成年人刑事检察政策在一段时期的稳定性

刑事政策是治国之道。在我国,“政策治国”有着悠久的历史传统,从古代的“德主刑辅”“礼法并用”,从“文山会海”到学习“领导讲话”,可以管窥一斑。“惩办与宽大相结合”“严打”“宽严相济”“两扩大、两减少”等这些具有时代烙印的刑事政策都成为一个时期决策层治理国家和社会的纲领和行动指南。和冷冰冰的刑事法律规则相比,刑事政策更灵活和富有情感,往往具有号召力、感染力和执行力。因此,刑事政策的研究价值与意义往往又是法律规则本身不能比拟的。刑事政策作为“活的规则”,往往包含了一个国家在一定时期对待犯罪与刑罚的最稳定、最基本的利益取舍标准,并在司法制度变革过程中发挥着无形但又巨大的引领作用。

未成年人作为一个特殊的群体,需要社会的特殊保护。未成年人犯罪及其防治,也绝不是简单的法律问题,而是复杂的社会问题。这就决定了对于未成年人采取特殊的刑事政策已成为各国共识,虽然从未成年人刑事政策的发展过程中,总是根据在儿童福利模式下的保护与矫正政策与犯罪控制模式下的严打与惩罚政策之间左右摇摆,其摇摆频率及幅度随着社会治安状况、公众犯罪恐惧感、犯罪控制手段即儿童福利机构特别是社区的有效参与等进退辗转,体现出一定的刚性与弹性。在此情形下,一定时期内相对稳定的未成年人刑事政策就显得十分必要,附之以动态的微观政策调整,应是我国未来一段时间内少年司法及未成年人刑事政策的基本导向。① 比如,在“六字方针、八字原则”的总体方针指导下,附之以“宽容而不纵容”“关爱又严管”“双向保护”的政策导向,但总体上仍应对未成年人采取一种区别于成年人的刑事政策,这应该是我国未

① 张鸿巍:《儿童福利法论》,中国民主法制出版社2012年版,第137页。

成年人刑事政策的发展方向。

未成年人刑事检察政策是对未成年人刑事政策的具体体现，其具体内容往往是从高级人民检察院一些领导的讲话精神中予以总结和提炼，未成年人刑事检察工作开展的成效也往往与高检领导的重视程度密切相关。一个很明显的体现就是自 2011 年以来，曹建明检察长、朱孝清副检察长、孙谦副检察长多次出席未成年人检察工作会议、专题研讨会或者纪念大会，连续发出强有力的声音，较之正式的未成年人相关的法律、法规规定，这些领导讲话往往更富有情感和铿锵有力，对下具有很强的指导性和约束力。实践证明，从高层自上而下进行顶层设计、全面部署以来，全国未成年人检察工作取得突飞猛进的发展。然而，从未成年人刑事检察政策 30 年的发展历程来看，的确存在政令不通、有令不行的情况，20 世纪 90 年代中后期的未检机构撤并和 2013 年年底至 2014 年检察官责任制改革对未检专业化建设的冲击，都使曾经白纸黑字的领导讲话和政策性文件的规定存在得不到正确理解和执行的情况。笔者认为，在未成年人刑事政策总体指导方针不改变的情况下，具体的未成年人刑事检察政策制定出来，就必须保持一定时期的稳定性和贯彻的延续性，不能随波逐流，缺乏主心骨，只是重视一时，热闹一时，而必须常抓常新，从国家和民族未来的高度重视未成年人刑事政策，充分认识未检工作的特殊性和重要意义。

（二）国际少年司法理念应当成为我国未成年人刑事检察政策的基本遵循

我国未成年人刑事检察政策、法律法规虽然蕴含了国际少年司法理念的精神，但这些少年司法理念在我国刑事检察工作实践中尚未真正深入人心，得到普遍性共识和认知，因此有必要在完善和贯彻未成年人刑事检察政策时对这些理念进行重申和解读。

第一，少年宜教不宜罚主要是从未成年人这个群体区别于成年人的特殊性的角度出发，从而决定对罪错少年也应采取区别于成年人的处理方式，将教育保护作为主要的手段，惩罚只能是最后不得已的方法，强调的是少年的特殊性、方式的非刑事化、手段的保护性；那么，就是基于少年宜教不宜罚理念中对少年采取保护主义优先的立场，从而派生出国家亲权理念和儿童最大利益原则。少年宜教不宜罚是可以作为指导少年司法实践的总的方针、原则，类似于我国未成年人刑事政策中“教育、感化、挽救”方针和“教育为主，惩罚为辅”原则在指导我国未成年人司法中的定位。

第二，国家亲权和儿童最大利益原则是少年宜教不宜罚理念的应有之义，是用来指导少年司法实践的具体原则。从对少年教育保护主义的立场出发，国家对于未成年人有保护的责任与权力，并具有未成年人最终监护权人的地位，在行使这一权力时以保护少年的权益为目的。如何保护少年的权益、保护到什么程度,就是以儿童利益最大原则作为尺度和标杆。如果说国家亲权理念是我们做好未成年人检察工作的逻辑起点,那么儿童利益最大化理念就是具体指导未成年人检察工作实践的方向和标尺。我们在处理具体案件时会遇到各种问题,如果只顾着拿法律规定和规范文本进行丈量,仍然会产生很多纠结和困惑,这时候不妨拿这一儿童最大利益原则进行衡量和分析,如何处理才能最有利于涉案未成年人身心康复,最有利于消除社会排斥,最有利于顺利回归社会等,那么很多问题都一目了然了。

第三,少年责任理念与儿童最大利益原则并不冲突,两者并行不悖,前者是后者的补充。我们在一般情况下倡导儿童利益最大化的保护理念,但是在少年犯罪已经严重危害到公民人身安全或者公共安全的情况下,少年司法制度应当摘下温情脉脉的慈母面纱,转变为威严父亲的面目,使未成年人对其行为承担刑事责任,在责任范围内追求对未成年人的改善。在保护的原则下,允许对严重犯罪、主观恶性大的未成年人追究责任,实际是在维护未成年人利益的前提下,兼顾社会的安全。此外,只有将少年责任理念作为补充,才能为未成年人的教育保护理念提供生存的根基,否则如果全盘采用保护理念建构未成年人刑事检察政策,一旦遇到未成年人犯罪的高涨,民众就会对刑事政策的功效失去信任,从而矫枉过正,导致对保护理念的根本背离,整体走上严罚主义的道路。这也是少年宜教不宜罚理念中将惩罚作为最后不得已手段的具体表现,是少年司法保持必要"刚性"的需要。

第四,恢复性司法理念和少年责任理念看似都是平衡保护社会和保护少年的关系,都注重对被害人的保护,但前者强调的是通过协商、会谈、调解等恢复被破坏的社会关系,弥补被害人受到的伤害,适用于主观恶性不大的罪错少年;后者则更加注重强调少年要对自己的不法行为及后果承担接受惩罚的责任,适用于涉嫌严重犯罪、主观恶性深、社会危险性大的未成年人,在保护社会与保护少年的两难之间,不得不让步于维护社会秩序和公共安全、回应公众舆论质疑的不得已的选择。

少年宜教不宜罚、国家亲权、儿童最大利益原则、少年责任理念、恢复性司法理念之间并不是彼此孤立,虽然各个理念独成体系,并有专属的价值内涵,但彼此之间却存在交叉、延伸、包容、互为补充的内在逻辑关系。他们相互关联,缺一不可,共同为未成年人司法制度和未成年人刑事政策的发展完善发挥着不可替代的作用。这些少年司法理念也理所应当成为我国未成年人刑事检察政策的基本遵循。

(三)处理好“国家公诉人”和“国家监护人”的角色冲突

未成年人刑事检察政策30年的发展演变表明,未检机构和未检检察官①的角色不能等同于普通机构和检察官,未检检察官一方面具有和追诉部门同样的职责,是追诉犯罪的“国家公诉人”,但另一方面基于国家亲权和儿童最大利益原则,又承担起罪错未成年人及其他受侵害未成年人的保护者、教育者的角色,类似于“国家监护人”的角色。如果检察机关只看到需要追诉的犯罪嫌疑人,而不是需要教育、感化和挽救的“未成年人”,那么未成年人的权益难以得到检察机关的有效保护。那么,如何处理好“国家公诉人”和“国家监护人”之间的角色冲突,则成为贯彻未成年人刑事检察政策的关键问题。

正如有学者所称的,淡化“国家公诉人”的身份,突出“国家监护人”的身份,并不是淡化检察机关的职能,而是完善了其职能。② 追诉往往意味着严厉和打击,但是未成年人检察则应当将情感和温度融入其中。实践中,很多违法犯罪未成年人不是被未成年人刑事政策和未成年人检察制度本身所感化,而是被我们一个个的检察官所折服。未检机构和检察官应当逐渐淡化其追诉犯罪的“国家公诉人”身份,突出其作为罪错未成年人及其他受侵害未成年人的保护者、教育者的角色。

1. 基于“国家公诉人”的职责

然而,“淡化”不等于不履行,在处理一个未成年人刑事案件中,检察官不可避免地面临着“国家公诉人”与“国家监护人”的角色冲突。虽然未成年人刑事案件诉讼程序并不像成年人刑事案件一样强调控辩对抗,甚至具有秘密性和弹性化的特征,但基于国家公诉人的身份,未检检察官要做到以下三点:

一是恪守客观公正义务。全面收集分析、研判证据,查明案件事实,既要注意有利于涉罪未成年人的证据、事实和法律,又要注意不利于涉罪未成年人的证据、事实和法律,不偏不倚地处理案件。

二是确保未成年犯罪嫌疑人获得正当法律程序的保障。包括获得法律援助、律师帮助、充分行使辩护权、法庭阶段举证质证、法庭辩论等正当法律程序的权利,并对侵犯未成年人合法权益的违法诉讼行为和错误判决裁定进行监督和纠正。

三是作为国家公共利益的代言人,必须在保护涉罪未成年人利益的同时,

---

① 关于称呼问题,目前尚未有统一的说法,少年检察官、未成年人检察官、未成年人案件检察官、未检干部等皆有之。笔者认为,用未检干部不能凸显检察官的司法属性,而少年检察官、未成年人检察官有可能被人误认为是年龄小的或年轻的检察官,而未成年人案件检察官,虽多出“案件”二字,但是未检工作又不限于案件本身,因此本文用未检检察官,意思是指未成年人检察专门机构的检察官。

② 参见姚建龙:《理解未成年人检察制度》,载《青少年犯罪问题》2007年第2期。

保护社会和被害人的利益。将维护社会安全及被害人合法权益作为检察官主要关注点,在不与前者过度妥协前提下亦应尽最大可能考虑涉罪少年的特殊利益及需要。

2. 基于"国家监护人"的职责

基于"国家监护人"的身份,未检检察官应承担起保护者和教育者的角色,应当遵循国家亲权理念和儿童最大利益。在具体案件处理上,要坚持寓教于审,针对每一个涉罪未成年人制定帮教方案,体现人文关怀,认真分析他们的犯罪原因、身心特点和帮教条件,加强与他们的沟通交流,耐心实施有针对性地帮助教育和心理矫正。要营造平等、温馨的诉讼环境,体现人文关怀,尊重、保护其合法权益、人格尊严和个人隐私。同时更要"寓助于审",借助于社会支持体系,力所能及地帮助他们解决生活、学习、工作上的困难,案件办结后,要加强与家长、有关部门和社会力量的配合,认真落实帮教措施,真诚地给予关怀与温暖。

3. "国家公诉人"和"国家监护人"角色分配的总体把握

基于未成年人犯罪案件轻罪居多的情况,笔者赞同在未成年人刑事检察政策的一般立场把握和未检检察官的一般角色定位上,应突出"国家监护人"的角色,淡化"国家公诉人"的身份。对于犯罪行为较轻、主观恶性不深、社会危害性不大的罪错少年,应更加凸显"国家监护人"教育者和保护者的角色,尽可能不提交正式的法庭审判,更多采用审前分流措施,同时应提供有效的抚慰、教导及矫正等措施,适当弱化"国家公诉人"的角色。但是对于犯罪行为极其严重、主观恶性深、社会危害性极大的涉罪未成年人,则应当更加凸显"国家公诉人"的角色,淡化"国家监护人"的保护者角色。和普通刑事案件一样,通过追诉犯罪,处以罪刑相适应的刑罚,甚至重刑和监禁刑,用严厉的惩罚手段来教育改造这类涉罪未成年人。当然,在量刑的时候,仍应该遵循罪刑法定原则和对未成年人从轻、减轻处罚原则,但可以根据具体情况,来作出是否减轻惩罚的量刑建议,必要时,只建议从轻处罚,而不是减轻处罚。

山东省人民检察院微信公众号(sdjiancha)2016 年报道的山东省人民检察院未检处对一起未成年人犯故意伤害和故意杀人罪的案件提出罪轻抗诉被山东省高级人民法院二审判决支持并改判无期徒刑的案件发人深省。

某警察学院特警班学生 14 岁的扈某和 15 岁的被害人陈某曾经发生过口角,之后扈某在西湖广场持刀伤害陈某,后陈某被鉴定为重伤。在等待被害人伤情鉴定的过程中,离上次案发不到 5 个月的时间,扈某在学生公寓楼砍杀自己的同学宗某,宗某身中 10 余刀,经抢救无效死亡。整个杀人过程都可以通过监控录像看到。而犯罪的起因仅仅是扈某对其他同学的恶作剧被宗某告发,进而对宗某心怀不满，起了杀机。

“我当时就想割了他的脖子动脉，就想让他死。这样我被抓后家里不用管我，没有我上学、就业、买房的经济负担，而我在里面有吃有喝，家里最多给他出个棺材钱。”这就是检察官审讯扈某时，扈某说的一段话。经社会调查，扈某平时嚣张、跋扈、霸道，爱欺负人。在审讯时，经监控录像对比，扈某在关键问题、关键情节均有翻供和辩解。一审以故意伤害罪和故意杀人罪数罪并罚决定执行扈某有期徒刑 17 年。检察机关认为量刑畸轻，有失公正，提出抗诉，建议判处无期徒刑，获得二审法院改判支持。承办此案的二审检察官在说起抗诉理由时称：“他其实是利用了国家法律对未成年人的特殊保护和教育、感化、挽救的特殊政策给自己做个护身符，如果成年人犯下本案这样的罪行，依法应该被判处死刑立即执行，但是他是未成年人不适用死刑，最高只能判处无期徒刑。根据他的主观恶性、罪行的大小决定如何对他进行教育和挽救。从宽是为了教育挽救，从严惩处也是为了教育和挽救。他的罪行可以说极其严重，连犯了两个重罪。前罪，故意伤害致人重伤，刚刚犯了不到五个月的时间，又故意杀人，时间这么短的情况下，这些都反映他主观恶性非常深，可改造性非常差。这两次犯罪都是因为一些小事，针对的对象都是未成年人，伤害方式都是用刀捅，捅刺部位都是要害部位，反映出这个人人身危险性比较大，再加之作案手段非常残忍，犯案前精心预谋，进行法律咨询。这些情况一综合我们认为，两个罪判其 17 年，量刑明显不当。”

这起案件的处理充分凸显了未检检察官“国家公诉人”的角色和未成年人刑事检察政策“宽容而不纵容”的原则，考验了未检机构和未检检察官的智慧。未成年人刑事检察政策所要保护的，绝不是钻法律空子的暴戾之徒。

（四）处理好未检检察官帮教和社会化帮教的角色分配

从“国家监护人”的角色出发，未检检察官承担着教育者、保护者的角色，但是如何处理好检察官帮教和社会化帮教之间的角色分配问题，这也是理解和贯彻未成年人刑事检察政策所需要解决的问题。

未检检察官的帮教属于特殊预防的范畴，其角色担当有一个转型的过程。在过去相当长一段时间里，专业社会力量发展很不健全，未检检察官完全凭借自己的一腔热情，花费大量精力对涉罪未成年人开展帮教工作，亲自进行社会调查，多次谈话教育、帮教考察等。近几年，随着社会工作的不断发展，尤其是专业司法社工队伍的兴起，检察官由原来亲自帮教转变为引入司法社工以专业视角对涉罪未成年人进行帮教，取得良好的效果。但与此同时带来一个问题，检察官还要不要帮教？如何帮教？实践中有一种观点倾向：既然目前要求检察机关推动帮教社会化，由社工等专业力量对涉罪未成年人考察帮教，因此对涉罪未成年人的帮教主要是其他专业力量的事情,检察官只要做好转介服务工作即可,不必亲自参与帮教。

这种思想倾向导致出现的一种情况就是检察官在履行完告权、取保候审手续、讯问完犯罪嫌疑人、打完审查报告后,就将案件束之高阁,只在案件快到期时催促社工出具调查或帮教报告,帮教期间甚至极少和涉罪未成年人和其监护人联系,除了对案情的知晓外,对于涉罪未成年人的家庭及个体状况在社工出具报告之前,一无所知。这就为案件质量和帮教效果埋下隐患,司法社工虽然是专业帮教,但毕竟不是检察人员,不具有权威性,实践中涉罪未成年人不按时接受谈话、不配合社工帮教的情况时有发生。

最高人民检察院《关于进一步加强未成年人刑事检察工作的决定》中规定"有条件的地方要积极建议、促进建立健全社工制度、观护帮教制度等机制,引入社会力量参与对被不批捕、不起诉的未成年人进行帮教。"可见,社会力量的帮教角色是参与,而非主导。社会力量参与帮教应当在检察机关主导下进行,检察官绝对不能做甩手掌柜,完全交由社会力量放任不管。如果未检检察官不从事帮教,则与普通检察官无异。

笔者认为,未检检察官的帮教责任应当从其是"国家监护人"的身份出发,通过(告)训诫式教育让涉罪少年体会到法律的尊严和权威,以及触犯法律所应当承担的责任,并接受适当的惩罚。引入专业社会力量进行帮教的意义在于,社工等专业力量通过科学专业的方法对涉罪少年的犯罪原因进行深刻剖析,促使其悔罪,并引导其作出积极回归社会的有益行动。检察官的(告)训诫教育应当与社会力量的专业帮教相结合,发挥各自优势和特点,加强日常沟通,共同研究帮教方案,实现帮教效果的最大化。

未检检察官的训诫教育应当贯穿于刑事诉讼的各个阶段,不仅仅在讯问时对涉案未成年人及其家长开展面对面的知法、守法和服法教育,必要时也应设置专门的训诫环节,送达训诫教育书或告诫家长书,以增强仪式感和司法的权威性。具体设计如下:

1. 在审查批捕阶段,针对检察机关不予批准逮捕的涉罪未成年人开展不予批捕告诫制度。建立这一制度的目的在于加强不予批捕释法说理及教育工作,消除涉罪未成年人"一放了之"的思想观念,避免轻罪未成年人被取保后因脱保而被重新羁押的现象出现。具体做法是承办人在结案时将《不予批捕告诫书》随卷移交公安机关,由公安机关送达涉罪未成年人,在告诫书中列明涉罪未成年人不予批捕的理由,告诫其要遵守公安机关对其作出非羁押性强制措施后的各项规定,并告知其务必在被公安机关取保后主动联系承办案件的检察官,由检察官对其进一步告诫、教育。

2. 在审查起诉阶段，对被取保候审的涉罪未成年人及其保证人开展取保候审告诫制度和保证人告知制度。建立这一制度的目的在于防止被取保候审的涉罪未成年人脱保，保证诉讼程序的顺利进行。具体做法是检察官在办理对涉罪未成年人取保候审手续时，对涉罪未成年人就取保候审的含义、取保候审期间应该遵守的义务以及违反相关义务的法律后果进行告诫，并送达《取保候审告诫书》，对保证人就取保候审期间需要遵守的义务及承担的责任进行告知，送达《保证人告知书》。

3. 在审查起诉阶段，针对未进入刑事诉讼程序不进行刑事处罚的两类涉案未成年人群体建立训诫制度。两类涉案未成年人是指：一是在共同犯罪中，行为危害性较大，但由于未达刑事责任年龄，不予刑事处罚的未成年人；二是虽不构成犯罪，但有严重不良行为的违法少年。建立这一制度的目的在于对这两类未成年人进行及时告诫，防止其进一步实施违法犯罪行为。这一点也体现了未成年人刑事政策"提前干预"的特点。具体做法是将这两类未成年人及其法定代理人传唤到检察机关进行训诫教育，对未成年人行为的危害性及严重性进行说明，并向未成年人送达《训诫教育书》，告诫其家长对未成年人严加管教并向其法定代理人送达《责令家长严加管教书》。

4. 在作出附条件不起诉决定时，针对涉罪未成年人开展附条件不起诉训诫教育。建立这一制度的目的在于告诫涉罪未成年人在考察期内需要遵守的相关规定及违反相关规定的法律后果，促使其真诚认罪、悔过，告诫其法定代理人在考察期内对涉罪未成年人进行严加管教。具体做法是检察官在向涉罪未成年人送达附条件不起诉告知书时，一并向涉罪未成年人送达《附条件不起诉训诫书》，向其法定代理人送达《责令家长严加管教书》。必要时，还可以召开附条件不起诉训诫教育会，由参与考察帮教的各方对涉罪未成年人进行训诫教育。

5. 在作出不起诉决定时，针对被不起诉人开展不起诉训诫教育。建立这一制度的目的在于使未经法庭审判的被不起诉人感受到法律的威严与震慑，修复法律关系，通过多方训诫教育达到对被不起诉人教育、挽救的目的，使其真诚悔过，防止其再犯。具体做法是检察官召集公安民警、司法社工、观护单位代表、被不起诉人及其法定代理人、被害人，参照法院法庭教育的模式对被不起诉人及法定代理人开展训诫教育会。不起诉训诫教育采用圆桌方式开展，在严肃中透露出司法的温度，减少当事人的压迫感。检察官在训诫教育过程中对被不起诉人送达《刑事训诫书》，对其法定代理人送达《告诫家长书》，必要时还可以对被不起诉人送达检察官寄语卡片。

6. 审判阶段的庭审训诫教育。法庭审理阶段设置专门的庭审教育环节，检察官作为其中的发言人之一，针对未成年人所犯罪行，剖析未成年被告人犯罪的原因和社会危害性,促使其深刻反省,吸取教训,使其充分认识到自己行为的危害性,真诚悔罪,并对未来恢复希望和信心,积极进行改造。

(五)建立专门的未成年人刑事检察考评机制

未成年人检察工作并非侦监部门、公诉部门、刑事执行部门等业务部门工作的简单叠加,除传统批捕、起诉、法律监督的检察职能之外,犯罪预防职能要求未检检察官承担大量的帮教涉罪未成年人、法治宣讲以及联系政府、社会多方面力量共同搭建违法犯罪未成年人的社会化帮教预防体系等社会职能。应当将教育、感化、挽救工作的成效作为衡量未成年人刑事检察工作的主要评价标准。未成年人刑事检察政策追求的是涉案少年正常回归社会和身心康复的需要,而不仅仅追求定罪量刑的准确性。工作目标不是捕了多少人、诉了多少人,多少人获得有罪判决,当然也不是简单追求不捕多少人、不诉多少人,而应当是教育了多少人、挽救了多少人,多少人正常回归社会。在司法责任制改革试点过程中,一些试点院将未检部门并入公诉或侦检部门,仅保留未检办案组,由主任检察官负责,对主任检察官办案组的评价指标和普通公诉办案组织无异,使得社会调查、附条件不起诉制度等特殊检察制度的开展受到影响。因此,要有效贯彻未成年人刑事检察政策的各项要求,亟待建立健全科学的符合未成年人刑事检察规律和特点的工作评价机制,使其全面涵盖未成年人检察工作的特殊职能,在评价目的、方式、内容等方面体现其特殊性。对未成年人检察工作的评价尺度不是仅凭办案数量,而是评价每办理一个案件中特殊程序是否落实,围绕涉案未成年人做了多少教育矫治和帮扶工作。而在考评机制上不能单纯以办案数量和质量作为考核标准,而是应当构建以办案质量和帮教效果为核心,涵盖办案质量、帮教挽救、落实特殊制度、开展犯罪预防等符合未成年人刑事检察工作特点的考评机制,从而逐步更好地引导未成年人检察工作健康、科学发展。具体指标如下:

1. 办案质量:具体就是未检部门受理审查批捕、审查起诉的件数、人数,起诉、不诉的人数,并将捕后轻刑判决率、诉后轻刑判决率作为调节指标;还有诉讼监督情况:包括公安、法院侵犯未成年人合法权益的行为提出纠正违法意见的数量和成效、抗诉情况。

2. 帮教挽救:相对不起诉、附条件不起诉的帮扶教育情况(包括制定帮教方案并落实)、社会救助与帮扶情况(指力所能及地帮助涉案未成年人解决生活、学习、工作上的实际困难,比如帮助申请小额爱心救助资金,协调有关部门解决上学、就业、户口等问题)、心理测评和心理疏导(包括针对未成年犯罪嫌疑人和未成年被害人)。

3. 特殊制度落实:具体包括法律援助、社会调查、合适成年人到场、附条件不起诉、犯罪记录封存落实数。

4. 犯罪预防：包括开展法制宣传进校园、进企业、进乡村、进社区等活动的次数、人数、效果以及除上述常规普法宣传教育形式之外的法制教育新形式开展情况及效果；检察建议情况，指在办案中加强对未成年人犯罪原因分析，类案分析、统计分析，向党委、政府或有关方面提出预防犯罪的意见和建议而发出的检察建议并得到落实的数量。

三、对未成年人刑事政策和未成年人刑事检察政策的期待

我国现行未成年人刑事检察政策看起来似乎已经很体系，很完备，但其实这种完备的背后是带着"锁链"跳舞，这个"锁链"就是未成年人刑事政策。未成年人刑事检察政策作为具体的未成年人刑事政策，其发展与完善必然受制于未成年人刑事政策的发展。然而，必须看到，我国未成年人刑事政策本身仍然存在很大的问题。同时，未成年人刑事检察工作发展到一定阶段，也必然突破刑事检察的范畴，转为未检职能一体化的建构。

（一）尽快实现我国未成年人刑事立法、司法、社会政策与普通刑事政策的二元化

就我国未成年人刑事政策现状而言，既有宏观指导层面上的"六字方针""八字原则""综合治理"方针等，也有微观指导层面上的"可捕可不捕的不捕""可诉可不诉的不诉""少捕慎诉少监禁""注重矛盾化解，坚持双向保护""寓教于审"等。这些指导性内容散见于《未成年人保护法》《预防未成年人犯罪法》《刑事诉讼法》及相关配套司法解释、政策性文件和领导讲话中，从形式上看至少已经类似于西方未成年人刑事政策中教育保护优先指导理念的格调，初步具备了未成年人刑事政策与成年人刑事政策二元分立的雏形。但由于这些指导性内容缺乏有效的理念、制度依托，实际无法承载对于违法犯罪少年"教育、感化、挽救"的美好愿望。究其深层原因，仍然缺乏未成年人权利本位的理念，将未成年人刑事政策作为维护社会利益而不是保障未成年人权利的手段，一些改革措施的动机是体现社会管理创新的成效，而非真正出于少年健康成长的需求，出发点与普通刑事政策的改革无异。形式上符合对未成年人的教育优先主义，但实际上则是成年人对未成年人居高临下的怜悯之心，出于成年人社会有效控制少年的需要。具体表现在：

1. 我国处理少年犯罪的实体法仍然是基本上以理性成年人为参照对象而制定的成年人刑法，遵照的是和成年人一样的罪刑法定、罪责刑相适应、适用刑法平等的刑法处罚原则。遵循同成年人一样犯罪构成式的定罪标准，只是在量刑上比照成年人从轻、减轻处罚与免除处罚。我国目前对待涉罪少年的刑法模式仍没有跳出刑罚中心主义的思路，实际上依然奉行报应主义的观念，实质正义、儿童最大利益原则、教育刑主义、个别化原则等现代少年刑法的基本理念远

未建立。

2. 少年刑事司法程序改革的热情仍然无法让罪错少年摆脱“罚”与“放”之间的两难困境。近20年来,少年司法改革主要集中在程序方面:一是机构独立。从20世纪80年代上海长宁区建立第一个少年法庭和少年起诉组开始,到现在全国各地已经基本建立起专门处理少年案件的未成年人检察机构和少年审判机构,基本实现专门机构和专门人员。二是机制创新。社会调查、心理辅导、合适成年人在场、刑事和解、亲情会见、附条件不起诉、不诉训诫、观护教育、圆桌审判或U形审判、跟踪回访等一系列创新举措,其中大部分都已经被2012年刑诉法修正案未成年人刑事案件诉讼程序专章所吸收。然而由于刑诉法没有规定保护处分措施,面对未成年人犯罪,往往要么动用刑罚惩罚,要么不起诉,缺乏惩罚或者放纵未成年人犯罪的中间性干预措施。

3. 对于虞犯少年缺乏有效提前干预的教育保护措施,缺乏正当的司法程序保障。刑法将少年严重不良行为排除于犯罪之外,一方面使虞犯少年免受刑罚处罚,但另一方面却让这些少年坠入治安处罚、收容教养、劳动教养等以剥夺人身自由为特征的行政处罚性措施的阴影之中。除了《预防未成年人犯罪法》所规定的严加管教和工读教育外,其他的处置措施均非专为虞犯少年设计,治安处罚、收容教养、劳动教养、强制戒毒等这些适用于违法成年人的行政处罚措施基本未加改造地适用于少年。同时由于这些措施由行政机关决定,程序简单、封闭,缺乏有效监督机制,缺乏自我保护力的少年权益很难得到保障。

4. 整体上仍然缺乏少年司法与儿童福利的有效衔接。作为相对独立的两套社会体系,儿童福利与少年司法并行于世,互为补充,互为表里。儿童福利并非天外之物,而是少年司法得以健康、有序运转的基石,将二者截然分开显然是不切实际的。缺乏儿童福利、社区参与及父母配合的配套机制,对于简单做出不逮捕的决定是有些不可想象的,也偏离了实事求是的基本原则。我国未成年人刑事政策中从模棱两可的“可捕可不捕的不捕”“可诉可不诉的不诉”到明确提出“少捕慎诉少监禁”,看似对罪错少年的保护又进一步。以不捕、不诉、不判作为终究目标,这固然是美好的愿景和理念,但倘若在儿童福利配套机制、绩效考评机制尚不健全的情况下贸然一味追求对未成年人犯罪批捕率、起诉率的降低,不但有违司法规律之嫌,亦可能揠苗助长、欲速不达,甚至可能会促发司法作假及司法腐败。[①] 我国目前显然也已经认识到这一点,少年司法“两条龙”体系(司法一条龙和社会支持一条龙)在有些省市已初显端倪,但在缺乏儿童福利整体设计和规划的情况下,真正实现社会支持一条龙的无缝衔接目标依然任重

---

① 张鸿巍:《刑事诉讼法修订后的未成年人刑事政策》,载《预防青少年犯罪研究》2012年第5期。

而道远。

可以说,我国尚未真正实现未成年人刑事政策与成年人刑事政策的二元分立,因此,有必要对未成年人刑事政策体系进行顶层设计和整体完善:

第一,立法政策的完善——实现未成年人刑事立法与成年人刑事立法的二元化。针对罪错少年的特殊性和未成年人的身心特点,要有专门处理未成年人罪错行为的实体法和程序法,制定特殊的定罪、量刑、处遇和预防政策。可采取分步骤走的形式,当前,必须尽快出台专门的刑法修正案和程序法配套,增设未成年人犯罪与处遇措施专章,并专门规定非刑罚化的处遇措施,以教代刑。此外,将《预防未成年人犯罪法》进行修订,废除劳动教养、收容教养、治安处罚等剥脱人身自由的强制性行政处罚措施,完善严重不良行为的干预与矫治措施,并将其纳入少年司法程序,而不是由公安部门自行处置,考虑到公安机关在维护社会治安方面的严重任务和警力不足的现状,建议可将这部分对严重不良行为少年的司法干预划归检察院,因为我国检察机关在履行批捕、起诉,前承公安、后启法院,全程法律监督职责的宪法定位,以及未成年人刑事检察"捕诉监防"一体化的职权配置,都决定了我国检察机关和未检检察官在未成年人司法改革和未成年人刑事政策的发展完善中应该起着积极主导和引领推动的作用。2012 年刑诉法附条件不起诉制度的设立,使得检察机关实际上拥有了部分少年案件的先议权,对严重不良行为少年的干预也不妨同样由检察院行使。从长远来看,将来的少年司法改革应跳出刑诉法、刑法、治安处罚法、预防未成年人犯罪法等部门法的樊篱,从顶层设计考虑我们国家未成年人司法的法典化。

第二,司法政策的完善——实现未成年人司法与普通刑事司法的二元化。目前大多数地方的未检部门已经从普通刑检部门独立出来,基本实现了未成年人检察与普通刑事检察的二元化。但在未成年人检察机构内部,由于受理案件的多样性,仍有进一步区分的必要。建议在未检部门内部划分少年案件组和普通刑事案件组,赋予少年案件组对所有罪错少年案件的先议权。这里的罪错少年不仅指犯了罪的少年,也包括将来法律修改完善后的部分严重不良行为少年,由检察院对他们实行教育保护措施。如果"少年"罪行太严重,不适宜教育保护处分措施,则由少年案件组移送到普通刑事案件组提起公诉,但是在量刑上仍然要遵守刑法规定,比照成年人从轻或者减轻处罚。当然,根据案件具体情况,必要时可以只从轻处罚。同时对于成年人侵犯未成年人的刑事案件,则无须经过少年案件组"先议",而是直接移送给普通刑事案件组办理。如此,少年案件组承担"教育保护"(宽)的任务,普通刑事组承担"惩罚"(严)的任务,真正体现未成年人刑事政策"宽容而不纵容"的原则,同时还可以防止未检检察官的"人格分裂"。

第三,社会政策的完善——实现少年司法与儿童福利的二元化。少年司法领域对违法犯罪少年的矫治以及正常社会化的需求,儿童权益保障、未成年人违法犯罪预防并非单纯的司法问题,也不是任何一家司法机关能够包办代替,而是涉及教育、医疗、民政、卫生等各个领域,都需要社会支持体系方方面面的介入,而这些都与儿童福利措施紧密相连。少年司法虽然承担一定的社会福利职能,但与其司法职能相比,后者显然占据更重要的地位,显然我国在这方面发展严重滞后,与少年司法的"过度"热情显得不相匹配,然而,未成年人犯罪问题早晚都要面对重返社会的压力,政府的儿童福利措施则必须全程跟进,不能缺位。因此,国家应当尽快进行相关的儿童福利立法,组建专门的儿童福利机构。司法机关在处理家庭问题罪错少年案件时,应当以"国家亲权"和儿童利益最大化的原则介入,依托专门的儿童福利机构,通过采取相应的儿童福利措施,扫除阻碍少年健康成长的绊脚石,帮助解决其在生活、就业、入学方面的基本需求,从而有效防止再犯。

(二)从未成年人刑事检察一体化到未成年人刑民行检察一体化

未检"捕诉监防一体化"最初是为了完善未成年人刑事检察职能而提出。"捕诉监防一体化"职权配置的初衷是立足于未成年人刑事检察一体化,即由同一承办人负责同一案件的审查批捕、审查起诉、诉讼监督和预防帮教。最高人民检察院《办理未成年人刑事案件的规定》也为未成年人刑事检察职能的一体化提供了依据。该规定共设立五章,除了审查逮捕、审查起诉与出庭支持公诉外,未成年人刑事法律监督、未成年人刑事申诉检察分别作为独立的一章,其中法律监督这一章规定了未成年人刑事案件各个诉讼阶段的监督,包括刑罚执行监督、社区矫正监督、减刑假释、暂予监外执行监督等。但是,实践的探索总是先行一步。北京、上海等地的一些检察机关已经在几年前就开始在实践中探索涉未成年人民事行政检察监督①。

实际上,"捕诉监防一体化"中的"监"本身就为未检职能的延伸和拓展提供了空间,检察机关的法律监督职责不仅仅体现为刑事法律监督,同时还有对生效民事、行政案件的法律监督,无论涉未刑事案件还是涉未民事案件,对于涉案未成年人的保护都应当秉持国家亲权和儿童利益最大化理念,而未检检察官有长期的职业素养,本来就在儿童权利保护意识方面具有敏锐性,也可以实现

---

① 以北京市检察院二分院的探索为例,2012 年 5 月未检处成立,就统一受理涉未刑事和民事行政案件,开展涉未刑民一体的实践探索。未检处民事案件的来源主要是当事人对二中院少年庭二审终审判决不服,经过高级法院驳回再审申请后,向二分院提出申请监督抗诉的案件。截至 2015 年 6 月 30 日,二分院未检处共计受理并审结 18 件,涉及未成年人的生命权、健康权、身体权纠纷、变更抚养权关系纠纷、继承纠纷 3 件、医疗损害赔偿纠纷 2 件、机动车交通事故责任纠纷 2 件、分家析产纠纷 3 件、探视权纠纷 1 件、合同纠纷 1 件、人格权纠纷 1 件,所涉民行事领域非常广泛。

对涉案未成年人权利的全面、有效、快捷和专业的保护。检察机关作为法律监督机关,具有督促有关部门切实维护未成年人合法权益的职责。而未成年人检察部门经过多年的司法实践,已经积累了未成年人刑事司法保护的诸多有益经验,发展也较为成熟,未检部门探索涉未民行案件办理有助于吸纳涉未刑事检察的有益经验、做法以及特殊的司法理念,更符合司法改革专业化、职业化发展的要求。总之,办案理念上的趋同以及积累的未成年人权利保护方面的经验都为涉未成年人案件的检察职能统归未成年人检察部门统一行使提供了理论和实践依据。

所谓"未检刑民刑检察一体化"即打破检察机关内部不同职能部门分割办理未成年人案件的格局,参考法院少年法庭综合审判改革经验,由未检部门统一负责涉未成年人刑事案件的审查逮捕、审查起诉、民事行政检察、控告申诉检察、刑事执行检察和犯罪预防工作。对未成年人的司法保护涵盖刑、民、行政领域,做到"全面保护",从控申、批捕、起诉,到刑事执行,做到"全程保护",配以社会调查、合适成年人到场、法律援助、心理辅导等社会支持体系,形成"全方位司法保护网络"。

试想,当未检部门掌握了所有罪错少年案件的先议权,当未成年人刑事检察部门转为未成年人综合检察部,当未检部门对涉未民事行政检察、控告申诉检察、刑事执行检察的探索积累到一定程度而呈现出一定的规律和特色,并被决策层发文要求在全国未检部门普及推广的时候,中国特色的未成年人检察制度也就真正成熟,未成年人刑事检察政策的研究就应该转为未成年人检察政策的研究,而少年检察院的成立也许就水到渠成了,希望这不再是遥不可及的梦。

强制医疗执行检察监督中的问题及应对

潘　侠*

摘　要　自2012年依法不负刑事责任的精神病人的强制医疗程序写入《刑事诉讼法》以来,强制医疗执行环节的乱象频发。加强强制医疗执行检察监督是实现强制医疗预设功效的有力举措。但鉴于强制医疗执行检察监督规定粗疏,监督未能得到很好落实。唯指明监督主体、列明监督流程、固定监督模式、创设检察监督辅助人制度、畅通强制医疗执行信息互通机制、明确检察员调查取证的权力及内容、赋予具体监督手段以强制力,监督的实效及强制医疗执行环节的有序方可期待。

关键词　强制医疗　执行　检察监督

强制医疗程序是针对依法不负刑事责任的精神病人适用的特别刑事程序,其通过强行治疗的方式限制部分肇祸精神病患者的人身自由,以此保障正常的社会秩序,保护公民的人身、财产权利不受损害。2012年之前,我国对精神病人强制医疗的相关规定不够完善,这不仅导致部分正常人"被精神病",还成为个别犯罪嫌疑人、被告人逃避法律追究的"护身符"。2012年《刑事诉讼法》明确了对依法不负刑事责任的精神病人进行强制医疗的具体程序,巩固了强制医疗适用的程序法依据。其后《刑事诉讼法》虽于2018年再次修改,但并未对强制医疗特别程序作出任何改动。强制医疗程序作为一项特殊的制度设置,在我国施行时日并不长,为保障其在法律轨道内平稳运行,检察监督着实必要。强制医疗执行的检察监督是我国刑事司法中的一块新领域,如何具体开展监督并无先例可循。了解、呈现实践中的检察监督实况,有助于发现问题,完善现有的强制医疗执行监督制度,确保监督的实效,最终实现社会防卫与保障精神病患者医疗权益的统一。

一、强制医疗执行检察监督的法律依据

随着作为刑事诉讼特别程序之一的强制医疗程序入法,检察监督开始延展至强制医疗之中。人民检察院对强制医疗活动进行监督具有必要性,且意义重

* 潘侠,中国海洋大学法学院副教授。

大。强制医疗适用的主体是因受精神疾病驱使而触犯刑法的精神病人。强制医疗虽非刑罚,但其是基于防止社会遭受该特殊群体的侵害及确保精神病人获得医疗救治的考虑而做出的策略选择。易言之,它承载了两方面的价值:防卫社会与保障精神病人的医疗权益。检察机关以监督的方式介入强制医疗具体环节,有助于防止正常人受到该程序的裹挟而被强行限制人身自由、被迫接受治疗即"被精神病",以及本该受到刑罚惩罚的罪犯却借助该特别程序经过一段时间治疗后逃之夭夭即"假精神病"或者接受强制医疗的患者的人身权益遭受侵害等强制医疗乱象发生。检察院对于强制医疗的执行检察监督体现在我国的《宪法》、《刑事诉讼法》以及最高人民法院《关于适用〈中华人民共和国刑事诉讼法〉的解释》(以下简称《刑事诉讼法解释》)、最高人民检察院制定的《人民检察院刑事诉讼规则(试行)》(以下简称《刑事诉讼规则》)、《人民检察院强制医疗执行检察办法》(以下简称《强制医疗执行检察办法》)之中。具体如下:

(一)《宪法》

我国《宪法》第 134 条规定:"中华人民共和国人民检察院是国家的法律监督机关。"由此,法律监督权是人民检察院的一项固有权力。在刑事诉讼领域,这一权力触及立案、侦查、羁押、审判、死刑复核、刑事判决与裁定、刑罚的执行等多个方面。随着作为刑事诉讼特别程序之一的强制医疗程序入法,检察监督自然扩展至强制医疗领域。强制医疗程序包括从决定到执行的各个阶段,执行作为强制医疗程序的一个环节,也应涵括于检察机关的监督之下。检察院对刑事强制医疗的执行开展监督,是落实宪法赋予的监督职权的体现。

(二)《刑事诉讼法》

关于强制医疗程序的相关内容规定在我国现行《刑事诉讼法》第 302 条至第 307 条中。其中,第 307 条规定:"人民检察院对强制医疗的决定和执行实行监督。"该条在《宪法》的基础上再一次明确了人民检察院对于强制医疗程序具有监督权,该监督权具体包括对强制医疗的决定的监督和对其执行的监督。除此之外,《刑事诉讼法解释》第 543 条规定:"人民检察院认为强制医疗决定或者解除强制医疗决定不当,在收到决定书后二十日内提出书面纠正意见的,人民法院应当另行组成合议庭审理,并在一个月内作出决定。"该条款明确了人民检察院对强制医疗决定及解除进行监督的法律效力。检察院对于强制医疗的监督涉及多个方面,执行检察监督是其中重要的一部分。《刑事诉讼法》及其司法解释在《宪法》规定了我国检察院具有法律监督权的基础上,明确了检察院对刑事强制医疗的执行进行监督的权力。

(三)《刑事诉讼规则》

在 2012 年《刑事诉讼规则》中,第十四章专列了刑事诉讼法律监督的相关内容,包括刑事立案监督、侦查活动监督、审判活动监督等内容,其中第九节为强制医疗执行监督。该节细化了人民检察院对强制医疗执行活动的监督权限。其第662条规定:“人民检察院对强制医疗的交付执行活动实行监督。发现交付执行机关未及时交付执行等违法情形的,应当依法提出纠正意见。”第667条规定:“人民检察院对于人民法院批准解除强制医疗的决定实行监督,发现人民法院解除强制医疗的决定不当的,应当依法向人民法院提出纠正意见。”人民检察院对强制医疗执行的监督既包括对强制医疗交付的监督,也包括对其解除的监督,还包括对治疗及监管活动的监督等。《刑事诉讼规则》在《刑事诉讼法》明确了检察机关对强制医疗程序的执行具有监督权的基础上,进一步明确了检察机关的监督事项。

(四)《强制医疗执行检察办法》

为加强和规范强制医疗执行检察监督工作,2016年6月最高人民检察院印发了《强制医疗执行检察办法》。该办法共31个条文,通过对交付执行检察、医疗监管活动检察、解除强制医疗活动检察等方面内容的规定较为详细地阐释了人民检察院在强制医疗执行中可为的事项。其中第六章为“受理控告、举报和申诉”,申明了强制医疗的救济途径,完善了强制医疗执行监督的内容,并使我国强制医疗执行检察监督的体系初具雏形。该办法对强制医疗的检察监督内容、方式等进行了较为具体的规定,为实践中强制医疗检察监督的落实增加了可行性。

二、强制医疗执行检察监督的实践及存在的问题

强制医疗执行检察监督已然于法有据,但纸面上的规定与其实际运行情况并不等同。析解强制医疗执行检察监督的各项制度性规定并跟踪其落实情况,是评估监督实效、优化监督方案不可或缺的步骤。

(一)强制医疗执行检察监督的对象与事项

由《刑事诉讼规则》及《强制医疗执行检察办法》来看,强制医疗执行检察监督的对象主要为公安机关、人民法院、强制医疗机构及其工作人员。围绕各监督对象,监督涉及的事项分别如下:

1. 对交付执行活动的监督

在强制医疗中,人民检察院对人民法院、公安机关交付执行活动的合法性进行监督。当人民法院作出对涉案精神病人的强制医疗决定后,应当在5日内将强制医疗决定书和强制医疗执行通知书送达公安机关,由公安机关将被决定强制医疗的人送交强制医疗。[①] 由此,监督涵盖的内容为:人民法院是否在规定

---

① 参见最高人民法院《关于适用〈中华人民共和国刑事诉讼法〉的解释》第535条。

的时间内将执行的相关法律文书交与公安机关;公安机关是否按照规定办理了相关手续并将被强制医疗人移交给了强制医疗机构,后者是否接纳了需收治的精神病人。人民检察院对交付执行活动加以监督即是要保证应当接受强制医疗的精神病人依照法定程序、履行法定手续之后确实被移送至强制医疗机构,确保其能够接受治疗。

2. 对强制医疗及监管活动的监督

对强制医疗及监管活动的监督设于强制医疗机构之中。人民检察院开展这一监督,包括两个方面:一是对强制医疗活动的监督;二是对医疗机构监管活动的监督。前者的监督事项包括应接受强制医疗的精神病人是否登记在案,医疗机构有无为其创建病历且患者已切实开始接受治疗;医疗设施、设备是否足以为患者提供治疗,治疗是否有连续性;有无按照法律要求定期对患者进行诊断评估等。后者监督的内容主要是强制医疗机构为确保患者配合治疗不生安全事端而采取的措施是否符合要求,如有无违规使用械具、约束措施或体罚、打骂、虐待或者变相虐待、体罚被强制医疗的患者以及是否存在禁止患者与其法定代理人、近亲属会见、通信等侵犯患者合法权利的行为,以及对监管中发生的被强制医疗人员脱逃或非正常死亡、群体性病疫等事件进行监督。

人民检察院对以上事项加以监督,目的是确保在医疗机构提供安保设施以防止涉案精神病人再次发生侵害行为的前提下,使患者获得应有的治疗。

3. 对强制医疗解除的监督

人民检察院对强制医疗解除环节开展监督,主要在于落实如下事项:即经过一定时间治疗后被强制医疗的患者已不具备人身危险性时,强制医疗机构有无及时向人民法院提出解除意见;强制医疗机构是否存在徇私枉法行为,对不符合解除条件的患者通过制造虚假诊断评估报告而使其得以提前释放;人民法院是否及时受理强制医疗机构或患者本人及其家属提出的解除申请,并依法定程序作出解除强制医疗与否的决定;对于人民法院作出的解除强制医疗的决定,强制医疗机构是否在收到决定书的当日即对患者解除了强制医疗等。

对交付执行活动的监督、对强制医疗及监管活动的监督、对强制医疗解除的监督这三个方面是对我国《刑事诉讼规则》及《强制医疗执行检察办法》中有关强制医疗检察监督内容较为系统的概括。为落实并规范监督行为,一些地方作出了进一步探索,如北京制定了《关于强制医疗执行的检察监督工作办法》《即时检察与巡回检察相结合制度》《定期联席会议制度》《重大病情、案情提前介入制度》等多项制度,不仅明确了检察机关对强制医疗执行进行监督的具体职责,同时对检察监督人员提出了具体的要求,即要清楚案件的承办部门、复杂程度;清楚每个列管病人的诉讼环节;清楚列管病人的生活、身体状况,从而保证监督活动有的放矢。[①] 山东乳山市检察院为每个接受强制医疗的患者建立了个人档案，涉及家庭信息、诊疗方案、康复情况等内容，切实保障监督落到实处。[②] 另从实务中的检察监督发现，有的强制医疗患者家属向医疗机构提出过解除强制医疗的申请，但医疗机构却并未及时向法院提出，原因在于解除条件不明，医疗机构无法保证患者已满足解除的要求。但也有人认为，对于强制医疗特别程序而言，实践中重视的是强制医疗决定如何作出的一系列环节，一旦这一决定作出了，后续的执行及执行检察监督并不太受关注，检察监督发挥的作用极其有限。

事实上，尽管最高人民检察院发布的《刑事诉讼规则》及出台的《强制医疗执行检察办法》对强制医疗执行监督的对象与事项作出了具体规定，但规定得不够严谨细致，加之《刑事诉讼法》对这些内容付之阙如，致使针对强制医疗执行开展的检察监督很难找到抓手。这些不完善之处体现如下：首先，没有指明被监督对象的报告义务，监督的及时性大打折扣。如在交付执行时，《刑事诉讼解释》第535条虽然明确了强制医疗决定作出后，人民法院向公安机关送交强制医疗决定书与执行书的时限与文书要求，但并未对人民法院及公安机关何时向检察机关送达法律文书、送达哪些文书等事项作出明示。报告义务的缺失，使监督无法及时跟进。其次，行为期限规定不明，监督缺乏切实的依据。纵然人民检察院对前文列举的诸多事项都有监督权，但法律规范性文件用语的模糊，却为其实际开展监督带来了现实的困难。如从《刑事诉讼规则》第664条来看，监督的内容涵括“没有依照规定定期对被强制医疗的人进行诊断评估的”（第5款）、“对于被强制医疗的人不需要继续强制医疗的，没有及时提出解除意见报请决定强制医疗的人民法院批准的”（第6款）以及“人民法院作出解除强制医疗决定后，不立即办理解除手续的”（第8款），但条文中的“定期”“及时”“立即”究竟分别指怎样的时间段？未可知。这也给被监督者提供了绝好的排斥监督的借口。再次，检察机关参与强制医疗解除程序不明，监督成效存疑。《刑事诉讼解释》第543条要求，人民检察院认为解除强制医疗的决定不当的，人民法院需另行组成合议庭审理。《强制医疗执行检察办法》第13条亦将“强制医疗机构对被强制医疗人解除强制医疗的活动是否符合有关法律规定”列为检察监督的内容之一。要对强制医疗的解除进行监督，人民检察院势必得参与解除的程序，了解解除所涉基本信息及流程。然而，2012年《刑事诉讼法》对人

---

① 高祥阳、王景亮：《强制医疗执行检察监督中的问题和对策——以北京市强制医疗执行检察情况为蓝本》，载《中国检察官》2016年第12期。

② 高歌、郭树合：《山东乳山：多措并举维护强制医疗精神病人合法权益》，载《检察日报》2016年11月9日。

民检察院在强制医疗解除程序中的角色与职责只字未提,《刑事诉讼解释》也仅表明,解除强制医疗时,人民法院组成合议庭进行审理,但并未说明是否采取开庭审理的方式以及人民检察院要否派员出庭等问题。不参与强制医疗解除程序,人民检察院很难对人民法院、强制医疗机构在解除强制医疗方面的作为适当与否形成正确的判断,监督的效果可见一斑。最后,强制医疗机构不统一,导致监督无从着力。从前文关于强制医疗执行场所的阐述可知,2012 年《刑事诉讼法》及其司法解释中确立的"强制医疗机构"应是集医疗与监管于一身的执行场所。然而,从全国范围来看,能够符合这一定位的"强制医疗机构"寥寥,只有为数不多的 20 余家安康医院。对于尚未配套设立安康医院的地方而言,社会性的精神病院成了安置需接受强制医疗的精神病人的权宜之选。就这些医院而言,医疗是主业,其并不负担对被强制医疗人的监管任务,如何能确保其老老实实地接受人民检察院的监督?即使人民检察院提出了监督意见,他们也无配合整改的义务。因此,面对当前主要承担强制医疗任务的社会性医院,检察监督几无发挥作用的空间。

(二)强制医疗执行检察监督的主体

强制医疗执行是一项专门性的工作。为实现强制医疗设立的价值,增强强制医疗执行的规范性,加强对这方面的监督实属必要。

2012 年《刑事诉讼法》第 289 条规定,人民检察院对强制医疗的决定和执行实行监督。由此确立了人民检察院作为强制医疗执行监督主体的地位。其后,最高人民检察院《刑事诉讼规则》进一步明确了监督的具体负责部门,其第 540 条、第 661 条规定,对强制医疗决定的监督由公诉部门办理。强制医疗执行监督由人民检察院监所检察部门负责。但随着 2012 年《刑事诉讼法》的修改以及 2013 年劳动教养制度的废止,我国的法律制度、法治环境悄然发生着变化,不仅增添了新的制度如羁押必要性审查、指定监视居住、对依法不负刑事责任的精神病人实施强制医疗等,还设立了新的机构如社区矫正机构。原有的执行主体及其职责也随之而变,监所检察部门监督的对象不再局限于监狱、看守所,监督的事项也相应拓展。"监所检察"这一称谓已无法涵盖该部门所承担的职责。为此,在征求中央机构编制委员会办公室同意后,最高人民检察院于 2014 年 12 月 30 日印发了《关于最高人民检察院监所检察厅更名为刑事执行监察厅的通知》,地方各级检察院监所检察部门也相应进行了更名,[①]同时,刑事执行检察部门的职责也被重新确立。在 2015 年 12 月最高人民检察院发布的《关于全面加强和规范刑事执行检察工作的决定》中所明确的十余项刑事执行检察职责

---

① 袁其国:《我国刑事执行检察的回顾与展望》,载《人民检察》2016 年第 12 ~ 13 期。

中,“对强制医疗执行活动是否合法实行监督”赫然在列,强制医疗执行监督与刑罚执行监督、刑事强制措施执行监督并列构成执行监督的三大部分。具体到强制医疗执行监督活动中,《强制医疗执行检察办法》作了进一步部署。其第4条规定,对人民法院、公安机关交付执行活动的监督,由同级人民检察院负责。对强制医疗执行活动的监督,由人民检察院刑事执行检察部门负责。

从监所检察部门的变迁来看,当前强制医疗执行检察监督工作即由人民检察院内部的刑事执行检察部门负责。《强制医疗执行检察办法》第4条对交付执行活动监督的特别说明,仅是为了体现同级对等监督原则,实际工作仍由刑事执行检察部门来做,而并非为了显示交付执行监督主体的不同。[①] 然而,运用到实践中,强制医疗执行检察监督主体就非如法条指出的那般清晰明了了。令人困惑之处在于,究竟该由哪一个检察院的刑事执行检察部门来负责监督?这之所以成为问题,与我国检察院设置的层级性及强制医疗机构的庞杂不无关系。如果一个办理强制医疗案件的检察院所在地就一家强制医疗机构或每个办案检察院均有各自对应的收治机构,形成“一对一”模式,那么由各个检察院派出刑事执行检察部门进行监督即可。但鉴于我国级别管辖、地域管辖的存在,同时根据最高人民法院《刑事诉讼法解释》第525条规定,强制医疗案件由基层人民法院负责办理。由管辖对等原则可知,提出强制医疗申请的也必定是区(县)一级的检察院。但2012年《刑事诉讼法》及其司法解释以及《强制医疗执行检察办法》均未指明该由哪一级或哪一家检察院对强制医疗执行加以监督。且从当前情况看,立法也确实不适合作出一个整齐划一的规定。原因在于,作为执行检察监督重点对象之一的强制医疗机构,其设置与管理均显混乱。当地有安康医院的,接受强制医疗的患者被安置在安康医院,没有安康医院的,借用社会性的精神病院进行安置,《强制医疗执行检察办法》第6条还赋予了受政府指定的精神卫生医疗机构以临时履行强制医疗的权力。但实践中极少有明确的受政府指定的精神卫生机构,通常情况是由办案单位与当地专门性的精神病院或综合性医院的精神科联系,将强制医疗患者直接送过去安置。正因为缺乏政府直接指定,加之有基层法院的地方不一定有收治精神病患者的医疗机构,送治实践各行其是。秉持着就近、便利原则,有的将患者送到精神病专科医院,有的送到精神卫生中心、抚优医院等,于是就出现了收治机构不统一,一家收治机构面对多家办案单位即“一对多”的情况。即便有安康医院的地方,因安康医院隶属省级公安部门,除极少数地方如北京明确要求全市被强制医疗的精神病人需送到安康医院接受统一管理与治疗外,其他有安康医院的省份依然是

---

① 对此的理解可在下文中获得印证,参见袁其国、申国君、尚爱国:《解读强制医疗执行检察办法:规范强制医疗执行监督的有力保障》,载《检察日报》2016年7月18日。

安康医院与社会性医院并用的模式。收治机构面对不特定多数的送治机构时，其后执行过程中的监督主体该由哪家检察院担纲便成了难题。

为解决该问题，《重庆市人民检察院第一分院强制医疗程序及监督实施办法(试行)》规定，被强制医疗的人所在的强制医疗机构隶属本院辖区市级单位的，由本院监所检察部门负责强制医疗执行监督；被强制医疗的人所在的强制医疗机构隶属本院辖区区(县)级单位的，由本院辖区基层人民检察院监所检察部门负责强制医疗执行监督。[①] 即实行属地监督原则。这将导致实行监督的检察院与办案检察院不一致的情形。然而，从《强制医疗执行检察办法》第5条的规定——人民检察院案件管理部门收到人民法院的强制医疗决定书副本后，应当在一个工作日内移送本院刑事执行检察部门。刑事执行检察部门应当及时填写《强制医疗交付执行告知表》，连同强制医疗决定书复印件一并送达承担强制医疗机构检察任务的人民检察院刑事执行检察部门——来看，它实际上承认并默许了办案的检察机关与执行监督的检察机关不同一的情形发生。如北京安康医院就由市检察院指定医院所在地的顺义区检察院履行强制医疗执行监督职责。作出明确的规定有助于解决监督的难题，但随之而来的问题是对强制医疗解除程序监督的虚化。根据《刑事诉讼解释》第540条的规定，[②]解除强制医疗的法院依然是作出强制医疗决定的法院，一旦开庭审理，出庭的必然是原审法院对应的检察院，而非履行强制医疗执行监督的检察院，这将导致参加法庭审理的检察院不了解患者的强制医疗执行情况，了解情况的检察院却又不参与解除案件的审理，[③]如此，出庭的检察院将如何有针对性地发表意见，对解除程序展开实质性监督？当然，没有明确执行监督主体的地方，惯行做法是各个检察院分别监督其对应法院决定强制医疗的患者，这种安排之下，一家强制医疗机构将面临多个检察院监督的局面，不仅无助于对患者实现集中管理，也会使医疗机构疲于应对各个前来履行监督职责的检察院，有碍良好医疗秩序的维护。

(三)强制医疗执行检察监督的模式

我国《刑事诉讼法》《刑事诉讼解释》《刑事诉讼规则》明确了人民检察院在强制医疗执行监督中的主体地位，但对检察监督的具体模式，三者均未提及。从我国长期形成的检察工作经验来看，检察的方式主要有派驻检察、巡回检察、

---

① 胡剑锋：《强制医疗程序适用与检察监督》，中国检察出版社2017年版，第217页。

② 《刑事诉讼解释》第540条第1款规定：被强制医疗的人及其近亲属申请解除强制医疗的，应当向决定强制医疗的人民法院提出。

③ 即使履行监督职责的检察院对应的法院负责强制医疗解除的审理，接收法院文书的也是该检察院的公诉部门，而非刑事执行检察部门，依然存在信息流转的不通畅问题，使针对解除程序的监督虚置。

专项检察、巡视检察四种。2015 年 12 月 4 日最高人民检察院印发的《关于全面加强和规范刑事执行检察工作的决定》进一步提出要强化这些检察方式。依循惯有的检察工作方式,我国强制医疗执行检察监督的模式在《强制医疗执行检察办法》中得以落实,其第 6 条规定,对强制医疗所的强制医疗执行活动,人民检察院可以实行派驻检察或者巡回检察。对受政府指定临时履行强制医疗职能的精神卫生医疗机构的强制医疗执行活动,人民检察院应当实行巡回检察。派驻检察即在被强制医疗患者较多的医疗机构或者接收被强制医疗患者相对集中的区域设置检察室,由刑事执行检察部门派检察员常驻办公。巡回检察则不设固定的办公场所,而采取流动检察的方式,由检察员按照一定周期对强制医疗场所进行监督。前者能够随时跟踪被监管场所动态,及时发现问题,但需定向投入一定的人力、物力;后者对检察员的时间投入及监督密度的要求较前者均较低,比较灵活,但在对监督对象所存问题的发现及反馈通常会延迟。两种检察方式是根据监督对象的规模及监督事项的繁杂程度作出的配置,很难说孰优孰劣。

在强制医疗执行检察监督中,《强制医疗执行检察办法》虽明确了监督的方式可在派驻检察与巡回检察中进行选择。但从实践来看,实行派驻检察的占少数,巡回检察在强制医疗执行检察监督中则受到青睐。这与刑事强制医疗程序适用时间短、收治的患者人数有限而无须动用耗费成本更高的派驻检察的实践状况不无关系。因循派驻检察与巡回检察的特点,在强制医疗执行监督中,专门收治被强制医疗患者的医疗机构如安康医院更可能采取派驻检察的监督方式。2012 年 12 月派驻检察室率先在西安市安康医院设立。2013 年作为承担北京市强制医疗执行监督工作的顺义区人民检察院也在强制医疗机构即北京市安康医院内设立了派驻检察室。其后,上海等地也陆续对强制医疗执行活动开始进行派驻检察监督。为方便派驻检察监督工作的开展,顺义区人民检察院不仅通过制定《强制医疗检察室公告》明确了派驻检察室的职责、接受强制医疗的患者及其家属享有的权利,还设置了检察官信箱,确立了检察官接待日制度,以此畅通患者一方行使控告、举报、申诉等权利的渠道。同时,其还创造性地设置了约见检察官制度,并提供了委托约见、自行约见、主动约见三种约见方式。委托约见,即由执行机关接受患者的委托,及时将其约见请求转呈检察官;自行约见,即在病区、会见室内设立“约见检察官信箱”,患者及其家属遇到困难或问题时,可自行约见检察官;主动约见,即检察官在检察过程中,如发现列管患者可能存在困难或问题,又没有自行或委托约见的,可主动约见患者了解情况。[①]

---

① 高祥阳、王景亮:《强制医疗执行检察监督中的问题和对策——以北京市强制医疗执行检察情况为蓝本》,载《中国检察官》2016 年第 12 期。

巡回检察则以“周”或“月”为周期，实践中通常由2名检察官负责到强制医疗场所内进行巡察。其基本的监督流程为：检察员表明身份并告知强制医疗机构其负责监督的患者基本信息后，检察员向患者的主治医生了解患者接受强制医疗的情况，如治疗的基本方案、患者目前的精神状态、有无异常状况发生、定期诊断评估是否正常进行、患者或其家属有无提出有关诉求等，可同时查看患者的病例，进一步了解患者病况并核实从医院方面了解到的信息。对于精神状态较好的患者，与其面谈也是开展监督必不可少的部分。为方便及时发现执行实践中存在的问题，畅通信息获取渠道至为关键。受理被强制医疗人及其法定代理人、近亲属的控告、举报、申诉是监督的重要信息源。为保证来自患者一方的诉求及时传达检察官，《强制医疗执行检察办法》要求，人民检察院应当在强制医疗机构内设立检察官信箱并定期开启，且对于要求约见的被强制医疗人及其法定代理人、近亲属，要及时与其谈话，听取情况反映等。①

派驻检察、巡回检察作为强制医疗执行监督的具体方式，切实贯彻下去对于强制医疗执行工作合规有序进行不无裨益。但实践情况却并不尽如人意。不仅出现派驻检察有固定场所但无常驻人员而使其徒有虚名的状况，巡回检察中“三天打鱼、两天晒网”的实例也不少见。强制医疗执行检察监督并未因《强制医疗执行检察办法》规定了明确的监督模式就给人有序之感的原因主要在于：第一，监督缺乏明确的操作规程。尽管多地开始实施派驻检察和巡回检察，但对于监督的具体开展仍在摸索之中。重视强制医疗执行检察监督工作的检察院会认真对待，积极制定监督的方案，不重视的则草草应付。有的检察院平均3个月才监督一次。即使有意在强制医疗执行检察监督方面有所作为并草拟了内部的指导性文件，但因强制医疗执行检察监督制度的不完善，其并未获得足够的关注，在这方面作出的成绩也很少作为业绩考核的一项有价值指标，久而久之，地方检察院也逐渐丧失了在这方面的工作热情，只愿维持“有监督”即可。第二，监督的被动性有余，主动性不足。监督的目的是发现问题，继而督促有关主体依法行事。由此，对强制医疗执行实况的悉数掌握是监督工作开展的重要保障。而恰恰在这方面，检察机关极为被动。强制医疗执行活动的主要内容是医疗行为，检察官作为精神医学界的外行，对专业的治疗方案及流程无法进行实质性审查，再加上其做不到全天候跟踪被强制医疗人的诊疗过程，要想依靠其主动发现执行中的问题不容易。于是，外界提供的信息往往成为检察人员开展监督的有用线索。然而，这种坐等信息上门之发现问题的渠道使检察官明显陷入被动，加之为获取来自他方提供的信息而提倡设立的检察官信箱也

① 参见《人民检察院强制医疗执行检察办法（试行）》第20条。

远未普及,都极大限制了强制医疗执行监督的有效、深入开展。第三,多数强制医疗机构的“社会性”性质,无论派驻检察还是巡回检察都很难顺利开展。社会性的精神医疗机构与人民检察院隶属两个不同的系统,二者没有任何法定业务上的配合与牵制。将需要强制医疗的患者安置于这些机构完全基于当前缺乏强制医疗力量的需要。在社会性的医疗机构看来,经过司法程序移送过来医治的患者与收治的普通病人无异。医院方面对强制医疗认知不明确,也不清楚强制医疗程序,他们只负责治疗,并不会对这些患者施以特殊化管理,也无配合检察监督工作的义务。这极易导致社会性医疗机构中的强制医疗执行检察监督形同虚设。

(四)强制医疗执行检察监督的手段

强制医疗执行检察监督模式为监督的落实搭建了可仰赖的平台,而赋予检察员监督的必要手段则是监督实质开展下去的必要保障。《刑事诉讼法》在强制医疗执行检察监督手段方面的规定依然阙如。《刑事诉讼解释》《刑事诉讼规则》《强制医疗执行检察办法》三个文件则有涉及。总体来看,强制医疗执行检察监督的手段有提出“纠正意见”和“检察建议”两种。不同的是,《刑事诉讼解释》只明确了针对“不当的强制医疗决定或者解除强制医疗决定”两种情形,可提出“书面纠正意见”。《刑事诉讼规则》则增加了提出书面纠正意见的种类,即对于强制医疗机构应当收治而拒绝收治被决定强制医疗的人、收治的法律文书及其他手续不完备等情形也可提出纠正意见。[①] 但对于提出纠正意见的具体程序,《刑事诉讼解释》与《刑事诉讼规则》二者均未提及。《强制医疗执行检察办法》不仅明确了检察机关在交付执行、医疗及监管、解除强制医疗等活动中针对公安机关、人民法院、强制医疗机构的违法行为以“提出纠正意见”的方式进行监督的权力,同时对于强制医疗执行活动中的执法不规范及安全隐患等问题,检察机关在报检察长批准后,还可向有关单位“提出检察建议”。此外,在强制医疗执行监督过程中,检察机关发现公安机关、人民法院、强制医疗机构的工作人员有违法违纪行为的,在报请检察长批准后,移送有关部门处理,构成犯罪的,依法追究刑事责任。如强制医疗工作人员的行为触犯了刑法,如侵占被强制医疗人员财物、利用职权违规释放被强制医疗人员等,构成犯罪的,刑事执行检察部门可将案件转给侦查部门,由后者进行侦查,追究相关人员的刑事责任。另外,《强制医疗执行检察办法》区分了刑事执行检察部门面对监督对象不同违法情形的处理程序。对于轻微违法情况且现场可纠正的,可当场提出口头纠正意见,并及时向刑事执行检察部门负责人或检察长报告,填写《检察纠正违法情

① 参见《人民检察院刑事诉讼规则(试行)》第664条。

况登记表》;对于严重违法的情况,或者提出口头纠正意见后被监督单位7日内未予纠正且不说明理由的,报经检察长批准后,发出纠正违法通知书,并将其副本抄送被监督单位的上一级机关,同时,刑事执行检察部门应当填写《严重违法情况登记表》,报告给上一级人民检察院刑事执行检察部门;对于人民检察院发出纠正违法通知书15日以内,被监督单位仍未纠正或者回复意见的,应当向上一级人民检察院报告,并由其监督纠正。[①]《强制医疗执行检察办法》着力通过赋予检察员必要的监督手段,确保监督工作落到实处。

然而,尽管在强制医疗执行监督中我国肯定了检察机关可通过提出"纠正意见"和"检察建议"发挥监督作用,但此处的检察监督依然未能摆脱我国检察监督的弊病,即监督缺乏刚性,徒有程序性监督权而无实体性的处决权。程序性监督是通过开启相应的程序或作出程序性决定而发挥效用。正如有学者指出的,这种启动程序的权力,更多表现为一种请求建议权,仅具有事后建议性,不具有实体性的处分权或裁决权。[②] 监督因缺失强制性效力而无法对被监督对象形成强有力制约,难以对后者形成威慑。提出"纠正意见"和"检察建议"的前提是发现问题,这就要求检察员必须具备发现问题的能力,如是否对患者施以必要的治疗、有无殴打、体罚、虐待等侵犯被强制医疗人合法权利的行为、有无开展定期诊断评估、解除强制医疗的决定是否适当、作为解除强制医疗参考因素之一的对患者精神状态的评估意见是否恰当等都需要检察员作出明确的判断。它要么要求检察员提升内在修为,谙熟精神医学知识,能对诊疗意见作出专业性评判,要么武装其外在,给予其监督的利器即调查取证权,让其能够自由无碍地去对监督对象及事项进行深入调查,探寻事实,从而通过监督倒逼违法行为遁于无形,而非采取现在这样仅查查卷宗、诊疗记录、与相关人员面谈等松散的、非常态的监督机制。但当前无论检察员的精神医学素养还是调查取证的权力均未齐备,监督的形式意义更为凸显。再者,强制医疗执行监督的对象均非来自检察系统内部,如何让检察机关的监督对这些主体切实发挥作用也是实质性监督开展的重要内容,现行的规范性文件对此尚未回应。以上不足均极大限制了检察监督在强制医疗执行活动中作用的发挥。

三、完善强制医疗执行检察监督的规范路径

检察监督对于强制医疗执行活动而言不可或缺。检察监督的重要性不仅体现在它对强制医疗依规行使的直接敦促作用,更在于其对强制医疗所承载价值的保障上。强制医疗具有防卫社会与保障患者人权的双重价值。防卫社会

---

① 参见《人民检察院强制医疗执行检察办法(试行)》第7章"纠正违法和检察建议"。

② 孙谦:《中国特色社会主义检察制度》,中国检察出版社2009年版,第54页。

的价值即防止社会遭受精神病人这一特殊的不法行为人(无刑事责任能力)的侵害。在防卫社会这一点上,强制医疗与刑罚(防止社会免遭具有刑事责任能力的不法行为人的侵害)无异。而强制医疗保障患者人权的价值则主要体现在让精神病人接受治疗上,这非刑罚保障人权的主要内涵。对罹患精神病的不法者而言,接受治疗是其依法享有的医疗利益,是种福利。要抵挡住社会对明明是肇祸者却要对其施以治疗(如前文所述,国家财政还要负担其医疗费用)的精神病不法者的不满与愤恨,检察监督功不可没,它旨在保障与大众感观相悖的对症治疗落实到精神病人身上的国家行为执行到位。面对检察监督在强制医疗执行实践中的诸多问题,我们有必要在如下方面作出进一步的努力,以增强检察监督的实效。

(一)细化强制医疗执行监督的制度性规定,增强其可操作性

强制医疗执行监督的贯彻落实,既要有据可依,还要依据明晰可行。对于当前有关强制医疗执行监督的规范性文件,仍需完善以下方面:

1. 明确强制医疗交付执行、解除、提出解除意见等的时限。

针对规范性文件中诸多"立即""及时""定期"等模糊用语,为确保检察监督有的放矢,需要用明确的期限用语加以替换。对于已经作出强制医疗决定的,将患者移交强制医疗机构的过渡期限应予设定。如 2013 年北京市公安局《办理精神病人强制医疗案件程序规定(试行)》第 19 条规定,人民法院作出强制医疗决定的,办案单位应当自收到人民法院决定之日起 24 小时内,凭《强制医疗决定书》《执行强制医疗通知书》《强制医疗意见书》(复印件)将涉案精神病人送交安康医院执行强制医疗。对于人民法院作出解除强制医疗决定后,办理解除手续的时间节点可确定为作出解除决定书后 10 以内。对于被强制医疗一方提出的解除强制医疗申请,无论申请人向强制医疗机构抑或人民检察院提出,除告知其自行向作出强制医疗决定的人民法院提出外,后者均需在尽可能短的时间内向人民法院转送材料。如北京市公安局《办理精神病人强制医疗案件程序规定(试行)》第 27 条指明,"对申请人提交的申请材料,安康医院应当在 15 日内连同诊断评估报告,一并转送人民法院"。另外,关于诊断评估的周期也需明确,考虑到精神疾病恢复期较长,建议以 3 个月或 6 个月为限。总之,但凡在检察监督范围的事项,都要表述清晰,以指导监督工作依规行使。

2. 指明强制医疗执行活动的监督主体,确定解除程序中检察机关的角色。

根据我国强制医疗机构少的现况以及前文对我国强制医疗执行活动监督主体的配置描述来看,办理强制医疗案件的检察机关与负责强制医疗执行活动的检察机关不同一将是常态。因此,该由哪一检察院作为强制医疗执行监督的主体需要指明。循着国家拟建立专门且集中安置被强制医疗人的强制医疗所

的思路,未来必然形成一个地区内各个基层检察院办理的强制医疗案件中被决定强制医疗的人由同一家强制医疗机构收治的局面。针对此,笔者建议,执行监督工作由市一级检察机关承揽。提升监督的层级,有助于监督工作的推进。如此一来,当涉强制医疗解除的案件开庭审理时,出庭参加法庭庭审的是负责执行监督的检察院还是之前办理强制医疗案件的检察院就存在争议。将这一事项交由负责执行监督的检察院来处理有合理之处,毕竟在能否解除强制医疗的问题上,负责执行监督的检察院更了解被强制医疗人接受治疗的情况,更有话语权。负责监督的检察机关作为诉讼参与的一方,参加法庭审理,就解除事项发表意见,便于裁判者兼听,形成正确的决断。同时,其也可作为解除环节的亲历者,对法院的解除强制医疗活动进行现场监督。但在笔者看来,由办理强制医疗案件的检察院派员出庭更合适。为防止频繁参加解除强制医疗的庭审而加重执行检察部门的负担使其无暇承担监督任务,加之办理该强制医疗案件的检察院知晓整个案件的来龙去脉,宜由其派员出庭。负责执行监督的检察院可将其监督所获的患者治疗期间的情况资料转交办理强制医疗案件的检察院,后者负责将裁判结果反馈给强制医疗执行监督检察人员。

3. 视情况固化强制医疗执行监督的模式,列明监督的流程,增强监督的规范性。

《强制医疗执行检察办法》虽然指明需分情况实施派驻检察和巡回检察,但强制医疗机构不统一的现实情况使社会性精神医疗机构依然游离在制度之外。将强制医疗患者安置于这些机构之中,只暂时克服了治疗之困,但却带来了监管之难题,无论派驻检察还是巡回检察都无法很好地在社会性的医疗场所内发挥作用。对此,笔者认为,要固化强制医疗执行检察监督模式,需首先解决作为主要监督对象的强制医疗机构的设置问题。通过新设或与社会性医疗机构合作的方式,开辟强制医疗的专门场所。在此基础上,视场所容量的大小、收治人数的多少来确定是采取巡回检察还是派驻检察。针对不同的监督模式,明确各自的监督流程。对于派驻检察监督的,要在强制医疗场所内设立检察室,确定派驻的人员(为避免其被强制医疗机构同质化,派驻人员需定期更换),设立检察台账,详细记录监督的情况,列明监督的具体流程(查阅病例、与主治医生、患者谈话、定期开启检察官信箱等)。对于巡回检察,要统一检察的周期,监督的流程与巡回检察并无二致。两种检察模式均需强调被监督单位的配合义务。确定监督模式,明确监督的细节,增强监督的规范性,监督有章可循才可能产生实效。

(二)畅通强制医疗执行信息互通机制,构建同步监督体系

强制医疗执行活动信息的获取是检察监督工作开展的前提,没有完备的信

息接收机制，监督将无从着手。从前文的阐述来看，我国并没有形成通畅的执行信息流转路径，不仅刑事执行检察部门与公安机关、人民法院、强制医疗机构之间缺失稳定的信息沟通渠道，即便检察机关内部的公诉部门与刑事执行检察部门之间也没有关于信息传送的明确规定。实践中有检察院的刑事执行检察部门事先并不掌握本院办理的强制医疗案件的具体信息，在开展监督之前才向公诉部门了解即将展开监督的案件情况，调阅卷宗临时“做功课”，补足案件的办理情况。如果刑事执行检察部门不主动去向公诉部门了解案件，这些已经在执行中的强制医疗案件可能很难进入执行检察部门的监督视野，因此，畅通执行信息互通机制，及时获取强制医疗案件执行信息，监督工作才能正常启动。

建议从以下两个层面建立强制医疗执行信息联通机制：首先，完善文书归档管理制度。对于强制医疗执行中涉及的强制医疗决定书、交付执行通知书、入院接收凭证、病历资料、定期审核评估报告、解除强制医疗申请书、出院凭证、解除强制医疗决定书等文书以及被强制医疗一方提出的控告、举报、申诉材料要归档完整，方便检察监督部门随时审查。其次，利用网络实现信息互联互通。注重利用飞速发展的互联网，实现涉强制医疗执行各机构与刑事执行检察部门之间的信息共享，尽量确保同步监督，提升监督的效率。鉴于此，一要完善公安机关、人民法院向同级人民检察院案件管理部门通报信息的制度。为避免书面告知的烦琐以及信息通报的迟延，可在保存相应法律文书以备查的基础上，借助网络平台，将强制医疗案件的处理情况告知检察院案件管理部门。后者可在网上建立针对二者的工作联系平台以共享信息。二要健全检察系统内部案件管理部门与刑事执行检察部门之间以及强制医疗决定作出地与强制医疗执行地检察部门之间的信息互通渠道。案件管理部门收到公安机关、人民法院共享的强制医疗案件情况进展通报后，可通过工作网络立即（《强制医疗执行检察办法》第 5 条规定的是 1 个工作日内）将信息告知刑事执行检察部门，确保后者及时介入。另外，针对实践中经常出现的强制医疗交付执行地与执行地检察监督部门不同一的情形，一旦发现已经作出强制医疗决定的案件未交付执行的，应由执行地检察监督部门将情况告知决定作出地的刑事执行检察部门，由后者监督纠正。三要建立强制医疗机构与刑事执行检察部门之间的信息共享平台。对于派驻检察的，检察室网络要与强制医疗机构监控网络系统互联，方便随时查看医疗场所内部情况，实现实时监督。对于采取巡回检察的地方，强制医疗机构要及时通过网络向检察监督部门通报执行的进展情况（同前文公安机关、人民法院与检察监督部门的沟通方式）。

（三）充实检察监督力量，武装检察监督队伍，锻铸监督利器，发挥监督实效

强制医疗执行监督作为检察机关的一项新职能，唯有提供满足检察机关工

作要求的力量配备,监督的效果方可期待。为此,需要从以下方面对现行的检察监督缺憾进行补足。

1. 创设检察监督辅助人制度。强制医疗执行监督相对于检察机关承担的其他监督任务而言具有特殊性,被强制医疗人是否接受了必要的治疗、定期的诊断评估是否开展、评估报告是否如实记录等是监督的重要内容,为防止作为精神医学外行的检察官无力应对这些监督事项,有必要引入具有精神医学知识的人才,填充到检察队伍之中。检察监督辅助人的吸纳可借助以下途径,即聘请医学院校精神医学专业的教师或者不承担强制医疗工作的精神病院的医师,加入检察监督的队伍,从专业的角度帮助检察官审查与医疗有关事项的运作情况。精神医学专家辅助人的管理可参照我国人民陪审员制度,兼顾人员的专业性与来源的广泛性,成立专家库,随机抽取专家参与监督,并明确任期。采取巡回检察方式的,监督辅助人每次随行检察员进行监督;对于派驻检察,因本职工作需要,监督辅助人不可能在固定的时间段内全天候在岗监督,所以需要对医疗事项开展监督时,再提前抽取监督辅助人。引入精神医学方面的专业人才具有必要性和可行性。以某市强制医疗执行监督为例,其刑事执行检察部门共有在职人员 47 人,却要承担 3 个监狱、7 个看守所的派驻检察工作以及 9 个区县的社区矫正检察监督工作,同时还要负责指定居所监视居住、羁押必要性、财产刑的执行等方面的监督审查,外加强制医疗执行检察监督任务,监督力量确实捉襟见肘。[①] 另从实践中了解到,检察监督人员配置松散,强制医疗执行检察监督往往被视为附带的工作,不受重视,这与监督力量有限、无暇顾及强制医疗执行监督不无关联。引入精神医学专业人才,充实强制医疗执行检察监督力量,是现实情况使然。此外,《强制医疗执行检察办法》第 6 条规定,检察强制医疗执行活动时,检察人员不得少于 2 人,其中至少 1 人应当为检察官。这为吸纳专业人才提供了制度条件。

2. 明确检察员调查取证的权力及内容。强制医疗机构是否存在弄虚作假、随意伪造病历制造被强制医疗人已接受必要治疗的假象?是否有殴打、体罚、虐待患者的情况?定期诊断评估报告是否客观、评估结论是否富有逻辑性?被监督对象是否有渎职行为?这些都需要调查之后才能作出判断。现行规范性文件并未赋予检察员调查取证的权力,对于检察员在监督中可为之事项含糊不清。单纯依靠查阅卷宗、面谈等手段无益于监督工作的深入、事实真相的呈现。最高人民检察院《关于全面加强和规范刑事执行检察工作的决定》指出,要"建立健全违法行为调查制度,细化案件受理、调查取证、制发法律文书、案卷归档

① 李宁等:《强制医疗执行监督实证分析》,载《人民检察》2015 年第 23 期。

等工作流程”。[①] 对此,笔者建议,明确检察员在强制医疗执行监督中的调查取证权,赋予其查阅卷宗、调取监控录像、进入被监督单位向有关人员了解情况以及向被强制医疗人及其法定代理人、近亲属等取证的权力,为监督中问题的发现提供强有力的手段。

3. 赋予“纠正意见”“检察建议”以强制性效力。对于监督中发现的问题,有效的惩治是促使被监督对象直面问题、加以纠正并杜绝再犯的良药。鉴于当前检察监督刚性不足的弊病,应当明确追责程序及制裁措施,从而赋予“纠正意见”“检察建议”以强制性效力,彰显监督的威力。具体而言,建议进一步细化《强制医疗执行检察办法》规定的违法处理程序。明确被监督单位收到“纠正意见”和“检察建议”后必须采取的措施(如质疑定期诊断评估报告的客观性的,医疗机构予以书面说明或组织人员重新进行评估并将新的评估报告反馈给监督员等),以及被监督单位不配合整改时的处理程序,如被监督单位的上一级机关对直接责任人员给予警告、记过、停职反省、开除等处分,而非止步于《强制医疗执行检察办法》中“将纠正违法通知书副本抄送被监督单位的上一级机关”“向上一级人民检察院报告,上一级人民检察院应当监督纠正”等笼统规定。当然,这些建议要付诸实施,离不开公安机关、人民法院、强制医疗机构等被监督单位所在系统的配合,毕竟《强制医疗执行检察办法》是最高人民检察院颁布的内部文件,没有外部适用效力。因此,可由监督者与被监督者的高层共同协商、核签强制医疗执行检察监督方面的文件,并严格遵照执行。

四、结语

强制医疗既是防卫社会的利器,也是侵犯公民人身自由权的手段。依法不负刑事责任的精神病人的强制医疗程序在刑事诉讼法中的确立实现了我国强制医疗适用的司法化,有助于防止他人以强制医疗之名行随意侵害公民人身自由之实。然而,强制医疗的规范实施离不开检察监督的有效落实。对强制医疗执行检察监督的考察以及探索性的建议,对促进强制医疗特别程序有序运行、最大限度发挥其预设功效、完善社会防控体系具有重要意义。期望通过对该问题的研究,让社会对精神病人这一特殊的群体少些鄙夷与质疑的目光,少些唯恐避之而不及的冷漠举动,营造尊重、理解、关爱精神障碍者的社会氛围,并逐渐改变歧精神病视患者的社会现象,在防卫社会的同时,提高对精神障碍者权益的保障水平。

---

① 参见最高人民检察院《关于全面加强和规范刑事执行检察工作的决定》第三章“改进监督方式,强化监督手段”之“16. 积极纠正违法行为”的内容。

下　篇

司法改革

“以审判为中心”概念辨析

刘计划*

摘　要　推进以审判为中心诉讼制度改革，是对我国刑事诉讼制度运行实践面临困境的积极回应。我国刑事诉讼立法因理念滞后，导致刑事诉讼制度背离了以审判为中心原则，形成了分割的侦查、起诉、审判三个独立诉讼阶段与纵向接力模式，并异化为侦查决定审判的体制。推进以审判为中心的诉讼制度改革，是对现行公、检、法接续主导刑事诉讼这一体制的修正，但并非对侦、诉、审诉讼地位的调整，而是要求在指控与辩护之间确立广义审判的中立裁判地位，全面建构诉讼形态与司法裁判体制，以保障诉讼双方当事人的平等诉权，实现诉讼公平。以审判为中心的实质并非以庭审为中心，二者并非同一层面的问题，前者涉及诉讼制度的整体改革，后者仅指法院审判方式的完善。推进以审判为中心诉讼制度改革，旨在强化法院独立与公正的裁判职能，而非统一不同阶段的刑事司法标准。

关键词　以审判为中心　以侦查为中心　以庭审为中心　诉讼形态　司法裁判

中共十八届四中全会通过的《中共中央关于全面推进依法治国若干重大问题的决定》作出了推进以审判为中心诉讼制度改革的重大决策，这是对我国刑事诉讼制度运行实践面临困境的正面与积极回应。自该决定通过以来，以审判为中心这一在诉讼法学界一直引而不发的学术问题，终于突破禁区成为一个近年来最为流行的议题，激起了法学界极大的研究热情，学者们似乎无不欢欣鼓舞，纷纷撰文著书、建言献策。司法实务界同样如此，最高人民法院、最高人民检察院以及地方法检机关也不断对其组织专题研讨、开展课题研究。可以说，以审判为中心已然成为法学界和司法实务界共同关注的焦点问题，关于此议题讨论的热烈程度可谓空前，这在近年来的刑事诉讼法学研究中并不多见。

推进以审判为中心诉讼制度改革，反映出我国刑事诉讼制度存在的结构性缺陷，为此必须积极面对诉讼制度改革的重大挑战。在推进以审判为中心诉讼

* 刘计划，中国人民大学法学院教授，博士生导师。

制度改革的研究过程中,出现了关于“以审判为中心”概念的几个认识误区。只有解决了这些认识误区,才能准确理解以审判为中心的含义和要求,才能有效推进诉讼制度改革,基于此,本文将对这些问题进行探讨,旨在明晰“以审判为中心”的概念。

一、以审判为中心并非就侦查、起诉与审判的关系而言

推进以审判为中心的诉讼制度改革,首要的问题是,要明确何谓“以审判为中心”。有一种观点可谓较为流行,其认为,之所以提出推进以审判为中心的诉讼制度改革,是因为我国形成了以侦查为中心的诉讼制度,以至于架空了审判程序。由此,以审判为中心是相对于以侦查为中心而提出来的,推进以审判为中心的诉讼制度改革,就是要实现从以侦查为中心到以审判为中心的转变。如龙宗智教授认为,“以审判为中心”是一个诉讼关系命题,即审判中心是相对于刑事司法其他权力功能而言的,由此确定侦查、起诉与审判三种诉讼职能在刑事诉讼中的基本关系应当以审判为中心展开,从而要求侦查、起诉必须按照审判的要求进行。①

笔者认为,以审判为中心,并非就侦查、起诉与审判三种诉讼职能在刑事诉讼中的基本关系而言的,而是就刑事诉讼结构和诉讼结果而言的。就刑事诉讼结构而言,以审判为中心意味着,控辩双方之间的纠纷必须由法院通过审理予以解决,法院的审判就是对指控方与辩护方之间的争议进行审理与裁判的过程,因此以审判为中心是相对于控诉和辩护而言的;就诉讼结果而言,以审判为中心是指,法院对审理后的纠纷(案件)有权独立作出判决。以审判为中心是三大诉讼的应有之义,因为审判对诉讼过程和结果具有决定意义。如在刑事诉讼中,控方对犯罪的起诉指控,需要经过法院的法庭审理,只有经过法院的论罪科刑,才能实现对犯罪的惩罚;被告人享有获得公正审判的权利,面对指控享有平等的辩护权,其是否有罪,也只有法院通过法庭审理才能予以判定。另外,从程序上来看,诉讼双方之间的纠纷(案件)只有经过审判才能得以最终解决,而审判的完成也就意味着诉讼的终结。

需要特别指出的是,我国传统刑事诉讼法学理论对“审判”的理解,仅指通过法庭审理对被告人是否有罪作出实体裁判,侦查、起诉、审判“三阶段论”就是明证,这一主流理论中的审判就是仅指法院在起诉主体起诉后对案件的审理和裁判。而现代的刑事审判,则是广义的审判,即法院对控辩双方之间形成的所有争讼进行裁判,审判对象不限于实体法意义上的犯罪事实,还包括追诉开始后整个诉讼过程中出现的各种程序法事项。因此,推进以审判为中心的诉讼制

---

① 参见龙宗智:《“以审判为中心”的改革及其限度》,载《中外法学》2015 年第 4 期。

度改革,需要全面准确理解现代刑事审判的内涵和外延。

而我国的现实情况是,刑事案件由侦查机关单方面进行侦查,侦查终结后经由检察机关提起公诉,人民法院才能对案件进行审理。人民法院、检察机关、公安机关之间实行分工负责、互相配合、互相制约的关系,不过,由于人民法院与检察机关、公安机关之间形成了纵向接力模式,加之检察机关实行有罪判决率的业绩考核机制及对法院审判行使监督权,导致法院对案件事实难以进行真正对抗式的充分审查,于是,侦查机关收集的证据经由检察机关提交法庭后,其证据能力轻易地为法庭认可,侦查机关认定的案件事实轻易地为法院所确认,某种程度上存在侦查结论决定审判结果的现象。

在我国现行侦查、起诉、审判三机关(职能)分工负责的关系原则下,法院的中立裁判者地位及其中立性无从体现、无从保障。刑事诉讼本应坚持以审判为中心,因为刑事诉讼的本质就是由法院通过审判来解决控辩双方之间的纠纷。无论是在刑事诉讼理论上,还是刑事诉讼立法上,审判具有的决定案件实体结果的意义都是已经确定无疑的。第一,在理论上,审判的决定意义毫无疑问。基于无罪推定原则,未经审判定罪,被指控人处于无罪地位,只有法院才有权对被指控者定罪。第二,在我国《刑事诉讼法》规定人民法院、检察机关、公安机关三机关分工负责、互相配合、互相制约的关系原则之下,本来就有"审判由人民法院负责"(《刑事诉讼法》第 3 条第 1 款)的规定,加之《刑事诉讼法》第 12 条规定了"未经人民法院依法判决,对任何人都不得确定有罪",《刑事诉讼法》第 200 条规定了法院有权作出有罪判决、无罪判决、证据不足的无罪判决,因此,在法律上,法院独立作出各种判决是其法定职权。人民法院对案件审理后作出判决,本就具有决定诉讼结果之意,无须特别规定以审判为中心。那么,为什么要提出推进以审判为中心的诉讼制度改革呢?这和法院难以守住司法最后一道防线有关。

由此,我们真正要思考的是,遇到强奸、杀人等重大案件的证据存疑时,是什么因素使法院未能作出无罪判决而酿成冤错?是法院自身判断不当?还是另有原因?很多人将此归结于以侦查为中心诉讼制度的形成,以审判为中心的诉讼制度也正是针对以侦查为中心的诉讼制度而提出来的。一方面,我们要思考,所谓以侦查为中心的诉讼制度何以形成?为什么我国会出现所谓的侦查中心主义?笔者认为,这和我国宪法规定的司法体制不无关系,可以说,是宪法规定的司法体制以及刑事诉讼法关于诉讼制度的设计导致的。现代各国宪法均规定法院为司法机关,行使司法权,并实行法官独立原则。而我国《宪法》第 140 条和《刑事诉讼法》第 7 条却规定人民法院、人民检察院、公安机关之间为分工负责、互相配合、互相制约的关系,《刑事诉讼法》第 8 条又规定检察监督原则,而并未建立起控辩对抗、审判居中的诉讼形态。另外,我国《刑事诉讼法》中侦查条文较多,[①]但并非限权条款,即并非为了规范、监督侦查权的行使,而是授权条款,即对侦查机关与侦查人员进行绝对授权,导致侦查权行使缺乏有效的监督而失控。[②] 失控的侦查权与强势的检察权对法院的审判竟产生了惯性的预决力。学理上,诉讼就是原告和被告之间的争讼由中立的裁判者进行审理和裁判的活动,而刑事诉讼就是由法院解决检察机关和被告人之间的纠纷的活动。因此,必须将我国刑事诉讼制度改造为真正的诉讼形态。刑事诉讼就是一个控辩双方诉讼的过程,侦查、起诉不过是法院审判时审查的对象而已。另一方面,所谓的以侦查为中心或称侦查中心主义,其实质是,侦查机关对于案件的认定对法院的审判结果发挥了决定性作用,即侦查机关一旦宣布破案,那么犯罪嫌疑人几乎毫无例外地被法院认定为罪犯。由此,在这个意义上,以侦查为中心是一个伪概念,因为侦查怎么能成为刑事诉讼的中心呢?是相对于谁成为中心?相对于审查起诉、审判吗?试想,侦查职能怎么可能成为相对于起诉、审判的中心呢?以侦查为"中心"的描述可能是不恰当的。

以审判为中心,是指控辩双方之间的纠纷必须通过中立法院的独立审判来解决,是就控、辩、审三种职能而言的,而并非是就侦、诉、审流水作业中的审判为中心,即并非就侦查、起诉、审判这三种职能、三个阶段而言的。通行观点的潜台词是,需要在侦查、起诉、审判三种职能之间做选择,即要么以侦查为中心,要么以起诉为中心,要么以审判为中心,改革就是将以侦查为中心转变为以审判为中心,这一理解有简单化之嫌。以审判为中心的诉讼制度改革,并非在侦、诉、审之间进行中心的转换这么简单,并非以侦、诉、审其中的哪一种职能为中心。通行观点的背景是,我国刑事诉讼一直以来都在强调侦查、起诉、审判主体接力模式,将法院作为和公安机关、检察机关同质的惩罚犯罪的机构,在实现惩罚犯罪这一共同目标之下,三机关不过是"分工"不同、角色有别而已,彼此要紧密配合,至于互相制约,也不能冲击惩罚犯罪的共同任务。而根据现代刑事诉讼职能和结构理论,从诉讼形态来讲,刑事诉讼包括控诉、辩护、审判三种职能,并奉行审判中立、控审分离、控辩平等的诉讼理念。据此,侦查与公诉共同组成控诉职能,怎么可能成为刑事诉讼的中心,又怎么可能决定审判的结论?因此,以审判为中心改革命题的提出,是基于对现行刑事立法缺陷导致刑事司法背离了公正价值的刑事诉讼实践进行反思的结果。现行刑事诉讼制度有违诉讼规

---

① 我国《刑事诉讼法》第二编立案、侦查和提起公诉的第二章侦查,共有 54 条,而第三编审判第二章第一审程序的第一节公诉案件,仅有 24 条。前者远远超过后者。后者条文数量少,使法庭审判失去有效规制。

② 参见刘计划:《侦查监督制度的中国模式及其改革》,载《中国法学》2014 年第 1 期。

律,影响了刑事诉讼公正价值的实现。以审判为中心,是指刑事诉讼以审判程序为中心进行构造的一种诉讼模式,即回归刑事诉讼的本原,刑事诉讼活动应围绕审判程序展开,控辩双方的攻击和防御活动处于法院的裁判之下,审判的结果由法院独立作出。推进以审判为中心的诉讼制度改革,就是要恢复刑事诉讼的“诉讼形态”。审判不仅是刑事案件的裁决阶段,决定着案件的实体结果,而且从程序上看,在整个刑事诉讼特别是审前程序中,凡是控辩双方之间的重大争议以及事关被指控人人身自由、财产权、隐私权等重大法律利益的事项,也应自始至终由法院进行裁决。

法国属于大陆法系国家,其刑事诉讼制度属于职权主义传统。但 2000 年《法国刑事诉讼法典》新增典首条文,第 1 条规定:“刑事诉讼程序应当是公正的对审程序,应当保障各方当事人的权利平衡。刑事诉讼程序应当保证负责公诉的权力机关与审判权力机关分开。”《俄罗斯联邦刑事诉讼法典》第 15 条规定:“刑事诉讼实行控辩双方辩论制。指控、辩护和刑事案件判决等职能相互分开,不得由同一机关或同一公职人员进行。法院不是刑事追究机关,不得参加指控方或辩护方。法院为控、辩双方履行诉讼义务和行使权利创造必要条件。指控方和辩护方在法院面前一律平等。”法国和俄罗斯刑事诉讼法的有关规定,其实都体现了以审判为中心的原则,只不过不称为以审判为中心罢了。

在我国,不能再将侦查、起诉视为与审判并列的诉讼职能。侦查、公诉属于行政性的职能,由公安机关、检察机关单向行使,而审判则是司法性职能,是在控、辩对抗的基础上进行的。审判并非与侦查、公诉并称的概念,长期以来,所谓公、检、法的称谓是存在重大缺陷的,是违反宪法精神的。① 侦、诉、审模式也是过时的,因为审判是相对于控诉与辩护两种职能而言的。笔者认为,讨论“以审判为中心”的诉讼制度改革,关键在于,从单一关注刑事诉讼的犯罪惩罚功能转变为全面关注公正审判功能的实现;从单一关注公安机关、检察机关、法院的诉讼法律关系转变为全面关注检察机关和公安机关的犯罪指控、被指控人及辩护人的辩护与法院审判之间的诉讼关系的调整构建问题。也就是说,我们不能再如传统上仅就侦、诉、审关系的改革讨论“以审判为中心”,而应该就诉讼的整体结构进行讨论。推进以审判为中心的诉讼制度改革,绝不是简单地谈论从以“侦查”为中心到以“审判”为中心的问题。

实行以审判为中心的意义,并非只是强调审判权的决定意义。否则,《刑事诉讼法》第 3 条规定了法院的审判权,《刑事诉讼法》第 12 条明确了法院的唯一

① 虽然实务中一起刑事案件需经由公安机关侦查、检察机关提起公诉,法院才能进行审判,即存在侦、诉、审的时间先后问题,但在我国《宪法》以及 1979 年《刑事诉讼法》中,从来都是按照人民法院、人民检察院、公安机关的顺序进行排序的,足见制宪者秉持了现代宪治理念。

定罪权,《刑事诉讼法》第200条也规定了法院独立作出有罪、无罪判决等各种判决的权力,似乎没有什么必要提出以审判为中心。为此,必须明确,法院的审判权行使不同于公安机关的侦查、检察机关的公诉,侦查、公诉属于单向的行政性职权,属于主动性的追诉权,而法院审判权的行使并非如此,它是以控、辩、审三方的互动关系来进行运作的。[①] 以审判为中心的提出,必须重新思考人民法院、检察机关、公安机关在刑事诉讼制度中的职能定位,重塑法院与检察机关、公安机关之间的关系,全面改革刑事司法体制。在这一新的诉讼制度中,法院在控辩双方之间保持中立,全面行使裁判职能,享有裁判者的权威地位。对于法院的裁判,控辩双方必须保持应有的尊重。控辩双方对法院的裁判固然可以质疑,但仅是诉讼双方提出的异议而已。[②]

刑事审判具有多重价值:第一,维护刑事追诉的正当性;第二,保障当事人基本权利和辩护权实现;第三,保护被告人不受错误追究。以审判为中心,前提是尊重控辩双方的平等当事人地位,保障诉讼双方的诉权,而非单方面地强调法院的审判职能。在我国刑事诉讼中,辩护职能未能充分发挥作用,其表现为辩护律师参与率低,导致被告方诉讼能力不足、参与法庭调查与辩论不够充分、对审判结果难以发挥实质性影响。因此,以审判为中心诉讼制度改革的重点之一是保障辩护权的实现。推进以审判为中心的诉讼制度改革,还需要正确理解《关于全面推进依法治国若干重大问题的决定》中提出的"确保侦查、审查起诉的案件事实证据经得起法律的检验"。有人将"确保侦查、审查起诉的案件事实证据经得起法律的检验"理解为确保侦查、审查起诉的案件事实、证据为法院全盘接受,即将以审判为中心改革的目标定位为,侦查认定的事实、起诉指控的事实完全为法院所认可。这是一种重大误读,是根本违背司法规律的。事实上,这并非以审判为中心诉讼制度改革所追求的目标,这种解读必然否定辩护的正当性以及被告人通过辩护获得无罪判决的可能性,这是对审判权的片面理解,是对以审判为中心的严重曲解。

在其他社会形态下的诉讼模式如弹劾式、纠问式中,诉讼即审判,并没有审判程序与审前程序之分,也没有侦查与审判之分,自然不存在所谓的侦查中心问题。在现代两大法系国家,也并没有出现侦查结果决定审判结论的情形,即便出现冤错案件,也难言侦查决定,因为司法独立原则之下,法官和陪审团的独立裁判权是得到保障的。在我国,刑事诉讼被分割为侦查、起诉、审判等独立的诉讼阶段,形成了纵向接力模式,并最终异化为侦查决定审判的体制,才出现了

---

① 在推进以审判为中心的诉讼制度改革中,检察机关和公安机关作为控方的结构也将进一步形成、加强。

② 参见刘计划:《检察机关刑事审判监督职能解构》,载《中国法学》2012年第5期。

刑事诉讼失去中心、重心的问题。因此,推进以审判为中心的诉讼制度改革,必须对公、检、法接续主导刑事诉讼这一现行体制进行修正,摒弃诉讼阶段论,在刑事诉讼特别是审前程序中全面建构诉讼形态和法院的司法裁判体制,以保障诉讼双方当事人的平等诉权,实现诉讼公正。

二、以审判为中心的实质并非以庭审为中心

2013 年 10 月,第六次全国刑事审判工作会议提出,“要坚持以庭审为中心,充分发挥庭审功能,全面提高庭审质量”。这是最高人民法院官方首次提出以庭审为中心的表述,是对我国刑事审判实践长期存在形式主义进行反思的结果。其背景是,我国刑事审判长期存在庭审形式化的弊端,具体表现为:(1)法官在开庭前及开庭后单方面阅读控方案卷证据以形成及补充心证,未审先定;(2)证人出庭率极低,控方摘要式宣读证人证言,被告人、辩护人对证人证言无法进行有效质证,检察官未实质性承担举证责任,法庭审理书面化,审判难以对控方的侦查结果进行有效审查;(3)法院通过庭审查清案件事实并当庭判决的比例很低;(4)合议庭开庭审理后,向庭长、(副)院长汇报,提交审判委员会讨论,这种行政化运作模式既导致审判效率降低,又导致审、判分离,裁判责任不明等。由于法庭上证据调查流于书面化、简单化,事实认定往往并非通过法庭审理,而是由法官主要通过庭前阅卷、庭后补充阅卷完成,这导致的结果是,法庭审理走过场,审判结论为侦查卷证所左右,一旦侦查机关犯错,法院也就跟着错。

为了解决上述问题,必须贯彻以庭审为中心。坚持以庭审为中心,就是要求控辩双方的诉讼主张、法律意见必须在法庭中以言词方式陈述,双方的证据必须在法庭上出示、接受质证,证人应当在法庭上作证,鉴定人应出庭说明鉴定意见。即将案件证据、事实的争议置于庭审中进行实质审理,保障控辩双方平等质证与辩论的权利,真正发挥庭审的事实认定功能。以庭审为中心的提出,意味着对刑事审判长期偏离庭审中心模式的反思与修正。以庭审为中心,只是在案件经起诉进入审判阶段后,法院对案件的处断方式问题。以庭审为中心,是对庭审书面化方式的否定,是纠正庭审形式化积弊的问题。这和庭审方式改革是一脉相承的。早在 1979 年《刑事诉讼法》实施以来,庭审走过场的问题即已存在,在 1996 年修改《刑事诉讼法》时,关于庭审方式的修改即是一项重要内容。1996 年《刑事诉讼法》确立了控辩式庭审方式,2012 年《刑事诉讼法》则沿着控辩式庭审方式的改革方向继续推进。① 庭审方式改革的目的就是实现以庭审为中心,不过它仅是法院在现行体制下强化自身审判权的问题。换言之,保

① 参见刘计划:《刑事公诉案件第一审程序》,中国人民公安大学出版社 2012 年版,第 28 ~ 34 页。

障庭审功能的发挥，属于法院对审判权行使方式进行自我规范的问题。

2014年10月，最高人民法院沈德咏常务副院长在中国刑事诉讼法学研究会上海年会上提出，坚持以庭审为中心，前提是树立和坚持以审判为中心的理念。由此，两个中心的理念得以正式提出。[①] 以审判为中心或称审判中心主义，为刑事诉讼法学界所公认。不过，最高人民法院提出以审判为中心，意义非凡，意味着其由一个学术命题转化为实践命题。以审判为中心的理念为《中共中央关于全面推进依法治国若干重大问题的决定》所认可，则确认了其政治正确性。

以庭审为中心继而以审判为中心的提出，有其深刻的现实背景，主因缘于审判实践中产生的深刻教训。近20年来，佘祥林、赵作海、张氏叔侄、呼格吉勒图、聂树斌等冤错案件的曝光，反映出法院刑事审判程序的功能发挥的严重不足。在这些冤案的审判中，法院未能发挥应有的防错功能，判决结论一再被错误的侦查结果所左右，出现了坊间流传的侦查定案、检察照办、法院宣判的局面。这在某种程度上体现出庭审虚置乃至刑事诉讼沦为"流水作业"模式的严重后果：庭审功能丧失，法院裁判权失位。我国法院在审前程序中对案件不做任何审查，至检察机关提起公诉后审判刑事案件时，法官借助于庭前阅卷审查，完成对案件事实的基本认定；正式庭审时，则仅进行书面审理，证人不是向法庭作证，而是仅在侦查中向侦查人员作证。以审判为中心的提出，其重大意义在于，要认真反思法院在刑事诉讼中应当如何发挥作用的问题。

有观点认为，以审判为中心的实质是以庭审为中心。[②] 无疑地，以审判为中心与以庭审为中心是不同层面的问题。以审判为中心是要在刑事诉讼中确立裁判形态及树立法院审判权威的问题。陈光中教授指出，以审判为中心，并非国际刑事诉讼通用的概念。这一概念并非舶来品，在西方法治国家的法律规范中无处可寻，英文表述中也没有审判中心这一专门术语。究其原因在于，在西方法治国家的刑事诉讼中，追究犯罪嫌疑人、被告人刑事责任的诉讼活动本身就是围绕着审判这个中心展开的，审判前阶段只是为审判阶段作准备，法院对侦查、起诉有权实行司法审查，审判前阶段权力主体的诉讼行为对审判阶段没有预决的法律效力，审判在刑事立法和司法现实中是毫无争议的核心阶段，因此没有必要提出这一概念。[③] 而以庭审为中心，是指法院对案件的实体审判以庭审为中心，即所有证据的调查在法庭上以言词方式进行、证人在法官面前作证、鉴定人在法庭上作出鉴定说明、由控辩双方进行质证。以庭审为中心，是要改变法官庭前阅卷、庭后补充阅卷，法官形成心证主要不是依据法庭上调查证

---

① 参见沈德咏：《刑事司法程序改革发展的基本方向》，载《人民法院报》2014年10月24日。

② 参见陈敬慧：《新型诉审关系下如何做好出庭公诉工作》，载《人民检察》2015年第12期。

③ 参见陈光中、步洋洋：《审判中心与相关诉讼制度改革初探》，载《政法论坛》2015年第2期。

据而是依据庭前、庭外阅卷形成的现状。

以审判为中心是现代国家刑事诉讼立法的共性,只不过它们并不用以审判为中心这一术语。德国是大陆法系的代表国家,其刑事诉讼法对日本、韩国、我国台湾地区等东亚国家和地区产生了深远影响。比较中德两国刑事诉讼法典的编章结构,可以发现两点重大差异。首先,在我国《刑事诉讼法》第一编总则之后,第二编、第三编、第四编是按照审判前程序、审判程序、审判后程序进行排列的。具体而言,第二编为立案、侦查和提起公诉,与第三编审判、第四编执行形成层递与并列关系,导致刑事诉讼呈现出立案、侦查、公诉、审判、执行这种流水作业式行政化治罪的非典型诉讼形态。[①] 但《德国刑事诉讼法典》并未规定立案程序,也没有将侦查和公诉列为与审判并行的程序,而是将二者作为独立的两章纳入第二编第一审程序之中,其第一章为公诉,第二章方为公诉的准备(侦查),这精准地反映出公诉引起一审的诉审关系以及公诉对侦查的统摄地位。观察《德国刑事诉讼法典》各编的排列次序可以发现,第一编通则之后的第二编、第三编、第四编分别为第一审程序、上诉程序、再审程序,充分体现了以审判为中心与主线的审判中心主义理念。日本、韩国刑事诉讼法前四编具有与《德国刑事诉讼法典》几近相同的名称,无不体现出刑事诉讼法以审判为中心进行建构的特征。如《日本刑事诉讼法》第一编至第四编依次为总则、第一审、上诉、再审,《韩国刑事诉讼法》第一编至第四编分别为总则、第一审、上诉、特别诉讼程序(包括再审、非常上诉、简易程序),日韩刑事诉讼法的共同点是,第二编第一审包括第一章侦查、第二章公诉和第三章公审共三章。

其次,我国《刑事诉讼法》第一编总则在规定基本原则和管辖、回避、辩护、证据、强制措施制度时,对人民法院、人民检察院、公安机关的职权、职责作了一体化规定,未能体现以审判为中心。如基本原则章规定了人民法院和人民检察院、公安机关之间分工负责、互相配合、互相制约的关系与检察监督原则;在规定管辖、回避制度时,不仅规定了法院的审判管辖、审判人员的回避,还规定了检察机关、公安机关的职能管辖以及检察人员、侦查人员的回避;在规定强制措施时,将审前程序中逮捕的批准、决定权赋予了检察机关,将讯问犯罪嫌疑人、勘验、检查、搜查、查封、扣押、鉴定、技术侦查等作为纯粹的侦查行为规定在第二编立案、侦查和提起公诉的第二章侦查中而非总则中,将它们视为侦查机关有权单方自行决定采取的侦查措施,而无须接受法院的司法审查和授权,这就认可了侦查机关行使侦查权的完全独立性,体现出对侦查机关的绝对信任,排除了中立法院对侦查的监督制约机制,从而使侦查陷入行政化运作模式之中。

---

① 参见陈瑞华:《从"流水作业"走向"以裁判为中心"——对中国刑事司法改革的一种思考》,载《法学》2000年第3期。

但《德国刑事诉讼法典》第一编通则的规定则同样体现了以审判为中心的诉讼理念,如在规定管辖、回避制度时,仅规定法院的管辖(包括地域管辖和事物管辖)、法院职员的回避;将羁押和临时逮捕决定权赋予法官行使(检察官只是申请者),并且将鉴定、勘验、扣押、监视电信通讯、扫描侦查、使用技术手段、派遣秘密侦查员、搜查等强制处分与秘密侦查措施以及讯问被指控人程序规定在第一编通则中,凡强制处分与秘密侦查措施均须接受法院的司法审查,由法官批准授权才可采取。由此,更为具体化地展现了法院对刑事诉讼全程的司法控制,体现了审判中心主义的诉讼理念。日本、韩国刑事诉讼法第一编总则也都体现了与《德国刑事诉讼法典》第一编通则大致相同的立法技术。

总之,以庭审为中心只是法院自身行使审判权的方式问题,而以审判为中心则涉及刑事诉讼构造改革问题。值得关注的是,在我国台湾地区,通过 1997 年的羁押决定权改属"绝对法官保留"、2001 年实行搜索决定权改属"绝对法官保留"、2007 年实行侦查中通讯监察决定权改为"法官保留",从而基本实现了以审判为中心的诉讼制度设计,即全面建立起了刑事诉讼中的诉讼形态以及司法裁判体制。2003 年进行的《刑事诉讼法》修改,则通过加强无罪推定原则、完备自白法则、确立传闻法则、增订证据排除法则、完备交互诘问法则、增订鉴定留置及强制取证法则、增订证据保全制、第一审为事实审重心等措施,基本实现了以庭审为中心的理念。

三、以审判为中心并非在诉讼全过程实行以司法审判标准为中心

证明标准是一个证据法概念,也是一个诉讼法概念。证明标准和案件的待证事实紧密联系、直接相关,是法律对承担举证责任的主体证明其诉讼主张成立的证明要求。在刑事诉讼中,其本质是起诉方向法院提出犯罪指控所应承担的证明要求。检察机关对其公诉主张承担举证责任,只有其证明达到一定的证明要求即证明标准时,其诉讼主张才能被接受,否则将承担败诉的后果。

在两大法系国家证据理论中,证明标准是一个重要的问题,其共性是,证明标准都是分层次的。如英美证据法区分不同的诉讼行为设定不同的标准,共分九等。第一等为绝对确定(Absolute certainty),由于人的认识能力的限制,在诉讼中不可能达到这一标准,因此无论出于任何法律目的均无这样的要求。第二等为排除合理怀疑(Beyond reasonable doubt),适用于法院作出有罪判决,是刑事诉讼中的最高标准。第三等为清楚和有说服力的证明(Clear and convincing evidence),适用于检察官提起公诉。第四等为优势证据(Preponderance of evidence),适用于民事判决、刑事辩护。第五等为合理根据(Probable cause),适用于法官签发令状,如拘留、逮捕、搜查、扣押;撤销缓刑或假释。第六等为有理由的相信(Reasonable belief),适用于拦截和搜身。第七等为有理由的怀疑

(Reasonable doubt),适用于宣告无罪。第八等为怀疑(Suspicion),适用于启动侦查程序。第九等为无线索(No clues),不足以采取任何法律行动。英美法系阶层模式的证明标准,符合诉讼认识规律,较为科学,为不同主体的诉讼行为提供了明确的指引。无疑地,检察官起诉的标准和法院定罪的标准是不同的,并无要求检察官起诉达到排除一切合理怀疑即判决有罪的标准。

一般认为,我国刑事诉讼法对诉讼不同阶段的证明标准做了规定。如《刑事诉讼法》第 112 条规定,“认为有犯罪事实需要追究刑事责任的时候,应当立案”,这被认为是立案的证明标准。根据《刑事诉讼法》第 81 条规定,对有证据证明有犯罪事实,可能判处徒刑以上刑罚的犯罪嫌疑人、被告人,采取取保候审、监视居住等方法,尚不足以防止发生社会危险性。其中,“有证据证明有犯罪事实”被认为是逮捕的证明标准。《刑事诉讼法》第 162 条规定,对于侦查终结的案件,应做到犯罪事实清楚,证据确实、充分,才可以移送检察院审查起诉。《刑事诉讼法》第 176 条规定,人民检察院认为犯罪嫌疑人的犯罪事实已经查清,证据确实、充分,依法应当追究刑事责任的,应当作出起诉决定。《刑事诉讼法》第 200 条规定,“案件事实清楚,证据确实、充分,依据法律认定被告人有罪的,应当作出有罪判决”。由此,公安机关侦查终结移送审查起诉、检察机关提起公诉和法院作出有罪判决的证明标准在《刑事诉讼法》中都被表述为“事实清楚,证据确实、充分”。①

《中共中央关于全面推进依法治国若干重大问题的决定》提出:“确保侦查、审查起诉的案件事实证据经得起法律的检验。”对此,有观点认为,推进以审判为中心的诉讼制度改革,其实质是在诉讼全过程实行以司法审判标准为中心。究其理由,一是法律已有明确规定。《刑事诉讼法》规定,侦查终结、提起公诉、审判定罪都应当达到“事实清楚,证据确实、充分”的证明标准。二是审判程序具有终局性。侦查、审查起诉工作是否符合法律规定、是否达到法定标准,不是由哪个人或哪个部门说了算,最终需要、也只能通过公开、公正的审判加以检验和确认。只有通过审判这一最终诉讼程序,才能将统一但抽象的法律标准“落地”为具体的司法标准。三是证明标准的同一性是诉讼实践所需。尽管法律规定的证明标准是统一的,但在实际执行中,侦查、审查起诉和审判三个阶段往往是各有各的理解、各有各的把握。审前程序缺乏对审判程序应有的重视,审判程序缺乏对审前程序有效的制约,这是导致有的案件从源头上就出现问题,而后续程序又难以发挥制约、纠错功能的重要原因。因此,推行以审判为中心,统

---

① 《刑事诉讼法》第 55 条对“证据确实、充分”做了进一步解释,即应当符合以下条件:(1)定罪量刑的事实都有证据证明;(2)据以定案的证据均经法定程序查证属实;(3)综合全案证据,对所认定事实已排除合理怀疑。

一刑事司法标准,才能有效破解这一严重妨碍司法公正的突出问题。[①]

上述观点认为,以审判为中心就是要统一刑事司法标准,即统一公安机关、检察机关、人民法院在不同诉讼阶段的证明标准,侦查、起诉要坚持审判的标准,防止"带病"起诉。最高人民法院、最高人民检察院、公安部、国家安全部、司法部共同发布的《关于推进以审判为中心的刑事诉讼制度改革的意见》之"九"也规定,"对未达到法定证明标准的案件,人民检察院应当依法作出不起诉决定,防止事实不清、证据不足的案件进入审判程序"。其实,这是一个重大的认识误区,以审判为中心,并非统一证明标准之义。以审判为中心,只是强调审判对案件的决定意义,强化法院对检察指控说"不"的权力。而且这种统一证明标准的要求没有实际意义,且会造成严重的后果。我国《刑事诉讼法》规定公安机关、检察机关、人民法院在侦查终结移送审查起诉、提起公诉、有罪判决的证明标准同一,本身就陷入了误区,只会制造诉讼中的矛盾和冲突,极易导致法院的裁判权被否定、被架空。实务中,公安机关、检察机关往往就个案向法院施加压力,如通过政法委协调案件让法院放弃裁判权,或者通过检察监督的方式让法院屈服。

根据刑事证据理论,检察机关(和公安机关组成追诉方)需要承担举证责任,其证明被指控人有罪的活动应当由法院进行审理。难道检控方起诉的案件都要达到法院审判认定有罪的证明标准,从而实现百分百的有罪判决率?我国近年来的司法实践中,法院每年作出的无罪判决仅数百人,有罪判决率达到 99.9%以上,无罪率不足 0.1%。如在 2009 年、2010 年、2011 年,全国公诉案件法院判决无罪人数分别为 241 件、183 件、141 件,公诉案件无罪判决率逐年降低,依次仅为 0.0245%、0.0184%、0.0140%。[②] 在此情况下,还要提统一刑事司法标准,排除所谓证据不足的案件进入审判,难道我们真的能做到让起诉的案件都"没病"?难道我们要追求百分百的有罪判决率吗?这无疑是不正常的。如果是,是否只需要侦查机关将侦查取证工作做好,检察机关通过审查起诉加以确认,法院的审判包括一审、二审、死刑复核就可以轻松地进行?如果是,侦查不就真的成为刑事诉讼的中心了吗?审判的必要性及意义何在?是否难以避免地成为走过场?如果是,以庭审为中心、庭审实质化的改革还有何必要性?各界一致呼吁的推动证人出庭实践、贯彻直接言词原则,岂不沦为空谈?

检讨我国根深蒂固的刑事司法理念,那就是总是试图追求刑事诉讼结果的确定性,追求对被告人全部定罪的实体目标。刑事诉讼由于过度追求实体定罪的结果,往往忽视审判程序的公平性。于是乎,法院作出无罪判决似乎是不正

---

① 参见石莹莹:《构筑"以审判为中心"诉讼制度诸要件的思考》,载《政法论坛》2016 年第 1 期。

② 参见陈永生:《冤案为何难以获得救济》,载《政法论坛》2017 年第 1 期。

常的,公安机关、检察机关可能就会“指责”法院放纵了犯罪、违反了“互相配合”原则。公安机关、检察机关长期实行的批捕率、起诉率、有罪判决率等业绩考核制以及错案追究制也体现了这样的精神。这导致似乎公安机关侦查不能犯错,检察机关起诉不能犯错,而法院则不能认定公安机关和检察机关指控错误。检察机关审查批准逮捕也以被指控人实体有罪为标准,只要被告人被定罪,检察机关作出批准逮捕的决定就没有错误,至多是批捕质量不高。甚至被告人未被定罪,检察机关也会认为其批准逮捕没有错误,其所谓的理由是,不能用审判阶段的证据来衡量侦查阶段进行的审查逮捕活动,其审查批准逮捕时,是根据审查逮捕时的证据作出的判断。于是乎,检察机关批准逮捕似乎也不会错。

从我国《刑事诉讼法》规定来看,已经规定了三个阶段表述完全相同的证明标准。这无疑是不科学的,导致出现诸多问题。审判并非法院对公安机关侦查认定的事实、检察机关审查起诉指控的事实进行一次重复认定。在现代刑事诉讼模式下,尤其是当事人主义模式下,法庭上可能出现两个不同的事实版本。一个是检察机关作为指控方描述的案件“事实”,另一个是辩护方提出的“事实”版本。至于哪方提出的事实版本是“真实”的,需要各自用证据进行证明,而法庭则需要对两个不同的版本进行审查判断,做出选择。即便实践中检控方提出的事实版本更多地为法院所接受,但是不能因此而否认法院对控辩双方各自提出的事实版本进行同等审查的必要性。

在近年来的学术研究中,有人经常使用“做饭、端饭、吃饭”说,即公安机关是“做饭”的、检察机关是“端饭”的、法院是“吃饭”的,来描述我国刑事诉讼制度的运行特点。这种说法当然是不科学、不准确的,带有调侃的意味。不过,如果将“饭”理解成案件事实,倒也形象。如是,基于法庭审理的公平性,辩护人既是做“饭”的,也是“端”饭的,即也可向法庭提出辩护方的事实版本。就如浙江杭州张氏叔侄案一样,检察机关指控张氏叔侄实施了强奸行为。不过,辩护人自应有权提出另外的事实版本,即张氏叔侄在被害人下车后,即开车前往目的地上海了,至于该案的作案人则另有他人。而法院进行的审理,就是对案件证据进行审查,从而选择一方证明的“事实”进行认定,这才是法院应当秉持的中立立场。

将以审判为中心理解成在诉讼全过程实行以司法审判标准为中心,试图以此提高侦查质量或者有罪判决的准确性抑或有罪判决的比例也是不现实的。在现代法治发达国家,往往也是侦查技术水平较高的国家,也无法达到很高的破案率与有罪判决率。域外刑事案件破案率往往都不足50%,有罪判决率往往维持在80%～90%,有些国家甚至低至50%～60%。如美国联邦法院2012年的定罪率为 91%，英国 2012 年的定罪率为 83%，德国 2011 年的定罪率为 81%，俄罗斯 2011 年的定罪率为 75%，韩国 2011 年的定罪率为 70%，法国 2012 年的定罪率为 64%，加拿大 2011 年的定罪率为 63%，奥地利 2012 年的定罪率为 51%。[①] 在这些国家，没有哪一个国家学理上、实务中将侦查、起诉的证明标准规定为审判定罪的标准，这也是没有实际意义的。事实上，一直以来，我国刑事诉讼中有罪判决率非常之高，近年来公诉案件的有罪判决率甚至高达 99.98%以上，而这些数据是大可质疑的。众所周知，如此高的有罪判决率是建立在检察机关提起公诉后因证据不足，为了规避无罪判决而撤诉的基础上的。检察机关撤回起诉的做法极大地侵害了被告人获得公正审判的权利以及获得无罪判决的权利，也侵犯了法院的审判权。[②] 再有，目前如此之高的有罪判决率，有谁敢说所有的有罪判决都是正确的，所有的有罪判决全部达到了证据确实充分的证明标准？

关于《中共中央关于全面推进依法治国若干重大问题的决定》提出的贯彻证据裁判原则的问题，法院在审判实践中面临的困难是，面对公诉案件，没有能力做出独立的判断；遇到证据不足的案件时，没有做出无罪判决的勇气，要么做出留有余地的判决，要么商请检察机关撤回起诉。其中的缘由，既有法院自身认识的问题，也有诉讼制度自身的原因。法院对于公安机关、检察机关提出指控的案件，一旦做出无罪判决，就会招致检察机关、公安机关的不满，以"放纵犯罪""过于挑剔"进行指责。公安机关、检察机关的指控仿佛不能失败，以至于司法实践中，某些地方仍然存在法定程序之外的"潜规则"——"大三长会"、"小三长会"。"大三长会"是指人民法院、人民检察院、公安机关的正职负责人开会共同研究罪疑案件的处理，"小三长会"是指人民法院、人民检察院、公安机关主管刑事业务的副职负责人开会共同研究罪疑案件的处理。这体现了人民法院所处的极为尴尬的境地：对于已经审理的刑事案件，难以独立作出无罪判决。因此，推进以审判为中心的诉讼制度改革，应当是旨在强调法院对案件的独立判决权，严格贯彻证据裁判原则，严格按照《刑事诉讼法》第 200 条的规定进行判决。为此，《关于推进以审判为中心的刑事诉讼制度改革的意见》之"十五"也对《刑事诉讼法》第 200 条做出了重申式"解读"："人民法院经审理，对案件事实清楚，证据确实、充分，依据法律认定被告人有罪的，应当作出有罪判决。

---

① 参见陈永生：《冤案为何难以获得救济》，载《政法论坛》2017 年第 1 期。

② 一直以来，最高人民检察院似乎从不公布全国检察机关每年撤回起诉的案件数和被告人数。这是一个统计黑洞，掩盖了检察机关可能滥用撤回起诉权的问题。事实上，现行刑事诉讼法根本就没有规定撤回起诉制度。在德国，公诉一经提起，案件即系属于法院，必须由法院作出裁决，非经被告人和法院同意，检察机关不得撤回起诉。而在我国，被告人对检察机关撤回起诉毫无约束力。尤为值得检讨的是，检察机关甚至可以在再审程序中撤回起诉。

依据法律规定认定被告人无罪的,应当作出无罪判决。证据不足,不能认定被告人有罪的,应当按照疑罪从无原则,依法作出无罪判决。"

四、结语

推进以审判为中心的诉讼制度改革,需要对我国刑事诉讼制度做出重大调整。正确理解和准确把握以审判为中心概念的科学内涵、澄清误解、增进共识,才能确保这项改革的顺利推进。否则,必将徒有改革之名,而无改革之实。

值得关注的是,2016 年 10 月 11 日,为了贯彻以审判为中心的诉讼制度改革要求,最高人民法院、最高人民检察院、公安部、国家安全部、司法部联合印发了《关于推进以审判为中心的刑事诉讼制度改革的意见》。不过,学者们对其认识不一,有学者即认为,该意见仅可视为法、检、公、司共同发布的严格实施《刑事诉讼法》的宣言书,因为该意见中未见真正谈得上改革的内容。毋庸讳言,该意见的大多数内容仅是对《刑事诉讼法》条文的选择性排列或者解读而已,如第 1 项"未经人民法院依法判决,对任何人都不得确定有罪。人民法院、人民检察院和公安机关办理刑事案件,应当分工负责,互相配合,互相制约,保证准确、及时地查明犯罪事实,正确应用法律,惩罚犯罪分子,保障无罪的人不受刑事追究"的规定,不过是《刑事诉讼法》第 12 条、第 6 条、第 2 条的组合。在如此重要的改革意见中,重申或解读《刑事诉讼法》的规定,了无新意,并无实际价值。与其侈谈改革,还不如指导、监督地方法院、检察机关、公安机关认真贯彻落实《刑事诉讼法》的已有规定更有意义。此外,最高人民法院也制定了一些规范性文件,旨在推进以审判为中心的诉讼制度改革。如 2015 年 2 月 26 日发布的《人民法院第四个五年改革纲要(2014 ~ 2018)》要求在 2016 年年底推动建立以审判为中心的诉讼制度;2017 年 2 月 21 日,最高人民法院发布了《关于全面推进以审判为中心的刑事诉讼制度改革的实施意见》;2017 年 12 月 27 日,最高人民法院印发《人民法院办理刑事案件庭前会议规程(试行)》《人民法院办理刑事案件排除非法证据规程(试行)》《人民法院办理刑事案件第一审普通程序法庭调查规程(试行)》等"三项规程"。其实,这些规范性文件的内容追求的并非以审判为中心的诉讼制度改革,而仅是以庭审为中心即庭审实质化,但也并未能真正解决庭审实质化的症结问题。无论这些文件如何重申证人出庭的要求,但依然将证人出庭作证视为法院的决定权而非被告人的质证权,未能确立传闻证据排除法则。杭州保姆纵火案的一审即证明了这一点。①

---

① 2017 年 2 月 1 日,杭州保姆纵火案在浙江杭州中院一审开庭审理,庭审仅用了一天时间;而同年 12 月 11 日,中国留日学生陈世峰杀害江歌一案在日本东京地方裁判所开始公开审理,到 12 月 18 日,共进行了 6 天的庭审。由两案庭审时间的对比不难看出,中国法院对以庭审为中心即庭审实质化的理解尚具有较大的局限性。

2018 年 10 月 26 日,第十三届全国人大常委会第六次会议审议通过了《关于修改〈中华人民共和国刑事诉讼法〉的决定》,由此宣告刑事诉讼法第三次修改正式完成。但是,此次修改并未能在推进以审判为中心诉讼制度改革方面取得进展。这一方面是因为,此次修改主要是为了实现刑事诉讼法与监察法的衔接,具有针对性与急迫性;另一方面,也与立法机关对以审判为中心诉讼制度改革要求的理解有关,与改革的复杂性与艰巨性有关。无论怎样,以审判为中心诉讼制度改革是我国刑事诉讼制度未来发展的必然选择。笔者期待,以审判为中心刑事诉讼制度改革能够取得实质性进展,能够在下次刑事诉讼法修改时建立起以审判为中心的刑事诉讼制度。

中国刑事司法的现代化

——以改革开放四十年刑事诉讼模式变迁为视角

梁　欣*

摘　要　随着中国社会伟大变革的时代进程，当代中国的司法走过了一个不平凡的历程，取得了历史性的重大进展。现代化作为整体的、系统的进程，是以渐进的方式完成和实现的。司法现代化是一个从传统司法向现代化司法转变的历史过程，司法现代化意味着它能在保证法律适用、维护社会正义的过程集中体现现代法治的一系列基本原则，反映人类变革法律所追求的理想，表明它剔除了人类司法史上那些落后的司法观念和司法制度。司法现代化的要素包括司法主体的现代化、司法过程的现代化以及司法的实体内容和目标的现代化。本文以改革开放四十年来的刑事诉讼模式变迁为视角，梳理刑事司法发生的新变化，其中既有潜移默化的刑事诉讼理念的演进，也有规模较大的制度变革。四十年的刑事诉讼模式变迁走过了一条始于刑事法制，正在积极推进刑事法治的变革之路。

关键词　现代化　诉讼模式　法治

新中国成立70年来，特别是改革开放40年来，随着中国社会大变革的时代进程，当代中国的司法走过了一个不平凡的历程，取得了历史性的重大进展。十一届三中全会所确立的我国法治建设的指导方针，有力地促进了当代中国司法发展的历史进程。随着中国共产党第十四次全国代表大会提出我国经济体制改革的目标是建立社会主义市场经济，当代中国的司法事业开始在更为广阔的背景和更大的范围内进一步展开。中国共产党第十五次全国代表大会郑重提出，实行依法治国的基本方略，建设社会主义法治国家，并且第一次提出要“推进司法改革，从制度上保证司法机关依法独立公正地行使审判权和检察权”。中国共产党第十六次全国代表大会提出了全面建成小康社会的目标，强调小康社会是一个崇尚法治的社会，进而从坚持依法执政的高度，第一次全面提出并阐述了推进司法体制改革的历史性任务，指出：“社会主义司法制度必须

---

* 梁欣，国家法官学院教授。

保障在全社会实现公平和正义。”中国共产党第十七次全国代表大会基于全面落实依法治国基本方略的战略考量,进一步强调要“深化司法体制改革,优化司法职权配置,规范司法行为,建设公正高效权威的社会主义司法制度”。党的十八大以来,以习近平同志为核心的党中央高度重视司法发展与改革的系统性、整体性和协调性,先后召开中国共产党第十八届中央委员会第三次全体会议、中国共产党第十八届中央委员会第四次全体会议,以前所未有的力度加强对人民司法事业发展的战略谋划和协调推进,当代中国司法进入一个全方位的深化发展的新时代。中共十九大深刻阐述了新时代坚持全面依法治国的基本方略,强调要“深化司法体制综合配套改革,全面落实司法责任制”,并且勾画了当代中国司法发展的战略愿景,开辟了新时代中国司法发展的新境界。

所谓司法,是指人民法院依照法定程序适用法律解决争议的专门活动。这里的争议既可能发生在私人之间,也可能发生在私人与国家机关之间,通过司法解决争议、修复社会秩序,一方面使公民个人所享有的正当权利得到确认和救济,另一方面也对国家权力的行使方式与范围进行合法性审查。所以,司法系统是治国理政的主要权力系统。以市场为导向的经济体制改革,必然也会带来治国理政领域的重大变革。四十年来,从治国理政看,我国实现了从传统管理向现代治理的转变。十八届三中全会提出国家治理现代化,其中心内涵就是司法系统的现代化。司法现代化属于法社会学范畴,用以揭示社会发展与司法进步的内在关系。司法现代化是渐进过程,最终目标是要实现良法之治。公正是司法所追求的根本目标,让人民群众在每一个案件中感受到公平正义,是实现司法现代化的价值追求。司法公正包括实体公正与程序公正两个方面。实体公正指司法裁判是在认定事实清楚,适用法律正确的基础上做出的;程序公正指司法过程和方式符合公正、公开等原则,充分尊重当事人的诉讼权利,司法人员在司法过程中公正对待诉讼参与人等。这两个方面密切地联系在一起,相辅相成,共同保证司法目标的实现。司法不仅要在全社会范围内体现其公正性,同时也要在个别的案件处理中实现其公正。前者为一般公正,后者为个别公正。

现代化作为整体的、系统的进程,是以渐进的方式完成和实现的。这一进程一般表现为:现代性要素逐渐发育积累,凝聚转变为一个新的结构形态,促使社会整体风貌与内在气质发生革命性转变。一旦这个新结构代替旧结构,社会的性质就发生了质变,由传统社会而转变为现代社会。司法是特定社会形态不可分割的有机组成部分,如果说社会现代化是涉及社会生活诸方面的整体变革过程,那就不可否认司法同样存在现代化的问题,现代化也必然成为司法自身演化、发展的宏观方向与内在驱动力。就司法现代化而言,当然也是一个历史发展的过程。从历史上看,随着社会和法制现代化的转型,传统的司法不能适应纷繁复杂的社会生活的要求,也难以与法治取得协调一致的发展。司法现代化意味着它能在保证法律适用,维护社会正义的过程集中地体现现代法治的一系列基本原则,反映人类变革法律所追求的理想。表明它剔除了人类司法史上那些落后的司法观念和司法制度。司法现代化是一个从传统司法向现代化司法转变的历史过程;是一个从理想目标向现代目标逐渐转化的历史过程。

司法现代化属于法社会学的范畴,被用来揭示社会发展与司法进步之间的互动关系。现代化的司法与现代化的社会紧密关联:一方面,就普遍意义上的司法现代化而言,它构成社会发展的动力;另一方面,必须将司法现代化置于社会发展的整体现代化进程中考量,没有现代化的社会就无从谈起现代化的司法制度,而社会的现代化属性将直接关联司法的现代化。与社会整体的变迁与发展相伴而生的经济活动的分化、家庭生活的分化、价值体系的分化和社会体制的分化以及对这些分化了的活动的整合都会鲜明地体现在包括司法制度在内的法律制度层面,并会彼此产生强烈的互动。随着社会由传统向现代的转型,司法也同样面临着从传统型转向现代型的历史更替。传统司法与现代司法存在巨大差异:传统司法的价值取向是确立自上而下的高度隶属性的集权化状态,而现代司法强调应当给予社会主体以充分的自由和独立地位;传统司法倡导义务本位,现代司法则注重强调主体权利;传统司法反映自然经济下的特权、人身依附关系,而现代司法以"法律面前人人平等"作为商品经济下的法权诉求;传统司法是权力工具,追求人治,而现代司法追求规范化的法治秩序,使社会生活摆脱单纯偶然性和任意性的羁绊;传统司法强调利益的一元性,现代司法则承认利益多元化。由传统司法向现代司法的历史性跃进,就是司法现代化的过程。"这个过程或是因内部条件的成熟而从传统走向现代,亦称'内发型'司法现代化;或是因一个较先进的司法系统对较落后的司法系统的冲击而导致的进步转型,亦称'外发型'司法现代化。司法现代化其实质乃是从人治型体系向法治型体系的转变。"

法治反映了人类社会法律制度成长与变迁的基本目标,体现了社会主体从事法律变革的价值理想,是法制现代化的基本参照系及评价尺度。法制现代化的本质是从人治社会转变为法治社会。人治与法治这一对变量涵盖了传统法律与现代法律分野的一切特性,构成了这两类不同法律价值系统的基本尺度。换言之,法制现代化与法治是内在地结合在一起的,应当把法治的兴起作为法制现代化过程的基本评估标准。司法是法治的一个关键环节,它连接法律与社会生活中的个案,直接标示着法律对于社会生活的调整效果以及法律适用的状况,因此,司法现代化是法制现代化进程的一个表征。同法治化一样,司法现代化既有现代化的制度安排的一面,又有现代化的司法行为方式、司法推理方式、司法价值理念的一面。它是主观与客观、思想观念与行为实践相统一的过程。司法现代化的终极目标也是要实现法治。社会中政治结构乃至司法结构的分化同社会秩序的历史演进中存在历史的和逻辑的内在联系。在社会秩序形成的历史链条中,司法结构是一个重要的渊源或元点。因此,任何社会都离不开司法结构作为其秩序构成必要条件,现代社会对秩序的追求在很大程度上也就是追求一个与社会相适应的司法结构。

司法的现代化依归于整个社会的法制化进程,通过考察一个国家的法制是否健全、完善,往往可以反映出该国司法的现代化发展水平,进而折射出该国司法理念及实践的意识背景和文化底蕴。某种意义上说,司法的现代化就是法制的现代化,是一国司法制度选择与建构、更替与进化的自觉的过程。从法制化进程的角度看,我国所要实现的司法现代化不仅是"形式上的司法现代化",更重要的是"实质上的司法现代化"。形式上的司法现代化规范了实现司法现代化的路径选择,如独立审判制度、司法官员选任、保障与惩戒制度等现代司法制度;实质上的司法现代化指明了司法现代化的目标和趋向,如人权保障、程序正义等现代司法理念。

司法现代化的要素包括司法主体的现代化、司法过程的现代化以及司法的实体内容和目标的现代化。司法现代化的内涵特征也可以分解为两方面的要素,即主观要素和客观要素,主观要素是司法过程主体或人的现代化,客观要素主要是指司法程序或诉讼程序的现代化。司法程序现代化表现为程序设置、程序运行、程序结果的正当性和规范化。司法程序的现代化是一个国家司法现代化不可或缺的因素之一,是实现司法现代化的先决条件。司法主体现代化表现为主体的价值观念、行为模式、思维方式、情感意向和人格特征的变化,其核心是人的现代化。司法现代化是以司法主体现代化为发展方向,司法现代化的关键环节和根本目标就是实现司法主体的现代化。本文以改革开放四十年来的刑事诉讼模式变迁为视角,梳理刑事司法发生的新变化,其中既有潜移默化的刑事诉讼文化的演进,也有规模较大的制度变革。回顾以往,四十年的刑事诉讼模式变迁走过了一条始于刑事法制,正在积极推进刑事法治的变革之路。

刑事诉讼模式的变迁是体现在意识形态、国家与社会的关系、刑事诉讼价值、刑事诉讼目的、刑事诉讼的法律规范和诉讼构造等刑事诉讼模式的文化结构要素当中的,正是各个要素的变迁诠释了当代中国刑事诉讼模式及诉讼文化变迁的内在逻辑。因此,把握当代中国刑事诉讼模式变迁的表征和轨迹,也应从其结构要素和结构模式入手,按照这一阶段的时间脉络梳理各个要素或微妙或显著的变化,才能勾勒其总体轮廓。四十年来,刑事诉讼模式发展历程可以分为以下三个阶段：

一、1979 年《刑事诉讼法》颁布至 1996 年《刑事诉讼法》修改

“文革大革命”使中国陷入政治动乱以及经济危机，以往全能政府治理模式下的运动式刑事诉讼在单一式社会结构中能够迅速动员各种力量来处理各种案件，运动式诉讼无视法律及程序所带来的必然恶果就是大量冤假错案的存在①。1976 年“四人帮”被粉碎之后，国家开始恢复社会生活的正常化。十一届三中全会之后，中国开始了全面改革。在刑事司法领域表现为对以往采取运动解决犯罪与刑罚问题的摒弃。1978 年《宪法》确立了全国人民代表大会的最高权力机关的地位，使国家的权力体系回归 1954 年《宪法》的框架。尽管该法仍未摆脱以阶级斗争为纲的指导思想，但其重新构建国家政治结构，保障公民的自由及权利，调整国家与公民正常关系的思路已经显现。正是在这个背景下，十一届三中全会之后，中国社会在各个领域开始进行广泛改革。这种改革所表现出来的基本趋势，就是要打破单一的纵式社会结构模式，克服整个社会关系政治权力化的弊端，使国家与社会的关系发生转变。中国开始了法制重建的过程，公、检、法三机关的职能逐渐得到了恢复，刑事诉讼制度也步入了重新建构的过程。1979 年 7 月全国人大颁布了《中华人民共和国刑事诉讼法》，这是 1949 年以来颁布的第一部刑事诉讼法（我国曾于 1957 年组织起草过刑事诉讼法草案，后被搁置）。1979 年《刑事诉讼法》颁布之后，改为“学会使用法律武器维护社会安定团结”。该法的颁布结束了我国刑事诉讼活动长期无法可依的状况，在我国民主与法制的建设历程中具有里程碑意义。1981 年 1 月，《光明日报》发表社论《学会使用法律武器维护社会安定团结》，社论说：“过去，长期以来我们比较习惯于用搞政治运动的办法对反党反社会主义的势力和各种刑事犯罪分子进行政治斗争。如果说，在无产阶级革命时期（包括革命胜利初期）……采用搞运动的办法，尚可称必要和可取的话……现在和今后要求发展社会主义民主、健全社会主义法制的情况下，继续沿用过去的那一套政治运动的办法，也就成了不必要的和不可取的了。我们应该并且可以学会运用法律武器（包括罚款、重税一类的经济武器）与反党反社会主义的势力和各种刑事犯罪分子作斗争。”十一届三中全会以来，中国社会主义市场经济体制的建立和发展，从根本上变革了中国的传统自然经济和计划经济体制，国家与社会的关系发生了深刻的变化，逐步呈现出新的格局；1979 年颁布的《刑事诉讼法》强调实体真实主义，主张刑事审判必须实事求是，人民法院并非仅在基于公诉人及被

---

① 在“文革大革命”期间，全国共判处刑事案件 120 万余起。到 1980 年 6 月底，各级法院复查 113 万多起，其中，反革命案件 27 万多起，普通刑事案件 86 万多起。改判纠正了冤假错案 25 万多件。反革命案件中冤假错案约占 64%，有些地区高达 70% 至 80%。

告人所提出证据的基础上做出裁判,而且要承担收集、调查证据的责任,通过积极地收集对被告人不利的证据而对其做出有罪判决。另外,1979 年《刑事诉讼法》没有确定无罪推定原则,当时的理由是认为无罪推定原则是唯心主义的表现,不枉不纵、追求客观真实才是刑事诉讼的最高境界。

二、1996 年《刑事诉讼法》修改至 2012 年《刑事诉讼法》再修改

20 世纪 90 年代以后的当代中国市场经济改革向纵深发展,市场经济的高速发展带来了中国当代社会的转型,全能主义国家统辖下的同质社会结构已经烟消云散,在很大程度上,市场成为国家与社会的中介。中国的市场经济是以对外开放为先导的,这就决定了中国摆脱了闭关锁国的状态之后,以积极的姿态加入了世界经济一体化的进程当中。处于全球化进程中的中国,其自身的法律系统也要受到这个趋势的影响。平等、权利等观念日益深入人心,中国进入价值多元、利益多元的时代,伴随着社会转型,法治已逐步成为当代的主流话语,而且已经成为我们这个时代的意识形态。与此同时,1979 年《刑事诉讼法》在运行了不到 20 年的时候,自身存在的问题逐渐暴露出来,在实施过程中产生了较多问题。因此,修正该法典成为理论界及司法实务部门的共识。经过近三年的论证和专家建议稿的起草,1996 年 3 月 17 日,第八届全国人民代表大会第四次会议通过了《关于修改〈中华人民共和国刑事诉讼法〉的决定》,对 1979 年《刑事诉讼法》作了重大修改与完善:(1)吸收了无罪推定原则的基本精神及要求,确立“未经人民法院依法判决,对任何人都不得确定有罪”的原则。与此相对应,对处于不同诉讼阶段的被追诉人分别称为犯罪嫌疑人或者被告人。取消了 1979 年《刑事诉讼法》中对被追诉人所谓“人犯”的带有先天有罪推定色彩的称谓。(2)1996 年《刑事诉讼法》对犯罪嫌疑人及被告人权利的保障的另一个表现是律师介入诉讼的时间提前到侦查阶段。(3)刑事被害人的权利保障有所加强,法律地位由原来的诉讼参与人提升为诉讼当事人。(4)追诉权理性回归,受到应有制约。(5)审判权理性回归,实现控审分离。总之,1996 年《刑事诉讼法》的上述特征体现了对国家权力的制约,其中即有对权力行使本身的规范与制约,也有通过提升被害人及犯罪嫌疑人权利保障而对国家权力的制约。从 1996 年《刑事诉讼法》修改至今,飞速发展的中国经济带动的社会发展又呈现新的变化“法治政府”的观念正在逐步深入。同时,中国政府积极奉行对外开放政策,积极主动地参与全球化进程。1998 年 10 月,中国政府签署了《公民权利和政治权利国际公约》。2001 年中国经过长达 16 年的磋商和谈判终于加入了世界贸易组织,随着全球经济一体化格局的形成,全球化的浪潮已开始冲击政治、文化等各个领域。第九届、第十届两届全国人大均将刑事诉讼法的再修改列入了立法规划,历经十年,十一届全国人大五次会议于 2012 年 3 月 14 日表决通过关于修改刑事诉讼法的决定。此次刑事诉讼法再修改有着与1996年修改时所不具备的有利条件：一是1996年之后，宪法进行了两次修正，“依法治国”和“人权保障”写进宪法，特别是人权保障观念的弘扬为刑事诉讼法的再修改创造了空间；二是1996年之后，两权公约的加入也可以看作推动此次刑事诉讼法再修改的重要契机；三是近年来先进的社会理念正在逐步形成，特别是“以人为本”“和谐社会”的观念对于某些刑事诉讼制度的创新具有积极作用。修改后的《刑事诉讼法》从第225条增加到第290条，将“尊重和保障人权”明确写入了总则，成为中国法治进程中的里程碑。如果说1996年《刑事诉讼法》的修改重在制度的移植和引进，2012年的修改则更注重立足国情，着力解决司法实际中存在的突出问题，在吸收司法改革成果的基础上，修改内容涉及证据制度、强制措施、辩护制度、侦查措施、审判程序、执行程序等，并增加刑事和解、未成年人犯罪等特别程序。

三、2012年《刑事诉讼法》再修改至2018年《刑事诉讼法》再次修改

党的十八大以来，在习近平新时代中国特色社会主义思想指引下，在全面依法治国背景下，刑事诉讼模式变迁加快步伐。2013年，新修订的《刑事诉讼法》及其司法解释生效实施，强化刑事庭审功能；最高人民法院召开第六次刑事审判工作会议，对“两法”实施、死刑适用、纠正冤假错案和刑事司法改革进行全面部署。2014年，十八届四中全会决定发布，提出了推进以审判为中心的诉讼制度改革等一系列刑事司法改革举措。2015年以来，法院依法纠正数十件重大刑事冤假错案和多起涉产权刑事错案，呼格吉勒图案、聂树斌案和张文中案等冤错案件的改判，反映出刑事诉讼模式取得的进步。时任最高人民法院周强院长在第五次刑事审判工作会议上提出的坚持惩罚犯罪与保障人权并重、不枉不纵、坚决纠正和防范冤假错案等观点，反映了新时代的刑事模式理念。

2018年10月26日，十三届全国人大常委会第六次会议表决通过了关于修改刑事诉讼法的决定。此次刑事诉讼法再修改体现了新时代的新发展。当前我国正处于全面推进依法治国、全面深化改革的关键时期，尤其是党的十八大以来，以习近平同志为核心的党中央在深化国家监察体制改革、反腐败追逃追赃、深化司法体制改革等方面作出了一系列重大决策部署，取得了重大成果与进展。故为了贯彻党中央精神，配合国家监察体制改革，体现司法改革成果，刑事诉讼法有必要及时调整与跟进。

2018年《刑事诉讼法》再修改包括以下内容：

首先，完善监察法与刑事诉讼法的衔接。（1）调整人民检察院的侦查职权。职务犯罪侦查权转隶于监察委员会，但同时保留检察机关部分侦查权，包括“人民检察院在对诉讼活动实行法律监督中发现的司法工作人员利用职权实施的

非法拘禁、刑讯逼供、非法搜查等侵犯公民权利、损害司法公正的犯罪”的自行侦查权,以及“对于公安机关管辖的国家机关工作人员利用职权实施的重大犯罪案件”的机动侦查权。(2)明确监察调查与审查起诉的衔接,以及留置与刑事诉讼强制措施的衔接。赋予人民检察院审查起诉权、退回补充调查权与自行补充侦查权。同时明确留置案件应当先行拘留,留置自动解除,人民检察院应在法定期限内作出是否逮捕、取保候审或者监视居住的决定。(3)修改关于侦查期间辩护律师会见、指定居所监视居住、技术侦查措施等规定中有关贪污贿赂犯罪的内容以及“侦查”的定义。

其次,是建立刑事缺席审判制度。(1)严格限定刑事缺席审判制度的适用范围。即贪污贿赂犯罪,以及需要及时进行审判、经最高人民检察院核准的严重危害国家安全犯罪、恐怖活动犯罪案件,犯罪嫌疑人、被告人在境外的,可以适用缺席审理。此外,被告人患有严重疾病或死亡的,在符合法定条件的情况下也可以进行缺席审理。(2)具体规定刑事缺席审判制度的适用程序。即由犯罪地、被告人离境前居住地或者最高人民法院指定的中级人民法院组成合议庭进行审理。审理之前,人民法院应当对起诉书是否具有明确的指控犯罪事实,以及案件是否符合缺席审判程序适用条件进行审查。人民法院送达传票和起诉书副本后,被告人未按要求到案的,应当开庭审理,依法作出判决,并对违法所得及其他涉案财产作出处理。(3)充分保障被告人的诉讼权利。即对委托辩护、法律援助等作出规定,同时赋予被告人近亲属上诉权以及罪犯异议权。(4)明确人民检察院抗诉权。对于缺席审判的判决,人民检察院认为确有错误的,应当向上一级人民法院提出抗诉。

最后,完善认罪认罚从宽制度和增加速裁程序。(1)明确刑事案件认罪认罚可以依法从宽处理的原则,即“犯罪嫌疑人、被告人自愿如实供述自己的罪行,对指控的犯罪事实没有异议,愿意接受处罚的,可以依法从宽处理”。(2)完善刑事案件认罪认罚从宽的程序规定。包括侦查机关告知诉讼权利和将认罪情况记录在案、人民检察院在审查起诉阶段就案件处理听取意见、犯罪嫌疑人签署认罪认罚具结书、人民检察院提出量刑建议和人民法院如何采纳量刑建议、人民法院审查认罪认罚自愿性和具结书真实性合法性等。(3)增加速裁程序。即适用于基层人民法院管辖的可能判处三年有期徒刑以下刑罚,案件事实清楚,证据确实、充分,被告人认罪认罚并且同意适用程序的案件。同时明确了包括未成年人案件在内的几种不宜适用速裁程序的情形。(4)加强对当事人的权利保障。对诉讼权利告知、建立值班律师制度、明确将认罪认罚作为采取强制措施时判断社会危险性的考虑因素等作出规定。(5)明确了按照普通程序的规定重新审理的情形。包括人民法院在审理过程中发现有被告人的行为不构成犯罪或者不应当追究刑事责任、被告人违背意愿认罪认罚、被告人否认指控的犯罪事实或者其他不宜适用速裁程序审理的。本次刑事诉讼法再修改,对进一步完善中国特色刑事诉讼制度、推进国家治理体系和治理能力现代化具有重要意义。此外,本次刑事诉讼法再修改体现与巩固了司法体制改革的重大成果,深刻把握了“凡属重大改革都要于法有据”的要求,充分践行了我国运用法治思维与法治方式在法治轨道上开展工作的原则,是我国刑事诉讼法治建设与法治国家建设进步的重要体现。

全面推进依法治国是系统工程,是国家治理领域一场广泛而深刻的革命;建设法治中国和法治强国是一项长期而重大的历史任务,也必然是一场深刻的社会变革和历史变迁。从上述前提上看,刑事诉讼模式变迁已有的成就只是新时代刑事法治的新起点,全面实现刑事法治的理想尚任重道远。

“人权保障”及“科技进步”

——我国刑事证据制度四十年发展史及其核心要素、助推器*

李学军**

摘　要　由1979年《刑事诉讼法》“证据”一章的7个条文到目前基本形成的体系化样态,我国刑事证据制度在过去40年里有了虽曲折、但却较全面的发展。这一发展,不仅具有独特特点,更有着“人权保障”意识觉醒及“科技进步”突飞猛进两大清晰的脉络,即随着“人权保障”观念不断树立和加固,非法证据排除、举证责任分配、客观证明标准的具化等证据问题受到广泛关注——它们要求我们去完善我国的刑事证据制度;与此同时,科技的不断进步推动法定证据形式逐渐丰富、证据名称更为精准,相应地,间接证据得以助力司法工作、诉讼中专门性问题的解决路径和方法得以科学架设——我国的刑事证据制度因此趋向体系化。诚然,我国现行刑事证据规则已日趋丰富,且已基本形成相对完善的刑事证据制度体系,但从内容上看还存在一些缺憾,特别是在我国监察体制改革的当下,还有一些证据问题亟待理论研究和实务工作的共同探索。

关键词　刑事证据制度　证据规则体系化　人权保障　科技进步

一、引言

证据是裁判的基石。在涉及自由、生命、健康等基本人权的刑事领域,证据更被赋予多重价值。因我国本源上说实乃大陆法系国家,故而我国没有单独的刑事证据法。相关的刑事证据规定、规则等,就立法体例的视角而言,更多体现于或镶嵌在刑事诉讼法及相关的司法解释、部门规定等当中。基于此,回顾或总结我国刑事证据制度近四十年来的发展史,必然涉及我国刑事诉讼法的理论研究及刑事诉讼制度的变迁。

1979年《刑事诉讼法》颁布施行时,我国刑事证据制度仅由其“证据”一章的7个条文来体现;而现如今,与证据有关的法律法规等规定,据不完全统计,

---

* 原文发表于《法学杂志》2018年第10期。

** 李学军,(1964.7—,湖北武汉人),中国人民大学法学院教授、博士生导师,中国人民大学刑事法律科学研究中心研究员。

已有数百条。条文数量不仅大幅增加,条文内容也由曾经的笼统、模糊逐渐走向今日的具体、清晰,且这些条文业已确立了无罪推定、证据裁判等基本原则,并建立了以不同证据类型相区分的审查判断规则体系。可以说,我国刑事证据制度的建设取得了巨大进步、刑事证据的相关规范已经基本呈现出体系化的样态。无疑,这一进步及样态的出现,经历了曲折的发展过程,并是在相当长的时间内由来自理论研究、司法实践和立法层面的共同努力取得的。

与其他国家证据立法或证据制度的架构截然不同的是,我国刑事证据制度的发展具有其独特的特点,即呈现出一种由慢到快、由点到面、由下至上、由地方到中央的发展态势。这与我国其他部门法的立法相比,存在明显差异。在这独特发展历程的背后,我国刑事证据制度每一次较大的"律动",都契合了人权观念的变化并借力于现代科技的进步。也就是说,"人权保障"理念的树立及加固,催生了我国刑事证据制度应进一步完善的需求;而科技水平的不断进步,则促使该需求得以渐次落实。因此,讨论我国刑事证据制度发展的近四十年历程,不妨从"人权保障"这一核心要素,以及"科技进步"这一助推器切入。

二、我国刑事证据制度发展概况

早在新中国成立初期,我国颁布的一系列法律规定就确立了重证据不轻信口供、严禁刑讯逼供、证据必须确实、充分等取证及司法证明活动的基本原则。中央作出的一些工作指示也曾着重提到证据问题,如 1955 年关于肃清暗藏的反革命分子的指示便指出:"不漏掉一个反革命分子和不冤枉一个好人,分清是非轻重,根本的办法是依靠证据""口供只有经过仔细查对核实之后才能作为证据使用""用逼供、诱供等错误办法取得的口供,是一文不值,完全不足凭信的。"[①]1956 年发布的《各级人民法院刑事案件审判程序总结》也确定了证据审查的原则、方法和程序。可以说,作为我国初步建立的刑事证据制度的重要部分,上述规定和指示明确了证据的提取、审查、使用等方面的基本原则和方法,为我国新中国成立初期司法工作中运用证据公正裁判发挥了重要的作用。但遗憾的是,随后"文化大革命",本就不完备的刑事证据制度遭到了严重破坏,禁止刑讯逼供、重视调查研究等原则被摒弃,取而代之的是"先定性质后找材料""一人供听,二人供信"等,刑讯逼供时有存在。相应地,大量冤假错案出现。直至 20 世纪 80 年代中期,人民法院查清了"文化大革命"期间的 240 万个案件,其中被纠正的冤假错案数量高达 80 万件。[②]

"文化大革命"结束后,历经两度起草、两度中止的《刑事诉讼法》终于在

① 转引自何家弘、刘品新:《证据法学》,法律出版社 2013 年版,第 35 页。

② 参见曹丽:《从错案追究谈我国法官惩戒制度的改革》,西南政法大学诉讼法学 2006 年硕士学位论文。

1979 年得以颁行。汲取动乱期间的惨痛教训，立法参与者将“打击犯罪、保护人民”的观念体现在法条中，重新确立了“重证据、重调查研究、不轻信口供”的原则，明确禁止以刑讯逼供、威胁、引诱、欺骗等非法手段收集证据，建立了“事实清楚，证据确实、充分”的刑事证明标准。而同年发布的《人民检察院组织法》也确立了重证据不轻信口供等原则。应该说，无论是从条文内容还是条文用语来看，此时的刑事证据制度似乎承载了保障人权的价值取向。但是，受长期以来“与犯罪作斗争”等传统观念的影响，这一时期刑事诉讼的重点始终在查明案件客观真实、及时有效打击犯罪之实体公正之上，并没有真正落实相关的人权保障问题。例如，1979 年《刑事诉讼法》(以下简称 1979 年刑诉法)第 32 条虽明确规定“严禁刑讯逼供和以威胁、引诱、欺骗以及其他非法的方法收集证据”，但 1979 年刑诉法却没有就违反该条款收集的证据是否该排除给出相应的规定；相反却强调，应根据第 31 条第 3 款的规定，即“以上证据必须经过查证属实，才能作为定案的根据”，将证据的真实可靠性作为考察证据能否成为定案依据的标准。换言之，此时，对证据的审查判断并不涉及证据的收集程序是否合法的问题。考虑“文化大革命”的后续影响、考虑当时我国社会治安形势的严峻态势，加之一直以来我国重实体轻程序的传统思想的影响，1979 年刑诉法颁行后未能实际落实其第 32 条所承载的人权保障价值也就不难理解。据统计，在 1979 年，我国刑事案件发案量突破了 60 万起，至 1981 年更是一举跃升至 89 万起。[①] 在此情况下，为了在尽可能短的时间建立良好的社会治安环境以保障改革开放的顺利进行，中央层面提出了“严打”这一特殊刑事政策，希冀以从重从快的方式，严厉打击刑事犯罪活动。在“从重”“从快”的要求下，为满足实务的需要，一些证据规范被“灵活解读”，判决的公正性、合理性以及当事人的诉讼权利都受到损害。[②] 例如，1979 年刑诉法虽明确了“事实清楚，证据确实充分”这一证明标准，但“事实”该如何界定、“确实充分”又该如何理解并具化？1979 年刑诉法并未给出清晰的阐释；而当时的执法者及司法者业务能力和法学素养均比较欠缺，在适用上述证明标准时就出现了混淆或钻牛角尖的现象，使大量案件积压下来。为了提高刑事诉讼的效率，实践中就提出了所谓“两个基本”的办案原则，[③]其原本是指“基本事实清楚，基本证据确实、充分”，但在实务运用时却遭

---

① 参见“坚持打防结合方针全面推进平安福建建设”课题组、倪小宇：《改革开放 30 年社会治安综合治理发展历程》，载《福建警察学院学报》2008 年第 6 期。

② 参见赵秉志：《论中国刑事司法中的人权保障》，载《北京师范大学学报》2006 年第 3 期。

③ “两个基本”最早是在 1985 年 5 月由彭真同志提出的，他在五大城市治安座谈会的讲话中指出：“一个案件，只要有确实的基本证据，基本的情节清楚，就可以判”“……至于判刑性质不错或基本上正确，只是判刑轻重稍有不同意见，就不要长期纠缠翻腾，以致影响当前最紧迫的工作。”参见彭真军：《“两个基本”：我国刑事证明标准的司法运作探析》，载《湖南广播电视大学学报》2003 年第 4 期。

到了错误解读:有的办案人员认为,只要"事实基本清楚,证据基本确实、充分"就可以定案;有的则对"基本事实""基本证据"的把握拿不准、吃不透,对一些与案件定罪量刑有关的事实不予查证就作出判断,应该说,一些刑事错判就与上述错误解读存在很大关系。①

20世纪90年代前后,我国经济、文化、科技等都有了大的不同,司法理念开始转变。民众开始关注刑事诉讼的公正性、正当性。与此同时,急剧增加的案件量让大家感觉到,之前的诉讼制度已无法满足实务的需要。为此,最高人民法院在1992年发布了《关于第一审刑事(公诉)案件开庭审理程序的意见》,对我国刑事审判程序进行了开创性改革,许多基层法院随后也开展了一系列刑事审判方式改革试验。基于这些试验,1996年修订的《刑事诉讼法》(以下简称1996年刑诉法)对我国刑事庭审方式做出了重大变革:吸收当事人主义诉讼模式之要素,改变过去法官类似"追诉者"的地位,强调法官应居中裁判,不偏不倚地对待控辩双方,同时,重视审判职能的作用,保持法官在法庭上的主导地位,赋予法官对案件事实的调查权。② 另外,我国各地法院此时开始尝试建立错案追究制度,如秦皇岛市海港区人民法院于1990年年初率先确立并施行人民法院错案追究制。该制度于1992年在河北省人民法院系统得以推行,并于1993年全国法院工作会议上,作为最高法院防范错案的新举措,在全国各级法院进行推广。③ 在庭审制度改革和错案追究制的双重压力下,法院开始寻求相对科学、完善的刑事证据规则体系。显然,只有细化、刚性的证据规则的指引,法院在审查判断证据时才能获得足够的正当性依据。

然而,1996年刑诉法有关证据的规定仍然寥寥无几,相比于1979年刑诉法只是增加了证人保护条款,且其具有的8个刑事证据规范过于原则化,难以满足实务的需要。在这种情况下,最高法、最高检、公安部陆续发布文件,进一步规范本部门的证据相关工作,如最高法于1998年发布的《关于执行〈中华人民共和国刑事诉讼法〉若干问题的解释》(已失效),其第61条就对非法证据排除作出了较为细致的规定。同时,我国许多地方的政法委、公检法机关也开始共同制定地方性证据规定。据学者统计,在1999年到2007年,全国共计出台地方性刑事证据规定30余部。④ 这些部门规章和地方性证据规定的陆续出台,极大丰富了这一时期我国的刑事证据制度,却也造成了刑事证据"立法"层级低、证据规范间冲突、混乱等时至今日依然尚存的问题。但无论如何,这些部门规

---

① 参见李奋飞:《刑事误判纠正依赖"偶然"之分析》,载《法学家》2015年第4期。

② 参见张复友:《庭审方式改革与控辩审之角色定位》,载《南京大学法律评论》2011年第2期。

③ 参见张骅:《神圣天平——"错案追究制"出台前后》,载《民主与法制》1998年第15期。

④ 参见房保国:《现实已经发生——论我国地方性刑事证据规则》,载《政法论坛》2007年第3期。

章和地方性证据规定为我国中央层面的刑事证据立法提供了宝贵的经验,也为证据理论研究提供了难得的素材,极大地激发了理论界的研究热情,促成了一批有关证据立法建议稿的产生。

2007年最高人民法院回收死刑复核权后,面对死刑案件中的种种证据问题,最高法开始酝酿出台刑事证据规定,但其所形成的草案在较长时间内都没能得到最高检、公安部等部门的支持。直到2010年,赵作海案经媒体曝光被广泛关注,其暴露出的证据问题更是引发了公众的批评和讨论。在这种前所未有的舆论聚焦下,中央政法委出面组织最高法、最高检、公安部、司法部、国家安全部共同修改完善此前已经草拟的刑事证据规定,并以死刑案件和非法证据为突破口以求"两高三部"能够达成共识。至当年6月中旬,《关于办理死刑案件审查判断证据若干问题的规定》和《关于办理刑事案件排除非法证据若干问题的规定》(以下简称"两个证据规定")终于问世:它们首次确立了证据裁判原则,明确了刑事证明标准的内涵,确定了非法证据的概念并设立了非法证据排除规则,提出了"瑕疵证据"的概念,初步建立了以证据类型为区分的证据审查判断规则体系。可以说,"两个证据规定"是我国刑事证据立法层面的重大突破,标志着我国刑事证据规则体系的基本形成。2012年,我国《刑事诉讼法》再次进行修订,"尊重和保障人权"被写入刑事诉讼目的,有关刑事证据的一些条文得以修改和完善,如重新表述了证据概念、扩展了法定证据类型的范围、吸收了"两个证据规定"中的主要内容、确立了不得强迫自证其罪的原则等。"证据"一章的条文数量增至16条,相应地,最高法、最高检和公安部随后出台的司法解释和部门规章中的证据规定也大幅增加。

2013年3月,再审改判的张氏叔侄案再次将冤假错案和非法证据问题推至聚光灯下。在此热点案件的推动下,我国刑事证据制度又一次得到完善:中央政法委、司法部、公安部、最高检、最高法分别针对刑事冤假错案的防治出台了一些专门规定,其重点就是明确证据收集、保管、提交、审查判断等问题。如此一来,刑事证据规则的覆盖范围得以扩大,不仅仅是在审判环节,包括侦查、起诉环节,都有一些证据规则规范着证据的收集和运用等。这些规定很大程度上是结合了过去工作中反映出来的实际问题而制定的,例如,最高法出台的《关于建立健全防范刑事冤假错案工作机制的意见》所禁止的"留有余地的判决""冻、饿、晒、烤、疲劳审讯等非法方法",都可以在过去曝光的冤假错案中找到影子。2013年11月召开的中共第十八届四中全会通过的《中共中央关于全面推进依法治国若干重大问题的决定》更是前所未有地从政治层面强调了刑事证据制度的重要性,即该决定明确规定,"全面贯彻证据裁判规则,严格依法收集、固定、保存、审查、运用证据,完善证人、鉴定人出庭制度,保证庭审在查明事实、认定证据、保护诉权、公正裁判中发挥决定性作用""健全落实罪刑法定、疑罪从无、非法证据排除等法律原则的法律制度"等。而当前正在进行的以审判为中心的刑事诉讼制度改革,刑事诉讼证据依然被放在极其重要的位置,"两高三部"于2016年印发的《关于推进以审判为中心的刑事诉讼制度改革的意见》、最高法于2017年印发的《关于全面推进以审判为中心的刑事诉讼制度改革的实施意见》,都多次强调,丰富、完善刑事证据制度是当前工作的重点。在"两个证据规定"施行了7年、2012年《刑事诉讼法修正案》生效了5年后的2017年6月,针对司法实践过程中暴露出来的现有非法证据排除规则的一些不足及缺陷,也为了更好地打击犯罪,"两高三部"又一次联手,共同颁布了《关于办理刑事案件严格排除非法证据若干问题的规定》(以下简称"严排规定")。该"严排规定"重新界定了非法证据的范围,初步确立了重复性供述的排除规则,进一步完善了非法证据排除程序等问题。可以说,该"严排规定"的施行,应该能够较好地同时满足我国保障人权及打击犯罪的需要。随后的2017年11月,最高法又发布了《人民法院办理刑事案件庭前会议规程(试行)》、《人民法院办理刑事案件排除非法证据规程(试行)》和《人民法院办理刑事案件第一审普通程序法庭调查规程(试行)》(以下简称"三项规程")。自2018年1月1日起在全国试行此"三项规程",这进一步细化了审判环节非法证据的排除问题以及其他证据问题。

从最初的寥寥数个条文到如今基本形成的刑事证据规则体系,在40年的纵向历程里,我国刑事证据制度的构建及完善,其道路曲折,呈现出"进两步退一步"的螺旋式上升态势,[①]且表现出由慢变快的特点,即以2010年6月为分界点,刑事证据规定在此之前没有什么明显进展,但之后则有了一系列重大突破。而从横向看,我国刑事证据立法有着与其他部门法不一样的独特特征,即不同于传统的"计划"立法,这些证据规定、规则等的出台,基本上是针对一段时期内凸显出来的证据问题作出的集中回应,因此有着从"实务中来"至"立法中去"的发展特点。此外,相较于出台了统一证据规定的我国民事诉讼制度、行政诉讼制度而言,现今我国的刑事证据制度仍然存在多头立法、立法层级不高、条文规定混乱的问题,这与刑事诉讼中公检法三机关的博弈,也即打击犯罪与保障人权之间的冲突不无关系。

三、人权保障对刑事证据制度完善的引领

在过去几十年里,随着经济水平的提高,人们的理念也发生了很大的变化,

---

① 参见吴洪淇:《刑事证据制度变革的基本逻辑——以1996—2017年我国刑事证据规范为考察对象》,载《中外法学》2018年第1期。

其中,人权保障这一始于西方国家的“舶来品”逐步被我们所接受,并渐渐在我国生根、发芽。时至今日,人权保障已经成为我国立法、执法、司法工作的重要考量因素,更是法学理论研究中的热门词。作为裁判基石的证据,无论是实物证据还是言词证据,其收集、提取,均关乎着相对人的人身权及财产权。特别是在刑事诉讼中,当公权力介入证据的收集时,个体的自由、健康甚至于生命等,都有可能被肆意侵犯。因此,如何把控打击犯罪与人权保障之间的“度”,科学、合理、恰当地制定相应的取证规则以及有关的侦查程序等,进而令证据所承载的人权保障价值得以落地,便是刑事证据立法或者刑事证据制度架构完善时不得不慎重考虑的事宜。

(一)刑事诉讼中人权保障理念的产生和兴起

在封建专制社会,根深蒂固的君臣关系使以统治阶级为核心的国家利益占绝对优势地位,刑事审判作为维护统治阶级利益的专门手段,以惩罚犯罪作为唯一目的。进入现代社会后,国家与公民间的关系发生了质的变化,公民成为相对于国家而存在的社会生活主体,享有不受国家权力肆意侵犯的各项权利和自由。[①] 这种新型的国家与公民间的关系,使刑事诉讼不再是仅仅着眼于惩罚犯罪的程序,更是对社会主体进行人权保障的程序。在这种情况下,刑事诉讼的目的就由惩罚犯罪的单一目标转变为惩罚犯罪与保障人权并重的双重目的。

1979 年刑诉法起草时,立法者结合“文化大革命”的惨痛经验,将“打击犯罪,保护人民”的理念贯彻于条文中,如确立了“惩罚犯罪分子,保障无罪的人不受刑事追究”的诉讼任务,规定了“严禁刑讯逼供和以威胁、引诱、欺骗以及其他非法的方法收集证据”的取证规则,建立了“事实清楚,证据确实、充分”的刑事证明标准等。可以说,尽管此时还没有提出“人权”的概念,但无论是从条文内容还是具体措辞看,新中国成立后的首部《刑事诉讼法》都体现出了人权保障的基本思想。然而,在强调社会利益的传统价值观和阶级斗争的思维定式下[②],刑事诉讼所要保障的人权“不是个别人、少数人的人权,也不是某个阶级和阶层的部分人的人权,而是全体中国人的人权”[③],是“保护刑事被害人、无罪的人以及广大社会成员的各项权利”[④],对犯罪嫌疑人、被告人权利的保障似乎并不涵盖其中。更重要的是,我国历来强调惩罚犯罪以维护社会治安和法律秩序,再加上改革开放后面临的巨大社会治安压力,我国于 1983 年不得不开始“严打”活

① 参见孙长永:《刑事审判双重目的论》,载《法律科学》1993 年第 6 期。

② 参见何家弘:《刑事证据制度改革与司法观念的转变》,载《人民法院报》2002 年 8 月 16 日,第 3 版。

③ 参见程荣斌:《我国刑事诉讼中的人权保障》,载《法律家》1992 年第 1 期。

④ 参见宋英辉:《论我国刑事诉讼制度改革的目标模式——从刑事诉讼制度变革的世界性趋势看我国刑诉法的修改与完善》,载《政法论坛》1995 年第 5 期。

动。人大常委会更是先后通过了《关于迅速审判严重危害社会治安的犯罪分子的程序的决定》(已失效)、《关于修改〈中华人民共和国人民法院组织法〉的决定》和《关于刑事案件办案期限的补充规定》(已失效)等,大大强化了刑事司法偏重惩罚犯罪的目的,人权保障,特别是犯罪嫌疑人、被告人权利的保障,进一步受到限制。甚至这一时期通行的高等学校法学教材也指出,"打击敌人,惩罚犯罪仍是刑事诉讼的主要任务,否则,刑事诉讼活动的本身就是没有意义的"。①

随着我国经济的发展,我党于 1992 年十四大提出要建设社会主义市场经济体制。在该体制下,公民作为市场经济正常运转的基石,其社会主体地位得到进一步的提升,人权保障的意识更加强化。与此同时,一批学者撰文介绍西方证据理论,并将一些证据专著和相关立法译至我国。② 这便使一些人权保障条款进入我国学者的视野,如 1789 年法国《人权和公民权宣言》禁止采用残酷方式限制犯罪嫌疑人的人身自由、1948 年联合国通过的《世界人权宣言》禁止对任何人加以酷刑或施以残忍的、不人道的或侮辱性的待遇或刑罚等涉及人权保障的条款,再加上这一时期我国签署、批准加入了包括联合国《禁止酷刑和其他残忍、不人道或有辱人格的待遇或处罚公约》在内的一系列的国际公约及其他文件,人权保障问题进一步引发了理论界的关注。此外,一些西方学说中关于价值论的观点引起了学术界的关注,理论研究者逐渐开始从价值论而非认识论的角度考察刑事诉讼的若干问题,传统的"实事求是"观念开始动摇,人们越发认识到,证据法在查明案件事实真相之外,还同时具备程序公正、保障人权等多元价值。③ 受刑事指控的人不再被认为是诉讼客体,其应有权利在刑事诉讼活动中应当得到保护的观点得到普遍认同,犯罪嫌疑人、被告人成为"刑事诉讼中人权保障的主要对象"④。正在转变的这种人权保障观,便被 1996 年修订刑诉法时吸纳,进而借新增和修正的条文体现出对犯罪嫌疑人、被告人权利的保护,如强制措施的规范化适用、律师介入时间的提前、无罪推定原则的确定等。

进入 21 世纪后,杜培武、佘祥林等一批涉及刑讯逼供等非法取证问题的冤假错案得以改判。这些案件表明,惩罚犯罪与保障人权并非绝对对立:当犯罪嫌疑人、被告人的权利得不到保障时,精准惩罚犯罪的目的也就难以实现。更重要的是,2004 年我国将"国家尊重和保障人权"写入《宪法》,"这种带有宣誓性的宪法人权条款,显然为刑事诉讼中犯罪嫌疑人、被告人的权利保障提供了

---

① 参见张子培主编:《刑事诉讼法教程》,群众出版社 1987 年版,第 76 页。

② 参见张保生、王进喜等:《中国证据法学三十年(1978—2008)》,会议地点:新疆石河子,载会议录《中国法学三十年(1978—2008)》,中国人民大学出版社 2008 年版,第 364 页。

③ 参见陈瑞华:《从认识论走向价值论——证据法理论基础的反思与重构》,载《法学》2001 年第 1 期。

④ 参见徐益初:《刑事诉讼与人权保障》,载《法学研究》1996 年第 2 期。

新的法律基础”。[①] 受此影响，刑诉领域兴起了探索人权保障问题的浪潮，有学者呼吁“重新界定刑事诉讼立法目的，将保障人权写入立法条文”[②]，这种呼声在2012年我国《刑事诉讼法》大修时得以回应。

（二）人权保障在刑事证据制度变革中的三个集中体现

1. 非法证据排除排除规则的确立及进一步完善

在刑诉活动中，出于认识能力不足或案件客观条件的限制，侦查人员往往并不能查清案件的全部事实，在片面追求惩罚犯罪、查明案件客观真相的情况下，侦查机关就可能采取刑讯逼供等侵犯人权的方式收集证据。因此，非法证据排除与否可以说是惩罚犯罪与保障人权间之冲突在刑诉中的集中体现，也是人权保障理念在刑事证据制度变迁中的具体反映。

我国对刑讯逼供等非法取证行为的态度无疑是鲜明的：中华人民共和国成立初期颁布的法律规定就确定了重视调查研究、严禁刑讯逼供等原则，1979年刑诉法则再次明令禁止刑讯逼供等非法取证方法，而20世纪末更是针对刑讯逼供的问题在政法机关内部开展了集中性、运动式的治理。[③] 但遗憾的是，这些举措“都只是为了维护刑事程序法的实施而采取的”，与被告人权利的保障没有直接关系。并且，这些举措带有明显的运动模式和行政色彩，强调自上而下的行政监督和纠正，强调对违法行为责任人的行政纪律惩戒和刑事责任追究。[④] 实践证明，上述举措并没有取得明显的效果，刑讯逼供问题仍然突出；而立法中非法证据排除规则的缺失，使法院纠结于实体公正与程序公正之间，难以在审判活动中排除非法证据。也即，这一时期，非法证据排除还未取得实务部门的认可。但从理论研究看，1993年开启我国《刑事诉讼法》的修订活动时，不少学者已开始从人权保障这一视角切入，专门研究非法证据及其排除问题。学界对非法证据的态度普遍由过去的“不能机械地使用非法证据排除规则，不因个别证据的收集手段或程序违法而全部否定其内容的真实性”[⑤]转为“用非法手段收集证据，损害国家法律的尊严，侵犯公民权利，特别是用刑讯手段获取被告人供述，更是严重侵犯被告人的人身权利，对其持批判、否定的态度并作出相应的禁止性规定是完全必要的”[⑥]、“凡是违反刑事诉讼法规定所取得的证据不具有

---

① 参见陈瑞华：《刑事被告人权利的宪法化问题》，载《政法论坛》2004年第3期。

② 参见汪海燕：《解读“国家尊重和保障人权”——析宪法修改对刑事诉讼法再修改的影响》，载《当代法学》2005年第3期。

③ 参见陈如超：《刑讯逼供的国家治理：1979—2013》，载《中国法学》2014年第5期。

④ 参见陈瑞华：《刑事被告人权利的宪法化问题》，载《政法论坛》2004年第3期。

⑤ 参见徐益初：《论我国刑事诉讼中的几个辩证关系——兼论完善我国刑事诉讼原则的问题》，载《中国法学》1990年第1期。

⑥ 参见徐益初：《刑事诉讼与人权保障》，载《法学研究》1996年第2期。

证据效力,其中即使经查证属实的也不能作为定案的事实根据”[①]等。

但是,1996年修正的刑诉法并没有涉及非法证据排除问题,即调整后的第43条仍然延续1979年刑诉法第32条的规定,没有涉及非法证据是否该排除,以及该如何排除的问题。1996年刑诉法修改后,为规范本部门的证据审查工作,最高法、最高检于1998年、1999年先后发布了最高人民法院《关于执行〈中华人民共和国刑事诉讼法〉若干问题的解释》(已失效)和《人民检察院刑事诉讼规则》(已失效),二者分别对非法证据在审查起诉阶段和审判阶段的处理问题作出规定,即对于以刑讯逼供或威胁、引诱、欺骗等非法方法获得的被告人供述、证人证言或被害人陈述,在审查起诉阶段“不能作为指控犯罪的证据”,在审判阶段则“不能作为定案根据”。然而,前述规定在实践中并没有发挥应有的效果,这是因为,如若排除非法证据,便可能导致裁判达不到证明标准,影响惩罚犯罪的目的:一方面,检察院基于成功指控犯罪的需要,几乎不会主动剔除非法证据;另一方面,打击犯罪、惩治作恶者进而维护社会安宁的现实压力迫使法院很大程度上不敢轻易排除某个非法证据,因此,法院往往视非法证据而不顾继续以非法证据为依据作出有罪裁判。

“国家尊重和保障人权”的入宪,为刑诉中保障犯罪嫌疑人、被告人权利提供了宪法层面的依据,实务界和理论也就得以跳出以往的思维定式:刑事诉讼,固然要保障刑法的实施和国家刑罚权的实现,但是刑事诉讼,也决不能忽略宪法所保障的基本人权。基于此,非法证据的排除,不再那么被人们所排斥。而又一错案即赵作海案的曝光,再次揭露了刑讯逼供等非法取证手段之恶,因此,最高法、最高检、公安部、国安部、司法部痛定思痛,终于在非法证据排除的问题上达成了一致,联合推出了“两个证据规定”。之后,“人权保障”不再被拒于千里之外,相反却成为我国刑事证据制度进一步完善进必然考虑的核心要素:2012年《刑事诉讼法》修订时及之后一系列司法解释、证据规定的出台,有关证据规定的增加及修正,无不与之相关联。

2. 举证责任的明确分配

举证责任,又称证明责任,是诉讼当事方向法庭提供证据证明其主张之案件事实的责任。鉴于举证责任的承担者一旦未能完成拿出证据并说服事实裁判者的行为,其便将遭遇不利后果,因此,如何在诉讼当事方之间分配举证责任至为重要。

在早期研究中,有学者认为,但凡是为刑事诉讼活动提供证据的个体都负有举证责任,如“鉴定结论和证人证言都是重要的刑事证据,因此,鉴定人和证

---

① 参见付宽芝:《论排除违法取得的刑事证据的效力》,载《政法论坛》1995年第1期。

人都负有举证的责任”。[①] 但这种观点受到学界普遍反对。而就犯罪嫌疑人、被告人是否应承担举证责任的问题,我国理论界更有不同的看法。有人认为,根据1979年刑诉法第64条:“被告人对侦查人员的提问,应当如实回答”的规定,被告人应无条件地负有举证责任。另有人则认为,根据1979年刑诉法第32条、第33条的规定,被告人不负任何举证责任。但这两种观点因过于绝对都遭到否定:有学者提出,“那种无条件地赋予或免除被告举证责任的观点都是不妥的,被告的举证责任是相对的,有条件的”。[②] 与此同时,随着无罪推定原则逐渐为我国学者所接受,刑事诉讼证明责任分配的理论研究迎来了新的转变。

无罪推定原则最早体现在1789年法国《人权宣言》规定的“任何人在未被宣告有罪之前,应当被假定为无罪”之中。之后,无罪推定原则先后被《世界人权宣言》《公民权利和政治权利国际公约》等国际法律文件所吸纳,并逐渐被视为现代司法活动的基本原则。以此原则为基础,犯罪嫌疑人、被告人的合法权益将极大程度免受来自公职人员的侵害及冤狱之灾,[③]因为该原则不仅明确了“被告人不等同于犯罪人”的观念,还引申出刑事举证责任的基本分配标准,即应由控诉被告人犯罪的机关或者人员提供确实充分的证据来证明被告人被控犯罪的事实。[④] 无疑,这是对犯罪嫌疑人、被告人人权的最好保护之一:相较于证明某人没有实施犯罪,证明某人实施了犯罪行为更容易达成,实际上,几乎没有人能用证据证明自己从未有过故意犯罪或者过失犯罪。[⑤] 倘若要求公诉案件的被告人承担举证责任,被告人将因无法拿出证据证明自己清白而遭受国家机关的不公正对待。

我国1996年修订《刑事诉讼法》时,新增的第12条:“未经人民法院依法判决,对任何人都不得确定有罪”便吸纳了无罪推定原则的精神。但因当时我国证据法学的理论研究很是有限,围绕举证责任的界定、分配及其价值等,都未形成可供立法借鉴或使用的方案,因此,1996年刑诉法并没有提及举证责任,更没有就举证责任的分配给出明确规定。

随着证据法学界有关举证责任研究的蓬勃、深入、全面及相关成果日渐丰硕;更因1996年刑诉法生效后进一步曝出的刑事错案所呈现出的血的教训,例如在杜培武一案中,法官要求被告人杜培武要拿出证据证明自己无罪,因此,2012年我国再次修订《刑事诉讼法》时,便增加了第49条的规定,即“公诉案件

---

① 参见汪纲翔:《论我国刑事诉讼中的举证责任》,载《政治与法律丛刊》1982年第2期。

② 参见郑成良:《无罪推定论》,载《吉林大学社会科学学报》1998年第4期。

③ 同上。

④ 参见卞建林主编:《证据法学》,中国政法大学出版社2014年版,第445页。

⑤ 参见郑成良:《无罪推定论》,载《吉林大学社会科学学报》1998年第4期。

中被告人有罪的举证责任由人民检察院承担，自诉案件中被告人有罪的举证责任由自诉人承担”。该规定首次明确了刑事诉讼中举证责任的分配问题，弥补了立法之空白，使刑事证据制度更加合理，刑事证明体系更加完备，更有利于被告人的人权保障。①

同样是为了切实保障犯罪嫌疑人、被告人的人权，同时为了更好地落实我国业已架构起来的非法证据排除规则，2012 年修订《刑事诉讼法》时，专门在第 56 条第 2 款以及第 57 条第 1 款里分别作出如下规定，“当事人及其辩护人、诉讼代理人有权申请人民法院对以非法方法收集的证据依法予以排除。申请排除以非法方法收集的证据的，应当提供相关线索或者材料”“在对证据收集的合法性进行法庭调查的过程中，人民检察院应当对证据收集的合法性加以证明”。

换言之，与人权保障密切相关的举证责任之分配，经由我国 2012 年对《刑事诉讼法》的修订，已呈现出常态、倒置、转移三个不同的态势，我国的刑事证据制度，在人权保障之理念的指挥棒下更为完备、科学。

3. 客观证明标准的坚守及具体内容的细化

刑事诉讼的证明标准，直接关系着案件的实体处理，也与犯罪嫌疑人、被告人的权利保障紧密联系。② 一般认为，刑事证明标准越严格，公诉机关指控犯罪的难度便越大，犯罪嫌疑人、被告人在刑诉活动中遭受不公正司法裁判的可能性也就越低。因此，在现代司法文明中，各个国家往往确立了较为严格的刑事证明标准以保障案件的实体公正，使犯罪嫌疑人、被告人的权利尽量不受不公正判决的侵害。

我国在新民主主义革命时期就提倡实事求是的工作作风。该作风运用于司法活动中，就是要切实查明案件的真实，如 1956 年 10 月最高人民法院颁布的《各级人民法院刑、民事案件审判程序总结》提出：“在法庭调查阶段，必须把案情彻底查清，取得确凿的证据。”③可以说，1979 年刑诉法首次确立的“事实清楚，证据确实、充分”的刑事证明标准，正是实事求是之工作作风的司法写照。

曾经，理论界时有学者认为，我国前述刑事证明标准不具有实操性，在实务中适用时难以准确把握，因为所谓的“事实清楚”之“事实”该如何界定、所谓的“证据确实、充分”之“确实”及“充分”又该如何理解，实难从法律条文中读出个所以然。而实务中诸如杜培武、佘祥林、赵作海等冤案的出现，一定程度上也表明，所谓的“事实清楚，证据确实、充分”究竟该如何理解又该如何具体适用，确实存在很大的问题。因此，自 20 世纪 90 年代中期始，对于刑事证明标准中的

---

① 参见陈卫东：《新〈刑事诉讼法〉中的举证责任》，载《中国律师》2012 年第 8 期。

② 参见卞建林、张璐：《我国刑事证明标准的理解与适用》，载《法律适用》2014 年第 3 期。

③ 转引自韩延龙：《中华人民共和国法制通史》（下），中共中央党校出版社 1998 年版，第 56 页。

"事实"应如何界定的问题,引发了大量讨论。受"实事求是"一词的深刻影响,我国传统观点认为,刑事诉讼要查明的是"事实本身的真实,也即事实的真情、事物的真相"[①],因此,司法人员的主观认识必须符合客观实际[②],判决所认定的案件事实必须与实际发生的事实完全一致[③]。但随着司法实践的展开,客观真实说备受质疑,其被认为忽略了执法司法人员认识能力的局限性。与此相对,有学者提出了法律真实观[④],"法律真实是建立在客观真实基础上的真实,是包含客观真实内容的真实","法律真实并不等同于客观真实"而是"一定程度上是以概率为基础的真实"[⑤]。由此,法律真实说认为,只要对案件事实的认识达到法律要求的标准即可定罪量刑[⑥]。支持法律真实说的学者主张,应当以"法律真实"取代"客观真实",因为"诉讼中的证明要达到'客观真实',即主观认识与客观实际完全一致是不可能的"。[⑦]

此外,20 世纪 80 年代我国的"严打"活动,也表明 1979 年确立的刑事证明标准是难以很好地被实务部分所适用的。基于当时案件堆积如山的情况,彭真提出了"两个基本"的工作原则,也就是将"事实清楚,证据确实、充分"理解为"基本事实清楚,基本证据确实、充分"。但这也带来了另外的问题,即什么是"基本事实"?什么是"基本证据"?有人认为,案件基本事实就是指犯罪构成要件事实,因为"查明了这个主要事实,就解决了罪与非罪、此罪与彼罪的界限问题""同时也就基本上解决了罚与不罚、如何处罚的问题"。[⑧] 从这种观点看,"两个基本"的证明标准显然低于"事实清楚,证据确实、充分",因为后者的"事实"并不仅限于定罪事实而必然还包括案件的量刑事实。更严重的是,"两个基本"在实务中还遭到错误的解读和适用:有的办案人员对于定罪量刑有关的案件事实不予查证就作出认定,有的甚至认为只要"事实基本清楚,证据基本确实、充分"就可以定案。

有学者从概率的角度将我国司法实务中采用过的证明标准划分为五个层次:"两个基本"标准下,全案证据证明被告人实施了被指控的犯罪行为的概率为

---

① 参见裴苍龄:《证据法学新论》,法律出版社 1989 年版,第 183 页。

② 参见陈一云主编:《证据学》,中国人民大学出版社 1991 年版,第 114 页。

③ 参见巫宇甦主编:《证据学》,法律出版社 1986 年版,第 80 页;陈一云主编:《证据学》,中国人民大学出版社 1991 年版,第 114 页。

④ 参见孙再思:《论"法律上的真实"》,载《学术交流》1994 年第 4 期。

⑤ 何家弘:《论司法证明的目的和标准——兼论司法证明的基本概念和范畴》,载《法学研究》2001 年第 6 期。

⑥ 参见樊崇义、锁正杰等:《刑事证据前沿问题研究》,载何家弘主编:《证据学论坛》(第 1 卷),中国检察出版社 2000 年版,第 209 页。

⑦ 卞建林、郭志媛:《论诉讼证明的相对性》,载《中国法学》2001 年第 2 期。

⑧ 李建明:《略论基本事实与基本证据》,载《现代法学》1984 年第 1 期。

80%;而在"案件事实基本清楚,证据基本确实充分"标准下,这一概率就下降为70%;而在诸如杜培武、佘祥林等"留有余地""疑罪从无"案件中采用的"虽有疑点,也能定案"的标准,其概率则仅有60%。① 在这样的概率假设下,分别适用"两个标准""案件事实基本清楚,证据基本确实充分""虽有疑点,也能定案"的证明标准时,相关案件的案件事实认定错误的概率就高达20%、30%、40%! 这样的错误概率,显然与刑事诉讼追求实体公正、人权保障的目标不相一致。

再比较我国的刑事证明标准与国外的"内心确信"或"排除合理怀疑"的证明标准,我们深刻认识到,我国的"事实清楚,证据确实、充分"的证明标准实乃客观证明标准观,其格外强调事实重建所依赖的证据应客观存在;而国外所谓的"内心确信"或"排除合理怀疑"的证明标准,实为主观证明标准观,允许裁判者听由其主观的感觉、听任其内心世界的想法。基于刑事诉讼对犯罪嫌疑人、被告人之自由、生命的重大影响,显然,客观证明标准更能较大程度压缩裁判者自由裁量的空间,能更严格地把控实体裁判的公正性,更能保障犯罪嫌疑人、被告人的人权。

鉴于此,为确保死刑案件的质量,"两高三部"2010年6月颁发的《关于办理死刑案件审查判断证据若干问题的规定》(以下简称《死刑案件证据规定》)坚守了我国自1979年来便确立的客观证明标准,但却就"事实"给出了明确的界定,并就"确实、充分"的理解给出了较为细致的说明。而2012年修正的现行《刑事诉讼法》,不仅依然坚守1979年确立的刑事证明标准,且将"死刑案件证据规定"中对"事实"的界定、对"确实、充分"的说明进一步精练浓缩后适用于所有的刑事案件。这表明,"人权保障"在我国刑事证明制度的变革中再次发挥极为重要的影响。而此后发生的一些案件,诸如云南的陈辉涉嫌故意杀人案,便是我国独有的刑事证据标准实质性保护着被告人之人权的现实体现:在陈辉一案中,检方提出了一系列间接证据证明陈辉实施了杀害同居女友胡某的行为,其中,捆绑被害人尸体的胶带上甚至检出了陈辉留下的带有被害人血迹的"血指印",但昆明中院以不能形成陈辉故意杀人的证据锁链、指控证据不能得出陈辉故意杀人的唯一结论、证据不具有唯一性和排他性为由,判决被告人陈辉无罪。显然,我国刑事证明标准的坚守及具化,致使实务部门能更好地适用刑事证明标准,而这些变化恰恰体现了人权保障理念在刑事证据制度变迁中的贯彻、发展及核心影响。

四、科技进步对刑事证据制度的深刻影响

进入十八九世纪,在产业革命的浪潮中,化学、物理学等自然学科依次得以

---

① 参见何家弘:《刑事错判证明标准的名案解析》,载《中国法学》2012年第1期。

建立并获长足发展。这些自然科学知识及相关技术以一种前所未有的方式给人类社会带来巨大影响,并使人们的思维、行为和生活方式随之变化。伴随着科技的进步,人类的认识能力极大地被提高,人类对证据的利用更为多维、更为深入。曾经需以“烙印”的方式给人增加一个“显著”特征,以便再次看到他时能对其“再认”,也即同一认定;现如今,人已经成为一个丰富的证据“源”,诸如相貌、指纹、足迹、骨骼、声纹、书写动作习惯、牙痕、眼纹、脸纹、DNA 纹等源自人这一个体的诸多特征,都能用作证据以证明案件中的相关问题。[①] 人,还是曾经的那个人,但却有如此众多的证据可从人的身上挖掘出来用作证据,这显然是科技进步的结果。

从司法证明方法的视角看,人类的司法证明经历了两次重大变革,即以“神证”为主的证明方法向以“人证”为主的证明方法转变,以及从以“人证”为主的证明方法向以“物证”为主的证明方法转变。[②] 这样的转变,无疑与人类认识能力的提高,特别是科技进步对人类认识能力的助力及提升密切相关。

随着司法证明方法的重大变革,各国的刑事证据制度也有了相应的变迁:曾经视“火审”“水审”等的结果为证据,随后靠证人证言、被告人供述来定案;曾经视口供为“证据之王”,如今则可以“零口供”定案——在科学技术的助力下,诸如指纹、足迹、声纹、DNA 纹、枪弹痕迹、毒物、毒品、电子数据等客观证据均能“说话”,而其“所说的话”是否真实可靠,在一系列应司法证明方法之转变而不断更新出台的证据规则等的指引下,可以得到有效评价。

诚然,我国至今只是一个发展中国家,我国的科技能力、科技水平与发达国家相比尚有差距,但却并非停滞不前。相应地,科技进步对司法证明方法的影响在我国也有深刻且基本同步的体现。事实上,从 1979 年刑诉法诞生至今,我国刑事证据规则、立法等,均反映出科技进步对其的深刻影响,而这其中,最为显著而重要的有如下几个方面:

(一)法定证据形式逐渐丰富、证据名称更为精准

效仿苏联的立法模式,我国以列举的方式在《刑事诉讼法》中明确规定了哪些形式的材料可以成为证据。列举的方式尽管方便于诉讼实务中证据的收集及审校判断等,但却难免挂一漏万。特别是随着科学的进步、技术的发展,不断有新产品、新设备进入人们的生活、工作领域,人们的认识能力更是不断提高,一些新的材料呈现出良好的,甚至是无法由其他已有的法定刑事证据所能替代的证明作用。面对这种态势,为了确保案件的实体公正得以实现,我国的《刑事

---

① 参见李学军:《物证论——从物证技术学层面及诉讼法学的视角》,中国人民大学出版社 2010 年版,第 38 页。

② 参见何家弘、刘品新:《证据法学》,法律出版社 2013 年版,第 1 页。

诉讼法》在近四十年里适时进行了两次调整，以将这些具有证明功效的新材料纳入法定证据形式。其一，在 1996 年修订《刑事诉讼法》时，将 20 世纪 80 年代始日益广泛用于各行各业及日常生活中的录音、录像带以“视听资料”的名目纳入其中。其二，2012 年第二次修改我国《刑事诉讼法》时，果敢地将伴随人们使用、操作电子设备时在存储介质形成的，以电、光或磁为存在形式的电子数据纳入法定证据形式中。视听资料、电子数据也就分别以第七种、第八种法定刑事证据形式而在各类案件中发挥着重要证明作用。

深刻意识到专门性问题需由具有专门知识者解决的重要性，更因实物证据在司法实务中证明价值非凡、但其不会“言说”需由专家来“解读”或“翻译”的特性，我国 1979 年出台《刑事诉讼法》时就明确将高度依赖科学技术等专门知识、专门技能而形成的“鉴定结论”列为法定证据形式之一。但因普遍对鉴定知之甚少，更因众多的鉴定活动里介入了科学原理、成熟方法、先进仪器设备等，故而人们包括是司法人员，均对案件中出现的“鉴定结论”呈现出“顶礼膜拜”之态势；加上“结论”二字，更让人们不再质疑“鉴定结论”的可靠性，不再对其进行审查判断，而是直接用作裁判的依据。鉴于此，加之实务中暴露出的因错误“鉴定结论”而导致的错案，特别是“鉴定结论”的专门知识性及意见性这两大特质，2005 年 2 月全国人大常委会颁发的《关于司法鉴定管理问题的决定》首次将“鉴定结论”更名为“鉴定意见”；而 2012 年修订《刑事诉讼法》时，也赞同这一做法，将曾经的法定刑事证据之一的“鉴定结论”之名称修正为“鉴定意见”。

（二）“间接证据”一词“晋升”为法律术语助力人权保障的落实

直接证据与间接证据是证据法学界对证据进行理论研究时创设出的一对术语，曾经只出现于教材、专著等理论著述里。它是学者们根据证据与案件主要事实之间的关联方式，而对证据予以的分类。按照这样的分类，供述、证人证言、当事人陈述、视听资料基本上可以属于直接证据，因为它们均可单独地、不以复杂的推理，以直接的方式证明案件中的主要事实——即刑事案件的四个构成要件。而其他证据，特别是物证，往往只能以间接证据的身份与其他众多证据一道，经过一定，甚至是复杂的推理，方能间接地证明案件的主要事实。

由于言词证据特别是供述属于直接证据，仅有其就能单独证明案件的主要事实，因此，即使人类已进入“以物证为主”的司法证明时代，供述依然时常被视为“证据之王”而被极端重视着。伴随着这种重视，各个国家都比较偏向于获得犯罪嫌疑人、被告人的供述。相应地，刑讯逼供的现象也就屡禁不止。随着科技的进步，越来越多的技术手段可用于揭示诸如指印、足迹、枪弹痕迹、电子数据、DNA、毒物毒品等物证之类间接证据的证明效力，相应地，越来越多的间接证据可以替代直接证据发挥证明效力，因此，对口供的依赖性也就慢慢降低。

但在缺乏口供等直接证据的情况下,究竟该如何发挥间接证据的证明作用,进而确保案件的质量,一直以来,并没有相关规定加以规范。直到 2010 年赵作海案的曝光,刑讯逼供导致冤案的出现再次引发普遍关注。鉴于此,2010 年 7 月 1 日生效的《死刑案件证据规定》第 33 条首次将“直接证据”和“间接证据”由学术术语提升为法律用语。在总结了《死刑案件证据规定》第 33 条适用几年后的经验之后,2013 年 1 月 1 日生效的最高人民法院《关于适用〈中华人民共和国刑事诉讼法〉的解释》第 105 条以更精准的语言表达了当案件中没有供述等直接证据时,如何利用间接证据定罪量刑。①

换言之,科技进步,使越来越多的间接证据的证明效力得以有效揭示并发挥。而我国刑事证据制度也相应对这种变化作出适当调整,将“间接证据”“直接证据”“晋升”为法律用语,进而让诉讼参与单位或参与者不再依赖供述,就能确保相对人的人权得到很好的保障。

(三)诉讼中专门性问题的基本解决原则及主要路径业已确立

如前所述,科技的进步,极大地改善了人们的生活、极大地提高了生产力。而同时,各类冲突、纠纷也因之变得越来越多样化、复杂化、专门化。面对日益多样化、复杂化、特别是专门化的冲突、纠纷,基于社会分工的精细化,诉讼专门机关及当事人、其他诉讼参与人,对争议事实本身便是某专门性问题者,或者对争议事实的认定需要以某专门性问题的解决为基础者,显然需要专业性的帮助。基于这种需求,我国《刑事诉讼法》在诞生之初的 1979 年便以第 71 条及第 88 条的规定②明确了,诉讼中当遇专门性问题时,可将具有专门知识者引入,由其帮助收集证据或“制造”证据③。之后,2005 年 2 月出台的《全国人大常委会关于司法鉴定管理问题的决定》第 11 条明确规定,当事人对鉴定意见有异议,经人民法院通知,鉴定人应当出庭作证。2012 年修正的现行《刑事诉讼法》第 187 条第 3 款不仅再次强调必要时鉴定人应当出庭作证,而且首次明确规定,应

---

① 即“没有直接证据,但间接证据同时符合下列条件的,可以认定被告人有罪:(一)证据已经查证属实;(二)证据之间相互印证,不存在无法排除的矛盾和无法解释的疑问;(三)全案证据已经形成完整的证明体系;(四)根据证据认定案件事实足以排除合理怀疑,结论具有唯一性;(五)运用证据进行的推理符合逻辑和经验。”

② 《刑事诉讼法》第 71 条规定:“侦查人员对于与犯罪有关的场所、物品、人身、尸体应进行勘验或者检查。在必要的时候,可以指派或者聘请具有专门知识的人,在侦查人员的主持下进行勘验、检查。”第 88 条规定:“为了查明案情,需要解决案件中某些专门性问题的时候,应当指派、聘请有专门知识的人进行鉴定。”

③ 通常言,诉讼中的证据均是相关行为发生时其对外界引发的同步变化,如在目击证人大脑留下的案发过程、在地面留下的足迹等。由于这其中的某些变化如足迹等实物证自身不能“言说”、且其证明作用的发挥往往要借助专门性知识及专业性手段,因此,诉讼参与者、当事人等不得不委托或聘请具有专门知识者对之进行鉴定,并给出具有法定证据地位的“鉴定意见”。基于此,可以认为,“鉴定意见”是一种“故意制造”出来的证据。

当出庭的鉴定人经人民法院通知后拒不出庭作证者,其鉴定意见不得作为定案的根据。同时,2012 年《刑事诉讼法》第 192 条第 2 款首次架构了我国刑事诉讼中的专家辅助人制度,即明确规定,公诉人、当事人和辩护人、诉讼代理人可以申请法庭通知有专门知识的人出庭,就鉴定人作出的鉴定意见提出意见。而为了满足实务中大量存在的有专门性问题需要通过鉴定予以解决,但却没有相应的鉴定机构存在的现实需求,与现行《刑事诉讼法》2013 年 1 月 1 日同日生效的最高法《关于适用〈中华人民共和国刑事诉讼法〉的解释》第 87 条则明确规定,对案件中的专门性问题需要鉴定,但没有法定司法鉴定机构,或者法律、司法解释规定可以进行检验的,可以指派、聘请有专门知识的人进行检验,检验报告可以作为定罪量刑的参考。基于电子数据这种新型但却在司法实务中日益广泛出现的证据的特点,即不可视,并高度依赖技术和专家方能发挥重要证明作用,在吸取“快播”一案中暴露出的证据问题的教训后,2016 年 9 月最高人民法院、最高人民检察院、公安部联合颁布的《关于办理刑事案件收集提取和审查判断电子数据若干问题的规定》不仅强调了收集、提取电子数据时专门知识和技能的介入价值,更是针对我国现行《刑事诉讼法》第 192 条第 2 款所存在的缺憾,即具有专门知识者介入法庭对证明的审查判断时,只能针对已有鉴定意见而不能只是针对案件中的专门性问题发表意见,明确规定,“控辩双方向法庭提交的电子数据需要展示的,可以根据电子数据的具体类型,借助多媒体设备出示、播放或者演示。必要时,可以聘请具有专门知识的人进行操作,并就相关技术问题作出说明”。

表面上看,前述法条的出现不过是就诉讼中的鉴定以及鉴定人出庭等问题加以了规定。但笔者认为,历经四十年的历程,我国刑事证据立法借助前述法条确立了如下基本原则,即“诉讼中的专门性问题由具有专门知识者”来解决。① 在该原则的指导下,具有专门知识者不仅仅只是以鉴定的路径参与到诉讼中专门性问题的解决,即形成鉴定意见这种法定证据,而且可以以“具有专门知识者”的身份介入到证据的收集、提取、保管及庭审时的展示和说明等活动中,还可以鉴定人的身份、专家辅助人的身份出庭参与法庭调查,为鉴定意见的审查判断、为相关专门性问题的解决提供专业性意见。② 显然,在此原则的指导下,诉讼中专门性问题的解决路径不再只是单一地寻求已有鉴定资质的鉴定机构和鉴定人,而是可以从多路径切入,更满足我国刑事诉讼的需要。

可以说,最高人民检察院颁布的最高人民检察院《关于指派、聘请有专门知

① 结合我国《民事诉讼法》《行政诉讼法》及相关司法解释、证据规定等,更可以说,我国借助具体法条的表达,确立了这样的基本原则。

② 参见李学军、朱梦妮:《专家辅助人制度研析》,载《法学家》2015 年第 1 期。

识的人参与办案若干问题的规定（试行）》正是前述原则的具体表达和体现，这也再次表明，在四十年的历程中，科技进步对我国刑事证据制度的架构及完善影响深远。

（四）人权保障及科技进步共同促进我国刑事证据规则的日趋完备

现行《刑事诉讼法》第2条明确加入的"尊重和保障人权"，使在精准打击犯罪的刑诉目的之上还要兼顾人权保障，这无疑要求承载着多维价值的证据制度更加完善、证据规则更为丰富。事实上，在四十年的历程里，在人权保障理念的影响和科技进步的助力下，我们不仅仅已架构起较为符合我国国情的非法证据排除规则体系，而且相继建立起最佳证据规则、意见证据规则，包括侦查人员在内的证人出庭作证规则，以及鉴定人出庭作证规则和专家辅助人规则等。这些规则，显然对我国当前正在全力推进以审判为中心的诉讼制度改革而言是必不可少的，其均可在查明案件事实、实现实体公正的目标上发挥积极功用，进而确保无辜者不被冤枉。

五、展望未来：我国刑事证据制度的发展前路

目前，我国的刑事证据制度体系已经基本建成，证据规则条文从数量看是比较丰富的，但从内容上看还存在种种缺陷，与科学、完善的刑事证据制度体系之间还存在一段距离。一方面，我国刑事证据立法层级较低，多头立法的现象仍然突出，这就使一些证据规则条文之间存在矛盾和冲突，给实践工作带来困扰。另一方面，由于我国刑事证据规则呈现出由点到面的发展模式，因此，目前的证据规则主要集中于非法证据等少数问题上，涉及其他证据问题的规定仍然比较原则和笼统，且这些规定不仅需要进一步细化以便具有可操作性，而且需要进一步地完善。例如，我国现行刑事证人作证规定虽允许父母、子女、配偶等亲权关系者不被强制要求出庭作证，但却许可这类亲权关系者的书面证言或庭前证言用作定案的证据——这显然不利于相关证言所涉内容之真实性的查明，更严重侵犯被告一方质证的权利。此外，律师、医生等基于其职业活动获得了一定信息，那么其有无就此信息作证的豁免权等，目前在我国证人作证规定中尚没有涉及。再如，我国至今没有确立传闻证据规则，而这一点，有可能妨碍我们庭审时对相关争议事实的查明。

应该说，本轮以审判为中心的诉讼制度改革为我国刑事证据制度的进一步发展提供了良好的契机。例如，根据近期颁布的《人民陪审员法》，审判长应向人民陪审员解释和说明案件相关的事实和证据问题，而目前存在的一些含糊、笼统的证据规定就不能满足实践的需要，因此，我国证据法就可能迎来进一步的明确和细化。此外，我国证据法在未来一段时间内还将迎来监察体制改革带来的新挑战。例如，根据《监察法》第33条的规定，即"监察机关依照本法规定收集的物证、书证、证人证言、被调查人供述和辩解、视听资料、电子数据等证据材料,在刑事诉讼中可以作为证据使用。监察机关在收集、固定、审查、运用证据时,应当与刑事审判关于证据的要求和标准相一致。以非法方法收集的证据应当依法予以排除,不得作为案件处置的依据”。监察机关查办涉嫌职务犯罪等贪腐案件在调查阶段收集、固定、审查证据时,无疑要受《监察法》和现行《刑事诉讼法》及相关司法解释部门规定等的双重约束,特别是“非法证据”在监察环节该如何界定的问题。在审判阶段又如何适用我国现有的非法证据排除规则,显然都需要我们共同关注。

事实上,监察委的成立及《监察法》的生效明确表明,各级监察委实质性地接管了包括曾经由检察院管辖的职务犯罪案件的侦查工作,其肩负着调查这类案件并收集、固定相关证据的重要职责。如何适应我国监察体制改革的需要来适度调整我国现有的刑事诉讼证据规则体系或制度架构?赋予监察委哪些取证手段更满足其收集证据的需要?如何完善监察阶段与审查起诉阶段的证据衔接?这些问题都亟待在理论研究和实务工作中的共同探索,我国刑事证据立法也会因此进入新的发展阶段。

论独立统一涉案财物管理中心的建立*

李玉华**

摘　要　涉案财物的管理面临严峻的现状,全面贯彻证据裁判规则要求对证据进行更加严格规范的管理,民众物权保护意识的大幅度提高对涉案财物管理提出了更高的要求。有必要建立独立于公检法之外的统一的涉案财物管理中心。将涉案财物管理的部分职权从侦查权、检察权、审判权中剥离出来是必要和可行的。独立统一涉案财物管理中心不仅具有基本的保管功能,还具有对涉案财物进行保值增值以及在法律处置后对其进行具体实施的功能。

关键词　独立　统一　涉案财物管理

随着案件的日益增多,涉案财物的数量越来越多、价值越来越大、种类越来越多,而且公众对涉案财物管理的要求也越来越高,现有的管理模式已经无法适应社会的发展,因此,有必要探索新的管理模式。本文提出建立独立公检法机关的统一的涉案财物管理中心,求教于方家。

一、建立独立统一涉案财物管理中心的必要性

(一)涉案财物管理的严峻现状

1.处置机制不畅导致涉案财物积压严重

根据《刑事诉讼法》的规定,涉案财物应当随案移送,但是,由于机制不畅、场所受限等原因,涉案财物的处理并没有完全与案件同步,存在"肠梗阻"的情况,涉案财物在办案部门大量积压。这种积压在公安机关最为明显,其次是检察院。因此,在司法实践中各办案机关都愿意将自己管理的涉案财物移送出去,却不愿接受其他机关移送的涉案财物。例如,"检察机关虽然并不情愿接受

---

* 本文最初发表于《法制与社会发展》2016年第3期,2017年获第五届青年刑事诉讼法学优秀成果奖论文类一等奖;2018年获第二届首都法学优秀成果奖论文类三等奖;2017年以该文为指导的项目"跨部门五统一涉案财物管理新机制"获全国公安机关创新大赛金奖。后以该文为基础申报获批国家社科基金重点项目"独立统一涉案财物管理中心的论证与设计"(16AFX011)。作为法律人以微薄之力推动涉案财物管理从传统向现代转型,是近几年我所从事的主要科研和社会活动之一,学生特以此文向导师陈卫东教授60岁生日表示祝贺!

** 李玉华,中国人民公安大学教授、博导、副院长,2005~2007年在中国人民大学法学院师从陈卫东老师做博士后。

公安机关移送的大量涉案财物,但对于明显不作为证据使用的涉案财物,习惯性地移送法院”。[①] 关于移送物品问题,“一些地方检察机关反映,实践中,公安机关在移送审查起诉时,移送了一些不宜移送的物品,但提起公诉后,法院对这类物品往往只接收照片不接收实物,许多物品长期积压在检察机关”。[②] 有些法院证据在法庭质证以后并不被接受,而是返还原保管机关。

2. 由于场所、人员等限制导致保管标准不统一

目前,我国的基层办案单位普遍存在涉案财物保管场所不足的情况:大多数基层办案单位涉案财物保管室不足 30 平方米,只能短时间存放保管小件物品,导致大量涉案财物长期露天堆放或整仓积压、损坏,甚至丢失。而且,由于场所和人员的限制,办案机关对涉案财物的保管条件、时间等都无法做到统一标准。此外,现有的保管室安全性不足,保管涉案财物存在风险,如有些经侦部门在办案中不得不租用银行保险箱来保管扣押的涉案黄金等贵重物品。

3. 管理方式落后

目前,一些公安机关采取计算机软件管理,并引入现代智能化、自动化物流仓储技术。但是,大多数的基层办案单位对涉案财物的管理以人工管理为主,涉案财物的入库、存放、盘点、出库,多采用手填登记、手写编码、人工查找、人力搬运。

(二)证据裁判主义的要求

中国共产党的十八届四中全会通过的《中共中央关于全面推进依法治国若干重大问题的决定》明确提出:“推进以审判为中心的诉讼制度改革,确保侦查、审查起诉的案件事实证据经得起法律的检验。全面贯彻证据裁判规则,严格依法收集、固定、保存、审查、运用证据,完善证人、鉴定人出庭制度,保证庭审在查明事实、认定证据、保护诉权、公正裁判中发挥决定性作用。”这标志着证据裁判原则从理论走向实践,从学术界走向社会大众,诉讼制度的改革走向实质化。

证据裁判原则的要义是法院的裁判要根据证据作出(法律作出例外规定的除外)。而法院根据证据作出裁判的最基本条件是有证据,且证据要经过法庭质证,满足客观性、关联性、合法性三性的要求。在质证的过程中,对实物证据来说首要的、非常关键的一点就是“证明法庭上出示、宣读的某一实物证据,与举证方‘所声称的那份实物证据’是一致的,这一过程有学者将其成为‘鉴

① 杨宏亮、沈东林:《刑事诉讼中涉案财物的移送及监管问题研究》,载《人民检察》2013 年第 20 期。

② 王晋、许山松、石献智:《〈人民检察院刑事诉讼涉案财物管理规定〉解读》,载《人民检察》2015 年第 8 期。

真’”。[①] 也就是说，必须能够向法庭证明实物证据从最初提取，到后来的保存直至提交法庭质证始终具有“同一性”，整个证据链条是闭合的、完整的。如果做不到这一点，谈论其他都没有意义。而做到这一点统一规范的证据管理机构是必须的。

（三）物权保护的要求

我国2004年《宪法修正案》明确规定，“公民的合法的私有财产不受侵犯”。这是我国首次在宪法中明确提出保护私有财产，说明随着市场经济的发展和开放程度的提高，我国民众对私有财产的保护的要求越来越迫切。此外，《中华人民共和国物权法》由第十届全国人民代表大会第五次会议于2007年3月16日通过，自2007年10月1日起施行。以此为转折点，民众的物权保护意识有了大幅度提高，更加重视私有财产的权利保护。涉案财物也是所有权人的重要财产，其权利保护也越来越受到关注，特别是随着社会经济的发展，不动产以及价值大的动产日益增多。2013年11月12日，中国共产党的十八届三中全会通过《中共中央关于全面深化改革若干重大问题的决定》进一步明确：“公有制经济财产权不可侵犯，非公有制经济财产权同样不可侵犯。”在这样的社会背景下，对涉案财物的保管以及保值、增值、处置受到越来越多的关注。例如，吉林商人于某13年前因携带买卖黄金被捕，46公斤黄金被上交罚没，后经多次受审最终被判无罪。2015年1月4日吉林市公安局作出《刑事赔偿决定书》同意支付赔偿金384万余元。于某对黄金折价数额不满，提出刑事赔偿复议申请，3月6日得到吉林省公安厅《刑事赔偿复议决定书》的确认，由赔偿义务机关返还于润龙46,384克黄金。[②]

二、建立独立统一涉案财物管理中心的理论分析

（一）统一

“独立统一涉案财物管理中心”中的“统一”（也可以称“集中”）是相对于原来的分散的涉案财物管理机构而言的。长期以来，我国涉案财物的保管是由办案单位进行的，派出所、刑警队、基层检察院、基层法院等都负责涉案财物的保管。“独立统一涉案财物管理中心”中的“统一”主要体现在两个方面：一是公检法三机关涉案财物管理机构的统一；二是涉案财物管理机构在一定层级上统一。

建立统一的涉案财物管理中心可以避免过去涉案财物分散保管的种种弊端。区县以下公检法办案单位均设立涉案财物管理机构，存在以下问题：第一，

---

① 陈瑞华：《实物证据的鉴真问题》，载《法学研究》2011年第5期。

② 参见王晓易：《46公斤黄金遭公安局没收商人追讨13年终获赔》，载《大河报》2015年5月26日。

人财物过于分散,浪费资源,且无法达到法律规定的预期。分散设立保管机构,使保管机构的规模都不大,有些大宗的物品、特别贵重的物品、需要特殊保管条件的物品等由于保管场所规模及条件限制无法保管;分散设立,所有保管机构都配备管理人员,使本来已经非常紧张的警力更加捉襟见肘或者若由其他工作人员兼任,则达不到法庭质证的要求。第二,分散保管导致保管标准不统一。由于各办案单位条件差别比较大:有的经费充足、有的经费紧张;有的办公场地宽敞、有的则非常狭小;有的人手紧张、有的则相对宽松。这就导致各办案单位在涉案财物的保管上标准不一:有些单位严格分类保管、有的无法严格分类;有的二人以上专人看管、有的则无法实现;有的保管时间长、有的保管时间短。第三,公检法均设置保管机构,涉案财物在不同诉讼环节流转增加了各种风险。一是涉案财物在公检法不同办案单位之间流转增加了丢失的风险。二是增加了损坏的风险,“每一次移送和接收都需要对每一个物品进行清点,需要拆封物品、触碰物品,因此也难免对涉案物品造成一定的损伤,这实际上是对证据的破坏”。[①] 三是增加了接触人员身体健康受损的风险。“大量涉案财物本身携带大量病毒、细菌,这种接收和清点也不利于保障公检法机关工作人员的健康和安全。”[②]

建立“统一”的涉案财物管理中心的好处是:第一,证据只在法律文书上注明存放地点,不再随卷移送、流转,减少丢失、损毁的可能性,而且减少工作量;第二,避免保管主体过多,保管规范和标准不一,影响证据效力的发挥;第三,可以使涉案财物保值增值工作更加规范,充分保护财物所有人的权利;第四,便于统一解决保管场所、经费和人员问题,降低成本实现司法资源的最大化。

(二)独立

“独立统一涉案财物管理中心”中的“独立”是相对于原来的公检法分别建立涉案财物管理机构而言的,“独立”的意思是取消公检法各自设立的涉案财物管理机构,代之以公检法之外另行建立的独立统一的专门进行涉案财物管理的机构。

建立“独立”的涉案财物管理中心主要有以下好处:第一,解放办案机关。涉案财物的管理是一项艰巨的工作,不仅涉及对各种类型证据的管理,而且涉及对各种类型财产的管理,如果管理不好不仅会损害当事人及相关人员的利益,而且会损害公安司法机关的权威与形象。涉案财物管理机构从公安司法机

---

① 蒋畅奇:《刑事诉讼涉案财物处置工作探索——以北京市朝阳区人民检察院为例》,载《法制与社会》2015年第27期。

② 蒋畅奇:《刑事诉讼涉案财物处置工作探索——以北京市朝阳区人民检察院为例》,载《法制与社会》2015年第27期。

关独立出来,可以解放办案机关,使其将更多的精力投入到案件的侦查、起诉和审判工作中来。第二,更好地实现对涉案财物的保值增值。对涉案财物进行保值、增值是一项民生工程,关系相关人员的财产权。目前,由于人员、场所等限制,公安司法机关能够做到涉案财物不丢失已属不易,还谈不上保值,更谈不上增值。不管是从财物所有人的权利来看,还是从社会资源的节约来看,对涉案财物进行保值增值是社会发展的必然。涉案财物的保值增值工作量巨大,不是本已负担沉重的公安司法机关所能胜任。第三,"独立"的涉案财物管理机构,会使涉案财物的管理更加规范,透明。

（三）对权力进行合理划分与剥离是独立统一机构建立的根据

党的十八届四中全会通过的《中共中央关于全面推进依法治国若干重大问题的决定》提出了"优化司法职权配置。健全公安机关、检察机关、审判机关、司法行政机关各司其职,侦查权、检察权、审判权、执行权相互配合、相互制约的体制机制"。司法职权配置经过改革开放以来30多年的探索实践、改革创新①,四机关各司其职、四权力配合制约的格局已经成熟。由"三机关分工配合制约"到"四机关各司其职、四权力配合制约"成为我国司法职权配置体制发展的又一重要里程碑,是对我国司法管理体制的重大发展和完善。② 司法职权的配置不是一成不变的而是动态的,根据不同国家、不同时期的具体情况进行调整。

当前司法职权配置应当认真梳理每一种具体职权的内容与性质,根据其性质划分行使职权的主体。根据《刑事诉讼法》第3条的规定,公安机关负责案件的侦查、拘留、执行逮捕、预审;检察机关负责检察、批准逮捕、直接受理案件的侦查、提起公诉与出庭公诉;法院负责案件的审判。概括一下,在刑事诉讼中公安机关的核心职权是侦查权,主要内容是收集证据和抓获犯罪嫌疑人;检察机关的核心职权是侦查权和公诉权,主要内容是收集自侦案件的证据和控制犯罪嫌疑人;对证据、事实、法律进行审查判断决定是否提起公诉;以及出庭公诉。审判机关的职权是审判权,审判权的本质是判断权,根据证据、事实与法律对是否有罪以及判处何种刑罚进行判断。

---

① 党的十六大报告指出:"完善司法机关的机构设置、职权划分和管理制度,进一步健全权责明确、相互配合、相互制约、高效运行的司法体制""改革司法机关的工作机制和人财物管理体制,逐步实现司法审判和检察同司法行政事务相分离"。党的十七大报告进一步提出:"深化司法体制改革,优化司法职权配置。"2003年以来的两轮司法体制改革都对优化司法职权配置作出了重要部署,取得了明显成效。党的十八大报告明确要求"进一步深化司法体制改革"。中办、国办印发的深化司法体制和社会体制改革意见明确要求,优化司法职权配置,健全司法权力分工合作、互相配合、互相制约机制。十八届四中全会明确了优化司法职权配置的主要任务就是要健全公安机关、检察机关、审判机关、司法行政机关各司其职,侦查权、检察权、审判权、执行权相互配合、相互制约的体制机制。党和国家对优化司法职权配置的认识越来越深刻,提出的任务举措越来越明确具体。

② 郝赤勇:《优化司法职权配置　完善司法行政制度》,载《中国司法》2014年第12期。

目前,案多人少是困扰公安司法机关的一个难题,因此,将一些非核心的职权进行剥离让渡是解决问题的一个思路。当然,"分解最核心的审判权则须慎行,更不能轻言让渡。否则,法院将不成其为法院,法官将不成其为法官"。[①]

广义的涉案财物的管理包括:(1)收集、提取、查封、扣押;(2)保管;(3)法律处置;(4)法律处置后的具体实施。在对涉案财物管理的这些职权中,收集、提取、查封、扣押是公安司法机关在办案过程中行使公权力的具体内容,其适用对象、条件、程序都有严格的法律规定,是侦查权、公诉权、审判权的重要内容。法律处置,是在诉讼活动过程中,公安司法机关对财物作出的归属裁决,如罚没、收缴、上缴国库、返还被害人、拍卖等。这些活动,因案而异,需要公安司法机关根据案件的具体情况作出决定,与案件密不可分,也是侦查权、公诉权、审判权的重要内容。

而保管仅仅是对涉案财物进行技术性或物理性保管,保证其客观存在,不涉及法律上的处置,不是侦查权、公诉权、审判权的必不可少的内容,从职权本质上来说也不属于侦查权、公诉权、审判权,因此,可以从侦查权、公诉权、审判权中剥离出来,由公检法之外的机关行使。法律处置后的具体实施,如拍卖决定作出后的具体操作,只是对法律处置决定的落实,具体操作不会因案因人而异,可以遵循共同的流程。这种职权从本质上来说也不属于侦查权、公诉权、审判权,因此,也可以从侦查权、公诉权、审判权中剥离出来,由公检法之外的机关行使。

三、关于建立独立统一涉案财物管理中心的探索

(一)学术探索

1. 笔者独立统一涉案财物管理机构的探索

长时间以来笔者一直关注实物证据的证据链建设,特别是管理机构和场所的建设。2012年笔者申请获批了中国法学会的项目"公安机关侦查人员合法取证指引",在项目成果中明确提出了建立"统一"证据管理中心和"独立"证据管理中心的两步走的观点。[②] 即最终成果《公安机关侦查人员合法取证指引》第13条规定:"县级、设区的市公安局各分局设立统一的物证、书证保管中心,对

---

① 钱锋:《审判权优化配置下的法院内部分权制衡》,载《法制资讯》2010年第Z2期。

② 2013年6月23日项目成果完成,在中国人民公安大学举办"公安机关侦查人员合法取证指引"理论与实践学术研讨会,来自公安部法制局、刑侦局的领导、刑事诉讼法学界专家、地方公安厅局领导以及有关研究人员共80余人参加该会议。在该会议上笔者发布了研究成果,提出了该观点。2013年8月最终成果《公安机关侦查人员合法取证指引》由中国人民公安大学出版社出版,其第13条明确该观点并进行了解释和说明。2014年7月7日《人民公安报》和中国警察网,对该观点进行宣传报道,题目是:《关注"公安机关侦查人员合法取证指引"设立统一的物证、书证保管中心》,小标题中列出:建立属于政府而不属于公检法任何一家的物证、书证保管部门。

涉案物证、书证分类保管,并由两名以上民警专门负责。条件成熟时,各区县级、地级市政府分别设立独立的物证、书证管理中心,负责统一管理刑事诉讼中从立案、侦查、审查起诉到审判等整个诉讼过程涉及的物证、书证。"①

随着研究与思考的深入,笔者对于建立独立统一证据管理中心的想法日益完善,随后明确提出了"建立独立于公检法机关的证据管理中心,由政府的司法行政部门进行管理,统一保管刑事诉讼中从立案、侦查、审查起诉到审判等整个诉讼过程涉及的证据以及民事、行政诉讼中的证据"。② 相对于之前的观点,对三个方面更加明确:一是明确了证据管理中心,证据管理的范围不仅仅限于物证、书证;二是明确了独立的证据管理中心的管理部门是公检法之外的司法行政部门;三是管理的不仅仅是刑事诉讼中的证据,还包括民事和行政诉讼中的证据。同时,还提出了证据保管中心设置县(区)和地级市两级的建议,并进行了解释论证。③

2. 集中统一涉案财物管理机构的探索

上海市嘉定区人民检察院程建检察官曾撰文提出:"设立涉案财物管理中心,由公检法三家单位共同管理。首先,可借鉴实践中较为成熟的看守所制度和行政审批中心制度,设立单独的涉案财物管理中心。涉案财物管理中心应专门申请场所设置,避免将管理中心安置在公安、检察或法院内部。可由公安、检察、法院共同向区政法委汇报并争取政法委支持后,向地方财政申请专款来设立和运作涉案财物管理中心。公检法三家单位分别派人入驻涉案财物管理中心,承担各自诉讼阶段的管理义务,坚持管理义务互不替代,制约职能互不越位。"④该作者提出的建立集中统一涉案财物管理中心的思路值得肯定,但是,其提出的"独立的涉案财物管理中心"只是地点的独立,即形式意义上的独立,不是真正意义上的独立,而是公检法三家共管的联合体。这种联合体无法实现独立涉案财物管理中心承载的功能。

---

① 李玉华、陈敏等:《公安机关侦查人员合法取证指引》,中国人民公安大学出版社 2013 年版,第 64 页。

② 李玉华、刘文峰、田力男:《非自愿口供替代系统化研究》,中国人民公安大学出版社 2015 年版,第 103 页。

③ 由于我国地域辽阔,证据保管中心设置两级比较合适:在县、区设置证据保管中心,负责一般案件(包括刑事、民事和行政案件)的证据保管;在地级市设置证据保管中心,负责重大案件的证据保管。原则上,由初审法院对应的地方的证据保管中心对证据进行保管,即使进行二审、死刑复核或者再审,证据的保管场所也不发生变化。如果有些地级市辖区面积小、案件量不大,其管辖的县、区也可以不设证据保管中心;如果相邻的县、区辖区面积和案件量不大,也可以共同建设证据保管中心。具体建议参见李玉华、刘文峰、田力男:《非自愿口供替代系统化研究》,中国人民公安大学出版社 2015 年版,第 104 页。

④ 程建:《刑事诉讼涉案财物集中管理的实证调研和制度构想》,载《上海政法学院学报》2013 年第 2 期。

北京市朝阳区人民检察院案件管理办公室蒋畅奇检察官撰文提出:“与其建立跨部门的地方涉案财物集中管理信息平台,还不如建立跨部门的地方涉案财物集中管理机构……可以探索由专门机构集中负责管理涉案财物,实行精细化管理,公检法机关的承办人因办案需要借用或查看涉案财物时,可以持各自单位出具的相应证明文件到涉案财物管理机构办理。”①该文论述的重点在于建立集中的涉案财物管理机构,最后提及了由专门机构对涉案财物集中管理,但是没有对专门机构的独立性问题进行探讨。

(二)政策法规

中央办公厅、国务院办公厅《关于全面深化公安改革若干重大问题的框架意见》(中办发〔2015〕17 号)在全面深化公安改革的主要任务(四)中明确提出了涉案财物的集中管理,即“规范查封、扣押、冻结、处理涉案财物程序,实行涉案财物集中管理”。这对涉案财物的集中管理是一个巨大的推动。

中央全面深化改革领导小组于 2014 年 12 月 30 日审议通过了《关于进一步规范刑事诉讼涉案财物处置工作的意见》,随后,中共中央办公厅、国务院办公厅《关于进一步规范刑事诉讼涉案财物处置工作的意见》(中办发〔2015〕7 号)中明确提出了建立跨部门的地方涉案财物集中管理信息平台。② 这是在集中管理的基础上更进了一步,推动了公检法三机关共享涉案财物信息。虽然没有明确提出建立独立的涉案财物管理中心,但是,三机关信息共享离独立的管理机构更近了一步。

公安部根据中央办公厅、国务院办公厅《关于全面深化公安改革若干重大问题的框架意见》和《关于进一步规范刑事诉讼涉案财物处置工作的意见》,对《公安机关涉案财物管理若干规定》(公通字〔2010〕57 号)进行了修订完善,于 2015 年 9 月 1 日起正式实施。该规定第 8 条第 2 款规定了公安机关内部的集中保管;③第 11 条第 2 款提出了建立跨部门的涉案财物管理中心。④ 可以说,迫于管理涉案财物的巨大压力,在公检法三机关中,公安机关对涉案财物的改革是最积极的,这也体现在公安部的《公安机关涉案财物管理若干规定》,不仅规

---

① 蒋畅奇:《刑事诉讼涉案财物处置工作探索——以北京市朝阳区人民检察院为例》,载《法制与社会》2015 年第 27 期。

② “五、探索建立跨部门的地方涉案财物集中管理信息平台。公安机关、人民检察院和人民法院查封、扣押、冻结、处理涉案财物,应当依照相关规定将财物清单及时录入信息平台,实现信息共享,确保涉案财物管理规范、移送顺畅、处置及时。”

③ “公安机关应当指定一个部门作为涉案财物管理部门,负责对涉案财物实行统一管理,并设立或者指定专门保管场所,对各办案部门经手的全部涉案财物或者价值较大、管理难度较高的涉案财物进行集中保管。涉案财物集中保管的范围,由地方公安机关根据本地区实际情况确定。”

④ “……有条件的地方,可以会同人民法院、人民检察院等部门,建立多部门共用的涉案财物管理中心,对涉案财物进行统一管理。”

定了集中管理,而且在“两办”《关于进一步规范刑事诉讼涉案财物处置工作的意见》提出建立跨部门的地方涉案财物集中管理信息平台的基础上又前进了一步,即建立跨部门的涉案财物管理中心。但是,囿于自身作为公安机关的角色,只是提出“会同”人民法院、人民检察院等部门,建立多部门“共用”的涉案财物管理中心。这为将来建立独立的涉案财物管理中心提供了更多的可能性。

为贯彻中央的要求,最高人民检察院于 2015 年 3 月 6 日印发实施《人民检察院刑事诉讼涉案财物管理规定》,主要是明确了检察机关内部如办案部门、案管部门、计财部门在涉案财物工作中的各自职责,但是没有对跨部门涉案财物管理平台和机构建设做出回应。不过,其第 13 条第 3 款①明确规定了其他办案机关不移送实物,检察机关只接收清单、照片或者其他证明文件的情形,可以说是对独立统一涉案财物管理中心运作后,只移送清单不移送实物的一种事实注解。

(三)实践探索

涉案财物的管理不仅事关当事人及有关人员和单位的财产权利,管理得如何还事关公安司法机关的形象,因此,可以说是个民生工程,在司法改革中是个重要的问题,公安司法机关也在积极改革探索。在涉案财物的管理工作中,公安机关承受的压力是最大的,其次是检察机关。因为在刑事诉讼中,最初收集与提取证据都是由侦查机关来负责的,侦查机关管理的涉案财物数量是最大的。因此,在涉案财物管理工作的改革探索中侦查机关的积极性是很高的,尤其是公安机关。

1. 涉案财物集中管理的探索

借着执法规范化建设、信息化建设,以及全面深化公安改革的契机各地公安机关积极探索涉案财物的集中管理,在管理模式以及利用现代科技手段方面有了很多突破,积累了很多经验。

例如,2010 年江苏省如皋市建立了一个 420 平方米的集中管理大宗涉案财物的管理中心。该中心放置全局各个办案单位的大宗涉案物品,以机动车为主。中心引入现代仓储物流管理理念,实行分区管理,并安装了监控探头、消防设施等。整洁规范的标准货架一字排开,车辆停放区整齐停放着各类车辆,分类区标识明显,所有物品都贴有各自专有的条形码。②

---

① “对于其他办案机关移送审查起诉时随案移送的有关实物,案件管理部门经商公诉部门后,认为属于不宜移送的,可以依照刑事诉讼法第二百三十四条第一款、第二款的规定,只接收清单、照片或者其他证明文件。必要时,人民检察院案件管理部门可以会同公诉部门与其他办案机关相关部门进行沟通协商,确定不随案移送的实物。”

② 参见记者赵家新:《本报记者现场探访如皋市公安局涉案财物管理中心:信息化管理平台让涉案财物管理更阳光》,载《人民公安报》2015 年 1 月 19 日,第 6 版。

2011年漳州市龙文公安分局设立了一个集管理涉案钱款、物品、车辆等于一体的涉案财物管理中心。管理中心设在蓝田派出所3楼面积80平方米，离龙文区所有办案单位不超过5公里，物品存放专用的橱柜、标准货架、保险柜、监控探头、消防器材等设施齐全，并有1名民警和2名协勤人员专门管理。涉案车辆停放场所达3000多平方米，车辆全部整齐排放在车棚中，摩托车上还加盖了防晒、防尘的黑色帆布。

龙文公安分局主动对接省公安厅执法办案系统中的涉案物品管理模块，自主研发了配套子系统——龙文公安分局涉案财物管理信息系统。该系统具有明细管理、物品查询、超期提醒、系统实时监控四项主要功能。当办案民警需要扣押涉案财物时，他需先在省公安厅执法办案系统涉案物品管理模块内录入涉案财物信息，做好扣押管理。如果涉案财物在24小时内无法处置完毕的，民警要将涉案财物移交给本单位管理员，管理员在系统内做入库管理，形成一级仓库；如果涉案财物属金银玉器、电子设备、机动车、大型设备、现款等高价值财物，按照规定需集中到分局统一管理的，由办案单位管理员在系统中做“调拨申报”，将涉案财物移交分局管理中心统一保管，形成二级仓库，实现了办案民警与涉案财物保管的分离，规范涉案财物管理流程。①

这种集中统一管理模式是公安机关的内部工作改进，不涉及其他机关，再加上法规范化建设、信息化建设，以及全面深化公安改革的推动，因此，可谓一举多得，比较容易实现。

2. 跨部门涉案财物管理中心的探索

在跨部门涉案财物管理中心建设的探索中，公安机关主动进行的居多，检察院、法院主动进行的较少，主要是因为公安机关管理涉案财物的现实压力巨大。在这个过程中，涉案财物管理任务比较重的检察机关会积极响应。例如，北京市朝阳区作为全国首屈一指的大区，在全市乃至全国都是案件量最多的区县，相应地，朝阳区的刑事诉讼涉案财物处置工作也十分繁重、艰巨。② 2010年3月，朝阳区公检法会签的《北京市朝阳区公检法三机关扣押款物移送办法》第

---

① 参见吴钦良、赵绿森：《涉案财物管理“管”出的“龙文模式”——龙文公安分局创新涉案财物管理探析》，载《闽南日报》2011年10月1日，第4版。

② 2014年全年，朝阳检察院共受理一审公诉案件3082件，其中有1420件案件有涉案物品，即高达46.07%的案件有涉案物品；其中有194件案件有涉案钱款，即有近6.3%的案件有涉案钱款；考虑部分案件既有涉案物品又有涉案财物，可以肯定的是，有涉案财物的案件接近50%。在1420件有涉案物品的案件中，以平均每个案件有10个涉案物品保守计算，朝阳院2014年全年接收的涉案物品接近15,000个。参见蒋畅奇：《刑事诉讼涉案财物处置工作探索——以北京市朝阳区人民检察院为例》，载《法制与社会》2015年第27期。

6 条规定,在不影响诉讼活动正常进行的前提下,有十种情形[①]的扣押款物可以不移送,由公安机关负责依法统一保管或处理。去掉这十种情形后,真正对刑事诉讼程序的进行有移送价值的涉案物品并不多。这避免了大量的涉案财物在公检法机关流转,检察院、法院的管理涉案财物的工作量大大减少。

2015 年 5 月 5 日,诸暨市委政法委牵头成立了全国首家公检法一体的刑事诉讼涉案财物管理中心,面积约 1200 平方米,在原城中派出所二层至四层办公楼。该中心有 14 间物证保管室,有普通物证、淫秽物证、涉密物证、贵重物品物证、毒品物证、光电磁介物证、血样卡物证、病理组织物证、骨骼物证 9 大类。每一间物证室都配有对角监控、空调、湿温度计和新风系统,一些房间还配备了保险柜,所有财物配置了个二维码,"一案一档、一物一号"。依靠物证中心建立的涉案财物信息共享平台,将检法两院涉案财物数据信息统一录入,实现信息共享和涉案财物电子化移交。[②] 诸暨的刑事诉讼涉案财物管理中心,既不是形式上的独立管理机构,也不是实质上的独立管理机构,而是设在公安机关的公检法的联合体。

深圳市宝安区正在筹建涉案财物管理中心,该中心由公安动议、政法委牵头,检察院、法院、财政局共同参加。深圳市宝安区正在建设中的涉案财物管理中心与诸暨的刑事诉讼涉案财物管理中心都是跨部门的中心,但也有一些区别:一是管理的财物不同,深圳市宝安涉案财物管理中心不仅管理刑事诉讼中的涉案财物,而且管理公安机关办理的行政案件中的涉案财物;诸暨刑事诉讼涉案财物管理中心则只管理刑事诉讼中的涉案财物。二是深圳宝安涉案财物管理中心是在公检法之外成立的机构,独立于公检法,而诸暨的中心则是公检法的联合体。

---

① 该十种情形分别是:(1)经查证属实确系犯罪嫌疑人非法占用的当事人合法财产及其他应及时发还的物品;(2)应依法及时上缴国库的外币、大宗金银和走私物品等,外币需要移送的,由公安机关使用透明塑料袋密封后移送,非经各机关主管领导同意,不得拆封;(3)应依法上交或销毁的毒品、制毒原料、管制药品、淫秽物品和危害国家安全的传单、标语、信件等违禁品;(4)具有爆炸性、易燃性、放射性、毒害性、腐蚀性和霉变性的武器弹药、管制刀具及其他物品;(5)易损毁、灭失、变质、贬值以及其他不宜长期保存的物品;(6)机密文件、精密仪器、等级文物、珍贵藏品、濒危动物及其制品、珍稀植物及其制品;(7)尚未作定性、定量分析的珠宝、金银首饰、名贵字画以及其他不易辨别真伪的贵重物品;(8)不动产、汽车、摩托车、电动车、自行车等大型交通运输工具及其附属钥匙和证明文件;(9)台式电脑显示器、电视、家具等长度超过 2 米的条状物体和体积超过 60 厘米 ×30 厘米 ×40 厘米的大件物品以及体积未达到本标准但数量超过 10 个以上的立体物;(10)伤害案中的砖头、石块、瓦片、碎酒瓶、桌椅、衣物等物品,但沾有嫌疑人、被害人血迹或证明主体身份体液的物品除外。

② 参见陈东升:《首家刑事诉讼涉案财物管理中心落户诸暨》,载《法制日报》2015 年 5 月 8 日,第 2 版。

四、探索中发现的问题

(一)中心的名称该怎么叫

在改革探索中,对于跨部门的涉案财物管理中心的名称有不同的看法,概括一下主要有四方面的争论:

1."证据管理中心(物证管理中心)""涉案财物管理中心"还是"涉案财物管理中心+物证管理中心"

这是在机构命名上产生的最初争议,核心是如何理解涉案财物?涉案财物是否包括实物证据?如何理解中心管理的范围?

至今,涉案财物还是一个有争议的概念,是一个没有明确的法律含义的术语。人们对涉案财物的认知是从赃款赃物开始的,在立法中也不例外。早期关于涉案财物的规范多以赃款赃物相称,直到20世纪末,"涉案财物"一词才逐渐被理论界与实务界认识与接收,并在立法中被较为频繁地使用。[①] 长期以来,人们对涉案财物的认识限于"具有经济价值的财产",侧重于"财",我们可以将其称为狭义的涉案财物。如"刑事诉讼中的涉案财物,主要是指在刑事诉讼过程中,司法机关查封、扣押、冻结的与案件有关的财物及其孳息";[②]2010年《人民检察院扣押、冻结涉案款物工作规定》,第2条[③]及2015年《人民检察院刑事诉讼涉案财物管理规定》第2条均对"涉案财物"进行了相应的规定。[④]

而公安机关使用的涉案财物概念,不仅包括"财"(具有经济价值的财产),还包括"物"(具有证据价值的物品、文件),我们可以将其称为广义的涉案财物。如2010年《公安机关涉案财物管理若干规定》第2条将其明确为"物品和文件"[⑤];2015年《公安机关涉案财物管理若干规定》第2条在2010年的基础上

---

① 胡宝珍、林蕾:《刑事涉案财物处理的立法缺陷与完善》,载《福建警察学院学报》2013年第4期。

② 孙国祥:《刑事诉讼涉案财物处理若干问题研究》,载《人民检察》2015年第9期。

③ 本规定所称扣押、冻结的涉案款物,是指人民检察院在依法行使检察职权过程中扣押、冻结的违法所得,与犯罪有关的款物、作案工具和非法持有的违禁品等。

④ 本规定所称人民检察院刑事诉讼涉案财物,是指人民检察院在刑事诉讼过程中查封、扣押、冻结的与案件有关的财物及其孳息以及从其他办案机关接收的财物及其孳息,包括犯罪嫌疑人的违法所得及其孳息、供犯罪所用的财物、非法持有的违禁品以及其他与案件有关的财物及其孳息。

⑤ 本规定所称涉案财物,是指公安机关在办理行政案件和刑事案件过程中,依法以扣押、查封、冻结、扣留、调取、先行登记保存、抽样取证、追缴、收缴等方式提取或者固定的与案件有关、需要作为证据使用的物品和文件,包括:(1)违法犯罪所得及其孳息;(2)用于实施违法犯罪行为的工具;(3)其他可以证明违法犯罪行为发生、违法犯罪行为情节轻重的物品和文件。

增加了“款项”。[①] 使用狭义的涉案财物概念,将涉案财物与证据在文字上区分的很清楚,但是,在司法实践中不易区分开,有些涉案财物具有证据价值,也可以作为证据保存和使用;使用广义的涉案财物概念,适应了司法实践中一些涉案财物,既有“财”的价值,又有“物”的价值的实际情况,便于更好地进行保存。

笔者倾向于做广义的理解,好处是:第一,从诉讼实践来说,在办案过程中有些涉案财物具有“财”和“物”的双重价值和作用,而且从外形上无法分割。如被抢劫的金项链,既是被害人的贵重财物,又是抢劫案的关键物证。第二,从资源配置来说,做广义的理解可以把“财”和“物”放在一个机构管理,最大限度地节约人财物。第三,从习惯来说,公安司法机关习惯上(除微量物证外)一直将涉案财物放在一起管理,不做区分,很多办案单位管理涉案财物的地方就称为“证物保管室”。

2.“刑事诉讼涉案财物管理中心”还是“涉案财物管理中心”

这种争议的核心问题是涉案财物管理中心管理的涉案财物的范围,有三种说法:第一,仅管理刑事诉讼中的涉案财物。第二,不仅管理刑事诉讼中的涉案财物,而且管理公安机关办理的行政治安案件的涉案财物以及交到公安机关的遗失物、无主物。第三,最大范围的,不仅包括上面所有的情况,而且包括民事诉讼和行政诉讼中的涉案财物。

从目前的情况来看,如果成立独立、统一的涉案财物管理中心,第一种情况显然范围过小,因为目前公安机关作为最主要的涉案财物管理机关,实际管理的涉案财产至少包括第二种情形所列财物,如果成立独立统一的管理中心,整体移交是比较合适的做法。至于民事诉讼和行政诉讼中的涉案财物,“财”的功能更多一些,如果建立了独立的保值增值功能的涉案财物管理中心,放在一起管理将更加方便。

3.“公安局涉案财物管理中心”还是“市(区)涉案财物管理中心”

产生这种争议的核心是涉案财物管理中心要不要是独立于公检法之外的机构。正如前文已经提及的建立集中统一涉案财物管理中心的探索,公安机关迫于涉案财物管理的巨大压力,积极探索建立集中统一的涉案财物管理中心,在这个过程中付出了巨大的努力,一旦建成,从情感上有点儿割舍不下,不愿意让其从公安独立出去,因此,在建设的过程中,有些同志就主张前面加“某某公

---

① 本规定所称涉案财物,是指公安机关在办理刑事案件和行政案件过程中,依法采取查封、扣押、冻结、扣留、调取、先行登记保存、抽样取证、追缴、收缴等措施提取或者固定,以及从其他单位和个人接收的与案件有关的物品、文件和款项,包括:(1)违法犯罪所得及其孳息;(2)用于实施违法犯罪行为的工具;(3)非法持有的淫秽物品、毒品等违禁品;(4)其他可以证明违法犯罪行为发生、违法犯罪行为情节轻重的物品和文件。

安局涉案财物管理中心”。

笔者认为,建立独立于公检法之外的涉案财物管理中心才是目标和方向。因为公安机关一家承担诉讼中所有环节的涉案财物管理任务过于繁重,而且从长远来看,也无法满足公众对于涉案财物保值增值的要求。因此建立独立于公检法之外的涉案财物管理中心更为妥当。

4.“管理中心”还是“保管中心”

在命名中还存在一个争论就是叫“管理中心”还是“保管中心”,其核心在于对“中心”功能的理解不同,是仅仅负责保管,还是兼具其他功能。笔者认为,叫管理中心更为妥当。第一,现有法律法规及文件中已经习惯性地称为“涉案财物管理”;①第二,从保护物权、满足公众期待的角度看,中心不光是保管,将来还要承担保值、增值以及处置的实施的职能。下文将详细论述中心的功能。

(二)中心的功能究竟有哪些

中心的功能定位是一个关键性问题,它决定了中心的名称、机构的设置、规章制度的制定等。

(1)对涉案财物进行保管。这是涉案财物管理中心的最基本的功能。对涉案财物的保管涉及涉案财物的接收、日常保管、出入以及按期销毁等。

(2)对涉案财物进行保值、增值。过去,我国公检法对涉案财物的管理,除变卖、拍卖外仅限于保持原状,并未对涉案财物的保值、增值进行规定。2015 年《公安机关涉案财物管理若干规定》第 6 条第 2 款②提到了“保值”,还没有规定“增值”。

对涉案财物进行保值增值是非常有必要的。因为在诉讼过程中,涉案财物从被采取强制性措施到最后进行实体性处置有比较长的时间,如果不对其采取妥善的保值、增值措施,经过诉讼之后有可能大大贬值,甚至一文不值。

国际上管理涉案财物的一些做法值得借鉴。如八国集团于 2005 年颁布了《管理没收资产的最佳实践》和《处理及转移腐败案没收收益的原则及选择》等文件,鼓励各国利用信息技术管理犯罪资产。并要设置对易变质、易贬值资产及时变卖、出售的机制。在英国的没收令程序中,设有犯罪资产管理接管人制

---

① 如中央办公厅、国务院办公厅《关于全面深化公安改革若干重大问题的框架意见》明确提出“实行涉案财物集中管理”;中共中央办公厅、国务院办公厅《关于进一步规范刑事诉讼涉案财物处置工作的意见》中明确提出“建立跨部门的地方涉案财物集中管理信息平台”;公安部 2010 年出台、2015 年修订了《公安机关涉案财物管理若干规定》;最高人民检察院于 2015 年 3 月 6 日印发实施了《人民检察院刑事诉讼涉案财物管理规定》。

② 对涉案财物采取措施,应当为违法犯罪嫌疑人及其所扶养的亲属保留必需的生活费用和物品;根据案件具体情况,在保证侦查活动正常进行的同时,可以允许有关当事人继续合理使用有关涉案财物,并采取必要的保值保管措施,以减少侦查办案对正常办公和合法生产经营的影响。

度。在刑事法院签发了限制令后，可以指定限制财产的接管人。如在民事追缴程序中，财产接管人首先是资产管理人，可以对财产进行管理，如资产租赁；也可以经营企业，如确定企业的偿付能力、生产管理、成本管理等；还可以进行其他概括性事项，如清偿债务、为被告提供生活费用、准备诉讼等。①

涉案财物的保值增值是一项复杂、繁重的工作，需要懂得方方面面的职业知识和技能，如贵重物品的保存技术、金融、投资、经营等知识等。这是公安司法机关及其工作人员无法胜任的，因此，成立独立涉案财物管理机构非常必要。

(3)法律处置后的具体实施。对涉案财物的法律上的处置，主要是实体上的处置，应当由公检法办案机关根据案件的情况依法作出相应决定。涉案财物管理中根据相应的法律文书对财物进行具体处置。这里需要明确是，对涉案财物进行实体性处理的决定权在公安司法机关，属于侦查权、检察权、审判权的重要组成部分。具体执行可以由涉案财物管理中心执行。

独立统一涉案财物管理中心的建立尚处于改革与探索之中，特别是“独立”于公检法机关的涉案财物管理机构的建立在理论与实践中都还存在争论，需要继续探讨。在这个过程中理论界对其进行积极推动，公检法抛开自己的部门考虑会加快建设的步伐。

---

① 参见刘文峰:《犯罪收益独立没收程序研究》，中国人民公安大学 2015 年博士学位论文，第 128～129页。

认罪认罚从宽制度中的证据规则:检讨与重构

李本森*

摘　要　认罪认罚从宽试点制度中无论是原则性的证据规则还是具体性的证据规则都存在很多问题,这严重影响了认罪认罚从宽制度的有效实施。新修改的《刑事诉讼法》对认罪认罚从宽制度予以确认,但是对其涉及的特殊性的证据规则鲜有涉及。认罪认罚从宽制度的证明标准应采取定罪证明标准与量刑标准相互区分的双阶标准,以充分体现认罪认罚从宽案件的特殊性。认罪认罚从宽制度中的具体性证据规则,包括侦查阶段的重点重构有关保障认罪自愿性的取证规则;起诉阶段的具体性证据规则突出认罪认罚的量刑合意证据规则;审判阶段的具体性证据规则要事实审查和自愿性认罪的双审查具体性证据核查规则以及认罪撤回的证据规则。在认罪认罚从宽制度中的证据规则的立法路径上,必须考虑中国的审判为中心的诉讼制度改革的要求,将证据性规则与程序性规则、实体性证据规则与程序性证据规则有机统合在认罪认罚从宽制度的文本中。

关键词　认罪认罚从宽制度证据规则　证明标准

2018年10月全国人大常委会通过的新修改的《刑事诉讼法》对认罪认罚从宽制度进行了确认。认罪认罚从宽案件涉及面广,对其涉及的特殊性的证据规则如果不进行科学合理的规范,必然会在认罪认罚案件的证明标准和审查证据等规则的适用上产生混乱。我国证据立法受大陆法系自由式的证据立法模式的影响很深,建立统一的刑事证据规则的条件尚不具备。由于缺乏体系化的证据规则立法,认罪认罚从宽制度试点中规定的证据规范,仍然遵循《刑事诉讼法》中规定的证据原则和规范。认罪认罚从宽试点制度中的证据规则,在2018年新修改的《刑事诉讼法》中并没有体现出来。2018年新修改的《刑事诉讼法》对认罪认罚的证据规则几无涉及,这既不利于充分保障认罪认罚从宽案件审理的公正性,也必然会影响认罪认罚从宽案件的司法效率。本文以认罪认罚从宽制度层面涉及的证据规则进行初步检讨,为在司法解释层面建构认罪认罚从宽

---

* 李本森,中国政法大学诉讼法学研究院副院长,教授、博士生导师。

制度中的证据规则体系和路径提供参考。

一、认罪认罚从宽制度试点中的证据规则检讨

认罪认罚从宽制度中的证据规则,是指在司法人员和辩护律师在认罪认罚案件中收集证据、采用证据、核实证据、运用证据时必须遵守的一系列特殊性规则的总称。换句话说,就是在认罪认罚案件中与证据有关的具有可操作性的程序性规则。建立认罪认罚从宽案件中的证据规则的目的就是约束诉讼参与人在认罪认罚案件中规范其取证、举证、质证、认证等活动,保障准确认定案件事实。根据《认罪认罚从宽试点办法》,认罪认罚从宽制度试点文件中涉及的证据规则中包括原则性规则和具体性规则两个部分。这两个部分的证据规则构成目前的试点准则的立法规则。

首先,关于原则性规则的立法。《认罪认罚从宽试点办法》第 3 条规定,办理认罪认罚案件,应当遵循刑法和刑事诉讼法的基本原则,以事实为根据,以法律为准绳,确保无罪的人不受法律追究,有罪的人受到公正处罚,确保司法公正。第 4 条规定,坚持证据裁判,依照法律规定收集、固定、审查和认定证据。从以上认罪认罚从宽案件的证据适用的原则性规定看,认罪认罚从宽案件的证明规则的要求或者标准,都是在刑事诉讼法典规定的证据规则或标准的框架中。换言之,在处理认罪认罚从宽案件的诉讼过程中,其证据适用的基本原则没有突破现行《刑事诉讼法》的规定。在刑事诉讼中,任何刑事案件在证据上都要求达到案件事实清楚,证据确实、充分。这个原则在认罪认罚从宽的案件中同样适用,在立法上并不存在例外。

其次,关于具体性规则立法。(1)侦查阶段:《认罪认罚从宽试点办法》(以下简称《试点办法》)中直接涉及的证据规则包括在侦查过程中,侦查机关对于犯罪嫌疑人自愿认罪认罚的,记录在案并附卷(《试点办法》第 8 条);犯罪嫌疑人向看守所工作人员或辩护人、值班律师表示愿意认罪认罚的,有关人员应当及时书面告知办案单位。(2)起诉阶段:人民检察院就指控的罪名以及适用的法律条款;从轻、减轻或者免除处罚等从宽处理的建议;认罪认罚从宽案件后审查适用的情形等其他需要听取意见的情形,应当听取犯罪嫌疑人及其辩护人或者值班律师的意见,记录在案并附卷。另外,犯罪嫌疑人自愿认罪的,同意量刑建议或程序适用的,应当在辩护人或者值班律师在场的情况下签署具结书。(《试点办法》第 10 条)。(3)审判阶段:人民法院审理认罪认罚案件,应当告知被告人享有的诉讼权利和认罪认罚可能导致的法律后果,审查认罪认罚的自愿性和认罪认罚具结书内容的真实性、合法性(《试点办法》第 15 条)。对于基层人民法院管辖的可能判处“三年以下有期徒刑”以下刑罚的案件,事实清楚、证据充分,当事人适用法律没有争议,被告人认罪和认罚并同意适用速裁程序,可

以适用速裁程序。上述《认罪认罚从宽试点办法》中的具体性证据规则大部分是创新规则,突破了《刑事诉讼法》和相关司法解释的立法规定。

从上述的认罪认罚从宽的原则性和具体性的证据规则的规定看,这些规定基本上反映了我国传统刑事证据立法的模式,即在程序性证据规范中进行证据立法的模式。根据上述的原则性与具体性的证据规则的立法分析,认罪认罚从宽制度中的证据规则立法在以下几个方面需要检讨和反思:

首先,就原则性的证据规则而言,缺乏对认罪认罚案件的针对性。认罪认罚从宽制度中缺乏关于认罪认罚从宽的针对性或引领性的原则性的证据规则。认罪认罚从宽制度中的原则性的证据规则是在重述《刑事诉讼法》中的普遍性的证据标准型原则,并不能够充分体现认罪认罚从宽案件的特殊性。既然是认罪认罚案件,其引领性的即便是在遵循刑事诉讼的证明标准和要求的前提下,也应当在认罪认罚从宽制度的立法中确立下位的原则性的证据规则,以总体指导认罪认罚从宽案件的证据适用。

其次,就具体性证据规则而言,存在规则的边界模糊,且规则的原则化程度高。从上述的具体性证据规则的立法内容上不难看出,其中的证据规则与程序性规则未加以区分,"你中有我,我中有你",交叉重叠的现象很严重。例如,程序中的权利告知程序与认罪的证据收集程序混在单一条文中;还有认罪的被告人的签署具结书与律师在场权的程序性证据混同等。由于证据性规则与程序性规则不加以严格区分,导致具体性的证据规则并不具体,在实践中就容易被降格和忽视。这不仅是认罪认罚从宽制度中的具体性的证据规则存在的问题,也是我国刑事诉讼和司法解释中普遍存在的问题。此外,这些涉及的证据规则虽然在立法分类上属于具体性的规则,但是在实际操作层面仍然比较模糊,例如认罪证据的记录的具体要求,是否仅仅记载认罪,还是包括供述等,都没有具体说明。因此,可以说这些具体性的证据规则,从司法层面看实际并不具体。

再次,认罪认罚从宽制度中的证据规则缺乏例外性或排除性规则,不符合科学证据规则立法的基本要求。我国的证据规则的立法主要是正面性的规则,缺少排斥性或例外性的证据规则,非法证据排除规则的引入一定程度上扭转了这个问题。科学的证据规则立法必须是正面性的证据规则与例外性证据规则相互结合,相互协调。[①] 但是认罪认罚从宽制度中的证据规则无论是原则性规则还是具体性规则,都没有规定例外性证据规则。认罪认罚从宽中的证据规则属于司法解释层面的准法律规范,都是从正面就证据的收集和采用作出说明,缺少排除性或例外性证据规则。排除性或例外规则体现了证据的精细化和科

---

① 有关例外性证据规则的讨论可参见李富成:《刑事证据规则的一般性规定与例外性规定》,载《中国刑事法治》2016 年第 5 期。

学性,缺乏排除或例外性规则的证据规则,不是完整的规则。波斯纳指出,规则越是古老,并且为规则支配的活动越是活跃,法官受到的压力就会越大,就要求他们制定特例和特定延伸。事实上,受规制的活动越具有流动性,就越少可能完全为规则治理。[①] 在英美法系,规则和例外规则以及例外之例外是证据性规则立法的常见模式。我国认罪认罚从宽制度中的证据规则的立法仍然没有跳出我国传统证据规则的单纯正面性立法"窠臼"。

总体上看,认罪认罚从宽制度中的证据规则体现了我国传统的自由性证据立法的惯性,证据规则比较原则和抽象,规则的自由度比较大,很难保证认罪认罚从宽制度在试点的证据适用和标准上不存在严重偏差。另外,根据笔者的调查,考察很多认罪认罚制度的地方性试点规范性文本,地方性试点立法存在突破相关的证据规则的规定,存在证据标准的地方化差异的现象。鉴于上述情况,我国立法或最高司法机关有必要通过立法或司法解释来重新建构科学的完整的和体系化的认罪认罚从宽制度中的证据规则。

二、认罪认罚从宽制度中的证据规则的立法建构

(一)认罪认罚从宽制度中的原则性证据规则

原则性证据规则又可称为证据原则,是具体性证据规则的基础。原则性证据规则是证据规则的规则,对具体性证据规则具有明确的指导性。关于认罪认罚从宽制度中的原则性证据规则的立法建构,其中有两个问题需要考量:第一,在认罪认罚从宽制度的证据规则中是否要规定原则性的证据规则?第二,认罪认罚从宽制度中的原则性证据规则如何确立,应当如何规定证明标准?对于上述两个问题分述如下:

首先,认罪认罚从宽制度中的原则性的证据规则需要规定,以起到引领和标杆作用。具体规定的方式有两种:第一种就是按照刑事诉讼法规定的证明标准和原则来要求诉讼参加人按照最高等级的证明标准来进行证据的收集、审核与质证等。这样规定的优点,可以保证按照最高的证明标准来严格要求司法机关在审查和判断证据方面的高度审慎。第二种就是在刑事诉讼法规定的最高等级的证据标准规定下位原则性的证据规则。这样规定的好处,就是作为刑事诉讼的特别程序法的下位性原则性规则更多可以体现认罪认罚从宽制度的特殊性。但是这样的下位原则性的证据规则有可能会侵蚀刑事证明的客观真实的高位阶标准。比较两种方式的优劣,第二种方式应当说是符合认罪认罚从宽制度证据规则立法的基本原理。第一,认罪认罚从宽制度作为包含在刑事诉讼中的特别制度,刑事诉讼的基本原则和证明规则当然适用,因此没有必要再次

---

① [美]波斯纳:《法理学问题》,苏力译,中国政法大学出版社 2002 年版,第 59 页。

重复。第二,对于特别认罪认罚案件的诉讼制度中的原则性的证据规则,必须体现其特殊性和引领性。因此,在认罪认罚从宽制度中原则性的证据规则应当体现,但是必须充分反应认罪认罚从宽制度的证据的特殊性。

其次,认罪认罚从宽制度中的原则性证据规则应当体现其认罪认罚案件的特殊性和证明标准。笔者认为,对于认罪认罚从宽制度中的原则性的证据规则中的证明标准应采取定罪与量刑的双阶标准,定罪的证明标准要达到《刑事诉讼法》规定的事实清楚,证据确实充分和排除合理怀疑的证明标准;对于认罪认罚从宽案件中涉及的量刑证据采取基本事实清楚的基本性的证明标准。认罪认罚案件的证明标准是具有相当争议性的问题,根据本人主持的课题组对认罪认罚从宽试点中诉讼参与人对证明标准的调查,在被调查人中超过76%的警察、68%的检察官、52%的法官和51%的律师,认为对于认罪认罚案件的证据证明要素要求或标准可以适当降格。从问卷的结果看,虽然同意降低证明标准的人数比例虽然略高,但是并没有占到绝对多数。这说明,被告人对于认罪认罚证明标准问题看法并不一致。从司法实践的情况看,有些试点地区在认罪认罚从宽的试点的地方性的规范文本中,都有关于降低案件证明标准的表述。

关于认罪认罚从宽中的证明标准,学术界有两种看法,一种认为认罪认罚从宽制度可以降低对案件的事实证明标准,采取两个基本的证明标准,即基本事实清楚,基本证据确实;一种认为必须坚持法定证明标准,即按照客观真实,证据确实充分和排除合理怀疑的证明标准降低证明标准的出发点,其实就是降低案件的证明要素的构成,进而提升案件的审理的工作效率。基于这样的判断,对于认罪认罚从宽案件的证明标准是否有必要进行调整,不仅是理论问题,也是无法回避的实践问题。笔者认为,刑事诉讼法对定罪与量刑的证明标准没有严格区分,但是在认罪认罚案件中可以对定罪和量刑不同标准进行区分,即认罪认罚案件在认罪的证明标准上不降低,但是在量刑上的证明标准可以适当降低。譬如,关于财产型案件涉案财物只要被告人认罪、被害人没有异议,就可以省去价格鉴定等繁杂的程序。另外,对于被告人认罪的涉及复杂证据归集,譬如电信诈骗犯罪案件的证明如果严格按照所有证据都进行鉴证,程序就很复杂和烦琐。在认罪认罚从宽制度中,采取证明标准的双轨制,对于涉及案件的定性和定罪的证明,坚持法定证明标准,并不因被告人认罪而降低证明标准;但是对于量刑部分进行证据证明,可以适当降低证明标准,提升司法效率。总之,对于认罪认罚从宽制度中的证明性标准可以区分定罪和量刑两个标准,定罪标准坚持高位阶的事实清楚的证明标准,量刑证据标准采取基本事实清楚的证明标准。

(二)认罪认罚从宽制度中的具体性证据规则

犯罪嫌疑人和被告人在侦查和起诉阶段的认罪和认罚的行为本身就构成

刑事诉讼的重要证据,这种证据的形成与收集和判断必然需要配套的具体性的证据规则。认罪认罚本身具体性证据规则是操作性规则,是原则性证据规则的精神的具体体现。具体性证据规则,既包括正面的普通型证据规则也包括反面的排除型证据规则。具体性证据规则规定的越具体、边界越清晰,就越容易被执行,就越能充分体现原则性证据规则的精神。因此,具体性证据规则的精细化和体系化和完整性的程度是衡量证据规则的科学性和先进性的重要尺度。认罪认罚从宽制度中的具体性证据规则包括审理该类案件中的侦查阶段的证据规则、审查起诉阶段的证据规则和审判阶段的证据规则。[①] 这些具体性的证据规则共同构成具体性证据规则的基本框架和基本内容。

1. 侦查阶段的具体性证据规则

首先,完善认罪认罚案件的侦查阶段的取证规则。认罪认罚案件的取证规则是认罪认罚从宽制度侦查阶段的证据规则核心。侦查机关运用法律许可的方法和手段,发现、收集、提取证据的各种活动都需要严格的证据流程。认罪认罚从宽案件的取证规则中,除了客观证据之外,还存在大量的口供和认罪类的主观性证据。对于这些证据的取证,特别是在犯罪嫌疑人和被告人到案后的第一次取证要重视,证据规则的运用,勘验规则的运用等。认罪认罚案件在取证上,特别注意区别的是对于被告人的自愿性认罪的证据收集,必须符合严格的取证规则。譬如,对于自愿性认罪的权利告知程序,对于自愿性认罪的口供的证据的确认等。对被告人的认罪认罚的口供证据必须采用更高位阶的严格证据规则来保证认罪性"口供"供述的真实性。除了正面的取证规则的要求之外,譬如权利告知的前置性规则、认罪证据的录音录像等证据规则、律师的前置性或者对正式认罪的在场权的规则。除此之外,还应当规定禁止性规则:禁止刑讯逼供、禁止采用威胁、欺骗、引诱等手段进行取证。特别是不能在认罪认罚的口供取证之前有任何的人身或家属自由的威胁性,或者任何欺骗性,如用认罪可以很快取保候审或者减轻处罚等不恰当的诱骗等方式来骗取犯罪嫌疑人或被告人违反真实意愿的认罪。只有被告人供述,但是没有其他证据的,不能认定被告人认罪并对其处以刑罚。因此,除了被告人供述之外,认罪认罚从宽案件虽然存在鼓励认罪口供性证据,但是并没有免除其他印证性证据的获得。因此,对于认罪的口供性证据确认后,必须对认罪的口供印证性证据加以收集并印证其关联。

其次,在侦查的证据规则中要赋予认罪作为独立程序性证据的功能。我国

① 本文所讨论的认罪认罚从宽制度中的具体性证据规则是指仅限于能够适用认罪认罚案件中的证据规则,但并不包括其他贯通刑事诉讼各种诉讼程序中的证据性规则,譬如非法证据排除规则和举证质证等通用性的证据规则。

刑事诉讼中有关犯罪嫌疑人、被告人的认罪、供述,这两个词经常混用,其法律意义间的界限模糊,在立法和司法实践中并不严格区分。根据官方的解释,认罪认罚从宽制度试点“是我国现行法律里规定的‘坦白从宽’刑事政策的一种具体化、制度化、程序化、规范化的做法”,可见,认罪主要是包括坦白供述在内的概念。学界也基本上认同这样的观点。有的学者直接将认罪与供述等同,认为认罪认罚作为一种供述,就是一种证据。① 在英美法系,认罪(guilty plea)与供述(confession)之间完全是两个不同的法律用语,认罪表示犯罪嫌疑人、被告人对司法机关的犯罪指控的认同或同意,认罪的法律后果是案件讲直接进行量刑,不再进行独立的审判;供述则表示犯罪嫌疑人、被告人向司法机关陈述其犯罪事实和犯罪过程,供述并不产生类似认罪的程序上的法律后果。认罪的内容比较单一,仅仅是认可犯罪指控的意思表示;而供述的内容很广泛,包含承认犯罪事实、描述犯罪动机、提供犯罪侦查线索、为犯罪事实进行辩解等内容。认罪并不意味着必然供述,而供述并不必然是认罪,二者之间具有严格的区分,其证据和法律后果都不相同。认罪主要作为犯罪嫌疑人、被告人的诉讼行为,在没有外部因素干扰的情况下的认罪的行为是具有诉讼行为的证据上的确定性;供述作为犯罪嫌疑人、被告人对司法机关指控的自我指证,即便是完全自愿性的供述,其证据上的确定性并不可靠,需要其他物证、言辞证据加以佐证。因此,认罪作为言词证据本身直接产生对犯罪事实的确认功能,供述作为言词证据则并不直接对犯罪事实产生确认的功能。在英美法中,认罪的功能是程序上的价值,即可进入简化的辩诉交易阶段;供述的功能是实体上的价值,并不意味着产生诉讼程序的变化。我国的认罪认罚从宽制度可以借鉴和吸收英美法系的辩诉交易的内核,将认罪和供述的法律意义和功能进行严格区分,使其具有不同的证据法上的功能,这样就可以更好规范认罪认罚的制度的证据体系。②

2. 起诉阶段的具体性证据规则

起诉阶段的具体性证据规则主要体现在起诉机关与被告人就认罪和量刑达成的合意性证据规则。在我国认罪认罚从宽制度中的“认罚”,表示愿意接受检察机关或审判机关对犯罪的量刑,本质上是一种诉讼行为的证据。有学者将我国司法实践中的认罚界定为,犯罪嫌疑人、被告人在认罪的基础上自愿接受所认之罪在实体法上带来的刑罚后果。③ 认罚是认罪的后续行为,只有在认罪基础上接受司法机关的处罚,才可以得到从宽的处理。认罚本身并不意味着不

---

① 王敏远:《完善刑事诉讼中的认罪认罚从宽制度疑难问题之研究》,载《中国法学》2017 年第 1 期。

② 孙长永、曾军、师亮亮:《认罪案件办理机制研究》,载《西南政法大学学报》2010 年第 2 期。

③ 陈卫东:《认罪认罚从宽制度研究》,载《中国法学》2016 年第 2 期。

受限制的处罚,而是在法律规定的量刑幅度内处罚,除了自由刑之外,还包括退赃退赔,没收违法所得等财产刑。我国认罪认罚从宽制度的试点,认罚与认罪之间的次序往往颠倒,即先通过公安、检察机关的权利告知和量刑建议,然后激励犯罪嫌疑人、被告人认罪,接受认罪和认罚的处理。这和西方国家的认罪在前,量刑合意在后之间有明显的不同。特别是在我国,在认罪认罚案件中,犯罪嫌疑人和被告人的认罚的根据或证据,是以具状书的形式反映出来。在英美法系,量刑是一种协商的结果,最终以被告人、检察机关和律师签署的认罪协议作为认罪答辩的程序上的诉讼根据。我国以认罚为基础的具状书,体现的是国家主义弹劾式的诉讼形态;而以认罪认罚协议书体现的是当事人主义控辩式的诉讼形态。

速裁程序与认罪认罚从宽制度改革并轨试点后,立法和司法机关应加快创新认罪后的量刑控辩协商制度。控辩协商制度是推进刑事诉讼民主,提升被告人在司法正义上获得感的重要制度。控辩协商制度由于注重诉讼主体间的民主参与和公平交流,充分体现程序的内在价值和当代诉讼制度发展的趋势。一项法律程序或者法律实施过程是否具有正当性,并不是看其是否有助于产生正确的结果,而是看它能否保护一些独立的价值。[①] 辩护律师的有效参与正是正当程序体现的控辩双方内在要求的平等性价值。"两高三部"《认罪认罚从宽试点办法》拓展了值班律师的法定职责,规定值班律师不仅可以向犯罪嫌疑人和被告人提供法律咨询,而且可以提供程序选择和申请变更强制措施。但是,值班律师是否可以担负控辩协商中的辩护人的角色,需要在认罪认罚程序中结合认罪认罚从宽的试点进一步探索。在认罪认罚和速裁程序试点中,地方司法人员特别是律师呼吁要抓紧建立完备的控辩协商程序,以保证认罪认罚案件的控辩结构性平衡。认罪认罚从宽试点开启了控辩协商的"大门",但是其离规范意义上的控辩协商制度还有相当差距。这主要表现在两个方面,第一,无论是认罪认罚程序还是认罪认罚从宽制度,控辩协商的规范性程序性机制没有建立起来。在认罪认罚程序和认罪认罚从宽试点中,指控方仍然是通过量刑建议等方式来主导量刑活动,辩护律师被赋予参与量刑协商的实质性权利与救济机制。第二,司法实践中,保证控辩协商的有效实施的律师参与方力量严重不足。由于法律援助资源区域性差异,要保证所有认罪认罚案件的被告人都享有律师辩护权,仍然面临实际困难。根据笔者有关调查统计,仅仅有不到50%的看守所或法院设立值班律师。这说明在地方试点中,值班律师制度并没有实现在看守所和法院全覆盖。控辩协商如果没有辩护律师的有效参与,在审前监督机制不

---

① 陈瑞华:《走向综合性程序价值理论——贝勒斯程序正义理论述评》,载《中国社会科学》1999年第11期。

完善的情况下将极有可能产生冤、错案的风险。在目前法律援助资源稀缺的情况下,国家应当加大对法律援助的投入,并采取措施将有限的律师资源配置给最有需要的认罪认罚案件中认罪认罚的被告人,以帮助其与控方进行有效的量刑协商。在认罪认罚试点期间中,有的试点地方开始探索建立律师广泛参与的认罪认罚案件的控辩协商机制,这为中央层面的控辩协商的立法提供了可资参考的经验。[①] 在未来的刑事诉讼立法中,可以汲取部分地方认罪认罚试点中控辩协商机制和运行的经验,并吸收国外控辩协商方面的有益做法,制定律师有效参与的规范的认罪认罚控辩协商机制。

另外,在完善控辩协商程序的基础上,将被告人的认罪具状书改革为认罪量刑的协议书,作为证据固定被告人的认罪量刑答辩。在该协议书中明确规定自愿性认罪、量刑区间、权利告知、权利放弃、认罪答辩后果、保密、法律救济和被告人、律师、检察官的真实性声明等。量刑协商程序形成直接的证据,就是认罪量刑协议。在认罪量刑协议签署后,法院可以据此进行做出有罪确认和判决。这样,在认罪和认罚的证据确认固定后,法院的量刑判决就有了扎实的程序性证据的支持和基础。

3. 审理阶段的具体性证据性规则

首先,关于确定事实基础的具体性证据规则。审判法庭应当在裁决前确定该答辩存在事实基础。如何保障认罪认罚案件存在事实基础就必须有相应的审理的具体性证据规则支持。对于认罪答辩,法庭是最后一道环节,法庭绝对不能成为量刑协议的“橡皮图章”。《美国刑事诉讼规则》第 11 条规定,在进入有罪答辩的裁决前,法庭应当确定该答辩存在事实基础。法庭在接受有罪答辩或不愿答辩也不承认有罪的答辩前,首先要在公开法庭上亲自讯问被告,并确认答辩时自愿的,不是强迫、威胁或是承诺(除答辩协议中的许诺之外)的结果。可见,对有罪答辩的事实基础与自愿性的基础必须得到证据的支撑,以保证法庭审理的规则具备的基础。

其次,关于审查认罪自愿性的具体性证据规则。目前,我国刑事认罪认罚程序由于没有前置性认罪答辩程序,对认罪答辩本身的审查属于非强制性的形式审查,而非进行必要性实质审查。对认罪认罚案件中被告人自愿性认罪审查听证程序的缺失,容易有发生冤假错案的风险。认罪认罚案件的认罪程序性机制,可以结合速裁程序和认罪认罚从宽制度的试点,对认罪的自愿性进行实质性的程序审查,保证被告人认罪是建立在非强迫性的环境中和对认罪后果具有明知性的基础之上。关于认罪的构成和范围等已经有不少学者进行讨论。但

---

① 郑敏、陈玉官、方俊民:《刑事速裁程序量刑协商若干问题研究——基于福建省福清市人民法院试点观察》,载《法律适用》2016 年第 4 期。

是,对于认罪的构成和定性等,还存在认识上不一致的问题。根据"两高三部"《认罪认罚程序试点办法》,被告人认罪必须是自愿的。从法理上,认罪是被告人通过法定的程序对指控机关指控的犯罪自愿性、明知性和理智性认可。在针对检察官和法官是否对被告人自愿认罪存在顾虑的问卷调查中,仍然有相当的法官和检察官对被告人的认罪的自愿性心存顾虑。同时,参与问卷调查的少数被告人也反映存在强迫认罪的问题。这个问题在认罪认罚程序试点中的严重性不能低估。为了解决这个问题,结合认罪认罚从宽制度的试点,最高司法机关可在认罪认罚和认罪认罚从宽制度试点创新认罪答辩规则。

从本人组织的课题组收集调查的问卷中结果看,绝大多数被调查的被告人在问卷中声称其认罪是自愿的,但是也有极少数不认为自己的认罪是自愿性的。在认罪认罚从宽制度的试点上,采取值班律师或辩护律师见证下签署认罪具结书的方式,但是这并不能绝对保证被告人认罪的自愿性。在审理案件的过程中,很多法官认为认罪被告人签署认罪具结书已经经过审查起诉机关的审核把关,在法庭上没有必要浪费时间再对被告人进行自愿性认罪的审查。实际上,认罪自愿性的审查是认罪认罚从宽制度在庭审环节保证案件质量的不可或缺的要求。由于《认罪认罚从宽试点办法》并没有明确要求法庭审理上对被告人的自愿性认罪进行实质审查,缺乏相应的操作性的规则,留给制度创新的空间。在这方面,可以借鉴美国认罪答辩机制,对被告人的认罪的自愿性、真实性和明知性进行审查。换言之,被告人的认罪是基于对其犯罪行为的性质和量刑结果以及后果的清楚的认识,特别是在辩护人或律师的指引下进行的出于个人内心自愿的认罪,表明其真实性和对认罪后果承担的自愿性。事实上,在认罪认罚从宽试点中,有些地方已经尝试建立认罪自愿性审查机制,在规范被告人权利告知程序的基础上,从被告人对认罪的后果的认知能力并结合案件证据等方面进行审查,确保被告人明知法律后果、自愿接受处罚、自由选择程序。在认罪认罚从宽制度的未来的立法中,对被告人的认罪的自愿性审查的环节或机制应当明确纳入法定的速裁程序、简易程序和普通程序之中。

最后,关于认罪撤回的具体性证据规则。认罪认罚从宽制度的具体性证据规则必须包含认罪的可撤回性的证据规则。认罪认罚从宽制度对认罪撤回的证据规则没有任何规定,这反映认罪认罚从宽制度证据规则还远不成熟。譬如,被撤回的有罪答辩或者已经被撤回的认罪具状书是否可以作为不利于被告人的后续的定罪和量刑的证据使用?在美国律师协会的刑事司法准则《认罪答辩》中就规定,被告人在答辩相关任何程序作出的陈述,以及检察官就促成有罪答辩进行协商的内容,不得在任何刑事、民事诉讼或行政程序中作为不利于被告人的证据使用;被告人经律师见证可追究其伪证或虚假陈述在刑事诉讼中的使用;如果同一答辩或辩诉协商作为证据使用,为公平起见应当一并考虑其的陈述。这些规定也可供为完善认罪认罚从宽制度中的认罪撤回后的证据规则提供借鉴。

三、建构认罪认罚从宽制度证据规则的路径

关于刑事证据规则体系是近年来刑事诉讼领域的研究的热点问题,国内不少学者主张建立统一的刑事证据规则。2016 年中央政法委会议提出,要按照先易后难的原则,对量大面广的刑事案件的证明标准进行集中公关,形成操作性强的、可数据化的统一标准,为运用大数据技术推动刑事诉讼制度改革落地奠定基础。[①] 重构认罪认罚从宽制度的证据规则正逢其时。重构认罪认罚从宽制度中的证据规则可以有两种进路,一是将认罪认罚制度中的证据规则剥离出来,进行认罪认罚从宽制度的证据规则单独立法;二是仍然保留目前的程序性规则与证据性规则、实体性证据规则与程序性证据规则统合在认罪认罚从宽制度的文本中,只是从整体上重构,而不是另起炉灶,单独制定认罪认罚从宽的证据规则的文本性立法。笔者倾向于赞同第二种路径。理由是:一是由于认罪认罚从宽制度中的证据规则的多元性和松散型,其证据性规则不太可能成为独立的体系化的文本;二是认罪认罚从宽制度中的证据性规则与程序性规则统合在认罪认罚从宽的文本中,有利于证据规则的具体化实施。基于此,在认罪认罚从宽制度中建立与程序性规则合体的证据规则时应当着重考虑以下问题:

首先,创新认罪认罚从宽制度的证据规则,必须考量当下刑事司法改革的若干价值趋向。这些原则包括:(1)认罪认罚从宽的证据规则立法体系要突出我国审判为中心的刑事诉讼制度的改革要求;认罪认罚从宽的证据规则必须突出刑事法官在认罪认罚案件中的要求;认罪认罚从宽制度的刑事证据规则在突出被告人的权利保护和利益保护方面,还必须考虑犯罪控制和被害人等其他相关诉讼参与人在诉讼中的权利。这是刑事诉讼的多元化的功能性价值规则所决定的,在犯罪控制与犯罪嫌疑人、被告人的人权保障要通过证据规则来实现总体上的平衡。(2)认罪认罚从宽的证据规则要坚持证据裁判的原则,即据以确定的认罪认罚案件必须有客观事实基础的证据支撑。(3)认罪认罚从宽案件的证据规则立法要考虑未来刑事证据规则统一立法体系性要求,特别要注意区分其与不认罪案件的证据规则与标准。对于认罪案件的证据要求要与不认罪案件的证据要求和举证责任方面要有区别,当然,这种区别主要是在口供和举证责任的分配方面。

---

① 陈菲、邹伟等:《解读中央政法工作会议六大焦点》,载《新华每日电讯》2016 年 1 月 24 日,第 2 版。

其次,在重构认罪认罚从宽的证据性规则的同时,必须重构对应的程序性规则。认罪认罚从宽制度的程序性证据规则必须与证据性规则相互协调,相得益彰于统一的认罪认罚答辩规则中。在未来的刑事诉讼立法改革中,有关认罪答辩准则的制定可结合我国地方试点的创新,同时借鉴美国律师协会制定的《刑事司法标准规则》中的《有罪答辩准则》来制定中国刑事案件的被告人认罪答辩规则。[①] 该规则至少应当包含以下七个方面内容:一是认罪答辩的范围、形式和方式;二是认罪前的权利告知和相关认罪问题的解释,包括伪证罪的后果、被告人享有的包括辩护权在内各种基本诉讼权利、认罪的后果、认罪后法院在判决上的权力等;三是审查认罪是自愿的、明知的,而非强迫的、诱骗的认罪;四是明确对认罪的撤回、上诉的条件以及相关救济措施;五是认罪证据在法庭上适用的限制性规定;六是对认罪事实的确认和审查;七是规定有关认罪后的可能的民事赔偿、罚金罚款、刑罚执行方式等。通过制定包含以上内容的认罪答辩规则,就可以有效保证被告人的认罪答辩自愿性及其程序的正当性、合法性。

再次,必须注意将实体性证据规则与程序性证据规则相结合。笔者认为,认罪认罚从宽的证据规则体系包括实体与程序性规则两个方面的规则体系。认罪认罚从宽制度中的从宽既指实体上依法从轻、减轻或者免除处罚,又指程序上适用较轻的强制措施和从简的诉讼程序;在实体上,既包括审判机关从宽处罚,也包括检察机关(因从宽)相对不起诉。实体性证据规则体系主要包括认罪认罚从宽制度规定,包括认罪认罚从宽制度的羁押制度性的规则体系。认罪认罚从宽制度在刑事诉讼中的从宽本身包含了实体与程序两个方面的从宽。程序性从宽包括适用替代性羁押措施、适用速裁程序和简易程序的快速处理程序方式,包括程序性的有效辩护的保障等;实体从宽包括缓刑的适用、从轻处罚的适用等。刑罚的从宽制度本身具有实体和程序两个方面的内容,因此在对于认罪认罚的案件的适用上,就存在两个层次的证据规则体系。无论是审前的替代性羁押措施,还是缓刑适用都需要不同的证据规则加以支撑。在具体的证据规则的设计上,根据程序性从宽和实体性从宽进行区别对待。概言之,认罪认罚从宽制度必须将实体性证据规则与程序性证据规则进行有机的结合。

随着新修改的《刑事诉讼法》中认罪认罚从宽制度的全面实施,认罪认罚从宽案件中的涉及的各种证据问题会逐渐凸显出来,建立规范的统一的认罪认罚从宽案件的特殊性的证据规则将更紧迫和必要。认罪认罚从宽制度的有效实施必须辅以配套的证据规则。当下,国家司法机关应当在总结试点经验与问题的基础上,制定相关的认罪认罚的司法解释来完善相关的证据规则。本文关于

---

① 参见祁建建:《美国律协〈刑事司法标准〉之〈有罪答辩标准〉评析》,载《中国刑事法杂志》2016年第5期。

认罪认罚从宽制度的证据规则的探讨仅仅是从规范层面的初步研究,对于认罪认罚从宽制度中的证据规则的深层次的揭示和挖掘还需要结合司法实践的经验进行进一步探讨。

结构视角下的认罪认罚从宽制度*

魏晓娜**

摘　要　本轮《刑事诉讼法》修改，吸收了试点中的认罪认罚从宽制度。但修改《决定》设计的条文导致认罪认罚从宽制度在宏观结构上出现问题。具体问题包括："具结书"仅是对犯罪嫌疑人、被告人的约束，与"协商"的旨趣相去甚远；要求审判主体"一般应当"采纳人民检察院指控的罪名和量刑建议，违背人民法院依法独立行使职权原则；公安机关被不当赋予撤销案件的裁量权；值班律师地位、权利不明朗。认罪认罚从宽制度以"自愿性"为生命线，然而在现行《刑事诉讼法》中，保证犯罪嫌疑人、被告人自愿认罪的程序机制却严重不足。犯罪嫌疑人、被告人在认罪认罚制度中脆弱的地位，只是中国刑事诉讼中缺失一系列重要诉讼权利的现状的投影。在控辩地位严重不对等前提下的认罪认罚制度，可能会招致一些特殊的风险。只有在健康的诉讼环境下才能有健康的认罪认罚从宽制度。

关键词　认罪认罚从宽　宏观结构　控辩关系　值班律师

一、引言

近年来，随着刑法功能转向、犯罪门槛降低，刑事案件数量大幅度增加，刑事司法系统面临前所未有的案件压力。① 党的十八届四中全会通过的《中共中央关于全面推进依法治国若干重大问题的决定》又提出"以审判为中心的诉讼制度改革"，这在实现庭审实质化、推进司法公正方面具有重大意义，然而，如果着眼于案件压力，这并非利好消息。另外，经过三年的法官、检察官员额制改革试点，入额法官人数从改革前的21万人下降到12万余人，相比于改革前，法院

---

* 本文系国家社科基金项目"死刑限制的程序模式研究"（15BFX73）研究成果。

** 魏晓娜，中国人民大学刑事法律科学研究中心教授，法学博士。

① 1995年，公安机关刑事案件立案数是1,690,407件，2013年达到6,598,247件，不到20年的时间里翻了将近两番。1995年，法院刑事一审案件收案数为495,741件，2014年人民法院刑事一审案件收案数已突破百万大关，达104万件，2015年则达到1,126,748件，增幅约127.29%。参见中国法律年鉴编辑部：《中国法律年鉴（1995—2014）》中国法律年鉴社1995～2014年版；2015年数据来源最高人民法院研究室：《2015年全国法院审判执行情况》，载最高人民法院网：http://www.court.gov.cn/fabu-xiangqing-18362.html，最后访问日期：2018年6月10日。

“人案矛盾”更加突出。与此同时，中国法院一审刑事案件收案量在激增的同时，案件结构也发生重大的变化，严重刑事案件在全部刑事案件中的占比急剧降低，[①]判处“三年以下有期徒刑”以下刑罚的人数，甚至判处非监禁刑的人数明显上升。[②]

案件结构的变化给改革提供了契机。2014 年 6 月 27 日，全国人民代表大会常务委员会颁布《关于授权最高人民法院、最高人民检察院在部分地区开展刑事案件速裁程序试点工作的决定》，授权北京、天津、上海等 18 个城市开展刑事案件速裁程序试点工作。同年 8 月 26 日，“两高”会同公安部、司法部制定了《关于在部分地区开展刑事案件速裁程序试点工作的办法》，试点工作正式启动。试点工作取得一定成效的同时，也暴露了两个比较突出的问题：一是速裁程序试点仍然是在审判程序的简化上“做文章”，无法控制进入审判程序的总量；二是速裁程序的适用率不够理想，说明试点方案对被告人的激励机制不足，对被告人没有足够的吸引力。因此，2016 年 9 月 3 日，全国人大常委会又发布《关于授权最高人民法院、最高人民检察院在部分地区开展刑事案件认罪认罚从宽制度试点工作的决定》，授权 18 个地区开展刑事案件认罪认罚从宽制度试点，速裁程序试点纳入新的试点继续进行。

上述改革历程，在时间上基本与国家监察体制改革同步进行。为了保障国家监察体制改革顺利进行，完善监察与刑事诉讼的衔接机制，刑事诉讼法修改被列入《全国人大常委会 2018 年立法工作计划》。速裁程序、认罪认罚从宽制度分别经过四年和两年的试点，已经形成一些可复制、可推广的经验和行之有效的做法，也需要藉此《刑事诉讼法》修正的机会上升为法律规范，并在全国范围内推行。[③] 在 2018 年 4 月 25 日召开的十三届全国人大常委会第二次会议上，《中华人民共和国刑事诉讼法（修正草案）》提请审议。5 月 9 日，全国人大在官网“中国人大网”公布了《刑事诉讼法（修正草案）征求意见稿》（以下简称“一审稿”），向社会公开征求意见。随后，第十三届全国人大常委会第五次、第六次会议分别审议了刑事诉讼法修正草案二次审议稿（以下简称“二审稿”）和修正草案三次审议稿（以下简称“三审稿”），十三届人大常委会第六次会议 10 月 26 日下午表决通过了《关于修改〈中华人民共和国刑事诉讼法〉的决定》（以下简称《决定》）。

---

① 1995 年判处五年以上有期徒刑、无期徒刑和死刑（包括死缓）人数占 63.19%，此后逐年下跌，2014 年开始已经跌至 10% 以下。参见《最高人民法院工作报告（1996）》《依法惩治刑事犯罪守护国家法治生态——2014 年全国法院审理刑事案件情况分析》，载《人民法院报》2015 年 5 月 7 日，第 5 版。

② 2013 年，被判处三年有期徒刑以下刑罚、免予刑事处罚的人数占生效判决总人数的比例已经达到 82.3%。参见中国法律年鉴编辑部：《中国法律年鉴（2014）》，中国法律年鉴社 2014 年版。

③ 参见全国人大常委会法制工作委员会主任沈春耀在 2018 年 4 月 25 日在第十三届全国人民代表大会常务委员会第二次会议上所作《关于〈中华人民共和国刑事诉讼法（修正草案）〉的说明》。

不同于1996年、2012年的两次大修，此次《刑事诉讼法》修改缘起于监察体制改革，是一次名副其实的“专题式修法”。《决定》只有26条，但其中涉及认罪认罚从宽制度内容的，就有14条，[①]牵动的《刑事诉讼法》条文达18条。

本文以《决定》中规定的认罪认罚从宽相关条文为对象，分析这些条文形成的认罪认罚从宽制度的宏观结构。“结构”本是现代系统论上的一个基本概念，指的是构成系统的各要素之间的相互关系。系统的对外性能不仅取决于要素的性质，而且也取决于要素之间的组合方式，即系统的结构。自然科学领域最典型的例子是石墨和金刚石，虽然二者均由碳元素构成，但由于分子结构不同，形成了石墨和金刚石截然不同的刚柔属性。在法学领域，“结构”一词常常用来表述某一制度中各主体的地位及其相互关系。刑事司法系统有控诉、辩护、审判三大核心职能，三种职能的行使主体之间的制度化关系，形成了相对稳定的制度结构，即在纷繁多样的案件中去除那些变动不居的因素之后留下来的相对稳定的东西。结构主义者认为，基本的结构在很大程度上制约和决定着人们的行动和思想，[②]进而影响制度的外在功能。美国联邦最高法院大法官杰克逊曾指出，“如果可以选择，我们宁可生活在忠实地适用普通法程序的苏维埃实体法之下，也不愿意生活在实施苏维埃程序的我们的实体法之下”。[③] 英美的普通法诉讼程序与前苏联的诉讼程序之不同，恰恰在于采用了不同的诉讼模式，形成了不同的控、辩、审三方结构关系，从而也对诉讼制度的对外功能产生直接的影响，比如更偏重保障个人权利，或是更偏重打击犯罪。可见，对于任何一项制度而言，结构问题并非无关紧要，它在某种程度上直接决定着立法能否实现其预定的效果。本文从结构视角出发，对《决定》设计的认罪认罚从宽制度中的各主体之间的相互关系及其地位进行分析。

二、认罪认罚案件中的控辩关系

《决定》第15条、第21条分别增加了一个条文，作为《刑事诉讼法》第174条和第201条。第174条是关于签署具结书的规定，该条第1款规定：“犯罪嫌疑人自愿认罪，同意量刑建议和程序适用的，应当在辩护人或者值班律师在场的情况下签署认罪认罚具结书。”第201条是人民法院对认罪认罚案件作出判决的规定：“对于认罪认罚案件，人民法院依法作出判决时，一般应当采纳人民检察院指控的罪名和量刑建议，但有下列情形的除外：（一）被告人的行为不构成犯罪或者不应当追究其刑事责任的；（二）被告人违背意愿认罪认罚的；

---

① 参见《决定》第1、4、7、9、11、13、14、15、16、17、18、20、21、22条。

② ［英］帕特里·克贝尔特、［葡］菲利佩·卡雷拉·达·席尔瓦：《二十世纪以来的社会理论》，瞿铁鹏译，商务印书馆2014年版，第16页。

③ Dissenting opinion in Shaughenssy v. United States, 345 U.S. 206, 224 (1953).

(三)被告人否认指控的犯罪事实的;(四)起诉指控的罪名与审理认定的罪名不一致的;(五)其他可能影响公正审判的情形。人民法院经审理认为量刑建议明显不当或者被告人、辩护人对量刑建议提出异议的,人民检察院可以调整量刑建议。人民检察院不调整量刑建议或者调整量刑建议后仍然明显不当的,人民法院应当依法作出判决。"这两个条文相结合,基本奠定了《决定》设计的认罪认罚从宽制度的结构。然而,从目前的规定来看,认罪认罚案件中的控辩审三方关系存在相当大的问题。

认罪认罚案件中的控辩关系

认罪认罚案件中,作为控方代表的人民检察院,和作为辩方代表的被告人及其辩护人之间,到底是一种什么关系?这实际上涉及认罪认罚制度的基本定位。认罪认罚从宽制度到底是司法机关以居高临下的姿态单方面给认罪认罚的被告人的一种"恩赐",还是以相对平等的姿态与被告人协商,以实体或程序上的从宽处理来换取被告人的自愿认罪认罚?

如果仅是前者,我国刑法中原本就存在对"自首""认罪""坦白""确有悔改表现"等从宽处理的规定,[①]认罪认罚从宽制度仅仅是重申原有的刑事政策,那么十八届四中全会《决定》就没有必要郑重其事地提出"完善刑事诉讼中认罪认罚从宽制度"。考虑前述认罪认罚从宽制度出台的背景,尤其是致力于解决速裁程序试点中暴露出的适用率不高、对被告人激励不足等问题的背景,可以基本断定认罪认罚制度的重点应当是确立具有突破性的控辩双方之间的协商机制。协商的双方应当是相对平等的关系,"从宽"不再仅仅是国家司法机关单方面给予认罪认罚被告人的一种"恩赐",而应当成为控辩双方协商交流的内容和结果。

《决定》第14条也为这一观点提供了依据。《决定》第14条将《刑事诉讼法》第170条改为第173条,内容上也做了改动。[②] 在修改之前,2012年的《刑

---

① 参见《刑法》第一编第四章第三节,以及第78、79、81条的规定。例如,《刑法》第67条第3款规定:"犯罪嫌疑人虽不具有前两款规定的自首情节,但是如实供述自己罪行的,可以从轻处罚;因其如实供述自己罪行,避免特别严重后果发生的,可以减轻处罚。"另外,最高人民法院2014年7月31日发布的《关于常见犯罪的量刑指导意见》第6条、第7条对犯罪嫌疑人、被告人"如实供述"和"当庭认罪"规定了具体的"从宽"标准。

② 2012年《刑事诉讼法》第170条规定:"人民检察院审查案件,应当讯问犯罪嫌疑人,听取辩护人、被害人及其诉讼代理人的意见,并记录在案。辩护人、被害人及其诉讼代理人提出书面意见的,应当附卷。"2018年修正后的第173条规定:"人民检察院审查案件,应当讯问犯罪嫌疑人,听取辩护人或者值班律师、被害人及其诉讼代理人的意见,并记录在案。辩护人或者值班律师、被害人及其诉讼代理人提出书面意见的,应当附卷。犯罪嫌疑人认罪认罚的,人民检察院应该告知其享有的诉讼权利和认罪认罚的法律规定,听取犯罪嫌疑人、辩护人或者值班律师、被害人及其诉讼代理人对下列事项的意见,并记录在案:(一)涉嫌的犯罪事实、罪名及适用的法律规定;(二)从轻、减轻或者免除处罚等从宽处罚的建议;(三)认罪认罚后案件审理适用的程序;(四)其他需要听取意见的情形。人民检察院依照前款规定听取值班律师意见的,应当提前为值班律师了解案件有关情况提供必要的便利。"

事诉讼法》第170条规定的是检察机关审查起诉的程序,即"应当讯问犯罪嫌疑人,听取辩护人、被害人及其诉讼代理人的意见"。修正后的第173条增加了犯罪嫌疑人认罪认罚情形下的处理程序。该程序与普通的审查起诉程序相比发生了两个显著的变化:第一,犯罪嫌疑人不仅是案件"事实"信息的提供者,同时成为"意见"的表达者,可以表达对该阶段处理方案的意见。第二,普通的审查起诉程序,其典型特征是信息流动的单向性,即信息最终都流向作为办案机关的人民检察院,为后者正确处理案件提供依据。而在犯罪嫌疑人认罪认罚的情形下,单向的信息流动变成了双向的信息交流,检察机关不仅要"听取"犯罪嫌疑人、辩护人或者值班律师、被害人及其诉讼代理人的意见,而且还要"告知"其享有的诉讼权利和认罪认罚的法律规定。在这种"意见"的往来之间,"协商"的意味非常明显。因此,从认罪认罚从宽制度试点的背景和《决定》内容来看,立法者显然是按照"协商"的逻辑来设计认罪认罚从宽制度的。如果以此为出发点,则发现《决定》中设定的控辩关系存在两个问题:

首先,具结书的使用。《决定》第15条增加了一个条文,作为《刑事诉讼法》第174条,该条规定了认罪认罚的犯罪嫌疑人应当在辩护人或者值班律师在场的情况下签署"具结书"。"具结书"一词最早出现于最高人民法院、最高人民检察院、公安部和司法部2014年联合发布的《关于在部分地区开展刑事案件速裁程序试点工作的办法》第8条:"决定起诉并建议人民法院适用速裁程序的,应当在起诉书中提出量刑建议,并提供犯罪嫌疑人的具结书等材料。"在2016年"两高三部"印发的《关于在部分地区开展刑事案件认罪认罚从宽制度试点工作的办法》中,"具结书"的提法开始大量出现。根据《辞海》的解释,具结是指"旧时对官署提出表示负责的文字"。[①] 由此可见,"具结书"类似于犯罪嫌疑人单方面向办案机关呈交的保证书。问题是,犯罪嫌疑人通过具结书保证什么呢?如果是保证不翻供,那么具结书可以阻止犯罪嫌疑人翻供吗?如果翻供又会有什么惩罚?认罪之后,犯罪嫌疑人可以反悔吗?如果反悔,先前的认罪是否可以在审判中用作不利于被告人的证据?对于这些未来实践中可能出现的问题,《决定》并未涉及。

其次,具结书的约束主体。既然具结书是犯罪嫌疑人单方面的保证书,就只能约束签署具结书的犯罪嫌疑人。《决定》第21条增设了《刑事诉讼法》第201条,该条第2款在草案一审稿中相当直白地宣布:"在审判过程中,人民检察院可以调整量刑建议。"两相对比,一边是以具结书对犯罪嫌疑人、被告人施加的强约束,另一边是检察机关可以漫无限制地调整量刑建议。这样的设计,与

---

① 夏征农、陈至立主编:《辞海》,上海辞书出版社2009年版,第1181页。

"协商"的旨趣相去甚远。从道理上讲,既然是协商,那么控辩双方达成的关于认罪认罚和量刑建议的共识应当以"协议"的形式表现出来,而不能是单方面对犯罪嫌疑人施加约束的保证书。控辩双方在此基础上达成的协议虽然不具有严格意义上的法律效力,不过是"君子协定",但是,作为行使公权力的国家机关,出于诚信原则,检察机关不应随意变更量刑建议,即使变更,也不能漫无限制,尤其考虑检察机关内部实行检察一体原则,出庭公诉的检察官与审查起诉的检察官的分离不仅是可能的,也是实践中经常发生的,更需要限定检察机关调整量刑建议的情形。否则,就犯罪嫌疑人而言,协商的结果就具有相当大的不确定性,旨在激励犯罪嫌疑人认罪认罚的制度,其激励效果会打上一个大大的折扣。因此,在广泛征求意见后,草案二审稿对检察机关调整量刑建议增设了前提,即"人民法院经审理认为量刑建议明显不当,或者被告人、辩护人对量刑建议提出异议的,人民检察院可以调整量刑建议"。而不再像一审稿那样宽泛地宣布"人民检察院可以调整量刑建议"。然而,以单方面的旨在约束犯罪嫌疑人的具结书代替双方协议的基本格局依然没有改变。

三、认罪认罚案件中的侦控主体

《决定》第 18 条在《刑事诉讼法》第二编第三章增加一条,作为第 182 条:"犯罪嫌疑人自愿如实供述涉嫌犯罪的事实,有重大立功或者案件涉及国家重大利益的,经最高人民检察院核准,公安机关可以撤销案件,人民检察院可以作出不起诉决定,也可以对涉嫌数罪中的一项或者多项不起诉。根据前款规定不起诉或者撤销案件的,人民检察院、公安机关应当及其对查封、扣押、冻结的财物及其孳息作出处理。"该条是涉认罪认罚案件中权力配置的重要条文。如果之前我们对认罪认罚从宽制度能不能类比于美国的辩诉交易尚有争议的话,那么这个条文几乎给了我们答案。它已经涉及出罪入罪的权力,以及在几个罪名之间有选择地起诉的权力,这是为强化侦控主体的交易地位而采取的特别立法举措。该条是认罪认罚从宽制度中最值得关注的条文。因为它在两个方面明显突破了刑事诉讼法的原有权力格局:

(一)检察机关的(不)起诉裁量权

从新中国第一部《刑事诉讼法》开始,检察机关的不起诉裁量权经历了一个从无到有的过程。在 1979 年《刑事诉讼法》中,检察机关对应当追究刑事责任、不应当追究刑事责任,以及依照《刑法》规定不需要判处刑罚或者免除刑罚的案件,分别作出提起公诉、不起诉和免予起诉的决定。[①] 在最后一种情形下,即已构成犯罪但依照《刑法》规定不需要判处刑罚或者免予刑罚的,《刑事诉讼法》

---

① 参见 1979 年《刑事诉讼法》第 100 条、第 101 条的规定。

规定检察机关“可以”免予起诉,即在提起公诉和免予起诉之间有一定选择权,然而这种情形下不起诉决定则不被允许。[①] 1996 年增设了“未经人民法院依法判决,不得确定任何人有罪”原则,免予起诉制度被废除,原可以作出免予起诉的情形被分化处理,既可以提起公诉,也可以作出不起诉。[②] 以此为标志,开始产生检察机关的不起诉裁量权,同时产生一种新的不起诉类型——酌定不起诉。[③] 2012 年《刑事诉讼法》基本沿用了这一格局,仅在未成年人刑事案件诉讼程序中增加了一种附条件不起诉。[④]

在此立法沿革背景下,则会发现《决定》又一次,而且是大幅度扩张了检察机关的不起诉裁量权,虽然它小心地将适用前提限制于“犯罪嫌疑人自愿如实供述涉嫌犯罪的事实,有重大立功或者案件涉及国家重大利益”的情形。在具备起诉条件的情况下,原《刑事诉讼法》允许人民检察院做出不起诉决定的情形仅限于“犯罪情节轻微,依照刑法规定不需要判处刑罚或者免除刑罚”,而《决定》中并没有对可以作出不起诉决定的犯罪严重程度施加限制,大大突破了原来《刑事诉讼法》设定的范围。不仅如此,从协商的类型来看,犯罪嫌疑人自愿如实供述的,不仅可以在检察机关提出量刑建议时受到优待,也可以对“涉嫌数罪中的一项或者多项不起诉”,这已经突破量刑协商的范围,而有明显的“罪数”交易的味道了。众所周知,在奉行起诉法定原则的国家,如意大利,一般会把辩诉交易的类型谨慎地限制于量刑交易,不允许指控交易或者罪数交易。[⑤] 因此,《决定》允许“罪数”交易,本身就意味着对起诉法定原则的进一步松动,甚至放弃。

如何评价这种变化?首先,这是推行认罪认罚从宽制度的必然结果。如前所述,从速裁程序试点到认罪认罚从宽制度试点,这种发展是基于对速裁程序

① 根据 1979 年《刑事诉讼法》第 104 条的规定,检察机关只能在《刑事诉讼法》第 11 条(现行法第 15 条)明确限定的 6 种情形之下才能作出不起诉决定。换句话说,1979 年立法之下,只有一种不起诉,即现在所说的法定不起诉、绝对不起诉。

② 1996 年《刑事诉讼法》第 142 条第 2 款规定:“对于犯罪情节轻微,依照刑法规定不需要判处刑罚或者免除刑罚的,人民检察院可以作出不起诉决定。”

③ 同时,随着 1996 年《刑事诉讼法》第 12 条引入具有无罪推定意味的“未经人民法院依法判决,不得确定任何人有罪”原则,也产生另一种新型的不起诉——存疑不起诉。参见 1996 年《刑事诉讼法》第 140 条第 4 款。

④ 参见 2012 年《刑事诉讼法》第 271 条。

⑤ 起诉法定原则背后的理念是,诉讼是一种查明真相的调查活动,在有充分的证据证明被告人实施犯罪的前提下,不能任由检察官撤销案件,中断进一步的调查。实行这一原则的结果是,检察官丧失了起诉裁量权或仅享有十分有限的裁量权,其与辩方进行交易的资本十分有限。在意大利,起诉法定主义不仅是一个刑事诉讼原则,而且规定于《意大利宪法》第 112 条,意大利在 1988 年引入辩诉交易程序时很难绕过这个宪法障碍。意大利式辩诉交易程序的正式名称是“依双方当事人的请求而适用刑罚的程序”(*applicazione dellapenasurichjestadelle parti*),顾名思义,即只能进行量刑交易,不能对指控进行交易。

局限性的认识：一是速裁程序仍然只是在审判程序的简化上做文章，无法对进入法院的案件总量进行控制；二是速裁程序适用率不理想，需要强化激励机制，吸引更多的犯罪嫌疑人、被告人认罪认罚，选择速裁程序或简易程序。要实现对进入法院的刑事案件总量的控制，只能依赖检察机关在审查起诉阶段对案件进行甄别，允许对部分构成犯罪的犯罪嫌疑人进行分流处理。要强化激励机制，也需要给犯罪嫌疑人、被告人提供更多的"优待"。这两个方面的需要，最终汇集成一股力量，即扩大检察机关的不起诉裁量权。即便检察机关没有作出不起诉决定，在认罪认罚案件中，检察机关的量刑建议仍会对法院的判决产生实质性的影响力。这进而会造成另外一个结果，即在认罪认罚案件中，检察机关会在很大程度上决定刑事案件的最终处理，检察机关成为中国刑事司法系统的重心。因此，在不久的未来，中国的刑事司法会出现双重心现象：在不认罪认罚的案件中，由于"以审判为中心"刑事诉讼制度改革的推进，审判仍然是决定判决走向的核心场域；在认罪认罚的案件中，检察机关将成为刑事司法的重心。

其次，随着认罪认罚从宽制度的推行，检察机关的权重在整个刑事司法系统陡增，为规范权力的正当行使，应同步跟进相应的监督或制约机制。对此，《决定》草案规定了严格的审批程序，即"经过最高人民检察院核准"。然而，在"员额制"改革的大背景下，在对入额检察官"放权"的大趋势下，这种自上而下行政式控制的局限性会越来越突出，只能限于若干重大事项。对检察权日常运行的制约，不妨引入诉讼机制，比如参考日本的检察审查会制度，①完善人民监督员参与不起诉案件监督的程序，实现监督的常规化和规范化；再如完善被害人对不起诉决定的申诉及处理程序；等等。

（二）公安机关撤销案件的裁量权

《决定》第 18 条明确赋予公安机关撤销案件的裁量权，即授权公安机关在"犯罪嫌疑人自愿如实供述涉嫌犯罪的事实，有重大立功或者案件涉及国家重大利益的，经最高人民检察院核准"的情况下可以撤销案件。这一安排并非空穴来风，而是渊源于 2016 年"两高三部"联合印发的《关于在部分地区开展刑事案件认罪认罚从宽制度试点工作的办法》第 9 条，②然而，这仍然是一种非同寻常的安排。

首先，该条严重突破了刑事诉讼法的原有权力格局。2012 年《刑事诉讼

---

① 关于日本的检察审查会制度，参见陈效：《日本检察审查会制度实施现状评析》，载《人民检察》2014 年第 7 期。

② 该《办法》第 9 条规定："犯罪嫌疑人自愿如实供述涉嫌犯罪的事实，有重大立功或者案件涉及国家重大利益，需要撤销案件的，办理案件的公安机关应当层报公安部，由公安部提请最高人民检察院批准。"

法》授权侦查机关作出“撤销案件”处理的共有三个条文:第 15 条、第 162 条和第 166 条。但是,这三个条文授权侦查机关“撤销案件”均限于不应当追究刑事责任的情形,否定了侦查机关在犯罪嫌疑人已经构成犯罪、需要追究刑事责任情形下的裁量权。《决定》明确授权公安机关在犯罪嫌疑人的行为已经构成犯罪的前提下可以撤销案件,虽然在适用情形、核准程序上作出最严格的限制,但仍然不能改变这一判断。

其次,从诉讼法理论和比较立法例的角度来看,这也是一种非同寻常的安排。刑事诉讼以惩罚犯罪为基本目的,为实现这一共同目标,侦查、起诉、审判三种职能、主体、阶段被分配了不同的任务。审判是被告人有罪与否的决定性阶段,然而,在现代控审分离原则的支配下,审判在惩罚犯罪方面存在一个功能性缺陷,即它不能主动地将犯罪事件纳入审判程序,这一任务只能交给审前的一系列程序环节,比如在起诉阶段实行起诉法定原则、在侦查阶段实行职权侦查原则。职权侦查原则要求,当存在犯罪嫌疑时,侦查机关必须进行侦查;强制起诉原则要求,当侦查结果表明有足够的犯罪嫌疑时,检察官即有义务提起公诉。上述原则的目的,是实现对犯罪的规律性追究。[①] 在德国和法国,警察不仅不享有撤销案件的裁量权,甚至无权自行结束侦查或者撤销案件,最终的决定需要由检察官作出。[②] 立法者通过对起诉主体、侦查主体施加这样环环相扣的追究犯罪的法律义务,强行将生活中发生的可能的犯罪事件尽可能地纳入刑事诉讼的轨道,使刑法从纸面上的法变成行动中的法,从而实现惩罚犯罪的目标。

当然,职权侦查原则也有例外。一个例外是英国。众所周知,英国有悠久的私诉传统,执掌公诉的检察机关直到 1986 年才产生并开始运作。在此之前、职业警察产生之后,起诉、出庭的任务就一直由警察担当。在英国检察机关产生之后,起诉、出庭的任务才由检察机关接管,但出于对历史的尊重,在检察官接手案件之前,警察在追诉问题上仍保留一定的裁量权。另一个例外是法国。2014 年 8 月 15 日,法国批准通过了“关于刑罚个别化以及强化刑事处罚效率的法律”,引入了由司法警官主导的刑事交易制度(la transaction pénale par officier de police judiciaire),该制度适用于 1 年及以下有期徒刑的轻罪以及违警罪,但必须经过检察官批准和法官审核。[③]

---

① [德]赫尔曼:《〈德国刑事诉讼法典〉中译本引言》,载《德国刑事诉讼法典》,李昌珂译,中国政法大学出版社 1998 年版,第 15 页。

② 参见[德]托马斯·魏根特:《德国刑事诉讼程序》,岳礼玲、温小洁译,中国政法大学出版社 2003 年版,第 52 页;[法]贝尔纳布洛克:《法国刑事诉讼法》,罗结珍译,中国政法大学出版社 2009 年版,第 244 页。

③ 参见施鹏鹏:《警察刑事交易制度研究法国模式及其中国化改造》,载《法学杂志》2017 年第 2 期。

英国警察保留追诉与否的裁量权是出于特殊的历史原因,不具有参考价值。法国的警察交易制度仅适用于轻微犯罪,而且程序上必须经过检察官批准、法官审核,即便如此,该制度在法国仍被批评存在诸多弊病,例如难以对警察权形成有效制约、诱发腐败,导致同罪不同罚、扭曲真相、冲击传统诉讼结构等。[①] 该制度在法国实施未久,效果如何尚待进一步观察。与法国相比,中国法治环境更不理想,公安机关享有广泛的干预公民基本权利的手段,相反,对警察权的制度性约束却更加不足,上述法国警察交易的各种制度风险在中国只会表现得更突出、更尖锐。况且公安机关隶属于行政系统,独立性、透明性不足,难以摆脱各种不当干预,而且行政机关的属性决定了其考虑问题的出发点是行政利益,而非司法利益。《决定》赋予公安机关在认罪认罚案件中这样一个权力,在比较法的角度来说是非常少见的一个例子。

然而,争议归争议,目前《决定》已经正式通过并生效,无论其法律效果、社会效果如何,侦查主体和起诉主体的权力得到扩张、交易地位得以强化已是不争的事实。

四、认罪认罚案件中检、法地位的消长

认罪认罚案件中,控辩双方达成的意向是否对审判主体有约束力?双方协商的范围可能包括对指控犯罪事实的承认、指控罪名的接受和量刑建议的接受。

首先,对指控犯罪事实的承认,即认罪。被告人的认罪能否约束法庭,排除法庭的审判权?这一问题取决于诉讼模式。在英美对抗制诉讼中,在审判开始之前设有专门的传讯程序(arraignment)。[②] 只有在传讯程序中作无罪答辩的被告人才会进入对抗式审判,作有罪答辩的被告人则不再审判,直接进入量刑程序。可见,在对抗制诉讼模式下,被告人的认罪对法庭是有约束力的,直接排除了法庭的审判权。在非对抗制诉讼模式下,被告人无论在何种场合下认罪,均没有这样的法律效力。例如,我国《刑事诉讼法》第 53 条规定,“只有被告人供述,没有其他证据的,不能认定被告人有罪和处以刑罚”。可见,即便经控辩双方协商后犯罪嫌疑人自愿认罪,也不能约束法庭,法庭仍有权就指控犯罪事实进行调查,这是职权主义审判的题中之义。

---

① 参见施鹏鹏:《警察刑事交易制度研究法国模式及其中国化改造》,载《法学杂志》2017 年第 2 期,第 121 页。

② 在美国联邦司法系统,大陪审团对被告人提起公诉,或者检察官提交起诉书之后,就要对被告人进行传讯。在传讯程序中,会向被告人宣读起诉书的内容、向辩护律师提供一份起诉书的复印件,然后要求被告人对每个指控进行答辩,根据被告人的答辩决定是否进入正式审判程序。因此,传讯程序可以理解为正式审判开始之前的一个分流机制。See Joshua Dressler & Alan C. Michaels, *Understanding Criminal Procedure*, Matthew Bender & Company, Inc., 2006, p. 175.

其次,关于指控的罪名。检察机关指控的罪名能否约束法庭?换句话说,法庭能否改变指控罪名?这一问题,涉及调整检法两家关系的控审分离原则。笼统地说,法院的审判范围不得超出起诉的事实范围。但是,在实行诉因制度和不实行诉因制度的国家,对于事实有着不同的理解。在实行诉因制度的国家,"事实"一定是经过诉因整理过的事实,改变诉因就意味着改变了"事实",因此,法院不能随意改变检察机关指控的罪名。在不实行诉因制度的国家,"事实"更接近客观的案件事实,只要法院审判的对象是检察机关指控的客观事实,就不超出起诉范围,而适用何种罪名被认为是法律适用问题,完全属于法官的职权范围,所以法庭认为检察机关指控罪名不当时,有改变罪名的权力。① 在中国,《最高人民法院关于适用〈中华人民共和国刑事诉讼法〉的解释》第241条规定:"对第一审公诉案件,人民法院审理后,应当按照下列情形分别作出判决、裁定:……(二)起诉指控的事实清楚,证据确实、充分,指控的罪名与审理认定的罪名不一致的,应当按照审理认定的罪名作出有罪判决;……"很显然,我国采取的是后一立场,不承认检察机关指控的罪名对法院有约束力。因此,即便是与辩方协商一致之后,检察机关指控的罪名也不能约束法庭。

最后,关于量刑建议。经与辩方协商一致后确定的量刑建议能否对法院形成约束?在这一问题上,目前各国立场基本一致,即认为量刑是法律适用问题,属于法官的职权范围,尤其是2005年以后,美国联邦量刑指南被最高法院认定为不具有强制性,只是"建议性的",上述立场从比较法的角度来看已经没有例外。② 因此,经控辩双方协商一致的量刑建议对法庭没有约束力,对审判中查明的犯罪行为如何量刑,属于法庭固有的职权。

因此,在中国职权主义的底色上,控辩双方就以上三个议题上达成的协议,对法庭均不应有强制性的约束力,虽然其背后的原因各不相同。然而,对照《决定》第21条(修正后的《刑事诉讼法》第201条)的规定,"对于认罪认罚案件,人民法院依法作出判决时,一般应当采纳人民检察院指控的罪名和量刑建议,但有下列情形的除外……"这里"一般应当"的表述,来自《关于在部分地区开展刑事案件认罪认罚从宽制度试点工作的办法》第20条的规定。③ 在试点期

---

① 例如,在实行诉因制度的英美和日本,在诉因(count)上不能另外附加其他罪行,也不能换成另外一种罪,只允许对包容性犯罪(lesser-included-offense)进行缩小认定,比如把一级谋杀罪认定为二级谋杀。而《德国刑事诉讼法》第264条第1款则规定:"判决的对象为起诉书中指控的犯罪行为和经审理查明的犯罪行为。"参见[日]田口守一:《刑事诉讼法》,张凌、于秀峰译,中国政法大学出版社2010年版,第243页以下。

② 参见[美]约书亚·德雷斯勒、艾伦·C.迈克尔斯:《美国刑事诉讼法精解》,魏晓娜译,北京大学出版社2009年版,第336页。

③ 《关于在部分地区开展刑事案件认罪认罚从宽制度试点工作的办法》第20条规定:"对于认罪认罚案件,人民法院依法作出判决时,一般应当采纳人民检察院指控的罪名和量刑建议……"

间,为协调各方力量、推进试点工作,通过"一般应当"这样的表述让法院在试点期间尽量配合,无可厚非。但是,如果这种明显具有约束意味的条文出现在严肃的国家立法中,不仅不符合诉讼原理,而且违背"人民法院依法独立行使审判权"的原则。

再看同条第2款关于检察院调整量刑建议的规定,法院经审理认为量刑建议明显不当的,并不能直接量刑,只有"人民检察院不调整量刑建议或者调整量刑建议后仍然明显不当的",人民法院才"应当依法作出判决"。

可见,《决定》为了认罪认罚从宽制度的顺利推行,给予检察机关的量刑建议以最大限度的尊重,这种尊重,甚至以触动法院依法独立行使审判权的基本原则为代价。

五、认罪认罚案件中的辩护主体

认罪认罚案件中的辩护主体包括犯罪嫌疑人、被告人及其辩护人或者值班律师。其中犯罪嫌疑人、被告人是认罪认罚从宽制度中的核心人物。从认罪认罚从宽制度产生的背景来看,在国家层面上,目前我国存在着简化诉讼程序、节约司法成本的客观需要。然而,在个人层面上,获得完整审判是犯罪嫌疑人、被告人的合法权利。面对这样的权利主张,国家很难以成本、效率等理由直接予以拒绝,因此,任何简化诉讼程序的改革都会面对一个共同的"正当化"难题。但是,如果是被告人"自愿"地选择放弃诉讼权利,那么这一难题就迎刃而解。因此,如何保障犯罪嫌疑人、被告人认罪的"自愿性"是认罪认罚从宽制度要解决的首要问题。从本次修法来看,在引入认罪认罚从宽制度所牵动的18个《刑事诉讼法》条文中,总共出现了5次"自愿如实陈述"的表述,也说明犯罪嫌疑人、被告人认罪的"自愿性"是认罪认罚从宽制度的"生命线",如果缺失这一点,认罪认罚从宽制度的正当性从根本上无从谈起。

(一)《刑事诉讼法》中保障认罪自愿性的程序机制

从2012年《刑事诉讼法》的规定来看,保证犯罪嫌疑人、被告人自愿认罪的常见机制相当不完善。比如,犯罪嫌疑人面对警察的讯问,是否可以保持沉默?立法一方面宣布"不得强迫任何人证实自己有罪",另一方面又要求犯罪嫌疑人对侦查人员的提问"应当如实回答"。又如2012年《刑事诉讼法》修正引入重大案件讯问的录音录像制度,对保证犯罪嫌疑人自愿认罪,原本可以起到积极的作用。遗憾的是,对于讯问录音录像制度的目的,目前官方的表述是"防止刑讯逼供",①因此,"侦查讯问过程的录音、录像资料,主要是用于真实完整地记录

---

① 全国人大常委会在《关于〈中华人民共和国刑事诉讼法修正案(草案)〉的说明(2012年)》中解释:"为了从制度上防止刑讯逼供行为的发生,修正案草案增加规定了……讯问过程的录音录像制度。"

讯问过程,在办案机关对犯罪嫌疑人供述取得的合法性进行调查时证明讯问行为的合法性……用于证明讯问合法性的录音录像不作为证明案件实体事实的证据,也就不必要每个案件都随案移送”。[①] 这种对讯问录音录像立法目的的人为限制,已经严重影响该制度功能的发挥,因为录音录像不被认为是证明案件实体事实的证据,因而不必随案移送,律师不能随便查阅,只有在对供述合法性提出异议的情况下才有机会查看。[②] 然而,没有刑讯逼供的讯问并不意味着认罪就具有“自愿性”,在刑讯逼供和自愿认罪之间仍存在大量的中间地带,例如以威胁、引诱、欺骗或者其他不当讯问方法得到的供述,这样的供述,即使没有外在的物理的强制,仍不具有自愿性。当前侦查机关运用讯问录音录像的方式,难以对引诱、欺骗等违法讯问方式进行有效监控。因此,在保障犯罪嫌疑人、被告人认罪的自愿性方面,原有的程序机制均存在这样或那样的不足。

(二)值班律师的定位

在这种情况下,需要引入特别的保障机制。《决定》第 4 条增加了一个条文,作为《刑事诉讼法》第 36 条:法律援助机构可以在人民法院、看守所等场所派驻值班律师。犯罪嫌疑人、被告人没有委托辩护人,法律援助机构没有指派律师为其提供辩护的,由值班律师为犯罪嫌疑人、被告人提供法律咨询、程序选择建议、申请变更强制措施、对案件处理提出意见等法律帮助。人民法院、人民检察院、看守所应当告知犯罪嫌疑人、被告人有权约见值班律师,并为犯罪嫌疑人、被告人约见值班律师提供便利。该条正式规定了值班律师制度。

值班律师制度起源于英国,其主要目的是为接受警察讯问的犯罪嫌疑人提供应急性的法律帮助,[③]而后为加拿大、日本、澳大利亚等国引入。[④] 从 2014 年开始,我国先后开始试点速裁程序和认罪认罚从宽制度,无论是速裁程序还是认罪认罚从宽制度,都面临同样的“正当性”议题。在某种意义上,保证被告人认罪的“自愿性”已经成为速裁程序和认罪认罚从宽制度的生命线。为了保证被告人认罪的自愿性,客观上需要一位法律专家的帮助。然而,在我国原有的辩护制度下,由于两个方面的局限,律师不可能在犯罪嫌疑人、被告人需要的时候及时出现:一是强制辩护的范围极其有限,按照刑罚标准,目前仅限于可能判处无期徒刑和死刑的案件,绝大部分案件不属于强制辩护的范围;二是委托辩护、申请法律援助都需要时间,在辩护人、法律援助律师产生之前,客观上可能

---

① 王尚新主编:《最高人民法院、最高人民检察院、公安部、国家安全部、司法部、全国人大常委会法制工作委员会〈关于实施刑事诉讼法若干问题的规定〉解读》,中国法制出版社 2013 年版,第 99 页。

② 参见秦宗文:《讯问录音录像的功能定位:从自律工具到最佳证据》,载《法学家》2018 年第 5 期。

③ 具体规定见英国《1984 年警察与刑事证据法》第 59 条,参见中国政法大学刑事法律研究中心组织编译:《英国刑事诉讼法(选编)》,中国政法大学出版社 2001 年版,第 306 页。

④ 顾永忠、李逍遥:《论我国值班律师的应然定位》,载《湖南科技大学学报》2017 年第 4 期。

已经产生对律师到场的需要。在这种背景下,在覆盖范围上具有“弥补性”、在时间上具有“应急性”“衔接性”的值班律师制度开始进入中国决策者的视野。

值班律师制度在我国2006年开始起步,2010~2013年,河南和上海先后开始对其推广、试点。2013年,司法部提出“在看守所、法院等部门设立值班律师办公室或者提供咨询电话”的要求。[①] 值班律师制度的全面铺开及完善,始于2014年“两院两部”联合发布的《关于在部分地区开展刑事案件速裁程序试点工作的办法》,该办法第4条规定:“建立法律援助值班律师制度,法律援助机构在人民法院、看守所派驻法律援助值班律师。犯罪嫌疑人、被告人申请提供法律援助的,应当为其指派法律援助值班律师。”2016年“两院三部”《关于认罪认罚从宽制度试点工作的规定》第5条将值班律师的职责界定为自愿认罪认罚的犯罪嫌疑人、被告人“提供法律咨询、程序选择、申请变更强制措施等法律帮助”,且在用法上将值班律师与辩护人并列,表述为“辩护人或者值班律师”或者“辩护人、值班律师”,似乎有意强调值班律师不同于辩护人。2017年“两院三部”《关于开展法律援助值班律师工作的意见》第1条将值班律师的基本职能界定为“为没有辩护人的犯罪嫌疑人、刑事被告人提供法律帮助”。第2条更详细列举了值班律师的工作职责,[②]该条同时明确指出“法律援助值班律师不提供出庭辩护服务”。上述规范性文件似乎表明了这样的立场:第一,明确区分值班律师和辩护人;第二,值班律师的基本职责是为没有辩护人的犯罪嫌疑人、被告人“提供法律帮助”,但其具体职责是受限的。这一立场从规范性文件以列举方式规定值班律师的职责可以看出来,《关于开展法律援助值班律师工作的意见》更是明确将“提供出庭辩护服务”排除于值班律师职责之外。因此,关于值班律师的定位,也出现了不同的观点。[③]

2018年5月9日全国人大官网公布的修正案草案第一稿在这一问题上作出了完全不同的规定。第一,在《关于认罪认罚从宽制度试点工作的规定》中原来“值班律师”与“辩护人”并列出现的地方,修正案草案第一稿统一表述为“辩护人”。[④] 第二,在值班律师的职责上,修正案草案第一稿第4条指出“值班律师

---

① 参见李立家:《我国法律援助值班律师制度的设想与实践》,载《中国司法》2017年第6期。

② 该条将值班律师的工作职责确定为:“(一)解答法律咨询。(二)引导和帮助犯罪嫌疑人、刑事被告人及其近亲属申请法律援助,转交申请材料。(三)在认罪认罚从宽制度改革试点中,为自愿认罪认罚的犯罪嫌疑人、刑事被告人提供法律咨询、程序选择、申请变更强制措施等法律帮助,对检察机关定罪量刑建议提出意见,犯罪嫌疑人签署认罪认罚具结书应当有值班律师在场。(四)对刑讯逼供、非法取证情形代理申诉、控告。(五)承办法律援助机构交办的其他任务。”

③ 比较有代表性的观点有“量刑幅度的协商者”“诉讼程序的监督者”“司法机关的合作者”“准辩护人”等,参见姚莉:《认罪认罚程序中值班律师的角色与功能》,载《法商研究》2017年第6期;顾永忠认为值班律师是法律援助制度下特殊的辩护律师,参见姚莉文章。

④ 参见《刑事诉讼法修正案草案(第一稿)》第14条、第15条。

为犯罪嫌疑人、被告人提供法律咨询,程序选择建议,代理申诉、控告,申请变更强制措施,对案件处理提出意见等辩护。”虽然仍是列举式的规定,但删去众多修饰语,这句话的主干只剩下了“值班律师为犯罪嫌疑人、被告人提供……辩护”。由以上两点可以看出,相比于以前的几个规范性文件,修正案草案第一稿对值班律师的性质和职责的界定发生了重大变化,几乎是明确地承认了值班律师的性质就是辩护人。这是一个相当引人注目的变化。

然而,遗憾的是,修正案草案二审稿在值班律师的定位问题上又回到了之前的老路上,不仅再次将“值班律师”与“辩护人”并列以示区别,而且将值班律师的职能重新定位为提供法律帮助,抹去了“提供……辩护”的表述,有意否定了值班律师的辩护人地位。本文认为,值班律师与委托律师、法律援助律师的区别仅在于其工作的应急性、衔接性,在司法实践中,绝大多数值班律师由于其工作的临时性,在行使阅卷权、调查取证权方面确实存在着许多客观上的困难,但这不应当反过来成为限制值班律师权利的理由,更不应否定其辩护人的地位。立法不应当在普通的辩护律师之外,再创造出一种“次品”的值班律师。而且,2017 年 10 月最高人民法院、司法部联合发布的《关于开展刑事案件律师辩护全覆盖试点工作的办法》,将值班律师作为“律师辩护”全覆盖的重要载体。如果值班律师不是辩护律师,如果值班律师从事的不是辩护活动,那么最高人民法院、司法部借助值班律师来推行律师辩护全覆盖的设想,恐怕就成空中楼阁了。

(三)值班律师的程序参与度

退一步讲,如果承认值班律师的辩护人地位,是否就可以实现值班律师的制度功能呢?如前所述,在认罪认罚案件中,引入值班律师的初衷是保证犯罪嫌疑人、被告人认罪的自愿性。《决定》对值班律师的程序参与主要限定于提供意见、提供法律帮助、具结时在场。然而,在确保犯罪嫌疑人认罪自愿性的关键场合,例如讯问犯罪嫌疑人程序,不仅值班律师,即便是辩护律师,在目前的法律框架下也没有在场权。这意味着,即使立法将值班律师定位为辩护人,距离其保证认罪自愿性的预设功能,仍有相当大的差距。在这一方面,值得一提的是德国刑事诉讼法的变化。长期以来,《德国刑事诉讼法》也不承认辩护律师在警察讯问程序中的在场权。然而,这一立场已经在 2017 年发生变化,德国通过修法,正式规定警察讯问过程中律师的在场权。根据修改后的《德国刑事诉讼法》,在警察讯问过程中,律师不仅可以在场,而且可以向犯罪嫌疑人提问,也可以评论犯罪嫌疑人的回答。[①] 在我国立法引入认罪认罚从宽制度,对犯罪嫌疑

---

① 信息来自托马斯·魏根特教授 2018 年 10 月 12 日在中国人民大学法学院的讲座“德国刑事诉讼制度的新发展”。

人认罪的自愿性提出更高要求的背景下，是否也应适时推进侦查讯问的自愿性保障措施，赋予辩护律师或者值班律师讯问时在场的权利？

六、余论

诉讼制度的改革往往是牵一发而动全身。认罪认罚从宽制度正式入法，在某种程度上打破了刑事诉讼中原有的控、辩、审三方关系和力量对比。需要反思的是，这种对比变化是否符合我们引入认罪认罚从宽制度的初衷？至少通过上文的分析，原本以控辩双方的平等协商为设计思路的认罪认罚从宽制度，并没有弥合控辩双方之间的原有差距，侦、控主体获得了新的交易筹码，变得更为强势，辩方地位没有明显改观，依然脆弱。究其原因，是因为中国的犯罪嫌疑人、被告人手中可以与控方交易的筹码实在不多。相比之下，美国的犯罪嫌疑人经过20世纪六七十年代的正当程序革命，取得了一系列宪法性权利保障，放弃或者行使这些宪法权利，成为被告人手中重要的底牌。即便在德国，被告人在审判阶段也享有较为刚性的证据调查申请权，除非在立法明确规定的情形下，法官原则上不得拒绝被告人的证据调查申请。① 这在一定程度上也强化了被告人的交易地位。法官想要加快审判速度，只能说服被告人放弃进一步查证的申请。所以，中国犯罪嫌疑人、被告人在认罪认罚制度中脆弱的地位，只是在刑事诉讼中缺失一系列重要诉讼权利的现状的投影。在控辩地位严重不对等前提下的认罪认罚从宽制度，可能会招致一些特殊的风险。例如，近年来司法实践中涉毒类假案现象逐渐抬头。吸毒者被发现之后可能要强制隔离戒毒两年时间。因此很多吸毒者宁愿对小额的"零包"贩毒案认罪，最多判6个月到1年，甚至在强制隔离戒毒期间有些吸毒者选择"自首"，"认领"某些小额贩毒案。警察有案件考核的任务，双方一拍即合，联手制作出涉毒类假案。这类案件在认罪认罚从宽制度下完全可以无障碍运行。只有控辩双方之间处于大体相当的地位，才可能有真正的平等协商，才能从根本上杜绝各种认罪认罚外衣下的违规操作。换言之，只有在健康的制度环境下才能有健康的认罪认罚从宽制度。

另外，在推行认罪认罚从宽制度，对犯罪嫌疑人、被告人认罪的自愿性提出更高要求的背景下，是否也应回过头来重新审视相关制度的功能定位，以弥合与这一要求的差距？例如，我国刑事诉讼制度中对"非法证据"的界定，仍着眼

---

① 《德国刑事诉讼法》第244条第3款规定："不准许收集证据的，应当拒绝查证申请。除此之外，只有在因为事实明显收集证据为不必要，或者要求查明的事实对于裁判没有意义或者已经查明，或者证据毫不适当或者不可收集，或者提出申请是为了拖延诉讼，或者对于应当证明的、对被告人有利的重大主张，仅当主张的事实可以作为真实事实来处理的，才允许拒绝查证申请。"岳礼玲、林静译：《德国刑事诉讼法典》，中国检察出版社2016年版，第106页。

于“刑讯逼供”等外部的非法取证行为，形成非法言词证据的外部认定路径。[①]这种路径着眼于“外部”收集言词证据的非法手段，逐一列举在审判中将会被否定的各种非法取证行为，而非立足于犯罪嫌疑人、被告人做出供述时的“内在”意志状态，优点是直观、明确，针对性和操作性都很强，能够对非法取证行为起到直接的遏制作用。然而，缺点也同样明显：再完美的立法或准立法都不可能穷尽现实中所有的严重非法取证行为，更不可能预见未来社会可能出现的新型非法取证手段。而“自愿性”判断标准，虽然带有相当大的不确定性，然而却为法律规则的发展预留了足够的空间，又万变不离其宗，即便在程序规则鞭长莫及之处，仍可依赖个案中法官的自由裁量，排除非自愿性供述。更重要的是，引入“自愿性”标准重构口供排除规则，隐含着尊重犯罪嫌疑人法律人格的意蕴。联合国《公民权利和政治权利国际公约》第16条规定：“人人在任何地方有权被承认在法律前的人格。”拥有法律人格即是承认其法律主体地位，其核心要求是意志自由。[②] 现代刑事诉讼与以往刑事诉讼的区别即在于承认犯罪嫌疑人、被告人的法律主体地位，不再仅仅将犯罪嫌疑人、被告人作为被追诉的对象和证据的来源。因此，在未来非法言词证据的认定方面，可以适当吸收“自愿性”标准。

---

① 例如，2010年《关于办理刑事案件排除非法证据若干问题的规定》将非法言词证据界定为“采用刑讯逼供等非法方法取得的犯罪嫌疑人、被告人供述和采用暴力、威胁等非法手段取得的证人证言、被害人陈述”；2012年《刑事诉讼法》完全沿用了这种界定方式；2013年最高人民法院印发的《关于建立健全防范刑事冤假错案工作机制的意见》更是明确列举各种导致排除言词证据的非法手段：“采用刑讯逼供或者冻、饿、晒、烤、疲劳审讯等非法方法收集的被告人供述，应当排除。”“除情况紧急必须现场讯问以外，在规定的办案场所外讯问取得的供述，未依法对讯问进行全程录音录像取得的供述，以及不能排除以非法方法取得的供述，应当排除。”2017年出台的《关于办理刑事案件严格排除非法证据若干问题的规定》列举了“采取殴打、违法使用戒具等暴力方法或者变相肉刑的恶劣手段”；“采用以暴力或者严重损害本人及其近亲属合法权益等进行威胁的方法”；“采用非法拘禁等非法限制人身自由的方法”；等等。

② 参见魏晓娜：《非法言词证据认定路径的完善》，载《人民检察》2017年第9期。

刑事案件认罪认罚从宽制度几个问题的厘清

艾　静*

摘　要　从根本上看，认罪认罚制度是对我国刑事诉讼传统结构的“颠覆”与“冲击”，将使诉讼构造从控辩对抗的传统结构转变为对抗与合意并存的多元诉讼格局。当前，以增加规则增量为切入点的认罪认罚从宽制度，在现阶段缺乏内在的统一性，尚未形成完整成熟的制度体系。在以审判为中心的刑事诉讼体制改革背景下，应当注重研究认罪认罚从宽的全流程、证据规则、庭审实质化、人权司法保障等职能导向，正确处理制度取向的从宽与从快、证明标准的保持与降低、诉讼程序的普适与限定的辩证关系。适用认罪认罚从宽制度包括认罪和认罚两个要件。对于认罪要件，要区分积极认罪与消极认罪、实质认罪与表面认罪、审前认罪与庭审认罪、真实认罪与虚假认罪；对于认罚要件应从宏观层面接受司法裁判结果和微观层面接受检察机关量刑建议把握，同时要以动态的过程理解认罚，每个阶段认罚的内容有所不同。在适用认罪认罚从宽制度时，应厘清新规定与原有法律、司法解释、文件之间的关系，防止重复评价；应厘清法定从轻、减轻处罚情节与酌定从轻处罚情节之间的关系，限制司法者自由裁量范围；厘清从宽处罚与放纵犯罪之间的关系，防范司法者权力滥用导致放纵犯罪。

关键词　认罪认罚从宽　以审判为中心　速裁程序　效率　权利

一、认罪认罚从宽的基本含义

罪与罚的关系天然地蕴含了罪刑相适应原则的辩证关系。作为现代刑法三大基石之一的罪刑相适应原则，其对罪与罚的关系界定已经由传统刑法理论所关注的重罪重罚、轻罪轻罚的基本逻辑，逐渐深入到该原则的外在价值和内在机理，[①]从而围绕公平正义的实现，形成了具有一定理论基础、规则常识、量刑规范乃至地区差异性特征的罪刑观念。从界定犯罪含义的功能上说，既要解决立法者、司法者基于何种标准认定罪与非罪的问题，也要解决犯罪嫌疑人、被告

---

* 艾静，北京市中银律师事务所合伙人。

① 参见刘邦明：《罪刑相适应原则及其应用》，法律出版社 2017 年版，第 2 页。

人对犯罪的认识问题。认罪认罚从宽的界定,不仅要解决在司法机关在裁断逻辑上正确认识罪刑关系,而且要解决犯罪嫌疑人、被告人对认罪认罚从宽与公平正义感受之间的关系问题,实现规范与认知的合理运行。

(一)认罪的界定

关于"认罪"含义的界定,主要存在两种分歧意见:一种意见认为,只要犯罪嫌疑人、被告人能够如供述自己的犯罪行为,其由于法律认识错误方面的问题而对司法机关认定的罪名存在异议的,不影响其主观上"认罪"的认定;另一种意见认为,犯罪嫌疑人、被告人不仅要如供述自己的犯罪事实,还必须对司法机关认定的罪名无异议才能认为是"认罪"。① 这种分歧实质上反映了犯罪本质的认识差异,形式犯罪论从立法者的认知出发,将犯罪的本质属性界定为违反刑事法律规则而遭受刑罚制裁,形成了行为无价值论;实质犯罪论从社会法益的切实损害出发,将犯罪的本质属性界定为严重侵害社会秩序而遭受刑罚制裁,形成了结果无价值论;混合犯罪论从形式和实质相结合的角度,将社会危害性、主观恶性、刑事违法性、不道德性和应受刑罚惩罚性等一并纳入,从立法逻辑上似乎有助于辨明犯罪的内涵和外延,但在理论和实践中反而出现了形式犯罪概念并无在法典中存在的必要、实质犯罪概念难以成为犯罪的普世性认定标准的尴尬,②而且在一定意义上导致犯罪的含义飘忽不定,更容易作出符合特定政治目的和阶段性立法取向的解释。我国《刑法》采取了混合犯罪论,在认罪语境下,既要考虑犯罪嫌疑人、被告人对实质社会危害性的认知,也要考虑这种认知是否是法律所明确规定的,因此,这里的"认罪"一般坚持犯罪性、具体罪名同时符合的司法标准。从认罪认罚从宽制度的立意上看,对该程序快速处理机制的设定,本身意味着犯罪嫌疑人、被告人对司法机关在实体和程序上的处理均无异议,从而在一定程度上限制其辩护权,如果犯罪嫌疑人、被告人对罪名存在异议,或者与司法机关认定的罪名差异较大,则会使程序本身的快速处理机制失去适用的基础;从刑事速裁程序试点工作办法中明确规定的速裁程序适用条件看,需要符合"当事人对适用法律没有争议",如果犯罪嫌疑人、被告人对罪名有异议,则显然属于"对适用法律有争议",将难以适用速裁程序。可见,在认罪认罚从宽制度下,认罪已经具备了一定意义上的"认罚"属性,即对犯罪事实及适用的罪名没有异议,从而为该罪名下特定犯罪事实的刑罚后果埋下了伏笔,简言之,特定的认罪已经指向了一般刑法逻辑下的刑罚结果推理。

(二)认罚的界定

关于"认罚"含义的界定,一般认为不仅包括犯罪嫌疑人、被告人对适用主

---

① 魏晓娜:《完善认罪认罚从宽制度:中国语境下的关键词展开》,载《法学研究》2016 年第 4 期。

② 参见刘邦明:《罪刑相适应原则及其应用》,法律出版社 2017 年版,第 123 页。

刑罚的认可,也包括对附加刑和刑罚执行方式的认可。关于"认罚"的表现形式,既可以表现为当庭接受法官的判决结果,也可以表现为对检察机关量刑建议的认可;关于"认罚"的对象,不应是单纯的法定刑范围,而是一个相对明确的量刑协商结果;关于"认罚"的内容,不仅包括对实体刑罚的认可,也包括对积极补偿被害人、对被害人赔礼道歉、与被害人刑事和解等方面要求的认可。需要指出的是,在存在多个量刑档的罪名中,犯罪嫌疑人、被告人往往认为自己只应当在基本量刑档量刑,其通常否定自己的全部或者部分加重情节、从重情节,基于这些加重、从重情节量刑差异往往较大,最终刑罚的轻重往往也是被害人、犯罪嫌疑人、被告人尤为关心的内容,因此,"认罚"还应包括犯罪嫌疑人、被告人对自己所有法定从重量刑情节、加重量刑情节的认可。

另外,犯罪嫌疑人、被告人积极的事后补救措施也应当是认罪认罚的应有之义,并且对于积极事后补救的犯罪嫌疑人、被告人的从宽处理措施,也具有实现刑法特殊预防、修复社会关系、彰显宽恕精神等重要内涵的意义。在司法实践中,"退赃退赔"是重要的酌定从宽处罚情节,认罪认罚从宽制度要求充分体现犯罪嫌疑人、被告人的悔罪性,而积极主动的退赃退赔、弥补既有损失正是悔罪性的表现,[①]退赃退赔越彻底,对被害的损失弥补也最彻底,也更能体现出犯罪嫌疑人、被告人的人身危险性更小。此外,同"退赃退赔"相似,"赔偿经济损失"也是对被害损失的弥补,但在赔偿的范围上其比退赃退赔更大,其是对退赃退赔制度的补充,是对被害人权益更为周延的保护,而也正是因为赔偿所针对的是间接物质损失,其赔偿的难度更大,赔偿的范围更广,在将"退赃退赔"作为认罪认罚要素的情况下,我们也应当重点将"赔偿经济损失"纳入"认罪认罚从宽"体系中来。此外,"被害人谅解"也同退赃退赔具有密切关联,被害人对犯罪嫌疑人、被告人的谅解,在很大程度上源于犯罪嫌疑人、被告人积极的事后补救行为,而退赃退赔不仅修复的是犯罪嫌疑人、被告人和被害人之间被犯罪行为所侵害的社会关系,也弥补了对犯罪嫌疑人、被告人同国家统治秩序之间的关系,退赃退赔行为本身也暗含着犯罪嫌疑人、被告人渴望得到谅解的心理预期,因此,被害人谅解也应当是认罪认罚从宽制度的重要内容。

(三)从宽的界定

关于"从宽"含义的界定,从文义上可以阐释为采取特定的方针、方式、方法,对犯罪嫌疑人、被告人采取宽松、松弛的刑法处遇,在宽严相济的刑事政策下通常被解释为宽和性。从宽并没有对从轻、减轻、免除刑罚三类宽和性的范畴加以界定,无论采取何种从宽方式均符合宽和性的本意,但应当注意的是,一

---

① 陈卫东:《认罪认罚从宽制度研究》,载《中国法学》2016年第2期。

是从宽是在定罪基础上对犯罪嫌疑人、被告人刑法处遇的宽和,在不起诉或宣告无罪等情况下虽然体现了刑法的宽和性,但在认罪认罚从宽制度的评判标准下,由于其本身并非建立在定罪的基础上,因此不存在所谓的非罪从宽问题。二是从宽是从刑罚标准和尺度上进行的界定,不涉及证明标准从宽的问题,即使有学者主张降低认罪认罚从宽案件的证明标准,也是从证据裁判规则之定罪的角度对上述问题进行的研究界定,而非量刑层面的从宽。

二、认罪认罚从宽的法理属性

(一)谦抑宽和属性

认罪认罚从宽作为宽严相济刑事政策的宽面,需要研究宽与严的辩证统一及其宽的倾向性。在刑法谦抑的基本价值理念下,应当以最小的支出,少用甚至不用刑罚,积极寻求其他刑罚替代措施,从而在预防和控制犯罪问题上获得最大的社会效益,①这种社会效益既可以体现在实体处置上,如对被告人判处非监禁刑等轻缓刑罚;也可以体现在程序处置上,如对被告人判处较轻刑罚时降低相关量刑证据的证明标准。但与传统刑法观念下谦抑的立法属性不同,本文在使用谦抑概念时认为,尽管立法谦抑在刑法处遇上具有根本意义,但其在司法和刑罚执行过程中同样具有谦抑属性,如司法者需要考虑如何将抽象的法律规则适用于复杂的社会关系,设法通过个案公正体现出法律和司法政策的一般公正,从而最大限度地得到案件当事人及社会民众的整体认同。研究认罪认罚从宽制度的谦抑宽和属性,应当注意避免将认罪认罚从宽狭义地定位于刑法条文所规定的法定从轻、减轻、免除刑罚情节,仍然孤立地适用相关条文,使认罪认罚从宽制度试点失去了试点的价值。这就要求司法者在适用轻缓刑罚的过程中,尤其注重研究认罪认罚从宽程序设计及运行中"宽"与社会情势的协调关系,善于从法律效果、政治效果、社会效果相统一的视角研究宽严相济之"宽"。需要注意的是,一是注重保护被害人的合法权益,将犯罪嫌疑人、被告人弥补被害人因犯罪行为遭受的损失以及获得被害人谅解作为适用认罪认罚从宽制度的重要考虑因素,在化解矛盾纠纷的基础上进行刑罚宽宥;二是注重防止"宽"的失衡失控,将依法行使自由裁量权与统一刑罚尺度有机结合,依法细化相关认罪认罚从宽规则,防控因权力"寻租"、司法腐败而导致放纵犯罪、以钱买刑的司法后果。

(二)程序正当属性

长期以来,我国的刑事诉讼活动是以侦查活动为导向,实践中形成了在庭审阶段控辩双方积极对抗、消极协作的传统诉讼格局。在这种诉讼模式下,公、

---

① 陈兴良:《刑法哲学》,中国政法大学出版社2004年版,第7页。

检、法三机关明显处于强势地位，掌控诉讼进程，决定犯罪嫌疑人、被告人的命运，加之在我国检察权难以对侦查权形成有效控制与引导，公诉职能过分依赖于侦查职能的行使，[①]受制于一些案件的侦查质量并不高，而检察机关监督乏力，在这种情况下，控辩双方积极对抗、消极协作不但无助于查明案件事实，而且会造成诉讼拖延。党的十八届四中全会明确提出要推进以审判为中心的诉讼制度改革，旨在将刑事诉讼活动的重心由侦查环节拉向审判环节，要求有关定罪、量刑的所有事实都要通过开庭环节予以查明，在新的形势下，控辩双方亦逐渐趋于理性，由传统的积极对抗、消极协作转变为在法官的主导下既相互对抗，又相互配合，即对抗与合意并存的新型诉讼格局。[②] 以审判为中心的改革，意味着要推进庭审的实质化与规范化，但必将消耗更多的司法资源，加剧目前案多人少的矛盾。只有构建认罪、简易案件的审前分流制度，才能增强庭审环节对复杂案件的针对性，凸显审判环节的中心地位，实现刑事诉讼程序的"简者更简、繁者更繁"。[③] 认罪认罚从宽制度正是基于强调控辩双方的协作性，尽可能地将大量的社会矛盾化解在宣判之前，使刑事案件能尽快得到处理，在节约司法资源的同时，也能够充分体现刑事诉讼中的"合意"优势，对于形成对抗与合意并存的多元诉讼格局大有裨益。

（三）效率集成属性

刑事诉讼本应遵守严格、慎重的程序，但伴随着现代社会刑事法律体系的完善，刑法调节社会关系的能力逐步增强，犯罪类型多样化，刑事案件数量不断增多，世界各国越来越关注诉讼效率的内在价值，采用刑事程序繁简分流的方式处理刑事案件逐渐成为发展趋势。我国也在刑事审判实践中逐步扩大适用简易程序、引入速裁程序，力求让一些案件能得到快速、有效的处理，以节约司法资源，加强人权保障。

但是，着眼于审判程序的改革思路无法有效控制进入审判程序的案件总量。[④] 目前我国的分流程序的时间起点设计在提起公诉之时，[⑤]程序的繁简也仅是针对审判程序而言，这对于调控审判阶段的案件总量、减轻司法机关办案压力的积极作用十分有限，这说明，目前我国刑事程序繁简分流制度仍然有较大改进的空间，我们应当逐步构建审前阶段的程序分流机制，针对认罪认罚案

---

① 陈国庆、周颖：《以审判为中心与检察工作》，载胡卫列等编：《以审判为中心与审判工作发展——第十一届国家高级检察官论坛》，中国检察出版社 2015 年版。

② 袁义康：《从侦查权制约的角度解析以审判中心的诉讼架构》，载《犯罪研究》2015 年第 5 期。

③ 冀祥德：《构建中国的控辩协商制度》，载《法律适用》2007 年第 8 期。

④ 魏晓娜：《完善认罪认罚从宽制度：中国语境下的关键词展开》，载《法学研究》2016 年第 4 期。

⑤ 刑事案件速裁程序试点过程中，北京市海淀区等地探索了向侦查机关前段延伸、向监狱管理和教育矫治机关后端延伸的双向延伸机制，拓展了速裁程序的适用半径。

件，建立起一整套贯穿于各个诉讼阶段的程序处理机制，最大限度地减少这类案件的审前羁押时限和诉讼延迟，实现司法资源的优化配置与诉讼效率的最大化。[①]

（四）权利让渡属性

犯罪嫌疑人、被告人是刑事诉讼活动的主体之一，其主体地位是通过享有一系列的程序主体权利得以体现和保障的，我国法律规定了犯罪嫌疑人、被告人享有辩护权、防止有罪类推权、防止被强迫自证其罪权等基于诉讼主体身份的权利。以审判为中心意味着法庭控辩双方地位平等，法庭将充分尊重犯罪嫌疑人、被告人的主体性身份和诉讼程序地位。认罪认罚从宽制度促进控辩双方在犯罪嫌疑人、被告人自愿认罪的基础上，结合各类量刑情节在量刑操作问题上进行协商，检察机关在给予犯罪嫌疑人、被告人一定的量刑优惠的前提下，由法院考虑检察机关的量刑建议对犯罪嫌疑人、被告人作出从宽的刑事处罚。而长期以来，我国刑事诉讼过程由公权力主导，犯罪嫌疑人、被告人处于被动的、不平等的劣势地位，其主体性权利无法得到有效保障。比如，在现有简易程序、刑事和解程序中，犯罪嫌疑人、被告人虽然有提出异议的权利，却没有主动要求适用的权利。犯罪嫌疑人、被告人如实供述是其法定义务，也只是可以从宽处罚，也不必然得到从宽处罚的结果，无法体现“如实供述”的权利性。[②] 实践中经常出现犯罪嫌疑人、被告人认罪但不认罚的情形，简易、速裁程序仍有部分犯罪嫌疑人、被告人上诉，可见对犯罪嫌疑人、被告人自愿认罚方面的激励机制不足。[③]

应当说，认罪认罚从宽制度在宽严相济刑事政策的“宽”面上取得了实质性突破，在没有实质异议的情况下促使犯罪嫌疑人、被告人放弃对抗立场，并确立了犯罪嫌疑人、被告人以放弃抗辩利益换取一定刑罚利益的制度规则。但是，在这种“认罪协商”机制中，犯罪嫌疑人、被告人的诉讼能力和专业背景有较大程度地限制了认罪的全面客观性和协商的充分真实性，由此延伸为协商的平等性和自愿性。有些本来不构成犯罪的犯罪嫌疑人、被告人可能仅仅为了缩短未决羁押时间而违心地签署具结悔过书，甚至可能因看守所其他被羁押人员的传授，在不了解认罪认罚从宽法律含义和后果的情况下，盲目认罪认罚。因此，在构建认罪认罚从宽制度的过程中，应当对“认罪协商”保持相当的审慎，加强犯罪嫌疑人、被告人权利保障，着重增强犯罪嫌疑人、被告人认罪的自愿性，防止

---

① 熊秋红：《认罪认罚从宽的理论审视与制度完善》，载《法学》2016 年第 10 期。

② 王雄飞：《反对强迫自证其罪原则的确立及其制度配套——以贿赂犯罪为研究对象》，载《人民检察》2012 年第 17 期。

③ 陈荣鹏、李永航：《刑事速裁程序试点改革实证研究》，载《云南大学学报》2016 年第 5 期。

程序适用背离其行为认知和真实意图。

三、认罪认罚从宽的比较分析

认罪认罚从宽制度在不同法系下具有多元化的制度特点和形态,作为近现代认罪认罚制度发源地的美国,在社会控制手段创新和实用主义哲学的影响下,更加主张从人类需要的规律出发,在遵循客观标准的同时考虑必要的主观因素,并将被告人的认知因素作为定罪量刑的制度内核,形成了辩诉交易制度,并为其他英美法系国家所效仿。相比而言,大陆法系国家和地区的认罪认罚从宽制度,主要从成文法的定罪标准、非刑罚化标准等方面规定了具有辩诉交易制度思维元素的定罪协商、当事人要求介入等规则设计。

(一)英美法系国家

1. 美国的辩诉交易制度

美国的辩诉交易在司法实践中最早出现于19世纪,可谓辩诉交易的发源地。但其合法性的确认远远晚于制度形成本身。1970年,联邦最高法官正式确认了辩诉交易的合法性;1974年,美国以立法的形式确认了辩诉交易制度。[①]美国的辩诉交易制度适用范围广泛,包括轻罪案件和重罪案件的所有案件。

从含义上讲,美国的辩诉交易制度是指犯罪嫌疑人、被告人对于较轻的罪名或者数项指控中的一项或者几项,通过作出有罪答辩的方式,换取检察官在指控方面的让步。[②] 控辩双方达成协议之后,相应的庭审程序随之简化,法官就不再对案件进行实质性审判,而仅在形式上确认双方协议的内容有效;证明标准随之降低,法官通常对检察官的量刑建议会给予充分尊重。辩诉交易包括罪名交易和量刑交易。罪名交易包括降格指控与减少指控,前者是指检察官可以将指控的较重罪名降为较轻罪名,后者是指在犯罪嫌疑人、被告人犯有数罪或同一罪名实施多次的情况下,仅指控其中的一项、几项罪名或一项罪名中的少数次数,以激励犯罪嫌疑人、被告人自愿认罪;量刑交易是指犯罪嫌疑人、被告人自愿作有罪答辩,[③]以换取检察官请求法官判处较轻的刑罚或者不阻止法官对其轻判。

美国的辩诉交易制度有严格的规则:第一,犯罪嫌疑人、被告人必须在罪状认否程序中作有罪答辩,并且其有罪答辩系基于自愿、知悉后果且在律师的帮助下作出的;第二,辩诉交易不能侵犯犯罪嫌疑人、被告人正当的程序权利,犯

---

① [美]玛丽·沃格尔、屈文生、李润:《辩诉交易:强制、公正与效率之惑——五十年来关于辩诉交易之当代后果的冲突研究》,载《青少年犯罪问题》2013年第6期。

② 祁建建:《美国律协〈刑事司法标准〉之〈有罪答辩标准〉评析》,载《中国刑事法杂志》2016年第5期。

③ 赵廷凯:《美国辩诉交易制度研究》,载《法制博览》2015年第23期。

罪嫌疑人、被告人在宣判前可以放弃认罪,放弃认罪后,在辩诉交易阶段认罪的内容不得作为指控的依据;第三,辩诉交易并不对法官形成拘束力,法官有权对辩诉交易的效力进行确认,即可以接受或拒绝辩诉交易。①

2. 英国的辩诉交易制度

英国的辩诉交易制度产生于20世纪70年代,在英国,犯罪嫌疑人、被告人认罪是最高证据形式,法官可以不再进行任何形式的审理而直接判决犯罪嫌疑人、被告人有罪。② 在这一证据体系的指导下,英国诞生了适用范围很广的辩诉交易体系。英国的辩诉交易制度在适用案件范围方面与美国相同,适用于轻罪、重罪等所有案件。但是与美国不同的是,在英国的司法体系中,量刑的权力严格掌握在法官手中,控辩双方的辩诉交易仅针对罪名,无权对量刑问题进行交易和协商,也没有设置检察官向法官提量刑建议的权限。英国辩诉交易在罪名交易方面与美国相同,包括降格指控与减少指控,③但除此之外,英国还允许进行事实交易与答辩交易。事实交易是指控辩双方达成协议,如果犯罪嫌疑人、被告人作有罪答辩,则检察官承诺以对犯罪嫌疑人、被告人有利的方式向法庭陈述案情,如不提及某个加重情节等。答辩交易是检察官通过给予量刑方面的大幅优惠,鼓励、刺激犯罪嫌疑人、被告人作有罪答辩。④ 此外,虽然控辩双方无法就量刑问题进行交易,但是在检察官在场的情况下,辩护人可以直接同法官作量刑交易,犯罪嫌疑人、被告人的认罪答辩可获法官1/4~1/3的减轻量刑,有罪答辩越早,量刑折扣就越大。

需要指出的是,在英国,辩诉交易除适用于审判阶段外,也同样适用于侦查、审查起诉阶段,如侦查阶段通过作有罪答辩,换取警方对案件侦查的终止,或建议法官对被逮捕的犯罪嫌疑人、被告人进行保释;如审查起诉阶段,通过作有罪答辩可获得检察官的减轻指控。⑤

(二)大陆法系模式

1. 德国的认罪协商程序

德国是典型的大陆法系国家,也是法官职权主义的代表性国家,其刑事诉讼的价值目标从传统上讲也是追求客观真实,要求司法人员严格查明案件真相,不允许进行辩诉交易。但是,由于传统诉讼观念与案件数量激增的现实状况之间的矛盾等多种因素,德国刑事司法实践中自发形成了带有辩诉交易色彩⑥的

① 刘根菊、李利君:《刑事简易程序比较研究》,载《比较法研究》2009年第5期。

② 郑曦:《英国被告人认罪制度研究》,载《比较法研究》2016年第4期。

③ 袁慧:《英美法系与大陆法系辩诉交易之比较与评论》,载《辽宁警专学报》2011年第2期。

④ 李斌:《从积极公诉到降格指控》,载《中国刑事法杂志》2012年第6期。

⑤ 冀祥德:《辩诉交易中国化的理论与现实考量》,载《刑事法评论》2007年第1期。

⑥ 郭明文:《两大法系国家辩诉交易程序辨析》,载《昆明理工大学学报》2009年第1期。

刑事协商做法,并普遍存在于大量案件中。经历30多年的实践与发展,德国在2009年颁行了《刑事程序中的协商规定》,刑事协商制度被正式立法规范化。①

德国的刑事协商程序有三种形式,一般以终结诉讼程序为目的。一是附条件不起诉制度,如果犯罪嫌疑人、被告人所犯为轻罪,检察官在取得犯罪嫌疑人、被告人和法官的同意后,可以在一定期限内责令犯罪嫌疑人、被告人履行特定义务,比如缴纳一笔罚金或者履行一定的补救措施之后,作出不起诉决定。二是处罚令程序,②如果犯罪嫌疑人、被告人的犯罪事实清楚、证据充分,检察官与犯罪嫌疑人、被告人在检察环节可以进行协商,如果犯罪嫌疑人、被告人认罪,检察官可以向法官申请一道处罚令,法官可以不经审判而直接对犯罪嫌疑人、被告人处以罚金或者缓刑,从而结束诉讼程序。三是"减轻指控"协商③,检察官可以与犯罪嫌疑人、被告人在审判环节或者检察环节进行协商,如果检察官把指控罪名从重罪降为轻罪、或者由多项罪名减为少项罪名,犯罪嫌疑人、被告人就承认自己的罪行,但在德国检察官的此项权利受到法官的牵制,一旦启动审判程序,法官对罪名的认定将不受检察官的限制,法官有权直接改变检察官指控的罪名。

2. 意大利的依当事人要求适用刑罚制度

意大利也是一个典型的大陆法系国家,其实践中长期受到法西斯专政时期遗留的法律制度的影响,犯罪嫌疑人、被告人地位低下,④诉讼时效拖延,积案增多。1989年意大利颁布新的刑事诉讼法典,确立了依当事人的要求适用刑罚的制度,意大利成为欧洲首个确立协商性司法制度的大陆法系国家。

意大利的依当事人的要求适用刑罚程序,是指在一审开庭之前,犯罪嫌疑人、被告人可以与检察官协商适用刑罚的种类和具体标准,可以选择协商适用替代刑罚、减轻财产刑或者监禁刑,之后法官以判决形式确认双方协议有效。该程序体现着大陆法系法官职权主义的特点,法官要对该程序作形式和实质两方面审查。⑤ 在启动方式上,控辩双方既可以协商一致、共同要求法官适用该程序,也可以由一方提起,由法官征求另一方的意见,甚至在犯罪嫌疑人、被告人单独提起,检察官反对时,法官也可以依职权决定适用该程序。在协商内容上,

① 李昌盛:《德国刑事协商制度研究》,载《现代法学》2015年第3期。

② 李本森:《我国刑事案件速裁程序研究——与美、德刑事案件快速审理程序之比较》,载《环球法律评论》2015年第2期。

③ 李红震、张平玮:《域外起诉制度对我国的借鉴》,载《法制与经济》2015年第20期。

④ 宋钊:《论控辩协商型起诉制度》,河北大学2013年硕士学位论文,第14~16页。

⑤ 蔡艺:《意大利刑事特别程序评析——兼评我国刑事公诉案件程序分流的完善》,载《长沙理工大学学报》2016年第4期。

只允许控辩双方对量刑方面进行协商，而不能协商指控的罪名，另外，如果控辩双方协商一致，法官还要审查协商是否出于犯罪嫌疑人、被告人的意志自由，对于刑罚的适用，法官认为不合适时，也可以拒绝适用协商程序。在适用范围上，也有着严格的法律规定，早期法律规定该程序仅适用于宣告刑不超过两年监禁刑的案件，或者单处罚金刑的轻微刑事案件，2003 年意大利颁布第 134 号法令，将该程序的适用范围扩大至最低法定刑期在 7 年 6 个月以下监禁刑的案件。①

3. 我国台湾地区的刑事协商程序

近年来，我国台湾地区的刑事诉讼模式逐渐开始由职权主义向当事人主义转变，2004 年台湾地区通过修改“刑事诉讼法”，增设了 10 个条文，正式确立了刑事协商程序。该程序秉承了“明案速判、疑案慎断”之原则，并借鉴美国的辩诉交易制度，同时吸收了某些恢复性司法的内涵，以求能够整合司法资源，提高办案效率，使法官有足够的时间审理疑难复杂案件。②

台湾地区协商程序的主体仅限于控辩双方，法官无权参与，处于消极裁判的地位。对于协商程序的适用方式，也有着严格的限制，仅适用于部分轻罪案件，要在一审辩论终结前提出，并经主审法官同意方可适用，检察官应在法官同意后的 30 日之内与犯罪嫌疑人、被告人达成协议。③ 就协商的内容而言，控辩双方只能对量刑部分及是否适用缓刑进行协商，对于认罪部分不能协商，犯罪嫌疑人、被告人只有在承认罪行的前提下，才能通过协商程序来换取较轻刑罚；另外，犯罪嫌疑人、被告人还可以通过向被害人道歉、额外支付经济补偿等方面与检察官具体协商以换取较轻刑罚，但这些协商的内容应当经过被害人同意。

另外，在我国台湾地区的协商程序中，犯罪嫌疑人、被告人能获得充分的权利保障。第一，知情权。法官应在接受协商程序申请后的 10 日之内讯问犯罪嫌疑人、被告人，并告知其所认罪名、法定刑及认罪认罚可能让渡的诉讼权利及其法律后果；第二，任意撤销权。犯罪嫌疑人、被告人在刑事协商程序中，有权要求法官恢复适用普通程序或者简易程序，这种要求原则上是无因的。第三，强制辩护权。如果犯罪嫌疑人、被告人愿意接受被判处 6 个月以上有期徒刑的刑罚且不能宣告缓刑，在其没有聘请辩护人的情况下，法官应为其指定辩护人，帮助其与检察官进行协商。第四，禁止使用不利陈述的权利。犯罪嫌疑人、被告人及其辩护人在协商过程中的陈述，不得用于作为不利证据，证明犯罪嫌疑人、被告人及其同案犯的犯罪事实。④

---

① 陈超：《比较法视野下的意大利辩诉交易制度》，载《人民司法》2014 年第 19 期。

② 胡铭：《台湾刑事协商程序的产生及其影响》，载《人民检察》2008 年第 9 期。

③ 陈光中、马康：《认罪认罚从宽制度若干重要问题探讨》，载《法学》2016 年第 8 期。

④ 严璞：《论我国台湾地区刑事协商制度》，吉林大学 2012 年硕士学位论文，第 25 页。

在台湾地区的协商程序中，法官除了对启动协商程序有决定权之外，对协商的内容也具有审查权。除了控辩双方可以自愿撤销协商的内容之外，当法官认为犯罪嫌疑人、被告人协商的意思并非出于自由意志，或者协商的内容明显失当，或者法官认定的事实与协商的事实显然不符，或者非法定可协商之罪名，或者出现犯罪嫌疑人、被告人另犯有较重罪行的等情况，法官应当裁定驳回协商申请。如无上述事由，法官可不经法庭辩论，在协商合意的范围内作出判决，一经判决，控辩双方原则上都不得上诉。①

(三)比较评析

1. 认罪认罚从宽制度的中国特色

由于我国之前没有认罪协商制度的司法实践，且协商制度源于英美法系，因此，在我国构建认罪认罚从宽制度，需要结合我国法律制度体系与司法实际状况，充分考虑我国实际情况。本文认为，我国认罪认罚从宽制度首先要契合我国的国情与现实需求，对其制度设计应秉持慎重态度，做到适度吸收、逐步推广。我国《刑事诉讼法》的首要功能是保障《刑法》的实施，针对刑事诉讼法律体系的修改，应考虑对刑事实体法律体系稳定性的影响。这主要基于以下两方面考虑：一方面，近年来我国具有广泛社会影响的大案、要案频出，我国同犯罪作斗争的形势依然严峻、不能松懈；另一方面，危险驾驶罪、代替考试罪等诸多轻罪入刑，刑法日益发挥着重要的社会管理调控机能，对人民群众的生活影响日益增强，如果认罪认罚从宽制度被不合理地滥用，无疑会影响刑法的机能和权威性，降低刑法犯罪预防的作用。新的时期，我们既提倡人性化执法，倡导情与法并重，也注重案件处理的社会效果。致力于维护社会稳定，有效化解社会矛盾是司法机关的重要职责，构建认罪认罚从宽制度，必须要考虑人民群众的朴素感情，如果对相关协商程序运用不当，群众难以接受案件处理结果，将会引发社会矛盾，如果适用该项制度将会产生明显有违社会公正的处理结果，有损司法公信力，那么我们构建该项制度将会得不偿失。

其次，我国系传统大陆法系国家，而协商制度是英美法系中对抗式诉讼制度的产物，我们构建该项制度，应当充分考虑其移植性，而不能生搬硬套。英美法系国家辩诉交易制度适用范围广泛，得益于其采用的是自由心证证据制度，并鼓励契约精神，②检察官、法官断案凭借自己的法律知识及内心确信就可以定案，客观上司法机关与犯罪嫌疑人、被告人具有较大的协商空间，例如在英国，犯罪嫌疑人、被告人认罪即为最高证据形式；而我国实行的是严格的法定证据

---

① 袁祥境：《论台湾地区刑事协商程序——以恢复性司法为视角》，载《黑龙江省政法管理干部学院学报》2015 年第 4 期。

② 刘方权：《刑事和解与辩诉交易》，载《江苏警官学院学报》2003 年第 4 期。

规则,要求司法人员严格查明案件真相,在案件事实确实无法查清、证据确实不足的情况下,又只能作无罪化处理。因此,从法律体系上来讲,协商制度在我国适用的空间较小。以速裁程序为例,目前速裁程序试点中的《量刑协商确认书》也仅是在案件事实清楚、定罪证据确实充分的前提下,检察机关以在约定的刑期以下量刑的承诺来换取犯罪嫌疑人、被告人一个良好的认罪态度,对检察机关来说,简化的仅仅是审查报告与庭审质证程序,本来证据就充分、足以定罪;对犯罪嫌疑人、被告人来说,获得的是缩短的审前羁押期限与较轻的量刑,其不能主动要求适用速裁程序,只能被动地接受指控的罪名以换取轻刑快审的结果。可见,速裁程序其实并不具有检察官与犯罪嫌疑人、被告人在定罪、量刑方面的实质的交易性质,犯罪嫌疑人、被告人是否认罪丝毫不影响案件事实的认定,仅影响程序是“速裁”还是其他。但是如果大胆赋予控辩双方实质的协商权,又恐淡化检察官的举证责任、降低刑事案件证明标准,①甚至滋生司法腐败。下一步改革中,如何将协商程序实质性地往前有所推进,又不违背罪责刑相适应原则与我国的依法治国理念及相关证据规则,是制度设计中的重点与难题。

2. 我国对域外经验的可行性借鉴

虽然构建我国的认罪认罚从宽制度并无本土化的先例可供参考,并且存在诸多的理论与现实难题需要攻克,但是域外两大法系均有数十年丰富的实践经验,可以为我国具体的制度设计提供宝贵的借鉴。就具体借鉴域外经验而构建我国自身的制度方面而言,需要注意以下几个问题:

首先,关于协商的内容方面应严格限制。一方面为了防止司法腐败,另一方面为了平衡被害人的感情,另外,还出于防止侦查机关怠于履行侦查职能、保证案件侦查质量方面考虑。对此,可以借鉴意大利及我国台湾地区的做法,仅允许控辩双方就量刑方面进行协商,而关于定罪方面、犯罪事实的增减,及法定量刑情节的增减方面原则上不允许协商。另外,还应规定某些恶性案件、侵犯公共利益等案件不允许进行协商。

其次,应当引进多元化的协商机制。② 一方面为了进一步提高效率;另一方面根据各类案件的特点有针对性地设计相应程序。这方面可以借鉴德国的附条件不起诉制度和处罚令制度,将一些确实无必要进入审判程序的案件终结在检察环节,将一些无争议的轻罪案件根据检察官的申请直接作出判决,以达到快速终结程序的目的,并且由检察官对这类案件的质量负责。相应的,其配套制度建设要求扩大检察官的起诉裁量权、不起诉裁量权,使其能够更科学地履

---

① 高珊琦、曹玉江:《辩诉交易公正价值之重新审视》,载《当代法学》2009 年第 2 期。

② 李文强:《我国刑事速裁程序的实践探索与完善建议》,华东政法大学 2016 年硕士学位论文,第 44 页。

行起诉权和求刑权。另外,还可以借鉴英国“有罪答辩越早,量刑折扣越大”的做法,建立适当的认罪鼓励制度。①

最后,应当完善犯罪嫌疑人、被告人的权利保障机制。一方面是为了鼓励犯罪嫌疑人、被告人自愿适用协商程序;另一方面可以推进刑事诉讼格局的科学化改造。这方面可以借鉴美国及我国台湾地区的做法,赋予犯罪嫌疑人、被告人知情权、任意撤销权、禁止不利陈述权等权利。同时,也应当完善我国的律师制度,借鉴美国的律师在场制度②及台湾地区的强制辩护制度。③ 此外,还应当赋予被害人一定的知情权,引入公众监督权、法官审查权,以防止检察官滥用协商权。

四、以审判为中心的基本含义

以审判为中心,也被称作“审判中心主义”,是在我国宪法和刑事诉讼法规定的分工负责、互相配合、互相制约的前提下,将侦查、审查起诉等程序节点的司法机关行为及后果,明确归入程序内意义,或主要具有审判裁决准备的价值,在对外层面或终极层面上不产生有罪的法律效果。④ 相应地,在其他诉讼程序围绕审判程序向心而为的,只有审判职能借以运作的审判程序才能够在个案中实现国家刑罚权。⑤ 在权力运行语境下,明确被告人是否有罪、应否判处刑罚以及如何判处刑罚等问题应专属于司法权的权能,应当以审判方式固化形成,防止以行政化等不符合司法权属性的方式,⑥或有悖于司法权运行规律的方式实施。应当明确的是,以审判为中心不应片面地将“以侦查为中心”到“以审判为中心”的转化,解读为侦查机关、检察机关乃至国家监察体制改革后监察机关对审判机构的附属和妥协,恰恰相反,以审判为中心作为诉讼职能意义上的审判中心主义,要求这些机关从诉讼程序整体规范并在标准上衡量自身中刑事诉讼阶段的工作准则,是程序关系和职能标准的新定位。

五、以审判为中心的刑事处遇

(一)全流程导向

以审判为中心的刑事诉讼制度最基本的特征是实现了各个诉讼阶段的有机统筹,在认罪认罚从宽的治理模式上,需要改变传统刑事思维下仅从检察院、法院启动程序、以法院为主的做法,应将认罪认罚从宽适用的程序节点提前至

---

① 郑曦:《英国被告人认罪制度研究》,载《比较法研究》2016 年第 4 期。

② 曾泉生、苏静:《认罪认罚从宽制度的司法尝试》,载《中国检察官》2016 年第 19 期。

③ 吴羽:《台湾地区强制辩护制度述评》,载《法治研究》2011 年第 11 期。

④ 孙长永:《审判中心主义及其对刑事程序的影响》,载《现代法学》1999 年第 4 期。

⑤ 龙宗智:《“以审判为中心”的改革及其限度》,载《中外法学》2015 年第 4 期。

⑥ 陈光中、步洋洋:《审判中心与相关诉讼制度改革初探》,载《政法论坛》2015 年第 2 期。

侦查阶段。以犯罪嫌疑人认罪答辩为基础,“认事”者先行适用,将案件即时分流,使“认事、认罪、认罚”者得到“快速审判和从宽处理”。同时,在任一阶段,一旦发现条件不符,随时终止适用。全流程导向的重要目标之一在于提高集成化办案效率,加强公检法机关之间办案职能的衔接和案件高效流转,以“综合”追求“高效”,压缩被告人的候审时间,运用现代科技手段,如以视频的方式实现看守所内的嫌疑人、被告人与看守所外值班律师的即时会见,省却办理相关手续的烦琐,实现了法律帮助的高效。

(二)证据规则导向

审判中心主义模式下,传统的证据裁判原则发生变化,针对证据归于裁判的意义,形成了由证据非裁判所必须到没有证据不得进行裁判的转变;针对裁判所依据证据的性质,形成了依据非理性证据进行裁判到以理性证据为依据的证据裁判;针对证据的价值内涵,形成了片面强调证据的真实到真实性与合法性并重的证据裁判。在证据的形式上,从重点获取主观性证据转移到全面收集各种证据,尤其是对客观性证据的收集。实现从“由供到证”“以证印供”向“以证促供”“证供互动”的转变。认罪认罚从宽制度直接基于犯罪嫌疑人、被告人对犯罪事实及罪名的供认不讳,将其供述作为定罪量刑的基础性证据,有助于相关主客观证据的收集,在办案逻辑上,容易重新回到基于犯罪嫌疑人、被告人口供进行侦查取证的传统办案思维。在此问题上,本文主张在认罪认罚从宽制度下,对于证据收集的主客观逻辑可以进行适当的调整,基于认罪前提和办案效率考虑,适度弱化以证促供的证据收集思路,将证供互动作为认罪认罚从宽制度适用案件的侦查取证主体思维。

(三)庭审实质化导向

在认罪认罚从宽制度适用下,由于控辩双方对于定罪量刑问题不持异议,在一定程度上容易出现庭审形式化的问题,当然,这种庭审形式化也属于被告人让渡诉权利益的外在表征,并没有从根本上褫夺或弱化被告人的诉权。因此,对于认罪认罚从宽的庭审实质化应当与审判中心主义模式下的一般庭审实质化有所差异。一方面,围绕定罪问题的实质化庭审可相对弱化,但应围绕被告人认罪的自愿性以及对关键定罪证据的举证质证进行实质审查。另一方面,应当围绕量刑问题尤其是从宽的依据和尺度问题进行实质化庭审,需要组织控辩双方围绕从宽的事实及法律适用进行审查和论辩,防止量刑情节的遗漏或偏倚。

(四)人权司法保障导向

法律认知是犯罪嫌疑人、被告人自愿认罪的前提,也是认罪认罚从宽制度得以实施的法律基础。由于犯罪嫌疑人、被告人对于案件事实及其法律适用尤其是认罪认罚从宽的法律后果缺乏自主认知的专业能力，为保障其充分、真实自愿，在制度设计上让法律援助律师在采取强制措施之时介入诉讼程序，为犯罪嫌疑人提供法律帮助，充分告知诉讼权利及使用速裁程序的法律后果，在基本证据材料的查阅、审核上，基本确保控辩对等，有助于确保认罪认罚的自愿性及量刑协商的有效性。同时，在刑事诉讼的不同阶段设定犯罪嫌疑人、被告人的程序反悔权，一旦对认罪认罚从宽制度的适用提出异议，应当及时排除制度适用。

六、以审判为中心与认罪认罚从宽的制度关系辨析

（一）制度取向的从宽与从快

认罪认罚从宽制度在试点进路上与刑事案件速裁程序紧密衔接，且在内容上速裁程序已经纳入了认罪认罚从宽制度试点的一部分，容易在司法实践中造成一味从快、不及其他的误区。从认罪认罚从宽的制度取向上看，其固然具有通过犯罪嫌疑人、被告人认罪，降低案件侦办难度、提升办案效率的制度考虑，但从本质上是对宽严相济刑事政策之宽面的体系研究和制度构建，从快只是认罪认罚从宽制度的价值目标之一，且并非主要价值。因此，认罪认罚从宽在制度取向上，应当更加注重对认罪认罚标准、从宽尺度的研究，对司法效率的研究应当纳入公正范畴内，使该制度真正成为以看得见的方式实现公正的路径。

（二）证明标准的保持与降低

刑事案件证明标准能否降低是认罪认罚从宽制度一个难以回避的问题。诸如美国的辩诉交易制度，将定罪协商作为辩诉交易的重要内容，学界和司法实务界也进行过类似的探讨，对于一些难以取证或证据质量相对较低的案件，能否通过犯罪嫌疑人、被告人自动认罪到达证据补强的效果，抑或允许司法人员采取一定限度内的以认罪为导向的诱供行为，以达到证明目的。本文看来，这些探讨虽然在某种程度上反映了司法实务中的迫切需求，且证明标准的调整并不与被告人的诉讼利益发生根本冲突，但本质上属于定罪非法定化的表现，在司法实践中是极其危险的，可能导致自由裁量权的滥用。因此，在定罪问题上，应当坚持证据确实充分的证明标准，排除犯罪嫌疑人、被告人自证其罪的适用。当然，在量刑问题上，鉴于罪刑法定原则禁止不利于被告人的推定、不禁止有利于被告人的推定，其在证明标准上本身就存在降低的依据。不仅如此，在证明标准的衡量方式上也应与定罪标准有所区分。定罪证据规则应当严格依照法定证据标准和要件，研究行为人的主观罪过、客观行为方式及后果等，趋向于标准尺度的单一性和封闭性。量刑证据规则则应当具有一定的开放性和社会性，除自首、立功等法定量刑情节的考量适用外，更加注重通过一贯表现、认罪悔罪态度、为人处世行为方式等对于被告人的人身危险性进行评估，以准确

预测被告人特殊预防的效果。

(三)诉讼程序的普适与限定

与刑事案件速裁程序脱胎于简易程序并形成相对独立的程序的特性不同,认罪认罚从宽制度本身并不具有程序意义,也就是说其在刑事诉讼程序上是普适的,既适用于速裁程序、简易程序等认罪程序,也适用于普通刑事诉讼程序中被告人认罪的事实及罪名。其中需要注意的问题主要是程序转化,鉴于本文对于认罪认罚从宽制度的定罪证据标准并不主张降低或放宽,因此,定罪证据并不影响程序之间的相互转换,但在量刑证据问题上,却存在量刑裁量的尺度差异。如实践中较为常见的犯罪嫌疑人当庭自愿认罪,并同意适用认罪认罚从宽制度,考虑其认罪认罚是建立在主客观证据已经确实充分并且其自主意识到负隅顽抗没有实质意义的逻辑基础上,可见其认罪认罚的自我认知系被动而非主动,相应的人身危险性和再犯风险也有所提高,因此,在从宽的尺度上应进行从严的裁量。另外,普通程序的认罪认罚从宽适用是司法实践中较为棘手的问题,如在涉及多起事实或多个罪名的案件中,或者共同犯罪部分被告人认罪、部分被告人不认罪的案件中,由于整体程序的诉讼周期较长,被告人针对部分情节所期待的程序利益难以得到有效满足,这就需要对案件进行细分,在审判方式上也可以进行多元探索,如共同犯罪案件中,对于案件审理周期较长的,可以考虑对部分认罪认罚的被告人先行判决并适用从宽规则;对于同一被告人部分认罪、部分不认罪的情形,鉴于其认罪部分的程序利益主要体现在量刑轻缓上,并不能提高案件的整体诉讼效率,可以不对认罪实施部分的效率问题过于苛求。

适用好一项制度首先应准确把握其具体构成,"两高三部"已经对认罪认罚从宽制度制定了《关于在部分地区开展刑事案件认罪认罚从宽制度试点工作的办法》(以下简称《办法》)①,其中做了较为概括的规定,本章从宏观和微观这两个层面剖析认罪认罚从宽制度的构成。

七、认罪认罚从宽制度的宏观构成分析

宏观层面,包括适用认罪认罚从宽制度的一般要件和程序要件。一般适用要件是指具备适用认罪认罚从宽制度的基本要件,而程序要件则是适用这一项制度所经历的先后程序。

(一)一般适用要件

对于认罪认罚从宽制度的适用条件,主要从两个层面展开,在实体层面对

① 详见最高人民法院、最高人民检察院、公安部、国家安全部、司法部《关于在部分地区开展刑事案件认罪认罚从宽制度试点工作的办法》。

犯罪事实、指控罪名和量刑范围予以认可;在程序层面,对于认罪认罚程序予以认可。而实体层面实际就又包含了两方面的内容:一方面是对事实和定性的认可,即认罪;另一方面是对公诉机关提出的量刑建议予以认可,即认罚。对具备这两个基本要件的刑事案件,对相应的犯罪嫌疑人、被告人可以依法从宽处理。"两高三部"《办法》第1条对此作出具体规定,①这是适用认罪认罚从宽制度的积极要件。

同时,《办法》第2条还规定了四种情形不得适用认罪认罚从宽制度,②其中第一种情形是限制刑事责任能力的精神病人,因其辨识能力不完全,其对适用该制度的自愿性及适用的法律后果可能存在一定缺陷,故不宜适用该制度。第二种情形是在未成年人犯罪案件中,因其法定代理人具有独立的发表意见的权利,法定代理人出于维护未成年人合法权益的角度作出不同意认罪认罚从宽制度的决定,则不应适用该制度。第三种情形是被告人的行为不构成犯罪,则不存在适用该制度的前提。第四种情形是兜底性规定,也就是说实际上实践中对于一些不适宜适用认罪认罚从宽制度的案件也不得适用该制度,具体哪些情形不宜适用《办法》未予明确,仍需根据实践中具体情况具体分析。这是适用认罪认罚从宽制度的消极要件。

根据犯罪是否造成具体自然人或者法人损害后果的不同,有的犯罪有被害人,对于此类案件,还要认真考虑被害人的意见。《办法》第7条对此做出了规定。③ 那么被害人意见是否是认罪认罚从宽制度的要件呢?从该条的规定看,规定并未将被害人意见作为适用认罪认罚从宽制度的必要条件,但被害人意见是适用认罪认罚从宽制度依法对被告人是否从宽处理的重要依据。换句话说,对于适用认罪认罚从宽制度的案件,如果被害人与被告人未达成和解或者未谅解被告人,那么也无法依据认罪认罚对被告人予以从宽处理。

从适用该制度的积极要件和消极要件可以看出,《办法》并未对认罪认罚从

---

① 最高人民法院、最高人民检察院、公安部、国家安全部、司法部《关于在部分地区开展刑事案件认罪认罚从宽制度试点工作的办法》第1条规定:"犯罪嫌疑人、被告人自愿如实供述自己的罪行,对指控的犯罪事实没有异议,同意量刑建议,签署具结书的,可以依法从宽处理。"

② 最高人民法院、最高人民检察院、公安部、国家安全部、司法部《关于在部分地区开展刑事案件认罪认罚从宽制度试点工作的办法》第2条规定不得适用认罪认罚从宽制度的情形如下:(1)犯罪嫌疑人、被告人是尚未完全丧失辨认或者控制自己行为能力的精神病人的;(2)未成年犯罪嫌疑人、被告人的法定代理人、辩护人对未成年人认罪认罚有异议的;(3)犯罪嫌疑人、被告人行为不构成犯罪的;(4)其他不宜适用的情形。

③ 最高人民法院、最高人民检察院、公安部、国家安全部、司法部《关于在部分地区开展刑事案件认罪认罚从宽制度试点工作的办法》第7条规定:"办理认罪认罚案件,应当听取被害人及其代理人意见,并将犯罪嫌疑人、被告人是否与被害人达成和解协议或者赔偿被害人损失,取得被害人谅解,作为量刑的重要考虑因素。"

宽制度适用的案件类型及犯罪严重程度作出限制,我国《刑法》分则根据犯罪所侵犯客体的不同,将犯罪分为十大类,侵犯同类客体的犯罪规定在一章,每章内又按照犯罪行为所侵犯具体客体的不同分节规定犯罪。每章每节基本按照犯罪的严重程度对具体罪名的犯罪构成及处罚进行了具体规定。按照犯罪侵犯的客体不同以及犯罪的严重程度不同,本制度的适用范围需要研究。

1. 不同犯罪类型中认罪认罚从宽制度的适用要件

我国《刑法》分则共有十章,规定了十大类犯罪,是否所有的犯罪均可适用认罪认罚从宽制度,对此《办法》并未明确。从《办法》颁布的主体看,对于公安机关侦查、国家安全机关侦查以及人民检察院侦查[①]的刑事案件可以适用《办法》,但是我国实行军队内犯罪案件由军事检察院、军事法院专门管辖,随着国家监察体制改革的推进,职务犯罪案件亦由国家监察委员会侦查,检察机关不再享有职务犯罪案件侦查权,那么对于军队保卫部门侦查、国家监察委员会调查的犯罪是否也适用《办法》,并未明确规定。原则上,由于相关单位并未参与《办法》的制定和颁布,《办法》在军队保卫部门侦查和国家监察委员会调查过程中并不适用。问题是对于由军队保卫部门侦查和由国家监察委员会调查的刑事案件能否适用认罪认罚从宽制度?这一点需要予以明确。从认罪认罚从宽制度的目的来看,开展认罪认罚从宽是“为了落实宽严相济刑事政策,完善刑事诉讼程序,合理配置司法资源,提高办理刑事案件的质量与效率”[②]。从合理配置资源提高办理刑事案件的效率角度看,对于所有刑事案件均可以适用认罪认罚从宽制度,这也有利于法律的统一实施。因此,对于不同类型的犯罪适用认罪认罚从宽制度适用要件均相同,军队保卫部门侦查的犯罪,在移送军事检察机关、军事法院后,只要符合认罪认罚从宽制度的基本要件,就可以适用该制度,依法可以从宽处理;国家监察委员会移送的职务犯罪案件亦可以适用认罪认罚从宽制度。

2. 不同严重程度犯罪中认罪认罚从宽制度的适用要件

我国《刑法》根据犯罪的严重程度不同对犯罪设定了不同幅度、不同种类的法定刑,这是罪刑相适应原则指引下的立法体现。同时,我国《刑事诉讼法》又根据犯罪的法定刑幅度设定了法院级别管辖的基本分界线,那么根据犯罪的严重程度不同,认罪认罚从宽制度有无特别的要求,严重犯罪中能否适用认罪认

---

① 监察体制改革后,检察机关将没有职务犯罪案件侦查权,但依然享有对派驻监狱、看守所内发生的犯罪进行侦查的权力。

② 全国人民代表大会常务委员会《关于授权最高人民法院、最高人民检察院在部分地区开展刑事案件认罪认罚从宽制度试点工作的决定》,载中国人大网:http://www.npc.gov.cn/npc/xinwen/syxw/2016-09/03/content_1996815.htm,最后访问日期:2017年11月29日。

罚从宽制度呢？实践中，办案人员对此也存在认识差异，有学者通过问卷调查发现，只有不到1/3的被调查人员认为认罪认罚从宽制度适用于包括可能被判处无期徒刑、死刑的所有刑事案件。① 我国《刑法》中并无重罪、轻罪的明确规定，但是根据犯罪所侵犯的客体以及犯罪所对应的刑罚，我们基本可以将犯罪分为重罪、轻罪和微罪三个等级，重罪面临生命刑和长期自由刑，轻罪面临中期、中短期自由刑，微罪面临短期自由刑、财产刑和资格刑。有论者建议以5年有期徒刑为界，将法定刑在5年有期徒刑以上刑罚的犯罪划分为重罪，并且将以10年有期徒刑为界将重罪划分为中等程度重罪和严重程度重罪；将法定刑不足5年有期徒刑的犯罪划入轻罪，并以3年有期徒刑为界，将轻罪划分为两级；将1年有期徒刑以下、拘役、管制、单处罚金的犯罪划入微罪。② 该论者对重罪、轻罪、微罪的划分具有一定合理性，但是对于重罪的划分层次仍有一定欠缺，毕竟死刑是生命刑，其严重程度与无期徒刑和有期徒刑均不可同日而语。我们可以将重罪划分为三个等级，一级最重，具体可以将法定刑在5年至10年有期徒刑的犯罪划分为三级重罪，将法定刑在10年有期徒刑以上至无期徒刑的犯罪划分为二级重罪，将法定刑为死刑的犯罪划分为一级重罪。那么对于这些不同等级的犯罪，是否均能适用认罪认罚从宽制度？

首先，认罪与否，与案件严重程度并无必然联系。认罪是犯罪嫌疑人、被告人对指控犯罪事实的一种主观反应，有些轻罪案件，被告人亦可能不认罪，而重罪案件中，也有大量被告人认罪。

其次，认罪与否，与被告人是否构成犯罪并无必然联系。我国刑事诉讼实行证据裁判原则，《办法》第4条再次强调认罪认罚从宽制度中也要坚持证据裁判。被告人供述虽然是法定证据种类之一，但我国《刑事诉讼法》明确规定，只有被告人供述，不能认定被告人有罪。由此可见，即使被告人认罪，也不必然导致其被司法机关认定有罪。

因此，“该制度原则上适用于所有刑事案件，不仅包括轻罪案件，还应当包括可能被判处无期徒刑、死刑的重罪案件”。③ 认罪认罚从宽制度是涵盖所有犯罪类型的一种制度，无论是微罪、轻罪还是重罪案件，只要犯罪嫌疑人、被告人符合“认罪”和“认罚”两个基本要件，就可以适用认罪认罚从宽制度。

（二）适用程序要件

我国刑事诉讼实行二审终审制，其中一审法院判决被告人死刑立即执行案件需要最高人民法院复核，根据《刑事诉讼法》第250条的规定：“最高人民法院

---

① 刘广三、李艳霞：《认罪认罚从宽制度适用范围的厘清》，载《人民法治》2017年第1期。

② 陈严法主编：《认罪认罚从宽制度研究》，法律出版社2017年版，第66～67页。

③ 陈光中：《认罪认罚从宽制度实施问题研究》，载《法律适用》2016年第11期。

复核死刑案件,应当作出核准或者不核准死刑的裁定。对于不核准死刑的,最高人民法院可以发回重新审判或者予以改判。”实际上相当于死刑立即执行案件为三审终审制。那么,认罪认罚从宽制度是贯穿从一审到二审及死刑复核程序始终,还是仅限于一审程序适用?由于我国二审法院实行全面审理原则,不仅审理案件的法律适用问题,而且审理案件的事实问题,这就不可避免地出现被告人在二审程序中出现认罪认罚的情况,特别是部分一审被判处死刑的被告人在二审程序、死刑复核程序中为了求得免死,与被害人达成和解或者赔偿被害人损失并取得被害人谅解,二审程序、死刑复核程序中能否适用认罪认罚从宽制度对其改判从轻处罚?换句话说,被告人在之前的程序中未认罪认罚,但在二审程序、死刑复核程序中认罪认罚,二审法院及最高人民法院能否适用认罪认罚从宽制度对被告人从宽处罚?对此《办法》并未明确规定。

《办法》未限制适用认罪认罚从宽制度的阶段和程序,也未将二审程序、死刑复核程序中认罪认罚从宽处理排除在外,因此在二审程序和死刑复核程序中亦存在适用认罪认罚从宽的可能性。按照刑事诉讼的进程,所有阶段及程序中均可适用认罪认罚从宽制度。也就是说,从侦查阶段到审查起诉阶段再到审判阶段,进入审判阶段后,又由一审到二审,死刑案件还需要经历死刑复核程序,刑事诉讼的全流程中均可适用认罪认罚从宽制度。

1. 侦查阶段

(1)制度识别

公安机关、国家安全机关在侦查阶段,应当告知犯罪嫌疑人相关权利,其中需要明确告知认罪认罚的法律后果,同时由律师帮助其理解认罪认罚从宽制度的相关内容,并帮助其理解认罪认罚的相关法律后果。侦查阶段犯罪嫌疑人在知晓这一制度的法律后果的情况下选择认罪认罚制度。

(2)处理结果

公安机关侦查终结后,作出两种结论:一种是移送审查起诉;另一种是撤销案件。对于认罪认罚的案件,公安机关并不能直接对其作出从宽处理的决定,即使是在犯罪嫌疑人认罪认罚有重大立功表现或者案件涉及国家重大利益的特殊案件中,公安机关撤销案件需要经过最高人民检察院批准。对于移送审查起诉的案件,侦查机关在移送审查起诉时写明犯罪嫌疑人在侦查阶段的认罪情况。可以说侦查阶段的认罪认罚从宽是刑事诉讼全流程中的基础,也是认罪认罚从宽制度适用的初始识别,犯罪嫌疑人在侦查阶段如实供述犯罪事实,对于侦查机关通过供述全面收集证据也具有促进作用。因此,侦查阶段鼓励被告人认罪进而为其后续程序中获得从宽处理打下基础。

2. 审查起诉阶段

(1)制度识别

检察机关在审查起诉阶段通过两个途径识别认罪认罚从宽制度的适用问题:第一,通过向犯罪嫌疑人告知认罪认罚从宽的相关法律后果,犯罪嫌疑人在律师的帮助下理解相关行为的法律后果后作出是否认罪认罚的决定。第二,对于侦查阶段已经认罪的案件,向犯罪嫌疑人核实其作出认罪认罚选择的真实性和自愿性,在确认其真实性和自愿性的前提下,识别案件为认罪认罚从宽案件。

(2)量刑协商

在审查起诉阶段,犯罪嫌疑人选择认罪的案件,检察官要提出量刑建议,量刑建议可以是确定的刑期,也可以是明确的量刑幅度,如果犯罪嫌疑人同意量刑建议,并同意适用的诉讼程序,需要在律师在场的情况下,由犯罪嫌疑人向检察机关签署具结书。理论界将这一过程称之为量刑协商。对于量刑协商的过程,《办法》未明确规定。从《办法》的表述看,犯罪嫌疑人对检察机关的量刑建议要么同意,要么不同意,如果同意量刑建议,可以继续该程序,如果不同意,那么就无法继续该程序,并不存在犯罪嫌疑人、辩护人就量刑建议与检察官协商的过程。实践中有两种影响认罪认罚程序继续进行的可能,一种是犯罪嫌疑人不同意检察机关提出的量刑建议,提出降低刑期的请求,但检察机关坚持量刑建议的,犯罪嫌疑人认罪认罚程序就此终止;另一种是有被害人的犯罪案件,虽然犯罪嫌疑人同意检察机关提出的量刑建议,但是被害人与犯罪嫌疑人未达成和解或者犯罪嫌疑人未赔偿被害人的损失也未取得被害人谅解,被害人不同意检察机关量刑建议的,检察机关如何处置?检察机关能否依职权继续适用认罪认罚从宽相关程序?根据《办法》第 7 条的规定,听取被害人意见是作出从轻处罚的量刑依据,从依法保护被害人合法权益的角度看,这种情形应当慎用认罪认罚从宽制度。

有论者建议:“设立诉讼量刑协商程序……对于审前阶段认罪的被告人,应当为其提供一个与检察官进行辩诉交易的机会,双方就定罪与量刑达成协议……为了鼓励被告人主动认罪,公诉方可以考虑减轻或者减少部分指控的罪行。”①我国目前的罪数理论决定了检察机关在起诉时对一个犯罪事实只能以一个罪名提起公诉,不存在像美国那样对同一犯罪事实提起几项指控的情形,因此不存在对罪名进行所谓交易或者协商的可能性。该论者提出的由公诉方减少部分指控的罪行,这一设想也不能实现,这将严重损害公平正义,由于被告人认罪而减少对其指控的犯罪事实,显示与我国刑事诉讼惩罚犯罪的目的不相

① 陈严法主编:《认罪认罚从宽制度研究》,法律出版社 2017 年版,第 127 ~ 128 页。

符,至少目前立法机关并未授予检察机关这样的权力。

(3)审查结论

检察机关审查起诉后作出两种决定:一种是起诉;另一种是不起诉。对于决定起诉的案件,应在提起公诉时表明认罪认罚的情况①。对于认罪认罚的一些特殊情形,一种是认罪认罚且有重大立功表现的;另一种是认罪认罚且案件涉及重大国家利益的,经过严格审批可以不起诉,②也即对于这两种情形,犯罪嫌疑人认罪认罚,需经最高人民检察院批准,方可对该起犯罪不予追究。当然,对于情节轻微的犯罪,检察机关可以根据法律规定,作出相对不起诉决定。③ 也就是说,除了这两种情形,检察机关对认罪认罚案件只能作出起诉决定,不能因为犯罪嫌疑人认罪认罚而降格直接作出不起诉决定。由此可见,我国当前开展认罪认罚从宽制度,给予犯罪嫌疑人的优惠,仅是量刑优惠,而非定罪优惠。

3. 审判阶段

我国实行二审终审制,在审判阶段,“理论和实践大多围绕一审程序就制度的适用范围、从宽幅度、程序设计等方面进行了多角度的平面探讨”④。一审程序中适用认罪认罚从宽制度的程序主要是刑事速裁程序和简易程序,而普通程序中虽然存在适用的可能性,但是适用的范围和数量较少。根据《刑事诉讼法》第 186 条的规定,我国二审法院的审判范围坚持全面审理原则,不仅审理法律适用问题,而且审理事实认定问题,⑤但是由于二审程序由被告人上诉和检察机关抗诉两种途径引起,被告人上诉的理由一般是对事实罪名和量刑提出上诉,既然提出上诉,说明被告人对法院认定的事实、罪名或者量刑不予接受,也就不存在适用认罪认罚的可能性;对于检察机关提出抗诉的案件,由于检察机关对法院认定的事实、罪名或者量刑提出异议,也就不存在适用认罪认罚从宽制度的可能性。因此,在二审阶段不存在适用认罪认罚从宽制度的可能性。但是从 18 个试点地区的规定看,有部分地区明确规定了在二审程序中仍然可以适用认

---

① 最高人民法院、最高人民检察院、公安部、国家安全部、司法部《关于在部分地区开展刑事案件认罪认罚从宽制度试点工作的办法》第 11 条规定:“人民检察院向人民法院提起公诉的,应当在起诉书中写明被告人认罪认罚情况,提出量刑建议,并同时移送被告人的认罪认罚具结书等材料。”

② 最高人民法院、最高人民检察院、公安部、国家安全部、司法部《关于在部分地区开展刑事案件认罪认罚从宽制度试点工作的办法》第 13 条规定:“犯罪嫌疑人自愿如实供述涉嫌犯罪的事实,有重大立功或者案件涉及国家重大利益的,经最高人民检察院批准,人民检察院可以作出不起诉决定,也可以对涉嫌数罪中的一项或者多项提起公诉。具有法律规定不起诉情形的,依照法律规定办理。”

③ 《刑事诉讼法》第 177 条第 2 款规定:“对于犯罪情节轻微,依照刑法规定不需要判处刑罚或者免除刑罚的,人民检察院可以作出不起诉决定。”

④ 张剑等:《认罪认罚从宽的二审适用及其制度完善》,载胡卫列等编:《认罪认罚从宽制度的理论与实践——第十三届国家高级检察官论坛论文集》,中国检察出版社 2017 年版。

⑤ 刘根菊、封利强:《论刑事第二审程序的审判范围——以程序功能为视角》,载《时代法学》2000 年第 6 期。

罪认罚从宽制度。例如,深圳市《刑事案件认罪认罚从宽制度试点工作方案》第38条规定:“第一审程序中被告人未认罪认罚,第二审程序中被告人认罪认罚的,可以适用认罪认罚从宽制度。”[①]另外死刑案件复核程序目前分为两种,对于判处死刑缓期二年执行的案件统一由省级法院审理,对于判处死刑立即执行的案件,则由最高人民法院统一审理。在死刑复核程序中,同样坚持全面审理的原则,不仅审理法律适用问题,而且审理事实认定问题,因此在死刑复核程序中同样存在适用认罪认罚从宽制度的空间。对于二审法院经审理后认为一审事实不清、证据不足,发回原审法院按照一审程序重新审理的案件,以及最高人民法院经审理后认为事实不清、证据不足,发回原审法院按照二审程序重新审理的案件,因涉及案件事实认定是否清楚的关键问题,在发回重审后,即使被告人认罪认罚,也不宜适用该制度。

(1)第一审刑事程序

从我国法院系统的级别管辖看,我国四级法院均有审理第一审刑事案件的管辖权,我国基层法院管辖除上级人民法院管辖以外的第一审刑事案件,中级法院管辖的第一审刑事案件包括危害国家安全、恐怖活动案件及可能判处无期徒刑、死刑的案件[②],高级法院管辖第一审刑事案件是全省(自治区、直辖市)性的重大刑事案件的第一审[③],最高人民法院管辖的第一审刑事案件是全国性的重大刑事案件[④]。理论上,在四级法院审理的所有一审刑事案件中,均可适用认罪认罚从宽制度,但是由于中级以上法院审理的案件都是严重犯罪,在审理程序上要严于基层法院适用简易程序、速裁程序的第一审刑事案件。

第一审程序中制度识别有两种途径:一种是在侦查阶段、审查起诉阶段犯罪嫌疑人已经选择认罪认罚从宽制度并签署具结书的,自动识别为认罪认罚从宽制度;另一种是在侦查阶段、审查起诉阶段没有选择该程序,在审判阶段通过法官告知相关权利,选择适用该程序。

一审程序包括刑事速裁程序、简易程序和普通程序。根据《办法》第16条至第18条的规定,刑事速裁程序和简易程序中均可以适用认罪认罚从宽制度。其他一审案件,无论是由基层法院审理还是由中级法院以上法院审理,如果被

---

① 详见深圳律师网:http://www.szlawyers.com/info/0901a9a601134f7ab59989aac7ecd693,最后访问日期:2017年12月3日。

② 《刑事诉讼法》第21条规定:“中级人民法院管辖下列第一审刑事案件:(一)危害国家安全、恐怖活动案件;(二)可能判处无期徒刑、死刑的案件。”

③ 《刑事诉讼法》第22条规定:“高级人民法院管辖的第一审刑事案件,是全省(自治区、直辖市)性的重大刑事案件。”

④ 《刑事诉讼法》第23条规定:“最高人民法院管辖的第一审刑事案件,是全国性的重大刑事案件。”

告人符合认罪认罚实质要件,那么当然也可以适用认罪认罚从宽制度。

(2)死刑复核程序

《办法》未明确规定死刑复核程序是否适用认罪认罚从宽制度,从死刑案件的严肃性来讲,无论是证据标准还是审理程序都是最严格的,用最严的证据标准和最严格的程序防范冤假错案的发生。但是认罪认罚从宽制度与我国严格限制死刑的死刑政策价值取向一致,从有利于被告人的角度出发,死刑复核程序中实际上也存在适用认罪认罚从宽制度的可能性。死刑复核程序经历省级人民法院和最高人民法院两级审理机构,无论在哪个机构,如果被告人在死刑复核期间认罪认罚,尤其是达成谅解或者和解的,那么也可以适用认罪认罚从宽制度,对被告人从宽处罚,即对于执行方式为立即执行的可以从宽改判为缓期二年执行。

八、认罪认罚从宽制度的微观构成分析

从微观层面分析,要处理好认罪认罚与从宽处罚的关系。需要强调的是,对于认罪认罚的犯罪嫌疑人,“可以”对其从宽处理,而非“应当”对其从宽处理。适用认罪认罚从宽制度,要把握好这三个要件的内涵和它们之间的关系。认罪认罚从宽应当整体综合评价。

(一)认罪要件

认罪是适用该制度的前提条件,如果犯罪嫌疑人、被告人不认罪,那么就不存在适用该制度的空间。但是这里的认罪,应当做实质解释,是从事实认定层面予以承认,而非法律适用层面予以肯定罪名,即犯罪嫌疑人、被告人对自己所实施的犯罪事实予以承认,并不必然必然要求其对侦查机关、公诉机关所指控的罪名予以认可,这就是司法实践中所谓的“认事”。例如,被告人A对自己持刀刺扎B身体的事实予以承认,但辩解其没有杀害B的故意,仅承认自己的行为构成故意伤害罪,而非公诉机关指控的故意杀人罪,这种情形也应当认定为认罪。当然,既承认事实,又认可侦查机关、公诉机关指控的罪名,也是认罪。基于犯罪嫌疑人、被告人认罪的主动性、真诚度及认罪的诉讼阶段不同,对认罪可以进行进一步的划分。

1. 积极认罪与消极认罪

有论者根据犯罪嫌疑人认罪与司法机关掌握犯罪证据的时间先后,将认罪分为“积极认罪”与“消极认罪”,积极认罪是指“司法机关尚未掌握足以认定犯罪的证据时,如实供述自己的罪行”,消极认罪是指“在司法机关已经掌握足以认定犯罪的证据时,对指控的犯罪事实没有异议”。[①] 这种分类方法的目的一方面是为了对认罪自愿性在审查时作区分;另一方面是为了在从宽处理时对积极认罪与消极认罪进行区分,“积极认罪的被追诉人就应当获得比消极认罪的被追诉人更大的从宽幅度”。[②] 这一分类从犯罪嫌疑人、被告人认罪的主动性出发,具有一定的实践意义,特别是要在从宽时对积极认罪的犯罪嫌疑人、被告人给予较大幅度的从轻。无论是积极认罪还是消极认罪,在适用认罪认罚从宽制度时,只要犯罪嫌疑人、被告人具备认罪这一要件,就存在适用该制度的可能性,不能仅因为被告人是消极认罪就不能适用该制度。

2. 实质认罪与表面认罪

按照犯罪嫌疑人、被告人认罪的真诚度,我们可以将认罪分为实质认罪和表面认罪。实质认罪是指犯罪嫌疑人、被告人不仅承认自己的犯罪事实,而且认识到其行为的错误性,即实践中所说的认罪悔罪,犯罪嫌疑人、被告人做出实质的认罪,表明其人身危险性降低。例如:被告人 L 实施了故意伤害犯罪,其承认犯罪事实,并积极赔偿被害人损失,取得被害人谅解,L 的认罪不仅体现为承认犯罪,而且用实际行动去弥补因犯罪所造成的损失,具有认罪悔罪表现,因此予以从宽处罚。而表面认罪或者形式认罪是指犯罪嫌疑人、被告人虽然承认犯罪事实,但对其行为的错误缺乏认识,即实践中所说的认事不认错。例如,H 故意杀害 P,其虽然承认所有犯罪事实,也接受指控的罪名,但其认为 P 该杀,且认罪自己的行为是正确的,是替天行道,H 就属于典型的表面认罪。之所以对认罪作此区分,是因为实质认罪与表面认罪反映出了被告人对于自己行为性质的不同认识,进而反映出其人身危险性大小不同,是准确从宽处罚的重要依据。但是需要注意的是实践中常常表述的“认罪态度好”,只是相对于表面认罪者而言,并非所有实质认罪的被告人都能因此得到从宽处罚,关键还要看其罪行的严重程度。例如,林森浩故意杀人罪一案中,最高人民法院在死刑复核裁定中写道:“林森浩归案后始终如实供述犯罪事实,认罪态度好,但不足以对其从宽处罚。”[③]

3. 审前认罪与庭审认罪

按照犯罪嫌疑人、被告人认罪的诉讼阶段及连贯性不同,可以将认罪分为审前认罪和庭审认罪。审前认罪是指犯罪嫌疑人在进入审判阶段之前在侦查

---

① 冯志恒:《从认罪认罚从宽的关系看制度内涵》,载胡卫列等主编:《认罪认罚从宽制度的理论与实践——第十三届国家高级检察官论坛论文集》,中国检察出版社 2017 年版,第 129 页。

② 冯志恒:《从认罪认罚从宽的关系看制度内涵》,载胡卫列等主编:《认罪认罚从宽制度的理论与实践——第十三届国家高级检察官论坛论文集》,中国检察出版社 2017 年版,第 130 页。

③ 《林森浩故意杀人案》,载中国裁判文书网:http://wenshu.court.gov.cn,最后访问日期:2017 年 11 月 29 日。

机关、检察机关认罪,庭审认罪是指被告人在庭审阶段认罪。如果犯罪嫌疑人在审前认罪,无论其是否选择适用认罪认罚从宽制度,到庭审阶段不认罪,那么自然就不存在适用认罪认罚从宽制度的条件。例如,S 在侦查阶段、审查起诉阶段均承认其故意杀害 X,但在庭审阶段翻供称系 W 杀害的 X,其并未参与杀人。由于被告人不承认犯罪事实,便无法适用该制度。如果犯罪嫌疑人从到案直至庭审一直认罪,且同意适用认罪认罚从宽制度,那么就可以适用该制度。如果犯罪嫌疑人在审前不认罪,但在庭审认罪,也存在适用认罪认罚从宽制度的可能性。区分审前认罪与庭审认罪,也直接影响对被告人从宽处理的幅度,对于那些从审前直至庭审一直认罪的被告人,要比那些仅在庭审才认罪的被告人给予更大的从宽幅度。从节约司法资源的角度看,犯罪嫌疑人越早认罪对于侦查工作的开展越有帮助,通过其认罪供述可以及时收集固定相关证据,而犯罪嫌疑人越晚认罪或者不认罪均对侦查工作造成一定程度的障碍,侦查机关可能需要花费更多的精力去收集证据,因此对于及早认罪并稳定认罪的犯罪嫌疑人应当给予处罚方面的“奖励”——从宽处理。

4. 真实认罪与虚假认罪

根据犯罪嫌疑人、被告人认罪的真实性,可以将认罪分为真实认罪和虚假认罪。真实认罪即指犯罪嫌疑人、被告人所承认的犯罪事实经查证属实,而虚假认罪是指犯罪嫌疑人、被告人所承认的犯罪事实经查证不属实。虚假认罪供述不仅在我国刑事诉讼实践中存在,在美国也存在,且虚假供述是导致美国刑事错案的一个原因,“根据美国除罪释放登记机构 2015 年 3 月的更新报告,在刑事冤案中,有 21% 的命案冤案存在虚假供述的现象”。① 我国刑事诉讼的根本目的是查明事实真相,通过证据裁判原则限制虚假事实被认定为犯罪事实。因此对被告人认罪的真实与否进行查证是十分必要的。“被追诉人虚假认罪认罚从宽,是指无辜的被追诉人出于情感或获利等心理,采取虚构诉讼主体、事实及证据,自愿顶替他人犯下的罪行蒙骗司法机关,并在此基础上自愿接受法律惩罚,从而使司法机关作出错误的从宽处理的决定。”②实践中,虚假认罪分为两种:一种是被迫做出虚假认罪供述,如犯罪嫌疑人受到刑讯逼供、威胁、引诱做出的虚假认罪供述;另一种是自愿做出虚假认罪供述,自愿型虚假供述是犯罪嫌疑人、被告人出于某种目的或者某种心理,故意向侦查人员、司法人员做出虚假认罪供述,犯罪嫌疑人自愿做出虚假供述受现实功利因素、心理因素、人格与

---

① 樊崇义、胡志风:《美国通过可靠证据遏制刑事错案的机制考察》,载《国家检察官学院学报》2015 年第 3 期。

② 刘少军、何沛军:《虚假认罪认罚从宽案件防治机制研究》,载《辽宁师范大学学报》2017 年第 5 期。

环境因素以及精神疾病因素中的一种或者多种因素影响,且具有一定的文化或者心理基础。[①] 实践中,非自愿虚假认罪供述较为容易被发现,由于犯罪嫌疑人经历从侦查、批捕、审查起诉到审判多个环节,一般被迫行为往往发生在侦查阶段,犯罪嫌疑人会在之后的诉讼阶段向司法人员提出说明,司法人员进而进行查证。但是对于自愿型虚假认罪供述,则往往具有隐秘性,犯罪嫌疑人往往为了达到其个人目的,不会主动承认自己做了虚假认罪供述,这就需要司法者仔细分析证据,对犯罪事实是否由犯罪嫌疑人、被告人实施进行判断,最终做出认定。司法者要通过证据审查判断,及时发现虚假认罪,并将虚假认罪排除出认罪认罚从宽制度的适用范围。

综上所述,认罪虽然在表述上较为简单,我们也很容易理解认罪的内涵,但是在具体判断犯罪嫌疑人、被告人是积极认罪还是消极认罪,是实质认罪还是表面认罪,认罪的连续性如何,是真实认罪还是虚假认罪,都需要予以注意。

(二)认罚要件

认罪认罚从宽制度中认罚是一个重要的要件,只认罪不认罚则不符合该制度的要求。那么认罚如何理解呢? 对此,有论者指出"认罚"首先表现为自愿接受所认之罪带来的刑罚后果,并积极退赃退赔;同时,"认罚"还要最终表现为接受法院判处的刑罚,因为如果不接受法院判处的刑罚并提出上诉,那就不是真正的"认罚"。[②] 也有论者指出认罚是指犯罪嫌疑人、被告人接受检察机关的量刑建议。[③] 这两种观点均是对认罚的理解,后者是从《办法》的规定作出的字面解释,前者则从实质的角度所做的解释。首先认罚是认罪认罚从宽制度的核心,要把认罚放在这个制度中去理解,而不能简单地从字面理解,因此前者的观点是全面的。具体来说认罚要件包含三个层面的内容:在宏观层面,认罪即意味着愿意接受犯罪所带来的刑罚;在微观层面,认罚是指犯罪嫌疑人接受司法裁判的结果,具体来讲是指犯罪嫌疑人同意检察机关提出的量刑建议,并积极退赃退赔或者赔偿被害人损失;在诉讼进程层面,认罚是犯罪嫌疑人、被告人随着诉讼进程的推进,伴随着对自己所面临的刑罚逐渐明确,并确认愿意接受所面临的刑罚,从这一角度看,犯罪嫌疑人、被告人认罪认罚是一个动态的过程,而非静态的一个点。

1. 接受司法裁判的结果

从宏观层面看,犯罪嫌疑人、被告人认罚是对自己犯罪行为刑法认定的一

---

① 陈欢:《自愿型虚假供述成因的多角度解读》,载《北京警察学院学报》2015 年第 1 期。

② 朱孝清:《认罪认罚从宽制度的几个问题》,载《法治研究》2016 年第 5 期。

③ 张相军、顾永忠、陈瑞华:《检察环节认罪认罚从宽制度的适用与程序完善》,载《人民检察》2016 年第 9 期。

个整体态度。根据《刑法》的规定,犯罪对应相应的处罚措施,犯罪嫌疑人、被告人认罪即意味着其愿意接受犯罪对应的处罚措施。因此从这个角度看,认罚是认罪的必然结果。[①] 当然,认罪并不一定意味着被告人接受法院最终的判决,有论者通过实证分析发现,"认罪"和"不上诉"之间并不存在正相关关系。[②] 从对最终的裁判结果是否接受看,被告人可以对法院的裁判结果提出上诉,具体可以从对事实证据不服、对量刑不服、对程序违法提出上诉,如果认罪认罚的被告人对法院最终判处的刑罚不服提出上诉,那么从结果上看被告人并不认罚,但是这不是认罚在宏观层面所包含的内容。

2. 接受检察机关量刑建议

从微观层面看,认罚的直接体现是犯罪嫌疑人、被告人接受检察机关提出的量刑建议,并签署具结书。犯罪嫌疑人、被告人认罚体现在其接受检察机关提出的量刑建议,检察机关提出的量刑建议可能是具体确定的刑期,也可能是相对确定的量刑幅度。这是认罪认罚从宽制度与我国《刑法》规定中体现的认罪案件区别的重要标志。接受检察机关提出的量刑建议是被告人认罚的具体体现,基于被告人已经接受检察机关的量刑建议,对于基层法院审理的案件可以适用速裁程序、简易程序,对于适用普通程序审理的案件可以简化庭审程序,进而提高诉讼效率,减少诉累,节约司法资源,由此为被告人带来量刑上的优惠,这是认罪认罚从宽制度的初衷和目的。因此,犯罪嫌疑人、被告人接受检察机关提出量刑建议是认罪认罚从宽制度的核心。那么犯罪嫌疑人、被告人在考虑是否同意检察机关的量刑建议时,要确保其作出决定的自愿性。被告人接受检察机关提出的量刑建议是一个互动的过程,也就是量刑协商的过程,这里涉及三方主体,即检察机关、犯罪嫌疑人和被害人,检察机关提出从宽处罚的量刑建议是基于被告人认罪认罚,并赔偿被害人损失,获得被害人谅解,而被害人谅解犯罪嫌疑人也是基于犯罪嫌疑人认罪认罚并赔偿被害人损失,犯罪嫌疑人基于自己的认罪认罚表现,对检察机关提出的量刑建议予以衡量,进而做出是否接受量刑建议的决定。根据《办法》的规定,在量刑协商过程中,为了确保犯罪嫌疑人、被告人自愿做出这一决定,需要辩护律师、值班律师为其提供专业的法律帮助。

3. 认罚是一个动态过程

从刑事诉讼的进程看,认罪认罚是一个动态的过程。在侦查阶段,犯罪嫌疑人认罪即表明其愿意接受司法裁判,在这个阶段,犯罪嫌疑人仍处于宏观层

---

① 朱孝清:《认罪认罚从宽制度的几个问题》,载《法治研究》2016 年第 5 期。

② 陈晨:《揭开上诉率的面纱——以刑事案件为对象的 SPSS 实证分析》,载《刑事法评论》2012 年第 1 期。

面的认罚，由于这个阶段检察机关尚未对其提出具体的量刑建议，并未对自己可能面临的刑罚有具体的认知。在审查起诉阶段，犯罪嫌疑人的认罚达到微观层面，即在检察机关提出具体的量刑建议后，其可以选择接受与否，如果不接受，那么案件只作为认罪案件移送法院，如果接受量刑建议，那么案件作为认罪认罚案件移送法院。在审判阶段，被告人进一步明确其态度，法庭向其核实认罪认罚的自愿性和真实性，进而进入相应的简化程序，如果法庭审查发现被告人此前所做出的选择违背其真实意愿，那么案件不适用认罪认罚从宽制度。从最终被告人是否认罚的结果看，如果被告人对法院一审裁判不提出上诉，那么说明被告人最终认罚，如果被告人对一审判决提出上诉，那么说明被告人最终未认罚。据报道："全部速裁案件被告人上诉率为2.01%，检察机关抗诉率仅为0.01%，附带民事诉讼原告人上诉率为零，上诉抗诉率比简易程序低2.83个百分点，比全部刑事案件低9.52个百分点。"[①]这些数据表明，对于适用速裁程序的认罪认罚案件，绝大部分被告人均最终认罚，仅有少部分被告人最终不认罚。

（三）从宽要件

从宽处理是认罪认罚最终的结果，"认罪认罚从宽体现的是对犯罪人的量刑优待"，[②]对于犯罪嫌疑人、被告人来说，从宽处理是其认罪认罚最终获得的奖励。有论者指出："从宽处理包括实体从宽和程序从宽，适用于刑事诉讼的各个阶段。在侦查阶段，主要是程序从宽，表现为侦查机关变更、解除强制措施；在起诉阶段，表现为检察机关采取非羁押性强制措施或者作出不起诉决定；在审判阶段，主要是实体从宽，表现为法院依据各个具体罪名的规定，在法定量刑幅度内从宽处罚。"[③]这种观点是从广义上解释从宽。狭义上的从宽是指侦查机关、司法机关最终在对犯罪嫌疑人、被告人的处理决定（撤销案件、决定不起诉、从轻处罚）上从宽。从犯罪嫌疑人、被告人的角度出发，最终的处理决定是其认罪认罚所获得的最终好处，因此狭义上的认罚对于犯罪嫌疑人、被告人更具有实质意义。所谓的程序从宽这种说法并不准确，第一，对于犯罪嫌疑人采取何种强制措施以及所采取的强制措施是否变更，这是侦查机关、检察机关基于犯罪嫌疑人的社会危险性作出是否羁押或者是否继续羁押的决定，对于认罪认罚的犯罪嫌疑人，侦查机关、检察机关综合判断其社会危险性（如是否会干扰作证）进而做出是否继续羁押的决定，这并不是专门针对认罪认罚犯罪嫌疑人所涉及的程序，对于所有的犯罪嫌疑人，侦查机关和检察机关都要审查其社会危

---

① 沙雪良：《18市拟试点认罪认罚从宽制度》，载《京华时报》2016年8月30日，详见中国新闻网：http://www.chinanews.com/sh/2016/08－30/7987980.shtml，最后访问日期：2017年12月2日。

② 卢建平：《刑事政策视野中的认罪认罚从宽》，载《中外法学》2017年第4期。

③ 陈光中：《认罪认罚从宽制度实施问题研究》，载《法律适用》2016年第11期。

险性。换句话说，认罪认罚只是评估社会危险性时的一个影响因子，认罪认罚作为罪后表现可能会影响司法人员对其社会危险性的认定，但社会危险性评估还涉及犯罪情况、被害人情况等其他因子的评估。[①] 第二，认罪认罚从宽制度本身并不包含程序从宽的内涵，所谓的审理程序的简化实际上并非对犯罪嫌疑人、被告人的从宽处理，而是简化庭审程序。因此，这种广义上理解从宽的观点不能成立。对于从宽要件的理解，还需明确两个问题：一是从宽的幅度，二是从宽的范围。

1. 从宽幅度

对于法院从宽的幅度，《办法》第 22 条明确规定："对不具有法定减轻处罚情节的认罪认罚案件，应当在法定刑的限度以内从轻判处刑罚，犯罪情节轻微不需要判处刑罚的，可以依法免予刑事处罚，确实需要在法定刑以下判处刑罚的，应当层报最高人民法院核准。"这一规定有三个方面的意思，一是对于认罪认罚的被告人，原则上在量刑时只能在法定刑幅度内从轻处罚，其中对于犯罪情节轻微的可以免予刑事处罚。二是对于有减轻处罚情节的，可以在法定刑幅度以下量刑。三是对于没有减轻处罚情节，但确实需要在法定刑以下量刑的，根据《刑法》的规定，需要经过最高人民法院核准。这是目前《办法》确立法院审判阶段的从宽处罚标准。可以说，这一标准以《刑法》规定的量刑基本原则为原则，又以《刑法》规定的例外为例外，整体上并未有新的突破，只是将认罪认罚作为一种从宽处罚的情节，而这种情节如何适用仍然要以《刑法》规定的量刑原则为准。

从侦查机关和检察机关来看，原则上并不作出从宽处理的决定，只是对于特殊情况，确需撤销案件或者不起诉的，才作出从宽处理决定。这里的特殊案件，《办法》也做了明确限定，即犯罪嫌疑人如实供述犯罪事实并"有重大立功或者案件涉及国家重大利益的"，才符合条件。而且，对于作出撤销案件决定和不起诉决定，均规定了严格的核准条件，均要求经最高人民检察院核准，方可作出这两种决定。可见，对于认罪认罚犯罪嫌疑人在侦查阶段和审查起诉阶段作出从宽处理决定的案件，是严格控制的。也就是说，绝大多数认罪认罚案件是否从宽处理，仍需经过法院审判决定。

综上所述，我国目前规定的认罪认罚从宽制度，其原则上由法院对被告人做出从宽处罚判决，例外地由侦查机关、检察机关对犯罪嫌疑人做出从宽处理决定。这也体现了以审判为中心的制度定位。

从《办法》的规定中我们可以看出目前对法官从宽处理被告人做了原则性

---

① 杨秀莉、关振海：《逮捕条件中社会危险性评估模式之构建》，载《中国刑事法杂志》2014 年第 1 期。

的限制,但是对于具体从轻处罚的幅度并未明确规定。对此18个试点地区中有部分地区对从轻处罚做了一些探索性规定。例如,北京适用做了原则性的规定,北京市高级人民法院、北京市人民检察院、北京市公安局、北京市国家安全局、北京市司法局《关于开展刑事案件认罪认罚从宽制度试点工作实施细则(试行)》(京高法发〔2017〕52号)第35条规定:“对认罪认罚的被告人决定刑罚的时候,应当考虑其认罪认罚的及时性、稳定性,以及对案件侦破的价值等具体情况。犯罪嫌疑人到案后即表示认罪认罚,其供述有利于案件及时侦破的,在量刑时应当充分体现。”①北京明确对于及时认罪认罚且有利于案件侦破的,对其量刑时应当充分体现从宽。大连市的规定则以量刑建议的幅度以及减轻处罚的比例等形式明确规定了从轻的幅度。《大连市刑事案件认罪认罚从宽制度试点工作实施办法》第17条规定:“建议判处有期徒刑、管制、拘役的,应根据案件情况提出相对明确的量刑幅度。原则上法定刑在三年以下的案件,量刑幅度不超过六个月;法定刑为三至十年的,量刑幅度不超过一年;十年以上的,不超过二年。建议判处三年以下有期徒刑的,应当明确刑罚执行方式。对于附加刑提出的量刑建议,一般应当提出具体的数额。”第18条规定:“人民检察院在适用认罪认罚从宽制度拟定量刑建议时,应当严格区分被告人认罪认罚所处的诉讼阶段:(一)对于审查起诉阶段认罪认罚的被告人,原则上可以减少基准刑30%以下;(二)对于在审判阶段认罪认罚的被告人,原则上可以减少基准刑20%以下。经人民法院、人民检察院协商一致的,也可以减少基准刑30%以下。”大连市的规定相对具体,并且比照量刑规范化的相关规定对从轻幅度做了明确的规定。深圳市虽然并未明确规定从轻处罚的幅度,但是明确规定:“人民检察院提出量刑建议时,应当结合犯罪嫌疑人、被告人自愿认罪认罚的诉讼阶段、认罪悔罪程度,主动认罪对司法资源的节约程度,以及退赃、退赔、和解等情节,提出不同幅度的从宽建议。”②深圳市还明确了二审程序中认罪认罚的从宽幅度应与在一审中认罪认罚的从宽幅度有所区别。

2. 从宽范围

认罪认罚犯罪嫌疑人、被告人从宽的案件范围讨论的是犯罪嫌疑人、被告人认罪认罚是否一律从宽的问题。对此有两种不同的理解:一种理解是对于一些认罪认罚案件由于其犯罪本身罪行极其严重,排除适用认罪认罚从宽制度。例如,北京市《关于开展刑事案件认罪认罚从宽制度试点工作实施细则(试

① 详见北京市顺义司法局网站:http://www.flyz.bjshy.gov.cn/shunyifayuan/_300544/_300556/304084/index.html,最后访问日期:2017年12月3日。

② 详见深圳律师网:http://www.szlawyers.com/info/0901a9a601134f7ab59989aac7ecd693,最后访问日期:2017年12月3日。

行)》第5条就明确规定:“犯罪性质恶劣、犯罪手段残忍、社会危害严重,犯罪嫌疑人、被告人虽认罪认罚,但不足以从轻处罚的”不适用认罪认罚从宽制度。[①]另一种理解是对于一些罪行极其严重的案件,虽然适用认罪认罚从宽制度,但由于《办法》规定的是认罪认罚案件“可以”从宽处理,并非“应当”从宽处理,因此对于这些罪行极其严重的被告人不予从宽处理。有论者指出认罪认罚可以从宽中的“可以”与自首可以从宽处罚中的“可以”含义相同,“这里的‘可以’暗含了从宽的导向性,即不是可有可无,而是没有特殊理由的,都应当体现法律规定和政策精神,从宽处罚”。[②] 北京市的规定明确排除了对于犯罪性质恶劣、犯罪手段残忍、社会危害严重的案件不足以从轻处罚时适用认罪认罚从宽制度的可能性,这种做法在逻辑上存在一定问题。和自首制度一样,自首的成立与自首从轻处罚是两个独立的概念,成立自首并不一定对被告人从轻处罚,这并不是说不能从轻处罚就不成立自首,同理认罪认罚从宽制度也是如此。因此,第二种理解是正确的,即对于认罪认罚的案件,有部分犯罪性质恶劣、犯罪手段残忍、社会危害严重,认罪认罚不足以从轻处罚,则对被告人不从轻处罚。当然,北京规定的对于罪行极其严重认罪认罚不足以从轻处罚的案件不适用认罪认罚从宽制度也有一定道理,由于此类案件不会因为认罪认罚对被告人从轻处罚,因此也就没有必要适用该制度。但实践中也有一些死刑案件,在死刑复核阶段被告人取得被害人家属谅解,法院改判死缓,这实际上也是认罪认罚从宽的体现,因此对此类案件完全排除适用认罪认罚从宽制度是欠妥的。

---

① 详见北京市顺义司法局网站:http://www.flyz.bjshy.gov.cn/shunyifayuan/_300544/_300556/304084/index.html,最后访问日期:2017年12月3日。

② 孙谦:《“刑事案件认罪认罚从宽制度”试点工作这九大问题要注意》,载《刑事司法指南》2016年第4期。

认罪、认罚、从宽的内涵再辨析

赵　恒*

摘　要　在认罪认罚从宽制度已被写入《刑事诉讼法》的背景下，通过反思实务状况，立法者须从基本概念着手，实现认罪、认罚、从宽之内涵的“破”与“立”。第一，建立与程序类型相适应的认罪成立标准，原则上，在速裁程序中，认罪须同时承认指控事实、承认犯罪、接受指控罪名，在简易程序、普通程序中，认罪主要偏重承认指控事实、承认犯罪，但不排斥被追诉人承认更多事项。第二，认罪与自首等相近情节之间存在概念交叉关系，其共同要件是如实供述，“概括认罪”“认事服判”不是认罪，但可能构成其他情节。第三，认罚以接受量刑建议为核心，包括接受刑罚与非刑罚的处罚结果，也包括对适用简化诉讼程序的同意，但不必然包括退赃退赔。第四，针对认罪认罚语境下的从宽体系，立法者须审慎破解“重复评价量刑情节”的难题，并辨明关于从宽处罚的若干问题。

关键词　认罪　认罚　从宽　量刑情节　如实供述

2018年10月，全国人大常委会正式通过了《中华人民共和国刑事诉讼法修正案》（以下简称2018年《刑事诉讼法》），将刑事案件速裁程序（以下简称“速裁程序”）、认罪认罚从宽制度的试点经验上升为具有普适性的法律规范。只不过，认罪认罚从宽制度的阶段性立法化并未能消弭有关核心概念的争议。尤其是针对认罪、认罚、从宽的核心内涵，法学理论界、实务界尽管经过了数年的讨论，却仍未能达成共识，导致实践中出现了不同办案单位把握标准不一的现象。这也在相当程度上影响了认罪认罚从宽制度的实践效果，也损害了法律适用的统一性、公平性。最高司法机关同样注意到上述难题，比如2017年12月，最高人民法院、最高人民检察院在《关于在部分地区开展刑事案件认罪认罚从宽制度试点工作情况的中期报告》（以下简称2017年《认罪认罚从宽制度中期报告》）中，就强调了及时界定认罪、认罚、从宽内涵的重要性。遗憾的是，虽然全国人大常委会正式将“认罪认罚从宽”确立为一项基本原则，并规定了一系列的

* 赵恒，山东大学法学院助理研究员，博士后流动站研究人员。

制度化条文,但仍存在核心概念模糊的不足,难以真正解决自试点之初便产生的实务难题。在此背景下,笔者认为,针对认罪认罚从宽制度的研究已经进入“深挖”阶段,第一步应当是科学地界定认罪、认罚、从宽的内涵,凸显这一制度所具有的相对独特司法价值。立法者须紧密契合认罪认罚从宽制度的改革期待,多维地审视既有理论观点和实务操作,准确地辨析三概念的成立要素,以健全符合司法实际需要的认罪认罚从宽制度框架,推动我国刑事司法体系的现代化转型。

一、认罪、认罚、从宽的内涵应符合制度改革的目标期待

首先,合作性司法丰富了刑事诉讼的“真实观”。在“案多人少”逐渐成为普遍难题的背景下,快速解决纠纷成为两大法系共同强调的目标。既然控辩双方已经进行了审前沟通并达成一致意见,那么,相应的意见应当对法官产生相对确定的约束力,因此,法官在进行审查与判断时,就可以正当地简略法庭调查、法庭辩论等环节。在域外国家,如德国,如果被追诉人自白认罪,法官只需通过调查部分相关证据的方式,确定该自白具有事实依据,即可结束审理程序。[①] 在我国,诉讼重心前移成为一种客观趋势,法官开展法庭审理工作同样出现了类似的情况。这些无不对刑事诉讼的“真实观”产生直接且深刻的影响。

其次,注重实现诉讼各阶段的全流程简化。不同于以往的宽严相济刑事政策的特定规则(如自首、坦白),认罪认罚从宽制度的重心是统筹兼顾刑事诉讼各阶段的简化衔接——既能够增设新的程序类型,通过简捷、快速的方式,处理众多简单轻微案件,又可以将速裁程序与简易程序、普通程序区别开来,兼顾审前、审判两阶段的简化程度。部分试点单位采取刑拘直诉制度或者形成“刑事诉讼全流程简化模式”,就是对既有法律规则的突破与完善,有学者在此基础上提出更为大胆的“三道工序的合并或者跳跃”与“内部审批环节的取消”等两种方案。[②] 这些都是以控辩双方达成认罪认罚具结协议为前提才能实现的制度改造。

再次,有效提升被追诉方的诉讼主体地位,搭建便于沟通具结的平台。以认罪认罚从宽制度为代表的合作性司法,强调被追诉方的诉讼主体地位,通过赋予被追诉方知悉、选择的权利,旨在重新平衡私权利与公权力之间的诉讼关系。面对公权力的追诉活动,被追诉人不单可以选择是否主动投案、如实交代、配合办案行为,而且可以选择是否接受国家公权力机关的法律评价,接受处罚,

---

① 参见[德]约阿希姆·赫尔曼:《协商性司法——德国刑事程序中的辩诉交易?》,程雷译,载《中国刑事法杂志》2004 年第 2 期。

② 参见陈瑞华:《论刑事诉讼的全流程简化——从刑事诉讼纵向构造角度的分析》,载《华东政法大学学报》2017 年第 4 期。

乃至放弃上诉等。这些选择是一个层层递进的过程,意味着被追诉人同意认罪认罚的活动具有鲜明的主动性,也意味着被追诉人能够实质上决定越来越多的事项。在此期间,围绕着审前具结分流搭建起来的认罪认罚从宽制度将会实质性地提升被追诉方的辩护地位、强化被追诉方辩护行为的法律效果。

复次,针对性地修正司法救济制度,尤其是上诉与二审的规束。[①] 认罪认罚具结书是控辩双方共同倾注精力得以实现的结果,这就意味着通过彼此合作的方式,被追诉人可以获得量刑从宽与其他"激励",办案机关可以优化职权配置并节约司法资源。如此一来,公权力机关有遵守并执行具结书和相关协议的义务,而被追诉人亦应受此约束,否则会出现权利义务失衡的现象,导致具结徒劳无功的后果。是故,在提倡充分保障被追诉人之诉讼权利的同时,立法者应当明确被追诉人因此需要履行的义务。该义务具有相对性,体现为被追诉人只有在法定的范围内才能提出上诉。我们可将其视作一种限制上诉权的形式。一旦突破相应义务的约束,被追诉人就得承受相应的法律后果,其核心是丧失因先前认罪认罚而获得的各种从宽"激励"。[②]

最后,为我国设立简单轻微刑事案件的书面审理制度创造条件。在速裁程序的试点期间,大多数法院审理个案的时间相当之短,还采取了集中审理、集中宣判等方式。[③] 对此,在法学理论界和实务界,相当比例的人群护长,推行特定范围的书面审是有必要的。只不过,推行书面审的案件范围需要受到严格的限定,原则上仅限于可能判处管制、拘役、单处罚金或者有期徒刑缓刑的案件。而这种书面式的法院审理活动将会促使控辩双方抑或控辩审三方在审前阶段完成更多的涉及定罪量刑的实质性活动,也就对认罪、认罚的成立标准提出了更高的要求,远超出自首、坦白的法定效力范围。

可以说,无论是确定认罪认罚从宽制度的内涵要素还是设计该制度的规则流程,立法者所采取的改革方案均应有益于实现上述改革期待,至少要为鼓励认罪认罚、简化乃至省略诉讼环节提供正当性基础。然而,遗憾的是,从现有理论争议、试点操作的反馈来看,与认罪、认罚、从宽相关的概念混同化、法律效力虚化现象愈加明显,对制度改革达成预期目标产生了消极影响。所谓"概念混同化"是指,人们将认罪、认罚简单地等同于已有的量刑情节(自首、坦白),没有刻意凸显认罪认罚的独特价值;进而,"概念混同化"现象滋生了法律效果虚化

---

① 参见朱孝清:《认罪认罚从宽制度中的几个理论问题》,载《法学杂志》2017 年第 9 期。

② 不过,需要留意的是,由于此时案件已经进入二审阶段,之前被追诉人因认罪认罚获得的部分从宽"激励"不可能恢复至未获得之前的状态,比如强制措施的适用。因此,这里提及的可能丧失的各种从宽"激励",主要是指量刑从宽,也可能包含罚金、犯罪记录封存、刑罚执行等其他"激励"。参见赵恒:《论从宽的理论基础与体系类型》,载《宁夏社会科学》2017 年第 3 期。

③ 参见赵恒:《刑事速裁程序试点实证研究》,载《宁夏社会科学》2017 年第 2 期。

的问题,即认罪认罚没有获得独立的构成要素,其从宽体系没有获得与之相应的法律评价效力。对此,我们不禁怀疑,自首、坦白等情节能够实现以上改革目标吗?恐怕未必。尽管都含有"自愿"或者"供述"的成分,但它们的功能集中在减轻侦查难度、节约部分司法成本,就法律效力而言,无法与认罪认罚相比拟。毕竟,认罪认罚理应包括了接受法律评价、接受特定刑罚乃至放弃特定权利等更为丰富的内容,也必然会带来更广泛的法律效力。在全面深化司法改革背景下,认罪认罚从宽制度并非以往宽严相济的刑事政策的简单复述。人们本就对认罪认罚从宽制度抱有更高的改革期待,而这也为厘清三者的核心内涵奠定了基调。

二、认罪

从宽应以认罪认罚为基础,而认罪又处于最前沿的位置,是整个制度适用的前提。其实,对于认罪概念的争议,人们讨论颇多,基本围绕以下主题展开分析,即是否承认指控事实①、是否承认构成犯罪、是否承认指控罪名。上述三个方面可分别概括为认事实、认性质和认罪名。部分学者认为,认罪就是认事实,对此,最高人民法院的部分法官持肯定态度;②部分学者表示,认罪不仅要求认事实,还要求认性质,但不包含对罪名的认同;③还有部分学者提倡,认罪应当同时具备对事实、性质和罪名的认可,尤其是必须承认指控的罪名。④ 在试点期间,不同办案单位对此持有不同的认识,甚至在同一试点地区的不同试点单位之间也有分歧。

通过解读2018年《刑事诉讼法》第15条、第173条,我们发现,全国人大倾向于将"认罪"界定为"如实供述自己的罪行""对指控的犯罪事实没有异议",⑤但同时又要求控方听取辩方针对"涉嫌的犯罪事实、罪名和适用的法律规定"的意见。显然,较之于部分试点地区只需要"如实供述自己的罪行"的规则,立法者提出了更高的成立标准,相当于要求被追诉人应当认可办案机关对其行为的

---

① 目前,法学理论界和实务界达成相对一致的看法是,针对认罪、自首、坦白等情形,"承认指控的犯罪事实"是指承认影响定罪、量刑的主要犯罪事实。因此,在本文中,如无特殊说明,"承认犯罪事实"即"承认主要犯罪事实"。

② "'认罪'实质上就是'认事',即承认指控的犯罪事实,这里的犯罪事实应指主要犯罪事实。因此,犯罪嫌疑人、被告人对指控的个别细节有异议或者对行为性质的辩解不影响'认罪'的认定"。参见胡云腾主编:《认罪认罚从宽制度的理解与适用》,人民法院出版社2018年版,第78页。

③ 参见魏晓娜:《完善认罪认罚从宽制度:中国语境下的关键词展开》,载《法学研究》2016年第4期。

④ 参见周新:《认罪认罚从宽制度立法化的重点问题研究》,载《中国法学》2018年第6期。

⑤ 参与修订2018年《刑事诉讼法》的全国人大常委会工作人员认为,"从实体法的规定说,自首、坦白等都具有认罪的性质"。参见王爱立、雷建斌主编:《〈中华人民共和国刑事诉讼法〉释解与适用》,人民法院出版社2018年版,第25页。

法律评价。令人忧虑的是，这样的立法条文又从侧面反映出，立法机关可能没有准确地把握认罪与相近情节的关系，以致无法在《刑事诉讼法》和《刑法》层面区分开认罪与自首、坦白与如实供述，从而难以确立与认罪相适应的独立的评价标准。此外，从部分试点地区的《认罪认罚具结书》来看，被追诉人签字认可的内容不仅涉及"如实供述"，还有犯罪事实、罪名和相对具体的量刑建议。由此可知，办案单位虽然对"认罪"设定了一个较低的标准（仅需供述犯罪事实），却在具结书中隐性地提出了更高的标准（认可犯罪性质与指控罪名）。纵然这种"形式上标准低、实质上标准高"的做法的确会有益于减轻办案人员的审查、告知与解释等责任，[①]但不容忽视的是，它又会削弱被追诉人了解、理解认罪认罚从宽制度的能力，进而损害其选择认罪认罚的自愿性与明知性。因此，立法者意欲掌握认罪的成立标准，首先需要将其与相近情节区别开来。

（一）认罪与相近情节的概念交叉关系

诚然，作为宽严相济刑事政策的最新样态，认罪与自首、坦白、如实供述有着历史传承般的联系。不过，认罪又明显不同于后几种量刑情节，否则，改革者完全没有必要重复提出一个"认罪认罚从宽制度"方案。更何况，从我国适用《刑法》达数十年的经验来看，后几种量刑情节始终无法为国家大幅简化乃至省略诉讼环节提供扎实的正当性基础。受到合作性司法理念的影响，人们更容易接受以下观点，即一旦被追诉人选择认罪认罚，国家就可以在各阶段大幅地简化乃至省略诉讼环节，其正当性来源在于认罪认罚意味着被追诉人自愿放弃了诸多实体性或者程序性权利，从而推动了对抗性辩护逐渐走向协商性辩护。[②]

那么，何为"认罪"？它在包含如实供述（认事实）之外，还有其他构成要素。如前所述，上述要素主要指认性质和认罪名。考虑我国速裁程序、简易程序和普通程序的立法特点，为了综合提高认罪认罚从宽制度的适用效果，立法者有必要区别对待认罪的构成要件，其基本思路是将"认罪"的成立标准与诉讼程序类型衔接起来：第一，在速裁程序、部分简易程序[③]和普通程序中，被追诉人均须承认其行为违反《刑法》，构成犯罪；第二，在速裁程序、简易程序中，被追诉人还须接受国家公权力机关对其行为的罪名评价，即指控的罪名。结合2018年《刑事诉讼法》的规定，在速裁程序中，由于审判活动通常缺少法庭调查、法庭

---

① 其实，如果仔细审视2018年《刑事诉讼法》一审稿、二审稿、三审稿的变化，我们还发现，针对办案人员解释说理义务方面的内容，最高立法机关提出的要求是在逐渐降低的，即从告知"法律效果"到最终确定为仅告知"法律规定"。这使办案人员的释法说理在很大程度上停留在介绍法律条文层面，产生认罪认罚释法说理形式化的弊端。

② 参见赵恒：《论从宽的正当性基础》，载《政治与法律》2017年第11期。

③ 需要说明的是，根据2018年《刑事诉讼法》第214条的规定，简易程序的适用条件之一即被追诉人"承认自己所犯罪行，对指控的犯罪事实没有异议"。

辩论等环节,仅要求被追诉人对犯罪事实的承认,显然是不够的,这就需要控辩双方在审前具结活动中已经就犯罪事实、行为性质和涉嫌罪名等达成相对一致的意见,从而便于控方提交起诉书和量刑建议,法官在此基础上完成审查和裁判工作;[①]在简易程序的司法实务中,司法机关大多强调被追诉人对事实的认可,就可以启动简易程序,不过,随着认罪认罚从宽制度的试点与适用,简易程序逐渐演变出两种子形态,分别是只认可指控事实但不认可罪名的简易程序及对事实和罪名均认可的简易程序,上述两种形态的主要差异在于简化程度,后者的简化程度更高一些。相较于速裁程序而言,简易程序、普通程序仍有法庭调查、法庭辩论的空间,辩方仍享有相对充分的诉讼权利,而且审判期限也相对较长,那么,在审判过程中,控辩双方可以就特定的事实和争点进行辩论,便于法官查明和发现事实真相。这种以认罪与否为标准来区分诉讼程序类型的方案,有助于提升我国刑事诉讼程序的多样化水平,符合提高审前与审判繁简分流、司法资源优化配置的改革目标。

以此为基础,如何看待认罪与自首、坦白等相近情节的关系?它们本应属于概念交叉关系。具言之:第一,关于如实供述,更准确的称谓应当是“如实供述自己罪行”,指被追诉人从实交代司法机关已经掌握或还未掌握的本人罪行的行为。它本身可能有三种情形。[②] 我们通常所指的一般是狭义的如实供述,即被追诉人如实、客观地交代其涉嫌犯罪的行为与事实。第二,关于自首,分为一般自首和特别自首。一般自首是指犯罪行为人犯罪后自动投案,向公安、司法机关或其他有关机关如实供述自己罪行的行为;特别自首是被采取强制措施的被追诉人和正在服刑的罪犯,如实供述司法机关还未掌握的本人其他罪行。第三,关于坦白,有广义和狭义之分,一般仅指其狭义概念,即被追诉人在被动归案后如实供述自己罪行的行为。它的本质在于如实交代自己被指控的犯罪事实,包括三个基本条件,分别为被动归案、如实交代被指控的罪行、如实交代自己的罪行。根据《刑法》第67条的规定,坦白的主体仅限于“犯罪嫌疑人”,不同于自首、如实供述,也不同于随后提及的认罪。可以说,坦白仅存在于侦查阶段和审查起诉阶段,如果到了审判阶段被追诉人如实供述自己罪行的,不能被认定为坦白。[③] 第四,关于当庭自愿认罪,它同样包含如实供述的因素,只不过,这种如实供述的因素却为自首、坦白所排除在外,否则,如实供述就可以被后两

① 值得关注的是,针对“被告人承认自己所犯罪行”的解释,参与修订2018年《刑事诉讼法》的全国人大常委会工作人员认为,“‘承认自己所犯罪行’,是指被告人对起诉书对其指控的罪名和犯罪行为供认不讳”。参见王爱立、雷建斌主编:《〈中华人民共和国刑事诉讼法〉释解与适用》,人民法院出版社2018年版,第401页。

② 参见高铭暄、马克昌主编:《刑法学》,北京大学出版社2017年版,第263页。

③ 参见王志祥:《刑法问题探索》,中国法制出版社2016年版,第294页。

种情节吸收。而且,当庭自愿认罪有其严格的时间节点条件,只能发生于案件被提起公诉进入法院之后,尤其是在庭审阶段。值得注意的是,"当庭自愿认罪"并非规范法律用语,其适用以最高人民法院于2017年出台的《关于常见犯罪的量刑指导意见》(以下简称2017年《常见犯罪量刑意见》)的表述最具代表性。[①] 结合前述认罪之内涵,不难发现,认罪与自首等相近情节的共同的构成要件是如实供述。也即如实供述普遍存在于自首、坦白、当庭自愿认罪和认罪之中,除此之外,后四种情节又有各自不同的构成要件。这就意味着在法律价值层面,上述各类情节有共通之处,但同时有明显差异。虽然有学者亦提及上述情节的重合关系,却将"如实供述"等同于"认罪",[②]有混淆各类情节的构成要素之嫌。

(二)概念交叉关系的应用

在大致划清了认罪与其他相近量刑情节的关系以后,我们可以准确地判断下列情形是否符合认罪的标准:第一,仅承认行为事实,但不认为是犯罪;第二,承认犯罪事实,但不认可具体罪名,尤其是在涉嫌相近罪名的犯罪案件中,这种情形更容易发生。

针对第一种情形,结合前文所述概念交叉关系的分析,我们还可以将其与"辩解"联系起来。不同于翻供,辩解具有正当性,是指被追诉人对自己行为的性质、犯罪情节、定罪量刑的证据等发表看法,而非否定其所实施的客观行为,与翻供有本质区别。根据《刑法》第67条第1款和《关于处理自首和立功具体应用法律若干问题的解释》第1条,被追诉人提出正当辩解,尤其是对行为性质的辩解,不影响自首的成立。尽管最高人民法院的部分法官认为,被追诉人对行为性质的辩解也不影响认罪的成立,但实际上,这种情形通常属于自首或者坦白、如实供述的范畴。由此切入,我们得进一步反思"概括认罪"的缺陷。所谓"概括认罪"是被追诉人只需要表达整体放弃对抗的姿态,只需承认指控行为就足够了,由此,相应的诉讼程序以非对抗的方式展开。[③] 这一观点颇受法学理论界和实务界的欢迎。"概括认罪"指明无须过度纠结于犯罪细节,有其可取之处,但是,该观点仅停留在笼统的"概括"层面,割裂了认罪与认罚的关系,更有阻碍被追诉人获得合理从宽"激励"的风险。理由在于,如果被追诉人仅仅承认了事实,办案机关只能据此判断其是否构成自首、坦白、当庭自愿认罪,却无法

---

① 2017年《常见犯罪量刑意见》"常见量刑情节的适用"中规定:"6. 对于当庭自愿认罪的,根据犯罪的性质、罪行的轻重、认罪程度以及悔罪表现等情况,可以减少基准刑的10%以下。依法认定自首、坦白的除外。"

② 参见黄京平:《认罪认罚从宽制度的若干实体法问题》,载《中国法学》2017年第5期。

③ 参见郭志媛:《认罪认罚从宽制度的理论解析与改革前瞻》,载《法律适用》2017年第19期。

确定被追诉人对是否承认构成犯罪以及相应罪名的态度，也就无法确定其可能承受的刑罚内容，难以拟定满足罪责刑相适应原则的刑罚建议。毕竟，为了达成具结的目的，检察机关需要提出相对明确的刑罚类型及其幅度，而这种明确性又必然离不开具体的指控罪名。

此外，对于部分学者主张的“认事服判”属于认罪的观点，笔者同样持有异议。从论者的思路来看，认事服判核心要素是承认事实、否认有罪，只不过被追诉人表示愿意接受法院裁判，意味着在协商过程中控辩双方仅仅对“如实供述”形成一致看法，没有触及承认构成犯罪和同意指控罪名。① 对此，笔者认为，更合理的思路是，认事服判可能构成坦白或者自首，但不属于认罪，其理由不再赘述。

针对第二种情形，以抢劫罪和抢夺罪为例，如果被追诉人承认使用暴力来侵犯公私财产所有权，也承认其行为构成犯罪，但对于到底构成抢劫罪还是抢夺罪，被追诉人不认可检察机关提出的指控罪名，那么，控辩双方将不得签署认罪认罚具结书，也就难以适用认罪认罚从宽制度。不过，如果被追诉人继续保持承认指控事实的供述不变，办案机关可以适用简易程序或者普通程序简化审；如果被追诉人还符合自首、坦白等其他情节，办案机关还需要给予相应的从宽处罚。在试点期间，不少试点单位通常只关注认事实，在 2018 年《刑事诉讼法》通过之后，越来越多的办案单位开始将认罪名作为适用速裁程序的前提条件。

最后，需要说明的是，原则上，在以速裁程序为代表的快速处理诉讼程序中，认罪通常需要认罪名，这需要以下保障条件，分别是公安司法机关履行释法说理义务，辩护人和值班律师承担有效帮助职责。尤其是需要立法者、改革者积极完善法律援助值班律师制度，保证值班律师依法为被追诉人提供合理、有效法律帮助的质量，确保被追诉人认罪认罚的自愿性和明知性。② 但不得不指出，在当前司法实务中，办案人员释法说理质量不足、刑事辩护率偏低、值班律师提供法律帮助形式化等特征比较明显。③ 这些都不可避免地影响了被追诉人对指控犯罪事实和指控罪名的理解程度。因此，在未来一段时间，立法者应当注重以辩护全覆盖为切入点，综合提高值班律师提供法律帮助的实质性，确保被追诉人可以在行为性质和罪名确定方面获得专业法律人员的支持。④

---

① 参见黄京平：《认罪认罚从宽制度的若干实体法问题》，载《中国法学》2017 年第 5 期。

② 参见闵春雷：《认罪认罚案件中的有效辩护》，载《当代法学》2017 年第 4 期。

③ 参见熊秋红：《审判中心视野下的律师有效辩护》，载《当代法学》2017 年第 6 期。

④ 参见张泽涛：《值班律师制度的源流、现状及其分歧澄清》，载《法学评论》2018 年第 3 期。

三、认罚

尽管2016年《关于在部分地区开展刑事案件认罪认罚从宽制度试点工作的办法》(以下简称《认罪认罚从宽制度办法》)规定了控辩双方应当“同意量刑建议”,但没有消弭与认罚相关的争议。特别是,2017年《认罪认罚从宽制度中期报告》揭示了试点单位对“认罚”理解不到位的典型表现,即将“认罚”与赔偿被害人经济损失简单等同起来。结合2018年《刑事诉讼法》第15条、第173条的规定,“认罚”只是需要被追诉人“愿意接受处罚”,而检察机关得就“从轻、减轻或者免除处罚等从宽处罚的建议”听取被追诉人的意见。不过,参与修订2018年《刑事诉讼法》的全国人大常委会工作人员认为,认罚是指被追诉人明确表示愿意接受司法机关给予的刑罚等处罚,一般是指被追诉人表示明确接受司法机关根据其犯罪事实、情节等情况所给出的刑罚,尤其是接受检察机关提出的量刑建议。[①] 而最高人民法院的部分法官表示,“愿意接受处罚”有多种形式,在不同阶段也有不同体现,包括接受刑罚处罚、主动退赃退赔、积极赔偿损失、达成和解等,尤其是强调签署具结书是认罚的形式要件。[②] 可见,针对“认罚”的具体内涵,立法者与司法者仍有一定分歧。

认罚应当集中体现在审查起诉阶段被追诉人接受检察机关提出的处罚内容,其核心为承载主刑、附加刑以及是否适用缓刑的量刑建议。它包括接受刑罚与非刑罚的处罚结果,也包括对适用简化诉讼程序的同意,但并不必然包括退赃退赔。而且,认罪认罚具结书应当巩固认罚的法律效果,明确控辩审三方各自承受的法定约束力,尤其是适当限缩已经签署具结书的被追诉人的上诉权。

(一)厘清认罚的若干争议

首先,“认罚”是否仅指刑事处罚?从广义上讲,它应是指被追诉人愿意接受处罚,包括法律规定的刑罚、非刑罚后果(核心是不起诉决定)以及其他限制性要求,不局限于量刑建议。2018年《刑事诉讼法》第15条的表述是“愿意接受处罚的”,这就为办案机关采取以下方法提供了依据,即在不同诉讼阶段,办案人员可以向被追诉人提供不同的处罚措施以示“激励”。[③] 被追诉人所认之“罚”当然包含了刑罚(类型、数量或者幅度)。除此之外,改革者还需丰富两个方面的内容:第一,囊括刑罚执行方式,包括禁止令、缓刑等,进一步扩大犯罪记录封存制度的适用范围;第二,囊括非刑罚的方式,如部分试点单位探索社区服

---

① 王爱立、雷建斌主编:《〈中华人民共和国刑事诉讼法〉释解与适用》,人民法院出版社2018年版,第24页。

② 胡云腾主编:《认罪认罚从宽制度的理解与适用》,人民法院出版社2018年版,第78页。

③ 同上书,第78页以下。

务制度，将其与不起诉制度联系起来。例如，作为国内首例完成社会服务获得不起诉决定的案件，就与认罪认罚从宽制度相关，检察官将不起诉决定与社会服务结合起来了。① 在我国，这种做法的确有创新意义，有利于丰富宽严相济刑事制裁的从宽类型，提升从宽处罚的法律效果与社会效果。

其次，"认罚"是否包含退赃退赔？不少学者都将其纳入进来，作为评价被追诉人悔罪态度的重要参考。② 根据《刑法》的规定，被追诉人违法所得的一切财物应当被追缴或者责令退赔，可见，退赃退赔实质上是行为人针对被侵害法益而采取的客观的、事后的补救。如果被追诉人可以主动退赃退赔，办案机关可以将其视作一种悔悟形式。2017 年《常见犯罪量刑意见》规定了专门的从宽幅度，最高可减少 30% 的基准刑。与退赃退赔相关的，亦有声音主张"认罚"包含赔偿被害人。③ 对此，考虑被害人谅解已经成为一个独立的量刑从宽情节，笔者认为，与认罚相联系的被害人谅解的法律效果分为两种：第一，如果涉及退赃退赔义务，检察机关将其作为《认罪认罚具结书》事项，被追诉人对此表示同意的，立法者可以将其纳入"认罚"领域，不再单独评价；第二，如果涉嫌的犯罪没有退赃退赔要求，但被追诉人主动承诺向被害人赔偿损失，并已经积极履行的，办案机关可以将其视作社会危险性降低的表现，对其单独评价。办案机关优先适用退赃退赔、积极赔偿被害人损失两个情节，如果还无法满足罪责刑相适应原则，可以考虑在避免重复评价的前提下，通过认罚情节来再做评价。

最后，"认罚"是否包含接受某一诉讼程序类型？有观点指出，二者有所不同，前者属于法定惩罚，后者属于法定权利，分别具有独立评价的意义。④ 还有观点主张，"认罚"应当包含认可诉讼程序简化，即同意自愿放弃权利来适用简化程序处理己案。⑤ 结合部分办案单位的认罪认罚具结书的样式，被追诉人签字认可的条款中一般都包含"同意适用某程序"的字样。⑥ 可见，在实务操作领域，办案单位多将这一条件笼统地纳入具结书中，在某种程度上规避了"认罚"和"认程序"的潜在冲突。不过，2018 年《刑事诉讼法》第 173 条要求检察机关就"认罪认罚后案件审理适用的程序"听取被追诉人的意见，这是否意味着控方

---

① 《醉驾司机社会服务 30 小时后检方不起诉，你支持吗?》，载 http://app.peopleapp.com/Api/600/DetailApi/shareArticle? type = 0&article_id = 836306，最后访问日期：2018 年 11 月 20 日。

② 参见邵劭：《论认罪认罚从宽制度的完善》，载《杭州师范大学学报》2017 年第 4 期。

③ 参见张智辉：《认罪认罚与案件分流》，载《法学杂志》2017 年第 6 期。

④ 参见何秉群、何炜：《认罪认罚从宽制度之公正价值考量》，载胡卫列等主编：《认罪认罚从宽制度的理论与实践——第十三届国家高级检察官论坛论文集》，中国检察出版社 2017 年版，第 20 页。

⑤ 参见陈卫东：《认罪认罚从宽制度研究》，载《中国法学》2016 年第 2 期。

⑥ 例如，比较常见的《认罪认罚具结书》的"权利知悉"部分大多有以下规定："本人已阅读《犯罪嫌疑人诉讼权利义务告知书》(审查起诉阶段)和《认罪认罚从宽制度告知书》，理解并接受其全部内容，本人________自愿选择适用认罪认罚从宽制度，同意适用________审理。"

只需听取辩方的看法即可，而无须征得其同意？结合第 174 条的规定，被追诉人签署具结书的前提之一是“同意量刑建议和程序适用的”。如此来看，上述两个条款之间似乎存在某种程度的分歧。最高人民法院的部分法官认为，“同意量刑建议但不同意适用速裁程序、简易程序的，不影响‘认罚’的认定”。[①] 着眼于“程序即惩罚”之精神，虽然程序的简化或者省略的确对被追诉人有一定利处，但是整个刑事追诉毕竟属于国家实施刑事制裁的重要活动，对于被追诉人而言，只要被牵扯其中，都会受到追诉活动的诸多消极影响。而且，被追诉人只有同意适用快速处理的简化审程序，才能真正实现认罪认罚从宽制度的改革期待，否则，国家难以保证优化原本有限的司法资源。因此，诉讼程序类型的选择亦可被纳入广义的“认罚”的范畴，这也可被视作程序性从宽的重要表现形式。

（二）认罚与具结书的效力

在认罪认罚从宽制度试点启动之前，我国已有类似“接受处罚”的情形——面对法院向其送达一审判决书，被追诉人表示愿意接受判决而不上诉。只不过，被追诉人是否真正接受一审判决，不会实质性地影响刑罚结果。因为立法者设置了二审、再审程序作为救济方式，即使被追诉人在收到判决后表示不上诉，但是在上诉期限截止之前，他完全可以“反悔”并提出上诉，而国家却不得惩罚被追诉人这种“出尔反尔”的行为。在控辩双方已签署认罪认罚具结书、辩方已获得相应从宽处罚结果的背景下，上述做法似乎有所不妥。因此，我们把握认罚的内涵，还得将其与认罪认罚具结书联系起来。其实，具结书法律效力不明的状况直接影响了认罚的实质性。具言之，在审查起诉阶段、审判阶段，被追诉人均已经明确表态同意指控事实和指控罪名，并同意具结书的内容，但如果出现以下情形，仍属于棘手难题。第一，被追诉人只是投机性地签署了具结书，在获得了相应从宽“激励”之后，反悔了，拖延甚至拒绝履行原本承诺的义务；[②]第二，即使一审法院是在具结书和量刑建议幅度内作出裁判，但被追诉人仍然会以量刑过重为由提出上诉，导致前期具结工作“前功尽弃”。如此种种情形无不侵害国家或者被害人的利益，损害司法活动与司法裁判的权威。正因如此，部分试点单位不得不明确提出，适用认罪认罚从宽制度的前提之一就是被追诉人实际履行全部或者主要的退赃退赔。然而，这种做法却有不利影响，助长“漫天要价”的不正之风，将那些当时无实际履行能力但又愿意认罪认罚的被追诉人排除在外，使其不能享有认罪认罚从宽制度的量刑“激励”。这显然有违法律适用的平等原则。

---

① 胡云腾主编：《认罪认罚从宽制度的理解与适用》，人民法院出版社 2018 年版，第 78 页。

② 如果被追诉人在开庭之后作认罪认罚供述，法官通常就会给予其额外的从宽，然而，法官根本无法知晓其是否会实际履行。这种认罪认罚具结行为显然具有突出的投机性色彩。

其实,在认罪认罚从宽制度改革之前,我国刑事司法领域就长期存在被害人损失无法得到及时补偿的弊病;在认罪认罚从宽制度试点期间,这种状况不但没有能得到积极的改观,反而成为不当限制该制度适用的消极因素。特别是,与前文提及认罪认罚从宽制度的改革期待相联系,改革者原本希望被追诉人可以减少上诉,遗憾的是,从部分试点单位的反馈来看,认罪认罚案件上诉率偏高成为一个难题。

如何破解上述桎梏?恰当的着手点在于,从界定认罚内涵切入,明确具结书的法律效力。要知道,具结书的拘束力不仅仅及于公权力,还应给被追诉人附加特定的义务。它应当符合双务合同的性质,是公法契约化的产物。[①] 认罪认罚具结书是控辩双方沟通一致的结果,能够产生"相对拘束力",其中,还会影响法官的审判权。[②] 既然被追诉人可以获得稳定的定罪量刑的期待,那么,他就得承担与之相应的义务,主要有两个方面:第一,不得随意背弃具结承诺,任意提出上诉,除非存在法定例外情形,例如,检察机关单方违背具结书变更指控、法院定罪量刑超出具结书的范围;第二,不得随意拖延履行或者拒绝履行赔偿被害人的承诺。

就其第一个问题而言,具结书的法律效力应及于国家公权力机关(主要包括法院、检察院)和私权利主体(主要指签字的被追诉人),即它同时为三方施加约束力。这种约束力是相对的。即使不具有完全的或者绝对的强制性,但是,它仍然可以成为限制诉讼主体实施某些行为的正当来源,也即除非出现法定的例外情形,相应诉讼主体不得恣意违背其已做出的承诺。例如,检察机关不得随意更改指控罪名、事实,尤其是量刑建议的内容;又如,被追诉人虽然可以自主撤回认罪认罚的供述,但是,如果直至法院审判结束,被追诉人始终没有撤回,并且法院是在具结书、量刑建议的范围内做出判决的,被追诉人的上诉权利就应受到限制,这使认罪认罚案件具有了非任意上诉的特征,有别于非认罪认罚案件中任意上诉的规定。需要指出的是,国家意欲限制被追诉人的上诉权,应满足三个条件:第一,被追诉人在选择放弃诉讼权利之前,获得了律师的有效帮助;第二,被追诉人获得了合理的从宽"激励";第三,被追诉人自愿地、明知地签署具结书。

就其第二个问题而言,被追诉人获得量刑"激励"的重要原因之一是获得了被害人的谅解。考虑认罪认罚从宽制度鼓励恢复造成的社会损害,改革者需要创新刑罚执行方式,最大限度地满足被害人需求。在审前阶段,立法机关可以考虑以下方案:允许被追诉人与被害人达成协议,前者向后者承诺未来一定期

---

① 参见钱春:《认罪认罚从宽制度的检视与完善》,载《政治与法律》2018 年第 2 期。

② 参见何赖杰:《从拘束力观点论协商程序》,载《月旦法学杂志》2005 年第 3 期。

限的赔偿、帮助等条件,前者承担特定义务,后者享有特定权利,而法院在接受认罪认罚之时,通过判决加以明确这一条件,如若被追诉人没有如实履行约定义务的,应受法定责难,被害人有权提出给付之诉,也可以考虑向国家申请其他救济,从而提升"认罚"的法定约束力及具结书的法律效力。

四、从宽

在认罪认罚从宽制度的语境下,广义的从宽体系具有动态、多元的特征。人们普遍认为,它以量刑从宽为核心,兼具实体性与程序性的双重属性,不仅涉及量刑减损、不起诉,还会涉及减少羁押、缩短办案期限、保障程序选择权等方面。[①] 其中,特别是针对量刑从宽,立法者表现出明显的矛盾心理,既想设计有吸引力的从宽"激励",调动被追诉人尽早认罪认罚的积极性,又担心出现量刑失衡、刑罚不当等情形,不愿意真正给予从宽。[②] 这显然值得我们深思。因此,在对从宽的实体性及程序性内容达成初步共识的基础上,我们需要探讨提升从宽处罚方案可操作性的路径,满足宽严相济刑事政策的实际需要。值得关注的问题是,在实务中如若没有仔细区分认罪认罚与相近量刑情节的概念交叉关系,办案单位很有可能会重复评价,导致量刑偏轻或偏重的后果。在反思上述重复评价的做法之后,立法者需要规范设计从宽规则的内容。

(一)重复评价量刑情节的反省

2017 年《认罪认罚从宽制度中期报告》揭示了一种现象,即试点单位没有科学地理解"从宽",将其绝对化、简单化,对案件具体情节区分不够。可见,最高司法机关已经意识到,试点地区出现了从宽体系化不足、情节适用混同的局面。而上述现象产生的后果之一便是"同一行为的双重评价"。原则上,在刑事追诉过程中,国家不能重复评价有利于抑或不利于被追诉人的某一行为。尽管传统的刑罚理论研究对量刑的双重评价有所关注,但只是集中在"禁止犯罪构成要件特征在量刑时作为量刑情节"。[③] 换言之,办案机关不得将已用于定罪评价的情节另用来评价量刑。结合前文论及认罪、认罚的内涵,我们发现,在司法实务中,确实出现了重复评价量刑情节的新情形。它会在相当程度上扩充禁止量刑重复评价的理论范畴,属于我国推行认罪认罚从宽制度改革带来的新情况。

在此语境下,所谓"重复评价量刑情节"是指,试点单位不加区分认罪与自首、坦白、当庭自愿认罪等情节之间存在的概念交叉关系,也不加区分认罚与退赃退赔之间存在的交叉关系,在判断量刑从宽的幅度时,往往会重复评价某一

---

① 胡云腾主编:《认罪认罚从宽制度的理解与适用》,人民法院出版社 2018 年版,第 79 页以下。

② 参见赵恒:《论从宽处理的三种模式》,载《现代法学》2017 年第 5 期。

③ 屈学武主编:《刑法改革的进路》,中国政法大学出版社 2012 年版,第 359 页。

行为，即把同属于某一量刑情节的行为分别评价两次甚至多次，造成了从宽幅度不当增大、刑罚失衡的局面，或者将认罪认罚矮化成其他情节，产生裁判偏颇的风险。当前，大多数办案单位"不约而同地"将自首、坦白和认罪混同处理，具体分为两种情形：第一种，根据试点文件、2017 年《常见犯罪量刑意见》的规定，针对自首、坦白，给予相应的量刑减损，针对认罪认罚，再额外给予不超过 30% 的量刑减损；第二种，将认罪认罚并入自首或者坦白之中，不再单独给予量刑减损，看似重复评价了不同的行为，实则不然。这两种思路均有不当之处：第一种是形式化地照搬法律规定，完全忽视了认罪与自首、坦白之间存在构成要素重合的关系，而将它们对立性地割裂开来；第二种则否定了认罪（认罚）较之于自首、坦白所不具有的法律效果，将认罪视作自首、坦白之下的一个行为，矮化了认罪认罚从宽制度的价值。在根本上，上述两种思路都源于办案单位没有从理念层面意识到单独评价认罪认罚的意义。这种"重复评价量刑情节"的负面作用是损害认罪认罚从宽制度的特殊效用，影响了公权力机关选择该制度的积极性，损害了被追诉人的刑罚期待。

此外，实务中还出现了一种值得立法者关注的重复评价情形。有实务人员表示，既然量刑从宽幅度与程序类型有关，不同诉讼程序类型对应着不同的从宽幅度，也即被追诉人认罪认罚的，如果选择普通程序、简易程序、速裁程序，那么，他获得的量刑从宽幅度应有差异。正所谓，程序越简便，被追诉人获得刑罚从宽的幅度也就越大。例如，B 市《关于开展刑事案件认罪认罚从宽制度试点工作的实施细则（试行）》规定了被追诉人认罪认罚，选择适用速裁程序的，可以再减少基准刑的 15% 以下，选择适用简易程序的，也可比照速裁程序酌情从宽。不难发现，B 市出台的这一实施细则显露出了区分程序类型、设计从宽规则的迹象。而且，学界有观点赞成此类主张，"对于被告人认罪且同意适用速裁程序的，都可以在认罪之外因选择简化的程序而另外获得量刑上的优惠"。[①] 笔者认为，这种情形并非虚化或者矮化认罪认罚的法律效力，相反，它在肯定认罪认罚具有独立价值之外，还为被追诉人选择某简化程序的行为提供额外的从宽"激励"。然而，结合前文所述，同意适用某一程序类型属于广义的"认罚"范畴，办案机关在拟定量刑建议时，往往已将这一因素考虑在内。因此，一旦作为量刑情节的认罪认罚获得独立的法律评价，则其内含的"接受某程序"的行为自然同样得到了应有的评价。换言之，只要被追诉人选择认罪认罚，就意味着其同意适用简化的诉讼程序。[②]

① 参见李本森：《刑事速裁程序试点的本地化差异——基于北京、上海、广州和西安试点的地方文本分析》，载《中外法学》2017 年第 2 期。

② 参见陈海锋：《认罪认罚从宽制度中的程序性问题探析》，载《政治与法律》2018 年第 4 期。

（二）理解处罚从宽的若干难点

首先，关于从宽的价值，即合作性价值与恢复性价值。概括而言，认罪认罚从宽制度以合作性司法理念为基础，注重引导控辩双方在审前阶段的沟通与具结，以实现程序简化、案件快速处理的效果。在这一过程中，被追诉人主动放弃若干诉讼权利，选择简捷的诉讼方式处理己案，由此，国家可以简化乃至省略诉讼环节，从而有利于节约司法资源、巩固司法裁判效果。[①] 同时，认罪认罚从宽制度还涉及被害人权益保护方面的因素，而通常被害人保护制度以恢复性司法理念为基础，这就使合作性司法理念与恢复性司法理念具有了互通互融的空间。长期以来，我国司法传统鼓励被追诉人对被害人的赔偿与救济，并体现为独立的量刑从宽情节——退赃退赔、达成和解协议等。因此，在确定量刑从宽幅度方面，立法者既要通过刑罚从宽的方式“激励”被追诉人尽早认罪认罚、退赃退赔，又要适度区分认罪认罚与退赃退赔等情节的异同关系，合理确定不同情节的从宽效力。

其次，关于认罪认罚的幅度。认罪认罚与自首、坦白的从宽幅度相近，前者甚至要高于后两者。参与修订2018年《刑事诉讼法》的全国人大常委会工作人员主张，认罪认罚的情节更为突出，对其从宽的幅度可以比一般的自首、坦白更大一些，以表示对其认罪认罚的鼓励。[②] 人们倾向于认为，认罪认罚与自首均属于从宽效果较大的量刑情节。它们既有共同的法律价值，如及时惩罚犯罪、提高办案效率等，又有不同的功能预期：之所以确立自首情节，立法者旨在鼓励犯罪之人主动归案，以期其悔过自新，在及时发现犯罪的同时实现惩罚犯罪、维护社会安定的目标；之所以将认罪认罚从宽作为一项基本原则，立法者希望可以在保障被追诉人合法权利的同时，提高诉讼效率，合理配置司法资源，达到实现多方共赢的效果，真正实现司法公正与司法效率的统一。可见，作为量刑情节，认罪认罚与自首具有类似的功能，但又各自偏重。对此，我们可以适当参考2017年《常见犯罪量刑意见》中对自首、坦白的规定，审慎地考虑认罪认罚情节的最高从宽幅度，原则上不超过40%，在此基础上，确定与诉讼阶段、诉讼节点相联系的量刑从宽层级方案。[③] 此外，一旦出现被追诉人既可能符合自首，又可能符合认罪认罚的情形，办案人员尤其是法官需要运用自由裁量权来确定各自从宽幅度，在避免重复评价的同时，阐释确定减损比例的理由。

---

① 参见熊秋红：《认罪认罚从宽的理论审视与制度完善》，载《法学》2016年第10期。

② 王爱立、雷建斌主编：《〈中华人民共和国刑事诉讼法〉释解与适用》，人民法院出版社2018年版，第25页。

③ 参见赵恒：《论量刑从宽——围绕认罪认罚从宽制度的分析》，载《中国刑事法杂志》2018年第4期。

再次,关于特殊情形下的撤销案件和不起诉。2018 年《刑事诉讼法》第 182 条还专门规定了,允许公安机关撤销案件,以及检察院作出不起诉决定、对涉嫌数罪中的一项或者多项不起诉。这属于认罪认罚语境下特殊的从宽处罚规则,但远超出"认罪认罚"的范畴,是兼顾"有重大立功""案件涉及国家重大利益""经最高人民检察院批准"等若干条件之后的可能结果。而且,"重大立功或者案件涉及国家重大利益"的判断标准应该非常严格,这种情形只能是及其个别的例外,需要在国家层面慎重研究、统筹把握。[①]

最后,关于办案机关的释法说理义务。长期以来,量刑说理性不足都是我国刑事司法的一项痼疾,以判决书通常不说理或者说理粗疏化现象为甚。[②] 而 2018 年《刑事诉讼法》第 120 条、第 173 条仅要求办案机关告知法律规定、法律后果以及听取意见,没有规定办案人员需结合个案证据和情节加以说理。这种立法方式恐怕难以保证被追诉人充分理解认罪认罚从宽制度的内涵,也难以保证其供述、选择与具结的明智性。对此,改革者不仅要明确认罪认罚的从宽规则,还得借助裁判说理与文书公开之契机,突出强调办案人员的两种义务,即检察官解释介绍的义务、法官阐释说理的义务,以保证被追诉人了解认罪认罚后的实际从宽比例。在控辩具结阶段,检察官除了向被追诉方提供证据清单之外,还可以尝试拟定量刑比例清单,尤其是列明认罪认罚、自首、坦白等情节的量刑比例,解释确定相应量刑建议的主要理由。在审判阶段,法官审查判断是否构成认罪认罚,裁量确定给予减损的刑罚结果,并在判决书中作出针对性的解释。

五、未结之语

以上围绕认罪认罚从宽制度之核心概念展开的法理辨析,既涉及刑法、刑事诉讼法的理论内涵,也涉及制度试点的难题困境。其实,作为旨在优化配置司法资源的重大改革举措,这一制度本应有助于办案机关在保证公正的前提下最大限度地提升效率。至少就目前状况而言,该制度的实务成效仍与改革目标之间存在一定差距。原因之一在于法学界始终未能就认罪、认罚、从宽的内涵达成共识。在总结现有试点经验、反思实务教训的基础上,最高立法机关应当着眼于顶层设计,以修订 2018 年《刑事诉讼法》为契机,科学地界定认罪、认罚、从宽的核心含义,建构与认罪认罚从宽制度的改革期待相适应的刑罚从宽规则,方能真正契合繁简分流、程序多元的实践需要,保证法律适用的平等性、公正性。

---

① 王爱立、雷建斌主编:《〈中华人民共和国刑事诉讼法〉释解与适用》,人民法院出版社 2018 年版,第 336 页。

② 参见彭文华:《量刑说理:现实问题、逻辑进路与技术规制》,载《法制与社会发展》2017 年第 1 期。

试论认罪认罚从宽制度下法官的司法审查

亢晶晶*

摘　要　被追诉人认罪认罚的案件有必要经过法官的司法审查，这是审判中心主义的必然要求，认罪认罚从宽制度下法官的司法审查程序应该以保障被追诉人认罪认罚的自愿性和程序选择权为核心，并坚持程序法理交错适用的理念。从程序构造上讲，认罪认罚从宽制度下法官的司法审查程序设置应该体现多元化和差异化；从内容上讲，为了平衡公正和效率之间的关系，维持认罪认罚从宽制度的正常运作，一方面法官的司法审查应该实质化，对被追诉人认罪认罚的自愿性以及控辩协议的合法化进行实质审查，另一方面法官的司法审查应有一定的界限和限度，以防止打击控辩双方选择适用认罪认罚从宽制度的积极性。

关键词　认罪认罚从宽　司法审查　程序主体性　交错适用　差异化

一、问题的提出

2014 年党的十八届四中全会通过的《中共中央关于全面推进依法治国若干重大问题的决定》中提出“完善刑事诉讼中认罪认罚从宽制度。”即要求探索在刑事诉讼中对被告人自愿认罪、自愿接受处罚、积极退赃退赔的，及时简化或终止诉讼的程序制度，落实认罪认罚从宽政策，以节约司法资源，提高司法效率。认罪认罚从宽制度是我国推行程序繁简分流，优化司法资源配置，提高诉讼效率的重要措施，也是我国实现“审判中心主义”目标所必需的配套机制。2018 年《刑事诉讼法》修改正式确立了认罪认罚从宽制度和刑事速裁程序，并将认罪认罚从宽确立为刑事诉讼法的一项基本原则。

认罪认罚从宽既是一项制度，也是一种理念，其可以适用于各个程序，我国正在试点的刑事速裁程序是认罪认罚从宽制度的集中体现。一般认为，认罪认罚从宽制度设置的初衷是要提高诉讼效率，节约司法资源，这也是该制度的主要价值追求，也是认罪认罚案件处理程序与普通程序的主要区别所在，但是这并不能认为认罪认罚从宽制度完全忽略公正价值，正如有的学者指出，刑事速

* 亢晶晶，上海财经大学法学院讲师。

裁程序虽然以效率为主要的价值追求,但是其在适用过程中还是应该坚守四个基本底线:一是被告人自愿认罪;二是被告人同意适用速裁程序;三是对被告人从轻或减轻处罚;四是保持控辩裁的基本程序构造。在这四个底线的基础上,速裁程序的价值取向就具有正当性。[①] 从这四个基本底线可以看出,刑事速裁程序的正当性基础是被追诉人认罪认罚的自愿性、被追诉人获得相应的从宽处罚以及贯彻司法最终裁判原则。

认罪认罚从宽制度下法官的司法审查,顾名思义,指的是法院对控辩双方在审前达成的认罪认罚协议进行审查,以确认其合法性。2018 年《刑事诉讼法》第 190 条第 2 款规定:"被告人认罪认罚的,审判长应当告知被告人享有的诉讼权利和认罪认罚的法律规定,审查认罪认罚的自愿性和认罪认罚具结书内容的真实性、合法性。"那么问题是被追诉人认罪认罚之后,控辩双方之间的对抗关系就不存在了,对于控辩双方自愿达成的协议是否需要通过庭审程序由法官进行实质审查?对于这个问题,我国大多数学者认为认罪认罚案件也必须要经过庭审程序,只是可以对庭审进行不同程度的简化,但是也有学者认为对于一些简单轻微的案件,几分钟形式化的庭审没有意义。[②] 而对于认罪认罚案件的简化庭审而言,学者们也存在一定的担忧,众所周知,一直以来,我国"庭审形式化"问题都较为严重,在一些地方的司法实践中,刑事庭审虚化的现象仍并非鲜见,如关于犯罪嫌疑人、被告人的刑事责任问题,在审判前已经形成定论,法庭审判只是一个过场;控方审前阶段形成的案卷材料充斥庭审,甚至成为法院裁判的决定性依据;法庭审判以定罪为中心,量刑程序被虚置等。[③] 在此背景下认罪认罚从宽制度强调进一步简化庭审程序,这将在无形中增加"庭审形式化"的风险。

此外,在司法实践中,我国对集中体现认罪认罚从宽制度的刑事速裁程序的关注点也大都在其对于庭审时间的节约所发挥的积极作用,如《新京报》两次报道《平谷试点刑事速裁,4 案庭审用时 6 分》和《密云法院适用刑事速裁程序办案,庭审最快 4 分钟》;《晶报》报道《龙岗首宗"刑事速裁"法院庭审过程仅用 3 分钟》;《沈阳日报》报道《刑事速裁程序审判案件,25 分钟集中判决 6 案件》;法制网《济南历下法院首试刑事速裁程序,20 分钟宣判 4 起醉驾案》,但是在肯

---

① 汪建成:《以效率为价值导向的刑事速裁程序论纲》,载《政法论坛》2016 年第 1 期。

② 有学者指出,在我国,只要案件起诉到法院,无论罪行多么轻微、事实多么清楚和证据多么充分,也无论轻微犯罪的被告人多么不愿意承受开庭审判之诉讼烦累和负面影响,当然也无论审判机关为开庭审判需要进行多少准备工作和耗费多少资源,都只能一律采取开庭的方式进行审判,即使这种开庭完全是无必要、走过场和摆样子。参见郑丽萍:《中国简易程序的反思和改革——以〈刑事诉讼法修正案〉为基点的思考》,载《北京联合大学学报》(人文社会科学版)2013 年第 3 期。

③ 汪海燕:《论刑事庭审实质化》,载《法学研究》2015 年第 2 期。

定取得的效果的同时,不禁引起人们的质疑,在短短的几分钟时间内,法官是如何对控辩双方的协议进行实质审查呢? 事实证明,我国当前正在试点的速裁程序存在着过于追求诉讼效率,对被追诉人的权利保障不足的缺陷,难以有效地保障被追诉人的知情权和程序参与权的问题,庭审形式化现象较为严重。[①]

因此,研究认罪认罚从宽制度下法官司法审查的实质化就十分必要了,如何在简化庭审程序的同时避免庭审沦为形式,如何保障法官对被追诉人认罪认罚的自愿性和控辩双方协议的合法性进行实质审查,这些问题的明确不仅关系到认罪认罚从宽制度的正当性基础,也关系到其能否在司法实践中真正发挥繁简分流的作用。

二、认罪认罚从宽制度下法官司法审查的必要性

(一)契合"审判中心主义"的要求

党的十八届四中全会通过的《中共中央关于全面推进依法治国若干重大问题的决定》(以下简称《决定》)提出了"推进以审判为中心的诉讼制度改革",即"审判中心主义",其是体现司法规律,实现司法公正,加强人权保障的必然要求。"审判中心主义"一方面在强调在诉讼结构上确立审判的中心地位,实行以司法审判标准为中心,发挥审判程序应有的制约和把关作用。另一方面强调确立庭审的中心地位,保证庭审在查明事实、认定证据、保护诉权、公正裁判中发挥决定性作用,即实现庭审实质化。[②] 因此,强化认罪认罚从宽制度下法官的司法审查也是贯彻"审判中心主义"理念的重要体现。虽然在认罪认罚从宽制度下,法官的司法审查程序有所简化,但是这并不能否认司法审判的中心地位,正如有学者指出,司法的最基本也是最主要的手段是审判,审判的主要表现形式之一就是司法审查。从一般意义上讲,司法审查程序的表现形式可以是诉讼程序——表现为普通程序或者是简易程序,也可以是非诉程序——表现为确认程序或者宣告程序。但是,无论是何种程序,都必须有司法审查这一程序性装置。[③]

---

① 刑事速裁程序在试点过程中反映出来的庭审功能弱化的问题已经引起理论界和实务界的重视。如樊崇义:《刑事速裁程序:从"经验"到"理性"的转型》,载《法律适用》2016 年第 4 期;刘广三、李艳霞:《我国刑事速裁程序试点的反思与重构》,载《法学》2016 年第 2 期;最高人民法院刑一庭课题组:《关于刑事案件速裁程序试点若干问题的思考》,载《法律适用》2016 年第 4 期;北京市海淀区人民法院课题组、鲁为等:《关于北京海淀全流程刑事案件速裁程序试点的调研——以认罪认罚为基础的资源配置模式》,载《法律适用》2016 年第 4 期;廖大刚、白云飞:《刑事案件速裁程序试点运行现状实证分析——以 T 市八家试点法院为研究样本》,载《法律适用》2015 年第 12 期;潘金贵、李冉毅:《规则与实效:刑事速裁程序运行的初步检视》,载《安徽大学学报》(哲学社会科学版)2015 年第 6 期。

② 参见沈德咏:《论以审判为中心的诉讼制度改革》,载《中国法学》2015 年第 3 期。

③ 潘剑锋:《论司法确认》,载《中国法学》2011 年第 3 期。

此外，认罪认罚从宽制度在一定意义上也是实现“审判中心主义”目标的重要配套保障机制，因此一个国家的司法资源总是有限的，如果对所有案件都适用规范的、标准化的普通审理程序，不仅难以实现，也是不必要的。这意味着，对于事实清楚、案情简单、被追诉人自愿认罪等没有事实争议的案件，有必要根据案件类型适用相应的简化程序审理，将更多的司法资源投向重大、疑难、复杂或者被追诉人不认罪的案件，[①]体现“明案速断，疑案慎断”的理念，同时也为实现庭审实质化创造便利条件。

（二）制约检察机关权力的需要

根据认罪认罚从宽制度的程序构造，被追诉人通过在审前程序中认罪认罚，并与检察机关达成协议来获得法院的从轻处罚，因此，检察机关拥有与被追诉人协商的权力，在一定意义上，认罪认罚从宽制度下检察机关的权力扩大了。事实上在美国辩诉交易的发展过程中，显现出明显的趋势：检察官裁量权扩大，法官的审判权则退让。当辩护律师和检察官达成满意的协议后，很少会担心协议不被法官接受，事实上法官几乎自动接受任何检察官的减轻指控和量刑的建议，这一事实反过来又加强了被告人的交易愿望。

正如有学者指出，权力具有扩张性，任何权力的行使都容易被滥用，作为国家权力一种的检察权也不例外，而实行检察官独立行使职权的国家，它们的审前程序中检察权行使的效果明显好于我国，其原因就在于它们构建了一套完善的监督制约机制……将检察官的权力置于法院的监督制约之下：优化了刑事诉讼的权力配置，使作为行政权的检察权与作为司法权的审判权各得其所。完善了刑事诉讼构造，体现了审判中心主义，实现了审前程序的司法控制。[②] 虽然我国已经将“审判中心主义”作为改革目标，但是在当下的刑事司法实践中，我国尚未建立侦查程序的司法审查机制，检察机关的权力行使缺乏有效的监督制约机制，再加上控辩双方之间天然的不平等，造成的结果便是批捕权的不受节制、起诉权的滥用，被追诉人的合法权益遭到严重侵害，在此背景下如果不加强对检察机关权力的制约无疑是十分危险的。

此外，认罪认罚从宽制度的适用将对检察机关的工作产生较大的影响，主要是体现在证明责任的变化方面，具体言之，减轻了检察机关准备公诉活动、参与庭审等方面的负担，而且从司法实践中的运行效果来看，认罪认罚从宽制度对于节约检察机关的办案时间，提高工作效率是有一定的积极作用的，这也是检察机关原意选择适用认罪认罚从宽制度的动力所在。因此，为了防止检察机关出于自身利益的考虑，滥用权力，强迫被追诉人同意适用认罪认罚从宽制度，

---

① 刘静坤：《刑事审判程序繁简分流与公正审判》，载《法律适用》2016 年第 6 期。

② 陈卫东、李训虎：《检察一体与检察官独立》，载《法学研究》2006 年第 1 期。

有必要强化法院对控辩双方的协议进行的实质审查,以此保障被追诉人的合法权益。

(三)保障被追诉人认罪认罚的自愿性

与我国传统的诉讼理念不同,在认罪认罚案件处理程序中,判决的正当性很大程度上根植于被追诉人认罪认罚的自愿性,可以说,被追诉人认罪认罚自愿性是认罪认罚从宽制度的核心,也是该制度正当性的基石,因此,认罪认罚从宽制度的设计和适用在应然层面是围绕保障被追诉人认罪认罚自愿性这一核心展开的。

从我国当前的规定来看,不管是正在试点的刑事速裁程序规定的"对被告人自愿认罪的……"还是认罪认罚从宽制度规定的"被告人自愿认罪、自愿接受处罚……"都只是强调被告人自愿认罪认罚是启动程序的要件,但是并没有将认罪认罚自愿性作为法律保障的事由,也没有明确相应的审查确认机制。

从目前的刑事司法实践可以看出,被追诉人认罪认罚一般是在审前程序中,但是,我国审前程序中并没有针对认罪认罚自愿性的保障措施,虽然2012年《刑事诉讼法》确立了"不得强迫自证其罪的原则",但遗憾的是,并没有确立被追诉人的沉默权,被追诉人仍然赋有如实回答的义务,虽然确立了辩护律师在侦查阶段辩护人的身份,并将指定辩护的适用提前到侦查阶段,但是并没有确立侦查讯问时律师的在场权。

基于此,为了保障被追诉人认罪认罚的自愿性,我国大多数学者主张认罪认罚的被追诉人应获得律师的实质帮助,完善认罪认罚案件中的刑事法律援助制度。我国《刑事速裁程序试点办法》也明确规定:"建立法律援助律师值班制度,法律援助机构在人民法院、看守所派驻法律援助值班律师。犯罪嫌疑人、被告人申请提供法律援助的,应当为其指派法律援助值班律师。"司法部为此专门下发通知,要求加强值班律师的建设,充分发挥其职能作用,为刑事案件速裁程序的试点提供高效的法律服务。但是,根据《司法部关于切实发挥职能作用做好刑事案件速裁程序试点相关工作的通知》中明确规定,援助值班律师的主要职责为被追诉人提供法律咨询和建议,告知被追诉人适用速裁程序的法律后果,帮助其进行程序选择和量刑协商,但是并没有规定援助值班律师承担出庭辩护的职责。2018年《刑事诉讼法》规定了值班律师为犯罪嫌疑人、被告人提供法律咨询、程序选择建议、申请变更强制措施、对案件处理提出意见等法律帮助,从该条规定可以看出,值班律师还是被定位为"法律帮助者"而非辩护人。此外,根据学者的调研,司法实践中,许多试点法院认为援助值班律师并不享有阅卷权,这将使法律援助值班律师在认罪认罚案件中所提供的法律帮助是十分有限的。①

而真正意义上的法律援助还难以在认罪认罚案件中得到落实，众所周知，我国的刑事法律援助制度还处于较低的水平，法律援助质量堪忧，从实践调研情况来看，目前从事援助工作的律师多是刚刚执业经验不足的律师，法律援助的律师水平参差不齐，律师群体对于参与援助工作积极性不足，即使履行援助工作的律师在审判前、审判后的援助行为也较单一，庭审阶段的辩护活动较为简单，②通过辩护律师的实质参与保障被追诉人认罪认罚自愿性的目标在短期内还是很难实现的。被告人在缺乏有效辩护的前提下，将很难保证被追诉人在认罪认罚以及程序选择过程中的自由意志。在被追诉人普遍的缺乏法律知识，对指控的犯罪事实、证据都缺乏了解的前提下，如果没有辩护律师的帮助，被追诉人最终只能依赖检察官、法官的判断与指导，将命运完全交付到了检察官与法官的手中，在此情况下，必然会造成被追诉人诉讼权利的弱化以及对公权力制约的乏力。③

因此，面对审前程序中被追诉人认罪认罚自愿性保障措施的缺位，以及我国当前刑事法律援助制度的不完善等问题，需要我们转变思路，强化庭审程序中法官对认罪认罚自愿性的实质审查，保障被追诉人认罪认罚的自愿性。

（四）域外相关国家和地区的经验

从比较法的角度来看，世界上许多国家和地区也都要求认罪认罚案件必须要经过法官的司法审查。从美国的辩诉交易来看，《联邦刑事诉讼规则》规定，法庭即使接受有罪答辩，也不得不作调查，不得在查明答辩的事实基础之前单纯依据答辩作出判决。法官审查辩诉交易的事实基础，主要依靠双方协议中陈述的案件事实，以及缓行官的量刑调查报告。④ 从德国的“控辩协商”来看，即使控辩双方通过协商可以缩短审判的长度，但是法庭审判仍需进行。德国法官在审判中仍然扮演着最为积极的角色而没有成为消极的裁决者。对于辩诉交易，法官则扮演着异常积极的角色，因为尽管法官对审前程序中的辩诉交易不直接进行控制，但是法官可以在审判程序中绕开检察官直接与辩方律师进行协商。⑤ 从意大利的“控辩协商”来看，虽然要求适用刑罚程序授权双方当事人约

① 郑敏、陈玉官、方俊民：《刑事速裁程序量刑协商制度若干问题研究——基于福建省福清市人民法院试点观察》，载《法律适用》2016 年第 4 期。

② 这些问题是笔者在某地级市法院调研过程中发现并总结出来的。

③ 吴云、屠晓景：《论被告人认罪案件简化审程序中的权利保障与权力制约》，载《政治与法律》2008 年第 9 期。

④ 祁建建：《美国辩诉交易研究》，北京大学出版社 2007 年版，第 55 页。

⑤ ［德］约阿希姆·赫尔曼：《协商性司法——德国刑事程序中的辩诉交易》，程雷译，载《中国刑事法杂志》2004 年第 2 期。

束法官的权力,但该程序还是保留了一些法官在适用该程序过程中的权力。[①]在法国的庭前认罪程序中,建立了较为完善的法官审核机制,在被追诉人接受检察官的量刑建议之后,法官有义务对认罪答辩的过程以及量刑建议进行审核,主要对犯罪事实和证据以及检察官的量刑建议进行实质审核,以及对认罪协商程序的运行过程是否合规合法进行形式审核,包括是否具备相关材料、是否听取律师意见、是否按照法定流程进行等。[②] 我国台湾地区 2004 年 4 月公布的新“刑事诉讼法”增加了第七篇之一“协商程序”。采用该程序后我国台湾地区的刑事诉讼更加接近当事人主义的审判模式,但是在其协商程序中,当事人的协商不得拘束法院。2012 年 2 月修正的“刑事诉讼法”第 455 条之 4 规定:“在有‘协商之合意显有不当或显失公平’‘法院认定之事实显与协商合意之事实不符’等情形时,法院可拒绝接受协商合意,要求案件进行审判。”即新法一方面限制法官之裁量权,不准法院逾越当事人协商合意范围而为判决,但另一方面也赋予法官极为宽广不接受协商之权。[③]

从域外国家和地区的规定可以看出,无论是在当事人主义诉讼模式还是职权主义诉讼模式下,在被追诉人认罪的案件处理程序中都保留了法官进行实质审查的权力,都体现了司法最终裁判的原则,只是法官发挥权力的程度有所区别,这与不同国家和地区的具体情况是密切相关的。英美法系国家奉行“纠纷解决型”的理念,刑事诉讼的目的是解决纠纷,控辩双方在诉讼程序的自主性较大,因此,法官审查的内容主要是被追诉人认罪认罚的自愿性以及事实基础,一旦认定为自愿,那么就不再进行审判程序而进行量刑程序,并不对其他内容进行实质审查。而大陆法系国家和地区奉行的是“实体真实”的理念,因此,即使控辩双方大致一致协议,庭审程序也一般不能省略,法官仍要对案件事实进行全面审查,并遵循法定的证明标准。[④]

三、认罪认罚从宽制度下法官司法审查的界限

认罪认罚从宽制度下控辩双方的协议必须经过法院的实质审查这一规定虽然是必要的,但是还应该遵循一定的规律和界限,不能不足也不能过度,应该在两者之间保持平衡。

(一)维持认罪认罚从宽制度的正常运作

认罪认罚从宽制度的正常运作,一方面离不开对被追诉人认罪认罚自愿性

---

① [美]迈克西摩·朗格:《从法律移植到“法律翻译”:辩诉交易的全球化与刑事诉讼的美国化》,程雷译,载樊崇义主编《诉讼法学研究》(第九卷),中国检察出版社 2005 年版,第 454 页。

② 吕天奇、贺英豪:《法国庭前认罪协商程序之借鉴》,载《国家检察官学院学报》2017 年第 1 期。

③ 王兆鹏:《新刑诉·新思维》,台北,元照出版有限公司 2005 年版,第 201 页。

④ 陈瑞华:《美国辩诉交易与意大利刑事特别程序之比较》,载《政法论坛》1995 年第 3 期。

的确认额保障;另一方面也离不开法官对控辩双方协议的认可。对于被追诉人而言,认罪认罚从宽制度体现了对被追诉人程序主体地位的尊重,被追诉人真正实现了主体地位,其可以以诉讼主体的身份与检察机关进行协商,并最终达成认罪认罚的协议,虽然,此协议对法官而言不具有强制约束力,但是对法官裁判还是有一定的影响。此外,被追诉人通过认罪认罚可以获得程序和实体上的优惠,从程序上而言,案件处理程序可以相应简化,被追诉人可以及早从刑事诉讼程序中脱离,从实体上而言,被追诉人可以获得控辩双方协议中检察机关"承诺"的刑罚。对于检察机关而言,认罪认罚从宽制度的适用可以减轻检察机关的举证负担,量刑建议可以得到法院的采纳,节约办案时间,提高办案效率。简而言之,认罪认罚从宽制度正常运作的基础离不开法官对于控辩双方协议中所确立的合法预期的保障。

从美国辩诉交易来看,事实上,法官几乎认可所有的辩诉协议,以至于检察官和辩护律师常常不能正确认识法官对辩诉交易结局的决定性作用,法官认可辩诉交易协议是协议生效的前提条件。因为辩诉交易得以推进的一个重要条件,就是检察院经与辩方协商后提出的定罪量刑意见能得到法院的支持和认可,否则检察官在被告人面前就显得言而无信,因而就难以在以后的案件上继续与被告人谈判交易,于是辩诉交易就难以进行,检察院、法院的工作量就会大大增加。因此法院与检察院就必须达成默契,对辩诉交易的量刑建议予以认可。[①]

虽然,我国的认罪认罚从宽制度不同于美国的辩诉交易,但是我国在构建和推行认罪认罚从宽制度的过程中有必要借鉴辩诉交易中的合理因素。基于此,在认罪认罚从宽制度下,一方面要强化法官司法审查确认的实质化,保障被追诉人的程序基本权,另一方面也要注意法官司法审查确认的界限和限度,防止侵蚀认罪认罚从宽制度的基础、打消被追诉人认罪认罚的积极性以及检察机关主动选择适用认罪认罚从宽制度的积极性。[②] 2018 年《刑事诉讼法》第 201 条规定,"对于认罪认罚案件,人民法院依法作出判决时,一般应当采纳人民检察院中的罪名和量刑建议……"这对于保障认罪认罚从宽制度的正常运转是十分关键的,如果法官忽视检察官的量刑建议,那么检察官对于被追诉人而言将

---

① 朱孝清:《论量刑建议》,载《中国法学》2010 年第 16 期。

② 众所周知,我国正在试点的刑事速裁程序存在的问题之一就是适用比率过低,根据学者的分析,检察机关选择适用刑事速裁程序的积极性不高是其中一个原因,根据该学者的调研,司法实践中,检察机关担心所提出的量刑建议难以得到法官的认可,导致检察机关的诸多工作将重做,这在无形中加大了检察机关的工作量,也不利于诉讼效率的提高,在该学者调研的某检察院,确实存在多起因法院不同意检察机关的量刑建议而拒绝适用刑事速裁程序的实例。

会失去公信力，检察官也将会失去激励被追诉人在审前程序认罪认罚的筹码。①

（二）保障被追诉人的程序基本权②

审理程序具有多元性，不同程序的价值取向是不一样的，有的追求慎重而正确的裁判，有的追求简易而迅速的审判，当事人双方基于一定的价值判断和价值取舍，有时会放弃那种慎重、复杂的审判程序，而选择简易而迅速的审判程序。③ 我国台湾地区民事诉讼法学者邱联恭指出，向来之程序保障往往仅指给予当事人有提出有助于达成慎重而正确的裁判的攻击防御机会，此即“慎重而正确的程序保障”之要求。因诉讼制度很花费劳力、时间和费用，所以，立法者和法院应对当事人提供简易化的程序或审理方式，以使人民或当事人有机会追求比较节省劳力、时间和费用的裁判，即应赋予当事人“简速裁判之程序保障”，此也是诉讼权（裁判请求权）保障的要求。④

日本学者谷口安平指出“并非把程序保障搞得越是森严壁垒就越好，问题在于怎么样才能够满足程序保障的同时，形成与各个程序的目的相一致的审理结构”。⑤ 与普通程序相比较，认罪认罚从宽制度下对被追诉人的程序保障的力度显得稍微薄弱，对被追诉人程序基本权的保障程度有所区分，这一方面与案件的性质的严重程度有关，另一方面也与被追诉人的不同诉求有关，但是，不管怎样，基本的法理和对公正的追求是不变的，只是其以一种不同的形式得到实现，是公正和效率之间平衡的结果。⑥ 认罪认罚从宽制度的设计初衷就是要追求公正基础上的效率，即致力于对于被追诉人认罪认罚的案件设置相应的较为简易的程序，提高诉讼效率，节约司法资源，这必然导致其程序保障的程序和形式与普通程序相比有所区别。

在认罪认罚案件处理程序中践行程序保障的理念，意味着认罪认罚案件处理程序虽然不能像普通程序那样严格遵循程序保障原则性模式，但必须赋予其

---

① 张智辉：《辩诉交易制度比较研究》，中国方正出版社 2009 年版，第 398 页。

② 从法理上讲，最基本的程序权利至少应包括以下三个方面：第一，被告知的权利，即保障当事人在诉讼过程中以适当的方式获知与争议纠纷相关的各种情况，以便及时作出反应，这是程序保障的最低要求；第二，陈述和抗辩的权利，即无论以口头方式抑或以书面方式，当事人都必须获得向法庭和对方当事人陈述和答辩的机会，以便使法庭明晰其诉讼请求与缘由，否则法庭对案件的处理将失去根基；第三，接受有独立审判权的法官作出合法裁判的权利，虽然简易、快速、低成本的程序可能会突破开庭审理的传统形式，但是除非案件符合法律规定的特殊条件或者双方当事人通过合意明确放弃相关权利，否则法官不得在未经双方当事人共同参与听审、对质与辩论的前提下，依据自由心证独立作出裁判。参见傅郁林：《繁简分流与程序保障》，载《法学研究》2003 年第 1 期。

③ 刘敏：《论我国民事诉讼法修订的基本原理》，载《法律科学》2006 年第 4 期。

④ 参见邱联恭：《司法之现代化与程序法》，台北，三民书局 1992 年版，第 269 ~ 270 页。

⑤ ［日］谷口安平：《程序的正义与诉讼》，王亚新、刘荣军译，中国政法大学出版社 2002 年版，第 341 页。

⑥ 刘璐：《诉讼案件非讼审理研究》，西南政法大学 2014 年博士学位论文，第 36 页。

必要的程序保障内容,此种程序保障内容的赋予是为了确保被追诉人程序主体地位所必须的,不能因为程序的简化而将其忽略。但关键问题是,怎样在保障被追诉人基本程序权利的同时,又不失去认罪认罚案件处理程序所特有的简易、迅捷、经济、易于达成妥当性、合目的性裁判的特点,即兼顾程序保障之要求与非讼程序的迅速、灵活性及妥当性裁判要求。①

因此,构建认罪认罚从宽制度下的司法审查程序需要首先明确的是,认罪认罚从宽制度倡导诉讼效率必然会带来诉讼环节的简化、省略,但是出于司法裁判正当性的顾虑,法院适用认罪认罚从宽制度审理案件时某些特定的程序是不能简化和省略的,包括审判长宣布法庭的组成、诉讼权利的交代和被告人最后陈述环节,如若被告人获得辩护律师的帮助,法院审理案件时还需要保障辩护律师提供辩护意见的权利。②

四、认罪认罚从宽制度下法官司法审查程序的构建

即使被追诉人认罪认罚,对检察机关指控的犯罪事实和量刑建议没有异议,但是也不能忽视法官司法审查的作用,只是认罪认罚从宽制度下法官的司法审查机制有其自身的特殊性,应该将其与不认罪认罚案件的庭审程序区分开来,其核心是要保障被追诉人认罪认罚的自愿性,因此其程序构造的基点是要通过正当程序来确认被追诉人认罪认罚的自愿性。

(一)构建理念:程序法理的交错适用

程序法理的交错适用是民事诉讼中的重要理论,即在民事诉讼中,法院审理的事件有两类,一类是诉讼事件,另一类是非讼事件。根据传统的程序法理二元分离适用理论,对于诉讼事件,法院仅能按照诉讼程序适用诉讼法理进行审理;对于非讼事件,法院仅能按照非讼程序适用非讼法理进行审理。而根据程序法理交错适用理论,对于诉讼事件,也可以部分采用非讼法理进行审理。③此种理论在刑事诉讼中同样有适用的空间和领域。

认罪认罚从宽制度在一定程度上借鉴了英美的辩诉交易制度,两者都强调控辩之间的协商,美国的辩诉交易根植于当事人主义诉讼模式,美国刑事诉讼中的辩诉交易制度指的是一种控辩双方经过协商达成解决案件的协议,经过法官批准之后,案件就根据该协议进行处理的一种程序机制。辩诉交易的定义中内含着诉讼程序被视为控辩双方在中立的裁判者面前进行的纠纷解决过程这一观念。在纠纷解决模式中,允许控辩双方通过协商达成某种协议从而解决纠纷。换句话说,双方当事人协商是为了达成能够解决纠纷的某种协议,而一旦

---

① 刘璐:《诉讼案件非讼审理研究》,西南政法大学 2014 年博士学位论文,第 48 ~ 50 页。

② 陈卫东:《认罪认罚从宽制度研究》,载《中国法学》2016 年第 2 期。

③ 刘敏:《论非讼法理在小额诉讼程序中的适用》,载《清华法学》2011 年第 3 期。

双方当事人认为纠纷已经得到解决了，裁决者就应当没有任何权力（或者拥有极为有限的权力）否决这种协议。①

因此，在一定意义上讲，我国的认罪认罚从宽制度也是当事人主义诉讼模式的理念的反映，体现的是对被追诉人程序主体性的尊重。从性质上看，认罪认罚案件显然是属于诉讼事件，一开始控辩双方是存在对立的，只是通过被追诉人的自愿认罪认罚，并与检察机关达成协议，才导致适用相对简化的程序，因此按照通常的法理，对于认罪认罚案件也应该适用诉讼程序进行审理，贯彻辩论主义、直接言词原则，强调控辩双方的平等对抗，通过完善的庭审程序保障被追诉人的程序基本权得到实现。

但是，认罪认罚从宽制度下控辩双方不再是对抗的关系，因此，当事人主义诉讼模式强调的庭审中的控辩双方平等对抗，法官居中裁判显然是不适合的。此外，认罪认罚从宽制度承载着效率价值，即在公正基础上追求一定的效率，如果对于认罪认罚案件的司法审查还要严格遵循当事人主义诉讼模式的法理，那么将很难实现效率这一价值，也难以凸显认罪认罚从宽制度的特殊性。

因此，笔者认为，根据程序法理交错适用理论，根植于当事人主义诉讼模式的认罪认罚从宽制度下的司法审查程序可以部分适用职权主义诉讼模式的法理，积极发挥法官的能动作用，保障被追诉人的合法权益。

（二）程序构造：司法审查程序的多元化和差异化

认罪认罚从宽制度体现的是对被追诉人程序性主体地位的尊重，表现之一就是要尊重和保障被追诉人的程序选择权，根据学者的观点，程序选择权是指从当事人的角度出发，为满足当事人的个性化的利益需要，由当事人在发现真实与促进诉讼之间权衡并依照自己的意志自主选择程序或程序事项的权利。②程序选择权有利于保障被追诉人在纠纷解决过程中实体利益和程序利益的平衡。

然而被追诉人程序选择权存在的前提之一是存在可资利用的不同程序，即不同程序之间存在不同程度的差异，正是程序之间的差异使选择成为必要，程序的差异性越大，选择的必要性和利益性也就越强。其次，被追诉人程序选择权存在的另一个前提是不同程序对被追诉人的利益带去不同影响。③ 因此，被追诉人程序选择权的落实要求立法者站在程序利用者的视角去设计符合利用

① ［美］迈克西摩·朗格：《从法律移植到“法律翻译”：辩诉交易的全球化与刑事诉讼的美国化》，程雷译，载樊崇义主编：《诉讼法学研究》（第九卷），中国检察出版社 2005 年版，第 434 页。

② 肖建国：《回应型司法下的程序选择与程序分类——民事诉讼程序建构与立法的理论反思》，载《中国人民大学学报》2012 年第 4 期。

③ 李浩：《民事程序选择权：法理分析与制度完善》，载《中国法学》2007 年第 6 期。

者需要的程序,根据不同的需要设计不同的程序,注重程序的分类,即程序应该根据案件的不同类型和程序利用者的不同需要来设计,建立多层次、多类型,体现不同价值的多元程序体系,①并最终实现程序的设置与案件的性质、争议事项的复杂程度相适应。

司法实践中,为了实现案件的繁简分流,对于被追诉人认罪的案件,我国分别设立了简易程序以及正在试点的刑事速裁程序,但是这些程序在司法实践中并没有发挥真正的繁简分流的作用,程序适用的比例也不高,②虽然上述问题的产生与多种因素有关,但是其中之一就在于被追诉人认罪案件的处理程序与不认罪案件的处理程序在本质上并不存在差别,反而在适用条件上更加严苛,这在一定程度上打击了有关机关主动适用简易程序或者刑事速裁程序的积极性。

因此,对于认罪认罚案件而言,为了保障被追诉人的程序选择权,应该注重司法审查程序设计的多元性和差异化,尤其是要与不认罪认罚案件的处理程序从本质上区分开来,实现真正意义上的繁简分流。具体言之,根据案件的不同设置不同的程序构造,在审判阶段是否需要开庭、开庭审理的环节,是否严格遵守直接言词原则等也需要区别对待,为此,笔者大胆设想,对于被追诉人认罪认罚的案件应该设置三种差异化的程序构造。

首先,对于适用刑事速裁程序审理的并可能判处三年以下有期徒刑的案件,可以尽可能地简化庭审,直接省略法庭调查和法庭辩论环节,直接询问被追诉人对于“犯罪事实的指控、量刑建议、适用速裁程序”三个方面的意见,但是要保障被追诉人的最后陈述权。当然,未来可以尝试借鉴德国的处罚令程序直接采用书面审理的方式,即法官只需要通过审查案卷材料和认罪认罚协议,以确认被追诉人是否是自愿认罪认罚,其认罪认罚是否具有相应的事实基础,真正突出刑事速裁程序对于效率价值的追求,但是就目前情况来看,直接采用书面审理方式还是不太现实的。

其次,对于适用简易程序审理的可能判处七年以下有期徒刑的案件(不包括适用刑事速裁程序的案件),原则上不能省略法庭调查和法庭辩论环节,除非控辩双方协商一致要求省略上述环节,但是必须经过法官的最终同意。如果法官对相关事实的认定有疑问的,则可以选择对被追诉人进行讯问,必要的情况下,可以要求控辩双方进行辩论。此外,为了节约司法成本,提高诉讼效率,经

---

① 傅郁林:《小额诉讼与程序分类》,载《清华法学》2011 年第 3 期。

② 以刑事速裁程序为例,根据“两高”公布的《关于刑事案件速裁程序试点情况的中期报告》,截至 2015 年 8 月 20 日,各地确定基层法院、检察院试点 183 个,共使用速裁程序审结刑事案件共 15,606 件包含 16,055 人,占试点法院同期判处一年有期徒刑以下刑罚案件的 30.70%,占同期全部刑事案件的 12.82%。此外根据一些关于刑事速裁程序试点情况的调研报告可以看出,其普遍反映出的问题是刑事速裁程序在司法实践中的适用率较低。

过控辩双方的一致同意,法庭审理程序可以变通地贯彻直接言词原则,如可以以书面证人证言取代证人出庭作证等。

最后,对于可能判处7年以上有期徒刑的案件,应严格遵守直接言词原则,保障诉讼各方的程序参与权。尽管控辩双方达成一致的协商,但由于案件性质的差异,法院仍须在被告人及其律师、检察院公诉人同时到场后,开展询问被告人是否充分知悉适用认罪认罚的法定后果等一系列活动,促成法官审查后形成内心确信并依法作出裁判。[①]

(三)司法审查的具体路径

1. 审查内容

认罪案件与不认罪案件的差异,决定了二者庭审内容的差异,在不认罪案件中,被告人对检察官指控的犯罪事实有异议,庭审调查的重点应围绕控辩双方的分歧和争议。而在认罪案件中,被告人已经承认自己行为构成犯罪,接受检察机关的量刑建议,控辩双方就定罪问题和量刑问题已没有争议和分歧,庭审的重点应是控辩协议的合法性问题,主要包括被告人认罪的自愿性、明知性和理智性以及被告人认罪的事实基础,以及具结书内容的真实性、合法性。[②]

认罪认罚从宽制度下应该保障被追诉人认罪认罚的真实性、自愿性和明智性,认罪认罚的真实性,意味着被追诉人的认罪必须具有一定的事实基础,我国不承认无事实根据的认罪认罚,法官应当重视被告人认罪认罚真实性的审查,确定被追诉人认罪认罚具有起码的证据基础;认罪认罚的自愿性,意味着被追诉人认罪认罚没有受到胁迫、暴力或者其他不当影响,这与国际社会普遍认可的"不得强迫自证其罪原则"是一脉相承的;认罪认罚的明智性,意味着被追诉人认罪认罚是出于理智的,据此,被追诉人应当认识到认罪认罚的可能后果,也应当被告知相应的法律政策,办案机关负有诚实告知的义务,防止被追诉人在信息不对称的情况下做出不理性的认罪认罚。

以美国的辩诉交易为例,在联邦法院,被告人与检察官所达成的任何一个辩诉交易,都由法官依照《联邦刑事诉讼规则》的规定的程序和要求,确保被告人所进行的答辩是自愿的、明知的、理性的,并且答辩有事实基础。换言之,法庭需要去确认三个核心问题:(1)被告人的答辩出于自愿,非出于胁迫;(2)被告人知道指控的性质;(3)被告人理解答辩内容及其后果。[③] 在州法院,虽然各州有权制定本州辩诉交易的程序,但大多数州的辩诉交易程序与联邦的规定基

---

① 陈卫东:《认罪认罚从宽制度研究》,载《中国法学》2016年第2期。

② 谢登科:《认罪案件诉讼程序研究》,吉林大学2013年博士学位论文,第107~108页。

③ Klein, Susan R., "Monitoring the Plea Process", *Duquesne Law Review*, Vol. 51, Issue 3, 2013, pp. 564-566.

本相似,且法官有义务按照联邦最高法院的宪法判例确认被告人答辩的自愿、明知以及理性。在确认有罪答辩或者不认罪也不申辩答辩的自愿性时,法庭有职责调查自愿是否来自被告人及其辩护律师与检察官之间的讨论。如果答辩是由于威胁或者胁迫,或基于未实现的或不恰当的承诺,或被告人精神上不适格,或由于服用麻醉品以至于其判断能力受到损害等原因而生,则会被视为非自愿。①

在英国,被告人作出有罪答辩同样意味着不再需要组成陪审团审判,而直接进入量刑程序。但在量刑之前,法官需要审查判断有罪答辩的自愿性。如果有罪答辩是"通过压力从被指控者处榨取出来的,而且情况是他不能真正从答辩有罪和答辩无罪中作出选择时,那么答辩就是无效的"。如果辩方律师所施加的压力足以"剥夺被指控者有关答辩的自由选择权",有罪答辩也属于无效行为。②

法官司法审查的另一个重点内容就是具结书的真实性、合法性。认罪认罚具结书是犯罪嫌疑人、被告人认罪认罚的重要材料,具结书中一般包括被追诉人的身份信息,被追诉人对权利的知悉情况,被追诉人认罪认罚的内容,包括人民检察院指控的犯罪事实以及提出的量刑建议,被追诉人自愿签署的声明。对于具结书,法官审查的重点在于被追诉人签署具结书的程序是否合法,是否有侵害被追诉人合法权利的行为,检察官是否履行相应的告知义务,被追诉人是否获得律师的有效帮助,以及检察官的量刑建议是否符合法律规定、是否合理。其中检察官的量刑建议是需要关注的核心内容。

量刑建议制度改革是我国近年来一直推行的试点工作,虽然已经取得诸多进步,但是我国当前的量刑调查程序还是较为粗放的,这种过于简略和粗糙的量刑调查程序,显示出法官在对控辩双方提供的量刑信息的审查方面,存在形式化甚至仪式化的问题。在目前的量刑程序改革中,各地法院对普通案件没有组织任何形式的"社会调查",无法获得包含丰富量刑信息的"社会调查报告";公诉方所提出的量刑情节主要是"法定量刑情节",且不超出案卷笔录所记载的信息范围;辩护方没有机会进行有效的量刑事实调查,无法向法庭提出新的量刑事实,特别是大量存在的"酌定量刑情节",更是难以全面地出现在法庭上。③量刑辩护的不力与法官实质审查的缺失,共同造成了量刑建议对量刑调查程序的直接掌控。司法实践中,在检察机关推行量刑建议的案件中,绝大多数量刑

---

① 祁建建:《美国辩诉交易研究》,北京大学出版社 2007 年版,第 47 页。

② [英]约翰·斯普莱克:《英国刑事诉讼程序》,徐美君等译,中国人民大学出版社 2006 年版,第 362~367 页。

③ 陈瑞华:《论量刑信息的调查》,载《法学家》2010 年第 2 期。

建议都得到了法院的采纳,采纳率高达80%甚至90%以上。①

因此,为了防止检察机关的量刑建议有失偏颇,防止检察机关的权力取代法官的司法审查权,法官应该对控辩协议中的量刑建议进行实质审查,具体而言,我国有必要针对认罪认罚案件引入社会调查制度,②即建立一种由法官掌控关于量刑调查、自行收集量刑信息的程序机制,使法官全面了解被追诉人的社会危险性、再犯可能性等问题,提高量刑的准确性,同时也对检察机关的量刑建议权起到一定的制约作用。

2. 审查方式

对于审查方式而言,由于被追诉人已经自愿认罪认罚,控辩双方之间的对抗已经不存在了,因此,无须再通过严格的法庭调查以及控辩双方辩论的形式进行审查,再加上适用认罪认罚从宽制度处理案件的,庭审程序都有不同程度简化,因此,对于审查方式也应该做出相应的变更,以符合认罪认罚从宽制度对效率价值的追求,即法官可以通过审查检察机关移送的案卷材料或者通过讯问被追诉人的方式进行审查,并在审查过程中应该尽量听取辩护律师和被害人的意见。③ 具体言之,对于被追诉人认罪认罚自愿性的审查而言,法官首先通过审查检察机关移送的案卷材料确认被追诉人认罪认罚是否具有一定的事实基础,在必要的时候可以讯问被追诉人,或者询问检察官和辩护律师的方式,确认事实基础的真实性,最终使法官对事实的认定达到法定的证据标准。随后法官应该主要通过讯问被追诉人的方式,明确其是否自愿认罪认罚,是否获得律师的有效帮助,并积极听取辩护律师的辩护意见,此外,法官还应该积极听取被害人对量刑的意见,在综合考虑相关因素的基础上作出最终裁判。但是,不管法官采用何种方式,都必须要通过公开的庭审程序进行,并且要保障被追诉人及其辩护律师实质参与庭审程序。

---

① 碑林区检察院:《量刑建议采纳率100%》,载《检察日报》2012年12月26日;单曦玺:《量刑建议采纳率达97.5%》,载《检察日报》2015年3月23日;朱才华:《江西南康市检察院:今年量刑建议采纳率达96.8%》,载《检察日报》2013年12月6日;刘立平:《湖南邵东:量刑建议采纳率达98.2%工作经验在全省推广》,载《检察日报》2013年5月27日。

② 在中国近年来进行的少年司法改革中,一种被称为"社会调查报告"的量刑报告出现在少年司法程序之中。最初,这种"社会调查报告"主要由法官亲自制作。后来,逐渐出现了专门的社会调查员,来完成社会调查工作。这种社会调查员要么由司法行政机关下设的社区矫正人员担任,要么由专职或者兼职的社会工作者充任。与控辩双方自行进行的量刑信息调查和量刑情节收集的情况相比,社会调查报告可以最大限度地维护社会调查的中立性和超然性,避免控辩双方因为要追求各自的诉讼利益而发生伪造、变造量刑证据的情况发生。但是,在被告人为成年人的普通案件中,这种社会调查报告制度还没有出现在量刑程序之中。参见陈瑞华:《论量刑建议》,载《政法论坛》2011年第2期。

③ 陈光中、马康:《认罪认罚从宽制度若干重要问题探讨》,载《法学》2016年第8期;卢君、谭中平:《论审判环节被告人认罪认罚"自愿性"审查机制的构建》,载《法律适用》2017年第5期。

(四)需要注意的问题:强化法官能动作用的发挥

一直以来,我国致力于实现当事人主义的诉讼模式,强调控辩双方的平等对抗,法官的居中裁判,规范和制约法官的自由裁量权,弱化庭审程序中法官的职权,强化法官维持控辩双方平等对抗的能力,但是事与愿违,结果导致检察官成为庭审的主导者和控制者,这种格局显然是不利于被追诉人合法权益的维护,控辩平等对抗的目标也难以得到实现。

认罪认罚案件处理程序与不认罪认罚案件处理程序的最大区别在于控辩双方之间的对抗已经不存在了,因此无须再强调"控辩双方平等对抗,法官居中裁判"的庭审格局,认罪认罚从宽制度下的司法审查程序是一种简化的程序,但是由于我国不存在控辩平等对抗的天然环境,此种简化的程序保障公正实现的前提是要积极发挥法官的能动作用,适当引入职权诉讼主义诉讼模式中的合理因素,通过法官强大职权的发挥保障被追诉人的合法权益,维护司法公正,这是认罪认罚从宽制度下程序法理交错适用的要求,也是实现法官司法审查实质化的关键所在。具体言之,认罪认罚从宽制度下司法审查程序中法官能动作用的发挥主要体现在法官释明权的行使和法官依职权主动调查事实。

对于法官释明权而言,按照民事诉讼学者的观点,释明权是指当事人在诉讼过程中的声明和意思陈述不清楚、不充分时,或提出了不当的声明或陈述时,或所取证据不够充分却以为证据已足够时,法官以发问和晓谕的方式提醒和启发当事人把不明确的予以澄清,把不充分的予以补充,或把不适当的予以排除,或者让其提出新的诉讼资料,以证明案件事实的权能。① 释明权虽然是民事诉讼中的一项重要制度,但是其在刑事诉讼程序中也同样有适用的空间,其中涉及的法官的积极能动性将有助于实现认罪认罚从宽制度下法官司法审查的实质化。②

在认罪认罚从宽制度下,法官释明权的主要内容包括,一方面,法官应该积极向被追诉人释明其所享有的基本权利,以及被追诉人有权获得律师的帮助的权利;另一方面,法官也应该积极向被追诉人释明其认罪认罚的后果,包括程序性后果和实体性后果,尤其是被追诉人的认罪认罚与从宽处罚之间的关系。此外,在对检察机关的量刑建议进行审查的过程中,法官也应该积极行使释明权,如果法官认为检察机关的量刑建议不合理,应该及时向被追诉人和检察官释

---

① 杨建华主编:《民事诉讼法之研究》,台北,三民书局1984年版,第126页。

② 龙宗智教授曾提出,在刑事庭审程序中也需要强化法官的释明权,并进一步提出未来应该考虑构建刑事审判中的释明制度。参见龙宗智:《庭审实质化的路径和方法》,载《法学研究》2015年第5期。此外,笔者也曾在另一篇文章中对刑事诉讼中法官释明权问题做了初步阐释。参见亢晶晶:《协同主义诉讼模式在刑事诉讼中的导入——兼谈我国控辩审关系的反思与重构》,载《法律科学》2015年第3期。

明,建议控辩双方及时协商变更,如果控辩双方在法官的释明下,经过协商重新达成协议的,那么法官就必须在检察机关的量刑建议范围内作出判决,反之,如果法官最终不采纳控方的量刑建议的,并决定将认罪认罚案件处理程序转为普通程序的,应该详细阐述相关的理由。2018 年《刑事诉讼法》第 201 条第 3 款规定:"人民法院经审理认为量刑建议明显不当,或者被告人、辩护人对量刑建议提出异议的,人民检察院可以调整量刑建议。人民检察院不调整量刑建议或者调整量刑建议后仍然明显不当的,人民法院应当依法作出判决。"该条规定在一定意义上也是法官行使释明权的体现。

释明权由法官行使,但对其属于法官的权利还是义务则有不同见解,过去德国、日本法学界多认为释明权乃法官享有的权利,其不行使也并不违法,但在现在,多数学者认为释明权兼具权利和义务双重属性,法官在应当行使释明权之场合,不得放弃行使。① 域外许多国家和地区大都是从职责和义务的角度规定释明权。不可否认的是,行使释明权会给法官的工作增加负担,并且可能一不小心就逾越了界限,导致中立性丧失,因此,司法实践中,刑事法官大多不愿意行使释明权,为此,有必要建立对法官行使释明权的双重保障机制——激励机制和约束机制。

对于激励机制而言,笔者认为,可以将刑事法官合理行使释明权列入法官的绩效考核当中,对于法官合理行使释明权,保障处于弱势地位的被告方的合法权益的,可以对其进行绩效奖励,以此激励法官积极适当行使释明权,当然,对于法官怠于行使释明权或者过度行使释明权的,可以对其进行绩效惩罚。

对于约束机制而言,应该设置一定的制裁措施,防止法官释明不足或者过度释明。具体而言,笔者认为可以借鉴德日国家的做法,对于法官违反释明义务,如果影响事实认定的应该作为二审法院撤销裁判的依据。②

刑事释明权虽然通过法官在庭审中发挥能动作用,以促使庭审调查精细化,落实庭审实质化,但释明权是一个主观性较强的权利,不同的法官对于释明的理解可能存在一定的差别,此外,释明权也是一把"双刃剑",法官在其中享有很大的自由裁量权,如果不对其进行合理规制,则可能导致法官滥用释明权,违背刑事释明制度的初衷。③ 因此关于刑事释明的范围,释明的方式以及释明的界限等都还需要进一步研究。

因此,法官如何适当行使释明权,把握好行使释明权的界限,将是我们未来

---

① 陈荣宗、林庆苗:《民事诉讼法》,台北,三民书局 1996 年版,第 552 页。

② 参见王杏飞:《论释明的具体化——兼评〈买卖合同解释〉第 27 条》,载《中国法学》2014 年第 3 期。

③ 参见张卫平:《民事诉讼"释明"概念的展开》,载《中外法学》2006 年第 2 期。

需要重点研究和关注的问题,这关系到刑事释明权能否发挥预期的作用。众所周知,日本释明权制度得以确立和完善,最高法院和一些高等法院的判例起了至关重要的作用,我国民事诉讼法学者对民事释明制度的研究也是主要通过总结和分析司法实践中的有关案例来完成的。因此,笔者建议,对于刑事释明制度的构建可以先借助案例指导,即可先通过相关的案例进行探索,确定刑事释明制度的范围、界限等,最后通过总结案例中的做法,将其上升到法律规定的层面,建构完整的刑事释明制度。

对于法官依职权主动调查事实而言,认罪认罚从宽制度中法官需要审查被追诉人认罪认罚的自愿性,事实基础、协议的合法性。在审查过程中,法官通过审查案卷材料和检察机关移送的认罪认罚协议之后,对于相关事实仍有疑问的,除了可以进一步讯问被追诉人,还可以依据职权传唤新的证人、调取新的证据,必要的时候可进行庭外调查核实,但是要注重程序的公正性和透明性。

但需要明确的是,强化法官在认罪认罚从宽制度中发挥的能动作用,并非主张法官完全左右诉讼进程,而是强调法官保持适度的能动。法官作为庭审的主持者应恰当地运用诉讼指挥权,处理好诉讼指挥权与其自身中立性的关系。其作为诉讼指挥者,应当引导双方按照程序法的规定进行理性的对话,但不能越俎代庖,自卸法官角色改演律师角色或者为控方出谋划策。当然,基于控辩双方的不对等,法官应当从保护被告人利益出发,对被告人权利予以关注。①

因此,在认罪认罚从宽制度中法官发挥能动作用不能逾越两条底线:第一,法官从其职责来讲,应当是中立、超脱的裁判者,应当做到价值无涉、利益无涉;第二,法官在某些情况下应当保持积极主动,体现司法能动性,但其能动的底线是保护被追诉人的合法权益。②

五、结语

认罪认罚从宽制度下法官的司法审查是一个比较重要的问题,是保障被追诉人认罪认罚自愿性的关键,但是为了保障认罪认罚从宽制度的正常运作,法官的司法审查有必要保持一定的限度,既要实现司法审查的实质化,又要防止侵蚀认罪认罚从宽制度的基础,打击被追诉人和检察机关主动适用认罪认罚从宽制度的积极性,至于这个限度如何去把握,如何设置具有差异化的司法审查程序构造,还有待进行深入探讨和研究,笔者的建议也有待实践的进一步检验。

---

① 陈卫东:《被告人认罪案件简化审理程序》,中国检察出版社 2004 年版,第 132 页。

② 同上书,第 128 页。

论值班律师的定位和完善

张　伟*

摘　要　《刑事诉讼法》正式确立了值班律师在我国刑事诉讼中的法律地位,但《刑事诉讼法》的规定仍然比较原则,在一些具体运行规则上仍然不甚明确。本文从值班律师制度的发展历程着手,分析得出值班律师是为犯罪嫌疑人、被告人提供应急性、临时性的法律帮助服务的法律援助律师。值班律师为犯罪嫌疑人、被告人提供的是法律帮助服务,而非辩护服务。本文还结合司法实践,提出了值班律师制度的完善建议:一是应当与法律援助相关制度的推广、完善统筹协调,同步推进;二是要不断增加相关的资金投入,切实保障值班律师制度在全国真正落地;三是探索在派出所等办案机构和检察机关建立值班律师工作站;四是探索建立首次讯问值班律师强制会见制度;五是进一步明确值班律师的合法权利;六是制定值班律师提供法律帮助服务的实施细则,有效规范其行为;七是规范值班律师向辩护律师(也包括专门的法律援助律师)的转换方式。

关键词　值班律师　性质　完善

《刑事诉讼法》①对值班律师制度进行了明确规定,正式确立了值班律师在我国刑事诉讼中的法律地位,但《刑事诉讼法》的规定比较原则,在一些具体运行规则上仍然不甚明确。因此,就需要在总结已有相关规定以及司法实践的基础上,及时依据《刑事诉讼法》制定相关的具体规则,以利于值班律师制度的落实和推进。本文结合现有规定以及司法实践,谈一些对值班律师制度进一步完善的想法。

一、值班律师制度的发展历程

值班律师制度作为舶来品在我国的兴起,是随着司法体制改革的逐步深入,对犯罪嫌疑人的人权保障的逐步重视而来的,经历了一个从无到有的过程。

---

* 张伟,北京市西城区人民检察院副检察长。

① 本文中如无特别说明,《刑事诉讼法》就是指 2018 年新修订的《刑事诉讼法》。

这场值班律师制度中国化的早期探索，为值班律师的发展奠定了基础。[①]

（一）完善法律援助制度过程中，值班律师制度逐步萌发

2006年，联合国开发计划署、商务部、司法部联合在河南修武县启动了UNDP法律援助值班律师制度试点项目。经过一年半的运行，试点项目取得了较好的效果。项目结束后，河南省司法厅决定将试点工作扩大到河南省20个市县。[②] 这是我国对值班律师制度最早的探索和试点。2010年9月，上海市司法局根据司法部"法律援助值班律师试点工作研讨会"精神，制定了《上海市法律援助值班律师试点工作实施方案》，确定在浦东新区、徐汇区、杨浦区、黄浦区、闵行区、奉贤区、闸北区等区开展法律援助值班律师试点工作。[③] 随后，山东、广东、安徽等地也先后开始法律援助值班律师试点工作[④]，值班律师制度在我国各地蓬勃兴起。

2014年，"在法院、看守所设置法律援助值班律师办公室"作为一项改革议程，正式被中央深化体制改革领导小组列为我国司法体制改革的重要内容。[⑤] 2015年6月29日，中共中央办公厅、国务院办公厅印发了《关于完善法律援助制度的意见》，在"扩大法律援助范围"部分第4条规定，"建立法律援助值班律师制度，法律援助机构在法院、看守所派驻法律援助值班律师"。2016年7月20日，最高人民法院、最高人民检察院、公安部、国家安全部、司法部发布实施的《关于推进以审判为中心的刑事诉讼制度改革的意见》中，规定"建立法律援助值班律师制度，法律援助机构在看守所、人民法院派驻值班律师，为犯罪嫌疑人、被告人提供法律帮助"。2017年2月，最高人民法院制定的《关于全面推进以审判为中心的刑事诉讼制度改革的实施意见》中，也对值班律师制度作了配套性的规定。至此，值班律师制度作为刑事诉讼制度改革中的一项改革任务得到了确认，并有了全面推行的基础和条件。

2017年8月，为深入贯彻落实《关于完善法律援助制度的意见》，在总结值班律师试点工作实践中经验和问题的基础上，最高人民法院、最高人民检察院、公安部、司法部出台了《关于开展法律援助值班律师工作的意见》（以下简称《值班律师工作意见》），对值班律师的性质定位、具体职责、具体运行管理以及

---

① 参见朱腾飞：《司法部负责人就开展法律援助值班律师工作答记者问》，载《中国司法》2017年第10期。

② 参见王淑华、张艳红：《探索建立中国法律援助值班律师制度》，载《中国司法》2009年第5期。

③ 上海市司法局：《上海积极开展法律援助值班律师试点工作》，载上海市司法局官网：http://www.justice.gov.cn/info/ac7cf36a8c0d41fa98e85d81f8a959dc，最后访问日期：2019年4月6日。

④ 参见祁彪：《值班律师制度建设进入快车道》，载《民主与法制》2017年第27期。

⑤ 参见樊崇义：《值班律师制度的本土叙事：回顾、定位与完善》，载《法学杂志》2018年第9期。

值班律师派驻等内容都作出了明确的规定。[①] 至此，值班律师制度以正式文件的方式得以确认。

（二）在几项具体刑事诉讼程序的完善中，值班律师制度逐步丰满

2014 年，最高人民法院、最高人民检察院、公安部、司法部出台的《关于在部分地区开展刑事案件速裁程序试点工作的办法》（以下简称《速裁程序试点办法》）中规定，"建立法律援助值班律师制度，法律援助机构在人民法院、看守所派驻法律援助值班律师。犯罪嫌疑人、被告人申请提供法律援助的，应当为其指派法律援助值班律师"。文中明确值班律师的职责是提供法律援助，且从整个文件的背景分析，其适用范围为适用（或者拟适用）速裁程序案件的犯罪嫌疑人、被告人。

2016 年 11 月，最高人民法院、最高人民检察院、公安部、国家安全部、司法部出台了《关于在部分地区开展刑事案件认罪认罚从宽制度试点工作的办法》（以下简称《认罪认罚试点办法》），规定"法律援助机构可以根据人民法院、看守所实际工作需要，通过设立法律援助工作站派驻值班律师、及时安排值班律师等形式提供法律帮助"，并进一步详细规定了值班律师在认罪认罚程序中的职责，要求值班律师"提供法律帮助"，并承担"法律咨询、程序选择、申请变更强制措施"，以及"发表意见[②]"、见证"签署具结书"等具体职责；在适用范围上，则明确为"犯罪嫌疑人、被告人自愿认罪认罚，没有辩护人的"。

2017 年 10 月 9 日，最高人民法院、司法部出台了《关于开展刑事案件律师辩护全覆盖试点工作的办法》（以下简称《全覆盖试点办法》），对值班律师参与"全覆盖"工作作出了规定，"适用简易程序、速裁程序审理的案件，被告人没有辩护人的，人民法院应当通知法律援助机构派驻的值班律师为其提供法律帮助"，"在法律援助机构指派的律师或者被告人委托的律师为被告人提供辩护前，被告人及其近亲属可以提出法律帮助请求，人民法院应当通知法律援助机构派驻的值班律师为其提供法律帮助"，还要求司法行政机关与人民法院要加强协调配合，共同做好值班律师制度的落实。

（三）修改《刑事诉讼法》，值班律师制度正式确立

2018 年 10 月 26 日，第十三届全国人民代表大会常务委员会第六次会议通过了全国人民代表大会常务委员会《关于修改〈中华人民共和国刑事诉讼法〉的

---

① 此意见中，将值班律师的性质定位为法律帮助，具体应当履行法律咨询、转交申请材料；在认罪认罚程序中提供程序选择、申请变更强制措施以及对检察机关的量刑建议提出意见，见证犯罪嫌疑人签署认罪认罚具结书；对刑讯逼供、非法取证情形代理申诉、控告等职责。同时，明确可以在人民法院、人民检察院、看守所派驻值班律师。

② 在侦查和审查起诉过程中，侦查机关（公诉机关）应当听取值班律师的意见。

决定》,对值班律师制度在《刑事诉讼法》中予以明确规定,从而正式确立了其法律地位。

在《刑事诉讼法》第 36 条对值班律师的定位和基本职责予以规定,“法律援助机构可以在人民法院、看守所派驻值班律师。犯罪嫌疑人、被告人没有委托辩护人,法律援助机构没有指派律师为其提供辩护的,由值班律师为犯罪嫌疑人、被告人提供法律咨询、程序选择建议、申请变更强制措施、对案件处理提出意见等法律帮助”;“人民法院、人民检察院、看守所应当告知犯罪嫌疑人、被告人有权约见值班律师,并为犯罪嫌疑人、被告人约见律师提供便利”。

在《刑事诉讼法》第 173 条和第 174 条中,对值班律师参与刑事诉讼的具体程序和责任予以明确,人民检察院应当“听取辩护人或者值班律师、被害人及其诉讼代理人的意见,并记录在案。辩护人或者值班律师、被害人及其诉讼代理人提出书面意见的,应当附卷”;“犯罪嫌疑人认罪认罚的”,人民检察院应当“听取犯罪嫌疑人、辩护人或者值班律师、被害人及其诉讼代理人对下列事项的意见,并记录在案:(一)涉嫌的犯罪事实、罪名及适用的法律规定;(二)从轻、减轻或者免除处罚等从宽处罚的建议;(三)认罪认罚后案件审理适用的程序;(四)其他需要听取意见的事项。人民检察院依照前两款规定听取值班律师意见的,应当提前为值班律师了解案件有关情况提供必要的便利”;“犯罪嫌疑人自愿认罪,同意量刑建议和程序适用的,应当在辩护人或者值班律师在场的情况下签署认罪认罚具结书”。[①]

二、值班律师的性质和定位

《刑事诉讼法》明确了值班律师提供的法律服务从性质上属于法律帮助,但对于值班律师提供的法律帮助与法律援助、辩护是什么关系并没有明确。此外,虽然《刑事诉讼法》通过第 173 条和第 174 条进一步规定了值班律师在刑事诉讼程序中担负的具体职责,但对照第 37 条规定的辩护人的责任,[②]以及第 38 条至第 49 条规定的辩护人的权利、义务等内容,除了没有明确规定值班律师有查阅案卷权、调查取证权、申诉和控告权等具体权利之外,在提供法律服务的内容和具体承担的职责方面也没有明显的不同。[③] 因此,《刑事诉讼法》并没有从根本上解决值班律师的定位和性质问题。下面,笔者就结合值班律师的发展历

---

① 应当说,此次修改《刑事诉讼法》,对值班律师制度的进一步落实具有重大意义。但在一些方面仍然有待进一步完善,例如对《全覆盖试点办法》中提及的值班律师参与刑事审判活动就没有予以明确,再如对值班律师是否有权阅卷、是否能够转换为辩护律师等都没有作出明确规定。

② 根据事实和法律,提出犯罪嫌疑人、被告人无罪、罪轻或者减轻、免除其刑事责任的材料和意见,维护犯罪嫌疑人、被告人的诉讼权利和其他合法权益。

③ 特别是在第 38 条中,规定“辩护律师在侦查期间可以为犯罪嫌疑人提供法律帮助”,此处的法律帮助与值班律师提供的法律帮助是否同义也是值得研究的。

程，以及我国学者对此的论争，对值班律师定位和性质谈谈自己的意见。

（一）值班律师提供的服务应当是一种特殊的法律援助

从我国的值班律师的发展历程可以看出，值班律师制度萌生于法律援助制度。从最初的地方试点开始，直到将值班律师制度纳入整个司法体制改革总体设计，值班律师制度都是依托于法律援助制度的完善和改革。虽然在部分诉讼程序[①]的改革试点中，没有强调值班律师的法律援助属性，但从值班律师担负的角色，来看都是在犯罪嫌疑人、被告人没有自行委托辩护律师以及在不能或者没有及时获得法律援助的情况下，为犯罪嫌疑人、被告人提供免费[②]的法律帮助服务。这种免费的法律帮助服务，应当说就是由司法援助机构为犯罪嫌疑人、被告人提供的法律援助服务。虽然《刑事诉讼法》也没有对值班律师是否属于法律援助予以明确，但是从其对值班律师职责和值班律师由法律援助机构选派的规定中，可以看出，《刑事诉讼法》实际上是将值班律师定位为法律援助律师的。

对此，有学者指出"值班律师制度是法律援助制度的组成部分，完全具备法律援助制度的基本属性或共性"，[③]"随着讨论的深入，特别是《值班律师意见》出台后，这一问题已基本解决。人们不再从性质上强调不是法律援助律师，而只是说值班律师与狭义的法律援助律师[④]的工作职责有所不同。由于此原因，笔者检索 2017 年下半年以来公开发表的关于值班律师的研究论文中，一般不再涉及值班律师是不是法律援助律师的问题了"。[⑤] 因此，值班律师从性质上属于法律援助律师已经没有什么争议了。

需要注意的是，值班律师与法律援助律师又有明显的区别。一是从其适用条件看，犯罪嫌疑人、被告人在没有自行委托律师或者虽然符合申请法律援助的条件但由于种种原因司法行政机关尚未为其指派法律援助律师的情况下，才由值班律师为其提供法律帮助服务。二是从服务方式看，值班律师不能提供"一对一"的专属服务，只能为不特定的犯罪嫌疑人、被告人提供的"一对多""多对一"[⑥]的非专属服务。三是从服务周期看，不像法律援助律师那样在整个特定的诉讼阶段都承担为犯罪嫌疑人、被告人服务的角色，值班律师仅仅是在

---

① 在《认罪认罚试点办法》中没有明确值班律师提供的是法律援助。

② 是指无须犯罪嫌疑人、被告人付费，而是由司法援助机构对值班律师予以补贴。

③ 顾永忠、李逍遥：《论我国值班律师的应然定位》，载《湖南科技大学学报》（社会科学版）2017 年第 4 期。

④ 为方便论述，下文中如无特别说明的，法律援助律师就是指狭义的法律援助律师。

⑤ 顾永忠：《追根溯源：再论值班律师的应然定位》，载《法学杂志》2018 年第 9 期。

⑥ "一对多"是指，一位值班律师可能要同时为多个犯罪嫌疑人、被告人服务；"多对一"是指，不同的值班律师向同一个犯罪嫌疑人、被告人提供服务。

承担值班任务当天为符合条件的犯罪嫌疑人、被告人提供法律帮助服务，一旦离开了值班岗位，则不再承担值班律师的法律帮助职责。当然，由于值班律师是派驻在相关司法机关的律师，因此与法律援助律师相比，具有能够及时地提供法律帮助服务的优势。

综上所述，我们可以得出如下结论：值班律师应当是具有法律援助的性质，但与法律援助律师相比，又具有明显的特殊之处的律师。这种特殊之处具体包括：补充性、非专属性、临时性和及时性。

（二）值班律师为犯罪嫌疑人、被告人提供的是法律帮助服务，而非辩护服务

关于值班律师提供的法律帮助服务的性质是否属于辩护权，我国学者存在诸多说法，争议不断。

第一，值班律师就是辩护律师。“无论从国外经验看，还是从我国律师辩护及法律援助制度的发展历程看，我国值班律师的应然定位应当是法律援助制度下特殊的辩护律师”，[①]“只要全面了解并深刻理解了自 1979 年以来我国刑事诉讼理论和刑事诉讼法关于辩护人及其职责的演变过程，就不难理解并应当认同值班律师的定位应当是辩护人或辩护律师”。[②]

第二，值班律师在不同的阶段具有不同的身份。“由于值班律师与被追诉人之间并不需要签订专门的委托代理合同，因此将值班律师定位为传统意义上的辩护律师确实有一定的难度，但是起码可以赋予其‘准辩护人’的身份[③]”，“较为理性的折中方案是，区分不同的诉讼阶段分别赋予值班律师不同的身份。在侦查阶段，应当赋予值班律师以‘法律帮助者’的身份，而不宜过多强调其辩护人的身份，此阶段的诉讼功能更多地体现在提供法律咨询等辩护权的内部关系上；在审查起诉和审判阶段，可以考虑赋予值班律师以‘准辩护人’的身份，允许其调查取证和查阅卷宗，并在此基础上充分发挥其诉讼监督和量刑协商等程序功能”。[④]

第三，值班律师就是特殊的法律援助律师。“‘值班律师辩护人化’的改革思路实际上是要为犯罪嫌疑人、被告人普遍提供法律援助辩护律师，这样做当然有助于保障犯罪嫌疑人、被告人获得有效的律师辩护，是一种理想化的改革方案，但在目前条件下如果在全国范围内普遍推开，有可能给整个法律援助体系带来难以承受之重。需要指出的是，即使能够实现普遍提供法律援助辩护律

---

① 顾永忠、李逍遥：《论我国值班律师的应然定位》，载《湖南科技大学学报》（社会科学版）2017 年第 4 期。

② 顾永忠：《追根溯源：再论值班律师的应然定位》，载《法学杂志》2018 年第 9 期。

③ 姚莉：《认罪认罚程序中值班律师的角色与功能》，载《法商研究》2017 年第 6 期。

④ 同上。

师的理想目标，值班律师制度仍然具有存在的必要性，因为它本身就是一种替代性的、应急性的法律援助制度，能够解决律师辩护的'及时性'问题。就我国目前而言，值班律师制度是一项'雪中送炭'的法律援助制度，它解决了律师参与全覆盖问题，值班律师的功能扩张为刑事速裁程序和认罪认罚从宽制度的适用提供了正当性基础，值班律师实质性地成为了法律援助律师队伍的'主力'。未来如果能够大幅度提高律师辩护率，则可对值班律师制度的功能进行相应限缩，并实现值班律师前期的法律帮助与辩护律师后期的法律服务的衔接"。[①]

对于上述说法，笔者倾向于支持第三种说法，即值班律师不是辩护律师，也不是法律援助律师，而是为犯罪嫌疑人、被告人提供应急性、临时性的法律帮助服务的法律援助律师。理由如下：

第一，从现行法律规定，特别是《刑事诉讼法》关于值班律师的规定看，值班律师提供的就是一种法律帮助。虽然《刑事诉讼法》对值班律师的性质和定位没有单独予以明确，但通过关于值班律师提供的服务是一种法律帮助，我们也可以清楚地得出如下结论：值班律师就是由法律援助机构选派的承担为符合一定条件的犯罪嫌疑人、被告人提供法律帮助的律师。正如前述，在之前公布实施的关于值班律师制度的若干规范性文件中，大多也都遵循了这种理念，《刑事诉讼法》也只是将这种理念以法典的形式予以进一步明确。

同时，《法律援助值班律师工作意见》明确规定"法律援助值班律师不提供出庭辩护服务"，《全覆盖试点办法》将值班律师提供的法律帮助和法律援助机构指派、被告人委托的律师提供的辩护作为两种不同的法律服务予以并列，也体现了值班律师提供的法律帮助与辩护人提供的辩护是两种不同的法律服务。

第二，从值班律师提供的法律帮助的特征，也可以看出其与辩护律师和法律援助律师提供的辩护是不同质的。从某种意义上讲，辩护也是一种对犯罪嫌疑人和被告人的法律帮助。因此，从本质上看，辩护是无法与法律帮助进行区分的，因为所有的辩护都是广义上的法律帮助，辩护只是一种特殊的法律帮助行为[②]。辩护只能说是一种服务关系更加固定、权责更加明确的法律帮助行为。如果强行对法律帮助和辩护进行区分的话，那么只能是对值班律师提供的法律帮助（也可以说是狭义的、特定的法律帮助）和辩护进行区分。

---

① 熊秋红：《审判中心视野下的律师有效辩护》，载《当代法学》2017 年第 6 期。

② 也正是由于这个原因，很多学者从国际公约条文中的"legal assistance"的表述，得出了"无论从哪个中文译本，其中的'法律帮助（legal assistance）'与'法律援助'、'律师辩护'实际上是联系在一起的或者说是分不开的"的结论。诚然，这三个中文词汇，如果翻译成英文可能指向同一个英文词汇，但这仅是说明了这三个词汇指代的三种服务，从本质上讲，都可以归入法律服务这个大范畴。它们三个具有共同的属性——为犯罪嫌疑人、被告人提供法律帮助服务，但并不能因此就漠视其三者之间的区别和不同，得出这三种服务是同质的、混同的结论。

如前所述,值班律师提供的“法律帮助”服务具有明显的临时性、应急性和非专属性等特征。设立法律援助值班律师制度的目的主要是为低收入人群提供及时的,专业化的,低成本、高效率、高质量的法律援助服务。① 值班律师制度,就是为了充分保护犯罪嫌疑人合法权益而创设的,用于解决刑事诉讼活动中“最初一公里”法律帮助缺失的问题。

值班律师制度的核心在于“值班”,所谓“值班”,就是在特定的时间以一定的方式②提供法律帮助服务。其本质要求,就是要能够及时提供法律帮助。并且,其服务对象也是不特定的,值班律师无权拒绝服务对象提出的法律帮助需求。同时,值班律师只能在值班期间负责提供此项法律帮助服务,一旦离开值班岗位,则不继续负责为服务对象提供服务。这些客观上的限制,也决定了值班律师提供的法律帮助与辩护存在明显的区别。在值班律师制度下,值班律师的援助服务更类似于“常规化的柜台式服务”;无论值班期间是否有人来咨询,是否有人来寻求法律援助,律师都会在那里严阵以待,以便随时为具有法律援助需求的“目标群体”提供标准化的法律援助服务。③

恰恰由于这种“常规化的柜台服务”的特性,在实际运行过程中,每位值班律师可能都要应对诸多不特定的犯罪嫌疑人、被告人的法律帮助需求,这也在客观上造成值班律师无法为所有这些服务对象提供更加细致的服务,而仅能提供一些基础性的诸如法律咨询、协助申请法律援助、介绍相关法律程序并提出程序选择的建议、申请变更强制措施和对案件处理提出意见等法律帮助服务。如果服务对象不能满足于这种基础性服务,则可以自行委托律师担任辩护人,或者申请法律援助机构指派律师担任辩护人。因此,从制度定位来看,值班律师相当于急诊科医生,而辩护律师相当于日常科医生,二者有明显的区别。④

第三,即使从应然角度看,值班律师也不应实现“辩护人化”变革。诚然,理论应当先于实践,理论研究者和从业者均有责任和义务,从应然的角度,积极开展调查研究,对现行法律提出相关的完善建议。但是,即使从应然的角度,笔者也不赞成将值班律师实现“辩护人化”的变革。

---

① 郑自文、郭婕:《探索建立中国特色的法律援助值班律师制度》,载《中国司法》2006 年第 12 期。

② 大部分是到场值班,但在特殊地区、特殊情况下,也可以采取“名簿待命制”方式随时待命,一旦有需求,则由相关司法机构通知名簿上的值班律师,值班律师应当确保在较短的时间内到场提供法律帮助。

③ 吴宏耀:《我国值班律师制度的法律定位及其制度构建》,载《法学杂志》2018 年第 9 期。这也从在某种程度上说明了一个道理:即使从法律规定上看,在侦查阶段值班律师担负的工作职责与同阶段辩护律师担负的工作职责大体相当,但实际上这两种服务在服务质量上是存在明显不同的。因此,我们不能以值班律师担负的五项职责与侦查阶段的辩护人的基本职责在法律规定上差别不大,就因此而将其视为辩护人。

④ 熊秋红:《审判中心视野下的律师有效辩护》,载《当代法学》2017 年第 6 期。

任何一项改革举措,都必须要立足于现实的国情,不能完全不考虑客观条件的限制,构建缺少根基的“理想国”。目前,我国刑事诉讼中,律师的辩护率一般认为在30%左右。[①] 法律援助制度的推广和应用是提高律师辩护率的有效措施。但是,由于受诸多因素的影响,我国在法律援助方面的投入,相比西方发达国家还十分有限。2014年全国财政收入已经达到140,370亿元,但是法律援助财政拨款仅占财政收入的0.012%,这与世界其他法治国家的投入相距甚远。有学者估算,这一比例仅仅是日本1/10,是丹麦的1/50,是英国、荷兰等国家的1/100。[②] 如此少的法律援助经费与诸多的法律援助需求,天然形成对立。面对这种困局,值班律师制度作为一项低成本、高效率的法律援助措施就成为我们的首选。虽然不断扩大对法律援助律师作为辩护人直接参与刑事诉讼活动的支持和补助,切实提高刑事案件的律师辩护率,从维护犯罪嫌疑人、被告人合法权益的个案效果上,肯定比推行值班律师制度要好得多。但是在总投入有限的前提下,如何实现整体效果的最大化,就值得深入研究了。笔者认为,在现阶段,还是应当将有限的投入优先用于发展和推广值班律师制度,并适当增加值班律师的补助标准,不断提高其工作效率、服务质量,充分发挥其作用,方能实现“利益的最大化”。

如果将值班律师实现“辩护人化”变革,为犯罪嫌疑人、被告人提供“一对一”的辩护服务,由于律师投入的时间和精力的增加,就势必要求国家财政大幅度地增加在法律援助方面的投入,这又与现阶段的财政承受能力相悖,形成无法解决的困局。同时,即使经过协调和努力解决了资金的问题,国家大幅增加了在法律援助方面的资金投入,但在一些刑辩律师的数量[③]仍无法满足这种“辩护化”的需求的地区,可能会出现有钱“难买”辩护律师和法律援助律师的局面。

此外,即使成功地实现了值班律师的“辩护人化”变革,完成了刑事诉讼辩护的“全覆盖”,在犯罪嫌疑人被羁押之初,其辩护人也不一定能够保证马上到位,完全做到“无缝衔接”。这就给传统意义上的值班律师留出了发挥作用的空间和需求,这也是值班律师制度起源的根本原因——解决刑事诉讼中“最初一公里”法律帮助缺失的问题。

对于在认罪认罚从宽制度中值班律师不能充分发挥作用的问题,笔者认为对值班律师实现“辩护人化”也不是解决问题的良方。对于值班律师参与认罪认罚从宽制度,有学者提出“在‘收一份钱,干一份活’思想支配下,很难期待值班律师深入了解案件事实和情节。认罪认罚的自愿性和真实性关系着试点的

---

① 顾永忠:《以审判为中心背景下的刑事辩护突出问题研究》,载《中国法学》2016年第2期。

② 陈永生:《刑事法律援助的中国问题与域外经验》,载《比较法研究》2014年第1期。

③ 在一些经济不发达的省份,某些市县的刑辩律师数量少得可怜,有的县仅有一两位刑辩律师。

成败,真实性与自愿性无法保证,整个试点将成为冤错案的‘温床’”。[①] 确实,由于值班律师工作时间的限制,加之目前在阅卷、会见等方面存在的诸多困难,值班律师对于认罪认罚案件无法真正做到像辩护人那样对案件的详细情况了如指掌,在实践中呈现出“站台化”“见证化”倾向。如果能够实现刑事诉讼中辩护律师的“全覆盖”,认罪认罚从宽制度律师的参与就根本不是问题了,也根本就无须值班律师再来“站台”见证了。但是,如前所述,在目前的情况下,这种“理想国”是无法实现的。因此,值班律师在认罪认罚案件中发挥的作用尽管有限,但仍然是不可或缺的。当然,对于值班律师发挥的作用,我们也应当结合实践中存在的问题,通过改进和完善值班律师制度,更多地为值班律师了解案件情况创造和提供条件[②],同时通过加强对值班律师工作的监督和管理,切实提高其发挥的作用和效果,保障认罪认罚的自愿性和真实性。

三、值班律师制度的完善建议

值班律师制度的完善,应当在整个法律援助制度改革和完善的框架内统筹考虑,同时也要充分考虑目前我国各方面现实条件的限制,探索一条符合我国国情的改革完善道路。

(一)值班律师制度完善与法律援助相关制度的推广、完善应当统筹协调,同步推进

如前所述,值班律师具有及时性、补充性等特点,是一种特殊的法律援助律师。或者从某种意义讲,值班律师就是在辩护律师和法律援助律师没有到位以及犯罪嫌疑人、被告人有能力聘请律师但因为种种原因没有自行委托律师的情况下,为犯罪嫌疑人、被告人提供及时性法律帮助的律师。在整个司法体制改革中,相比法律援助制度其他内容的改革和完善,值班律师的改革和完善处于一种天然的弱势地位,甚至从某种意义上讲,两者具有此消彼长的关系。[③] 因此,值班律师制度的完善,不能脱离整个法律援助制度的推广和完善,必须要在司法体制改革的大背景下,顺应改革的要求,结合我国的客观现实条件,综合法

---

① 李洪杰:《认罪自愿性的实证考察》,载《国家检察官学院学报》2017 年第 6 期。

② 我对这一“辩护人化”的重要举措完全赞同,应当对值班律师的会见、阅卷等权利予以明确,并要求司法机关提供必要的便利。但是,笔者认为,值班律师的时间和精力毕竟有限,且有可能会在值班的当天同时为多名犯罪嫌疑人、被告人提供法律帮助。这也是其与辩护律师之间的本质区别之一。在这种情况下,我们不能过多苛责其对案件情况的了解程度,只能要求其尽量更多地获取案件情况,并依法提出意见。

③ 随着法律援助制度的不断推广,法律援助律师适用的逐步扩张,犯罪嫌疑人、被告人会更多地获得真正意义上“辩护人”(包括自行委托和法律援助机构指派的律师)的帮助,从而减少对值班律师的需求。同时,随着司法体制改革的不断深入,法律援助律师的工作效率和服务质量也会逐步改善,犯罪嫌疑人、被告人也会更加及时地得到“辩护人”的法律帮助服务,从而在解决刑事诉讼“最初一公里”上对值班律师的需求也会不断减少。

律援助制度的各方面内容,统筹进行推进落实。

一方面,应当继续逐步扩大法律援助的推广和应用。如前所述,从服务质量和服务效果上看,值班律师提供的法律帮助服务与“辩护人”提供的辩护服务不能同日而语,前者明显具有临时性、补充性的特征。所以,如果条件允许,我们应当尽可能多地为那些没有经济能力自行委托律师的犯罪嫌疑人、被告人提供法律援助律师担任其辩护人,为其提供“一对一”的辩护服务。① 因此,我们应当在现有条件的许可范围内,逐步扩大法律援助的财政支持力度,将更多地犯罪嫌疑人、被告人纳入法律援助的适用范围。不断完善相关的配套制度,有效解决法律援助律师在会见、阅卷等环节存在的程序烦琐等问题②,切实提升法律援助的工作效率和工作效果。同时,法律援助机构也应当充分发挥“委托人”作用,对法律援助律师加强监督,促使其提高服务的效率和效果。

另一方面,则是要在逐步对法律援助制度进行扩张的基础上,切实采取措施,充分发挥值班律师制度“拾遗补阙”的作用③,填充法律援助律师和辩护律师留下的空间和缝隙,实现刑事诉讼过程中律师参与的“全覆盖”。

(二)完善值班律师制度的具体措施

第一,不断增加相关的资金投入,④切实保障值班律师制度在全国真正落地。要将有限的用于法律援助项目的财政资金优先配置给值班律师制度,特别是对于一些边远地区的值班律师项目更是要通过转移支付等方式,确保相关配套的资金,从而为在全国真正推广值班律师制度打下坚实的基础。要逐步提高值班律师的补贴标准,在按日给付值班律师值班补助的同时,还可以考虑按照其提供的服务事项按项目再支付一定数额的业务补助,从而确保值班律师有足够的积极性,同时吸引更多的律师参与值班律师工作。

第二,探索在派出所等办案机构和检察机关建立值班律师工作站,实现值

---

① 在当下资金不够充分的情况下,应当综合评估法律援助律师和值班律师的服务成效,将有限的资金在两种方式的法律援助之间进行合理分配。笔者认为,如有资金不足的情况,还是应当优先保障值班律师制度的扩张,因为值班律师提供的法律帮助服务可以看作一种基础性的服务,而法律援助律师提供的辩护服务则可以看作一种在基础性服务基础之上的增值性服务。

② 例如,法律援助律师是分阶段进行指派的,无法实现整个诉讼过程的统一辩护。笔者认为,法律援助律师经法律援助机关指派,为某一个犯罪嫌疑人担任辩护人,其权利和义务应当与当事人委托律师担任辩护人的情形完全一致,只不过委托人不是犯罪嫌疑人及其近亲属,而是法律援助机构而已。因此,建议下一步对法律援助制度进行完善,赋予法律援助律师与委托律师一致的权利,例如可以在整个诉讼阶段进行代理,可以由法律援助机构作为委托人代为签发委托书以此替代给相关司法机关的通知书等。

③ 包括两个方面的内容:一是解决刑事诉讼“最初一公里”问题,为被刚刚采取强制措施的犯罪嫌疑人提供临时性的法律帮助服务;二是为那些不符合法律援助条件且因为种种原因没有自行委托辩护律师的犯罪嫌疑人、被告人提供补充性的法律帮助服务。

④ 至于资金来源方面,除了在财政预算中实现相关配套资金的逐年增长,也可以探索研究由律师协会承担、接受社会捐助以及受援人分担部分费用等方式筹集值班律师经费。

班律师制度在整个刑事诉讼中各个节点的“全覆盖”。根据《刑事诉讼法》的规定,法律援助机构可以在人民法院、看守所等场所派驻值班律师。对此规定中的“等场所”是否包括派出所等办案机构和检察机关存在不同的理解,应当予以明确。笔者认为,此处的“等”应当理解为“等外等”,即也可以在派出所等办案机构和检察机关设置值班律师工作站。因为在这些地方设置值班律师工作站,是犯罪嫌疑人和被告人的现实需要。一方面,犯罪嫌疑人第一次接受讯问,往往是在派出所等办案机构,[①]因此刑事诉讼真正的“最初一公里”应当就是发生在派出所等办案机构。如果这些办案机构不能设立值班律师工作站,那么就没有真正解决刑事诉讼“最初一公里”的问题。另一方面,在犯罪嫌疑人被取保候审的情形下,公安机关和检察机关讯问犯罪嫌疑人,往往都是在机关内部的讯问室,而不会到看守所进行讯问。所以,为了确保这些被取保候审的犯罪嫌疑人与在押的犯罪嫌疑人具有相同的合法权益,也应当在派出所等办案机构和检察机关设立值班律师工作站。此外,在参与认罪认罚从宽程序过程中,值班律师也要与检察官围绕案件情况、程序选择以及量刑建议等开展大量沟通、协商工作,在检察机关设立值班律师工作站也会有效地促进值班律师在认罪认罚从宽程序中作用的发挥。

第三,探索建立首次讯问值班律师强制会见制度,从而真正解决刑事诉讼“最初一公里”的律师参与问题。如前所述,值班律师制度产生的原因就是为了解决刑事诉讼“最初一公里”的律师参与问题。但是在司法实践中,值班律师的这个作用并没有得到充分发挥,实践中办案机关对律师介入大多有意无意地存在抵触情绪,认为律师介入会影响办案的进程,对犯罪嫌疑人的这项合法权益并没有真正予以尊重,存在不能及时清晰地告知犯罪嫌疑人有约见值班律师的权利的现象。“几乎所有国家的警察都会采取相应的做法,建立相应的制度以规避其应当履行的权利告知义务”。[②] 因此,为了切实保障值班律师能够及时有效地为犯罪嫌疑人提供法律帮助,应当探索建立值班律师强制会见制度,在犯罪嫌疑人首次被采取刑事强制措施或者首次接受讯问的时候,在其没有自行委托或者法律援助机构指派的律师担任辩护人,或者其辩护人不能及时赶到的情况下,应当明确要求值班律师必须到场会见并提供法律咨询,以此来保障犯罪嫌疑人的合法权益。

第四,进一步明确值班律师的合法权利,确保值班律师能够较为全面地了

① 虽然《刑事诉讼法》规定“拘留后,应当立即将被拘留人送看守所羁押,至迟不得超过二十四小时”,但在大多数情况下,侦查机关都会在宣布对犯罪嫌疑人采取强制措施的同时,马上对其进行讯问。

② [英]埃德·开普:《欧洲刑事法律援助》,载《中国法律援助》2015 年第 5 期。转引自王迎龙:《值班律师制度研究:实然分析与应然发展》,载《法学杂志》2018 年第 7 期。

解案件情况，为犯罪嫌疑人、被告人提供精准到位的法律帮助服务。值班律师虽然不是辩护人，但是由于其要接受犯罪嫌疑人、被告人的法律咨询并为其在是否认罪、程序选择等方面提出意见和建议，同时也要对案件处理情况提出自己的意见，这就要求值班律师必须要对案件情况有一个较为全面的了解。否则，值班律师就根本无法提出这些意见和建议。但现行法律中并没有对值班律师的权利作出明确规定，这势必会影响值班律师作用的发挥，这也是目前值班律师参与认罪认罚从宽案件的作用发挥不明显的重要原因。应当明确值班律师具有同辩护律师同等的会见权①、阅卷权②，相关司法机关应当提供必要的条件和便利，可以积极运用视频会见、网络阅卷等信息化手段，切实解决值班律师的实际困难。一方面进一步发挥值班律师"及时性"的优势，另一方面有效解决值班律师"临时性"带来的不足，扬长避短，切实促进值班律师作用的充分发挥。

第五，制定值班律师提供法律帮助服务的实施细则，有效规范其服务行为。③

一是规范其"一对多"会见行为。由于值班律师的特殊性，可能会出现"一对多"的情况，即有可能一个律师需要同时会见某一个案件中的数个同案犯。对此种情况，理想的解决方法就是增加更多的值班律师，从而尽量避免该现象的发生，但在目前阶段实施起来尚有诸多困难，因此就要研究在"一对多"的情况下如何会见的问题。笔者认为，值班律师原则上不能同时会见一个案件的同案犯，但如果确实没有其他办法解决，又必须进行会见的话，则应当将每次会见都作为独立的会见来看待，不得在不同的犯罪嫌疑人、被告人之间传递信息，并不得根据在其他同案犯处得到的信息为犯罪嫌疑人、被告人提供相关法律意见。

二是建立值班律师专门卷宗制度。由于值班律师制度的属性具有明显的临时性、补充性的特点，就像俗话说的"铁路警察，各管一段"，每个值班律师仅

---

① 虽然现行法律规定，犯罪嫌疑人、被告人可以约见值班律师，但这个"约见"是一个会见请求，是否能够必然见到值班律师以及这种会见与辩护律师的会见有无区别，均需进一步明确。笔者认为，这种会见应当等同于辩护律师的会见，性质无二。因此，只要犯罪嫌疑人、被告人提出约见值班律师，一般情况下都应当及时安排值班律师会见。当然，这种会见也必须要遵从现行法律中关于会见的相关规范。

② 但这并不是值班律师的"辩护人化"，因为虽然值班律师有了会见权和阅卷权，但由于其工作性质，不能做到"一对一"地专门服务，加之仅有一天的时间，因此也无法做到全面细致地阅读全部卷宗，仅仅是结合案件情况对案件中的关键证据进行审视。此外，由于值班律师只能固定在某地值班，因此没有条件开展调查取证，故也没有必要赋予值班律师调查取证的权利，这也是与辩护律师的区别之处。

③ 如前所述，值班律师提供的法律帮助服务行为，从本质上看与辩护行为没有什么区别，为此笔者也建议在保障其会见、阅卷等权利的同时，对其服务行为也应当纳入相关法律规范对辩护律师的规范范围，对此本文不再赘述。在此，仅就结合值班律师制度的特殊性质，对其服务行为的一些特殊规则作出论述。

仅负责值班那一天的法律帮助工作,而无法给某一个特定的犯罪嫌疑人、被告人提供"从一而终"式的法律帮助服务,这就引发了在值班律师制度中不能回避的一个问题——上一个阶段值班律师的意见和观点怎样便利地传递给下一个阶段的值班律师。笔者认为,应当建立值班律师专门卷宗以及相应的卷宗流转等配套制度。值班律师要注意收集在提供法律帮助服务过程中形成的各种资料,会见、阅卷都应当制作正式的笔录;提出的意见必须要制作书面的法律意见书,在送交犯罪嫌疑人、被告人及相关司法机关的同时,应当制作副本并及时归入值班律师专门卷宗。值班律师在制作卷宗完毕后,要及时将卷宗交由法律援助机构保管,并由法律援助机构转交给后一阶段的值班律师,①从而实现值班律师的"接力",在一定程度上缓解或者弱化值班律师制度临时性的弊端。

第六,规范值班律师向辩护律师(也包括专门的法律援助律师)的转换方式。对于值班律师是否能够转为辩护律师,我国现有法规持否定意见。② 但在理论界有不少学者对于值班律师是否可以转换为辩护律师(法律援助律师)提出了较为肯定的建议。有学者主张,"赋予值班律师辩护职能,不仅具有必要性,而且具有可行性。在诉讼过程中,如果当事人申请,值班律师可以直接升格为辩护人";③也有学者提出,"积极探索值班律师制度与法律援助制度的有效衔接机制。……在司法实践中,应当积极发挥值班律师在协助在押犯罪嫌疑人、被告人申请法律援助、获得法律援助方面的作用";④还有学者建议,"基于利益激励考虑,没有必要对值班律师继续担任被追诉人援助律师或委托律师的情形一概加以禁止。⑤ ……只要值班律师没有利用其职务之便,以不符合职业道德的方式诱导被追诉人委托自己,就不应否定这种委托的有效性"。⑥ 笔者赞同诸位学者关于值班律师向辩护律师(法律援助律师)转换问题的意见。

值班律师是法律援助机构指派为犯罪嫌疑人、被告人提供免费法律帮助服务的律师,如果在提供服务的过程中,犯罪嫌疑人、被告人被其服务态度、服务

---

① 当然,如果犯罪嫌疑人、被告人自行委托了辩护人或者法律援助机构为其指定了专门的法律援助律师,则值班律师的卷宗也应当依照犯罪嫌疑人、被告人的意愿及时转交给相关的辩护律师或者法律援助律师。

② 《法律援助值班律师工作意见》第6条第3款中明确规定值班律师"严禁利用值班便利招揽案源、介绍律师有偿服务及其他违反值班律师工作纪律的行为"。

③ 谭世贵、赖建平:《"刑事诉讼制度改革背景下值班律师制度的构建"研讨会综述》,载《中国司法》2017年第6期。这种建议是基于值班律师"辩护人化"的改革思路提出的,笔者认为其实一旦值班律师升格为辩护人后,就是实现了值班律师向辩护人的转换,而此时其就不再是值班律师身份了。

④ 樊崇义:《值班律师制度的本土叙事:回顾、定位于完善》,载《法学杂志》2018年第9期。

⑤ 姚莉:《认罪认罚程序中值班律师的角色与功能》,载《法商研究》2017年第6期。

⑥ 北京市海淀区人民法院课题组:《关于北京海淀全流程刑事案件速裁程序试点的调研——以认罪认罚为基础的资源配置模式》,载《法律适用》2016年第4期。转引自姚莉:《认罪认罚程序中值班律师的角色与功能》,载《法商研究》2017年第6期。

质量以及其法制素养和法律技能所折服,愿意委托其为自己的辩护律师,或者在本人符合法律援助条件的情况下,愿意由其为自己提供法律援助服务。在此情况下,由值班律师担任犯罪嫌疑人、被告人的辩护律师(法律援助律师)是最有效率的一种安排和设计。一方面,双方相互之间较为熟悉,且自愿达成合意;另一方面,值班律师在提供法律帮助服务过程中已经掌握了一定的案情,有助于其继续为犯罪嫌疑人、被告人开展辩护。至于值班律师是否利用了值班的便利进行诱导,则完全可以通过事后审查的方式加以规避和监督。

此外,应当明确规范值班律师转化为辩护律师的程序。如果犯罪嫌疑人、被告人符合法律援助的条件,且本人也愿意接受值班律师继续作为法律援助律师为自己开展相关服务的,犯罪嫌疑人、被告人应当出具委托意见,并由值班律师送交法律援助机构,由法律援助机构研究决定。如果犯罪嫌疑人、被告人愿意聘请值班律师作为自己辩护人,则应当与值班律师签署相应的委托代理合同,并将此合同向法律援助机构进行报备。

第七,充分发挥法律援助机构对值班律师的监督作用。一方面,法律援助机构要及时处理对值班律师的投诉和举报。应当积极畅通犯罪嫌疑人、被告人等投诉渠道,并为之提供便利。接到相关投诉后,要及时对值班律师的执业行为依法展开调查。如果发现其存在不规范执业行为甚至是违法违纪行为,则依据有关的法律法规对相关的值班律师做出纪律处分,涉嫌构成违法犯罪的则移送司法机关查处。同时,还应当及时对犯罪嫌疑人、被告人因值班律师的不规范行为遭受的不利后果采取必要的弥补措施,切实维护其合法权益。另一方面,则是积极主动地开展对值班律师执业行为效果和质量的评估、评价,并依据相关的评价结果进行奖惩。法律援助机构还应当建立值班律师的执业档案,定期、不定期地对其执业行为、执业卷宗等进行检查,并将检查情况纳入其执业档案。

审判权运行机制改革中的三权分置模式研究

杜　磊*

摘　要　在我国的审判权运行机制改革中，设置了审判权、审判管理权和审判监督权这三种权力。在个案的处理上，形成了以独任法官或者合议庭行使审判权，院长、庭长在程序性事项上行使审判管理权，在实体性事项上行使审判监督权的微观审判权运行模式。这与我国传统的行政审批制审判权运行模式有别。在改革的过程中，存在各种争议，揭示了我国审判权运行机制改革背后的逻辑。我国的审判权运行机制改革既有放权，也有控权，并与之相应重新设定了办案责任，从表面上来看实现了权责的一致性，但这种权责的一致性可能受到内部或外部各种因素的影响，能否从根本上实现权责的平衡并不容乐观。

关键词　司法责任制改革　审判权　审判管理权　审判监督权

自2013年以来，以中国共产党十八届三中全会、四中全会决定为标志，我国启动了新一轮司法体制改革。最高人民法院根据改革部署，研究制定了《关于全面深化人民法院改革的意见》，作为《人民法院第四个五年改革纲要(2014—2018)》(法发〔2015〕3号)(以下简称《四五改革纲要》)。在这份文件中，首次提出了“完善以审判权为核心、以审判监督权和审判管理权为保障的审判权力运行机制”这一表述，并就健全院、庭长审判管理机制，健全院、庭长审判监督机制，健全审判管理制度提出了具体的改革要求。这也是官方文件中第一次出现“审判监督权”这一提法。随后，《最高人民法院关于完善人民法院司法责任制的若干意见》(法发〔2015〕13号)(以下简称《司法责任制改革意见》)以及《最高人民法院关于落实司法责任制完善审判监督管理机制的意见(试行)》(法发〔2017〕11号)(以下简称《完善审判监督管理机制意见》)都对如何健全完善审判管理、审判监督机制进行了具体规定。按照改革文件的规定，在我国的审判权力运行机制改革中，分离出了三种相关联的权力，即审判权、审判管理权和审判监督权。如何认识这一改革是理论和实践共同面对的重要课题。党的十九大报告提出要“深化司法体制综合配套改革，全面落实司法责任制，努力

---

* 杜磊，中国人民大学刑事法律科学研究中心助理教授。中国人民大学法学院2011级刑事诉讼法学博士。

让人民群众在每一个司法案件中感受到公平正义”。当前,按照党的十九大报告的要求,实践中在推进司法体制综合配套改革,对于如何全面落实司法责任制还尚未形成共识,也并未见到有效的应对举措。在此背景下,对司法责任制改革中的审判权、审判管理权和审判监督权分立模式进行研究,探索其背后的逻辑规律,对推动下一步全面落实司法责任制改革具有重大意义。

一、审判权、审判管理权和审判监督权的分际

(一)审判权、审判管理权和审判监督权的分际

1.审判权

审判权,是对案件进行审理和裁断的权力。在我国,通常认为,审判组织包括合议庭、独任法官以及审判委员会。① 也就是说,审判权是由合议庭、独任法官以及审判委员会来行使的。

但在以往的实践中,审判权的共享主体是多元的。一个案件在经过独任法官或者合议庭审理并作出初步的裁判文书后,案件的裁判文书需要经过副庭长或庭长②的审核,如果副庭长或庭长不同意独任法官或者合议庭的处理意见,有权改变或者要求法官改变该处理意见,经过副庭长或庭长审核的裁判文书随后需要提交由法院院长(通常是分管副院长)签发,如果院长或分管副院长不同意该处理意见,则可以改变该处理意见或者提交审判委员会讨论,经过审委会讨论,将形成一份决议,该决议对独任法官或者合议庭具有约束力,独任法官或者合议庭必须执行。除了这种裁判文书的签发程序外,有时候独任法官或者合议庭在审理完案件后,会作出一份审理报告,向副庭长或庭长、副院长或院长乃至审判委员会请示汇报,然后再作出裁判文书。这种司法权运行的模式在中国被称作行政审批制审判权运作模式。在这种运行模式之下,院长或者主管副院长(下文统称院长)以及庭长或副庭长(下文统称庭长)实际上都分享了案件的审判权,对案件的裁判结果都有施加影响甚至起决定作用的权力。

现在,根据中共十八大以来启动的司法体制改革的部署和要求,最高人民法院出台的文件已经明确要求废除裁判文书的行政审批,独任法官或者合议庭作出的裁判文书不再需要由庭长、院长审批同意后再签发。对于独任法官自己办理的案件,由独任法官直接签署。合议庭审理案件形成的裁判文书,由承办

---

① 审判委员会,是人民法院内部对审判工作实行集体领导的组织形式,由院长、副院长、庭长、审判员等组成,其任务主要是总结审判经验,讨论重大的或者是疑难的案件,以及其他的与审判工作相关的事项。

② 庭长,是一种职务。在我国,法院内部设置民事审判庭、刑事审判庭等庭,每庭设置庭长、副庭长。

法官[①]、合议庭其他成员、审判长[②]依次签署；审判长作为承办法官的，由审判长最后签署。除审判委员会讨论决定的案件以外，院长、庭长对其未直接参加审理案件的裁判文书不再进行审核签发，也不得以口头指示、旁听合议、文书送阅等方式变相审批案件。此外，按照改革的安排，即便是在某些特定案件中，院长、庭长可以行使下文中将要阐述的审判监督权，但也无权直接改变独任法官或者合议庭的裁判意见。

按照这种改革安排，现在在大多数案件中，审判权是归属于办案的独任法官或者合议庭的；在一些重大疑难案件中，院长、庭长也无权直接改变案件的裁判结果，只能提交审判委员会讨论决定，审判委员会的讨论结果合议庭必须执行，此时审判委员会分享了案件的审判权。

现在实践中，官方的统计数据显示，绝大多数的案件都由合议庭或者独任法官自身签发裁判文书，由独任法官、合议庭直接签发裁判文书的案件数量占到案件总数的98%以上。[③]

2. 审判管理权

“审判管理权”是本轮司法体制改革明确提出的概念。以往在理论上和实践中，有审判管理的概念，并就加强审判管理而设置了审判管理办公室。根据最高人民法院发布的《关于加强人民法院审判管理工作的若干意见》的规定，审判管理是运用组织、领导、指导、评价、监督、制约等方法，对审判工作进行合理安排，对审判过程进行严格规范，对审判质效进行科学考评，对司法资源进行有效整合，确保司法公正、廉洁、高效的活动。审判管理权，则是可以进行上述活动的权能，具体包括七项基本权能，即案件信息管理、案件质量评估、案件质量评查、审判流程管理、审判运行态势分析、审判绩效考核、审判委员会事务管理。审判管理权的行使主体则包括审判委员会、院长、庭长、审判长、审判人员以及专门审判管理机构。[④] 其中，院长、庭长是履行审判管理职责的重要主体。

新一轮司法体制改革以来的改革文件中，特别突出了院长、庭长的审判管理职责。《四五改革纲要》明确提出，要完善以审判权为核心、以审判监督权和

---

① 承办法官，是主要负责案件审理的法官。在独任制审理下，独任法官就是承办法官；在合议制审理下，合议庭中的一名法官会被指定为具体负责案件审理的法官，即承办法官，案件的阅卷、提审、裁判文书的起草等主要由其负责。

② 审判长，是合议庭中负责组织审判活动的法官，主持案件的庭审和合议庭的评议等工作。按照人民法院组织法的规定，合议庭由院长或庭长指定审判员一人担任审判长，院长、庭长自己参加案件审理时，自己担任审判长。

③ 参见周强：《最高人民法院关于人民法院全面深化司法改革情况的报告》（2017 年 11 月 1 日在第十二届全国人民代表大会常务委员会第三十次会议上）。

④ 参见《最高人民法院关于新时期进一步加强人民法院审判管理工作的若干意见》（法发〔2014〕8 号）。

审判管理权为保障的审判权力运行机制，同时专门就健全院、庭长审判管理机制进行了规定。“司法责任制改革意见”也是如此。“完善审判监督管理机制意见”则主要就如何完善院、庭长的审判监督管理机制进行了规定。因此，本文所讨论的审判管理权专指院、庭长的审判管理权，而且此种审判管理权乃是相对于审判权和审判监督权而言的。

对于何为院、庭长的审判管理权，《四五改革纲要》中指出：“健全院、庭长审判管理机制。明确院、庭长与其职务相适应的审判管理职责。规范案件审理程序变更、审限变更的审查报批制度。健全诉讼卷宗分类归档、网上办案、审判流程管控、裁判文书上网工作的内部督导机制。”根据该规定，院、庭长的审判管理职责包括审理程序变更、审限变更的审查报批以及诉讼卷宗分类归档、网上办案、审判流程管控、裁判文书上网等内部督导职责。

可以发现，院、庭长审判管理职责的内容非常丰富，但总结来看，主要包括两部分内容：一部分是对单纯的行政性事务的管理；另一部分则是关于案件自身程序问题的裁决，即依照法律规定的权限和程序对案件审理中各类程序性问题作出决定，如回避、审判公开、强制措施、审限、文书上网、司法救助等。鉴于本文所要探讨的是微观的审判权运行机制，即在个案处理过程中，院长、庭长、独任法官或者合议庭对案件的实体和程序所施加的影响，因此在本文中，笔者对“审判管理权”这一概念是在狭义层面上来使用的，主要是针对第二种内容，即根据法律规定的权限和程序对案件审理中的各种程序性问题作出决定的权力。

3. 审判监督权

在传统上，我国也不存在“审判监督权”这一概念。在诉讼法律和实践中，涉及“审判监督”这一概念的是“审判监督程序”这一法律术语。审判监督程序，也即再审程序，是对已经生效的裁判再次启动审判程序予以救济的程序。在这一程序中，检察院享有的权力通常被称作“抗诉权”；当事人享有的权利被称作“申诉权”。需要说明的是，按照我国的法律规定，法院自身也可以启动再审程序，最高人民法院对地方各级人民法院、上级人民法院对下级人民法院的生效裁判有权提审或指令再审，本级人民法院院长对本院作出的生效裁判必须提交审判委员会处理，由审判委员会决定是否提起再审。但法院自身启动再审程序的权力，在理论上也不被称为“审判监督权”。

在本轮司法体制改革中，《四五改革纲要》首次提出了“审判监督权”的概念。《四五改革纲要》规定：“健全院、庭长审判监督机制。明确院、庭长与其职务相适应的审判监督职责，健全内部制约监督机制。完善主审法官会议、专业法官会议机制。规范院、庭长对重大、疑难、复杂案件的监督机制，建立院、庭长在监督活动中形成的全部文书入卷存档制度。……”根据该规定可以判断,所谓的院、庭长的审判监督权,实际上是院、庭长对重大、疑难、复杂案件进行监督的权力。而根据“司法责任制改革意见”和“完善审判监督管理机制意见”的规定,审判监督权的运行机制为:对于“四类”案件,[①]院、庭长有权要求独任法官或者合议庭报告案件进展和评议结果,而独任法官或者合议庭在案件审理过程中,发现符合个案监督情形的,应当主动按程序向院庭长报告;院长、庭长对上述案件的审理过程或者评议结果有异议的,不得直接改变合议庭的意见,但可以决定将案件提交专业法官会议、[②]审判委员会进行讨论;专业法官会议的讨论意见是一种咨询意见,仅供合议庭参考,是否采纳由合议庭自主决定,但审委会的讨论意见合议庭必须执行。

这种院、庭长的审判监督权和诉讼程序中的审判监督有着本质的区别,院、庭长的审判监督所针对的是正在形成中的裁判,而诉讼程序中的审判监督所针对的是已经生效的裁判,而且,院、庭长的审判监督的结果是,院、庭长在裁判形成之前介入个案,借助于专业法官会议、审判委员会等组织来避免出现冤假错案,而诉讼程序中的审判监督的结果是启动再审程序。

这种院、庭长的审判监督权也有别于院、庭长的审判管理权。审判监督权所针对的是案件的实体事项,而审判管理权所针对的是案件的程序性事项;审判监督权的效果是监督与被监督,并不直接决定案件的实体结果,而审判管理权的效果是命令与服从,可以直接决定案件的程序。正如最高人民法院审判委员会专职委员贺小荣所指出的,“如果说审判权和审判管理权是人民法院内部为解决程序性事项而设定的一种决定与服从的垂直关系,那么审判权与审判监督权便是为解决程序与实体事项而设定的一种相互制约、彼此独立的平行关系”。[③]

4. 小结

在我国,从宏观层面来看,对审判权的运行形成了实践中所谓的“点”“线”“面”三个纬度的管控。在“点”上行使对重大、疑难、复杂案件的实体监督权;在“线”上对程序性事项进行审批和推进案件审判流程的顺畅进行;在“面”上

---

① 根据“司法责任制改革意见”的规定,“四类”案件是指:(1)涉及群体性纠纷,可能影响社会稳定的;(2)疑难、复杂且在社会上有重大影响的;(3)与本院或者上级法院的类案判决可能发生冲突的;(4)有关单位或者个人反映法官有违法审判行为的。

② 专业法官会议也是本轮司法体制改革的一项重要改革任务,《四五改革纲要》提出要“完善主审法官会议、专业法官会议机制”。其中,专业法官会议是人民法院内部分别设置的由民事、刑事、行政等审判领域法官组成的专业法官会议,其功能为为合议庭正确理解和适用法律提供咨询意见,当合议庭认为所审理案件重大、疑难、复杂而存在法律适用标准不统一时,可以将法律适用问题提交给专业法官会议研究讨论,该讨论意见仅供合议庭参考,采纳与否由合议庭自主决定。

③ 贺小荣:《如何牵住司法责任制这个牛鼻子》,载《人民法院报》2015 年 9 月 23 日,第 5 版。

针对案件审判中出现的问题,不断总结审判经验,统一裁判尺度,行使对案件的综合指导和监督职责。[①]

从微观层面来看,在个案的处理上,形成了以独任法官或者合议庭行使审判权,院、庭长在程序性事项上行使审判管理权,在实体性事项上行使审判监督权的微观审判权运行模式。也就是说,我国的审判权运行机制改革中,在授权法官或者审判组织独立处理案件的同时,也构建起了以审判管理权和审判监督权为支点的双重监督管理机制,这种双重监督管理机制不仅在宏观层面发挥作用,更可以使院、庭长从实体和程序两方面入手切入个案的处理之中,只不过在介入的程度和效力方面有所区别。可以说,这是一种以监督管理为特色的审判权运行机制。更深入而言,这种监督管理是法院内部具有一定行政和业务级别的人所进行的,是一种内部监督管理机制。

(二)三权分置模式下审判权运行机制与传统行政审批制审判权运行模式的区别

如前所述,在传统的行政审批制审判权运行模式下,一个案件的处理是需要由处于独任法官或者合议庭之上的庭长、院长以至审判委员会层层审批的,最后案件的裁判结果不是审理案件的独任法官或者合议庭所决定的。

在三权分置模式之下,院长、庭长的审判管理权并未有实质变化,最大的变化在于将审判权运行中对案件裁判结果具有决定性作用的行政性质的权力剥离出来建构为院、庭长的审判监督权,并将此种"命令—服从"式的行政审批权力重新定位为"监督权力",院、庭长对案件的裁判结果不再直接决定,而只能通过提请专业法官会议或者审判委员会的形式来施加影响,院、庭长的行政审批权转变为具有监督性质的程序启动权,而非实体处分权。[②] 这是三权分置下审判权运行模式与传统行政审判制下审判权运行模式最大的区别所在。可以说,将审判监督权剥离出来进行权力的重新定位是本轮司法体制改革的一次重要变革,被视作审判权内部监督制约的转型与革命。

需要说明的是,与行政审批制相比,审判监督权并不是针对所有案件而进行的。行政审批制下,任何案件都需要院、庭长的审批,而只有在法定的四类案件情形中,才会有审判监督权运用的空间。也就是说,审判监督权的运用是有前提条件和范围限制的。

---

① 参见最高人民法院司法改革领导小组办公室编写:《最高人民法院关于全面深化人民法院改革的意见(读本)》,人民法院出版社 2015 年版,第 162 页。

② 参见田成有:《审判权、审判管理权及审判监督权的分立与制衡》,载《法制日报》2016 年 12 月 28 日,第 10 版。当然,对审判监督权的性质,存在不同认识,有人认为审判监督权仍然应当归属于指令权的范畴,因为院、庭长有权否决合议庭的意见并将案件移至审判委员会,等于变相剥夺了独任法官、合议庭的定案权。参见万毅:《"审判监督"之惑——解读院庭长审判监督权》,载《人民法治》2016 年第 6 期。

与行政审批制模式相比,在三权分置模式下,院、庭长对案件裁判结果的影响方式也发生了重要变化。在传统行政审批制模式下,院、庭长既可以以审判委员会的形式对案件的裁判结果施加决定性作用,也可以直接以个人的权力改变案件的裁判结果。但在三权分置模式下,院、庭长无权以个人的名义直接对案件的裁判结果施加影响,只能借助于专业法官会议、审判委员会,以集体的名义对案件的裁判结果施加影响。这是一种由个人到集体的行权方式的转变。这种转变一方面可以集中法院内部法官的集体智慧,另一方面也可以避免院长、庭长对案件裁判结果的直接干预。

经过改革,院、庭长在审判权运行中的角色发生了变化,由传统行政审批制下的决策者转变为三权分置模式下的实体监督者和程序管理者。

二、审判权运行机制改革中的主要争议

在我国的审判权运行机制改革过程中,存在诸多的争议。这些争议的背后体现的一是我国社会转型时期面临的诸多客观问题的复杂性和艰巨性,在其他国家或地区不成问题的事项在我们国家却可能是一个大问题。也就是说,我们有与其他国家或地区一致或类似的情况,也有自己的特殊情况;二是这些诸多争议的背后体现的是不同理念的冲突。梳理我国审判权运行机制改革中的争议,可以更好地展示我国审判权运行机制改革的逻辑。

(一)法官完全独立自主改革思路 vs 微观审判权运行机制改革思路

在审判权运行机制改革过程中,始终存在两种对立的改革思路。一种思路主张我国的审判权运行机制改革应该塑造完全独立自主的法官,即法官完全独立自主改革思路;另一种思路则相反,认为我国审判权运行过程中所体现出来的问题不是法官独立与否的问题,而是审判权运行机制中的权责划分不明的问题,也就是院、庭长和办案的独任法官、合议庭的权力、职责不明确问题,改革既要明确独任法官或合议庭的职责,也要明确院、庭长的职责,而非让法官完全独立自主,即微观审判权运行机制改革思路。

在法官完全独立自主改革思路中,我国传统的行政审批制审判权运行模式存在诸多弊端,必须塑造独立自主的法官,其理由包括:①第一,法官独立自主作出裁判是司法的中立性、亲历性原则的必然要求;第二,法官独立自主作出裁判也是司法效率的必然要求,否则,如果法官不能独立自主决定相关事项,必将降低司法活动的效率;第三,如果法官不能独立自主作出裁判,而受到各种外部的

① 代表作品可以参见贺卫方:《中国司法管理制度的两个问题》,载《中国社会科学》1997 年第 6 期;陈卫东、韩红兴:《以法官独立为核心推动我国法官制度的现代化》,载《人民司法》2002 年第 2 期;陈卫东:《司法机关依法独立行使职权研究》,载《中国法学》2014 年第 2 期;龙宗智、袁坚:《深化改革背景下对司法行政化的遏制》,载《法学研究》2014 年第 1 期。

干预，可能会导致不公平的裁判结果，也会伤害人们对法官的信任，增大纠纷解决的难度；第四，法官不能独立自主作出裁判会为不正当权力干预司法活动提供便利；第五，法官不能独立自主作出裁判会导致办案责任设置的不科学，如果不让办案者承担责任，会导致权责不一致，即如果让法院集体承担责任，则会导致谁都负责，结果就是谁都不承担责任。

在微观审判权运行机制改革思路主张者看来，上述思路是不当的，其理由包括：[①]第一，行政审批制审判权运行模式并非审判权运行存在的主要问题，不能以偏概全。级别越高的法院、案件量越大的法院行政化程度越低；即便存在层层把关，院、庭长的作用并非"审批"，而主要是"审核"，合议庭或独任法官并非一定是下级服从上级；行政审批在实践中只是有名无实。第二，行政审批制审判权运行模式有其优势，院、庭长及审判委员会的把关和监督，对各级法院的审判质量起到了不可忽略的保证作用。第三，司法的亲历性并不等同于"面对面接触""近距离观察"，阅读案卷材料、听取承办法官汇报以及对案件进行讨论等围绕了解案情所进行的一切活动，都有助于了解案情，都应当被视作"审理"的过程和"审理"的方式。第四，法官独立不适合我国的国情。我国法官队伍数量庞大，无法实现法官的小众化、精英化；我国法官的业务素质不高，仍旧是一个不争的事实；法官违法违纪问题仍旧较严重；法官的职业保障的加强和改善水平不足，难以支撑法官独立；我国的文化观念不支撑给予特殊的精英群体以特殊社会地位，从一些国家的教训来看，一旦实行法官独立则可能导致司法失控、法官失控。第五，我国的司法制度决定了审判主体是作为机构的法院，审判权既不能简单归属于合议庭或独任法官，也不能完全依托于院、庭长，必须发挥法院的整体效能。第六，合议庭或独任法官并不一定比院、庭长更少受到外部影响，院、庭长在吸纳社会积极影响、排斥消极影响方面可能更具优势。

在微观审判权运行机制改革思路主张者看来，我国审判权运行过程中主要的问题在于审判权运行秩序的混乱，也就是独任法官、合议庭、庭长、院长以及审判委员会的职责范围、相互间的权力边界、彼此关系在制度和实践中并不明确，也不统一。具体而言，院、庭长是否介入特定案件不确定；案件裁判究竟谁说了算也不确定；某一特定案件在法院应当经历什么程序或环节也不确定。这就导致实践中审判权运行机制产生了一些问题：法院内部各主体对审判过程和审判结果都不承担责任或者说谁承担责任并不明晰；案多人少背景下审判资源

① 代表作品参见顾培东：《人民法院内部审判权运行机制构建》，载《法学研究》2011 年第 4 期；顾培东：《再论人民法院审判权运行机制的构建》，载《法学研究》2014 年第 5 期；顾培东：《中国特色司法制度微观基础塑造的重要探索》，载《法制资讯》2010 年第 12 期；蒋安杰：《"两权改革"：中国审判运行机制的微观样本》，载《法制资讯》2010 年第 12 期。

的运用与解决案件的实际需求不匹配;为法院内部人员以权谋私和徇私舞弊提供了机会和条件。[①]

从实践来看,早就有司法机关在践行微观审判权运行机制改革思路。例如,成都中级人民法院进行的“两权”改革即审判权和审判管理权改革。[②] 本轮司法体制改革实际上是借鉴了成都中级人民法院的“两权”改革思路,采纳了微观审判权运行机制改革思路,将“两权”改革进行了进一步科学化改造,将审判监督权从审判管理权中分离出来并进行了重新塑造,在完全废除行政审批制模式的同时,以审判监督权发挥监督独任法官或者合议庭办案的作用。

(二)完全废除行政审批制 vs 建立裁判文书核阅制

关于第二个争议,即完全废除行政审批制和构建裁判文书核阅制的争议。在改革过程中,有人提议,在废除行政审批制后,可以参考我国台湾地区过去的做法,构建裁判文书送阅制度。有的试点法院在实践中探索建立了裁判文书送阅制度,规定在裁判文书付印前,庭长对没有把握的少量疑难、复杂案件,可提交分管副院长审阅,副庭长可提交庭长审阅,其他法官可提交庭长或副庭长审阅,但审阅意见仅供法官签发时参考。

在“司法责任制改革意见”制定过程中,也有此种提议,但最后出台的文件并没有采纳这种意见。据透露,之所以没有采纳构建裁判文书送阅制定的提议,主要考虑司法责任制改革的目标之一是去行政化,在目前司法行政化色彩较为浓厚,特别是很多院、庭长“保姆式”把关裁判的传统思想根深蒂固的环境下,将审批改为审阅,很容易在实践中变成“换汤不换药”。而且在人、案矛盾日益突出,院、庭长职能从个案审批向宏观管理和直接办案转变的条件下,事实上即使核阅制也很难适应办案量增长和决策主体分散化的现实,更不利于院长、庭长将有限的精力放在办案和宏观管理上。最终,改革采取了完全废除行政审批制办案模式的做法,但同时推进了通过专业法官会议、审判管理监督制度以解决法官司法能力不足的问题。[③]

(三)不设置院、庭长审判管理权、审判监督权 vs 设置院、庭长审判管理权、审判监督权

在审判权运行机制改革中,是否保留院、庭长的审判管理权、审判监督权存在争议。这种争议应当来说是法官独立自主改革思路和微观审判权运行机制

---

① 参见顾培东:《再论人民法院审判权运行机制的构建》,载《法学研究》2014 年第 5 期;顾培东:《中国特色司法制度微观基础塑造的重要探索》,载《法制资讯》2010 年第 12 期。

② 参见蒋安杰:《“两权改革”:中国审判运行机制的微观样本》,载《法制资讯》2010 年第 12 期。

③ 参见马渊杰:《坚持司法责任制下放权与控权的统一》,载《人民法院报》2016 年 12 月 7 日,第 8 版。

改革思路之争的延续。

不应当保留院、庭长的审判管理权、审判监督权的观点认为,既然要明确"让审理者裁判,由裁判者负责",院长、庭长如果不是案件的承办法官,就不能以任何方式影响案件的裁判,也不得行使审判监督权和审判管理权。

而赞同应当保留院长、庭长的审判管理权和审判监督权者认为,我国宪法和组织法明确规定人民法院依法独立行使职权,而非法官个人独立行使职权,院长、庭长作为各级人大选举和任命且负有监督和管理职责的人员,依法对审判活动享有审判管理权和审判监督权。① 而且,人民法院长期面临着超负荷的大量案件,对有助于协调审判资源、疏通审判流程、提高审判效率问题的审判管理是有现实诉求的。此外,实践中外部不当干预与法院内部激励的匮乏使对法官审判行为的约束极为必要,有必要通过审判管理和审判监督加强对审判行为的约束。② 因此,赞成者认为,问题的核心是如何正确界定院长、庭长的审判管理权和审判监督权,包括权力的边界和行使方式。

显然,本轮司法体制改革最终选择的是保留院长、庭长的审判监督权和审判管理权,只是界定了审判监督权和审判管理权的范围和行使方式。

三、对我国三权分置审判权运行机制改革的评析

我国在审判权运行机制改革问题上采取的是微观审判权运行机制改革的思路,而非塑造完全独立自主的法官这一方向。这种改革思路从根本上决定了不可能完全放弃院长、庭长对独任法官、合议庭的控制或施加影响,其审判监督权、审判管理权便是由此而设置的。

尽管改革仍旧强调"控权",但我们也看到在改革的过程中也存在"放权"的举措。一方面,改革完全废除了行政审批制,即裁判文书不需要院长、庭长签发,这在制度上废除了院长、庭长直接插手、干预案件裁判结果的惯例。另一方面,尽管本轮改革也强调对独任法官、合议庭的"控权",设置了审判监督权,但这种"控权"与以往的行政审批完全不同,不能直接对独任法官或者合议庭施加命令,更改裁判的结果。

从整体上来看,这种改革改变了以往将法院作为审判权的机构主体,院长、庭长、审判委员会、独任法官或者合议庭在审判权运行中共同参与审判权行使的认识和做法,将审判权主要赋予给独任法官、合议庭行使,而院长、庭长则在审判权之外行使审判管理权和审判监督权,也就是从以往的审判权、审判管理权、审判权监督权都涵盖于作为机构主体的法院的审判权之下,变为审判权、审判

---

① 参见贺小荣:《如何牵住司法责任制这个牛鼻子》,载《人民法院报》2015 年 9 月 23 日,第 5 版。

② 参见顾培东:《中国特色司法制度微观基础塑造的重要探索》,载《法制资讯》2010 年第 12 期。

管理权、审判监督权并列。对独任法官或者合议庭而言,这实际上是一种进步。可以说,在我国的微观司法权运行机制改革中,始终存在"放权"与"控权"的角力。从现实来看,这种角力的结果实际上是,尽可能地扩大了独任法官、合议庭的独立自主性,在某种意义上已经承认了需要由独任法官、合议庭独享审判权。

这种权力变革的结果在很大程度上是由案件办理背后的责任所导致的,隐藏在这种权力配置背后的实际上是责任的配置。在以往的司法实践中,审判权运行出现的一大问题就是案件出了问题之后,到底办案责任归谁承担并不明确,因为审判委员会、院长、庭长、合议庭或者独任法官任何一个主体都可能参与了裁判的形成。因此,本轮司法体制改革提出了"司法责任制改革",目的是要界定院长、庭长、合议庭或者独任法官的责任,进行审判权能改革。[①] 这可以称为"司法领域的承包责任制改革"。

按照"司法责任制改革意见"的安排,对于审判责任,主要是由独任法官或者合议庭承担,在案件由审判委员会讨论决定的时候,合议庭需要对其汇报的事实负责,审判委员会委员对其本人发表的意见及最终表决负责。也就是说,院长、庭长不再承担案件的审判责任。按照该意见,院长、庭长承担的是审判监督责任和审判管理责任。这与审判权、审判监督权、审判管理权的分立设置是相一致的,即"权—责"一致。这似乎实现了权责的平衡。

但需要注意的是,司法责任制改革与土地承包责任制改革不同。土地承包责任制改革名曰"责任",实际上带来的更多的是权利和利益,即对土地利用的权利,而所带来的责任或风险几乎是不存在的,因此激发了中国农业经济的活力。而司法责任制改革,独任法官、合议庭虽然获得了独立自主判断的权力,但随之而来的责任或者说风险则是显而易见的。一旦发生错案或者案件被上诉、上访,对独任法官、合议庭所带来的都是负面评价。特别是在一些疑难复杂案件中,这种负面影响更是超出了独任法官或者合议庭的承受范围。可见,两者在改革的动力方面是不同的,农村土地承包经营责任制改革顺应了农民的需要,获得了广泛支持并得到了农民的切实遵循,而在司法责任制改革方面,法官的动力不足,积极性不高,是被动介入这场改革运动之中,在某种意义上而言可能还会有一些抵触。正因如此,我们可以看到,司法体制改革在改革的思路上采取的是自上而下的改革方式,是由顶层驱动的,而中国的经济改革特别是农村经济改革采取的则是自下而上的方式,是由基层驱动的。

当然,我们可以看到,改革中也设计了相应的对策,在一定程度上疏解法官的办案责任,即设置了院长、庭长的审判监督权,借由院长的审判监督权,或者

---

① 参见傅郁林:《司法责任制的重心是职责界分》,载《中国法律评论》2015 年第 4 期。

可以借助于法官会议给予智识帮助，避免案件的不当处理，或者可以将案件交由审判委员会讨论决定，由此实现办案责任的转移。这是一种“权力—责任”转移机制。这样，在我国便形成了以法官责任为主、以集体责任为补充的一种审判责任承担形式。

即便是可以借助于一定的机制实现办案责任的消解或者转移。但总体而言，独任法官或者合议庭是否愿意享有独立自主判断的权力，进而承担办案责任实际上是有疑问的。这种“权力—责任”转移机制可能会被经常性地使用，进而替代法官的独立自主判断权，恰如以往改革中所面临的那样。[①]

特别是，现有的激励机制是否足以激励独任法官或者合议庭承担办案责任也是不明确的。本轮司法体制改革在司法责任制改革之外，进行了员额制改革。[②] 据统计，我国已经从原来的 211,990 名法官中遴选产生了 120,138 名员额法官。[③] 员额制改革与法官在法院的地位、薪酬待遇密切相关。这可能是一种激励机制，但当前员额制改革本身的效果也仍需要评估。员额制改革需要为员额法官配备大量的法官助理、书记员，这在实务中存在一定的困难，而且个别法院领导干部办简单案、挂名案的情况仍然存在，加之新增案件数量较大，加剧了一线法官办案负担，等等。[④] 可以说，这种改革是否足以激励独任法官或者合议庭独立自主办案并独立承担责任还有待评估。

此外，这种表面的内部权责平衡是否经得住外部体制环境的考验，也是值得进一步观察的。在我国，法院的审判工作对社会的影响日益增大，执政党和政府机关对法院审判工作也高度重视。这种重视的结果就是，案件的审判无论是从整体上还是在具体个案上都可能影响法院院长等领导的政绩，进而影响其职务的升迁。法院院长等领导不可能忍受“权力在法官、压力在法院、责任在院长”这种格局或状态。从这个视角来看，法院院长等领导对审判无论是从整体上还是从个案都有干预、介入的诉求。尽管这是本轮司法体制改革所要解决的问题，也进行了内部制度设计和改革，但在外部体制环境的塑造方面我们并没有看到根本性的改观，这可能会反过来影响内部制度设计的运行效果。因此，被废除掉的行政审批制是否会以其他形式“复活”、审判监督权是否会被扩大适

---

① 例如，我国法院在“一五”“二五”改革中，强调还权于合议庭，淡化法官办案的行政化色彩，但鉴于实践中的种种问题，改革要淡化的行政化办案模式在实践中却被广泛适用，改革的目标没有达成。

② 员额制改革是法院根据办案数量、辖区人口、经济发展水平等因素确定法院法官的人员限额，只有经过严格选拔的法官才能入额，成为“员额法官”，为员额法官配备法官助理、书记员等辅助人员，确保最优秀的法律人才留在办案第一线。

③ 参见周强：《最高人民法院关于人民法院全面深化司法改革情况的报告》(2017 年 11 月 1 日在第十二届全国人民代表大会常务委员会第三十次会议上)。

④ 参见周强：《最高人民法院关于人民法院全面深化司法改革情况的报告》(2017 年 11 月 1 日在第十二届全国人民代表大会常务委员会第三十次会议上)。

用值得担忧。

或许正如我国有论者所指出的,审判权、审判监督权、审判管理权分置的改革实际上是一种过渡性的改革举措,显示出了改革者的无奈,既想放权实现法官独立办案、独自担责,但又担心违法审判或出现冤假错案,因而不得不将一部分案件管起来,试图通过一"放"一"管",在审判独立和审判质量之间寻找某种平衡,对于改革者和被改革者而言,都是一种无奈。①

四、司法责任制综合配套改革背景下三权分置模式的走向

2017 年,党的十九大报告提出要"深化司法体制综合配套改革"。实践中,早在 2017 年 9 月,上海根据中央深改小组的批准,率先进行了司法体制综合配套改革的试点。上海的试点为我们提供了一份观察司法体制综合配套改革的模本。按照上海的司法体制综合配套改革做法,在审判权运用实践中,总共提出了规范权力运行、深化科技应用、完善分类管理、维护司法权威四方面 25 项举措、117 项任务。② 上海的试点为我们提供了一份观察司法体制综合配套改革的模本。按照上海的司法体制综合配套改革做法,审判权运行机制改革的一项重要内容是加强审判监督管理。③ 但是,对于法官独立行使职权的激励方面并没有任何新的举措出台。与此相一致的是,最高人民法院于 2018 年年末出台了《关于进一步全面落实司法责任制的实施意见》,这份意见一方面重申了废除行政审批制审判权运行机制的改革,另一方面也进一步强化了审判监督管理责任和错案责任。而且在新一轮的司法体制综合配套改革中,并不区分审判监督权和审判管理权,而是将审判监督权和审判管理权一起称为审判监督管理。④ 与实务上的改革相对应的是,理论界也认为在深化司法体制综合配套改革的背景下,司法责任制改革应当加强审判监督管理制度建设。⑤

正如上文所分析的,在审判权和审判监督权、审判管理权的三权分置改革中,这一结构本身就是不平衡的。法官独立行使审判权意味着更大的责任,基于趋利避害的本能,在缺乏有效激励的前提下,很难做到让法官独立行使审判权。特别是当前的改革进一步强化了办案人员的办案责任,法官独立行使审判

---

① 参见万毅、杨春林:《论院庭长的审判监督权》,载《思想战线》2016 年第 4 期。

② 参见简工博:《上海率先开展司法体制综合配套改革:四方面 25 项举措 117 项任务,2019 年完成》,载上观网:https://www.jfdaily.com/news/detail? id =66635,最后访问日期:2019 年 5 月 17 日。

③ 这项改革是放在规范权力运行这一方面下展开的。

④ 至于这种转变的原因,尚未见到权威的解读。在一次研讨会上,一位资深的司法系统研究人员对笔者讲到,这一提法在法院系统也不怎么再提了。在笔者看来,这在某种程度上意味着这一改革可能面临着诸多困难,能否真正得到落实在政策制定者看来也是没有底气的。

⑤ 参见刘强:《理清改革思路,勇于探索创新——深化司法体制综合配套改革重点问题探讨会综述》,载《人民法院报》2018 年 7 月 13 日,第 06 版。

权将意味着可能承担更多的办案责任。当然,在法官滥用独立审判权而为他人牟取利益的情况下,法官是因为受到外部利益激励而行使独立审判权,这种情形恰恰反映了在没有有效激励的情况下,法官不会独立行使审判权,而在激励足够大时,即便冒着承担办案责任的风险,其也会独立行使审判权。因此,在没有有效的制度激励下,除了那种存在牟取私利的情形外,让法官独立行使审判权并承担办案责任是非常困难,也不现实的。

就司法实践而言,目前的司法实践中迄今为止并未出现一件追究法官办案责任的情形。出现这种情形有很多可能的解释。尽管中国的司法改革在不断推进,司法更为公正,但毫无疑问,中国的司法实践并未公正到这种地步,这种解释并无说服力。随着惩戒机制的构建,制度建设不足也无法合理解释这一现象。实际上,在笔者看来,不追责体现的是法院内部在审判权运行中仍旧是“铁板一块”,无论是院长、庭长还是办案法官,都共同应对办案中的风险和危机,不仅是领导层不愿意追究办案法官的责任,而且在办案过程中,院长、庭长可能会或积极或被动地介入案件的处理。行政审批如果不是死灰复燃,也必然会是以潜规则式的请示报告形式存在。借助于请示汇报等各种方式,办案责任由办案法官的责任又转化为法院整体的责任。追究整体责任既缺乏动力,也无法确定各自的职责。这种解释可能更能解释为什么司法实践中没有追究法官办案责任的案例。按照这种理解,显然,改革决策者所设计的审判权、审判监督权、审判管理权三权分置,有独立监督管理的模式在实践中并未能落地生根,被改革了的行政审批制又在以各种形式复活,当然也可能行政审批制压根就没有被清除出审判权的运作。

在笔者看来,如果不能打破法院内部的“铁板一块”,如果不能为法官提供足够的激励以唤起其职权的独立,这种改革能够走多远值得担忧。当前,推进司法体制综合配套改革为我们提供了反思和改进的时机,能否厘清审判权运行机制中问题的实质并采取有效的应对措施是审判权运行机制改革成功与否的关键。这需要引起决策者足够的重视。毫无疑问,中国的审判权运行机制改革仍旧任重道远。

五、结语

党的十八大开启了中国新一轮的司法体制改革,并将司法责任制作为改革的“牛鼻子”给予了高度关注。司法责任制改革的核心是界分院、庭长和办案法官的权能,由此,在改革中形成了一种审判权、审判管理权、审判监督权分置的审判权运行机制,以替代传统上的行政审批制审判权运行模式。这一新的审判权运行机制改革在某种意义上是一种无奈的妥协,在结构上并不稳定,能否得到切实的遵循并不容乐观。当前,我国在推进司法体制综合配套改革,这为完善审判权运行机制改革提供了契机,但能否在审判权运行机制改革上找准问题并采取有效的应对举措,打造一种稳定的结构是这项改革能否走得长远的重要因素,也值得学术界和实务界投入更多的热情和精力。

法官绩效考核制度实证研究

——基于地方性规则样本的分析*

王 静**

摘　要　法官绩效考核制度改革的目的在于，建立符合法官职业特点的法官业绩评价机制、确保司法责任制改革的实现以及法院多元化功能的实现。通过对七份地方性法官绩效考核规则和最高人民法院相关规定进行对比分析发现，法官绩效考评存在以下问题：主体并未完全改变行政化的设计；法官绩效考核内容有所扩大；定性考评方式被严格限制适用；法官绩效考评结果应用范围受到一定限制等。针对上述问题，应从明确绩效考评的法律定位、限制"唯办案量"的考评导向、综合运用不同考评方法等方面予以解决。

关键词　法官绩效考核　定量考核　分类管理制度改革

我国的司法管理体制以对法官个体的绩效考核为基础。以法院为例，其一，通过将绩效考核与工资、奖金、评优等项目挂钩，形成法官办案的激励机制；其二，通过设定一定的合格标准，将绩效考核的结果作为评判法官是否具有一般的业务能力，并将其作为警示、处罚、淘汰的重要因素；其三，将业绩考核与职级晋升挂钩，为"办案标兵"提供更好的晋升机会。经由上述目的设计的绩效考核制度，实际上对法官办案形成了有效的制约，约束其自由裁量、司法行为以及其他工作行为，从而减少违规违法的情况出现，实现保证司法工作质量、确保司法廉洁、维护司法秩序之目的。① 然而，不难看出，作为法院司法管理的核心，法官绩效考核限制了其自由裁量权之行使，这与独立裁判原则之间产生了矛盾。

绩效考核制度需要在法官依法独立裁判与司法管理之间达致某种妥适的平衡，但事实上这一平衡状态并不确定，需要实践予以探索。2015 年最高人民法院《关于全面深化人民法院改革的意见》提出"建立科学合理、客观公正、符合

---

* 本文系山东省 2017 社会科学规划研究项目"法官业绩评价机制研究"（17CSPJ08）和天津市 2017 年度哲学社会科学规划基金一般项目"人民法院司法责任改革实证研究"（TJFX17－002）的研究成果。

** 王静，青岛大学法学院副教授，最高人民法院中国应用法学研究所博士后。

① 参见李拥军、傅爱竹：《"规训"的司法与"被缚"的法官——对法官绩效考核制度困境与误区的深层解读》，载《法律科学》2014 年第 6 期。

规律的法官业绩评价机制”,正式启动本轮法官绩效考核制度改革。借鉴过去法官绩效考核制度的诸多经验与教训,本次改革并未颁布全国统一的法官绩效考核制度改革举措,而是采用“最高人民法院指导+地方各级人民法院细化”的方案,授权地方人民法院建立符合各自法院特点的具体绩效考核规则。以此为基础,地方法院制定了大量的地方性法官绩效考核规则。

在此背景下,需要研究的问题在于,这些地方性规则是否落实了“科学合理客观公正符合规律”之要求,是否以及在多大程度上实现本轮绩效考核制度改革之目的,地方实践在探索独立裁判与司法管理平衡点的问题上取得了何种成效。为回答这些问题,笔者收集了地方法院发布的七份有关法官绩效考核的文件,试图通过梳理这七份文件中所反映出来的制度形态,分析法官绩效考核制度的运行状况。在样本收集上,本文注意样本在地域和审级上的多样性,涵盖了华北、华东、西北、西南四个地区,以及高级人民法院、中级人民法院和基层人民法院三个审级。此外,为确保样本能反映法官绩效考核的最新改革举措,所采样本均为2016年后颁布的规则。这些样本具体包括:华东地区Q市中级人民法院的《绩效考核办法(试行)》(以下简称《Q规定》),华北地区T市中级人民法院的《绩效考核工作暂行规定(修改稿)》(以下简称《T规定》)以及T市G区基层人民法院的《岗位目标绩效考评办法(试行)》(以下简称《G规定》),西北地区S省高级人民法院《审判绩效考核办法(试行)》(以下简称《S规定》)和Y市中级人民法院的《法官、审判辅助人员绩效考核及奖金分配实施细则(试行)》(以下简称《Y规定》),西南地区N省高级人民法院的《岗位目标管理实施办法》(以下简称《N规定》)以及N省D区基层人民法院的《部门工作目标绩效考核办法》(以下简称《D规定》)。

一、法官绩效考核制度的改革目的

探讨法官绩效考核制度的地方样本是否实现了预设的改革目标与制度功能,首先必须厘清绩效考核的改革目的。党的十八大后启动的司法体制改革逐步建立了法官员额制度和司法责任制度,而最高人民法院重启法官绩效考核制度改革并非顶层设计,而是在司法体制改革下进行的子项目式改革,其制度设计嵌于体制改革之中,乃司法体制改革的组成部分。因此,探讨法官绩效考核制度的改革目的也不能脱离此背景进行。概括来说,法官绩效考核制度改革的目的主要包括如下三方面的内容。

第一,建立符合法官职业特点的业绩评价机制。1995年《法官法》正式规定法官考核制度,即“审判工作实绩,思想品德,审判业务和法学理论水平,工作态度和审判作风。重点考核审判工作实绩”。但如何“考察审判工作实绩”,最高人民法院似乎并未有明确的建构思路。直到2005年,最高人民法院发布的《人民法院第二个五年改革纲要(2004—2008)》提出“指标化考核方式”,法官业绩评价制度的建构思路才逐渐明确,即以“量化”的方式对法官绩效进行考核。① 之所以采用量化评价机制,主要是对因法院内部管理行政化而产生的随意性进行制约,从而实现一定程度的科学化、民主化管理。② 但由于法院内部的行政化传统以及指标体系不健全等原因,评价机制的量化也产生一些问题,如“司法锦标赛”“数目字管理”,③有些指标甚至可能间接导致冤假错案的产生。党的十八大以来的司法体制改革,特别是法官分类管理制度改革赋予了法官业绩评价机制新的内涵。在分类管理改革中,法官等级晋升与法官职务晋升被区分开来,法官等级晋升实行按期晋升和择优晋升,法官面临的晋升压力大幅下降。此时,通过控制法官职务晋升进而实现法院管理功能的机制可能会部分失效,而空缺的功能范围则将转移至法官绩效考核制度中,如建立法官绩效考核与法官绩效工资、法官等级晋升的直接关联性,切断法官绩效工资与法官等级职务间的关联性等。而且,随着时间的推移,完善法官业绩评价制度的重要性和紧迫性也在加剧。④

第二,保障司法责任制改革的顺利实现。司法领域内的行政化问题一直是困扰司法实践的一大痼疾,司法行政化不仅违背司法运行规律,更在一定程度上导致司法公信力的下滑。本轮司法体制改革的主要任务就在于破除司法行政化,其关键举措就是建立以“审理者裁判,裁判者负责”为目标的司法责任制度。司法责任制的核心乃建构法官依法履职的保障体系,而法官绩效考核制度正是该保障体系中的一项重要内容。⑤ 过去,法官身份的获得与丧失、职务晋升以及薪资待遇等主要通过行政化方式进行,由法院行政管理机构负责考核。这使法院内设行政机构处于强势地位,由此形成法院内部行政部门与法官之间

---

① 如《人民法院第二个五年改革纲要(2004—2008)》第42条规定:“根据法官职业特点和不同审判业务岗位的具体要求,科学设计考评项目,完善考评方法,统一法官绩效考评的标准和程序,并对法官考评结果进行合理利用。”2008年,最高人民法院发布《关于开展案件质量评估工作的指导意见(试行)》,将“人民法院案件质量评估指标体系”分解为3项“二级指标”(包括公正、效率和效果)以及33项“三级指标”。

② 如最高人民法院《关于开展案件质量评估工作的指导意见(试行)》第2条规定了案件质量评估的意义,“建立人民法院的案件质量评估体系,有利于人民法院自觉接受人大和社会的监督,实现对人民法院审判工作的客观、科学、公正评价;有利于加强上级法院对下级法院的指导和监督;有利于人民法院各项改革措施的科学决策和正确实施;有利于提高审判人员的素质,增强审判工作责任心,促进审判工作的良性循环”。从其表述来看,案件质量评估主要是要服务于法院内部管理工作,实现法院内部管理的科学化与民主化。

③ 艾佳慧:《中国法院绩效考评制度研究——“同构性”与“双轨制”的逻辑及其问题》,载《法制与社会发展》2008年第5期。

④ 如Q市L区因2017年未颁布法官绩效考核文件,导致该法院2017年的法官绩效奖金至今尚未发放。

⑤ 参见陈卫东:《司法责任制改革研究》,载《法学杂志》2017年第8期。

“管理—被管理”的关系。[①] 司法责任制下的法官绩效考核制度改革试图淡化考核的行政化色彩,强调行政部门在法官绩效考核中发挥辅助协调作用,如通过业绩量化限制行政部门在法官业绩中的评价作用,建立考核结果与法官等级晋升的直接关联性,限制行政部门对法官人事领域的不当干预等。随着法院内设行政部门在法官绩效考核以及晋级晋职、岗位调整等领域的作用日渐式微,法院内部的“管理—被管理”关系有可能会被打破,从而保障司法责任制改革的顺利进行。

第三,有效实现司法管理,保障法院多元化功能的实现。法院作为国家的审判机关,其职责在于通过审判实现解决纠纷、保障权利、教育公民以及社会管理等功能。换言之,司法审判要实现法律效果、社会效果与政治效果的统一。[②] 但是,法官在审理案件的过程中,可能并不关注法院非审判功能的实现。在行政化结构中,法院可通过行政命令、指令等方式来确保法官对法院多元化功能的关注。随着司法责任制的逐步建立,法院内部行政化逐渐减轻,法官依法独立享有案件事实认定和适用法律权力。此时,法官审判与法院多元化功能实现之间的紧张关系可能出现。法官绩效考核制度可一定程度上弥补因去除行政化所带来的权力真空,引导法官实现法院的多元化功能。例如,办案数量和办案效率指标体现的是法院的纠纷解决功能,反映了司法及时性的要求;办案质量指标体现的则是法院实现司法公正的功能;办案效果指标更多地体现了法院的其他功能,如维护社会稳定、保障经济发展大局、理顺法院与地方的关系等。通过这些考核指标设计,能够促使法官在裁判案件时综合考虑影响因素,从而充分实现法院的多元化功能。

二、法官绩效考核的考评主体

当下的法官绩效考核制度改革改变了过去以法院内部行政机构为考核主体的惯常做法,普遍以设立独立的法官业绩考评委员会方式对法官进行考核。依据《人民法院落实〈保护司法人员依法履行法定职责规定〉的实施办法》(以下简称《保护履职办法》)相关规定,考评委员会是法官绩效考核的组织部门和领导部门,也是法官绩效考核的最终考评主体。考评委员会的中立性、客观性与民主性,在很大程度上将决定法官业绩评价结果的客观性。[③] 从笔者收集的规则样本来看,其具体设计基本遵循了《保护履职办法》的相关规定。首先,组

---

① 龙宗智、袁坚:《深化改革背景下对司法行政化的遏制》,载《法学研究》2014 年第 1 期。

② 陈金钊:《开放“法律体系”的方法论意义》,载《国家检察官学院学报》2018 年第 3 期。

③ 如有观点指出,在机构设置、部署分工过程中,负责法官业绩评价工作的主体存在不统一、不稳定现象。这种工作主体的不稳定状态,直接影响到法官业绩评价工作的具体成效。参见谢亮、张子谕:《论人民法院法官业绩评价的完善》,载《法律适用》2018 年第 7 期。

建法官业绩考评委员会作为业绩考核的主体。各规则虽然在表述"考评委员会"时用语存在些许不同,但都对考评委员会予以设置。① 其次,规范考评委员会的人员组成。地方规则中考评委员会的成员,一般包括法院院长、相关院领导、相关部门负责人等,考评委员会主任由院长担任。最后,设置考评办公室。作为法官业绩考评委员会的办事机构,地方规则基本将考评办公室置于法院内部行政部门,如将其设置于政治部门、司改办或审管办等(见表1)。

表1　样本规范对法官考核委员会的设置情况

样本规范	考评委员会		
	主任	委员	普通法官代表
《保护履职办法》	院长	相关院领导、相关部门负责人和若干法官代表	若干
《D规定》第4条	党组书记、院长	党组成员,和政治处、纪检组、审监庭、立案庭、宣调室负责人	无
《G规定》第3条	党组书记	党组成员,视情况可吸收相关部门负责人和干警代表参加	视情况吸收
《Q规定》第7、9条	院长	党组副书记、有关院领导、相关处室负责人	无
《N规定》	并未成立考评委员会,只成立考评办公室,由政治部主任任主任,政治部副主任、审管办主任任副主任,各部门主要负责人为成员		
《S规定》第161条	院长	党组成员、其他院领导,各庭、处、室、办、局主要负责人	院考评委员会没有,部门绩效考核小组由庭长、本部门专职党务工作者、法官代表、审判辅助人员代表各1名组成
《T规定》第4条	院长	其他院级领导、政治部主任、各部门主要负责人	院考评委员会没有,部门考核小组由部门领导及干警职工代表2~5人组成
《Y规定》第10条	规则中未具体列明		

① 如《D规定》使用"绩效考核领导小组",《G规定》使用"部门工作绩效考核领导小组",《Q规定》使用"绩效考核领导小组",《N规定》使用"岗位目标管理考评办公室",《T规定》使用"绩效考核委员会",《Y规定》使用"考核领导小组"。

此外,地方规则关于考评主体尚存在一些差异性设计见表1。这些差异性设计不仅体现地方规则对法官绩效考核制度的实践探索,也可能反映了考核制度在实践中面临的诸多困境。考评主体的地方性设计主要问题体现为法官代表与审判业务部门的参与不足以及法官绩效考核实施主体的多元化,分述如下:

(一)法官代表与审判业务部门的参与不足

《保护履职办法》明确要求法官考评委员会必须有若干法官代表参加,而且法官代表应由全体法官推选产生。但从笔者收集到的样本规则来看,对这一要求的落实情况并不理想。除《Y 规定》未列明外,余下的六份地方规则中仅有三份规定了法官代表的参与,即《G 规定》、《S 规定》和《T 规定》。即便在这三份地方规则及实践中,法官代表的参与性也并不符合《保护履职办法》的要求。例如,G 法院实际并未吸收普通法官代表进入考评委员会,虽然《G 规定》明确"视工作需要可吸收相关部门负责人和干警代表",但笔者调研得知,G 法院考评委员会中并未吸收法官代表参加,仅由党组成员和相关部门负责人组成,且要求成员必须满足"法院工作年限超过25年";《S 规定》和《T 规定》中院级法官考评委员中未规定法官代表的参与,仅在部门考核小组中吸纳普通法官,该做法虽体现了普通法官的参与,但其参与度不足,亦违背了《保护履职办法》的规定。[①]

考评委员会成员代表性不足的问题,除了普通法官代表缺位外,还体现为业务部门代表的参与不足。《保护履职办法》虽然规定了"相关部门负责人"的参与,但并未明确哪些部门属于"相关部门",从地方规则相关规定来看,其对"相关部门"的理解亦不一致。第一种理解将其解释为政治部、纪检等行政职能部门,如《Q 规定》中使用"相关处室",并在文件中将其与"业务部门"进行区分;[②]第二种理解则包括部分内设行政机构和业务监督部门在内,如《D 规定》中将其解释为"政治处、纪检组、审监庭、立案庭、宣调室";第三种理解为法院所有内设部门,如《T 规定》将其解释为"各部门"。虽然审判业务部门负责人可能会通过"院领导""党组成员"的名义参与法官业绩考评,但在"相关部门"的层面上,审判业务部门在法官考评委员会中分配到的席位并不多。值得注意的是,"立案庭""审监庭""审管办"之所以参加到法官业绩考评委员会中,主要也

---

① 当然,这并不意味着实践情况皆如此。例如,河北省衡水市安平县人民法院的法官业绩考评委员会由9人组成,其中6人是院领导,3人是入额法官。参见王胡佳:《安平法院成立法官考评委员会》,载衡水安平法院网:http://hsapfy.hebeicourt.gov.cn/public/detail.php? id=273,最后访问日期:2018年5月17日。又如,黑龙江省佳木斯市向阳区人民法院的法官考评委员会由院长、其他党组成员、相关部门负责人及7名法官代表为组成。参见张恩成:《向阳区人民法院成立法官权益保障委员会和法官考评委员会》,载佳木斯市向阳区法院网:http://jmsxy.hljcourt.gov.cn/public/detail.php? id=174,最后访问日期:2018年5月17日。

② 《Q 规定》第8条规定:"绩效考核工作领导小组履行以下职责:……(四)审查业务部门及被考核人员对考核结果提出的异议等申请,并作出决定……"

是基于其管理属性,如"立案庭"职司案件受理数量管理,"审监庭"职司案件评查,"审管办"职司案件质量管理。

为何地方规则会排斥普通法官与业务部门的参与?笔者认为,这一排斥的态度除与便利考评等原因有关外,也与过分强调法官绩效考核制度的司法管理属性相关。第一,行政化传统使法院过分将法官绩效考核制度作为审判管理的手段。虽然法官绩效考核本身可以实现上述目的,但其主要定位仍是一种保障法官依法履行职权的措施,而非行政管控手段。① 但在司法行政化的大背景下,法院内部行政机构与审判业务部门间"管理与被管理者"的关系尚未根除,法官绩效考核制度作为审判管理的功能未能有效限缩。此时,若允许普通法官代表或审判业务部门过多参与到绩效考核,法院内部行政结构将弱化对法官以及审判业务部门的管控。第二,对法官滥用职权的过度担心,加剧了法官绩效考核制度定位的异化。本轮司法改革的目标之一在于实现法官依法独立行使职权,但基于行政管控的思维定式,管理层对司法职权的行使仍存在很强的戒备之心。而防范法官滥权最简单、粗暴的方式就是强化对法官的内部监督,如部分保留院长、庭长审批机制,②法院内设行政机构仍行使一定的管理权限等。具体到法官绩效考核领域,则是将考核主体尽可能设置为行政机构负责人,排斥法官群体特别是业务庭法官进入到考评委员会中。

(二)法官绩效考核实施主体的多元化

《保护履职办法》中并未规定法官考核的具体实施主体。就样本规则的规定而言,其大体可分为三种模式。第一种模式是法官考评委员会的"单主体模式",《D 规定》、《Q 规定》以及《Y 规定》采用这种模式。③ 此模式下,法官绩效考核由业绩考评办公室负责具体组织实施,其他业务部门予以配合。具言之,由业绩考评办公室在自行调取相关材料后直接进行考评,不再将考评权力稀释到其他行政部门,此时,业绩考评办公室成为了事实上的法官绩效考核主体。当然,样本规则在业绩考评办公室的设计上有所差异,如有些将其置于审判管理办公室,有些将其置于政治处,有些将其置于司改办等。第二种模式是"部门考评小组 + 院考评委员会"的"双主体模式",《N 规定》、《S 规定》和《T 规定》采用这种模式。④ 该模式下,法官业绩评价由部门考核小组和院考评委员会共同完成。其

---

① 参见余东明:《"法官审判业绩考评方法"研讨会举行》,载《法制日报》2016 年 8 月 24 日,第 11 版。

② 如最高人民法院《关于落实司法责任制完善审判监督管理机制的意见(试行)》明确提出其立法目的,即"为全面落实司法责任制改革,正确处理充分放权与有效监管的关系,规范人民法院院庭长审判监督管理职责,切实解决不愿放权、不敢监督、不善管理等问题……"

③ 《D 规定》第 28 条、《Q 规定》第 10 条、《Y 规定》第 10 条。

④ 《S 规定》第 171 条、《T 市中级人民法院年度考核工作实施细则》第 3 条。

中,部门考核小组首先对本部门人员考评,并将考评结果提交至院法官业绩考评委员会;院考评委员会以部门小组考评结果为基础进行考评,并作出最终决定。第三种模式是"相关部门+考评委员会"的"多主体模式",该模式被《G规定》所采用。[①] 即由相关部门首先分别对法官业绩进行考评,如政治处、办公室、审管办、监察室、审管办、审监庭等部门根据分工分别进行考评,并将考评结果汇总至法院业绩考评办公室,并由其提交法院业绩考评委员会进行审核。

虽然地方规则选择不同模式有其特殊的实践背景,但笔者认为,相较于多主体模式,单主体模式和双主体模式更具有科学性、更符合司法规律。首先,基于弱化司法行政化的思路,法官业绩评价应由统一部门统筹实施。司法责任制改革要求建立扁平化司法管理模式,而过多的行政机构涉入法官绩效考核过程,将会给法官人为地设置过多的"上级"。由法官业绩评价委员会独立进行法官绩效考核更符合当前改革趋势,也更符合法官职业特点。[②] 其次,相较于单主体模式,双主体模式能够适当缓解法官考评委员会的工作压力。由考评委员会直接考核法官,虽然可以弱化司法行政化的趋势,但其对法官业绩考评委员会提出了过高的要求,如委员应熟悉被考评法官、应有充分的时间来保障考评工作顺利实施等。如德国法官业绩评价制度中,负责考评工作的法院院长不仅要听取副院长、庭长的介绍,并请其代为旁听被考评法官的庭审,还要必须亲自随机查阅被考评法官的判决书,了解其工作进度,以便对其工作情况形成完整的认识。[③] 这些要求在规模较小的法院尚可实现,但法院如果规模较大,则考评委员可能缺乏时间和精力对所有法官逐个考评。双主体模式通过分权,一方面可以缓解业绩考评委员会的压力,另一方面也可充分发挥部门对被考评法官更为熟悉的优势。综合来看,在考评主体的模式选择上,应当因地制宜,按照法院规模、办案压力等因素,以单主体模式为基准、双主体模式作为有益补充的思路予以分别设置。

三、法官绩效考核的内容

居于法官绩效考核制度最关键的内容莫过于考核指标的设置。最高人民法院发布的《法官、审判辅助人员绩效考核及奖金分配指导意见(试行)》(以下简称《绩效考核意见》)中仅原则性规定了法官绩效考核的必要内容,并未规定每项考核内容的对应指标以及相应权重值,而将这些内容授权地方法院自行制

---

① 《G规定》第5条。

② 此处还应注意法官绩效考评委员会与法官绩效考评办公室在绩效考评上的分工问题。《保护履职办法》对此有着明确规定,即法官考评委员会负责法官考核、评议的组织和领导工作,对法官审判绩效的考核、评价必须由法官考评委员会作出。这也意味着法官绩效考评办公室没有对法官绩效考核和评价的职权,其只是作为法官考评委员会的办事机构而存在。

③ 冯文生:《德国法官考评的"学问"》,载《人民法院报》2012年3月16日,第8版。

定。总体来看,样本规则在细化《绩效考核意见》考核内容的基础上,通过设计相应的评价指标和权重值建构了相应的法官业绩评价指标体系。下文将从评价内容和分类考核两个方面对样本规则的具体考核内容予以分析(见表2)。

表2 样本规范法官业绩评价指标及各指标基础分值

单位:分

<table>
<tr><th colspan="7">法官业绩评价指标及各指标基础分值</th></tr>
<tr><td rowspan="2"></td><td colspan="4">审判业务指标</td><td colspan="2">共性指标</td></tr>
<tr><td>办案数量</td><td>办案质量</td><td>办案效率</td><td>办案效果</td><td>其他指标</td><td>综合评价</td></tr>
<tr><td>《D规定》</td><td colspan="4">60</td><td colspan="2">40</td></tr>
<tr><td rowspan="2">《G规定》[①]</td><td>10.5</td><td>29.4</td><td>8.4</td><td>21.7</td><td>27</td><td>3</td></tr>
<tr><td colspan="4">合计70分</td><td colspan="2">合计30分</td></tr>
<tr><td rowspan="2">《N规定》[②]</td><td>17</td><td>16</td><td>3</td><td>33</td><td>18</td><td>13</td></tr>
<tr><td colspan="4">合计69分</td><td colspan="2">合计31分</td></tr>
<tr><td rowspan="2">《Q规定》</td><td>60</td><td colspan="3">20</td><td>20</td><td>20</td></tr>
<tr><td colspan="4">合计80分</td><td colspan="2">合计40分</td></tr>
<tr><td rowspan="2">《S规定》[③]</td><td>20</td><td>20</td><td>20</td><td>20</td><td colspan="2">20</td></tr>
<tr><td colspan="4">合计80分</td><td colspan="2">合计20分</td></tr>
<tr><td rowspan="2">《Y规定》</td><td>60</td><td>10</td><td>6</td><td>9</td><td>9</td><td>6</td></tr>
<tr><td colspan="4">合计85分</td><td colspan="2">合计15分</td></tr>
<tr><td>《T规定》</td><td colspan="6">未列明单项指标所占分值</td></tr>
</table>

---

① 《G规定》根据本地区司法改革实际情况,在"办案数量""办案质量""办案效率""办案效果"四个指标之外,又增设"司法标准化"指标。"司法标准化"指标包括"庭审质量""案件质量""文书质量""案件流程标准考核""审判组织标准考核""司法公开标准考核"等六项指标。依据《绩效考核意见》中对相关指标的考核内容,我们将"司法标准化"指标分别分配至相关指标中去。具体来说,将"庭审质量""文书质量""案件流程标准考核""审判组织标准考核"四项指标纳入到"办案效果"指标中,将"案件质量"和"司法公开标准考核"两项指标纳入到"办案质量"指标中。

② 《N规定》将部门考核指标分为"共同目标""信息化应用""业务部门岗位目标""综合测评""省综合考评"等五项二级指标,其中"业务部门岗位目标"又分为"审判业务部门负责人带头办案""办案质量""办案效率""办案效果""司法公开""其他相关工作"等六项三级指标。根据《绩效考核意见》中的相关内容对上述指标作类型化区分,将"共同目标""综合测评""省综合考评"列为"共性指标",将《N规定》中的"办案效率"中的"结案数"指标作为"办案数量"二级指标,将《N规定》中的"信息化应用""审判业务部门负责人带头办案""办案效果""司法公开""其他相关工作"指标合并为"办案效果"二级指标。

③ 《S规定》为不同业务部门设定了不同的考核内容和标准,本文选取的是其对"刑庭"的考核内容和标准。

（一）法官绩效考核内容的扩张及其问题

《绩效考核意见》规定，法官绩效考核应当包括办案数量、办案质量、办案效率和办案效果等基本内容。然而，样本规则的考核内容除包括上述内容之外，还普遍设有政治考核、调研考核、纪律考核等项目。考核内容的扩张是否违反《绩效考核意见》的规定？对此可以文义解释的方法进行分析，《绩效考核意见》第5条的具体条文是“法官岗位的绩效考核，应当包括办案数量、办案质量、办案效率和办案效果等基本内容……”考虑到条文中使用“等”字，而“等”又可区分为“等内等”与“等外等”两种。结合本条款后半句“各级人民法院可以依据一定时期的审判执行工作重点，有针对性地进行调整”的表述，此处的“等”应该是“等外等”，即法官绩效考核可不限于办案数量、办案质量、办案效率和办案效果四项。但当使用“等外等”时，也应遵循特定的规则，未列明情形应与已列明情形具有相同性质。[①] 办案数量、办案质量、办案效率和办案效果同属法官办案范畴，属于审判工作实绩考核；而政治考核、调研考核以及纪律考核本质上不属于审判工作实绩考核，《法官法》将其作为与审判工作实绩考核并列的其他种类考核。所以，从法条解释的角度来看，政治考核等并不属于《绩效考核意见》中法官绩效考核的范畴，样本规则对《绩效考核意见》中的考核内容作了扩大解释。

地方规则的扩大解释是否具有正当性？法官绩效考核制度意在通过强化法官业绩考核在法官晋级晋职、评优评选等中的作用促进一线法官积极办理案件，扩大解释有可能会消解该目的之实现。虽然1995年《法官法》第21条规定对法官考核的重点是审判工作业绩，但实践中审判工作业绩考核的结果对法官等级晋升、岗位调整以及奖惩的作用并不具有决定性。例如，法官晋升除日常考核外，还要经过民主测评、法院党组投票以及外部机关批准等程序，法官日常考核在其中发挥的作用有限；而且，随着法官职务的提升，对其司法专业能力考察的重视度逐渐下降，对领导管理能力的考察则逐渐加大。[②] 为防止出现此类弊病，《保护履职办法》第8条规定绩效考核作为法官等级晋升、岗位调整等的“重要依据”，比1995年《法官法》第17条中“依据”的表述更为强烈。[③] 但从地

---

① 刘风景：《例示规定的法理与规制》，载《中国社会科学》2009年第4期。

② 参见左卫民：《省级统管地方法院法官任用改革审思——基于实证考察的分析》，载《法学研究》2015年第4期。

③ 如《〈人民法院落实《保护司法人员依法履行法定职责的规定》的实施办法〉的理解与适用》中将法官绩效考核工作的目的解释为，“只有建立科学合理、符合规律、覆盖全面的审判绩效考核体系和工作机制，入额遴选和员额退出工作才能顺利开展，定期晋升和择优选升才有科学依据，绩效考核和奖金分配才会公平公正”。胡仕浩、何帆：《〈人民法院落实《保护司法人员依法履行法定职责规定》的实施办法〉的理解与适用》，载《中国审判》2017年第4期。

方规则考核指标的分值设计来看,有三成左右的分值分配给了政治考核、调研考核、纪律考核等非审判执行指标(以下简称"共性指标"),如样本规则中"共性指标"与"审判业务指标"的比值在1∶1.5至1∶6,其中有三个样本设定的比例约为3∶7(文中具体指标及其分值见表2,下同)。这些指标与法官办案不直接相关,更多地体现为法院的管理属性,如遵守纪律、认真学习等。虽然"审判业务指标"仍然占七成,但由于"共性指标"的介入使"审判业务指标"下的每个三级指标则所占分数被稀释,弱化了法官绩效考核对法官办案的促进作用。因此,样本规则对该条的扩大解释无疑消解了绩效考核设置之目的,其正当性不无疑问。

(二)法官绩效的分类考核及其具体方案

《绩效考核意见》第5条规定:"各级人民法院制定绩效考核标准,应当根据法官、审判辅助人员岗位的职业特点,充分考虑地域、审级、专业、部门之间差异,坚持分类考核,突出岗位特点。"样本规则首先根据法院工作人员"法官、司法辅助人员和司法行政人员"的分类,设置了不同的考核制度,并在此基础上,融入审级、专业、部门等因素予以进一步细化。在具体分类方法上,地方规则主要做了如下几种探索。

第一,区分承担行政职务的法官与不承担行政职务的法官。由于承担行政职务的法官不仅要承担审判职责,还负责部分行政管理工作,因此,样本规则对上述两类法官的考核内容进行了区分。承担行政职务的法官,主要包括院长庭长等,其考核主要有两种模式。其一,将行政管理事务折抵为办案数量,从而降低对承担行政职务法官的办案数量要求。《Q规定》《S规定》采此模式,至于折抵办案数量,则根据最高人民法院《关于加强各级人民法院院庭长办理案件工作的意见(试行)》执行。① 其二,通过量化行政管理事务实现。如《T规定》将行政管理职责分为"队伍管理职责"和"主体责任"两类,并取"本部门考核得分"为部分权重来替代"履行队伍管理职责情况"的考核得分。② 综合来看,虽然折抵办案数量的考核方式考虑到了行政管理事务的承担情况,但却无法对其

---

① 第4条规定:"基层、中级人民法院的庭长每年办案量应当达到本部门法官平均办案量的50%~70%。基层人民法院院长办案量应当达到本院法官平均办案量的5%~10%,其他入额院领导应当达到本院法官平均办案量的30%~40%。中级人民法院院长办案量应当达到本院法官平均办案量的5%,其他入额院领导应当达到本院法官平均办案量的20%~30%。"《Q规定》按照最高人民法院规定的下限来确定院、庭长办案数量。如《Q规定》第29条规定:"院长办案量应达到全院法官结案平均值的5%;其他入额院领导办案量应达到全院法官结案平均值或办案所在部门法官结案平均值的20%;副局级审判员办案量应达到全院法官结案平均值或办案所在部门法官结案平均值的30%;庭长办案量应达到全院法官结案平均值或部门法官结案平均值的50%……"

② 具体计算公式为:中层领导季度考核得分=本部门季度考核得分×70%+履行主体责任考核得分+自身建设指标考核得分+员额法官业务工作指引得分。

履行管理职责的情况进行考核,而“量化模式”则可弥补这种不足。当然,对于如何量化行政管理职责履职情况,虽然《T 规定》提供了一种有益思路,但其科学性还需要进一步论证。

第二,依据工作岗位不同设定相应的分类指标。《绩效考核意见》要求区分不同工作性质的法官,样本规则均对此作了区分。考虑到“办案质量”并不因工作性质不同而有所不同,所以地方规则主要对“办案数量”“办案效率”“办案效果”进行了性质区分。具体而言,区分方式主要可分为两种类型。其一,为不同部门设定不同的考核内容。有些地方规则是按照大类区分,如民庭、刑庭、执行局、立案庭等,《D 规定》《G 规定》《S 规定》采用此种模式;也有些地方规则只是区分了审判庭和执行局,《T 规定》采用此种模式。其二,用部门平均值进行分类考核。《Q 规定》和《N 规定》采用此种模式,其未在规则中明确不同部门的不同考核内容,而是以“是否超过部门平均办案水平”确定合格与否。宏观上看,第一种模式更为精确,但第二种模式更具有可操作性。为不同部门设定不同考核内容的模式更为精确,原因在于其不仅考虑部门内部考评,亦将不同部门间的横向考评纳入评价体系。例如,刑庭办理一起刑事案件与民庭办理一起民事案件,虽然二者办案数量相同,但不同案件的工作量可能存在很大不同。但从微观视角和操作层面上看,是该模式的精确度很难满足,一是由于难以为每个部门设定科学合理的考核指标,如部门法官数量、年度受理案件数量、法官工作时间等都可能会影响考核指标的确定;二是为“办案效率”、“办案数量”以及“办案效果”设定具体的部门考核指标,可能会使法官产生不当的办案冲动,有损法官依法独立审理案件。实际上,部门平均值模式并非无法体现部门之间的横向区别,这主要通过案件折算实现,如《Q 规定》规定了案件折算系数,二审案件的系数为“1”,一审案件的系数为“2”,判处死刑的一审刑事案件系数为“3”等。因此,部门平均值模式一方面满足了可操作性的要求,另一方面也能兼顾差别性和精确性的要求。

第三,不同审级对法官业绩考评的重点有所不同。一般来说,高审级法院通常更加重视对法官办案质量和办案效果,而低审级法院更为重视对法官办案数量和办案效率。作为高级法院的规定,《S 规定》和《N 规定》中对“办案质量”和“办案效果”指标更加重视,两项指标的分值可达 40 ~ 50 分。由于 S 法院和 N 法院审理的主要是重大、疑难复杂以及社会影响较大的案件,确保案件质量和社会效果就成为其首要关注的价值。与之相比,中级法院代表的 Q 法院和 Y 法院对“办案效果”和“办案质量”指标的关注度则明显不足,二者分值只有 20 分左右。因此可以看出,高审级法院通常更重视法官的办案效果和办案质量。① 另外,日益增长的办案压力使地方规则高度重视“办案数量”指标,这在低审级法院中体现尤为明显。例如,Q 市法院系统每年都面临着严峻的办案压力,其年均办案数量可占到其所在省份办案数量的 1/8、全国办案数量 1/110;Y 市法院 2017 年共受理各类案件 3.9 万余件,较 2015 年增加 43.7%。因此,在《Q 规定》与《Y 规定》中,法官办案数量的指标所占权重很大。

除此之外,《绩效考核意见》虽然设定了“办案数量”和“办案效率”两项旨在解决办案压力的考核内容,但样本规则却表现出了仅注重“办案数量”而忽视“办案效率”。比如除《S 规定》外,其余几份规定均将“办案效率”的分值限定在 10 分以下。应予注意,“办案效率”指标比“办案数量”指标更能促进法官实质地迅速办案。由于“办案数量”只能测量法官单位时间内办理案件数量的“工作体积”,并不能测算出具有实际意义的“工作密度”。当然,地方性规则如此设计也有其现实需求,因为办案压力与“办案数量”间是简单的线性关系,办案数量的增加必然会导致办案压力增大,但办案压力与办案效率的关系要更为复杂。一般而言,一定的办案压力可以促使法官快速结案从而提升办案效率,但过大的办案压力则有可能会使法官疲于应付,从而降低办案效率。

(三)定性考核方法的使用及其限制

“共性指标”中包含“综合评价”和“其他指标”两大指标,“综合评价”指标体现的是定性考核,“其他指标”仍按定量考核方法进行。虽然法官依法独立行使审判权,其他人员无权干涉,但法官作为一个群体,其存在共同的伦理道德、行为规范等;而且,法官作为同事一起工作,彼此间也能了解相互的工作情况。“综合评价”在一定程度上可以反映被考核法官的工作态度、工作作风等,但从另一方面来看,“综合评价”毕竟属于主观评价,难免会与评价人的主观好恶有很大关系。如果“综合评价”占分较多,就有可能对法官行为造成影响,使其花费更多的时间去建立更好的人际关系,进而侵蚀审判权的独立行使。为防止此类情况发生,样本规则对定性考核方法的使用作出了限制。

第一,限定定性考核的分值。综合样本规则来看,“综合评价”指标的分值设定相对较低。如《G 规定》和《Y 规定》中分别为 3 分和 6 分,最高的《Q 规定》中为 20 分。② 而且,“综合评价”分值设定与法院审级呈负相关关系,这与下级法院易受各种不当干涉的司法现实状况有关。比起上级法院,下级法院更

---

① 样本中的例外情况为 G 法院。G 法院是一家基层法院,地处北方经济中心城市,年均受理刑事案件 900 余件,办案压力相当大。然而,G 法院近年来一直在试点司法标准化改革,而司法标准化以确保公正司法为目标,所以《G 规定》中对“办案质量”和“办案效果”指标予以高度关注。

② 有学者曾提出一种具体方案,即“民主测评、领导班子成员评价等主观评价主要针对政治、廉政、作风等方面,分值合计不得超过考核分值的 30%”。参见何帆:《严格遴选程序 为司法责任制改革夯实基础》,载《人民法院报》2017 年 5 月 19 日,第 2 版。

容易受到各种不当干涉,下级法院的法官也更容易受到院长、庭长的约束,所以下级法院通常对定性考核的分值设置更为严格。

第二,限定使用定性考核的内容。"综合评价"的内容并不限于审判业绩指标,而是对法官日常工作表现、生活作风等的评价。从样本规则的规定来看,其对定性考核的内容作出了严格限定,基本只能适用于工作态度、作风纪律等领域的考核。例如,《Q 规定》中规定"综合评价"要根据"工作成绩和平时表现、作风纪律、出勤情况及对外从事的法制教育等活动"作出;《N 规定》中规定"综合评价"要结合工作性质特定、"两学一做"专题教育活动、"规范管理常态化、长效化"活动及加强机关全面建设等来作出。而对于审判业绩考核,定性考核基本没有适用空间。

第三,规范定性考核的主体。为防范"综合评价"异化为"领导决定",样本规则对考核主体作出了明确规定。有些地方规则确立了两级综合评价主体,如《Q 规定》中将"综合评价"区分为分管院领导综合评价和部门负责人综合评价;也有地方规则采提高主体位阶的方式,如《T 规定》规定由分管院领导对员额法官进行综合评价。上述做法,可以尽可能避免评价主体与被评价人员之间关系的异化。一方面,通过提高评价主体等级可有效提高综合评价的公正性,因为院领导通常更重视名望和声誉,且其与被考评法官之间通常不存在利害关系。但另一方面,院领导可能对被考评法官并不熟悉,此时通过分权设计可以将熟悉被考评法官的部门负责人意见引入进来,从而对院领导考评提供支持。当然,这种做法也可能存在院领导考评被虚化的风险,即院领导完全根据部门负责人的综合评价来进行评价。对于这种风险,可以制度化的方式予以防范,如要求院领导旁听被考评法官审理案件、多方面听取意见等,尽量避免其偏听偏信。

四、法官绩效考核的应用

为改变过去法官考核作用有限的情况,《保护履职办法》中明确对考核结果的作用予以了规定,即"考核结果和业绩评价应当作为法官等级晋升、岗位调整和绩效考核奖金分配的重要依据"。总体上看,样本规则除细化《保护履职办法》中相关规定外,还将法官绩效考核结果规定为法官评优评先的重要依据。《N 规定》甚至围绕相关指标创设了相应荣誉称号,如"办案能手""办案数量多质量好的法官""优秀书记员"等。该设计与地方规则将法官业绩评价作为综合性考核的定位有关。值得注意的是,虽然样本规则皆规定了评价结果的运用领域,但规范的细致程度却存在很大差别。例如,《D 规定》《G 规定》中仅重复了《保护履职办法》的相关规定,并未就如何实施、如何运用作出细致规定;而《N 规定》《T 规定》《Y 规定》则详细规定了具体应用方法。为具体说明法官绩效考核结果的运用方法,下文将以法官等级晋升和岗位调整、绩效考核奖金分配为例进行分析。

(一)法官绩效考核结果与法官晋升和岗位调整

虽然样本规则大都明确了法官绩效考核结果与法官等级和岗位调整间的直接关联性,但仅有《N 规定》和《T 规定》设计了相应细则。《N 规定》将法官绩效考核与法官等级、职务、员额法官退出机制建立联系,《T 规定》则仅就员额法官退出机制作出了规定,未就法官绩效考核结果与法官等级晋升、岗位调整等进行明确。上述实践情况反映了地方法院对《保护履职办法》相关规定的保留态度,其可能与法院人事制度改革的相对滞后有关。法院人事制度改革是本轮司法体制改革的一项重要内容,其旨在通过人员分类管理改革废除法院内部行政化的等级晋升体制,通过司法责任制改革淡化法官对行政职务晋升的过度关注,以此建构独立的法官等级晋升体系。但是,由于传统人事制度的历史惯性以及法官等级晋升体系的初建,内部人事管理制度仍处于新旧交接的状态,既有的法院人事管理制度在法官职务等级晋升以及岗位调整等方面仍然发挥着重要作用,由此导致地方规则很难立刻构建起以法官绩效考核结果为核心的人事办法与实施细则。当然,员额法官的退出问题是一个例外。员额法官是员额制改革后新出现的一个制度,其与法院传统人事制度基本不存在关联性,法官绩效考核结果的运用在此处较容易获得突破。

地方规则对待法官绩效考核结果与法官等级晋升和岗位调整关系的谨慎态度,也在一定程度上反映了外界对法官绩效考核影响法官依法独立行使审判权的担忧。晋升是职业制法官体制的关键内容,其基本思路为通过上级对法官审判质量的评估,并以此作为是否晋升的根据。[①] 司法人事制度极易对法官独立造成影响,为了防止这种负面效应,必须对评价结果的应用范围作出明确限制。如德国联邦职务法庭认为"这种评估的目的不在于对法官作出某种人事处理,而仅仅是对法官业务进行综合评价",而且"职务评核也不应对法官造成任何心理影响";[②]美国法官司法评估主要是用于法官自我改进等,但法官评估和法官惩戒并非完全对应。[③] 但是,以《保护履职办法》的规定来看,其目的似乎在于建立法官业绩评价与法官等级晋升和岗位调整的直接关系。样本规则的相关规定则更为严苛,直接将法官业绩评价作为员额法官退出的主要评价标准。例如,《N 规定》中规定,"连续 2 年绩效考评被确定为不称职等次的,予以

---

① [美]理查德·波斯纳:《法官如何思考》,苏力译,北京大学出版社 2009 年版,第 121、123 页。

② 孔祥承:《德国法官职务监督制度及其对我国的启示——兼评〈关于落实司法责任制完善审判监督管理机制的意见〉》,载《河南财经政法大学学报》2018 年第 2 期。

③ 罗灿、兴成鹏:《美国法官如何面对绩效评估》,载《法制日报》2014 年 8 月 26 日。

辞退”;[①]《T 规定》中规定,“对年度考核不满 60 分的员额法官,按照相关规定,经党组研究,退出员额”。[②] 如此严格的规定虽然可以强化法官的监督管理,但必然会使法官过分关注绩效考核本身,进而损害审判权的依法独立行使。

(二)法官绩效考核结果与绩效奖金分配

《绩效考核意见》第 16 条、第 17 条规定了法官绩效考核结果与绩效奖金分配的关系:一是根据法官绩效考核结果将绩效奖金区分为四档,具体档位标准与比例的设定则由地方法院决定;二是授权地方法院可将绩效奖金区分为基础部分(不超过 40%)和奖励性部分(不低于 60%)。总体来看,地方规则对绩效奖金的设置可分为三种模式:其一,四档奖励性绩效奖金模式,即根据不同系数设定奖励性绩效奖金的四个档次,并根据绩效考核结果分别发放,《Q 规定》和《T 规定》采用此种模式;[③]其二,两档奖励性绩效奖金模式,即不单独设定奖励性绩效奖金的档次,而是根据绩效考核结果确定是否发放奖励性绩效奖金,奖励性绩效奖金只区分发放和不发放两种,《N 规定》采用此种模式;[④]其三,不分档奖励性绩效奖金模式,即不设定奖励性绩效奖金的档次,而依据个人绩效得分与奖金基础的乘积直接确定奖金数额,《Y 规定》采用此种模式。

笔者认为,在上述模式设置中,四档奖励模式可能更符合司法实践的要求。一方面,不分档奖励模式并不符合法官绩效考核目的。不分档奖励模式中,法官绩效完全与个人绩效得分挂钩,这是现代公司绩效考核的典型方式。但是,法院毕竟不是谋求经济利益的公司,法官也非积极创造经济效益的公司员工,审判工作亦不能完全量化为金钱。这种将司法办案完全与法官绩效收入挂钩的模式,将诱发法官对绩效指标的过度追求,进而可能影响司法公正。

另一方面,两档奖励模式和四档奖励模式虽然在一定程度上都克服了不分档奖励模式可能带来的“唯指标论”问题,但两档奖励模式未能实现有效的激励作用,且在负面评价上可能对法官办案造成不当影响。首先,四档奖励模式在激励法官方面作用更为突出。两档奖励模式中只有“发放”或“不发放”两种,而四档奖励模式中的档次设定更为多元,而且通常也设定一定的奖励性激励,如第一档可发放奖励性绩效奖级的 120%。其次,两档奖励模式对法官的负面评价过于严厉,可能会对法官依法独立行使审判权造成不当干扰。两档奖励模

① 《N 规定》第 31 条。

② 《T 规定》第 13 条。

③ 当然,在具体奖金系数设计上,各规则也有所不同。如《Q 规定》规定,绩效考核确定为第一档、第二档、第三档、第四档的,分别按 1.2、1.0、0.8、0 的系数发放;《T 规定》规定,绩效考核确定为第一档、第二档、第三档、第四档的,分别按 1.2、1.0、0.5、0 的系数发放。

④ 考评结果为“优秀”和“称职”的法官都可以享受绩效考评奖励,而考评结果为“基本称职”和“不称职”的法官则不享受绩效考评奖励。

式中为了体现激励作用,对考评结果为"不称职"和"基本称职"的法官不发放奖励性绩效奖金。对于考核结果为"不称职"的法官取消奖励性绩效奖金并无问题,但对于考核为"基本称职"的法官仍取消其奖励性绩效奖金则可能有一定问题。"基本称职"意味着法官已经完成法院大部分的工作任务,理应基于工作量向其发放相应的绩效奖金。基于同样的考虑,"优秀""称职""基本称职"之间奖励性绩效奖金的差别也不宜过大,防止因差别过大而引发法官对绩效工资和绩效考核的过度追求,《T 规定》中 1.2、1.0、0.8 和 0 的四档设计可能是一个较优方案。

五、法官绩效考核的若干反思与完善路径

通过上文分析可以发现,地方规则在落实最高人民法院相关规定的基础上,对法官绩效考核制度作了相应发展或限制,就法官绩效考核制度的完善提供了不少实践经验。但是,除去具体规定的技术性问题,不难发现,当前法官绩效考核仍存在一系列制度性疑难,应当在未来改革中予以完善。

第一,法官绩效考核制度的法律定位需要进一步明确,尤其需理顺与其他考评制度的关系。除绩效考核之外,现行法也就法官规定了一系列考核制度,如《公务员法》的公务员考核和《法官法》的法官考核,且这些考核均与级别、工资、岗位以及评优评先有关。样本规则大都将绩效考核与年度考核严格区分开来,将绩效考核作为一项新的考核制度引入,如《Y 规定》中明确提出"绩效考核是对公务员年度考核中的工作业绩的考核,是公务员年度考核的重要内容之一。绩效考核工作不能取代年度考核工作,绩效考核结果也不等同于年度考核结果"。[①] 这种叠床架屋的设计,一方面可能会带来法官的"考核累",另一方面也可能会造成法官绩效考核制度功能的虚化。法官绩效考核制度意在强化法官业绩在法官晋级晋职、岗位调整等中的作用,而现行复杂的考核设计则使绩效考核在法官晋升、岗位调整等方面的作用不可避免地会被稀释和弱化,甚至会使法官绩效考核制度仅成为绩效奖金分配的依据。实际上,从最高人民法院《关于完善人民法院司法责任制的若干意见》(以下简称《司法责任制意见》)和《保护履职办法》的规定来看,最高人民法院希望用法官绩效考核和法官业绩评价来取代当前的法官考核制度。[②] 法官业绩评价和法官绩效考核实质上对《法官法》和《公务员法》中"考核"起到了替代和细化的作用,因此,未来应围绕法官业绩评价和法官绩效考核来重构法官考核制度。

---

① 《Y 规定》第 5 条。

② 《司法责任制意见》第 13 条规定:"业绩档案应当以法官个人日常履职情况、办案数量、审判质量、司法技能、廉洁自律、外部评价等为主要内容",而且明确业绩评价结果是"应当作为法官任职、评先评优和晋职晋级的重要依据"。这与《法官法》和《公务员法》中规定的考核并无区别。

第二,法官绩效考核制度中过度重视办案数量的做法应当反思。虽然办案数量在很大程度上反映了法官的工作意愿和工作绩效,但不应过度重视。地方性规则对法官办案数量考核的重视,与当前法院所面临的巨大办案压力有关,越是经济发达的地区、越是审级较低的法院,越是注重办案数量的考核,甚至对其重视程度已经超过了"案件质量"。[①] 而且,地方法院为了鼓励法官多办理案件,大多都规定了法官超过部门平均办案数量或核定办案数量的加分措施,虽然这些措施的确可以促使法官尽可能地多办理案件,但也可能会不当干扰法官的独立裁判与公正司法。[②] 笔者认为,对法官办案数量的考核应当实现一种平衡,防止"过度"考核,可尝试运用正态分布原理设定办案数量考核基准,并以此基准制进行加分减分。地方性规则主要用部门平均办案数量来作为基础考核值,低于平均办案数量的减分,高于平均办案数量的加分。使用部门平均办案数量来考核,则意味着有一半的法官办案数量会低于这一数值,这种考核对法官依法履职将产生负面效应。随机分案的情形下,法官办案数量总体上符合正态分布,这也意味着大部分法官办案数量都不会过分偏离部门平均办案数量。所以,可以借鉴正态分布的置信区间,将90%左右的法官纳入基础考核值对应的范围内,超过该基础考核值的则加分,低于该基础考核值的则减分。如此,可使加分和减分的法官都不会太多,从而尽可能防范办案数量考核产生的不利影响。此外,在强化办案数量考核的同时,应当同等重视对法官办案质量以及办案效果等内容的考核。法院是国家审判机关,以实现司法公正为首要任务,虽然法院面临巨大的办案压力,但仍然要确保司法公正的实现。

第三,法官绩效考核应综合运用定性考核与定量考核方法。各法官绩效考核规则都确立了以量化考核为主的思路,这主要是对过去行政化考核的反思的结果。模范的考核规则应尽可能实现考核内容的量化,将考核内容分解为二级绩效考核指标和三级绩效考核指标等。但是,对难以量化的指标则仍应设置科学的定性考核方法,在具体的制度设计上应取长补短。考虑到我国司法现实,虽然对法官进行量化绩效考核更有利于建构客观化的考评机制,但也应当充分运用定性的考核方法,特别是对于办案质量、办案效果等主观性较强的考核内容。而且,作为"法律帝国里的王侯"[③]的法官通常具有很强的职业荣誉感,而绩效考核则是以假定法官可能存在工作问题为前提,过度绩效考核必然会挫伤

---

① 如《Q规定》中"办案数量"的分值达到60分,占法官绩效考核总分值的50%;《Y规定》中"办案数量"为60分,占总分值的60%。参见《Q规定》第21条、《Y规定》第12条。

② 笔者在G区基层人民法院访谈期间了解到这样一种情况,部分法官为了完成结案数量的要求,要求当事人先撤回诉讼再重新提起诉讼,这样算作两起案件。

③ [美]罗纳德·德沃金:《法律帝国》,李常青译,中国大百科全书出版社1996年版,第361页。

法官基于主体性基础而获得的职业尊严感。[1] 域外的法官考核制度在考核方法的综合运用上值得我们借鉴参考。例如，美国州法官考评制度中综合运用司法观察、法官互助以及数据统计等多种方法；[2]德国法官考评制度中，法院院长需要在全面了解被考评法官的基础上作出包含自己评价的考评书。[3] 当然，对法官绩效进行定性考核并非意味着将考核权交由院长、庭长或法官同事，其更多的是借助第三方评价机制来实现，通过引入第三方评价的办法，能够使法官考评结果更为客观地反映法官的工作实绩。[4]

---

① 张建：《法官绩效考评制度的法理基础与变革方向》，载《法学论坛》2018 年第 2 期。

② 陈杭平：《在司法独立与司法负责之间——美国州法官考评制度之考察与评析》，载《当代法学》2015 年第 5 期。

③ 冯文生：《德国法官考评的"学问"》，载《人民法院报》2012 年 3 月 16 日，第 8 版。

④ 例如，我国台湾地区"各级法院法官评核办法"第 4 条规定，"法官评核由受评核案件当事人、告诉人、诉讼代理人、告诉代理人及辩护人针对个案填写法官评核意见调查表，就受评核人在各项评核项目之表现，评定分数"。

《保护司法人员依法履行法定职责规定》在审判实践中实施情况报告

郑　博*

摘　要　《保护司法人员依法履行法定职责规定》为司法人员依法独立公正行使司法权提供有力制度保障，有利于进一步推动法官、检察官队伍正规化、专业化、职业化建设。近年来，随着该规定的出台，法官的职业安全水平有一定提升，但实践中对该规定的落实仍存在一些阻力，如向法官摊派非审判任务的现象仍较多存在、当事人借舆论施加压力现象时有发生、法官个人信息安全保障不力等。针对这些问题，首先要注重顶层设计、加强制度保障，其次要细化应急处置等体制机制，最后要完善现代信息技术的司法应用等配套制度，形成制度合力。

关键词　司法人员　法定职责　实施　对策建议

司法人员依法履行法定职责关系到司法权威的树立和公平正义的实现。保护人民法官依法履行法定职责是全面深化司法体制改革的应有之义，也是贯彻落实十八届四中全会通过的《中共中央关于全面推进依法治国若干重大问题的决定》(以下简称《决定》)的具体措施。为保护司法人员依法履职，中共中央办公厅、国务院办公厅 2016 年 7 月 28 日印发了《保护司法人员依法履行法定职责规定》(以下简称《规定》)，从排除阻力干扰、规范考评考核和责任追究、加强人身安全保护等方面作出明确规定，进一步完善了司法人员依法履职的制度保障。该党内法规实施两年多来，落实情况如何？具有哪些成效？制度实施过程中出现了哪些问题？原因何在？如何进一步完善？这些问题都亟待我们回顾和总结。本情况报告以 2018 年国家法官学院主题征文为基础资料，系统梳理了《规定》在全国部分法院的实施情况、存在的问题以及原因，并就如何进一步落实该制度提出对策建议。

一、《规定》在审判实践中的落实情况

近年来，针对法官、审判辅助人员及其近亲属威胁、侮辱、骚扰和暴力侵害

---

* 郑博，现于中国法学会工作。

事件增多,2017 年 2 月 7 日,最高人民法院发布《人民法院落实〈保护司法人员依法履行法定职责规定〉的实施办法》进一步落实《规定》要求。《规定》实施两年多来,全国各地法院积极采取各项措施贯彻落实相关规定,取得了一定成效,法官的职业安全保障水平有一定提升。一是成立专门机构。设立法官权益保障委员会,承担职能如下:接受法官的援助申请、梳理侵害法官权益事项、指导法官有效维权、协调落实法官权益保障措施等。二是健全制度保障。制定《处置突发性事件应急预案》等相关安全保障文件,在制度层面加强法官履职安全。三是强化防范措施。加强安全防护建设,实现工作场所监控系统全覆盖。建立联防联控机制、应急处理机制和疏导培训机制。然而,实践中《规定》的落实仍有一些困难和阻力,主要表现为:

(一)法院干警的人身权益依然受到威胁

法官的职业安全主要在于保障人身权益免受不法侵害。2004 年,最高人民法院发布《关于加强法官职业化建设的若干意见》等一系列文件,明确提出了法官职业化建设,并将法官职业化保障纳入其中。2013 年,党的十八届三中全会通过的《中共中央关于全面深化改革若干重大问题的决定》将"健全法官、检察官、人民警察职业保障制度"列入推进法治中国建设的重要内容,标志着法官职业保障正式进入广泛研究和快速推进阶段。法官职业安全保障是法官职业保障的重要组成部分,指为保证司法公信,维护司法权威,通过建立完整的法官职业安全保障体系,对依法从事国家审判工作人员的人身安全、财产安全、人格尊严予以确认和保护,使其免受非法侵犯和威胁。实践中多是对法官人身安全、人格尊严的侵害,由于法官身份的特殊性,对法官人身权、人格权的侵害,必然影响法官依法履职,损害公权力运行,其社会危害性远大于对普通公民的侵权行为。

(1)侵害事件多发、侵害方式多样。其一,数量上,以北京法院为例,《规定》实施以来,此类侵害事件多发。根据北京市昌平区法院的调研,2018 年 1 月至 7 月,北京市法院共发生 60 起较严重的侵害、威胁法官事件;根据 J 省法院反馈的调查问卷结果,对 J 省法院发放的 112 份调查问卷中有 66 份调查问卷反馈遇到过当事人的人身威胁,占比达 59%,其中反馈每年都会遇到不法人身危险情况的调查问卷达到 21%(见图 1)。时间上,既有诉讼期间发生的,也有结案之后发生的;空间上,既有发生在法院场所内的,也有发生在法院场所以外的。其二,侵害方式既有对法官身体的直接伤害,也有对法官进行威胁、谩骂等"软暴力"侵害。具体表现为撕扯、围攻、殴打等暴力袭击方式以及跟踪、骚扰、恐吓、虚假举报等"软暴力"方式。以北京法院法官受侵害事件为例,《规定》实施以来,有的涉案人员非法偷窥、偷拍、窃听、散布法官隐私和个人信息,并借助舆论炒作;有的侮辱、诽谤、诬告陷害、虚假举报法官或在网络上以此种方式损害法官名誉权,这种负面影响很难短期消除。另外,法官对其人身安全有较多担忧,以S省法院为调研对象的问卷结果显示,法官对其履职中人身安全表示特别担忧的占33%,表示有些担忧的占45%,表示一般担忧的占22%,表示没有担忧的为0(见表1)。

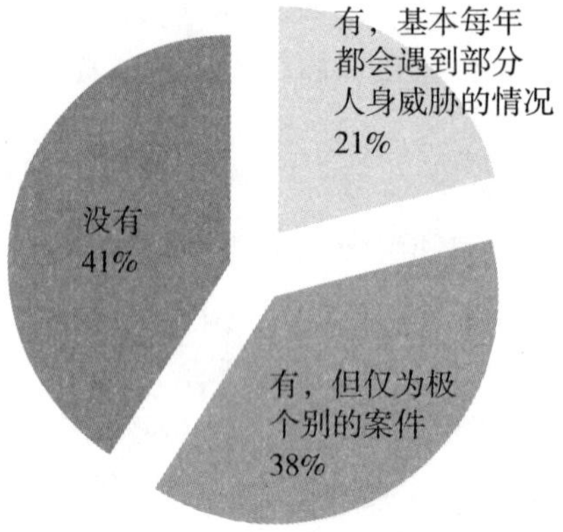

图1　J省法院法官遇到当事人人身威胁的情况

表1　S省法院法官对其人身安全的担忧程度

问题	选项	人数(人)	比例(%)
作为一名法官在办理案件中对人身安全的担忧程度	特别担忧	1254	33
	有担忧	1710	45
	一般	836	22
	无担忧	0	0

(2)侵害权益较广、侵害事由集中。其一,实践中法院干警的人身权、财产权均受到不同程度的侵害,其中以侵害法院干警人身安全和名誉权的情形最为突出。以北京法院为例,2016年以来,有1名干警因履行职务死亡;人身安全因履职遭受较严重威胁的事件60起;名誉权因履职遭受较严重损害的31起。其二,侵害法院干警人身安全、名誉权的事件多集中在民事案件与刑事案件领域。据统计,2018年以来北京法院发生的60起侵害法官事件中,因对民事审判不服实施侵害行为的有17起,占比28%;因对刑事审判不服实施侵害行为的有15起,占比25%,其他则涉及行政审判、诉讼服务等事由,占比较小。

(二)向法官摊派非审判任务的现象仍较多存在

《规定》第3条明确,"任何单位或者个人不得要求法官、检察官从事超出法定职责范围的事务。人民法院、人民检察院有权拒绝任何单位或者个人安排法官、检察官从事超出法定职责范围事务的要求"。实践中,向法官摊派非审判任务的现象数量多、种类广。一是在数量上,大多数法官认为被摊派了较多非审判任务。对S省法院的调研显示,认为法官在《规定》实行后还存在被摊派非审判业务的占48%,认为被摊派较少的占42%,认为没有被摊派的占10%。可见,九成受访法官认为在《规定》实施后仍被摊派非审判任务(见表2)。二是在种类上,被摊派事务呈现多样性。实践中,一些地方党政部门要求法官承担的非审判任务主要有招商引资、创文创卫、平安建设、街头执勤、下乡扶贫等。例如,甘南藏族自治州法院1/3的干警经常被抽调从事维稳、拆迁、扶贫等工作,我国其他民族地区也不例外。

表2 对S省法院法官是否存在被摊派非审判业务调查

问题	选项	人数(人)	比例(%)
你认为《规定》实行后还存在摊派非审判业务的情形吗?	有	1824	48
	较少	1596	42
	没有	380	10

(三)当事人借舆论施加压力的现象时有发生

实践中,舆论审判致使司法公信力降低。一是借信访施压,迫使案件承办人作出回应,常以案件办理质量、承办人的态度作为信访事由。实践中,一些当事人"信访不信法",通过人大、政府、媒体、社会舆论来给法官施加压力,而法官的职责是判断是非对错,并没有解决处理涉及当事人所有诉求及权益的职责和能力,对此法官往往选择息事宁人,应对效果有限。法院参与信访、案件协调等事务,采用说教、开导等柔性解决方式,对个案可能会取得不错的社会效果,但这种方式松动了司法严格的程序规范,弱化了司法的规则意识,长久以往,会严重损害司法权威,加剧"信访不信法"的负面影响。二是借媒体施压,对案件承办人造成舆论压力,常以提供虚假新闻、自媒体传播等为施压手段。近年来,针对负面舆情,有些法院已建立舆情处置机制,但鉴于处置方式较为被动,存在重事件处置、轻权益保护,重平稳事态、轻责任追究的问题,违法成本低,易造成恶性循环。前者表现为,对于关注度低、传播度低的舆情,法院通常以密切关注为主;对于影响由弱变强的舆情以及传播度高的舆情,法院通常采取澄清说明、据理反驳、跟帖引导、邀请媒体采访澄清等保守方式,重点是想通过向当事方和公众解释说明,还原事实真相,消除误解,尽最大可能减少负面影响和冲击。处理过程以事件为中心、以澄清为手段,但也存在忽视舆情中涉及的法官权益保护问题。除了当事方主动撤回负面舆情信息外,法院通常在技术上既没有能力删除发表在网络上的不实言论,在思想上,也存在息事宁人的想法,导致某些负面舆情事件本身虽得到澄清,影响也逐渐消失,但对法官的恶意诋毁的内容仍然得不到妥善处理,影响司法威信。后者表现为,法院对于该现象通常倾向于强化法院职能部门舆情报送、处置等工作的责任,但在如何追究不实信息发布者的责任方面没有得到应有的重视。以J省某市人民法院为例,112份调查问卷中有72份反馈法官遇到过当事人借网络谩骂等情况,另有法官反馈个别当事人通过手机、网络媒体进行舆论造势,向法院、法官施加压力,企图干扰案件审理。对于这类行为,法院多以密切关注为主,处理过程多以澄清为手段。

(四)法官个人信息安全保障不力

根据《规定》第19条,司法人员的个人信息受法律保护。侵犯司法人员人格尊严,泄露依法不应公开的司法人员及其近亲属信息的,依照法律和相关规定追究有关人员责任。法官的个人信息安全问题主要集中在手机信息,实践中对该条款落实效果不力主要表现在司法人员手机号码的泄露,尽管司法机关拒绝向当事人公开承办人的个人信息,但保护力度仍然不足,当事人往往通过其他渠道获得承办人的手机号码,导致该条款近乎虚设。有的当事人非法偷窥、偷拍、窃听、散布法官隐私和个人信息;有的法院在推进司法公开平台建设的同时,存在法官个人信息过度公开情况,法官的住宅电话等信息也被公开,给法官及其家人的日常生活带来困扰。例如,有的法院曾要求法官向当事人公开个人信息,一些法院要求法官必须"24小时在线",随时接听当事人电话,但部分"骚扰"电话严重影响法官依法履职。此外,与当事人单方通话也存在违反司法职业伦理之嫌。通过审判流程信息公开平台对外公开法官姓名、照片、职务、等级、办公电话和工作邮箱之外信息的,应当征得法官本人同意。

(五)相关救济渠道缺乏

根据《规定》第15条规定,"法官、检察官因依法履职遭受不实举报、诬告陷害、利用信息网络等方式侮辱诽谤,致使名誉受到损害的,人民法院、人民检察院、公安机关应当会同有关部门及时澄清事实,消除不良影响,维护法官、检察官良好声誉,并依法追究相关单位或者个人的责任"。第16条规定,有关机关对法官、检察官作出错误处理的,应当恢复被处理人的职务和名誉、消除不良影响,对造成的经济损失给予赔偿,并依法追究诬告陷害者的责任。我国现有立法对法官群体的特殊性考虑不足,国家基本法律层面对法官职业安全的保障薄弱,对法官及其近亲属的人身安全和人格权缺少专门的、与法官身份相适应的救济制度,存在盲区和"空当",以致法官出了法庭就成了"弱势群体"。实践中,由于缺失相关保障措施,而司法救济渠道具有局限性,对侵害法官合法权益的行为,司法警察并无侦查权,需要公安机关配合侦查取证,尚很难操作，甚至一些法官因为审判执行中出现当事人喝农药、轻生，甚至被二审改判而被追究错案责任，甚至被以枉法裁判罪、滥用职权罪、玩忽职守罪追究刑事责任。

（六）其他机关配合落实不足

《规定》的意旨在于保障司法人员依法履职，但《规定》的落实单凭司法机关自身无法达到预期效果，需相关机关配合执行。《规定》实施以后，各地司法机关组织学习文件内容，但其他机关并未认识到《规定》的制度地位，认为落实《规定》是司法机关自己的职责，导致司法机关防范、处置与惩戒司法人员的依法履职风险处于近乎孤立无援的状态。有效落实《规定》，应结合中共中央办公厅、国务院办公厅印发的《党政主要负责人履行推进法治建设第一责任人职责规定》，最高人民法院、司法部《关于开展司法拘留社会矛盾化解工作的意见》《关于采取有力措施加强人民法院安全保卫工作的通知》等相关规范性文件要求，尽快形成地方法规规章，进一步明确地方党委、政府和公安机关保障法官职业安全的责任，细化具体落实措施。同时，应继续完善党内法规，加强党对司法工作的领导，把党内法规与国家法律有机统一起来，进一步健全党内法规体系、强化执行监督、补齐程序"短板"、增强主体能力、体现深层价值。

二、影响《规定》实施效果的原因分析

实践中的落实不力问题表明，制约司法人员依法履职的深层次原因尚未得到解决。

（一）司法人员过多考虑法外因素、司法公信力基础薄弱等认识原因

审判活动不是法院的单方行为，外界对审判活动的评价以及法官的司法观念均可能会影响司法制度的落实效果。一是审判权的中立属性在实践中尚未被彻底接纳。审判权的运行方式与行政权不同，而将行政权上命下从的运行方式套用于审判权，无疑会干扰审判权的独立行使，致使案件处理结果受到法外因素的干扰，这也正是实践中司法地方化、司法与行政边界模糊现象仍然存在的原因。二是影响法官依法履职的法外因素，在认识层面主要在于社会舆论。实践中舆论监督与舆论审判界限模糊，多数承办人会考虑案件处理结果带来的舆论影响，不利于依法履职。三是实践中存在的缠访、闹访、舆论审判现象与司法公信力基础薄弱有关。实践中司法公信力高，当事人接受裁判的意愿就高，相反裁判的接受度就低，较低的司法公信力会强化当事人对裁判结果的不满情绪，甚至产生报复心理，触发侵害法官人身权益的行为。

造成上述情况仍然较多存在的原因一方面在于法官对不法侵害行为过于

迁就容忍。法官内部存在“不愿惹事”、消极应对的思想,维权意识不强,由于对侵害行为取证较为困难,证据标准要求较高且处罚程序复杂繁琐,会耗费很多时间和精力等诸多原因,法官普遍不愿激化与当事人的矛盾,持有多一事不如少一事的心态,多数会选择忍气吞声、委曲求全,以求息事宁人,在一定程度上助长了不法侵害者的气焰,引起不良连锁反应。另一方面在于法官和公众对司法公正的理解存在差异。有些当事人认为只要自己败诉,司法裁判则不公正,事实上,司法公正既有客观评价标准,也具有主观性特点。当事人内心的公正标准与法律的公正标准往往存在较大差异。客观标准方面,法官在案件中认定的法律事实与客观事实肯定会存在不一致的情形,但这主要是司法本身的局限性造成的,而有的当事人对此并不理解,当因举证不力而败诉时,就会质疑司法公正。

(二)应对、惩戒、保护措施缺位,诉访分离机制未实质化运行等制度原因

一是应对措施缺位。面对个别当事人的人身威胁,司法人员往往采用与当事人谈话、安排司法警察接送等应对方式,甚至向当事人给付一定数额的金钱来平息事端,但效果有限。有的法官在庭审中受到当事人攻击来不及等待公安机关救援,且法院法警力量严重不足。更何况有些突发事件并非发生在司法人员办公场所,而是发生在其他区域,甚至出现跨区、跨省的突发事件,对于这类事件更加难以应对,无法及时得到救助。另外,对于个别当事人利用舆论恶意造势的情况,面对舆论压力,司法人员往往以澄清事实为主,不足以阻止此种行为,更难以消除其负面影响,原因则在于缺少具有威慑力的处置与应对措施。例如,对J省法院发放的116份调查问卷显示,法官和法院遇到当事人骚扰、辱骂、堵门等情况,一般采取柔性处理方式(见图2)。

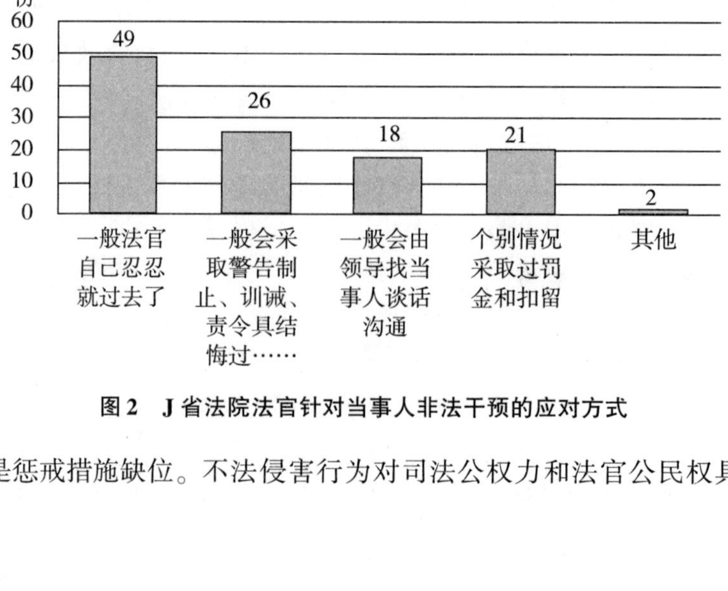

图2 J省法院法官针对当事人非法干预的应对方式

二是惩戒措施缺位。不法侵害行为对司法公权力和法官公民权具有双重

危害性,对侵害行为惩治不严,震慑力尚未形成,侵害人违法成本低。惩戒措施是保障制度落实的重要组成,实践中除严重侵害司法人员人身安全的情形外,大多采取劝导、告诫等柔性措施解决,偶有采取的罚款、司法拘留等惩戒措施力度也不够。首先,行政拘留难。当法官受到案件相关人侵害,依照治安管理处罚法申请公安机关采取强制措施时,个别执法人员抱着息事宁人思想,不愿意对侵害人采取强制措施。其次,司法拘留难。根据《民事诉讼法》第110条规定,对哄闹、冲击法庭,侮辱、诽谤、威胁、殴打审判人员,严重扰乱法庭秩序的人,依法追究刑事责任;情节较轻的,予以罚款、拘留。司法拘留决定虽由法院作出,但需将被拘留的人交由公安机关看管。实践中,公安机关对被拘留人的身体健康条件要求较高,造成司法拘留处罚执行困难。而采取刑罚措施需公安机关配合,这方面的制度安排仍不到位,如扰乱法庭秩序罪、拒不执行判决裁定罪、妨害公务罪、寻衅滋事罪等,都属于公诉犯罪,需交由公安机关立案、检察机关批捕和提起公诉,法院最后审判,程序烦琐,耗时漫长。实践中对一些危害较重、影响较大的犯罪行为,往往以法院司法拘留几日了事,追究刑事责任的很少。

三是保护措施缺失。法官法作为专门规范法官职业群体的立法,对法官职业安全的保障只有一条很原则性的规定。刑法中规定有妨害公务罪、扰乱法庭秩序罪、拒不执行判决裁定罪,但对危害法官人身安全没有专门处罚规定,而且扰乱法庭秩序罪适用范围局限于法庭内,对法庭外的侵害行为无能为力。现有规定不足以保障法官在工作时间8小时以外的人身安全,案件终结后以及在法院外等与履职直接相关、直接周延的时空领域,当法官及其近亲属受到案件相关人员的恐吓、威胁、诬告陷害、侮辱、诽谤、跟踪、骚扰、伤害时,由于缺乏特别保护机制,法官只能像普通公民一样寻求法律救济,个人安全利益得不到充分保障。即使在庭审过程中,法庭安保工作也缺乏有力保障。有的法院和派出法庭安检标准不高,安保网络不严,有的尚未安装一键报警装置。有的法院只是在法官审判席上安装报警按钮等应急措施,一旦发生抗法行为,通常临时抽调法警或者借助公安力量增援;有的法院办公区域与公共区域无法区分或不具备区分的条件,受经费的限制,无力改建;有的法院安检设施不齐全、陈旧,无法使用。实践中相关保护措施仍限于个别探索,缺少专门的制度支持,不同级别法院对安保措施的投放情况有差异性,如广西壮族自治区崇左市两级法院智能访客系统可以说明这一点(见表3)。此外,法官因公负伤抚慰保险、理赔制度尚不完善。以北京法院为例,发生干警因公发生伤亡时,报销和抚恤数额低于其他政法机关,也无法采用公共经费为干警购买商业保险,有损法官的工作积极性和职业尊荣感。

表3 广西壮族自治区崇左市两级法院智能访客系统设置情况

法院	是否建设有智能访客系统	智能访客系统是否正常使用	智能访客系统数据对接(是否完成)	门禁系统是否实现一卡通
市中院	是	是	智能导航(是)、视频监控(否)、门禁系统(否)	是
江州法院	是	否	视频监控(否)、门禁系统(否)	否
扶绥法院	是	否	门禁系统(否)	否
大新法院	否	—	—	是
天等法院	否	—	—	否
龙州法院	否	—	—	是
宁明法院	否	—	—	否
凭祥法院	是	否	—	否

四是诉访分离机制尚未实质化运行。《决定》指出:"落实终审和诉讼终结制度,实行诉访分离,保障当事人依法行使申诉权利。"实践中,一些当事人不断通过向上级法院、党委、人大信访的方式,给法院施加压力,对于上级机关批转涉诉信访的情况,承办人员往往需书面回复甚至层层汇报,加重承办人员负担,为外界干扰法院独立审判提供了空间。有时出于维护社会稳定的需要,对于重点信访老户的息诉罢访问题,会通过文件的形式,将责任和压力层层传递,诉访难以彻底分离。这种诉访未完全分离的状态亦冲击司法公信力,降低法官的职业尊荣感,导致信访终结程序"终"而不"结",干扰法官依法履职。

五是组织机构和运行机制亟待完善。实践中的安保机构主要为设置在审判机关的业务庭以及司法警察,当发生危及法官人身安全事件,仍然以之前的谈话、训诫等柔性方式或者动用法警、联动公安机关等方式处理,因缺少专职安保部门,以上措施具有临时性和被动性,不利于事件的集中处理。多数情况是,法官权益保障的具体职能仍分散在法院各部门,即使有些地区设立了法官权益保障委员会,但多是停留在援助层面。以北京市为例,北京市高级人民法院在北京市法官协会设立法官权益保障委员会,该委员会的工作事项包括:通过接受法官援助申请,梳理损害法官权益的普遍性问题,发出保障法官权益的声音;协调、督促法官权益保障措施的落实,并充分依靠各级法院及有关部门建立健全法官权益保障工作机制;指导法官正确有效维护自身合法权益。目前尚无专门明确的负责司法人员职业安全保障的机构,全市联防联动、源头防范缺乏顶层设计，法官遇到安全威胁主要靠各法院领导协调推动解决，尚未形成固定化、常态化机制，缺乏长效保障。各法院虽然成立了法官权益保障委员会，但实际发挥的作用不均衡，有效运行机制尚在探索中。各法院出台的一些安全保障的制度和办法，主要是侧重于办案秩序、办公安全方面，法官职业安全风险评估机制、预防机制、申请保护制度、法官依法履职免责等相关规范还处于研究探索阶段。法院之间的联动机制也尚未建立，一旦出现法官跨区、跨省执法，往往无法及时得到协助。

三、提升法官职业安全保障的对策建议

法官职业安全保障是一项系统工程，需要把握改革契机，依托现有改革机制，加强顶层设计，不断完善党内法规体系，切实提升党内法规的执行力，稳步推进法官职业安全保障工作。

（一）注重顶层设计，加强制度保障

一是适时将党内法规中的部分制度转化为国家法律。在条件成熟时将《规定》中的相关内容纳入《公务员法》《人民法院组织法》《法官法》等法律中，从立法层面加强对审判人员依法履行法定职责的保护，增强司法人员履职保障的权威性。二是加强对不法侵害法官权益行为的刑法威慑。增设“藐视法庭罪”等类似罪名，在相关刑法条款中明确将“侵害法官及其近亲属”作为从重甚至加重处罚情节，适当扩展扰乱法庭秩序罪、妨害公务罪在时间、空间上的适用范围。三是建立保障司法人员权益的专门机构。努力推动成立地方法官职业安全保障工作领导小组（以下简称领导小组），负责统一协调，统筹各方力量。以市委政法委、省高级人民法院、市人民检察院、市公安局、市国家安全局、市发改委、市卫生健康委、市人力社保局、市民政局、市司法局为成员单位，下设领导小组办公室作为常设机构，统筹指导全市司法人员的职业安全保障工作。在高级人民法院层面，应专门增设法官权益保障委员会办公室，安排专人负责，督促各级法官权益保障委员会切实履行职责，确保各项保障机制有效运行。四是科学测定法官工作饱和度，从体制机制上合理配置司法力量。从中央层面牵头相关部门科学测定法官工作饱和度，通过综合分析考量法官一年的工作时间、办理案件类型、办理案件数量、案件难易程度、必要的学习培训、其他事务性工作等因素，科学界定法官每年审判案件数量的合理区间值，并据此重新确定各地法院的编制数、员额数，制定科学的符合法实际的人员配置体系。

（二）细化体制机制

一是完善应急处置机制。建议各地政法委牵头设立警情专线，推进政法机关之间监控报警系统联网，严格执行最高人民法院《关于及时处置危害人民法院法官及其他工作人员人身安全行为的指导意见》，分级分类妥善处置各种险

情,对高危人员要依法果断采取措施,及时消除隐患。二是建立威胁报告机制。注重源头防范,探索在审判系统中增设“安全风险报告”栏目,由法官在日常办案过程中随时记录受到的语言、文字、行为威胁,法官权益保障委员会集中统计分析数据,掌握威胁来源,预判风险级别,及时防范化解。同时,地方政法系统应建立统一的威胁报告系统,形成数据库,实现互联互通,司法人员权益保障机构要及时对威胁数据进行评估排查,及时推送预警信息,协调追踪处理。三是建立特殊当事人档案。对不满法院裁判、有过非正常信访、存在潜在危险的涉法重点人员信息,实行政法系统内共享,提供线上即时互查。为加强事前预警的效果,可以建立当事人风险评估系统平台,对涉案当事人进行风险评估并区分风险等级,将已存在对承办人侮辱、诽谤、威胁、恐吓、跟踪等现实威胁的当事人列为一级风险等级,对此类当事人应严密防控,提前通知公安机关予以协助;将表现出强烈不满情绪,但暂未诉诸客观行为的当事人列为二级风险等级,对此类当事人应录入法院当事人评价系统,如其进入法院,立即密切关注其行踪,并做好风险防范工作;将语言或行动上具有侵害法官人身安全风险的,且承办法官认为存在现实风险的列为一般风险等级,对此类当事人,不需录入该风险评估系统,但应在其进入法院后启动防范工作;将正常表达诉求,不存在侵害法官人身权利现实风险的,不予列入该风险评估等级。以上风险等级区分标准,既包括评价当事人行为的客观标准,也兼顾承办法官的主观判断,如考量当事人是否存在涉诉信访、威胁行为、情绪是否稳定、个人经历、法官的主观判断等因素。四是完善与当事人适当隔离机制。健全涉诉信访终结、网络办理信访、社会第三方参与化解信访等工作机制,探索建立申诉案件律师代理制度以及异地办理、提级管辖等制度,减少法官与特定案件当事人的直接接触。五是建立对法官的个人隐私保护机制。网信部门、网监部门、公安机关应对涉及法官职业安全的信息予以重点关注,发现问题及时删除,严肃追究侵害者责任。尽量减少法官个人信息的曝光度,防止法官及其家人隐私信息的过度泄露而遭受侵害。

(三)完善配套制度,形成制度合力

一是健全党内法规体系,尤其要根据中央层级的党内法规制定省级党内法规。结合中央办公厅、国务院办公厅印发的《党政主要负责人履行推进法治建设第一责任人职责规定》,最高人民法院、司法部印发的《关于开展司法拘留社会矛盾化解工作的意见》《关于采取有力措施加强人民法院安全保卫工作的通知》等相关规范性文件要求,严格落实《规定》《办法》,尽快建立健全地方法规规章,进一步明确地方党委、政府和公安机关保障法官职业安全的责任,细化具体落实措施。二是建立法律职业共同体协作机制。完善联防联控机制,在发生妨碍、报复法官依法执行职务的事件时，公安机关应迅速出警，适当简化适用拘留、移送看守所等措施的程序；人民检察院应抓紧审查，及时批准逮捕、提起公诉；人民法院应依法快审、快判，缩短审判周期，使犯罪行为人及时受到应有的惩处。发挥司法社区矫正功能和社区警察作用，加强对重点对象的社区监管力度。加强与律协的协作，督促律师协助法院妥善开展释法工作，安抚当事人情绪。三是继续深化司法体制综合配套改革。完善诉调对接等多元纠纷化解机制，疏通人民群众的利益诉求表达渠道，将矛盾化解在法院之外。四是建立不实举报澄清制度。法官因依法履职遭受不实举报、诬告陷害、利用信息网络等方式侮辱诽谤，致使名誉受到损害的，人民法院应当会同有关部门及时澄清事实，消除不良影响，维护法官良好声誉，并依法追究相关单位或者个人的责任。有关机关对法官作出错误处理的，应及时恢复被处理人的职务和名誉、消除不良影响，并依法追究诬告陷害者的法律责任。五是完善法官身心健康保障制度。地方财政应增加资金投入，加强法官医疗保障，推动建立法官人身意外伤害等保险制度，提高保费标准；划拨专门款项作为职业侵害保障金，对受到严重侵害的法官提供相应的补偿；完善落实抚恤优待政策，健全心理服务和危机干预机制，切实保障法官的休息权和休假权。六是加强现代信息技术的司法应用。智审系统的类案和关联案件推送、电子送达等现代信息化技术能够极大地提高法官办案效率，要进一步运用大数据、云计算等科技手段，积极研发工作辅助软件，让数据“多跑路”，让法官“少跑路”。

（四）完善法官惩戒制度

一是明确法官自辩权利的行使方式及程序。进一步细化《人民法院监察工作条例》中关于被举报法官自辩权利的多项规定，设置陈述、辩解、举证、申请复议、申诉五大权利的行使程序，明确这些权利的行使方式并规定剥夺被惩戒法官这些权利的相应责任。二是建立法官惩戒委员会委员的回避制度。法官不当行为一般出现在诉讼过程中，实践中许多当事人为了胜诉会在法庭内外进行激烈博弈，因而法官不当行为的发生原因较为复杂，应明确规定从委员名单中随机抽取参加听证的委员，被惩戒法官对于参加听证的法官惩戒委员会委员享有申请回避的权利。三是完善法官惩戒结果的公开及澄清机制。在《规定》第15条、第16条基础上，规定法官、检察官因接受调查暂缓晋级，经有关部门认定不应追究法律或者纪律责任的，晋级时间从暂缓之日起算；在部分法官惩戒案件中，对于社会舆论因不了解实际情况而提出一些有失偏颇的典型意见，法官惩戒委员会应在深入调查的基础上，通过新闻发布会等形式作出客观、全面、及时的回应，并将处理结果及时公之于众，并对法官受到的错误追责予以精神、晋级、经济等方面的安抚和补偿。四是严格规制不当惩戒行为。惩戒制度不但要能够规制、引导法官的行为与思想,更要有效规制司法实践中借助权势地位对法官变相的不当惩戒行为,如无故变更案件的承办法官等。

(五)增强法官自防能力

提升党内法规执行主体的能力。各级财政应增加对法院的安保投入,大力支持法院加强信息化建设。例如,完善一键报警设施,为干警配足便携式执法记录仪,配置录音电话,便于对当事人电话辱骂、威胁法官行为予以取证和制裁;安排专项资金为法官住所安装家庭报警系统,加强对法官家庭和亲属的安全保卫。坚持人防、物防、技防相结合,推广基层先进安保经验,严格安检标准,构建周密迅捷的内部安保体系。将安全培训纳入日常教育培训工作规划,增强法官的安全意识和安全风险识别、预警和应急自救能力。恪守法治理念,对侵害行为决不姑息,一追到底。

(六)提高法官综合素质和专业素养,强化公众司法认同

提升司法公信的前提是加强法官自身的职业素养和司法能力,要加强培训和教育,培养专家型、研究型法官,而不仅仅是成为完成结案率的"司法民工"。要加强法官职业教育,提升法官综合素质和专业素养,公正高效审理好每一起案件,努力让人民群众在每一个司法案件中感受到公平正义。强化法官的群众工作能力,对证据意识不强的当事人,法官应注重调查走访,主动收集证据,确保有理有据、有法可依。法官要不断改进工作作风,严守自律底线,减少当事人不必要的怀疑。要加强裁判文书说理性,坚持判后释明,实现案结事了。

(七)提升全民法治素养,强化司法认同

要保障法官独立审判,使民众尊重并服从司法裁判,必须从根源上提升全民的法律意识。要加大法律价值理念的宣传力度,增强公众的法治意识、规则意识,让人们形成尊重司法、崇尚法治的氛围,让全社会形成尊重和保护司法人员的意识。在司法宣传中,要加大对人民法官司法为民、公正司法先进事迹的宣传力度,进一步创新宣传形式,提升新闻宣传的感召力、影响力,提高新闻舆论的传播效果,积极传播法治正能量,形成当事人和人民群众更加了解法院、理解法官、尊重法律、崇尚法治的良好舆论氛围。

四、有关《规定》实施情况的相关实证资料

(一)以北京法院为例,侵害法官人身权益事件时有发生

一是侵害事件多发。2016 年至今,北京法院因公牺牲被追认为烈士的干警 1 名;因履行职务死亡的干警 1 名;因履职人身受到实质损害的事件 34 起;因履职遭受较严重人身威胁的事件 60 起;因履职遭受较严重侮辱诽谤、诬告陷害的事件 31 起;因履职遭受跟踪的事件 15 起。侵害事件整体呈持续多发性态势。

各类侵害既有来自案件当事人的,也有来自敌对势力的;既有来自国内的,也有来自境外组织的。例如,2018年年初,北京某基层人民法院受理了若干件利用邪教组织破坏法律实施的案件,旋即,该院从院长到普通法官都受到法轮功分子的持续骚扰。院长的手机被"打爆",全体院领导的详细家庭住址信息被非法散布在境外网站上,承办法官的住宅被放置了反动宣传材料,法轮功分子还在网上煽动舆论非法干扰审判,严重影响了法院的正常办公秩序,严重威胁了法官及其家属的人身安全。

2017年,北京市昌平区法院关于法官职业权益保障的调研显示,超过50%的法官认为自身的职业安全存在风险。仅2018年前7个月,全市法院发生的较严重的法官受侵害、受威胁事件共60起。从法院分布上来看,发生在高级人民法院4起,中级人民法院17起,基层人民法院及派出法庭39起。

二是侵犯方式多样。一方面,有暴力侵害方式,如有的涉案人员及其相关人员非法携带危险物品进入法院工作区域;有的恐吓威胁法官及其家属,常有败诉当事人尤其是刑满释放人员扬言要报复甚至杀害干警;有的撕扯、围攻、殴打或以其他方式暴力袭击法官。另一方面,也有"软暴力"方式,如有的涉案人员跟踪、尾随或以其他方式滋事骚扰法官,尤其是女干警更易受到影响;有的非法偷窥、偷拍、窃听、散布法官隐私和个人信息,并借助舆论炒作。有的侮辱、诽谤、诬告陷害、虚假举报法官或在网络上发表侮辱、诽谤、诬告陷害等方式损害法官名誉权,尤其是通过自媒体侵害法官名誉权的事件多发,容易在互联网上形成持续影响,较难短期消除。据统计,北京法院2018年以来发生的60起侵害法官事件中,人身威胁事件30起,哄闹法庭事件13起,侮辱诽谤事件12起,造成人身实际损害事件5起。

(二)摊派非审判任务的现象时有发生

实践中,在案多人少、会议繁重的压力下,仍然有一些司法机关和司法人员被安排从事超出法定职责范围的事务,如招商引资、强制拆迁、城市管理等。甚至近年来还有个别基层人民法院院长带着司法人员去支农插秧的新闻报道。

一是外部摊派。受访法官所列举的被摊派的非审判任务包括:创文创卫、联企、平安建设、街头执勤、街头打扫卫生、下乡扶贫、信访维稳、集中整治违法建设、重大项目建设、外单位抽调等,以及一些行政公务人员的职责,如地方党政机关为法院安排招商引资、征地拆迁、挂职下乡、到村扶贫等超出其法定职责的额外任务,导致法院法官干警疲于应对各种会议活动,一定程度上影响了人民法院审判工作的正常运行。

二是内部会议。以河南省郑州市航空港经济综合实验区人民法院为例,据粗略统计,2018年7月、8月,一名普通员额法官需要参加的会议次数分别为22

场次、26 场次;以一个月四周时间计算,每个员额法官平均每周需要参加的会议约 6 场次,该统计数据中尚不包括作为员额法官的院长、副院长需要单独参加的上级法院、本级以及上级党政机关组织召开的相关工作会议。

(三)涉诉信访工作的压力并未减少

以河南省郑州市航空港经济综合实验区人民法院为例,一是信访数量上,随着案件受理数量的逐年增加,涉诉信访工作也面临着越来越重的工作压力。2016 年受理案件为第一年,共接待来访群众 10 案 17 人次;2017 年接待来访群众 36 案 85 人次,无论是案件量还是接访人数都大幅增长;2018 年仅上半年便接待群众来访 51 案 93 人次,可以想见 2018 年年度接待群众来访量的规模。二是信访是由上,多数系反映办案质量、效率,办案人员态度、作风等方面的问题,占比 90% 以上。根据属地管理、主管负责等信访工作原则,这些信访人员接待和信访事项的化解任务大多又落到了案件承办法官头上,意味着法官除了做好开庭判案、判前释法、判后答疑,还要想方设法化解当事人甚至案外人的信访事项。

(四)案多人少的办案压力并未减少

以河南省郑州市航空港经济综合实验区为例,随着经济社会的快速发展,航空港区人民法院受理案件数量快速增加,2016 年受理各类案件 3018 件,2017 年受理案件总数增至 5736 件,2018 年前 8 个月受理案件 5410 件,全年受理案件总数预计将突破 8000 件。但相应的法官人数并没有随之增加,2016 年年初共有审判员 19 名,2017 年 5 月受法官员额制改革影响,可以独立办案的法官人数降至 16 名,其中还有 4 名是入额的院长和副院长。在该院工作的一名法官感叹:2016 年的时候结案感觉毫无压力,2017 年的时候感觉有点压力,但能够通过努力克服,2018 年以来明显感觉结案压力大多了。该法官 2016 年结案 318 件,2017 年结案 402 件,2018 年上半年结案 228 件。而全院结案最多的法官 2016 年结案 338 件,2017 年结案 745 件,2018 年上半年结案 482 件。统计数据显示,全国法院系统 80% 以上的审判执行案件是由基层人民法院办理的,特别是法官员额制改革以后,加班加点工作、超负荷工作几乎已经成为基层法院法官工作的常态。

检察机关案件管理工作的若干问题

石献智*

摘　要　检察机关自2011年在全国推行案件管理机制改革,主要内容是建立统一受案、全程管理、动态监督、案后评查、综合考评的执法办案管理新机制。2012年,修改后的《人民检察院刑事诉讼规则(试行)》增设"案件管理"一章,对案件管理的主要职责作了规定。案件管理的主要内容包括:统一受案、法律文书监管、涉案财物管理、接待律师,开展流程监控;对已办结的案件开展质量评查,促进办案质量的整体提升;对办案数据进行采集统计并对数据开展分析,为检察决策提供参考服务等。

关键词　检察　案件管理　流程监控　质量评查　统计

推进检察机关案件管理机制改革,是最高人民检察院在全国部署的一项重要改革任务。2011年7月召开的第十三次全国检察工作会议明确提出,同年印发的《"十二五"时期检察工作发展规划纲要》对此作出了进一步部署。从实践中看,虽然有些地方开展案件管理的时间相对较早,但就全国来说,大部分检察院都是在"十三检"会议正式部署之后才开始成立机构、开展业务的。2011年10月28日,经中央机构编制委员会(以下简称中央编委)批准,最高人民检察院正式成立案件管理办公室,下设案件综合管理处、案件流程管理处、案件质量管理处、案件统计信息管理处(之后增设业务信息化管理处,2018年又从办公厅划转人民监督员工作处至案件管理办公室,目前共设6个处级机构),揭开了全国检察机关案件管理机制改革统一步调、全面开展、大力推进的序幕,全国检察机关案件管理工作进入了一个蓬勃发展的新时期。2012年11月,修订后的《人民检察院刑事诉讼规则》正式印发,增设了"案件受理""案件管理"两章,在其他相关章节也相应增加了案件管理的有关内容,对案件管理部门在刑事办案活动中的职责、工作程序等作了规定,确定了案件管理的统领性制度,为推动和促进检察机关开展案件管理工作提供了基础性依据。本文立足检察机关案件管理工作的职能定位,对检察机关为什么推行案件管理改革、案件管理工作的主

* 石献智,最高人民检察院案件管理办公室二级高级检察官、案件质量管理处处长。

要内容以及应当注意的几个关系等问题进行讨论,以期对外界了解和关注检察机关案件管理工作有所裨益。

一、推行案件管理机制改革的背景及其重要意义

在全国检察机关推行案件管理机制改革,有着深刻的原因和背景:一方面,检察工作面临的形势和任务发生了深刻变化,与过去大不相同;另一方面,检察机关司法办案的管理模式、管理机制还停留在过去的阶段,已不能适应时代发展和新的形势,迫切需要进行改革创新。

(一)开展案件集中管理是强化内部监督、规范司法行为的需要

在新的历史时期,党中央特别要求加强对权力的监督,把权力关进制度的笼子里。检察机关作为监督别人的部门,作为国家专政机关的重要组成部分,更要强化自身监督,更要把“检察权关进制度的笼子里”。因此,检察机关在外部监督不断加强的同时,首先要强化内部监督,自己把自己监督好,把案子办好、办扎实、不出事。以前,在检察机关内部,自侦、侦监、公诉等业务部门依照法律规定,在刑事诉讼的不同阶段参与对案件的办理,由于没有统一的案件管理机构,案件来源途径不同,接触案件的时间不一,形成对案件多头管理,重复劳动的局面。不同地区、不同层级的各业务部门依照各自部门的案件办理规定,按照不同的案件质量要求进行办案,案件办理力量分散,管理无序,难以形成统一的质量、效率、效果等客观评价标准。同时,在上下级检察机关业务部门之间,缺乏必要的监督、制约、透明机制,评价难以真正客观公正,不利于上级院对下级院办案情况的监督,形成了监督“空当”。案件管理部门作为检察机关内设部门之一,具备与其他部门相对独立的地位,但又不介入办案,与案件办理结果无直接的利益关联。根据检察长的授权可以对办案进行客观的评价,而且案件管理部门的专门性与人员的专业性可以有效保障高效监督的实现。与此同时,与管理相对应的检察事务工作,交由案件管理部门承担,也便于承办部门和案件承办人集中精力,将案件办好、办实。

(二)开展案件集中管理是推进司法民主化、公开化的需要

检察机关的根本宗旨是司法为民,检察权来自人民。因此,检察机关必须时刻坚持以人民为中心的发展理念,检察权必须用来为人民服务,对人民负责,受人民监督。检察工作搞得好不好,最终要看人民满意不满意,改革的根本目的都是为了向人民群众提供更好的法治产品、检察产品。推行案件管理改革,建立统一的案件管理大厅,由专门的机构在专门的地点,向人民群众提供统一、集中的对外服务,是建设服务型检察的重要载体和形式,也是检察机关充分保障人民群众知情权、参与权、监督权的重要举措。在案件管理改革之前,案件在自侦部门、侦查监督部门、公诉部门之间进行流转,辩护人、诉讼代理人前往检

察机关办理事务时，有时会搞不清该找哪个部门或者找不到承办人，影响了检察机关在人民群众中的形象。设立专门的案件管理部门，建立案件管理大厅，让专门的人员在专门的地方服务人民群众，只要案件到了检察机关，辩护人和诉讼代理人不用考虑案件处于哪一个诉讼阶段，也不用考虑办案人员是谁，直接带着相关证明文件去案件管理大厅就可以办理递交材料、申请会见、申请变更强制措施等绝大多数事务。群众办事的程序得以简化、办事的效率极大提高，很好地塑造了亲民、为民的良好形象，畅通了联系群众渠道，融洽了检察机关和群众的关系。

(三)开展案件集中管理是提升管理科学化水平的需要

检察机关之所以部署推行案件管理机制改革，是因为检察工作面临的形势和任务发生了深刻变化，与过去大不相同。如果管理模式还停留在过去的阶段，就不能适应时代发展和新的形势，迫切需要进行改革创新。例如，随着社会主义民主法治建设的发展，人民群众的民主意识、法治意识、权利意识、监督意识不断增强，对检察机关不断提出新要求、新期待。此外，我国正处于社会转型期和社会矛盾凸显期，网络、微博等新兴媒体的快速发展，引起检察机关司法办案面临的不确定性和风险日益加大，对司法程序、办案结果的要求越来越高。因此，时代不同了，管理方法也要改变；案子办理要求不同，管理方法也要调整，检察机关必须适应形势变化，适应执法、司法、办案越来越文明、越来越透明、越来越人性化、越来越规范化、越来越现代化的新要求，除了提高能力水平外，更要改变过去的分散式、粗放式的管理模式，加快推进管理科学化的进程。

在以前的模式中，检察机关的各层级领导、多个部门都在各自履行一定的案件管理职能。例如，办案部门主要承担对自身办案的管理和对下业务指导；办公室负责对各业务部门办案情况进行统计分析；政工部门年终对各业务部门和办案人员工作进行考核评定等，没有形成真正的扁平化、集约化的横向管理体制。因此，检察机关建立统一的案件管理部门，有效整合内部管理的各项职能，办案信息得以畅通，检察长、检察委员会以及上级检察机关可以根据权限，及时、全面、准确、动态地了解任何一个具体案件的基本情况以及各业务部门的整体业务情况，极大提高了领导的决策水平，进而促进检察工作整体的健康发展。

二、检察机关案件集中管理的主要内容

中央编委批复最高人民检察院成立案件管理办公室的职责定位，就是“管理、监督、服务、参谋”八个字。2012 年修改后的《人民检察院刑事诉讼规则(试行)》将其细化成了检察机关案件管理部门的具体工作职责，主要包括以下几个方面：一是统一负责案件受理、流转；二是统一负责办案流程监控；三是统一负

责涉案财物的监管;四是统一负责以最高人民检察院名义制发的案件文书的监管;五是统一负责组织案件质量评查;六是统一负责业务统计、分析;七是负责案件管理工作宏观指导等。

(一)建立流程管理机制,加强程序监管

为真正实现对案件的事前、事中、事后全程跟踪、预警与监控,达到强化内部监督制约的效果,将案件流程管理作为案件管理的切入点和突破口。形象地说,流程管理就是“把住两端、管好中间”,两端就是案件的进出口,中间就是办案过程。

1. 统一受案分流

对进入检察机关的案件,由案件管理部门统一接收、审核案件材料并进行分流,确保不该受理的不予受理,该受理的要第一时间受理。统一受案的范围,是那些已经成案、正式进入诉讼程序的案件,主要是各个办案机关的案件和文书,不包括那些尚未真正进入诉讼程序的申诉、控告、举报等。案件管理部门统一受理案件,一个很重要的任务是对所接收的案件材料进行审查,如果认为案卷材料不齐备的,及时要求补送,从而把好案件进入检察院第一道关口。

案件受理后,要将案件分到各业务部门办理。目前,案件管理部门分案遵循自动轮案为主、手工分案为辅的原则,主要按照事先设定好的轮案规则,将案件直接分配给办案人员,特殊情况下需要调整的,按照严格的审批程序进行手工分案。这种方式既能够使案件即时流转到承办人处,有利于提高分流效率,又有利于减少主观因素、防止人情案、关系案等问题的发生,促进司法公正。

2. 统一结案审查

与受理职责相呼应,案件管理部门也应承担结案件管理理职能,即办案部门办理的案件,办结后需要向其他单位移送案卷材料的,如公诉部门审查后决定向法院提起公诉的案件,统一由案件管理部门审核移送材料是否规范、齐备。案件管理部门认为材料规范、齐备,符合移送条件的,立即移送;认为材料不符合要求的,应当及时通知办案部门补送、更正。这样有利于对办案期限、办案程序以及办案质量的监督管理,防止滥用退补“借时间”等不规范行为。比如,过去有的办案部门收了多少案子、如何处理的、办结了多少、拖了多长时间,院领导有时候也不一定能够完全掌握。现在有了案件管理部门的全程管理,经过统一受案和结案审查,对整个案件数量以及办结情况、所用期限就会有一个比较准确的掌握。当然,目前来看,这项职责的履行还有很大的提升空间。

3. 办案流程监控

对司法办案流程中的各个环节进行实时、动态的监督和检查,提醒和督促办案部门注意和解决有关问题,必要时可报告分管副检察长或者检察长。根据

人民检察院刑事诉讼规则的规定,主要包括以下内容:

(1)防止侵害当事人等的诉讼权利行为。案件管理部门发现本院办案部门或者办案人员侵害当事人、辩护人、诉讼代理人的诉讼权利的,应当及时提出纠正意见。比如,案件管理部门在工作中,如果发现有关办案人员应当回避而不回避、应当告知犯罪嫌疑人诉讼权利而未告知、应当听取当事人、辩护人意见而未听取的,可以提出意见,及时纠正不合法的行为。

(2)督促其他部门履行法律监督职责。检察机关作为法律监督机关,依法对侦查机关、审判机关、刑罚执行机关等单位的诉讼活动、执行活动承担法律监督职责。案件管理部门则承担着对检察机关内部各办案部门的办案活动进行监督管理的职责。对于本院有关办案部门未依法正确履行法律监督职责、对有关违法诉讼活动和行为应当监督而不监督的,应当及时提出意见,以提高检察机关的法律监督合力。

(3)严格办案期限监督。推行案件管理机制改革后,案件管理部门的一项重要职责,就是对检察机关各办案部门遵守办案期限情况实施监督管理。办案期限届满前,应当向相关办案部门进行期限届满预警提示。发现超过规定期限的,应当提出监督意见。

(4)加强法律文书监管。法律文书是司法行为启动、司法结论形成的重要载体。从以往的司法实践来看,对重要文书进行监管非常必要。目前文书的监管主要是通过管理文书编号、加盖电子印章、集中打印的方式对法律文书实施管理,特别是将搜查证、拘留决定书、逮捕决定书等涉及人身权利的文书和扣押决定书,冻结犯罪嫌疑人存款、汇款通知书等涉及财产权利的文书,以及撤销案件决定书、起诉书、不起诉决定书等涉及重要诉讼环节的文书,纳入严格管理范围。

(5)加强涉案财物监管。在案件管理部门成立之前,检察机关涉案财物保管工作主要由计财装备部门负责。案件管理部门成立后,涉案财物管理已经成为一项重要的案件管理工作,确保赃、证物不脱管、无滞留、去向明、责任清。最高人民检察院2015年印发的《人民检察院刑事诉讼涉案财物管理规定》,对检察机关涉案财物的接收、审查、保管、处理等作了具体规定。各地检察院积极探索,不断提升管理技术水平,防止证据丢失或证据效力发生变化。比如,许多地方开发了“涉案物品管理系统”。物品信息提前录入,一物一码。工作人员不用打开袋子,只要运用条码枪对准“二维码”进行扫描,即可在电脑上浏览每一件物品的涉案信息、电子图像及接收、调取、审批、移送情况,确保对涉案物品动向的全程掌控。整个过程类似超市的收银,一扫商品上的条形码,商品的厂家、名称、价格、库存数量等信息全部都出来了。

(二)建立案件质量管理机制,强化办案质量和效果

对司法办案开展质量管理,是检察机关案件管理部门的一项重要职责和工作,也是成立案件管理部门的一个基本初衷。归纳来看,目前履行案件质量管理职责主要有以下几种方式:一是在流程管理中加强办案质量管理。正如前面介绍的,业务部门在办案过程中,案件管理部门可以对其办案流程进行监督管理,发现有违反法律规定的,可以根据具体情况提出纠正意见。这里的重点是办案程序质量,比如是否依法依规使用法律文书,是否遵守法定办案期限,是否保障当事人、辩护人的诉讼权利等。二是通过对已办结案件开展案件质量评查来加强质量管理。三是通过开展检察业务考评工作加强对执法办案质量的管理。这里着重就开展案件质量评查工作的相关问题进行讨论。

案件质量评查是检察机关加强案件质量管理的一个重要途径。过去,由于没有较为完善的案件质量评价机制,大多数情况下只要不发生冤假错案,基本上没有大的责任。这种状况对那些责任心不强、持“差不多”心态的办案人员无法产生有力的督促,影响了整体办案质量,提高了办案风险。如果办案质量普遍不高,总有一天会出现严重的错案、冤案。通过案件质量评查,进一步细化对案件的事实认定、证据采信、法律适用、程序规范、风险评估、文书制作与使用、涉案财物处理、办案效果、办案纪律以及卷宗装订等全方位的质量评定,对不规范、瑕疵、错误等问题提出纠正、整改意见,将评查结果与干警的奖惩和荣誉挂钩,有利于鼓励先进,提高办案人员的法治意识、规范意识、质量意识,同时也有利于鞭策落后,督促大家克服办案中的“差不多”“过得去”心态,从而不断提高办案质量、促进执法规范化。2017 年,最高人民检察院出台《人民检察院案件质量评查工作规定(试行)》,对案件质量评查的方式、组织、内容等都作了规定。

目前的评查,主要有常规抽查、重点评查、专项评查等方式。常规抽查通常采取随机抽查的方式,其优点在于它在理论上能够使任何一个已经办结的案件都有可能被评查到,一方面能够督促各办案部门、办案人员都认真遵守法律和有关规定,不抱任何侥幸心理,从而提高整体办案质量;另一方面其能够在很大程度上客观、真实地反映执法办案的整体情况,有利于根据评查结果进行业务指导和工作部署。重点评查,一般是针对事先确定的重点案件或者办案的重点环节进行评查。实践中,各地大都将容易发生问题、出现差错的案件及办案环节作为重点评查的对象,对这类案件坚持逢案必查。专项评查,是检察机关根据一段时期检察工作的整体情况部署开展的专门评查活动,通常是结合国家总体工作部署以及检察机关的整体工作来开展。专项评查往往针对特殊的问题,旨在了解掌握相关工作的情况和问题并加以解决。三种评查方式各有自身的特点和作用,在实际工作中一般是根据工作实际灵活运用不同的评查方式,尽

可能地使评查效果最优化。

案件质量体现在多个方面,因此案件质量评查的内容也非常全面和宽泛,包括办案程序、形式要件、实体处理、办案效果等。但就案件质量评查包括案件管理工作来说,根本目的不是单纯发现错误、瑕疵,而是提高司法办案的整体质量。因此,在进行质量评查工作时要着力解决一些重要的、对提高办案质量有重要价值的问题,进一步提高案件质量评查工作的层次和内涵:

一是加强对办案程序的评查。从我们的司法发展史来看,在相当长的历史时期,检察机关包括整个司法机关在执法办案活动中对严格遵守法定程序的重视程度是远远不够的,而且这种忽视程序公正价值、弱化法律程序的传统观念一直持续至今,还在深深地影响着我们的司法办案实践。因此,办案人员对法律程序的违反与轻视一直存在,不仅侵犯当事人的合法权益,而且可能会造成追诉工作最终被认定为无效,增加诉讼失败的风险。这种情况,理应作为评查的着力点。

二是加强对办案处理结果、办案效果的评查。除了遵守法定程序之外,办案质量很重要的方面,是要保证实体正确。现在网络、媒体非常发达,一旦出现错案,人民群众、社会各界就会将矛头对准司法机关,司法公信力就会遭到极大的损害。因此,案件的实体处理、办案效果是案件质量评查工作的着力点,如应不应当立案、撤案、批捕、起诉、抗诉,罪名的确定、事实及量刑情节的认定是否正确等。

三是加强对评查结果的总结归纳和分析研判。评查工作要提层次、增内涵,是说通过评查能否从根本上提高办案质量,促进执法规范,而不是把又发现了多少个错误作为成绩。因此,最主要的是善于从评查中发现和总结一些规律性、普遍性、倾向性的问题,摆脱仅仅停留在一些浅表性、枝节性问题上的做法。从实践中看,许多地方检察机关在这方面下了很大工夫,将案件质量评查与执法态势分析、总结整改工作结合起来,发现了一些影响办案质量和效果的深层次、实质性问题,并提出了切实可行的意见建议,促使相关制度文件的制定和出台,把评查过程转化为促进办案质量提高的过程、加强和完善办案机制制度的过程,也为领导决策提供了重要参考,取得了很好的效果,真正体现了评查工作的意义和价值,也真正发挥了案件管理部门、案件管理工作的功能和作用。

(三)建立统计分析研判机制,促进检察业务统筹发展

统计分析工作是案件管理的重要内容。目前最高人民检察院案件管理办公室设有案件统计信息管理处,是从最高人民检察院办公厅整建制划到案件管理的。统计工作涉及面广,包括数据统计以及案件特点、态势、升降原因分析等,尤其是侧重于从反映一个地区乃至全国检察业务的整体运行情况,揭示规

律，指出问题，提出建议。各级检察院案件管理部门依托统计资源，形成不少有价值的业务分析成果，为领导决策提供咨询建议和对策方案，取得了很好的效果。在统计审核检查以及通过统计分析活动，往往能够发现数据背后的业务不规范问题，并推动有关部门加以纠正，这也是履行案件管理职能的重要体现。实践中，各级检察院案件管理部门从多个方面加强检察统计工作：

一是积极构建多层次、多形式的统计服务机制。统计服务工作要求"快、准、深、新"，即快速、准确、深入、新颖。比如，业务部门基于对下指导的需要，侧重于及时获得数据；院领导基于了解情况、科学决策的需要，更乐意看到有情况、有观点、有建议的深入分析，而且最好有新情况、新问题。要深入、新颖，就要花时间分析思考，"快"和"准"可能受到影响。反之，如为了保证及时，只是简单提供些报表，即使做些统计分析，或者平铺直叙，或者蜻蜓点水，或者千篇一律，搞"一招鲜"，领导们就会感到"不解渴"。所以，在统计服务方式上，案件管理部门注重细分统计需求，借助网络等平台，精确投放报表数据、常规分析、专题分析等统计产品，增强统计服务的主动性和积极效果。

二是做好定期检察业务运行态势分析。依托统计资源开展业务运行态势分析，是案件管理工作成果的重要体现。近年来，检察机关案件管理部门紧紧围绕党和国家大局、领导关注焦点、检察工作重点、业务突出问题开展分析。最高人民检察院新一届党组成立后，对业务分析研判工作更加重视，张军检察长亲自参加每个季度的业务数据会商会议，根据数据反映的情况，对全国检察机关的业务工作作出部署、提出要求。案件管理办公室统计处更是立足自身职责，开动脑筋，挖掘好检察机关的"大数据"，着力加强评价性、专题性统计分析工作，使单纯的统计向综合管理转化。比如，2018 年，围绕中央和最高人民检察院工作部署，统计部门对检察机关服务三大攻坚战、开展扫黑除恶、服务民营经济、入额院领导办案等情况进行专题分析，对每个季度的业务态势进行常规分析，取得了很好的效果。

三是加强数据审核、发现背后的问题。检察统计监督，就是通过统计审核检查，发现和纠正数据背后的业务问题，以及通过统计分析，反映和评价工作决策的落实情况和问题，提出改进工作的建议。统计监督作为案件管理监督职能的重要方面，今后应当进一步增强统计监督意识和能力，加强跟踪了解，自觉关注并及时反映突出业务问题。

（四）推动研发部署全国检察机关统一业务应用系统，提升案件管理信息化水平

当今世界信息科技突飞猛进，科技手段已成为第一资源，信息优势已成为核心优势，谁拥有先进科技手段、占据信息优势，谁就能掌握主动、赢得未来。

各地检察机关也不甘落后,一直在探索推进检察信息化工作,几年前开始研发各自的办案软件,如江苏、广东、上海、北京等地检察机关的办案软件在当地发挥了比较重要的作用,但这种作用只是局部的,而且由于各自的研发理念、技术架构不同,一个省检察机关,甚至一个市检察机关的办案软件相互之间无法连通,这样,就变成了一个个"信息孤岛",而且这种"孤岛"越来越多。面对这种巨大资金分散投入、软件却无法集成互通的严峻形势,最高人民检察院党组审时度势,抓住两大诉讼法修改的契机,下狠心要尽快结束这种不利局面,于 2012 年 8 月研究决定,按照"统一规划、统一标准、统一设计、统一实施"的要求,由最高人民检察院案件管理办公室会同信息技术中心,在已使用的地方检察机关相对成熟业务软件的基础上,组织了统一业务应用系统研发工作。

2013 年 10 月,全国检察机关统一业务应用系统正式版研发成功,在全国检察机关免费发放,全面部署使用。全国检察机关统一业务应用系统适用于全国检察业务工作,融业务办理、管理、监督、统计、查询于一体,在各级人民检察院互联互通,及时、全面、实时、动态地交换数据,架起了网上四级检察机关纵向贯通、横向集成、资源共享的司法办案"高速路"。全国检察机关实现了办案信息网上录入、办案流程网上管理、办案活动网上监督、办案质量网上考评,极大地提升了办理案件的质量、效率和便捷程度,同时,也大大提高了案件集中管理工作效能。对统一业务应用系统,要求是"三全一规",即全员、全面、全程和规范使用。无论是承办人,还是部门负责人、检察长,所有履行检察业务办理、审批、管理职责的检察人员,都使用该系统进行办案和业务管理工作,做到"全员"使用。检察机关办理的各类案件,都通过该系统办理,做到"全面"使用。案件的各个环节,包括受理、流转、办理、审批、用印以及统计都在网上操作、在网上全流程运行,做到"全程"使用。每位使用人员按照系统管理办法的规定,根据提前配置好的系统权限进行操作,做到"规范"使用。

该系统显著提高了办案质量与效率,规范了执法行为。办案数据和信息在检察机关科学决策、依法决策的过程中一直发挥着非常重要的作用。统一业务应用系统,实现了上级院与下级院案件办理流程的纵向互联贯通和各业务部门之间的横向互联共享,可以对汇总的数据进行系统分析,深度挖掘,发现问题,总结规律,为准确地掌握总体工作情况提供条件,为各级领导科学决策奠定基础。统一业务应用系统还对检察机关的办案过程进行梳理和规范,把执法责任落实到每个业务流程、每个办理节点,并根据法律和相关规定,用数字技术对重要环节实行节点控制,以避免办案的随意性。全国所有检察机关的案件承办人员在办理同类型案件时,都按照系统设置好的办案路径指引,参考系统里海量的案例,做到同类案件采取同一套模式、同一个标准,避免不同地方对同一类型案件有不同处理办法、不同的结果的情况出现。统一业务应用系统融办案、案件管理、统计于一体,对办案流程进行统一的规范化设计,对重要环节实行节点控制,把执法规范由人为掌握的“软要求”变成网络运行的“硬制约”,实现了按权限对案件适时、动态的掌握和监管,有效防止办案过程中不规范行为的发生。

统一业务应用系统相当于为检察工作安上了“千里眼”,装上了“顺风耳”,根据授权轻点鼠标,各种数据、表格一键生成,上级院就能够及时了解包括综合数据、个案列表和个案内容在内的信息。这就为加强领导、统筹协调和科学决策提供了有力武器。

统一业务应用系统信息高度共享,一次录入、多次使用,实现了案卡和文书、本院内部及跨院之间全流程信息共享,办案人员在一个办案环节录入的案卡、文书等案件信息,可以在以后各个环节共享,避免了相同信息重复录入。该系统还配置了法律文书、工作文书模板、电子卷宗,极大地便利了办案,减少了工作量。比如,以往检察机关到异地办案,如果案情有变化需要新的法律文书,因为没有院章,工作将非常被动。使用该系统后,只要随身携带本人的 UKey,就近找当地的检察院进入该系统,法律文书能立即远程打印出来,这种工作效率在以往是不可想象的。

对于案件管理部门来说,信息化有力提高了管理监督水平。现在检察机关案件管理工作的最大亮点在于可以通过统一业务应用系统,实现对司法办案活动的全程、动态监督和管理,将检察机关案件的受理、办理、审批以及文书用印、打印等整个办案过程置于案件管理的实时监控之下,克服了手工管理时代监督信息来源窄、途径少、监督滞后的问题,为进一步规范检察机关司法办案行为、提高司法办案质量提供了有效的信息化支撑和机制保障。

正是由于统一业务应用系统具有强大的数据功能,检察机关的信息公开工作得以深入推进。2014 年,最高人民检察院依托该系统,建立了人民检察院案件信息公开网,各级人民检察院依照规定,利用该平台向相关人员和社会提供案件程序性信息查询服务、公开重要案件信息和法律文书,办理涉及案件信息公开的其他工作。

三、做好案件管理工作应当注意的几个问题

准确把握好案件管理的职能定位,是充分发挥案件管理作用的核心。案件管理主要承担管理、监督、服务、参谋四项职能。管理职能,主要是通过对重要办案节点的掌握,监控案件流程、加强统筹协调、保障案件质量和效率。监督职能,主要是通过对办案程序、办案期限的跟踪、监控以及办案质量的评查,预防和纠正违法办案情形的发生。服务职能,主要是通过承担一定的事务性工作,保障办案活动高效运行。参谋职能,主要是通过对案件管理中的相关信息进行统计分析，提出改进工作的意见和建议，发挥决策辅助作用。管理、监督、服务、参谋四项职能之间相互联系，相互促进，共同作用于规范执法行为、提高办案质量和效率的根本目标。

(一)要正确处理好案件管理与案件办理的关系

案件管理部门要正确处理案件管理与案件办理的关系，准确把握好管理的度，做到不失职、不越位。案件办理是检察权的行使，案件管理是管理权的行使，检察权有专门的行使主体和运行程序，管理权不能随意干涉和介入。一般来说，案件管理是为保障案件办理工作能够规范、顺畅运行服务的，不能侵入案件办理的领地，不能以管理为名影响甚至干扰正常的案件办理工作。尤其是作为一种内部管理，应特别注意口头提示监督方式的运用，既敢于监督，又善于监督，不轻易印发书面的流程监控通知书。对于一些严重的或者普遍性、倾向性、苗头性的问题，多次沟通后仍不整改的，该发监控通知书的要坚决发，该报告检察长的要坚决报告。

(二)要正确处理好监督与服务的关系

在这四项职能中，最容易产生模糊认识的是服务职能。有人认为，既然是监督管理部门，就不应承担服务职能，否则会弱化监督管理职能。有人则认为，案件管理部门就是服务部门，需要承担大量的事务性工作。应当说，这两种认识和做法都是错误的，背离了案件管理改革的初衷。实际上，服务职能与监督管理职能不是对立的，而是相辅相成、有机统一的。一方面，服务是履行监督管理职能的切入点和载体，离开服务，管理、监督就成了空中楼阁。比如，案件管理部门如果不开展受理、不录入登记，怎么能把关好入口关？怎么能掌握办案过程？另一方面，服务与管理职能往往是不能完全分开的。一项工作常常同时体现多项职能特征。比如，接待辩护人、诉讼代理人看上去是一种服务，但此项工作往往能够监督相关办案部门是否及时保障辩护人、诉讼代理人权利等，因此又带有管理监督的性质。所以，案件管理部门既要牢记管理、监督、参谋使命，又要甘于提供相关服务来保障和推动管理、监督、参谋职能的实现。当然，不能脱离案件的监督、管理来搞服务。实践中，有些地方的案件管理部门被大量的事务性工作所困扰，腾不出时间去开展流程管理、质量管理等工作，影响管理、监督职能的正常发挥，也是不可取的。

(三)要把握好全面推进与统筹协调的关系

案件管理机制包括统一受案、全程管理、动态监督、案后评查、综合考评在内的全方位、多角度、系统性的管理机制，涵盖办案流程、涉案款物、法律文书、办案质量等各项管理工作，涉及机构、队伍、制度建设。推进案件管理工作，必须坚持全面把握上述各项工作，抓好机构建设、队伍建设、信息平台建设，完善案件管理工作机制,推动案件管理各项工作协调发展。同时,统筹兼顾是科学发展观的根本方法。案件管理机制改革是一项全局性、基础性的系统工程,牵一发而动全身,必须用系统的思维、统筹的观念、科学的方法来推进。要统筹好履行管理、监督职能与服务、参谋职能,以管理、监督为重点,以服务、参谋为延伸,寓管理、监督于服务之中,实现管理科学、监督有力、服务便捷、参谋有效。要统筹好流程管理工作与质量管理工作,以提高办案质量为目的,既坚持关口前移,通过流程监控加强防范,减少质量问题的发生;同时又加强事后评查,研究总结产生质量办案问题的规律和趋势,服务工作部署和决策。要统筹好案件管理自身工作和外部保障性工作,坚持做好案件受理、流程监控、涉案款物监管、案件文书管理、办案质量评查等各项工作,同时要加强案件管理的场所建设、网络建设以及电脑、高速扫描仪、打印机等工作设备配置,加快管理软件系统的研发步伐,为做好案件管理工作提供全面的外部保障。

(四)要善于充分运用科技手段提升案件管理工作水平

正如前文所指出的,一方面,信息化是案件集约化管理和充分发挥功能作用的基础,没有信息化,现在的案件管理仍会处于手工时代,不间断的全程管理与动态监督难以实现。另一方面,信息化手段的运用,使有关办案的数据和信息采集、汇总、分析更加高效便捷,有利于检察机关对办案情况快速形成比较全面的认识和判定,由此也增强了反应的灵敏度。全国检察机关统一业务应用系统上线后,检察机关案件管理工作开展起来事半功倍。例如,办案期限监控,对所有未结案件,系统均亮绿灯并倒计天数进行办案期限提醒,督促承办人在法定期限内结案。对超过法定期限仍未办结的案件,系统将亮红灯以示警告,如有延期理由的,待登记延期理由后,系统消除红灯警告并恢复期限提醒。同时,统一应用系统里面存有海量数据信息,配备了强大的现代信息分析技术,以往的一些基本数据分析报告,一个人要一周完成,现在可以一键完成,而且各类分析图表、数据对比非常全面。有些报告经过人工深化加工,就能总结出检察业务工作的深层次规律,更好地发挥参谋服务作用。可见,提升信息化水平是进一步深化案件管理工作的必由之路,检察机关案件管理工作要进一步主动适应大数据、云时代的变化。比如,可以探索通过专用网络或专用渠道,将公共部门、互联网的相关数据与检察机关对接,使海量信息能够实时、高效、安全地进入检察机关的信息化系统,为开展案件管理乃至法律监督所用。

以马克思主义实践理性谋划推进新时代检察改革

——新形势下"捕诉一体"办案机制的实践认识论基础

刘中琦*

摘　要　马克思主义实践认识论所蕴含的实践理性是贯穿习近平总书记全面深化改革、全面依法治国认识论、方法论的核心。在新时代谋划推进检察改革,要全面客观理解"捕诉一体",准确把握时代和实践背景,以案件质效的全面提升为目标引导改革方向,在实践理性的指导下,扎实推进"捕诉一体"在司法实践中取得良好的政治效果、法律效果、社会效果。

关键词　捕诉一体　捕诉分离　马克思主义实践理性　司法责任制　检察改革

党的十八大以来,以习近平同志为核心的党中央就全面深化改革、全面依法治国作出了一系列重大决策和部署。检察机关在以习近平同志为核心的党中央的统一领导下,坚持以人民为中心的改革价值取向,以落实司法责任制为核心,扎实推进司法体制改革,使各项改革取得了重要进展;改革主体框架基本确立,符合司法规律的体制机制逐步形成,案件质效和司法公信力持续提升。以党的十九大胜利召开为标志,中国特色社会主义进入新时代,全面深化改革、全面依法治国进入新的阶段,检察改革也随之面临着新的形势和新的任务。如何更好地适应新时代新变化,应对检察职能调整、运行机制变革、管理体制变动的挑战和机遇,解决检察监督职能履行不平衡不充分不全面的问题和短板,满足人民群众在民主、法治、公平、正义、安全、环境等方面日益增长的需要,是当前我们谋划推进新时代检察改革所面临的重大历史课题。伟大的时代需要伟大思想的指引,中国特色社会主义检察事业的创新发展,离不开系统科学的认识论、方法论。深入学习领会习近平同志新时代中国特色社会主义思想特别是其中蕴涵的马克思主义实践认识论,准确把握运用习总书记关于全面深化改革、全面依法治国的认识论、方法论,是我们继续把司法体制改革推向深入,推进新时代中国特色社会主义检察制度创新发展的前提和基础。

* 刘中琦,最高人民检察院第一检察厅。

一、马克思主义实践认识论下的检察改革

总结梳理党的十八大以来全国政法机关特别是检察机关推进落实全面深化改革、全面依法治国战略所取得的成绩和经验,可以发现,有一条清晰的思想理论脉络一以贯之,系统地体现在我们关于改革的认识论、方法论中,即马克思主义实践理性。

(一)马克思主义实践理性及其中国化

1. 马克思主义实践理性

"实践理性"是与"理论理性"相对应的理性概念。在近代哲学史上,康德率先把人类的理性区分为理论理性和实践理性。在他看来,理论理性是一种知性的思维方式,把知识或科学看成是主体站在客体之外的观察、控制和整理,进而把客观对象看作相互外在、可以进行比较与编排的东西,从而把知识看成是互相隔绝的、凝固不变的东西。[①] 而实践理性则是理性在实践中的运用,涉及人的道德活动。康德认为,实践理性是指行为的规范,其目的是探求和实现人的意志自由所需要的东西,表明人对于抽象道德法则的把握和道德形而上学的可能性和必要性。

马克思在康德、黑格尔的基础上革命性地发展了对实践理性的理解,他在人类发展道路问题上确立的"实践理性"原则,指向的不再是康德抽象自由的伦理学,而转向了人类改造世界的实践活动,强调的是人类从现实实践活动出发,按照社会发展的客观规律,充分发挥人的主体能动性,逐步实现自由和解放。对于马克思主义实践理性来说,任何观念活动都只是实践活动的一个环节,都是整体理性实践活动的构成要素。简言之,马克思主义实践理性实现了从"解释世界"的纯粹道德理性上的意义言说向"改变世界"的行动实践理性的转变,是构建的科学理性和反思的价值理性的统一,[②]是人类对感性的物质世界"应如何"和"怎么做"问题的观念掌握与解答。

2. 马克思主义实践理性中国化

作为马克思主义哲学中国化的重要标志和毛泽东哲学思想的代表作,《实践论》和《矛盾论》根据马克思主义同中国实际相结合的需要,突出强调了实践在认识中的地位和作用,精辟论述了认识发展的辩证过程,形成一个完整的以实践为基础的认识论系统,集中而深刻地阐发了对立统一规律的丰富内涵,形成了分析和解决矛盾的方法论系统,从而丰富和发展了马克思主义哲学,把辩证唯物主义认识论和唯物辩证法的研究与运用提高到了新的水平,为确立中国

---

① 孙正聿:《简明哲学通论》,高等教育出版社2000年版,第185页。

② 王志红:《西方政治理性演进路向与马克思实践理性的当代性》,载《哲学研究》2009年第6期。

共产党的思想路线奠定了哲学基础。

而由此形成的中国共产党的思想路线，蕴含了一切从实际出发，理论联系实际，实事求是，在实践中检验真理和发展真理等基本观点与方法。它要求我们不能从抽象的定义和主观愿望出发，而是必须从客观存在的事实出发，按照实际情况决定工作方针；要求我们解放思想，不断深化对客观事物及其规律的认识，与时俱进地推动我们的事业和各项工作；要求我们在实践中认识真理、检验真理和发展真理，依据客观上社会实践的结果判定认识或者理论是否是真理，而不是将主观愿望、条条框框作为真理的尺度，坚持实践第一，求真务实，在实践中认识世界、求得真知，在实践中改造世界、求得实效。这些基本观点和方法，指导着我们从民主革命时期到改革开放和社会主义现代化建设新时期的各项工作，是我们实现民族独立，建设社会主义现代化国家的重要思想保障，对于永葆党的生机活力，对于党和人民事业的兴旺发达，具有决定性意义。

（二）习近平新时代中国特色社会主义思想与全面深化司法体制改革的方法论

习近平新时代中国特色社会主义思想，是在总结党和人民实践经验，特别是党十八大以来的历史性变革和革命性实践基础上，对马克思主义中国化作出的原创性贡献，是中国特色社会主义理论体系的重要组成部分，鲜明贯穿着马克思主义立场观点方法，实现了马克思主义基本原理与中国具体实际相结合的又一次飞跃。其中，马克思主义实践理性，或者说马克思主义的实践认识论，是贯穿总书记关于全面深化改革、全面依法治国系列重要论述中的思想理论和方法论核心。

1. 坚持实事求是

即在实践的基础上认识世界改造世界，以符合客观实际、尊重客观规律为推进改革的前提和基础。习近平总书记在2012年中央党校春季学期第二批入学学员开学典礼上讲，坚持实事求是，就必须坚持一切从实际出发。为什么想问题、做决策、办事情必须从实际出发，而不能从本本出发呢？因为实际事物是具体的，而本本是对实际事物研究、抽象的结果，不能作为研究问题和作决策的出发点，出发点只能是客观实际。坚持实事求是，就必须坚持理论联系实际。为什么理论与实际必须联系而不能相互脱离呢？因为理论是从实践中产生的，理论是否正确还要接受实践检验并要在实践中得到丰富和发展；同时，理论只有与实际紧密联系，才能发挥对实践的指导作用，实现自身的价值和意义。理论如果脱离了实际，就会成为僵化的教条，就会失去其活力与生命力。坚持实事求是，方法在于不断解放思想。要求思想认识符合客观实际，冲破落后的传统观念和主观偏见的束缚，改变因循守旧、不接受新事物的精神状态，与时俱进地把我们的事业和各项工作不断推向前进。要充分认识到,客观实际是不断发展变化的,对客观事物及其规律的认识是不断深化的。当前,世情、国情、党情继续发生深刻变化,前进中还会遇到各种可以预见和难以预见的矛盾和问题。要坚持真理、修正错误,勇于变革、勇于创新,永不僵化、永不停滞,在深入研究新情况、不断解决新问题的实践中努力开创各项工作新局面。

2. 坚持问题导向

即以实践中发现的真问题为改革导向。实践是认识发展的动力,社会实践不断向人们提出新的问题和新的要求,推动人们去探求新知。人类认识世界和改造世界的实践过程,就是发现问题、解决问题的过程。认识来自实践,真正的问题也来自实践。只有始终树立问题意识、坚持问题导向、科学分析问题、深入研究问题、弄清问题症结、找到症结来源,才能不断有效破解实践中的各种难题。习近平总书记讲,我们共产党人干革命、搞建设、抓改革,从来都是为了解决中国的现实问题。党的十八届三中全会指出,“这些年来,群众对司法不公的意见比较集中,司法公信力不足很大程度上与司法体制和工作机制不合理有关”。四中全会指出,“当前,司法领域存在的主要问题是,司法不公、司法公信力不高问题十分突出,一些司法人员作风不正、办案不廉,办金钱案、关系案、人情案,‘吃了原告吃被告’,等等”。司法实践中这些影响司法公正、制约司法能力的重大问题和关键问题,是中央推进全面深化改革、全面依法治国的逻辑起点,也是我们谋划推进司法体制改革和检察改革的突破口。

3. 坚持试点先行

即以改革试点实践作为认识规律、获得真知的重要手段。习总书记讲,摸着石头过河,是富有中国智慧的改革方法,也是符合马克思主义认识论和实践论的方法。实践中,对必须取得突破但一时还不那么有把握的改革,就采取试点探索、投石问路的方法,先行试点,尊重实践、尊重创造,鼓励大胆探索、勇于开拓,取得经验、看得很准了再推开。当然,摸着石头过河也是有规则的,要按照已经认识到的规律来办,在实践中再加深对规律的认识,而不是脚踩西瓜皮,滑到哪里算哪里。党的十八大以来,由中央政法委牵头推进的四项改革,由高检院牵头推进的公益诉讼改革等一系列重大改革项目,都是在改革试点的实践中开创了新路、积累了经验,一些经过实践检验的可复制、可推广的好做法、好经验,已经提升、定型到制度、体制、机制的层面,取得了良好的实践效果,确保了改革目标的实现。

4. 坚持人民中心

即坚持以人民为中心的根本价值取向,以人民群众在改革实践中的获得感、认同感作为衡量改革是否成功的根本标准。这是中国特色社会主义制度的必然要求,也是衡量改革成败的根本尺度。习总书记反复强调,要把解决了多少问题、人民群众对问题解决的满意度作为评判改革成效的标准。如果不能给老百姓带来实实在在的利益,如果不能创造更加公平的社会环境,甚至导致更多不公平,改革就失去了意义,也不可能持续。人民群众是政法机关“法治产品”最终的享有者、检验者。司法体制改革必须为了人民、依靠人民、造福人民。司法体制改革成效如何,说一千道一万,要由人民来评判,归根结底要看司法公信力是不是提高了。深化司法体制改革的根本落脚点,是要让人民群众在每一个司法案件中感受到公平正义。最终效果好不好,还是要在办案质量和效率上见真章。

坚持实事求是、坚持问题导向、坚持试点先行、坚持人民中心,完整构成了习近平全面深化改革、全面依法治国思想的实践认识论基础,符合实践、认识、再实践、再认识的实践认识规律,符合从实践中来、到实践中去的理论检验规律,符合马克思主义实践理性,是我们贯彻落实全面深化司法体制改革重大部署,是必须系统学习领会、深刻理解把握的科学思想方法和方法论。

(三)新时代检察改革的时代背景和实践基础

真正掌握“实事”的客观实际情况特别是变化发展的情况,是一切科学决策改革进行“求是”所必需也是唯一可靠的前提和基础。中国特色社会主义进入新时代,人民检察事业也进入新的历史时期,检察改革面临新的形势和新的任务。要落实党的十九大关于全面深化司法体制改革的重要部署,满足人民群众对民主、法治、公平、安全、环境等方面的更高需求,应对检察职能深刻调整对检察事业创新发展带来的巨大挑战,首先要求我们对改革所面临的新形势、新背景有准确、全面的认识。

1. 人民群众对“检察产品”有新的更高需求

新时代社会主要矛盾发生历史性变革,人民群众对美好生活的需求日益增长,对检察机关出产的“法治产品”“检察产品”提出了更高的要求。要让人民群众在每一个司法案件中感受到公平正义,从根本上还是要在办案质量和效率下工夫。这要求我们一方面要通过改革解决司法体制不健全、司法职权配置和权力运行机制不科学、人权司法保障不完善等导致司法不公的深层次原因,形成科学合理的司法管理体制和规范高效的权力运行机制,为提升案件质效提供体制机制保障;另一方面要积极应对经济社会飞速发展和发展不平衡不充分所带来的疑难、复杂案件大量涌现,经济、金融、网络、环境、知识产权等专门知识领域新型案件迅速增长的司法需求,提高执法办案人员的专业化素质,为提升案件质量提供专业化的人才队伍保障。

2. 检察权运行机制发生深刻变革

(1)以审判为中心的刑事诉讼制度改革。四中全会决定说明中明确指出，以审判为中心的诉讼制度改革，是为了解决司法实践中存在的办案人员对法庭审判重视不够，常常出现一些关键证据没有收集或者没有依法收集，进入庭审的案件没有达到“案件事实清楚、证据确实充分”的法定要求，使审判无法顺利进行的问题，促使办案人员树立办案必须经得起法律检验的理念，确保侦查、审查起诉的案件事实证据经得起法律检验，保证庭审在查明事实、认定证据、保护诉权、公正裁判中发挥决定性作用。四中全会以来，公检法三机关积极落实以审判为中心的刑事诉讼制度改革，大力推进庭审实质化、落实非法证据排除规则、探索审查逮捕和审查起诉标准化、推进重大疑难案件侦查机关听取检察机关意见、探索对公安派出所刑事侦查活动监督机制等一系列改革措施，初步实现了刑事诉讼制度从“侦查中心”到“审判中心”的历史性转移。长期以来被诟病的“侦—捕—诉—审”的证据、证明和法律适用标准接续传导，历史性地转变为“审—诉—捕—侦”的层层倒逼，实质上推动了诉讼权力重心从侦查机关到审判机关的转移，从根本上改变了刑事诉讼的权力生态，在各个诉讼环节之间形成了更加符合司法规律的配合制约关系。

(2)司法责任制改革。司法责任制改革是本轮改革的“牛鼻子”，是各项改革的核心。司法责任改革通过明确各类司法人员工作职责、工作流程、工作标准，实行办案质量终身负责制和错案责任倒查问责制，明确办案人员“权责利”的统一，落实“谁办案，谁负责；谁决定，谁负责”办案机制；通过明确员额内法官检察官在职权范围内独立作出决定的司法权力和对案件质量终身承担的办案责任，确保执法办案“去行政化”，回归司法属性；通过明确办案质效对司法办案人员业绩、晋升、保障等方面的决定性作用，确保办案人员对且仅对案件负责，提升司法人员依法独立公正办案的存在感、责任感和使命感。从各地调研和媒体报道的情况看，以一线办案的独任检察官、检察官办案组为核心的司法办案机制已经初步形成、成效初显，在案件质效得到有效提升的同时，新的机制开始对司法人员的执法办案习惯、态度和理念产生显著而深远的影响，无论是员额检察官还是检察官助理，都在办案主体地位提升所伴随着的、自觉产生的“能力危机感”推动下，积极发挥主观能动性，努力提升个人专业素质和办案能力，提升案件质量水平。

3. 检察职能发生深刻调整

国家监察体制改革，是深入贯彻落实党的十九大精神的重大决策，是对检察职能作出的重大历史性调整。自检察机关成立之日起就一直陪伴检察事业发展前进的职务犯罪侦查权被整体剥离。多年以来，自侦一直是检察职能中的重要组成部分，由于自侦工作自身的特性和党和国家反腐形势的需要，检察机关内部在机构设置、干部配备、物质保障上对自侦部门给予了明显倾斜，这不但保证了检察机关职务犯罪侦查职能的充分履行，同时也造成了检察工作发展不平衡，法律监督职能发挥不充分的问题，并由此衍生出三种不平衡：刑事检察与民行检察不平衡；公诉与其他刑检职能不平衡；省以上检察院的领导指导能力与市县级院实际需求不平衡。反贪转隶，为检察机关重新调整职能分工，打破不平衡状态，全面、协调、充分履行各类法律职能提供了历史契机。

4. 检察机构和人员结构发生深刻变动

为了解决基层院机构臃肿、案多人少、人浮于事的问题，自2014年起，高检院结合司法责任制改革，在7个责任制改革试点省份同步部署内设机构改革，并于2016年8月下发文件在全国范围推进省以下内设机构改革试点。与此同时，到2018年2月，全国范围的反贪转隶完成，共计4万多名检察干警转隶，各级各地检察院的人员编制缩减20%左右。50人以下的基层检察院大幅增加，比例由原来的38.8%上升到61.8%。其中，有700多个基层院人员编制不到30人，占基层院总数的23.2%。转隶导致基层院案多人少的矛盾更加突出，进一步加大了检察机关内设机构改革的必要性和整合力度。

5. 中国特色社会主义法治实践理论的发展成熟

改革开放40年来，中国的法学理论在不断学习运用马克思主义实践认识论的基础上，不断吸收中国传统文化中的朴素实践观与西方实证主义法学思想，应时应地不断创新、深化、与时俱进。以费孝通先生的《乡土中国》为溯源，经过改革开放到20世纪90年代中期十数年的法学实践，以苏力的《法治及其本土资源》、龙宗智的《相对合理主义》、邓正来的《中国法学向何处去》等一系列实践性格突出的作品为代表，中国的法学研究在初步完成以“理论理性”为主导的理论、制度建构后，开始逐步转向以“实践理性”为引导的实证主义研究。在司法改革领域，人民大学诉讼制度与司法改革研究中心也从90年代中期开始大量采用实证调研、试点探索等方式，为推进中国法治进展贡献理论和实践智慧。进入21世纪，法治理论的实践面向更为突出，已经逐步形成了中国特色社会主义法治实践理论。这一理论以总结当代中国法治发展实践为基础，以中国的法治实践为研究对象，以探寻中国法治发展道路为目标，以实验、实践、实证为研究方法，在马克思主义实践认识论的基础上，批判借鉴和合理运用西方的实证主义、现实主义、功利主义、实用主义等理论和方法，整合社会学、经济学、管理学、统计学、政治学等多学科的力量，注重的是法治理论和具体制度的实际效果和实践价值，实事求是地根据中国自己的历史文化传统以及经济政治社会条件，寻找一条融会中西、与时俱进的法治建设道路，是中国法治发展道路自信的表现。①

二、从"捕诉一体"转向"捕诉分离"——制度变革中的实践理性

在当前的时代背景下，检察机关准确认识把握新形势新任务，以转隶为转机，以内设机构改革为突破口，持续推进完善检察工作体制机制。其中，"捕诉一体"作为内设机构改革涉及的重要部分，成为新一轮改革中最受关注、也是争议最大的问题。如何准确理解这一项改革的重要性、必要性，如何在马克思主义实践认识论的指导下准确把握捕诉关系历史变动背后的实践理性，是我们推进这项系统性、整体性、重塑性改革取得实效的必然要求和理论保障。

（一）"捕诉一体"的渊源

1. 法律渊源

一是宪法中的"捕诉一体"。即从新中国第一部宪法"五四宪法"到现行的"八二宪法"，除了法院同时享有的决定逮捕权外，逮捕、起诉两项重要权力一直由检察机关统一行使。即使是文化大革命期间通过的"七五宪法"，也是把这两项职权统一划归公安，逮捕、起诉仍由同一机关"一体"行使。二是刑事诉讼基本制度中的"捕诉一体"。《刑事诉讼法》明确了检察机关拥有的各种权力，《人民检察院组织法》则明确检察院可以根据需要，设立业务机构。从《刑事诉讼法》到《人民检察院组织法》，批捕、起诉的职能分配从来都属于检察机关内部的职能分工，解决的是内设机构如何设置等组织法意义上的问题，并不影响诉讼的程序效力。

2. 历史渊源

根据各个时期的法律、政策和检察理论，历史上的"捕诉一体"也经历了不同阶段。最早的"捕诉一体"可以追溯到1931年人民检察制度初创的中华苏维埃共和国时期，《裁判部暂行组织及裁判条例》赋予了检察员案件预审、逮捕人犯、代表国家出庭告发的职权。以此为制度雏形，由同一检察主体或部门同时行使逮捕权和公诉权的"捕诉一体"一直延续到新中国成立后、1966年"砸烂公检法"之前。1978年检察机关恢复重建后，高检院设刑事检察厅、经济检察厅、法纪检察厅、监所检察厅、信访厅，继续由刑事检察厅统一负责刑事犯罪案件的审查批捕、决定逮捕、审查起诉、出庭公诉和抗诉工作，法纪检察厅和经济检察厅分别负责法纪案件、经济案件的侦查、决定逮捕、起诉，实行"侦捕诉一体"。

---

① 参见钱弘道：《中国法治实践学派的兴起与使命》，载《浙江大学学报》（人文社会科学版）2013年第5期；李步云：《法治实践学派的哲学基础是马克思主义》，载《中国社会科学报》2013年7月24日，第A08版；邱本、徐博峰：《中国法治发展道路与中国法治实践学派》，载《浙江大学学报》（人文社会科学版）2013年第5期；武树臣：《法治实践呼唤法治实践学派》，载《中国社会科学报》2013年7月24日，第A08版。

到1989年前后，为加强内部监督制约，“侦”脱离“捕诉”，侦查部门不再行使批捕起诉权，检察机关自行侦查案件的“捕诉”权统一交由刑事检察部门行使①。可以看到，在1996年《刑事诉讼法》第一次大修之前，检察机关从机构设置到职权分配，实行的都是“捕诉一体”的管理体制和运行机制，这种模式符合当时国家政治、经济、社会、文化发展水平，能够满足刑事司法政策和实践的需要，“对于惩治犯罪、维护社会治安，保障公民权利，保障改革开放和社会主义现代化建设的顺利进行，发挥了重要作用”。②

（二）从“捕诉一体”到“捕诉分离”的制度变革

从“捕诉一体”到“捕诉分离”的转变，最早提出于1996年7月召开的第十次全国检察工作会议。张思卿检察长在谈到即将实施的1996年《刑事诉讼法》时强调“修改后的刑事诉讼法对审查批捕、审查起诉和出庭公诉工作提出了更高的要求……要适应刑事案件庭审方式的变化，加强和改进出庭公诉工作，强化公诉职能，提高公诉人在庭审中证明犯罪和抗辩、应变的能力。”“修改后的刑事诉讼法对刑事执法监督作了重要完善，不但把检察机关对刑事诉讼的监督作为基本原则予以明确规定，而且针对司法实践中长期存在的执法监督的薄弱环节，完善了检察机关立案监督、侦查监督、审判监督、执行监督的有关规定，赋予了相应手段和措施。我们要按照法律规定，加强执法监督工作，推动有案不立、有罪不究、以罚代刑、重罪轻判、以钱抵刑的问题的解决。”随后，梁国庆副检察长在总结讲话中明确提出，检察机关“要做好组织准备。为使批捕起诉工作适应变化了的情况，有必要在力量和人员上作适当的调整充实。批捕、起诉工作应当分开，省级检察院应分设机构，没有分设的，要在这次机构改革中解决”。这是要求实行“捕诉分离”最早的正式表述。

随后召开的全国检察机关批捕起诉工作会议进一步明确了这一改革方向，强调“根据修改后的刑诉法，批捕、起诉的工作量分别有大幅度的增加，批捕、起诉工作的职能差异很大，而且相互之间也有个制约的问题，因此，分设机构势在必行。一些省市院已经分设，实践看效果很好。‘十检会议’上，高检院已明确提出批捕、起诉分设机构。希望还没有分设的，按照高检院的要求，抓紧分设，以适应工作的需要”。并且，此次工作会议具体阐述了“捕诉分离”的必要性：总的方面，《刑事诉讼法》修改“给批捕、起诉工作带来很大变化，突出的是工作量大幅度增加，对我们的工作水平和工作质量要求更高了”。审查批捕方面，“一

① 参见闵钐：《检察机关内设业务机构历史沿革与新时代改革》，载《国家检察官学院工作情况》（科研信息要报）2018年第5期。

② 顾昂然：《关于〈中华人民共和国刑事诉讼法修正案（草案）〉的说明》，第八届全国人民代表大会第四次会议，1996年3月12日。

是随着公安机关收审手段不再保留和刑事拘留范围的扩大,审查批捕案件数量将会增加,工作强度也相应加大;二是逮捕条件的变化,对审查批捕工作提出了新的要求;三是增加了对被取保候审、监视居住的犯罪嫌疑人、被告人违反有关规定的,可予以逮捕的规定”。公诉职能方面,“对公诉案件的庭审方式作了重大修改,增加了庭审中的抗辩性,加重了公诉人庭上证实犯罪的责任。随着二审、再审案件开庭数量的增多,起诉部门出庭公诉的任务更加繁重”。“进一步完善了抗诉制度。各级起诉部门要以此为契机,加强抗诉工作”。诉讼监督方面,“明确规定了刑事立案监督的范围和程序,强化了检察机关刑事立案监督的职能”。要“继续做好对公安、国家安全机关侦查活动和人民法院审判活动的监督工作”。由此可见,1996 年的“捕诉分离”,带有鲜明的实践需求导向,根本上是为了“适应变化了的情况”,满足批捕起诉工作量大幅度增加和完善立案监督、侦查监督职能的需求。

(三)司法实践中的“捕诉分离”及自我完善

从实践效果看,自 1996 年以来的 20 多年间,“捕诉分离”有效实现了最初的改革目的,满足了日益增长的司法实践需求,保障了检察机关依法全面履行职责。以五年一届的全国人大任期计算,从开始施行“捕诉分离”的八届全国人大期间(1993 ~ 1997 年),到十二届全国人大期间(2013 ~ 2017 年),全国检察机关在人员编制仅增长 26% 的基础上,批准逮捕人数从 289 万增长到 453 万,审查提起公诉人数从 281 万增长到 717 万,20 年间分别增长了 57% 和 155%。与此同时,检察机关办理的立案监督数从 1997 年的 4265 件上升为十二届人大期间年均 3.5 万件,侦查活动监督和审判活动监督数从九届人大期间的 6 万余件次上升到十一届人大期间的 21 万余件次。[①] 应当说,在 20 多年的司法实践中,检察机关的侦监、公诉部门认真履行宪法法律赋予的职责,严厉打击各种严重刑事犯罪活动,积极发挥法律监督职能,为维护社会和谐稳定、实现公平正义作出了积极贡献。“捕诉分离”的管理体制和运行机制在这一历史进程中发挥了不容否定的积极作用。

与此同时,随着司法实践的不断丰富和司法理论的更新进步,在满足实际工作需要基础上,逮捕权和逮捕程序的司法属性、程序价值逐步被理论界、实务界所认识和强调。从中国知网论文检索的情况看,最早系统讨论批捕权属性的,当属 1998 年,即 1996 年《刑事诉讼法》和“捕诉分离”施行 1 年后,郝银钟连续发表的《论批捕权的优化配置》《论批捕权与司法公正》这两篇文章。[②] 文章

---

① 相关数据参见历届全国人大第一次会议上的《最高人民检察院工作报告》。

② 参见郝银钟:《论批捕权的优化配置》,载《法学》1998 年第 6 期;郝银钟:《论批捕权与司法公正》,载《中国人民大学学报》1998 年第 6 期。

认为我国宪法法律对批捕权的设置"无论在法理上还是在实践中都缺乏必要的正当性和合理性",在刑事诉讼中承担控诉职能的检察机关不能享有批捕权。以此为肇始,围绕逮捕权的属性,逮捕与司法公正、程序正义、人权保障、法律监督、检察职能之间关系的讨论,引发了学术界、实务界激烈争论和持续思考。[1]在思想观点的反复碰撞交锋中,逮捕在程序正义、人权保障等方面的程序价值首先被普遍接受,成为各方都承认并遵循的价值导向。继而随着讨论的深入,更多论者对中国特色社会主义司法制度和司法权力运行的具体实践有了更加深刻的理解和认识,检察机关是否应当行使批捕权这一"元问题"也开始逐步淡出讨论中心,相关讨论开始采取更加务实的态度,以有效提高案件质量、切实保障基本人权为目标,推动检察机关审查批捕程序规范化、精细化。检察机关也先后下发了一系列指导性文件,对类案办理和具体工作环节作规范统一。

在各方共同努力下,全国检察机关审查逮捕案件质量实现了逐步提升。以占绝对多数的普通刑事案件为例:该类案件的逮捕率从 2005 年的 91.3% 稳步下降到 2017 年的 79.5%。作为衡量逮捕质量标准的"三类案件"比例始终保持低位并有不同程度下降,捕后撤案率从 2006 年的 0.037% 下降至 2017 年的 0.003%;捕后不诉率从 2005 年的 1.18% 到 2017 年的 1.21%,始终维持较低比例;捕后无罪判决率由 2005 年的 0.04% 下降至 2017 年的 0.018%。此外,捕后法院判处管制、拘役、单处附加刑、免予刑事处罚和徒刑缓刑的轻刑率在 2012 年《刑事诉讼法》再修改之前一直保持在 20% 左右,2012 年《刑事诉讼法》施行后开始逐年下降,2015 年、2016 年和 2017 年的轻刑率分别为 16.4%、16%,10.9%;在不捕率持续上升的情况下,公安机关提请复议的人数比例从 2005 年的 5.5% 下降到 2014 年的 1.5%,也说明审查逮捕案件质量的有效提升。总的来看,通过对工作机制的不断完善,特别是凸显批捕权司法属性的制度不断健全,检察机关在有效提升逮捕质效的同时,实现了人权保障与追诉犯罪的高位平衡,一定程度上化解了理论界对检察机关行使审查逮捕权正当性和合理性的质疑,体现了以实践效果评判制度优劣的中国特色社会主义法治实践理性标准。

---

① 依时间顺序,相关讨论见刘国媛:《也谈批捕权的优化配置——与郝银钟同志商榷》,载《法学》1999 年第 6 期;郝银钟:《批捕权的法理与法理化的批捕权——再谈批捕权的优化配置及检察体制改革兼答刘国媛同志》,载《法学》2000 年第 1 期;张智辉:《也谈批捕权的法理——"批捕权的法理与法理化的批捕权"一文质疑》,载《法学》2000 年第 5 期;陈卫东、刘计划:《谁有权力逮捕你——试论我国逮捕制度的改革》(上、下),载《中国律师》2000 年第 9、10 期;张建伟、赵琳琳:《论检察机关批捕权的完善》,载《人民检察》2004 年第 7 期;朱孝清:《中国检察制度的几个问题》,载《中国法学》2007 年第 2 期;孙长永:《检察机关批捕权问题管见》,载《国家检察官学院学报》2009 年第 2 期;孙谦:《司法改革背景下逮捕的若干问题研究》,载《中国法学》2017 年第 3 期;等等。

三、从“捕诉分离”回归“捕诉一体”——历史转向中的实践理性

正如当年的“捕诉一体”在面临1996年《刑事诉讼法》带来的新职能新任务时，前瞻地、预见地自觉转向“捕诉分离”。20年后的“捕诉分离”同样面对着新形势新需求的新挑战。检察机关深刻认识新时代检察事业创新发展的历史背景与现实基础，积极适应变化发展、积极应对实践问题，再次选择将捕、诉关系作为系统性、整体性、重塑性的内设机构改革的核心内容，在全国各级检察机关推行“捕诉一体”办案机制改革。

（一）回归“捕诉一体”的时代需求

“以审判为中心”的刑事诉讼制度改革要求以“捕诉一体”适应检察权运行机制的深刻变革。当以审判为中心的刑事诉讼制度改革正在改变原有的刑事司法权力话语体系，“侦—捕—诉—审”的话语权传递方向历史性地转变为“审—诉—捕—侦”时，刑事司法制度原有的权力监督制约关系以及建立在这一逻辑之上的权力运行机制都需要被重新审视。正是在这个意义上，“捕诉一体”的“回归”获得了历史的、辩证的正当性和合理性。随着以审判为中心的刑事诉讼制度改革持续推进，传统“捕诉分离”模式下以审查批捕监督制约侦查权，遏制国家追诉权天然侵犯嫌疑人权利倾向的逻辑重心逐步调整，逐渐形成以审判标准引导刑事诉讼全过程的“审判中心”模式：以庭审的证据、证明和法律适用标准，影响制约公诉标准、衡量公诉质量；继而影响制约批捕标准、衡量批捕质量；再进而影响制约侦查标准、衡量侦查质量。如此一来，“捕诉一体”相较于“捕诉分离”，反而能够更加直接有效地把审判标准传递、传达到批捕和侦查阶段，进而更好地实现检察环节的程序价值，确保各项检察职能发挥效果。

1. 人民群众对“法治产品”“检察产品”的新需求要求以“捕诉一体”提高检察机关专业化办案水平

2013～2017年，全国检察机关起诉破坏金融管理秩序、金融诈骗犯罪14.4万人，是上一个五年的2.2倍；起诉制售伪劣商品、侵犯知识产权犯罪12万人，是上一个五年的2.1倍；起诉污染大气、水源、土壤及进口“洋垃圾”、非法占用耕地、破坏性采矿、盗伐滥伐林木等破坏环境资源犯罪13.7万人，较上一个五年上升59.3%；起诉制售假药劣药、有毒有害和不符合安全标准的食品等犯罪6.3万人，是上一个五年的5.7倍。随着社会经济快速发展和增长方式加快转变，涉及金融、证券、知识产权、环境保护、食品药品安全等领域的案件迅猛增长，对检察官素质能力带来极大挑战。办好这些案件，不但需要扎实的法律功底，还需要熟悉相关领域的专业知识，提高检察官在专业化领域审查甄别证据、引导侦查取证、审查提起公诉、正确适用法律、出庭支持公诉等各个方面的办案水平。与此同时，传统领域的普通刑事犯罪随着信息技术的飞速发展，隐蔽性、

智能化程度提高,对证据的获取固定、犯罪后果认定等工作提出更高要求,需要提高检察官办案的专业化水平。实行"捕诉一体",可以使检察官从整体上专注于一类或几类案件的全过程办理,实现从侦监到公诉工作的全流程专业化覆盖,能够有效克服"捕诉分离"下专业化知识的阶段化、碎片化,有利于检察官系统全面地把握专业化领域案件的特点、难点、重点,全方位提高办案能力。此外,还能够有效降低专业化建设的时间、人力成本,避免"分离"模式下的重复培训、重复教育,加快专业化建设进程,尽快实现对案件的专业化办理。

2. 检察机关司法办案工作的平衡发展要求以"捕诉一体"适应检察职能的深刻调整

化解检察工作发展不平衡问题,充分、全面、协调履行各项法律监督职能,首先要改变现有的职能划分模式,根据新时代对"检察产品"的新需求,按照"产品类型"划分职能部门,通过加强机构队伍建设保障职能履行到位,补齐"短板"弱项。从历史上看,以诉讼阶段划分刑检职能的模式,主要是基于20世纪90年代对"侦—捕—诉"关系认识的深化,以加强对侦查权的监督制约为目的,从侦查部门单设为开端,逐步形成了"三阶段"式的职能划分模式。30年一轮回,职务犯罪侦查部门从1989年单独设立到2018年整体转隶,完成了近30年光荣使命,随之而来的情况是,原有职能结构的逻辑基础已经弱化,继续保留"捕诉分离"下的侦监、公诉二分,只会进一步强化公诉在检察职能体系中的优势地位,不利于其他职能的协调、平衡发展,也不利于新形势下的刑事检察的专业化建设。只有在"捕诉一体"模式下,在综合考虑案件类型、案件数量的基础上重新划分刑事检察职能,才能实现刑检内部之间、刑检与其他检察职能之间的均衡发展,同时通过刑检职能分工的细化,提高各部门专业化水平。

3. 检察机关机构和人员的系统调整要求以"捕诉一体"提高办案质效

推动检察职能平衡发展、落实以审判为中心的刑事诉讼制度改革、提高专业化办案水平,根本目的都是在司法实践中满足人民群众对"检察产品"的新需求,最终还是要落脚在检察办案质效的有效提升上。受内设机构改革、人员分类管理、监察体制改革综合影响,检察机关"人少案多"的矛盾未能得到有效缓解,有的地方甚至越发严重,这也对检察办案的质量、效率提出了更高要求。在进一步落实司法责任制、推进专业化建设的同时,按照"捕诉一体"的要求,同一案件由一名办案人员负责到底,一是可以在一定程度上减少重复阅卷、审查、讯问等劳动,突出办案重点,加快办案节奏;二是办案人员在一开始就关注全案,并用庭审起诉的证据标准来把握逮捕证据,有利于加强对侦查取证的引导监督,避免"捕诉分离"在引导侦查上的脱节、延误最佳取证时机,影响办案质量;三是"捕诉一体"进一步统一、明确了办案人员的责任,避免因捕、诉各管一段导致责任不明、推诿扯皮,有利于司法责任制的全面落实,推动提高办案质量。

(二)回归"捕诉一体"的实践支撑

从1996年开始,高检院要求各地按照"捕诉分离"的管理体制和运行机制履行捕诉职能,但也有地方从实践出发,根据自身工作实际,以"机构分设、运行合一""捕诉联动""捕诉衔接""两块牌子一套人马""赋予主诉检察官以批捕权"等方式探索实行"捕诉一体"办案机制。这些地方的探索为当前检察机关全面推行"捕诉一体"提供了扎实、丰富的制度样本和实践支撑。

如贵阳市南明区检察院自2002年起在侦监、公诉工作中实行"刑检工作分片包干责任制",将捕诉两个部门的办案人员整合到各个刑事检察组,每组负责一个片区的审查批捕、审查起诉和侦查监督工作。办案组内不再进行捕诉分工,实行"谁逮捕、谁起诉"的工作模式,事实上实行"捕诉一体"。从2003～2007年,南明区检察院以全市1/7的办案力量办理了1/5以上的批捕起诉案件,人均办案量超过全市平均水平1.6倍,有效缓解了案多人少问题;引导侦查率高出全市平均水平4.1%,退补率低于全市平均水平6%,引导侦查对案件质量发挥了积极作用;捕后不诉率0.88%,低于全市平均水平的1.20%;捕后判处缓刑率8.21%,也低于全市平均水平的9.02%。[①] 这些数据充分体现了"捕诉一体"在提升案件质量、效率方面的积极作用。

再如深圳检察机关从2000年1月开始,面对"案多人少矛盾极其突出"的实际情况,为解决"办案环节多、不必要的重复劳动多、效率低下、责任不明等问题","打破过去审查批捕、审查起诉由不同部门负责和'集体讨论、集体负责'的旧办案模式……'捕诉职能集中行使'即'捕诉合一'制度"。到2004年为止,深圳市检察机关"以12%的人员增长,消化了190%的案件增长,以占全国1/250的办案人数,办理了全国1/80的案件,人均办案量超过全国人均办案数量的3倍。同时,办案周期普遍缩短了1/3以上,并在2015～2017年这3年的时间内杜绝了检察办案环节的超期羁押"。"捕诉合一"在"提高办案效率和办案质量、强化侦查监督及实现检察机关对侦查活动的有效引导等方面发挥了重要作用"。[②]

近年来,随着经济社会发展和党的十八届三中、四中全会部署的各项改革特别是内设机构改革和国家监察体制改革的推进落实,为了应对日益突出的人案矛盾和满足办理特殊类型犯罪的实践需要,更多地方开始探索尝试各种形式

① 参见马和和:《捕诉关系实证研究——以贵阳市检察机关为视角的观察》,西南政法大学法学2008年硕士学位论文。

② 参见刘良龙、郭卫群:《人手增一成办案多两倍》,载新浪新闻网:http://news.sina.com.cn/s/2005-05-24/0635969393s.shtml,最后访问日期:2018年10月20日。

的"捕诉一体"。如北京、上海等地按案件类型探索的经济、金融、网络、生态环境、安全等专门检察部门的"捕诉一体";又如山西太原、朔州等地按案情轻重实行的命案办理"捕诉一体"。截至 2018 年 4 月,全国除办理未检、监察委移送案件统一实行"捕诉一体"外,已有 200 个单位按照"捕诉一体"办理案件。从实践数据看"捕诉一体",一是切实有效地提升了案件质量,如上海 2017 年实行"捕诉一体"的院轻刑判决率比"捕诉分离"的低 6.6%;无锡下辖的 7 个基层院中,"捕诉一体"的 4 个院轻刑比例 3.35%,低于"捕诉分离"的 4.75%;又如无锡新吴区院自 2013 年以来,案件上诉率为 1.7%,低于全市平均水平的 4.1%;苏州工业园区院 2017 年上诉率 5.4%,低于全市平均水平的 6.5%。二是提升了侦查质量,如上海 2015 ~ 2017 年"捕诉一体"案件一次退补率和二次退补率比"捕诉分离"分别低 29.6% 和 8.1%。三是保障了人权,如苏州工业园区院 2017 年审前羁押率 27.3%,低于全市平均水平的 33.2%,更远低于全国平均水平的 62%。四是提高了办案效率,如贵阳南明区 2017 年审查批捕起诉案件平均办案周期 28.8 天,比其他"捕诉分离"的市辖区平均办案周期缩短 1.9 天;又如上海 2015 ~ 2017 年办理的信用卡诈骗案件,"捕诉一体"的 4 个基层院平均办案周期 32.6 天,比"捕诉分离"的单位办案效率提升近 50%。① 实际运行中取得的上述效果为全面实行"捕诉一体"提供了坚实的实践支撑。

(三)回归"捕诉一体"的学理认识

检察机关从自身实际出发,从检察事业创新发展出发,由"捕诉分离"回归"捕诉一体"具有充分的必要性和可行性。然而,全面推行"捕诉一体"甫一提起,迅速引起了社会各界的广泛关注和热烈讨论,特别是部分专家学者和一线检察官对"捕诉一体"提出了一些担心和质疑。② 如何正确认识和回应这些担心质疑,直接关系到如何正确理解"捕诉一体"改革的价值和意义,也直接关系到这项制度的落实推进和健全完善。

习总书记在论及实事求是的改革认识论、方法论时强调,客观实际是不断发展变化的,对客观事物及其规律的认识是不断深化的。要在深入研究新情况、不断解决新问题的实践中努力开创各项工作新局面。我们在谋划推进包括

---

① 需要说明的是,在支持"捕诉一体"的大量数据中,部分数据缺少"控制组"的数据比对,很难从统计学意义上建立关联关系。特别是党的十八届三中全会以来取得的改革成效中,"捕诉一体"与其他改革措施各自在多大程度上影响案件质效,还需要对更多数据作进一步分析比对,这里只是选取了有参照对比的部分数据。

② 参见龙宗智:《检察机关内部机构及功能设置研究》,载《法学家》2008 年第 1 期;陈瑞华:《异哉,所谓"捕诉一体"者》,中国法律评论微信公众号,2018 年 5 月 29 日稿;孙远:《为什么捕诉合一不可行?》,中国政法大学国家法律援助研究院微信公众号,2018 年 6 月 16 日稿;陈亚东:《浅论捕诉不宜合一——兼论"捕诉分离"的五个"有利于"》,东法律师微信公众号,2018 年 6 月 27 日稿;闵春雷:《论审查逮捕程序的诉讼化》,载《法制与社会发展》2016 年第 3 期。

"捕诉一体"在内的新时代检察改革时,新时代的新背景新需求就是我们必须不断深化认识、不断深入研究的实践基础。在此意义上,对"捕诉一体"存在的种种认识上的偏差,根本上还是没能与时俱进地认识、把握不断变化发展的客观实际,对检察改革面临的新背景新任务认识不够准确、深入。

正如前文所述,人民群众的新需求、检察职能的深刻调整、检察机构和人员结构的深刻变动回答了"捕诉一体"不得不为的客观要求,以审判为中心的刑事诉讼制度改革则是从权力机制上改变了"捕诉分离"的逻辑基础。正是从"侦查中心"到"审判中心"的历史转变中,同样的"捕诉一体",由对侦查标准的"顺水推舟",转变为被审判标准"层层倒逼",捕诉职能完成了诉讼话语权传递的方向转变,使得对"捕诉一体"的担心和质疑失去了原来的论证基础。实际的情况反而是,"捕诉一体"模式能够更加有效地把审判标准传递、传达到批捕和侦查阶段,进而更好地实现检察环节的程序价值,确保各项检察职能发挥作用。

有学者也已经敏锐地注意到这样的转变,如龙宗智教授虽然并不赞成"捕诉一体",但也认为,"就实践而言,'捕诉一体',虽然不可避免地容易使批捕审查者主要从控诉角度考虑逮捕问题,审查逮捕可能增添控诉色彩……但从实务角度看,'捕诉一体',可能使批捕承办者进一步考虑案件是否能够通过起诉审查,以法院做有罪判决的证据标准和法律标准衡量是否批捕,因此采取更为慎重的态度,并可防止实践中常发生的批捕'绑架'公诉的情况。因此,'捕诉一体',在中国特定的制度背景之下,并不意味着对犯罪嫌疑人、被告人权利保障更为不利……学理上分析,弊大于利;但在中国特定制度背景之下的操作实践看,也许利大于弊"。[①]

实践是检验真理的唯一标准。学理分析再鞭辟入里,也要尊重刑事司法制度的实践属性。办案质效永远是检验司法体制机制改革是否符合司法规律、是否符合实践需求的唯一标准。高检院张军检察长在湖北调研时指出,讨论研究"捕诉一体"这个问题,不能仅仅从理论层面论证,而是要立足实际、立足办案来思考。"捕诉一体"能否更好地适应新时代新要求,是否比"捕诉分离"更有利于办案质效的提高,还是要回到实践中看,在办案质效中找答案。

四、新"捕诉一体"办案机制的实践探索

正是在前文所述的新形势、新背景、新需求下,在部分地区的"捕诉一体"实践探索基础上,检察机关结合自身的内设机构改革,特别是省以下检察机关内设机构改革,在全国范围内开始全面推行"捕诉一体"办案机制。各地检察机关按照高检院部署要求,吸收借鉴前期探索经验,通过科学组建办案团队、探索新

---

① 龙宗智:《检察机关内部机构及功能设置研究》,载《法学家》2018 年第 1 期。

的业务流转模式、完善具体工作办法、健全内部监督机制等措施,积极部署、稳步推进新的"捕诉一体"办案机制改革。

(一)新"捕诉一体"办案机制的主要做法

1. 构建专业化办案组织

按照案件类型成立专业化办案组织,办案组由员额检察官和检察辅助人员组成,行使案件审查逮捕权和审查起诉权。有的地方按照普通刑事犯罪、重大刑事犯罪、职务犯罪、经济犯罪、未成年人犯罪设置专业化办案组。有的地方通过指定1名员额检察官或从侦查监督和公诉部门抽调部分员额检察官组成办案组。有的地方整合侦查监督部、公诉部人员,搭配构建"1+1+N"模式的员额检察官办案组。

2. 重塑办案流程

与实行"捕诉一体"改革相适应,各地检察机关探索构建配套的案件办理机制,保证"捕诉一体"顺利实行。有的地方将"食药环"类案件、未成年人案件等由专人办理的特殊类型案件外的其他案件按照大轮案的模式进行随机分配。有的地方采取随机分案与指定办理相结合的方式,做到简单案件随机轮案、关联案件"一办到底"、复杂案件"依情点将",最大化实现人案适配。有的地方探索在审查逮捕阶段即区分案件类型"贴标"办理,对事实清楚、案情简单的,贴"适用认罪认罚从宽制度"标签,为后续环节快速办理畅通绿色通道;对证据尚未达到确实充分的,贴"继续补侦"标签,做好跟踪监督和引导侦查工作。

3. 落实司法责任制

在推进"捕诉一体"改革过程中突出责任导向,通过制度手段完善办案职权和责任划分,落实对检察官的充分授权,突出检察官办案主体地位。有的地方通过进一步明晰权力清单,坚持一案一人原则。有的地方在统一业务应用系统内完成人员、案件受理、案件分配等各项权限配置,为办案人员新建办案单元和办案组,对部分法律文书最低审批权限按照最新权力清单进行调整。有的地方明确所有案件的批准逮捕权和提起公诉权及部分轻微刑事案件的不捕、不诉权直接由员额检察官行使,刑检部门各部长不再承担刑事案件的审批职责,办案人拟作不捕、不诉处理的案件应提请检察官联席会议研究报检察长或检察委员会研究决定。有的地方出台案件办理权限、责任细则,明确逮捕案件原则由员额检察官单独审批,无逮捕必要案件在作出决定前,需口头报请分管领导同意,证据不足不捕案件要提请分管院领导审批,相对不起诉、存疑不起诉、二次退查等情形要提请分管院领导审批。

4. 强化内部监督

为切实做到放权不任性,各地检察机关不断健全完善内部监督机制,确保案件质量,建立在检察长、检察委员会领导下,部门负责人个案监督,员额检察官相互监督,案管部门质量评查与专项督查相结合的监督体系。有的地方制定了检察官联席会议工作细则,实现疑难、复杂案件讨论的常态化和制度化。同时,强化案件质量管理,注重案件质量评查,将评查结果纳入检察官绩效考核,或者对评查的共性问题开展类案评析,倒逼办案规范。有的地方针对重大疑难复杂案件定期召开员额检察官联席会议,会商案情,探索建立"三书审查"机制,由专人负责起诉意见书、起诉书和判决书的比对,进行案件实质性审查。

5. 提升业务能力

有的地方采取捕、诉搭配方式,对原公诉、侦监部门的检察官及检察官助理,以交叉搭配的原则进行人员重组,通过互学互助的方式,促使工作方式和思路及时转变,确保尽快适应、双向适应。同时,采取新、老搭配方式,通过对干警的业务经历、能力水平进行评估,结合岗位需求进行科学配置,一般由资深的检察官带教新进助理,资深的公诉助理协助公诉基础薄弱的检察官,通过互补和传承实现人员配置最优化、办案效能最大化。有的地方刑事检察部成立案件指导小组,每个办案组分别指派原侦监、公诉部门骨干力量担任业务指导老师,在办理具体案件时帮助分析解决遇到的实际问题,指导办案。有的地方检察院公诉、侦监、案管分别指派干警就批捕、审查起诉、办案系统操作等内容交叉授课,邀请专家学者就"捕诉一体"相关问题进行授课。

(二)取得的初步成效

截至 2019 年 4 月,在已推行"捕诉一体"办案机制的地方,检察机关办理刑事案件的质效在以下方面得到有效提升。

1. 办案效率提高

审查批捕和审查起诉由同一部门同一检察官办理,对同一案件进行递进式审查,能够最大限度整合检察职能,最大限度发挥整体效应,有效避免了"捕诉分离"模式下的重复阅卷、审查、取证、制作审查报告等弊端,节约了诉讼资源,提高了办案效率。有地方平均办案时间缩短 8 天以上,审结并提起公诉的最短办案时间为 1 天。有地方四个基层院办理"捕诉合一"案件平均审结天数 26 天,同比(48.5 天)缩短 46.5%。[①]

---

① 需要说明的是,在支持"捕诉一体"的大量数据中,部分数据缺少"控制组"的数据比对,很难从统计学意义上建立关联关系。特别是党的十八届三中全会以来取得的改革成效中,"捕诉一体"与其他改革措施各自在多大程度上影响案件质效,还需要对更多数据作进一步分析比对,这里只是选取了有参照对比的部分数据。本部分数据同样存在缺少"控制组"数据对照的问题。但即便如此,相关数据的大幅度变化在一定程度上也能够证明"捕诉一体"对案件质效的积极影响。

2. 引导侦查效果提升

引导侦查更加精准,减少了审查起诉阶段的退补次数。有地方捕后要求侦查机关提供法庭审理所需证据同比上升 125.1%,审查起诉中要求侦查机关补查证据同比下降 45.6%;第一次和第二次的退补率同比下降 14.01% 和 13.56%。有地方建立审查逮捕案件“一案一提纲”制度,将审查起诉环节的补充侦查程序前移,在审查逮捕阶段按照庭审证据标准逐案制作继续侦查提纲,要求侦查机关及时补强证据,避免因取证不及时导致案件质量出现隐患,其中有基层院审查起诉阶段退查比例减少 30% 以上。

3. 监督刚性强化

“捕诉合一”模式下,检察官通过向前延伸公诉职能,实现对侦查活动的全程监督,对定罪和量刑的全面监督,避免了侦查监督在不同阶段进行的断裂性和仅关注定罪的片面性,并延伸跟踪监督落实情况,有效解决侦诉脱节导致监督出现“空档”现象,增强侦查监督的刚性。有地方的监督撤案实际撤案数同比上升 22.73%,监督立案判处有期徒刑以上刑罚数同比上升 53.45%。

(三)实践中发现的主要问题

无论是从前期试点探索还是 2018 年以来全面推行的实践情况看,“捕诉一体”的办案机制能够确实有效地提高办案效率、倒逼侦查质量,验证了“捕诉一体”在实践中的合理性、必要性。但与此同时,目前的“捕诉一体”实践过程中也发现了一些亟待解决的问题。

1. 逮捕程序虚化

这是目前相对突出的问题。审查逮捕与审查起诉在证据认定、法律适用和政策把握上存在较大差异,这些差异基于司法认知规律,体现了不同程序价值,“捕诉一体”后,承办检察官按照“以审判为中心”的制度设计,不自觉地出现以起诉标准取代逮捕标准的倾向,不自觉地在证据认定、法律适用和政策把握上忽略审查逮捕的特殊性。

一是逮捕的证据标准虚化。根据《刑事诉讼法》的规定,逮捕的证据标准是“有证据证明有犯罪事实”,起诉的条件是“犯罪事实清楚,证据确实充分”。“捕诉一体”后,同一办案人办理审查逮捕案件容易受到后续起诉标准的影响,人为拔高逮捕证据标准,甚至全面以起诉的证据标准代替逮捕证据标准,导致审查逮捕证据标准的虚化。实践中,已实行“捕诉一体”的地方都出现了“存疑不捕”率上升的情况,部分案件可能存在该捕不捕的情况。

二是逮捕的社会危险性条件虚化。以审查起诉的标准衡量审查逮捕,还可能导致逮捕社会危险性条件的虚化,出现为保证诉讼而“构罪即捕”的问题。实践中“相对不捕”(无社会危险性不捕)率的下降,说明可能存在不该捕却捕了的情况,不利于犯罪嫌疑人合法权益的保障。

三是逮捕的程序价值虚化。审查逮捕作为检察机关司法权属性最突出的权力,在追求打击犯罪的同时,重点保障的是公民人身权利。“捕诉一体”后,审查逮捕在证据标准、审查条件上被审查起诉同化,导致审查批捕异化成为审查起诉的“前阶段”,原本独有的程序价值被虚化。

四是逮捕的监督职能虚化。在现行的捕诉分离模式下,审查批捕与立案监督、侦查活动监督三位一体,形成了较为成熟的监督模式。“捕诉一体”后,不再设专门的立案监督、侦查活动监督岗位,相应监督职能统一由案件承办检察官行使,这要求承办人在完成审查逮捕、审查起诉的“硬性”任务的同时,还要兼顾立案监督和侦查活动监督的“软”任务,在时间、精力、能力上难以保障。特别是案多人少矛盾突出的地方,难免会造成承办人“重批捕起诉”“轻立案侦查监督”,监督职能虚化。多个地方检察官提出,“捕诉一体”后,由于案件量较大,办案任务重,检察官正常完成审查逮捕、审查起诉、出庭支持公诉等工作就已经很困难了,“一个案件捕了、诉了、判了,就万事大吉了”,很难再有足够的精力有效履行法律监督职责。有地方 2018 年 1 ~9 月监督立案 29 件 69 人,自 10 月份实行“捕诉一体”后到 2019 年 2 月,监督立案数下降至 7 件 8 人。有的地方抗诉数同比下降 36. 36% ,书面纠正侦查活动违法数同比下降 24. 25% ,纠正遗漏同案犯数同比下降 13. 47% ,书面纠正审判活动违法数同比下降 13. 18% 。个别基层院在运行“捕诉一体”的半年内,仅办结 1 件立案监督案件。

2. 捕诉管辖分离

《刑事诉讼法》未就检察管辖作专门规定,审查逮捕、审查起诉分别依附于公安机关的侦查管辖和人民法院的审判管辖,导致了实践中存在大量审查逮捕和审查起诉不属于同一检察院管辖的情况。如有市级院审查逮捕的大量涉及海关、边防案件,审查起诉由基层检察院负责,能够实现“捕诉一体”的仅占审查逮捕案件的 60% 左右。有的市级院审查逮捕市公安局办理的大量交通肇事、盗窃案件,“捕诉一体”比例相应更低。再如 2018 年某市级院公诉部门受理的 70 件审查起诉案件中,仅有 2 件为本院侦监部门审查逮捕,其余 68 件均为基层院办理,绝大多数案件无法实现“捕诉一体”。还有的地方市级检察机关审查起诉的可能判处无期徒刑、死刑的案件及危害国家安全、恐怖活动案件,基本都由基层公安局向基层检察院提请逮捕、移送起诉,基层检察院受理审查起诉后,再将案件移送市级检察机关,未能实现“捕诉一体”。针对这一问题,有的地方与市公安局联合出台相关文件,要求公安机关按照审判管辖的规定提请审查逮捕,一定程度上解决了捕、诉管辖不一致的问题,但这种方式突破了《刑事诉讼法》的相关规定,同时给实践中的具体衔接和办案效率带来新的问题。

3. 检察官能力不适应

审查逮捕与审查起诉在工作标准、工作内容上存在较大差异，目前办案人员自身的业务素能与"捕诉一体"新岗位要求的综合素质有不小的差距，既在侦监又在公诉岗位上锻炼过的复合型"通才"较为稀缺，侦监、公诉检察官均急需提升办案能力，适应新的职责。如公诉检察官需要适应5个工作日内办结审查逮捕案件，对侦监条线的立案监督、批准延长羁押期限等案件流程也不熟悉。侦监检察官对审查起诉、出庭等核心业务技能的培养，需要一个学习、熟悉的过程，同时还需要在审查判断案件定性的同时考虑精准量刑、适应出庭支持公诉的工作要求，普遍感到较大压力，甚至出现焦虑情绪。

此外，在工作节奏上，各地也普遍反映案件办理存在碎片化的问题，如检察官办理审查起诉案件，又受理新的审查逮捕案件后，一般会集中精力优先办理期限较短的审查逮捕案件，而暂时中断办理期限相对较长的审查起诉案件，打乱案件办理节奏，导致审查起诉期限非正常拖延等问题，甚至在公安机关集中移送提捕的情况下，检察官不得不对审查起诉案件退回补充侦查，以换取办案期限。

4. 内部监督制约机制不完善

"捕诉一体"后检察官一人行使捕、诉职权，同一案件一办到底，检察官个人能力水平和责任心对案件质量的影响更大。虽然各地在试行中，都初步建立了流程监控、案件质量评查等内部监督制度，但也存在制度不够完善，内部监督制约流于形式的问题，各地普遍表达了对"捕诉一体"以后检察官权力过大，缺乏监督制约后可能发生廉政风险的担心，认为内部监督制约机制亟待健全完善。

（四）下一步的健全完善

从目前新的"捕诉一体"办案机制在实践中运行的效果和发现的问题看，新的办案机制由于运行时间尚短，在专业化办案上的优势尚未真正得以展现，但是在提升案件效率上已经开始体现新制度的优势。同时，新的"捕诉一体"办案机制在实践运行中并没有出现案件质量的明显下滑，相反而能够更好地贯彻落实"刑事诉讼以审判为中心，审判以庭审为中心，庭审以证据为中心"的改革要求，倒逼审查起诉、审查逮捕和侦查环节办案质量、证据质量提升。下一步，新的"捕诉一体"办案机制要在司法实践中更好发挥制度优势，全面提升检察工作质效，还需要针对目前发现的问题一一加以妥善解决。

1. 在制度设计上凸显审查逮捕程序的独立价值

引导检察官按照符合司法认知规律、符合审查逮捕和审查起诉不同价值目标的要求，分阶段、分标准、分条件地对两个程序的证据认定、法律适用和政策把握加以区分，探索推进审查逮捕程序的诉讼化改造，特别是通过重大敏感案件的听证审查,凸显审查逮捕的司法权属性。

2. 科学设计案件质量评价指标体系

针对逮捕程序虚化的问题,要在严格落实《刑事诉讼法》关于审查逮捕程序的相关规定,严格区分逮捕标准和起诉标准的同时,通过科学设计案件质量评价指标体系、完善检察官业绩考核标准等,引导、推动各级检察院正确适用两个标准,避免逮捕程序虚化。一是全面分析各类数据,对"存疑不捕率""无社会危险性不捕率""捕后轻刑率"等关键数据加强分析研判,及时发现和纠正以起诉标准取代逮捕标准的倾向。二是科学设计逮捕评价考核标准,完善逮捕环节司法责任。特别是对"存疑不捕"后犯罪嫌疑人又犯罪或妨害诉讼进行的和"捕后不诉"的,分具体情况确定考核权重。三是加大法律监督职能的考核权重。鼓励检察官积极履行立案监督、侦查活动监督等法律监督职能。科学核算确定履行监督职能在检察官业绩考核中的权重,充分发挥司法业绩考核在引导检察官平衡开展各项职能中的积极作用,确保承办检察官办案不忘监督、监督不忘办案。

3. 加强顶层设计,统筹解决管辖问题

统一捕诉管辖是检察机关全面落实"捕诉一体"运行机制的重要前提,符合检察机关有效履行法律监督职责的需要。由级别、地域一一对应的公安机关、检察机关、人民法院完成同一案件办理,也能够更好地保障案件质量,实现三个效果统一。高检院需要在立法层面加强与全国人大常委会、最高人民法院、公安部的沟通协调,通过修改《刑事诉讼法》或出台司法解释的形式(参照电信诈骗犯罪管辖的确定),解决侦查管辖与审判管辖不一致的问题,进而统一捕、诉管辖。

4. 加强业务培训,加快推进专业化建设

"捕诉一体"以后,无论是原侦监部门或是公诉部门的检察官都需要重新学习相应专业知识和办案技能,逐步适应"捕诉一体"机制下不同的办案节奏、思路和理念。需要在下一步的业务培训中提高检察官对"捕诉一体"运行机制的认识水平和司法办案能力水平。一方面抓紧解决"捕诉一体"后审查逮捕程序、价值虚化的问题,帮助检察官全面、充分认识审查逮捕程序的独立价值,正确认识司法认知规律,正确适用审查逮捕标准,严格按照《刑事诉讼法》规定适用逮捕条件。另一方面帮助侦监、公诉检察官跳出侦监或公诉的固有模式,尽快熟悉、掌握"捕诉一体"的新节奏、新标准、新要求。

5. 健全监督制约机制

"捕诉一体"突出了检察官的办案主体地位,为确保"放权而不放任",需要进一步处理好依法授权与强化监督制约的关系,确保案件质量。一是由各省级院根据本地区检察工作实际,进一步细化完善“捕诉一体”权力清单,合理划分职责,明晰办案责任。二是强化检察长、检委会对执法办案活动的领导和监督。检察长定期检查检察官办案组的工作,可指令汇报某一案件或一段时间内的办案情况,并可对检察官独立作出决定的案件进行事后复核;加强检委会类案监督指导和案件质量评查工作。三是加强上级检察院对下级检察院的领导。上级院通过受理复核和直接办理案件对下级院办理的案件进行监督。四是加强案管部门的动态实时监控,做到早监控、早预防、多提示;严格落实案件评查制度,分析研判办案工作中存在的突出问题,研究改进完善措施,充分发挥案件评查作用。

6. 建立健全配套制度机制

一是尽快完成统一业务应用系统的升级。司法责任制改革后,业务部门办理案件,管理部门监督、管理、统计等各项工作均依托于统一业务应用系统,需要尽快按照“捕诉一体”办案机制对统一业务系统进行升级调整,妥善解决案件分配、办理、统计、考核等问题。二是建立完善捕诉一体类案办案规范,制定统一、细化的量刑标准,充分发挥指导性案例的作用,进一步加强捕诉一体办案实践的规范化、精细化和实质化。三是进一步细化、规范检察官联席会议制度。完善细化相关制度规定,明确参加主体、谈论范围、研究程序,逐步建立开放、高效的检察官联席会议制度,使其切实起到资料库、智囊团的作用。

五、结语

谋划推进新时代检察事业创新发展,要全面贯彻马克思主义实践理性,合理运用实证主义等理论方法,紧紧围绕理论制度的实际效果和实践价值,研究、思考、谋划、推进改革。从实事求是出发,以满足人民需求为根本目标,以实践问题为改革切入点,以实践探索为重要方法,最后再以实践效果为检验标准,是包括“捕诉一体”在内的任何一项改革措施都应当严格遵循的科学方法和实践路径。“捕诉一体”作为新一轮检察改革的重要内容,目前仍处于全面推进的初期,需要系统健全完善相关制度机制,检察机关需要在总结推广各地成功经验的同时,以实践为导向,以案件质效为标准,在实践探索和实际运行中不断发现问题、解决问题、完善制度,在实践理性的指导下,扎实推进“捕诉一体”在司法实践中取得良好的政治效果、法律效果、社会效果。

逮捕制度再改革的法释义学解读*

李训虎**

摘　要　在我国，面对逮捕条件难以把握、审查逮捕诉讼化改造难获实质突破、短期内难以通过修法对逮捕制度进行根本变革的复杂情势，逮捕制度再改革应当超越过度依赖立法式刑事司法改革的思维定势，寻求借助法释义学开拓改革空间。通过宪法维度的法释义学分析，实现逮捕由强制措施到基本权干预的转换，这不仅能为逮捕条件的再解释提供理念支持，而且有助于证成审查逮捕诉讼化改造的正当性；运用法释义学的思维，可以对通说所坚持的逮捕三要件进行阶层化重构，建构以社会危险性为核心的证明对象体系，并重新厘定证明标准。法释义学方法的运用，不仅有助于弥补立法式刑事司法改革的不足，而且有助于实现刑事诉讼法学研究方法的多元与转型，并促进刑事诉讼法解释共同体的构建。

关键词　逮捕条件　审查逮捕诉讼化　刑事司法改革　法释义学

一、问题的提出

审查批捕工作是各级人民检察院的一项重要工作，亦是检察机关年度工作报告中不可或缺的重要内容。研读过去30年最高人民检察院工作报告，可以发现，其往往通过具体的逮捕数字、不断攀升的百分比来表明检察机关在维护社会稳定、打击犯罪方面的贡献。① 尽管都是用数字作为论据，但在2010年之

---

* 本文删节本发表于《法学研究》2018年第3期。

** 李训虎，中国政法大学证据科学研究院教授。

① 例如，最高人民检察院2009年工作报告指出：（2008年）全年共批准逮捕各类刑事犯罪嫌疑人952,583人，提起公诉1,143,897人，分别比上年增加3.5%和5.7%。2008年工作报告指出：2003～2007年，共批准逮捕各类刑事犯罪嫌疑人4,232,616人，提起公诉4,692,655人，比前五年分别上升20.5%和32.8%。2003年工作报告指出：共批准逮捕各类刑事犯罪嫌疑人3,601,357人，提起公诉3,666,142人，比前五年分别上升24.5%和30.6%，有力地维护了社会稳定。2000年工作报告指出：全年共批准逮捕刑事犯罪嫌疑人663,518人，向人民法院提起公诉672,367人，分别比上年增加10.9%和15%。1995年工作报告指出：全年共受理公安、国家安全机关提请批捕的人犯688,771名，经审查已批准逮捕598,633名；受理移送起诉的人犯669,111名，经审查已提起公诉570,693名。批捕、起诉人犯数分别比上年增加12.4%和18.9%。1990年工作报告指出：去年全国检察机关共受理公安机关提请逮捕人犯632,323人，比上一年增加33.9%。批准逮捕548,960人，比上一年增加35.8%。

后,最高人民检察院工作报告中关于逮捕的表述却呈现一个明显的变化,即注重用逮捕数下降(或者不批捕数增加)的百分比来替代逮捕数增加的百分比。① 尽管逮捕的绝对数字依然庞大,但这一表述本身即给人以巨大的想象空间,是什么原因促使着逮捕的话语实践发生这样一种变化?语词变化的背后意味着什么?

上述颇堪玩味的现象令人对逮捕问题产生浓厚兴趣,然而,这只是笔者关注逮捕问题的初始动因,真正促使笔者对这一问题进行深入研究的原因则是2012年《刑事诉讼法》逮捕制度实施的不尽如人意及再改革面临的复杂情势。

2012年《刑事诉讼法》实施已5年有余,时间的积淀已足以使我们辨识出逮捕制度的改革成效。对于《刑事诉讼法》实施效果,既有民间的评估、分析,亦有官方的总结、研判。通过这些实证调研、数据分析以及经验总结,不难看出,各方对《刑事诉讼法》实施效果、修法绩效的评价仁智互见,甚至对于某些具体制度改革效果出现对极性评价。但在逮捕制度实施效果的评价上,各方却出现难得的一致,普遍认为修改后的逮捕制度实施效果不佳,立法意图并未得到实现。②

为什么立法者的意图在司法实践中并未得到有效贯彻?为什么修改后的法律条文在实践中会成为侦查人员与审查批捕人员产生分歧的缘由,甚至还会成为执法者诟病甚至批判的对象?③ 既往的逮捕改革模式有何成败得失?特别

---

① 例如,最高人民检察院2017年工作报告指出:(2016年)全年共批准逮捕各类刑事犯罪嫌疑人828,618人,同比下降5.1%;2015年工作报告指出:(2014年)全年依法履行批捕、起诉等职责,批准逮捕各类刑事犯罪嫌疑人879,615人,同比下降0.02%;2014年工作报告指出:(2013年)在严惩严重刑事犯罪的同时,对涉嫌犯罪但无逮捕必要的,决定不批捕82,089人;对犯罪情节轻微、依照刑法规定不需要判处刑罚的,决定不起诉51,393人,比上年分别上升2.8%和34.3%。2012年工作报告:(2011年)全面贯彻宽严相济刑事政策,共依法批准逮捕各类刑事犯罪嫌疑人908,756人,同比减少0.8%;依法决定不批准逮捕151,095人、不起诉39,754人,同比分别增加5%和6.1%。2011年工作报告指出:(2010年)全年共批准逮捕各类刑事犯罪嫌疑人916,209人,同比减少2.6%;提起公诉1,148,409人,同比增加1.2%。2010年工作报告指出:(2009年)全年共批准逮捕各类刑事犯罪嫌疑人941,091人,提起公诉1,134,380人,分别比上年减少1.2%和0.8%;尽管2013年和2016年工作报告没有用上述百分比表述,但也没有用批捕数增加的百分比这一形式。

② 参见陈卫东等:《中国法治实施报告(2016)》之刑事诉讼法律实施报告,刑事诉讼法实施三周年回顾与展望研讨会(2016年1月),第67~70页;孙长永、闫召华:《新刑诉法实施情况调研报告(2015年)》,载孙长永主编:《刑事司法论丛》(第3卷),中国检察出版社2015年版,第464页以下;卞建林主编:《修改后的刑事诉讼法实施情况调查与研究》,中国检察出版社2016年版;吴宏耀、郭烁主编:《行进中的中国刑事诉讼》,人民日报出版社2016年版;李寿伟:《刑事强制措施体系研究》,中国人民大学法学2014年博士学位论文,第113~118页;最高人民检察院:《检察机关贯彻执行修改后刑诉法情况的研究报告》,第17~24页。

③ 在对山东、北京等地检察官的访谈中,受访检察官普遍将公安侦查人员与审查批捕人员因是否批捕产生分歧的原因归因于逮捕条件设置不合理、不清晰。

是在当下“以审判为中心”被司法实务界权威人士解读为“实质是在刑事诉讼的全过程实行以司法审判标准为中心,核心是统一刑事诉讼证明标准”①的背景下,逮捕制度再改革的增长点或者着力点在哪里?

上述一系列追问构成本文探讨逮捕制度的背景。然而,逮捕制度长期为学术界、司法实务界所关注,专著、论文已多有论述,围绕逮捕程序展开的批判与建构成为既往逮捕制度研究的主要面相,逮捕功能异化、②检察机关审查逮捕权异化、③逮捕中心主义④等成为批判逮捕制度的标签性词汇,重构逮捕审查模式,⑤实行司法化审查,进行诉讼化改造则成为理论界、司法实务界建言献策的万应良药。基于此,本文力图转换研究视角,从以往为人所忽视的刑事诉讼法解释的角度切入,对逮捕制度进行重新审视,为逮捕制度再改革提供法释义学维度⑥的参考。基于逮捕制度改革历程、再改革面临复杂情势具有相当代表性与普遍性的考量,本文的论述将不止于对逮捕制度进行重新解读,而是试图以此为样本反思、检讨既往以及当下的刑事司法改革,为未来的改革提供参照,并促进刑事诉讼法学研究的反省与自觉。

二、逮捕制度再改革的复杂情势和现实路径

居高不下的批捕率以及由此引发的普遍羁押、超期羁押问题长期为人诟病,2012 年《刑事诉讼法》力图通过细化逮捕适用条件、完善逮捕程序并增设羁押必要性审查程序来解决上述难题。但实证调研、数据分析、个案研判均显示实施效果未达预期。对此,司法实务界权威人士有清醒的认识:“羁押比例依然过高,全国刑事案件逮捕人数总量仍然很大,每年近 90 万人,批捕率持续在 80% 左右的高位运行;忽视社会危险性条件,构罪即捕的问题仍然较为突出。如 2015 年全国捕后判处缓刑和没有判处徒刑以上刑罚案件的比例分别达到

---

① 沈德咏:《论以审判为中心的诉讼制度改革》,载《中国法学》2015 年第 3 期。

② 参见刘计划:《逮捕功能的异化及其矫正》,载《政治与法律》2006 年第 3 期。

③ 参见汪海燕:《检察机关审查逮捕权异化与消解》,载《政法论坛》2014 年第 6 期。

④ 李昌盛:《走出“逮捕中心主义”》,载《检察日报》2010 年 9 月 23 日,第 3 版。

⑤ 刘计划:《逮捕审查制度的中国模式及其改革》,载《法学研究》2012 年第 2 期。

⑥ “法释义学”这一概念出自德文“JuristischeDogmatik”或“Rechtsdogmatik”,对应于英语学界的“legal doctrine”和“legal dogmatics”,中文有法释义学、法教义学、法律释义学、法律信条论和教义法学等多种译法。本文采用法释义学的译法。参见王泽鉴:《人格权法:法释义学、比较法、案例研究》,北京大学出版社 2013 年版,第 10 页。另外,对于法释义学与法解释学,尽管学界称谓不同,但很多学者认为二者并无实质区别。本文主张用刑诉法释义学代替刑诉法解释学,主要基于以下考量:沿用民法、刑法主流观点的共识称谓;尽管法释义学主要是用法解释学的方法,但从基本立场、方法来看,二者依然存在差异;当下的刑诉法解释学多与立法中心主义纠缠在一起,用刑诉法释义学意在表明与立法中心主义切割的态度。关于法释义学与法解释学的比较,参见卜元石:《法教义学:建立司法、学术与法学教育良性互动的途径》,载田士永等:《中德私法研究》(2010 年总第 6 卷)2010 年版,第 6 页。

8.4% 和7.2%,其中不少属于这种情况。”[①]这一判断理性、客观,使笔者无须再对逮捕制度运行现状进行全景式展现。尽管省却对于逮捕现状的宏观描述,但逮捕制度改革面临的复杂情势却需要深入挖掘、认真研判。唯有此,我们才能将后文的分析奠基于可靠的理据而非放大的想象之上。

(一)逮捕制度再改革面临的复杂情势

1.逮捕条件依然难以把握

纵观逮捕制度的改革历程,不难发现,逮捕条件的细化始终是贯穿逮捕制度改革始终的主题词,并被视为逮捕制度修改中“讨论最为热烈,也最不易统一观点的一个问题”。[②] 1996年《刑事诉讼法》对逮捕条件进行修改之后,最高人民检察院、全国人大法工委等部门对逮捕条件作出进一步规定,[③]但在实践中依然容易出现认识分歧,基于此,2012年《刑事诉讼法》对逮捕条件作出进一步规定。尽管如此,在实践中,“对于‘社会危险性’包括哪些情况、是否有程度限制,如何理解‘有逮捕必要’等规定得较模糊,在具体案件中容易出现认识分歧……为有利于司法机关准确把握逮捕条件……这次修改《刑事诉讼法》,对逮捕条件作了进一步规定”。[④] 承接这一思路,《人民检察院刑事诉讼规则(试行)》对逮捕条件作出进一步细化,但各地公安、检察机关仍普遍反映逮捕条件不好把握。[⑤]在《刑事诉讼法》实施仅仅两年之际,最高人民检察院、公安部不得不联合发布《关于逮捕社会危险性条件若干问题的规定(试行)》(下文简称《关于逮捕社会危险性条件的规定》)以规范逮捕的适用。

尽管逮捕制度的变迁史已经演化为逮捕条件不断细化的改革史。然而,司法实践中并没有实现逮捕制度的良性运转,相反,构罪即捕、逮捕条件与定罪条件同质化现象依然突出,逮捕率依然居高不下,而受访的一线司法实践人员往往将其归结为逮捕条件缺乏可操作性、难以把握。[⑥]

尽管受访的一线人员认为逮捕条件在司法实践中难以操作,但颇为吊诡的是,逮捕率却在难以把握的逮捕条件下呈现下降态势。放宽观察的视界,将对

---

① 黄河:《侦查监督的现状、问题及发展方向》,中国刑事诉讼法学研究会2016年年会专题报告。

② 参见万春:《逮捕制度三十年之改革与完善》,载《检察日报》2008年6月20日,第3版。

③ 主要有最高人民法院、最高人民检察院、公安部、国家安全部、司法部、全国人大常委会法制工作委员会《关于刑事诉讼法实施中若干问题的规定》(已失效),《人民检察院刑事诉讼规则(试行)》,《公安机关办理刑事案件程序规定》,最高人民检察院、公安部《关于审查逮捕阶段讯问犯罪嫌疑人的规定》,《人民检察院审查逮捕质量标准》,《人民检察院审查逮捕质量标准(试行)》(已失效),最高人民检察院《关于在审查逮捕和审查起诉工作中加强证据审查的若干意见》等。

④ 参见郎胜主编:《〈中华人民共和国刑事诉讼法〉修改与适用》,新华出版社2012年版,第173~174页。

⑤ 参见孙茂利、黄河:《逮捕社会危险性有关问题研究》,载《人民检察》2016年第6期。

⑥ 这一判断得到前述刑事诉讼法实施实证研究报告或者调研报告的验证。

于逮捕制度的考察延伸至2005年，不难发现，全国普通刑事案件的批捕率从2005年的91%下降至2015年的80%以下（截至2016年6月，不捕率为22.6%）[①]。尽管逮捕率依然高企，绝对数仍然呈现高位运行态势，但上述数字的确显示出逮捕率在下降。那么，问题随之而来，司法实务部门是如何在"模糊"的逮捕条件下实现逮捕率下降的？

在笔者的潜意识中，逮捕率下降主要是刑事诉讼法中逮捕制度的修改，检察机关等部门相继出台逮捕实施细则、细化逮捕条件的功劳。但在实地调研中，大多数一线受访人员并未将原因归结于此，而是将逮捕率的下降归功于上级检察机关的有力把控与相关考核指标的变化。[②] 由此，我们似乎可以得出这样一个判断，即检察机关的侦查监督部门在一种模糊不清的标准指引下实现了批捕率的下降，逮捕条件并未在其中发挥关键作用。这对于既往的以逮捕条件细化为主要努力方向的逮捕制度改革无疑是一个巨大的反讽。

或许受访人员言过其实，对于逮捕条件的要求过于苛刻，甚至还有推诿责任的嫌疑，以至于对于既往逮捕条件细化的努力及效果视而不见。即便如此评断，我们仍然需要追问，为什么逮捕条件不断细化，依然难以满足需求？为什么作为改革关键因素的逮捕条件在司法实践中不能发挥预期效果？逮捕条件的配置存在哪些问题？

2. 诉讼化改造难获实质突破

在逮捕条件细化的实体规制推进的同时，完善审查逮捕制度的程序规制亦在同步进行。1979年及1996年《刑事诉讼法》没有规定检察机关审查批准逮捕阶段应当讯问犯罪嫌疑人、听取本人及其聘请的律师的辩护意见，使审查逮捕程序演变为单方决定程序，进而使被追诉人在整个审查逮捕过程中基本处于客体的地位。这样一种审查逮捕机制饱受诟病，对逮捕制度进行西方式司法审查的观点成为学界主流观点。但囿于诉讼体制等种种限制，这一理想化的愿景难以实施。

尽管逮捕体制无法得到根本性变革，但审查逮捕程序诉讼化改造的努力在持续推进。在规则完善层面，最高人民检察院于2006年发布《人民检察院审查逮捕质量标准（试行）》，其中第11条规定，"审查侦查机关提请批准逮捕的案件，认为证据存有疑问的，可以复核有关证据，讯问犯罪嫌疑人，询问证人"。

---

① 黄河：《侦查监督的现状、问题及发展方向》，中国刑事诉讼法学研究会2016年年会专题报告。

② 笔者选取华东、华中、华北六个基层检察院展开实证调研，进行深度访谈、数据分析，受访司法实务人员普遍认同这一判断。并且，这一论断得到相关学者实证研究的验证，逮捕率的下降，"从实践角度进行的分析表明，制度性因素与管理性因素都在共同发挥作用，而管理性因素更加突出"。参见马静华：《逮捕率变化的影响因素研究》，载《现代法学》2015年第3期。

2010年最高人民检察院、公安部《关于审查逮捕阶段讯问犯罪嫌疑人的规定》第2条又进一步重申了讯问的具体情形。承接上述努力,2012年《刑事诉讼法》增加听取犯罪嫌疑人和辩护律师意见的规定,力图打破既往封闭的书面审查程序。在司法实践层面,检察机关积极探索审查逮捕案件公开审查试点,公开听取侦查人员、犯罪嫌疑人及其辩护人、被害人及其法定代理人的意见。尽管试点效果明显,①却未见其大面积推广。

刑事诉讼法对于审查逮捕程序的完善以及各地检察机关在公开审查、听证制度方面的积极探索促进了审查批捕程序的诉讼化,但诉讼化改造只是处于起步阶段。尽管最高人民检察院力图继续推动,但面临诸多压力,改革主政者坦承,诉讼化改造"面临的内外部阻力较大,主要是案多人少的矛盾和法律依据的不足,审查逮捕办案期限短、任务重,探索公开审查增加了工作量,使侦查人员和侦查监督人员工作更加繁忙,在没有法律依据支持的情况下,侦查人员对公开审查的支持十分有限"。② 再者,尽管诉讼化改造的总体方向得到相当程度的认同,但如何不被其他制度设计冲抵改革成效存在不确定性。这绝非危言耸听,一些地方检察机关推出的"捕诉合一"改革即为例证。③ 审查批捕与公诉人员合而为一,两种性质上相异的角色被生硬地整合,使审查批捕成为公诉的附属职能,导致无法对侦查机关实施有效制约。现实压力特别是法律依据不足与相悖而行的地方改革成为诉讼化改造进程中亟待解决的难题。

3. 宏观改革背景难言乐观

党的十八届四中全会提出"推进以审判为中心的诉讼制度改革,确保侦查、审查起诉的案件事实证据经得起法律的检验"。"以审判为中心"的诉讼制度改革获得高度肯定,被赋予挑战既有诉讼理念、触及中国刑事诉讼制度中深层次问题、重构现有制度设计的重任。④ 在以审判为中心的诉讼制度改革提出之后,司法实务机关单独或者联合出台相关规定予以推进,最高人民法院甚至提出初

---

① "以上海试点为例,2013—2015年全市检察机关共开展逮捕公开审查320件373人。其中,非本地户籍265人,占71%,经审查不批准逮捕242人,不批准逮捕率64.9%,远高于全市平均不捕率,羁押率仅为35.1%,不捕后被取保候审的犯罪嫌疑人没有一人逃逸,重新犯罪。应该说,审查逮捕诉讼化与减少羁押是有明显的正向关系的。"参见黄河:《侦查监督的现状、问题及发展方向》,中国刑事诉讼法学研究会2016年年会专题报告。

② 黄河:《侦查监督的现状、问题及发展方向》,中国刑事诉讼法学研究会2016年年会专题报告。

③ 基本思路是:将原来的批捕与公诉部门整合为一个刑事检察部,实现捕诉职能的整合、人员与案件的统一管理与调配。在基层检察院的一些案件中,可以由同一个检察官负责审查逮捕与审查起诉,由此缓解员额制改革带来的人员压力,提高办案效率。参见蔡长春、张淑秋:《吉林司法改革:捕诉合一谋求"精装修"》,载《法制日报》2015年12月16日,第5版。当下,在最高人民检察院的强力主导下,捕诉合一已经在全国检察机关全面推开。

④ 参见王敏远等:《重构诉讼体制:以审判为中心的诉讼制度改革》,中国政法大学出版社2016年版。

步的时间表:“到 2016 年底,推动建立以审判为中心的诉讼制度,促使侦查、审查起诉活动始终围绕审判程序进行。”[①]2016 年 7 月,最高人民法院等五机关联合发布《关于推进以审判为中心的刑事诉讼制度改革的意见》,其甚至被赋予“告别侦查中心主义”[②]的厚望。凡此种种,似乎表明“以审判为中心”已经从宏观的指导方针走向具体的行动策略。

然而,近两年以审判为中心的改革实践却让人对未来的改革能否真正解决中国刑事司法深层次的体制问题心存隐忧,亦难以让人对“以审判为中心”的诉讼制度改革来破除“侦查中心主义”寄予厚望。无论是司法实务界权威人士回避“以审判为中心”对于既有诉讼架构的挑战,还是对“分工负责、互相配合、互相制约”原则的重申,[③]抑或是近两年刑事司法改革对“坚持以审判为中心,关键在于以庭审为中心,推动庭审实质化”[④]这一限缩式解读的验证,都预示着当下“以审判为中心”的诉讼制度改革只能成为一种技术型审判中心主义。[⑤] 这样一种现实的发展难以让人对审判中心主义改革背景下逮捕中心主义困境的破解持有一种乐观预期,而只能更多地将其视为未来中国刑事司法改革的长期愿景及努力方向。[⑥]

(二)逮捕制度再改革的现实路径

当改革面临的体制障碍难以破除,诉讼化改造难能有进,逮捕实体条件细化无法令人满意时,逮捕制度改革似乎陷入“瓶颈”状态。

有学者认为,为了贯彻以审判为中心的诉讼理念,应当将《宪法》第 37 条第 2 款改为“任何公民,非依人民法院裁定,不受逮捕”;应当构建法院审查逮捕机制,即逮捕的批准、变更、解除以及再逮捕,都应由法院审查决定。[⑦] 我国《宪

---

① 最高人民法院《关于全面深化人民法院改革的意见》(法发〔2015〕3 号文)。

② 周斌:《刑诉模式理性转型由此拉开帷幕》,载《法制日报》2016 年 10 月 13 日,第 3 版。

③ 孟建柱指出,“积极稳妥推进以审判为中心的诉讼制度改革……推进这项改革,不是要改变公检法分工负责、互相配合、互相制约的诉讼格局”。孟建柱:《坚定不移推进司法责任制改革全面开展》,载《法制日报》2016 年 10 月 20 日,第 1 版;周强指出,“三机关在刑事诉讼活动中分工负责、互相配合、互相制约,这是符合中国国情、具有中国特色的诉讼制度,其优点是三机关分工明确,各司其职,有利于刑事案件的办理效率”。周强:《推进严格司法》,载《人民日报》2014 年 11 月 14 日,第 6 版;曹建明指出,“以审判为中心,并没有改变公检法在办理刑事案件中分工负责、互相配合、互相制约的宪法原则”。王治国等:《坚持以证据为核心提高司法办案能力和水平》,载《检察日报》2015 年 7 月 10 日,第 2 版。

④ 罗争光、罗沙:《以审判为中心:维护司法公正的筑基之举》,载《人民法院报》2016 年 10 月 11 日,第 1 版。

⑤ 参见龙宗智:《以审判为中心的改革及其限度》,载《中外法学》2015 年第 4 期。

⑥ 当然,这一改革方略对于当下的改革仍然具有积极意义,它触及了长久以来中国刑事司法的痼疾,对既有的理念构成挑战、冲击,为包括逮捕制度改革在内的刑事司法改革营造了积极的宏观背景。

⑦ 参见刘计划:《刑事诉讼法总则检讨——基于以审判为中心的分析》,载《政法论坛》2016 年第 6 期。

法》于2018年3月刚刚进行过修改,短期内进行再修改的可能性不大。并且,以审判为中心的诉讼制度改革更多地被形塑为"技术型审判中心主义",并未从宏观上动摇或者改变我国刑事诉讼的基本结构。可见,将批捕权从检察院转移至法院在目前情况下尚不具备现实可能性。

笔者认为,在逮捕条件难以把握、审查逮捕程序诉讼化改造难获实质突破、短期内难以通过修法对逮捕制度进行根本变革的背景下,应当突破立法式刑事司法改革的思维定势,为逮捕制度再改革寻求更为现实和可行的路径,而法释义学方法不失为一种有效的工具。我们可以从宪法和刑事诉讼法双重维度重新解读逮捕理念,并以此为基础重新解释的逮捕实体要件和程序要件,并对逮捕条件进行阶层化重构,同时证成审查批捕程序诉讼化改造的正当性,以破解逮捕制度再改革所面临的现实难题。基于逮捕制度改革历程、再改革面临的复杂情势具有相当代表性与普遍性的考量,本文的论述将不止于对逮捕制度进行重新解读,同时试图以此为样本,探讨法释义学在刑事司法改革中可能发挥的作用及空间。

三、逮捕理念的革新与重塑

在刑事司法改革中倡导法释义学方法的运用,可以通过重新解读逮捕条件,厘清具体法条含义的方法来拓展逮捕改革的空间。但问题在于,逮捕并非单纯的刑事强制措施,其更是宪法专门规定的基本权利限制措施。由此,拓展解释的空间,将逮捕条文放置在整个刑事诉讼体系乃至宪法层面来研判无疑有助于对法条的内涵有更为清晰的把握。另外,当下更为常见的逮捕改革进路为推动审查逮捕的诉讼化或者司法化,这一涉及逮捕体制问题的改革建议亦非单纯的刑事诉讼法问题,还涉及宪法专门规定的基本权利限制程序。由此,审查逮捕的诉讼化或者司法化改革需要运用融贯的宪法与刑事诉讼法一体化思维予以重新审视。

由上可知,无论是对于逮捕条件的法条阐释进路,还是对于审查逮捕的诉讼化改造进路,都需要从宪法层面对逮捕进行再解读。毕竟,缺乏宪法思维的刑事诉讼法条文解释容易陷入自说自话,且易导致法条解释之间的紧张甚至冲突。由此,从宪法层面对逮捕制度改革重新进行审视正当其时,这不仅有助于进一步厘清法条的具体内涵,而且能够实现逮捕乃至强制措施理念的革新。更重要的是,先进的理念有助于人们开启阐释法律文本的新维度、观察司法实践的新视角,进而提升观念认知水平,特别是在当下司法实务机关对于逮捕乃至强制措施普遍存在认知偏差时,通过理念革新实现正本清源的作用将更加凸显。

(一)逮捕制度再改革所面临的理念障碍

或许有人会认为,司法实务机关只需要严格依据法律条文行事,无须关注理念问题。但法律条文的解释需要理念的引导,立法空白、不周延以及立法语言模糊、不准确等问题都需要借助理念来补充和修正,而司法实践中曲解法律规定的现象更需要通过理念的力量予以纠正。正确的理念也有助于司法实务人员全面掌握立法精神、准确理解法律条文、正确执行法律。

当前司法实务界在强制措施理念上存在较大问题。例如,最高人民法院、最高人民检察院、公安部、国家安全部、司法部《关于在部分地区开展刑事案件认罪认罚从宽制度试点工作的办法》第6条规定:"人民法院、人民检察院、公安机关应当将犯罪嫌疑人、被告人认罪认罚作为其是否具有社会危险性的重要考虑因素,对于没有社会危险性的犯罪嫌疑人、被告人,应当取保候审、监视居住。"

据此,当被追诉人认罪认罚且没有社会危险性时,应当采取取保候审、监视居住措施。反之,不认罪、不认罚,或者有社会危险性的,就应当采取比取保候审、监视居住更严厉的强制措施。由此,在刑事诉讼中,几乎所有被追诉人都会被采取强制措施,这无疑与刑事诉讼法关于强制措施适用的立法旨意相悖。① 显然,该规定中存在对适用强制措施的曲解,体现出过于依赖强制措施的倾向。

司法实践中的一些个案也反映出实务界过度适用羁押性强制措施的现象。郎永淳危险驾驶案即为典型例证。② 在该案中,被追诉人被拘留将近1个月时间,且在被拘留前就处于羁押状态,这种做法明显违反《刑事诉讼法》的规定;并且让人难以理解的是,为什么要对自首、积极赔偿、认罪认罚且没有社会危险性的被追诉人采取羁押性强制措施?

上述例证只是最新动向,其实,司法实务机关的逮捕理念一直处于漂移状态。尽管近些年检察机关力图通过严控逮捕条件以降低羁押率,但与之相悖的改革也在同时推进。例如,附条件逮捕制度自2005年推出后一直沿用至2017年上半年,其实质是将原本不符合逮捕条件的犯罪嫌疑人批准逮捕。尽管最高人民检察院专门出台《关于人民检察院审查逮捕工作中适用"附条件逮捕"的意见(试行)》来防控附条件逮捕导致的"以捕代侦"以及可能的滥用,但附条件逮

---

① 立法机关人士在解读强制措施立法时指出:"对于不具有社会危险性的犯罪嫌疑人、被告人,可以不采取强制措施的,应当尽量不采取强制措施。"郎胜主编:《〈中华人民共和国刑事诉讼法〉修改与适用》,新华出版社2012年版,第140页。

② 北京市朝阳区人民法院(2017)京0105刑初2227号判决书显示:被告人郎永淳"因涉嫌犯危险驾驶罪于2017年10月5日被羁押,次日被刑事拘留"。事故发生后,被告人自动投案,系自首,案发后积极赔偿对方经济损失并获得对方谅解,并自愿认罪认罚。但被告人自2017年10月5日投案后一直处于羁押状态,直至11月3日。在我国,羁押是拘留、逮捕的附带后果,而在该案中似乎成为单独的强制措施。

捕制度本身的合法性仍然存在问题,[①]未能恪守适用强制措施时的谦抑理念。

上述现象表明,无论是宏观的强制措施理念,还是具体的逮捕理念,司法实务界对于强制措施理念的理解存在偏颇之处。唯有革新理念才能从源头上遏制司法实务界违法适用、普遍适用、过度适用强制措施的倾向。

(二)基本权干预:逮捕理念革新的宪法解释

既往刑事司法改革中的理念革新主要通过提出改革指导理念并予以系统论证,树立其正统地位并要求自上而下地学习、领会、贯彻,并辅之以引进、消化、吸收域外先进法治思潮的方式,并不重视通过现行宪法、法律凝聚共识的可能与努力,导致法律人缺乏普遍认同的体系化、融贯的法律意识形态。对于逮捕的理念而言,由于缺乏宪法维度的深入分析与理论解读,使各方的逮捕以及强制措施理念存在偏差,导致强制措施适用普遍化、逮捕适用无节制。基于此,下文将力图从宪法维度重新审视逮捕制度,从中挖掘、建构符合宪法精神的逮捕理念。那么,逮捕作为宪法中唯一规定的强制措施,在刑事诉讼法作为应用宪法的观点已经被广为接受的背景下,应当如何理解逮捕呢?

从目前来看,现有的一些观点更多从保障刑事诉讼顺利进行、防止被追诉人继续危害社会的角度看待逮捕,而缺乏宪法层面的审视。[②] 现行《宪法》第 37 条第 1 款规定:“中华人民共和国公民的人身自由不受侵犯”;该条第 2 款规定:“任何公民,非经人民检察院批准或者决定或者人民法院决定,并由公安机关执行,不受逮捕。”这些条款出现在“公民基本权利和义务”一章中,从中不难看出,我国宪法将逮捕视为对公民基本权利的干预和限制,这为我们从基本权利的角度审视逮捕问题提供了依据。

对于干预公民人身自由的措施,西方法治发达国家多从宪法层面进行考量。比如在德国,强制措施被视为“基本权利之侵犯”,[③]并将对实体基本权的限制称为基本权干预。由此,刑事诉讼中的强制处分就有了宪法上的意义。从强制措施转换为基本权利干预这一表象背后绝非只是概念的转换,其在深层次上体现的是价值理念的转变。

被追诉人实施犯罪行为,侵犯了被害人基本权利,而国家对被害人负有基

---

① 笔者调研发现,2015 年至 2017 年 1 月,附条件逮捕在很多检察院不再适用。但由于调研地点有限,信息掌握不全面,无法作出附条件逮捕名存实亡的判断。2017 年 4 月 28 日,最高人民检察院侦查监督厅下发《关于在审查逮捕工作中不再适用“附条件逮捕”的通知》,明确要求“从即日起不再执行《关于人民检察院审查逮捕工作中适用“附条件逮捕”的意见(试行)》,今后在审查逮捕工作中不再适用‘附条件逮捕’”。

② 例如,陈光中主编:《刑事诉讼法学》,北京大学出版社、高等教育出版社 2016 年版,第 224 页以下。

③ 参见[德]克劳思·罗科信:《德国刑事诉讼法》,吴丽琪译,法律出版社 2003 年版,第 273 页。

本权保护义务,因此,国家必须追诉犯罪以保护被害人进而保护整个社会。然而,在国家追诉犯罪的过程中,如果要对被追诉人施以一定的强制手段,如对被追诉人采取逮捕等强制措施,则造成对其人身自由等基本权利的干预,并且会冲击无罪推定原则。毕竟,逮捕与无罪推定之间存在紧张关系,滥用逮捕措施将违背无罪推定的精神。[①] 再者,被追诉人未必是真正的犯罪人,国家的干预处分有发生错误的风险。因此,国家应当赋予被追诉人一系列诉讼权利来进行自我抗辩和自我保护,这样才能在一定程度上证成国家追诉行为的正当性。而国家对被追诉人施加的人身自由限制属于基本权干预,国家必须另外赋予其相应权利以对抗国家干预基本权的行为,而与被干预的基本权相对应的权利也只能同样属于基本权。由此,赋予当事人程序基本权成为制度设计者的最佳选项。

我国于2004年、2012年先后将"国家尊重和保障人权"写入了《宪法》和《刑事诉讼法》。2004年的人权入宪"突出了人权在国家生活中的价值与功能,使人权从一般的政治原则转变为统一的法律概念和宪法原则,预示着国家价值观的深刻变化",[②]它不仅表明国家以人权的实现为国家权力运作的基本价值取向,也表明国家权力要受到合理的限制,以防止公权力对人权的侵犯。[③] 2012年《刑事诉讼法》明确规定"尊重和保障人权"则标志着宪法层面的理念与刑事诉讼法的具体制度产生了实质关联,为解释《刑事诉讼法》的具体条文提供了最终的判断依据。由此,我们国家传统的逮捕理念可以借助"尊重和保障人权"获得实质提升,实现与基本权干预理念的深度融合,进而通过基本权干预实现迭代升级。

(三)刑事诉讼法层面的逮捕理念重塑

当对待逮捕的价值理念发生根本转变之后,刑事诉讼法层面的逮捕分析范式应随之转换。文本层面的宪法只是对逮捕的批准、决定以及执行机关作出规定,并未赋予被追诉人程序基本权,亦未对具体程序作出相应的规定。立法机关越是使用不确定法律概念,以限制人民的自由和权利,则越是需要特定的法定程序,藉以将该限制予以具体化。换言之,立法者若以"需要填充的实体法上规范"限制基本权利的保障范围,则必须辅以一定形式化且可资司法审查的程序,以确保重要的决定要素获得检验,并且达到规范的目的。程序权乃基本权的必要工具之一,应无疑义。[④] 更重要的是,在刑事司法实践中,作为基本权干预的逮捕实施情况依然问题百出,逮捕的普遍适用、过度适用、缺乏有效制约使

① 参见林钰雄:《刑事诉讼法》(上册),元照出版有限公司2013年版,第363页。
② 韩大元:《宪法文本中"人权条款"的规范分析》,载《法学家》2004年第4期。
③ 焦洪昌:《"国家尊重和保障人权"的宪法分析》,载《中国法学》2004年第3期。
④ 李建良:《基本权利的理念变迁与功能体系》,载《宪政时代》第29卷第2期。

被追诉人的基本权利无法得到切实保障,导致《宪法》所规定的实体性基本权难以得到有效保障。由此,标榜“尊重和保障人权”的刑事诉讼法在逮捕程序的设计中应当将强制措施理念转换为基本权干预理念,重塑逮捕观念,建构与基本权干预相对应的基本权抗辩制度,唯有此,才能真正实现宪法与刑事诉讼法的良性互动,才能真正使刑事诉讼法“应用宪法”的地位实至名归。

通过前文宪法层面对逮捕的重新解释,逮捕已经由单纯的强制措施演化为基本权干预。在基本权干预理念下审视《刑事诉讼法》关于逮捕制度的规定,可知刑事诉讼法层面的逮捕理念有待重塑,与基本权干预相对应的被追诉人基本权抗辩制度体系有待重建。

首先,逮捕应当受到法律保留原则的严格规制。国家对基本权进行干预时,必须有法律上的明确依据。[①] 根据我国《立法法》的规定,“对公民政治权利的剥夺、限制人身自由的强制措施和处罚”只能制定法律。这一规定是对《宪法》第 34 条和第 37 条的重申,但在表述方式上突出了法律保留的意义。同时,根据《立法法》第 8 条、第 9 条的规定,“剥夺政治权利和限制人身自由”属于绝对的法律保留事项。[②] 因此,逮捕等强制措施只能由法律予以规定,特别是逮捕实质要件的设定只能由《刑事诉讼法》规定。然而,最高人民检察院及其相关内设部门亦曾对逮捕作出规定,甚至地方检察机关的规范性文件亦有相关规定,这些做法似有违反法律保留原则之嫌。鉴于最高人民检察院通过全国人大常委会《关于加强法律解释工作的决议》所赋予的法律解释权,有权制定普遍适用的刑事诉讼规则,其关于逮捕等强制措施的规定似乎也于法有据,但需要强调的是这些规定不能突破《刑事诉讼法》关于逮捕的规定,这是法律保留原则的应有之义。

其次,逮捕实质条件的设定及具体适用应遵循比例原则。基于逮捕对基本权的严重干预,除必须满足法律保留原则的形式要求之外,还必须满足其实质要求,即“法律之内容必须符合比例原则”。[③] 一般认为,比例原则包括三个方面:妥当性原则,即限制基本权利之措施必须能够达到所预期之目的;必要性原则,即在适合达到目的的多种手段中,应当选择对人民之侵害最小的手段,又称最小侵害原则;狭义比例原则,即对于基本权利之侵害程度与所欲达到之目的间,必须处于一种合理且适度的关系,此项原则主要着重于受限制之利益与受

---

① 参见赵彦清:《受基本人权影响下的证据禁止理论》,载赵海峰、金邦贵主编:《欧洲法通讯(第 4 辑)》,法律出版社 2003 年版,第 149 页。

② 参见张翔:《基本权利的规范建构》,高等教育出版社 2008 年版,第 61 页。

③ 参见李建良:《基本权利理论体系之构成及其思考层次》,载《人文及社会科学集刊》第 9 卷第 1 期。

保护之利益间之利益衡量，期待达到利益和谐之目的。[①] 2012 年《刑事诉讼法》对于逮捕的社会危险性条件的细化、对于羁押必要性审查制度的设立，已经体现了比例原则的要求。但比例原则的上述三个方面在司法实践中的应用均存在不足：逮捕异化为惩罚性措施，背离保障刑事诉讼顺利进行的目的，构成对妥当性原则的违反；逮捕适用的最后性理念未能建立，逮捕甚至成为优先选项，构成对必要性原则的违反；强制措施过度适用，特别是构罪即捕，严重违反了狭义比例原则。为在逮捕的适用中贯彻比例原则，需要进行以下改革：无论是逮捕实质要件中社会危险性的确定、证明标准的厘定，还是司法实践中的具体应用，都应奉行妥当性原则，应当将逮捕还原为保障刑事诉讼顺利进行的临时性措施，祛除其惩罚性因素；应当遵循必要性原则，将逮捕定位为强制措施适用的最后选项；应当依据狭义比例原则，实现基本权干预程度与所达目的之间的合比例性。[②]

最后，逮捕程序要件的构建应遵循基本权干预与基本权抗辩平衡原则。2012 年《刑事诉讼法》赋予了被追诉人对于逮捕的程序抗辩权，当下的刑事司法改革力图通过审查逮捕诉讼化赋予被追诉人更多的程序性权利。但是，总体而言，目前设定的基本权干预机制缺乏有效的约束和控制，所施加的基本权干预与被追诉人所能运用的基本权抗辩明显不成比例。一言以蔽之，基本权抗辩的缺失或者不足导致基本权干预机制在一定程度上异化为行政审批程序，即逮捕程序更多地呈现为国家对被追诉人的单向决定机制。基于此，逮捕程序要件的构建应遵循基本权干预与基本权抗辩平衡原则，赋予被追诉人程序基本权，使被追诉人真正具有对抗基本权干预的程序性权利。唯有如此，才有可能在刑事诉讼法层面真正落实控辩平衡的审查逮捕诉讼化机制。

逮捕制度再改革所面临的理念障碍以及刑事诉讼法的应用宪法性质促使我们反思传统的逮捕理念，通过宪法解释从基本权干预的角度重新定位逮捕的性质，并在刑事诉讼法层面重塑逮捕理念。运用宪法和刑事诉讼法一体化思维，我们可以从基本权干预强度的视角设定逮捕实质条件，从基本权保护义务的角度赋予被追诉人程序抗辩权，并从基本权干预与基本权抗辩相平衡的角度来推进审查逮捕诉讼化改造。

四、基本权干预视角下的逮捕条件再解释

1996 年《刑事诉讼法》为适用逮捕设置了三项条件：证据条件，即有证据证明有犯罪事实发生；罪责条件，即可能判处徒刑以上刑罚；社会危险性条件，即

---

① 参见陈新民：《德国公法学基础理论》（上卷），法律出版社 2010 年版，第 415 页以下；李建良：《基本权利理论体系之构成及其思考层次》，载《人文及社会科学集刊》第 9 卷第 1 期。

② 参见秦策：《刑事程序比例构造方法论探析》，载《法学研究》2016 年第 5 期。

采取取保候审不足以防止发生社会危险性。只有同时满足上述三个条件，才可以实施逮捕。2012年《刑事诉讼法》进一步细化了上述条件。尽管如此，逮捕率依然居高不下，司法实务人员认为逮捕条件难以把握。对此，既有制度层面的阐释，又有从现实条件出发的解读，[①]但鲜见法解释学角度的分析。[②]

笔者深知任何一种复杂现象的形成都是多元、复杂的因素在发挥作用，任何单向度的解释都很难提供阐释复杂现象背后因素的充分理据，亦承认逮捕滥用的背后有诉讼体制及犯罪控制导向的重要原因，但同时认为对逮捕法律条文解释的轻视、误导则是逮捕滥用、羁押率居高不下的诱因之一。鉴于此，笔者基于基本权干预理念，重新解读逮捕相关法律规定，以便进一步厘清逮捕条件。

（一）逮捕适用条件的阶层化重构

2012年《刑事诉讼法》第79条和2012年《人民检察院刑事诉讼规则（试行）》第139条均对逮捕的证据条件作了规定，而未对拘传、取保候审、监视居住以及拘留等强制措施规定证据条件。这样的区别规定有助于突出逮捕的特殊性及逮捕审查程序的严格性。但问题在于，其他强制措施的适用同样需要“有证据证明有犯罪事实发生”；或者这样的区别规定意味着对于逮捕之外的其他强制措施，可以适用立案的证据条件，即“有犯罪事实”。[③] 但问题在于，立案的证据条件是一般性规定，其并未确定案件与特定犯罪嫌疑人之间的关系。对特定犯罪嫌疑人采取强制措施，意味着侦查机关已经认定犯罪事实系该犯罪嫌疑人所为，逮捕的证据条件无非是在强调要查证犯罪行为与特定犯罪嫌疑人之间的关系。因此，专门规定适用逮捕需“有证据证明有犯罪事实”，相对于其他强制措施，并无特殊性。[④] 尽管如此，但这并不意味对逮捕的证据条件无须进行审

---

① 参见刘计划：《逮捕审查制度的中国模式及其改革》，载《法学研究》2012年第2期。

② 参见易延友：《中国刑诉与中国社会》，北京大学出版社2010年版，第101页以下。

③ 2012年《刑事诉讼法》第110条规定，人民法院、人民检察院或者公安机关对于报案、控告、举报和自首的材料，应当按照管辖范围，迅速进行审查，认为有犯罪事实需要追究刑事责任的时候，应当立案。一般认为，有犯罪事实是立案的首要条件，即已有的材料能够说明存在危害社会的犯罪行为，包括预备犯罪、正在实施犯罪、犯罪未遂、既遂或中止。参见郎胜主编：《〈中华人民共和国刑事诉讼法〉修改与适用》，新华出版社2012年版，第227页。

④ 2012年《人民检察院刑事诉讼规则（试行）》关于逮捕证据条件的规定专门强调“证明犯罪嫌疑人实施犯罪行为的证据已经查证属实”，而司法实践中在适用其他强制措施时，则没有类似的要求。但并不能据此认为逮捕与其他强制措施在证明犯罪事实的程度上存在差异。具体言之，2012年《刑事诉讼法》第79条第1款关于逮捕条件规定的是“有证据证明有犯罪事实，可能判处徒刑以上刑罚，采取取保候审方法，尚不足以防止发生社会危险性的，应当予以逮捕”，同时，第79条第3款规定“被取保候审、监视居住的犯罪嫌疑人、被告人违反取保候审、监视居住规定，情节严重的，可以予以逮捕”，这充分说明，逮捕中的证据条件对于取保候审、监视居住是同样适用的。并且，逮捕只是强制措施的最后选项，是在适用其他强制措施仍无法防止发生社会危险性时才予以适用。这进一步说明在现行法律框架下，逮捕的证据条件与其他强制措施的证据条件并无差异。

查,而是应当将其视为强制措施体系的基础性证据条件,作为对被追诉人采取强制措施的基本证据条件。如果缺失该证据条件,则不能对被追诉人采取任何强制措施。这一对证据条件的重新定位要求我们摒弃既往过度重视逮捕的证据条件的倾向,从而反思逮捕审查程序的重点应当是什么。

一般认为,逮捕的三个条件呈并列关系,三个条件必须同时具备才能实施逮捕,但结合 2012 年《刑事诉讼法》的相关条文来看,实际情况并非如此。就罪责条件而言,根据 2012 年《刑事诉讼法》第 79 条第 3 款的规定,对违反取保候审、监视居住义务情节严重的犯罪嫌疑人、被告人可以逮捕。而根据 2012 年《刑事诉讼法》第 65 条第 1 款、第 72 条第 2 款的规定,取保候审、监视居住的对象包括可能判处管制、拘役或者独立适用附加刑的人。[①] 由此可见,罪责条件并非逮捕的必要条件,其价值主要在于将可能判处徒刑以下刑罚的人一般性地排除在逮捕的适用范围之外。或者说,这一条件是为认定社会危险性设定的最低条件,从而对社会危险性的认定起到过滤作用。[②]

通说对逮捕条件的理解存在以下误区:(1)过度强调逮捕的证据条件,忽视强制措施的基础性证据条件。由于逮捕与其他强制措施的证据条件实质上具有同一性,当司法实务人员适用逮捕过于强调证据条件,且缺乏其他条件的有效规制时,逮捕率居高不下的现象就难以避免。(2)对罪责条件定位失当。罪责条件并非逮捕的必要条件,由于对其缺乏清晰定位,导致其更多地成为证成逮捕适用正当性的工具,无法发挥通过该条件有效排除逮捕适用的作用。(3)过度轻视社会危险性条件。尽管最高人民检察院、公安部力图实现对社会危险性条件的精细化操作,但因为社会危险性条件长期处于边缘地位,无法在短期内获得基层司法实务人员的真正重视,加之由于对社会危险性证明标准的认知存在严重分歧,使社会危险性条件精细化的努力难见成效。

因此,应当重新解释逮捕三要件之间的关系,将“有证据证明有犯罪事实发生”作为适用强制措施的基础性条件,将罪责条件视为原则上排除可能判处徒刑以下刑罚的人适用逮捕的否定性条件,将社会危险性条件视为适用逮捕的核心要件,从而改变逮捕三要件平行并列的关系,建构三者之间层层递进的证明

---

① 根据 2012 年《刑事诉讼法》第 65 条第 1 款第 1 项的规定,取保候审的对象包括可能判处管制、拘役或者独立适用附加刑的犯罪嫌疑人、被告人。根据 2012 年《刑事诉讼法》第 72 条第 2 款的规定,对符合取保候审条件,但犯罪嫌疑人、被告人不能提出保证人,也不交纳保证金的,可以监视居住。由此,监视居住的对象也包括可能判处管制、拘役或者独立适用附加刑的犯罪嫌疑人、被告人。2014 年 4 月 24 日全国人民代表大会常务委员会《关于〈中华人民共和国刑事诉讼法〉第七十九条第三款的解释》对这一点进一步明确:根据《刑事诉讼法》第 79 条第 3 款的规定,对于被取保候审、监视居住的可能判处徒刑以下刑罚的犯罪嫌疑人、被告人,违反取保候审、监视居住规定,严重影响诉讼活动正常进行的,可以予以逮捕。

② 参见孙茂利、黄河:《逮捕社会危险性有关问题研究》,载《人民检察》2016 年第 6 期。

体系。[1]

贯彻逮捕系基本权干预且是适用强制措施时的最后选项的理念，在满足“有证据证明有犯罪事实发生”这一证据条件时，侦查机关应首先选择适用非羁押性强制措施。即“有证据证明有犯罪事实发生”是适用强制措施的第一要件，检察机关在审查批准逮捕时，首先需要判断是否可以对被追诉人适用强制措施，这是基础性证明阶段。这一阶段的核心任务是要求侦查机关证明犯罪行为系被追诉人所为，即建立犯罪事实与特定人员之间的高强度关联。唯有如此，才能在逮捕审查机制的入口防控冤错案件的发生。从这一角度来看，《人民检察院刑事诉讼规则（试行）》将逮捕的证据条件予以分解并要求查证属实，确有必要。只有当基础性证明阶段完成后，才能进入罪责条件和社会危险性条件的审查阶段。由于罪责条件并非适用逮捕的必要条件，相对于对罪责条件的审查，对社会危险性的审查更具有关键性的把关作用。

经过上述重构，逮捕的证据条件、罪责条件与社会危险性条件不再处于同一位阶，而是一种阶层化关系。经过这一阶层化重构，对于逮捕必要性的审查体现为由客观到主观、由对过去已发生的事实到未来可能发生的事项的逐层递进判断。这有利于防止滥用强制措施，有利于遏制逮捕适用的恣意性，有利于改变当下忽视社会危险性要件的现状，突出社会危险性条件的重要性，并将其定位为审查逮捕中的核心问题。[2]

（二）社会危险性条件证明标准的厘定

对于逮捕的社会危险性条件，立法上经历了一个从无到有、从笼统到具体、从被忽视到逐步被重视的过程。[3] 1979 年《刑事诉讼法》将社会危险性条件表述为“尚不足以防止发生社会危险性”；1996 年《刑事诉讼法》沿用了这一表述；2012 年《刑事诉讼法》增加了限定语，表述为“尚不足以防止发生下列社会危险性……”明确了社会危险性的范围。然而，社会危险性是一个宽泛而难以把握的概念，即便是列举了社会危险性具体情形的 2012 年《刑事诉讼法》，也不得不使用“可能”“企图”等表述，这使公安、检察机关在司法实践中对社会危险性条件很难准确把握。《关于逮捕社会危险性条件的规定》细化了立法关于社会危险性条件的规定，增强了认定标准的客观性。但是，再细化的规定也不可能穷

---

① 参见孙茂利、黄河：《逮捕社会危险性有关问题研究》，载《人民检察》2016 年第 6 期。

② 本文关于逮捕适用条件阶层化重构的构想受到了刑法学中三阶层犯罪论体系的启发。关于刑法学中的三阶层犯罪论体系，参见张明楷：《刑法学》，法律出版社 2016 年版，第 96 页以下。

③ 参见孙茂利、黄河：《逮捕社会危险性有关问题研究》，载《人民检察》2016 年第 6 期。

尽社会危险性的所有情形。因此,司法实务界、[①]理论界[②]试图将量化评估方法引入对社会危险性的判断之中。

不难看出,上述努力无一例外是力图在社会危险性条件认定的客观性方面有所作为。不容否认,通过社会危险性情形的具体化并辅之以科学的评估方法,社会危险性认定的客观性将有所提升。但这样一种社会危险性评估客观化的努力,仍然需要通过逮捕证明机制中的自由心证来实现对社会危险性的认定,即由审查批捕人员以"社会危险性相关证据为依据,并结合案件具体情况综合认定",[③]而自由心证的完成则需要通过证明标准进行判定。由此,社会危险性证明标准的设定就是一个无法回避的问题。笔者主张采取高度盖然性的证明标准。理由如下:

首先,严格限制适用逮捕的理念要求采取较高的证明标准。[④] 逮捕作为《刑事诉讼法》规定的限制被追诉人人身自由最严厉的强制措施,应当受到严格规

① 山西省太原市人民检察院制定《逮捕必要性评估参考标准(试行)》,把2012年《刑事诉讼法》第79条规定的5种应当逮捕的社会危险性情形细化为23个评估标准,并将可能影响逮捕必要性的因素分为共性因素和个性因素,进行量化打分,以决定是否批捕。这一评估标准将自身状况、社会背景、犯罪状况等细化为22项共性因素,并确定相应分值;将交通肇事罪、故意伤害罪等13个常见罪名中可能影响逮捕必要性的个性因素细化为109项,也确定相应分值。评估方法对共性因素和个性因素综合打分,基础分为50分,没有相应情形的不打分,所有得分相加得出最后分数。合计分值在70分以上的,属于逮捕必要性较小,一般不予批准逮捕;合计分值不满70分的,属于逮捕必要性较大,一般批准逮捕。参见马倩如、马红彬:《强化监督加强协作提升效能》,载《检察日报》2012年11月30日,第4版。其他地区亦有类似探索,参见卢志坚:《泰州高港:细化社会危险性证明标准防止"构罪即捕"》,载《检察日报》2015年8月4日,第1版;董四化、刘爽:《捕与不捕有"分"可依》,载《检察日报》2013年6月29日,第3版。

② 有学者则主张借助统计学的分析方法来测算逮捕的社会危险性,尝试用精算的方法对刑事诉讼法规定的5种社会危险性情形的评估展开研究。参见张吉喜:《统计学方法在评估"逮捕必要性"中的运用》,载《广东社会科学》2014年第6期。另有学者主张通过建构量化模型来评估社会危险性,即将影响逮捕适用的各项因素及其作用大小加以量化,并参照风险位阶表,得出供办案机关参考的意见。王贞会:《审查逮捕社会危险性评估量化模型的原理与建构》,载《政法论坛》2016年第3期。毫无疑问,社会学、统计学方法的引入,先进统计分析软件(如SPSS)的应用会在一定程度上克服办案人员主观判断可能带来的随意性、增强判断的说服力,并促进社会危险性评估的客观性。

③ 参见《关于逮捕社会危险性条件的规定》第4条。

④ 需要特别解释的是,逮捕证明标准并非一个普遍接受的概念。有学者认为:无论是侦查机关还是检察机关,都是通过一种行政化的方式从事立案、侦查、批准逮捕、审查起诉活动的。在这些"诉讼活动"中,并不存在典型的控诉、辩护和裁判三方同时参与的诉讼形态,也没有举行基本的庭审活动。无论是公安机关还是检察机关,都无法向中立的裁判者论证某一案件事实的存在,更不存在当庭说服裁判者信服案件案件事实真实性的验证过程。在审判前程序中,公安机关、检察机关既没有设定明确的证明对象,也没有确立法定的证明责任……审判前程序中所确立的立案标准、批准逮捕标准、侦查终结标准以及提起公诉标准,都不属于真正意义上的证明标准,而最多可以称为一种证据标准。参见陈瑞华:《刑事证据法学》,北京大学出版社2014年版,第261~262页。笔者并不否认审前程序中的证明与审判阶段的证明存在差异,但无论是逮捕的证据标准还是证据要求都是要求达到一定的标准,加之审查逮捕诉讼化的推进,将其称作证明标准亦无不可。

制,并应当给予被追诉人与逮捕的严厉程度相匹配的程序性保障。在以往的司法实践中,以逮捕为手段控制犯罪嫌疑人,获取其口供并通过笔录固定证据,最终导致庭审成为案卷笔录的确认程序。这样一种口供中心主义的制度设计无法避免逮捕的滥用,还使得逮捕异化为侦查的手段甚至刑罚的预支。逮捕被滥用的原因之一在于缺乏严格的程序规制,其中包括忽视对社会危险性的证明。

关于逮捕的证明标准,有观点主张优势证据标准,[①]另有观点主张合理根据的证明标准。[②] 这两种证明标准均源于英美法。优势证据标准的适用前提是对抗制的诉讼文化,"包括了一项关于诉讼参与人的潜在假定:作为一个群体的原告和作为一个群体的被告,一般应得到平等对待"。[③] 然而,即便在我国对审查逮捕程序进行诉讼化改造,也不可能达到控辩双方平等对抗的程度,因此,适用这一标准的前提并不存在。而且,优势证据标准通常被看作较低的证明标准,从而无法发挥严格限制逮捕适用的作用。就合理根据这一证明标准而言,将其作为社会危险性的证明标准,将会使社会危险性的证明变得更为容易,不仅无法遏制逮捕的适用,恐怕还会提升羁押率。

其次,社会危险性证明事项的特殊性使其证明标准不能与定罪标准同质化。尽管笔者主张对逮捕适用较高的证明标准,但并不认同主张适用"事实清楚,证据确实、充分"的观点。[④] 社会危险性的证明与对犯罪的证明存在显著差异,其是对未来不确定事项的证明,而对犯罪的证明是对过去已发生的事项的证明。并且,社会危险性在整个刑事诉讼过程中并非静止不变,而有一个动态变化的过程,具有某种不确定性。因此,面向未来与面向过去,不确定性与确定性构成了社会危险性证明与定罪证明的差异,要求侦查机关在证明未来不确定的事项时达到"事实清楚,证据确实、充分"的证明程度,未免强人所难。

再次,社会危险性证明标准的设定应当与逮捕证明机制相匹配。长期以来,审查逮捕以具有行政审批色彩的书面审查方式进行,被追诉人难以参与这一活动,审查批捕部门基本依靠侦查机关一方提交的材料作出是否批捕的决定。在缺乏控辩对抗的情况下,逮捕的证明标准与定罪的证明标准同质化,在一定程度上有利于保护被追诉人的权益。但在审查逮捕诉讼化改造逐步推行并将全面深入展开,被追诉方的参与程度、举证能力将有明显改观的情况下,若要求侦查机关在证明社会危险性时须达到排除合理怀疑的程度将会大大增加

---

① 参见万毅:《逮捕程序若干证据法难题及其破解》,载《西南民族大学学报》(人文社会科学版)2015 年第 2 期。

② 参见闵春雷:《论审查逮捕程序的诉讼化》,载《法制与社会发展》2016 年第 3 期。

③ [美]罗纳德 · J. 艾伦等:《证据法》,张保生等译,高等教育出版 2006 年版,第 807 页。

④ 参见赵运恒:《逮捕证明标准的异化及其重构》,载《人民检察》2012 年第 3 期。

逮捕的适用难度,恐怕难以满足打击犯罪的基本需要。

最后,对社会危险性的证明设置较高的证明标准也是比例原则的要求。逮捕的适用以可能发生社会危险性为前提,如果采取取保候审即能防止被追诉人串供、毁灭证据或逃跑等妨碍诉讼、重新危害社会的行为,就不能对其适用逮捕。根据比例原则的要求,不仅强制措施的选择适用需要遵循与社会危险性严重程度相称的比例原则,在强制措施适用的程序构建上,同样需要遵循与限制被追诉人权利相适应的程序保障原则,即当选择对被追诉人适用逮捕这一最为严厉的强制措施时,应当给予其更为严格的程序保障。因此,对逮捕适用较高的证明标准符合比例原则的要求。

有实务界人士认为,对逮捕适用较高的证明标准不利于防控被追诉人的社会危险性,故主张采取优势证据标准。[①] 对此,2012 年《刑事诉讼法》第 79 条第 2 款规定,对于可能判处 10 年有期徒刑以上刑罚的以及曾经故意犯罪或者身份不明的,应当予以逮捕。也就是说,在上述三种情形下,立法者通过立法推定的方式免除了对社会危险性的审查判断,从而大幅限缩了需要进行社会危险性审查判断的案件范围,以刚性的立法推定方式进行社会危险性防控。[②] 由此,径行逮捕与常规逮捕实行的是分立的证明模式,前者只需要完成基础证明,后者则需要进一步完成社会危险性的证明。在径行逮捕中可能判处 10 年有期徒刑以上刑罚的适用对象涵盖刑法中三成罪名时,[③]如果再对第 79 条第 2 款规定的情形以外的其他案件适用较低的社会危险性证明标准,可能会提升整体的逮捕适用率,这恐怕与逮捕制度再改革所欲达成的目标不符。

综上所述,对于逮捕的证明标准,笔者不赞同“侦查、起诉阶段要向审判阶段看齐,适用统一的法定证明标准”[④]的同质化主张,亦不赞同与严格限制适用逮捕相悖的优势证据标准和合理根据标准,而是主张介于优势证据标准与排除合理怀疑标准之间的高度盖然性标准,认为适用这一标准能够贯彻严格限制适用逮捕的理念,并且契合逮捕证明事项的特殊性,符合逮捕证明机制的诉讼化

---

① 参见刘慧玲:《逮捕社会危险性的证明》,载《人民检察》2013 年第 3 期。

② 这一立法模式并非无懈可击,可能判处的刑罚与被追诉人的社会危险性并非必然的正相关关系,但基于刑事政策及社会接受度的考量,立法者作出的这一判断仍然可以接受。

③ 经过对《刑法》条文进行逐条分析,《刑法》规定判处 10 年以上有期徒刑的罪名有 140 个左右。如果按照《刑法》规定“以上”“以下”包括本数进行再分析,2012 年《刑事诉讼法》第 79 条涉及的罪名将大大扩展,再加上《刑法》中直接规定 5 年以上有期徒刑、7 年以上有期徒刑也涵盖判处 10 年以上有期徒刑,那么,涉及的罪名将多达 250 个左右。在基本权干预重塑逮捕理念的背景下,应当严格解释以限制适用范围,即限定在《刑法》将明文规定 10 年以上有期徒刑及个别以 15 年有期徒刑为起刑点的罪名。

④ 蔡长春:《统一思想,把握方向,凝聚共识,积极稳妥推进以审判为中心的诉讼制度改革》,载《法制日报》2016 年 7 月 30 日,第 1 版。

改革方向,也是落实比例原则的体现。①

五、基本权干预与抗辩平衡下的审查逮捕诉讼化

对于推进审查逮捕诉讼化,理论界和司法实务界并无多大争议,但对于如何推进、由谁主导,则存在极大争议。学界的主流观点主张对逮捕进行由法院主导的司法审查,②检察机关则主张在现有体制下推进诉讼化改造。③ 尽管争议的解决需要考量实定法及现实可行性,但其中最关键的问题是能否实现基本权干预与基本权抗辩之间的平衡。即无论审查逮捕权由谁主导,只要能够实现基本权干预与基本权抗辩之间的平衡,就不失为可行的解决之道。

(一)法院主导的司法审查不具备现实可行性

面对问题百出的逮捕制度,自 20 世纪 90 年代末,学术界主张从根本上重塑逮捕制度,即废除检察院的批捕权,实行司法令状主义,将逮捕决定权完全交由法院行使,同时赋予被追诉人获得保释的权利,英美保释理念的引进、传播进一步强化了逮捕司法审查化的观点。④ 时至今日,将逮捕决定权交由法院行使已经成为学术界的主流观点,其中代表性的观点主张依据"互相制约"的宪法原则确立法院审查模式,由法院统一行使逮捕决定权,即在检察院初次审查的基础上,增加法院审查程序。⑤ 在推动以审判为中心的诉讼制度改革的时代背景下,上述观点的正当性似乎更容易证成。然而,理论上的自洽性、逻辑性无法改变中国司法改革的现实逻辑,学者对于改革的美好期待终究抵不过司法实务机关的自我认知。

司法实务界人士对"以审判为中心"采取限缩式的解读思路,将其限制在"以庭审为中心",实现庭审实质化的改革思路上,强调"分工负责、互相配合、互相制约"的基本原则,尽力回避"以审判为中心"可能造成的对公检法三机关关

---

① 或许有人会认为,高度盖然性的证明标准依然不够清晰,其实,凡是证明标准的设定都面临难以解释的问题。(参见[美]拉里·劳丹:《错案的哲学》,李昌盛译,北京大学出版社 2015 年版,第 4 页以下;James Q. Whitman, *The Origins of Reasonable Doubt*, Yale University Press, 2016, p. 1。)毕竟,标准给了事实审理者更多的自由裁量权,运用标准就必须发现、权衡和比较更多的知识。(参见[美]波斯纳:《法理学问题》,苏力译,中国政法大学出版社 2002 年版,第 56 页。)但高度盖然性的比较优势在于,其长期应用于我国的民事司法实践之中,具有广泛的认知基础,对诉讼各方来说更容易理解、接受。(参见吴泽勇:《中国法上的民事诉讼证明标准》,载《清华法学》2013 年第 1 期。)

② 参见陈卫东主编:《羁押制度与人权保障》,中国检察出版社 2005 年版,第 211 页以下。

③ 最高人民检察院 2016 年 9 月 1 日发布的《"十三五"时期检察工作发展规划纲要》明确提出"围绕审查逮捕向司法审查转型,探索建立诉讼式审查机制"。

④ 代表性论著,参见陈卫东主编:《保释制度与取保候审》,中国检察出版社 2003 年版。

⑤ 参见刘计划:《逮捕审查制度的中国模式》,载《法学研究》2012 年第 2 期。

系的冲击。[①] 由此可见,当下司法改革的顶层设计并不支持对审查逮捕体制进行根本性变革。

学术界主张将审查逮捕权交由法院行使,其背后的逻辑在于假定法院比检察院更中立、更公正,[②]但这恐怕只是一厢情愿。当下的司法实践表明,法院在强制措施的适用方面并不比检察院更宽松,甚至有过之而无不及。调研发现,当案件起诉到法院之后,对于没有被羁押的被告人,司法实践中的普遍做法是,只要法院认为被告人会被判处有期徒刑以上的刑罚时,往往将非羁押性强制措施变更为逮捕。[③] 俄罗斯羁押体制改革后审前羁押依然被滥用的事实[④]也表明,将审查逮捕权交由法官行使未必会取得预期效果。

另外,审查逮捕权划归法院关涉《宪法》部分条文的修改。[⑤] 当问题涉及修改《宪法》《刑事诉讼法》《人民检察院组织法》等立法上的复杂操作且暂时不具备现实可能性时,应当探讨能否以及如何在现行法的框架内实现改革目的。

(二)检察院主导诉讼化改造的现实可行性

尽管检察机关努力推进审查逮捕诉讼化改造,《人民检察院刑事诉讼规则(试行)》以及《关于逮捕社会危险性条件的规定》等规范性文件已经初步构建了审查逮捕的诉讼化程序,但学界的多数意见认为,这类诉讼化改造未能改变由检察机关行使审查逮捕权的格局,审查主体的中立性、公正性存疑。[⑥] 针对这些质疑,如果能够通过对刑事诉讼法的解释,在既有的审查逮捕诉讼化改造的基础上继续推进,构建审查机构独立中立、对席公开审查、辩方充分参与、诉讼结果可救济[⑦]的审查逮捕机制,或可回应上述质疑,并且能够解决审查逮捕诉讼化改造"没有法律依据支持"这一困扰司法实务部门的难题。

---

① 孟建柱指出,推进庭审实质化,是以审判为中心的诉讼制度改革的关键环节。参见蔡长春:《统一思想,把握方向,凝聚共识,积极稳妥推进以审判为中心的诉讼制度改革》,载《法制日报》2016年7月30日,第1版。

② 参见陈瑞华:《刑事诉讼的前沿问题》(下册),中国人民大学出版社2016年版,第731页以下。

③ 在笔者的调研过程中,受访检察官普遍认为法院的这一做法导致检察机关降低羁押率的努力前功尽弃;受访法官虽然承认存在这一现象,但辩称是因为这些被告人很可能会被判处实刑。

④ 俄罗斯20世纪90年代开启的羁押体制改革,将逮捕决定权赋予法官,力图改变长期以来存在的羁押问题,但问题并未获得改观。2011年时任总统梅德韦杰夫曾签署两项法律以终结臭名昭著的审前羁押制度,但并未收到成效。See William Pomeranz, "Twenty Years of Russian Legal Reform", *Demokratizatsiya* 20, 2012, pp. 141–146.

⑤ 有观点认为,将审查逮捕权划归法院,完全可以从宪法第37条第2款的规定推导出来,但这一观点并未成为通说。参见张翔:《逮捕权配置与宪法相关条款的释义》,载《法制日报》2013年5月22日,第12版。

⑥ 参见刘计划:《逮捕审查制度的中国模式及其改革》,载《法学研究》2012年第2期。

⑦ 参见[美]迈克尔·D.贝勒斯:《程序正义》,邓海平译,高等教育出版社2005年版,第22页以下。

首先,审查批捕部门和审查批捕检察官的独立性问题。批评者认为,审查批捕机关与侦查机关具有共同的追诉犯罪的目标,天然的追诉倾向使得其必然偏向侦查机关,而不可能独立地进行审查。司法实践中,公安、检察机关之间“配合有余、制约不足”的问题确实不容忽视,但党的十八届四中全会通过的《中共中央关于全面推进依法治国若干重大问题的决定》提出“完善对限制人身自由司法措施和侦查手段的司法监督”,检察机关强化侦查监督改革成效显著,①以及司法实务机关为防范冤错案件而强化制约的共识,为审查逮捕的诉讼化改造奠定了现实基础。并且,随着检察院自侦部门的相关职能整合至监察委员会,检察院审查批捕部门将不再承受来自本院自侦部门的压力,这无疑有助于提升其独立性和中立性。

当审查批捕部门外部压力骤减时,现行法律确立的带有行政色彩的审查批捕决策机制就成为影响审查批捕工作独立性的重要因素。具体而言,2012 年《刑事诉讼法》第 87 条规定,人民检察院审查批准逮捕犯罪嫌疑人由检察长决定。重大案件应当提交检察委员会讨论决定。据此,检察院内部实行层层报批的行政化的审查批捕决策机制。② 未来的审查逮捕诉讼化改造能否打破这种行政化的审批模式,进而实现“谁办案,谁负责;谁决定,谁负责”的目标,就成为评判审查批捕诉讼化改造是否成功的关键指标。

从法理角度来看,刑事诉讼活动的特性与规律以及克服检察一体、上命下从弊端的需要决定了检察官独立行使审查逮捕等检察事务权的正当性;③从司法实践角度来看,检察官在授权范围内独立办理审查逮捕案件,行使普通刑事案件的批准逮捕权和无社会危险性案件的不批准逮捕权已经取得初步成效。④尽管检察官独立行使审查逮捕权,从正当性与可行性角度来讲都不成问题,但

---

① 参见熊秋红:《完善侦查监督工作机制加强人权司法保障》,载《检察日报》2016 年 11 月 2 日,第 3 版。

② 例如,北京市人民检察院 2014 年发布的《北京市人民检察院审查逮捕办案细则(试行)》第 6 条规定:办理审查逮捕案件,应当指定办案人员进行审查。办案人员应当审阅案卷材料,制作《审查逮捕意见书》,提出批准或者决定逮捕、不批准或者不予逮捕的意见,经部门负责人审核后,报请检察长批准或者决定;重大疑难案件应当经检察委员会讨论决定。

③ 参见陈卫东、李训虎:《检察一体与检察官独立》,载《法学研究》2006 年第 1 期。

④ 司法实践中,省级检察院在制定各级人民检察院权力清单时,根据审查逮捕的特点,合理确定独任制检察官决定审查批捕的案件范围,让检察官在授权范围内独立办理审查逮捕案件,体现司法的独立性和亲历性。目前,一些省市已经将普通刑事案件的批准逮捕权和因无社会危险性不批准逮捕的权力赋予检察官,效果初步显现。《上海市各级人民检察院检察官权力清单》(2015 年版)规定,对改革试点中突出检察官的办案主体地位、大幅度下放办案权力用制度固定下来,对履行不同职责的检察官,分别授予不同权力,如规定刑事检察部门除不构成犯罪或证据不足而不批准逮捕、决定不予逮捕、不起诉等四项职权还必须由检察长(副检察长)或检察委员会决定外,其余都可授权独任检察官和检察官办案组行使。参见侯劲松:《上海检察机关落实司法责任制》,载《民主与法制时报》2016 年 1 月 21 日,第 3 版。

依然需要通过重新解读上述法律条文以证成检察官独立行使审查逮捕权的合法性。虽然作为个体的检察官在《刑事诉讼法》条文中往往隐而不显,体现的是作为整体的人民检察院及作为首长的检察长,但这一立法模式并不否定检察官独立行使职权的正当性,近年来主诉检察官、主办检察官办案责任制试点工作特别是司法责任制改革极大增强了检察官的独立性。并且,未来的检察制度改革会继续"全面落实人民检察院司法责任制,坚持'谁办案,谁负责;谁决定,谁负责',完善检察权运行机制,突出检察官司法办案主体地位"。[①] 在此改革背景下,在审查逮捕这一具有明显司法属性的事项上赋予检察官独立、完整的裁判权,无论在法理、法律还是司法实践层面均不存在障碍。

其次,公开听证程序的构建问题。考察一个程序是否具备诉讼化特征,是否进行公开听证是一个重要考量因素。尽管 2012 年《刑事诉讼法》没有规定审查逮捕的公开听证程序,但此次修法专门增加审查批准逮捕时讯问犯罪嫌疑人、询问证人、听取辩护律师意见的规定,为听证程序的推行提供了可能。很多地方检察院如北京、天津、河南、陕西等地检察院已经推行审查批捕公开听证程序试点工作并取得了积极效果。[②] 2012 年《刑事诉讼法》的新增规定以及司法实践已有的成功探索,为公开听证程序的建构奠定了基础。未来的审查逮捕诉讼化改革需要在此基础上更进一步,将审查批逮程序中的"可以"讯问犯罪嫌疑人、询问证人、听取辩护律师意见的规定扩大解释为"应当"讯问犯罪嫌疑人、询问证人、听取辩护律师意见,并将前期试点工作中审查批捕人员主持,侦查人员及犯罪嫌疑人、律师就是否应当逮捕进行公开辩论的做法常规化。唯有如此,审查逮捕程序才能完成从单方讯问程序向公开听证程序的转变。

再次,辩护律师参与审查批捕程序的问题。审查逮捕的公开听证程序能否真正发挥作用,能否避免听证的形式化,取决于辩护律师能否实质参与其中。毕竟绝大多数犯罪嫌疑人在审查逮捕过程中处于被羁押状态,无法收集证据,加之欠缺相关法律知识,根本无力与侦查机关就逮捕问题展开实质抗辩,唯有借助辩护律师的帮助才能保障其合法权益。尽管 2012 年《刑事诉讼法》将律师参与刑事诉讼的时间提前,使律师在侦查阶段即可以以辩护人的身份参与诉讼,但在司法实践中,侦查阶段的律师辩护率偏低。虽然 2012 年《刑事诉讼法》扩大法律援助在刑事诉讼中的适用范围,但仍然不足以有效解决审查逮捕程序中犯罪嫌疑人权利保障问题。如果没有辩护律师的参与,审查逮捕诉讼化改革

---

① 参见 2016 年 9 月 1 日最高人民检察院发布的《"十三五"时期检察工作发展规划纲要》。

② 参见敬大力:《北京市人民检察院工作报告》,载《北京日报》2017 年 2 月 8 日,第 4 版;徐盈雁等:《批准逮捕前先公开听证》,载《检察日报》2016 年 10 月 13 日,第 2 版;李想:《豫陕检察尝试侦查监督新模式》,载《法制日报》2016 年 5 月 13 日,第 3 版。

很难达到预期的效果。不过,随着《关于开展法律援助值班律师工作的意见》的实施,[①]以及最高人民检察院积极推动"法律援助值班律师为犯罪嫌疑人提供免费法律帮助,释明逮捕条件和社会危险性含义,参与逮捕公开审查,提高审查逮捕案件的辩护率和辩护质量",[②]可以预见,值班律师参与逮捕公开审查制度将会促进审查逮捕诉讼化改造中基本权抗辩机制的形成。

最后,被追诉人能否获得有效救济的问题。根据《刑事诉讼法》的规定,对于检察机关作出的不批捕决定,侦查机关可以申请复议和复核,而对于批捕决定,犯罪嫌疑人则没有同等的复议、复核权利。显然,批捕决定的不可救济性有损于完整意义上的审查逮捕诉讼化机制的构建。2012 年《刑事诉讼法》第 95 条对原有条文进行修改,从授予犯罪嫌疑人、被告人及其法定代理人、近亲属或者辩护人有权申请变更强制措施的角度作出规定,[③]并增加了有关机关对申请的处理程序,这在一定程度上弥补了被追诉人对于批捕决定没有复议、复核权的缺陷。另外,2012 年《刑事诉讼法》增设羁押必要性审查制度,明确了检察机关进行羁押必要性审查的义务,2016 年最高人民检察院制定的《人民检察院办理羁押必要性审查案件规定(试行)》赋予犯罪嫌疑人、被告人及其法定代理人、近亲属、辩护人申请进行羁押必要性审查的权利,此项规定有助于被追诉人对其认为不适当的逮捕决定进行救济。

尽管按照上述解读实现的审查逮捕诉讼化机制与学术界主张的审查逮捕司法化的愿景存在差距,但通过对刑事诉讼法的解释,基本可以解决司法实务界最为担心的审查逮捕诉讼化"法律依据不足"的问题,亦能够在现行法律框架内构建审查逮捕诉讼化的基本形态,进而实现基本权干预与基本权抗辩之间的基本平衡。

六、结语:刑事诉讼法解释共同体的构建

行文至此,逮捕制度再改革的脉络已经基本清晰,在刑事诉讼的宏观结构尚未发生根本转变之前,将批捕权交由法院行使并不具备现实可行性。相反,超越过度依赖立法式刑事司法改革的思维定势,运用法释义学的方法,通过解释宪法、刑事诉讼法的方式为逮捕制度改革寻求依据,在现有法律框架内证成并建构检察机关主导的诉讼化的逮捕审查模式,不失为当下最具可行性的改革

---

① 最高人民法院、最高人民检察院、公安部、国家安全部、司法部《关于开展法律援助值班律师工作的意见》第 1 条规定,法律援助机构在人民法院、看守所派驻值班律师,为没有辩护人的犯罪嫌疑人、刑事被告人提供法律帮助。

② 参见黄河:《侦查监督的现状、问题及发展方向》,中国刑事诉讼法学研究会 2016 年年会专题报告。

③ 参见郎胜主编:《〈中华人民共和国刑事诉讼法〉修改与适用》,新华出版社 2012 年版,第201 页。

方案。并且,运用宪法与刑事诉讼法融合的一体化思维,[①]通过解释刑事诉讼法实现审查逮捕诉讼化改造的改革模式具有积极的示范效应,可以为当下正在进行的其他具体刑事司法改革所借鉴。

长期以来,刑事诉讼法释义学的研究相对滞后。在比较法、实证研究等研究方法占据主流,传统注释法学被轻视的背景下,容易被人误解为注释法学的刑事诉讼法释义学难以获得实质发展,进而使得通过解释刑事诉讼法推进刑事司法改革的努力难以受到重视。近年来,刑事诉讼法学研究中法释义学方法的自觉运用开始兴起:既有法释义学的体系化尝试,[②]又有法释义学方法的研判与提倡,[③]亦有刑事诉讼法律条文的规范分析,[④]还有司法实践中具体问题的法解释学思考,[⑤]成为刑事诉讼法学研究中一个新的学术增长点。[⑥] 刑事诉讼法学界、实务界应当以此为契机,倡导、应用、发展刑事诉讼法释义学,通过法律职业群体内的对话、沟通、辩论形成观点纷呈的思想市场,逐渐在基本问题上达成共识,形成各方普遍接受的理念,进而形成刑事诉讼法解释的共同体。这一共同体的形成不仅有助于消除对刑事诉讼法可能存在的误解和曲解,建构法律人共享的、融贯的知识体系,同时也会有助于刑事司法改革的顺利推进。

尽管笔者主张通过发展刑事诉讼法释义学来促进刑事诉讼法的实施,主张借其弥补立法式刑事司法改革的弊病,但并非主张刑事诉讼法释义学的单兵突

---

① 刑事诉讼法应用宪法的性质决定了刑事诉讼法中的诸多问题需要从宪法维度进行审视、解读,唯有如此,才能对涉及基本权利的事项作出妥适的解释。在刑事诉讼法释义学的框架中,宪法性刑事诉讼法释义学无疑占有重要的一席之地。

② 参见易延友:《刑事诉讼法学》,法律出版社 2013 年版;万毅:《微观刑事诉讼法学》,中国检察出版社 2012 年版。

③ 参见汪海燕:《刑事诉讼法解释论纲》,载《清华法学》2013 年第 6 期;万毅:《刑事证据法适用中的解释方法略析》,载《人民检察》2014 年第 22 期。

④ 参见李奋飞:《"作证却免于强制出庭"抑或"免于强制作证"?〈刑事诉讼法〉第 188 条第 1 款的法教义学分析》,载《中外法学》2015 年第 2 期;孙远:《不强迫自证其罪条款之实质解释论纲》,载《政法论坛》2016 年第 2 期。

⑤ 参见万毅:《逮捕程序若干证据法难题及其破解——法解释学角度的思考》,载《西南民族大学学报》(人文社会科学版)2015 年第 2 期;程雷:《指定居所监视居住实施问题的解释论分析》,载《中国法学》2016 年第 3 期。

⑥ 据不完全统计,2013 年至今我国公开发表的刑事诉讼法释义学文章已有 30 多篇。相较于 2012 年《刑事诉讼法》修改之前的法释义学研究,无论是方法运用的自觉性还是涉及的范围、探讨的深度,现有研究都有显著提升。但需要指出的是,既有的刑事诉讼法释义学研究仍然存在诸多问题:远未形成融贯的理论体系;对法释义学研究方法探讨严重不足;多为单一的法条研判,实践导向不足;研究带有明显的注释法条或者司法解释释义的痕迹等。可以说,当下的刑事诉讼法释义学尚未实现基本的知识体系化,遑论"呈现中国价值"。未来的刑事诉讼法释义学应当在实现知识体系化的同时,"通过直面社会事实的社会科学研究,揭示诸'实在秩序领域'的自主性逻辑、运行机制以及相互联系,以新事实生成新价值、建构新教义,从而突破法教义学体系的封闭性和价值立场上的局限"。参见李强:《中国法教义学的"价值自觉"》,载《中国社会科学报》2016 年 11 月 16 日,第 5 版。

进,也不意味着对其自身存在的缺陷视而不见;[1]更非否定刑事诉讼法法学研究方法的多元发展,而是希望补足当下刑事诉讼法学研究中刑事诉讼法释义学缺失的短板、丰富刑事诉讼法学研究。毕竟,刑事诉讼法释义学尚处于起步阶段,其基本理论的建构,有赖于理论法学的支持;其具体制度的发展与完善,有赖于比较法的经验;而其应用实效,则取决于对本土实践的准确把握与及时反馈。[2]

反思法释义学自身缺陷、主张法释义学与社科法学或其他学科的积极互动非常必要,但构建刑事诉讼法释义学才是当下最紧要的任务。[3] 毕竟,跨学科的研究都建立在法释义学有相当发展的基础之上,[4]缺乏真正意义上的法释义学传统和积淀,缺乏以此为基础的法律解释共同体,诸多具体的刑事司法改革问题恐怕都难以顺利解决。在刑事诉讼法学研究共同话语体系缺乏,法解释里面有立法论,或者立法论与解释论交缠在一起的当下,[5]现实而紧迫的任务是倡导刑事诉讼法释义学研究。本文可以视为笔者对于推进刑事诉讼法法释义学方法运用的一次尝试。期待以此为起点,展开更加深入的刑事诉讼法释义学研究,推动刑事诉讼法释义学体系的建构,并促进刑事诉讼法解释共同体的构筑。

---

① 即便是在法释义学占据主流的德国法学界,学术界的反思也是由来已久。参见卜元石:《法教义学与法学方法论话题在德国 21 世纪的兴起与最新研究动向》,载《南京大学法律评论》2016 年第 1 期。

② 参见许德风:《法教义学的应用》,载《中外法学》2013 年第 5 期。

③ 正如学者所言,德国对于法释义学的反思是建立在法释义学异常发达、不可撼动的基础上的,而我们还没有真正意义上的法释义学。参见卜元石:《法教义学与法学方法论话题在德国 21 世纪的兴起与最新研究动向》,载《南京大学法律评论》2016 年第 1 期。

④ 即便被认为不重视法释义学的美国,在 20 世纪 80 年代前,关注法律教义也是美国法学主流。在 20 世纪 80 年代,“法学从一种主要关注法律教义的工作,转变为一个高度理论化以及跨学科之论著方兴未艾的领域”。See James R. Hackney, *Legal Intellectuals in Conversation: Reflections on the Construction of Contemporary American Legal Theory*, New York University Press, 2012, p. 2. 转引自郑戈:《郑戈的 2016 年书单》,载《南方周末》2017 年 1 月 19 日,第 25 版。波斯纳指出,20 世纪 70 年代至 90 年代,学生法律评论黄金时期的结束,源于法学学术从法律教义学(doctrinal scholarship)转向法律交叉学科(interdisciplinary scholarship)研究。See Richard A. Posner, “The Future of the Student-Edited Law Review”, *Stanford Law Review* 47, 1995, pp. 1131 – 1133.

⑤ 参见熊秋红:《学术创新要以深厚的学术积累为前提——在首届证据法学青年学术论坛的总结发言》(未刊稿)。

检察机关批捕权配置的三种模式

聂友伦*

摘　要　审查批捕的功能发挥很大程度上与检察机关批捕权的配置相关。随着检察内设机构改革与地方试点探索的不断发展，我国检察机关批捕权配置逐渐形成了三种模式。其中，侦查监督模式为检察内部分权制约的结果，但为保障案件质量，该模式下的批捕权被用作了控制侦查之手段；捕诉合一模式则是上述分权的反向操作，通过审查批捕与公诉的集权，试图解决侦查监督模式侦查控制失灵、办案效率低下等办案问题；批捕独立模式更多关注逮捕必要性审查之实现，通过行权机构的独立设置，保证审查主体的中立与超然，以实现审查批捕人权保障的法治功能。通过分析其生成脉络与理论基础，可总结出一些适用于检察机关批捕权配置的一般理论，以供司法实践与理论研究参考。

关键词　审查批捕　内设机构　侦查监督　捕诉合一　批捕独立

一、引言

逮捕，作为刑事诉讼中一项长时间剥夺被追诉人人身自由且有利于侦查办案的强制措施，应当由独立于侦查机关之外的司法机关予以审查决定。逮捕审查之意义，在于通过犯罪事实、案件证据以及社会危险性之审查，判断犯罪嫌疑人是否有逮捕必要，以防止不必要的羁押，实现惩罚犯罪与人权保障的价值平衡。整体上看，在我国审前羁押率仍处于高位的现状下，①作为控制逮捕的主要机制，检察机关的审查批捕职能对减少逮捕适用、提高逮捕质量殊为重要。然而，审查批捕的司法实践却呈现出一种无法控制的态势——仅 2017 年，全国检察机关批准逮捕的人数就惊人地达到近 107 万，为历年峰值，较 2016 年的近 83 万批捕人数上升了 28.9%。②

批捕数量激增在理论上可能是一个严重的问题，但在实践中则似乎并非如此。从理论上看，审查批捕之功能仅在于防止不必要的羁押，就此而言，逮捕数

---

* 聂友伦，中国人民大学法学院 2017 级博士研究生。

① 参见郭烁：《徘徊中前行：新刑诉法背景下的高羁押率分析》，载《法学家》2014 年第 4 期。

② 资料来源：2014 年至 2018 年《最高人民检察院工作报告》。应当说明，2018 年工作报告公布的批捕数据为 2013 年至 2017 年五年合计，2017 年的数据为合计数减去历年公布的数据得来。

量上升即反映了控制机制的失灵；而实践中审查批捕承担的任务则远不止单纯的逮捕必要性审查，侦查监督、侦查引导、侦查质量把关等一系列“侦查控制”的功能皆归于其中，这使我们无法仅以“必要性审查”的效果来评判审查批捕实效如何。但是，这种实践不禁引起疑问，审查批捕应当承担侦查控制的功能吗？或者寻根究底，即审查批捕应当发挥何种作用？应当在何种程度上发挥作用？

事实上，审查批捕的功能发挥很大程度上与检察机关批捕权的配置相关，相异的配置模式有着取向不同的价值基础，其所发挥的实践作用与功能实现的程度亦大相径庭。1954 年《宪法》仅宏观上将批捕权赋予检察机关，微观层面的权力配置则一直游离于“法外”，被普遍视为检察机关内部政策性调整的范畴，而这种调整又随内设机构的变动不断漂移。自 1954 年《人民检察院组织法》颁布自今，批捕权的配置模式已经发生了数次重要变化。在检察机关建章立制的初期，审查批捕与审查起诉、申诉控告、监所检察的职能归于侦查监督厅，为侦查监督的职权范围；①1979 年，审查批捕与审查起诉、侦查监督、刑事审判监督职能调整由刑事检察厅负责；②刑事检察厅于 1999 年裂变为审查批捕厅和审查起诉厅，在 2000 年开始的新一轮机构改革中，前者改名为侦查监督厅，后者改名为公诉厅（2001 年）。③ 从微观角度分析，由一个部门或一个检察官承担数项不同的检察职能，必然将使这些职能之间产生相互作用，如检察官既负责批捕又负责公诉，难免其在审查批捕时会考虑到对公诉的影响。质言之，不同的内设机构设置将直接导致具体职权运行方式、运行效果的差异。④

我国检察机关批捕权之配置，虽然经历了数十年的发展与调试，但始终未能形成一套固定的或成体系的标准模式；各地改革试点虽然看起来五花八门，但本质仍未超出批捕、起诉、监督三项职能排列组合的范畴。以最高检察机关的内设机构发展史以及地方检察院从未间断的内部体制改革为分析样本，本文认为，在检察机关批捕权配置方面，我国存在三种不同的制度模式：一为侦查监督模式，即审查批捕由侦查监督部门负责。或者说，该部门既负责审查批捕，同时执行对立案与侦查活动的监督，这是当下最为“正统”的一种模式；二为捕诉合一模式，即将审查批捕与公诉职能配置于同一部门，实践中较为普遍的做法是由一名检察官或一个办案组负责办理一件案件，审查批捕后接续进行公诉审查，目前典型的试点样本包括吉林全省以及上海、北京、湖北、贵州部分检察院；

① 孙谦主编：《人民检察制度的历史变迁》，中国检察出版社 2014 年版，第 302 页以下。

② 同上书，第 394 页。

③ 甄贞：《检察机关内部机构设置改革研究》，载《河南社会科学》2013 年第 1 期。

④ See D. S. Pugh, D. J. Hickson, C. R. Hinings, C. Turner, “Dimensions of Organization Structure”, *Administrative Science Quarterly*, Vol. 13, No. 1 (1968), pp. 65–105.

三为批捕独立模式，即设置独立的审查批捕部门，部门内检察人员专司逮捕与羁押的审查，不承担审查起诉、侦查监督等其他职能，相关实践样本包括2010年后实行“诉讼职能与诉讼监督职能适当分离”的湖北部分检察机关以及近期推进“强制措施审查职能优化配置”的北京部分检察机关。①

笔者拟采取描述性研究的方法，通过对上述三种典型模式进行尽量全面的描述，分析其生成脉络、理论基础，并就其理论与实践中的问题加以适当解释，最终归纳出一些适用于检察机关批捕权配置的一般理论。本文写作之目的不在于提出解决实践与改革中模式选择问题的对策，也无意探讨“捕诉分离”与“捕诉合一”孰优孰劣，仅扼要阐述各模式之特点，尝试对模式之间的差异作出比较，谨以此供理论界参考，以达抛砖引玉之效。

二、侦查监督模式

2000年最高人民检察院进行的内设机构改革将审查批捕划归侦查监督厅，随后，各地检察机关普遍依照改革要求对刑事检察部门予以拆分，并在此基础上设置侦查监督部门，由其行使审查批捕、立案监督与侦查活动监督的职能。在这种内部体制下，检察机关提出了“以审查逮捕为主体，以立案监督和侦查活动监督为两翼”的工作格局，②即以审查批捕作为工作重点，兼顾两类侦查监督。由侦查监督部门进行审查批捕，其体制设置与工作格局形成了一种独特的、以侦查质量为中心的批捕权配置模式，本文将其称为“侦查监督模式”。

（一）侦查监督模式的生成逻辑

自我国检察系统建立以来，虽然最高检察机关内设机构经历了剧烈的变化，各项检察职能随着相应内设机构分分合合，但在这段历史变迁中，审查批捕与侦查监督这两项职能却一直紧密相连，由同一部门行使。尽管侦查监督模式的正当性要素与规范意义仍需深入研究，然而从制度发展史的角度审视，其最初确立的历史原因则相当明确。新中国检察制度初创时，直接参照了苏联式“法律监督机关”的定位，③除侦查、公诉外的检察职能皆以“监督”表示，其中因审查批捕与审查起诉直接与侦查发生联系，审查权行使可视为对侦查的“监

① 应当说明的是，除上述权力配置模式外，司法实践中还存在数种“折中”模式。如虽将批捕部门与起诉部门合并，但办案模式仍然“捕诉分开”，即同一案件的审查批捕与审查起诉由不同检察官或办案组负责；再如虽外观上属于侦查监督模式，但在内设机构下分列侦监与批捕部门，将不同职权分开行使。这些折中模式实践中并不少见，但其实质乃属本文所述三种模式下的“亚类型”，故不作为一种独立的类型化模式予以讨论。

② 杨春雷：《把握侦监工作属性　推进“一体两翼”格局》，载《检察日报》2013年8月7日，第3版。

③ 参见中国共产党中央委员会1959年9月发布的《关于建立检察机构问题的指示》。

督”,故两种审查职能都被定位于“侦查监督”的范畴下。[①] 随着中国法制建设与实践的不断发展,原本苏联气息浓重的检察制度逐渐被内化而富有“中国特色”,但检察机关作为法律监督机关的定位却并未因此动摇,现实中一直存在某种将所有检察职能都纳入监督范畴,将所有检察权皆视作监督权的学说或倾向。[②]

在“法律监督教义学”的语境中,职务犯罪侦查乃“职务犯罪监督”,[③]起诉抗诉乃审判监督,[④]甚至进行司法解释也被视为一类法律监督。[⑤] 审查批捕,因其处于侦查阶段,则被直接归入侦查监督。基于这种认识论,有学者对审查批捕的侦查监督属性进行了三个方面的说明:其一,审查批捕的内容包括侦查证据、侦查活动、逮捕必要性等,这些都体现了对侦查的监督;其二,从侦查机关的角度,批捕的功能可视为放行、引导、叫停与纠错,这无一不反映了对侦查的监督价值;其三,批捕的作用在于逮捕措施的控制,实质即为对侦查机关强制措施实施权的监督。[⑥] 质言之,侦查监督模式之所以合理,乃因批捕权本身就是侦查监督的应有内涵。但事实上,这种“法律监督教义学”在学术讨论中的价值缺乏是显而易见的。[⑦]

即使跳出言必称法律监督的话语体系,将审查批捕作为一项独立于监督权之外的“裁判权”[⑧]“司法权”[⑨]或其他什么权力,侦查监督模式在实然层面仍具有某种“相对合理性”。甚至可以说,将侦查监督与审查批捕进行“职能捆绑”,乃现行司法体制与诉讼制度下不得已的选择。

首先,检察机关办理刑事案件,其重中之重在于实现有效追诉,而这须以良好的侦查质量为基础。《宪法》第 140 条规定,“人民法院、人民检察院和公安机关办理刑事案件,应当分工负责,互相配合,互相制约,以保证准确有效地执行

---

① 这种职能定位直接源于苏联检察制度,参见[苏联]列别金斯基等编:《苏维埃检察制度(重要文件)》,中国检察出版社 2008 年版,第 415 页以下。

② 法律监督一元论或将检察权等同于法律监督权的学说影响深远,是实务界的通说。参见王桂五:《论检察》,中国检察出版社 2013 年版,第 161 页以下;孙谦:《中国的检察改革》,载《法学研究》2003 年第 5 期。

③ 叶青:《职务犯罪侦查与法律监督的关系》,载《政治与法律》2007 年第 3 期。

④ 向泽选:《刑事公诉的法律属性与公诉改革》,载《河北法学》2008 年第 4 期。

⑤ 周永年:《检察解释的法律监督作用》,载《人民检察》2011 年第 16 期。

⑥ 朱孝清:《中国检察制度的几个问题》,载《中国法学》2007 年第 2 期。

⑦ 譬如,公安机关行使的侦查权通常被视为行政属性的权力,而检察机关行使的侦查权则被解说为法律监督;最高人民法院的司法解释权被视为司法权(或立法权)的范畴,而检察机关作出司法解释也被认作法律监督。这种“强行解释”所导致的类型化割裂只能造成法律概念与法学研究体系的混乱,难以具备理论研究与对话的价值。

⑧ 郝银钟:《论批捕权与司法公正》,载《中国人民大学学报》1998 年第 6 期。

⑨ 龙宗智:《检察机关办案方式的适度司法化改革》,载《法学研究》2013 年第 1 期。

法律”。所谓“有效执行法律”，主要意指“保证刑法的正确实施”，此为《刑事诉讼法》第1条所明确，申言之，即有效“惩罚犯罪”。就检察机关而言，其办理案件、执行法律的主要目的无外乎保障追诉活动的顺利进行，这既是其“主责主业”的要求，也是检察机关的“立命之本”。[①] 而有效的追诉取决于案件侦查质量，即，只有查明的案件事实、获取的案件证据符合起诉的法定标准，刑法的实施才可能实现。

其次，为使侦查质量符合起诉的标准，保证追诉活动的顺利进行，检察机关就必须找到控制或引导侦查的有效措施。囿于诉讼阶段的分隔，通过事后的审查起诉虽能实现侦查质量的“把关”，但因时过境迁，此时再要求侦查机关补查、补证，对侦查质量的提高已经意义不大。正因如此，诉讼制度的设计应当保证检察机关有权在侦查阶段介入案件，引导侦查机关按照起诉的标准收集证据，并审查、防止、排除因非法取证等影响侦查质量的事项。

最后，检察引导侦查被普遍认为属于侦查监督的范畴，[②]但仅依靠侦查监督的相关机制，根本无法实现控制或引导侦查之目的。其一，侦查监督缺少了解侦查信息的途径，虽然法律赋予检察机关如对侦查机关非法取证的提出纠正意见、应当立案而不立案的通知立案等权力，但因诉讼阶段的封闭，侦查监督难以知晓立案与侦查活动的具体情况，从而出现“有权不知使”的局面；[③]其二，监督手段的效力不足，使侦查机关面对如“纠正违法意见书”“检察建议书”等监督文书时完全可以置之不理，而检察机关对此亦无制裁措施。[④]

至此，鉴于上述措施的无效性，检察机关对侦查的控制任务“自生自发”地转向了另一权能，即审查批捕。审查批捕位于侦查阶段，通常是检察机关介入侦查的唯一法定化事由，这为分隔的诉讼阶段打开了缺口。对检察机关而言，经由逮捕审查，其自然而然实现了侦查信息的知悉，从而解决了侦查监督的前提问题；逮捕条件中包含的“证据要件”，即“有证据证明有犯罪事实”又恰好可作为对侦查进行实体审查的依据。对公安机关而言，逮捕的长期人身自由剥夺性质使得公安机关能够将其作为固定口供、防止逃跑、深挖余罪的工具，对侦查的顺利进行意义重大；同时，公安机关内部对“刑拘转捕率”等批捕指标的考核，促使其追求批捕的结果。侦查监督部门行使的批捕权直接控制公安机关的逮

---

① 检察制度创设之目的在于革除纠问制诉讼控审一体的弊端，通过侦查、审判两阶段的分离结构，实现法官与检察官的相互制约，并形成三面诉讼的结构。现代刑事诉讼以检察行使之控诉权为其基础，亦即，控诉职能乃检察权之核心与基石所在。参见林钰雄：《刑事诉讼法》(上册)，元照出版有限公司2015年版，第51页。

② 参见朱孝清：《侦查监督的工作格局》，载《人民检察》2013年第14期。

③ 李建明：《强制性侦查措施的法律规制与法律监督》，载《法学研究》2011年第4期。

④ 万春：《侦查监督制度改革若干问题》，载《河南社会科学》2010年第2期。

捕申请,对侦查机关的制约效应因此形成。申言之,审查批捕时检察机关提出的纠违与补证要求有批捕权背书,侦查机关若不予执行可能将招致不捕的后果,从而影响案件侦查与侦查人员自身的考核。① 为了实现控制侦查质量之目的,侦查监督就必须嵌入审查批捕中,形成所谓"一体两翼"的工作格局;而逮捕审查的功能也已脱离"必要性审查"的范畴,变为控制侦查的工具。至此,"以侦查质量为中心"的侦查监督模式形成,并成为了实践中最为普遍的批捕权设置模式。

(二)侦查监督模式的理论缺陷

就理论基础而言,侦查监督模式虽然给审查批捕打上了侦监的标签,但审查批捕着实难以被解释为一种"监督"的职能。监督,意为"监视"与"督促",其行使以存在监督对象为前提,而刑事诉讼中的监督对象一定是某些具有诉讼意义的行为,如侦查机关的取证与审判机关的审理。只有确定了监督的对象,监督才可能具有法律意义。如果把监督作广义的、扩大化的理解,这个监督就不再是一个法律概念了。② 审查批捕的监督对象是什么?形式上看,该监督对象似乎就是"公安机关提请批准逮捕"这一行为,但"提请"本身并未产生任何实体效果,即便在程序上其效果也仅为开启审查而已,这种行为如何得以监督?以实质论之,审查批捕所生成的具有法律意义之效果为"批准逮捕"或"不批准逮捕",作出该行为的主体乃检察机关本身,如此理解必将造成侦查监督与被监督者的权力界限不分之矛盾。③ 总之,审查批捕不属于侦查监督范畴,最多只是实现侦查监督的一种方式而已。

其实,职能的称谓并不重要,重要的是职能是否发挥了其应有的法治功能。审查批捕的法治功能,从《宪法》第 37 条"任何公民,非经人民检察院批准或者决定或者人民法院决定,并由公安机关执行,不受逮捕"的表述来看,应归于"公民的人身自由不受侵犯"之人权保障范畴,结合逮捕"保障诉讼顺利进行"的制度目的,该功能即在于实现"控制犯罪与保障人权的平衡"。④ 申言之,审查批捕应当贯彻"少捕、慎捕"的原则,集中审查犯罪嫌疑人的社会危险性,对没有证据证明存在再犯新罪、毁灭证据、打击被害人、逃跑、自杀等"社会危险性"或"逮

---

① 在实践中,批准逮捕在某种程度上起到了终结侦查的效果。因为一旦批捕,检察机关就承担了错捕与逮捕质量责任,这种责任迫使检察机关起诉并寻求有罪判决,公安机关负担的办案责任即部分转移至检察机关;若不予批捕,公安机关则需自己承担办案责任并使考核受到影响。

② 但伟、姜涛:《侦查监督制度研究——兼论检察引导侦查的基本理论问题》,载《中国法学》2003 年第 2 期。

③ 万毅:《论侦查程序处分权与侦查监督体制转型》,载《法学》2008 年第 4 期。

④ 孙谦:《司法改革背景下逮捕的若干问题研究》,载《中国法学》2017 年第 3 期。

捕必要性”的，一概不适用逮捕措施。[①] 遗憾的是，在侦查监督模式下，审查批捕已经完全变成了检察机关与侦查博弈、实现侦查质量控制的工具，其作为人权保障机制的独立价值根本无从实现。

实然层面的侦查监督模式以批捕与否制约、引导与控制侦查，并由此造成了审查批捕实体化与构罪即捕的问题。对于侦查质量低的案件，检察机关通过不批捕迫使侦查机关按其要求进行证据补充，而对侦查质量高的案件，则以批准逮捕作为给侦查机关的“奖励”。这种做法导致了逮捕审查的实体化，即审查的全部重心被置于侦查质量之查探，只要达到事实基本清楚、证据基本确实充分的标准，检察机关就有必要给予侦查机关批准逮捕的“对价”；若事实未查清或某关键证据缺失，检察机关则会以不批捕为“令箭”要求侦查机关继续侦查。质言之，此即为审查批捕“行政审批化”的实质——只要满足证据条件，侦查机关就应当获得批捕的结果。于是，构罪即捕的场景出现了。与其说构罪即捕是检察机关对逮捕审查不深入、不审慎所致，毋宁说这是以批捕权控制侦查的必然后果——如果“构罪”仍不逮捕，上述侦查质量控制机制便将遽然瓦解。

应然层面的审查批捕乃一种司法审查，应当由中立的司法人员通过审查判断被审查者是否具备逮捕条件来决定。[②] 由于逮捕条件的证明只是一种自由证明，尤其对社会危险性条件而言，可裁量的范围十分巨大，因此逮捕审查的主体必须秉持客观、中立的立场，否则便会导致逮捕权滥用的后果。一旦审查批捕被附加了侦查控制的功能，逮捕审查机关便通过“侦查引导”成为了侦查活动的实际参与者，不但其中立立场将荡然无存，而且逮捕对侦查的便利也将潜移默化成对检察机关的便利，致使审查者本身就具有了强烈的逮捕倾向。[③] 这种检察官的引导，类似于教唆犯的犯罪实行，实质早已属于侦查之范畴，再令其审查批捕，必将造成“既为运动员，又为裁判员”之矛盾。明白的说，只要审查批捕承担了侦查控制的功能，逮捕在必要性层面的审查、审查批捕在人权保障上的价值就无法成为现实，这也是侦查监督模式的命门所在。

（三）侦查监督模式的实践问题

虽然理论上，侦查监督模式已偏离了羁押审查国际准则的要求，使审查批捕基本丧失了其独立的法治功能与程序性价值，但至少该模式看似“合于实

---

① 聂友伦：《审查逮捕应以社会危险性审查为核心》，载《法制日报》2018 年 1 月 3 日，第 11 版。

② 羁押的司法审查乃世界通行之标准，如《公民权利和政治权利国际公约》第 9 条规定：“任何因刑事指控被逮捕或拘禁的人，应被迅速带见审判官或其他经法律授权行使司法权力的官员，并有权在合理的时间内受审判或被释放。等候审判的人受监禁不应作为一般规则，但可规定释放时应保证在司法程序的任何其他阶段出席审判，并在必要时报到听候执行判决。”由于我国逮捕伴随着长期羁押的效果，因此逮捕审查也应遵循此原则。

③ 参见刘计划：《逮捕审查制度的中国模式及其改革》，载《法学研究》2012 年第 2 期。

践",有利于检察机关控制侦查活动、提高案件质量,从而实现"诉得出、判得下"的工作要求。然而,对司法实践略加考察,便能发现这种批捕权配置的模式不论在侦查监督还是公诉工作中,皆存在一定问题。

其一,就侦查监督工作而言,侦查监督模式造成的突出矛盾既在于审查批捕的时间限制与实体审查之间,也在于审查批捕的案件范围与侦查质量控制之间。根据《刑事诉讼法》第91条,"人民检察院应当自接到公安机关提请批准逮捕书后的七日以内,作出批准逮捕或者不批准逮捕的决定"。审查人员往往抱怨审查时间不足,导致无法对案件进行全面深入的审查;①而学界则普遍认为审查时间过长,并列举各国羁押听证耗时予以论证。② 这种认识偏差肇因于逮捕审查内容之不同。学者认为,审查批捕的核心在于逮捕的必要性,即通过现有证据判断犯罪嫌疑人是否具有社会危险性。③ 但是,侦查监督模式则要求审查人员对案件事实、证据情况等实体事项进行全面审查,以确保案件的侦查质量。较之内容同样为实体审查的审查起诉,其期限最长可达一个半月,而审查批捕却限时7天,这显然不太够用。另外,以审查批捕为手段进行侦查监督,必然还将面临着侦查质量控制范围不足的缺陷。当然,对提请批捕的案件而言,检察机关通过审查可以发现侦查存在的问题,以补充侦查或侦查提纲等方式进行引导与控制。但是,若案件未提请批捕,上述批捕权监督、引导、控制侦查的效应就无法实现,此类案件的侦查事实上也就处于缺乏监督的状态,这既不利于检察监督的完善,也难以促进侦查活动的规范化。

其二,就公诉工作而言,在侦查监督模式下,审查批捕部门很难以公诉的标准进行侦查质量的把关与有效控制,从而无法助力公诉部门实现"进一步提高公诉质量"④之目的。对于检察机关,一方面,由于逮捕适用与起诉不同的证据标准,使得一些案件虽已批捕但侦查质量仍未达到起诉的要求;另一方面,因侦查监督人员不一定了解公诉标准,即使向侦查机关提出补证意见,往往也不得要领,与公诉的要求存在差距。⑤ 对侦查机关来说,只要案件已破、犯罪嫌疑人已被逮捕、检察机关不发出纠正违法通知书,侦查活动就算成功,捕后的侦查引导往往沦为摆设。⑥ 由于负责审查批捕与审查起诉的检察官并非同一人,若逮

---

① 沈占明:《审查批捕七天时间有点短》,载《检察日报》2004年6月9日,第8版。

② 如根据美国的经验,一般案件羁押审查持续时间可能不超过几分钟。刘计划:《逮捕审查制度的中国模式及其改革》,载《法学研究》2012年第2期。

③ 参见易延友:《刑事强制措施体系及其完善》,载《法学研究》2012年第3期。

④ 王守安:《以审判为中心的诉讼制度改革对检察工作的影响》,载《人民检察》2014年第22期。

⑤ 参见徐建、赖姣红:《完善主诉检察官制度建立捕诉合一工作机制》,载阮荣富主编:《检察实务探索与思考》,上海社会科学院出版社2006年版,第146页。

⑥ 马静华:《侦查权力的控制如何实现——以刑事拘留审批制度为例的分析》,载《政法论坛》2009年第5期。

捕申请被批准,侦监部门提出的意见大可不必理睬,甚至若不将其收入侦查卷宗,到了审查起诉阶段,公诉人员也根本无从知悉,更谈不上有针对性的审查与及时纠正。①

其三,侦查监督模式不仅难以有效发挥案件质量把关的功能,其运行效率也为实务人员所诟病。在该模式下,侦监部门在批捕阶段需对证据进行审查、整理、分析,对案件事实进行核对和认定,之后制作规范的审查逮捕意见书列明案件情况;至审查起诉阶段,公诉部门承办人又要从零熟悉案件,这实质就是一种重复劳动,浪费了办案的人力资源与时间资源。② 同时,由于案件侦查质量无法保证,审查起诉部门对一些案件只好退回补充侦查,又进一步损害了司法效率。③

侦查质量最终应由审查起诉部门检验,既然审查批捕的主要功能已被设定为确保侦查质量,那么为何不直接由公诉部门负责审查批捕呢?如此一来,侦查质量可得保障,侦查监督也能有效发挥作用,办案效率亦可得到提高——看似"三全"的改革方案呼之欲出,此亦即批捕权配置的"捕诉合一"模式。

三、捕诉合一模式

(一)捕诉合一模式的复兴

虽然关于"捕诉合一"改革的讨论近期才突然兴起,但应注意,"捕诉合一"本身并非新生概念,回看上文关于检察机关内设机构的历史沿革即可发现,在1999年刑事检察厅分立前,批捕权配置一直采取的是捕诉合一模式。④ 为何捕诉合一模式在式微10余年之后又呈复兴态势,从一个历史的角度梳理其演进逻辑与反复过程,对研究思路的厘清当有裨益。

1999年的"捕诉分离"改革,肇因于理论界展开的一场关于检察机关、检察权性质以及检察分权的讨论。⑤ 检察机关彼时具有职务犯罪侦查权、逮捕决定权、公诉权以及复杂多元的诉讼监督权,在三机关中最为强势。特别对职务犯

---

① 叶丽芳:《捕诉合一办案机制研究》,载李泽明主编:《检察基础理论与实践》(上册),中国检察出版社2008年版,第95页。

② 许世兰、黄自强:《"捕诉合一"办案机制探析》,载孙长永主编:《刑事司法论丛》(第2卷),中国检察出版社2014年版,第252页。

③ 许永俊、王宏伟:《捕诉合一办案机制研究》,载《国家检察官学院学报》2001年第1期。

④ 王松苗、王丽丽:《检察机关内设机构的风雨变迁》,载《检察日报》2009年10月12日,第5版。

⑤ 相关代表性论述,包括陈卫东、郝银钟:《侦、检一体化模式研究——兼论我国刑事司法体制改革的必要性》,载《法学研究》1999年第1期;郝银钟:《检察权质疑》,载《中国人民大学学报》1999年第3期;宋伟、郝银钟:《论检察权的滥用及其法治》,载《法学》1999年第9期;龙宗智:《论检察权的性质与检察机关的改革》,载《法学》1999年第10期;谢鹏程:《论检察权的性质》,载《法学》2000年第1期;陈瑞华:《司法权的性质——以刑事司法为范例的分析》,载《法学研究》2000年第5期;王敏远:《论我国检察机关对刑事司法的监督》,载《中外法学》2000年第6期。

罪案件而言,立案、侦查、逮捕、起诉全部集于检察,公安与法院根本无法对其进行制约,外部监督机制几乎不存在。① 对此般集中、封闭且强势的权力,学界提出的改革意见莫过于分立权力与加强制约。为了防止可能的外部分权,检察机关沿袭了过去“加强内部制约”的改革路径,②其中最重要的措施就是“建立审查逮捕和审查起诉之间的互相制约机制”③,将审查批捕与公诉两项职能分离,并形成了前述批捕权配置的侦查监督模式。

然而,在以侦查质量为中心的检察“办案”活动中,侦查监督模式所表现出的质量控制失灵、侦查监督不力、办案效率低下等缺陷无疑令下级检察机关难以忍受,案多人少矛盾突出的地区尤其如此。虽然2000年8月全国检察机关公诉改革工作会议提出不再进行“捕诉合一”的改革试点,但为了解决办案的现实问题,一些地方试点仍维持了下来。例如,深圳市检察院2000年1月开始推行“捕诉合一”试点,将原起诉一处、起诉二处、批捕处改为三个刑检处,以“批捕起诉职能集中行使”的方式办理刑事案件。④ 从办案质效来看,2000~2005年,深圳检察系统“以12%的人员增长,保质保量地消化了190%的案件增长”,不起诉率与公诉案件无罪判决率逐年下降,与1999年相比下降一半以上。⑤ 但出于人员条件、配套机制等原因,这些试点最终“无疾而终”,各地批捕和起诉部门又回到了分立状态。⑥

直到近年,借司法体制改革的东风,捕诉合一模式重回历史舞台。新一轮司法体制改革提出了检察机关“去行政化”的要求,改革的大体思路为减少层级设置,实现检察业务的扁平化管理,还权于办案人员,落实“谁办案、谁负责”的司法责任制度。⑦ 扁平化管理,很容易直接推导出合并与精简内设机构的意涵,这也是所谓“大部制改革”的基础,而“大部制改革”首当其冲便是将原本合一的审查起诉与公诉重新合并。有代表性的试点方案,如吉林将侦查监督与公诉部门合并为刑事检察部,湖北部分基层院将侦查监督中的批捕职能归入公诉部

---

① 参见谢鹏程:《人民监督员制度的法理基础》,载《检察日报》2004年4月1日,第3版。

② 其实,检察机关的内部制约改革早在20世纪80年代末就已起步,当时改革的对象是集侦、捕、诉为一体的职务犯罪侦查部门。1989年最高人民检察院工作报告指出:“建立和完善内部制约制度。一要继续贯彻实行检察机关自行侦查的犯罪案件的分权制,即把侦查、预审与决定逮捕、起诉分开,由两个部门分别管理,消除权力过于集中的弊病,使各项业务活动都受到制约。”

③ 最高人民检察院1999年2月发布的《检察工作五年发展规划》。

④ 朱文俊:《浅谈关于“捕诉合一”的几个问题》,载柏荣、李乐平主编:《基层建设与检察文化》,中国检察出版社2005年版,第265页。

⑤ 叶丽芳:《捕诉合一办案机制研究》,载李泽明主编:《检察基础理论与实践》(上册),中国检察出版社2008年版,第96页以下。

⑥ 参见郭烁:《捕诉调整:“世易时移”的检察机制再选择》,载《东方法学》2018年第4期。

⑦ 参见詹建红:《司法责任制语境下的主任检察官制度改革——以检察官的职权配置为中心》,载《法商研究》2017年第4期。

门成立批捕公诉部，广东一些基层院成立的负责批捕与公诉的职务犯罪检控局；等等。①

表面上看，捕诉合一模式的复兴似乎只是“世易时移”下检察机关面对办案压力、责任制要求推出的应对举措，但从更宏观的角度审视，捕诉合一则更可视为检察机关重建权力体系、维持政治地位的一种救急方案。经由以审判为中心的诉讼制度改革、公安机关机构与办案模式改革，审判机关、侦查机关的办案权力得到了进一步强化，而检察机关的整体权力却因监察改革而被削弱，这与1999年的情形形成了鲜明的对比。为了确保检察机关与侦、审的平等地位，实现有效的制约效应，检察机关此时的改革选择恰好和彼时反向：要么增加权力内容，要么减少内部掣肘、避免权力“碎片化”、提高权力行使的强度。短时间内，可能的选项只有后者一种，于是，集中办案权力，重回捕诉合一模式，成为当下检察改革的“理性”选择。

（二）捕诉合一模式的实践效果

捕诉合一模式的实践效果主要体现为办案质效的提高，这通过对侦查质量的有效控制与减少重复的实体审查实现。检察机关对侦查质量的控制手段主要有两项，其一为审查批捕，即“以批捕为胡萝卜、以不批捕为大棒”，辅之侦查或补侦提纲来引导与监督侦查活动，其二为审查起诉，即在审查过程中以退回补充侦查的方式达成。在侦查监督模式下，由于审查批捕与审查起诉的主体分离，既难以统一证据标准的把握尺度，也无法对侦查进行全程的质量控制，以致对保证公诉效果、提高办案质量造成了“瓶颈”效应。针对侦监模式的上述缺陷，捕诉合一模式通过将审查批捕与审查公诉职能集于一个部门（在个案办理中集于某一检察官或办案组），统一侦查质量标准、整合控制侦查手段，促使侦查按照起诉的要求进行，从而突破制约办案质量的“瓶颈”。同时，由于逮捕与起诉审查主体的同一化，捕诉合一模式减少了案件审查的工作量，使整体的工作负担得以减轻，并以此提高案件的审查效率。

无论是办案质量还是办案效率的提高，都体现的是捕诉合一模式的“办案导向”，而这种导向的实质就是追诉。通过审查批捕与审查起诉对侦查质量的同体性控制，捕诉合一模式基本实现了检察机关对案件质量的审前全流程监控，由此保证检控活动的顺利进行。实践中，该模式的运转如下：在审查批捕阶段，承办人将大体以公诉的标准对案件事实进行审查，发现现有证据无法构罪时，一般不予逮捕并要求侦查机关补充侦查；若关键证据已基本收集完毕，足以达到定罪（不一定是指控的犯罪）标准时，作出批捕决定并可就未来侦查方向、

① 尚爱国：《论检察机关内设业务机构的科学设置与整合》，载《河南社会科学》2015年第12期。

关键证据固定、次要证据收集向侦查机关提出建议。到了审查起诉阶段,由于承办人对案件基本事实已经了解,因此在全面审查的基础上将重点审查案件存疑的部分,对关键事实仍未查明的,退回补充侦查或自行侦查。可以说,在侦检分离的现行刑事诉讼体制下,该模式将检察机关的追诉职能发挥到了极致。

追诉职能的有效行使,推高了实践中办案质效的各项指标。① 一方面,由于捕诉合一模式隐性提高了逮捕的证据条件,加之侦查质量得到了有效控制,审查批捕与公诉案件的质量指标双双提升。如2016~2017年,J地区试点检察机关捕后不诉的案件较2013~2014年下降了12.5%,撤诉案件由120人减少到76人,下降36.7%;2013年至2018年年初,H地区试点单位中,有两个单位无捕后不诉案件,其余单位的捕后不诉率在5%以下。另一方面,因“捕诉合一”减少了重复阅卷、加强了侦查引导,试点单位的办案期限普遍缩短,退补率也有所下降,对办案效率产生了积极影响。如2017年J地区试点检察机关批捕与起诉的办案周期相较于2014年同比缩短了0.7天与2.5天;2017年G地区某试点院办理的捕后起诉案件,平均办案周期比该地未试点院平均值少1.9天;2015~2016年S地区试点单位以捕诉合一模式办理信用卡诈骗犯罪,办案效率较未实行的单位提高了近50%。此外,捕诉合一模式客观上还起到了人权保障的作用,因其对逮捕的证据把关更为严格,实践中杜绝了附条件逮捕的情形。如2015~2017年J地区试点单位的不捕率连续上升,分别为19%、20.3%、23.8%。

(三)捕诉合一模式的理论反思

捕诉合一模式的复兴难免引发非议,因为在形式上,这种改革即为把已分离近二十载的审查批捕与公诉职能重新合并——改革走了“回头路”,这本身就是颇值得怀疑的。1999年的分离改革,其初衷在于通过内部分权形成部门间制约,以试图解决“谁来监督监督者”的问题,并以此维持过于强势的检察权与侦查、审判的权力平衡。在检察权已略显式微的当下,虽然从感觉上看,为了稳定三机关分工负责的刑事诉讼体系,检察机关的权力应得加强。但是,将已经分立的权力重新集中,却需要找到相应的合法性来源,在这些权力直接关乎人权保障时尤应如此。“捕诉合一”寻求的合法性集中于办案方面,即该模式能够解决侦查监督模式不利于追诉的实际问题,加强公诉案件的办案质量、减少错捕,并提高业务效率。然而,如前所述,将批捕权用作侦查控制的工具,其根本上是

---

① 以下相关实践数据为调研所得,基于可以理解的原因,本文对其进行了技术性处理。实际上,捕诉合一模式在办案质效方面的成效早已得到了实践的证明。关于早期的试点情况,可参见钟全党、王静波:《捕诉职能集中行使问题研究》,载刘建柱主编:《检察实务疑难问题研究》,中国检察出版社2004年版,第667页以下。

与审查批捕的法治功能相矛盾的。正如学者指出:“捕诉合一”虽然可以加强公诉对侦查的引导、加快办案速度,但却不符合诉讼规律的内在要求,因而可能导致权力滥用。①

审查批捕遵循的诉讼规律,应当是司法的、客观的、以社会危险性为核心的审查,而非实体化的、构罪即捕的审查。虽然逮捕审查实体化与构罪即捕并非“捕诉合一”造成,但这亦不是支持“捕诉合一”的理由,反而可以作为反对该模式的论据。② 在捕诉合一模式下,逮捕审查对案件的证据要件把关更为严格,这不是实体化又是什么?对于侦查质量扎实、实体明显构罪、无错误之虞的案件,为了便利后续的起诉、防止任何可能的危险性、安抚被害人,承办人又有何理由不捕?况且如果不捕,一旦出现诸如犯罪嫌疑人逃跑、被害人及其亲属信访等一切后果,皆需由承办人承担责任,而批准逮捕,这些风险都将不复存在。③ 换言之,批捕构罪案件的犯罪嫌疑人,对“捕诉合一”的检察官“百利而无一害”,构罪即捕的问题亦将更加严重。④ 如此一来,虽然形式上的逮捕质量——捕后有罪判决率有所上升,但大量无社会危险性的犯罪嫌疑人仍将被长时间剥夺人身自由,这很难说实质的逮捕质量提高了。

批捕权配置的捕诉合一模式,乃检察机关控制侦查质量之路行至极端的体现。此模式下,审查批捕与审查起诉的实践功能彻底混同,审查人员以起诉的实体标准进行逮捕审查,通过不批捕与不起诉两项权力达到对侦查的控制,严格要求侦查按照起诉的标准收集证据,从而实现自审查批捕到审查起诉,检察对侦查全流程的引导作用。然而,“捕诉合一”对侦查质量的控制乃是以放弃、虚化与背离审查批捕的独立价值为代价,质言之,捕诉合一模式已经完全脱离

① 邓思清:《检察权内部配置与检察机关内设机构改革》,载《国家检察官学院学报》2013 年第 2 期。

② 有实务人士指出,捕诉分离“同样不能解决‘谁来监督监督者’的问题”,并以此作为“捕诉合一应当是更优的选择”的论点。参见张和林、严然:《检察机关内设机构改革若干问题研究》,载《人民检察》2014 年第 6 期。这种论证是存在问题的。虽然捕诉分离没有根本上解决“谁来监督监督者”,但其构建的内部制约机制并非毫无监督作用,而捕诉合一连这种内部制约都不要了,岂不使上述监督的问题变得更为严重?

③ 将是否批准逮捕完全取决于侦查质量,会出现一个有趣的悖论。若案件侦查质量越高、证据越确实充分,则犯罪嫌疑人妨碍诉讼顺利进行的可能性、逮捕对侦查产生的促进作用就越小,此时批捕实际上是缺乏实益的。但是,实践中此类案件的批捕率却仍然很高,甚至适用速裁程序的认罪案件也是如此,这即为实体审查与必要性审查之间不相容的体现。除了规避潜在的办案风险外,将逮捕视为“刑罚的预支”可能也是其中缘由。参见陈卫东、聂友伦:《侦查视角下的刑事速裁程序效率研究——现状、问题与展望》,载《中国刑事法杂志》2016 年第 6 期。

④ 构罪即捕的倾向与捕后轻判率有着一定程度正相关的关系,捕后轻判率越高,表明检察官将更多“仅构罪”的犯罪嫌疑人予以了批捕。从试点情况看,J 地区 2016 年的捕后轻判率为 13.59%,较试点前 2014 年的 11.54% 上升了 2.05%;2015 ~ 2017 年,S 地区试点单位适用“捕诉合一”办理金融、知识产权犯罪案件,其捕后轻判率为 8.54%,较未试点单位同类案件的 7.41% 高 1.13%。

了司法审查、人权保障、社会危险性等一系列应然的概念范畴,改革也无外乎检察机关与侦审之间权力的"军备竞赛"而已。

四、批捕独立模式

(一)批捕独立模式的提出

"捕诉合一"改革旨在解决现行侦查监督模式下侦查控制乏力、案件质效不高等"办案"问题,而提出批捕独立模式的主要目的则是实现审查批捕独立的、应然的也是必要的法治功能。审查批捕的法治功能为《宪法》第 37 条所明确,其目的乃保障公民人身自由免受不当侵犯,其内容为审查犯罪嫌疑人是否符合法定逮捕条件,其行权主体应秉持客观、中立的立场。但是,在一种从目的到内容皆为控制侦查活动、把关侦查质量、保证控诉效果的办案模式下,"捕诉合一"的检察官对侦查之控制本身即可视为一种"侦查领导",其主体性质已与"刑侦队长""派出所长"别无二致,对逮捕结果业已产生利害关系,如此,何以使其进行客观之必要性审查?

虽然侦查监督模式也存在上述问题,但由于该模式下批捕权毕竟与公诉权这一完全的控诉职能存在相对分离,审查批捕人员不直接对侦查质量、控诉效果承担责任,其对案件质量之关注并无"捕诉合一"一般重视。也正是在此基础上,理论界与实务界才能达成一定程度的共识,以实现审查批捕的法治功能为目的,共同推动审查批捕程序的独立化、司法化改革。目前学界正积极倡导、各地正在零星试点的"审查逮捕诉讼化改革"即为此中范例。①

正当程序的构建固然重要,但更基础的问题在于确保批捕权行使主体的适格,②即该主体应当"具有履行决定羁押权所要求的客观性和公正性"。③ 无论是侦查监督模式还是捕诉合一模式,审查批捕皆不同程度地被用作为侦查控制的手段,从而将导致审查者中立地位的丧失。因此,欲在现行检察机关审查批捕的体制下实现中立、超然的逮捕审查,就必须将批捕权从侦查监督中予以剥离,更不能将其与审查起诉合而为一。作为职能剥离的结果,在机构设置上,则应实现审查批捕的独立建制,以此保证行使批捕权的检察官不受其他职能影响。这种批捕权的配置模式,即本文所指"批捕独立模式"。

---

① 学界的相关研究包括:陈卫东:《逮捕程序司法化三题》,载《人民检察》2016 年第 21 期;闵春雷:《论审查逮捕程序的诉讼化》,载《法制与社会发展》2016 年第 3 期;张晓津、刘涛:《简论审查逮捕的诉讼化转型》,载《人民检察》2017 年第 21 期;张泽涛:《构建中国式的听证审查逮捕程序》,载《政法论坛》2018 年第 1 期。

② 有一种观点认为,只要构建了逮捕审查的正当程序,就可以保障审查的公正、中立。这种论断是经不起推敲的。例如,法治发达国的审判程序可被视为正当程序,但各国无一例外对法官回避作出了规定,这就足以说明即使正当程序,亦非"徒法自行",人的因素在任何具有裁决性质的程序中皆不可忽略。

③ 孙谦:《司法改革背景下逮捕的若干问题研究》,载《中国法学》2017 年第 3 期。

批捕独立模式的实践探索，相关样本有湖北省人民检察院曾推进的"诉讼职能与诉讼监督职能分离"改革。该单位对其内设机构进行了如下调整：第一，组建审查批捕处，承担对公安机关移送刑事案件、市级检察院提请自侦案件的审查批捕，以及批准延长羁押期限的职能；第二，将侦查监督处的职能调整为承担刑事立案监督、侦查活动监督以及对行政执法机关向司法机关移送刑事案件的监督等职能。① 但是，由于省级院很少直接行使批捕权，审查批捕独立设置的实践效果难以体现。此外，该项改革的主要目的并非实现审查批捕的独立化与司法化，而在于提高诉讼监督的效果，以致其下属的试点基层院虽实现了侦监与批捕的分离，但又将审查批捕与公诉合为一体，仍要求逮捕审查承担案件质量把关的作用，这实际已经消除了职能分离在审查批捕法治功能实现上的意义。②

北京市检察机关近期推动的"强制措施审查职能优化配置试点"则更进一步，其在审查批捕、侦查监督以及公诉职能分离的基础上，提出将分散于检察机关各部门、检察工作各环节的强制措施审查职能统一配置到已建立的审查批捕部门负责，要求以羁押必要性为审查核心，并辅之以多元化的审查模式，以构建系统化的逮捕审查机制。③ 事实上，这项改革已经初步具备了批捕独立模式的外观与内涵，其目的在于"维护公平正义""保障人权和产权"。遗憾的是，由于改革推进时间过短，尚无研究者对该试点在逮捕必要性审查上的效果予以实证研究，但至少可以看到，逮捕制度的独立价值在实践中已经得到了一定的重视。

（二）批捕独立模式的制度阻碍

要发挥审查批捕的法治功能，实现中立、客观的逮捕审查，就必须保障行使批捕权的机构及其"司法官员"具有独立性。批捕独立模式，其体制外观为在检察机关内部设立具有相对独立性质的审查批捕部门，其基本内涵乃保障审查人员能够不受干涉地独立行使检察权，并在此基础上建立司法化的逮捕必要性审查机制。但是，这种独立性的型构却受到了一系列体制机制因素的阻碍，分述如下：

1. 检察一体与检察官独立的矛盾

检察一体与检察官独立之间的矛盾是一个历久弥新的话题。检察官独立行使职权毫无疑问具有正当性，但检察一体所包含的上下一体、上命下从以及

---

① 敬大力：《检察实践论》（上册），中国检察出版社 2016 年版，第 610 页。

② 关于湖北省的实践做法，参见中国人民大学诉讼制度与司法改革研究中心：《破解检察监督难题的湖北经验——湖北省检察机关"两个适当分离"改革情况调研报告》，载《法制资讯》2012 年第 4 期。

③ 参见敬大力：《检察机关强制措施审查工作须优化配置》，载《人民检察》（首都版）2018 年第 2 期。

其底下的指令权、职务转移、官员代换等制度本身就意味着检察官内部的不独立。[①] 就批捕权而言,《刑事诉讼法》第 89 条载有明文,“人民检察院审查批准逮捕犯罪嫌疑人由检察长决定”。这表明在批捕权的权限上,承办检察官的职权依附于检察长而无法独立行使。当然,《关于完善人民检察院司法责任制的若干意见》的出台很大程度解决了独立办案的问题,其规定“审查逮捕、审查起诉案件,一般由独任检察官承办,重大、疑难、复杂案件也可以由检察官办案组承办”,“并对办案质量终身负责”;检察长不同意承办人处理意见并作出不同决定的,执行的后果由检察长负责。[②] 但是,“检察长统一领导检察院的工作”,其职权范围远不止办案,包括考评、保障、组织等一系列行政性质的职权实际都由检察长负责。换言之,即使检察官能够获得独立办案的条件,但在这种“管理与被管理”的关系中,承办检察官根本不可能获得真正的独立。尤其对于某些涉及维稳、敏感的案件,甚至在某些特殊时期,作为“政治家”的检察首长不可能不对政治上的风险作出评估,从而干预检察官独立办案;而更多的情况是,承办检察官将自己对案外因素进行评估,主动体察领导苦心、为领导分担责任。如此,责任制所构建的检察官独立性便将烟消云散,批捕独立模式也将失去基础。

2. 逮捕制度设计与独立审查的矛盾

构建批捕独立模式的价值在于通过保障审查批捕的中立性与客观性,防止审查者产生逮捕倾向,从而实现以逮捕必要性为核心的“人权保障措施”之功能。然而,我国逮捕及其配套制度的设计,本身就已内含了适用逮捕的倾向性,这与独立审查之间存在难以忽视的矛盾。

其一,《刑事诉讼法》的条文表述倾向于适用逮捕而非取保候审。《刑事诉讼法》第 81 条将符合一般逮捕条件的后果设定为“应当予以逮捕”的义务性规则,就义务性规则的性质而言,“主体应当或必须做出一定积极行为”[③],即对符合逮捕条件的犯罪嫌疑人、被告人“必须”作出逮捕决定;而其第 67 条则将非羁押强制措施的适用条款设置为“可以取保候审”,相较之下明显可感立法对逮捕措施的倾向性——对于符合取保候审条件的犯罪嫌疑人,“可以”不取保候审;而对于符合逮捕条件的犯罪嫌疑人,则“应当”逮捕。[④]

其二,国家赔偿制度使得检察官难以将逮捕必要性作为审查批捕的核心。我国的国家赔偿制度采一种“谁决定,谁赔偿”的模式,对批捕案件而言,由于决

---

① 参见陈卫东、李训虎:《检察一体与检察官独立》,载《法学研究》2006 年第 1 期。

② 《关于完善人民检察院司法责任制的若干意见》,载《法制日报》2015 年 9 月 29 日,第 5 版。

③ 孙国华、朱景文主编:《法理学》,中国人民大学出版社 2000 年版,第 283 页。

④ 类比其他具有类似制度的国家或地区,则无一不将审前羁押条款设定为授权性规则,如《德国刑事诉讼法》第 112 条规定,“具有行为的重大嫌疑,且构成逮捕理由的,对该犯罪嫌疑人允许命令待审羁押”。参见《德国刑事诉讼法典》,岳礼玲、林静译,中国检察出版社 2016 年版,第 57 页。

定主体为检察机关,若该案件后作无罪处理,则该检察机关应当承担赔偿义务。为避免赔偿责任的产生,逮捕审查人员必须对逮捕案件进行实体层面进行审查,公诉人员也不得不尽量将已批捕的案件提起公诉。由于错捕造成的赔偿责任仍将由作为整体的检察机关承担,因此即使在批捕独立模式下,逮捕实体化、逮捕"绑架"公诉的问题依旧无法消除。

其三,现行逮捕质量考评机制阻碍逮捕必要性审查的实现。各地对逮捕质量的考评乃以高检院2006年发布、2010年修订的《人民检察院审查逮捕质量标准》(以下简称《标准》)为基准制定。根据该规定,除须负国家赔偿责任的错捕外,逮捕质量问题还包括"不批准逮捕后该犯罪嫌疑人又实施了犯罪或严重影响刑事诉讼正常进行的行为,最后被判处有期徒刑以上刑罚""批准逮捕后犯罪嫌疑人被判处较有期徒刑以上刑罚轻的刑罚"等。换言之,《标准》所认定的"高审查逮捕质量"有两类,即"捕后判处有期徒刑以上刑罚的"与"不捕后未发生社会危险性的"。由于无法完全预测社会危险性是否可能发生,最为稳妥的做法即对犯罪嫌疑人可能判处的刑罚进行预测,以"可能判处有期徒刑以上刑罚"作为逮捕之实质标准;只有在此标准以下的犯罪嫌疑人,审查者才有考量社会危险性之必要。如此一来,批捕标准仍然只是一种实体化标准,即使审查批捕职能在检察体制内完全独立,亦无法解决上述问题。

3. 侦查质量如何控制?

前文已述,在"分工负责,互相配合,互相制约"的刑事案件办案体制下,侦查监督与审查批捕之捆绑、侦查监督模式的生成,实属一种自生自发的制度演进之结果。侦查质量之控制,本应为审查起诉与侦查监督的职能范畴,但因前者审查时点过晚、后者缺乏介入手段,使检察机关在侦查阶段对案件质量之控制只能依靠审查批捕实现。而审查批捕则可通过"不批捕 + 补充侦查"或"批捕 + 侦查提纲"两种模式实现对侦查活动的有效控制。因此,一旦采批捕独立模式,将审查批捕与实体审查相剥离,则检察机关便丧失了最有效的侦查控制措施,如何控制侦查质量便成为检察机关所面临的一项新的难题。

五、检察机关批捕权配置的模式选择

根据我国检察机关批捕权配置的实践,本文归纳了批捕权配置的三种不同模式。不论是侦查监督模式、捕诉合一模式,还是批捕独立模式,皆为检察体制改革与司法实践的产物,都有存在与实行的合理性,也都有一系列理论与实践上的问题。宏观上看,捕诉合一模式偏向追诉,通过权力的集中,实现审查批捕、审查起诉两阶段的案件质量把关,有效控制侦查质量,以达成公诉胜诉之目的;批捕独立模式则将着眼点置于逮捕必要性审查上,通过行权机构的独立设置,保证审查主体的中立与超然,以实现其人权保障的法治功能;侦查监督模式则类似于前两种模式的折中,既欲实现侦查质量之控制,又在一定程度上强调社会危险性审查的重要性,但其实践效果却显得顾此失彼、不一而足。

批捕权配置或模式选择之目的,在于满足一定宏观层面上的价值取向;辨证地看,也正是由于特定的价值基础,相应的批捕权配置模式才得以形构。[①] 这种价值取向,说穿了就是惩罚犯罪与保障人权维度中某一难以描述的价值点而已。相较之,在当前侦查控制不利、案多人少、检察权被削弱的背景下,强调"办案"的捕诉合一模式更容易得到检察机关决策层的支持与推动;而从实现审查批捕的法治功能、保障犯罪嫌疑人人权的角度,在当前的宪制框架下,理论界则更为青睐批捕独立模式。[②] 以审查批捕作为侦查质量控制手段的侦查监督模式与捕诉合一模式背离了逮捕制度的诉讼规律,尤其在重视人权保障、强调刑事诉讼国际标准的当下,坚持或推动此类模式的实践与改革,显已不合时宜。然而,现行检察一体的管理模式、逮捕及其配套制度的倾向性设计以及侦查控制机制的匮乏,亦未给批捕独立模式留下足够的生长空间,诸多体制机制因素都对此模式造成了阻碍。

在时下的法治环境中,如何对检察机关批捕权配置的模式进行选择?以诉讼原理与司法实践综合考量,选择以上任一模式皆无法解决所有现实问题。批捕权配置既无立法限制也无长久的法制惯例,看似仅为检察机关的内部事务,但其实质乃与逮捕制度甚至刑事诉讼的整体运作紧密相关,不同的模式选择将导致完全不同的实践效果。笔者无从判断当前惩罚犯罪与保障人权的平衡点何在,且兹事体大,因此,本文无意草率地确立一定的价值基准,从而得出模式选择的结论。但无论如何,检察机关批捕权配置应当遵循某些基本规律则是毋庸置疑的。笔者试图从上揭评述中总结一些初级理论,谨供司法实践与理论研究参考,并以此总结全文。

第一,侦查控制与必要性审查之间存在"零和"的矛盾,此两项功能不可能在同一审查批捕程序中实现。侦查控制的基础在于以追诉立场审查侦查质量,通过发现侦查中的疏漏或错误、提出进一步侦查或纠正的意见来实现。本质上看,侦查控制的性质就是一种间接的、辅助的侦查,其任务与侦查预审的"核实证据""确定定案根据""正确处理案件"等如出一辙。[③] 而必要性审查则以审查主体的中立、客观为前提,只有排除了适用逮捕的倾向,社会危险性审查才能成为现实。因此,一旦赋予审查批捕控制、引导、监督侦查的功能,审查主体就具有了侦查主体的属性,使审查的中立性不复存在,从而根本上动摇了必要性审

① 参见李心鉴:《刑事诉讼构造论》,中国政法大学出版社 1992 年版,第 24 页。

② 参见闵春雷:《论审查逮捕程序的诉讼化》,载《法制与社会发展》2016 年第 3 期。

③ 参见郎胜主编:《〈中华人民共和国刑事诉讼法〉修改与适用》,新华出版社 2012 年版,第232 页。

查的基础。

第二,审查批捕与公诉属于两种性质完全不同的检察职能,合二为一将加深逮捕的实体化倾向,使侦查控制与必要性审查的矛盾更为突出。[①] 审查批捕的重点在于社会危险性审查,其性质应当是司法化的、程序性的;公诉的提起旨在获得有罪判决,其基础为确保案件的实体质量,这种控诉导向形构了公诉权性质的行政化与实体性。在重实体轻程序、重惩罚犯罪轻人权保障的当下,实行捕诉合一,势必会使审查批捕进一步偏向证据审查、侦查引导,导致其落入上述"零和"的矛盾场域之中。

第三,采批捕独立模式,实行彻底的逮捕必要性审查,亦可能因裁量权过大等原因导致人权保障方面的问题。有研究结果表明,在实行独立羁押审查的美国,一些地区的轻罪(Misdemeanor)羁押率超过25%,更严重的甚至接近50%。[②] 从保障人权、节约司法资源的角度,即使采取批捕独立模式,逮捕审查也应适当考量犯罪嫌疑人涉嫌犯罪之轻重以及犯罪事实之有无等实体方面的因素。当然,目前我国逮捕制度的主要问题在于过分关注案件实体,与国外的司法实践大相径庭,对该问题的探讨可能显得有些过于超前,但仍应引起研究者的注意。

第四,批捕权配置的模式选择应当契合当下法治发展在惩罚犯罪与人权保障上的平衡。以既定价值为基础进行的比较研究、解释学研究甚至实证研究皆缺乏说服力,难以为决策者所接受。此前理论界围绕着"捕诉合一"的争论即对这种"说服难"作出了生动的演绎。由于论者所持价值取向或偏向犯罪控制、或偏向正当程序,这种基于维护特定的价值立场而进行的模式之争,最终难免沦为鸡同鸭讲。然而,没有人生活在过去,也没有人生活在未来,当下客观的价值平衡点难以寻求、无法证实,或许,只有经过实践的不断试错,批捕权配置这种"上层建筑"才能逐渐发现适合其构建的"价值基础"究竟为何。

---

① 虽然学界对审查逮捕与公诉的性质认识存在争议,但通说认为其存在显著区别,检察机关权威人士亦在著述中将其作为不同的检察职能表述。参见朱孝清、张智辉主编:《检察学》,中国检察出版社2010年版,第325页;孙谦主编:《中国特色社会主义检察制度》,中国检察出版社2009年版,第152页。

② 在纽约,大约有25%的轻罪被告人被适用审前羁押;在巴尔的摩,这一数值接近50%。See Charlie Gerstein,"Plea Bargaining and the Right to Counsel at Bail Hearings", *Michigan Law Review*, Vol. 111, No. 8(2013), pp. 1513-1534.

刑事执行检察理念创新与业务发展研究

刘怀印[*]　刘沛泉[**]

摘　要　理念创新对于引领检察机关法律监督业务创新发展具有战略意义。刑事执行检察作为检察机关一项重要法律监督业务,随着司法改革的推进,正面临向规范化专业化升级的转型发展期。刑事执行检察转型发展和规范完善必须坚持理念创新,通过构建起刑事执行检察理念体系,为新时代刑事执行检察工作创新发展提供指引。本文创新之处体现为:根据目前我国刑事执行检察总体发展方向、法律监督属性、业务工作性质和工作推动方式,探索建立起由刑事执行检察总体目标理念、法律监督理念、司法办案理念和工作推动力理念四个子系统有机组成的刑事执行检察理念体系。以刑事执行检察总体目标理念为引领,确保刑事执行检察工作正确方向,提升刑事执行检察工作成效;以刑事执行检察法律监督理念为引领,确保刑事执行检察工作的法律监督属性,提升监督权威;以刑事执行检察司法办案理念为引领,推动刑事执行检察专业化建设,提升专业化规范化程度;以刑事执行检察的工作推动力理念为引领,为刑事执行检察工作创新发展提供动力保障。全文共五部分:第一部分为刑事执行检察理念概念及功能探讨;第二部分为理念创新与刑事执行检察业务关系探讨;第三部分为刑事执行检察理念创新基本方法探讨;第四部分为刑事执行检察理念的创新与体系构建;第五部分为以新理念推动刑事执行检察业务规范完善。

关键词　刑事执行检察　理念创新　转型发展　规范完善

理念是法治的灵魂,是司法的灵魂。最高人民检察院检察长张军指出:“检察机关在新时代谋发展重自强,首先要有正确理念的指引。”他在第十九届全国检察理论研究年会上强调:“基础理论研究,很重要的一点就是要加强检察工作理念研究,把理念搞清楚,搞端正,具体检察监督工作才有灵魂。”[①]这一观点充

---

* 刘怀印:中国人民大学诉讼法学博士,中国法学会检察学研究会刑事执行检察专业委员会副秘书长,河南省人民检察院刑事执行检察局副局长。

** 刘沛泉:郑州大学法学院 2017 级硕士研究生。

① 姜洪:《坚定“四个自信”抓好“五个结合”,为新时代检察工作提供强有力理论支撑》,载《检察日报》2018 年 4 月 25 日,头版。

分说明了检察理念研究对于推动检察工作创新发展具有重大指导意义。刑事执行检察(以下简称“执检”)作为检察机关一项重要法律监督业务,是由监所检察业务发展而来。近年来,最高人民检察院颁布了《关于全面加强和规范刑事执行检察工作的决定》(以下简称《决定》)等一系列规范执检工作的制度,使这一工作得到长足发展,已成为我国检察机关法律监督主责主业之一。当前,国家监察体制改革、司法体制改革、以审判为中心的诉讼制度改革叠加运行并向纵深推进,随着检察职能的调整、检察权内容和配置方式的变化,刑事执行检察也正在进一步调整完善。张军检察长2018年年初在最高人民检察院执检厅调研时指出:“刑事执行检察是最能体现检察机关法律监督属性的部门之一,在整个检察业务当中,刑事执行检察的定位、角色都需要重视研究。”[①]然而,长期以来,引领该项工作的理念表述不断变更,且缺乏系统完整的理念体系。当然,这既有工作实践不断深入发展的原因,也表明了人们对该项法律监督工作的理性认识也在不断深化。2018年以来,最高人民检察院根据检察工作所处的新时代、新阶段、新任务,及时提出了一些新理念,这些理念的提出,对转型时期的刑事执行检察及其他检察业务创新发展发挥着巨大的引领和推动作用,也为构建系统的刑事执行检察理念体系提供了契机和参照。如何进一步创新刑事执行检察理念并建立起完备的理念体系,从而引领刑事执行检察改革实现“精装修”,开辟新境界?这是当前检察工作面临的一个亟待解决的理论问题。

一、刑事执行检察理念的概念及功能探讨

我们首先从理念的基本认识谈起。“理念”是什么?确立理念的依据何在?当前,人们对这些问题的回答则是仁者见仁,智者见智,并无统一标准。有人认为:“理念是指理智的对象或理解到的东西……是一种超越经验的概念、或称为理性的理念、必须设定的理想。”[②]有人则认为:“理念,意为一种理想的、永恒的、精神性的普遍范型……理念一词与人的思维活动密切相关,是人们关于事物本质的理性认识,是关于事物原理、信念和价值观的集合体。”[③]古代西方哲学家对理念一词曾从不同的角度加以使用,柏拉图认为理念是一种离开具体事物而独立存在的精神实体。[④] 我国的大型辞书《辞海》将理念解释为:“意同理式、观念,也可以理解为看法、思想,思维活动的结果;也可以理解为观念,有时也指表象或客观事物在大脑中留下的概括的形象。”《现代汉语词典》则解释为:“信

---

① 参见最高人民检察院副检察长李如林2018年6月5日在“全国检察机关刑事执行检察工作座谈会暨重点业务培训班”上的讲话。

② 谢佑平:《程序法定原则研究》,中国检察出版社2006年版,第253~257页。

③ 张国臣:《论我国检察理念文化的建构与发展》,载《贵州社会科学》2012年第5期。

④ 全增瑕:《西方哲学史》,上海人民出版社1983年版,第134页。

念、思想、观念、意念”。诸如此类。

我们认为,理念就是人们经过实践和理性思考所抽象概括出的关于自然和社会现象系统的思想观念,理想追求或哲学信仰。本文所谈的理念,主要是指关于某项事物本质属性的理论观点和引领该项事物发展的价值观念。基于上述范畴限定,我们可以概括出它有以下特性:其一,理念是理论的结晶和载体,是对客观事物认识而形成的观点,是对客观事物的理性认识和价值判断;其二,理念具有鲜明的时代性和较强的实践性,理念来自实践,是行动的先导;其三,理念对人们的行为具有目标导向性,理念对头不对头,管用不管用,从根本上决定着事物发展的成败;其四,正确的理念是在实践的基础上加以概括和总结而形成的用于揭示事物运动的内在联系及其变化发展规律的观念,它能使人们在实践中明确方向,减少盲目,对人们的实践具有重大的指导作用。

何谓刑事执行检察理念?刑事执行检察理念(以下简称执检理念),就是指对检察机关开展刑事执行法律监督工作实践加以概括总结而形成的思想或观念,是检察机关和检察人员在实践基础上对刑事执行检察总体目标任务、法律监督属性、具体执法特点和工作开展方式的理性认识和价值追求,是指导刑事执行检察制度建设和业务开展的理论观和价值观。它从属于检察理念范畴。

刑事执行检察转型发展为什么必须坚持正确的执检理念引领?人类全部社会活动的本质是实践的,这是马克思主义的一个重要观点。思想来自实践,并作用于实践,它决定和指导人们的行动,有什么样的思想,就会产生什么样的行动,正确的实践离不开体现正确思想观点的科学的理论指导。有学者认为:“主体人的任何价值意识或价值观念都要以其真理性认识作为它的认识基础,而任何真理性认识也只有在转化为主体人的价值意识或价值观念之后,才能成为实践的直接动机并成为掌握实践的精神力量。”①由此可见,作为主体人的价值理念对推动实践活动的作用之大是不言而喻的。一项制度的制定,另一项法律的颁布,无不是制定者在特定的制度理念或立法理念指导下依照各自的程序完成的。因而,检察人员只有掌握了这些特定理念,形成特有的法律意识和法治思维方式,才能提高执行制度和遵守法律的主动性、自觉性;反之,检察人员如果没有正确的理念指引,就不可能科学地、全面地、深刻地理解把握法律的本质及其功能,也不可能坚定地把法律监督职责扛在肩上。有论者认为:“检察官的法治思维是检察官对法律的基本认识态度,及根据现行法律和自身法律角色思考、判断和解决具体法律问题的思维过程和方式。”②所以,刑事执行检察工作

---

① 邵龙宝:《论社会主义核心价值体系建设的系统论方法与视域》,载《河南社会科学》2010年第4期。

② 高继明:《检察官的法治思维及其养成》,载《人民检察》2014年第18期。

开展情况如何,取决于检察人员在执检理念影响下对各项执检工作制度具体落实的情况如何。在这里,执检理念成了执检工作任务落实情况和实际工作效果的“桥梁”。在“执检工作任务”——“执检理念”——“执检工作实效”三者之间有一个相互作用、相互影响的互动过程。检察人员的执检理念越进步,就会引领开展执检工作实践越深入;落实执检制度就越彻底,执检业务开展就越有成效。因而,创新执检工作,提高执检业务水平,必须坚持执检理念的正确引领。

根据调研我们认为,执检理念在实践中的引领作用具体表现为:其一,执检理念的引领有利于培养检察人员的职业意识,提升专业能力。习近平同志指出:“再多再好的法律,必须转化为人们内心自觉,才能真正为人们所遵行。”①因而,要高度重视检察人员职业意识的培养,用恪守公正的职业品质,追求极致的专业精神,推动检察人员职业意识的形成。执检理念存在于执检工作制度和业务规则之中,检察人员只有通过工作实践,逐渐掌握制度规程,才能使执检理念转化为检察人员的工作理性,进而形成特有的执检职业意识;执检理念总是体现于检察人员的职业行为、工作作风和执检业务实效中,检察人员只有掌握了先进的执检理念,才能在工作实践中提高执行制度的自觉性、主动性,法律监督工作效果才能提升;如果执检理念缺失、落后,或者存在偏差,开展执检工作往往不是越位,就是缺位,出现失误,导致刑事执行法律监督效果不理想。同理,理念引领对提升检察人员专业能力也至关重要。可以说,检察人员具备什么样的执检理念,就会有什么样的执检工作成效,理念不对,方向偏了,专业能力建设也会前功尽弃。检察人员的专业能力建设在理念提升方面必须与提升政治素养相结合,通过持之以恒的思想建设,使检察人员牢固树立“四个意识”,坚定“四个自信”,做到“两个维护”,增强走中国特色社会主义法治道路的自觉性,真正做到信念过硬、政治过硬、责任过硬、能力过硬、作风过硬,培养检察人员不仅要成为司法办案的工匠,更要成为促进社会主义法治建设的“大师”,成为增强人民群众法治信仰的“布道者”。因此,注重执检理念引领,使干警在工作实践中掌握运用执检理念,检察人员职业意识可得以凝聚,职业信仰可得以确立,专业能力可得以提升,检察职业共同体可得以认同。其二,执检理念引领影响着执检业务的发展态势,提升专业化程度。执检理念是检察理念的有机组成部分,是检察理念在刑事执行检察领域的具体体现,是各项刑事执行检察制度的理论基础,因而,先进的执检理念能够对刑事执行检察业务发展态势和工作方向发挥着引领作用。正是因为我国宪法规定了“国家尊重和保障人权”理念,并体现于修改后的《刑事诉讼法》中,才引领刑事诉讼活动中侦查、起诉、审

---

① 习近平:《加快建设社会主义法治国家》,载《习近平总书记重要讲话文章选编》,中央文献出版社 2016 年版,第 210 页。

判、执行等各个诉讼环节对保障诉讼参与人,尤其是犯罪嫌疑人、被告人的诉讼权利得以体现;也正是因为把保障刑事被执行人合法权益作为重要的执检理念,才得以在刑事执行检察制度中对保障刑事被执行人的权利规定了更高标准和更广泛的内容;同理,正是因为在刑法修正案及修改后的《刑事诉讼法》中确立了"刑罚执行同步监督""社区矫正检察"等新的业务理念,才引领刑事执行检察业务得以迅猛发展,才使检察机关在刑事执行检察环节能够为广大人民群众提供更多更好的检察产品。其三,执检理念引领有利于健全完善执检制度,促进业务规范化建设。理念是制度的精髓,是制度建设的指路灯。任何一项制度的制定,必然要以一定的理念为指引,体现其特有的规范价值,并通过科学的解释,明确规定行为的合法性、制度内容的完整性、制度环境适应性以及各层面制度设计的严谨性,反映出该项制度的时代性、可行性以及科学性。如果没有先进的理念引领和周全、细致的科学论证,就难以达到上述要求,也不具备实务操作的制度基础。在工作实践中,我们制定的相当一部分制度规范之所以指导功能差,效果欠佳,不同程度与理念不明确、制度规范价值权衡的缺失或与实践脱节、配套制度的不完善、缺乏实施制度的理论基础等有关。因而,制定切实可行的制度规范,离不开正确的理念指引。其四,构建体系完备的刑事执行检察制度同样需要先进的理念引领。近年来,刑事执行检察工作发展实践也证明了这一论断的正确性。例如,2015 年最高人民检察院提出了"刑事执行检察要牢固树立维护刑事执行公平公正、维护刑事执行场所监管秩序稳定、维护刑事被执行人合法权益、维护社会和谐稳定"的工作理念,在"四个维护"执检理念引领下,最高人民检察院又先后颁发了一系列规范各项执检工作的文件,对推动刑事执行检察工作发展发挥了重大指导作用。2015 年 11 月,第十二届全国人大常委会第十七次会议对检察机关刑事执行监督工作取得的成绩给予了充分肯定。[①] 2018 年 6 月,在全国检察机关刑事执行检察工作座谈会上,最高人民检察院检察长张军强调了检察机关在新时代更新理念的重要性。这次会议强调要树立"标本兼治、共赢监督、人权保障、规范监督、效果至上、改革创新"的执检新理念。这些理念必将推动新时代刑事执行检察工作实现新发展。[②]

总之,在刑事执行检察工作实践中,应当重视研究执检理念,把握执检理念,重视执检理念对培养检察人员执检意识,完善执检工作制度、推进工作创新发展的重大引领作用。

---

① 参见袁其国:《刑事执行检察论》,中国检察出版社 2016 年版,第 518 页。

② 参见最高人民检察院刑事执行检察厅王守安厅长在"2018 年全国检察机关刑事执行检察工作座谈会暨重点业务培训班"上的讲话。

二、理念创新与刑事执行检察业务关系探讨

刑事执行检察是检察机关开展得最早、业务拓展几乎覆盖整个刑事司法全过程的基础性检察监督业务。但是,长期以来在司法人员的思想观念里,刑事执行检察工作就是"业务碎片化,队伍老龄化,工作边缘化",成为检察工作中的短板。由于业务面广且不系统,所以被业内人士戏称为"碎片化"的检察业务;由于专业性不强,长期以来,从事执检工作的检察人员往往年龄大、学历低、专业素质不高,所以人员老龄化现象严重(2018 年,中部某省检察院统计从事执检工作的检察人员平均年龄约 50 岁);由于执检工作不出彩,不受领导重视,常常被称为检察机关的"三流业务",在检察工作中一度呈现边缘化现象。人们对执检业务的这种认识观念严重制约着刑事执行检察工作的健康发展。张军检察长在 2018 年全国大检察官研讨会开幕式讲话中指出:"检察工作创新发展,理念转变至关重要,理念一新天地宽。"所以,要推动执检工作转型发展,必须破除上述旧的观念,创新刑事执行检察理念,以新理念为引领,补齐这一业务短板。

1. 以理念创新推进刑事执行检察业务体系建设

如上所述,刑事执行检察案多事多,业务面广,工作"碎片化"现象严重,涉及的工作包括对刑事强制措施执行、刑罚执行和强制医疗执行方面的 10 余项检察监督业务;检察机关刑事执行检察部门对应的刑事执行部门涵盖了公检法司各机关:公安系统的有公安监管部门和看守所,法院系统的有刑事审判部门和执行部门、减刑假释部门,司法行政系统的有监狱及其管理机关、社区矫正部门、强制医疗执行部门,检察系统的有刑检、控审等部门。由于对刑事执行检察理念的系统性研究不够,刑事执行检察业务体系性不强,程序不完善,法律监督工作重点不突出,即便是从事执检工作的检察人员也常常抱怨执检业务案多事多、人手不够。因而,需要深化理论研究,推进理念创新,以新理念为引领,推进执检工作体系建设,整合刑事执行检察业务,突出工作重点,规范工作程序。比如当前正在深入推进的执检监督活动"案件化办理"理念富有创新精神,法律监督成效要通过办案来体现,明确重点执检业务,并进行司法化改造,依照司法办案模式开展业务工作。以这一理念为引领,可以解决执检业务体系化建设的抓手问题。

2. 以理念创新推进刑事执行检察工作专业化建设

专业化是推进业务发展的路径,专业化建设是保障业务健康发展的基础。凡是专业化程度较高的司法工作,司法业务的体系性一般比较强,往往有明确的发展重点、发展理念、办案模式,并能成长一批较高素质的专业人员。在诸多检察业务中,执检工作专业化程度不高是个突出现象。从近年来工作安排来看,业务工作重点以及专项检察活动年年都有,年年变化,刑事执行检察工作政

策起伏不定，且缺乏连贯性，这固然及于适应形势发展、解决迫切应对的问题的需要，但也反映出执检业务发展不成熟、人们对执检工作的规律性把握还不够、工作的专业化程度不高的问题。执检业务专业化程度不高已成为制约执检工作可持续健康发展的重要因素，也已成为最高人民检察院近来高度关注并致力解决的重点问题。我们认为，在探索和把握刑事执行检察工作规律基础上，通过创新执检理念，建立起适应新时代发展的执检理念体系，并以此为指导，明确执检工作重点，建立健全适应执检发展规律的办案工作模式和工作程序，对于推进刑事执行检察专业化建设、提升执检业务专业化程度意义重大。

3. 以理念创新推进刑事执行检察队伍专业化建设

司法是社会公平正义的最后一道防线，对司法裁判的公正执行则是确保司法公正的最后一堵围栏。刑事执行检察队伍必须炼就高素质、专业化的本领，才能确保这堵"司法围栏"岿然屹立。队伍建设是一个系统工程，应当坚持提升政治素养和业务培训相结合，强化正规化、专业化、职业化建设，打造信念坚定、司法为民、敢于担当、清正廉洁的新时代检察队伍。在专业化建设方面，执检人员的专业素质能力建设是重点，张军检察长在山东省检察院调研时强调："习近平总书记特别强调专业精神，专业能力，检察机关是专业性极强的办案机关，更要强化专业素质的养成。"[①]执检专业能力建设主要包括专业知识、专业技能以及从事刑事执行检察所具备的法律监督意识（以下简称执检意识）。执检意识是一种专业素养，它是指检察人员在掌握刑事执行检察专业知识、专业技能和工作实践基础上而形成的专业思维、专业判断，它体现为刑事执行检察人员所特有的专业敏锐性和职业默契感。一般情况下，执检人员的专业技能、专业知识通过培训容易快速地提高，而执检意识则必须经过长期的实践积累才能形成。执检人员只有人人具备高水准的专业知识、专业技能和执检意识，而且具备较高的政治素质和忠诚、执著、奉献、担当的"执检精神"[②]，才能算得上一支高素质专业化的刑事执行检察队伍。因而，以执检理念创新引领提升干警执检意识，是检察机关意识形态建设重要范畴，[③]是建设高素质专业化执检队伍的重要方面。唯有创新执检理念，推进检察干警意识形态建设，培养起执检意识，才

① 姜洪：《精准化需要专业化》，载《检察日报》2018年4月26日，头版。

② 参见袁其国：《论"张飚精神"》，载袁其国：《刑事执行检察论》，中国检察出版社2016年版，第235页。

③ 笔者认为，政法机关意识形态建设既包括思想政治建设，要用习近平新时代中国特色社会主义思想武装全体政法干警，也包括法律思想、法治精神和专业思想、职业意识建设。政法队伍如果缺乏政治思想武装，则政法工作就会失去方向，难以担当新时代政法工作重任，而如果不具备专业能力，没有专业思维水平，同样也完不成各项业务工作任务。意识形态建设如果忽视专业意识培养，就是不完全的意识形态，就会沦为空洞的说教。

有利于形成执检人员的职业认同感,凝聚起强大的执检力量,形成新时代检察职业精神。

4. 以理念创新破解刑事执行检察面临的其他难题

目前,刑事执行检察工作正在成长为检察机关法律监督的重点业务。随着执检业务的拓展和各项工作的深入开展,近年来一些制约执检制度建设和业务发展的深层次问题逐渐浮出水面:人们所议论的执检业务"碎片化"现象还没有根本解决;执检人员老化、信息技术水平低下一直制约着业务工作的健康发展;刑事执行检察基层基础建设投入不足,内部机构设置混乱;执检业务考评机制不稳定、不统一、考评标准不科学,导致业绩评价不准确,很大程度上消解了考评机制的激励功能;各地执检工作不同程度地仍存在管理不严格不规范、业务开展不公正不文明现象;随着司法体制改革的深入推进,刑事执行检察又面临着如何进一步适应改革新形势以便更好地发挥刑事执行法律监督职能作用的新问题。破解上述执检工作中遇到的各种难题,必须以习近平新时代中国特色社会主义理论和我国法治建设对法律监督的新期待、新要求为指导,创新执检理念,增强责任意识和担当精神,抓住改革契机,推动执检业务转型升级和工作开展方式的更新换代,努力把执检工作打造成检察机关新的工作增长点。

总之,无论是构建执检业务体系,推进执检业务专业化建设,还是加强执检队伍专业化建设、破解当前阻碍执检工作发展的诸多难题,都需要创新执检理念,以理念创新引领执检业务转型发展。

三、刑事执行检察理念创新基本方法探讨

做事情,推动工作创新发展,必须遵循特定的准则方法。引领发展的理念的力量在于它的透彻性和对实践的指导作用,理念力量的发挥程度往往取决于渗透于具体工作实践之中的理念是否正确,是否科学先进。因而,理念创新发展不能信马由缰,而应遵循特定的原则方法,遵循特定事物的发展规律,这样才能避免"魂不附体"的现象。就创新刑事执行检察理念、构建执检理念体系而言,我们认为,首先应当遵循中国特色检察工作创新发展的大原则,尤其是坚持正确的政治方向,坚持以习近平新时代中国特色社会主义思想特别是政法思想为指导,坚持党的绝对领导,坚持司法为民,坚定不移地走中国特色社会主义法治道路。同时,还应当遵循适合刑事执行检察工作理念创新的具体原则方法:

1. 遵循司法规律原则

如上所述,理念来自实践,是对客观事物的理性认识和价值判断。创新刑事执行检察理念,既要遵循司法实践活动的一般规律,更要注重把握刑事执行检察工作自身发展规律。其一,应当围绕刑事执行检察办案实践创新理念。理念只有在实践基础上不断创新发展,才能更好地服务实践、指导实践。这是任

何有价值的理论、理念得以创新发展的规律。张军检察长指出:“要围绕办案这个中心,从如何有利于加强办案这个角度去思考、论证、谋划,离开办案谈检察监督就是空中楼阁,不能落地……”①这里张军检察长所谈的办案,就是指检察机关办案工作实践。因而,创新刑事执行检察理念必须遵循这一规律,结合刑事执行检察办案实践探索指导刑事执行检察办案业务发展的新理念。其二,探索符合刑事执行检察本质属性的新理念。对刑事执行活动的监督是执检工作的基本职责,发挥执检监督职能,维护刑事执行公平公正是执检工作的根本任务。从实然状态考察,我国目前刑事执行检察业务根据法律监督的方式不同,可以作出以下划分:一是对发现的不当行使刑事执行公权力的监督,主要是监督纠正履职不当的刑事执行行为,比如查纠刑事执行活动中的违法违规、发生的事故,办理刑事执行活动中涉嫌的渎职犯罪案件等;二是对刑事执行活动的司法审查,即开展维护被执行人合法权益的司法救济。刑事执行活动必然要限制或剥夺刑事被执行人的相关权利,刑事被执行人的特殊地位决定了其合法权利最容易受到不当限制或剥夺。而对被执行人合法权益的侵犯往往是由违法的刑事执行活动造成的,因而检察机关有必要对刑事执行活动实施司法审查。刑事执行检察通过依法对刑事执行活动开展司法审查,监督纠正不必要、不合适甚至违法的刑事执行行为,维护刑事被执行人合法权益,这是法治文明的需要,是检察监督的应有职责。比如开展羁押必要性审查、讯问合法性核查,监督清理纠正超期羁押、久押不决案件,对减刑、假释、暂予监外执行等刑罚变更执行活动的同步审查、社区矫正执行检察和强制医疗执行检察等,无不是基于维护被执行人合法权益而设立的司法救济措施。曾有论者指出:“我国刑事执行检察监督体系从单纯的诉讼监督性质转向诉讼监督与程序救济相互耦合,二元并存。面对全新的任务和挑战,刑事执行检察工作需要通过机构调整带动资源整合,从而更有效地履行监督职能。”②刑事执行检察针对刑事执行活动中公权力的不当行使,应当秉持公平公正理念,充分发挥主观能动性,着眼于能动监督,规范监督,强化监督实效;而针对施加于被执行人刑事执行活动的司法审查,则应秉持保障人权理念,注重从权利救济角度开展相关的法律监督,以防止和纠正侵犯刑事被执行人合法权益,保障刑事执行活动文明规范为着力点。其三,接合业务发展阶段性特点创新执检理念。习近平总书记强调指出:“走什么

① 姜洪:《坚定“四个自信”抓好“五个结合”为新时代检察工作提供强有力理论支撑》,载《检察日报》2018年4月25日,头版。

② 参见卞建林、谢澍:《刑事执行检察监督:资源整合与体系建构》,载《河南社会科学》2015年第7期。

样的法治道路,建设什么样的法治体系,是由这个国家的基本国情决定的。”[①]我国的刑事执行检察制度,也是立足于中国特色社会主义法治建设现阶段的国情,有其自身的发展规律。刑事执行检察工作自更名以来逐步完善,新增了很多业务,如羁押必要性审查业务由检察机关的侦监、公诉、执检三部门共同开展,在《人民检察院刑事诉讼规则(试行)》(以下简称《刑事诉讼规则》)修改后,根据维护刑事被执行人合法权益和诉讼监督的原则,将这项业务全部划归到刑事执行检察部门负责;收监执行检察和判处实刑未执行刑罚检察以及社区矫正检察,都是近年来新增加的执检业务。执检业务的不断拓展充分说明了人们对刑事执行检察职能认识的深化和重视,也说明对执检工作发展规律的把握在逐步加深。这就要求我们要深入实践,把握好执检工作发展阶段性特点。我们只有正确地认识、统筹把握和运用刑事执行检察不同发展阶段的规律,才能创设出适应执检工作特点、引领现阶段执检业务发展的新理念。其四,结合法治建设新形势创新执检理念。近年来,随着《刑事诉讼法》两次修改,我国司法改革也和其他领域的改革一样进入了“深水区”,司法人员分类管理和司法责任制改革全面推开,国家监察体制改革步伐加快,信息技术在司法领域广泛应用,这些新形势新变化不仅对我国整体检察制度发生了深远影响,也深刻地影响着执检工作的发展和执检理念的创新。有一些改革如《宪法》的修改,国家监察制度确立和完善,检察机关职务犯罪侦查部门转隶,直接涉及刑事执行检察业务的相应调整;另外,鉴于检察机关法律监督既有个案的力度、精准度有待提升的问题,又有实务中如何充分运用政治智慧、法律智慧提升法律监督效果,争得社会各界的理解和支持促进可持续发展的问题,这些问题使刑事执行检察正面临新的情况。创新执检理念需要结合法治建设的新特点、司法改革新形势以及检察工作新情况认真探索,以便能够及时对变化发展中的刑事执行检察工作给予方向性指引。

2. 坚持体系化原则

简言之,就是指要把执检理念作为一个整体来认识和研究,构建起执检理念体系,进而在执检理念体系框架内从不同的层面认识执检理念,创新执检理念。我们知道,根据理念的特性,理念是对客观事物的理性认识和价值判断,是理论的结晶和载体,凡是科学管用的理念必然符合马克思主义认识论规律,符合科学理论的形成规律,具备科学理论特性和指导价值。有论者认为:“理念是管全局,管根本,管方向的。研究树立检察工作新理念应当是全方位的而不是局部的。不仅主责、主业、司法办案工作要有科学管用的理念,案件管理、队伍

---

① 习近平:《加快建设社会主义法治国家》,载《习近平总书记重要讲话文章选编》,中央文献出版社 2016 年版,第 210 页。

建设、科技强检、综合行政等方方面面的检察工作都要有科学管用的理念。”①这一观点也说明,理念创新,是可以分类别、分层次和分功能的,因而,从逻辑学的角度看,用于指导事物发展的理念是可以归纳出系统的理念体系的。理念是特定理论的表达载体,任何一套理论体系均产生于不同层面的实践,并由不同层级、不同类别、不同功能的理念观点构成;任何一套理论体系均可以通过不同层级、不同类别的理念加以表达。根据《宪法》和《刑事诉讼法》等法律规定,检察机关法律监督职能是多方面的,每一项职能的价值追求各有侧重,因而,可以有不同的理念表达形式,体现出来的价值理念也各有特色。在研究创新理念时,首先应注重战略性思维和全局性把握,在系统地认识和把握检察理念体系基础上,再逐一考虑不同层面、不同功能法律监督的目的是什么,价值是什么,功能是什么,以便对不同检察业务应秉持的理念作出恰当定位和精准表达。就刑事执行检察而言,我国《刑事诉讼法》《刑事诉讼规则》,以及最高人民检察院颁布的《决定》都将执检业务进一步细分若干项更为具体的职能,每一项业务分别承载着不同的理念,需要我们在创新和把握执检理念体系基础上,根据刑事执行检察业务的不同职能厘清相应层级的理念;并可以通过不同层级、不同事项的执检理念的引领,认识和把握相应层面的刑事执行检察业务变化发展特点和规律。这样能够指导人们多层次、立体化地探索执检业务,把握执检理念,促进执检业务工作创新发展。

3. 坚持系统协调原则

就是指刑事执行检察理念作为一个子系统,应当与其所从属的更高层级的理念体系保持协调一致,并与处于同一体系中相同层级的其他理念协调一致,构成有机的统一体,避免相互矛盾和冲突。“所谓系统,就是处于一定相互联系中与环境发生关系的各组成部分的总体。系统论方法的基本特征是,不仅要把整体系统分解为各个组成元素(子系统),然后找出各元素间的相互联系,更重要的是要回答各元素间如何实现的问题。”②根据系统论的方法,处在同一体系之中的各组成元素是相互联系的。当各元素之间的联系保持有机协调,处于协同状态时,这种联系才是健康的。创新刑事执行检察理念,要坚持系统协调原则。具体体现为:其一,要在大的方向上注重与社会主义核心价值体系保持一致。社会主义核心价值观是包括检察人员在内的所有公民必须遵守的价值理念,在推进依法治国进程中,必须大力弘扬社会主义核心价值观,为依法治国创造良好人文环境。中共中央印发的《社会主义核心价值观融入法治建设立法修

---

① 《做好检察工作当务之急是树立正确的理念》,载《检察日报》2018 年 5 月 7 日,头版。

② 邵龙宝:《论社会主义核心价值体系建设的系统论方法与视域》,载《河南社会科学》2010 年第 4 期。

法规划》中强调,“要以习近平新时代中国特色社会主义思想为指导,坚持全面依法治国,坚持社会主义核心价值体系,着力把社会主义核心价值观融入法律法规的立改废释全过程……”①因此,创新刑事执行检察理念是贯彻我国经济社会发展理念及社会主义核心价值理念在检察工作实践中的具体体现,应当把刑事执行检察理念有机融入社会主义核心价值体系之中。其二,要注重与新时期中国特色社会主义法治理念保持一致。检察理念是社会主义法治理念链条体系中的一个环节,是法治理念在检察工作中的具体体现。而我国社会主义法治理念、政法工作理念从根本上说是为了维护我国经济社会持续协调健康发展而对法治建设和政法工作设定的路标,给予的方向性指引。因而,创新刑事执行检察理念要与社会主义法治理念、政法工作理念合拍共振。其三,创新执检理念要自觉对标党中央提出的五大发展理念,确保各项检察工作整体理念在精神实质上与五大发展理念、社会主义核心价值理念协同一致,与社会主义法治理念、政法工作发展理念协同一致。其四,创新执检理念还要注重与检察业务中其他法律监督理念保持协调。刑事执行检察理念只是检察机关法律监督理念体系的一个组成环节,必须与各项检察工作理念和发展理念相互协调,避免相互矛盾,确保与其他法律监督理念协调一致,推进各项检察工作形成整体监督合力。刑事执行检察是检察机关一项重要法律监督职责,执检工作创新发展是检察业务创新发展的一个重要方面,因而,作为引领业务发展的执检理念创新,必须融入检察事业发展的总体布局中,与所有检察发展理念、执法理念相互协调,共同发挥作用,产生合拍共振效果,推动总体法律监督工作创新发展。

4. 坚持协同创新原则

指刑事执行检察理念创新要与刑事执行理念创新目标方向一致,推动刑事执行检察业务与刑事执行业务相互促进,共生共赢,共同发展。刑事执行工作与刑事执行检察工作可以说是两项对偶关系的业务工作,从法律角度看二者是监督与被监督的关系,但本质上二者统一于共同的目标任务,就是保障法律在刑事执行环节统一正确实施,保证刑事执行活动公平公正。“张军检察长强调,监督与被监督者有共同的价值追求,监督是为了让被监督者更好地履行职责。”②我们认为,坚持协同创新原则主要基于三个方面原因:一是司法权属的协同性。法律监督是为了保障宪法和法律的统一正确实施,是为了维护法律权威、推动法律贯彻执行到位,监督者和被监督者只是在法律上的分工职能不同,没有地位差异。因而,监督权不是居于其他司法执法权之上,更不是居高临下地驱使司法执法机关执行命令,而是协同其他司法执法机关依据分权制衡原则

① 参见《检察日报》2018 年 5 月 8 日,头版。

② 时侠联:《以司法办案为中心,落实好法律监督职责》,载《检察日报》2018 年 7 月 16 日,第 3 版。

各司其职，使整个司法机制协调运行，共同发挥维护良好刑事执行法治秩序的作用。二是任务目标的一致性。刑事执行检察本质上就如同刑事执行领域这片森林中的“啄木鸟”，是专门驱虫祛病的，也可以说是刑事执行系统工程中的监理工程师，对施工中发现问题及时提出纠正，刑事执行检察和各项刑事执行工作总体目标一致，方向同一，都是为了保障刑事执行活动依法进行，健康发展，使刑事执行目的得以实现。三是创新理念的共同性。创新刑事执行检察理念，要秉持与刑罚执行中的谦抑、审慎、平等、善意的刑罚执行理念相一致，以促进刑罚执行公平公正；要秉持与“文明羁押”“减少羁押”等谦抑性刑事强制措施执行理念相一致，切实纠正滥用羁押手段和其他强制措施执行行为；要秉持与教育改造矫正犯罪的监狱监管改造理念相一致，提高监狱教育改造效果；要秉持与维护被执行人身心健康和社会管理秩序的强制医疗执行理念相一致，推进强制医疗事业健康发展。

总之，创新刑事执行检察理念必须注重与刑事执行工作理念协调一致，必须注重研究刑事执行相关业务发展规律，必须有利于促进刑事执行工作依法规范开展，把罪犯改造成合格的守法公民，必须有利于推进刑事执行体制改革，提高刑事执行工作成效。

四、刑事执行检察检理念创新的内容及体系构建

作为检察工作理念的重要组成部分，刑事执行检察理念要发挥引领作用，必须遵循检察工作发展规律，执检业务发展规律，做到不断自我创新发展。创新刑事执行检察理念，必须坚持遵循规律，坚持体系化原则、系统协调原则和协同创新原则。根据系统论方法，我们可以把执检理念作为一个整体来认识，构建起执检理念体系，并通过这个体系进一步认识其中不同层级、不同类别的执检工作理念。我们依照刑事执行检察工作总体发展方向、法律监督属性、司法业务特征和工作推动方式，提炼出不同业务指导功能的理念，从而实现对刑事执行检察总体目标理念、具体监督理念、司法办案理念和工作推动力理念四个层面理念的构建，进而建立起完备的刑事执行检察理念体系。以刑事执行检察总体目标理念为引领，明确执检工作的职能定位，确保执检工作不偏向；以刑事执行检察法律监督理念为引领，确保执检工作的法律监督属性，提高监督成效；以刑事执行检察司法办案理念为引领，推动刑事执行检察规范化专业化建设，提升执检业务规范化专业化程度；以刑事执行检察工作推动力理念为引领，加大刑事执行检察法律监督力度，打造出检察机关刑事执行检察新品牌。

（一）准确把握刑事执行检察总体目标理念，保障执检工作正确发展方向

要把创新刑事执行检察总体目标理念作为执检理念体系的第一个层面。总体目标理念是指明确刑事执行检察工作总任务和发展目标，引领刑事执行检

察总的发展方向的理念。任何一项事业的发展，都需要一个明确的方向和目标。习近平总书记强调："全面推进依法治国，必须走对路。如果路走错了，南辕北辙了，那再提什么要求和举措也都没有意义了。"①走中国特色社会主义法治道路，建设法治中国，以及走具有中国特色的法律监督之路，均需要一个总体目标理念引领。刑事执行检察创新发展有必要明确总体目标理念。以习近平新时代中国特色社会主义思想尤其是政法思想、社会主义法治理念以及检察工作发展理念为指导，可以对新时期刑事执行检察的总的发展方向和目标精准把握、准确定位，明确当前执检工作总任务，并探索刑事执行检察新职能，创新执检工作新局面。

1. 对最高人民检察院现有的刑事执行检察理念的理解

近十年来，最高人民检察院高度重视刑事执行检察理念的创新发展。2011年11月，全国检察机关派出派驻监所检察机构建设工作会议明确指出，要牢固树立"三个维护"有机统一的监所检察理念，即维护刑罚执行和监管活动的公平公正、维护监管秩序稳定、维护被监管人合法权益的基本原则和工作理念。可见检察机关当时对刑事执行检察仅限于刑罚执行和监管活动检察，以及被监管人合法权益保护，还没有触及刑事强制措施执行及强制医疗执行等检察监督。2015年5月，全国检察机关刑事执行检察工作会议进一步提出，要以司法理念的提升促进公正司法能力和水平的提升。2015年年底，最高人民检察院颁布的《决定》中，强调了"四个维护有机统一"的刑事执行检察理念。② 使刑事执行检察理念内涵更加丰富，外延更加扩展。2018年6月，根据张军检察长对刑事执行检察提出的实现"双赢、多赢、共赢"和把罪犯改造成为守法公民的新理念新要求，全国检察机关刑事执行检察工作座谈会进一步强调要树立"标本兼治、共赢监督、人权保障、规范监督、效果至上、改革创新"的执检新理念。③ 这些理念既充分体现了科学发展观和社会主义法治理念、习近平新时代中国特色社会主义政法思想、检察工作发展理念和执法理念，又明确了刑事执行法律监督的方向目标，鲜明凸显了刑事执行检察工作特色，是新时代检察机关刑事执行检察理念的最新发展，对于引领检察机关和检察人员自觉对标以人民为中心的思想，进一步树立与经济社会发展和法治建设相适应的刑事执行检察理念，有力

① 习近平：《加快建设社会主义法治国家》，载《习近平总书记重要讲话文章选编》，中央文献出版社2016年版，第206页。

② 2015年年底，最高人民检察院颁布的《决定》中，强调"四个维护"的刑事执行检察理念：一要更加注重维护刑事执行公平公正；二要更加注重维护刑事执行场所监管秩序稳定；三要更加注重维护刑事被执行人合法权益；四要更加注重维护社会和谐稳定。

③ 参见最高人民检察院刑事执行检察厅王守安厅长2018年6月在"全国检察机关刑事执行检察工作座谈会暨重点业务培训班"上的讲话。

推进执检工作创新发展,具有重要意义。

我们可以从以下几个层面来认识上述刑事执行检察理念:其一,维护刑事执行公平公正是执检工作首要理念。维护司法公正是我国宪法的一项基本原则,公正是法治的灵魂和生命。检察机关对刑事执行活动行使法律监督职责,是我国司法制度的一个重要特色,也是国家为了维护刑事执行公平公正而作出的重大制度安排。检察机关应当坚持把维护公平正义作为核心价值追求,在开展对刑事执行活动法律监督工作时,既要确保自身司法公正,又要加大监督力度,努力守护好刑事执行环节公平正义的最后一道防线。其二,维护刑事执行场所监管秩序稳定也是重要的执检工作理念。这里的"刑事执行场所"既包括监狱、看守所,也包括对犯罪嫌疑人被告人指定居所监视居住的执行场所、对精神病人强制医疗执行场所和对服刑人员变更执行的社区矫正场所等五个场所。维护监管安全和监管秩序稳定,是由监管场所的特殊性所决定的,监管秩序是社会秩序的有机组成部分,维护监管安全和监管秩序稳定是保障社会秩序安全稳定不可或缺的重要方面,直接关系着广大人民群众的安居乐业,因而,通过做好刑事执行法律监督工作,确保刑事执行场所监管秩序稳定也是检察机关法律监督的重要职责。近年来曾经发生在监管场所的一系列监管安全事件的深刻教训表明,检察机关必须强化共同责任意识,做到依法监督和支持监管机关切实维护好监管秩序相结合,强化安全防范检察,堵塞监管漏洞。其三,维护刑事被执行人合法权益理念是我国宪法规定的尊重和保障人权理念在刑事执行领域的具体化。这一理念在刑事执行检察层面体现了全面依法治国的重要价值追求。刑事执行检察工作的一个重要职责,就是保障在押人员合法权益。因而,坚持惩治犯罪和保障人权相结合,通过严厉打击"牢头狱霸"和体罚虐待被监管人犯罪,切实维护被监管人人格尊严和人身安全,尤其是加大对未成年人和老弱病残在押人员和服刑人员合法权益的保护力度,使他们既感受到法律的尊严权威,又感受到司法人文关怀,做到惩罚和教育改造罪犯相结合。其四,维护社会大局稳定理念也是刑事执行检察工作的重要目标理念。维护社会大局稳定是政法工作的基本任务,特别是随着机构改革和业务职能的调整,刑事执行法律监督已经从"高墙内"延伸到"高墙外"的交付执行法律监督、社区矫正法律监督、强制医疗执行监督以及羁押必要性审查等。可以说,刑事执行各项监督,都直接关系到社会大局稳定。因而,"必须从有利于预防和减少犯罪、有利于维护社会稳定、有利于增进社会和谐、有利于提高社会治理法治化水平出发,推进各项刑事执行检察工作"。[①] 其五,关于标本兼治、共赢监督、效果至上

① 参见原最高人民检察院检察长曹建明2015年5月28日在"全国检察机关刑事执行检察工作会议"上的讲话。

等理念的提出,更是体现了社会各界对新时代刑事执行检察工作的新要求和对执检业务本质属性的把握,是新时期刑事执行检察工作理念的发展和创新。

2. 关于对刑事执行检察总体目标理念体系的构建

我们认为,发展无止境,创新也无止境,用于指导事业发展的理念同样需要与时俱进。这正如有论者所言:"一些过去的理念在大方向上依然管用,但在具体内涵上要有新的发展才能适应新形势,对这类理念要进行更新升级;有的工作面临全新的情况,必须树立全新的工作理念。"①因而,笔者认为,着眼于构建刑事执行检察理念体系,对刑事执行检察总体目标理念的构建,可借鉴最高人民检察院关于检察理念的表述并加以适当调整:

第一,坚持把"维护刑事执行公平公正"作为一项重要的刑事执行检察目标理念的同时,把"维护刑事执行合法文明"也作为一项重要的刑事执行检察目标理念。明确这一理念意义在于:一是有利于发挥刑事执行检察职能服务国家治理现代化,彰显法治文明进步。维护法治文明进步是习近平新时代中国特色社会主义法治思想的重要组成部分,是国家治理现代化的发展方向,开展司法工作应当突出这一理念。履行法律监督职责是检察工作主业,通过加强法律监督维护法治文明进步,是检察工作的重要内容。而"维护刑事执行合法文明"是刑事司法文明进步的标志之一,是法治文明进步在司法领域的重要体现。结合以往司法实践中屡屡发生的刑讯逼供、违法采取强制措施导致冤错案件的发生,违反法定程序执行刑事强制措施、损害被执行人合法权益和司法公信力的一个个案例的惨痛教训,检察机关应当以"维护刑事执行合法文明理念"为引领,进一步加强对刑事执行活动的监督,健全各项监督规程。确立这一理念能彰显宪法对检察机关法律监督职能定位所体现的法治文明进步。二是有利于维护被执行人合法权益。检察机关以维护刑事执行合法文明理念为指引,能够进一步强化对被执行人合法权益保护。其具体体现为:通过加强羁押必要性审查,减少对犯罪嫌疑人、被告人不必要的羁押。检察机关应当准确把握对犯罪嫌疑人、被告人逮捕后继续羁押的必要性,规范操作流程、证据标准,探索建立说理告知、案件风险评估预警等制度,促进羁押必要性审查工作规范高效开展;通过加强羁押期限监督,做好纠防超期羁押和久押不决工作。羁押期限监督对维护在押人员合法权益、保障刑事诉讼活动顺利进行十分重要,特别是针对一些隐性超期羁押和久押不决问题,进一步完善有关工作流程,督促办案机关和看守所严格执行换押制度、羁押期限变更通知制度,防止新的超期羁押和久押不决;通过加强对指定居所监视居住执行的监督,推动建立刑事执行检察部门与公

① 参见《每周社评:做好检察工作当务之急是树立正确理念》,载《检察日报》2018 年 5 月 7 日,头版。

安、法院等相关部门的信息通报制度,畅通监督信息渠道,发现违法行为及时监督纠正。对强制医疗执行的监督也是刑事执行检察的一项重要业务。强制医疗是《刑事诉讼法》对特定的精神病人规定的一种具有强制监管和医疗性质的措施,虽不属于刑罚和刑事强制措施,但因其具有强制监管性质,被执行人人身自由受到限制,检察机关也应以被强制医疗精神病人的权利保护为切入点,针对实践中强制医疗存在执行场所不规范、执行标准不统一等问题,将强制医疗执行中的约束性保护措施、交付执行、对安康医院医疗活动监管、中止强制医疗、解除强制医疗等执法活动作为监督重点。总之,检察机关通过与各执行机关加强沟通,完善常态化的协调配合机制,拓展刑事强制措施执行监督职能,能够更好地维护刑事被执行人合法权益。三是有利于拓展和创新刑事执行检察业务,加强对刑事执行职务行为的监督。基于贯彻"维护刑事执行合法文明理念"的需要,检察机关应积极探索开展"对犯罪嫌疑人、被告人入所身体检查监督""讯问合法性核查""羁押合法性核查"三项刑事强制措施执行检察工作,建立相应工作模式,拓展刑事强制措施执行监督新领域,进而强化对刑事执行职务行为的监督。"入所身体检查监督"是指驻所检察人员通过开展对犯罪嫌疑人、被告人入所身体检查的监督,防止办案机关对被羁押人员在入所前实施刑讯逼供行为;"讯问合法性核查"是指驻所检察人员通过开展对侦查讯问行为是否合法的调查核实,防止刑讯逼供或其他变相逼取口供非法行为;"羁押合法性核查"是指通过开展对入所人员的羁押场所是否合法的核查工作,防止办案机关频繁变更羁押场所实施精神折磨变相逼取口供行为,尤其是防止个别办案单位利用刑事强制措施追款讨债,插手经济纠纷等违法办案行为。从以往发生过的案例看,这种违法执行行为虽然极少,但是影响极坏,必须监督纠正。实践中发现的冤错案件,绝大多数与办案部门非法采取上述三种措施有关。因而,应当确立羁押法定原则,通过完善法律,健全羁押程序,赋予检察机关实施依法核查等法律监督职能,监督预防刑讯逼供和通过频繁改变羁押场所变相刑讯逼供等违法执行行为。总之,把"维护刑事执行合法文明"作为刑事执行检察理念,有利于引导检察人员更加注重监督刑事强制措施依法文明执行,防止对公民合法权益的侵犯,从源头上预防因强制措施违法执行或不当执行而导致冤错案件的发生,并为拓展刑事执行检察新业务创造条件。

第二,将"维护刑事执行场所监管秩序稳定"改为"维护刑事执行场所监管改造秩序稳定"理念。这一理念前后不同表述虽一词之差,但后者体现的职能更丰富,因为刑事执行场所的秩序既包括监管秩序,也包括工作生活秩序和对刑事被执行人的教育改造秩序。我国《监狱法》明确规定,要把罪犯改造成守法公民。因而,开展执检工作要牢固树立"治本安全观",力求对刑事执行活动监督与对被执行人教育改造工作的监督均取得实效,探索将罪犯是否改造成守法公民纳入刑事执行检察监督范畴,督促并配合刑罚执行机关强化责任担当,深化刑罚执行改革,抓好教育改造工作,尽可能多地向社会输出“合格产品”,最大限度降低罪犯“又犯罪”比例,实现“标本兼治”目的。对于破坏刑事诉讼秩序以及教育改造秩序稳定的违法执行行为,造成严重后果的,检察机关应当调查并监督纠正,以此提高监管场所教育改造质量。

第三,将“维护刑事被执行人合法权益”作为总体目标理念的第三项排序。习近平在党的十九大报告中明确指出,新时代我国社会主要矛盾已经发生历史性转变,人民群众期待合法权益得到更多尊重和保护。这一论断对检察机关发挥监督职能作用促进严格执法,公正司法,维护公民合法权益提出了更高要求,必须在刑事执行检察等各项检察环节得以体现。由于“维护刑事被执行人合法权益”是“维护刑事执行公平公正”“维护刑事执行合法文明”的逻辑结果,所以,可将“维护刑事被执行人合法权益”作为第三项执检总体目标理念,即排序为:“维护刑事执行公平公正”“维护刑事执行合法文明”“维护刑事被执行人合法权益”“维护刑事执行场所监管改造秩序稳定”。

第四,将“维护社会和谐稳定理念”改为“保障法治社会健康和谐理念”,并作为一项总体目标理念。理由有四:一是使社会主义核心价值观在刑事执行检察环节得到体现。确立“保障法治社会健康和谐理念”既体现了刑事执行检察的根本价值目标就是维护社会和谐稳定、健康发展,又体现了执检工作的法律属性。刑事执行检察是国家法治建设的一个环节,是检察机关发挥监督职能服务国家法治建设、保障法治社会健康和谐的重要一环,确立这一理念能与社会主义核心价值理念相契合,有利于引导检察人员强化责任担当,在刑事执行环节更好地落实社会主义核心价值观。二是更准确地明示了刑事执行检察的总体目标任务。维护社会大局稳定是政法工作的基本任务,更是对检察工作的基本要求,当然也是刑事执行检察的应尽职责,检察机关法律监督工作是法治建设的重要方面,在刑事执行环节做好相应的法律监督工作,直接目的就是保障各项法律在刑事执行环节统一正确实施,保障法治权威和法治秩序,为社会的和谐稳定、健康发展服务。因而,发挥监督职能作用保障法治社会健康和谐是刑事执行检察的根本任务。三是有利于将刑事执行检察理念和刑事执行理念统一起来。维护刑事执行合法文明,提升司法权威和法治社会健康和谐水平是全体政法机关和每位政法干警的共同职责。法律监督的实质是与被监督机关共同履行好法定职责。“保障法治社会健康和谐理念”不仅是引领执检工作的理念,也是对刑事执行活动的基本要求。刑事执行机关和检察机关岗位分工不同,但目标一致,共同为保障法治秩序的和谐稳定和法治社会健康发展凝神聚力。确立这一理念有利于使“双赢、共赢、多赢”的工作理念落地生根并以此推进司法职业共同体建设。四是从逻辑上统一了刑事执行检察的总体目标理念。前面的“四个维护”是刑事执行检察的直接目标理念,各自对应着具体的目标任务,但是“四个维护”理念最终归结到一点,那就是保障法治社会健康和谐。

总之,刑事执行检察总体目标理念可以归结为“四维护一保障”:“维护刑事执行公平公正,维护刑事执行合法文明,维护刑事被执行人合法权益,维护刑事执行场所监管改造秩序稳定,保障法治社会健康和谐”。以总体目标理念为引领,明确当前刑事执行检察总任务,并根据检察司法资源配置情况,科学合理设定刑事执行检察工作重点,有步骤、有计划地探索并试行开展诸如“监督入所人员人身检查”“讯问合法性核查”“羁押合法性核查”“对罪犯教育改造合格率审查”等刑事执行检察工作,拓展实行新目标理念引导的刑事执行检察工作地区,开创刑事执行检察工作新局面。

(二)准确把握刑事执行检察的法律监督理念,确保执检工作的法律监督属性

刑事执行检察作为检察机关的一项重要法律监督职能,必须充分体现检察机关法律监督属性。从检察权来源看,由于我国检察机关被宪法定位为专门的国家法律监督机关,检察权源于宪法的授权,检察机关必须以法律监督为本,因而,检察机关行使检察权必须秉持监督本位理念,以监督本位理念为引领,充分行使法律监督主导责任。履行好刑事执行法律监督是检察机关刑事执行检察部门的主责主业,应以“监督本位理念”为指导,引领检察人员开展执检工作;从检察机关行使的职能看,由于检察机关是专门的法律监督机关,以维护公平正义,保障法律的统一正确实施为基本职能,必须坚持客观公正的立场,兼顾各方利益,维护法治社会健康和谐,因而,刑事执行检察以及其他检察业务均应秉持利益平衡的理念确保检察业务职能健康发展;从检察监督职能启动方式看,以维护公平正义为己任的检察监督职能的启动,显然与居中裁判的法院审判权启动方式不同,法院审判权一般由当事人(公民或公诉机关)通过起诉的方式启动,也就是所谓“不告不理”,而法律监督权主要由检察机关基于纠防司法或执法不公而主动启动,因而,必须秉持能动监督理念推动并主导法律监督工作开展;从法律监督运行方式看,检察机关行使法律监督职能显然不能任意而为,必须从严要求,规范开展,因而,应当秉持规范监督理念开展各项检察工作;从检察机关法律监督的权力属性上看,法律监督权也是公权力的组成部分,具有权力的一般特性,如果不受制约,同样有被滥用可能,因而要秉持接受监督理念,完善监督制约机制,防止检察权滥用。总之,根据刑事执行检察法律监督属性,创新刑事执行检察的法律监督理念,可以构建起刑事执行法律监督理念体系,

并以此作为执检理念体系的第二个层面。这一理念体系具体包括上述的监督本位理念、能动监督理念、规范监督理念、利益平衡理念和接受监督理念。通过上述法律监督理念的引领，确保执检环节法律监督工作不缺位、不越位、不偏位。

1. 监督本位理念

检察机关开展刑事执行检察必须牢牢把握法律监督这一宪法定位。执检工作作为一项重要的检察业务，本质属性是法律监督，其出发点和落脚点都在监督上。是宪法赋予检察机关的法律监督职能在刑事执行环节的体现。根据《宪法》规定，检察机关是国家法律监督机关，“所谓法律监督，是指专门的国家机关根据法律的授权，运用法律规定的手段，对法律实施情况进行监察督促，并能产生法定效力的专门工作”。[①] 检察机关实施法律监督需要具备四个必须条件：法律的授权；有发现违法的手段；有一定的强制性；监督者要有监督本领。法律监督的含义就在于发现法律实施过程中违反法律的情况，提请裁判机关进行处理。刑事执行检察既有对检察系统外刑事执行行为的监督，也有对检察工作各环节的刑事执行活动的监督，其根本目的是督促行使刑事执行职能的机关依法履行职责，保障刑事执行活动依法顺利进行，保障人权，维护司法公正。履行好刑事执行法律监督是检察机关刑事执行检察部门的主责主业，应以“监督本位”理念为指导，引领检察人员开展执检工作。实践中，在履行监督职责时，刑事执行检察人员与刑事执行工作人员多在“同一屋檐下”办公，低头不见抬头见，碍于情面，配合自然多于监督。当然，公检法司机关作为法律职业共同体，理应有共同的追求目标，检察机关在开展刑事执行检察工作时应当重视与相关单位的密切配合，唯其如此，才有了分工负责、互相配合、互相制约的原则，这也符合分权制衡的基本规律。然而，如果只有配合，没有制约和监督，分工便没有意义。事实上，监督与配合并不存在质的冲突，正确的配合支持，错误的监督纠正，从维护司法公正角度看，监督也是积极的配合和支持。因此，刑事执行检察人员应当恪守“和而不同”的基本原则，强化监督本位理念，做到配合与监督并重。另外，刑事执行检察权作为一项公权力，得法律授权方可为，无法律授权不得为，既不能任意而为，也不能任意不为。只有积极正当地依法履行好宪法、法律赋予的各项监督权，才能更好地发挥职能作用。否则，如果刑事执行检察有滥权、擅权的行为，或者将监督凌驾于执行之上，用监督代替执行，那么监督就是越位和添乱，就会破坏检察机关司法公信力和司法权威。因此，刑事执行检察必须恪守“监督本位理念”，注重依法履职，只有这样，配合支持才能到位不越

① 张智辉：《论检察》，中国检察出版社 2013 年版，第 45 页。

位,监督工作才能不失职。

2. 能动监督理念

能动监督理念是指检察机关开展刑事执行法律监督工作应当主动作为,积极履行监督职责,维护刑事执行活动依法规范开展。由于很多刑事执行业务是先由执行机关自主组织,开展方式不同于在裁判生效前的诉讼进程中的各诉讼主体在程序轨道上相互制约协同推进方式,检察机关对刑事执行的法律监督多数情况下并不在特定的同一程序轨道内同频共振式地协同运行。这一特点要求检察机关必须发挥主观能动性,积极主动履行监督职责。检察机关如果能动性不足,往往滞后于刑事执行活动,被动监督常常导致监督被动;反之,如果充分发挥能动性,加大监督力度,推动刑事执行监督与刑事执行活动同步开展,监督主动性就增强,监督效果自然也会增强。在工作实践中,执检监督不仅有力度大小之差,也有开展节奏松紧之别,唯有发挥能动性,积极作为,才能使监督力度增大,也才能求得最佳法律监督效果。因而,有学者认为:"法律监督能否在依法治国中充分发挥作用,在很大程度上取决于法律监督机关的努力程度。"①从刑事执行检察的若干职权尤其是一些新增职责看,刑事执行检察显然不再局限于对已经发生的违法犯罪行为的事后监督,不少职权有了明显的主动性、同步性、实时性。因此,刑事执行检察应当摒弃侧重被动履职轻视主动监督的工作思维,秉持能动监督理念,完善各项执检监督程序,创新监督方式,主动实时履行好法定职权,力戒"检察意见""检察建议"一发了之,强化跟踪问效,做到一盯到底,有错必纠。

3. 规范监督理念

强化规范监督理念,就是通过健全刑事执行法律监督制度、机制,强化规矩意识,做到监督有据,监督合规,体现出刑事执行检察的"自律"精神。规范是规则和范式的简称,规范化就是用一定的规则、标准和程序来统一人们在一定范围内的活动。检察机关的规范化建设,"应该是指建立健全检察机关执行法律的规范体系,以统一检察机关和检察人员的执法活动,同时采取有效措施保障这些规范在执法活动中得以遵守,使检察机关的法律监督职责得以充分正确地履行……"②监督者只有依规矩行使权力,按规范约束权力,才能做到自身正、自身硬、自身净,才能做到敢于监督,善于监督,提高监督权威和公信力。敢于监督就是要依法监督,严格依照法律规定的权限、程序履行职责、行使权力,做到严格监督不留情面,履行职责不留死角;善于监督就是要善于总结监督规律,完善监督机制,明确程序,严格规范纠正违法通知书、检察建议书的适用。强化

---

① 张智辉:《论检察》,中国检察出版社2013年版,第106页。

② 同上书,第156页。

"规范监督理念",在客观上也会"倒逼"强化自我约束,只有强化刑事执行规范监督与自我约束并重的理念,才能更好地发挥刑事执行检察职能作用。

当然,强调规范监督要求检察机关不仅重视监督刑事执行活动是否符合实体法,而且重视监督这些活动是否符合程序法的要求。在当前司法规范化程度大大提高的新形势下,刑事执行检察应更加注重督促执行机关严格依照法定程序开展刑事执行活动,对发现的因程序违法或证据存疑可能导致的冤错案件,应当及时提出监督意见,敢于依法监督纠正。

4. 利益平衡理念

即检察机关开展监督工作要秉承客观公正立场依法兼顾多方利益主体,在法定范围内努力实现多元利益的平衡。其一,开展刑事执行法律监督工作必须高度重视多元利益平衡。司法的本质是化解矛盾、定分止争,但社会矛盾纠纷往往是多方利益冲突的结果,很多刑事案件甚至重特大刑事案件无不是因为利益冲突,矛盾激化到一定程度所至,需要动用包括检察权在内的国家司法力量化解矛盾,平息冲突,修复被破坏的社会关系,促进社会和谐稳定。同时,司法机关在办案中,也存在司法机关办案利益(如完成工作任务,取得优秀工作评价等)与当事人利益和社会公共利益的冲突;另外,还有即便在法定范围内也存在法律价值评价和社会价值评价及个体价值评价的矛盾和冲突。因而,检察机关开展法律监督必须兼顾各方利益,注重利益平衡,在办理刑事执行监督案件时,努力实现办案的法律效果、政治效果和社会效果的有机统一。注重多元利益的平衡是构建和谐社会,促进社会文明的必然要求,是社会主义核心价值观在检察监督理念中的体现。其二,开展刑事执行法律监督工作必须坚持客观公正立场确保法律价值功能实现。当执法活动处于多种利益和多种价值观念的冲突时,检察机关开展法律监督就面临一个价值取舍和立场定位的问题,而这种价值取舍和立场定位关乎法律监督的良性运行,也关乎法律实施目标的实现与否及司法效果的优劣与否。检察机关应当坚持客观公正立场,致力于实现法律监督多元价值的平衡,以及法律监督价值与安全、和谐、效率等社会多元价值的综合评价,依法作出的法律监督决定应当兼顾各方面利益主体,符合社会主流价值取向,能够最大限度地减少矛盾冲突,凸显法律的社会调整功能。其三,坚持以利益平衡原则审视和健全各项具体刑事执行检察理念。多年来,我国的刑事司法活动一直偏重于打击犯罪的价值取向,对犯罪嫌疑人和被告人权利的保护重视不够。当前,在刑事司法活动中要加强对犯罪嫌疑人和被告人权利的保护,摒弃"重打击,轻保护"的思维观念,牢固树立保障人权的现代法治思维。[1] 检察机关在办

---

① 高继明:《检察官的法治思维及其养成》,载《人民检察》2014 年第 18 期。

理各类刑事执行监督案件中，要坚持“三个效果有机统一”的办案理念，使所办理的每一起案件，既要经得起法律的检验，又能得到社会各界的好评、理解和支持。例如，检察机关在刑事强制措施执行监督中，应当坚持以利益平衡理念为引领，既要注重维护刑事诉讼顺利进行，又要对没必要羁押、不符合羁押条件的犯罪嫌疑人、被告人，通过开展羁押必要性审查、清理纠正超期羁押、久押不决等对刑事执行活动的监督，督促办案部门及时变更刑事强制措施或对久押不决案件纠正；在刑罚执行监督中，既要注重维护刑事执行场所监管改造秩序稳定，保障刑罚执行公平公正，又要对侵犯被执行人合法权益行为依法纠正，对应当减刑而不予减刑、不应当减刑而予以减刑的不当变更执行行为予以监督纠正。

5. 接受监督理念

即检察机关在行使法律职责时也必须接受监督。强化接受监督理念，不仅是宪法和法律的要求，也是符合权力运行规律、保障检察权公正行使的客观需要。如果失去相应的监督，检察权在行使过程中也同样存在着异化和滥用的可能。“检察机关作为国家专门的法律监督机关，享有广泛的法律监督权（检察权），而这种法律监督权又是国家权力的重要组成部分，具有权力的一般特性，因而也要防止滥用。检察机关在履行法律监督职能中，应当自觉接受来自各方面的监督，正是这种必要性的内在要求。”①刑事执行检察涉及的面广，对应的业务部门多，加之业务工作规范化程度不高，因而更容易发生滥用职权或徇私舞弊违法违纪行为。从近年来通报的检察机关违法违纪案件看，刑事执行检察部门发生的违法违纪案件并不比其他检察业务部门少。因而，对刑事执行检察要和其他检察权一样，注重防止自我监督“左手拉右手”的形式主义弊端，必须以接受监督理念为引领，进一步强化检察内外部监督制约机制的建设与完善。要深化执检环节的检务公开，拓展检务公开范围，创新检务公开方式，对影响较大的刑事执行监督案件、已经办结的典型案例及时向社会公开，切实加强对自身执法活动的监督制约，保证刑事执行检察权依法公正行使；要完善自觉接受人大及其常委会的监督及接受社会各界和人民群众的监督机制；同时，还应当依照分工负责，互相配合，互相制约原则，健全主动接受公检法司各相关业务部门的监督制约机制。

总之，把握好刑事执行检察权的法律监督属性，不仅要坚持监督本位理念、能动监督理念，还要把坚持利益平衡理念、规范监督理念和接受监督理念辨证统一起来，引领刑事执行检察部门把强化自身监督放在与强化法律监督同等重要的位置，坚持职权由法定、有权必有责、有权必监督、滥用必追究，确保刑事执

① 张智辉：《论检察》，中国检察出版社 2013 年版，第 123 页。

行检察权在阳光下依法公正行使,提升刑事执行检察的严肃性、权威性。

（三）准确把握刑事执行检察司法办案理念,提升执检业务规范化程度

1. 正确理解刑事执行检察司法办案理念的含义

张军检察长明确指出:“检察工作是政治性极强的业务工作,也是业务性极强的政治工作。”①司法业务的一个突出特点和表现方式就是依照司法程序办理司法案件。因而,强化检察机关法律监督必须强调以办案为中心,创新检察业务开展方式必须实行案件化改造,在司法办案符合法治规律、司法行为符合法治规范、检察监督符合法治需求上狠下工夫,确保检察权在法治轨道上运行。刑事执行检察司法办案理念,是指引领检察机关和检察人员以法治精神和法治方式开展执检办案工作,推进法律监督事项案件化办理,确立以办案为中心,使执检业务开展方式具有司法属性的观念。检察工作实质上就是检察机关启动和行使宪法赋予的法律监督职责而开展法律监督工作,同时检察机关也是国家的司法机关,在工作的开展方式上,检察机关根据分权制衡原则参与司法事务,办理检察环节各类案件。因而,检察权和法律监督权恰如硬币的一体两面,检察机关法律监督工作是兼具司法属性的业务工作。然而,目前包括执检工作在内的很多法律监督业务司法属性不强,体现为开展方式简单,程序不规范,监督效果差,法律监督公信力大打折扣。为了确保检察机关行使好法律监督职责,需要将重大法律监督事项进行司法化改造,以司法理念为引领,形成以办案为中心的工作开展方式,用司法办案方式和手段推进检察工作的开展和法律监督事项的解决。这就要求必须将司法办案的程序性、公正性、权威性等司法属性贯彻到解决包括执检工作在内的法律监督事项的各项检察工作中去,使司法之魂魄附着于检察工作之体上,使各项重要检察业务工作因兼具司法属性而放射出法治精神的光芒。因而,我们可以创新刑事执行检察司法办案理念,并作为执检理念体系的第三个层面,以此为引领推动执检工作向司法办案方向发展。

当然,检察机关的很多刑事执行检察办案业务不同于侦查机关办案业务,也不同于审判机关办案业务,以及检察机关参与的“三道工序”诉讼业务,有其自身特点,尤其是一些典型的刑事执行法律监督业务,应结合检察机关法律监督属性和执检业务运行方式探索总结,形成特有的办案模式。但是,既然属于司法办案,在办理这些刑事执行检察案件中,也必须秉持具有司法属性的基本办案理念,体现司法业务特色。

当前,由于一些刑事执行检察业务开展方式简单粗放,随意性强,导致监督效果不理想。个别检察机关为了获得先进位次进行数字造假,损害了检察机关

---

① 姜洪:《坚定“四个自信”抓好“五个结合”为新时代检察工作提供强有力理论支撑》,载《检察日报》2018 年 4 月 25 日,头版。

的法律监督权威。可以说,司法办案业务特色不明显,司法属性不强是刑事执行检察工作的短板。对此,在加强作风纪律教育整顿,强化工作管理同时,必须注重治本之策,对重大监督事项实行案件化办理,使监督工作从以往简单的“办事模式”向“办案模式”转变,这是破解困扰刑事执行检察工作随意性强、程序不规范、模式不固定、效果不明显难题的可选择路径。当然,从实然状态看,由于刑事执行检察点多、线长、面广,加之司法资源有限保障不足,因而没有必要对每一项执检业务都进行司法化改造或用办案模式解决问题,对一些诸如口头监督纠正就能解决问题的简单的执检监督事项加以烦琐规范,并不符合司法效能原则。所以,以刑事执行检察司法办案理念为引领,重在对诸如羁押必要性审查、刑罚变更执行监督事项、财产刑执行检察等重点业务进行司法化改造,实行案件化办理,确保刑事执行检察办案工作在实现法律效果基础上达到社会效果和政治效果的有机统一。

2. 准确把握刑事执行检察各项司法办案理念

在办理刑事执行检察案件中,必须自觉地秉持司法的程序公正理念、依靠证据理念、遵守时效理念和保持权限理念,并将这些理念贯彻到刑事执行检察司法行为的各个环节,确保执检业务工作兼具司法属性,符合法治精神。

(1)程序公正理念。是指坚持正当程序的观念,依据公正程序开展执检工作,监督执行机关以公正的程序开展执行工作。诉讼程序公正程度是区分不同时期、不同国家诉讼制度优劣的重要标志之一,程序公正和实体公正共同构筑了司法公正。其一,坚持程序公正理念,做到程序法定、程序规范。当前,社会各界和广大人民群众对司法办案的要求越来越高,不仅关注案件的结果,而且关注办案的过程。如在刑罚变更执行中,规范并公开减刑、假释、暂予监外执行公正的操作程序与公开作出公正的裁判结果一样重要。即便是公正的结果,如果程序不公开,或者程序有瑕疵,都可能引起社会舆论和网络媒体的猜疑和炒作。程序公正既服务于实体公正,又有其独立价值。无论《监狱法》还是《看守所条例》,都对刑事执行活动作出了比较详细的程序性规定,与之相应,最高人民检察院制定的《关于对职务犯罪罪犯减刑、假释、暂予监外执行案件实行备案审查的规定》和《人民检察院办理减刑、假释案件规定》,也对相关监督程序作了规定。但总体而言,刑事执行检察各项业务程序较为粗疏,对一些重点业务,有必要逐项规范完善。其二,坚持程序公正理念推动程序公开。要认真遵守、严格执行有关刑事执行检察的各项程序规定。如在办理减刑案件时,不仅要监督计分结果和减刑结果的合法公正,还要对计分考核程序、减刑启动程序、监区长办公会审核程序、刑务部门审查、减刑评审委员会评审程序、监狱长办公会审核程序等进行同步监督;对需要开庭审理的减刑案件,还要派员出席法庭审理。

因而,应当依照程序公正理念完善监督法庭调查和减刑裁定等相关监督程序。

(2)依靠证据理念。是指开展刑事执行检察办案业务中,要重视收集固定违法违规行为的证据,注重发挥证据证明力。无论是审查、调查还是核查,都要围绕证据去展开,围绕证据办理案件,开展执检监督工作。坚持依靠证据理念引领推进刑事执行检察工作,一是对发现的违法违规问题既要注意规范取证、保存证据,靠证据依法监督,不办无证据支持的案件,不制作无证据支持的法律文书;二是要注重发现并监督纠正因证据不足或证据违法而导致的冤错案件。证据是诉讼的灵魂,刑事证据的"成色"如何,直接影响定罪量刑,影响办案质量,影响人权保障。客观、理性、平和地履行法律监督职责、维护司法公正是检察官的职业追求。检察机关既要注重收集、出示不利于被告人的证据,又要注重收集、出示有利于被告人的证据。在刑事执行检察工作中注重依靠证据理念,对于纠正刑事执行中的违法问题,尤其是发现和纠正刑罚执行中的冤错案件意义重大。《刑事诉讼法》确立了非法证据排除规则,明确规定了非法证据排除的具体内容。一旦发现有应当排除的非法证据,应当及时依法予以排除。在开展刑罚执行日常监督工作中,如果发现相关人员经常喊冤不服的判决,且经过查证核实,发现案件确有取证不合法,有关办案机关又没有做出合理解释的情况,就应当积极配合有关部门启动法律监督程序,敢于监督,依法监督,发挥刑事执行检察监督的最后防线作用,勇于监督纠正冤错案件。

(3)遵循时效理念。遵循时效理念是刑事诉讼的一个重要原则,也是刑事执行检察的一个重要的执法办案理念。这一理念要求检察人员在开展刑事执行检察中,既要严格遵守法律规定的时效,如发生重大安全事故必须在规定时间内报告,更要监督执行机关依照法定的时效开展刑事执行活动。尤其是在刑事强制措施执行检察中,遵循这一理念对保障刑事被执行人合法权益具有特殊意义,如不得因节假日而变相延长羁押时间。根据《刑事诉讼法》的规定:"期间的最后一日为节假日的,以节假日后的第一日为期满日期,但犯罪嫌疑人、被告人或者罪犯在押期间,应当到期满之日为止,不得因节假日而延长。"又如,拘留后 24 小时以内应将被拘留人送看守所羁押,执行机关无法定事由不得随意延长被拘留人在看守所外的滞留时间;对犯罪嫌疑人、被告人及其法定代理人、近亲属或者辩护人申请变更强制措施的,《刑事诉讼法》规定公检法机关作出是否同意变更决定的时间由"7 日以内"缩短为"3 日以内";等等。这些对法定时限的监督,是检察机关刑事执行检察工作的重要职责。刑事诉讼的价值,在于最大限度地实现司法公正并兼顾司法效率。在保障公正的前提下,尽可能使刑事诉讼程序高效运行,这样既可以达到适用刑罚的预期效果,又能够尽快把依法不应受到法律追究的人从刑事诉讼中解脱出来。坚守诉讼时效是强化法律监督、维护诉讼程序价值的"撒手锏",对一些时效性不明确的刑事执行检察业务,应当通过修改法律,健全监督程序,明确监督时效,提高监督效率。比如,在办理清理纠正超期羁押、久押不决监督案件时,检察机关发现违法后,应当在法定期间内依照法定程序提出监督纠正意见;对执行机关在法定期间内不纠正,又没有正当理由给予说明的,应当根据有利于被告人的原则,监督启动制裁程序,并根据违法程度,作出相应的法律监督决定,这样更有利于实现法律监督的目的,增强监督的刚性,促进刑事执行机关严格依照法定程序在法定时效内进行刑事执行活动,维护司法权威。总之,检察机关在开展刑事执行检察时,必须强化遵守时效理念,以更严格的标准用好监督期限,严把期限关;同时,也必须处理好公正与效率的关系,切实做到既惩罚犯罪,又尊重和保障人权。

(4)坚守权限理念。坚守权限理念,就是要严格依照法律授权和法定程序行使刑事执行检察权。权力有边界,不受制约的权力必然导致腐败。在现代法治社会中,权力意味着权限,法有授权必须为,法无授权不得为。刑事执行检察权也不例外,各项刑事执行法律监督工作的开展必须由法律专门授权,在法律规定的授权范围之内,运用法律规定的手段,遵守法律规定的时限,严格依照法定的程序行使刑事执行检察权。检察人员在开展执检业务中必须保持清醒头脑,权力意味着责任,既要尽职尽责敢于监督,又要强化权限意识善于监督,秉持一种谦抑精神,做到理性、平和、文明、规范执法。根据《刑事诉讼法》的规定,检察机关行使对羁押必要性审查权、讯问合法性核查权、对暂予监外执行活动监督权、减刑假释执行活动的同步监督权以及对强制医疗执行监督权等,法律的授权使检察机关强化刑事执行检察更有底气。但是,也必须清醒地看到,刑事执行检察权基本上属于程序性的权力,主要是通过依法启动程序或作出程序性的决定、告诫性的通知来发挥监督作用,大部分不具有实体性的行政处分权或司法裁决权,刑事执行检察权必须接受权力机关的监督和法院的最终裁决的约束,这本身就构成了对刑事执行检察权的监督和制约。要强化坚守权限理念,在行使刑事执行检察权时要保持足够的谨慎、自制和谦抑,打牢刑事执行检察监督基本功。

(四)准确把握刑事执行检察工作推动力理念,为执检工作创新发展提供动力保障

刑事执行检察工作创新发展需要有效的动力推动。所谓检察工作推动力,指的是用于推动检察工作发展切实可行的政策、方法、手段和科技的有机结合而形成的综合力量。在对刑事执行检察工作目标、任务及工作方向明确之后,还必须通过恰当的政策策略及提升科技水平等工作方法进行推动。如果政策失当,策略方法不力,或者科技应用能力不强,刑事执行检察工作创新发展最终

也会事与愿违。在诸多推动工作的可选择政策和方法手段中,我们可以把推动工作最有效、最给力的政策方法提升到理念层面,形成刑事执行检察的工作推动力理念。这些理念包括:标本兼治理念;共赢监督理念;"三个效果有机统一"理念;坚持领导干部带头办案理念;[①]等等。笔者结合工作实践,重点对以下执检工作推动力理念加以探讨:

其一,坚持标本兼治理念。所谓标本兼治理念,就是在采取多种监督措施和手段纠正刑事执行环节各类违法违纪或不规范行为的同时,突出强调对实现刑事执行法律根本目标任务落实情况的监督。在开展刑事执行检察工作中,检察机关通过改进派驻检察、加强巡回检察、实行专项检察等方式,对刑事执行活动中的轻微违法行为可以口头纠正;对严重违法行为应当发出纠正违法通知书提出纠正;对一个时期刑事执行活动中发生的共性问题可以开展专项检察集中监督纠正;对刑事执行活动中涉嫌犯罪的行为应当及时立案查处,应把查办刑事执行活动中职务犯罪作为强化监督效果的有力手段,贯穿于刑事执行监督全过程。通过突出办案重点,积极查处刑事执行活动中违法办理减刑、假释、暂予监外执行,重大监管事故,社区服刑人员托管、漏管,严重侵犯刑事被执行人合法权益等问题背后的职务犯罪,促进刑事执行活动公平公正依法开展。与此同时,检察机关应当坚持标本兼治的理念,把执行机关是否全面落实法律规定的执行任务作为重要监督内容,促进刑事执行法律功能的实现,这也是刑事执行检察工作把治本安全观落实到位的体现。其二,坚持共赢监督理念。共赢监督理念是指检察机关开展刑事执行检察工作时应当秉持与刑事执行部门相互促进,共生共赢,共同发展的工作理念,努力实现刑事执行监督工作的理性平和,促进刑事执行工作的健康发展。按照法律规定,刑事执行机关与刑事执行检察部门虽然职责不同,但本质属性是一样的,都是政法机关,都是执法者,而且二者的目标任务也是一致的,都是为了保障刑事执行的公平正义、维护刑事被执行人的合法权益,维护监管改造秩序稳定,所以检察机关要树立双赢、多赢、共赢的理念。检察机关在开展监督工作时应当加强与刑事执行机关的沟通协调,比如应结合查办案件,加强刑事执行环节职务犯罪预防工作,促进相关部门健全制度、强化管理、堵塞漏洞;对发现的刑事执行活动存在的执法不规范、安全管理隐患等可能导致执法不公或监管事故等苗头性、倾向性问题,通过向有关单位及时发出检察建议,使有关单位及时得以纠正。总之,检察机关要秉持共赢监督理念,善于和被监督者一道解决问题,把单纯监督中的"找茬""挑毛病"转变为打造双赢、多赢、共赢的工作格局。其三,坚持"三个效果有机统一"理

① 参见最高人民检察院刑事执行检察厅厅长王守安2018年在"全国检察机关刑事执行检察工作座谈会暨重点业务培训班"上的讲话。

念。评价刑事执行检察成效的基本标准就是看其法律监督效果如何。对刑事执行法律监督效果的评价并不是单纯追求法律效果,而是必须力求实现在法律效果基础上的政治效果、法律效果和社会效果三个维度的有机统一。一要把追求刑事执行监督的法律效果放在基础位置,也就是在办理刑事执行监督案件时,注重严格依法办案,严把案件事实关、证据关、程序关,使办理的每一起案件都经得起法律的检验。二要把追求法律监督的政治效果放在突出位置,坚持党对检察工作的绝对领导,坚定正确的政治方向,对所办理的每一个案件都要在法定的范围内、法定程序内注重办案的轻重缓急,使检察监督工作体现讲政治、顾大局,维护党和国家形象。三要注重刑事执行法律监督的社会效果,把追求法律监督的社会效果放在重要位置,在办案中对涉案单位和群众要做好释法说理,最大限度地赢得全社会的理解和支持。四要正确把握刑事执行监督的政治效果、法律效果和社会效果三者的关系,政治效果是统领,法律效果是基础,社会效果是关键,只有同时把握好刑事执行监督的政治性、业务性和社会性,追求政治效果、法律效果和社会效果的有机统一,才能在法律监督工作中把依法治国、党的领导、人民当家做主三者融为一体、落到刑事执行检察工作实处,推动刑事执行检察工作健康发展,促进法律监督获得最佳效果。

综上所述,应坚持以理念创新推进新时代刑事执行检察转型发展,闯出一条中国特色刑事执行检察发展之路。通过构建刑事执行检察理念体系,以刑事执行检察总体目标理念为引领,确保执检工作不偏向;以刑事执行法律监督理念为引领,确保执检工作的法律监督属性;以刑事执行检察司法办案理念为引领,对各项执检业务进行司法化改造,对重点业务采取办案模式办理,从而推动刑事执行检察工作的专业化建设;以刑事执行检察工作推动力理念为引领,提升执检工作发展成效。

五、以新理念引领刑事执行检察业务规范完善

在新中国检察制度中,刑事执行检察是一项较早开展的检察业务,早在共和国检察机构成立之初,行使这一职责的监所检察部门就已经设立,但是直到近年来才随着司法改革的全面推进进入发展新阶段,成为新形势下支撑检察监督发展的重要增长点。这正如张军检察长在最高人民检察院对刑事执行检察工作调研座谈时所指出:“检察机关刑事执行检察部门是落实习近平新时代中国特色社会主义思想,特别是法治思想、政治思想、总体安全观等理念不可或缺的重要部门。”然而,长期以来,刑事执行检察没有与其他检察业务同步发展,人员配备不足,机构设置混乱,工作开展方式简单,在当前转型发展中成为制约检察工作健康发展的“短板”。在检察机关谋发展重自强的新形势下,必须以理念创新为引领,规范完善各项刑事执行检察业务的开展。下面,我们就此简要谈

谈基本思路：

1. 围绕重点业务推进刑事执行检察规范完善

当前刑事执行检察面临的突出问题，就是业务范围广、工作任务重、质效要求高。这一特点要求检察机关既要统筹安排，又要把握主要矛盾，注重抓重点，推进执检工作实现重点突破。2018 年 5 月，在全国检察机关刑事执行检察工作会议上，最高人民检察院根据法律规定和当前强化监督的实际需要，确定了四项核心业务：羁押必要性审查、刑罚变更执行监督、核查纠正监外执行罪犯脱管漏管和刑事执行职务行为监督。其中，在看守所检察业务中，把羁押必要性审查工作作为一项核心业务；刑罚变更执行涉及减刑、假释、暂予监外执行，是罪犯最关注、最涉及罪犯切身利益、最容易影响罪犯教育改造成果的突出方面，既是监督的重点，也是工作的一个薄弱点，所以该项业务作为监狱检察核心业务；监外执行中对即判处管制、剥夺政治权利、缓刑及准予假释、暂予监外执行的五种人矫正管理不完全到位，相当一部分人员脱管漏管损毁了法律尊严，影响了社区矫正效果，中央政法委对此高度重视，因而，把社区矫正检察作为一项核心业务加大监督力度；刑事执行职务行为监督工作也是一项核心业务，根据 2018 年新修订的《刑事诉讼法》第 19 条第 2 款的规定，检察机关在对诉讼活动实行法律监督中发现司法工作人员利用职权实施了侵犯公民权利、损害司法公正的犯罪、可以由检察院立案侦查。要通过对刑事执行活动中职务行为的监督，促进刑事执行机关公正廉洁地开展执法、司法活动，保障刑事执行实现司法的公平正义。对刑事执行检察的规范完善，必须围绕这些核心业务开展。当然，我们认为，在抓好核心业务的同时，也要注重加强其他业务工作的规范完善，比如财产刑执行和收监执行监督涉及裁判的严肃性和正义的实现；临场监督执行死刑涉及被执行人的生命权等权利；重大案件侦查终结前讯问合法性核查涉及非法证据排除；超期羁押和久押不决涉及被羁押人员的人身自由；等等，对这些刑事执行检察业务都应当做好规范完善工作。

2. 坚持问题导向推进刑事执行检察规范完善

坚持问题导向，就是要有发现问题的敏锐、正视问题的清醒、解决问题的自觉。当前，刑事执行检察部门面临问题较多，有宏观层面问题，也有微观层面问题；有法理问题，也有实务问题。对这些问题，我们要进行全面梳理，优先解决的应当是那些影响工作开展的重大、疑难、复杂问题和重点、热点、焦点问题。对这些问题，既要研究法律，也要研究法理，为解决实践问题提供理论支持，也为规范刑事执行检察工作提供方向指引。比如，针对刑事执行检察权威不强问题，以提高司法公信力为根本尺度，深入排查和整改刑事执行检察各环节司法不规范问题；结合司法体制改革，以落实司法责任制为抓手，科学规范刑事执行检察业务部门检察官权力清单和办案组织建设,解决案件承办确定机制不完善不科学,案件质量责任未落实等问题;以严格刑事执行检察环节司法办案程序为着力点,解决好办案主要程序、流程节点、办案期限、办案风险评估等规定执行不严格,统一业务应用系统使用不规范,法律文书有瑕疵,案件信息公开不全面不及时等问题;以严明办案纪律作风为保障,解决违反考评纪律,司法作风简单粗暴等问题;以保障当事人、律师合法权益为切入点,解决好侵害被执行人员诉讼权利,妨碍律师依法执业,以及其他刑事执行工作中产生的便民利民措施不规范、不完善等问题;等等。

3. 改革工作格局推进刑事执行检察规范完善

改革刑事执行检察业务格局是推进刑事执行检察工作规范完善的基础性工作。其中,既包括工作理念的改变,也包括工作方式的变革,主要体现为:一是使刑事执行检察工作主线从由"强化刑罚执行和监管活动监督"向"强化刑事执行监督,强化人权司法保障"转变。二是工作模式从以"办事"为主向以"办案"为主转变。[①] 从前的监所检察业务大多是被作为日常事务性工作来处理,办案意识没有被树立起来。近年来,检察机关对刑事执行检察业务致力于案件化办理,以推进业务工作的规范开展,如减刑、假释、暂予监外执行同步监督,羁押必要性审查,社区服刑人员脱管、漏管检察等,应当通过制定并完善工作程序、规范业务流程,作为案件来办理和管理,确立以办案为主的工作模式。当然,这种办案,主要是对重点监督事项实行案件化办理,而非对所有监督工作都要作为案件办理,对于发现的简单监督事项能够直接监督纠正的,没有必要浪费司法资源启动办案程序。三是监督重点从传统业务向新增业务与传统业务并重转变,既要坚持原来刑罚执行、监管活动监督和查办职务犯罪案件等常规业务重点,又要把刑罚变更执行同步监督、羁押必要性审查、社区矫正监督等新增业务作为重点强力推进。四是监督场所从重监内轻监外,向监内与监外执行监督并重转变。目前,刑事执行检察部门的监督在监管场所内外任务都相当繁重,必须全面履行好各项刑事执行监督职能。五是监督方式从重派驻检察向派驻、巡回、巡视和专项检察相结合转变。由于非监禁刑在我国刑罚中所占比重增大等新情况的出现,全国检察机关正在开展对监狱的巡回检察试点改革。我们认为,对在押人员押量较小和执法规范化程度保持在较高水平的监管场所,或社区矫正监督、指定居所监视居住执行监督等监管活动场所,在无条件派驻的情况下,采用巡回检察模式对推进检察监督更为有效。同时,近几年实施的由上级检察院刑事执行检察部门对下级检察机关所管辖的监管场所和派驻检察室

① 参见袁其国:《着力实现"八个转变"》,载《检察日报》2015 年 10 月 23 日,第 3 版。

开展的巡视检察模式也逐步完善。通过派驻检察、巡回检察、巡视检察等监督方式的合理安排,构建起既节约人力资源,又能有效履行职责的新的刑事执行检察监督工作模式。六是监督节点由事后监督向同步监督转变,在继续加强对刑罚变更执行的同步监督的同时,主动加强对刑罚交付执行等环节的监督,真正把各个刑罚执行机关和刑罚执行各个环节都纳入到监督的视野。七是工作开展形式从坐等办案到主动出击的规范履职转变。根据2018年新修订的《刑事诉讼法》规定,在国家监察制度改革全面推开的情况下,涉及刑事执行活动中发生的职务违法犯罪案件办理应当一如既往地加强,检察机关要克服坐等举报、移送线索的惯性思维,通过进一步规范完善有关办案制度,增强监督的刚性和案件查办规范性。八是工作目标从重形式轻结果向更加重视监督结果转变。对诸如检察建议等,应注重规范提出并形成监督合力。

4. 注重健全制度推进刑事执行检察规范完善

提升刑事执行检察工作制度的规范化程度是确保工作规范开展的前提和根据。最高人民检察院近年来着力落实和细化法律规定,制定司法解释和规范性文件。与刑事执行检察工作密切相关的有《人民检察院办理减刑、假释案件规定》和《关于对职务犯罪罪犯减刑、假释、暂予监外执行案件实行备案审查的规定》等规范性文件。我们认为,在抓好已经出台的规范性文件、办案规定落实的同时,还要注重抓好以下业务制度的完善:一是系统规范各项刑事执行检察业务流程制度。通过对各项业务、各个岗位、各个环节制定细化工作规则,明确权力边界、司法标准、操作程序和监督责任,规范司法流程,制定业务标准,实现工作模式重构、流程再造,逐步形成程序严密、标准统一、责任明确的刑事执行检察司法规范体系,从而规范刑事执行检察权力运行,防止权力滥用。二是围绕解决执检工作实践中遇到的法律政策界限、证据标准等问题,加强制度机制建设。深化执检业务标准化建设,从加强对常见多发性违法犯罪、办案中容易出现分歧和偏差类型案件的调研分析入手,研究制定相关证据标准,形成刑事执行检察各环节标准化体系。三是完善执检业务信息日常监管、业务运行态势会商和执检案件质量监督管理机制。从数据异常、不良指标、瑕疵案件中发现和纠正不规范问题,促进执检司法规范化。四是完善与刑事执行检察相关法律制度。通过修改完善监狱检察、看守所检察、监外执行和社区矫正检察等工作制度,进一步完善羁押必要性审查、强制医疗执行监督、指定居所监视居住执行监督等业务规范,严格各项权力运行程序,全面提升刑事执行检察规范化程度,减少刑事执行检察不规范的存量,增加规范司法的正能量。[①]

---

① 参见袁其国:《〈最高人民检察院关于全面加强和规范刑事执行检察工作的决定〉解读》,载《人民检察》2016年第2期。

5. 健全保障措施推进刑事执行检察规范完善

充分而有效的保障是确保工作正常开展的基础，也是推进工作规范化的前提。首先，注重依托信息技术破解不规范难题。信息化是推动司法规范化的重要手段，通过加强网络建设，研发智能辅助办案系统，推动刑事执行检察智慧化建设和应用。推进现代信息技术与执检司法办案深度融合，以软件硬制约倒逼规范司法；通过依托统一业务应用系统，推动案件信息智能采集、监管问题智能识别、分析成果智能加工、办案质量智能判断、办案效果智能评价，打造刑事执行检察业务智慧管理体系，推进现代信息技术与刑事执行检察业务的融合；通过积极配合推进政法大数据平台建设，做好与公安、法院等部门的数据共享、互联互通，推进现代信息技术与刑事执行法律监督深度融合。另外，注重加强基层基础建设和经费保障，加大对刑事执行检察工作的投入，保障刑事执行检察部门和工作人员必要的办公办案条件，落实派驻检察人员生活补助，为刑事执行检察工作规范完善提供条件，为刑事执行检察业务转型发展插上翅膀。

6. 强化科学管理推进刑事执行检察规范完善

一是深化刑事执行环节检务公开，以公开促规范。通过依法公开刑事执行检察的职责、依据、程序、结果、工作纪律和生效法律文书，拓展检务公开范围，创新检务公开方式，规范检务公开场所，使刑事执行检察活动更加公开透明，促进刑事执行检察业务管理规范化建设。二是深化案件信息公开，依托案件信息公开系统，利用新媒体平台，依法、及时、全面、规范公开刑事执行检察案件信息，促进执检案件规范办理。三是加强法律文书释法说理工作，针对案件争议焦点，理清事实认定、阐明适法依据、讲透法理情理，化解社会矛盾，提升刑事执行检察公信力。四是对于有较大社会影响的刑事执行监督案件和职务犯罪案件的办理，及时向社会公开，通过公开自觉接受人民群众和社会各界的监督，通过外部监督制约强化自我监督，促进工作规范完善。五是建立起与刑事执行部门、律师协会的联席会议制度，定期召开座谈会，开展专题研讨，构建良性互动检律关系，充分发挥律师在促进检察机关规范司法、提升刑事执行检察办案质效等方面的积极作用。六是完善刑事执行检察业务考评管理机制。针对刑事执行检察部门、刑事执行检察院、派驻监管场所检察室的不同职能，建立科学的业务数据通报和考评体系，重点考核减刑、假释、暂予监外执行同步监督，纠正违法行为，查办职务犯罪等各项核心业务，同时注重规范法律文书适用、案卷装订等。通过完善管理制度，将日常管理考核与评定先进结合起来，全面准确评判刑事执行监督工作的力度、质量和效果。七是健全教育培训管理制度。通过常规化教育培训，推进刑事执行检察工作规范化程度。以建立完善检察机关刑事执行检察业务岗位素能基本标准为契机，有针对性地通过分类培训、专题培训和全员电视网络培训等多层次、多形式的培训，进一步提升刑事执行检察干警规范司法的能力和水平。

总之，要开创转型时期刑事执行检察工作新局面，打造刑事执行检察监督新品牌，必须以理念创新为引领，通过加强刑事执行检察制度的规范完善研究，解决好影响和制约检察机关刑事执行检察监督工作有效开展的体制、机制性障碍，建立起一套监督程序便捷、监督力量损耗较少，又能妥善解决问题的刑事执行检察工作模式，确保刑事执行检察各项工作规范开展，提升刑事执行检察执法公信力。

人民检察院司法责任体系研究

简乐伟*

摘　要　检察官在办理案件过程中代表国家行使司法权力的同时必须承担相应的检察职责,因故意不当履行检察职责或者因重大过失不履行检察职责造成特定结果的,应当承担不利后果。人民检察院司法责任主要由客观要件、主体要件、主观要件构成。检察官的司法责任认定,首先应当确认履行司法职责过程中客观上存在不当行为;其次应当确认其是可以依法代表国家行使司法权力决定具体案件处理的适格责任主体;最后应当确认其履行司法职责过程中主观上存在过错,没有尽到必要注意义务。但是,司法责任认定与司法责任豁免都是促使检察官积极、正当履行检察职责的制度设计,目的是维护司法的公正性,提高司法的公信力,即使检察官司法办案中的履职行为或者后果在形式上符合司法责任的(一个或多个)构成要件,但如果其实质上对司法公正、司法公信不具有危害性,也不应当追究其司法责任。

关键词　司法责任　构成要件　司法责任认定　司法责任豁免

完善司法责任制在本轮司法体制改革中居于基础性地位,提高司法公信力就必须"要紧紧牵住司法责任制这个牛鼻子"。[①] 完善司法责任制的基本前提之一,即是建立健全"权责一致"的司法责任体系,就检察机关而言,则是明确人民检察院司法责任的概念、特征、构成等相关范畴,确立人民检察院司法责任的类型及具体情形,建立人民检察院司法责任豁免的情形及机制。《关于完善人民检察院司法责任制的若干意见》[②](以下简称《若干意见》)在明确各类司法办案组织司法办案权限的基础上,完善了司法办案责任体系,使司法责任与具体司法行为相对应,力求解决长期以来检察司法实践中存在的"权责不清"导致难以追究司法责任的难题。

一、司法责任概述

《若干意见》第32条规定:"检察人员应当对其履行检察职责的行为承担司

---

* 简乐伟,湖北省襄阳高新区人民检察院副检察长。

① 习近平在2015年3月24日中共中央政治局第二十一次集体学习时强调内容,参见《人民日报》2015年3月26日,第1版。

② 最高人民检察院2015年9月28日发布。

法责任,在职责范围内对办案质量终身负责。"然而,司法责任的概念、特征是什么,司法责任如何分类及其分类标准是什么,司法责任的构成要件有哪些,从法学界和实务界的现有研究成果来看,还存在诸多争议。

(一)司法责任的概念

司法责任是什么,目前存在不同的主张,法学研究中,主要有否定评价说、法律责任说、不利后果说等代表性观点。如否定评价说论者认为,司法责任是指"司法责任是国家对司法机关的违法司法行为依法所作的否定性评价和谴责"。[①] 法律责任说论者认为,司法责任是指"司法机关及司法人员对在行使司法职权过程中实施的司法违法行为所应承担的法律责任"。[②] 不利后果说论者则认为,司法责任是指"司法机关及其工作人员在履行司法职务过程中因未能履行职责或行为不当而应该承担的不利的法律后果"。[③]

在司法实践特别是检察实践中,我国关于检察机关、检察人员司法责任的法律规定主要体现在《宪法》[④]《国家赔偿法》[⑤]《人民检察院组织法》[⑥]《检察官法》[⑦]的相关规定中。如《宪法》第 5 条第 4 款规定:"一切国家机关和武装力量、各政党和各社会团体、各企业事业组织都必须遵守宪法和法律。一切违反宪法和法律的行为,必须予以追究。"该款中的国家机关自然包括司法机关,当司法机关违反宪法和法律时则应予以追究。《国家赔偿法》第 17、18 条分别规定了司法机关及其工作人员在行使职权时因侵犯人身权、财产权而负有的赔偿责任。《人民检察院组织法》第 34 条规定,人民检察院实行检察官办案责任制,检察官对其职权范围内就案件作出的决定负责,检察长、检察委员会对案件作出决定的,承担相应责任。《检察官法》第 35 条具体规定了 13 种检察官应承担责任的行为。此外,最高人民检察院发布的《检察机关办理案件必须严格执行

---

① 谢高仕:《从责任豁免制中走出的司法行为——简论司法责任》,载《湖北民族学院学报》(哲学社会科学版)2000 年第 1 期。

② 刘后务:《论司法责任》,载《广西社会科学》2001 年第 3 期。

③ 张勇:《中国古代司法责任制度及其法文化分析》,中国政法大学法学 2002 年博士学位论文,第 3 页。

④ 1982 年 12 月 4 日第五届全国人大第五次会议通过并颁布,根据 2018 年 3 月 11 日第十三届全国人民代表大会第一次会议通过的《中华人民共和国宪法修正案》第 5 次修正。

⑤ 1994 年 5 月 12 日第八届全国人大常委会第七次会议通过,根据 2012 年 10 月 26 日第十一届全国人大常委会第二十九次会议第 2 次修正。

⑥ 1979 年 7 月 1 日第五届全国人民代表大会第二次会议通过,根据 2018 年 10 月 26 日第十三届全国人民代表大会常务委员会第六次会议第 3 次修订。

⑦ 1995 年 2 月 28 日第八届全国人大常委会第十二次会议通过,根据 2017 年 9 月 1 日第十二届全国人民代表大会常务委员会第二十九次会议《关于修改〈中华人民共和国法官法〉等八部法律的决定》第 2 次修正。

的六条规定》[①]《检察人员纪律处分条例》[②]《检察人员执法过错责任追究条例》[③]《检务督察工作暂行规定》[④]《检察人员八小时外行为禁令》[⑤]《人民检察院刑事诉讼涉案财物管理规定》[⑥]等规定的部分条文也与检察人员的司法责任有关。

从上述法学研究成果关于司法责任的概念和检察实践中对司法责任的规定来看,要相对准确地界定司法责任,需要兼顾法学的一般理论、我国的司法实际和"司法责任"这一偏正短语的组成形式。就"司法"这一修饰语而言,根据法学一般理论,"司法"是指国家司法机关及其司法人员依照法定职权和法定程序,具体运用法律办理案件的专门活动;根据我国司法实际,司法机关一般指法院、检察院,司法人员一般指具体办理案件的法官、检察官。就"责任"这一中心语而言,一般认为"责任"包括两层意思:一是指"分内应做的事",二是指"没有做好分内应做的事,因而应当承担的过失";[⑦]结合我国司法实践,上述"分内"是指法院、检察院及法官、检察官在办理案件过程中的职责。在此基础上,有观点认为,"司法责任是一种法律责任,可从两个层次来理解其内涵:一是司法机关、司法辅助机构及司法从业人员依法应当承担的法定职责,属于角色义务;二是因其职业行为不当引起的依法应当承担的不利法律后果"。[⑧]

综合上述分析,以人民检察院为例,其司法责任主要包括两个层面的含义:第一个层面是指检察院及检察官在办理案件过程中,依法应当履行的检察职责。该层面属于应然层面,一般从正面进行指引,如检察机关及检察人员在办案过程中,必须完成权力清单中相应的法定职责,即检察院及检察人员在代表国家行使司法权力的同时必须履行相应的义务。该层面内容体现在《若干意见》的第16~21条,即关于检察长、检察官、主任检察官等检察人员职责权限的规定。第二个层面是指检察院及检察官在办理案件过程中,因故意不当履行检察职责或因重大过失不履行检察职责产生严重后果而应当承担的不利后果。该层面属于实然层面,大多从负面进行约束,如检察机关及检察人员在办理具体案件的过程中,出现负面清单所列举的行为,则依法应当承担相应的不利后

① 2001年4月9日最高人民检察院第九届检察委员会第八十五次会议通过。

② 2004年6月1日最高人民检察院第十届第十三次检察长办公会讨论通过,2016年10月20日最高人民检察院第十二届检察委员会第五十六次会议修订。

③ 2007年7月5日最高人民检察院第十届检察委员会第七十九次会议通过。

④ 高检发〔2007〕10号。

⑤ 高检发纪字〔2013〕11号。

⑥ 2014年11月19日最高人民检察院第十二届检察委员会第二十九次会议通过。

⑦ 中国社会科学院语言研究所辞典编辑室编:《现代汉语词典》,商务印书馆2005年版,第1702页。

⑧ 董治良:《司法责任制的建立与实践》,载《人民法院报》2015年5月6日,第5版。

果,即检察院及检察人员在代表国家行使司法权力过程中不履行上述第一层面义务时,应当追究其相应责任。该层面内容体现在《若干意见》第34~36条,即关于检察人员故意违反法律法规责任、重大过失责任和监督管理责任等类型的司法责任的规定。

司法实践中,经常使用的是狭义的司法责任,如检察人员办理案件过程中因故意违反检察职责或因重大过失不当履行检察职责造成严重后果而被追责的情形。但是,广义的司法责任所包含的上述第一层含义的重要性也不容忽视,要充分发挥该层面积极正面的指引作用,以尽可能避免第二层含义——狭义的司法责任——的司法追责情形发生。

(二)司法责任的特征

司法责任[①]的特征有哪些,也存在不同的见解,在法学研究中,有三特征说和四特征说之分。在三特征说中,有论者认为司法责任特征有:“(1)主体是司法机关;(2)导因是违法司法行为;(3)司法责任是一种法律责任,即是国家对其依法所作的否定性评价和谴责。”[②]也有论者认为司法责任特征有:“(1)主体是司法机关及司法人员;(2)是基于违法司法行为而产生;(3)司法责任是司法主体由于违法司法行为而引起的法律上的不利后果。”[③]在四特征说中,有论者认为司法责任特征有:“(1)是因司法违法行为所引起的法律后果;(2)是由司法机关及司法人员所承担的一种法律责任;(3)是一种法律责任;(4)是一种独立的法律责任。”[④]上述关于司法责任特征的分析大多是基于司法责任构成的角度,将司法责任的特征分析混同于司法责任的构成要素分析,这不利于准确把握司法责任的特征。一般认为,特征是指“可以作为人或事物特点的象征、标志等”。[⑤] 要抓住司法责任的特征,至少需要区分司法责任与法律责任、司法惩戒、错案责任等相关概念。

首先,关于司法责任与法律责任的关系。二者都是由法律法规明文规定,以责任者承担不利后果并由国家强制力保障实现。二者的主要区别有:一是责任前提不同。前者因司法机关及其司法人员代表国家不当行使司法权力而产生责任,责任来源唯一;后者责任的来源多元,既有违反法定义务或契约义务,

---

① 以下内容关于司法责任的分析,一般指狭义的司法责任。

② 参见谢高仕:《从责任豁免制中走出的司法行为——简论司法责任》,载《湖北民族学院学报》(哲学社会科学版)2000年第1期。

③ 参见王以:《有关司法责任的若干理论问题探究》,载《重庆科技学院学报》(社会科学版)2008年第1期。

④ 参见刘后务:《论司法责任》,载《广西社会科学》2001年第3期。

⑤ 中国社会科学院语言研究所辞典编辑室编:《现代汉语词典》,商务印书馆2005年版,第1336页。

也有不当行使法律权利或权力。二是责任主体不同。前者责任主体限于司法机关及代表国家行使司法权力的司法人员;后者责任主体广泛,任何公民、单位都可能成为责任主体。三是归责原因不同。前者以司法机关及其司法人员代表国家行使司法权力过程中存在过错为归责原因,原因单一;后者的归责原因较多,既有基于过错归责,也有基于无过错归责,还有基于公平原因归责。四是实现方式不同。前者实现责任的方式均为制裁性质,即由责任者承担对自身不利的后果,如纪律责任中的警告、记过、记大过等,(刑事)法律责任中的有期徒刑、拘役等;后者实现方式既有制裁性质,也有补偿性质,如停止侵害、赔礼道歉等民事责任形式。

其次,关于司法责任与司法惩戒的关系。二者都是对司法人员进行约束,防止发生司法不公、司法腐败等现象的制度体系。二者的区别主要有:一是约束力度不同。前者对司法人员的约束范围广、力度大,既有来自内部的职业道德责任(伦理责任)和纪律责任等方面的约束,也有来自外部的法律责任方面的约束;后者对司法人员的约束主要是内部的伦理责任和纪律责任,一般不涉及外部的法律责任。二是认定程序不同。前者一般先由司法机关的纪检监察机构进行调查核实,再由省一级的司法惩戒委员会进行审议,确定司法人员具体的责任方式,如果涉及法律责任的,还需要由其他司法机关进行调查认定;后者一般由司法机关的纪检监察机构和省一级的司法惩戒委员会参与认定,基本上是司法机关的系统内部处理程序。

最后,关于司法责任与错案责任的关系。二者都是规制司法人员行为,提高司法办案质量、提升司法公信力的举措。二者的区别主要有:一是责任内涵不同。前者包括两个层面含义,如上述司法责任的概念分析中指出,其一是从正面对司法人员代表国家行使司法权力的权力和义务规定;其二是从反面对司法人员不履行职责或违反职责的后果规定。后者则缺少正面权力和义务的规定,强调司法人员对其所办理错案的追责规定。二是追责力度不同。前者对司法人员案件办理行为的规制是全方位的,既包括结果责任,如司法人员因案件办理过程中出现错案或其他严重后果而被追责的情形;也包括行为责任,如虽然没有出现错案,但司法人员因案件办理过程中故意违规、违纪行为而被追责的情形。后者则属于结果责任,以"必须发生了错案"①为必要条件,只能针对存在错案的情形进行规制,一般不能对司法人员在案件办理过程中只有违规、违纪行为但没有错案或严重后果发生的情形进行规制。

综上所述,司法责任的特征主要是:

---

① 错案责任的构成要件分析,具体参见朱孝清:《试论错案责任》,载《人民检察》2015 年第 16 期。

1. 司法性

司法责任是司法机关及其司法人员在代表国家行使司法权力时所必须承担的责任。“它是由对司法人员严格追责的目的衍生出来的特定词汇；其强调的重点在于‘司法人员’这种特殊主体和‘在司法过程中’这一特定时空范围。”[①]这意味着：一是非司法机关、非司法人员不是承担司法责任的适格主体。二是司法机关及其司法人员在社会活动中以民事主体等其他角色出现而不行使司法权力的场合，如购买商品或服务等，也不产生司法责任。司法人员在司法办案活动以外违反司法人员职业道德准则、办案纪律、法律规定的违纪违法行为，可根据《检察人员纪律处分条例》给予相应处分，一般不承担司法责任。[②]即司法责任因司法活动而产生，无司法则无司法责任。[③]

2. 复合性

司法责任的复合性是由我国司法人员同时具有司法人员、国家公职人员等多重特殊身份的实际所决定的。司法人员在司法活动中如果违反法律规定则要承担法律责任，如《刑法》规定的非法搜查罪，刑讯逼供罪，徇私枉法罪，民事、行政枉法裁判罪等；如《检察官法》规定的警告、记过、记大过、降级、撤职、开除等。司法人员在司法活动中如果违反纪律规定则要承担纪律责任，如《中国共产党纪律处分条例》[④]规定的警告、严重警告、撤销党内职务、留党察看、开除党籍等处分；如《若干意见》规定的停职、延期晋升、调离司法办案工作岗位以及免职、责令辞职、辞退等处分。

3. 过错性

狭义的司法责任因司法人员履行司法职责中的不当行为而引起，是一种过错责任。从《若干意见》第 32 条、第 34 ~ 36 条规定的故意违反法律法规责任、重大过失责任和监督管理责任等 3 种类型的司法责任来看，追责意义上的司法责任皆因司法人员在司法办案工作中没有尽到必要注意义务，且主观上存在着故意或重大过失等过错。如果检察人员在履行检察职责中尽到必要注意义务，主观上没有故意或重大过失的，即便有错案发生，根据《若干意见》第 33 条的规定，也“不承担司法责任”。即司法追责因司法人员存在主观过错而启动，无过错则不启动。

---

① 葛琳：《追究意义上的司法责任有三个特点》，载《检察日报》2016 年 3 月 30 日，第 3 版。

② 如果司法人员在办案活动外干扰司法办案的，也应当承担司法责任，视情节轻重追究其伦理责任（司法职业道德责任）、纪律责任。伦理责任指给予停职、延期晋升、调离司法办案工作岗位等处分。

③ 2016 年最高人民法院、最高人民检察院联合发布了《关于建立法官、检察官惩戒制度的意见（试行）》，其适用范围仅限于司法行为，不涉及非司法行为，如第 2 条规定：“法官、检察官在审判、检察工作中违反法律法规，实施违反审判、检察职责的行为，应当依照相关规定予以惩戒。”

④ 中共中央 2018 年 8 月 18 日印发。

的司法责任;第 40 条规定的是检察委员会委员的司法责任;第 41 条规定的是上级人民检察院有关人员的司法责任。

2. 司法责任的种类

《若干意见》第 32 条第 2 款规定了故意违反法律法规责任、重大过失责任和监督管理责任等 3 种形式的司法责任,将其作为划分人民检察院司法责任形式的标准,在此基础上确定了 3 种形式下应当承担司法责任的具体情形。上述 3 种司法责任的划分依据是司法人员在履行司法职责中是否尽到必要注意义务。此外,还可以根据司法人员的主要岗位职责将司法责任分为司法办案责任和监督管理责任。

(1)司法办案责任。司法办案责任是在司法办案工作中,司法人员因故意违反司法职责,对怠于履行或不正确履行司法职责存在重大过失而应当承担的不利后果,是引起司法责任的直接原因,也是司法责任中的是主要责任,主要包括故意违反法律法规责任和重大过失责任两种。其中,根据《若干意见》第 34 条的规定,故意违反法律法规责任主要是行为责任,只要司法人员在司法办案中出现该条列举的 11 种具体行为之一的,则应当承担司法责任。根据《若干意见》第 35 条的规定,重大过失责任属于结果责任,只有司法人员在司法办案中存在因重大过失怠于履行或不正确履行司法职责,并且出现该条列举的 8 种具体后果之一的,才应当承担司法责任。

(2)监督管理责任。监督管理责任是指在司法办案工作中,负有监督管理职责的司法人员因故意或重大过失怠于行使或不当行使监督管理权而应当承担的不利后果,是引起司法责任的间接原因,是司法责任中的补充责任。根据《若干意见》第 36 条的规定,监督管理责任属于结果责任,只有负有监督管理职责的司法人员在司法办案中存在因故意或重大过失怠于行使或不当行使监督管理权,并且导致司法办案工作出现严重错误这一后果的,才应当承担相应的司法责任。

(四)司法责任的构成及方式

根据上述关于司法责任分类中以承担司法责任的主体为划分标准的分析,司法责任分为司法机关的司法责任和司法人员的司法责任。考虑司法机关的司法责任大多以司法赔偿形式实现的实际,结合《若干意见》主要是以检察人员为司法责任主体的具体规定,本部分关于司法责任的构成及方式的分析,主要围绕司法人员的司法责任展开。

1. 司法责任的构成

近现代以来,为了保证司法人员独立行使司法职权,防止因司法结果与司法人员自身利益挂钩而影响案件办理的中立性、公正性,许多国家都从构成要件方面对司法责任进行了严格的限定,使司法责任追究更加符合司法规律,以保障司法人员代表国家行使司法权力时不偏不倚。有研究者主张司法责任构成要件有三个:一是存在司法违法行为;二是行为人具有司法责任能力;三是司法机关或司法人员的违法行为是在行使司法职权过程中实施的。[①] 也有研究者从检察官办案责任终身制角度主张构成要件有四个:一是主体条件,要有个体意志;二是主观条件,存在重大过失;三是行为条件,存在不法行为;四是附加条件,有利害关系人的控告申诉。[②]

上述主张的不足之处主要有:一是司法人员履行司法职责中的不当行为不一定都是违法行为。如上述关于司法责任的复合性特征分析所指出的,司法人员在履行司法职责中违反司法人员职业道德、国家公职人员纪律等规定的,即使尚不构成违法,根据《若干意见》也要承担伦理责任和纪律责任。二是司法责任能力或司法行为能力不应作为构成要件。司法人员作为具备特殊身份的专业人员,其代表国家行使司法权力的前提条件之一就是自身具备司法行为能力。没有司法责任能力只是法学理论上存在的一种可能性,司法实践中,特别是在司法责任和司法人员分类管理等改革后,此种情况并不存在。司法人员具备司法行为能力的实际,决定了司法责任能力或司法行为能力不能作为构成要件。三是司法责任的构成要件不等于司法责任的成立要件。司法责任的构成要件只是司法责任成立的必要条件,如果司法人员符合司法责任的豁免条件,则不承担司法责任。根据主客观相统一的一般归责原则和结合《若干意见》的具体规定,司法责任的构成要件有三个:

(1)客观要件。即司法人员履行司法职责过程中客观上存在不当行为。根据《若干意见》的规定和我国司法人员多重特殊身份的实际,司法人员履行司法职责过程中违反司法人员职业道德、国家公职人员纪律、法律规定的,均属于不当行为。在《若干意见》第 32 条第 2 款规定的三种司法责任类型中,故意违反法律法规责任主要是行为责任,只要司法人员履行司法职责中存在故意违反法律法规这一不当行为,无论是否发生司法错误,都应当承担司法责任;重大过失责任和监督管理责任则是结果责任,除具备司法人员因重大过失而怠于履行或不正确履行司法职责的不当行为之外,还必须有《若干意见》规定的后果发生,才承担司法责任。

(2)主体要件。即责任主体必须是可以依法代表国家行使司法权力,并办理、决定具体案件的适格司法人员。根据新一轮司法体制改革要求,我国司法

---

① 具体论述,参见刘后务:《论司法责任》,载《广西社会科学》2001 年第 3 期。

② 具体论述,参见王勋爵、徐练华:《检察官办案责任终身制的证成》,载《人民检察》2014 年第 8 期。

机关的现有工作人员即将或已经进行司法人员分类管理改革，具体分为：司法官（法官、检察官），司法辅助人员（审判辅助人员、检察辅助人员）和司法行政人员三类。其中，办理、决定具体案件的司法官、部分司法辅助人员是司法责任的适格主体。不参与办理、决定具体案件办理的部分司法辅助人员、司法行政人员，以及虽然有审判员、检察员身份而不参与办理、决定具体案件办理的人员，都不是适格人员，不符合司法责任的主体要件。

（3）主观要件。即司法人员履行司法职责过程中主观上存在过错，没有尽到必要注意义务。根据《若干意见》的规定，司法人员的主观过错分为故意违反职责和重大过失怠于履行或不正确履行职责两种具体情形。如果司法人员在履行司法职责中尽到了必要注意义务，主观上没有过错，则不符合司法责任的主观要件，根据《若干意见》第 33 条的规定“不承担司法责任”。

2. 司法责任的方式

司法责任方式是司法人员承担司法责任的形式，是司法责任的具体化，也是司法责任实现的载体。《若干意见》第 44 条规定了司法人员承担司法责任的 3 种方式与每种司法责任方式的具体情形，以及追究司法责任的相应程序。

（1）伦理责任（司法职业道德责任）。指司法人员因自身履行司法职责中违背司法职业道德准则影响司法公信的不当行为而由组织人事部门根据其行为严重程度给予其相应的处分。《若干意见》第 44 条第 1 项规定的具体处分形式有：停职、延期晋升、调离司法办案工作岗位以及免职、责令辞职、辞退等。对司法人员的上述处分，由组织人事部门按照干部管理权限和程序办理。

（2）纪律责任。指作为国家公职人员群体一分子的司法人员因自身履行司法职责中的不当行为而由监察部门根据其行为严重程度给予其相应的处分。《若干意见》第 44 条第 2 项规定的具体纪律处分形式有：警告、记过、记大过、降级、撤职、开除等。对司法人员的上述处分，由司法机关纪检监察机构依照有关规定和程序办理。

（3）法律责任。指作为代表国家行使司法权力的专业人员，司法人员因自身履行司法职责中的不当行为而由国家司法机关根据其行为严重程度给予其相应的处分。结合上述关于司法责任分类中以承担司法责任方式为标准的分析，法律责任具体包括：民事责任、行政责任和刑事责任。如《国家赔偿法》第 31 条规定的是民事责任，《若干意见》第 44 条第 3 项规定的是刑事责任。对司法人员的上述处分，一般由司法机关纪检监察机构将犯罪线索移送其他司法机关处理。

二、故意违反法律法规责任

故意违反法律法规责任是《若干意见》第 32 条规定的一种司法责任形式，

是人民检察院司法责任的特有责任种类。从《若干意见》第 34 条规定的承担故意违反法律法规责任的具体情形来看，故意违反法律法规责任的责任主体是检察人员。

(一)故意违反法律法规责任概述

1. 故意违反法律法规责任的概念

故意违反法律法规责任是人民检察院司法责任的专门术语，指检察人员因司法办案工作中故意不遵守法律法规司法办案规定的不当履职行为而应当承担的不利后果。要准确把握故意违反法律法规责任的概念，还需要理解其中的“检察人员”“故意”“法律法规”等关键词。

(1)检察人员。检察人员是指检察机关中依法代表国家行使司法权力，履行检察职责的特定人员。以司法人员分类管理为标准，特定人员指案件办理中参与案件事实认定和法律适用的检察员(包括检察官、检察委员会委员、副检察长和检察长)和部分检察辅助人员(检察官助理)。此外，在检察机关司法责任制改革中实行检察官负责制，检察长把部分定案权力授予承办检察官行使，但重大案件的决定权仍在检察长或检察委员会。因此，以案件办理权和决定权的行使主体为标准，上述特定人员是指办理案件的检察官和决定案件的检察长或检察委员会委员。

(2)故意。故意是指办理案件的检察人员主观上明知自己不当履行检察职责的行为会违反法律法规关于司法办案的规定，而仍然希望或放任这种不当履行检察职责行为发生的主观心态。这里的明知包括两方面内容：一是作为检察人员，应当知晓自己的检察职责，知晓法律和有关规定对司法办案的要求；二是作为代表国家行使司法权的专业人士，应当知晓司法办案中因故意违反法律法规而不当履行检察职责的行为自身将要承担的不利后果。

(3)法律法规。法律法规一般指法律、行政法规、司法解释、地方法规、地方规章、部门规章等，根据上述关于司法责任的司法性特征分析，如果检察人员在不履行检察职责场合违反法律法规的，承担的是法律责任而非司法责任。因此，这里的法律法规应限定为与司法办案相关的法律法规，主要是通过刑法、检察官法、诉讼程序法(如刑事诉讼法、民事诉讼法、行政诉讼法等)和司法办案规定(如检察人员纪律处分条例、检察人员执法过错责任追究条例等)实现对检察人员履行检察职责行为的指引和约束。

2. 故意违反法律法规责任的特征

故意违反法律法规责任除了具有司法责任上述的司法性、复合性、过错性和并罚性等共同特征之外，相比较其他司法责任种类而言，还具有以下特征：

(1)行为人主观恶性深。一方面，承担该类型司法责任的责任主体主观上属于明知。作为代表国家行使司法权力的检察人员,其应当知晓法律法规对自身职责以及违反职责不利后果的规定,仍然希望或放任自身不当履职行为的发生,违反法律法规对司法办案的规定,这反映出行为人的主观恶性大。另一方面,作为司法专业人士,其故意违反法律法规行为对公正司法、司法公信力所造成的危害后果比其他人更为严重,所产生的影响更为恶劣。

(2)以行为责任为主。司法责任的归责原则一般包括两种:一是以行为人的不当行为作为归责原因,不当行为是否产生危害后果不影响责任的成立,只影响责任的大小,简称为行为责任;二是以行为人不当行为所产生的危害后果作为归责原因,简称为结果责任。不难发现,《若干意见》第 34 条规定的 11 种应当承担故意违反法律法规责任的具体情形中的 9 种情形都属于行为归责,[①]即检察人员在司法办案工作中,只要故意实施该 9 种不当行为之一的,无论是否产生危害后果,都应当承担司法责任。

(3)责任处分力度大。基于过错程度与责任轻重相一致的追责原则,该责任主体主观恶性深决定了责任主体要承担严重的责任后果。从《若干意见》第 34 条规定的 11 种应当承担故意违反法律法规责任的具体情形来看,责任主体一般将面临《若干意见》第 44 条规定的伦理责任(司法职业道德责任)、纪律责任、刑事责任等并罚处分,由此可反映出该处分的力度和责任严重性。

3. 故意违反法律法规责任的种类

一般情况下,根据故意违反法律法规责任的性质和危害程度的不同,其可以进一步细分为故意违反法律责任和故意违反法规责任。

(1)故意违反法律责任。故意违反法律责任,指检察人员明知自己不当履行检察职责的行为会违反法律关于司法办案的相关规定,而仍然希望或放任这种不当履行检察职责的行为发生。这里的法律特指由全国人大及其常委会制定的与司法办案相关的法律,如《刑法》《国家赔偿法》《检察官法》《刑事诉讼法》《民事诉讼法》《行政诉讼法》等。检察人员司法办案中出现故意违反法律的不当履职行为的,一般应当承担刑事责任。

(2)故意违反法规责任。故意违反法规责任,指检察人员明知自己不当履行检察职责的行为会违反司法办案的相关规定,而仍然希望或放任这种不当履行检察职责的行为发生。这里的法规有别于广义上的行政法规、地方法规、地方规章、部门规章等,应当是特指对检察人员司法办案中履行检察职责行为进

---

① 《若干意见》第 34 条第 5 项规定,"违反规定限制诉讼参与人行使诉讼权利,造成严重后果或恶劣影响的"。第 11 项规定,"其他违反诉讼程序或司法办案规定,造成严重后果或恶劣影响的"。第 5.11 项属于兜底条款,根据行为责任和结果责任的划分,从"造成严重后果或恶劣影响"的规定可知,第 5.11 项属于结果责任。

行指引和约束的司法办案依据，如相关立法解释、司法解释以及最高人民检察院制定的《检察人员纪律处分条例》《检察人员执法过错责任追究条例》《检察机关办理案件必须严格执行的六条规定》《检务督察工作暂行规定》等。

需要注意的是，地方检察院制定的指引和约束检察人员司法办案活动的规范性文件能否纳入“司法办案规定”范畴，作为对检察人员不当履职行为处分的依据，应当谨慎。根据《若干意见》第 44 条规定的司法责任追究程序，以及维护司法责任追究的严肃性和检察人员履职保障的综合考虑，上述地方检察院应限定为省一级的人民检察院。在检察人员同一不当履职行为同时违反法律、法规关于司法办案规定的特殊情况下，行为人应当承担较重的司法责任，此时，故意违反法律法规责任不宜进一步细分。

4. 故意违反法律法规责任的构成

结合司法责任的客观要件、主体要件和主观要件等共同构成要件分析，故意违反法律法规责任的具体构成如下：

(1)客观要件。即检察人员在司法办案过程中客观上存在违反法律法规的行为。这里的法律特指由全国人大及其常委会制定的与司法办案相关的法律，如《刑法》《国家赔偿法》《检察官法》《刑事诉讼法》《民事诉讼法》《行政诉讼法》等。法规特指对检察人员司法办案中履行检察职责行为进行指引和约束的司法办案规定，如相关立法解释、司法解释，最高人民检察院制定的《检察人员纪律处分条例》《检察人员执法过错责任追究条例》等，以及省一级人民检察院制定的相关司法办案规定。

(2)主体要件。即责任主体必须是参与司法办案的适格检察人员，分为办理案件的人和决定案件特定事项的人。根据《若干意见》第 37 ~ 41 条的规定，适格检察人员包括办理、决定具体案件的检察官、检察辅助人员、检察长(副检察长)、检察委员会委员、上级人民检察院有关人员。

(3)主观要件。即检察人员司法办案过程中作出不当履职行为时主观上是明知故犯，故意违反注意义务。注意义务来自司法办案这一岗位的职责要求和法律法规中司法办案的相关规定。如果检察人员在履行检察职责中尽到了必要注意义务，且主观上没有过错，则根据《若干意见》第 33 条的规定“不承担司法责任”。

(二)承担故意违反法律法规责任的具体情形

根据《若干意见》第 34 条的规定，检察人员在司法办案工作中，故意实施下列行为之一的，应当承担故意违反法律法规责任：

1. 包庇、放纵被举报人、犯罪嫌疑人、被告人，或使无罪的人受到刑事追究

该款规定特指检察人员在刑事司法活动中的不当履职行为，属行为责任。

其主要包括包庇、放纵有犯罪事实的人和制造冤案、假案冤枉无罪的人两种情形：

（1）包庇、放纵有犯罪事实的人。具体包括有罪不究和重罪轻究两种情况。有罪不究指检察人员在司法办案中，对明知是有犯罪事实需要追究刑事责任的人，采取伪造、隐匿、毁灭证据或者其他隐瞒事实、违反法律的手段，故意包庇使其不受立案、侦查、起诉；或应当采取强制措施而不采取强制措施，以及违法撤销、变更强制措施，致使犯罪嫌疑人、被告人实际脱离司法机关侦控；或向犯罪分子通风报信、提供便利，帮助犯罪分子逃避处罚。重罪轻究指检察人员在司法办案中，采取伪造、隐匿、毁灭证据或者其他隐瞒事实、违反法律的手段，故意使罪重的人受较轻的追诉。

检察人员在司法办案活动中，包庇、放纵被举报人、犯罪嫌疑人、被告人的，根据《刑法》第 399 条第 1 款的规定，构成徇私枉法罪。检察人员司法办案中违法撤销、变更强制措施，致使在押的犯罪嫌疑人、被告人实际脱离司法机关侦控的，根据《刑法》第 400 条第 1 款的规定，构成私放在押人员罪。检察人员司法办案中向犯罪分子通风报信、提供便利，帮助犯罪分子逃避处罚的，根据《刑法》第 417 条的规定，构成帮助犯罪分子逃避处罚罪。

（2）制造冤案、假案冤枉无罪的人。检察人员在司法办案中，对明知是没有犯罪事实或者其他依法不应当追究刑事责任的人，采取伪造、隐匿、毁灭证据或者其他隐瞒事实、违反法律的手段，以追究刑事责任为目的进行立案、侦查、起诉。检察人员在司法办案活动中，使无罪的人受到刑事追究的，根据《刑法》第 399 条第 1 款的规定，构成徇私枉法罪。

检察人员在司法办案活动中存在上述不当行为可能涉嫌犯罪的，应根据《监察法》①的规定，交由监察机关进行立案调查。尚未达到立案标准的，则根据《若干意见》第 44 条，《检察人员纪律处分条例》中检察人员违反办案纪律行为的相关规定，视其情节轻重，追究相应伦理责任（司法职业道德责任）、纪律责任。

2. 毁灭、伪造、变造或隐匿证据

该款规定涵盖检察人员在刑事司法、民事司法、行政司法等三种性质司法办案中的不当履职行为，属行为责任。其责任方式主要由司法活动性质决定。

（1）刑事司法中毁灭、伪造、变造或隐匿证据的司法责任。检察人员在刑事司法办案中，毁灭、伪造、变造或隐匿证据的，根据其情节的轻重程度，承担相应的伦理责任（司法职业道德责任）、纪律责任和法律责任。如果检察人员在刑事

① 2018 年 3 月 20 日第十三届全国人民代表大会第一次会议通过。

司法中毁灭、伪造、变造或隐匿证据的行为是为了包庇、放纵被举报人、犯罪嫌疑人、被告人,或使无罪的人受到刑事追究,则依照《若干意见》第 34 条第 1 项的规定处理。此外,根据司法责任并罚性特征,让行为人承担较重的司法责任方式时,应当一并承担较轻的司法责任方式。

(2)民事、行政司法中毁灭、伪造、变造或隐匿证据的司法责任。检察人员在民事、行政司法办案中,毁灭、伪造、变造或隐匿证据的,根据其情节的轻重程度,追究相应的伦理责任(司法职业道德责任)、纪律责任、法律责任。

检察人员在司法办案活动中存在上述不当行为可能涉嫌犯罪的,应根据《监察法》的规定,交由监察机关进行立案调查。尚未达到立案标准的,则根据《若干意见》第 44 条,《检察人员纪律处分条例》中检察人员违反办案纪律行为的相关规定,视其情节轻重,追究相应伦理责任(司法职业道德责任)、纪律责任。

3. 刑讯逼供、暴力取证或以其他非法方法获取证据

该款规定特指检察人员在刑事司法活动中的不当履职行为,属行为责任。以是否出现加重结果为标准,分为基本构成和加重转化两种情形:

(1)基本构成情形。检察人员在刑事司法活动中对犯罪嫌疑人、被告人实行刑讯逼供或以其他非法方法获取其供述的,或使用暴力逼取或以其他非法方法获取证人证言的,应当以刑事责任的方式承担司法责任。根据《刑法》第 247 条的规定,检察人员的上述不当履职行为构成刑讯逼供罪、暴力取证罪。

(2)加重转化情形。检察人员在刑事司法活动中对犯罪嫌疑人、被告人实行刑讯逼供或以其他非法方法获取其供述的,或使用暴力逼取或以其他非法方法获取证人证言的,出现致人伤残、死亡后果的,根据《刑法》第 232、234 条的规定,构成故意杀人罪、故意伤害罪,且应在量刑幅度内从重处罚。

检察人员在司法办案活动中存在上述不当行为之一的,应根据《关于人民检察院立案侦查司法工作人员相关职务犯罪案件若干问题的规定》①,由其他检察机关进行立案调查。尚未达到立案标准的,则根据《若干意见》第 44 条,《检察人员纪律处分条例》中检察人员违反办案纪律行为的相关规定,视其情节轻重,追究相应伦理责任(司法职业道德责任)、纪律责任。

4. 违反规定剥夺、限制当事人、证人人身自由

该款规定涵盖检察人员在刑事司法、民事司法和行政司法等三种性质的司法办案中的不当履职行为,属行为责任。以行为人是否使用暴力为标准,分为基本构成和暴力转化两种情形:

---

① 2018 年 11 月 1 日最高人民检察院第十三届检察委员会第八次会议通过。

(1)基本构成情形。检察人员在司法办案中违反规定剥夺、限制当事人、证人人身自由的,应当以刑事责任的方式承担司法责任。根据《刑法》第238条的规定,检察人员的上述不当履职行为构成非法拘禁罪,且应在量刑幅度内从重处罚。

(2)暴力转化情形。检察人员在司法办案中违反规定剥夺、限制当事人、证人人身自由,使用暴力致人伤残、死亡的,根据《刑法》第232、234条的规定,检察人员的上述不当履职行为构成故意杀人罪、故意伤害罪,且应在量刑幅度内从重处罚。

检察人员在司法办案活动中存在上述不当行为之一的,应根据《关于人民检察院立案侦查司法工作人员相关职务犯罪案件若干问题的规定》,由其他检察机关进行立案调查。尚未达到立案标准的,则根据《若干意见》第44条,《检察人员纪律处分条例》中检察人员违反办案纪律行为的相关规定,视其情节轻重,追究相应伦理责任(司法职业道德责任)、纪律责任。

5. 违反规定限制诉讼参与人行使诉讼权利,造成严重后果或恶劣影响

该款规定涵盖检察人员在刑事司法、民事司法、行政司法等三种性质的司法办案中的不当履职行为,属结果责任。该行为承担司法责任的具体要件有三个:

(1)有不当履职行为。检察人员在刑事司法、民事司法、行政司法办案中,违反规定限制诉讼参与人行使诉讼权利,属于不当履行检察职责的行为。

(2)有严重后果存在。检察人员不当履行检察职责的行为,对诉讼参与人的合法利益造成了严重后果,或对司法的公正性造成恶劣影响。

(3)严重后果与不当履职行为有因果关系。只有严重后果或恶劣影响是检察人员不当履职行为造成的,行为人才承担司法责任。没有因果关系,则不承担该类型的司法责任。

检察人员在司法办案活动中存在上述不当行为之一的,构成犯罪的,依法追究其刑事责任。尚不构成犯罪的,则根据其情节的轻重程度,追究相应的伦理责任(司法职业道德责任)、纪律责任。如检察人员在司法办案活动中体罚侮辱犯罪嫌疑人、被告人及其他人员的,可根据《若干意见》第44条,追究其伦理责任(司法职业道德责任),如停职、延期晋升、调离司法办案工作岗位等;还可根据《检察人员纪律处分条例》中检察人员违反办案纪律行为的相关规定,给予警告、记过或者记大过处分;情节较重的,给予降级或者撤职处分;情节严重的,给予开除处分。

6. 超越刑事案件管辖范围初查、立案

该款规定特指检察人员在刑事司法活动中的不当履职行为,属行为责任。

检察人员在决定对刑事案件进行初查、立案时,应当依据我国现行《刑事诉讼法》,符合检察机关的职能管辖和地区管辖的规定:

(1)职能管辖。职能管辖指人民检察院与公安机关、人民法院之间在直接受理刑事案件上的权限划分。根据《刑事诉讼法》①第19条第2款的规定,人民检察院在对诉讼活动实行法律监督中发现的司法工作人员利用职权实施的非法拘禁、刑讯逼供、非法搜查等侵犯公民权利、损害司法公正的犯罪,可以由人民检察院立案侦查。对于公安机关管辖的国家机关工作人员利用职权实施的重大犯罪案件,需要由人民检察院直接受理的时候,经省级以上人民检察院决定,可以由人民检察院立案侦查。

(2)地域管辖。地域管辖指同级人民检察院之间在直接受理刑事案件上,即刑事案件的初查、立案等方面的权限划分。检察人员进行初查、立案的刑事案件,不符合检察机关的职能管辖和地区管辖的,或超越其所在检察院刑事案件管辖范围的,构成犯罪的,依法追究其刑事责任。尚不构成犯罪的,则根据《若干意见》第44条,《检察人员纪律处分条例》中检察人员违反办案纪律行为的相关规定,视其情节的轻重程度,追究相应伦理责任(司法职业道德责任)、纪律责任。

7. 非法搜查或损毁当事人财物

该款规定特指检察人员在刑事司法活动中的不当履职行为,属行为责任。根据侵犯当事人权利的属性,分为侵犯隐私权的非法搜查和侵犯财产权的损毁当事人财物两种情形:

(1)非法搜查。检察人员在司法办案中的非法搜查具体包括两种情况:一是未经合法批准或授权,滥用权力,非法进行搜查;二是不按照法定的程序、手续进行搜查。检察人员在司法办案中对他人的身体或住宅进行的搜查如存在上述情况之一的,根据《刑法》第245条的规定,构成非法搜查罪,且应在量刑幅度内从重处罚。

(2)损毁当事人财物。检察人员在司法办案中的故意损毁当事人财物的,根据其情节轻重,追究伦理责任(司法职业道德责任)、纪律责任。如果被损毁的财物价值数额较大或者有其他严重情节的,以非法搜查罪论处。如果被损毁的财物价值数额巨大或者有其他特别严重情节的,则根据《刑法》第275条的规定,以故意毁坏财物罪论处。

检察人员在司法办案活动中存在上述不当行为的,应根据《关于人民检察

① 1979年7月1日第五届全国人民代表大会第二次会议通过,根据2018年10月26日第十三届全国人民代表大会常务委员会第六次会议《关于修改〈中华人民共和国刑事诉讼法〉的决定》第3次修正。

院立案侦查司法工作人员相关职务犯罪案件若干问题的规定》，由其他检察机关进行立案调查。尚未达到立案标准的，可根据《若干意见》第 44 条，《检察人员纪律处分条例》中检察人员违反办案纪律行为的相关规定，追究其伦理责任（司法职业道德责任）和法律责任。

8. 违法违规查封、扣押、冻结、保管、处理涉案财物

该款规定特指检察人员在刑事司法活动涉案财物处理中的不当履职行为，属行为责任。根据《人民检察院刑事诉讼涉案财物管理规定》第 35 条的规定，该责任主要有两种承担责任方式：

（1）伦理责任、纪律责任。检察人员在查封、扣押、冻结、保管、处理涉案财物工作中违反相关规定的，根据《若干意见》第 44 条，《检察人员纪律处分条例》中检察人员违反办案纪律行为的相关规定，视其情节轻重，追究相应伦理责任（司法职业道德责任）、纪律责任。

（2）刑事责任。检察人员在查封、扣押、冻结、保管、处理涉案财物工作中违反相关规定，构成犯罪的，如《刑法》第 314 条规定的非法处置查封、扣押、冻结的财产罪，应当依法追究刑事责任；导致国家赔偿的，司法机关应当依法向有关责任人员追偿。

9. 对已经决定给予刑事赔偿的案件拒不赔偿或拖延赔偿

该款规定特指检察人员在刑事赔偿活动中的不当履职行为，属行为责任。根据检察人员在刑事赔偿活动中的角色，分为两种情形：

（1）作为执行刑事赔偿决定者。因检察人员刑事司法活动中的不当履职行为导致国家赔偿的，在行为人所在检察院对赔偿请求人作出赔偿决定后，作为执行刑事赔偿决定的检察人员拒不赔偿或拖延赔偿，应当根据其情节的轻重，追究伦理责任（司法职业道德责任）、纪律责任。

（2）作为刑事赔偿被追偿者。检察人员刑事司法活动中的不当履职行为导致国家赔偿的，在检察院对赔偿请求人作出赔偿后，其所在检察院有权依照《国家赔偿法》第 31 条的规定对导致国家赔偿的责任检察人员进行追偿。如果其拒不赔偿或拖延赔偿，可根据《若干意见》第 44 条，追究其伦理责任（司法职业道德责任），还可根据《人民检察院国家赔偿工作规定》①第 48 条第 2 款的规定，追究其纪律责任、法律责任，对有第 48 条第 1 款规定情形的责任人员，人民检察院应当依照有关规定给予处分；构成犯罪的，应当依法追究刑事责任。

10. 违法违规使用武器、警械

该款规定特指检察人员在刑事司法活动中的不当履职行为，属行为责任。

---

① 2010 年 11 月 11 日最高人民检察院第十一届检察委员会第四十六次会议通过。

以是否出现加重结果为标准,分为基本构成和加重转化两种情形:

(1)基本构成情形。检察人员刑事司法办案中违法违规使用武器、警械的,根据其情节轻重,追究其伦理责任(司法职业道德责任)、纪律责任。

(2)加重转化情形。检察人员刑事司法办案中违法违规使用武器、警械造成公民身体伤害或者死亡的,根据《刑法》第232、234条规定,构成故意杀人罪、故意伤害罪,且应在量刑幅度内从重处罚。

检察人员在司法办案活动中存在上述不当行为的,符合故意伤害罪、故意杀人罪立案标准的,由公安机关进行立案调查。尚未达到立案标准的,可根据《若干意见》第44条,追究其伦理责任(司法职业道德责任),还可根据《检察人员纪律处分条例》中检察人员违反办案纪律行为的相关规定,追究其纪律责任。

11. 其他违反诉讼程序或司法办案规定,造成严重后果或恶劣影响

该款规定涵盖检察人员在刑事司法、民事司法、行政司法等三种性质司法办案中的不当履职行为,属结果责任。该行为承担司法责任的具体要件有三个:

(1)有不当履职行为。检察人员在刑事司法、民事司法、行政司法办案中存在其他违反诉讼程序或司法办案规定的不当履职行为。

(2)有严重后果存在。检察人员其他违反诉讼程序或司法办案规定的不当履职行为客观上造成了严重后果或恶劣影响。

(3)严重后果与不当履职行为有因果关系。严重后果或恶劣影响必须是检察人员其他违反诉讼程序或司法办案规定的不当履职行为造成的,行为人才承担司法责任。没有因果关系,则不承担该类型的司法责任。

检察人员在司法办案活动中存在其他违反诉讼程序或司法办案规定,造成严重后果或恶劣影响的,构成犯罪的,如《刑法》第307条第1款规定的妨害作证罪,第307条第2款规定的帮助毁灭、伪造证据罪,第307条之一规定的虚假诉讼罪等,应当依法追究其相应刑事责任。尚不构成犯罪的,可根据《若干意见》第44条,追究其伦理责任(司法职业道德责任),还可根据《检察人员纪律处分条例》中检察人员违反办案纪律行为的相关规定,追究其纪律责任。

三、重大过失责任

重大过失责任是《若干意见》第32条规定的一种司法责任形式,是人民检察院司法责任的特有责任种类。从《若干意见》第35条规定的承担重大过失责任的具体情形来看,重大过失责任的责任主体是检察人员。

(一)重大过失责任概述

1. 重大过失责任的概念

重大过失责任,指检察人员司法办案中应当预见其不当履职行为可能产生

的严重后果,但其没有预见或已经预见到但轻信能够避免,怠于履行或不正确履行职责而造成严重后果或恶劣影响的,所应当承担的不利后果。要准确把握重大过失责任的概念,除“检察人员”这一关键词外,还需要理解其中的“重大过失”。

重大过失是指作为司法专业人士的检察人员应当预见其不当履职行为可能产生的严重后果,却在司法办案中没有预见或已经预见到但轻信可以避免而怠于履行或不正确履行职责,造成严重后果或恶劣影响的一种主观心态。这里的重大过失包括两方面内容:一是因疏忽大意没有预见其怠于履行或不正确履行检察职责行为可能产生的严重后果;二是因过于自信已经预见其怠于履行或不正确履行检察职责行为可能产生的严重后果但轻信可以避免。

2. 重大过失责任的特征

重大过失责任除了具有司法责任上述的司法性、复合性、过错性和并罚性等共同特征之外,相较于其他司法责任种类而言,还具有以下特征:

(1)行为人主观恶性较小。相比较而言,重大过失责任的责任主体在主观上属于重大过失,其恶性程度要轻于故意违反法律法规责任主体的故意,其怠于履行或不正确履行检察职责主要是因为责任主体因疏忽大意没有预见其不当履职行为可能产生的严重后果,或已经预见到但轻信可以避免,其内心并不希望严重后果或恶劣影响发生。

(2)以危害结果作为归责要件。《若干意见》第 35 条规定的 8 种应当承担重大过失责任的具体情形都属于结果归责,即该责任的成立,必须以造成严重后果或恶劣影响为要件。易言之,检察人员在司法办案工作中虽然主观上有重大过失,客观上存在怠于履行或不正确履行职责行为,但是没有造成严重后果或恶劣影响的,不承担重大过失责任。

3. 重大过失责任的种类

根据重大过失责任主体不当履职行为时的主观心态,其可以进一步细分为疏忽大意的重大过失责任和过于自信的重大过失责任两种情形:

(1)疏忽大意的重大过失责任。即检察人员在司法办案工作中因疏忽大意没有预见其不当履职行为可能产生的严重后果或恶劣影响而怠于履行或不正确履行职责所应当承担的不利后果。如果检察人员履行职责中尽到必要注意义务,只是由于自身业务水平对法律、法规、规章、司法解释具体条文的理解和认识不一致,但在专业认知范围内能够予以合理说明的原因而没有预见的,不承担重大过失责任。

(2)过于自信的重大过失责任。即检察人员在司法办案工作中已经预见到其不当履职行为可能产生的严重后果或恶劣影响但轻信可以避免而怠于履行或不正确履行职责所应当承担的不利后果。其特点是检察人员履行职责中在主观上必须对危害结果的发生持根本否定态度心理。如果检察人员履行职责中已经预见到其不当履职行为可能产生的严重后果或恶劣影响,而以放任的心态怠于履行或不正确履行职责,则应承担故意违反法律法规责任。

4. 重大过失责任的构成

结合司法责任的客观要件、主体要件和主观要件等共同构成要件分析,重大过失责任的具体构成如下:

(1)客观要件。这里的客观要件包括两方面内容:一是检察人员在司法办案过程中客观上存在怠于履行或不正确履行职责的行为;二是司法办案中必须产生了严重后果或恶劣影响。

(2)关联要件。即司法办案中严重后果或恶劣影响的产生与检察人员怠于履行或不正确履行职责的行为存在因果关系。如果司法办案中的严重后果或恶劣影响不是检察人员怠于履行或不正确履行职责行为造成的,则不承担重大过失责任。

(3)主体要件。即责任主体必须是参与司法办案的适格检察人员,分为办理案件的人和决定案件特定事项的人。根据《若干意见》第 37 ~ 41 条的规定,适格检察人员包括办理、决定具体案件的检察官、检察辅助人员、检察长(副检察长)、检察委员会委员、上级人民检察院有关人员。

(4)主观要件。即检察人员怠于履行或不正确履行检察职责行为时的主观心态是重大过失,包括疏忽大意而没有预见和已经预见但轻信能够避免两种主观心态。如果检察人员在履行检察职责中尽到了必要注意义务,主观上没有重大过失的,虽然客观上产生了严重后果或恶劣影响,也不承担重大过失责任。

(二)承担重大过失责任的具体情形

根据《若干意见》第 35 条的规定,检察人员在司法办案工作中有重大过失,怠于履行或不正确履行职责,造成下列后果之一的,应当承担重大过失责任:

1. 认定事实、适用法律出现重大错误,或案件被错误处理

该款规定涵盖检察人员在刑事司法、民事司法和行政司法等三种性质的司法办案中因主观上的重大过失而怠于履行或不正确履行职责,导致认定事实、适用法律出现重大错误,或案件被错误处理,属结果责任。检察人员履行检察职责中因重大过失导致上述结果发生的,构成犯罪的,应当依法追究刑事责任。尚不构成犯罪的,可根据《若干意见》第 44 条,追究其伦理责任(司法职业道德责任),如停职、延期晋升、调离司法办案工作岗位等;还可根据《检察人员纪律处分条例》的规定,追究其纪律责任,给予记过或者记大过处分;情节严重的,给予降级、撤职或者开除处分。

需要指出的是，司法办案活动的特殊性决定了认识案件比认识一般事物要困难得多、复杂得多，搞错的可能性也要大得多。① 因此，基于检察人员履职保障的考量，根据《若干意见》第 33 条第 1 款的规定，司法办案工作中虽有错案发生，但检察人员履行职责中尽到必要注意义务，没有重大过失的，不承担司法责任。

具体而言，因下列情形之一导致认定事实、适用法律出现重大错误，或案件被错误处理的，不应作为"重大错误"或"错案"进行重大过失责任追究：(1)对法律、法规、规章、司法解释具体条文的理解和认识不一致，在专业认知范围内能够予以合理说明的；(2)对案件基本事实的判断存在争议或者疑问，根据证据规则能够予以合理说明的；(3)当事人放弃或者部分放弃权利主张的；(4)因当事人过错或者客观原因致使案件事实认定发生变化的；(5)因出现新证据而改变检察决定的；(6)法律修订或者政策调整的；(7)检察决定时所依据的其他法律文书被撤销或者变更的；(8)其他依法履行检察职责不应当承担责任的情形。

2. 遗漏重要犯罪嫌疑人或重大罪行

该款规定特指检察人员在刑事司法活动中因主观上的重大过失而怠于履行或不正确履行职责，导致遗漏重要犯罪嫌疑人或重大罪行，属结果责任。检察人员履行检察职责中因重大过失导致上述结果发生的，构成犯罪的，应当依法追究刑事责任。尚不构成犯罪的，则应根据其情节轻重，追究相应伦理责任（司法职业道德责任）、纪律责任。这里应当对"重要犯罪嫌疑人""重大罪行"作限定解释。

(1)重要犯罪嫌疑人。重要犯罪嫌疑人是针对一案数人而言的。我国现行法律法规、立法解释、司法解释、司法办案规定中没有使用"重要犯罪嫌疑人"，与其意思相近的是司法解释中"重大犯罪嫌疑人"②的法律用语。根据并案处理的原因，一案数人分为多个犯罪嫌疑人共同犯罪情形和多个犯罪嫌疑人实施的犯罪相互关联情形。

多个犯罪嫌疑人共同犯罪情形中的重要犯罪嫌疑人一般指在共同犯罪中起主要作用的人，即主犯。其包括两种情况：一是组织、领导犯罪集团进行犯罪活动的犯罪分子，即犯罪集团中的首要分子。二是其他在共同犯罪中起主要作用的犯罪分子，即除犯罪集团的首要分子以外的在共同犯罪中对共同犯罪的形成、实施与完成起决定或重要作用的犯罪分子。

---

① 参见朱孝清：《试论错案责任》，载《人民检察》2015 年第 16 期。

② 如最高人民法院《关于处理自首和立功具体应用法律若干问题的解释》（法释〔1998〕8 号），第 7 条第 2 款规定，"重大犯罪嫌疑人"的标准，一般是指犯罪嫌疑人、被告人可能被判处无期徒刑以上刑罚或者案件在本省、自治区、直辖市或者全国范围内有较大影响等情形。

多个犯罪嫌疑人实施的犯罪相互关联情形中的重要犯罪嫌疑人,一般根据其可能判处的刑罚的严重程度确定。参考刑法中追诉时效的规定、综合考虑检察人员履行检察职责时应尽的注意义务和检察人员的履职保障,该情形的重要犯罪嫌疑人建议限定为可能被判处 10 年以上有期徒刑以上刑罚的犯罪嫌疑人。

检察人员在履行检察职责中因重大过失而遗漏多个犯罪嫌疑人共同犯罪情形中的主犯的,或遗漏多个犯罪嫌疑人实施的犯罪相互关联情形中的可能被判处 10 年以上有期徒刑以上刑罚的犯罪嫌疑人的,应当承担重大过失责任;根据其情节轻重,追究伦理责任(司法职业道德责任)、纪律责任。易言之,检察人员司法办案中如果因过失遗漏共同犯罪犯罪嫌疑人中的从犯、胁从犯的,或遗漏多个犯罪嫌疑人实施的犯罪相互关联情形中的可能被判处不满 10 年有期徒刑以下刑罚的犯罪嫌疑人的,一般不承担重大过失责任。

(2)重大罪行。重大罪行是针对一人数罪而言的,这里指犯罪嫌疑人、被告人以两个或两个以上的犯罪故意,实施两个或两个以上的行为,具备两个或两个以上犯罪构成的,其中危害后果较大、量刑较重的犯罪行为。我国现行法律法规、立法解释、司法解释、司法办案规定中也没有使用“重大罪行”,与其意思相近的是刑事诉讼法中“重要罪行”①和司法解释中“重大犯罪”等法律用语。

根据《人民检察院刑事诉讼规则(试行)》②第 281 条第 2 款的规定,“另有重要罪行”是指与逮捕时的罪行不同种的重大犯罪和同种的影响罪名认定、量刑档次的重大犯罪。根据最高人民法院《关于处理自首和立功具体应用法律若干问题的解释》③第 7 条第 2 款的规定,“重大犯罪”一般指犯罪嫌疑人可能被判处无期徒刑以上刑罚或者案件在本省、自治区、直辖市或者全国范围内有较大影响等情形。

因此,重大罪行可从犯罪行为的刑罚或影响等方面进行限定。参考刑法中追诉时效的规定、综合考虑检察人员履行检察职责时应尽的注意义务和检察人员的履职保障,该情形的重大罪行建议限定为遗漏可能被判处 10 年以上有期徒刑以上刑罚的犯罪行为,或在本省、自治区、直辖市或全国范围内有较大影响的犯罪行为。

检察人员在履行检察职责中因重大过失遗漏犯罪嫌疑人可能被判处 10 年

① 如《刑事诉讼法》第 160 条第 1 款规定,在侦查期间,发现犯罪嫌疑人另有重要罪行的,自发现之日起重新计算侦查羁押期限。

② 1997 年 1 月 15 日最高人民检察院第八届检察委员会第六十九次会议通过,1998 年 12 月 16 日最高人民检察院第九届检察委员会第二十一次会议第 1 次修订,2012 年 10 月 16 日最高人民检察院第十一届检察委员会第八十次会议第 2 次修订。

③ 法释〔1998〕8 号。

以上有期徒刑以上刑罚的犯罪行为的，或在本省、自治区、直辖市或全国范围内有较大影响的犯罪行为的，应当承担重大过失责任；根据其情节轻重，追究伦理责任（司法职业道德责任）、纪律责任。易言之，如果没有发生上述严重后果的，一般不承担重大过失责任。

3. 错误羁押或超期羁押犯罪嫌疑人、被告人

该款规定特指检察人员在刑事司法活动中因主观上的重大过失而怠于履行或不正确履行职责，导致错误羁押或超期羁押犯罪嫌疑人、被告人，属结果责任。根据被羁押的犯罪嫌疑人、被告人依法是否应当被羁押，分为错误羁押和超期羁押两种情形：

（1）错误羁押。即已经被羁押的人，包括没有犯罪行为的人和有犯罪行为的犯罪嫌疑人、被告人，依法不应当被羁押仍被羁押所导致的羁押错误。检察人员司法办案活动中因重大过失而不当履行检察职责而导致羁押错误的，主要包括三种情况：一是没有犯罪行为的人，因检察人员重大过失不正确履行检察职责导致其被批准逮捕而导致的错误羁押。二是虽有犯罪行为但不符合逮捕条件的人，因检察人员重大过失不正确履行检察职责导致其被批准逮捕而导致的错误羁押。三是虽有犯罪行为且批准逮捕时符合逮捕条件但不需要继续羁押的人，因检察人员重大过失怠于履行检察职责导致其被继续羁押而导致的错误羁押。

其中，前两种情况是狭义的错误羁押，即被羁押的犯罪嫌疑人、被告人的整个羁押过程都不符合法律规定；后一种是广义的错误羁押，即羁押开始之时符合法律规定，但在特定情况出现不需要继续羁押的，继续羁押犯罪嫌疑人、被告人则不符合法律规定。

（2）超期羁押。即已经被羁押的犯罪嫌疑人、被告人，其羁押时间超过《刑事诉讼法》规定的期限仍被羁押所导致的羁押超期。检察人员司法办案活动中因重大过失不当履行检察职责而导致羁押超期的，根据超过法定期限的性质，分两种情况：一是超过基本办案期限的超期羁押。因检察人员重大过失不当履职行为造成犯罪嫌疑人、被告人被羁押时间超过基本办案期限的，检察人员可以通过申请或决定延长办案期限的方式予以弥补。二是超过延长办案期限的超期羁押。因检察人员重大过失不当履职行为造成犯罪嫌疑人、被告人被羁押时间超过延长办案期限的，根据《刑事诉讼法》第 96 条的规定，对犯罪嫌疑人、被告人应当予以释放；需要继续查证的，对犯罪嫌疑人、被告人可以取保候审或监视居住。

检察人员履行检察职责中因重大过失导致上述结果发生，构成犯罪的，应当依法追究刑事责任。尚不构成犯罪的，可根据《若干意见》第 44 条，《检察人

员纪律处分条例》的规定,视其情节轻重,追究相应伦理责任(司法职业道德责任)、纪律责任。

4. 涉案人员自杀、自伤、行凶

该款规定一般指检察人员在办理直接立案侦查案件中的不当履职行为,属结果责任。根据承担责任的原因,分为报告责任和基础责任两种情形:

(1)报告责任。即出现涉案人员自杀、自伤、行凶等情况的,办案检察人员有及时报告的义务,如果逾期不报、隐瞒不报,则应当承担相应责任。根据最高人民检察院《关于办理直接立案侦查案件安全防范工作及责任追究暂行规定》[①]第 11 条的规定,检察人员在办理直接立案侦查案件中,发生涉案人员自杀、自伤等办案安全事故后,应当及时层报最高人民检察院。逾期不报、隐瞒不报的,依照有关规定追究相关领导和责任人员的责任。

(2)基础责任。即检察人员司法办案中因重大过失怠于履行或不正确履行检察职责导致涉案人员自杀、自伤、行凶的,应根据其情节轻重,追究伦理责任(司法职业道德责任)、纪律责任。

检察人员履行检察职责中因重大过失导致上述结果发生的,构成犯罪的,应当依法追究刑事责任。尚不构成犯罪的,可根据《若干意见》第 44 条,追究其伦理责任(司法职业道德责任),如停职、延期晋升、调离司法办案工作岗位等;还可根据《检察人员纪律处分条例》的规定,追究其纪律责任,给予记过或者记大过处分,情节较重者给予降级或者撤职处分,情节严重的,给予开除处分。

5. 犯罪嫌疑人、被告人串供、毁证、逃跑

该款规定指检察人员在刑事司法活动中的不当履职行为影响案件办理进程,属结果责任。根据严重后果自身是否另外产生义务,分为一般责任和报告责任两种情形:

(1)一般责任。即检察人员司法办案中因重大过失怠于履行或不正确履行检察职责行为导致犯罪嫌疑人、被告人串供、毁证的,构成犯罪的,应当依法追究刑事责任。尚不构成犯罪的,则应根据其情节轻重,追究伦理责任(司法职业道德责任)、纪律责任。

(2)报告责任。即检察人员司法办案中因重大过失怠于履行或不正确履行检察职责行为导致犯罪嫌疑人、被告人逃跑的,根据《关于人民检察院在办理直接立案侦查案件工作中加强安全防范的规定》[②]第 15 条的规定,办案检察人员应当及时报告,逾期不报、隐瞒不报的,依照有关规定追究相关领导和责任人员的责任。

---

① 高检发纪字〔2009〕8 号。

② 高检发反贪字〔2003〕17 号。

司法办案中犯罪嫌疑人、被告人逃跑后,检察人员及时报告的,则只就逃跑这一严重后果进行追责,否则应对一般责任和报告责任进行双重追究。检察人员履行检察职责中因重大过失导致上述结果发生的,构成犯罪的,应当依法追究刑事责任。尚不构成犯罪的,可根据《若干意见》第 44 条,追究其伦理责任(司法职业道德责任);还可根据《检察人员纪律处分条例》的规定,追究其纪律责任。

6. 举报控告材料或其他案件材料、扣押财物遗失、严重损毁

该款规定指检察人员在刑事司法活动中的不当履职行为,属结果责任。举报控告材料或其他案件材料是确定犯罪嫌疑人及其刑事责任的重要依据,扣押财物是确保犯罪嫌疑人有效承担刑事责任的方式,这些都是刑事诉讼顺利进行的有力保证,检察人员在司法办案中负有妥善保管报控告材料或其他案件材料、扣押财物的职责。

检察人员履行检察职责中因重大过失导致上述结果发生的,构成犯罪的,应当依法追究刑事责任。尚不构成犯罪的,可根据《若干意见》第 44 条,追究其伦理责任(司法职业道德责任);还可根据《检察人员纪律处分条例》的规定,追究其纪律责任。

7. 举报控告材料内容或其他案件秘密泄露

该款规定指检察人员在刑事司法活动中的不当履职行为,属结果责任。举报控告材料或其他案件材料是确定犯罪嫌疑人及其刑事责任的重要依据,是《关于确定检察机关工作秘密的意见》①确定的检察工作秘密之一,根据《人民检察院办案工作中的保密规定》②第 9 条的规定,举报人的姓名、工作单位、住址和举报内容应严格保密,严禁向被控告、举报单位和个人及其他无关单位、人员泄露。此外,《检察官法》第 47 条第 3 项规定,检察官不得泄露检察工作秘密。

检察人员履行检察职责中因重大过失导致上述结果发生的,构成犯罪的,应当依法追究刑事责任。尚不构成犯罪的,可根据《若干意见》第 44 条,追究其伦理责任(司法职业道德责任);还可根据《检察人员纪律处分条例》的规定,追究其纪律责任。

8. 其他严重后果或恶劣影响

该款规定涵盖检察人员在刑事司法、民事司法、行政司法等三种性质的司法办案中的不当履职行为,属结果责任。该行为承担重大过失责任的具体要件有两个:

(1)有严重后果或恶劣影响发生。检察人员司法办案中发生了其他严重后

---

① 高检办发〔2005〕17 号。

② 高检办发〔2005〕17 号。

果或恶劣影响。如《检察官法》第47条规定的因重大过失导致案件错误并造成严重后果;拖延办案,贻误工作等情形。

(2)严重后果由不当履职行为导致。检察人员司法办案中因重大过失怠于履行或不正确履行检察职责行为导致其他严重后果或恶劣影响发生的,承担重大过失责任。反之,没有因果关系的,则不承担重大过失责任。

检察人员履行检察职责中因重大过失出现其他严重后果或恶劣影响的,构成犯罪的,应当依法追究刑事责任。尚不构成犯罪的,可根据《若干意见》第44条,追究其伦理责任(司法职业道德责任),还可根据《检察人员纪律处分条例》的规定,追究其纪律责任。

四、督管理责任

监督管理责任是《若干意见》第32条规定的一种司法责任形式,人民检察院司法责任和人民法院司法责任中都有监督管理责任的规定。从《若干意见》第36条规定来看,监督管理责任的责任主体是对检察办案履行监督管理职责的检察人员。

(一)监督管理责任的概念

人民检察院司法责任中的监督管理责任是指负有监督管理职责的检察人员因故意或重大过失怠于行使或不当行使监督管理权,导致司法办案工作出现严重错误,所应当承担的不利后果。要准确理解人民检察院司法责任中的监督管理责任的概念,需要从责任主体、监督管理职责、严重错误等方面进行把握。

1. 责任主体

人民检察院司法责任语境下的监督管理责任,其适格的责任主体是指在检察司法办案中履行监督管理职责的检察人员,即在办案主体与定案主体或案件办理权与案件决定权相分离的情况下,作为定案主体行使案件决定权的检察人员。根据刑事诉讼法、司法办案规定和人民检察院司法责任改革要求,承担监督管理责任的适格检察人员主要有:(1)检察长;(2)受检察长委托的副检察长、检察委员会专职委员;(3)参与检察委员会决定案件活动的检察委员会委员;(4)检察官办案组中的主任检察官;(5)上级人民检察院有关检察人员。此外,在尚未进行人民检察院司法责任改革的地区,检察机关内部的业务部门负责人也负有监督管理职责。

2. 监督管理职责

检察权兼具司法权、行政权等属性的特点,决定了人民检察院之间上级人民检察院领导下级人民检察院,人民检察院内部实行检察长统一领导与检察委员会集体领导相结合的领导体制,这一领导体制必然适用于检察司法办案工作中。检察司法办案中的监督管理职责在办案主体与定案主体相分离的情况下产生,包括重大疑难复杂的特殊案件、检察长(副检察长)没有授权给检察官行使部分决定权力的一般案件等情况。

3. 严重错误

根据《若干意见》第36条的规定,严重错误可以从工作性质和轻重程度两方面把握。一是工作性质,限于司法办案工作。如果在司法办案工作以外的其他工作中,如检察机关的组织人事工作、机关党建工作等,出现严重错误的,则不承担监督管理责任。二是轻重程度,限于严重错误。《若干意见》第34、35条规定的应当承担司法责任的具体情形,属于司法办案工作的严重错误。如果错误程度较轻,则不承担监督管理责任。如根据《若干意见》第33条第2款的规定,检察人员在事实认定、证据采信、法律适用、办案程序、文书制作以及司法作风等方面不符合法律和有关规定,但不影响案件结论的正确性和效力的,属司法瑕疵,依照相关纪律规定处理。

(二)监督管理责任的特征

监督管理责任除了具有司法责任上述的司法性、复合性、过错性和并罚性等共同特征之外,相比较其他司法责任种类而言,还具有以下特征:

1. 行为人主观恶性复杂

相比较而言,监督管理责任的责任主体在主观上既包括主观恶性较小的重大过失,也包括主观恶性较大的故意,这两种主观过错都可以构成该责任。

2. 以严重错误作为归责要件

根据《若干意见》第36条的规定,该责任的成立,必须以司法办案工作出现严重错误为前提。易言之,检察人员在司法办案工作中虽然主观上有故意或重大过失,客观上存在怠于履行或不正确履行监督管理权的行为,但是司法办案工作没有出现严重错误的,也不承担监督管理责任。

3. 因监督管理主体的过错而产生的补充责任

监督管理责任是故意违反法律法规责任、重大过失责任的补充责任。具体办理案件的检察人员因故意违反检察职责或因重大过失怠于履行或不正确履行检察职责而被追究司法责任的,是第一责任人,并且是司法办案中不当履行检察职责行为的直接责任人。对承担司法责任的第一责任人负有监督管理职责而不当履行监督管理职责的检察人员,是第二责任人,并且是司法办案中不当履行检察职责行为的间接责任人。第一责任人承担司法责任是第二责任人承担司法责任的必要不充分条件,在第一责任人承担司法责任且符合《若干意见》第36条规定条件的情况下,第二责任人才承担司法责任。

(三)监督管理责任的种类

根据监督管理责任责任主体的主观过错,分为因故意不当履行监督管理职责的责任和因重大过失不当履行监督管理职责的责任两种情形。

1. 因故意不当履行监督管理职责的责任

即负有监督管理职责的检察人员,明知自己负有的监督职责,而故意怠于行使或不当行使监督管理权,导致司法办案工作出现严重错误所应当承担的不利后果。

2. 因重大过失不当履行监督管理职责的责任

即负有监督管理职责的检察人员,应当预见到其不当履职行为可能产生司法办案严重错误,因疏忽大意没有预见或已经预见到但轻信可以避免,而怠于行使或不当行使监督管理权,导致司法办案工作出现严重错误所应当承担的不利后果。

(四)监督管理责任的构成

监督管理责任的构成除了具备司法责任的客观要件、主体要件和主观要件等共同构成要件之外,还必须具备以下具体构成要件:

1. 客观要件

这里的客观要件包括两方面内容:一是负有监督管理职责的检察人员客观上存在怠于履行或不正确履行监督管理职责的行为。二是司法办案工作必须出现了严重错误。

2. 关联要件

即司法办案工作中的严重错误是负有监督管理职责的检察人员怠于履行或不正确履行监督管理职责的行为造成的。如果没有因果关系,则不承担监督管理责任。

3. 职责要件

即适格责任主体必须是负有监督管理职责的检察人员。如果办理案件的检察人员没有监督管理职责,则不是适格责任主体,不承担监督管理责任。

(五)承担监督管理责任的情形与方式

在明确构成要件的基础上,监督管理责任的实现,还需要明确承担该责任的情形及承担该责任的方式,从而提高检察司法办案中该责任追究的可操作性。

1. 承担监督管理责任的情形

与故意违反法律法规责任、重大过失责任不同,从条文规定来看,《若干意见》没有明确规定应当承担监督管理责任的具体情形。不过,从上述监督管理责任的概念和补充责任特征的分析来看,《若干意见》第 34、35 条规定的应当承担司法责任的 19 种具体情形,都是承担监督管理责任的必要条件。即负有监督管理职责的检察人员因主观过错怠于履行或不正确履行监督管理职责,使直接办理案件的检察人员出现上述19种具体行为或后果之一，导致司法办案工作出现严重错误的，应当承担监督管理责任。

2. 承担监督管理责任的方式

负有监督管理职责的检察人员因主观过错怠于履行或不正确履行监督管理职责，导致司法办案工作出现严重错误，构成犯罪的，应当依法追究刑事责任。尚不构成犯罪的，根据《若干意见》第44条的规定，视其情节轻重，追究伦理责任（司法职业道德责任）、纪律责任。伦理责任（司法职业道德责任）如停职、延期晋升、调离司法办案工作岗位等，由组织人事部门按照干部管理权限和程序办理。纪律责任如情节较轻的，给予警告、记过或者记大过处分；情节较重者给予降级或者撤职处分；情节严重者给予开除处分。

五、司法责任的豁免

《若干意见》第33条第1款规定，司法办案工作中虽有错案发生，但检察人员履行职责中尽到必要注意义务，没有故意或重大过失的，不承担司法责任。这实际上是司法责任豁免的规定，目前世界多数国家都有此种规定。《若干意见》规定的故意违反法律法规责任、重大过失责任和监督管理责任等司法责任种类，都是对检察人员不当履行检察职责行为或不当履行检察职责行为造成的严重后果的追责，故本节内容主要围绕检察人员司法责任豁免展开。

（一）司法责任豁免的概念

一般认为，豁免是“免除”[①]，即不追究的意思。检察人员司法办案中应当履行的检察职责因其代表国家行使司法权的公权力行为属性而不可免除，故司法责任豁免大多针对的是狭义的司法责任，即免除追责意义上的司法责任。要准确把握司法责任豁免的概念，需要区分司法责任豁免与司法职业豁免、司法责任豁免与司法责任构成、司法责任豁免与不负司法责任等相关概念。

1. 司法责任豁免与司法职业豁免

二者都是司法职业保障的重要内容之一，以保障司法人员履职行为的独立性、公正性。二者的主要区别有：一是豁免依据不同。前者的直接依据是特定情形，如行为人主观上无过错。后者的直接依据是特定身份，如行为人的检察官、法官等身份。二是豁免范围不同。前者豁免的范围小，限于追责意义上的司法责任。后者豁免的范围大，除追责这一结果豁免外，更多的是行为责任豁免，指司法人员在司法活动中依法实施的行为、发表的言论等履职的行为不受追究。三是豁免效力不同。前者的豁免一旦作出，即发生永久效力，一般不得事后以该事由追责司法人员，除非事后发现司法人员主观上存在过错。后者的

---

① 中国社会科学院语言研究所辞典编辑室编：《现代汉语词典》，商务印书馆2005年版，第625页。

豁免效力一般存在于司法人员身份存续期间,其丧失司法人员身份后的行为不享受豁免。

2. 司法责任豁免与司法责任构成

二者都是司法责任成立的要件,发挥着过滤作用,将不承担司法责任的情形排除在外,促使司法人员履行司法职责。二者的主要区别有:一是要件指向不同。前者是司法责任成立的消极要件,发挥过滤作用的是豁免事由,即只有不存在司法责任豁免事由的,司法责任才可能成立。后者是司法责任成立的积极要件,发挥过滤作用的是构成要件,即只有符合司法责任构成要件的,司法责任才可能成立。二是作用方式不同。前者是对司法人员的保护,促使司法人员积极地行使司法职责。后者是对司法人员的警示,促使司法人员正当地行使司法职责。三是启动条件不同。前者的启动条件是符合司法责任的构成要件;如果不符合构成要件,则直接不承担司法责任,不需要启动司法责任豁免。后者的启动条件是司法人员的不当履职行为或其不当履职行为造成的严重后果,如果没有不当履职行为或不当履职行为没有造成严重后果,则直接不承担司法责任。

3. 司法责任豁免与不负司法责任①

二者都发挥着过滤作用,将不承担司法责任的情形排除在外,最终都表现为行为人不承担追责意义上的司法责任。二者的区别主要是发挥作用的阶段不同。前者发挥过滤作用的阶段靠后,即在符合司法责任构成要件后,才进行是否符合司法豁免事由的判断。后者发挥过滤作用的阶段靠前,即在不当履职行为或不当履职行为造成严重后果发生后,先进行是否负司法责任判断,之后再进行是否符合司法责任构成要件判断。

综上所述,司法责任豁免是指司法人员司法办案中的履职行为或履职行为后果虽然形式上符合司法责任的(一个或多个)构成要件,但是司法人员具备违法阻却事由,其履职行为或履职行为后果实质上对司法公正、司法公信不具有危害性,国家因此不追究行为人的司法责任。

(二)司法责任豁免的特征

结合司法责任豁免概念的上述分析,司法责任豁免主要有以下四个特征:

1. 行为的国家性

狭义的司法责任是国家对司法责任者的追究,追究主体是国家。在司法责任实现过程中,由组织人事部门、人民检察院纪检监察机构、司法机关代表国家

① 法学理论上,不负司法责任指司法责任能力缺陷,如年龄、精神方面。由于司法人员作为具备特殊身份的专业人员,其代表国家行使司法权力的前提条件之一就是具备司法责任能力,特别是在司法责任和司法人员分类管理等改革后,司法实践中不存在司法责任能力缺陷问题。

行使对责任者进行追责的权力。因而,基于权力主体的一致性,国家是司法责任豁免的适格主体,行使是否免除司法责任者责任的权力。实践中,司法责任豁免虽然由组织人事部门、人民检察院纪检监察机构、司法机关代表国家审查决定,但司法责任豁免行为的国家性并没有改变。

2. 事由的特定性

追究意义上的司法责任是指司法人员因自身司法办案中的不当履职行为或不当履职行为造成严重后果而应当承担的不利后果。对检察人员而言,其目的是国家通过追究不当履行检察职责检察人员的司法责任,对该责任主体及其他检察人员进行警示,促使检察人员在司法办案中正当履行职责,公正司法,提高司法公信力。因此,只有那些对司法公正、司法公信没有实质危害的履职行为,才能作为司法责任豁免的事由,司法责任豁免必须具备特定的违法违规阻却事由,这些阻却事由一般都有明确的规定。如《若干意见》第 33 条第 1 款和第 2 款规定的两种情形。

3. 免责的全面性

《若干意见》第 44 条规定的司法责任方式从轻到重依次为:伦理责任(司法职业道德责任)、纪律责任和法律责任。在实际适用中,可以根据检察人员不当履行司法职责情节的严重程度对检察人员进行并罚。司法责任的并罚性特征决定了豁免司法责任方式的全面性。即如果责任主体较重的司法责任方式被豁免,则并罚的较轻的司法责任方式也应被豁免。如检察人员法律责任这一司法责任方式被豁免,则并罚的纪律责任、伦理责任(司法职业道德责任)等司法责任方式则一并被豁免。

4. 效力的永久性

司法责任豁免一旦作出,即发生永久的免责效力。基于一事不再理的追责原则,国家一般不得事后就同一履职行为对已经得到司法责任豁免的检察人员再次启动司法责任追究程序,除非事后发现检察人员作出被豁免的履职行为时主观上存在故意或重大过失的证据。

(三) 司法责任豁免的适用

如上所述,司法责任与司法责任豁免都是促使检察人员在司法办案中积极地、正当地履行检察职责的制度设计,目的是维护司法的公正性,提高司法的公信力。因此,在司法责任豁免的适用过程中,必须在认同该制度价值的基础上,科学确定具体的豁免事由,才能发挥该制度对检察人员正当履行职责行为的保障作用。

1. 司法责任豁免的价值

司法责任豁免制度的价值主要是维护司法责任与司法独立之间的动态平

衡。即以司法履职行为是否对司法公正、司法公信有实质危害为标准,该制度通过豁免方式对司法办案中正当履职行为的检察人员进行保护,或通过不豁免方式来惩戒司法办案中不当履职行为的检察人员。

(1)司法责任制度的弊端。任何制度都有两面性,司法责任制度也不例外。必须注意的是,司法责任制度在发挥指引和约束检察人员司法办案中履行检察职责行为,增强检察人员司法办案责任感,提高检察司法办案质量等作用的同时,其制度自身也存在因追责而影响司法独立,侵蚀司法中立等弊端。如果不克服其弊端,那么司法责任制度建立的初衷可能就难以实现。具体而言,需要重视司法责任制度的以下主要弊端。

第一,因责任追究而影响司法的独立性。司法责任制度的目标之一是“做到谁办案,谁负责;谁决定,谁负责。”①因此,新一轮司法体制改革的举措之一就是去司法行政化,减少或取消司法办案中的审批环节,促使司法人员独立办理案件,以增强其责任心,提高其案件办理质量。检察权除司法属性之外的行政属性、监督属性,②更容易影响司法办案的独立性。特别是当案件事实出现争议而检察人员又不得不作出决定时,过重的司法责任就会迫使检察人员启动自我保护机制。如对案件事实有争议的案件,检察人员更倾向放弃自己独立办案和思考的职权,以重大疑难复杂为由通过提交检察委员会讨论或内部请示报告等方式,再以执行检察委员会或检察长决定的形式规避日后可能承担的司法责任。

第二,因责任追究而侵蚀司法的中立性。司法人员在司法办案中必须没有自身利益的干扰,才能中立地对案件事实和法律适用等问题作出公正的判断。以法官为例,英国上诉法院原院长丹宁曾指出,所有法官都应该能够完全中立地完成自己的工作……决不能弄得法官在办案时自问“假如我这样做,我要负赔偿损害的责任吗”?③ 一般而言,司法责任不可避免地把司法人员的切身利益牵扯到司法办案中,过重的司法责任更是迫使司法人员把如何避规自身责任风险放在首位,从而影响其司法判断的中立性,很可能产生司法判断偏离事实和法律的后果。

(2)司法责任制度弊端的弥补——司法责任豁免。必须认识到,司法责任豁免是司法独立、司法中立的基石。这是因为司法权力最终由司法人员代表国

---

① 参见《若干意见》第1条关于完善人民检察院司法责任制的目标的阐述。

② 曹建明检察长2015年7月7日在大检察官研讨班开班式上提出“检察权既有司法属性,又有行政属性,还有监督属性”。参见王治国、徐盈雁、戴佳:《集思广益共破改革难题》,载《检察日报》2015年7月12日,第1版。

③ 参见[英]丹宁勋爵:《法律的正当程序》,李克强等译,群众出版社1984年版,第56~57页。

家行使，如果司法人员在履行司法职责中因害怕追责而担惊受怕，那么其履职行为的独立性和中立性就会受到侵蚀，司法独立、司法中立则必然受到影响。司法责任豁免制度把司法人员自身利益与案件分割开来，是保障司法人员公正履行司法职责的基本条件。此外，还必须认识到，司法责任豁免不会削弱司法责任对司法人员不当履职行为的约束力度，也不会降低司法办案质量，更不会影响司法公正。这是因为，司法责任豁免只免除司法人员特定的实质上对司法公正、司法公信不具有危害性的履职行为的责任；司法人员履行司法职责之外的行为责任不能豁免，如贪污、受贿等。

2. 司法责任豁免的事由

司法责任豁免事由是指那些因其存在而使司法责任不能成立的事实。司法人员因具备司法责任豁免事由而不承担司法责任。法学理论上，司法责任豁免事由包括责任能力阻却和违法违规阻却两类。前者特指没有司法责任能力，如行为人存在年龄、精神等方面缺陷。违法违规阻却指虽然司法人员履职行为表面上侵犯了法益，但实质上对司法公正、司法公信不具有危害性，从而不将其行为视为违法违规，如正当履行司法职责行为、不当履职行为显著轻微且危害不大等。由于司法人员作为具备特殊身份的专业人员，其履行司法职责的前提条件之一就是具备司法责任能力，所以，司法实践中并不存在责任能力阻却事由。因此，此处论述主要是从违法违规阻却事由方面进行。

第一，常见的责任豁免事由。常见的责任豁免事由主要规定在民法和刑法中，如《侵权责任法》[①]第27～31条规定了五种法定免责事由：(1)受害人故意；(2)第三人原因；(3)不可抗力；(4)正当防卫；(5)紧急避险。《刑法》第16、20、21条规定了四种法定免责事由：(1)不可抗力；(2)意外事件；(3)正当防卫；(4)紧急避险。此外，司法实践还认可行使权利、执行职务等免责事由。

第二，检察人员司法责任豁免事由。以行为人是否必须具备特殊身份为标准，检察人员司法责任豁免事由分为普遍免责事由和特殊免责事由。

(1)普遍免责事由。即普通公民普遍享有的免于追究责任的事实，作为公民的一员，检察人员也可以享有。如上述常见的责任豁免事由，一般可作为检察人员司法责任豁免事由；但是必须符合检察人员履行司法办案职责的条件，如果不符合该条件，则不能成为司法责任豁免事由。

(2)特殊免责事由。即司法办案的检察人员才能享有的免于追究司法责任的事实，主要是违法违规阻却事由，体现在《若干意见》第33条规定中。该条第1款规定的是正当履行检察职责行为的免责事由，即检察人员履行职责中尽到

---

① 2009年12月26日十一届全国人大常委会第十二次会议审议通过。

必要注意义务的,没有故意或重大过失的,即使有错案发生,也不承担司法责任。第2款规定的是违法违规行为情节显著轻微危害不大的免责事由,即检察人员在事实认定、证据采信、法律适用、办案程序、文书制作以及司法作风等方面不符合法律和有关规定,但不影响案件结论的正确性和效力的,属于司法瑕疵,不属于司法责任,当然不承担司法责任。

后　记

时光荏苒,岁月如梭,往事不堪回首。回想起1979年9月,19岁的我离开山东蓬莱酒厂独自北上求学,至今正好四十载,而我也已年届花甲。六十是个继往开来的年纪,国人常有总结庆祝的习俗。适逢六十之际,众弟子也别具心裁自发组织撰写论文以为祝贺。其实,在2016年我从教三十周年之际,众弟子便要组织出版从教三十周年纪念文集,被我一口回绝。而今众弟子拿出近百万字的文集摆在我的面前,我为众弟子的这份师生情谊而感动,也无法拒绝这份饱含深情、别有韵味的礼物。

"春蚕到死丝方尽,蜡炬成灰泪始干。"作为一名师者,我把毕生的心血倾注在了学生身上,倾注在了教育事业上。自1995年以来,我指导的硕士、博士、博士后不下两百人。尽管难谓桃李满天下,但我为我的每一位学生而自豪,为他们的每一点进步而骄傲。他们毕业后走向了不同的工作岗位,有的在中央国家机关为规划国家的法治蓝图而深谋远虑;有的在法律实务部门工作,在每一起案件中践行公平正义;有的在政府部门工作,坚守为人民服务的事业;有的和我一样拾起教鞭,以教书育人为乐……每当他们有好消息传来,作为老师,我总是比他们更高兴。弟子们总有一番以后事业成功了要回报老师的心情,但于我而言,老师不图你们的回报,你们的进步便是对老师最大的回报。

今天,这些来自不同岗位的弟子拿起笔来,就专业问题将所思所想所悟化作一个个铅字。每位弟子写就的都是万言的学术论文。我为弟子的举动而感动,更令我激动与欣慰的是,尽管在不同的岗位,从事不同的工作,但他们还始终保持着科学严谨的研究精神,敏锐的学术洞察力,以及求真求善,为程序正义、司法公正而孜孜不倦的赤诚之心。

文集共有48篇,内容涵盖了刑事诉讼程序和司法制度的方方面面。这些话题正是当前改革中的热点话题,也契合了新时代法治与改革的精神。当前,改革开放已经四十周年,中国也进入了新时代。这四十年不仅是中国经济取得举世瞩目成绩的四十年,也是中国法治建设取得长足进步的四十年。而我有幸见证了这一历程,而且,更为巧合的是,这四十年也是我立志从事刑事法治事业并为此不懈奋斗的四十年。应该说,在这样的背景下,出版这样一部巨著,不仅凝聚了弟子们对我的情谊,也饱含着弟子们对中国法治建设的殷殷期盼。作为老师,我也期待着他们的研究能够为我国刑事诉讼程序建设和司法改革发挥建设性作用。

六十一甲子,人生最美时。于我,正如弟子所言:青春常在,壮志犹存。我期待着能为祖国的法治建设事业培养更多的接班人、提供更多的研究成果、做出更多的贡献。于弟子而言,看到他们在各自的岗位上都做出了成绩,我感到作为老师我是成功的。我的思想,我所钟爱的事业都会为他们所继往开来、发扬光大。我倍感欣慰。法治前行的道路上,期待你们取得新的更大的成绩!

是为记。

陈卫东

于中国人民大学明德法学楼

2019 年 7 月 1 日

图书在版编目(CIP)数据

程序正义与司法改革要论：陈卫东教授六十华诞祝贺文集／中国人民大学诉讼制度与司法改革研究中心编. -- 北京：法律出版社，2019
ISBN 978-7-5197-3603-3

Ⅰ. ①程… Ⅱ. ①中… Ⅲ. ①诉讼程序－中国－文集②司法制度－体制改革－中国－文集 Ⅳ. ①D925.04-53②D926-53

中国版本图书馆 CIP 数据核字(2019)第 122178 号

程序正义与司法改革要论
——陈卫东教授六十华诞祝贺文集
CHENGXU ZHENGYI YU SIFA GAIGE YAOLUN
—CHENWEIDONG JIAOSHOU LIUSHI HUADAN ZHUHE WENJI

中国人民大学诉讼制度与司法改革研究中心 编

责任编辑 黄琳佳
装帧设计 鲍龙卉

出版 法律出版社
总发行 中国法律图书有限公司
经销 新华书店
印刷 三河市龙大印装有限公司
责任校对 杨锦华
责任印制 陶 松
编辑统筹 学术·对外出版分社
开本 710 毫米×1000 毫米 1/16
印张 56.25
字数 994 千
版本 2019 年 7 月第 1 版
印次 2019 年 7 月第 1 次印刷

法律出版社／北京市丰台区莲花池西里 7 号(100073)
网址／www.lawpress.com.cn
投稿邮箱／info@lawpress.com.cn
举报维权邮箱／jbwq@lawpress.com.cn
销售热线／400-660-8393
咨询电话／010-63939796

中国法律图书有限公司／北京市丰台区莲花池西里 7 号(100073)
全国各地中法图分、子公司销售电话：
统一销售客服／400-660-8393/6393
第一法律书店／010-83938432/8433　西安分公司／029-85330678　重庆分公司／023-67453036
上海分公司／021-62071639/1636　深圳分公司／0755-83072995

书号：ISBN 978-7-5197-3603-3　**定价**：188.00 元
(如有缺页或倒装，中国法律图书有限公司负责退换)